革命文献与民国时期文献保护计划

成 果

国家图书馆 编

民国时期
图书总目

自然科学（基础科学）

国家图书馆出版社

图书在版编目（CIP）数据

民国时期图书总目. 自然科学: 基础科学 / 国家图书馆编 . —北京: 国家图书馆出版社，2020.6

ISBN 978-7-5013-6927-0

Ⅰ.①民…　Ⅱ.①国…　Ⅲ.①自然科学—图书目录—中国—民国　Ⅳ.① Z812.6

中国版本图书馆 CIP 数据核字（2020）第 018673 号

书　　名　民国时期图书总目·自然科学（基础科学）

著　　者　国家图书馆　编

责任编辑　景　晶

封面设计　陆智昌

出版发行　国家图书馆出版社（北京市西城区文津街7号　　100034）

（原书目文献出版社　北京图书馆出版社）

010-66114536　63802249　nlcpress@nlc.cn（邮购）

网　　址　http://www.nlcpress.com

排　　版　京荷（北京）科技有限公司

印　　装　河北三河弘翰印务有限公司

版次印次　2020年6月第1版　2020年6月第1次印刷

开　　本　787×1092（毫米）　1/16

印　　张　45

字　　数　1200千字

书　　号　ISBN 978-7-5013-6927-0

定　　价　380.00元

革命文献与民国时期文献整理出版

编纂委员会

总　编：饶　权

副总编：张志清

委　员（按姓氏笔画排列）：

马　静　王志庚　毛雅君　陈红彦　殷梦霞

韩　华　雷　亮　魏　崇

《民国时期图书总目》编委会

主　编：饶　权

副主编：张志清　陈　力

执行主编：马　静　毛雅君　王　洋

编　委（按姓氏笔画排列）：

于爱君　王开学　王水乔　王玉梅　王建朗

韦　江　历　力　孔德超　卢　丹　吕　毅

吕艳丽　任　竞　全　勤　刘　俊　刘宁宁

刘会洲　刘宇松　刘杰民　许　松　杨雨师

杨春宇　李　培　李晓秋　吴爱云　何光伦

何振作　辛　欣　张海翔　张景元　陈　坚

周德明　郑智明　钟　琼　贺美华　倪俊明

黄　晨　章　雷　詹利华　廖晓飞　魏孔俊

本卷编委会

主　编：朱青青

编　委（按姓氏笔画排列）：

王　立　王文泽　衣　芳　刘　伟　宋韵霏　高凌云

出版说明

　　《民国时期图书总目》主要收录1911—1949年9月我国出版的中文图书，酌情收录这段时间内国外出版的中文图书，是一部大型的回溯性书目。

　　基于目前普查情况统计，在这段时期里，我国出版的中文图书约20余万种。20世纪80—90年代，北京图书馆（今国家图书馆）曾编过一套《民国时期总书目》，主要收录了北京图书馆、上海图书馆和重庆图书馆收藏的中文图书，并补充了一些其他图书馆的藏书，基本上反映了这段时期中文图书的出版概貌。《民国时期总书目》由原北京图书馆参考研究部自1961年开始组织编纂，编委和顾问主要成员包括田大畏、王润华、邱崇丙、朱光暄等，1985年开始分卷册陆续出版，为民国时期的书目存录、学术研究和文献保护提供了便利。前辈专家学者严谨求实的工作作风，他们为民国时期文献整理和保护事业做出的卓越贡献，值得我们永远铭记。感念于斯，我们深知责任重大，只有砥砺前行，在前辈专家学者工作的基础上不断充实和完善其内容，争取为广大读者提供一部可供参考利用的书目。

　　《民国时期图书总目》是在参与民国时期文献普查的各个机构的大力支持下，依托"民国时期文献联合目录"，并吸收了全国图书馆联合编目中心各省级成员馆、"大学数字图书馆国际合作计划"(China Academic Digital Associative Library, CADAL) 的主要高校成员馆以及一些专业图书馆等民国时期文献主要收藏机构的书目数据基础上编纂而成。在收书范围、书目分类、著录方式及编纂体例上，大体延续了《民国时期总书目》的做法，同时根据目前书目数据的实际情况进行了一些调整。从书目的完整性、藏书机构的代表性等各方面都较《民国时期总书目》有了显著的提高。此外，本书目一大特色是待陆续出版完成后将实现与"民国时期文献联合目录"线上数据联动，以满足在数字时代大背景下读者对于民国时期文献数据的实时便捷查找、识别、选择和获取。

　　本书目基本依据《中国图书馆分类法》（第四版）体系，按学科分为哲学，宗教，社会科学总论，政治，法律，军事，经济，文化、科学、教育、体育，语言文字，文学理论、世界文学、外国文学，中国文学，艺术，历史、地理，自然科学（基础科学），医药卫生，农业科学，工业技术、交通运输、航空航天、环境科学，综合性图书 18 卷，将分卷陆续出版。

　　随着时代的发展和技术的进步，图书馆编目工作发生了巨大变化，编目方式由卡片目录发展为机读目录，各藏书机构间的书目交流也日趋频繁和便捷。如何以海量的机读格式书目数据为基础，编纂一部大型的印刷本回溯性书目，对于编纂人员来说充满挑战，实施过程复杂且动态，不易掌控，而且这部书目涉及的藏书机构多、书目数据量大、图书版本情况复杂、涉及学科范围广，并且有一些图书破损严重，著录信息无从查起，需要编纂人员考证或推测，加之编纂人员水平有限，一定会有错误或不当之处，敬请读者批评指正。

本书编委会

2018 年 4 月

前　　言

民国时期是中国历史上一个短暂但又十分重要的时期。这一时期，社会变化剧烈，学术思想活跃，留下了大量文献，包括图书、期刊、报纸、档案、日记、手稿、票据、传单、海报、图片及声像资料等。这些文献是反映民国时期政治、经济、社会、文化、军事等方面情况的重要资料。但是，由于种种原因，民国时期文献老化、损毁现象严重，亟待抢救与保护。自 20 世纪 80 年代以来，民国时期文献日益受到关注，抢救、保护与开发利用工作逐步展开，并取得了阶段性成果。

为了进一步促进民国时期文献的保护和利用，2011 年，国家图书馆联合国内部分文献收藏单位策划了"民国时期文献保护计划"，希望通过文献普查、海内外文献征集与整理出版、文献保护技术研究等工作的开展，加强民国时期文献的原生性和再生性保护。这一计划，得到了文化部（今文化和旅游部）、财政部的大力支持，并于 2012 年正式启动。

项目开展以来，在各收藏单位以及相关专家学者的大力支持下，各方面工作均取得了重要成果。在文献普查方面，建成"民国时期文献联合目录"系统，收录国家图书馆等 22 家大型文献收藏机构的书目数据 30 余万条，馆藏数据 60 余万条。在此基础上，2015 年 2 月，《民国时期图书总目》编纂工作正式启动，力争全面揭示普查成果，提供社会各界使用。为了做好这项工作，我们制订了《〈民国时期图书总目〉实施方案》，确定了客观著录图书信息的原则，界定了文献收录时间，规范了编纂体例与工作细则等。

《民国时期图书总目》是一部收集、整理民国时期图书的大型工具书，收录 1911—1949 年 9 月除线装古籍以外在我国出版的中文图书，并酌情收录这段时间内国外出版的中文图书。

北京图书馆（今国家图书馆）曾于 20 世纪 80 年代中期陆续整理出版了一套联合目录性质的《民国时期总书目》，被学者广泛使用。为使书目更加丰富完整、资料来源更加可靠、著录更加详细准确、分类更加合理，我们在充分吸收《民国时期总书目》成果的基础上，对书目及著录内容进行了大量的补充和校订，收藏单位数量也大大增加。

《民国时期图书总目》按学科分卷出版，同时还将发行《民国时期图书总目》数据库版，并随时补充、订正，以方便读者查检使用。

陈力

2018 年 4 月

凡　　例

一、收录范围

1. 本书目主要收录 1911—1949 年 9 月我国出版的中文图书，酌情收录这段时间内国外出版的中文图书。1911 年前印行、民国期间又连续出版的丛书、多卷书，以及 1911 年前出版、民国期间重印的图书，均予以收录。

2. 民国期间出版的期刊、报纸、少数民族文字图书及线装书等不在本书目收录范围，待另行编印出版。

二、著录项目

1. 著录内容：顺序号、题名、责任者、版本、出版发行、形态细节、丛书、提要及附加说明、馆藏标记，共 9 个项目。

（1）顺序号：每一条目的顺序编号，各卷单独编号。待本套书目全部出版后，读者可以利用条目顺序号，在"民国时期文献联合目录"上，查找到该条目下所有图书的书目和馆藏详细信息。

（2）题名：包括正题名、副题名、交替题名、合订题名、外文题名等。所有分册名、分册号、其他题名信息以及交替题名一律置于题名后的圆括号内，之间按性质用空格隔开（交替题名单独列出）。合订书（两种及以上著作合并成一册出版而又没有共同题名）依次著录各著作题名，其间用中圆点隔开。

（3）责任者：包括著者、译者、点校者、辑注者、编者等。三人以上合著、合译的，只著录第一人姓名，后加"等"字。责任者之间以空格隔开，不同责任者的合订书，责任者之间用中圆点隔开。

（4）版本：包括版次、版本的附加说明等。

（5）出版发行：包括出版地（或发行地）、出版者（或发行者、印刷者）、出版或印刷年月等。

（6）形态细节：包括册数、页数、开本、装帧等。图书中分段表示的页码，用加号相连。开本信息依据普查数据中的厘米信息转换，并参照《民国时期总书目》进行整理。未著录装帧形式的，一般为普通平装本。

（7）丛书：包括丛书名、丛书编号等。丛书项内容置于圆括号内，有多个丛书名时，分别置于各自的圆括号内。

（8）提要及附加说明：包括图书的内容提要、题名及责任者的补充说明、适用范围以及其他著录内容的补充说明。根据实际普查情况有部分书目未提供提要及附注等。

（9）馆藏标记：提供书目数据的各公共图书馆、高校图书馆及专业图书馆等收藏单位的简称，并分别按各收藏单位简称的汉语拼音排序。为了最大限度地涵盖民国时期图书的出版发行情况，本书还收录了一些来自《民国时期总书目》和其他出版物的书目信息，由于无对应普查馆，所以无馆藏标记。

2. 著录标准：依照中文图书著录规则，以题名页、版权页为主要信息源，同时参考其他信息源。以客观著录为基本原则，并对相关内容进行必要的规范化处理。

3. 原书著录项目缺漏，由编纂者考证推测添加的著录内容，加方括号以示区别，提供参考。

三、分类与编排

1. 本书目按学科分卷，分册编辑出版。按照书目数量的多寡一个学科编成一册或多册；或由若干学科合成一册。

2. 本书目依据《中国图书馆分类法》（第四版）进行分类，并根据具体情况设置详简不同的类目名称。

3. 本书目类目不作交替和互见。包含两种以上学科内容的图书，按主要内容归类。

4. 本书目把《四部丛刊》《丛书集成》和《四部备要》三套丛书统一放在"综合性图书"卷。

5. 本书目各卷在划分类目的基础上，依次按照题名、责任者和出版者三个项目汉语拼音音序编排。三个项目完全相同的，原则上合并为一个条目，计为一种；个别上述三个项目相同但内容差异较大的，则析为单独条目。

6. 同一条目下作品的不同版本，原则上按出版时间先后排序，同时兼顾版次顺序。

7. 在编排上，为集中同一责任者的同一作品，凡使用不同笔名和署名，以及有不同中译名的外国原著者，一般选用较常见的署名，不拘于本名和标准译名，必要时在附注中说明。

四、索引及用字

1. 本书目各卷都附有汉语拼音为序的题名索引以及题名首字汉语拼音检索表。

2. 本书目使用的汉字除了按规定必须使用的繁体字和异体字外，均以现行的简化字为标准。

本卷编制说明

一、本卷主要收录 1911—1949 年 9 月我国出版的有关自然科学（基础科学）方面的中文图书，并酌情收录这段时间内国外出版的此类图书，共计 5079 种。

二、本卷所收图书范围包括《中国图书馆分类法》中 N、O、P、Q 四个大类，即自然科学总论，数理科学和化学，天文学、地球科学，生物科学。在四大类下，分为自然科学理论与方法论、数学、力学、物理学、化学、天文学、测绘学、地球物理学、大气科学（气象学）、地质学、海洋学、自然地理学、普通生物学、细胞生物学、遗传学、生理学、古生物学、微生物学、植物学、动物学、昆虫学、人类学等 36 个类目。

三、本卷收录的图书归类主要依据《中国图书馆分类法》（第四版），并根据民国时期图书具体情况分编。凡属学科界限不清或有争议者，一般归入上一级类目或按照主要内容归类。

四、本卷原则上不收中小学数学、物理、化学、生物、生理卫生、自然等教材教参。个别应用较广的翻译教材，或教育程度难以辨析的教材教参，酌情收录。

五、科学论文和报告的抽印本、暂行本，均予以收录。

六、本卷图书基本依题名、责任者、出版者相同的原则划分条目，每一条目计为一种。

七、各类目图书的排序，原则上依次按照题名、责任者、出版者三个项目汉语拼音音序编排。同一条目下的不同版本，按出版时间先后排序，兼顾版次顺序；个别出版发行信息不全的图书，放在该条目的最后。

八、提要及附注说明主要揭示图书的内容、适用范围、题名、责任者的补充说明等信息。

九、本卷部分图书中无题名页、版权页等著录信息源，还有一些图书破损严重，因此某些著录项目存在空缺，或由编纂者推测考证后加方括号注明。

十、参加本卷编辑工作的还有：王浩、王依楠、白鸽、朱云秦、李颖、杨悦、胡乐婧、袁洪腾、徐新邦。

本卷收藏单位简称表

收藏单位简称	收藏单位全称
安徽馆	安徽省图书馆
北大馆	北京大学图书馆
北师大馆	北京师范大学图书馆
重庆馆	重庆图书馆
川大馆	四川大学图书馆
大连馆	大连市图书馆
大庆馆	大庆市图书馆
东北师大馆	东北师范大学图书馆
福建馆	福建省图书馆
复旦馆	复旦大学图书馆
甘肃馆	甘肃省图书馆
广东馆	广东省立中山图书馆
广西馆	广西壮族自治区图书馆
贵州馆	贵州省图书馆
桂林馆	广西壮族自治区桂林图书馆
国家馆	国家图书馆
河南馆	河南省图书馆
黑龙江馆	黑龙江省图书馆
湖北馆	湖北省图书馆
湖南馆	湖南图书馆
华东师大馆	华东师范大学图书馆
吉大馆	吉林大学图书馆
吉林馆	吉林省图书馆（吉林省少年儿童图书馆）
江西馆	江西省图书馆
近代史所	中国社会科学院近代史研究所
辽大馆	辽宁大学图书馆
辽宁馆	辽宁省图书馆

收藏单位简称	收藏单位全称
辽师大馆	辽宁师范大学图书馆
南大馆	南京大学图书馆
南京馆	南京图书馆
内蒙古馆	内蒙古自治区图书馆
宁夏馆	宁夏回族自治区图书馆
农大馆	中国农业大学图书馆
青海馆	青海省图书馆
清华馆	清华大学图书馆
人大馆	中国人民大学图书馆
山东馆	山东省图书馆
山西馆	山西省图书馆
陕西馆	陕西省图书馆
上海馆	上海图书馆（上海科学技术情报研究所）
绍兴馆	绍兴图书馆
首都馆	首都图书馆
四川馆	四川省图书馆
天津馆	天津图书馆
武大馆	武汉大学图书馆
西交大馆	西安交通大学图书馆
西南大学馆	西南大学图书馆
新疆馆	新疆维吾尔自治区图书馆
云南馆	云南省图书馆
浙江馆	浙江图书馆
中科图	中国科学院文献情报中心

说明：

1. 本表按收藏单位简称汉语拼音音序排序。

2. 简称规则：公共图书馆一般以行政区划名称加"馆"字简称，如吉林省图书馆简称为"吉林馆"；高校图书馆以高校简称加"馆"字简称，如北京大学图书馆简称为"北大馆"；其他类型图书馆以常用简称为准，如中国科学院文献情报中心简称为"中科图"。

3. 本书目中所收录的首都图书馆的部分馆藏，来源于"北京市公共图书馆联合目录"。

目　录

自然科学总论

自然科学理论与方法论

00001

近代科学概论 （英）汤姆生（John Arthur Thomson）著　张达如译

外文题名：Modern science

上海：民智书局，1932.12，338 页，22 开

本书通论天文、物理及生物学等。共 24 章，内容包括：世界的创始、宇宙的伟大、太阳、星光、地球上的变化、物质的状态、生命的起源和基础、海中的分布、身体的日常生活、植物的习性、动物的习性等。

收藏单位：广东馆、国家馆、江西馆、南京馆、上海馆、首都馆、天津馆、浙江馆

00002

科学大纲 （英）汤姆生（John Arthur Thomson）著　胡明复等译

外文题名：The outline of science

上海：商务印书馆，1930，14 册，32 开（汉译世界名著）（万有文库 第 1 集 393）

上海：商务印书馆，1931，4 册，22 开

上海：商务印书馆，1933，缩本初版，4 册，32 开

上海：商务印书馆，1934，再版，14 册，32 开（汉译世界名著）（万有文库 第 1 集 393）

本书内收《谈天》《天演之历史》《对于环境之适应》《竞存》《人类之上进》《天演之递进》《心的初现》《宇宙之根本组织》《显微镜下之奇观》《人体机械》《达尔文主义在今日之位置》等科学论文 38 篇。1931 年版、1933 年缩本初版封面题名：汉译科学大纲。

收藏单位：安徽馆、重庆馆、大连馆、东北师大馆、广东馆、广西馆、贵州馆、国家馆、黑龙江馆、江西馆、辽大馆、辽师大馆、内蒙古馆、宁夏馆、上海馆、绍兴馆、首都馆、武大馆、西南大学馆、浙江馆

00003

科学大纲 （英）汤姆生（John Arthur Thomson）编著　王岫庐等编译

外文题名：Outline of science

上海：商务印书馆，1923.3—1924.1，4 册，16 开，精装

上海：商务印书馆，1923—1931，再版，4 册，16 开，精装

收藏单位：国家馆、黑龙江馆、江西馆、辽宁馆、首都馆、天津馆

00004

科学导言　余天休著

北京：北京大学法学院社会科学季刊社，1942，36 页，25 开

本书论述科学的定义，科学与技术、美术、哲学、宗教等的关系，研究科学的方法和步骤，以及科学的效果和分类等，共 14 章。

收藏单位：国家馆

00005

科学的动机 （英）休斯德（A. Schuster）等著　萧立坤译

上海：商务印书馆，1937.3，113 页，32 开（自然科学小丛书）（万有文库 第 2 集 193）

本书内收 4 篇论文：《科学与人道的共同目标》《新圣人》《科学家的特性》《Agassiz 先生的教学法》。

收藏单位：重庆馆、大连馆、大庆馆、东北师大馆、广西馆、国家馆、辽大馆、辽师大馆、宁夏馆、天津馆、浙江馆

00006

科学的世界 （英）雷威（Hyman Levy）著　严鸿瑶译

外文题名：The universe of science

上海：商务印书馆，1935.9，11+156 页，32 开（自然科学小丛书）（万有文库 第 2 集 191）

长沙：商务印书馆，1940.3，11+156 页，32 开（自然科学小丛书）

本书共 5 章：变化模型、梳理线索、科学之后——数学、科学定命论、科学——社会

之冒进。

收藏单位：重庆馆、大连馆、广东馆、贵州馆、国家馆、江西馆、辽大馆、辽师大馆、内蒙古馆、宁夏馆、天津馆、浙江馆

00007

科学的新背景 （英）金斯（James Hopwood Jeans）著　邰光谟译

上海：开明书店，1935.10，258 页，32 开

本书即《科学底新基础》的不同译本。共 8 章：接近外部的世界、科学的方法、外部世界的骨干——空间和时间、机械论、外部世界的组织——物质和放射、波动力学、不能决定性、事件。著者原题：琴斯。

收藏单位：重庆馆、广东馆、广西馆、国家馆、黑龙江馆、湖北馆、江西馆、南京馆、上海馆、首都馆、天津馆、浙江馆

00008

科学底新基础 （英）金斯（James Hopwood Jeans）著　谭辅之译

外文题名：The new background of science

上海：辛垦书店，1934.12，363 页，22 开（科学丛书）

本书共 8 章：接近外界之道、科学底诸方式、外界底架构——空间与时间、机构论、外界底组织——物质与辐射、波动力学、不确定性、事象论。著者原题：秦斯。

收藏单位：东北师大馆、广东馆、广西馆、贵州馆、国家馆、天津馆、西南大学馆、浙江馆

00009

科学典范 （英）皮耳生（Karl Pearson）著　陈韬译

长沙：商务印书馆，1941.1，386 页，32 开（汉译世界名著）

本书共 10 章：绪论——科学之范围及方法、科学上之事实、科学定律、因与果——或然性、联列与相关——因果性之不充分、空间与时间、运动几何学、物质、运动定律、近代物理思想。附惰性原则与"绝对转动"、牛顿氏之第三运动定律、俄

卡姆之剃刀、窝雷斯氏论物质、自然历程之可逆性。

收藏单位：重庆馆、国家馆、湖南馆、南京馆、上海馆、浙江馆

00010

科学概论 黄昌毂讲演

上海：民智书局，1924.12，订正再版，180 页，24 开

上海：民智书局，1925.10，3 版，180 页，24 开

上海：民智书局，1926.6，4 版，180 页，24 开

上海：民智书局，1930，5 版，180 页，24 开

本书为作者在广州市民大学、南京中国科学社、桂林学生联合会的讲演稿。讲题包括《科学在近代文化中之位置》《科学对于近代思潮之影响》《何谓科学》《科学之分类》《科学与道德》《怎么能够做科学家呢》《科学与知行》《科学与政治思潮》8 篇。

收藏单位：重庆馆、广东馆、广西馆、桂林馆、国家馆、江西馆、近代史所、南京馆、武大馆、西南大学馆

00011

科学概论 黄昌毂讲演

上海：中华书局，1921.12，81+35 页，24 开

收藏单位：北师大馆、国家馆、天津馆

00012

科学概论 李书华等著

重庆：商务印书馆，1945.1，[12]+388 页，32 开（复兴丛书）

重庆：商务印书馆，1945.7，再版，[12]+388 页，32 开（复兴丛书）

重庆：商务印书馆，1946.1，上海初版，[12]+388 页，32 开（复兴丛书）

上海：商务印书馆，1946.12，再版，[12]+388 页，32 开（复兴丛书）（新中学文库）

上海：商务印书馆，1947.12，3 版，[12]+388 页，32 开（复兴丛书）

本书按科学分为 5 个专题，分别由当时权威人士执笔：《天文学》（张钰哲）、《物理学》（钱临照）、《化学》（曾昭抡）、《生物学》（郝景盛）、《地质学》（杨钟健）。

收藏单位：重庆馆、广东馆、贵州馆、国家馆、吉大馆、江西馆、辽大馆、内蒙古馆、上海馆、绍兴馆、首都馆、武大馆

00013

科学概论　卢于道著

重庆：中国文化服务社，1942.11，302页，32开（青年文库）

重庆：中国文化服务社，1944，4版，302页，32开（青年文库）

重庆：中国文化服务社，1944.8，5版，302页，32开（青年文库）

上海：中国文化服务社，1945.12，沪1版，302页，32开（青年文库）

上海：中国文化服务社，1946，沪2版，302页，32开（青年文库）

本书共14章：科学定义和特征、科学的发展、宇宙体系、宇宙运动、地球、物质元素、光与辐射、新量子论、生命、生长与发展、进化理论、人类史、人为的进化、科学与社会。

收藏单位：重庆馆、大庆馆、东北师大馆、广东馆、国家馆、辽大馆、宁夏馆、首都馆、天津馆、武大馆、西南大学馆、浙江馆

00014

科学概论　石兆棠著

桂林：文化供应社，1942.6，272页，18开

桂林：文化供应社，1944.3，3版，272页，18开

香港：文化供应社，1947.2，272页，18开

本书共25讲，内容包括：什么叫科学、科学的对象、科学分类的意义、科学方法的演进、牛顿时代的出现、康德的天文学革命、二十世纪科学的危机、爱因斯坦方法论的基础等。大学用书。

收藏单位：重庆馆、广东馆、广西馆、贵州馆、桂林馆、国家馆、江西馆、辽大馆、辽宁馆、南京馆、内蒙古馆、宁夏馆、首都馆、天津馆、西南大学馆、浙江馆

00015

科学概论　（英）汤姆生（John Arthur Thomson）著　邓均吾译

外文题名：Introduction to science

上海：辛垦书店，1933.3，205页，22开（科学丛书）

本书论述科学的心性、目的、方法、分类、功用，以及科学与哲学、艺术、宗教的关系。

收藏单位：重庆馆、广东馆、广西馆、国家馆、江西馆、首都馆、天津馆、浙江馆

00016

科学概论　（英）汤姆生（John Arthur Thomson）著　严鸿瑶译

上海：世界书局，1933.8，231页，25开

收藏单位：广东馆、广西馆、贵州馆、国家馆、河南馆、湖南馆、江西馆、南京馆、首都馆、武大馆、浙江馆

00017

科学概论　王星拱著

上海：商务印书馆，1930.9，292页，22开，精装（国立武汉大学丛书）

上海：商务印书馆，1932.11，国难后1版，292页，22开，精装（国立武汉大学丛书）

上海：商务印书馆，1935，国难后2版，292页，22开，精装（国立武汉大学丛书）

上海：商务印书馆，1935.10，国难后3版，292页，22开，精装（国立武汉大学丛书）

本书论述时间与空间之相对观（连续和无限），物质与能力，生物进化与球面沿革，科学与哲学、美术、伦理的关系等问题。

收藏单位：重庆馆、东北师大馆、广东馆、广西馆、贵州馆、国家馆、河南馆、黑龙江馆、湖南馆、江西馆、南京馆、内蒙古馆、首都馆、天津馆、武大馆、西南大学馆、浙江馆

00018

科学概论　温公颐编著

北平：国立北平师范大学出版社，1936，260页

收藏单位：近代史所

00019

科学概论　翁文灏等讲

重庆：中央训练团党政高级训练班，1943.6，94 页，32 开

　　本书内收 7 篇论文:《科学在文化上之地位》（翁文灏）、《科学与近代思想》（竺可桢）、《生物科学对现代文化上之贡献》（卢于道）、《化学及冶金学对近代文化上之贡献》（杜长明）、《物理科学对近代文化上之贡献》（叶企荪）、《地学对现代文化上之贡献》（李春昱）、《科学与近代工业》。

　　收藏单位：重庆馆、广东馆、桂林馆、国家馆、上海馆

00020

科学概论　曾伯雄著

上海：曾伯雄 [出版者]，1933.2，181 页，22 开（江西心远学校丛书 1）

　　本书共两篇，上篇：科学底起源与进步及其任务和研究方法；下篇：最近科学底重要概念。

　　收藏单位：广西馆

00021

科学概论新篇　竺可桢等著

上海：正中书局，1948.2，136 页，36 开（思想与时代丛刊 4）

　　本书内收竺可桢、卢于道、洪谦、谢幼伟、杨耀德等人的 10 篇论文:《科学之方法与精神》《我国科学之新时代》《科学与社会》《科学与政治》《科学与哲学》《维也纳学派与现代科学》《培根之方法论》《论科学之假定与要求》《自然科学与精神科学》《工程技术与学理之谐合》。

　　收藏单位：重庆馆、广东馆、国家馆、湖南馆、辽大馆、南京馆、上海馆、浙江馆

00022

科学规范（上册 概论之部）（英）皮耳生（Karl Pearson）著　谭辅之　沈因明译

外文题名：The grammar of science. Volume I

上海：辛垦书店，1934.7，298 页，22 开（科学丛书）

　　本书共 6 章：科学底范围及方法、科学底事实、科学的法则、原因与结果——盖然性、偶然与交互关系——因果性底不完备、科学底分类。

　　收藏单位：重庆馆、广西馆、国家馆、吉林馆、江西馆、天津馆

00023

科学规范（中册 物理之部）（英）皮耳生（Karl Pearson）著　谭辅之译

外文题名：The grammar of science. Volume II

上海：辛垦书店，1934.9，276 页，22 开（科学丛书）

　　收藏单位：广西馆、国家馆、吉林馆、江西馆、天津馆、西南大学馆

00024

科学规范（下册 生物之部）（英）皮耳生（Karl Pearson）著　谭辅之译

外文题名：The grammar of science. Volume III

上海：辛垦书店，1936.9，213 页，22 开（科学丛书）

　　本书共 3 章：生命、进化（变异与淘汰）、进化（生殖与遗传）。

　　收藏单位：东北师大馆、广西馆、国家馆、西交大馆

00025

科学呼声　秉志著

上海：中国科学图书仪器公司，1946.11，99 页，32 开

上海：中国科学图书仪器公司，1947.2，再版，99 页，32 开

　　本书内分上、下编，共收论文 20 余篇，论述科学之真义和讲述科学名人创造之奇迹，提倡以科学振兴国家。

　　收藏单位：重庆馆、东北师大馆、福建馆、国家馆、黑龙江馆、辽大馆、辽宁馆、南大馆、南京馆、内蒙古馆、上海馆、浙江馆

00026

科学基础　（英）伟然姆著　抑菴译

外文题名：The foundations of science

上海：商务印书馆，1923.12，82 页，50 开（东方文库 46）

上海：商务印书馆，1924.10，2 版，82 页，50 开（东方文库 46）

上海：商务印书馆，1925.6，3 版，82 页，50 开（东方文库 46）

上海：商务印书馆，1931，4 版，82 页，50 开（东方文库 46）

　　本书共 4 部分：科学分类、物理科学、生物科学、心理科学。附实验与假说的价值、科学定律与事实。

　　收藏单位：重庆馆、东北师大馆、广东馆、广西馆、桂林馆、国家馆、湖南馆、江西馆、辽大馆、南京馆、山东馆、绍兴馆、天津馆、西南大学馆、浙江馆

00027

科学谈座　任鸿隽　邹秉文等著

上海：三通书局，1939.5，104 页，50 开（三通小丛书）

　　本书内收 8 篇论文：《科学之方法》（任鸿隽）、《科学之应用》（任鸿隽）、《科学与农业》（邹秉文）、《发明与研究》（任鸿隽）、《清代汉学家的科学方法》（胡适）、《宇宙之大观》（君实）、《未有生物以前之地球》（王星拱）、《东洋古代文化的化学观》（陈象岩译）。

　　收藏单位：国家馆、辽宁馆、南京馆、浙江馆

00028

科学通论　中国科学社编

上海：中国科学社，1919.3，237 页，23 开

上海：中国科学社，1934.1，增订再版，475 页，23 开

　　本书初版收《科学精神论》《科学方法论》《发明与研究》《科学之分类》《科学与教育》《科学与德行》《科学与农业》等论文 19 篇。增订再版收论文 38 篇。

　　收藏单位：重庆馆、广西馆、桂林馆、国家馆、江西馆、宁夏馆、山西馆、上海馆、绍兴馆、首都馆、天津馆、浙江馆

00029

科学与经验　（英）丁格尔（Herbert Dingle）著　萧立坤译

外文题名：Science and human experience

上海：商务印书馆，1937，182+11 页，32 开（自然科学小丛书）（万有文库 第 2 集 185）

长沙：商务印书馆，1939.2，182+11 页，32 开（自然科学小丛书）

　　本书论述物理学现象之地位及近年来物理思想之显著变迁。内分近世科学之诞生，物理学之成熟，抽象与假设，相对论、量子论，经验与物理学说，以及科学与度量、决定论、艺术、批评、宗教等的关系，共 11 章。

　　收藏单位：重庆馆、大连馆、广东馆、贵州馆、国家馆、江西馆、南京馆、宁夏馆、上海馆、天津馆、浙江馆

00030

科学之路　朱家骅讲

重庆：中央秘书处，1943，32 页，64 开

　　本书为朱家骅视察东南曾应三民主义青年团南岳夏令营时所作的讲演，以"科学之路"为题，对于国人缺乏科学信念以及今后如何促进科学而为工业建国服务作了详尽的阐述。

　　收藏单位：重庆馆

00031

科学总论　（日）永井潜著　黄其倧译述

上海：商务印书馆，1935.6，149 页，32 开（自然科学小丛书）

　　本书共 3 章：自然科学、挽近科学之出现、自然科学与人生。

　　收藏单位：重庆馆、大连馆、东北师大馆、广东馆、广西馆、国家馆、黑龙江馆、江西馆、辽大馆、南京馆、内蒙古馆、宁夏馆、清华馆、上海馆、首都馆、天津馆、浙江馆

00032

理科浅说　丁锡华编

上海：中华书局，1917.3，28 页，32 开（通俗教育丛书）

上海：中华书局，1919，再版，28 页，32 开（通俗教育丛书）

上海：中华书局，1926，4 版，28 页，32 开（通俗教育丛书）

上海：中华书局，1928.8，5 版，28 页，32 开（通俗教育丛书）

上海：中华书局，1931.1，6 版，28 页，32 开（通俗教育丛书）

本书共 8 章：自然物与自然界、自然界之现象、自然界与人类之关系、自然界之研究、理科之成立、理科之范围、理科之研究、理科之功用。

收藏单位：北师大馆、重庆馆、江西馆、南京馆、上海馆、首都馆

00033

现代科学的分析 （德）巴乌应克（B. Bavink）著 （英）哈尔菲尔德（H. S. Halfield）英译 陈范予重译

外文题名：Anatomie der modernen Wissenschaften

长沙：商务印书馆，1940.8，2 册（712 页），25 开（中山文库）

本书通论理化、生物、天文及人类学等方面的学说和成就。内有注释 420 条。

收藏单位：重庆馆、东北师大馆、国家馆、江西馆、上海馆、天津馆

00034

自然界与人生 （英）安特莱德（E. N. da C. Andrade）著　阎振玉　王蔚华译

昆明：中华书局，1939.11，2 册（422+291 页），32 开（科学丛书）

昆明：中华书局，1940，2 版，2 册（422+291 页），32 开

本书分上、下册，共 3 编：我们周围的事物、科学和生命、工作的力。

收藏单位：重庆馆、黑龙江馆、内蒙古馆、天津馆

00035

自然界与人生（续编）（英）赫胥黎（J. S. Huxley）著　王蔚华译

上海：中华书局，1948.3，340 页，32 开（科学常识丛书）

本书共 9 章：地球和气候、地球的成因和历史、生命的化学、泥土、农业、生命的发生和潮流、生物的进化、科学史、科学和概念。

收藏单位：安徽馆、重庆馆、国家馆、辽大馆、南京馆、内蒙古馆、首都馆、浙江馆

00036

自然科学大纲 （英）克罗守（J. G. Growther）著　李建明译

外文题名：An outline of the universe

重庆：祖国出版社，1945.3，248 页，32 开（新学术丛书 2）

本书从宇宙的发生说到人类的历史，扼要讲述天文、地质、理化、生物、生理、心理等学科。著者原题：克罗则。

收藏单位：重庆馆、南京馆、天津馆

00037

自然科学概论 （日）石原纯著　谷神译

上海：商务印书馆，1933.5，301 页，24 开，精装（科学丛书）

上海：商务印书馆，1934.8，再版，301 页，24 开，精装（科学丛书）

上海：商务印书馆，1937，3 版，301 页，24 开，精装（科学丛书）

本书共 10 章：自然科学是什么、经验之成立要件、经验之成立、观察及实验、自然科学之方法、自然科学之形式、自然科学的认识、自然科学之特质及种类、自然科学之数理的表现、自然科学与人生。

收藏单位：重庆馆、东北师大馆、广东馆、广西馆、贵州馆、国家馆、湖南馆、江西馆、辽宁馆、南京馆、内蒙古馆、宁夏馆、首都馆、天津馆、西南大学馆、浙江馆

00038

自然科学概论 张先辰　罗克汀编著

山东新华书店，1949.7，162 页，32 开

本书共 5 章：自然科学史论、科学与社会的关系、自然科学和社会科学的关系、科学的发生与发展、学习科学应有的态度。山东

省政府教育厅审定后期师范代用课本及青年自学读物。

　　收藏单位：东北师大馆、国家馆、山东馆

00039
自然科学概论

陆军大学，1946，270 页，32 开

　　收藏单位：南京馆

00040
自然科学讲话　　罗克汀著

上海：新知书店，1947.5，213 页，32 开（新知丛书）

上海：新知书店，1948.1，再版，159 页，32 开（新知丛书）

长春：新知书店，1949.4，3 版，230 页，32 开

　　本书共 10 章，内容包括：什么是科学、科学与社会生活、科学与哲学、科学的分类、自然科学与社会科学、科学的发生与发展、"五四"启蒙运动与科学思想等。附青年对形式逻辑应有的态度——与张申府先生论"研究形式逻辑"问题、科学与人类正义是背道而驰吗——论"林语堂"的反科学思想。

　　收藏单位：重庆馆、福建馆、桂林馆、国家馆、黑龙江馆、上海馆、首都馆、天津馆

00041
自然科学之革命思潮　　中华学艺社编

外文题名：Revolutionäre Gedanken-Strömungen in der Naturwissenschaft

上海：中华学艺社，1926.7，139 页，32 开（学艺汇刊 14）

上海：中华学艺社，1933.3，国难后 1 版，139 页，32 开（学艺汇刊 14）

　　本书内收论文 8 篇：文元模的《自然科学的真理是客观的真理吗?》《现代自然科学之革命思潮》《论现代科学革命者爱因斯坦的新宇宙观》，张心沛的《相对性理论与哲学之交涉》，周昌寿的《爱因斯坦底宇宙论和思惟的究极》《物理的认识与原子力学》，郑贞文的《最近自然观之批判》《科学之体系》。

　　收藏单位：重庆馆、大庆馆、国家馆、江西馆、南京馆、上海馆、西南大学馆

00042
自然与自然科学　　张先辰著

桂林：文化供应社，1942.7，178 页，32 开

香港：文化供应社，1947.2，178 页，32 开

　　本书原为广西大学文法学院所编的《自然科学概论讲义》，经过补充修订，以现名出版。共两编：自然体系、自然科学史论。大学用书。

　　收藏单位：重庆馆、东北师大馆、广东馆、广西馆、桂林馆、国家馆、黑龙江馆、南京馆、内蒙古馆、浙江馆

科学的哲学原理

00043
当代科学家的宇宙观　　（英）汤姆生（John Arthur Thomson）等著　　张仕章译

外文题名：The great design

上海：青年协会书局，1936.3，185 页，22 开（青年丛书 27）

上海：青年协会书局，1948.1，2 版，185 页，22 开（青年丛书 27）

　　本书由 14 篇文章组成，包括《天空繁星》（爱特根）、《幅射作用》（克洛忒）、《宇宙全貌》（伊甫）、《地球素描》（尉力斯）、《心智进化》（摩尔根）、《生命的独一性》（马克布来德）等。

　　收藏单位：重庆馆、国家馆、南京馆、上海馆、绍兴馆、首都馆、浙江馆

00044
非古复古与科学精神　　梁宗岱著

桂林：明日社，1942.8，57 页，32 开（华胥社丛书）

　　本书作者认为中国科学不发达的原因在于过于注重功利主义的倾向，以及学术上超然性与客观性（科学精神）的缺乏。

　　收藏单位：重庆馆、广东馆、吉林馆、南京馆

00045
科学到何处去　　（德）普朗克（Max Planck）

著　皮仲和译

外文题名：Where is science going?

上海：辛垦书店，1934.7，228 页，22 开（科学丛书）

　　本书共 6 章：科学之五十年，外界是实在的吗，科学家底物理世界之图像，因果律与自由意志——问题之陈述，因果律与自由意志——科学之解答，从相对到绝对。著者原题：蒲朗克。

　　收藏单位：重庆馆、广西馆、贵州馆、国家馆、湖南馆、江西馆、浙江馆

00046

科学的新宇宙观　莫礼逊（A. E. Morrison）著　沈世安译

外文题名：Man does not stand alone

香港：新生出版社，1949.4，64 页，32 开（新时代问题丛书）

　　本书介绍地球、大气、生命、人类、动物、遗传等方面的科学知识。

　　收藏单位：重庆馆、贵州馆、桂林馆、国家馆

00047

科学观　（英）罗素（B. Russell）著　王光煦　蔡宾牟译

外文题名：Scientific outlook

上海：商务印书馆，1935.3，235 页，32 开（汉译世界名著）（万有文库 第 2 集 192）

上海：商务印书馆，1935.10，235 页，32 开（汉译世界名著）

　　本书论述科学方法的模范、特征、限制，科学的形上学、科学与宗教、科学技术之渊源、科学的生育等内容。分 3 篇：科学的知识、科学的技术、科学的社会，共 17 章。

　　收藏单位：重庆馆、大连馆、东北师大馆、广东馆、广西馆、贵州馆、国家馆、黑龙江馆、江西馆、近代史所、辽大馆、辽师大馆、南京馆、内蒙古馆、宁夏馆、上海馆、绍兴馆、天津馆、浙江馆

00048

科学思想概论　何兆清著

重庆：商务印书馆，1943，248 页，25 开

重庆：商务印书馆，1944.8，248 页，25 开

重庆：商务印书馆，1945.10，上海初版，248 页，25 开

重庆：商务印书馆，1945，再版，248 页，25 开

上海：商务印书馆，1946.11，再版，248 页，25 开

　　本书内分上、下编，论述科学与哲学的关系，科学思想发展之概况，科学之哲学等。附论科学与权力。

　　收藏单位：重庆馆、广东馆、广西馆、国家馆、黑龙江馆、湖南馆、吉大馆、辽大馆、辽宁馆、南京馆、绍兴馆、首都馆、天津馆、西南大学馆、浙江馆

00049

科学与假设　（法）潘加勒（Henri Poincare）著　叶蕴理译

外文题名：La science et l'hypothèse

上海：商务印书馆，1930.10，2 册（119+138 页），32 开（汉译世界名著）（万有文库 第 1 集 489）

上海：商务印书馆，1932.11，138 页，32 开，精装（汉译世界名著）

上海：商务印书馆，32 开，精装（汉译世界名著）

　　本书以哲学观点论述科学与假设的关系。共 4 部分：数与量、空间、力、自然界。据日本相马春雄、大野勤的日译本转译。著者原题：普恩街莱。

　　收藏单位：重庆馆、大连馆、东北师大馆、广东馆、广西馆、贵州馆、国家馆、黑龙江馆、湖南馆、江西馆、辽大馆、辽宁馆、辽师大馆、南京馆、内蒙古馆、宁夏馆、上海馆、绍兴馆、首都馆、天津馆、武大馆、西南大学馆、浙江馆

00050

科学与实在　（法）德尔柏（Pierre Delbet）著　危淑元译

外文题名：La science et la réalité

上海：辛垦书店，1934.11，16+390 页，22 开

（科学丛书）

　　本书共 5 编，内容包括：生物变迁说、抽象及伟大的抽象、一般化与扩延、论证与发见——偶然等。据平林辅之底日译本转译。

　　收藏单位：重庆馆、东北师大馆、贵州馆、国家馆、天津馆

00051

科学与玄学　罗志希著

外文题名：Science and metaphysics

上海：商务印书馆，1927.1，266 页，22 开

上海：商务印书馆，1930.12，再版，266 页，22 开

上海：商务印书馆，1934.3，国难后 1 版，266 页，22 开，精装

　　本书对"科学与玄学"论争的看法是："科学为知识的枝干，玄学为知识 …… 森林的全景"。二者应分工合作。正文主要分为科学部分和玄学部分。附《海天中关于哲学回想的一瞥》。

　　收藏单位：重庆馆、东北师大馆、复旦馆、广东馆、广西馆、贵州馆、国家馆、湖南馆、江西馆、近代史所、辽大馆、南大馆、内蒙古馆、上海馆、首都馆、天津馆、武大馆、西南大学馆、浙江馆、中科图

00052

科学与哲学（一名，从我的观点批评科玄论战）　张东荪著

外文题名：Science and philosophy

上海：商务印书馆，1924.6，90 页，32 开

上海：商务印书馆，1928.6，再版，103 页，32 开

　　本书对科学和玄学论战中的一些问题表示了自己的观点。原载《东方杂志》。

　　收藏单位：重庆馆、东北师大馆、国家馆、黑龙江馆、湖南馆、吉林馆、辽大馆、南京馆、内蒙古馆、上海馆、首都馆、浙江馆、中科图

00053

科学哲学与人生　方东美著

上海：商务印书馆，1937.2，375+10 页，22 开

　　本书论述宇宙观与人生观的关系，介绍各个时期宇宙观的特点及其对于文化及人类生活的影响。共 6 章：绪论——哲学思想缘何而起、希腊哲学之意义、科学的宇宙观与人生问题——物质科学、科学的宇宙观与人生问题——生物科学、人性之分析、生命悲剧之二重奏。

　　收藏单位：重庆馆、广东馆、贵州馆、国家馆、黑龙江馆、湖南馆、吉林馆、江西馆、辽宁馆、南京馆、山东馆、上海馆、首都馆、天津馆、西南大学馆、浙江馆、中科图

00054

科学哲学与人生　方东美编

南京：中央党务学校，1 册，大 32 开，精装

　　收藏单位：南京馆

00055

科学哲学与玄学　朱启贤著

重庆：商务印书馆，1943.3，36 页，36 开

重庆：商务印书馆，1943.11，赣 1 版，36 页，36 开

重庆：商务印书馆，1943，再版，36 页，36 开

　　本书为作者在成都华西大学的讲演稿，讲述何谓科学、哲学、玄学以及三者的关系。

　　收藏单位：重庆馆、广东馆、广西馆、贵州馆、国家馆、黑龙江馆、吉林馆、江西馆、辽宁馆、南京馆、内蒙古馆、上海馆、首都馆、武大馆、中科图

00056

科学之价值　（法）潘加勒（Henri Poincare）著　文元模译

外文题名：La valem de la science

上海：商务印书馆，1928.1，220 页，32 开（尚志学会丛书）

上海：商务印书馆，1931.2，再版，220 页，32 开（尚志学会丛书）

上海：商务印书馆，1933.1，国难后 1 版，220 页，32 开（尚志学会丛书）

　　本书共 3 篇：数学的科学、物理的科学、科学之客观价值，并附著者哲学思想大要。著者原题：潘加勒。

收藏单位：重庆馆、东北师大馆、广东馆、广西馆、国家馆、黑龙江馆、湖南馆、江西馆、辽宁馆、南京馆、内蒙古馆、上海馆、天津馆、武大馆、西交大馆、浙江馆

00057

科学之限度　（英）沙利文（J. W. N. Sullivan）著　陈岳生译

外文题名：The limitation of science

上海：商务印书馆，1937.6，48页，32开（自然科学小丛书）（万有文库 第2集 197）

长沙：商务印书馆，1939.2，48页，32开（自然科学小丛书）

本书概论科学的沿革及发展等，认为当前科学虽发达，但仍有很多尚未为人类所发现，因此是有限度的。

收藏单位：重庆馆、大连馆、广东馆、国家馆、黑龙江馆、湖北馆、江西馆、南京馆、内蒙古馆、上海馆、天津馆、浙江馆

00058

科学之新趋势　严鸿瑶著

重庆：独立出版社，1942.6，154页，32开

本书共10章：绪论、科学态度、科学方法、物质论、"时空"论、相对论、生命论、知识论、超然存在、综论。

收藏单位：重庆馆、广东馆、广西馆、国家馆、南京馆、宁夏馆、上海馆、中科图

00059

马克思主义和自然科学　（苏）乌拉诺夫斯基著　周建人译

上海：珠林书店，1938.11，68页，42开

本书共5部分，内容包括：马克思主义和自然科学的内部关连，自然哲学和辩证法，马克思死后的自然科学等。据英国福克斯的英译文转译。译者原题：克士。

收藏单位：国家馆、南京馆、上海馆

00060

穷理学（两种七卷）（比）南怀仁（Ferdinand Verbiest）集述

北平：国立北平图书馆，1936，摄影本，1册

本书内含理辨之五公称五卷、理推之总论两卷。据清灵石王氏寿椿堂藏抄本摄影。题名取自版心。

收藏单位：国家馆

00061

现代哲学之科学基础　傅统先著

上海：商务印书馆，1936.3，10+245页，22开，精装（哲学丛书）

本书讨论科学与哲学的关系，以现代物理学、生物学的最新发现来解释哲学中的唯心论观点，批判唯物论学说。共7章：科学与哲学之合作、现代科学思想之发展、空时问题在相对论之解决、物质问题在新物理学之发现、生命问题在生物学之诠释、心灵问题在新心理学之曙光、科学的哲学趋向于唯物欤唯心欤。

收藏单位：重庆馆、东北师大馆、广东馆、贵州馆、国家馆、黑龙江馆、湖南馆、吉林馆、辽大馆、南京馆、宁夏馆、山东馆、上海馆、首都馆、天津馆、西南大学馆、浙江馆、中科图

00062

新科学的宇宙观　左华宇著

成都：晨钟书局，1946.1，56页，36开（中华建国协会丛书）

本书内分两篇：上篇旧科学的宇宙观，论述唯物思想史、物质之性质、机械的宇宙观等；下篇新科学的宇宙观，论述物质之毁灭、因果律之没落、组织比一切重要、上层决定下层、有机的宇宙观等。附空时观点之转变。

收藏单位：重庆馆、国家馆

00063

哲学与近代科学　张抱横编

上海：世界书局，1934.3，87页，32开（哲学丛书）

本书共3部分：哲学与近代科学之关系、哲学对于近代科学之批判、近代科学中之哲学。

收藏单位：重庆馆、广东馆、国家馆、河南馆、江西馆、辽宁馆、南京馆、山东馆、

首都馆、西南大学馆、浙江馆

浙江馆

00064

哲学与科学　汪奠基著
外文题名：Philosophy and science
上海：商务印书馆，1928.4，64 页，32 开（百科小丛书）
上海：商务印书馆，1930.4，54 页，32 开（百科小丛书）（万有文库 第 1 集 23）
上海：商务印书馆，1933.4，国难后 1 版，54 页，32 开（百科小丛书）
上海：商务印书馆，1935，国难后 2 版，54 页，32 开（百科小丛书）

　　本书共 4 章：哲学定义与分类关于科学研究的历史问题、从哲学到科学、科学哲学的新发展、科学哲学史的重要关系。

　　收藏单位：安徽馆、重庆馆、大连馆、大庆馆、东北师大馆、广东馆、广西馆、贵州馆、国家馆、江西馆、辽大馆、辽师大馆、南京馆、内蒙古馆、宁夏馆、山东馆、上海馆、天津馆、西南大学馆、浙江馆

00065

自然认识界限及宇宙七谜　（德）都·波亚勒蒙（E. D. Bois-Reymond）著　潘谷神译
外文题名：Über die Grenzen des Naturerkennens : die sieben Welträtsel
上海：商务印书馆，1935.9，121 页，32 开（自然科学小丛书）（万有文库 第 2 集 190）
上海：商务印书馆，1936.4，121 页，32 开（自然科学小丛书）

　　本书内收两篇论文：《自然认识界限》，论证"人类的认识能力既无限约又受制约"的辩证认识论，文后有注释 44 条；《宇宙七谜》，包括物质与力的本性，运动的最初起源，生命之发生，自然在外观上是经过有计划、有目的的调整，感官感觉之起源，意识之产生，理性的思维和语言的起源等 7 个问题。著者称之为"超绝的困难问题"，文后有注释 51 条。

　　收藏单位：重庆馆、大连馆、东北师大馆、广东馆、贵州馆、国家馆、黑龙江馆、江西馆、辽大馆、辽师大馆、南京馆、内蒙古馆、宁夏馆、上海馆、首都馆、天津馆、

00066

自然哲学概论　罗克汀著
上海：生活书店，1948.9，300 页，32 开（学习与研究丛刊）

　　本书特别指出辩证唯物论的重要性。共 3 编：当做科学底总方法论看的唯物辩证法、科学理论之诸问题、科学史论研究举例。

　　收藏单位：福建馆、国家馆、近代史所、上海馆、首都馆

00067

最近自然科学　（日）田边元著　周昌寿译
外文题名：Modern natural science
上海：商务印书馆，1926.3，165 页，32 开
上海：商务印书馆，1934.5，国难后 1 版，165 页，32 开
上海：商务印书馆，1935.6，国难后 2 版，132 页，32 开

　　本书是对自然科学的哲学考察。共 7 章：自然科学的特色、近世机械的自然观、电磁的物质观、新力学、不连续的自然观、现代自然观的哲学的批评、自然科学认识的意义。

　　收藏单位：重庆馆、广东馆、广西馆、贵州馆、桂林馆、国家馆、河南馆、黑龙江馆、湖南馆、江西馆、上海馆、首都馆、天津馆

科学的方法论

00068

辩证法的自然科学概论　（苏）哥伦斯坦著　潘谷神译
上海：商务印书馆，1935.3，2 册（336 页），32 开（自然科学小丛书）（万有文库 第 2 集 199）

　　本书共 8 章：哲学与自然科学、科学的辩证法之一般性质、自然科学之分类及其相互关系、数学、力学、物理学、化学、生物学。版权页著者题：哥林斯坦。

　　收藏单位：重庆馆、大连馆、国家馆、辽大馆、内蒙古馆、宁夏馆、天津馆、浙江馆

00069

科学的精神 （英）沙利文（J. W. N. Sullivan）
等著　萧立坤译
外文题名：The scientific mind
上海：商务印书馆，1936.9，92 页，32 开（自
然科学小丛书）（万有文库 第 2 集 189）
长沙：商务印书馆，1940，92 页，32 开（自然
科学小丛书）

　　本书收录论文 4 篇，包括萨力凡的《科
学的精神》、赫胥黎的《研究科学的方法》、
冠蒂斯的《科学的方法》、廷达尔的《幻想的
科学效用》。著者原题：萨力凡等。

　　收藏单位：重庆馆、大连馆、大庆馆、东
北师大馆、广东馆、贵州馆、国家馆、江西
馆、辽大馆、辽师大馆、南京馆、内蒙古馆、
宁夏馆、天津馆、浙江馆

00070

科学方法　胡寄南著
上海：世界书局，1927，51 页，32 开

　　本书共 4 章：引言、科学的定义、科学的
目的与范围、科学的方法。

　　收藏单位：重庆馆、南京馆、内蒙古馆、
上海馆、浙江馆

00071

科学方法　胡明复著
外文题名：Scientific method
上海：商务印书馆，1931.4，26 页，32 开（百
科小丛书）（万有文库 第 1 集 391）
上海：商务印书馆，1933.6，26 页，32 开（百
科小丛书）
上海：商务印书馆，1934.2，再版，26 页，32
开（百科小丛书）
上海：商务印书馆，1935，3 版，26 页，32 开
（百科小丛书）
长沙：商务印书馆，1939.12，26 页，32 开（百
科小丛书）（万有文库 第 1—2 集简编 127）

　　本书论述现代科学方法，主要是实证论
代表人物马赫、魏斯曼等人的科学方法。内
容包括：科学方法与精神之大概及其实用、科
学之律例。

　　收藏单位：安徽馆、重庆馆、大连馆、大

庆馆、东北师大馆、广东馆、广西馆、国家
馆、河南馆、黑龙江馆、江西馆、辽大馆、
辽宁馆、辽师大馆、南京馆、内蒙古馆、宁
夏馆、上海馆、天津馆、武大馆、浙江馆

00072

科学方法论　王星拱编
北京：北京大学出版部，1920.4，318 页，32 开
（新潮丛书 1）
北京：北京大学出版部，1921.3，再版，318 页，
32 开（新潮丛书 1）
北京：北京大学出版部，1924，5 版，216 页，
32 开（新潮丛书 1）
北京：北京大学出版部，1926.10，6 版，216 页，
32 开（新潮丛书 1）
北京：北京大学出版部，1935，7 版，318 页，
32 开（新潮丛书 1）

　　本书是作者在北京大学的讲稿《科学概
论》一书的第 1 卷。共 13 章，内容包括：现
象界之复杂、或然之理论和他的测算、归纳
的理论、观察和试验、假定之用法、知识之
类别、例外之应付等。

　　收藏单位：重庆馆、东北师大馆、国家
馆、河南馆、江西馆、南京馆、内蒙古馆、
宁夏馆、山西馆、绍兴馆、首都馆、天津馆、
浙江馆、中科图

00073

科学与方法 （法）潘加勒（Henri Poincare）
著　郑太朴译
外文题名：Science et méthode
外文题名：Wahrheit und Methode
上海：商务印书馆，1933.12，284 页，32 开（汉
译世界名著）（万有文库 第 1 集 392）
上海：商务印书馆，1934.2，284 页，32 开（汉
译世界名著）

　　本书共 4 卷：学者与科学、数学的推理
法、新力学、天文学。

　　收藏单位：安徽馆、重庆馆、大连馆、大
庆馆、东北师大馆、广东馆、广西馆、贵州
馆、国家馆、黑龙江馆、江西馆、辽大馆、
辽宁馆、辽师大馆、南京馆、内蒙古馆、宁
夏馆、上海馆、绍兴馆、首都馆、天津馆、

武大馆、西南大学馆、浙江馆

00074

实验科学方法论 （法）克罗德·柏尔纳（Claude Bernard）著　夏康农译

上海：华夏书店，1947.10，195 页，32 开

本书共两篇：论实验的推理、生物的实验。

收藏单位：重庆馆、东北师大馆、广东馆、广西馆、国家馆、辽宁馆、山东馆、上海馆、绍兴馆、首都馆、天津馆

00075

自然辩证法　陈晓时编译

上海：上海书报杂志联合发行所，1949.4，157页，32 开（思想与科学小丛书）

上海：上海书报杂志联合发行所，1949.9，再版，157页，32 开（思想与科学小丛书）

上海：上海书报杂志联合发行所，1949，3 版，157页，32 开（思想与科学小丛书）

本书分前后两篇：前篇为自然辩证法史，后篇为自然辩证法概论。

收藏单位：东北师大馆、贵州馆、国家馆、内蒙古馆、山西馆、绍兴馆、首都馆、天津馆、中科图

00076

自然辩证法 （德）恩格斯（Friedrich Engels）著　杜畏之译

上海：神州国光社，1932.8，657 页，32 开

上海：神州国光社，1933.1，再版，657 页，32 开

上海：神州国光社，1946.12，657 页，32 开

上海：神州国光社，1949.1，4 版，657页，32 开

上海：神州国光社，1949.6，5 版，657页，32 开

本书内容包括：辩证法科学之一般性质、反杜林论的附注、现代自然科学中之辩证法、辩证法与自然科学、读书杂记、运动之基本形态、从猿到人、精神世界中之自然科学等。

收藏单位：东北师大馆、广西馆、国家馆、山东馆、山西馆、上海馆、首都馆、天津馆、中科图

00077

自然辩证法 （德）恩格斯（Friedrich Engels）著　杜畏之译

上海：言行社，1940.4，657 页，32 开

收藏单位：国家馆、黑龙江馆、上海馆、首都馆、天津馆

00078

自然科学新论（辩证法的自然科学概论） （苏）果林斯坦著　廖稚鸣等译

上海：辛垦书店，1934.1，313 页，22 开，精装

本书共 8 章：哲学与自然科学、作为科学的证辩法底一般的性质、自然科学底分类与其相互关系、数学、力学、物理学、化学、生物学。据日译本（1933 年 8 月白杨社再版）转译。

收藏单位：重庆馆、广西馆、桂林馆、国家馆、江西馆、南京馆、首都馆、天津馆、浙江馆

自然科学与其他学科的关系

00079

科学与工业 （法）亨利·沙多里（Henry Chatelier）著　冼荣熙编译

上海：世界书局，1931.12，201 页，32 开

本书共 9 章，内容包括：科学之定义、事实之观察、实验之度量、原理之推测、科学之定律、近代科学之进化及其实际、创造与发明等。

收藏单位：重庆馆、广东馆、广西馆、湖南馆、江西馆、天津馆、浙江馆

00080

科学与行动及信仰 （英）赫胥黎（J. S. Huxley）著　杨丹声译

外文题名：What dare I think?

上海：商务印书馆，1935.9，2 册（238 页），32 开（自然科学小丛书）（万有文库第 2 集 182）

上海：商务印书馆，1936.8，238 页，32 开（自然科学小丛书）

本书共 7 章：生物学和人底物质环境、生物学和人本身、人和人的遗传、科学与人性的冲突、科学的人文主义、科学宗教和人性、科学与宗教的前途。

收藏单位：重庆馆、大连馆、大庆馆、东北师大馆、广东馆、贵州馆、国家馆、湖南馆、华东师大馆、江西馆、辽师大馆、南京馆、内蒙古馆、宁夏馆、上海馆、绍兴馆、天津馆、西南大学馆、浙江馆

00081

科学与修养 （英）索底（Frederick Soddy）等著　刘正训译

外文题名：Science and culture

上海：商务印书馆，1937.3，142 页，32 开（自然科学小丛书）（万有文库 第 2 集 196）

本书内收 7 篇论文：《科学与生活》《科学与修养》《科学在普通教育中之地位》《艺术与科学》《诗与科学》《科学与宗教》《科学的个人主义之觉醒》。

收藏单位：重庆馆、大连馆、大庆馆、东北师大馆、国家馆、辽大馆、辽师大馆、内蒙古馆、宁夏馆、天津馆、浙江馆

00082

科学在资本主义社会与社会主义社会 （苏）罗宾斯坦（М. Рубинштейн）著　张天明译

天津：知识书店，1949.4，14 页，32 开（知识文选 7）

收藏单位：东北师大馆、国家馆、吉林馆、天津馆

00083

自然科学与现代思潮 （日）石原纯著　高铦译

上海：华通书局，1929.10，74 页，36 开（民众文库）

本书论述自然科学对思想及社会的影响，倡导征服自然。

收藏单位：广西馆、国家馆、江西馆、南京馆、天津馆、浙江馆

自然科学史

00084

发明家与发明物 （美）巴克曼（Frank P. Bachman）著　刘遂生译

外文题名：Great inventors and their inventions

上海：新亚书店，1934.3，228 页，32 开

本书收文 15 篇，分为 4 编：关于蒸汽力和电力的发明物、关于制造和生产的发明物、关于印刷和交通上的发明物、近代的著名发明家。

收藏单位：重庆馆、广西馆、国家馆、江西馆、南京馆、上海馆、首都馆、天津馆、浙江馆

00085

发明史话 （美）房龙（Hendrik Van Loon）著　徐同邺译

外文题名：The story of invention

上海：商务印书馆，1948.6，142 页，32 开

本书杂谈古今科技发明的历史。

收藏单位：重庆馆、东北师大馆、广东馆、广西馆、桂林馆、国家馆、辽宁馆、上海馆

00086

发现与发明 方尼亚著　吕谌译

上海：北新书局，1928，284 页，32 开（科学丛书）

上海：北新书局，1929.2，284 页，32 开（科学丛书）

本书共 18 章，讲述望远镜、火车、电话及电报等发明。版权页题：吕谌编。

收藏单位：重庆馆、广东馆、广西馆、国家馆、江西馆、绍兴馆、首都馆、西南大学馆、浙江馆

00087

法国科学小史 吴澄渊编译

上海：国际书屋，1947.10，26 页，32 开

上海：国际书屋，1948.10，再版，26 页，32 开

收藏单位：广东馆、国家馆、江西馆、南

京馆

00088

方以智物理小识　陈文涛笺证
福州：福州文明书局，1936.12，106 页，25 开
　　　收藏单位：国家馆

00089

关于琥珀与磁石的东洋科学杂史　（日）桑木彧雄著
北京：近代科学图书馆，1939，16页，22 开（北京近代科学图书馆丛刊 6）
　　　收藏单位：国家馆

00090

关于科学　赵璧编译
上海：国民图书编译社，[1944]，71 页，32 开（国际科学知识丛书 2）
　　本书介绍科学家，科学与人生，发明简史及世界科学发展情况等。
　　　收藏单位：国家馆、南京馆、上海馆、首都馆、浙江馆

00091

近代科学发明概观　华汝成编
上海：中华书局，1935.2，306 页，32 开（中华百科丛书）
昆明：中华书局，1939.8，再版，306 页，32 开（中华百科丛书）
上海：中华书局，1940，3 版，306 页，32 开（中华百科丛书）
昆明：中华书局，1941.2，4 版，306 页，32 开（中华百科丛书）
　　本书共 17 章，内容包括：火柴及人造光、爱克司光线及镭锭、照相及电影、电报及电话、日用电具、原动机等。
　　　收藏单位：重庆馆、广东馆、国家馆、湖南馆、江西馆、辽宁馆、南京馆、内蒙古馆、宁夏馆、山西馆、首都馆、天津馆、浙江馆

00092

近世之新发明　葛绥成编
上海：中华书局，1926.9，144 页，32 开（常识丛书 18）
上海：中华书局，1927，再版，144 页，32 开（常识丛书 18）
上海：中华书局，1928.8，3 版，144 页，32 开（常识丛书 18）
上海：中华书局，1930.4，4 版，144 页，32 开（常识丛书 18）
上海：中华书局，1932.8，5 版，144 页，32 开（常识丛书 18）
昆明：中华书局，1940.4，6 版，144 页，32 开（常识丛书 18）
　　本书共 21 章，介绍蒸汽机关、蒸汽船、火车、汽车等世界近代较重要的发明及发明家。
　　　收藏单位：重庆馆、广东馆、广西馆、桂林馆、国家馆、黑龙江馆、湖南馆、南大馆、南京馆、内蒙古馆、宁夏馆、绍兴馆、首都馆、天津馆、西南大学馆、浙江馆

00093

考工记图　（清）戴震著
上海：商务印书馆，1935.3，135 页，32 开（国学基本丛书）（万有文库 第 2 集 390）
长沙：商务印书馆，1939.9，135 页，32 开（国学基本丛书）（万有文库 第 1—2 集简编）
　　本书记述古代工程技术及产品制造，此书为之绘图。
　　　收藏单位：重庆馆、大连馆、东北师大馆、贵州馆、国家馆、江西馆、辽师大馆、内蒙古馆、宁夏馆、上海馆、天津馆、浙江馆

00094

科学发达略史　张子高讲演　周邦道记述
上海：中华书局，1923.11，257 页，32 开（新文化丛书）
上海：中华书局，1924.3，再版，257 页，32 开（新文化丛书）
上海：中华书局，1925，3 版，257 页，32 开（新文化丛书）
上海：中华书局，1926.6，4 版，257 页，32 开（新文化丛书）
上海：中华书局，1928.4，6 版，257 页，32 开

（新文化丛书）

上海：中华书局，1930，7 版，257 页，32 开
（新文化丛书）

上海：中华书局，1932.8，8 版，257 页，32 开
（新文化丛书）

上海：中华书局，1936.3，9 版，257 页，32 开
（新文化丛书）

本书讲述从科学之起源到十九世纪之科学发展情况。附科学在中国之过去及将来、近五十年来之中国科学教育。

收藏单位：重庆馆、广东馆、广西馆、贵州馆、国家馆、江西馆、近代史所、南京馆、内蒙古馆、绍兴馆、首都馆、西交大馆、浙江馆

00095

科学发见谈　（英）吉卜生（Charles R. Gibson）著　曹孚译
外文题名：The wonders of scientific discovery
上海：商务印书馆，1913.5，172 页，32 开（自然科学小丛书）
上海：商务印书馆，1935.3，172 页，32 开（自然科学小丛书）（万有文库 第 2 集 205）
上海：商务印书馆，1935.6，再版，172 页，32 开（自然科学小丛书）

本书讲述自然界的一些重要而有趣的科学发现。

收藏单位：重庆馆、大庆馆、广西馆、贵州馆、国家馆、黑龙江馆、辽师大馆、南京馆、内蒙古馆、宁夏馆、上海馆、首都馆、浙江馆

00096

科学家生活　沙玉彦编著
上海：世界书局，1929，92 页，32 开（生活丛书）
上海：世界书局，1932.11，再版，92 页，32 开（生活丛书）

本书共 4 章：绪言、生活的使命、生活的情形、逸话。

收藏单位：重庆馆、广东馆、广西馆、国家馆、河南馆、黑龙江馆、湖南馆、江西馆、内蒙古馆、宁夏馆、首都馆、天津馆、浙江馆

00097

科学家与发明　郑颐淇著
北平：小小书店，1947.5，37 页，32 开（小小丛书 3）

本书以通俗文字介绍轮船、毛笔、纸、电池、电报、电话、无线电、邮政、避雷针、汽车、飞机等的发明。

收藏单位：国家馆

00098

科学史　沙玉彦编著
上海：世界书局，1931.4，183 页，32 开
上海：世界书局，1931.11，再版，183 页，32 开
上海：世界书局，1932.12，3 版，183 页，32 开

本书共 8 章，简述科学的起源和发展，并介绍科学家发明简况。

收藏单位：重庆馆、东北师大馆、广东馆、广西馆、国家馆、黑龙江馆、湖南馆、江西馆、近代史所、南京馆、清华馆、上海馆、首都馆、天津馆、武大馆、浙江馆

00099

科学史上之最近二十年　刘咸著
上海：中国科学社，1936.1，4—11 页，16 开
本书为《科学》第 20 卷第 1 期抽印本。
收藏单位：国家馆

00100

科学与科学思想发展史　（英）丹皮尔（W. C. D. Dampier-Whetham）著　任鸿隽　李珩　吴学周译
外文题名：A history of science and its relation with philosophy and religion
重庆：商务印书馆，1946.3，2 册（460+29 页），25 开（大学丛书）
上海：商务印书馆，1946.6，2 册（10+460+29 页），25 开（大学丛书）
重庆：商务印书馆，1947，2 册（460+29 页），25 开（新中学文库）
上海：商务印书馆，1947.3，2 册（460+29 页），25 开（新中学文库）

本书共 10 章，内容包括：上古世界的科学、中世纪、文艺复兴、牛顿时代、十九世

纪的物理学、十九世纪的生物学、十九世纪的科学及哲学思想等。著者原题：丹丕尔。

　　收藏单位：重庆馆、东北师大馆、广东馆、广西馆、国家馆、湖南馆、近代史所、南京馆、内蒙古馆、山西馆、上海馆、首都馆、天津馆、武大馆、西交大馆、西南大学馆

00101

人与自然力　S.瓦里特赫著　青山译

[沈阳]：光华书店，1949.1，59页，36开（自然科学小译丛 2）

　　本书共 5 章：人改造自然、从原始的火钻到现代的发动机、自然中和技术中的电、科学是人战胜自然的武器、科学和技术发展的前途。

　　收藏单位：安徽馆、东北师大馆、广东馆、国家馆、吉林馆、山东馆、天津馆

00102

人怎样征服自然　（苏）华尔德加德著　什之译

上海：天下图书公司，1947.4，72页，36开（人民科学丛书）（大众科学丛书 4）

北平：天下图书公司，1949.4，华北 1 版，72页，36开（人民科学丛书）

北平：天下图书公司，1949.6，华北 2 版，72页，36开（人民科学丛书）

　　本书共 6 部分：人改造自然、从原始人的火堆到现代发动机、自然界和技术中的电力、科学是人类万能的基础、科学与技术发展无止境、原子力与电波。

　　收藏单位：北师大馆、重庆馆、广西馆、国家馆、上海馆、天津馆、浙江馆

00103

天工开物　（明）宋应星撰

北平：国立北平图书馆，1934，摄影本，3 册

　　本书据书林杨素卿刻本摄影。其他题名：宋先生著天工开物。

　　收藏单位：国家馆

00104

天工开物　（明）宋应星著

上海：国学整理社，1936.12，323页，32开，精装

　　本书记述我国古代生产技术和经验。附陶订图目（陶湘编）、丁撰奉新宋长庚先生传、陶本丁跋（丁文江撰）。世界书局印行。

　　收藏单位：重庆馆、大庆馆、广东馆、国家馆、南京馆、宁夏馆、上海馆、绍兴馆、中科图

00105

天工开物　（明）宋应星著

上海：华通书局，1930.6，石印本，[230]页，16开，环筒页装

00106

天工开物　（明）宋应星著

上海：商务印书馆，1933.12，3 册（308 页），32开（国学基本丛书）（万有文库 第 1 集）

长沙：商务印书馆，1939.12，2 册（308 页），32开（国学基本丛书）（万有文库 第 1—2 集简编 272）

上海：商务印书馆，[1940]，308页，32开（国学基本丛书简编）

　　收藏单位：重庆馆、大连馆、东北师大馆、广东馆、广西馆、贵州馆、国家馆、黑龙江馆、江西馆、辽大馆、辽宁馆、辽师大馆、内蒙古馆、宁夏馆、上海馆、天津馆、浙江馆

00107

天工开物　（明）宋应星著　（日）三枝博音解说

东京：十一组出版部，1943.9，12+467+137页，32开，精装

　　收藏单位：国家馆、近代史所

00108

无尽的探究（三千年来科学史 2）　（美）魏斯特惠著　郑太朴译

上海：商务印书馆，[1929—1934]，180—249页，25开（汉译世界名著）（万有文库 第 2 集 204）

　　本书主要介绍三千年来的科学史和文明史。本册为第 13—22 章内容，具体包括：

一千年的沉闷时代、印度人及亚拉伯人、文艺复兴之曙光、文艺复兴与宗教改革、新天文学、哥白尼氏、布剌氏、刻卜勒氏、伽利略氏、力学之创立。

收藏单位：重庆馆、大连馆、大庆馆、东北师大馆、江西馆、辽师大馆、宁夏馆、浙江馆

00109

物理小识 （清）方以智录

上海：商务印书馆，1937.3，2 册（294 页），32 开（国学基本丛书）（万有文库 第 2 集 543）

收藏单位：大连馆、大庆馆、东北师大馆、广西馆、国家馆、辽大馆、辽师大馆、内蒙古馆、宁夏馆、天津馆、浙江馆

00110

西洋科学初期史 （英）发灵顿（B. Farrington）著　程石泉译述

外文题名：Science in antiquity

重庆：建中出版社，1944.5，174 页，32 开

本书阐述自公元前 2000 年至公元五世纪科学蒙昧时期的历史。涉及埃及与美索比达米亚、希腊、罗马各时代。对伊昂尼学派、苏格拉底、柏拉图、亚里士多德、毕达哥拉斯的学说做了重点论述。

收藏单位：重庆馆、国家馆、近代史所、南京馆、宁夏馆

00111

西洋科学史 （美）李贝（Walter Libby）著　尤佳章译

外文题名：An introduction to the history of science

上海：商务印书馆，1928.9，223 页，32 开，精装（科学丛书）

上海：商务印书馆，1931.5，再版，223 页，32 开（科学丛书）

上海：商务印书馆，1933.9，国难后 1 版，223 页，32 开（科学丛书）

上海：商务印书馆，1933.12，223 页，32 开（汉译世界名著）（万有文库 第 1 集 398）

长沙：商务印书馆，1938，223 页，32 开（科学丛书）

长沙：商务印书馆，1939.9，223 页，32 开（汉译世界名著）（万有文库 第 1—2 集简编 129）

本书共 20 章，论述科学与实用需要、抽象思想之影响、科学之连续性、科学之分类、科学方法、科学与宗教、科学与战争、科学与民治教育等内容。

收藏单位：安徽馆、重庆馆、大连馆、东北师大馆、广东馆、广西馆、贵州馆、国家馆、黑龙江馆、湖南馆、江西馆、近代史所、辽大馆、辽宁馆、辽师大馆、南京馆、内蒙古馆、宁夏馆、上海馆、绍兴馆、天津馆、西南大学馆、浙江馆

00112

西洋科学史讲话　施瑛著

上海：世界书局，1943.11，189 页，32 开

本书共 19 章，综述西洋自然科学的发展史，起自古埃及迄近代居里夫人与放射学。

收藏单位：重庆馆、广东馆、湖南馆、江西馆、南京馆、浙江馆

00113

先秦自然学概论　陈文涛著

上海：商务印书馆，1928.3，172 页，32 开（国学小丛书）

上海：商务印书馆，1930.4，170 页，32 开（国学小丛书）（万有文库 第 1 集 394）

上海：商务印书馆，1931，再版，170 页，32 开（国学小丛书）

上海：商务印书馆，1933.4，国难后 1 版，170 页，32 开（国学小丛书）

上海：商务印书馆，1934.5，国难后 2 版，170 页，32 开（国学小丛书）

本书论述先秦的天文学、历学、测天器、力学、光学、音学、生物学、生理卫生学、工业、农业、自然科学以及古代汉族文化的发展等。

收藏单位：安徽馆、重庆馆、大连馆、大庆馆、东北师大馆、广东馆、广西馆、贵州馆、国家馆、河南馆、黑龙江馆、湖北馆、湖南馆、江西馆、辽大馆、辽宁馆、辽师大馆、南京馆、内蒙古馆、宁夏馆、山西馆、上海馆、绍兴馆、首都馆、天津馆、西南大

学馆、浙江馆

00114

现代科学发明史　徐守桢著

外文题名：History of the scientific inventions

上海：商务印书馆，1930.4，159页，32开（新时代史地丛书）（万有文库 第 1 集 509）

上海：商务印书馆，1931.1，159页，32开（新时代史地丛书）

上海：商务印书馆，1933.5，国难后 1 版，159页，32开（新时代史地丛书）

上海：商务印书馆，1934.1，国难后 2 版，159页，32开（新时代史地丛书）（万有文库 第 1 集 509）

长沙：商务印书馆，1940.6，国难后 3 版，159页，32开（新时代史地丛书）

　　本书共 50 章，分别叙述了锅炉、火车、轮船、飞机、牛痘、麻醉剂等的发明经过。

　　收藏单位：安徽馆、重庆馆、大连馆、东北师大馆、广东馆、广西馆、贵州馆、国家馆、黑龙江馆、湖南馆、江西馆、辽大馆、辽师大馆、南京馆、内蒙古馆、宁夏馆、上海馆、首都馆、天津馆、西交大馆、浙江馆

00115

现代科学进化史　徐守桢著

外文题名：History of the development of science

上海：商务印书馆，1930.4，146页，32开（新时代史地丛书）（万有文库 第 1 集 397）

上海：商务印书馆，1931.7，146页，32开（新时代史地丛书）

上海：商务印书馆，1932.11，国难后 1 版，146页，32开（新时代史地丛书）

上海：商务印书馆，1934.7，再版，146页，32开（新时代史地丛书）（万有文库 第 1 集 397）

　　本书概述算学、天文学、物理学、化学、地质学、生物学等的演进史。

　　收藏单位：安徽馆、重庆馆、大连馆、东北师大馆、广东馆、广西馆、贵州馆、国家馆、黑龙江馆、湖南馆、江西馆、辽大馆、辽师大馆、南京馆、内蒙古馆、宁夏馆、上海馆、天津馆、西交大馆、西南大学馆、浙江馆

00116

现代科学在中国的发展　张孟闻著

上海：民本出版公司，1948.10，41页，36开（中国科学社小丛书 5）

　　本书共 6 部分：萌芽时期、洋务时期、启蒙时期、学院时期、民主时期、回顾与前瞻。

　　收藏单位：国家馆、内蒙古馆、上海馆、天津馆

00117

新法事物发明史　赵宗预编纂　范祥善校订

外文题名：Short history of inventions and discoveries

上海：商务印书馆，1922.7，4 册（31+25+25+28页），25 开

　　本书简述兵器、取火、房屋、耕稼、衣服、医药、音乐、文字、钱币、机器、飞机、印刷等的发明史。

　　收藏单位：绍兴馆、首都馆

00118

新法事物发明史（第 1 册）　赵宗预编纂　范祥善校订

上海：商务印书馆，1923，再版，31页，25 开

上海：商务印书馆，1923.10，3 版，31页，25 开

上海：商务印书馆，1925.5，4 版，31页，25 开

上海：商务印书馆，1931，5 版，31页，25 开

　　本书简述兵器、取火、房屋、耕稼、衣服、医药、音乐的发明史。

　　收藏单位：重庆馆、国家馆、首都馆

00119

新法事物发明史（第 2 册）　赵宗预编纂　范祥善校订

上海：商务印书馆，1923.3，再版，25页，25 开

上海：商务印书馆，1923.11，4 版，25页，25 开

上海：商务印书馆，1930，5 版，25页，32 开

　　本书简述食用动物、文字、矿物、钱币的发明史。

　　收藏单位：重庆馆、国家馆、首都馆

00120

新法事物发明史（第3册） 赵宗预编纂　范祥善校订

上海：商务印书馆，1923.3，再版，25页，25开

上海：商务印书馆，1923，4版，25页，25开

本书简述养狗和猫、陀载动物、麻和棉、商业、时计的发明史。

收藏单位：重庆馆、首都馆

00121

新法事物发明史（第4册） 赵宗预编纂　范祥善校订

上海：商务印书馆，1924.5，3版，28页，25开

上海：商务印书馆，1926，4版，28页，25开

上海：商务印书馆，1930，5版，28页，32开

本书简述机器、飞机、印刷的发明史。

收藏单位：重庆馆、广东馆、国家馆、首都馆

00122

译刊科学书籍考略 周昌寿著

上海：商务印书馆，1937，409—470页，16开

本书考述中国翻译科学书籍的历史，内分明末迄清初、咸丰迄清末、民国二十五年间三个时期。《张菊生先生七十生日纪念论文集》抽印本。

收藏单位：国家馆

00123

印度科学 刘咸编著

重庆：正中书局，1944.7，139页，32开（时事月报社丛书）

上海：正中书局，1947.10，沪1版，139页，32开（时事月报社丛书）

本书介绍印度科学史及科学事业状况。包括印度古时之科学，二十世纪以前及二十世纪之印度科学，印度科学刊物及专家等。

收藏单位：重庆馆、国家馆、江西馆、辽大馆、南京馆

00124

战时中国之科学 （英）李约瑟（Joseph Needham）著　徐贤恭　刘建康译

上海：中华书局，1947.11，90页，32开（新中华丛书 科学知识汇刊）

本书内收《中西科学与农业》《战时与平时之国际科学合作》《在反轴心战争中之科学与政府》《战时中国西南部科学之发展》《战时之重庆科学界》《战时川西科学之发展》《中国西北部之科学与工艺》《科学和工业技术在中国遥远的东南区》《科学在黔桂》9篇文章。版权页题名：战后中国之科学。

收藏单位：重庆馆、东北师大馆、广东馆、广西馆、贵州馆、国家馆、南京馆、浙江馆

00125

中国科学二十年 刘咸主编

上海：中国科学社，1937.5，326页，32开（科学文库 第1集 第1号）

本书收入曾在《科学》杂志上发表过的论文15篇，包括天文、地理、生物等学科，多为论述各该学科二十年来在中国的进展状况。

收藏单位：重庆馆、东北师大馆、广东馆、广西馆、贵州馆、国家馆、黑龙江馆、南京馆、上海馆、浙江馆

00126

中国科学史举隅 张孟闻著

上海：中国文化服务社，1947.2，118页，32开（青年文库）

本书内收3篇论文:《学术史迹的检取与发扬》《中国生物分类学史述论》《两性问题之生物史观》。

收藏单位：重庆馆、大庆馆、广东馆、国家馆、南京馆、天津馆

00127

中国与科学 姚万年等著

上海：商务印书馆，1933.12，92页，50开（东方青年文库续编）

本书内收3篇论文:《化学与中国建设》《国内生物科学近年来之进展》《中国科学的

前途》。东方杂志社三十周年纪念刊。

收藏单位：重庆馆、大庆馆、东北师大馆、广东馆、国家馆、黑龙江馆、湖南馆、辽大馆、南京馆、内蒙古馆、上海馆、首都馆、天津馆、浙江馆

00128

自然科学史（上册）（美）西德微克（William Thompson Sedgwick）（美）泰勒尔（Harry Walter Tyler）著　皮仲和译

外文题名：Short history of science. Vol.I

上海：辛垦书店，1934.11，307 页，22 开（科学丛书）

本书共 9 章，内容包括：初期之文明、巴比伦尼亚与埃及之初期的数学、希腊科学之发轫、希腊黄金时代之科学、亚历山大尼亚之希腊科学、亚历山大尼亚科学之衰颓等。书前有杨伯恺的《科学丛书弁言》。

收藏单位：重庆馆、广东馆、广西馆、国家馆、湖南馆、江西馆

00129

自然科学史大纲　汤增敫著

上海：广益书局，1934.2，154+88 页，25 开

本书内分两编：前编为方法论，概论自然科学与自然哲学之方法的关系、认识与方法之一般的形态、自然·自然科学·辩证法，以及关于最近的各问题等；后编为历史论，概述自然科学史的意义与其困难、方法的基础，关于西方的自然科学发展史等。

收藏单位：广西馆、国家馆、近代史所、南京馆

00130

自然科学史概论　潘谷神编译

上海：进化书局，1937.8，166 页，32 开

本书内分两篇：第 1 篇内容有自然科学史的意义和困难、唯物史观与辩证法的自然观是研究科学史方法的基础、自然科学史研究之先导——恩格斯等；第 2 篇内容有古代的自然科学、近代自然科学之危机及倾向等。据日本伊豆公夫的《自然科学史概要》编译。

收藏单位：重庆馆、南京馆

自然科学现状及发展

00131

第二次世界大战中之科学新发明　北平军事调处执行部政府方面编译课译　冯荫椿校

北平：北平军事调处执行部政府方面编译课出版委员会，1946.12，258 页，32 开

本书分 4 部分：物理与化学、医药、农业、航空及其他科学，总计 28 章。

收藏单位：广东馆、国家馆、辽宁馆、南京馆、宁夏馆、上海馆、首都馆、天津馆

00132

发明（上卷）　向今编译

上海：神州国光社，1931.11，67 页，25 开（少年时代丛书）

本书介绍有声电影、无线电、机械人、自动电话等发明。

收藏单位：重庆馆、江西馆、南京馆、浙江馆

00133

发明与文明　黄士恒著

外文题名：Invention and civilization

上海：商务印书馆，1915.11，154 页，32 开（新智识丛书 2）

上海：商务印书馆，1916.10，再版，154 页，32 开（新智识丛书 2）

上海：商务印书馆，1924.6，3 版，154 页，32 开（新智识丛书 2）

本书共 5 篇：陆上之交通机关、水上之交通机关、空中之交通机关、通信机关、发光机关。

收藏单位：重庆馆、桂林馆、国家馆、吉大馆、江西馆、南京馆、内蒙古馆、宁夏馆、首都馆、天津馆、浙江馆

00134

开拓报告书

东北科学技术学会，1945，油印本，71 页，18 开

收藏单位：广东馆、中科图

00135

科学发明的新阶段 （英）何非（H. Stafford
Hatfield）著　王达新摘译

外文题名：Inventions and their uses in science today

金华：正中书局，1942.1，174 页，32 开（科
学知识丛书）

重庆：正中书局，1943.1，3 版，174 页，32 开
（科学知识丛书）

　　本书讲述各种科学发明及其用途。

　　收藏单位：重庆馆、东北师大馆、广东
馆、国家馆、黑龙江馆、南京馆、西南大学
馆、浙江馆

00136

科学发明史　沈志坚编

上海：新中国书局，1935.6，66 页，32 开

上海：新中国书局，1936，2 版，66 页，32 开

　　本书内分 10 节，叙述航空术、蒸汽机、
汽车、缝纫机、印刷术、电报等的发明过程。
小学校高级社会读物。

　　收藏单位：国家馆、天津馆

00137

科学介绍（汇订本 第 1 卷）　上海交通大学科
学社出版部编

上海：国立交通大学科学社，1935.12，310 页，
24 开

　　本书为上海晨报社《科学介绍》周刊第
1—50 期合辑。共 5 编：科学论著、数学之
部、物理之部、化学之部、杂俎。附自然科
学分类表、应用科学分类表、全国各理学院
分系表、最新原子表、度量衡制度表、交通
大学科学学院概况。

　　收藏单位：广东馆、国家馆、首都馆、天
津馆

00138

科学进步谈 （英）克洛忒（J. G. Crowther）
著　伍况甫译

外文题名：The Progress of science: an account of
recent fundamental researches in physics,
chemistry and biology

上海：商务印书馆，1937.3，289 页，32 开（汉
译世界名著）（万有文库 第 2 集 198）

上海：商务印书馆，1937.6，289 页，32 开（汉
译世界名著）

　　本书介绍理、化、天文、生物、医学等
研究的最新成果。

　　收藏单位：重庆馆、大连馆、大庆馆、广
东馆、广西馆、贵州馆、国家馆、江西馆、
辽大馆、辽师大馆、南京馆、内蒙古馆、宁
夏馆、上海馆、绍兴馆、首都馆、浙江馆

00139

科学与技术　赵曾珏著

上海：中华书局，1948.6，389 页，24 开

　　本书共 4 编：一般科学、电机工程、经济
建设与国防建设、文教杂论。

　　收藏单位：重庆馆、东北师大馆、广东
馆、广西馆、国家馆、南京馆、内蒙古馆、
上海馆、首都馆、天津馆、浙江馆

00140

科学与人生 （美）赫黎斯（F. S. Harris）著
尤佳章等译

外文题名：Scientific research and human welfare

上海：商务印书馆，1929.5，1 册，22 开，精
装（科学丛书）

上海：商务印书馆，1933.7，国难后 1 版，1 册，
22 开，精装（科学丛书）

　　本书共 10 篇：卫生、邮电、运输、发光、
农业、工程、制造、家事、总论、附录。

　　收藏单位：重庆馆、东北师大馆、广东
馆、广西馆、贵州馆、国家馆、湖南馆、江
西馆、辽宁馆、南京馆、内蒙古馆、首都馆、
天津馆、西南大学馆、浙江馆

00141

科学与世界改造 （美）柯尔威（O. W. Caldwell）
（美）斯洛孙（Edwin E. Slosson）著　徐养
秋等译

外文题名：Science remaking the world

上海：商务印书馆，1929.9，294 页，32 开（中
华教育改进社丛书 5）

上海：商务印书馆，1935.3，国难后 1 版，294
页，32 开（中华教育改进社丛书 5）

本书共 16 章，内容包括：近世科学的成绩与责任、汽油是一种世界权力、煤膏对于文明的影响、大流行的流行性感冒之研究、吾人现今对于结核症的知识等。

收藏单位：重庆馆、广东馆、广西馆、国家馆、黑龙江馆、湖南馆、江西馆、南京馆、宁夏馆、清华馆、山西馆、上海馆、首都馆、天津馆、浙江馆

00142

明日的科学　（美）恳普裴特（Waldemar Kae-mpffert）著　伍况甫译

外文题名：Science today and tomorrow

重庆：大时代书局，1940.10，110 页，32 开

重庆等：大时代书局，1941.5，再版，110 页，32 开

本书预测未来科学的发展。内容包括：一颗恒星爆炸、太阳系里的生物、大气探索家、原子底神秘、化学革命、达尔文以来的演化论、人和他底世界等。再版发行地还有：桂林、香港、上海。

收藏单位：重庆馆、广东馆、广西馆、国家馆、南京馆、首都馆、天津馆、西南大学馆、浙江馆

00143

明日的科学　殷师竹编著

上海：新思想学会，1929.4，155 页，25 开（明日世界丛书）

本书预测未来科学的发展。共 28 章，内容包括：合成食料、天体交通、太阳光热之利用、物质之本源、创造生命、性之预知及变换法、地震预知与品种改良等。版权页题名：明天的科学。版权页丛书题名：明天世界丛书。封面出版者题：新社会书店。

收藏单位：重庆馆、西南大学馆

00144

明日的科学　殷振亚编著

上海：大通图书社，1929.5，155 页，27 开（明日世界丛书）

本书目录前题：明天世界丛书、明天的科学。封面编著者题：殷师竹。出版者题：新社

会书店。

收藏单位：江西馆、南京馆

00145

世界科学新谭　孟寿椿编述

上海：亚东图书馆、北新书局，1928—1930，2 册（22+541 页），32 开

上海：亚东图书馆，1929.3，再版，2 册（22+541 页），32 开

上海：亚东图书馆，1936.3，再版，2 册（22+541 页），32 开

本书共 8 部分：天空中之新发见、地理上之新智识、人类活动之新进步、对动植界之新了解、各种科学之新发展、最新奇之发明、最有趣之研究、打破古今之哑谜。

收藏单位：重庆馆、东北师大馆、广东馆、广西馆、国家馆、江西馆、南京馆、上海馆、西交大馆、浙江馆

00146

世界科学新谭（续编）　孟寿椿编述

上海：北新书局，1935.11，249 页，32 开

本书内收世界科学珍闻 200 余条。

收藏单位：国家馆、江西馆、南京馆、内蒙古馆、上海馆、首都馆

00147

苏联的发明故事　（苏）万西里夫斯基（E. M. Vasilevsky）著　克定　廖甲译

外文题名：The land of inventors

涉县：华北书店，1943.3，78 页，32 开，环筒页装

本书共 8 章：在发明者的编辑室、过去历史上的几页、在工厂里、在乡村里、人的材料、新法律、在外国、向将来迈进。

收藏单位：国家馆

00148

苏联的发明故事　（苏）万西里夫斯基（E. M. Vasilevsky）著　克定　廖甲译

[菏泽]：冀鲁豫书店，[1943]，62 页，32 开

本书共 7 章：在发明者的编辑室、过去历史上的几页、在工厂里、在乡村里、人的材

料、新法律、在外国。

　　收藏单位：国家馆、天津馆

00149

苏联的发明故事　（苏）万西里夫斯基（E. M. Vasilevsky）著　克定　廖甲译

外文题名：The land of inventors

上海：新知书店，1935.11，144 页，32 开

上海：新知书店，1936.1，2 版，144 页，32 开

上海：新知书店，1936.4，3 版，144 页，32 开

　　本书共 8 章：在发明者的编辑室、过去历史上的几页、在工厂里、在乡村里、人的材料、新法律、在外国、向将来迈进。

　　收藏单位：重庆馆、广东馆、桂林馆、国家馆、黑龙江馆、南京馆、宁夏馆、上海馆、浙江馆

00150

苏联的发明故事　（苏）万西里夫斯基（E. M. Vasilevsky）著　克定　廖甲译

外文题名：Land of inventors

桂林：远方书店，1942.4，144 页，32 开

　　收藏单位：重庆馆、广东馆、国家馆、江西馆、上海馆

00151

伟大发明之一斑　张奠原著

张奠原 [发行者]，1946.5，8 页，36 开

　　本书内收两篇文章：《钜著论天地生灭原理内中伟大发明一斑》《钜著论政治生理病理与医药》。

　　收藏单位：国家馆

00152

现代科学　刘仁超译

大连：满州图书株式会社，1941.11，204 页，32 开

　　收藏单位：南京馆

00153

现代科学发明谈　（英）威廉·布拉格（William H. Bragg）等著　任鸿隽译

外文题名：Science lifts the veil

上海：商务印书馆，1948.8，83 页，25 开（英国文化丛书）

上海：商务印书馆，1949.9，再版，83 页，25 开（英国文化丛书）

　　本书内收《科学揭开自然秘幕》（威廉·布拉格）、《显微镜》（福开森）、《低级生命世界的居民》（潘挺）、《生命的工作室：细胞，染色体，遗传》（达林顿）、《有魔力的毒菌与疾病研究》（安得鲁）、《原子与分子》（罗宾生）等 14 篇讲演稿。

　　收藏单位：重庆馆、东北师大馆、广东馆、广西馆、贵州馆、国家馆、黑龙江馆、辽大馆、辽宁馆、南京馆、内蒙古馆、上海馆、天津馆

00154

现代科学精华　（英）谢灵顿（Charles S. Sherrington）等著　吕金录　胡苏民　应观兴译

外文题名：Science for all

上海：商务印书馆，1934.9，2 册（435 页），32 开

上海：商务印书馆，1935.3，再版，2 册（435 页），32 开

　　本书介绍天文学、物理学、地质学、动植物学和人类学等学科的研究成就。

　　收藏单位：重庆馆、广东馆、广西馆、贵州馆、桂林馆、国家馆、湖南馆、辽宁馆、南京馆、内蒙古馆、上海馆、天津馆、西南大学馆、浙江馆

00155

新发明与新发现　白石编译

永安：改进出版社，1943.7，92 页，36 开（改进文库 19）

　　本书内收《近代科学发展的途径》《人类的时空观念之扩大》《科学时代的真谛》《智力之解剖》《镭的发展史及其前途》《听不见的声音之利用》《一种含有极大能力的新元素：铀 235》等 12 篇文章。

　　收藏单位：国家馆

00156

一九三五年的世界科学　周太玄编著

上海：商务印书馆，1936.7，142 页，25 开（一
九三五年世界概况丛书）

　　本书共 3 部分：自然科学上一年来的新贡
献、自然科学上各大问题的现状、科学界大
事记。

　　收藏单位：重庆馆、广东馆、国家馆、湖
南馆、江西馆、近代史所、南大馆、南京馆、
上海馆、天津馆、浙江馆

00157

最近的新发明　　林英编

上海：言行社，1941.3，122 页，36 开（科学
知识丛书）

上海：言行社，1941.6，再版，122 页，36 开
（科学知识丛书）

　　本书主要介绍机器人、人工降雨、人造
汽油、人造牛油、人造橡皮、人造太阳、最
新望远镜、照相测量、消声工程、人造心脏、
人造纤维等一系列新发明。

　　收藏单位：重庆馆、广东馆、桂林馆、国
家馆、上海馆、首都馆、天津馆

00158

最近之新发明　　许达年　　许斌华译

上海：中华书局，1936.2，174 页，32 开（初
中学生文库）

上海：中华书局，1936.11，再版，174 页，32
开（初中学生文库）

昆明：中华书局，1941.1，4 版，174 页，32 开
（初中学生文库）

　　本书介绍蒸汽机和内燃机的发明及原理，
火车、船舶、汽车、飞机、火箭机、飞艇等交
通工具的发明与发展，电影的原理和创新等。

　　收藏单位：重庆馆、广东馆、广西馆、国
家馆、黑龙江馆、江西馆、辽宁馆、南京馆、
内蒙古馆、浙江馆

自然科学机构、团体、会议

00159

福建省自然科学成绩展览会概况报告

福建省教育厅，1933.7，16 页，16 开

　　收藏单位：南京馆

00160

集美科学馆概况

厦门：集美学校，1947.7，8 页，16 开

　　本书共 4 部分：沿革、组织系统、规程、
标本仪器药品目录。

　　收藏单位：重庆馆、国家馆

00161

教育部天文数学物理讨论会专刊　　国立编译
馆编辑

[南京]：教育部，1933.8，10+508 页，16 开

　　收藏单位：重庆馆、东北师大馆、广东
馆、贵州馆、国家馆、湖南馆、南京馆、首
都馆

00162

**七科学团体联合会年会清华燕京两大学招待
说明**

北平：国立清华大学秘书处，1936.8，11 页，
32 开

　　收藏单位：国家馆

00163

通俗博物馆阅览指南

北平：静生生物调查所，1934.10，26 页，32 开

　　收藏单位：国家馆

00164

中华博物学会第一次展览会报告书　　中华博
物学会编

北京：共和印刷局，1922.9，343 页，16 开

　　本书内收展览会上一万一千余件动、植、
矿物标本之名称、英文学名、类属、出品人、
产地等的图表。

　　收藏单位：国家馆、上海馆

00165

中华自然科学社成立二十周年募集基金专册

出版者不详，[1927]，1 册，16 开

　　收藏单位：南京馆

00166

中华自然科学社概况

重庆：中华自然科学社，1940.5，10 页，25 开

　　收藏单位：国家馆

00167

中华自然科学社工作计划纲要

[中华自然科学社]，10 页，16 开

　　收藏单位：南京馆

自然科学论文集

00168

广西大学理学院特刊　理学院第一班编辑股编

梧州：广西大学理学院第一班全体同学会，1933.8，122 页，16 开

　　本书内收《弹道之研究》《物质构成之电子理论》《两性化合物之理论》《第二次特征的由来》《人工受精法》等论文，并有介绍数理、化学、生物学概况的文章及理学院第一班同学录等。

　　收藏单位：桂林馆、国家馆、南京馆

00169

沪大科学（1906—1926）

出版者不详，[1926]，[159] 页，16 开

　　本书介绍沪大理科各系概况，并收有科研论文。卷首题：廿周年纪念、科学社专刊。

00170

科学丛谈　（美）斯洛孙（Edwin E. Slosson）著　尤佳章译

外文题名：Chats on science

上海：商务印书馆，1928.5，[13]+289 页，32 开（新智识丛书）

上海：商务印书馆，1931.3，再版，[13]+289 页，32 开（新智识丛书）

　　本书内收《新的世界》《歌唱的矿石》《优生学》《超等的老鼠》《科学的惊奇》等 80 篇文章。

　　收藏单位：重庆馆、广西馆、桂林馆、国家馆、湖南馆、内蒙古馆、人大馆、首都馆、天津馆、浙江馆

00171

科学丛谈（第 1 辑）　科学丛谈编辑部编

北京：曲园出版社，1942.12，69 页，32 开（自然科学小丛书）

　　收藏单位：南京馆

00172

科学的知识　黄特编

上海：新人出版社，1940.5，215 页，32 开

　　本书是集《新知》第一年前后四卷中的学术文字底精华而成。内分社会科学一般及读书方法、哲学、自然科学、政治·经济四部分。《新知》半月刊第一年选辑本。

　　收藏单位：广西馆、国家馆、南京馆

00173

科学化运动广播演讲集　刘拓　沈宗汉主编

北平：中国科学化运动协会北平分会，1936.8—1937.4，2 册（164+198 页），32 开

　　本书为科学讲座的广播稿合集。共两集113 讲，介绍科学与技术各个领域的知识。第1 集出版于 1936 年 8 月，第 2 集出版于 1937 年 4 月。

　　收藏单位：重庆馆、国家馆、南京馆

00174

科学上之新贡献　古培迪　周昌寿著

上海：商务印书馆，1933.12，99 页，50 开（东方文库续编）

　　本书为东方杂志社三十周年纪念文集。内收论文 3 篇：古培迪的《现代文明中之化学》，周昌寿的《爱因斯坦新发明之解决》，倪尚达、王佐清的《短波无线电之新现象及其新解释》。

　　收藏单位：重庆馆、大庆馆、东北师大馆、广东馆、国家馆、黑龙江馆、湖南馆、南京馆、宁夏馆、上海馆、天津馆、浙江馆

00175

科学与军事　丁瓒等著

上海：文汇报馆，1947.9，56页，25开（文汇丛刊 第6辑）

本书系《文汇报》"新科学"副刊的汇编本，收《"铀链反应"试验的成功》《日本吸血虫》《心理分析与医学》《介绍中国科学工作者协会》《科学与军事》等27篇文章。

收藏单位：重庆馆、广东馆、广西馆、贵州馆、国家馆、近代史所、南京馆、人大馆、上海馆

00176

科学与人生　陈范予著

永安：改进出版社，1940.5，224页，28开（改进文库6）

本书共3部分，收9篇论文。科学篇包括《科学与时代精神》《近代物理思想的演变》《科学知识的性质》《科学对外部宇宙的认识》《我们能分享科学活动的快乐吗》《应用科学的方法》。人生篇包括《青年与人生》《青年身心发展的研究》。附篇为《巴尔扎克的县政建设观》。

收藏单位：重庆馆、福建馆、广东馆、贵州馆、国家馆、江西馆、南京馆、内蒙古馆、人大馆、浙江馆

00177

科学与人生　（美）密黎根（R. A. Milikan）等著　刘盛渠译

外文题名：Science and modern life

上海：商务印书馆，1937.3，167页，32开（自然科学小丛书）（万有文库 第2集194）

本书内收4篇科学论文：密黎根的《科学与人生》、巴雷（F. Barry）的《"科学"及其科学》、丁德（J.Tyndall）《比尔非斯特的演词》、施罗孙（E. E. Slosson）的《二十世纪的科学和发明》。

收藏单位：重庆馆、大连馆、大庆馆、东北师大馆、广西馆、国家馆、辽大馆、辽师大馆、内蒙古馆、宁夏馆、天津馆、浙江馆

00178

科学杂俎　东方杂志社编纂

外文题名：Scientific shaftings

外文题名：Science siftings

上海：商务印书馆，1923.12，4册（94+96+85+99页），50开（东方文库58）

上海：商务印书馆，1924.9，再版，4册（94+96+85+99页），50开（东方文库58）

上海：商务印书馆，1925.7，3版，4册（94+96+85+99页），50开（东方文库58）

本书为东方杂志二十周年纪念文集，介绍天文、地理、生物等各种自然科学知识。

收藏单位：重庆馆、东北师大馆、复旦馆、桂林馆、国家馆、黑龙江馆、湖南馆、江西馆、辽大馆、南京馆、内蒙古馆、山东馆、绍兴馆、西南大学馆、中科图

00179

兰氏科学常谈（初编）　（英）兰克司得（Ray Lankester）著　伍周甫译述

外文题名：More science from an easy chair

上海：商务印书馆，1927.1，200页，32开（新智识丛书）

上海：商务印书馆，1931，再版，200页，32开（新智识丛书）

本书内收《科学及实用》《大学教育》《达尔文之学说》《淡水水母》《鳗》《近代之马及其始祖》《爪哇毒树及抗衡之毒物》《星宿》《彗星》等36篇科学文章。

收藏单位：重庆馆、桂林馆、国家馆、江西馆、南京馆、宁夏馆、天津馆、武大馆

00180

兰氏科学常谈（续编）　（英）兰克司得（Ray Lankester）著　伍周甫译述

外文题名：More science from an easy chair

上海：商务印书馆，1928.4，215页，32开（新智识丛书）

本书为《兰氏科学常谈》续编，收《瑞士之初夏》《格列去旅舍》《象》《气味及香料》《无父之蛙》《元旦日及年历》《博物院》《纽西兰之生物》《对于科学之误解》等27篇科学文章。

收藏单位：重庆馆、广东馆、桂林馆、国家馆、江西馆、浙江馆

00181

兰氏科学丛谈　（英）兰克司得（Ray Lankester）著　伍周甫译述

上海：商务印书馆，1934，国难后 1 版，385 页，32 开（新时代科学丛书）

上海：商务印书馆，[1940—1949]，385 页，32 开（新时代科学丛书）

本书内收《科学及实用》《大学教育》《达尔文之学说》《淡水水母》《鳗》《近代之马及其始祖》《爪哇毒树及抗衡之毒物》《星宿》《彗星》《博物院》《纽西兰之生物》《对于科学之误解》等 63 篇科学文章。

收藏单位：东北师大馆、贵州馆、国家馆、黑龙江馆、南京馆、上海馆、西南大学馆

00182

李石曾先生六十岁纪念论文集

北平：李石曾先生纪念论文集编集委员会，1942，162 页，16 开

本书内收理化、生物、地学、古史及科学史料等有关论文 13 篇。

收藏单位：重庆馆、国家馆、南京馆、内蒙古馆、浙江馆

00183

人类新知（世界名贵杂志文选辑）　德位思赵良编译

青岛：赵良 [出版者]，1941.11，254 页，32 开

本书自世界杂志中选译有关医药卫生、科学技术和生活 3 方面文章。

收藏单位：国家馆、天津馆

00184

日本现代科学论文集　张资平等译

南京：中日文化协会，1941.4，142 页，32 开（学术丛书）

本书内收 9 篇论文：《动植物体内受精物质及性决定物质》《合成纤维论》《由无生物至生物之发展》《生物体发光之原理及其利用》《金之制炼》《火焰冻结及其低温实验》《紫菜之维他命 C 含量》《日本科学的精神之发展》《日本科学之独立》。

收藏单位：广东馆、国家馆、南京馆、首都馆、天津馆

00185

斯氏科学丛谈　（美）斯洛孙（Edwin E. Slosson）著　尤佳章译

上海：商务印书馆，1933.10，国难后 1 版，271 页，32 开（新时代科学丛书）

上海：商务印书馆，1935.4，国难后 2 版，271 页，32 开（新时代科学丛书）

长沙：商务印书馆，1938，国难后 3 版，271 页，32 开（新时代科学丛书）

本书为《科学丛谈》改书名重新出版。内收《新的世界》《歌唱的矿石》《优生学》《超等的老鼠》《科学的惊奇》等 80 篇文章。

收藏单位：重庆馆、广东馆、贵州馆、国家馆、黑龙江馆、南京馆、内蒙古馆、西南大学馆、浙江馆

00186

现代科学评论集　范祥善编

上海：世界书局，1930.1，[340] 页，32 开（现代新文库）

上海：世界书局，1930.9，再版，[340] 页，32 开（现代新文库）

本书内收《科学的人生观》（胡适之讲，王君纲记）、《科学是迷信的么》（罗素原著，张松年译）、《养成科学的心》（周建人）等有关心理学、代数学、物理学的论文 22 篇。

收藏单位：重庆馆、广东馆、广西馆、国家馆、湖南馆、江西馆、辽师大馆、上海馆、天津馆、浙江馆

00187

锥指集　翁文灏著

北平：地质图书馆，1930.5，274 页，22 开

本书内收地质学、地震学、矿床学、古生物学及考古学、地理学等方面的论文 26 篇。

收藏单位：东北师大馆、广东馆、广西

馆、贵州馆、国家馆、南京馆、上海馆、绍兴馆、首都馆、浙江馆

00188

自然论略　杨钟健著

重庆：商务印书馆，1944.12，205 页，25 开

上海：商务印书馆，1947.3，205 页，25 开（新中学文库）

本书内收涉及自然科学理论与方法、地质学、化石、古生物学及纪念著名科学家等方面的论文 35 篇。

收藏单位：重庆馆、东北师大馆、广东馆、国家馆、近代史所、辽宁馆、内蒙古馆、宁夏馆、上海馆、首都馆

00189

最近自然科学概观　（日）大町文卫著　刘文艺译　郑贞文校

外文题名：Outlines of modern natural science

上海：商务印书馆，1926.11，12+282 页，22 开

上海：商务印书馆，1931.4，再版，12+282 页，22 开，精装

上海：商务印书馆，1933.5，国难后 1 版，12+282 页，22 开，精装

上海：商务印书馆，1935.6，国难后 2 版，12+282 页，22 开，精装

本书内收论文 10 篇:《宇宙进化论》《放射能论》《电子论》《相对性理论》《量子论》《胶质化学》《遗传学》《进化论》《内分泌说》《免疫血清学》。原书名为《最近自然科学十讲》。

收藏单位：重庆馆、东北师大馆、广东馆、广西馆、贵州馆、桂林馆、国家馆、黑龙江馆、湖南馆、江西馆、南京馆、内蒙古馆、山西馆、首都馆、天津馆、浙江馆

自然科学教育与普及

00190

常见事物　王昌谟等编译

外文题名：Book of familiar things

上海：商务印书馆，1925.7，520 页，22 开（少年百科全书 第 3 类）

上海：商务印书馆，1933.8，缩本初版，520 页，32 开，精装（少年百科全书 第 3 类）

上海：商务印书馆，1933.10，缩本再版，520 页，32 开，精装（少年百科全书 第 3 类）

上海：商务印书馆，1935.9，缩本 3 版，520 页，32 开，精装（少年百科全书 第 3 类）

本书分古今中外的桥梁、轮船的构造、火车的奥妙、航空的历史、电报的神奇、邮件的传递、潜水艇的发展、时钟的沿革、显微镜的趣事等 52 项，介绍其沿革、历史和作用等。

收藏单位：重庆馆、东北师大馆、广东馆、广西馆、桂林馆、国家馆、黑龙江馆、吉林馆、江西馆、辽宁馆、辽师大馆、内蒙古馆、宁夏馆、上海馆、绍兴馆、首都馆、天津馆、浙江馆

00191

城里的鼻子　李劭青著

北平：中华平民教育促进会总会，11 页，42 开（民众读物 科学常识 第 1 辑 3）

收藏单位：首都馆

00192

从原子时代到海洋时代　顾均正著

上海：开明书店，1948.7，182 页，32 开（开明青年丛书）

上海：开明书店，1949.3，再版，182 页，32 开（开明青年丛书）

本书内收《原子能的开发与未来的展望》《原子弹的诞生》《原子能在医药上的应用》《空中警犬——雷达》《火箭飞机与空间旅行》等 22 篇科学小品文。

收藏单位：重庆馆、东北师大馆、广东馆、广西馆、贵州馆、国家馆、黑龙江馆、湖南馆、辽大馆、辽宁馆、南京馆、宁夏馆、上海馆、绍兴馆、首都馆、天津馆、西南大学馆、浙江馆

00193

大众科学常识　海风　夏川编

饶阳：冀中新华书店，1948.1，42 页，32 开

　　本书通俗解说 34 个自然和科学技术问题。

　　收藏单位：国家馆、山西馆、天津馆

00194

大众自然课本

上海：动力出版社，1949.2，44 页，36 开

　　本书内收《早夜冷热》《宝贵的河》《地下宝藏》等 8 篇通俗科学短文。

　　收藏单位：国家馆

00195

电子姑娘　顾均正著

哈尔滨：光华书店，1948.9，东北版初版，114 页，32 开（科学知识丛书）

　　本书内收《电子姑娘》《黄旗袍》《闷热》《人类所能造成的最低温度》等 15 篇科普小品文。

　　收藏单位：东北师大馆、国家馆、辽宁馆

00196

电子姑娘　顾均正著

上海：开明书店，1941.4，166 页，32 开（开明青年丛书）

上海：开明书店，1942.12，湘 1 版，166 页，32 开（开明青年丛书）

上海：开明书店，1946.4，3 版，166 页，32 开（开明青年丛书）

上海：开明书店，1947.4，4 版，166 页，32 开（开明青年丛书）

上海：开明书店，1947，7 版，166 页，32 开（开明青年丛书）

　　本书内收《电子姑娘》《黄旗袍》《闷热》《人类所能造成的最低温度》《太阳黑点和宇宙射线》等 17 篇科普小品文。

　　收藏单位：重庆馆、东北师大馆、广东馆、广西馆、国家馆、黑龙江馆、湖南馆、江西馆、南京馆、内蒙古馆、宁夏馆、山西馆、上海馆、首都馆、西南大学馆、浙江馆

00197

儿童常识指导　魏元青编著

上海：亚细亚书局，6 册，32 开

　　收藏单位：重庆馆、广东馆

00198

儿童常识指导　魏元青编著

上海：中国文化服务社，1936.4，再版，6 册，32 开

　　本书为高级小学用。封面题名：科学常识。

　　收藏单位：广东馆、国家馆、首都馆

00199

儿童的自然界　朱彦頵编

上海：中华书局，1949.9，2 册（98+83 页），32 开

　　收藏单位：北师大馆、国家馆、云南馆

00200

儿童科学常识（单元 1 我们周围的东西）　董任坚编译

上海：商务印书馆，1935.11，25 页，32 开（中华儿童教育社乙种丛书）

　　收藏单位：广西馆

00201

儿童科学常识（单元 2 动物的家庭）　董任坚编译

上海：商务印书馆，1935.11，22 页，32 开（中华儿童教育社乙种丛书）

　　收藏单位：广西馆

00202

儿童科学常识（单元 3 空气和水）　董任坚编译

上海：商务印书馆，1935.11，24 页，32 开（中华儿童教育社乙种丛书）

　　收藏单位：广西馆

00203

儿童科学常识（单元 4 热和冷）　董任坚编译

上海：商务印书馆，1935.11，25 页，32 开（中华儿童教育社乙种丛书）

　　收藏单位：广西馆

00204

儿童科学常识（单元 5 用机器吸铁石做工） 董任坚编译

上海：商务印书馆，1935.11，20 页，32 开（中华儿童教育社乙种丛书）

收藏单位：广西馆

00205

儿童科学常识（单元 6 讲些动物的事情） 董任坚编译

上海：商务印书馆，1935.11，18 页，32 开（中华儿童教育社乙种丛书）

收藏单位：广西馆

00206

儿童科学常识（单元 7 花园） 董任坚编译

长沙：商务印书馆，1940.10，3 版，25 页，32 开（中华儿童教育社乙种丛书）

收藏单位：国家馆

00207

儿童科学常识（单元 8 屋外的改变） 董任坚编译

长沙：商务印书馆，1940.10，3 版，50 页，32 开（中华儿童教育社乙种丛书）

收藏单位：国家馆

00208

儿童科学常识（单元 9 怎样认识植物） 董任坚编译

上海：商务印书馆，1935.11，18 页，32 开（中华儿童教育社乙种丛书）

收藏单位：广西馆

00209

儿童科学常识（单元 10 气候的故事） 董任坚编译

上海：商务印书馆，1935.11，26 页，32 开（中华儿童教育社乙种丛书）

收藏单位：广西馆

00210

儿童科学常识（单元 11 看看我们的天空） 董任坚编译

上海：商务印书馆，1935.11，16 页，32 开（中华儿童教育社乙种丛书）

收藏单位：重庆馆

00211

儿童科学常识（单元 12 地的故事） 董任坚编译

上海：商务印书馆，1935.11，27 页，32 开（中华儿童教育社乙种丛书）

收藏单位：广西馆

00212

儿童科学常识（单元 13 动物怎样长大的） 董任坚编译

上海：商务印书馆，1935.11，53 页，32 开（中华儿童教育社乙种丛书）

收藏单位：广西馆

00213

儿童科学漫谈 （美）W. M. Reed 著　蒋怀青译

桂林：康健书局，1942.12，72 页，32 开（新儿童生活丛书）

本书共 10 章，介绍自然界常见而又有趣的物理化学现象及生物学常识等。

收藏单位：重庆馆、广东馆、桂林馆

00214

儿童科学实验 科学画报编辑部编

上海：中国科学图书仪器公司，1948，38 页，32 开（儿童科学丛书）

收藏单位：广东馆

00215

儿童科学指导 陶知行编

上海：儿童书局，1932.3，3 册（37+30+30 页），32 开（儿童科学丛书）

上海：儿童书局，1933.6，2 版，3 册（37+30+30 页），32 开（儿童科学丛书）

上海：儿童书局，1933，3 版，3 册（37+30+30 页），32 开（儿童科学丛书）

本书内容包括：笼统哥之统一、佛兰克林

小史之一段、送科学丛书、怎样选书、小朋友的鸡、如何可以不做一个时代落伍者、生物学或死物学等。

收藏单位：广西馆、国家馆、首都馆

00216

儿童日常科学问题　黄一德著

桂林：文献出版社，1941.12，60 页，36 开

桂林：文献出版社，1942，再版，60 页，36 开

本书对 106 个儿童日常科学问题进行解答。内容包括：有声影戏声音怎样产生的、留声机怎样造成的、对山谷或深井发声、雷雨天听到隆隆声、人映在镜内、影映在水内、人影等。

收藏单位：重庆馆、广东馆、国家馆、山西馆

00217

儿童实用科学大纲　（美）Edward S. Holden 著　胡悫风译

外文题名：Real things in nature

上海：商务印书馆，1934.2，6 册（71+77+77+75+82+83 页），32 开（小学生文库 第 1 集 自然科学总类）

上海：商务印书馆，1934.10，再版，6 册（71+77+77+75+82+83 页），32 开（小学生文库 第 1 集 自然科学总类）

收藏单位：重庆馆、宁夏馆、首都馆

00218

二百个为什么　孙量之编译

上海：文通书局，1948.11，128 页，32 开（文通青年丛书）

上海：文通书局，1949.3，再版，128 页，32 开（文通青年丛书）

本书共 4 部分：生理现象、动植物世界、物理化学上的奇象、天文地理，共 175 个问题。

收藏单位：贵州馆、内蒙古馆、首都馆

00219

法布尔科学故事　（法）法布尔（Jean Henri Fabre）著　向仲译

上海：中华书局，1936.3，380 页，32 开

本书共 80 章，内容包括：神话和真的故事、建筑城市、奶牛、牛栏、狡猾的回教僧、人口众多的家族、老梨树、树的年龄、动物的寿命等。附法布尔小传、汉英名词对照表。据英译本重译。

收藏单位：重庆馆、国家馆、黑龙江馆、江西馆、南京馆、山西馆、上海馆、绍兴馆、首都馆、浙江馆

00220

法布尔科学故事（第 1 集）　（法）法布尔（Jean Henri Fabre）著　董纯才译述　适夷校订

上海：儿童书局，1932.11，101 页，32 开

上海：儿童书局，1933.2，再版，101 页，32 开

本书内收《神仙故事和真实故事》《蚂蚁建筑城市的故事》《牛棚的故事》《狡猾的回教苦行僧的故事》《老梨树的故事》《树的年龄故事》等科学小品文。

00221

肥皂的把戏　陶知行编

上海：儿童书局，1932，29 页，32 开（儿童科学丛书）

上海：儿童书局，1933，3 版，29 页，32 开（儿童科学丛书）

收藏单位：广西馆、首都馆

00222

凤蝶外传（科学小品集）　董纯才著

佳木斯：东北书店，1946，47 页，32 开

东安：东北书店，1947.4，再版，47 页，32 开

佳木斯：东北书店，1948.11，3 版，47 页，32 开

本书内收《凤蝶外传》《狐狸夫妇历险记》《马兰纸》《一碗生水》《人和鼠疫的战争》等 6 篇科学小品文。

收藏单位：北师大馆、重庆馆、东北师大馆、国家馆、辽大馆、辽宁馆、南京馆、宁夏馆、山西馆、上海馆、天津馆

00223

凤蝶外传（科学小品集）　董纯才著

冀东新华书店，1949，53 页，32 开

收藏单位：国家馆、黑龙江馆

00224

凤蝶外传（科学小品集）　董纯才著

张家口：新华书店晋察冀分店，1946.4，51页，32开

　　收藏单位：南京馆、山东馆

00225

各科问题详解（考试秘本）　倪国经著

上海：中原书局，1928.1，再版，5册，50开

　　本书内容涵盖生物学、化学、矿物学等各科问题详解。

　　收藏单位：河南馆

00226

华英科学入门

出版者不详，173页，32开

　　收藏单位：南京馆

00227

活神仙　李劭青著

北平：中华平民教育促进会，1930.11，3册（18+20+20页），50开（平民读物 科学常识1—3）

北平：中华平民教育促进会，1932.7，再版，3册（18+20+20页），50开（平民读物 科学常识1—3）

　　收藏单位：国家馆

00228

火与手　中学生社编辑

上海：开明书店，1935.6，218页，32开（中学生杂志丛刊9）

　　本书内收《谈火》（刘叔琴）、《火的时代》（敖弘德）、《火柴的发明》（顾均正）、《帆船的今昔》（陶秉珍）、《中国印刷术的起原》（向达）、《望远测程器》（陈岳生）等15篇科学小品文。

　　收藏单位：重庆馆、广东馆、国家馆、湖南馆、宁夏馆、首都馆、天津馆、浙江馆

00229

家常科学谈　（法）法布尔（Jean Henri Fabre）著　宋易译

外文题名：The secret of everyday things

重庆：开明书店，1945.8，258页，32开（开明青年丛书）

上海：开明书店，1946.9，再版，258页，32开（开明青年丛书）

上海：开明书店，1948.3，3版，258页，32开（开明青年丛书）

上海：开明书店，1948.7，特1版，258页，32开（开明青年丛书）

　　本书介绍纱、扣针、缝针、丝、羊毛、亚麻和大麻、织布、蛾、印花布、染料、人类的住所、肥皂、火柴等内容。

　　收藏单位：重庆馆、大庆馆、东北师大馆、广东馆、广西馆、贵州馆、桂林馆、国家馆、湖南馆、江西馆、南京馆、内蒙古馆、上海馆、绍兴馆、首都馆、西南大学馆、浙江馆

00230

家庭日常科学　陈以益编译　蒋息岑校阅

上海：大东书局，1933，2册（136+184页），32开（家庭日用丛书3）

　　本书分上、下册。上册介绍空气、温度、电气、电灯及电热等内容；下册介绍燃烧、木炭、火油、煤气、自来水等内容。

　　收藏单位：重庆馆、贵州馆、国家馆、江西馆、辽宁馆、南京馆、首都馆

00231

简单的科学　（英）赫胥黎（J. S. Huxley）（英）安特莱德（E. N. da C. Andrade）著　严希纯译述　曹梁厦　杨孝述校阅

外文题名：Simple science

上海：中国科学图书仪器公司，1939.9，734页，32开，精装（中国科学社通俗科学丛书）

上海：中国科学图书仪器公司，1940，再版，734页，32开，精装（中国科学社通俗科学丛书）

上海：中国科学图书仪器公司，1941.5，3版，734页，32开，精装（中国科学社通俗科学丛书）

上海：中国科学图书仪器公司，1947.3，4版，734页，32开，精装（中国科学社通俗科学丛书）

本书内分 3 编。第 1 编：周遭的事物，包括什么是科学、物的性质、运动与力、能、空气、水、生命 7 章；第 2 编：科学和生命，包括呼吸和燃烧、热与温度、体温与健康、植物的生活、几种不同的生活方式等 7 章；第 3 编：天工的运用，包括电的世界、动电、磁、光、无机化学、有机化学 6 章。校阅者"曹梁厦"原题：曹惠群。

　　收藏单位：重庆馆、东北师大馆、广东馆、广西馆、国家馆、湖南馆、江西馆、辽大馆、南京馆、上海馆、绍兴馆、天津馆、浙江馆

00232

简单的科学续编（地球和人）（英）赫胥黎（J. S. Huxley）（英）安特莱德（E. N. da C. Andrade）著　曹友琴　曹友芳译　曹梁厦　杨孝述校阅

外文题名：More simple science : earth and man

上海：中国科学图书仪器公司，1942.5，306 页，32 开，精装（中国科学社通俗科学丛书）

　　本书共 9 章：地球和气候、地球的构成和历史、生命的化学、土壤、农事、发育与生命之流、生物的改进、科学史、科学与思想。校阅者"曹梁厦"原题：曹惠群。

　　收藏单位：重庆馆、东北师大馆、广东馆、国家馆、黑龙江馆、浙江馆

00233

近代物质文明　吴沧著

上海：永祥印书馆，1946.9，166 页，32 开（青年知识文库 第 3 辑 8）

上海：永祥印书馆，1948.10，再版，166 页，32 开（青年知识文库 第 3 辑 8）

　　本书内分衣、食、住、行及附编 5 编，介绍各种科学发明及历史、原理、应用等。

　　收藏单位：重庆馆、东北师大馆、广西馆、国家馆、湖南馆、华东师大馆、南京馆、内蒙古馆、上海馆、浙江馆

00234

军人科学常识　教育建国同志社编著

新时代教育社，1927.11，68 页，50 开

新时代教育社，1927.12，10 版，68 页，50 开

　　本书共 6 章：天、地、太阳、月亮、空气、风雨雷电。版权页题名：军人科学常识第一集。

　　收藏单位：重庆馆、国家馆、天津馆

00235

科学常识　劳启祥编译

长沙：雅礼大学售书室，1933.7，4 版，169 页，18 开

　　收藏单位：国家馆

00236

科学常识　夏川编

[兴县]：吕梁文化教育出版社，1947.4，3 版，35 页，32 开

　　本书共 25 节，介绍太阳、地球、月蚀日蚀、昼夜、春夏秋冬、阴历和阳历、为甚不下雨、云和雾、雷和电等知识。

　　收藏单位：国家馆

00237

科学常识　夏川编

[沁源]：太岳新华书店，1947.1，33 页，32 开

[沁源]：太岳新华书店，1948.3，再版，52 页，32 开

[沁源]：太岳新华书店，1949.7，3 版，52 页，32 开

　　本书共 25 节，介绍太阳、地球、月蚀日蚀是甚道理、昼夜、春夏秋冬、阴历和阳历、为甚天旱不下雨、下雨是甚道理、人也能造雨等知识。

　　收藏单位：国家馆

00238

科学常识　夏川编　海风增编

山东新华书店，1947.9，50 页，36 开（大众文库）

　　本书共 34 节，介绍太阳、地球、月蚀日蚀、昼夜、春夏秋冬、阴历和阳历、为啥天旱不下雨、云和雾、雷和电、止血和人工呼吸法、原子弹威力的调查等知识。

收藏单位：国家馆

00239

科学常识

[兴县]：晋西北新华书店，石印本，64页，32开

　　收藏单位：国家馆

00240

科学常识选集　陈贻尘主编

北平：中国科学化运动协会北平分会，1936.5，254页，32开

　　本书内收顾毓秀、陈贻尘、徐日洪等30多人的59篇短文。共5类：科学化论著，气象天文与地质，化学与物理，生物医学与卫生，农林与畜牧。文章都选自1935年该会刊行的《科学常识周刊》。

　　收藏单位：国家馆、内蒙古馆、首都馆、天津馆、浙江馆

00241

科学的改造世界　李元著

上海：北新书局，1928.3，238页，32开（科学丛书）

上海：北新书局，1928.10，再版，238页，32开（科学丛书）

　　本书分篇介绍炸药、毒气、无线电报术、高速电报术、电话、电影、电写、电传照像、将来的大陆交通、飞机和飞艇、航空的将来、鱼雷、潜水艇、液体空气、人造之光等知识。再版封面与版权页题：薛培元著。薛培元，曾用名李元。

　　收藏单位：重庆馆、东北师大馆、广东馆、广西馆、国家馆、黑龙江馆、江西馆、南京馆、首都馆、天津馆、武大馆、西南大学馆、浙江馆

00242

科学的故事　（英）大卫·狄兹（David Dietz）著　茅于越译

外文题名：Story of science

上海：中国科学图书仪器公司，1937.7，352页，25开

上海：中国科学图书仪器公司，1939.10，再版，352页，25开

　　本书共4部：宇宙的故事、地球的故事、原子的故事、生物的故事。附行星、一等星、地质年表、化学原表、古人5表。

　　收藏单位：重庆馆、广东馆、贵州馆、国家馆、上海馆、首都馆

00243

科学的故事　（法）法布尔（Jean Henri Fabre）著　宋易译

上海：开明书店，1935.1，351页，32开（开明青年丛书）

上海：开明书店，1935.4，再版，351页，32开（开明青年丛书）

上海：开明书店，1937.3，3版，351页，32开（开明青年丛书）

上海：开明书店，1939，4版，351页，32开（开明青年丛书）

上海：开明书店，1941.4，5版，351页，32开（开明青年丛书）

上海：开明书店，1946，6版，351页，32开（开明青年丛书）

上海：开明书店，1948.3，7版，351页，32开（开明青年丛书）

上海：开明书店，1948.7，特1版，351页，32开（开明青年丛书）

　　本书共80章，内容包括：六位朋友、真故事与假故事、蚂蚁筑城、蚁牛、牛棚、狡猾的回教长老、众多的家族、老梨树、树木的年纪、动物的寿命、蜘蛛、毒虫、蛇与蝎等。据 F. C. Bicknell 英译本并参考大杉荣、伊藤野枝合译的日译本转译。

　　收藏单位：重庆馆、东北师大馆、广东馆、广西馆、贵州馆、国家馆、黑龙江馆、湖北馆、江西馆、辽宁馆、南京馆、宁夏馆、上海馆、绍兴馆、首都馆、天津馆、西南大学馆、浙江馆

00244

科学的故事　（法）法布尔（Jean Henri Fabre）著　宋易译

上海：神州国光社，1931.12—1932.3，2册

（188+242 页），32 开（少年时代丛书）

　　本书分上、下册，上册出版于 1931 年 12 月，下册出版于 1932 年 3 月。

　　收藏单位：广西馆、江西馆、上海馆

00245

科学的秘密　　达生编

上海：言行社，1941.3，141 页，32 开（科学知识丛书）

上海：言行社，1941，再版，141 页，32 开（科学知识丛书）

　　本书内收《从近视眼先生说起》《铁肺的故事》《怎样可以长寿》《动物的耳官》《将来的空中交通》《为什么做梦》等 28 篇科学知识短文。大都刊于《科学画报》杂志。

　　收藏单位：重庆馆、广东馆、国家馆、江西馆、南京馆、上海馆

00246

科学的奇迹　　钱亦石编

大连：大众书店，1946.3，148 页，32 开

大连：大众书店，1946.5，再版，148 页，32 开

　　收藏单位：北师大馆、东北师大馆、国家馆、河南馆、吉林馆、内蒙古馆、山东馆

00247

科学的奇迹　　钱亦石编

上海：言行社，1941.3，148 页，32 开（科学知识丛书）

上海：言行社，1941.6，再版，148 页，32 开（科学知识丛书）

　　本书介绍日常生活中经常碰到的事物的科学知识，如邮票是怎样制成的、什么是火山、什么是玻璃、苍蝇怎样吃东西、水是什么、什么东西叫电车走的、电影怎样工作等。

　　收藏单位：广东馆、贵州馆、桂林馆、国家馆、上海馆、绍兴馆、首都馆、天津馆

00248

科学的奇迹　（苏）伊林著　　诸琦真译

桂林、成都：实学书局，1944.3，304 页，32 开

本书为《人类征服自然》的不同译本。共 8 章：改造沙漠、主人的到来、谷类的故乡、创造新的植物、活动地图、驾驭河流、天气的话、人和山。

　　收藏单位：重庆馆、广西馆、贵州馆、桂林馆、国家馆、南京馆

00249

科学的趣味　　俞遥编

上海：言行社，1941.3，118 页，32 开（科学知识丛书）

上海：言行社，1941.6，再版，118 页，32 开（科学知识丛书）

　　本书内收科学讲话 18 篇，分别介绍有关宇宙、地球、飞机、大汽船以及生物等方面的知识。

　　收藏单位：重庆馆、贵州馆、国家馆、首都馆

00250

科学的趣味　　赵玄武著

北京：新民印书馆，1934.11—1945.3，2 册（102+106 页），32 开（百页丛刊）

　　本书分上、下册，上册出版于 1934 年 11 月，下册出版于 1945 年 3 月。上册包括：银河双星、大熊猫、倮倮民族、维他命杂话、化学上的现代发明、控制睡眠等 20 篇。下册包括：飞机交战术、潜水舰队、超短波飞机探测法、血液代用品、人类以外的大族、跃进的织染、珍珠人工种植、达尔顿、郝兰德等 22 篇。

　　收藏单位：国家馆

00251

科学故事　（法）法布尔（Jean Henri Fabre）著　Florence Constable Bicknell 英译　守一重译　徐应昶　吕金录校订

外文题名：The story book of science

上海：商务印书馆，1934.2，4 册（130+133+123+144 页），32 开（小学生文库 第 1 集 故事类）

上海：商务印书馆，1947.10，4 册（130+133+123+144 页），32 开（新小学文库 第 1 集）

　　本书共 80 章，内容包括：六个人、神仙故事和真的故事、城的建筑、狡猾的回教僧人、繁大的家族、老梨树、树的年纪、普林尼的故事、汽锅、火车头等。据英译本转译。

　　收藏单位：东北师大馆、广东馆、绍兴馆、首都馆

00252

科学零拾　谦谦等著

上海：开明书店，1 册，25 开（中学生杂志社丛书）

　　本书内容包括：世界最深的洞、一个关于迷信的测验等。

　　收藏单位：浙江馆

00253

科学奇谈　玉子编

上海：广益书局，1933，2 册（84+82 页），32 开（儿童科学故事丛书）

　　收藏单位：重庆馆、首都馆

00254

科学趣话　钱耕莘著

桂林：文化供应社，1942.10，198 页，36 开（青年文库）

桂林：文化供应社，1943.11，再版，198 页，36 开（青年文库）

上海：文化供应社，1948.2，198 页，36 开（青年文库）

　　本书共 4 部：人体的希奇、物类的古怪、天地的奥秘、理化的神妙。

　　收藏单位：重庆馆、广西馆、桂林馆、国家馆、江西馆、内蒙古馆、上海馆、西南大学馆、浙江馆

00255

科学趣味　顾均正著

上海：开明书店，1936.1，136 页，32 开（开明青年丛书）

上海：开明书店，1940.9，3 版，136 页，32 开（开明青年丛书）

上海：开明书店，1947.1，4 版，136 页，32 开（开明青年丛书）

上海：开明书店，1948.5，5 版，136 页，32 开（开明青年丛书）

上海：开明书店，1948.7，特 1 版，136 页，32 开（开明青年丛书）

　　本书内收《今天天气》《未来的吃》《骆驼绒袍子的故事》《玻璃纸》《爆竹声中》《摄影的故事》等 21 篇科学小品。这些文章曾发表于《太白》期刊的"科学小品"专栏及《中学生》杂志的"是月也"专栏。

　　收藏单位：重庆馆、东北师大馆、广东馆、广西馆、贵州馆、国家馆、湖南馆、江西馆、辽宁馆、南京馆、内蒙古馆、上海馆、绍兴馆、首都馆、天津馆、武大馆、浙江馆

00256

科学趣味　赵一行编著

上海：中央书店，1943，154 页，32 开

　　本书内容包括：空中飞来的物体、世界末日、动物的思想、回声、颜色心理、疯子治疗法、农场里的魔术、现代间谍秘密、人体奇谈、世间最长的字等。中学生自修读物。

　　收藏单位：上海馆

00257

科学谈话　日本日日新闻社著　韩守藩译述

上海：公民书局，1921.10—1922.2，2 册，32 开（常识丛书 3）

　　本书概述科学现象。内容包括：嫩叶之色何故鲜而且明、大沙洲之真相、室内之色以何者为佳、美人多薄命何故、世界若无燃料则如何、何故人类老衰而死等。

　　收藏单位：浙江馆

00258

科学小常识

[沈阳]：东北书店辽东总分店，1949.6，33 页，32 开

　　收藏单位：国家馆、辽宁馆

00259

科学小品　邵西镐等著

南平：国民出版社，1944.2，56 页，32 开（新青年丛书）

本书包括自然、生物、武器、电器、疾病等方面的短文 22 篇。

　　收藏单位：重庆馆

00260

科学小玩具　余礼海编

上海：进步书局，1935，102 页，32 开

　　本书为中年级适用。

　　收藏单位：首都馆

00261

科学新话　（英）海登（J. B. S. Haldane）著　林曦　李亚译

上海：科学研究社，1936，再版，168 页，32 开

上海、香港：科学研究社，[1944]，168 页，32 开

　　本书共选译英国《工人日报》1943 年底至 1944 年 6 月刊载著者所写的科学小品文 25 篇。附帕伏洛夫学说的新的发展、美国科学家找到的新物质、行星起源的新学说、吃米革命。

　　收藏单位：广西馆、国家馆、南京馆

00262

科学新话　（英）海登（J. B. S. Haldane）著　林曦　李亚译

上海：新知书店，1946.6，168 页，32 开

哈尔滨：新知书店，1947.1，东北版，126 页，32 开

哈尔滨：新知书店，1948，东北版 2 版，126 页，32 开

　　收藏单位：重庆馆、东北师大馆、广东馆、广西馆、国家馆、南京馆、内蒙古馆、宁夏馆、山东馆、山西馆、上海馆、绍兴馆、首都馆

00263

科学新话　杂志社编辑部编

上海：杂志社，1944.4，118 页，36 开（杂志丛书 4）

　　本书内收《航空母舰漫话》《鱼雷》《伞兵之话》《神出鬼没的潜水艇》《动物的诈死》《武装的鱼类》《再造生命》等 23 篇科学小品文。

　　收藏单位：南京馆、上海馆、绍兴馆

00264

科学一得录　三通书局编辑部编

上海：三通书局，1939.10，100 页，50 开（三通小丛书）

00265

科学娱乐与实验　刘遂生编译

长沙：商务印书馆，1939，98 页，32 开

上海：商务印书馆，1948.3，140 页，32 开

上海：商务印书馆，1949.4，再版，140 页，32 开

　　本书共 13 章，内容包括：光的实验、光之错觉、活动影片、热的实验、色盲的实验、电的实验等。《化学娱乐与实验》的姐妹篇。

　　收藏单位：安徽馆、重庆馆、广东馆、广西馆、国家馆、辽宁馆、上海馆、天津馆

00266

科学与日常生活　（英）海登（J. B. S. Haldane）著　陈原译

上海：生活书店，1947.5，139 页，32 开（生活丛书）

大连：生活书店，1948.3，143 页，32 开（光华丛刊 3）

上海：生活书店，1948.4，2 版，139 页，32 开（生活丛书）

哈尔滨：生活书店，1948.5，137 页，32 开（光华丛书）

哈尔滨：生活书店，1948，再版，143 页，32 开（光华丛书）

大连：生活书店，1948.8，再版，143 页，32 开（光华丛刊 3）

长春：生活书店，1949.4，3 版，139 页，32 开

　　本书共收 44 篇科学小品，讲述有关食物、环境、自然界、进化与遗传等知识。发行者为光华书店（原新中国书局）。

　　收藏单位：重庆馆、安徽馆、东北师大馆、国家馆、南京馆、内蒙古馆、山东馆、首都馆、天津馆

00267

科学杂谈（第 1 册） 俞子夷著

浙江省战时教育文化事业委员会，1939.10，86 页，32 开（新青年丛书 2）

　　本书介绍从帆船到飞机、水和生物、动物的制造本领、太阳的热、波动等知识。

　　收藏单位：重庆馆、桂林馆、国家馆、江西馆、内蒙古馆、武大馆、浙江馆

00268

科学杂谈（第 2 册） 俞子夷著

浙江省战时教育文化事业委员会，1940.9，102 页，32 开（新青年丛书 2）

　　本书介绍科学与数学、科学中图形的利用、高灯远照、凸透镜的公式、扩大镜和显微镜、我们的眼睛、灯光的来历、电灯等知识。

　　收藏单位：重庆馆、国家馆、江西馆、南京馆、浙江馆

00269

科学珍闻 戎昌骥译著

金华：国民出版社，1940.8，42 页，32 开（国民知识丛书 第 3 辑）

　　本书选辑 26 篇科学新闻和科学知识短文，包括《第一次世界大战与科学家》《死光》《战争与同温层飞行》《由月之影响而起的纬度变化》《北极星转动说的照相证明法》《不碎的玻璃》《木炭之发火》等。

　　收藏单位：重庆馆、国家馆、江西馆、南京馆、浙江馆

00270

科学之大惊异 史庐译

上海：神州国光社，1934.5，272 页，32 开

　　本书内收介绍自然科学与技术的文章 50 篇。

　　收藏单位：广西馆、桂林馆、国家馆、江西馆、天津馆、浙江馆

00271

科学之惊异 顾均正著

上海：开明书店，1941.4，132 页，36 开（开明青年丛书）

上海：开明书店，1942.11，湘 1 版，132 页，36 开（开明青年丛书）

上海：开明书店，1946.12，3 版，132 页，36 开（开明青年丛书）

上海：开明书店，1948.7，特 1 版，132 页，36 开（开明青年丛书）

上海：开明书店，1949.1，4 版，132 页，36 开（开明青年丛书）

上海：开明书店，1949，再版，132 页，36 开（开明青年丛书）

　　本书内收《偶然的发明》《自然的浪费》《水是有皮的》《血是毒的》《地球的秘密》《莫干山避暑的问题》等 15 篇科学小品。

　　收藏单位：安徽馆、重庆馆、东北师大馆、贵州馆、国家馆、江西馆、辽大馆、南京馆、山西馆、上海馆、绍兴馆、首都馆、天津馆、浙江馆

00272

科学知识 沈渭琛编著

上海：世界书局，1937.1，295 页，32 开

上海：世界书局，1937.5，再版，295 页，32 开

上海：世界书局，1939，新 1 版，295 页，32 开

上海：世界书局，1943.10，新 2 版，295 页，32 开

上海：世界书局，1947.6，新 3 版，295 页，32 开

　　本书共 12 章：生理、卫生、生物、化学、农业、工艺、天文、物理、地质、森林、医药、军用理化。

　　收藏单位：重庆馆、东北师大馆、贵州馆、国家馆、湖南馆、江西馆、辽宁馆、南京馆、宁夏馆、上海馆、首都馆、天津馆、西南大学馆、浙江馆

00273

蝌蚪变青蛙 王子才著

桂林：华华书店，1942.11，56 页，36 开（新儿童文学丛书 2）

　　本书内收 16 篇介绍科学知识的短文。

　　收藏单位：重庆馆、桂林馆

00274

理化界之常识（卷上 自然界之理化常识） 张伯谨编

北平：文化学社，1927.7，25+332 页，22 开

北平：文化学社，1930.4，再版，25+332 页，22 开

　　本书共 3 篇：水界之理化常识、气界之理化常识、天体界之理化常识。

　　收藏单位：重庆馆、东北师大馆、首都馆、浙江馆

00275

民众科学 刘彦仪 顾瑞岩编辑

厦门：厦门大学理学院，1933，203 页，25 开

　　收藏单位：福建馆、广东馆、南京馆

00276

民众科学（第 2 辑） 厦门大学理学院民众科学社编辑

外文题名：Popular science. Vol.II

厦门：厦门大学理学院，1934.2，184 页，32 开

　　本书内容包括：牛乳的营养价值、皮蛋的制法和原理、气压表、肥料浅说、寒暑表、一些照相的化学常识、毒气和防御等。

　　收藏单位：福建馆、上海馆

00277

民众科学说部大世界 李毓镛著

杭州：正中书局，1939.8，54 页，32 开

　　本书讲述天文、物理、化学、生物学等初步科学知识。

　　收藏单位：浙江馆

00278

民众应用科学讲话 丁西林编

上海：商务印书馆，1937.5，38 页，32 开（教育部教育播音小丛书）

　　本书编者原题：丁燮林。

　　收藏单位：南京馆

00279

普通自然现象问答 周书舲编著

北平：中华平民教育促进会，1930.11，2 册（22+22 页），50 开（平民读物 科学常识 111—112）

北平：中华平民教育促进会，1932.12，再版，2 册（22+22 页），50 开（平民读物 科学常识 111—112）

　　收藏单位：国家馆

00280

奇象 王昌谟等编译

外文题名：Book of wonder

上海：商务印书馆，1925.1，3 册（264+288+246 页），22 开（少年百科全书 第 1 类）

上海：商务印书馆，1933.8，缩本初版，264+288+246 页，32 开，精装（少年百科全书 第 1 类）

上海：商务印书馆，1933.10，缩本再版，264+288+246 页，32 开，精装（少年百科全书第 1 类）

上海：商务印书馆，1935.9，缩本 3 版，264+288+246 页，32 开，精装（少年百科全书 第 1 类）

　　本书专用科学原理解释宇宙间一切神奇而通常认为不可解释的现象。

　　收藏单位：重庆馆、广东馆、桂林馆、国家馆、黑龙江馆、吉林馆、江西馆、辽宁馆、辽师大馆、内蒙古馆、上海馆、首都馆、浙江馆

00281

奇象 周建人选辑

上海：商务印书馆，1934.2，8 册，32 开（小学生文库 第 1 集 自然科学总类）

上海：商务印书馆，1934.5，3 版，8 册，32 开（小学生文库 第 1 集 自然科学总类）

　　收藏单位：东北师大馆、宁夏馆、绍兴馆、首都馆

00282

热和冷 江苏省立教育学院研究实验部编

无锡：江苏省立教育学院，1931.6，10 页，32 开（民众科学问答丛书 28）

　　收藏单位：江西馆、南京馆

00283

人类机巧自然 郭沫若著

上海：开明书店，1928，186 页，32 开

本书讲述人类征服自然的历史。内分征服的起始、最初的器具、驯养野兽及人类的助手、人类如何获得可食的植物、人类衣服的故事、将来的征服等 12 章。

收藏单位：国家馆

00284

人类征服自然 （苏）伊林著　董纯才译

[阜平]：晋察冀日报社，[1940—1949]，269 页，32 开

本书为自然科学普及读物。

收藏单位：国家馆

00285

人类征服自然 （苏）伊林著　江明译

外文题名：Men and mountains

八路军军政杂志社，1942.10，194 页，32 开

本书内容包括：静止的世界和变动的世界、改造沙漠、主人的到来、谷类的故乡、创造新的植物、活动地图、驾驭河流、天气的话、人和山、把世界集合起来。

收藏单位：国家馆

00286

人类征服自然 （苏）伊林著　江明译

华北新华书店，1947.8，194 页，36 开

收藏单位：国家馆

00287

人类征服自然 （苏）伊林著　江明译

外文题名：Men and mountains

山东新华书店，1949.8，244 页，32 开

收藏单位：安徽馆、天津馆

00288

人类征服自然 （苏）伊林著　江明译

新华书店，1944，244 页，32 开

本书为自然科学普及读物。

收藏单位：山西馆

00289

人类征服自然 （苏）伊林著　江明译

外文题名：Men and mountains

上海：新知书店，1937.5，311 页，32 开

桂林：新知书店，1940.10，再版，311 页，32 开

本书共 8 篇：改造沙漠、主人的到来、谷类的故乡、创造新的植物、活动地图、驾驭河流、天气的话、人和山。

收藏单位：重庆馆、广西馆、贵州馆、国家馆、湖南馆、上海馆、首都馆、浙江馆、中科图

00290

人类征服自然 （苏）伊林著　诸琦真译

外文题名：Men and mountains

科学出版社，1947.10，再版，304 页，32 开

收藏单位：广东馆、广西馆、国家馆、南京馆

00291

人类征服自然 （苏）伊林著　诸琦真译

北京：新中国书局，1949.5，304 页，32 开

收藏单位：东北师大馆、天津馆

00292

人与自然（原名，人类如何征服自然） （美）吕诺士著　李小峰译

北京：晨报社，1924.7，186 页，32 开（晨报社丛书 19）

北京：晨报社，1928.5，4 版，186 页，32 开（晨报社丛书 19）

本书内容包括：征服的起始、最初的器具、驯养野兽及人类的助手、人类如何获得可食的植物、人类衣服的故事、矿物界供给什么、何以白种能征服自然、将来的征服等。

收藏单位：国家馆、上海馆、首都馆、天津馆

00293

任何人之科学（原名，现实之传奇） （美）克拉克（B. L. Clarke）著　顾均正译

外文题名：The romance of reality

上海：开明书店，1946.3，207 页，32 开（开明青年丛书）

上海：开明书店，1947.6，再版，207 页，32
开（开明青年丛书）

上海：开明书店，1948.7，特 1 版，207 页，32
开（开明青年丛书）

上海：开明书店，1949.3，3 版，207 页，32 开
（开明青年丛书）

　　本书讲述天文、物理、化学、生物学等
初步科学知识。

　　收藏单位：安徽馆、重庆馆、东北师大
馆、广东馆、广西馆、贵州馆、国家馆、黑龙
江馆、辽大馆、南京馆、宁夏馆、山西馆、上
海馆、绍兴馆、首都馆、西南大学馆、浙江馆

00294

日常事物的奇妙　陈涛编

镇江：江苏省立镇江民众教育馆编辑部，1931.1，
64 页，48 开

　　本书为科学常识故事汇编，共 7 篇。附
科学发明年表摘要。

00295

日常问题讲谈集　万绿丛编

上海：新中国书局，1935.8，85 页，32 开

　　本书介绍响雷和闪电到底是什么、大气
里的灰尘是那里来的、为什么切开的苹果肉
会变成黄褐色、天狗吃月亮、为什么海水是
咸的、水为什么能灭火、井里的水为什么冬
暖夏凉等科学知识。小学校高级自然读物。

　　收藏单位：国家馆、湖南馆

00296

日用科学　张怀义编

上海：商务印书馆，1934，351 页，32 开

上海：商务印书馆，1935，再版，351 页，32 开

　　本书介绍有关生理卫生、天文、气象、
物理、日用化学等知识。共 16 章，内容包
括：热与人体之关系、水及其用途、大气、天
气与气候、物质与力、功及机械、日用化学、
家庭杂谈、住宅之周围、光之现象等。

　　收藏单位：重庆馆、东北师大馆、广西
馆、国家馆、南京馆、内蒙古馆、绍兴馆、
首都馆、浙江馆

00297

**少年科学大纲　（英）密启孙（G. R. Michision）
编　胡伯恳译**

外文题名：An outline for boys and girls and their
parents

上海：开明书店，1934.11，10+314 页，32 开
（开明青年丛书）

上海：开明书店，1935.4，再版，10+314 页，
32 开（开明青年丛书）

上海：开明书店，1939.4，4 版，10+314 页，
32 开（开明青年丛书）

上海：开明书店，1947.1，5 版，10+314 页，
32 开（开明青年丛书）

上海：开明书店，1949.2，6 版，10+314 页，32
开（开明青年丛书）

　　本书共 9 章：科学的功能与极限、科学
的历史、生理学、心理学、生物学、应用
生物学、化学、物理学天文学数学、地球
的构造。

　　收藏单位：重庆馆、广西馆、桂林馆、国
家馆、江西馆、辽宁馆、南京馆、内蒙古馆、
宁夏馆、上海馆、绍兴馆、首都馆、天津馆、
浙江馆

00298

十万个为什么　（苏）伊林著　董纯才译

大连：大众书店，1946.6，61 页，32 开

　　收藏单位：重庆馆、国家馆、辽宁馆、山
东馆、天津馆

00299

十万个为什么　（苏）伊林著　董纯才译

哈尔滨：东北书店，1948，66 页，32 开

哈尔滨：东北书店，1948.10，3 版，66 页，32
开

　　收藏单位：北师大馆、东北师大馆、国家
馆、吉林馆、南京馆

00300

十万个为什么　（苏）伊林著　董纯才译

华北新华书店，1942.3，99 页，32 开

华北新华书店，1947.6，再版，99 页，32 开

华北新华书店，1948.12，3 版，99 页，32 开

本书以故事形式介绍科普知识。在俄语中，"十万"用以形容数量之多，并非真的有十万个问题。据英译本转译。

收藏单位：重庆馆、国家馆、黑龙江馆、山西馆

00301

十万个为什么 （苏）伊林著　董纯才译

冀中新华书店，1938，83 页，32 开

收藏单位：国家馆

00302

十万个为什么 （苏）伊林著　董纯才译

外文题名：Сто тысяч лочему

外文题名：100000 whys

上海：开明书店，1934.10，117 页，32 开（开明青年丛书）

上海：开明书店，1935.2，再版，117 页，32 开（开明青年丛书）

上海：开明书店，1935.4，3 版，114 页，32 开（开明青年丛书）

上海：开明书店，1938.11，新 1 版，114 页，32 开（开明青年丛书）

上海：开明书店，1940.9，新 3 版，114 页，32 开（开明青年丛书）

上海：开明书店，1942.6，湘 1 版，114 页，32 开（开明青年丛书）

上海：开明书店，1944，内 2 版，114 页，32 开（开明青年丛书）

上海：开明书店，1946，7 版，114 页，32 开（开明青年丛书）

上海：开明书店，1948.4，8 版，114 页，32 开（开明青年丛书）

上海：开明书店，1948.6，9 版，114 页，32 开（开明青年丛书）

上海：开明书店，1948.7，特 1 版，114 页，32 开（开明青年丛书）

上海：开明书店，1949.3，10 版，114 页，32 开（开明青年丛书）

本书以故事形式，介绍自来水龙头、火炉、锅架、碗橱、衣橱等日常事物隐含的科学知识。据英译本转译。

收藏单位：重庆馆、广东馆、广西馆、贵州馆、国家馆、湖南馆、吉林馆、江西馆、宁夏馆、上海馆、绍兴馆、首都馆、天津馆、浙江馆

00303

十万个为什么 （苏）伊林著　董纯才译

太岳新华书店，1947.12，79 页，32 开

收藏单位：重庆馆、国家馆

00304

实用理科讲义　吴家熙著

上海：中华书局，1915.12，2 册（224+134 页），25 开

本书分上、下卷。上卷为动物、植物、矿物及生理卫生，下卷为物理和化学。师范讲习所用。

收藏单位：首都馆

00305

实用理科讲义（下卷）　吴家熙著

上海：中华书局，1916，再版，134 页，25 开

上海：中华书局，1922.12，11 版，134 页，25 开

本书讲解物理和化学。师范讲习所用。

收藏单位：广东馆、首都馆

00306

实用主义理科答问　陈文熙辑译

[常熟]：陈文熙 [发行者]，1914.6，100 页，23 开

本书摘译自日本堀七藏的《儿童疑问理科智囊》。内分天象、光学、热学等 6 章。

00307

实用自然科学常识

河间：冀中新华书店，1947.6，60 页，32 开

本书共 4 部分，介绍工业、农业、医学、药品方面的基本知识。

收藏单位：国家馆

00308

实用自然科学辑要　韩轶南编

[威县]：冀南书店，1946.12，54 页，32 开

收藏单位：山东馆、山西馆

00309

世界科学珍闻　穉秋编辑

上海：大方书局，1944.9，再版，118 页，25 开

　　本书共 9 部分：空的珍闻、理的珍闻、关于人物的珍闻、关于动植物的珍闻、关于生理医学的珍闻、关于科学艺术的珍闻、关于科学建设的珍闻、关于科学发明的珍闻、关于古代科学遗迹的珍闻。

　　　　收藏单位：安徽馆、江西馆

00310

世界科学珍闻　穉秋编辑

上海：乐华图书公司，1936，118 页，32 开（新儿童生活丛书）

　　　　收藏单位：重庆馆

00311

室内旅行记　（苏）伊林著　赵筱延译

上海：良友图书印刷公司，1934.11，124 页，25 开

　　本书介绍水龙头、火炉、碗柜、灶橱、大衣橱等日常事物隐含的科学知识。

　　　　收藏单位：南京馆、上海馆

00312

四季的自然界　茅秉心著

上海：中华书局，1935.7，[97] 页，32 开

　　　　收藏单位：重庆馆、内蒙古馆

00313

谈谈自然界　儿童书局编辑部编

上海：儿童书局，1935，9 册，32 开（儿童半角丛书）

　　　　收藏单位：首都馆

00314

通俗科学　李熙谋编著

上海：商务印书馆，1937.6，10+128 页，32 开（社会教育小丛书）

　　本书介绍地球、太阳和行星、日蚀和月蚀、日夜和四季、海洋、湖沼、火山、地震、泉和温泉、岩石、土壤、生物的分类、动物等科学知识。

　　　　收藏单位：重庆馆、贵州馆、国家馆、南京馆、天津馆、西南大学馆、浙江馆

00315

万能的人类　（美）房龙（Hendrik Van Loon）著　伍况甫译

外文题名：Man, the miracle maker

上海：黎明书局，1929.9，182 页，32 开

上海：黎明书局，1931.8，再版，182 页，32 开

　　本书叙述人类怎样控制、利用和战胜自然。共 8 章：人类又称发明家、从茹毛饮血到钻天入云、力能驯服一切的手、从脚到飞机、千变万化的嘴、鼻、眼、耳。

　　　　收藏单位：重庆馆、广西馆、国家馆、黑龙江馆、湖南馆、江西馆、南京馆、上海馆、首都馆、天津馆、西南大学馆、浙江馆

00316

为什么　韩群编

上海：中国科学图书仪器公司，1949，49 页，32 开（儿童科学丛书）

　　　　收藏单位：广东馆、黑龙江馆

00317

问答问答　儿童书局编辑部编著

上海：儿童书局，1935.10，28 页，32 开（儿童半角丛书）

上海：儿童书局，1936，28 页，32 开（儿童半角丛书）

上海：儿童书局，1937.5，3 版，28 页，32 开（儿童半角丛书）

　　本书内收《我们受惊时面色为什么要变白》《夏天为什么要穿白色衣服》《有毒蛇和无毒蛇是怎样分别的》《蛇怎样行动的》《马为什么见了人害怕》等 21 篇科学常识问答。

　　　　收藏单位：重庆馆、国家馆

00318

我们的抗敌英雄　高士其等著

上海：读书生活社，1936.6，[218] 页，32 开（读书生活丛书）

上海：读书生活社，1937.3，再版，[218] 页，32 开（读书生活丛书）

本书收录《细菌的衣食住行》（高士其）、《谈潜水艇》（李崇基）、《梦和现实》（柳湜）、《化学战争的一角》（伯韩）、《玻璃纸》（顾均正）、《蚯蚓》（雪邨）等 32 篇科学小品文。

　　收藏单位：重庆馆、国家馆、吉大馆、吉林馆、江西馆、上海馆、浙江馆

00319

先有天？先有地？　　彭庆昭编著

佳木斯：东北书店，1947.10，81 页，32 开

佳木斯：东北书店，1949，再版，81 页，32 开

　　本书收录有关化学、原子炸弹、养料和肥料、疟疾、天花等科学杂谈 19 则。

　　收藏单位：东北师大馆、国家馆、辽宁馆、山东馆

00320

先有天？先有地？　　彭庆昭编著

华北新华书店，1947.4，70 页，32 开（大众科学丛书 2）

　　收藏单位：重庆馆、国家馆、山西馆

00321

现代科学问题　　张季寅编著

上海：张季寅［发行者］，1939.3，再版，[246] 页，32 开

　　本书以问答方式介绍人们日常接触的事物，如：饮食和衣饰、我们居住的地球、身体的构造等。

　　收藏单位：上海馆

00322

小朋友发明（上册）　　钱达之著

上海：北新书局，1933.9，118 页，32 开（小朋友丛书）

上海：北新书局，1934.10，再版，118 页，32 开（小朋友丛书）

　　本书介绍衣、食、火、住、灯、蒸气、电气、车、船、飞行、传信的发明。

　　收藏单位：重庆馆、广东馆、国家馆

00323

小小难道解答　　徐仲英编

上海：广益书局，1933，159 页，32 开（儿童常识丛书）

　　收藏单位：南京馆、首都馆

00324

兄弟对话地球　　邓启东著

南京：中华自然科学社，1935，18 页，32 开（科学浅说 1）

　　本书为少儿科普读物。

　　收藏单位：重庆馆、南京馆

00325

学生科学常识　　魏元青编著

上海：文友书店，1948.5，[210] 页，36 开

　　本书为高级小学补充读物。

00326

疑难问题解答

［饶阳］：冀中新华书店，1947.10，152 页，32 开

　　收藏单位：国家馆

00327

月球旅行　　李尧林译

上海：文化生活出版社，1947.10，76 页，36 开（少年科学丛书）

　　本书内收《月球旅行》《海底捞金记》《奇人？奇食？》《老鼠——人类的大敌》《人体和热的斗争》《环球独航记》《魏尔伦的理想之实现》共 7 篇科普文章。书后有巴金的后记。译者原题：李林。

　　收藏单位：重庆馆、广东馆、国家馆、辽大馆、辽宁馆、宁夏馆、上海馆、首都馆、浙江馆

00328

月球巡礼（科学故事）

［威县］：冀南书店，32 页，32 开

　　本书内收《一年开始在那一天？》《月球巡礼》《纸的历史》《印刷术的发明和发展》《水的科学》《船舶的故事》等科学故事。

　　收藏单位：国家馆

00329

越想越糊涂（科学小品选）　生活书店编译所编

上海：生活书店，1935.8，214 页，32 开

上海：生活书店，1937.5，再版，214 页，32 开

　　本书共收 40 篇普及科学知识的文章。作者有顾均正、克士、贾祖璋、熏宇、艾思奇、柳湜等。

　　收藏单位：重庆馆、广东馆、广西馆、国家馆、江西馆、内蒙古馆、上海馆

00330

征服自然　周晦盦著

定县：中华平民教育促进会，1932.7，2 册（30+32 页），50 开（平民读物 科学常识 133—134）

　　收藏单位：国家馆

00331

自然常识　蒋怀青译

桂林：康健书局，1942，72 页，32 开（新儿童生活丛书）

　　收藏单位：广西馆

00332

自然常识　卢正编

上海：民众教育研究社，1933.2，2 册（68+74 页），50 开（注音符号民众万有丛书 科学类）

上海：民众教育研究社，1933，再版，2 册（68+74 页），50 开（注音符号民众万有丛书 科学类）

　　收藏单位：重庆馆、江西馆、首都馆

00333

自然常识　彭庆昭著

新华书店，88 页，32 开

　　本书主要介绍物理、天文常识。

　　收藏单位：国家馆

00334

自然常识问答　钱舜鹤著

上海：新民书社，1932.3，5 版，98 页，50 开

上海：新民书社，1935.7，10 版，98 页，50 开

　　本书共 4 部分：植物、动物、矿物、地质。版权页题：考试要览。每页书眉题：自然常识问答。封面题：考试秘诀。

收藏单位：广东馆、国家馆、江西馆

00335

自然常识问题解答　成汉三　熊古山　刘芟村作　冀中教育社编

保定：冀中教育社，1949.8，53 页，32 开

　　本书对天文、气象、矿物、医学、植物等 100 个问题进行通俗简要的解答。新华书店保定总分店发行。

　　收藏单位：国家馆

00336

自然常识问题解答　成汉三　熊古山　刘芟村作　冀中教育社编

保定：新华书店保定总分店，1949.6，52 页，32 开

　　本书对天文、地质、气象、生物等 100 个问题进行通俗简要的解答。新华书店保定点分店发行。

　　收藏单位：东北师大馆、国家馆

00337

自然科问答　夏艺珩　刘庆萱　徐养颐编

上海：东方文学社，1929.10，[260] 页，25 开

上海：东方文学社，1929.11，再版，[260] 页，25 开

上海：东方文学社，1930.3，3 版，[260] 页，25 开

　　本书内分动物学、植物学、生理卫生学、矿物学、物理、化学共六科。封面书名前有"最新实用"字样。

　　收藏单位：黑龙江馆、天津馆、浙江馆

00338

自然科学

重庆：中央战时工作干部训练团，[1937—1945]，202 页，32 开（普通教程 7）

　　收藏单位：南京馆

00339

自然科学常识

广西民团干部学校，[1936.9]，2 册（414+204 页），32 开

本书介绍惯性的作用、重心的作用、滑车的作用、齿轮的作用、怎样制作植物标本、怎样制作动物标本、扑灭苍蝇与瘟疫预防、怎样建设小菜园、怎样建设小花园等科学常识。广西民团干部学校教本。

收藏单位：桂林馆

00340

自然科学读本　褚蓼照编

上海：万叶书店，1940.10，167 页，36 开（时代青年丛书 第 1 辑 5）

上海：万叶书店，1946.11，167 页，36 开（万叶青年读本新辑）

本书共 3 篇：我们四周的东西、科学和生命、力的工作。

收藏单位：重庆馆、东北师大馆、广东馆、辽大馆

00341

自然科学问答　潘之赓编

上海：东方文学社，1931.7，7 版，1 册，32 开

收藏单位：南京馆

00342

自然三百问　黄坚白编

南京：花牌楼书店，1931.1，82 页，32 开

南京：花牌楼书店，1931.5，增订再版，82 页，32 开

南京：花牌楼书店，1932.6，增订 3 版，82 页，32 开

本书提出有关气象、动物、植物、矿物、物理、化学、卫生等 300 题。附答案。

收藏单位：南京馆

00343

自然现象二十讲　夏川著

威县：冀南新华书店，1948.5，29 页，32 开

威县：冀南新华书店，1949.8，3 版，29 页，32 开

本书内容包括：太阳、地球、月蚀日蚀是甚么道理、阴历和阳历、为甚么天旱不下雨、人也能造雨等。

收藏单位：国家馆

自然科学参考工具书

00344

博物词典　彭世芳　王烈　陈映璜编

上海：中华书局，1921.10，1 册，32 开，精装

上海：中华书局，1925.11，再版，1 册，32 开，精装

上海：中华书局，1930.1，4 版，1 册，32 开，精装

上海：中华书局，1932.10，6 版，1 册，32 开，精装

上海：中华书局，1933.9，7 版，1 册，32 开，精装

上海：中华书局，1934.12，8 版，1 册，32 开，精装

上海：中华书局，1937.4，9 版，1 册，32 开，精装

昆明：中华书局，1940.5，10 版，1 册，32 开，精装

本书包含全部中等教育上博物教材，依首字笔画数目自少及多排列。附中西名词对照表。卷端题名：新式博物词典。

收藏单位：重庆馆、东北师大馆、广西馆、国家馆、黑龙江馆、吉林馆、江西馆、南京馆、内蒙古馆、山西馆、上海馆、绍兴馆、首都馆、天津馆、浙江馆

00345

德英华文科学字典　（德）Richard Wilhelm 编

外文题名：Deutsch-Englisch-Chinesisches Fachwörterbuch

外文题名：German-English-Chinese dictionary of technical terms

青岛：[德华大学]，576 页，26 开，精装

收藏单位：国家馆

00346

科学小辞典　陈潮生编

上海：经纬书局，[120] 页，50 开（经纬百科丛书 188）

本书包括天文、地质、理化、生物等学科的名词，按笔划排列。

00347

理科简明手册（数理化基本公式及对数表）
余子飏编　余介石　李绪文校
成都：建国书局，1942.1，56页，32开
　　　　收藏单位：重庆馆、东北师大馆、贵州馆

00348

新科学辞典　新辞书编译社编辑
上海：童年书店，1935.6，1册，36开，精装
上海：童年书店，1935.11，再版，1册，36开
上海：童年书店，1936.3，3版，1册，36开
上海：童年书店，1936.4，4版，1册，36开
上海：童年书店，1936.5，5版，1册，36开
上海：童年书店，1937.3，6版，1册，36开
　　　收藏单位：重庆馆、广西馆、国家馆、江西馆、辽大馆、内蒙古馆、宁夏馆、首都馆、浙江馆

00349

学生自然科学辞典　薛禄坚编纂
上海：新亚书店，1931，[300+77]页，42开
上海：新亚书店，1937.6，300+77页，32开
　　　收藏单位：广西馆、吉林馆

00350

自然科学辞典　郑贞文主编
上海：华通书局，1934.6，1册，32开，精装
　　　收藏单位：重庆馆、东北师大馆、广西馆、国家馆、湖北馆、湖南馆、辽宁馆、南京馆、上海馆、首都馆、天津馆、浙江馆

自然科学调查、考察

00351

北极探险记　尤明译著　鹤侣插图
桂林：少年之友社，1943.12，52页，32开（少年之友丛书1）
　　　　收藏单位：重庆馆、广东馆、国家馆、南京馆

00352

高山与荒野的探险　林英编

上海：言行社，1941.6，118页，32开（科学知识丛书）
　　　收藏单位：广东馆、上海馆、首都馆

00353

两极探险记　（英）勃鲁斯（William S. Bruce）著　刘虎如译
外文题名：Polar exploration
上海：商务印书馆，1927.3，170页，22开（地理丛书）
上海：商务印书馆，1930.11，再版，170页，22开（地理丛书）
上海：商务印书馆，1934.6，国难后1版，231页，22开（史地小丛书）
　　　本书共10章，内容包括：两极地方天象之特点、两极地方、陆地冰、海上的冰和冰雪的颜色、植物、动物等。
　　　收藏单位：重庆馆、东北师大馆、广东馆、贵州馆、国家馆、湖南馆、江西馆、南京馆、宁夏馆、上海馆、浙江馆

00354

两极探险记　（英）勃鲁斯（William S. Bruce）著　罗衡升译
外文题名：Polar exploration
上海：广学会，1912，252页，22开，精装
　　　收藏单位：国家馆、上海馆、首都馆

00355

南北极飞行探险　贺岳僧编
航空委员会政治部大众航空社，1940.6，19页，64开（通俗航空丛刊1）
　　　收藏单位：南京馆

00356

南极探险记　（美）裴特（Admiral R. E. Byrd）著　胡仲持译
上海：开明书店，1934.10，165页，32开（开明青年丛书）
上海：开明书店，1935.9，再版，165页，32开（开明青年丛书）
上海：开明书店，1947.5，3版，165页，32开（开明青年丛书）

上海：开明书店，1948.7，特 1 版，165 页，32 开（开明青年丛书）

上海：开明书店，1949.2，4 版，165 页，32 开

本书内容为美国裴特少将在 1928—1930 年率探险队在南极科学考察的纪事。

收藏单位：重庆馆、东北师大馆、广东馆、贵州馆、国家馆、辽大馆、辽师大馆、南京馆、内蒙古馆、宁夏馆、上海馆、首都馆、天津馆

00357

澎湖群岛科学调查专辑

台湾：澎湖群岛科学调查团，1947，84 页，16 开

本书为台湾省气象所、农业试验所、农学院、台湾大学等单位参加的调查报告辑。内收盛成的《澎湖之地形概说》、徐明同的《澎湖群岛天气概况》、沈传节的《澎湖群岛雨量之分析》、王仁煜的《马公港海洋调查之初步报告》、王钦三的《电力调查简报》等调查报告及论文 17 篇。

收藏单位：国家馆

00358

切流斯金号北极探险记　斯密忒等著　逸夫郭和译

上海：天马书店，1937.2，340 页，32 开

本书共 6 部分：切流斯金号的远征和北冰洋航路、切流斯金号的沉没、冰上生活、全体得救、航空七勇士、科学征服北极海。

收藏单位：国家馆、黑龙江馆、山西馆、首都馆

00359

在世界之顶上　勃隆脱门（L. Brontman）著　艾维章译

外文题名：On the top of the world

长沙：商务印书馆，1941.3，234 页，32 开

上海：商务印书馆，1947.2，再版，234 页，32 开

本书共 10 章，内容包括：我们为什么到北极去、事前的准备、出发、向北迈进、"征服"北极、在世界之顶上等。附浮冰上四勇士的自述小史、浮冰站用具一览。

收藏单位：重庆馆、大庆馆、广东馆、广

西馆、贵州馆、国家馆、黑龙江馆、湖南馆、吉林馆、江西馆、辽大馆、南京馆、内蒙古馆、宁夏馆、上海馆、首都馆、浙江馆、中科图

00360

中华自然科学社西北科学考察报告

中华自然科学社，1942，90+20 页，16 开（中华自然科学社考察报告 2）

本书内收 4 篇文章：《西北科学考察纪略》《甘南川之地形与人生》《甘肃西南之森林》《甘肃西南之畜牧》。

收藏单位：重庆馆、国家馆

00361

中华自然科学社西康科学考察团报告书

中华自然科学社，1942，168 页，16 开

本书分地理气象组报告、农林组报告、工程组报告，有全国各组考察路线简图。附"西康日记"引言、本考察团筹备及工作之经过、中华自然科学社概况。

收藏单位：国家馆、吉林馆、南京馆

00362

中华自然科学社组织西北科学考察团计划大纲

[重庆]：中华自然科学社组织西北科学考察团筹备委员会，[1940]，油印本，6 页，18 开，环筒页装

收藏单位：国家馆

博物学

00363

博物模型样本

上海：科学仪器馆，[54] 页，16 开

本书为仪器馆模型样本。

00364

博物生物指导　瞿世镇编

上海：三民图书公司，1936.1，[119] 页，32 开（升学指导丛书）

收藏单位：重庆馆、国家馆

00365

博物学初步讲义　杜亚泉　杜就田编纂

外文题名：Lectures on natural history

上海：商务印书馆，1912.12，181 页，25 开

上海：商务印书馆，1916，4 版，181 页，25 开

上海：商务印书馆，1917.5，5 版，181 页，25 开

上海：商务印书馆，1919.10，6 版，181 页，25 开

上海：商务印书馆，1922.8，8 版，181 页，25 开

　　本书共 15 章，内容包括：绪言、太阳与自然界之关系、人类与自然界之关系、庭园之自然界、田园之自然界等。师范讲习社师范讲义。

　　收藏单位：国家馆、首都馆、浙江馆

00366

博物学纲要（植物·动物·卫生）　吴瑞庭编

广州：中华科学教育改进社，1934.7，133 页，32 开

广州：中华科学教育改进社，1935.6，再版，133 页，32 开

　　收藏单位：国家馆、内蒙古馆、西南大学馆

00367

博物学教授指南　（日）山内繁雄　（日）野原茂六著　严保诚　陈学郢　杜亚泉译述

上海：商务印书馆，1925，3 版，123 页，22 开

　　本书共 9 章，内容包括：学校、博物标本器械室及准备制作室、庭园、标本之采集制作及保法等。师范学堂用。光绪 34 年（1908）7 月初版。

　　收藏单位：河南馆、西南大学馆

00368

博物学实验教程　怀桂琛编译

上海：商务印书馆，1920.8，188 页，32 开

　　本书共 50 个实验，内容涉及植物、动物、生理、岩石、矿物等。

　　收藏单位：国家馆、江西馆、首都馆、天津馆

00369

博物学问答　温展鹏编

广州：大中中学校，1932.11，92 页，32 开（大中中学校自然科丛书）

　　收藏单位：国家馆

00370

博物学问答　文公直主编

上海：文业书局，1939，103 页，32 开

　　本书问答分植物、动物、矿物学。

　　收藏单位：山西馆

00371

博物学问答　文公直主编　周良臣编辑

上海：大中华书局，1936.3，108 页，32 开

　　收藏单位：浙江馆

00372

儿童博物园　绿荷编

上海：大众书局，1933，71 页，32 开

上海：大众书局，1936.4，重版，71 页，32 开

　　本书是编者在几个小学校里和孩子们谈话时的一种实验教材。共分 22 篇，可供小学高年级生阅读。

　　收藏单位：广东馆、国家馆

00373

小朋友博物园　钱达之著

上海：北新书局，1933.3，70 页，32 开（小朋友丛书 12）

　　收藏单位：重庆馆、东北师大馆、国家馆、江西馆

00374

新体博物讲义　李约编纂　陈纶　凌昌焕校订

外文题名：Lectures on natural science

上海：商务印书馆，1918.3，192 页，32 开

上海：商务印书馆，1921，4 版，192 页，32 开

上海：商务印书馆，1922.5，6 版，192 页，32 开

　　本书共 4 编：植物、动物、生理及卫生、矿物及岩石。教育部审定，师范讲习科用。

收藏单位：河南馆、内蒙古馆、浙江馆

00375

最新博物示教 王季烈编译

上海：商务印书馆，1913.5，82 页，32 开

收藏单位：南京馆

数理科学和化学

数学

数学理论

00376

罗素算理哲学 （英）罗素（B. Russell）著

傅种孙　张邦铭译

外文题名：Introduction to mathematical philosophy

上海：商务印书馆，1922.8，343 页，32 开（共学社罗素丛书）

上海：商务印书馆，1924.7，再版，343 页，32 开（共学社罗素丛书）

上海：商务印书馆，1931.4，3 版，343 页，32 开（共学社罗素丛书）

上海：商务印书馆，1933.1，国难后 1 版，343 页，32 开（共学社罗素丛书）

本书主要阐释数学中的哲理。共 18 部分，内容包括：数之界说、有穷与算学归纳法、顺序之界说、各种关系、极限及连续、无穷公理及逻辑的范畴、命题从元等。附中英名词对照表。

收藏单位：北大馆、重庆馆、东北师大馆、广西馆、贵州馆、国家馆、黑龙江馆、湖南馆、江西馆、辽宁馆、南京馆、内蒙古馆、山西馆、上海馆、首都馆、天津馆、中科图

00377

马纯德博士论文

外文题名：Relations between the solutions of a linear differential equation of second order with four regular singular points

北平：著者书店，1934，60 页，大 16 开

本书为马纯德在美国加里福尼亚大学提交的博士论文。

收藏单位：国家馆

00378

数理丛谈 朱言钧著

上海：商务印书馆，1935.5，135 页，32 开（算学小丛书）

上海：商务印书馆，1935.7，再版，135 页，32 开（算学小丛书）

上海：商务印书馆，1936，[再版]，135 页，32 开（算学小丛书）

上海：商务印书馆，1947.2，5 版，135 页，32 开（算学小丛书）（新中学文库）

上海：商务印书馆，1948.8，6 版，135 页，32 开（算学小丛书）

本书以对话形式谈数学原理。曾发表于《光华》半月刊。

收藏单位：重庆馆、东北师大馆、广东馆、广西馆、贵州馆、国家馆、黑龙江馆、湖南馆、吉大馆、江西馆、辽宁馆、南京馆、内蒙古馆、宁夏馆、上海馆、首都馆、天津馆、浙江馆

00379

数理方法论 （德）Hölder 著　郑太朴译

外文题名：Mathematische Methode

上海：商务印书馆，1937.1，615 页，22 开，精装（算学丛书）

上海：商务印书馆，1937.6，再版，615 页，22 开，精装（算学丛书）

本书共 16 章，内容包括：几何的证法、力学上之证法及作法、度量概念之综合、数学的连续性无限点群之属性等。

收藏单位：重庆馆、东北师大馆、贵州馆、国家馆、南京馆、内蒙古馆、上海馆

00380

数学丛谈 顾澄原著

南京：中国数学会，1940.12，[150] 页，22 开

本书内容包括：无理数论究竟要不要、公式不可瞎用、应用无理方程式之一问题、似是而非之算法等。摘录自《交通大学科学通讯》。

　　收藏单位：国家馆、南京馆

00381

数学概论　陈自强著

外文题名：Introduction to mathematics

北京：东方大学，1926.9，42 页，32 开

　　本书共 12 章，内容包括：数学之概念、释名及定义、数学之起源、数学在科学上之地位、理数学与应用数学等。

　　收藏单位：重庆馆、国家馆

00382

数学讲话　廖庶谦著

上海：廖庶谦 [发行者]，1937.4，157 页，32 开

　　本书内收《数学是怎样发生的》《数学上研究一些什么》《店员学徒们怎样自修数学》等 18 篇讲话。附《数学公理底来源》（艾思奇）。

　　收藏单位：贵州馆、国家馆、上海馆

00383

数学讲话　中学生杂志社编

上海：开明书店，1 册，32 开（中学生杂志丛书）

　　收藏单位：浙江馆

00384

数学知识　邵慎之著　俞颂华总编

桂林：科学书店，1943.7，182 页，36 开

　　本书包括理论、中外数学史、四则、几何、三角、群论等基础知识。

　　收藏单位：重庆馆、西南大学馆

00385

数之意义　余介石　倪可权　李修睦著

重庆：商务印书馆，1945.1，77 页，32 开（中等算学研究会丛书）

上海：商务印书馆，1947.8，77 页，32 开（中等算学研究会丛书）（算学小丛书）

　　本书共 4 章：数之概念发展史、基数与序数、实数、复素数。

　　收藏单位：重庆馆、东北师大馆、广东馆、国家馆、江西馆、辽宁馆、南京馆、内蒙古馆、上海馆、首都馆、西南大学馆、浙江馆

00386

算理哲学　（英）罗素（B. Russell）著　傅种孙　张邦铭译

外文题名：Mathematical philosophy

上海：商务印书馆，1930.4，2 册（343 页），32 开（汉译世界名著）（万有文库 第 1 集 79）

长沙：商务印书馆，1939.12，2 册（343 页），32 开（汉译世界名著）（万有文库 第 1—2 集简编 43）

　　本书共 18 部分，内容包括：数之界说、有穷与算学归纳法、顺序之界说、各种关系、极限及连续、无穷公理及逻辑的范畴、命题从元等。附中英名词对照表。逐页题名：罗素算理哲学。

　　收藏单位：重庆馆、大连馆、东北师大馆、广西馆、贵州馆、国家馆、黑龙江馆、江西馆、辽大馆、辽师大馆、内蒙古馆、宁夏馆、上海馆、天津馆、武大馆、浙江馆

00387

算学导论　（英）怀特海（A. N. Whitehead）著　徐韫知译

外文题名：Introduction to mathematics

上海：商务印书馆，1935.7，217 页，32 开（算学小丛书）

长沙：商务印书馆，1938.4，3 版，217 页，32 开（算学小丛书）

　　本书共 17 章，内容包括：算学的抽象性质、变数、应用的方法、动力学、算学的符号、数的推广、虚数等。

　　收藏单位：重庆馆、广东馆、广西馆、贵州馆、国家馆、江西馆、南京馆、内蒙古馆、首都馆、浙江馆

00388

算学的性质　（英）来斯（James Rice）著

殷佩斯译

外文题名：The nature of mathematics

上海：商务印书馆，1934.4，101 页，32 开（百科小丛书）

本书讲解数、代数学、几何学、极限、微积分、周期数等算学的性质。

收藏单位：重庆馆、大庆馆、广西馆、国家馆、辽大馆、南京馆、首都馆、西交大馆、浙江馆

00389

算学通论　余介石编著

上海：中华书局，1933.3，189 页，32 开（中等算学研究会丛书 2）

上海：中华书局，1933.10，再版，189 页，32 开（中等算学研究会丛书 2）

本书共 3 篇：算学观念发达史、算学的形式和结构、算学推广的方法。

收藏单位：重庆馆、东北师大馆、广东馆、广西馆、贵州馆、国家馆、黑龙江馆、湖南馆、江西馆、辽宁馆、南京馆、内蒙古馆、山西馆、首都馆、天津馆

00390

藤原博士讲演录　（日）藤原松三郎讲　钱端仁译

北京：国立北京大学理学院，1940.11，18 页，18 开

本书内收《海弗沙氏记号算》和《东洋数学》两篇。

收藏单位：国家馆

00391

新数学大纲　（英）詹谟士·赖亥斯著　胡仲持译

广州、香港：华美图书公司，1947.3，99 页，36 开

本书内容包括：导言、数、代数、几何、限度：微积分：周期性。选译自 *An Outline of Modern Knowledge* 一书中关于数学的部分。

收藏单位：广西馆、山西馆

数学教育与普及

00392

从代数回到算术　李绪文著

重庆：中华书局，1944.4，渝初版，49 页，32 开（数学研究小丛书）

上海：中华书局，1946.2，再版，49 页，32 开（数学研究小丛书）

本书共 3 章：由代数推求算术应用问题解法、算术应用问题之图解法、用试差法解算术应用问题。书后附有练习问题。

收藏单位：重庆馆、国家馆、首都馆

00393

大大小小　王峻岑著

上海：开明书店，1948.12，126 页，36 开（开明少年丛书）

上海：开明书店，1949.6，再版，126 页，36 开（开明少年丛书）

本书为数学知识读物，内容包括：大大小小、逢十进一、标准的选择、两个特殊的数、数字的意义等。

收藏单位：重庆馆、广西馆、国家馆、江西馆、南京馆、绍兴馆、天津馆

00394

马先生谈算学　刘薰宇著

上海：开明书店，1940.10，266 页，32 开（开明青年丛书）

上海：开明书店，1943.6，湘 1 版，266 页，32 开（开明青年丛书）

上海：开明书店，1946.9，3 版，266 页，32 开（开明青年丛书）

上海：开明书店，1947.10，4 版，266 页，32 开（开明青年丛书）

上海：开明书店，1949.3，5 版，266 页，32 开（开明青年丛书）

本书属于难题详解一类，内容包括：他是这样开场的、流水行舟、鸟兽同群的问题、归一法的问题、截长补短等。

收藏单位：重庆馆、大庆馆、东北师大馆、广东馆、广西馆、桂林馆、国家馆、黑

龙江馆、华东师大馆、辽宁馆、南京馆、内蒙古馆、宁夏馆、上海馆、天津馆

00395

上海知不足职业补习学校算学补充教材　张筱楼等著

上海：知不足职业补习学校，[8] 页，16 开

　　本书内收著者对初学代数者、初学平面几何者、初学空间几何者、初学微积分学者的 4 次谈话。

　　收藏单位：国家馆

00396

数学（第 1 篇 代数之部）　胡国钰编

国立西北师范学校附设中心国民学校教员函授学校，1946.1，110 页，32 开

00397

数学 ABC　杨隽时著

上海：ABC 丛书社，1932.11，129 页，32 开（ABC 丛书）

上海：ABC 丛书社，1933.3，再版，129 页，32 开（ABC 丛书）

　　本书共 13 章，内容包括：数学史、直线、加法与减法、角、面积与容量、线与平面、正数与负数等。

　　收藏单位：重庆馆、国家馆、湖南馆、江西馆、辽大馆、南京馆、宁夏馆、首都馆

00398

数学的故事　（英）拉莱特（Denham Larrett）著　黄寿慈译

重庆：建国书店，1945.6，85 页，32 开（建国中学生读物丛刊）

　　本书内容包括：没有字的数学、金字塔的时代、几何学的诞生、第一部几何学、中世纪的大学等。版权页著者原题：D·拉累特。

　　收藏单位：重庆馆、广东馆、国家馆、南京馆、内蒙古馆

00399

数学漫谈　俞子夷等著

南平：国民出版社，1943.11，54 页，32 开（新青年丛书）

　　本书内收数学知识短文 12 篇，内容包括：杂谈数学、科学的女王、智慧的果实、科学与数学、为什么我念数学等。

　　收藏单位：广西馆、江西馆

00400

数学游戏法　周永暮著

上海：科学会编译部，1913，石印本，1 册，25 开

　　收藏单位：国家馆

00401

数学与你　（美）Hugh Gray　（美）L. R. Lieber 著　黄裳译

外文题名：The education of T. C. Mits

上海：开明书店，1948.9，62 页，32 开（开明青年丛书）

上海：开明书店，1949.1，再版，62 页，32 开（开明青年丛书）

　　本书为数学通俗读物，涉及数的抽象概念。内容包括：五千万人可能犯的错误、代数与几何的联姻、一个新的教育、这些近代事物等。

　　收藏单位：广东馆、贵州馆、国家馆、山西馆、首都馆、天津馆、西南大学馆

00402

算术（第 1 册 几何及三角）　余介石　梅慕墂编

上海：商务印书馆，1935.10，226 版，32 开

上海：商务印书馆，1935.10，3 版，226 页，32 开

上海：商务印书馆，1947，19 版，226 页，32 开

　　本书共 3 编：平面几何、立体几何、三角。师范学校教科书。

　　收藏单位：重庆馆、南京馆

00403

算术的故事　廖庶谦著

北平：读书与生活社，1946.10，24 页，32 开（读者与生活丛书 第 1 集）

本书内收《算术的故事》《数学的抽象性和现实性》《数学对于自然科学和社会科学的关系》等 6 篇短文。著者原题：庶谦。

收藏单位：国家馆

00404

算术的故事

出版者不详，[104] 页，25 开

收藏单位：江西馆

00405

算学　陈伯琴　胡思齐编

成都：四川省政府教育厅，1940.10，144 页，32 开

本书共 6 章：基本运算复习、式与方程式、几何图形及其计算、统计大意、简易测量、日常生活中实际问题。国民教育师资训练班教本。

收藏单位：重庆馆、国家馆

00406

算学（第 1 册）　任诚编著

南京：正中书局，1935.8，153 页，32 开

上海、南京：正中书局，1937，153 页，32 开

南京：正中书局，1937.1，16 版，153 页，32 开

上海：正中书局，1946.10，沪 27 版，153 页，32 开

本书介绍基本运算的练习。共 8 章：整数四则、速算、简便算、整数性质的初步、分数、小数及其与分数的关系、省略算、开方。简易师范学校及简易乡村师范学校适用。

收藏单位：重庆馆、国家馆、江西馆

00407

算学（第 2 册）　任诚编著

南京：正中书局，1935.12，[155—397] 页，32 开

南京：正中书局，1936.11，8 版，[155—397] 页，32 开

上海、南京：正中书局，1937，243 页，32 开

上海：正中书局，1946.10，沪 23 版，243 页，32 开

本书介绍数的扩张及运算的推广。共 6

章：复名数、应用问题、代数式及代数的数、代数式的运算 I（整式四则）、一次方程式、代数式的运算 II（约数及倍数）。简易师范学校及简易乡村师范学校适用。

收藏单位：重庆馆、国家馆、湖南馆、江西馆

00408

算学（第 3 册）　任诚编著

南京：正中书局，1936.5，399—667 页，32 开

上海：正中书局，1946.10，沪 21 版，399—667 页，32 开

本书介绍数的扩张及运算的推广。共 8 章：代数式的运算 III（分式四则）、分式方程式、代数式的运算 IV（乘幂及开方）、二次方程式、代数式的运算 V（对数）、各种方程式、不等式、比及比例。简易师范学校及简易乡村师范学校适用。

收藏单位：重庆馆、国家馆

00409

算学（第 4 册）　任诚编著

南京：正中书局，1936.10，217 页，32 开

上海、南京：正中书局，1937，217 页，32 开

上海：正中书局，1946.10，沪 11 版，217 页，32 开

上海：正中书局，1946.10，沪 16 版，217 页，32 开

本书分两编：几何图形的认识、几何图形的推究。共 6 章，内容包括：平面及立体图形、推究的方法与推究的内容、圆、比例等。简易师范学校及简易乡村师范学校适用。

收藏单位：重庆馆、国家馆、南京馆

00410

算学（第 5 册）　任诚编著

上海、南京：正中书局，1937.4，262 页，32 开

上海：正中书局，1946.10，沪 17 版，256 页，32 开

本书内容包括：平面图形的计算、立体图形的计算、三角函数及高远测量等。简易师范学校及简易乡村师范学校适用。

收藏单位：重庆馆、国家馆

00411

算学（第 6 册） 任诚编著
南京：正中书局，[1937]，156 页，32 开
上海：正中书局，1946.10，沪 13 版，156 页，32 开

　　本书介绍小学数学的理论与实际。共 6 章：教学原理及原则、教材选择与组织、教学的方法与方式、教学过程与教学案、成绩考查、教便物。简易师范学校及简易乡村师范学校适用。

　　收藏单位：重庆馆、国家馆

00412

算学（第 1 册 基本运算之练习） 陈荩民编
长沙：商务印书馆，1940.1，244 页，32 开
上海：商务印书馆，1946.9，3 版，244 页，32 开
上海：商务印书馆，1946，4 版，244 页，32 开

　　本书分 4 编：整数（数之起源）、分数（数系扩充之一）、数和量的关系、无理数（数系扩充之二）。共 12 章，内容包括：整数的起源和它的运算、算草和速算、比和比例等。简易师范学校教科书。

　　收藏单位：重庆馆、国家馆、江西馆、南京馆

00413

算学（第 2 册 代数及简单数性之讨论） 陈荩民编
长沙：商务印书馆，1940.1，219 页，32 开
上海：商务印书馆，1946.11，3 版，219 页，32 开

　　本书共 3 编：有号数（数系扩充之三）、虚数（数系扩充之四）、整数的初步性质。简易师范学校教科书。

　　收藏单位：国家馆、江西馆、南京馆

00414

算学（第 3 册 几何及三角） 陈荩民编
长沙：商务印书馆，1940.1，269 页，32 开
上海：商务印书馆，1946.11，3 版，269 页，32

开
上海：商务印书馆，1947，5 版，269 页，32 开

　　本书共 3 编：直觉几何学、推理几何学平面之部、推理几何学立体之部。简易师范学校教科书。

　　收藏单位：重庆馆、国家馆

00415

算学（第 4 册 实用问题解法） 陈荩民编
长沙：商务印书馆，1940.1，177 页，32 开
上海：商务印书馆，1946.11，3 版，177 页，32 开
上海：商务印书馆，1947，5 版，177 页，32 开

　　本书共 10 章，内容包括：解题的步骤、整数应用问题之分类及其解法、分数应用问题、比例应用问题、百分的应用问题等。简易师范学校教科书。

　　收藏单位：重庆馆、国家馆、江西馆、南京馆

00416

算学（第 5 册 小学教学之研究） 赵廷为编
长沙：商务印书馆，1940.1，[68] 页，32 开
上海：商务印书馆，1946，3 版，[68] 页，32 开

　　本书共 6 章，内容包括：算术教材的选择和组织、算术教学的原理通则和顺序、算术成绩考查法等。简易师范学校教科书。

　　收藏单位：国家馆、江西馆、南京馆

00417

算学（1 几何及三角） 余光烺等编
上海：中华书局，[1936.8]，386 页，25 开
上海：中华书局，1937，4 版，386 页，25 开
上海：中华书局，1947.4，13 版，386 页，25 开

　　本书共 3 部分：平面几何学、立体几何学、平面三角学。新课程标准师范、乡村师范学校适用。

　　收藏单位：重庆馆、江西馆

00418

算学（2 代数及简单数性之讨论） 张鹏飞编
上海：中华书局，1937.5，再版，316 页，25 开
昆明：中华书局，1939.7，4 版，316 页，25 开

昆明：中华书局，1941，6 版，316 页，25 开

　　本书分为数性之部和代数之部，介绍整数、分数、小数、有号数、整式、分式、比例式及不等式、指数及对数、无理数虚数及无理式等内容。新课程标准简易师范学校适用。

　　收藏单位：广西馆、南京馆

00419

算学（2 代数及简单数性之研究 ）　陈荩民编

上海：中华书局，1936，2 册，32 开

　　本书分为数性之部和代数之部，介绍正整数、分数、小数、虚数、代数之基础、一元方程式之同解原理及其应用、数学归纳法与二项定理等内容。新课程标准师范、乡村师范学校适用。

　　收藏单位：江西馆

00420

算学（2 代数及简单数性之研究 上册）　陈荩民编

上海：中华书局，1937.5，再版，264 页，32 开

上海：中华书局，1946.12，10 版，264 页，32 开

上海：中华书局，1947.5，11 版，264 页，32 开

　　本书为数性之部，介绍正整数、分数、小数、虚数等。共两篇：算术数系、代数数系（有号数系）。新课程标准师范、乡村师范学校适用。

　　收藏单位：广西馆、江西馆

00421

算学（2 代数及简单数性之研究 下册）　陈荩民编

上海：中华书局，1947.5，8 版，192 页，32 开

　　本书为代数之部，介绍代数之基础、一元方程式之同解原理及其应用、数学归纳法与二项定理等内容。新课程标准师范、乡村师范学校适用。

00422

算学（3 几何及三角）　张鹏飞编

上海：中华书局，1937.7，再版，227 页，32 开

上海：中华书局，1946.8，6 版，227 页，32 开

上海：中华书局，1947.4，9 版，227 页，32 开

　　本书共 3 部分：平面几何学、立体几何学、平面三角法。新课程标准简易师范学校适用。

　　收藏单位：东北师大馆、广西馆

00423

算学（3 解析几何）　朱言钧编

上海：商务印书馆，1935.10，3 版，145 页，32 开

长沙：商务印书馆，1938，7 版，145 页，32 开

长沙：商务印书馆，1941.4，9 版，145 页，32 开

　　本书为师范学校教科书。

　　收藏单位：重庆馆、广东馆

00424

算学（3 解析几何学）　雷琛编

上海：中华书局，1936.7，232 页，32 开

上海：中华书局，1947.5，8 版，232 页，32 开

　　本书共 10 章，内容包括：坐标的基本观念和应用、轨迹和方程式、直线、圆、圆锥截线等。新课程标准师范、乡村师范学校适用。

　　收藏单位：重庆馆

00425

算学（4 基本运算之练习）　陆子芬　谭秉乾编

上海：中华书局，1936.7，4 版，184 页，25 开

上海：中华书局，1937.4，6 版，184 页，25 开

上海：中华书局，1947.4，15 版，184 页，25 开

上海：中华书局，1948.6，再版，184 页，25 开

　　本书共 8 章，内容包括：整数四则、速算及简便算、分数小数四则、省略算、乘方与开方等。新课程标准师范、乡村师范学校适用。

　　收藏单位：广西馆、天津馆

00426

算学（5 实际问题之解法）　陆子芬编

上海：中华书局，1936.11，118 页，25 开

上海：中华书局，1937.1，再版，118 页，25 开
上海：中华书局，1937.4，3 版，118 页，25 开
上海：中华书局，1946.8，9 版，118 页，25 开
上海：中华书局，1947.5，11 版，118 页，25 开

本书书末有复利表及中西名词对照表。新课程标准师范、乡村师范学校适用。

收藏单位：广西馆、南京馆、天津馆

00427

算学（6 小学算术教学之研究） 俞子夷编
上海：中华书局，1935.8，225 页，25 开
上海：中华书局，1937.4，4 版，225 页，25 开

本书共 8 章：小学算术科、教材的选择排列、教学方法的原理及通则、游戏与教具、教学过程、教学上的注意点、成绩考查法、珠算。新课程标准师范、乡村师范、简易师范、简易乡村学校适用。

收藏单位：北大馆、国家馆、首都馆

00428

算学的故事 （英）拉莱特（Denham Larrett）著　徐韫知译
外文题名：Story of mathematics
上海：商务印书馆，1933.6，106 页，32 开（算学小丛书）
上海：商务印书馆，1933.9，2 版，106 页，32 开（算学小丛书）
上海：商务印书馆，1938，4 版，106 页，32 开（算学小丛书）

本书内容包括：古代埃及的贡献、"几何学"的发达、欧几里德"几何学"、数码的来源、中古时代大学的情况等。

收藏单位：广东馆、国家馆、湖南馆、江西馆、辽宁馆、南京馆、内蒙古馆、山西馆、上海馆、天津馆、浙江馆

00429

算学的故事 章克标著
上海：开明书店，1935.9，[16]+203 页，32 开（开明青年丛书）

收藏单位：重庆馆、国家馆、南京馆、上海馆、首都馆、天津馆、浙江馆

00430

算学概要 俞子夷编
上海：商务印书馆，1948.2，251 页，32 开（国民教育文库）

本书内容包括：整数、小数、分数、复名数、百分等。

收藏单位：重庆馆、甘肃馆、广东馆、广西馆、贵州馆、国家馆、江西馆、辽大馆、辽宁馆、南京馆、上海馆、首都馆、天津馆

数学参考工具书

00431

ABC 对数表 （日）真野肇 （日）远藤之助著　顾澄译　王乾校
文明书局、普及书局，1922.5，订正 3 版，34+196 页，32 开

本书收录弧度角度互求表、三角函数对数表、纳氏对数表、因数表、年金表等。

收藏单位：国家馆

00432

卜氏七位对数表 （德）卜龙士（Bruhns）原编　段育华重编
外文题名：Logarithms to seven places
上海：商务印书馆，1931.7，185 页，23 开，精装
上海：商务印书馆，1933.9，国难后 1 版，185 页，23 开，精装
长沙：商务印书馆，1938.7，国难后 2 版，185 页，23 开，精装

本书介绍常用对数即布里格司 Briggs 之对数。

收藏单位：重庆馆、广东馆、贵州馆、国家馆、江西馆、南京馆、首都馆

00433

乘积表 赵国华编
重庆：土木图书编印社，1943.11，[22] 页，32 开

收藏单位：重庆馆

00434

对数表

出版者不详，72 页，22 开

　　本书包括 3 种对数表。

　　收藏单位：首都馆

00435

对数表新编　冯度编

上海：开明书店，1935.4，134 页，25 开

上海：开明书店，1947.4，再版，134 页，25 开

　　本书收录常用对数表、三角函数对数表、三角函数真数表、分秒与度之小数互化表等 9 种对数表及用法。

　　收藏单位：重庆馆、广西馆、江西馆、南京馆、首都馆、西南大学馆

00436

对数的三角的短基线表

出版者不详，83 页，18 开

　　收藏单位：广东馆

00437

盖氏对数表　（德）F. G. Gauss 编　（日）宫本藤吉原译　杜亚泉　寿孝天重译

外文题名：A complete five place logarithmic and trigonometric tables

外文题名：Fünfstellige vollständige logarithmische und Trigonometrische Tafeln

上海：商务印书馆，1913.2，5 版，72+29 页，22 开，精装

上海：商务印书馆，1913，6 版，72+29 页，22 开，精装

上海：商务印书馆，1914.4，7 版，72+29 页，22 开，精装

上海：商务印书馆，1915.4，8 版，72+29 页，22 开，精装

上海：商务印书馆，1916.10，10 版，72+29 页，22 开，精装

上海：商务印书馆，1917.4，11 版，72+29 页，22 开，精装

上海：商务印书馆，1919.12，14 版，72+29 页，22 开，精装

上海：商务印书馆，1921.5，15 版，72+29 页，22 开，精装

上海：商务印书馆，1922.9，17 版，72+29 页，22 开，精装

上海：商务印书馆，1924.7，19 版，72+29 页，22 开，精装

上海：商务印书馆，1926.7，21 版，72+29 页，22 开，精装

上海：商务印书馆，1928.8，22 版，72+29 页，22 开，精装

上海：商务印书馆，1929.6，23 版，72+29 页，22 开，精装

上海：商务印书馆，1930.3，26 版，72+29 页，22 开，精装

上海：商务印书馆，1931.3，30 版，72+29 页，22 开，精装

上海：商务印书馆，1933.1，国难后 1 版，72+29 页，22 开，精装

上海：商务印书馆，1933.4，国难后 4 版，72+29 页，22 开，精装

上海：商务印书馆，1934.3，国难后 5 版，72+29 页，22 开，精装

上海：商务印书馆，1935.7，国难后 6 版，72+29 页，22 开，精装

长沙：商务印书馆，1939.2，国难后 10 版，72+29 页，22 开，精装

长沙：商务印书馆，1939，国难后 11 版，72+29 页，22 开，精装

长沙：商务印书馆，1940.7，国难后 12 版，72+29 页，22 开，精装

重庆：商务印书馆，1945.4，蓉 1 版，72+29 页，22 开

重庆：商务印书馆，1945.4，渝 1 版，72+29 页，22 开

上海：商务印书馆，1947.4，14 版，72+29 页，22 开

上海：商务印书馆，1947.9，15 版，72+29 页，22 开

上海：商务印书馆，1948.2，16 版，72+29 页，22 开

上海：商务印书馆，1948.8，17 版，72+29 页，22 开

　　本书内容包括：对数表、常用数对数表、八线对数表、八线表。书后附表之用法。

收藏单位：重庆馆、东北师大馆、广东馆、广西馆、贵州馆、国家馆、湖南馆、吉林馆、江西馆、辽大馆、南京馆、内蒙古馆、宁夏馆、山西馆、上海馆、绍兴馆、首都馆、天津馆、西南大学馆、浙江馆

00438

韩氏对数表　段育华辑

外文题名：Huntington's four place tables

上海：商务印书馆，1931.5，21 页，32 开

上海：商务印书馆，1933.4，国难后 1 版，21 页，32 开

长沙：商务印书馆，1938.9，国难后 2 版，21 页，32 开

　　本书辑自美国哈佛大学韩廷敦（Huntington）新编四位表。

　　收藏单位：重庆馆、广东馆、广西馆、国家馆、河南馆、湖南馆、江西馆、上海馆

00439

华英对数表解　卫国垣心薇氏编辑

外文题名：Mathematical tables and formulas for approximate calculations

上海：帝国理工学院，1911，47 页，42 开，精装

00440

六位对数表　（德）Bremiker 著

外文题名：Bremiker's Logarithmisch-Trigonometrische Tafeln mit sechs Dezimalstellen

上海：万锴书局，影印本，598 页，22 开，精装

　　本书内容包括：自然数的对数表、由 0° 至 5° 每秒一载的正弦及正切的对数表、每十秒一载的三角函数的对数表等。

　　收藏单位：国家馆

00441

六位对数表

参谋本部陆地测量总局，1933.10，612 页，22 开，精装

　　本书收录常用对数表、弦切对数表、三角函数对数表等。附弧角与时角之改算、改算时分秒为日之小数、改算恒星时为平太阳时等。

　　收藏单位：国家馆

00442

密位对数表　陈柱一译解

中央陆军军官学校，1932.10，104 页，25 开

中央陆军军官学校，1934，再版，104 页，25 开，精、平装

　　本书内容包括：自然数对数表（由 1 至 11009）、密位三角函数对数表、在由 0 至 1000 密位区分中正切线函数之自然数等。

　　收藏单位：广东馆、国家馆、南京馆

00443

奈尔孙氏三角对数表（五位数）　张俊坤译

外文题名：Logarithmic and trigonometric tables

上海：大东书局，1946，125 页，27 开

上海：大东书局，1947.5，再版，125 页，27 开

　　收藏单位：重庆馆、广东馆、辽宁馆、南京馆、天津馆

00444

普通计算用表　卢龙　白季眉著

南京：钟山书局，1934.8，21+90 页，22 开

　　本书收录对数表，三角函数表，平方、立方开方及倒数表，公尺英尺制互算表等。

　　收藏单位：南京馆、浙江馆

00445

数学辞典　董振华编著

上海：文业出版社，1937，134 页

　　收藏单位：山西馆

00446

数学辞典　倪德基　郦禄琦编　雷琛校

上海：中华书局，1925.11，366+14+167 页，32 开，精装

上海：中华书局，1930，再版，366+14+167 页，32 开，精装

上海：中华书局，1931.3，3 版，366+14+167 页，32 开，精装

　　本书根据日本长泽龟之助所著《数学辞书》，参考其他各国著作编成。附定理公式及表、数学家事略。

　　收藏单位：河南馆、黑龙江馆、南京馆、上海馆、首都馆、天津馆、浙江馆

00447

数学辞典　倪德基　郦禄琦　雷琛编校　陈润泉　卢鑫增订

上海：中华书局，1935.1，增订 4 版，[15]+402+[230] 页，32 开，精装

上海：中华书局，1936.8，增订 5 版，[15]+402+[230] 页，32 开，精装

昆明：中华书局，1940.5，增订 7 版，[15]+402+[230] 页，32 开，精装

上海：中华书局，1948.7，增订 8 版，[15]+402+[230] 页，32 开，精装

　　本书根据日本长泽龟之助所著《数学辞书》，参考其他各国著作编成。附数学之诸法则及定理、数学之诸公式及表、数学家事略、英汉名词对照表、数学用字略、数学用符号。

　　收藏单位：东北师大馆、广东馆、国家馆、江西馆、辽宁馆、内蒙古馆、山西馆、绍兴馆、首都馆

00448

数学辞典　松江编辑

上海：中华书局，1923.8，226 页，16 开，精装

　　收藏单位：重庆馆

00449

数学辞典　赵缭编

上海：群益书社，1923.8，805+185 页，16 开，精装

上海：群益书社，1923，再版，805+185 页，16 开

上海：群益书社，[1923—1949]，4 版，805+185 页，16 开

上海：群益书社，1931，[再版]，805+185 页，16 开

上海：群益书社，1933，[再版]，805+185 页，16 开，精装

上海：群益书社，1943.8，订正缩版，805+185 页，16 开，精装

上海：群益书社，1947，订正 6 版，805+185 页，16 开

上海：群益书社，1947，订正 7 版，805+185 页，16 开

　　本书内容包括：辞典之部、英汉学语之部、算术问题解法之部、代数学问题解法之部、平面几何学问题解法之部等。末附索引。订正 6 版和订正 7 版版权页出版者题：求益书社。

　　收藏单位：重庆馆、广东馆、广西馆、国家馆、湖南馆、江西馆、南京馆、上海馆、首都馆、浙江馆

00450

数学、代数学、解析学名词

科学名词审查会，[1923]，50 页，16 开，精装

　　本书为科学名词审查会算学名词审查组第 1 次审查本。英、法、德、日、中文名词对照，订正中文旧名。

　　收藏单位：广东馆

00451

数学名词　国立编译馆编订

重庆：正中书局，1945.12，61 页，16 开

上海：正中书局，1946.9，沪 1 版，61 页，16 开

上海：正中书局，1947.10，沪 5 版，61 页，16 开

　　本书由中国科学社起草，共收数学名词 3426 则。中英文对照，按英文字母顺序排列。1935 年 10 月教育部公布。

　　收藏单位：重庆馆、广东馆、国家馆、江西馆、辽大馆、辽宁馆、上海馆、浙江馆

00452

数学杂抄　曾禾生著

出版者不详，1935，256 页，32 开

　　本书内容包括：关于四度空间几何、曲率、中学数学课程改进问题、谈暑期理科教员讲习班、高次方程式之近似根等。

　　收藏单位：首都馆

00453

四位数学用表　余介石编

上海：中华书局，1946.9，40 页，32 开

本书收录四位对数表、正弦函数表、化分为弧度表等 16 种数学中常用的表，以及各表的用法。附数学基本公式。

收藏单位：国家馆、江西馆、辽宁馆、上海馆

00454

四位算学用表　余介石编

上海：中华书局，1934.4，42 页，25 开

上海：中华书局，1935.11，3 版，42 页，25 开

上海：中华书局，1937.4，[4 版]，42 页，25 开

昆明：中华书局，1939.5，5 版，42 页，25 开

本书收录对数表、正弦函数表、正切函数表、平方根表等表及各表的用法。附初等算学基本公式及法则。

收藏单位：重庆馆、广西馆、贵州馆、国家馆、湖南馆、江西馆、辽宁馆、天津馆、浙江馆

00455

算学辞典　董振华编著

上海：文业书局，1937，23+134 页，32 开

本书收录算学上通用之辞语，每条加以注释。附中国及英美俄日等国之度量衡制。

收藏单位：山西馆、绍兴馆

00456

算学辞典　段育华　周元瑞编

长沙：商务印书馆，1938.1，1502 页，32 开，精装

长沙：商务印书馆，1939.8，4 版，1502 页，32 开，精装

本书所选名词术语，对于纯粹算学，以一般大学所学习者为限，其应用方面亦以是为标准。其编排依照首字之笔画多寡顺次排列，其首字相同者则依第二字之笔画多寡顺次排列，第三字以下亦然。附四角号码索引、西文索引。

收藏单位：重庆馆、贵州馆、国家馆、首都馆

00457

算学辞典（题解中心 内容样本）（日）长泽

龟之助著　薛德炯　吴载耀编译

上海：新亚书店，1935，[13] 叶，32 开

本书卷端题名：算术辞典。

收藏单位：国家馆、首都馆

00458

算学代数中英名词对照

出版者不详，22+14 页，16 开

本书题名取自版心。版心下题：学部编订名词馆。

收藏单位：广东馆

00459

算学公式大全　陈天鸿著

上海：陈天鸿 [发行者]，1921，60 页，64 开

本书内收从初等代数起直至微分方程、概章论、最小二乘法以及力学的公式。附度量衡换算等 15 种表。

收藏单位：首都馆

00460

算学名词汇编（英法德日中对照）　曹梁厦编

外文题名：Mathematical terminology : English-French-German-Chinese

科学名词审查会，1938.10，[498]+53 页，25 开，精装

本书汇编普通名词及数学、代数学、代数解析学、微积分、函数论、初等几何学、解析几何学、高等几何学等名词。附中文名词索引。编者原题：曹惠群。

收藏单位：东北师大馆、广西馆、国家馆、江西馆、天津馆、浙江馆

00461

万以内质因数质数表　宋械青著

北平：大中中学，1934.7，100 页，32 开

本书格式类似对数表。质数以空白表示之，非质数则罗列诸质因数以分析之。

收藏单位：国家馆

00462

温德华、斯密司两氏对数表　（美）温德华士（G. A. Wentworth）（美）史密斯（David

Eugene Smith）著　　王刚森编译
外文题名：Trigonometric and logarithmic tables
上海：世界书局，1931.5，35+88 页，25 开
上海：世界书局，1931.10，再版，35+88 页，25 开
上海：世界书局，1935.3，4 版，35+88 页，25 开
　　本书收录整数和三角函数的四位对数表、比例分表、常数的对数表、自然函数表等 10 种表。著者"温德华士"原题：温德华，著者"史密斯"原题：斯密司。
　　收藏单位：重庆馆、广东馆、广西馆、国家馆、南京馆、山西馆、浙江馆

00463
五位对数表
出版者不详，90 页，32 开

00464
一叶对数表　　讷白尔编
外文题名：Single sheet logarithm table
上海：商务印书馆，1927，4 页，25 开
　　收藏单位：国家馆

00465
指数表（限于壹百以内之诸质数）　黄敦慈编
出版者不详，1930，[121] 页，16 开
　　收藏单位：河南馆

00466
自 1 至 1000 平方及立方并平方根立方根表
出版者不详，[12] 页，25 开
　　本书书内题名：自一至一千之平方及立方数表。
　　收藏单位：国家馆

计算工具

00467
计算尺教科书（易解计算尺使用法）（日）
曾田梅太郎著　　张奎山译
大阪：修学馆，1943.1，79 页，22 开，精装
　　本书介绍计算尺的相关概念及在各类计算中的应用。附曾田式计算尺。
　　收藏单位：国家馆

00468
计算尺使用法解说　　陈钟达编著
[天津]：中国牛顿社，1936.10，64 页，16 开
　　本书内容包括：普通计算尺之使用法、反分度·三乘分度之计算尺使用法、电气技术者用之计算尺使用法、计算尺之原理等。
　　收藏单位：南京馆

00469
计算尺说明书
上海：四达尺厂，1938，18 页，32 开
　　收藏单位：重庆馆、国家馆、内蒙古馆

00470
计算尺用法　　李俨编著
重庆：正中书局，1945.3，28 页，横 36 开
上海：正中书局，1946.4，沪 1 版，28 页，横 36 开
上海：正中书局，1947.7，沪 4 版，28 页，横 36 开
　　本书共 6 部分：计算尺说明、计算尺普通算法、计算尺数位之核定、计算尺倒数尺度、计算尺复对数尺度、计算尺各项符号。
　　收藏单位：重庆馆、国家馆、河南馆、辽大馆、辽宁馆、南京馆

00471
计算器及计算尺之简易用法
旅大：旅大行政公署工业厅计划处，1949.9，34 页，横 36 开（简明工务手册 2）
　　本书介绍 Tiger 计算器和 Facit 计算器的各部名称、用法和相关计算法，以及计算尺的意义及使用法等。
　　收藏单位：国家馆

00472
算尺手册　　陶钧编著
国立中央大学，油印本，38 页，32 开，环筒页装
　　本书共 5 编，介绍计算尺的原理及各种

使用算法。

　　收藏单位：重庆馆

00473

算尺原理及用法　陈世仁著
外文题名：Principles and applications of the slide rule
上海：商务印书馆，1924.11，41 页，横 18 开
上海：商务印书馆，1926.5，再版，91 页，横 18 开
上海：商务印书馆，1931，3 版，91 页，横 18 开
上海：商务印书馆，1933.4，国难后 1 版，91 页，横 18 开
长沙：商务印书馆，1939，国难后 5 版，91 页，横 18 开
长沙：商务印书馆，1940.9，国难后 6 版，91 页，横 18 开

　　本书先述原理，接着介绍算尺在乘、除、混合乘除方面的应用，最后介绍三角函数诸尺、等分尺、对数的对数尺。附小数点的位置、杂题、繁复算式的解法、C.D 两尺上等量种种。

　　收藏单位：重庆馆、国家馆、上海馆、首都馆

00474

万能尺用法说明书
上海：美丰公司，26 页，25 开
　　本书介绍万能尺在加、减、乘、除、比例、开方等方面的用法。

　　收藏单位：国家馆

00475

于振善尺算法　于振善创作　安文辉编辑
晋察冀新华书店，1948.5，62 页，32 开

　　收藏单位：国家馆、宁夏馆、山东馆、天津馆

00476

直尺与圆规　（英）汉德荪（H. P. Hudson）著　林辰译
外文题名：Ruler and compasses

上海：商务印书馆，1937.10，190 页，32 开（算学小丛书）
长沙：商务印书馆，1938.6，再版，190 页，32 开（算学小丛书）

　　本书专论直尺及圆规之作图，内容兼及初等几何、近世几何及解析几何。

　　收藏单位：重庆馆、广东馆、贵州馆、国家馆、上海馆、首都馆

00477

纸算尺自习法　高行健著
出版者不详，[1934—1949]，32 页，22 开
　　收藏单位：江西馆

古典数学

00478

初等算学史　（美）卡约黎（Florian Cajori）著　曹丹文译
外文题名：A history of elementary mathematics
上海：商务印书馆，1931.8，256 页，23 开，精装（算学丛书）
上海：商务印书馆，1933.1，国难后 1 版，256 页，23 开，精装（算学丛书）
上海：商务印书馆，1936.9，2 册（325 页），36 开（汉译世界名著）（万有文库 第 2 集 209）
长沙：商务印书馆，1939.9，2 册（325 页），36 开，精装（汉译世界名著）（万有文库 第 1—2 集简编）
重庆：商务印书馆，1944.12，蓉 1 版，325 页，36 开（汉译世界名著）
重庆：商务印书馆，1945.11，再版，325 页，36 开，精装（汉译世界名著）

　　本书叙述西方和印度的上古、中古和近世算学史。

　　收藏单位：重庆馆、大连馆、大庆馆、东北师大馆、广东馆、贵州馆、国家馆、江西馆、辽大馆、辽师大馆、南京馆、内蒙古馆、宁夏馆、上海馆、天津馆、西南大学馆、浙江馆

00479

二十年来中算史料之发现　李俨著

中国科学社，1933.1，16 页，16 开

本书为《科学》第 17 卷第 1 期抽印本。

收藏单位：国家馆、天津馆

00480

古算法之新研究　许莼舫编

上海：中华书局，1935.7，206 页，32 开（算学丛书）

本书以代数及几何原理解释或证明古算法，内容着重平面图形。附歌谣体之古算题。

收藏单位：重庆馆、国家馆、湖南馆、江西馆、辽宁馆、南京馆、内蒙古馆、上海馆、首都馆、天津馆、西南大学馆、浙江馆

00481

古算法之新研究续编　许莼舫编

上海：中华书局，1945.10，270 页，32 开（算学丛书）

本书偏重立体图形。附古算难题详解。

收藏单位：国家馆、江西馆、辽大馆、辽宁馆、南京馆、上海馆、云南馆

00482

古算考源　钱宝琮著

外文题名：Über den Ursprung der chinesischen Mathematik

上海：中华学艺社，1930.6，95 页，25 开（学艺汇刊 15）

上海：中华学艺社，1933.3，国难后 1 版，95 页，32 开（学艺汇刊 15）

上海：中华学艺社，1934.3，[再版]，95 页，32 开（学艺汇刊 15）

上海：中华学艺社，1935.5，国难后 2 版，95 页，32 开（学艺汇刊 15）

本书共 6 部分：记数法源流考、九章问题分类考、方程算法源流考、百鸡术源流考、求一术源流考、朱世杰垛积术广义。

收藏单位：重庆馆、广东馆、广西馆、国家馆、辽大馆、辽宁馆、南京馆、上海馆、首都馆、天津馆

00483

古算趣味　许莼舫著

上海：开明书店，1948.11，127 页，32 开（开明青年丛书）

本书用现代数学方法讲解古代数学故事。

收藏单位：重庆馆、国家馆、辽宁馆

00484

华氏学算笔谈　华蘅芳著

上海：商务印书馆，188 页，32 开，环筒页装

本书共 12 卷，论述数学理论、数学思想和学习数学的方法。

00485

近代数学史纲　（美）史密斯（David Eugene Smith）著　曹丹文译

外文题名：History of modern mathematics

上海：世界书局，1933.4，94+14 页，32 开

本书共 20 章，列举近代高等数学的各个种类。附中西专名对照表。

收藏单位：重庆馆、广东馆、广西馆、国家馆、湖南馆、南京馆

00486

数理精蕴　清圣祖敕编

上海：商务印书馆，1935.9，12 册（1659 页），32 开（国学基本丛书）（万有文库第 2 集 207）

上海：商务印书馆，1936，3 册（1659 页），32 开（国学基本丛书）

上海：商务印书馆，1936.7，5 册（1659 页），32 开（国学基本丛书）

上海：商务印书馆，1937.1，再版，5 册（1659 页），32 开（国学基本丛书）

本书内分两编，上编 5 卷，下编 40 卷。讲述中西数学之异同，辩订古今数理之长短，为当时学习算术者之重要典籍。清圣祖即康熙皇帝。

收藏单位：重庆馆、大连馆、大庆馆、东北师大馆、广东馆、国家馆、江西馆、辽大馆、辽师大馆、南京馆、宁夏馆、山东馆、首都馆、天津馆、浙江馆

00487

数书九章　（宋）秦九韶著

上海：商务印书馆，1937.3，2 册（473 页），32

开（国学基本丛书）

　　本书据明万历四十五年赵琦美转录王应遴抄本排印，共 9 章 18 卷 81 题，为中国古代应用数学的巨著。书后有陈圣观"附考"及"秦九韶小传"。

　　收藏单位：重庆馆、大庆馆、东北师大馆、国家馆、辽大馆、南京馆、山西馆、上海馆、首都馆、西南大学馆

00488

数书九章札记　（清）宋景昌撰

上海：商务印书馆，1937.5，153 页，32 开（国学基本丛书）

上海：商务印书馆，1937.5，再版，153 页，32 开（国学基本丛书）

　　本书共 4 卷，对《数书九章》进行详细介绍。

　　收藏单位：重庆馆、国家馆、辽大馆、南京馆、宁夏馆、上海馆、天津馆

00489

数学　（清）江永著

出版者不详，影印本，204 页，36 开

　　本书书前有《翼梅序》《又序》两篇。据守山阁丛书本影印。

　　收藏单位：重庆馆

00490

数学发达史　张鹏飞　徐天游编著

上海：中华书局，1948.5，90 页，32 开

　　本书叙述中、西数学之起源及其进展，中、西之重要数学大家，以及我国数学教科书之略史。附数学发达史研究用书。

　　收藏单位：重庆馆、东北师大馆、广西馆、国家馆、湖南馆、江西馆、辽师大馆、内蒙古馆、上海馆、首都馆、西南大学馆、浙江馆

00491

数学小史　张鹏飞编

上海：中华书局，1948.2，94 页，32 开（中华文库 初中 第 1 集）

　　本书叙述我国和外国的数学史及数学家。

附纵横图、数学歌等。

　　收藏单位：重庆馆、东北师大馆、广东馆、广西馆、桂林馆、国家馆、黑龙江馆、湖南馆、江西馆、辽师大馆、南京馆、内蒙古馆、上海馆、绍兴馆、浙江馆

00492

四元玉鉴细草　（元）朱世杰撰　罗士琳补草

上海：商务印书馆，1937.3，3 册（1394 页），32 开（万有文库 第 2 集 206）（国学基本丛书）

　　本书是对《四元玉鉴》的研究之作，对该书的每一问题都作出详草。

　　收藏单位：重庆馆、大连馆、大庆馆、东北师大馆、国家馆、辽大馆、辽师大馆、内蒙古馆、宁夏馆、天津馆、浙江馆

00493

算经十书　（清）戴震校

上海：商务印书馆，1930.10，4 册（155+136+168+136 页），32 开（万有文库 第 1 集 399）（国学基本丛书）

　　本书内容包括：周髀算经、九章算术、海岛算经、孙子算经、五曹算经、缉古算经等。

　　收藏单位：重庆馆、贵州馆、国家馆、内蒙古馆、西南大学馆

00494

算学史讲义

出版者不详，油印本，1 册，13 开

　　本书内容包括：各民族算学知识之远源、以前之希腊学派、亚利山大利亚书院等。

　　收藏单位：浙江馆

00495

唐代算学史　李俨著

李俨 [发行者]，[33] 页，16 开

　　本书为《西北史地学会季刊》第 1 卷第 1 期抽印本。附张鹏一序。

　　收藏单位：重庆馆、国家馆

00496

唐宋元明数学教育制度　李俨著

中国科学社，1933.10，[22] 页，18 开

本书为《科学》第 17 卷第 10 期抽印本。

收藏单位：国家馆

00497

物不知总之普通算法　敖文宗著　李俨校

上海：中国科学社，1931.9，1399—1413 页，16 开

　本书校者认为：物不知总问题，似据程大位的《算书统宗》（1593）；ax-by=±c 问题，中外历代均有论述，在中国则始于《孙子算经》。并对著者原文以代数术及数演论演述。《科学》第 15 卷第 9 期抽印本。

　收藏单位：国家馆

00498

西洋近世算学小史　（美）史密斯（David Eugene Smith）著　段育华　周元瑞译

外文题名：History of modern mathematics

上海：商务印书馆，1931.4，90 页，32 开（百科小丛书）（万有文库 第 1 集 402）

上海：商务印书馆，1934.6，90 页，32 开（百科小丛书）

上海：商务印书馆，1934.9，再版，90 页，32 开（百科小丛书）

长沙：商务印书馆，1940.6，3 版，90 页，32 开（百科小丛书）

上海：商务印书馆，1947.2，4 版，90 页，32 开（百科小丛书）（新中学文库）

　本书内容包括：数论、无理数及超越数、复数、四原术及度界论、方程论、代换论及群论、行列式等。著者原题：斯密斯。

　收藏单位：安徽馆、重庆馆、大连馆、大庆馆、东北师大馆、广东馆、广西馆、贵州馆、桂林馆、国家馆、黑龙江馆、湖南馆、江西馆、辽大馆、辽宁馆、辽师大馆、南京馆、内蒙古馆、宁夏馆、上海馆、绍兴馆、首都馆、天津馆、武大馆、西南大学馆、浙江馆

00499

中国数学大纲（上册）　李俨著

外文题名：An outline of Chinese mathematics. Vol.I

上海：商务印书馆，1931.6，222 页，22 开（中国科学社丛书）

上海：商务印书馆，1933.9，国难后 1 版，222 页，22 开（中国科学社丛书）

　本书共 3 编：中国上古数学、中国中古数学、中国近古数学。内容包括：中国数学之分期、九九、周髀算经、刘歆圆周率等。

　收藏单位：广东馆、广西馆、贵州馆、国家馆、河南馆、湖南馆、江西馆、首都馆

00500

中国数学史导言　李俨著

上海：中华学艺社，1933.4，22 页，18 开（学艺小丛书 4）

　收藏单位：国家馆、上海馆

00501

中国算学史　李俨著

上海：商务印书馆，1937.1，293 页，32 开，精装（中国文化史丛书 第 1 辑）

上海：商务印书馆，1937.3，再版，293 页，32 开，精装（中国文化史丛书 第 1 辑）

上海：商务印书馆，1937.4，3 版，293 页，32 开，精装（中国文化史丛书 第 1 辑）

重庆：商务印书馆，1944，渝 1 版，293 页，32 开（中国文化史丛书 第 1 辑）

重庆：商务印书馆，1944.12，蓉 1 版，293 页，32 开（中国文化史丛书 第 1 辑）

　本书共 10 章：第一·上古期、第二·中古期、第三·近古期、印度历算之输入、天元术、宋元算学、第四·近世期、珠算术、西洋历算之输入、第五·最近世期。

　收藏单位：重庆馆、大庆馆、东北师大馆、广东馆、广西馆、贵州馆、国家馆、河南馆、黑龙江馆、江西馆、辽大馆、南京馆、内蒙古馆、宁夏馆、山西馆、上海馆、首都馆、天津馆、西南大学馆、浙江馆

00502

中国算学史（上卷）　钱宝琮撰

外文题名：A history of Chinese mathematics. Part I

北平：国立中央研究院历史语言研究所，1932，

170 页，16 开（国立中央研究院历史语言研究所单刊甲种 6）

　　本书内容包括：上古历法、先秦算学、周髀算经、九章算术、时代不能确定之算书四种等。

　　收藏单位：东北师大馆、广东馆、国家馆、江西馆、近代史所、辽宁馆、南京馆、浙江馆

00503

中国算学小史　李俨著
外文题名：A brief history of Chinese mathematics
上海：商务印书馆，1930.10，137 页，32 开（百科小丛书）（万有文库 第 1 集 403）
上海：商务印书馆，1931.10，137 页，32 开（百科小丛书）
上海：商务印书馆，1933.11，国难后 1 版，137 页，32 开（百科小丛书）
上海：商务印书馆，1935.5，再版，137 页，32 开（百科小丛书）
长沙：商务印书馆，1939.9，137 页，32 开（百科小丛书）（万有文库 第 1—2 集简编）

　　本书研究中国算学进化历史。共 5 编：上古期、中古期、近古期、近世期、最近世期。

　　收藏单位：安徽馆、重庆馆、东北师大馆、广西馆、贵州馆、国家馆、河南馆、黑龙江馆、江西馆、辽大馆、辽师大馆、南京馆、内蒙古馆、宁夏馆、上海馆、西南大学馆、浙江馆

00504

中国算学之特色　（日）三上义夫著　林科棠译
外文题名：Some special features of Chinese mathematics
上海：商务印书馆，1929.10，84 页，32 开（国学小丛书）（万有文库 第 1 集 400）
上海：商务印书馆，1933.3，84 页，32 开（国学基本丛书）
上海：商务印书馆，1934.1，再版，84 页，32 开（国学小丛书）
上海：商务印书馆，1934.7，再版，84 页，32 开（国学小丛书）（万有文库 第 1 集 400）

　　本书内容包括：中国算学上之时代区分、中国算学者与算学之进步、中国之古算书、古算书之著作年代、九九歌诀等。

　　收藏单位：安徽馆、重庆馆、大连馆、大庆馆、东北师大馆、广西馆、贵州馆、国家馆、黑龙江馆、江西馆、辽大馆、辽宁馆、辽师大馆、南京馆、内蒙古馆、宁夏馆、上海馆、绍兴馆、天津馆、浙江馆

00505

中国天文学史之一重大问题（周髀算经之年代）　刘朝阳著
出版者不详，1929，11 页，16 开（天文学史论丛）

　　本书论述周髀算经的成书年代、内容及意义。

　　收藏单位：浙江馆

00506

中算史论丛（1）　李俨著
外文题名：Gesammelte Abhandlungen über die Geschichte der chinesischen Mathematik. Band I
上海：中华学艺社，1931.6，408 页，32 开（学艺汇刊 27）
上海：中华学艺社，1933.2，国难后 1 版，408 页，32 开（学艺汇刊 27）

　　本书内容包括：中算家之 Pythagoras 定理研究、重差术源流及其新注、大衍求一术之过去与未来等。

　　收藏单位：东北师大馆、广西馆、国家馆、湖北馆、辽师大馆、天津馆、浙江馆

00507

中算史论丛（2）　李俨著
外文题名：Gesammelte Abhandlungen über die Geschichte der chinesischen Mathematik. Band II
上海：中华学艺社，1935.12，474 页，32 开（学艺汇刊 28）

　　本书内容包括：中国数学史导言、中算史之工作、二十年来中算史论文目录、永乐大典算书等。

　　收藏单位：重庆馆、大庆馆、贵州馆、国

家馆、辽师大馆、山西馆、首都馆、天津馆、浙江馆

00508

中算史论丛（3） 李俨著

外文题名：Gesammelte Abhandlungen über die Geschichte der chinesischen Mathematik. Band III

上海：中华学艺社，1935.12，400 页，32 开（学艺汇刊 29）

　　本书内容包括：九章算术补注、孙子算经补注、筹算制度考、珠算制度考等。

　　收藏单位：重庆馆、广西馆、贵州馆、国家馆、辽师大馆、南京馆、内蒙古馆、首都馆、天津馆、浙江馆

00509

中算史论丛（4） 李俨著

外文题名：Gesammelte Abhandlungen über die Geschichte der chinesischen Mathematik. Band IV

上海：中华学艺社，1947.2，2 册（638 页），32 开（学艺汇刊 52—53）

　　本书内容包括：中国的数理、测圆海镜批校、唐宋元明数学教育制度、印度历算与中国历算之关系等。

　　收藏单位：重庆馆、东北师大馆、国家馆、辽大馆、辽师大馆、内蒙古馆、首都馆、西南大学馆、浙江馆

初等数学

00510

布利氏新式算学教科书（第 1 编） （美）E. R. Breslich 著　　徐甘棠译述

外文题名：Breslich's first-year mathematics

上海：商务印书馆，1920.2，362 页，25 开

上海：商务印书馆，1920.2，再版，362 页，25 开，精装

上海：商务印书馆，1920.9，3 版，362 页，25 开

上海：商务印书馆，1922.3，6 版，362 页，25

开

上海：商务印书馆，1923，8 版，362 页，25 开，精装

上海：商务印书馆，1923.10，9 版，362 页，25 开，精装

上海：商务印书馆，1925.2，10 版，362 页，25 开，精装

上海：商务印书馆，1930.4，11 版，362 页，25 开

上海：商务印书馆，1933.7，国难后 1 版，362 页，25 开

　　本书内容包括：直线、加法减法、方程、角、角耦、相合之三角形、乘法及除法等。

　　收藏单位：重庆馆、东北师大馆、广东馆、国家馆、江西馆、内蒙古馆、首都馆、浙江馆

00511

布利氏新式算学教科书（第 2 编） （美）E. R. Breslich 著　　王自芸译述

外文题名：Breslich's second-year mathematics

上海：商务印书馆，1922.5，346 页，25 开

上海：商务印书馆，1922.9，再版，346 页，25 开

上海：商务印书馆，1923，4 版，346 页，25 开

上海：商务印书馆，1924，5 版，346 页，25 开，精装

上海：商务印书馆，1925.9，6 版，346 页，25 开

上海：商务印书馆，1930，[再版]，346 页，25 开

上海：商务印书馆，1933.2，国难后 1 版，346 页，25 开

　　本书内容包括：已授之假设、定理、求作法、证题法、消元法、四边形、角柱表面、二面角等。附中西文名词索引。

　　收藏单位：重庆馆、广东馆、国家馆、湖北馆、江西馆、南京馆、首都馆

00512

布利氏新式算学教科书（第 3 编） （美）E. R. Breslich 著　　文亚文　唐梗献译述

外文题名：Breslich's third-year mathematics

上海：商务印书馆，1924.8，382+118+9 页，25 开，精装

上海：商务印书馆，1926.1，再版，382+118+9 页，25 开

上海：商务印书馆，1933.4，国难后 1 版，382+118+9 页，25 开

上海：商务印书馆，1935.1，国难后 2 版，382+118+9 页，25 开

　　本书内容包括：函数含一元之方程、三角函数、一次方程、含一元之二次方程、劈因数法、分数、指数、根数、无理方程等。附对数表、三角函数表、数学公式及中西文名词索引。

　　收藏单位：重庆馆、国家馆、江西馆、南京馆、浙江馆

00513

布利氏新式算学教科书（第 4 编）　（美）E. R. Breslich 著　余介石译述

外文题名：Correlated mathematics for junior colleges

上海：商务印书馆，1934.2，319 页，25 开

　　本书内容包括：点之位置、系数、直线一次函数、数直线、二元联立一次方程式、面积、行列式、二次式、抛物线、数字方程式解法、极限、无尽连级数、分项分数等。附对数表、乘幂及方根表、1°—90°各角之正弦余弦正切表、公式及希腊字母表。

　　收藏单位：重庆馆、广东馆、国家馆、江西馆、浙江馆

00514

各科预备大全初级数学部　侯守仙著

北平：文成书庄，1930.10，76+56+40 页，32 开

　　本书内容包括：整数、约数及倍数、分数、利息、面积及开方等。逐页题名：各科预备大全数学部。

　　收藏单位：国家馆

00515

故事的算术　赵昭泰　卢嘉木编

上海：儿童书局，1933.9，2 册（97+106 页），32 开

上海：儿童书局，1948.11，重订版，2 册（97+106 页），32 开

　　本书通过池中鱼、笼中鸡、切甘蔗、买油、种树等故事，讲述算术知识。编者"卢嘉木"版权页题：卢嘉禾。

　　收藏单位：广东馆、国家馆、首都馆

00516

几何及代数之基本　味白兰（O. Veblen）　罕廷顿（E. V. Huntington）著　郑太朴译

外文题名：Foundation of geometry and algebra

上海：商务印书馆，1930.4，172 页，32 开（算学小丛书）（万有文库 第 1 集 429）

上海：商务印书馆，1931.11，172 页，32 开（算学小丛书）（新中学文库）

上海：商务印书馆，1933，国难后 1 版，172 页，32 开（算学小丛书）

上海：商务印书馆，1934.7，再版，172 页，32 开（算学小丛书）（万有文库 第 1 集 429）

上海：商务印书馆，1935，国难后 2 版，172 页，32 开（算学小丛书）

上海：商务印书馆，1947.2，5 版，172 页，32 开（算学小丛书）（新中学文库）

上海：商务印书馆，1949，172 页，32 开

　　本书共两部分：几何学之基本、代数学之基本命题。内容包括：次序之假设、一线上之次序、三角形与平面、平面内之区域等。

　　收藏单位：重庆馆、大连馆、东北师大馆、广西馆、贵州馆、国家馆、黑龙江馆、湖南馆、辽大馆、辽宁馆、辽师大馆、南京馆、内蒙古馆、宁夏馆、山西馆、上海馆、首都馆、天津馆、西南大学馆、浙江馆

00517

简要初等数学题解　张元瑃著

外文题名：Key to elementary mathematics

北华印刷局，1932.6，298+24 页，32 开

　　本书内容包括：整数四则应用问题、分数四则应用问题、比例应用问题、一次方程式应用问题等。

　　收藏单位：国家馆

00518

趣味的数学　黑菌编著

上海：乐华图书公司，1934.8，117 页，32 开（乐华少年文库）

　　本书内容包括：数学的历史、趣味的数学、数学家的逸话等。

　　收藏单位：天津馆、浙江馆

00519

全部中等数学习题详解　邰明秋著

上海：教育编译馆，1935，5 版，1 册，32 开

　　本书共 5 部分：代数、三角、解析几何、微积分、微分方程。

　　收藏单位：广东馆、宁夏馆

00520

全部中等数学习题详解　邰明秋著

开封：中华书局，1933.6，[568] 页，27 开

　　收藏单位：浙江馆

00521

实用算术千题详解　徐仲英编纂

上海：广益书局，1936，547 页，32 开

　　本书共 7 章，内容包括：整小数四则、复名数、整数性、分数等。逐页题名：实用算术一千题解。

　　收藏单位：国家馆、内蒙古馆

00522

数学

吴淞陆军军官教育团，1923，改订版，59 页，22 开，环筒页装

　　本书内容包括：四基数、诸等数、分数、小数等。

　　收藏单位：国家馆

00523

数学常识问答　戚绿荷著

上海：新民书社，1932.3，5 版，180 页，50 开

上海：新民书社，1934.3，8 版，180 页，50 开

上海：新民书社，1935，[再版]，180 页，50 开

　　本书内容包括：算术、代数、几何、三角。

　　收藏单位：国家馆、江西馆

00524

数学的故事　赵之良编著

桂林：东方图书公司，1941，76 页，32 开

　　本书内收《真珠十字架的故事》《爸爸不如儿子的故事》《聪明的炮台守将》《神童代分家产》《一人猜年龄的图表》《几个数字图》《英文十字的故事》等。

　　收藏单位：重庆馆、南京馆

00525

数学的故事　赵之良编

上海：康健书局，1941，76 页，32 开

　　收藏单位：广东馆

00526

数学的乐园　程竞芬编著

贵阳：文通书局，1942.10，128 页，32 开

　　本书通过无意的播种、种籽的苗长、枝干的形成、肥料的吸收等故事，讲述数学知识。

　　收藏单位：重庆馆、国家馆

00527

数学诡论集解　余介石编著

成都：兼声编译出版社，1942.1，58 页，32 开（中等算学研究会丛书）

00528

数学讲义　中央陆军军官学校编

汉口：中国印书馆，1938，96 页，25 开

　　收藏单位：广东馆

00529

数学讲义

上海：开明书店，148 页，25 开

　　本书封面题：开明活叶文选。

　　收藏单位：广东馆

00530

数学难题详解　杨景方编

上海：经纬书局，1944.11，蓉版，104 页，50

开

　　本书内容包括：方田、粟布、衰分、商功、盈朒、方程、句股等。成都复兴书局印行。

　　收藏单位：重庆馆、国家馆

00531

数学趣味　刘薰宇著

上海：开明书店，1934.9，308 页，32 开（开明青年丛书）

上海：开明书店，1935.4，再版，308 页，32 开（开明青年丛书）

上海：开明书店，1937，3 版，308 页，32 开（开明青年丛书）

上海：开 明 书 店，1939.1，4 版，308 页，32 开（开明青年丛书）

上海：开 明 书 店，1940.9，5 版，308 页，32 开（开明青年丛书）

重庆：开明书店，1944.11，内 1 版，308 页，32 开（开明青年丛书）

上海：开明书店，1946.10，6 版，308 页，32 开（开明青年丛书）

上海：开 明 书 店，1948.3，7 版，308 页，32 开（开明青年丛书）

上海：开 明 书 店，1948.7，特 1 版，308 页，32 开（开明青年丛书）

上海：开明书店，1949.3，8 版，308 页，32 开（开明青年丛书）

　　本书内容包括：数学是什么、数学所给与人们的、数的启示、从数学问题说到我们的思想等。

　　收藏单位：重庆馆、东北师大馆、广东馆、广西馆、贵州馆、国家馆、湖南馆、江西馆、辽宁馆、南京馆、内蒙古馆、宁夏馆、山西馆、上海馆、绍兴馆、首都馆、天津馆、西南大学馆、浙江馆

00532

数学全书（第 1 册 算术）（德）Von H. Weber 著　郑太朴译

外文题名：Enzyklopädie der Elementarmathematik. Erstes buch, Arithmetik

上海：商务印书馆，1934.5，449 页，22 开

上海：商务印书馆，1935.5，再版，449 页，22 开

上海：商务印书馆，1937，[再版]，449 页，22 开，精装

上海：商务印书馆，1947.4，4 版，449 页，22 开（新中学文库）

　　本书内容包括：加乘减、整数、除法、有理数、无理数等。

　　收藏单位：重庆馆、东北师大馆、广东馆、广西馆、贵州馆、国家馆、河南馆、南京馆、内蒙古馆、首都馆、天津馆、西南大学馆

00533

数学全书（第 2 册 代数）（德）Von H. Weber 著　郑太朴译

外文题名：Enzyklopädie der Elementarmathematik. Zweites buch, Algebra

上海：商务印书馆，1934.7，232 页，22 开

上海：商务印书馆，1935.1，再版，232 页，22 开

上海：商务印书馆，1935.5，3 版，232 页，22 开，精装

上海：商务印书馆，1937，[再版]，232 页，22 开，精装

上海：商务印书馆，1947.4，4 版，232 页，22 开（新中学文库）

　　本书内容包括：一次方程、行列式、二次三次及四次之方程、整函数等。

　　收藏单位：重庆馆、广东馆、广西馆、国家馆、河南馆、南京馆、内蒙古馆、首都馆、天津馆、西南大学馆、浙江馆

00534

数学全书（第 3 册 解析）（德）Von H. Weber 著　郑太朴译

外文题名：Enzyklopädie der Elementarmathematik. Drittes buch, Analysis

上海：商务印书馆，1937.3，178 页，22 开，精装

上海：商务印书馆，1939，[再版]，178 页，22 开

上海：商务印书馆，1947，[再版]，178 页，

22 开，精装

上海：商务印书馆，1947.4，2 版，178 页，22 开（新中学文库）

上海：商务印书馆，1947.4，4 版，178 页，22 开（新中学文库）

　　本书内容包括：乘方级数、二项式级数、指数函数及三角函数、自然对数、反三角函数、三角级数等。

　　收藏单位：重庆馆、东北师大馆、广东馆、广西馆、贵州馆、国家馆、湖南馆、江西馆、辽大馆、南京馆、内蒙古馆、山西馆、上海馆、首都馆、天津馆、西南大学馆、浙江馆

00535

数学问答　佘宾王著

上海：土山湾慈母堂印书堂，1912.9，3 版，76+70 页，32 开

　　本书内容包括：数目释名、整数四法规例、尾数规例、分数四法规例等。

　　收藏单位：国家馆

00536

数学问答　王震保　蔡斌编

上海：东方文学社，1929.10，[260] 页，32 开

上海：东方文学社，1930.3，3 版，[260] 页，32 开

上海：东方文学社，1931.4，6 版，[260] 页，32 开

上海：东方文学社，1932.2，9 版，[260] 页，32 开

　　本书书前编辑大意写于 1929 年 10 月。《百科常识问答》之一。

　　收藏单位：重庆馆、广西馆、江西馆、浙江馆

00537

数学问答　俞平湖编

上海：三民图书公司，1930.10，[196]+11 页，34 开（各科常识问答丛书）

上海：三民图书公司，1931，再版，[196]+11 页，34 开（各科常识问答丛书）

上海：三民图书公司，1934.10，增订4版，[196]

+11 页，34 开（各科常识问答丛书）

上海：三民图书公司，1937.12，6 版，[196]+11 页，34 开（各科常识问答丛书）

　　本书内容包括：数学的定义、数学的公理、数学的定理、数学的记号等。

　　收藏单位：重庆馆、国家馆、河南馆

00538

数学一千题解　李树邨　姜静愚编

上海：南华书店，235 页，32 开

　　收藏单位：国家馆

00539

数学游戏　何扬炳著

南京：中央警官学校正科十九期合作社，1946.10，再版，44 页，32 开

　　收藏单位：南京馆

00540

数学游戏　魏元雄编

北京：文化学社，1928.1，168 页，25 开

　　本书用游戏形式说明算术、代数、几何题的解法及理由。

　　收藏单位：重庆馆、国家馆、江西馆、天津馆

00541

数学游戏　周永谟编

上海：科学会编译部，1913.10，石印本，[107] 页，27 开，环筒页装

　　收藏单位：南京馆

00542

数学游戏

[上海]：[中华书局]，[1936]，48 页，32 开

00543

数学游戏大观　陈怀书编

外文题名：A complete handbook of mathematical games and puzzles

上海：商务印书馆，1926.11—1930，2 册（312+378 页），23 开，精装

上海：商务印书馆，1931.9，再版，2 册（312+

378 页），23 开，精装

上海：商务印书馆，1932.9，国难后 1 版，2 册（312+378 页），23 开

上海：商务印书馆，1934.7，国难后 2 版，2 册（312+378 页），23 开

上海：商务印书馆，1935.5，国难后 3 版，2 册（312+378 页），23 开

　　本书收数学游戏 500 余则，分 20 类，包括数字游戏、金钱问题、时间问题等。

　　收藏单位：重庆馆、广东馆、广西馆、国家馆、江西馆、南京馆、首都馆、浙江馆

00544

数学指南　吴世礽编

长沙：湘芬书局，1943.2，[338] 页，32 开

　　本书内容包括：算术、代数、几何、三角。

　　收藏单位：广东馆、广西馆

00545

算术代数　徐骥　黎林编著

长沙：商务印书馆，1938.7，2 册（367 页），32 开，精装

长沙：商务印书馆，1939.8，再版，2 册（367 页），32 开，精装

　　本书共 17 章，内容包括：量和数、整数和小数、分数、式和方程式、负数、整式、一次方程式、特别积和因数分解法、分式、比和比例等。职业学校教科书。

　　收藏单位：广东馆、国家馆、辽宁馆

00546

算术基本问题详解　（日）松冈文太郎著　楼谔民编译

上海：商务印书馆，1937.5，2 册（513 页），32 开

长沙：商务印书馆，1938.2，再版，2 册（513 页），32 开

长沙：商务印书馆，1938.7，3 版，2 册（513 页），32 开

长沙：商务印书馆，1941，4 版，2 册（513 页），32 开

　　本书内容包括：计算能力的测验问题、四则应用、公约数和公倍数的应用、比和比例的应用等。

　　收藏单位：重庆馆、贵州馆、国家馆、湖南馆、辽宁馆、首都馆

00547

算术图解法　骆风和编

北平：中华印书局，1933，160 页，32 开（赏暄数学丛书 2）

　　收藏单位：国家馆

00548

算术问题分类精解　高佩玉　卢晏海　王林著

北平：北平科学社，1933.11，再版，157 页，32 开

北平：北平科学社，1934.4，3 版，157 页，32 开

　　本书首先介绍分类法、解题法和读阅法，然后具体讲解二数题、还原题、鸡兔题、年龄题、行程题等 32 类算术问题。

　　收藏单位：国家馆、浙江馆

00549

算术问题一题数解法　赵余勋编

上海：商务印书馆，1937.5，190 页，32 开

　　收藏单位：重庆馆、贵州馆、国家馆、江西馆、西南大学馆

00550

算学　汪胡桢编

上海：厚生出版社，[1940—1949]，128 页，32 开（中国工程师手册 基本手册 2）

　　本书共 6 章：算术、代数、几何学、三角术、平面解析几何学、立体解析几何学。

　　收藏单位：重庆馆、国家馆、上海馆

00551

算学万应编　俞亮编

上海等：文明书局，1912，277 页，25 开

　　收藏单位：首都馆

00552

怎样解题　（德）坡尔雅（George Polya）著

周佐严译
外文题名：How to solve it, a new aspect of mathematical method
上海：中华书局，1948.5，204 页，32 开
　　本书共 3 部分：数学解题教学、解题答问——对话、促发术各论。附中英名辞对照。
　　收藏单位：重庆馆、东北师大馆、广东馆、广西馆、国家馆、辽宁馆、内蒙古馆、上海馆

算术

00553

笔算入门　郭绍虞编
上海：大东书局，1927，48 页，32 开
　　收藏单位：首都馆

00554

标准实用珠算　李如一编著
重庆：大东书局，1945.10，118 页，32 开
　　本书内容包括：算学格言、算法提纲、乘除用字、天地分数、数中有合、九九相生合数、九归分数歌等。
　　收藏单位：国家馆

00555

标准珠算入门　顾兆文编
桂林：普及出版社，1943，63 页，32 开
　　收藏单位：广西馆

00556

陈文中等算术详草　（日）桦正董著　陈文演算
上海：科学书局，石印本，[186] 页，27 开，环简页装
　　本书卷端题名：陈文中等适用算术演算。
　　收藏单位：桂林馆、首都馆

00557

乘除简算法　林颖丞编
长沙：商务印书馆，1940.10，42 页，36 开（算学小丛书）
　　本书介绍乘法、除法运算中 22 种简算方法，并附最大公约数的简法。
　　收藏单位：重庆馆、广东馆、国家馆、内蒙古馆

00558

初级珠算教材　俞子夷编
杭州：浙江国民教育实验区辅导处，1947.11，60 页，32 开（浙江国民教育实验区辅导丛刊 2）
　　本书讲解珠算的各种运算方法。
　　收藏单位：国家馆、浙江馆

00559

初级珠算教材　俞子夷编
上海：中华书局，1949.9，63 页，36 开（国民基础教育小丛书）
　　收藏单位：东北师大馆

00560

法汉简易笔算数学（初级）　圣母会教习著
[北京]：[圣母会教习]，1920，191 页，23 开
　　本书为中法文对照。目录后有"北京西什库排印"字样。

00561

法汉简易笔算数学（高级 上卷）　圣母会教习著
外文题名：Eléments d'arithmétique. Cours supérieur
[北京]：[圣母会教习]，1917，240 页，23 开
　　本书内容包括：论十进诸等数、论十进外诸等数、论迈当法及几等外国量法、整数之性质等。中法文对照。
　　收藏单位：国家馆

00562

分类算术题解　邓百祥编
北平：北平科学社，1928.7，216 页，32 开
北平：北平科学社，1934.10，4 版，216 页，32 开
　　收藏单位：国家馆

00563

分门别类的四则应用问题　赵英台编
不忒书社，1933，4 版，1 册，32 开

收藏单位：广东馆

00564

分数四则难题精选　徐谷生编演

南昌：艺文书社，1940.10，4 版，136 页，25 开

收藏单位：江西馆

00565

分数晰芒　姚春煦编

上海：三育学校，1932.8，6 版，96 页，25 开

本书内容包括：分数与整数、同母加法、加法中之约分、加法中之大公约数等。

收藏单位：桂林馆、国家馆、内蒙古馆

00566

高级珠算教材　俞子夷编

上海：中华书局，1949，4 册，36 开（国民基础教育小丛书）

本书介绍珠算二位数、三位数、小数的加减乘除法等内容。

收藏单位：东北师大馆、国家馆、湖北馆

00567

高级珠算教程　方伯华著

桂林：文化供应社，1943.10，207 页，32 开

本书内容包括：整数和小数的幂法、整数和小数的开法、加减互代法、乘除互代法等。

收藏单位：广东馆、桂林馆

00568

各法完备简明珠算课本　吴眠佛编

上海：大通图书社，1935，144 页，32 开

00569

活用珠算大全（初学捷径）　顾羽编

上海：明华书局，1938，144 页，36 开

收藏单位：重庆馆

00570

基本算法　朱彦颎编

上海：中华书局，1948.5，22 页，32 开（中华文库 民众教育 第 1 集）

收藏单位：广东馆、上海馆

00571

加减乘除　翁为编

上海：商务印书馆，1924.3，86 页，32 开

上海：商务印书馆，1926.12，再版，86 页，32 开

上海：商务印书馆，1933.9，国难后 1 版，86 页，32 开

本书共 3 章：释数、四法、四法合演。

收藏单位：重庆馆、广东馆、国家馆、上海馆

00572

简便算法　徐玉相编

外文题名：Some abbreviated methods of arithmetic calculation

上海：商务印书馆，1929.7，79 页，32 开（百科小丛书）

上海：商务印书馆，1931.4，再版，79 页，32 开（百科小丛书）

上海：商务印书馆，1933.4，国难后 1 版，79 页，32 开（百科小丛书）

上海：商务印书馆，1933.12，79 页，32 开（百科小丛书）（万有文库 第 1 集 401）

上海：商务印书馆，1935.4，国难后 2 版，79 页，32 开（百科小丛书）

本书共 5 章：预备、加法之便法、减法之便法、乘法之便法、除法之便法。

收藏单位：重庆馆、大连馆、大庆馆、东北师大馆、广东馆、广西馆、贵州馆、国家馆、黑龙江馆、湖南馆、吉林馆、江西馆、辽大馆、辽师大馆、南京馆、内蒙古馆、宁夏馆、上海馆、首都馆、天津馆、西南大学馆、浙江馆

00573

简明珠算

上海：三兴书局，120 页，32 开

收藏单位：广东馆

00574

简明珠算（学算指法）

出版者不详，76 页，25 开

收藏单位：江西馆

00575

简易图解珠算指南

上海：友联书店，[1946]，32 页，36 开

00576

简易珠算入门　于力克著

冀南新华书店，1949.2，78 页，36 开

　　本书内容包括：什么是珠算、加法、减法、乘法、除法等。

　　收藏单位：国家馆、辽宁馆

00577

李氏算术问题详解　李信民编著

长沙：大化出版社，1943，3 版，167 页，32 开

　　收藏单位：重庆馆

00578

民众笔算　福建省立民众教育处编辑

上海：商务印书馆，1936.12，26 页，32 开

上海：商务印书馆，1937.4，2 版，26 页，32 开

　　本书主要内容为基本的数字和算数题。

　　收藏单位：福建馆

00579

民众珠算　福建省立民众教育处编辑

上海：商务印书馆，1936.12，18 页，32 开

上海：商务印书馆，1937.4，2 版，18 页，32 开

　　本书共 6 部分：总论、加法、减法、乘法、除法、斤两法。

　　收藏单位：福建馆

00580

命分　姚春煦编

[上海]：姚春煦 [发行者]，[1923]，2 册（96+120 页），25 开

00581

平民学校珠算教学书　赖成镶编

上海：中华平民教育促进会总会，1928，36 页，32 开

　　收藏单位：广西馆

00582

日用珠算　熊季光编

上海：商务印书馆，1935.9，3 册（29+22+31 页），50 开（民众基本丛书 第 1 集 实业类 21—23）

上海：商务印书馆，1935.10，再版，3 册（29+22+31 页），50 开（民众基本丛书 第 1 集 实业类 21—23）

上海：商务印书馆，1935.11，3 版，3 册（29+22+31 页），50 开（民众基本丛书第 1 集实业类21—23）

　　收藏单位：重庆馆、宁夏馆

00583

日用珠算大全　汪敏志编辑

上海：国光书店，1947.7，再版，252 页，36 开

　　本书内容包括：珠算探原、算盘浅释、学算须知、珠算加法、珠算减法、珠算乘法、珠算除法、斤两算法、小数算法、百分算法等。逐页题名：珠算大全。

　　收藏单位：首都馆

00584

日用珠算大全　张廷华编著

上海：大东书局，1947.7，4 版，126+156 页，36 开

　　收藏单位：国家馆、辽宁馆、南京馆

00585

日用珠算学习法（1）　熊季光编

外文题名：How to use the abacus

上海：商务印书馆，1925.1，21 页，50 开（平民小丛书 实业类 34）

　　本书内容包括：算盘的种类和名称、记数的样式和方法、九个基数的加法等。

　　收藏单位：首都馆

00586

日用珠算学习法（3）　熊季光编

上海：商务印书馆，1925，18 页，50 开（平民小丛书 实业类 34）

上海：商务印书馆，1931，3 版，18 页，50 开（平民小丛书 实业类 34）

　　收藏单位：首都馆

00587

商业实用珠算　张廷华编

上海：大东书局，1926.2，2 册（10+126+156 页），32 开

上海：大东书局，1934.9，再版，2 册（10+126+156 页），32 开

　　本书内容包括：绪论、加法、减法、加减合习、乘法、除法、乘除合习等。卷端及版权页题名：商业实用珠算全书。

　　收藏单位：重庆馆、广东馆、国家馆、内蒙古馆、浙江馆

00588

商业实用珠算大全　叶织雯著

上海：大华书局，1922，3 册（166+116+138 页），32 开

00589

商业应用珠笔算合璧　施伯珩著

上海：商业出版服务社，1948.8，7 版，168 页，25 开（商学丛书）

上海：商业出版服务社，1948.10，8 版，168 页，25 开（商学丛书）

　　本书共 3 编：基法、小数法、应用四则及简捷法。

　　收藏单位：上海馆

00590

商业应用珠笔算合璧　施伯珩著

上海：商业珠算学社，1922.10，2 册（[240]+225 页），25 开（商学丛书）

上海：商业珠算学社，1925.7，再版，2 册（[240]+225 页），25 开（商学丛书）

上海：商业珠算学社，1926.7，3 版，2 册（[240]+225 页），25 开（商学丛书）

上海：商业珠算学社，1929.12，4 版，2 册（[240]+225 页），25 开（商学丛书）

上海：商业珠算学社，1931.8，5 版，2 册（[240]+225 页），25 开（商学丛书）

上海：商业珠算学社，1934.8，6 版，2 册（[240]+225 页），25 开（商学丛书）

　　本书内容包括：基法、小数法、复名数法、分厘法（即百分法）、利息法等。

收藏单位：国家馆、浙江馆

00591

商业应用珠算学　董正先著

上海：中华珠算研究学社，1941.12，210 页，25 开

　　本书讲解珠算加减乘除法、小数法及简捷法、百分法等。大学商科教本。

　　收藏单位：上海馆

00592

商业珠算秘诀　时希圣著

上海：广益书局，1936，再版，112 页，32 开

　　本书内容包括：珠算要诀、算盘使用法、加法、减法等。

　　收藏单位：首都馆

00593

商业珠算秘诀　时希圣著

上海：新民书局，1934.8，112 页，32 开

上海：新民书局，1935.3，再版，112 页，32 开

上海：新民书局，1935.6，再版，112 页，32 开

　　收藏单位：重庆馆、广东馆、江西馆

00594

商业珠算秘诀　王文英校

上海：广益书局，1941，再版，111 页，32 开

　　本书以图示为主，详细介绍珠算的使用方法。

　　收藏单位：首都馆

00595

少年算术讲话　廖庶谦著

桂林：立体出版社，1942.7，62 页，32 开

　　本书著者原题：廖伯华。

　　收藏单位：广西馆

00596

实验珠算　陆高谊主编　王善彰编著

上海：世界书局，1938.9，2 册（361 页），32 开

上海：世界书局，1939.3，再版，2 册（361 页），32 开

　　本书内容包括：百分法、利息、比例、差

分、求根法等。

收藏单位：重庆馆、广东馆、贵州馆、国家馆

00597

实验珠算大全　[邱定璜编著]　[湖上渔隐标点]

上海：达文书店，1937.2，重版，280 页，32 开

上海：达文书店，1940，重版，280 页，32 开

收藏单位：首都馆

00598

实验珠算大全　邱定璜编著

上海：新文化书社，1936.4，3 版，280 页，32 开

本书书口题名：商业珠算术。

00599

实验珠算大全　汪敏志编

上海：鸿文书局，1939，新 1 版，252 页，32 开

收藏单位：广东馆

00600

实用商业珠算（上册）　郭绳武编

上海：中华书局，1937.3，154 页，32 开

本书内容包括：绪论、基本四法、小数、简捷算法、省略算法。

收藏单位：重庆馆、广东馆、国家馆、江西馆、辽大馆、辽宁馆、上海馆、首都馆、浙江馆

00601

实用商业珠算（下册）　郭绳武编

昆明：中华书局，1939.9，166 页，32 开

昆明：中华书局，1941.8，再版，166 页，32 开

本书内容包括：复名数、中外货币、百分法、利息。附求积。

收藏单位：重庆馆、辽大馆、辽宁馆、南京馆、浙江馆

00602

实用算术讲义　顾树森著

上海：中华书局，1915.12，174 页，22 开

上海：中华书局，1919，5 版，174 页，22 开

上海：中华书局，1920.1，6 版，174 页，22 开

本书内容包括：整数四则、小数、整数之性质等。师范讲习所用。

收藏单位：河南馆、首都馆

00603

实用算术一千题解　徐仲英著

上海：广益书局，1937.2，548 页，32 开，精、平装

上海：广益书局，1937.5，再版，548 页，32 开

上海：广益书局，1941，再版，548 页，32 开

上海：广益书局，1949.4，新 4 版，548 页，32 开

本书共 7 章：整小数四则、复名数、整数性、分数、比例、百分及利息、求积及方根。

收藏单位：重庆馆、广东馆、国家馆、河南馆、江西馆、首都馆

00604

实用新珠算　赵余勋编

上海：春秋书社，1949，4 册，32 开

收藏单位：国家馆

00605

实用珠算　定正华编著

桂林：公正会计学社，1941.5，再版，108 页，32 开

收藏单位：贵州馆

00606

实用珠算　骆师曾编

上海：世界书局，1935.1，110 页，32 开

本书内容包括：算盘上各部的名称、用指拨珠法、数字、单位和名数等。教科自修适用。

收藏单位：广东馆、国家馆、首都馆

00607

实用珠算教程　周德炎编著

上海：立信会计图书用品社，1946.8，159 页，25 开

本书共 4 编：绪论、基本算法、速算法、

应用计算法。

00608

实用珠算教程　周德炎编

桂林：实学书局，1943.3，159 页，25 开

　　收藏单位：广西馆、江西馆

00609

实用珠算学习法　余介石　余子飓著

上海：铁风出版社，1948.6，沪版，58 页，32 开

　　本书内容包括：算盘的起源、算盘的构造、珠算、运算歌诀等。职业学校适用。

00610

士兵简易算术课本

[出版地不详]：军事委员会政治部，1942，42 页，36 开

　　收藏单位：重庆馆

00611

数学讲义　寿孝天　赵秉良编纂

外文题名：Lectures on mathematics

上海：商务印书馆，1913.6，212 页，22 开

上海：商务印书馆，1913.11，再版，212 页，22 开

上海：商务印书馆，1916.11，3 版，212 页，22 开

上海：商务印书馆，1921.11，6 版，212 页，22 开

　　本书讲解整数、分数、小数、复名数、比例、开方等笔算法，以及整小数加减乘除、复名数、开方等珠算法。

　　收藏单位：首都馆、浙江馆

00612

数学游戏　朱彦頫著

上海：商务印书馆，1935.12，48 页，32 开（小朋友文库 第 1 辑 高级 算学类 163）

　　收藏单位：重庆馆

00613

四则问题新解　黄性流编

长沙：商务印书馆，1938.7，116+12 页，32 开

长沙：商务印书馆，1939.4，116+12 页，32 开

　　本书内容包括：平均数及混合价、顺解法和逆推法、赚亏问题、工程问题、和差问题等。

　　收藏单位：重庆馆、广东馆、国家馆、天津馆、浙江馆

00614

速算　褚凤仪著

上海：褚凤仪 [发行者]，1939，2 册（240+160 页），25 开

上海：褚凤仪 [发行者]，1940.5，再版，2 册（240+160 页），25 开

上海：褚凤仪 [发行者]，1946，3 版，2 册（240+160 页），25 开

　　本书共 3 章：检误法、不用计算表之速算、应用计算表之速算，讲解加、减、乘、除、平方、开方、开平方等速算法。附计算用表。

　　收藏单位：重庆馆、广西馆、辽大馆、内蒙古馆、上海馆、西南大学馆

00615

速算（上册）　褚凤仪著

上海：正言出版社，1948，4 版，240 页，25 开

　　收藏单位：广东馆

00616

速算法　陈昌楚编著

出版者不详，[1947]，190 页，32 开

　　本书共 4 篇：速算四则、乘方与开方、省略算法、速算应用。

　　收藏单位：重庆馆

00617

速算故事　孙士仪著

桂林：文化供应社，1942.8，68 页，36 开（少年文库）

桂林：文化供应社，1943，再版，68 页，36 开（少年文库）

香港：文化供应社，1946，港 1 版，68 页，36 开（少年文库）

桂林：文化供应社，1947.11，再版，68 页，36 开（少年文库）

本书讲述 18 个生活中的故事，阐述算术对于生活的重要意义。

收藏单位：重庆馆、广东馆、广西馆、贵州馆、国家馆、江西馆、山西馆

00618

算术　陈怀书编

上海：中华书局，1925.10，284 页，25 开

上海：中华书局，1926.11，3 版，284 页，25 开

上海：中华书局，1931.9，12 版，284 页，25 开

上海：中华书局，1932.6，13 版，284 页，25 开

本书共 5 编：四则及复名数、整数之性质、分数、比及比例、成数算法及利息算法。逐页题名：新师范算术教科书。

收藏单位：重庆馆、国家馆

00619

算术　秦同培编纂

上海：商务印书馆，1915.11，5 版，78 页，25 开

上海：商务印书馆，1916，6 版，75 页，25 开

本书内容包括：释数、加法、减法、加减合法、乘法、加减乘合法、除法等。师范学校教科书。

收藏单位：首都馆、浙江馆

00620

算术　中央党校文化委员会算术组编

[延安]：解放社，1943，2 册（197+159 页），32 开，环筒页装

本书供工农干部用。

00621

算术（百分算及利息算）（日）林鹤一（日）中村庆次郎著　郑心南译

外文题名：Percentage and interest

上海：商务印书馆，1926.1，110 页，32 开（算学小丛书）

上海：商务印书馆，1930.4，110 页，32 开（算学小丛书）（万有文库 第 1 集 409）

上海：商务印书馆，1933.3，国难后 1 版，110 页，32 开（算术小丛书）

上海：商务印书馆，1934.7，再版，110 页，32 开（算学小丛书）（万有文库 第 1 集 409）

上海：商务印书馆，1934.9，国难后 2 版，110 页，32 开（算学小丛书）

本书内容包括：百分率、子数、母数、利息、本金、期限、利率、本利合计等。附答及解法指针、复利表。

收藏单位：重庆馆、大连馆、东北师大馆、广西馆、贵州馆、国家馆、黑龙江馆、辽大馆、辽师大馆、内蒙古馆、宁夏馆、上海馆、首都馆、天津馆、西南大学馆、浙江馆

00622

算术（比及比例）（日）林鹤一（日）森启助著　郑心南译

外文题名：Ratio and proportion

上海：商务印书馆，1929.10，123 页，32 开（算学小丛书）（万有文库 第 1 集 408）

上海：商务印书馆，1931.11，123 页，32 开（算学小丛书）

上海：商务印书馆，1933.3，国难后 1 版，123 页，25 开（算学小丛书）

上海：商务印书馆，1934.7，再版，123 页，32 开（算学小丛书）（万有文库 第 1 集 408）

上海：商务印书馆，1935.7，国难后 3 版，123 页，32 开（算学小丛书）

长沙：商务印书馆，1939，5 版，123 页，32 开（算学小丛书）

上海：商务印书馆，1948.5，6 版，123 页，32 开（算学小丛书）

本书共 7 章：比、比例、应用第一反比例、应用第二复比例、应用第三连锁法、应用第四配分比例、应用第五混合法。附答及解法指针。

收藏单位：重庆馆、大连馆、东北师大馆、广东馆、广西馆、贵州馆、桂林馆、国家馆、黑龙江馆、江西馆、辽大馆、辽宁馆、辽师大馆、内蒙古馆、宁夏馆、山西馆、上海馆、首都馆、天津馆、西南大学馆、浙江馆

00623

算术（分数四则）（日）林鹤一　（日）淡中济　（日）大冢骃太郎著　黄元吉译

外文题名：Fundamental operations of fractions

上海：商务印书馆，1930.4，129 页，32 开（算学小丛书）（万有文库 第 1 集 406）

上海：商务印书馆，1933.5，129 页，32 开（算学小丛书）

上海：商务印书馆，1934.3，再版，129 页，32 开（算学小丛书）

上海：商务印书馆，1934.6，3 版，191 页，32 开（算学小丛书）

长沙：商务印书馆，1938.3，7 版，191 页，32 开（算学小丛书）

长沙：商务印书馆，1939，[再版]，191 页，32 开（算学小丛书）

本书共 3 章：分数及分数四则、整数及小数与分数之关系、分数之名数及分数之四则应用。附解法指针。

收藏单位：安徽馆、重庆馆、大连馆、东北师大馆、国家馆、辽大馆、辽宁馆、辽师大馆、上海馆、首都馆、天津馆

00624

算术（复名数）（日）林鹤一　（日）上总亨著　林科棠译

外文题名：Compound denominate number

上海：商务印书馆，1930.4，89 页，32 开（算学小丛书）（万有文库 第 1 集 407）

上海：商务印书馆，1931.11，89 页，32 开（算学小丛书）

上海：商务印书馆，1933.5，国难后 1 版，89 页，32 开（算学小丛书）

上海：商务印书馆，1934.7，再版，89 页，32 开（算学小丛书）（万有文库 第 1 集 407）

长沙：商务印书馆，1938.5，国难后 3 版，89 页，32 开（算学小丛书）

本书共 6 章：绪论、度量衡、货币、时间、经度和时、温度。

收藏单位：安徽馆、重庆馆、大连馆、东北师大馆、广东馆、广西馆、国家馆、江西馆、辽大馆、辽师大馆、内蒙古馆、上海馆、首都馆、天津馆、西南大学馆、浙江馆

00625

算术（整数及小数）（日）林鹤一　（日）淡中济著　黄元吉译

外文题名：Integers and decimals

上海：商务印书馆，1926.12，124 页，32 开（算术小丛书）

上海：商务印书馆，1929.10，124 页，32 开（算术小丛书）（万有文库 第 1 集 405）

上海：商务印书馆，1931，再版，124 页，32 开（算术小丛书）

上海：商务印书馆，1933.6，国难后 1 版，124 页，32 开（算学小丛书）

上海：商务印书馆，1934.7，再版，124 页，32 开（算术小丛书）（万有文库 第 1 集 405）

上海：商务印书馆，1934.12，国难后 2 版，124 页，32 开（算学小丛书）

上海：商务印书馆，1935，再版，165 页，32 开（算学小丛书）

本书共 3 章：整数及整数四则、小数及小数四则、名数及四则应用。附解法指针。

收藏单位：重庆馆、大连馆、东北师大馆、广东馆、广西馆、桂林馆、国家馆、河南馆、江西馆、辽大馆、辽师大馆、南京馆、内蒙古馆、宁夏馆、上海馆、首都馆、天津馆、西南大学馆、浙江馆

00626

算术（整数之性质）（日）林鹤一　（日）加藤幸重郎著　崔朝庆译

外文题名：The property of integer

上海：商务印书馆，1926.9，72 页，32 开（算学小丛书）

上海：商务印书馆，1931.4，72 页，32 开（算学小丛书）（万有文库 第 1 集 404）

上海：商务印书馆，1934.3，国难后 1 版，72 页，32 开（算学小丛书）

上海：商务印书馆，1935.5，国难后 3 版，97 页，32 开（算学小丛书）

本书共 5 章：倍数、约数、最大公约数、最小公倍数、整数之性质杂问。附问题之答及解法指南。

收藏单位：重庆馆、大连馆、东北师大馆、广东馆、广西馆、贵州馆、桂林馆、国

家馆、江西馆、辽大馆、辽师大馆、内蒙古馆、宁夏馆、上海馆、首都馆、天津馆、西南大学馆、浙江馆

00627

算术常识　朱炳煦编

上海：新中国书局，1935.4，118 页，25 开

　　收藏单位：江西馆

00628

算术常识

中央教育人民委员部，1933.10，油印本，14叶，32 开

　　本书封面有"供给短期训练班失业青年和成年用"字样。

　　收藏单位：国家馆

00629

算术辞典（题解中心）（日）长泽龟之助著　薛德炯　吴载耀编译

上海：新亚书店，1937.7，1360+26 页，32 开，精装

上海：新亚书店，1947.4，3 版，1360+26 页，32 开，精装

　　本书为《算学辞典》第 1 集。内容包括：解法之部、名词之部、算术小史之部。附索引。

　　收藏单位：东北师大馆、广西馆、国家馆、黑龙江馆、绍兴馆、首都馆、浙江馆

00630

算术方法详解　戴桂森编著

上海：大光书局，1936.6，6 版，142 页，32 开

　　本书共 11 章，内容包括：整数、小数、名数、应用问题、分数、百分法、利息等。

　　收藏单位：天津馆

00631

算术方法详解　戴桂森编

上海：光华书局，1933.5，142 页，32 开

　　收藏单位：天津馆

00632

算术分类习题　郭耀光编述

上海：元新书局，1937.2 重印，165 页，32 开

　　收藏单位：安徽馆

00633

算术分类习题　李宗纲　郭耀光编述

上海：百新书店，1946，165 页，32 开

　　收藏单位：首都馆

00634

算术分类习题（上册）　朱镜坚编

南京：南京书店，1931，82 页，32 开

南京：南京书店，1934，5 版，82 页，32 开

　　本书共两部分：分数和整数。内容包括：分数上的三个基本数目、分数基本问题、和差问题、差额平分问题等。升学指导适用。

　　收藏单位：河南馆、浙江馆

00635

算术分类习题（下册）　朱镜坚编

南京：南京书店，1932，108 页，32 开

南京：南京书店，1933，再版，108 页，32 开

　　收藏单位：桂林馆、江西馆

00636

算术分类习题（上册）　朱镜坚编

上海：震旦书店，1937，82 页，32 开

　　收藏单位：广东馆

00637

算术分类习题（下册）　朱镜坚编

上海：震旦书店，1937.5，再版，108 页，32 开

00638

算术分类习题（下册）　朱镜坚编

上海：大东书局，1946.8，5 版，108 页，32 开

　　本书内容包括：百分法、单利法、复利法、单比、复比、连比、比例等。

00639

算术复习指导　徐金涛编

上海：华光书局，116 页，36 开

　　收藏单位：上海馆

00640

算术讲义　汤天栋编

上海：民智书局，1927，116 页，25 开

上海：民智书局，1927，再版，116 页，25 开

　　本书内容包括：四则运算、小数等。

　　收藏单位：重庆馆、广东馆

00641

算术讲义

广西民团干部学校，1936.8，152 页，32 开

　　本书内容包括：四则、整数、分数、小数、比同比例、百分同利息。广西民团干部学校教本。

　　收藏单位：桂林馆

00642

算术教材　张云枢　傅超凡编

南昌：江西省政府教育厅，[1938]，212 页，32 开

　　收藏单位：重庆馆

00643

算术解答五百难题详解　叶木伟汇纂

锦县（辽宁）：三元堂书局，1937.4，150 页，32 开

　　本书共两编：整数和分数。内容包括：求某数、求等数、年龄算法、买卖经济、约分通分、比例问题等。

　　收藏单位：国家馆

00644

算术解法指导　萧秋朋　秦逸舟编

上海：沪江图书公司，1940.1，228 页，32 开

上海：沪江图书公司，1941，[再版]，1 册，32 开

　　收藏单位：广东馆、贵州馆、江西馆

00645

算术解题法　徐谷生编

南昌：艺文书社，1935.5，146 页，25 开

南昌：艺文书社，1940.7，6 版，120 页，25 开

　　本书着重于加减乘除基本法则之应用。

　　收藏单位：江西馆

00646

算术解题方法篇　丁景堪著

广州：天成印务局，1936，订正再版，100 页，32 开

　　收藏单位：广东馆

00647

算术解题指导　丁君龙编著

桂林：立体出版社，1941.11，223 页，32 开

桂林：立体出版社，1942.4，再版，223 页，32 开

桂林：立体出版社，1943.2，3 版，223 页，32 开

　　本书分为上、下编。上编共 10 章：整数四则、整数性质、小数四则、复名数、分数四则、百分法、利息、比及比例、求积、乘方及开方；下编为答案。

　　收藏单位：重庆馆、广东馆、贵州馆、国家馆

00648

算术津梁

出版者不详，212 页，25 开

　　收藏单位：广东馆

00649

算术考试指南　周郁年　王鼎如编

上海：大达图书供应社，1935.5，223 页，25 开

上海：大达图书供应社，1935.8，再版，223 页，25 开

　　本书介绍检算、素数、复数、倍数、约数、因数、公约数等算术知识。

　　收藏单位：江西馆

00650

算术六百难题详解　奚识之编

桂林：新生书局，1944.6，404 页，42 开

重庆：新生书局，1948，3 版，404 页，42 开

　　本书内容包括：整数、分数、开方法、单比例、百分法及利息等。

　　收藏单位：重庆馆、国家馆

00651

算术难题分类详解　王锦璋编

北平：文化学社，1930，订正再版，144 页，25 开

北平：文化学社，1931，订正 3 版，144 页，25 开

北平：文化学社，1944.6，订正 6 版，144 页，25 开

　　本书内容包括：关于数之问题、关于量之问题、关于年龄之问题、关于人数之问题、关于收支之问题、关于印刷出版之问题、关于布置之问题等。

　　收藏单位：国家馆、天津馆

00652

算术难题解（第 6 册）　上海私立中华书局函授学校编

上海：中华书局，[17] 页，32 开（算学科初级讲义 4）

00653

算术难题五百问详解　王震葆编

上海：东方文学社，1935，264 页，32 开

上海：东方文学社，1935.11，再版，264 页，32 开

上海：东方文学社，1939.4，重版，264 页，32 开

　　本书共 11 章：整数小数四则、诸等数、整数性质、整数四则、分数四则、比及比例、单比例、复比例、百分法、开方、求积法。

　　收藏单位：重庆馆、国家馆、首都馆

00654

算术难问三百题解　孔宏先编

上海：群益书社，1923，4 版，145 页，32 开

上海：群益书社，1930，7 版，145 页，32 开

上海：群益书社，1936，26 版，145 页，32 开

上海：群益书社，1937，27 版，145 页，32 开

上海：群益书社，1937，28 版，145 页，32 开

　　本书内容包括：整数四则杂问、约数及倍数、命分数杂问、诸等数、单比例、复比例、按分比例、混合法、百分法、连锁法、开方法、杂题。26 版、27 版、28 版出版者原题：

求益书社。

　　收藏单位：广东馆、国家馆、江西馆

00655

算术平均数（公式证法及例解）　刘济光编著

刘济光 [出版者]，1936，60 页，32 开

　　收藏单位：国家馆

00656

算术四则分类汇览　骆风和著

北平：中华印书局，1934，3 版，2 册（200+213 页），32 开（赏暗数学丛书）

　　收藏单位：国家馆

00657

算术四则基本练习片　雷震清编

上海：中华书局，1936.8，90 张，30 开，函装

00658

算术四则难题精解　徐谷生编演

南昌：艺文书社，1937.3，109 页，25 开

南昌：艺文书社，1941.1，7 版，109 页，25 开

　　本书收录的难题包括：求一数、数字问题、求二数已知其和、求二数已知其差、求二数已知其倍数关系、二人年龄、三人及三人以上年龄、旅行求行程、旅行求速度、旅行求时期等。

　　收藏单位：广东馆、江西馆

00659

算术四则五百难题详解　李毅东著

北平：李毅东 [发行者]，1935.12，8 版，346 页，32 开

北平：李毅东 [发行者]，1937.10，12 版，318 页，32 开

　　本书分整数、分数两编，共 52 类，涵盖旅行求行程、船行求水力、收支之问题、分配之问题等内容。逐页题名：五百难题详解。

　　收藏单位：东北师大馆、首都馆

00660

算术四则五百难题详解　李毅东著

北平：太平洋书店，1935.8，7 版，346 页，32

开

　　本书逐页题名：五百难题详解。

　　收藏单位：首都馆

00661

算术四则五百难题详解　李毅东著

大连：亚东图书馆，1944.4，338 页，32 开

　　本书逐页题名：五百难题详解。

　　收藏单位：首都馆

00662

算术四则五百难题详解　李毅东著

北平：中华印书局，1934.11，4 版，346 页，32 开

北平：中华印书局，1935.5，6 版，346 页，32 开

　　本书逐页题名：五百难题详解。

　　收藏单位：重庆馆、江西馆、首都馆

00663

算术四则五百难题详解　群众出版社编辑部编述

成都：群众出版社，1942，328 页，32 开

　　收藏单位：重庆馆

00664

算术问答　范凤源编著

上海：大东书局，1935.3，232 页，50 开（百科常识问答丛书）

　　本书共有 263 个问题及解答，其中算术 256 个。另有中国及各国度量衡及币制、公历时日制度等。

　　收藏单位：国家馆

00665

算术问答　王震保著

上海：东方文学社，1936.6，3 版，72 页，25 开

　　收藏单位：江西馆

00666

算术问答　王震保著

上海：九州书局，1937，4 版，71 页，32 开

　　收藏单位：广东馆

00667

算术问题

上海：大同大学，1929.7，71 页，22 开（大同大学丛刊）

　　本书内容包括：基础问题、问题之变形、问题之整理、解题之注意等。

　　收藏单位：浙江馆

00668

算术五百难题解答　赵介尘编著

北平：泰山堂书庄，1946.10，138 页，32 开

　　本书可作为学生补充课本。

　　收藏单位：山西馆

00669

算术新解法　高佩玉编

北平：文化学社，1932.6，订正 4 版，162 页，32 开

　　本书内容包括：整数、约数及倍数、分数、诸等数、单比例、复比例、连比、连锁法、配分法、混合法、利息、面积及开方、时表、寒暑表、图解法。

　　收藏单位：首都馆

00670

算术演习指导　薛德炯编

上海：中国科学图书仪器公司，1942.12，361 页，32 开

　　本书内容包括：整数及小数的计算、分数的计算、复名数、应用问题。

　　收藏单位：重庆馆、辽宁馆、内蒙古馆

00671

算术要览　匡文涛编译

上海：商务印书馆，1918.8，128 页，45 开

上海：商务印书馆，1933.7，国难后 1 版，128 页，45 开

上海：商务印书馆，1935.3，国难后 3 版，128 页，45 开

长沙：商务印书馆，1940，5 版，128 页，45 开

上海：商务印书馆，124 页，90 开

　　本书为算术题解。内容包括：表数之方法、加减、乘法、除法、四则杂题、货币、

约数及倍数等。受验准备用书。

　　收藏单位：重庆馆、首都馆

00672

算术要览问题详解　奚识之编

重庆：陪都书店，1949，再版，121 页，46 开

　　本书共 12 章，内容包括：绪论、四则之研究、应用问题之解法、整数之性质、求积法、图表和图解、度量衡币等。

　　收藏单位：重庆馆

00673

算术一千难题详解（上册）　骆风和著

北平：中华印书局，1934.2，322 页，32 开（赏暄数学丛书 3）

北平：中华印书局，1935.7，再版，322 页，32 开（赏暄数学丛书 3）

北平：中华印书局，1937.5，3 版，322 页，32 开（赏暄数学丛书 3）

　　收藏单位：国家馆、首都馆

00674

算术一千难题详解（下册）　骆风和著

北平：中华印书局，1935.4，372 页，32 开（赏暄数学丛书 3）

北平：中华印书局，1936.10，再版，372 页，32 开（赏暄数学丛书 3）

　　收藏单位：国家馆、首都馆、天津馆

00675

算术一千题详解　俞树德编

上海：光明书局，[1948]，298 页，32 开

上海、广州、成都：光明书局，1949.1，再版，298 页，32 开

　　本书内容包括：整数四则、因数和倍数、分数、小数等。

　　收藏单位：江西馆

00676

算术应用问题解法　许立纪编

上海：中华书局，1934.4，288 页，32 开

昆明：中华书局，1936，4 版，288 页，32 开

昆明：中华书局，1939.6，5 版，288 页，32 开

　　本书内容包括：整小数四则、最大公约数及最小公倍数、分数四则、比例、百分法及利息、一题数解法。

　　收藏单位：重庆馆、桂林馆、国家馆、江西馆、内蒙古馆、上海馆、天津馆

00677

算术原理　王邦珍编

外文题名：Das Prinzip der Arithmetik

上海：中华学艺社，1931.4，55 页，32 开（学艺汇刊 25）

上海：中华学艺社，1933.2，国难后 1 版，55 页，32 开（学艺汇刊 25）

上海：中华学艺社，1935.4，国难后 2 版，55 页，32 开（学艺丛刊 25）

　　本书共 6 编：绪论、整数、分数、小数、开方及求积、级数。附名题集解。

　　收藏单位：北师大馆、广东馆、国家馆、黑龙江馆、江西馆、上海馆

00678

算术指导　李宝鑫编

上海：国光书店，1947.10，104 页，32 开

　　收藏单位：上海馆

00679

算术自习辅导书　程培甫编

上海：北新书局，1936，178 页，32 开

　　收藏单位：国家馆、吉林馆

00680

算术自修演习捷径　丘实华编

上海：经纬书局，[1936]，163 页，42 开

上海：经纬书局，1937.6，再版，163 页，42 开

　　本书例言写于 1936 年 4 月。

00681

图解珠算全书

上海：世界书局，2 册，32 开

　　收藏单位：重庆馆

00682

图解珠算全书（续编）

上海：世界书局，2 册，32 开

　　收藏单位：重庆馆

00683

现代商业应用珠算学　张子镛编辑

上海：时还书局，1932.9，275 页，22 开

　　收藏单位：南京馆、浙江馆

00684

小朋友珠算　张健编

上海：北新书局，1932.6—1934.5，2 册（157+149 页），32 开（小朋友丛书 11）

　　本书分上、下册，上册出版于 1932 年 6 月，下册出版于 1934 年 5 月。

00685

小朋友珠算（上册）　张健编

上海：北新书局，1932.10，再版，157 页，32 开（小朋友丛书 11）

00686

心算术　董士濂著

外文题名：Psychomatics

上海：天发祥皮货局，1942.11，69 页，32 开

上海：天发祥皮货局，1942.11，再版，69 页，32 开

　　本书主要介绍心算的一些方法和口诀。

　　收藏单位：国家馆、绍兴馆

00687

新发明珠算应用法　殷师竹编

上海：中西书局，1931.6，2 册（199 页），32 开

　　本书内容包括：基本算法、小数、复名数、比例、百分法和利息算法等。

　　收藏单位：国家馆

00688

新师范算术问题答案　陈怀书编

上海：中华书局，1926.1，53 页，25 开

上海：中华书局，1932.7，3 版，53 页，25 开

　　收藏单位：广东馆、上海馆、天津馆

00689

新时代民众学校珠算课本（1）　骆师曾编

上海：商务印书馆，1929.9，32 页，32 开

上海：商务印书馆，1930.3，24 版，32 页，32 开

　　本书共 16 课，内容包括：算盘记数法、加法口诀、减法口诀、小数减法、乘法口诀等。

　　收藏单位：国家馆

00690

新时代民众学校珠算课本（2）　骆师曾编

上海：商务印书馆，1929.9，32 页，32 开

上海：商务印书馆，1930.2，14 版，32 页，32 开

上海：商务印书馆，1932，国难后 1 版，32 页，32 开

上海：商务印书馆，1933.2，国难后 5 版，32 页，32 开

　　本书共 16 课，内容包括：整数除小数的归法、归除、两化斤口诀、多位小数的归除、练习加减乘除等。

　　收藏单位：重庆馆

00691

新式算法大成详解　王敬甫校阅

上海：启新书局，1935.5，[82] 页，32 开

　　本书包括注解说明算法全图。

　　收藏单位：国家馆

00692

新式应用计算大全（珠算笔算）　金老佛编辑

上海：中西书局，1931.9，4 册（518 页），32 开（农工商军政学写算大全集）

上海：中西书局，1932.4，再版，4 册（518 页），32 开（农工商军政学写算大全集）

　　本书内容包括：珠算之练习、加法、减法、乘法、除法、飞归、小数、斤两法、利息法、存款等。

00693

修正短期珠算课本　初等教育研究会编

天津：华北书局，1938.2，110 页，32 开

本书讲述珠算的指法和口诀。民众学校
适用。

 收藏单位：浙江馆

00694

修正高级珠算课本 初等教育研究会编

天津：华北书局，1938.2，90 页，32 开

 本书内容包括：复习整数加法、复习整数
减法、复习两位数乘法等。民众学校适用。

 收藏单位：国家馆、首都馆、浙江馆

00695

袖珍算法大成 钱民黎编

上海：艺海书店，1947.4，再版，[160] 页，50
开

 本书增附算盘说明。卷首署"广陵徐以
祥子云原辑"。封面题名：算法大成。卷端题
名：蒙学算法。版权页题名：蒙学算法大成。

 收藏单位：南京馆

00696

袖珍算术参考书 骆师曾编译

上海：世界书局，1935.8，251 页，64 开

长沙：世界书局，1942.7，湘 1 版，251 页，64
开

上海：世界书局，1944.4，赣 3 版，251 页，64
开

上海：世界书局，1947.5，新 6 版，251 页，64
开

 本书共 8 编：四则应用问题、复名数、整
数性质、分数、比及比例、百分法、开方、
图解。补习复习及应试准备用。

 收藏单位：重庆馆、国家馆、江西馆

00697

袖珍注解新珠算课本

北京：宝文堂书局，60 页，64 开

 本书内容包括：乘法九九歌诀、新发明珠
算要法、九归算法等。逐页题名：最新图式归
除算法。

 收藏单位：国家馆

00698

应用理论算术例解 冲悟学社编演

杭州：冲悟学社，1917.6，202 页，22 开

 本书内容包括：整数四则、复名数、整数
性质、分数、小数、比及比例、分数法、开
方、级数等。

 收藏单位：浙江馆

00699

应用算术一千题详解 陈元亨编著

上海：东方文学社，1934.10，345 页，25 开

上海：东方文学社，1941.2，再版，345 页，25
开

 本书共 10 章：整数四则、整数性质、分
数、小数同省略算、复名数、中外货币、百
分法、利息、比同比例、开方。

 收藏单位：江西馆

00700

应用珠算 谭伯权著

广州：金城印务局，1947，再版，60 页，32 开
（韶光计政丛书）

 收藏单位：广东馆

00701

怎样应用速算练习片 孙士仪编著

上海：正中书局，1948.2，78 页，32 开（国民
教育辅导丛书）

上海：正中书局，1948.6，2 版，78 页，32 开
（国民教育辅导丛书）

 本书共 4 部分：导言、速算片用法说明、
速算片内容说明、速算片。

 收藏单位：重庆馆、广东馆、广西馆、桂
林馆、国家馆、江西馆、南京馆

00702

增订算术表解 杨平疆译

上海：新学会社，1912，114 页，42 开（普通
学表解丛书）

 收藏单位：首都馆

00703

战时算术指南 黄炽甫编著

万县：一星书店，1939，66 页，32 开

　　收藏单位：广东馆

00704

整数论　何衍璿编

广州：国立中山大学出版部，1929.4，105 页，25 开（国立中山大学理科丛书）

　　收藏单位：国家馆、浙江馆

00705

整数论　胡濬济著

外文题名：A treatise on integers

上海：商务印书馆，1930.9，178 页，32 开

上海：商务印书馆，1933.4，国难后 1 版，178 页，32 开

　　本书共 9 篇：自然数之起源、四则算法、整数之性质、相合式、法马氏定理、指数、二项相合式、不定方程式、域及理想数。

　　收藏单位：东北师大馆、广东馆、桂林馆、国家馆、湖南馆、江西馆、南京馆、首都馆、天津馆

00706

中等算术难问一千题详解　杨衍著

上海：科学书局，1911—1912，石印本，5 册，28 开，环筒页装

　　本书共 12 部分，内容包括：整数四则杂问、整数之约数及倍数、分数杂问、分数之约数及倍数、单比例、复比例、配分比例、混合法等。

　　收藏单位：重庆馆

00707

中等英文商业算术答案　（英）蔡博敏（T. W. Chapman）著

外文题名：Answers for middle school arithmetic

上海：中华书局，1919.8，82 页，48 开

上海：中华书局，1921，再版，82 页，48 开

　　收藏单位：河南馆、上海馆

00708

珠算大全　班长保编辑

[北平]：才正商校，1935.6，再版，2 册（72+

70+80+58 页），32 开

　　本书内容包括：算盘解、算盘位、算盘图式、算盘定则、我国度量衡各种表、运珠法等。才正高级商业职业学校讲义。

　　收藏单位：国家馆

00709

珠算大全　叶织雯著

长沙：商务印书馆，1940.3，406 页，32 开

长沙：商务印书馆，1940，2 版，406 页，32 开

长沙：商务印书馆，1940.12，3 版，406 页，32 开

上海：商务印书馆，1946，5 版，406 页，32 开

上海：商务印书馆，1947.11，6 版，406 页，32 开

　　本书共 10 章，介绍普通加减乘除等法、各种简捷算法，以及两求斤及斤求两法、飞归、小数、本国度量衡计算法和开方。

　　收藏单位：重庆馆、国家馆、湖南馆、江西馆、辽宁馆、首都馆

00710

珠算大全　叶织雯著

吴县：叶织雯 [发行者]，1937.1，406 页，25 开

　　收藏单位：广东馆、国家馆、首都馆、浙江馆

00711

珠算汇宗　李曦钟著

上海：立信会计图书用品社，1944.8，96 页，32 开（立信商业丛书）

上海：立信会计图书用品社，1948.1，4 版，96 页，32 开（立信商业丛书）

　　本书分上、下编。上编论述各种计算方法，并以之与珠算加以比较；下编研论珠算之发展史及方法。

00712

珠算汇宗　李曦钟著

上海、南京：中外图书公司，1946.12，96 页，32 开

　　收藏单位：重庆馆、国家馆、南京馆

00713

珠算活用法　程焕慈编著

上海：会计学社，1929.9，2 册，25 开

上海：会计学社，1931.2，2 册，25 开

　　本书内容包括：像数、加法、减法、乘法、除法、衡法、加减代乘除法、百分法、利息法等。

　　收藏单位：河南馆、黑龙江馆、江西馆

00714

珠算讲义　宋则久著

天津：国货售品所，1941，72 页，32 开

　　收藏单位：首都馆

00715

珠算教本　王晖编

上海：大众书局，1936.9，重版，176页，32开

上海：大众书局，176页，32开

　　本书内容包括：绪言、加法、减法、乘法、除法、本国货币、外国货币等。

　　收藏单位：广东馆、国家馆、浙江馆

00716

珠算教程

军需学校，1932，262 页，25 开

　　本书共 15 章：算盘之构造、运珠法、定档法、置数法、记数法、加法、减法、加减合习、乘法、除法、小数、复名数、分厘法、利息法、珠算之简捷法。

　　收藏单位：重庆馆

00717

珠算课本　王如璋编

上海：春明书店，1947.5，40 页，32 开

上海：春明书店，1948.11，再版，40 页，32 开

　　本书介绍各种商业实用珠算技巧，前后排列算式，由浅入深，并对各项算法加以说明。逐页题名：初学图解珠算课本。教科自修适用。

　　收藏单位：国家馆

00718

珠算门径　湖上渔隐标点

上海：达文书店，1937，重版，280 页，32 开

　　本书其他题名：商业珠算术。

　　收藏单位：首都馆

00719

珠算门径　邱定璜编著

上海：新文化书社，1936.2，再版，280 页，32 开

上海：新文化书社，1936.4，3 版，280 页，32 开

　　本书内容包括：珠算术入门、加法珠算术、减法珠算术、乘法珠算术、除法珠算术、利息珠算术、小数珠算术等。逐页题名：商业珠算术。版权页、书脊题名：实验珠算门径。

00720

珠算门径　汪敏志编

上海：鸿文书局，1939，新版，252 页，32 开

上海：鸿文书局，1942.5，再版，252 页，32 开

　　收藏单位：广东馆

00721

珠算门径　王定九编著

上海：中央书店，1933.5，330 页，32 开

上海：中央书店，1935.2，3 版，330 页，32 开

上海：中央书店，1935.5，4 版，330 页，32 开

上海：中央书店，1935.10，5 版，330 页，32 开

上海：中央书店，1936.2，6 版，330 页，32 开

上海：中央书店，1937.4，8 版，330 页，32 开

上海：中央书店，1939，新 1 版，330 页，32 开

　　本书内容包括：珠算总说、珠算基础、归除算法、多位除法、重乘算法、飞归算法、斤两算法、百分算法等。

　　收藏单位：重庆馆、广东馆、广西馆、首都馆、天津馆

00722

珠算全书　马骏钧编

上海：中华书局，1921.10，2 册（166+178 页），25 开

上海：中华书局，1923，4 版，2 册（166+178 页），25 开

上海：中华书局，1929.3，10 版，2 册（166+178

页），25 开

上海：中华书局，1931.3，12 版，2 册（166+178 页），25 开

上海：中华书局，1933，14 版，2 册（166+178 页），25 开

上海：中华书局，1934.11，15 版，2 册（166+178 页），25 开

上海：中华书局，1935.11，16 版，2 册（166+178 页），25 开

上海：中华书局，1936.8，17 版，2 册（166+178 页），25 开

上海：中华书局，1937.6，18 版，2 册（166+178 页），25 开

　　本书分上、下册，共 6 编：基法、小数、诸等法、归一法、百分法、求积。列有算例、盘式及解说。商业适用。

　　收藏单位：重庆馆、广东馆、贵州馆、桂林馆、国家馆、河南馆、吉林馆、江西馆、内蒙古馆、宁夏馆、首都馆

00723

珠算入门　达文社编辑

上海：中华书局，1923.3，7 版，138 页，32 开，环筒页装

上海：中华书局，1931.8，17 版，138 页，32 开，环筒页装

　　本书内容包括：运算之指法、进位法、加法口诀、减法口诀、乘法口诀等。

00724

珠算入门　顾兆文编

上海：三民图书公司，1947，新 2 版，63 页，36 开

　　本书"编辑大意"写于 1937 年春。

　　收藏单位：上海馆

00725

珠算入门　王庆曾编

上海：开明书店，1933.7，97 页，32 开

上海：开明书店，1938，7 版，97 页，32 开

上海：开明书店，1939.9，9 版，97 页，32 开

上海：开明书店，1941.8，桂 2 版，97 页，32 开

重庆：开明书店，1943.1，97 页，32 开

桂林：开明书店，1943.7，湘 1 版，97 页，32 开

上海：开明书店，1946，15 版，97 页，32 开

　　本书共 6 章：绪论、加减法、乘法、除法、乘除简法及日用计算、复名数法。

　　收藏单位：重庆馆、广东馆、贵州馆、国家馆、辽宁馆、南京馆、内蒙古馆、宁夏馆

00726

珠算入门　张廷华编

上海：大东书局，1941.1，8 版，132 页，32 开

上海：大东书局，1943.3，10 版，132 页，32 开

上海：大东书局，1946.8，11 版，132 页，32 开

　　本书共 9 章：释算盘、布算之规则、加法、减法、乘法、除法、归除算法、九归参差除法、斤两法。

　　收藏单位：国家馆

00727

珠算入门

出版者不详，124 页，32 开

　　收藏单位：南京馆

00728

珠算商法·浅话算数学说　王相辰著

北平：王相辰［发行者］，1933.1，30 页，28 开

　　收藏单位：国家馆

00729

珠算实务　李世伟编

上海：上海商业储蓄银行，1948.5，126 页，24 开（上海银行训练班丛书）

00730

珠算手册　廖庶谦著

桂林：文化供应社，1942.9，156 页，36 开

桂林：文化供应社，1943.2，再版，156 页，36 开

香港：文化供应社，1946.4，港 1 版，156 页，36 开

　　本书内容主要包括对珠算的基本介绍、整数与小数的加减乘除法以及习题等。著者

原题：廖伯华。

　　收藏单位：重庆馆、广东馆、广西馆、桂林馆、国家馆、上海馆

00731

珠算速计法　华印椿著

上海：桂林学艺出版社，1942，再版，83 页，32 开

　　收藏单位：广东馆

00732

珠算速计法　华印椿著

上海：生活书店，1934.9，83 页，28 开

上海：生活书店，1934，再版，83 页，28 开

上海：生活书店，1939.5，6 版，83 页，28 开

重庆：生活书店，1942.2，7 版，83 页，28 开

重庆：生活书店，1942.12，8 版，83 页，28 开

　　本书共 4 编：捷乘法、捷除法、开方法、应用速计法。

　　收藏单位：重庆馆、广东馆、国家馆、湖南馆、南京馆、浙江馆

00733

珠算习题大成　黄逸羲著

[上海]：黄逸羲[发行者]，1936.8，250 页，24 开

00734

珠算习题大成　黄逸羲著

上海：商学研究社，1939.2，修正 4 版，250 页，24 开

重庆：商学研究社，1939，修正 5 版，250 页，24 开

上海：商学研究社，1945.9，修正 9 版，250 页，24 开

　　收藏单位：重庆馆、南京馆、内蒙古馆

00735

珠算新方法　俞子夷编

上海：北新书局，1948.9，38 页，32 开（浙江国民教育实验区辅导丛刊 6）

　　本书共 3 部分：定位法、运算法和自动练习法。

　　收藏单位：国家馆、南京馆、浙江馆

00736

珠算新奇法　殷师竹编

上海：中西书局，1930.12，2 册（206 页），32 开

　　本书内容包括：由手算导入珠算之方法、前人未知之珠算乘除九九表、新发明之珠算定位法、前人未知之分数珠算法等。

　　收藏单位：国家馆

00737

珠算新书　程焕慈编

常熟：江苏虞社，1928.4，2 册（78+97 页），25 开

　　收藏单位：国家馆、首都馆

00738

珠算学教程

[军需学校]，238 页，32 开

　　收藏单位：广东馆

00739

珠算研究社函授讲义　邓欣廉编著

[无锡]：邓欣廉[发行者]，1917.11，117 页，25 开

　　收藏单位：上海馆、首都馆

00740

珠算一看通　董振华编

上海：大文书局，1937.5，3 版，300 页，32 开

上海：大文书局，1938.12，再版，300 页，32 开

　　本书共 13 章：算盘、加法、减法、乘法、除法、飞归、乘除定位、复名数、小数、斤两法、差分、利息、开方。书脊编者题：董志坚。

　　收藏单位：首都馆

00741

珠算一月通　苏廉编

上海：世界书局，1941，129 页，36 开

上海：世界书局，1944.3，再版，129 页，36 开

上海：世界书局，1946.11，3 版，129 页，36 开

　　本书分 30 天介绍加减乘除、中外货币的

换算等珠算方法。1946 年版封面编者原题：苏顽夫。

　　收藏单位：广东馆、首都馆

00742

珠算易通　邓欣廉编著

上海：三廉学社，1923.6，再版，114 页，25 开

上海：三廉学社，1934.7，3 版，114 页，25 开

　　收藏单位：广东馆、上海馆

00743

珠算指导　吴君宜编纂

上海：春明书店，1941.4，4 版，206 页，32 开

　　本书分 30 课，从单位数起，至四位数止，介绍加减乘除各种珠算法。每课设口诀、例题、练习题、实用题。版权页题名：活用珠算指导。

　　收藏单位：广东馆

00744

珠算指导法　俞子夷编著

上海：正中书局，1948.7，47 页，32 开（国民教育辅导丛书）

　　本书共 5 部分：总说、加减法的指导、乘法的指导、除法的指导、小数和斤两法的指导。

　　收藏单位：国家馆、辽宁馆、南京馆

00745

珠算指南　谷怀编

上海：中华书局，1914.12，[134] 页，25 开

　　本书介绍珠算的指法及口诀。

　　收藏单位：浙江馆

00746

珠算指南　商业学校编

广州：麟书阁书局，33 页，36 开

　　收藏单位：广东馆

00747

珠算指南

长沙：广益书局，62 页，32 开

　　收藏单位：广东馆

00748

珠算指南（一月毕业）　孙志劲编

上海：世界书局，1929.1，10 版，33 页，32 开

上海：世界书局，1935.3，29 版，33 页，32 开

上海：世界书局，1935.8，[再版]，33 页，32 开

上海：世界书局，1939，新4版，33 页，32 开

上海：世界书局，1944.3，新9版，33 页，32 开

上海：世界书局，1946.12，11 版，33 页，32 开

　　本书分 30 课，介绍珠算的基本计算方法和口诀。上海商业学校试验教本。

　　收藏单位：重庆馆、广东馆、贵州馆、国家馆、南京馆

00749

珠算自习法　奚鼐羹编

上海：世界书局，1934，79 页，50 开（注音符号民众万有丛书 酬世类）

　　收藏单位：首都馆

00750

最新实用算术八百题解　仇毅著

上海：晓星书店，1933.3，252 页，32 开

上海：晓星书店，1933.9，订正 3 版，252 页，32 开

上海：晓星书店，1934.5，订正 4 版，252 页，32 开

上海：晓星书店，1935.5，订正 5 版，252 页，32 开

上海：晓星书店，1937.3，订正 6 版，252 页，32 开

　　本书共 10 章，内容包括：计算问题、四则应用问题、倍数及约数、比及比例等。书脊题名：算术八百题解。

　　收藏单位：广东馆、国家馆

00751

最新算术难题集解　钱洪翔编

上海：北新书局，1939.4，278 页，32 开

上海：北新书局，1943.5，蓉版，278 页，32 开

上海：北新书局，1947.5，新 1 版，278 页，32 开

　　本书共 7 部分：整数四则、约数及倍数、分数四则、百分法及利息、比例、复名数、

开方。

　　收藏单位：重庆馆、东北师大馆、桂林馆、湖南馆、天津馆

00752

最新算术四百难题详解　仇毅编

上海：晓星书店，1934.9，214 页，32 开

　　本书内容包括：四则、整数之性质、分数、比例、百分法、开方法等。

　　收藏单位：广东馆、国家馆、浙江馆

00753

最新算术习题指导

出版者不详，186 页，25 开

　　收藏单位：江西馆

00754

最新算术详解（上册）　张博编

出版者不详，1947.4，286 页，32 开

　　收藏单位：南京馆

初等代数

00755

查理斯密初等代数学　（英）查理斯密（Charles Smith）著　王家菼译

外文题名：Elementary algebra

上海：商务印书馆，1915.5，9 版，395+54 页，32 开，精装

上海：商务印书馆，[1917.2]，[11 版]，395+ 54 页，32 开，精装

上海：商务印书馆，1933.10，国难后 1 版，395+ 54 页，32 开

　　本书内容包括：定义、正量及负量、加法、减法、括弧法、乘法、除法、一次方程式、一次方程式问题、一次联立方程式、一次联立方程式问题、因数、分数、分数方程式、高次方程式等。

　　收藏单位：国家馆、江西馆、内蒙古馆、天津馆、浙江馆

00756

查理斯密大代数学　（英）查理斯密（Charles Smith）著　陈文　何崇礼编译

上海：科学会编译部，1912，1 册，32 开

上海：科学会编译部，1912，6 版，1 册，32 开，精装

上海：科学会编译部，1912，7 版，1 册，32 开

上海：科学会编译部，1913，[再版]，1 册，32 开

上海：科学会编译部，1926，订正 4 版，279+250+334 页，32 开，精装

上海：科学会编译部，1927.7，订正 5 版，279+250+334 页，32 开，精装

上海：科学会编译部，1929.2，订正 6 版，279+250+334 页，32 开，精装

上海：科学会编译部，1930.6，订正 7 版，279+250+334 页，32 开，精装

上海：科学会编译部，1933.2，国难后 1 版，279+250+334 页，32 开，精装

上海：科学会编译部，1933.11，国难后 3 版，279+250+334 页，32 开，精装

长沙：科学会编译部，1939.8，国难后 6 版，279+250+334 页，32 开，精装

[上海]：科学会编译部，279+250+334 页，32 开，精装

　　本书分 3 卷，共 32 编，内容包括：定义、正负数量、绝对量、多项式之公式、括弧用法、等次项、因子、分数、方程式、方根、指数、不尽根、虚数及复虚数、比及比例、不定式、级数、排列、二项式定理、对数、不等式、行列式等。商务印书馆发行。

　　收藏单位：重庆馆、东北师大馆、广东馆、贵州馆、国家馆、河南馆、江西馆、南京馆、首都馆、天津馆、浙江馆

00757

查理斯密小代数　（英）查理斯密（Charles Smith）著　田镜波译

北京：华北科学社，1940，再版，447+64 页，32 开

　　收藏单位：首都馆

00758

查理斯密小代数学　（英）查理斯密（Charles

Smith）著　陈文译
外文题名：Elementary algebra
上海：科学会编译部，1912.11，19 版，600 页，32 开，精装
上海：科学会编译部，1913.9，21 版，600 页，32 开，精装
上海：科学会编译部，1917.1，24 版，600 页，32 开，精装
上海：科学会编译部，1921.8，28 版，600 页，32 开，精装
上海：科学会编译部，1922，29 版，600 页，32 开，精装
上海：科学会编译部，1927.3，33 版，600 页，32 开，精装
上海：科学会编译部，1929.6，35 版，600 页，32 开，精装
上海：科学会编译部，1930，36 版，600 页，32 开，精装
上海：科学会编译部，1930.8，39 版，600 页，32 开，精装
上海：科学会编译部，1932.8，国难后 1 版，600 页，32 开，精装
上海：科学会编译部，1933.4，国难后 4 版，600 页，32 开，精装
上海：科学会编译部，1933.6，国难后 6 版，600 页，32 开，精装
长沙：科学会编译部，1938，国难后 8 版，[600] 页，32 开，精装
上海：科学会编译部，1949，14 版，465 页，32 开

　　本书内容包括：定义、正量及负量、加法、减法、乘法、除法、一次方程式、最高公因数、最低公倍数、分数方程式等。据日本长泽龟之助英文增补本翻译。商务印书馆发行。

　　收藏单位：国家馆、江西馆、山西馆、首都馆、西南大学馆

00759

查理斯密小代数学解式 （英）查理斯密（Charles Smith）著　曾彦译
上海：科学会编译部，1912，363 页，32 开
上海：科学会编译部，1916.9，影印本，363 页，32 开
上海：科学会编译部，1917.1，[再版]，363 页，32 开
上海：科学会编译部，1930.4，19 版，363 页，32 开
上海：科学会编译部，1932.8，国难后 1 版，363 页，32 开
长沙：科学会编译部，1938.5，国难后 6 版，363 页，32 开

　　本书内容包括：问题、杂题、题解、解式。商务印书馆发行。

　　收藏单位：广东馆、国家馆、首都馆、西南大学馆、浙江馆

00760

成功之代数 孙祝耆编
东方书店，1943.8，419 页，32 开

　　本书共 3 编：有理式、无理式、方程式。

　　收藏单位：首都馆

00761

初等代数解析学 斯波勒（Benedikt Sporer）著　郑太朴译
外文题名：Niedere analysis
上海：商务印书馆，1931.4，155 页，32 开（算学小丛书）（万有文库 第 1 集 434）
上海：商务印书馆，1931.6，155 页，48 开（算学小丛书）
上海：商务印书馆，1934.3，国难后 1 版，155 页，32 开（算学小丛书）
上海：商务印书馆，1935.3，国难后 2 版，138 页，32 开（算学小丛书）
长沙：商务印书馆，1939.12，138 页，36 开（算学小丛书）（万有文库 第 1—2 集简编）

　　本书内容包括：连分、整数无定方程、组合论、行列式、高等算术级数、拟形数、插入法、无穷级数、代数方程。

　　收藏单位：重庆馆、大连馆、东北师大馆、广东馆、广西馆、国家馆、黑龙江馆、湖南馆、江西馆、辽大馆、辽宁馆、辽师大馆、内蒙古馆、宁夏馆、上海馆、首都馆、天津馆、西南大学馆、浙江馆

00762

初等代数倚数变迹　何鲁著

外文题名：Variation of elementary algebraic functions

上海：商务印书馆，1931.1，178 页，23 开，精装（算学丛书 10）

上海：商务印书馆，1933.2，国难后 1 版，178 页，23 开，精装（算学丛书 10）

本书内容包括：线节、代量节、总节、分节、霞尔氏定理、射影定义、变数与常数、倚数定义、倚数变迹及曲线方程式、圆之方程式等。

收藏单位：重庆馆、东北师大馆、国家馆、江西馆、首都馆、天津馆、浙江馆

00763

初等方程式论　（日）林鹤一　（日）小野藤太著　陈文译

外文题名：An elementary treatise on the theory of equations

上海：商务印书馆，1924.6，299 页，22 开（算学丛书 4）

上海：商务印书馆，1924，再版，299 页，22 开（算学丛书 4）

上海：商务印书馆，1931.5，再版，299 页，22 开，精装（算学丛书 4）

上海：商务印书馆，1932.10，国难后 1 版，299 页，22 开，精装（算学丛书 4）

上海：商务印书馆，1933.9，国难后 2 版，299 页，22 开，精装（算学丛书 4）

本书共 23 章，内容包括：整函数及方程式、方程式之根与系数、方程式之变形法、有理根、三次方程式、四次方程式、相反方程式、导来函数、方程式之等根等。

收藏单位：广东馆、贵州馆、国家馆、江西馆、南京馆、首都馆、西南大学馆、浙江馆

00764

初级方程式论　（美）狄克逊（L. E. Dickson）著　黄新铎译

外文题名：First course in the theory of equations

上海：商务印书馆，1935.7，211 页，22 开（大学丛书 教本）

上海：商务印书馆，1948.1，3 版，211 页，22 开（大学丛书 教本）

本书内容包括：复数、关于方程式根之基础定理、用尺规做图法、三次及四次方程式之解法、圈定实方程式之实根、数目方程式之解法等。附代数之基本定理。

收藏单位：重庆馆、广东馆、广西馆、贵州馆、国家馆、湖南馆、吉林馆、南京馆、内蒙古馆、宁夏馆、上海馆、首都馆、西南大学馆、浙江馆

00765

大代数难题详解　周藩编译　骆师曾校订

外文题名：Collection of advanced algebraic problems with solutions and explanations

上海：商务印书馆，1914.4，6 版，225 页，25 开，精装

上海：商务印书馆，1922.7，6 版，[再版]，225 页，25 开，精装

上海：商务印书馆，1924.12，7 版，225 页，25 开，精装

本书内容包括：斯密斯氏题解，霍尔式、乃托氏题解，斯密斯氏题解补遗。卷首题名：查理斯密斯氏，霍尔式，乃托氏大代数难题详解。

收藏单位：国家馆、南京馆

00766

大代数学讲义　（日）上野清著　王家菼　张廷华译

外文题名：Complete instructions on advanced algebra

上海：商务印书馆，1913.6，4 版，832 页，22 开，精装

上海：商务印书馆，1921.8，8 版，832 页，22 开，精装

上海：商务印书馆，1924.3，10 版，832 页，22 开，精装

上海：商务印书馆，1926.4，11 版，832 页，22 开，精装

上海：商务印书馆，1931.8，14 版，832 页，22 开，精装

上海：商务印书馆，1933.1，国难后 1 版，832 页，22 开，精装

上海：商务印书馆，1933，国难后 2 版，832 页，22 开，精装

上海：商务印书馆，1935.4，国难后 3 版，832 页，22 开，精装

上海：商务印书馆，1941.2，6 版，832 页，22 开，精装

上海：商务印书馆，1947.6，9 版，2 册（832 页），22 开

上海：商务印书馆，1948.4，10 版，2 册（832 页），22 开

上海：商务印书馆，1948.8，11 版，2 册（832 页），22 开

上海：商务印书馆，1949.8，12 版，2 册（832 页），22 开

本书日本原著取自英国斯密斯、霍尔、乃托三氏之大代数学，经译述解证而成。内容包括：定义、例题及解、根原之法则、名数量、正负数量、绝对量、加法、减法、乘法、指数之法则等。

收藏单位：重庆馆、东北师大馆、广东馆、贵州馆、国家馆、黑龙江馆、江西馆、山西馆、绍兴馆、首都馆、浙江馆

00767

代数测验 （美）史密斯（David Eugene Smith）（美）里夫（W. D. Reeve）（美）莫尔斯（E. L. Morss）著　徐守桢译

外文题名：Exercises and tests in algebra

上海：商务印书馆，1935.2，226 页，18 开

上海：商务印书馆，1935.4，再版，226 页，18 开，精装

本书内容包括：公式及简易方程式、格栏幅、正负数、初步运算法、含一个未知数之直线方程式、分数、分数方程式、数字三角法、联立直线方程式、幂及根、二次方程式等。

收藏单位：广西馆、国家馆、绍兴馆、首都馆

00768

代数测验教员准备书　陈岳生编

上海：商务印书馆，1936.11，256 页，32 开

本书共有 224 个测验，涵盖方程式、公式、加减乘除法、平方、根数、几何、百分率等。附美国哥伦比亚大学研究部著代数考试测验。

收藏单位：重庆馆、广东馆、国家馆、黑龙江馆、山西馆、上海馆

00769

代数几何撮要　沈涤生编著

镇江：江南印书馆，1933.9，80 页，32 开

本书内容包括：代数撮要、几何撮要、几何研究指导。

收藏单位：上海馆

00770

代数菁华　余惟铁著

出版者不详，[1933]，128 页，22 开

收藏单位：广东馆

00771

代数问题集解　舒臻人著

上海：晨光书局，1935.10，205 页，32 开

本书共 19 章，内容包括：因数分解杂题、剩余定理及未定系数法、最大公约数及最小公倍数杂题、分数式杂题、等式证明杂题、无理式杂题、方程式杂题等。

收藏单位：国家馆

00772

代数学 （日）荒又秀夫著　张远达译

东山城厢印刷社，1945，182 页，16 开

本书内容包括：整数论初步、方程式之根之问题、多项式、一次形式、行列式等。

收藏单位：南京馆、西南大学馆

00773

代数学　中央军事政治学校编

[上海]：[商务印书馆]，100 页，32 开

本书内容包括：代数记号、代数式、正量、负量、加法、减法、除法、方程式。中央军事政治学校入伍生部教科书。

收藏单位：浙江馆

00774

代数学（对数及利息算）（日）山根新次郎著　骆师曾译

上海：商务印书馆，1928.4，229 页，32 开（算学小丛书）

上海：商务印书馆，1930.4，229 页，32 开（算学小丛书）（万有文库 第 1 集 411）

上海：商务印书馆，1933.3，国难后 1 版，229 页，32 开（算学小丛书）

上海：商务印书馆，1934.7，再版，229 页，32 开（算学小丛书）（万有文库 第 1 集 411）

　　本书共 7 章，内容包括：幂及幂根、指数之扩张、对数之定义及基本定理、常用对数等。

　　收藏单位：重庆馆、大连馆、东北师大馆、广西馆、贵州馆、国家馆、辽大馆、辽师大馆、内蒙古馆、宁夏馆、上海馆、首都馆、天津馆、西南大学馆、浙江馆

00775

代数学（二次方程式）（日）林鹤一 （日）伊藤新重郎著　郑心南译

外文题名：Quadratic equations

上海：商务印书馆，1930.4，160 页，32 开（算学小丛书）（万有文库 第 1 集 417）

上海：商务印书馆，1933.4，160 页，32 开（算学小丛书）

上海：商务印书馆，1934.3，再版，160 页，32 开（算学小丛书）

上海：商务印书馆，1934.6，3 版，160 页，32 开（算学小丛书）

上海：商务印书馆，1934.7，再版，160 页，32 开（算学小丛书）（万有文库 第 1 集 417）

上海：商务印书馆，1934.11，4 版，160 页，32 开（算学小丛书）

长沙：商务印书馆，1939.12，160 页，32 开（算学小丛书）（万有文库 第 1—2 集简编 132）

　　本书共 7 章，内容包括：一元二次方程式之解法、一元二次方程式根之研究、一元二次方程式之应用、分数方程式等。

　　收藏单位：重庆馆、东北师大馆、广西馆、贵州馆、国家馆、黑龙江馆、江西馆、辽大馆、辽师大馆、内蒙古馆、宁夏馆、上

海馆、首都馆、西南大学馆、浙江馆

00776

代数学（幂法开法及无理虚数）（日）林鹤一 （日）矢田吉熊著　黄元吉译

上海：商务印书馆，1926.12，152 页，32 开（算学小丛书）

上海：商务印书馆，1931.4，152 页，32 开（算学小丛书）（万有文库 第 1 集 416）

上海：商务印书馆，1934.3，国难后 1 版，152 页，32 开（算学小丛书）

上海：商务印书馆，1934.9，国难后 2 版，152 页，32 开（算学小丛书）

上海：商务印书馆，1935.5，国难后 3 版，174 页，32 开（算学小丛书）

　　本书共 5 章：幂法、开方法、诸种之指数、无理数、虚数及复素数。

　　收藏单位：重庆馆、大连馆、东北师大馆、广东馆、贵州馆、国家馆、江西馆、辽大馆、辽宁馆、辽师大馆、内蒙古馆、宁夏馆、上海馆、首都馆、浙江馆

00777

代数学（数及代数式之四则）（日）林鹤一 （日）藤元仓平著　崔朝庆译

外文题名：Four rules of number and algebraical expression

上海：商务印书馆，1926.9，144 页，48 开（算学小丛书）

上海：商务印书馆，1930.10，144 页，32 开（算学小丛书）（万有文库 第 1 集 414）

上海：商务印书馆，1930.10，再版，144 页，48 开（算学小丛书）

上海：商务印书馆，1934.2，国难后 2 版，144 页，32 开（算学小丛书）

上海：商务印书馆，1934.7，[再版]，144 页，32 开（算学小丛书）（万有文库 第 1 集 414）

长沙：商务印书馆，1939.5，国难后 3 版，144 页，32 开（算学小丛书）

　　本书共 4 章：绪论、代数学上之数之四则、整式之四则、分数式之四则。

　　收藏单位：安徽馆、重庆馆、大连馆、广西馆、国家馆、江西馆、辽大馆、辽师大馆、

南京馆、内蒙古馆、宁夏馆、首都馆、天津馆、浙江馆

00778

代数学（顺列组合及级数）（日）佐藤充（日）水田文平著　崔朝庆译

上海：商务印书馆，1931.4，201 页，32 开（算学小丛书）（万有文库 第 1 集 412）

上海：商务印书馆，1934.4，国难后 1 版，201 页，32 开（算学小丛书）

上海：商务印书馆，1934.9，国难后 2 版，201 页，32 开（算学小丛书）

上海：商务印书馆，1935，国难后 4 版，201 页，32 开（算学小丛书）

　　本书共 8 章：绪论、顺列、组合、二项定理、等差级数、等比级数、调和级数、他种级数之和。

　　收藏单位：重庆馆、大连馆、东北师大馆、贵州馆、国家馆、辽大馆、辽宁馆、辽师大馆、内蒙古馆、上海馆、首都馆、天津馆、浙江馆

00779

代数学（一次方程式）（日）林鹤一 （日）高野泰藏著　崔朝庆译

外文题名：Equation of the first degree

上海：商务印书馆，1927.3，156 页，32 开（算学小丛书 10）

上海：商务印书馆，1929.10，156 页，32 开（算学小丛书）（万有文库 第 1 集 413）

上海：商务印书馆，1930.6，再版，156 页，32 开（算学小丛书 10）

上海：商务印书馆，1933.3，国难后 1 版，156 页，32 开（算学小丛书）

上海：商务印书馆，1934.7，国难后 2 版，156 页，32 开（算学小丛书）

上海：商务印书馆，1934.12，国难后 3 版，156 页，32 开（算学小丛书）（万有文库 第 1 集 413）

上海：商务印书馆，1935.1，国难后 4 版，225 页，32 开（算学小丛书）

上海：商务印书馆，1937.4，国难后 6 版，225 页，32 开（算学小丛书）

长沙：商务印书馆，1939.12，225 页，32 开（算

学小丛书）（万有文库 第 1—2 集简编 131）

　　本书内容包括：恒等式与方程式、一元一次方程式、应用问题、联立一次方程式等。

　　收藏单位：重庆馆、大连馆、东北师大馆、贵州馆、国家馆、江西馆、辽大馆、辽师大馆、南京馆、内蒙古馆、宁夏馆、上海馆、首都馆、天津馆、浙江馆

00780

代数学（因数分解）（日）林鹤一 （日）津村定一著　黄元吉译

上海：商务印书馆，1926.4，187 页，32 开（算学小丛书）

上海：商务印书馆，1929.10，187 页，32 开（算学小丛书）（万有文库 第 1 集 415）

上海：商务印书馆，1934，国难后 2 版，187 页，32 开（算学小丛书）

上海：商务印书馆，1934.7，再版，187 页，32 开（算学小丛书）（万有文库 第 1 集 415）

上海：商务印书馆，1935.1，国难后 4 版，187 页，32 开（算学小丛书）

长沙：商务印书馆，1939.12，187 页，32 开（算学小丛书）（万有文库 第 1—2 集简编）

　　本书共 6 章：根据乘法结果之因数分解、约数　最大公约数、倍数　最小公倍数、剩余定理、恒等式、对称式及交代式。

　　收藏单位：重庆馆、大连馆、广西馆、贵州馆、国家馆、江西馆、辽大馆、辽师大馆、内蒙古馆、宁夏馆、上海馆、首都馆、西南大学馆

00781

代数学 ABC　冯励宸著

上海：ABC 丛书社，1931.6，111 页，32 开（ABC 丛书）

上海：ABC 丛书社，1932.5，再版，111 页，32 开（ABC 丛书）

上海：ABC 丛书社，1934.9，3 版，111 页，32 开（ABC 丛书）

　　本书共 18 章：绪言、正数及负数、加法、减法、一次方程式、恒等式及条件方程式、括弧、乘法、除法、特式法术、因数分解、最大公因数与最小公倍数、分数、分数方程

式、一次方程系、二次方程式、图解、指数及开方。

收藏单位：国家馆、辽大馆、南京馆、首都馆

00782

代数学讲义

中央陆军军官学校，1936.8，188 页，24 开，精装

中央陆军军官学校，1939，132 页，24 开

收藏单位：重庆馆

00783

代数学试题之研究　马文元编

北平：戊辰学社编辑部，1935.4，石印本，201 页，32 开

本书共 18 章，内容包括：整式之算法、一次方程式、整式之固式、分式之化法及算法、一次方程式应用问题等。

收藏单位：国家馆、首都馆

00784

代数学新教科书　王家葵编著

外文题名：A new textbook on algebra

上海：商务印书馆，1911.1，再版，2 册（434 页），25 开

上海：商务印书馆，1912.5，3 版，2 册（434 页），25 开

本书共 14 编，内容包括：整式四则、方程式、因子、分数式、级数、杂算法等。清宣统元年（1909）初版。

收藏单位：国家馆、首都馆

00785

代数学演习指导　薛德炯编译

上海：新亚书店，1934.6，2 册（624 页），32 开

上海：新亚书店，1940.12，再版，624 页，32 开

上海：新亚书店，1948.9，3 版，2 册（624 页），32 开

本书内容包括：整式的变形、分数式的变形、无理式的变形、证明问题、比及比例式

的变形、一元整方程式等。据日本滕森良藏著作编译。

收藏单位：重庆馆、国家馆、绍兴馆、天津馆、浙江馆

00786

代数学要览　匡文涛编译

上海：商务印书馆，1918.1，2 册（128+128 页），横 36 开

上海：商务印书馆，1920.5，3 版，2 册（128+128 页），横 36 开

上海：商务印书馆，1922，5 版，2 册（128+128 页），横 36 开

上海：商务印书馆，1931，12 版，2 册（128+128 页），横 36 开

上海：商务印书馆，1933.2，国难后 1 版，2 册（128+128 页），横 36 开

上海：商务印书馆，1933.9，国难后 2 版，2 册（128+128 页），横 36 开

本书内容包括：代数绪论、负数、代数的数之加法、代数的数之减法、代数的数之乘法、代数的数之除法、一元一次方程式、一元二次方程式、不等式等。受验准备用书。

收藏单位：重庆馆、广东馆、国家馆、首都馆、浙江馆

00787

对数及其用法　高亦平编

华北新华书店，1948.4，80 页，32 开（太行工业丛书 3）

本书内容包括：指数、对数、对数表的用法、三角函数的定义等。

收藏单位：国家馆

00788

二次方程式详论　何鲁著

外文题名：A treatise on quadratic equations

上海：商务印书馆，1925.6，125 页，18 开，精装（算学丛书 7）

上海：商务印书馆，1931.3，3 版，125 页，18 开，精装（算学丛书 7）

上海：商务印书馆，1932.10，国难后 1 版，125 页，18 开，精装（算学丛书 7）

本书内容包括：同解原理、一次方程式、不等式原理、联立多元一次方程式、二次方程式等。

　　收藏单位：重庆馆、江西馆、南京馆、绍兴馆

00789

范氏大代数 （美）H. B. Fine 著　骆师曾　吴维一译

上海：世界书局，1944.3，新 6 版，599+36 页，32 开

上海：世界书局，1946.10，新 14 版，599+36 页，32 开

上海：世界书局，1946.12，新 15 版，599+36 页，32 开

上海：世界书局，1947.2，新 16 版，599+36 页，32 开

上海：世界书局，1947.5，新 17 版，599+36 页，32 开

上海：世界书局，1948.3，新 19 版，599+36 页，32 开

上海：世界书局，1948.9，新 21 版，599+36 页，32 开

上海：世界书局，1948，新 22 版，599+36 页，32 开

上海：世界书局，1949.3，新 23 版，599+36 页，32 开

上海：世界书局，599+35 页，32 开

　　本书内容包括：自然数、一数法、加法与乘法，减法与负数，除法与分数，无理数，虚数与复素数等。

　　收藏单位：广东馆、国家馆、湖南馆、吉林馆、江西馆、辽大馆、绍兴馆、首都馆、天津馆、浙江馆

00790

范氏大代数题解　范歜生编演

外文题名：Key to Fine's college algebra

北平：北平科学社，1949.5，11 版，1 册

　　本书介绍初等代数从最简单的一元一次方程开始，进而讨论二元、三元的一次方程组，以及二次以上及可以转化为二次的方程组。逐页题名：范氏大代数习题详解。

00791

范氏大代数题解　杨执仁编著

外文题名：Key to Fine's college algebra

上海：中国自然科学编译社，1935，2 册（[500] 页），32 开

　　本书分基本演算、简易方程、联立一次方程、整式之因子、最高倍数和最低倍数等部分，对范氏代数习题逐一进行解答。逐页题名：范氏高等代数题解。卷端题名：范氏高等代数问题解答。

00792

范氏大代数题解　庄用舟编演

上海：世界书局，1943，新 1 版，437 页，32 开

上海：世界书局，1946.7，新 6 版，437 页，32 开

上海：世界书局，1947.6，新 9 版，437 页，32 开

上海：世界书局，1949.4，新 11 版，437 页，32 开

　　本书系根据范氏大代数（College Algebra By H. B. Fine）教本习题所编之题解，每一习题均予以精确详细之解答。

　　收藏单位：重庆馆、国家馆、江西馆、南京馆、宁夏馆、首都馆、天津馆、浙江馆

00793

范氏大代数习题详解　范歜生编演

北平：北平科学社，1937.7，4 版，[530] 页，32 开

　　收藏单位：广东馆

00794

范氏大代数学题解　郑执中编著

外文题名：Key to Fine's college algebra

上海：科学书局，1940.10，4 版，274 页，32 开（科学题解丛书）

　　本书内容包括：基本演算、一元一次方程式、联立一次方程组、除法等。

00795

范氏大代数学习题详解　杨正中编

上海：科学书局，影印本，530 页，36 开

　　收藏单位：广西馆

00796

范氏代数学难题详解及补充教材　马文元等

编

北平：戊辰学社，1937.3，214+188 页，32 开

本书共 3 部分：习题详解之部、例题解法之部、补充教材之部。

收藏单位：国家馆、首都馆

00797

范氏高级代数学 （美）H. B. Fine 著　余介石等译述

成都：生生书局，1941.12，改订再版，638 页，25 开

本书译述者还有：陈伯琴、李绪文、张伯康。建国书局发行。

收藏单位：重庆馆

00798

范氏高级代数学 （美）H. B. Fine 著　余介石　李绪文　张伯康译述

成都：建国书局，1943.9，改订 5 版，640 页，18 开

本书内容包括：自然数、减法及负数、无理数、虚数与复素数等。

收藏单位：河南馆

00799

范氏高级代数学 （美）H. B. Fine 著　余介石　李绪文　张伯康译述

成都：建华书局，1944.12，改订 8 版，640 页，23 开

成都：建华书局，1946，10 版，640 页，23 开

收藏单位：重庆馆

00800

方程解法 （美）M. Merrinman 著　居秉瑶译

外文题名：The solution of equations

上海：商务印书馆，[1937]，68 页，32 开（算学小丛书）

长沙：商务印书馆，1939.4，68 页，32 开（算学小丛书）

本书内容包括：图解法、拟位法、牛顿之求近似值法、根之分离等。

收藏单位：重庆馆、广西馆、贵州馆、国家馆、上海馆

00801

汉译范氏大代数 （美）H. B. Fine 著　刘书琴编译

北平：文化学社，1935，534 页，32 开

本书分为数和代数两编，介绍基本的数学知识和数学方法。

收藏单位：国家馆

00802

汉译范氏大代数 （美）H. B. Fine 著　苏盛甫译述

外文题名：College algebra : Fine

北平：北平科学社，1941，13 版，589+36 页，32 开，精装

收藏单位：国家馆

00803

汉译范氏大代数 （美）H. B. Fine 著　苏盛甫译述

北平：华北科学社，1935.7，633+57 页，32 开，精装

北平：华北科学社，1946.10，2 册（633+57 页），32 开

收藏单位：国家馆、首都馆

00804

汉译范氏大代数 王绍颜　路科名译

北平：文化学社，1947.8，589+62 页，32 开

本书封面题名：范氏大代数。版权页题名：汉译范氏大代数学。

收藏单位：国家馆

00805

汉译范氏大代数题解 李友梅译

长沙：湘芬书局，1940.10，438 页，32 开

长沙：湘芬书局，1942.6，3 版，438 页，32 开

长沙：湘芬书局，1943.6，4 版，438 页，32 开

本书共收录 93 道习题。

收藏单位：广西馆

00806

汉译范氏大代数题解 周士鉴编演

外文题名：Key to Fine's college algebra

北京：文化学社，1947.4，274 页，36 开

　　本书内容包括：基本演算、一元一次方程式、联立一次方程组、除法等。卷端题名：范氏高等代数习题详解。版权页题名：汉译范氏大代数习题解答。

　　收藏单位：国家馆

00807

汉译范氏大代数学　（美）H. B. Fine 著　高佩玉等译

外文题名：Fine: college algebra

北平：北平科学社，1934.8，589+36 页，32 开，精装

北平：北平科学社，1934.8，2 版，589+36 页，32 开，精装

北平：北平科学社，1935.1，3 版，589+36 页，32 开，精装

北平：北平科学社，1935.4，4 版，589+36 页，32 开，精装

北平：北平科学社，1940，订正版，589+36 页，32 开

北平：北平科学社，1940.6，12 版，589+36 页，32 开

北平：北平科学社，1946.10，13 版，2 册（635 页），32 开

北平：北平科学社，1947，14 版，589+33 页，32 开

北平：北平科学社，1948.8，新 1 版，589+36 页，32 开

北平：北平科学社，1948.9，15 版，589+33 页，32 开

　　本书分为数和代数两编，介绍基本的数学知识和数学方法。

　　收藏单位：重庆馆、广东馆、广西馆、贵州馆、国家馆、南京馆、上海馆、首都馆、天津馆

00808

汉译范氏大代数学题解　吴秉之编演

北平：中原书店，1934.8，588 页，32 开

　　本书封面题名：汉文范氏大代数学习题详解。自修适用。

　　收藏单位：国家馆、首都馆

00809

汉译郝氏大代数详解（上册）　田长和编

北平：华盛书局，1935，392 页，25 开

　　收藏单位：首都馆

00810

汉译何鲁陶三氏代数学　（美）Hawkes （美）Luby （美）Touton 著　唐梗献　贺延年译述

外文题名：First course in algebra

上海：商务印书馆，1920.1，2 册（371+304 页），25 开

上海：商务印书馆，1920，再版，2 册（371+304 页），25 开

上海：商务印书馆，1921，3 版，2 册（371+304 页），25 开

上海：商务印书馆，1924.1，5 版，2 册（371+304 页），25 开

上海：商务印书馆，1925.2，6 版，2 册（371+304 页），25 开

上海：商务印书馆，1929.10，8 版，2 册（371+304 页），25 开

上海：商务印书馆，1933，国难后 1 版，2 册（371+304 页），25 开

　　本书内容包括：代数学之绪论、正数及负数、加法、简单方程式等。版权页题名：何鲁陶三氏代数学。

　　收藏单位：广东馆、国家馆、湖南馆、江西馆、首都馆

00811

汉译温德华士代数学　（美）温德华士（G. A. Wentworth）著　屠坤华译述

外文题名：Wentworth's elementary algebra

上海：商务印书馆，1913.10，3 版，461 页，32 开，精装

上海：商务印书馆，1915，5 版，461 页，32 开，精装

上海：商务印书馆，[1918]，[8 版]，461 页，32 开，精装

上海：商务印书馆，1918.12，9 版，461 页，32 开，精装

上海：商务印书馆，1919.8，11 版，461 页，32 开，精装

上海：商务印书馆，1921，14 版，461 页，32 开，精装

上海：商务印书馆，1922.11，15 版，461 页，32 开，精装

上海：商务印书馆，1923.10，16 版，461 页，32 开，精装

上海：商务印书馆，1925.9，18 版，461 页，32 开，精装

　　本书内容包括：界说及符号、一次方程、正负二数、加法减法、乘法除法、命分、命分方程等。

　　收藏单位：重庆馆、国家馆、内蒙古馆、绍兴馆、首都馆、浙江馆

00812

汉译温德华氏初等代数学　田镜波译述

外文题名：Elements of algebra

北平：华北科学社，1936.8，344 页，32 开

　　本书共 23 章，内容包括：加法及减法、一次方程式、因式、分式方程式、乘方及开方、不等式、对数、二项式定理等。

00813

汉译温德华氏初等代数学　（美）温德华士（G. A. Wentworth）著　李树棻译

北平：文化学社，1936，340 页，32 开

北平：文化学社，1936，2 版，340 页，32 开

北平：文化学社，1948.8，3 版，340 页，32 开

　　收藏单位：天津馆

00814

汉译温德华氏初等代数学　杨凤荪等译

北平：北平科学社，1934.7，324+56 页，32 开

北平：北平科学社，1936，[再版]，324+56 页，32 开

北平：北平科学社，1938.10，3 版，324+56 页，32 开

北平：北平科学社，1947.4，5 版，324+56 页，32 开

北平：北平科学社，1949，6 版，[461] 页，32 开

　　本书内容包括：加法与减法、乘法、除法、一次方程式、因子、分式、分式方程式、联立一次方程式、乘方与开方等。

附习题答案。书背题名：汉译温氏初等代数学。

　　收藏单位：江西馆、首都馆

00815

汉译西氏增订霍尔乃特代数学（下卷）（英）

霍尔（H. S. Hall）（英）乃特（S. R. Knight）著　李友梅译

长沙：湘芬书局，1932.9，346 页，25 开

长沙：湘芬书局，1941.1，3 版，增订本，346 页，25 开

　　本书共 15 章，内容包括：不等式、比、等差级数、顺列与组合、对数、利息及年金、不定系数、行列式等。封面及书脊题名：汉译霍尔乃特代数学（下卷）。

　　收藏单位：重庆馆

00816

霍奈二氏代数学习题详解　姚元基　吴廉方编

长沙：商务印书馆，1940.10，4 册（1084 页），36 开

　　本书内容包括：乘法、除法、括号之除去及插入、一次方程、记号式等。

　　收藏单位：重庆馆、华东师大馆、西南大学馆

00817

解高次方程新法　徐士桐著

外文题名：New methods of solving algebraic equations of higher degrees

安庆：世界书局，1934.1，36 页

　　本书共 3 章：法则、例题、驳题。

　　收藏单位：清华馆

00818

近世初等代数学　吴在渊编

外文题名：Elements of modern algebra

上海：商务印书馆，1922.9，33+754 页，32 开，精装（大同学院丛书）

上海：商务印书馆，1923.9，再版，33+754 页，32 开，精装（大同学院丛书）

上海：商务印书馆，1927，5 版，33+754 页，32 开，精装（大同大学丛书）

上海：商务印书馆，1928.9，6 版，33+754 页，32 开，精装（大同大学丛书）

上海：商务印书馆，1929.9，7 版，33+754 页，32 开，精装（大同大学丛书）

上海：商务印书馆，1932.12，国难后 1 版，33+754 页，32 开，精装（大同大学丛书）

上海：商务印书馆，1932.12，国难后 3 版，33+754 页，32 开，精装（大同大学丛书）

上海：商务印书馆，1933.7，国难后 4 版，33+754 页，32 开，精装（大同大学丛书）

长沙：商务印书馆，1940，国难后 7 版，2 册，32 开，精装（大同大学丛书）

　　本书内容包括：代数式及其四则、一次方程式、约数及倍数、分数式、无理数及虚数等。

　　收藏单位：重庆馆、广东馆、国家馆、河南馆、江西馆、南京馆、上海馆、首都馆、西南大学馆

00819

近世初等代数学问题详解　任宜万编

苏州：文怡书局，1936.7，2 册（1132 页），23 开（大同大学丛书）

00820

联立一次方程式之图解　罗河著

唐山：国立交通大学唐山工程学院，1934.12，10+42+30 页，16 开（国立交通大学研究所唐山分所丛刊 5）

　　本书共 4 章：一次方程式之图表、作图之条件、作图法、作图之简略法。

　　收藏单位：国家馆、浙江馆

00821

陆军预备学校代数学教科书

陆军预备学校，207 页，32 开

　　本书共 12 编，内容包括：一元二次方程式、一元多次方程式、二次联立方程式、指数之理论、排列及组合等。

　　收藏单位：国家馆

00822

普通代数学（上卷）（英）高弗莱（Godfrey）（英）薛顿思（Siddons）著　（英）卫淑祎

（R. M. Waller）编译　黄铭彝助译

外文题名：An elementary algebra. Vol.I

上海：商务印书馆，1917.11，250 页，23 开

上海：商务印书馆，1923.6，3 版，239 页，23 开

　　本书内容包括：题解及符号、图解、负数、联立方程式等。1917 年版助译者原题：黄志鑫。

　　收藏单位：广东馆、国家馆

00823

普通代数学（下卷）（英）高弗莱（Godfrey）（英）薛顿思（Siddons）著　谢美瑞编译

外文题名：An elementary algebra. Vol.II

上海：商务印书馆，1922，262 页，23 开

　　本书内容包括：公式之变换·文字方程式·方程式理论、二次联立方程式及三元方程式、指数及对数、不尽根、比及比例等。

　　收藏单位：国家馆

00824

普通代数学讲义　冯祖荀　虞和钦编著

上海：文明书局，1911，再版，602 页，22 开，精装

　　收藏单位：首都馆

00825

**实数探原　**（德）R. Dedekind 著　朱言钧译注

外文题名：Two essays on the concept of numbers

长沙：商务印书馆，1940.12，124 页，32 开（汉译世界名著）

　　本书共两部分：连续性与无理数、数之意义。内容包括：有理数之特性、有理数与有理点、直线之连续性等。

　　收藏单位：重庆馆、贵州馆、国家馆、江西馆、南京馆、上海馆、天津馆、浙江馆

00826

数史地一元化（代数学之方程式）　陆继善编

颖上芸华斋印刷所，1941.10，89 页，32 开

　　收藏单位：南京馆

00827

数字方程式解法　沈璿编著

上海：中国文化服务社，1946.8，沪初版，165页，16 开

本书内容包括：方程式之图解法、双位法、应用逆推值法之解法、应用差分法之解法等。

收藏单位：重庆馆、东北师大馆、国家馆、上海馆、天津馆

00828

藤泽博士续初等代数学教科书　黄际遇译注

武昌：国立武昌高等师范学校，1917，286 页，32 开

收藏单位：首都馆

00829

藤泽博士续初等代数学问题解义　黄际遇著

武昌：国立武昌高等师范学校，[1917]，388页，32 开

本书共 8 编，内容包括：杂论、方程式（续第二编）、不等式、无限大及不定形等。

收藏单位：河南馆

00830

新译范氏大代数　郑宗元译

外文题名：Fine: college algebra

上海：群益书社，1947，592 页，36 开，精装

本书分为数和代数两编，介绍除法和分数、无理数、方程、级数、对数等数学知识。

收藏单位：黑龙江馆、山西馆、绍兴馆

00831

袖珍代数学参考书　骆师曾编译

上海：世界书局，1935.9，2 册（610 页），64 开

上海：世界书局，1937.2，5 版，2 册（610 页），64 开

上海：世界书局，1942.7，湘 1 版，2 册（610 页），64 开

上海：世界书局，1946，新 7 版，2 册（610 页），64 开

本书共 17 编，内容包括：整式四则、一次方程、公因式及公倍式、分式、乘幂及方根、比及比例等。补习复习及应试准备用。

收藏单位：重庆馆、国家馆、南京馆

00832

虚数详论　何鲁　段子燮著

外文题名：A treatise on imaginary numbers

上海：商务印书馆，1924.6，102 页，23 开，精装（算学丛书 3）

上海：商务印书馆，1928.6，再版，102 页，23开，精装（算学丛书 3）

上海：商务印书馆，1933.2，国难后 1 版，102页，23 开，精装（算学丛书 3）

上海：商务印书馆，1933.9，国难后 2 版，102页，23 开，精装（算学丛书 3）

本书共 5 章：虚数与杂数、杂数与形数、虚数在三角学上致用、解三次方程式法、二项方程式。

收藏单位：重庆馆、东北师大馆、广东馆、广西馆、贵州馆、国家馆、黑龙江馆、湖南馆、江西馆、上海馆、首都馆、浙江馆

00833

一元三次方程式之解法　周培 [编]

上海：大同学院，1918.9，32 页，24 开（大同学院丛刊）

本书内容包括：$y^3-1=0$ 之解法、ω 之性质、$y^3-k=0$ 之解法、$y^3+py+r=0$ 之解法等。

收藏单位：国家馆

00834

最新代数难题集解　钱洪翔编

上海：北新书局，1938，470 页，25 开

上海：北新书局，1947.4，新 1 版，470 页，25开

本书内容包括：整式、因数分解、约数及倍数、分数、开方、指数、根数、虚数等。

收藏单位：重庆馆、广东馆

00835

最新代数学　仇毅编

上海：晓星书店，1933.4，238 页，32 开

上海：晓星书店，1937，沪订正再版，238 页，

32 开

　　收藏单位：广东馆、国家馆

00836

最新代数一千题解　仇毅编

上海：晓星书店，1934.4，394 页，32 开

上海：晓星书店，1934.12，再版，394 页，32 开

　　本书共 23 章，内容包括：一次方程式、因数分解、约数并倍数、分数、未定系数、比及比例、等差级数等。

　　收藏单位：国家馆

初等几何

00837

S. S. S. 重编平面几何学　（美）Arthur Schultze 原著　（美）Frank L. Sevenoak　（美）Limond C. Stone 重编　薛德炯　薛鸿陆译

上海：中国科学图书仪器公司，1947.8，396 页，25 开

　　本书内容包括：直线与直线图形，圆、作图、轨迹，比例、相似多角形、三角法，多角形的面积等。

　　收藏单位：东北师大馆、广东馆、国家馆、内蒙古馆、西南大学馆

00838

π 之历史及其理论　谭彼岸述

外文题名：The history and theory of π

广州：广东省立文理学院，1946.6，79—98 页，16 开

　　本书为《文理学报》第 1 卷第 1 期抽印本。

　　收藏单位：国家馆

00839

测验中心平面几何学　（美）史密斯（David Eugene Smith）（美）里夫（W. D. Reeve）（美）莫尔斯（E. L. Morss）原著　沈同文　张元白　蒋文华编译

外文题名：Text and tests in plane geometry

南京：正中书局，1936.9，256 页，18 开

重庆：正中书局，1940.2，4 版，256 页，18 开

上海：正中书局，1947.6，沪 1 版，256 页，18 开

　　本书内容包括：实验几何学、证明几何学的初步、平行四边形、轨迹、圆、不等量、比例与相似形、多边形的面积等。

　　收藏单位：重庆馆、东北师大馆、贵州馆、国家馆、辽大馆、南京馆、浙江馆

00840

初等几何学（平面部）（美）Schultze （美）Sevenoak　（美）Schuyler 著　马纯德译述

北平：文化学社，1928.3，313 页，25 开

北平：文化学社，1931.2，3 版，313 页，25 开

北平：文化学社，1932.2，4 版，313 页，25 开

北平：文化学社，1932.9，5 版，313 页，25 开

北平：文化学社，1933.6，6 版，313 页，25 开

　　本书内容包括：直线及直线形、比例·相似形、多边形之面积、正多边形·圆之度法等。卷端题名：平面几何学。

　　收藏单位：国家馆、河南馆、首都馆

00841

初等几何学（圆锥曲线）　董涤尘编

长沙：商务印书馆，1940.8，198 页，32 开（算学小丛书）

　　本书共 8 章：绪言、抛物线、抛物线杂定理、椭圆、双曲线、圆锥曲线之普遍定理、有中心圆锥曲线、圆锥截面。

　　收藏单位：重庆馆、贵州馆、国家馆、南京馆、西南大学馆

00842

初等几何学问题二（圆）

上海：大同学院，1922.12，38 页，22 开（大同学院丛刊）

　　本书内容包括：弧及之弦问题、内接角之问题、切线之问题、关于二圆之问题、内接形及外接形之问题、直交圆、垂足三角形等。

　　收藏单位：广东馆

00843

初等几何学作图不能问题　（日）林鹤一著

陈怀书　任诚　赵仁寿译

上海：商务印书馆，1935.2，184 页，22 开（算学丛书）

　　本书共 6 章：绪论、几何学之作用与代数之运算、既约及未约代数的有理整函数、可归于三次方程式及四次方程式之作图问题、派脱生氏关于由有限回的施行有理运算及开平方得解之代数方程式之研究及其几何学的应用、圆周等分问题及圆积问题。附作图不能问题例解增补、正十七角形之作图法、圆周及角之近似的等分法等。

　　收藏单位：重庆馆、东北师大馆、广东馆、广西馆、贵州馆、国家馆、湖南馆、江西馆、辽宁馆、上海馆、西南大学馆、浙江馆

00844

初等近世几何学　刘亦珩编

北平：算学丛刻社，1935.5，205 页，32 开（大学算学丛刻）

　　本书共 12 章：复比、点列间之射影、平面上之射影、相似图形、三角形之共线点及共点线、特殊的点线及圆、反形、相反图形、二圆之性质、共轴圆系、圆系、拉盖尔反形。

　　收藏单位：国家馆、西南大学馆

00845

点线面体量法详论　徐韫知编

上海：商务印书馆，1935.8，276 页，32 开（算学小丛书）

　　本书共 6 编：几何学与量法、长度、面积、体积、立体表面积、量法应用。

　　收藏单位：重庆馆、广东馆、贵州馆、国家馆、湖南馆、江西馆、内蒙古馆、上海馆、首都馆、浙江馆

00846

轨迹问题　王邦珍编

外文题名：Problems of locus in geometry

上海：商务印书馆，1930.9，215 页，32 开（学艺丛书 15）

上海：商务印书馆，1933.2，国难后 1 版，215 页，32 开（学艺丛书 15）

长沙：商务印书馆，1938.5，国难后 3 版，215 页，32 开（学艺丛书 15）

　　本书分为平面部和立体部两编。内容包括：由一定点有定距离点之轨迹、由二定点等距离点之轨迹、相交二直线等距离点之轨迹等。据日本林鹤一所著《初等几何学轨迹问题》编译。

　　收藏单位：大庆馆、东北师大馆、贵州馆、国家馆、上海馆、天津馆

00847

汉译 S. S. S 平面几何学　（美）Schultze　（美）Sevenoak　（美）Schuyler 著　陈岳生等译

外文题名：Plane geometry

上海：中外图书公司，1938.9，338 页，32 开

00848

汉译三 S 立体几何学解答　（美）Schultze　（美）Sevenock　（美）Schuyler 著　高佩玉译

外文题名：Key to solid geometry

北平：北平科学社，1935.10，再版，[63] 页，32 开

北平：北平科学社，1941，3 版，[63] 页，32 开

北平：北平科学社，1941.3，4 版，[63] 页，32 开

　　收藏单位：辽宁馆

00849

汉译三 S 平面几何学　（美）Schultze　（美）Sevenoak　（美）Schuyler 著　马纯德译述

北平：文化学社，[1940—1949]，313 页，32 开

00850

汉译三 S 平面几何学　高佩玉译

北平：北平科学社，1946.10，10 版，313 页，32 开

北平：北平科学社，1948.9，11 版，313 页，32 开

　　收藏单位：重庆馆、国家馆、辽宁馆、内蒙古馆

00851

汉译三 S 平面几何学解答　高佩玉译

外文题名：Key to plane geometry

北平：北平科学社，1941，4 版，209 页，36 开
北平：北平科学社，1947，6 版，209 页，36 开
　　收藏单位：国家馆

00852

汉译三 S 平面几何学题解　李友梅译
长沙：湘芬书局，1941.8，295 页，32 开
长沙：湘芬书局，1942.5，2 版，295 页，32 开
　　收藏单位：重庆馆、南京馆

00853

汉译舒塞司立体几何学题解　高佩玉等译
北平：北平科学社，1933.8，474 页，25 开

00854

汉译舒塞司立体几何学习题详解　高佩玉译
北平：北平科学社，1934.12，209 页，16 开
　　本书逐页题名：立体部几何学问题解答。
　　收藏单位：浙江馆

00855

汉译舒塞司平面几何学习题详解　高佩玉译
外文题名：Key to plane geometry
北平：北平科学社，1934.12，209 页，16 开
北平：北平科学社，1935.10，再版，209 页，16 开
　　收藏单位：国家馆、天津馆

00856

汉译舒塞斯平面立体几何学题解　（美）
Schuyler 著　庄道平译
北平：立达书局，1934.1，284 页，18 开
北平：立达书局，1934.1，再版，284 页，18 开
　　收藏单位：国家馆、首都馆

00857

基本几何学习题注解　陈元亨编著　谢苇丰编
上海：学生书局，1947.4，203 页，32 开
　　本书共 6 编，内容包括：直界形、直线同圆、多边形的面积等。封面题名：几何学习题详解。
　　收藏单位：江西馆、辽大馆

00858

极大极小问题　王邦珍编
外文题名：Problems of maxima and minima
上海：商务印书馆，1926.11，271 页，32 开，精装（学艺丛书 13）
上海：商务印书馆，1928.1，再版，271 页，32 开（学艺丛书 13）
上海：商务印书馆，1933.2，国难后 1 版，271 页，32 开（学艺丛书 13）
上海：商务印书馆，1937.3，国难后 2 版，271 页，32 开，精装（学艺丛书 13）
　　本书共 13 章，内容包括：线分、线分之和差、线分之比、角、三角形之面积等。
　　收藏单位：广西馆、贵州馆、国家馆、南京馆、上海馆、首都馆、浙江馆

00859

几何　范际平编
成都：建国书局，1947.9，5 版，157 页，32 开（中等算学研究会丛书）

00860

几何　国立编译馆主编　蔡德注编
上海：中华书局，1947，2 册，32 开
　　本书内容包括：几个基本定理的证明和应用、几种基本作图法的证明和应用、三角形的初步研究、对顶角定理、全等三角形定理、等腰三角形定理、中垂线定理等。
　　收藏单位：国家馆

00861

几何测验教员准备书　陈岳生编
上海：商务印书馆，1937.1，244 页，32 开
　　本书附美国哥伦比亚大学研究部编《几何考试测验》、答案与记分方法、原著者的统计。
　　收藏单位：重庆馆、广东馆、国家馆、江西馆、绍兴馆

00862

几何及三角　张静峰编辑
北平：算学丛刊社，1937.4，308 页，32 开
　　本书内容包括：定理之证法、轨迹与作图

题、极限、空间之极限与平面等。师范学校
用。

00863

几何考试指导 施惠同著

上海：东方书店，1937，3 版，99 页，32 开（考
试指导丛书）

　　收藏单位：广东馆

00864

几何六百难题详解 奚识之编

上海：经纬书局，1941.2，重版，381 页，48
开

　　收藏单位：首都馆

00865

几何六百难题详解 奚识之编

重庆：新中国书局，1947，381 页，32 开

00866

几何难题分类解义 高季可编译

上海：中华书局，1945.10，430 页，25 开

上海：中华书局，1946.8，再版，430 页，25
开

上海：中华书局，1948.6，3 版，430 页，32 开

　　本书共 7 章：直线形、圆、轨迹、作图
题、面积、比例、应用比例之轨迹作图及计
算问题。

　　收藏单位：广东馆、江西馆、首都馆

00867

几何三大问题 （德）克莱因（F. Klein）著
余介石译

外文题名：Three geometric problems

上海：商务印书馆，1930.4，106 页，32 开（算
学小丛书）（万有文库 第 1 集 428）

上海：商务印书馆，1933.4，106 页，32 开（算
学小丛书）

上海：商务印书馆，1934.7，再版，106 页，
32 开（算学小丛书）（万有文库 第 1 集 428）

上海：商务印书馆，1935.2，3 版，106 页，32
开（算学小丛书）

长沙：商务印书馆，1939.9，106 页，32 开

（算学小丛书）（万有文库 第 1—2 集简编）

　　本书三大问题指：倍立方问题、三等分角
问题、圆积问题。书前有原序、译序、重译
序。附同余式之重要性质。据毕曼、施密斯
的英译本转译。

　　收藏单位：重庆馆、大连馆、东北师大
馆、广西馆、国家馆、黑龙江馆、辽大馆、
辽师大馆、南京馆、内蒙古馆、宁夏馆、上
海馆、首都馆、天津馆、西南大学馆、浙江
馆

00868

几何三角 范庆涵编著

长沙：商务印书馆，1938.6，188 页，32 开

长沙：商务印书馆，1939.8，3 版，188 页，32
开

长沙：商务印书馆，1941，5 版，188 页，32 开

上海：商务印书馆，1948.8，7 版，188 页，32
开

　　本书共 8 章，内容包括：简单的图形、平
行线和垂线、圆、轨迹等。附度量衡比较表，
平方、立方、平方根、立方根表。职业学校
教科书。

　　收藏单位：重庆馆、国家馆、江西馆、上
海馆

00869

几何新指导 （日）吉冈斗松著　高季可译

上海：中华书局，1948.5，569 页，32 开

　　本书共 8 篇：直线形、圆、面积、比例、
共线点与共点线、定量问题、轨迹、作图题。

　　收藏单位：重庆馆、国家馆、辽宁馆、南
京馆、天津馆、西南大学馆、浙江馆

00870

几何学

上海：商务印书馆，69 页，32 开

　　本书共 8 编：绪论、直线、角、三角形、
多角形、圆、面积、比例。封面题名：入伍生
部教授用几何学。中央军事政治学校入伍生
教授用书。

　　收藏单位：浙江馆

00871

几何学（下册 立体部）

[北京]：军学编辑局，1917.7，145 页，25 开

　　本书内容包括：空间之直线及平面、棱柱体、圆柱体、圆锥截体、球体等。陆军预备学校用。

　　收藏单位：国家馆

00872

几何学（轨迹及作图）（日）柳原吉次著　崔朝庆译

外文题名：Loci and geometric construction

上海：商务印书馆，1929.10，224 页，32 开（算学小丛书）

上海：商务印书馆，1931.4，224 页，32 开（算学小丛书）（万有文库 第 1 集 422）

上海：商务印书馆，1934.4，国难后 1 版，224 页，32 开（算学小丛书）

上海：商务印书馆，1934.8，国难后 2 版，224 页，32 开（算学小丛书）

长沙：商务印书馆，1938，国难后 7 版，262 页，32 开（算学小丛书）

长沙：商务印书馆，1939.10，国难后 8 版，262 页，32 开（算学小丛书）

长沙：商务印书馆，1939.12，242 页，32 开（算学小丛书）（万有文库 第 1—2 集简编 138）

　　本书内容包括：点之轨迹之定义、轨迹之证明、轨迹问题之例解、探考轨迹之图形之法等。

　　收藏单位：重庆馆、大连馆、东北师大馆、广东馆、广西馆、国家馆、辽大馆、辽师大馆、南京馆、内蒙古馆、宁夏馆、上海馆、首都馆、天津馆、西南大学馆、浙江馆

00873

几何学 ABC　王剑生著

上海：ABC 丛书社，1931.2，144 页，32 开（ABC 丛书）

上海：ABC 丛书社，1932.12，3 版，144 页，32 开（ABC 丛书）

上海：ABC 丛书社，1935.7，4 版，144 页，32 开（ABC 丛书）

上海：ABC 丛书社，1936.10，5 版，144 页，32 开（ABC 丛书）

　　本书共 7 章：绪论、证明、点、线、面、体、结论。

　　收藏单位：广西馆、国家馆、湖南馆、辽大馆、南京馆、宁夏馆、天津馆、浙江馆

00874

几何学难题详解（平面部）（日）白井义督著　高慎儒译

外文题名：Solutions and explanations of advanced problems in plane geometry

上海：商务印书馆，1911，5 版，228 页，25 开，精装

上海：商务印书馆，1913.10，7 版，228 页，25 开，精装

　　本书共 5 部分：直线形（三十六题）、圆形（八十一题）、面积（八十三题）、比例（六十六题）、轨迹（十四题）。

　　收藏单位：国家馆

00875

几何学习题解答

出版者不详，208 页，22 开

　　收藏单位：江西馆

00876

几何学演习指导　薛德炯编译

上海：新亚书店，1934.2，241 页，32 开

上海：新亚书店，1940.12，再版，241 页，32 开

上海：新亚书店，1945.10，6 版，241 页，32 开

上海：新亚书店，1949.6，8 版，241 页，32 开

　　本书共 10 编：直线形、圆、面积、比及比例、轨迹、作图、平行移动法、对称移动法、三点一直线问题、定值问题。

　　收藏单位：东北师大馆、广西馆、国家馆、黑龙江馆、浙江馆

00877

几何圆锥曲线论　（英）A. Cockshott（英）F. B. Walters 著　徐韫知译

外文题名：A treatise on geometrical conics

上海：商务印书馆，1937.3，289 页，32 开（算学小丛书）

　　本书共6章：抛物线、正投影、椭圆、双曲线、圆柱面与圆锥面、习题（补充解题）与杂题。

　　收藏单位：广东馆、国家馆、南京馆、内蒙古馆、山西馆、上海馆、首都馆、西南大学馆

00878

几何证题法　严济慈编

上海：商务印书馆，1928.1，250页，22开，精装（算学丛书9）

上海：商务印书馆，1932.10，国难后1版，250页，22开，精装（算学丛书9）

上海：商务印书馆，1934.9，国难后3版，250页，22开，精装（算学丛书9）

　　本书内容包括：几何学上常用名词之解释、证题之步骤、证法通论、轨迹等。

　　收藏单位：广东馆、贵州馆、国家馆、黑龙江馆、上海馆、天津馆、西南大学馆、浙江馆

00879

几何作图题解法　（丹）佩忒森（J. Petersen）原著　熊先珏译述

[泰和]：艺文书社，1932，2版，174页，25开

　　本书共7部分：绪论、轨迹、图形之转换、旋转论、附录、题解、中英名词对照表。

　　收藏单位：江西馆

00880

几何作图题解法及其原理　（丹）佩忒森（J. Petersen）原著　（英）哈根生（Haagensen）英译　余介石重译

外文题名：Method and theories for the solution of problems of geometrical constructions

上海：中华书局，1933.2，132页，32开（中等算学研究会丛书1）

上海：中华书局，1936，3版，132页，32开（中等算学研究会丛书1）

昆明：中华书局，1941.1，4版，132页，32开（中等算学研究会丛书1）

上海：中华书局，1948.3，5版，132页，32开（中等算学研究会丛书1）

　　本书共3章：轨迹、圆形的变易、旋转的理论。

　　收藏单位：重庆馆、东北师大馆、国家馆、黑龙江馆、湖南馆、江西馆、辽大馆、辽宁馆、南京馆、上海馆、首都馆、西南大学馆、浙江馆

00881

简明几何学　余介石　何商友　钱介夫编

南京：中等算学研究会，1931.7，再版，156页，32开

南京：中等算学研究会，1932，3版，156页，32开

南京：中等算学研究会，1934.11，4版，156页，32开

　　本书共6篇：绪论、直线形、圆、比例及相似形、面积、正多角形与圆。

　　收藏单位：重庆馆

00882

解几何作图题之方法与理论　（丹）佩忒森（J. Petersen）著　高怀万译

北平：[中华印书局]，1934.8，108页，32开

　　收藏单位：国家馆

00883

近代几何学　王邦珍编

上海：商务印书馆，1934.11，168页，32开（学艺丛书22）

　　本书共11编，内容包括：平均中心、三角形、调和分割、相似中心等。

　　收藏单位：广东馆、国家馆、南京馆、上海馆、首都馆、西南大学馆

00884

近世初等几何学　吴在渊编著

外文题名：Elements of modern geometry

上海：商务印书馆，1925，2册（245+173页），32开，精装（大同大学丛书3）

上海：商务印书馆，1926，再版，2册（245+173页），32开，精装（大同大学丛书3）

上海：商务印书馆，[1927—1930]，3版，2册（245+173页），32开，精装（大同大学丛书

3）

上海：商务印书馆，1930.2，4 版，2 册（245+173 页），32 开，精装（大同大学丛书3）

上海：商务印书馆，1932.9，国难后 1 版，2 册（245+173 页），32 开，精装（大同大学丛书3）

长沙：商务印书馆，1938，2 册（245+173 页），32 开，精装（大同大学丛书3）

本书共 6 编：绪论、直线圆、圆、面积、比例、正多角形及圆。

收藏单位：北师大馆、重庆馆、广东馆、广西馆、国家馆

00885

近世几何学　（英）E. A. Askwith 著　方俊译

外文题名：A course of pure geometry

上海：商务印书馆，1933.2，342 页，32 开

上海：商务印书馆，1933.6，再版，342 页，32 开，精装

本书内容包括：三角形之性质、圆之性质、射影、交比、透视等。

收藏单位：东北师大馆、广东馆、贵州馆、国家馆、南京馆、首都馆、天津馆、西南大学馆、浙江馆

00886

近世几何学　（美）R. A. Johnson 著　邱丕荣译

外文题名：Modern geometry

上海：商务印书馆，1937.2，400 页，32 开，精装

长沙：商务印书馆，1939，再版，400 页，32 开，精装

本书共 18 章，内容包括：相似图形、共轴圆组及反演法、三角形及多边形、圆之几何学、密克氏之定理等。

收藏单位：重庆馆、广东馆、国家馆、湖南馆、辽宁馆、西南大学馆

00887

近世几何学　张鹏飞编

上海：中华书局，1948.4，94 页，32 开

本书内容包括：近世几何学之发源及进

展、平均中心、调和分割、三角形之重要性质等。

收藏单位：重庆馆、东北师大馆、国家馆、黑龙江馆、江西馆、内蒙古馆、上海馆、西南大学馆、浙江馆

00888

近世几何学练习　G. Popelier 著　郭坚白译

外文题名：Exercices de géométrie moderne

上海：商务印书馆，1936.2，154 页，25 开

上海：商务印书馆，1936.9，再版，154 页，25 开

本书共 4 部分：向量、角、解析几何大意、面积。

收藏单位：广东馆、贵州馆、国家馆、湖南馆、辽宁馆、首都馆、西南大学馆、浙江馆

00889

近世平面几何学　郭凤藻　武崇经编译

外文题名：Modern plane geometry

上海：商务印书馆，1919.1，178 页，25 开

上海：商务印书馆，1919.9，再版，178 页，25 开

本书内容包括：绪论、三角形之性质、调和列点及调和束线、完全四边形及完全四角形之性质等。

收藏单位：国家馆、首都馆、浙江馆

00890

近世平面几何学　（英）李查多生　（英）拉母著

出版者不详，[1913]，178 页，27 开

本书重译者序写于 1913 年 9 月。据日本菊池大麓氏日译本转译。

00891

九点圆　杨建堂著

出版者不详，[1943—1949]，25 页，16 开

收藏单位：江西馆

00892

九点圆之证法　马素达著

外文题名：Proofs of nine-point-circle

上海：马素达［发行者］，1931.4，37 页，24 开（数学丛刊 1）

　　收藏单位：上海馆

00893

立体几何难题集解　钱洪翔编

上海：北新书局，1940.3，139 页，32 开

上海：北新书局，1942.1，再版，139 页，32 开

成都：北新书局，1942.4，140 页，32 开

成都：北新书局，1944.1，蓉版，139 页，32 开

上海：北新书局，1948，新版，139 页，32 开

　　本书共 6 部分：证明问题、轨迹问题、作图问题、计算问题、比例问题、极大与极小问题。封面题名：最新立体几何题集解。

　　收藏单位：重庆馆、贵州馆、国家馆

00894

立体几何学

出版者不详，460 页，32 开

　　收藏单位：南京馆

00895

立体几何学（直线及平面）（日）林鹤一（日）尾崎敏郎著　郑心南译

外文题名：Solid geometry: straight line and plane

上海：商务印书馆，1930.10，101 页，32 开（算学小丛书）（万有文库 第 1 集 421）

上海：商务印书馆，1933.5，101 页，32 开（算学小丛书）

上海：商务印书馆，1934.6，再版，101 页，32 开（算学小丛书）

长沙：商务印书馆，1939，4 版，101 页，32 开（算学小丛书）

长沙：商务印书馆，1939.12，101 页，32 开（算学小丛书）（万有文库 第 1—2 集简编 139）

　　本书共 4 章：直线及平面之关系、垂线、二面角、多面角。

　　收藏单位：重庆馆、东北师大馆、广西馆、国家馆、黑龙江馆、江西馆、辽大馆、辽师大馆、内蒙古馆、宁夏馆、上海馆、首都馆、天津馆、西南大学馆、浙江馆

00896

立体几何学表解　潘序伦编

上海：科学书局，1912.8，46+16 页，50 开（普通各科学表解丛书）

　　收藏单位：国家馆

00897

立体几何学问题解法指导　匡文涛编

上海：中华书局，1926.7，104 页，36 开

上海：中华书局，1930.9，4 版，104 页，36 开

上海：中华书局，1935.10，6 版，104 页，36 开

昆明：中华书局，1941.6，7 版，104 页，36 开

　　本书共 3 部分：空间之线与平面、多面体、旋转体。卷端题名：几何学问题解法指导（立体部）。

　　收藏单位：国家馆、河南馆、黑龙江馆、内蒙古馆、首都馆

00898

立体几何学要览　匡文涛编

上海：商务印书馆，1919.11，128 页，48 开

上海：商务印书馆，1925.11，3 版，128 页，48 开

上海：商务印书馆，1931，4 版，128 页，48 开

　　本书为受验准备用书。

　　收藏单位：广东馆、国家馆、江西馆、首都馆、浙江馆

00899

立体平面几何问答　中华励进会编

上海：南华书店，1933，91+28 页，32 开

　　收藏单位：河南馆

00900

联立一次方程式之几何　罗河著

上海：商务印书馆，1936.3，110 页，32 开（算学小丛书）

　　本书共 4 章：一次方程式之图表、作图之条件、作图法、作图之简略法。

　　收藏单位：北师大馆、重庆馆、国家馆、湖北馆、湖南馆、江西馆、内蒙古馆、首都馆、浙江馆

00901

陆军预备学校几何学教科书

[陆军预备学校]，248 页，32 开

　　本书内容包括：直线图界说、垂线及斜线、平行线界说、三角形界说、四边形界说等。

　　收藏单位：国家馆

00902

纳氏平面几何学　（美）高尔兹（N. Altshiller-Court）著　蔡研深译

外文题名：College geometry

上海：开明书店，1947.4，246 页，36 开

上海：开明书店，1948.5，再版，246 页，36 开

　　本书共 8 编，内容包括：作图题、三角形之特性、横截线、调和分割等。

　　收藏单位：国家馆、湖南馆、江西馆、上海馆、天津馆

00903

能率的速成的几何学习与受验之秘诀　（日）渡边武重著

奉天（沈阳）：满洲图书文具株式会社，1943.9，207 页，32 开

奉天（沈阳）：满洲图书文具株式会社，1945.6，207 页，32 开

　　本书共 7 章：直线形、圆、面积、比例、轨迹、作图题、三角法（附测量）·立体。

　　收藏单位：黑龙江馆

00904

平面轨迹及作图　张鹏飞编

上海：中华书局，1948.1，100 页，32 开（中华文库 初中 第 1 集）

　　本书共 3 编：轨迹、作图、作图题解法。

　　收藏单位：重庆馆、东北师大馆、桂林馆、国家馆、黑龙江馆、湖南馆、江西馆、辽大馆、内蒙古馆、上海馆、首都馆、天津馆

00905

平面几何解题术与难题　王俊奎著

北平：醒园科学社，1935.4，再版，234 页，

32 开

　　收藏单位：重庆馆、国家馆、浙江馆

00906

平面几何问题集解　舒臻人著

上海：晨光书局，1935.9，224 页，32 开

00907

平面几何学　（美）温德华士（G. A. Wentworth）（美）史密斯（David Eugene Smith）著　朱熙光译

外文题名：Plane geometry

天津：百城书局，1933.6，262 页，32 开

　　本书内容包括：直线图形、圆形、比例、相似图形、多边形的面积、正多边形与圆等。著者"史密斯"原题：斯密。

　　收藏单位：国家馆

00908

平面几何学　算学研究会编

出版者不详，订正 3 版，232 页，25 开

　　收藏单位：江西馆

00909

平面几何学

出版者不详，[1920—1937]，306 页，25 开

　　收藏单位：国家馆

00910

平面几何学（比例及相似形）（日）山地哲太郎　（日）林鹤一著　崔朝庆译

外文题名：Plane geometry. Proportion and similar figures

上海：商务印书馆，1931.4，185 页，32 开（算学小丛书）（万有文库 第 1 集 419）

上海：商务印书馆，1934.4，国难后 1 版，185 页，32 开（算学小丛书）

上海：商务印书馆，1935.5，国难后 3 版，185 页，32 开（算学小丛书）

　　本书内容包括：关于比及比例之说明及定理、中心角、比例线、相似多角形等。

　　收藏单位：重庆馆、大连馆、东北师大馆、广西馆、贵州馆、国家馆、黑龙江馆、

辽大馆、辽师大馆、上海馆、首都馆、西南大学馆

00911

平面几何学（面积）（日）林鹤一 （日）武田登三著　黄元吉译

外文题名：Plane geometry. Area

上海：商务印书馆，1930.4，98 页，32 开（算学小丛书）（万有文库 第 1 集 418）

上海：商务印书馆，1933.4，98 页，32 开（算学小丛书）

上海：商务印书馆，1934.4，再版，98 页，32 开（算学小丛书）

上海：商务印书馆，1934.6，3 版，98 页，32 开（算学小丛书）

上海：商务印书馆，1934.7，再版，98 页，32 开（算学小丛书）（万有文库 第 1 集 418）

上海：商务印书馆，1935.6，4 版，98 页，32 开（算学小丛书）

　　本书共 3 章：矩形之面积、平面形之面积、计算应用问题。

　　收藏单位：重庆馆、大连馆、贵州馆、国家馆、江西馆、辽大馆、辽师大馆、内蒙古馆、宁夏馆、上海馆、首都馆、西南大学馆、浙江馆

00912

平面几何学（上册）　汪桂荣编著

重庆：钟山书局，1944，4 版，124 页，32 开

　　本书为军训部审定陆军军官预备学校专用课本。

　　收藏单位：重庆馆

00913

平面几何学（一千难题精解）　周士宜编

长沙：湖南楚怡工业学校，1935.4，2 册，32 开

　　收藏单位：南京馆

00914

平面几何学（圆）（日）东利作著　黄元吉译

上海：商务印书馆，1929.10，121 页，32 开

（算学小丛书）（万有文库 第 1 集 432）

上海：商务印书馆，1930.6，再版，121 页，32 开（算学小丛书）

上海：商务印书馆，1933.4，国难后 1 版，121 页，32 开（算学小丛书）

上海：商务印书馆，1934.2，国难后 2 版，121 页，32 开（算学小丛书）

上海：商务印书馆，1934.7，再版，121 页，32 开（算学小丛书）（万有文库 第 1 集 432）

上海：商务印书馆，1934.9，国难后 3 版，121 页，32 开（算学小丛书）

上海：商务印书馆，1935.5，国难后 4 版，115 页，32 开（算学小丛书）

上海：商务印书馆，1937，国难后 6 版，115 页，32 开（算学小丛书）

长沙：商务印书馆，1939.12，115 页，32 开（算学小丛书）（万有文库 第 1—2 集简编 137）

　　本书共 6 章：圆之基本之性质，中心角、弧、弦，相交、相切，内接形、外接形，杂题集，计算问题。

　　收藏单位：重庆馆、大连馆、东北师大馆、广西馆、国家馆、黑龙江馆、辽大馆、辽师大馆、内蒙古馆、宁夏馆、上海馆、首都馆、浙江馆

00915

平面几何学（直线图形）（日）林鹤一（日）管集人著　黄元吉译

上海：商务印书馆，1930.4，100 页，32 开（算学小丛书）（万有文库 第 1 集 420）

上海：商务印书馆，1933.4，100 页，32 开（算学小丛书）

上海：商务印书馆，1934.7，再版，100 页，32 开（算学小丛书）（万有文库 第 1 集 420）

上海：商务印书馆，1935.4，3 版，100 页，32 开（算学小丛书）

长沙：商务印书馆，1939.10，5 版，100 页，32 开（算学小丛书）

　　本书共 4 章：直线及角、平行线、三角形及多角形、平行四边形。

　　收藏单位：重庆馆、大连馆、广东馆、广西馆、贵州馆、国家馆、江西馆、辽大馆、

宁夏馆、首都馆、西南大学馆、浙江馆

00916

平面几何学（重要问题及考试问题解法之新研究）（日）吉冈斗松著　温汇满译

武昌：源昌号，1936.9，432页，32开（武昌育杰中学丛书）

　　本书包含正究法、逆究法、正逆交用法、移动法等多种平面几何解题方法。

　　收藏单位：贵州馆

00917

平面几何学测验（美）史密斯（David Eugene Smith）（美）莫尔斯（E. L. Morss）著　陈岳生译

外文题名：Exercises and tests in plane geometry

上海：商务印书馆，1936.2，188页，16开，活页精装

　　本书内容包括：几何学的基本概念测验、基本全等定理测验、基本多角形测验等。

　　收藏单位：重庆馆、广东馆、国家馆、辽宁馆、首都馆、天津馆、云南馆、浙江馆

00918

平面几何学讲义

中央陆军军官学校，1936.8，148页，22开

　　本书共6编：绪论、直线形、圆、面积、比例及相似形、正多角形与圆。

　　收藏单位：贵州馆

00919

平面几何学提要及问题精解（下册）　周士宜编

新化：群力印刷书局，1942，石印本，315—531页，25开（周氏数学参考丛书3）

　　收藏单位：重庆馆

00920

平面几何学问题解法　何崇礼编

上海：科学会编译部，1914.3，303页，32开

　　本书共6编：直线、圆、面积、比例、比例之应用、正多角形及圆之测度。附练习问题、应用问题。

收藏单位：浙江馆

00921

平面几何学问题详解　赵家鹏编

新化：现代科学研究社，1943，石印本，191页，32开

　　收藏单位：重庆馆

00922

平面几何学要览　匡文涛编译

外文题名：Outlines of plane geometry

上海：商务印书馆，1919，2册（128+128页），90开

上海：商务印书馆，1921，再版，2册（128+128页），90开

上海：商务印书馆，1922，3版，2册（128+128页），90开

上海：商务印书馆，1931.2，7版，2册（128+128页），90开

上海：商务印书馆，1934.11，国难后3版，2册（128+128页），90开

上海：商务印书馆，1935，国难后4版，2册（128+128页），90开

　　本书内容包括：轨迹、面积、作图题、比及比例、比例线、相似形等。受验准备用书。

　　收藏单位：广东馆、国家馆、河南馆、黑龙江馆、首都馆

00923

平行线论（苏）罗巴曲斯奇（N. Lobachevski）著　齐汝璜译

外文题名：Geometrische Untersuchungen zur Theorie de Parallellisien

外文题名：The theory of parallels

上海：商务印书馆，1928.4，50页，32开（算学小丛书）

上海：商务印书馆，1933.9，国难后1版，50页，32开（算学小丛书）

长沙：商务印书馆，1939.6，国难后2版，50页，32开（算学小丛书）

　　收藏单位：重庆馆、广东馆、国家馆、湖南馆、江西馆、南京馆、内蒙古馆、天津馆

00924

三 S 立体几何学题解 （美）Schultze （美）Sevenoak （美）Schuyler 著　蒋伯苍编演

外文题名：Key to solid geometry

上海：广文社，1940.7，再版，102 页，32 开

　　本书是根据三 S 立体几何学教本习题所编之题解，每章习题依次解答，每一题解，重于提示，详简不一。内容包括：空间之直线及平面——多面角、多面体·柱及锥、球等。封面题名：S.S.S. 立体几何学题解。

　　收藏单位：国家馆

00925

三 S 立体几何学题解 （美）Schultze （美）Sevenoak （美）Schuyler 著　蒋伯苍编演

上海：世界书局，1946.7，新 4 版，102 页，32 开

上海：世界书局，1947.2，新 5 版，102 页，32 开

上海：世界书局，1948.5，新 6 版，102 页，32 开

　　收藏单位：重庆馆、江西馆

00926

三 S 立体几何学问题解答 （美）Schultze （美）Sevenoak （美）Schuyler 著　霍宏基译

北平：人文书店，1933.9，再版，134 页，32 开

　　本书卷端题名：三 S 几何学问题解答（立体部）。

　　收藏单位：国家馆

00927

三 S 平面几何学 （美）Schultze （美）Sevenoak （美）Schuyler 著　骆承绪译

上海：世界书局，1946.9，新 11 版，318 页，32 开

上海：世界书局，1946.12，新 12 版，318 页，32 开

上海：世界书局，1947.2，新 13 版，318 页，32 开

上海：世界书局，1948.9，新 15 版，318 页，32 开

上海：世界书局，1948.10，新 16 版，318 页，32 开

　　本书内容包括：直线与直线形、比例相似多边形、多边形之面积等。封面题名：S.S.S. 平面几何学。

　　收藏单位：辽大馆、上海馆

00928

三 S 平 面 几 何 学 （美）Schultze （美）Sevenoak （美）Schuyler 著　薛德炯　吴载耀　薛鸿达译

上海：开明书店，1937.6，318 页，32 开

桂林：开明书店，1941，318 页，32 开

上海：开明书店，1947.12，12 版，318 页，32 开

上海：开明书店，1948.6，13 版，318 页，32 开

　　本书内容包括：直线及直线图形、圆、作图、比例、相似多角形等。

　　收藏单位：重庆馆、国家馆、首都馆

00929

三 S 平面几何学　李友梅译

长沙：湘芬书局，1941.8，313 页，32 开

长沙：湘芬书局，1941，再版，改订本，313 页，32 开

长沙：湘芬书局，1942，再版，313 页，32 开

长沙：湘芬书局，1948.8，6 版，313 页，32 开

长沙：湘芬书局，1949，7 版，318 页，32 开

　　本书内容包括：直线与直线形、圆——作图、比例.相似形、多边形之面积等。1941 年版题名原题：汉译三 S 平面几何学。

　　收藏单位：国家馆、江西馆、首都馆

00930

三 S 平面几何学题解 （美）Schultze （美）Sevenoak （美）Schuyler 著　蒋伯苍编演

上海：世界书局，1946.3，新 5 版，441 页，32 开

上海：世界书局，1947.7，新 8 版，441 页，32 开

上海：世界书局，1949.2，新 9 版，441 页，32 开

本书封面题名：S.S.S. 平面几何学题解。

收藏单位：广东馆、河南馆、上海馆、首都馆

00931

三 S 平面几何学问题解答 （美）Schultze（美）Sevenoak （美）Schuyler 著　霍宏基译

北平：人文书店，1933，378 页，32 开

北平：人文书店，1933.9，再版，378 页，32 开

本书封面题名：汉译舒塞斯（平面）几何学问题解答。

收藏单位：国家馆、首都馆

00932

三 S 平面几何学问题解答 （美）Schultze（美）Sevenoak （美）Schuyler 著　霍宏基译

北平：协和印书局，1933，134 页，32 开

收藏单位：首都馆

00933

三 S 氏平面几何习题详解　张兆云编著

外文题名：Key to Schultze-Sevenoak-Schuyler's plane geometry

上海：π 学艺社，1935.1，425 页，32 开

上海：π 学艺社，1935.8，再版，425 页，32 开

上海：π 学艺社，1938.6，增订 3 版，425 页，32 开

本书内容包括：直线和直线形、圆、比例·相似多边形、面积、正多边形·圆的度量。版权页题名：张著三 S 氏平面几何习题详解。

收藏单位：宁夏馆

00934

三 S 氏平面几何习题详解　张兆云编著

外文题名：Key to S. S. S. plane geometry

上海：上海书店，1946.11，8 版，增订本，425 页，36 开

本书版权页题名：三 S 平面几何学习题详解。

收藏单位：南京馆

00935

三 S 氏平面几何学习题解答　潘子和著

上海：数学丛刊社，1936，378 页，32 开

收藏单位：国家馆

00936

三 S 新平面几何学 （美）Schultze（美）Sevenoak （美）Stone 著　骆师曾译

上海：世界书局，1947.2，4 版，391 页，32 开

上海：世界书局，1947.6，5 版，391 页，32 开

上海：世界书局，1948.9，7 版，391 页，32 开

上海：世界书局，1948.10，再版，391 页，32 开

上海：世界书局，1948，新 16 版，318 页，32 开

本书共 5 编：直线与直线形，圆、作图题、轨迹、比例、相似多边形、三角法，多边形之面积，正多边形、圆之度量。

收藏单位：国家馆、黑龙江馆、宁夏馆

00937

三线位标 （英）N. M. Ferrers 著　邱丕荣译

外文题名：Trilinear coordinates

上海：商务印书馆，1937.6，236 页，32 开（算学小丛书）

本书共 9 章，内容包括：特殊之二次方程式、一次方程式组之消去式、三角位标、关于两圆锥曲线之交点之研究及投影法等。

收藏单位：广东馆、贵州馆、国家馆、内蒙古馆、首都馆、西南大学馆

00938

实用测量术　姚国珣编

上海：世界书局，1930.5，164 页，32 开

上海：世界书局，1932.11，再版，164 页，32 开

上海：世界书局，1944.3，新 1 版，164 页，32 开

上海：世界书局，1948.5，再版，164 页，32 开

本书共 3 章：直角三角形、斜三角形（即任意三角形）、面积。

收藏单位：广东馆、广西馆、国家馆、湖南馆、江西馆、南京馆、内蒙古馆、首都馆、

浙江馆

00939

舒塞斯立体几何学　（美）Schultze　（美）Sevenoak　（美）Schuyler 原著　李耀春译述
北平：文化学社，1932.5，160 页，25 开
北平：文化学社，1933，2 版，160 页，25 开
　　本书内容包括：空间之线与平面——多面角；多面体，圆柱体，及圆锥体；球。
　　收藏单位：国家馆

00940

舒塞斯三氏立体几何学　（美）Schultze（美）Sevenoak　（美）Schuyler 著　吴静山译
外文题名：Schultze, Sevenoak & Schuyler: solid geometry
成都、桂林：新亚书店，1942，164 页，32 开
上海：新亚书店，1947.2，5 版，164 页，32 开
　　本书内容包括：空间之直线及平面——多面角，多面体、柱及锥，球。封面及版权页题名：汉译舒塞斯三氏立体几何学。
　　收藏单位：重庆馆、东北师大馆、广东馆、上海馆

00941

舒塞斯三氏平面几何学　（美）Schultze（美）Sevenoak　（美）Schuyler 著　吴静山译
外 文 题 名：Schultze, Sevenoak & Schuyler: plane geometry
上海：新亚书店，1941.7，318 页，32 开
重庆：新亚书店，1945，318 页，32 开
上海：新亚书店，1946.12，[再版]，318 页，32 开
上海：新亚书店，1948.5，13 版，318 页，32 开
上海：新亚书店，1948.10，18 版，318 页，32 开
　　本书内容包括：直线与直线形、圆、多边形之面积等。封面及版权页题名：汉译舒塞斯三氏平面几何学。
　　收藏单位：重庆馆、东北师大馆、辽大馆、南京馆、内蒙古馆、山西馆

00942

舒塞斯三氏平面几何学题解　青年科学社编译
上海：青年科学社，1947.10，5 版，345 页，32 开
　　收藏单位：广东馆

00943

舒塞斯三氏平面几何学题解　吴静山译
上海：新亚书店，[1946.7]，388 页，32 开

00944

温氏平面几何学题解　（美）温德华士（G. A. Wentworth）著　吴秉之译
北平：中原书店，1935.3，14+390 页，32 开
　　本书包括题解 603 则。封面题名：温德华士平面几何学题解。自修适用。

00945

温特渥斯立体几何学解法　（美）温德华士（G. A. Wentworth）著　魏镜译
上海：科学会编译部，1912.6，203 页，32 开
上海：科学会编译部，1914.1，3 版，203 页，32 开
上海：科学会编译部，1931.8，11 版，203 页，25 开
上海：科学会编译部，1933.2，国难后 1 版，203 页，32 开
上海：科学会编译部，1933.7，国难后 2 版，203 页，32 开
上海：科学会编译部，1934.5，国难后 3 版，203 页，32 开
上海：科学会编译部，1935.6，国难后 4 版，203 页，32 开
　　本书内容包括：空间之线及平面、棱体·圆柱体·圆锥体、球体、圆锥截线。卷端题名：温特渥斯立体几何学问题正解。11 版出版者原题：科学会编辑部。商务印书馆发行。
　　收藏单位：重庆馆、广东馆、贵州馆、国家馆、江西馆、内蒙古馆、首都馆、天津馆、浙江馆

00946

温特渥斯平面几何学 （美）温德华士（G. A. Wentworth）著　马君武译

上海：科学会编译部，1922.6，314 页，32 开，精装

上海：科学会编译部，1924，6 版，314 页，32 开，精装

上海：科学会编译部，1928.2，7 版，314 页，32 开，精装

长沙：科学会编译部，1939，再版，314 页，32 开，精装

长沙：科学会编译部，1939.3，国难后 2 版，314 页，32 开，精装

　　本书内容包括：直线图、圆、比例、相似形、多边形面积、有法多边形及圆等。部分版本的出版者原题：科学会编辑部。

　　收藏单位：重庆馆、国家馆、南京馆、首都馆

00947

温特渥斯平面几何学解法 （美）温德华士（G. A. Wentworth）著　魏镜译

上海：科学会编辑部，1911.8，410 页，32 开

上海：科学会编辑部，1926.1，12 版，410 页，32 开

上海：科学会编辑部，1929，14 版，410 页，32 开

上海：科学会编辑部，1932.8，国难后 1 版，410 页，32 开

上海：科学会编辑部，1933，国难后 3 版，410 页，32 开

上海：科学会编辑部，1934.9，国难后 5 版，410 页，32 开

上海：科学会编辑部，1935.3，国难后 6 版，410 页，32 开

上海：科学会编辑部，1937.6，国难后 8 版，407 页，32 开

上海：科学会编辑部，1940，15 版，410 页，32 开

上海：科学会编辑部，1941，国难后 11 版，410 页，32 开

　　本书共 5 编：直线图、圆、比例及相似形、多边形之面积、有法多边形及圆。卷端

题名：温特渥斯平面几何学正解。商务印书馆发行。

　　收藏单位：广东馆、国家馆、江西馆、首都馆、浙江馆

00948

线解图　杨培奉著

上海：联营书社，1937.7，140 页，23 开

　　本书以相似原理说明比例尺之选定及作法，以及绘线图。

　　收藏单位：广东馆

00949

新辑几何（上册 实验入门） （英）率德辅（E. W. Sawdon）著　傅骧伯译

外文题名：A new geometry. Part one, Experimental

成都：华英书局，1923，再版，138 页，18 开

　　本书共 18 章，内容包括：量法、直线、圆、角、比例尺、面积、三角形又名三边形、测量等。

　　收藏单位：国家馆、西南大学馆

00950

袖珍立体几何学参考书　骆师曾编译

上海：世界书局，1935.12，385 页，80 开

上海：世界书局，1936，再版，385 页，80 开

上海：世界书局，1936.4，3 版，385 页，80 开

上海：世界书局，1946，新 3 版，385 页，64 开

　　本书内容包括：直线及平面、平行之平面及直线、垂直之平面及直线、球面三角形等。补习复习及应试准备用。

　　收藏单位：重庆馆、国家馆

00951

袖珍平面几何学参考书　骆师曾编译

上海：世界书局，1935.9，509 页，64 开

上海：世界书局，1936，再版，509 页，64 开

长沙：世界书局，1942.7，湘 1 版，509 页，64 开

上海：世界书局，1943，湘 2 版，509 页，64 开

上海：世界书局，1946.10，新 7 版，509 页，64 开

　　本书共 7 编：直线形、圆、作图题、轨迹、面积、比例、特殊问题。补习复习及应试准备用。

　　收藏单位：重庆馆、广东馆、国家馆

00952

用器画法图解（立体几何之部） 薛德炯编译

上海：新亚书店，1934.8，110 页，32 开

　　本书共 4 部分：绪论、正射投影图、斜投影图、透视图。逐页题名：立体几何画法。另有图 1 册。

　　收藏单位：广东馆、国家馆、江西馆、上海馆、天津馆

00953

用器画法图解（平面几何之部） 薛德炯编译

上海：新亚书店，1933.9，108 页，32 开

　　本书共 9 章，内容包括：制图器具及使用法、点与直线、三角形与多角形、直线与圆、圆锥曲线等。逐页题名：平面几何画法。另有图 1 册。

　　收藏单位：广西馆、国家馆、辽宁馆、浙江馆

00954

圆理奇侅（周美权先生六十岁纪念刊） 周达著

外文题名：On successive circles

上海：中国科学社，[1938]，70 页，18 开

　　本书原名：巴氏累圆奇题解。经补充后改名。

　　收藏单位：重庆馆、国家馆、上海馆

00955

征求开平面立体法则 徐士桐编

合肥：徐士桐 [发行者]，1931，20 页，18 开

　　收藏单位：国家馆

00956

直线与圆 （英）白里格（W. Briggs）（英）白里安（G. H. Bryan）著　刘铁楼译

外文题名：The right line and circle

上海：商务印书馆，1948.10，230 页，32 开

　　本书共 18 章，内容包括：坐标系、三角形及四边形之面积、论轨迹、极坐标系、直线·一次方程式、圆方程式等。

　　收藏单位：重庆馆、东北师大馆、国家馆、吉林馆、辽宁馆、内蒙古馆、天津馆

00957

最新平面几何八百题解 仇毅编

上海：晓星书店，1934.11，3 版，315 页，32 开

上海：晓星书店，1936.9，5 版，315 页，32 开

上海：晓星书店，1937.7，订正 6 版，315 页，32 开

　　本书共 6 章：直线形、圆、面积、比例、轨迹、作图。

　　收藏单位：南京馆

三角

00958

G. S. M. 最新平面三角 （美）W. A. Granville （美）P. F. Smith （美）J. S. Mikesh 著　沈鼎三　章克标译

上海：中学出版社，1939.1，202+43 页，25 开

　　本书正文与例题采用正楷与宋体的混合排法。附对数表。

00959

毕达哥拉士定理及福尔玛问题 徐韫知编译

上海：商务印书馆，1936.9，112 页，32 开（算学小丛书）

　　本书共 7 章，内容包括：关于毕氏定理的一点史实、分解证法（Zerlegungsbeweise）、毕达哥拉士定理与相似原理、毕氏定理的函数观等。

　　收藏单位：广东馆、贵州馆、国家馆、江西馆、南京馆、内蒙古馆、浙江馆

00960

陈氏平面三角法

出版者不详，石印本，1 册，25 开

收藏单位：江西馆

00961

高等数学平面三角法 （英）E. W. Hobson 著
　龚文凯译
上海：科学会编译部，1911.6，10+496 页，25
开，精装
　　本书共 18 章，内容包括：角之度量、直
线及投影线之测量、三角函数、和角函数等。
逐页题名：平面三角法。
　　收藏单位：重庆馆、首都馆

00962

葛兰蕙氏平面三角法 （美）W. A. Granville
著　吴祖龙译
外文题名：Plane trigonometry and four-place tables
of logarithms
上海：世界书局，1935.11，268+38 页，25 开
上海：世界书局，1936.10，3 版，268+38 页，
25 开
　　本书共 10 章，内容包括：锐角之三角函
数及直角三角形解法、任何角之三角函数、
三角函数间之关系、三角解析等。
　　收藏单位：国家馆、浙江馆

00963

葛兰蕙氏平面三角学习题详解　吴祖同编著
华北科学社，1936，596 页，32 开
华北科学社，1938，596 页，32 开
　　本书书脊题名：葛氏平面三角学习题详
解。
　　收藏单位：重庆馆

00964

葛蓝蔚尔球面三角法 （美）W. A. Granville
著　史青译
外文题名：Spherical trigonometry
上海：科学会编译部，1911.3，113 页，32 开，
精装
　　收藏单位：首都馆

00965

葛氏重编平面三角学 （美）W. A. Hobball

著 （美）P. F. Smith （美）J. S. Mikesh 重编
　周文德编译
外文题名：Plane trigonometry
上海：中国科学图书仪器公司，1947.9，290+
47 页，25 开
上海：中国科学图书仪器公司，1948.7，再
版，290+47 页，25 开
上海：中国科学图书仪器公司，1948.9，再
版，290+47 页，25 开
　　收藏单位：安徽馆、东北师大馆、国家
馆、内蒙古馆

00966

葛氏平面三角法题解　吴秉之编演
北平：中原书局，1933.10，油印本，373 页，
32 开
　　收藏单位：国家馆

00967

葛氏平面三角法习题详解　高佩玉编演
北平：北平科学社，1935.1，再版，293+277
页，16 开
北平：北平科学社，1936.1，3 版，293+277
页，16 开
北平：北平科学社，1939.9，4 版，293+277
页，16 开
　　本书版权页题名：葛氏平面三角习题详
解。
　　收藏单位：广东馆、国家馆、西南大学
馆、浙江馆

00968

葛氏平面三角术 （美）P. F. Smith （美）J.
S. Mikesh 改订　虞诗舟译述
外文题名：Granville: plane trigonometry
上海：新亚书店，1940.9，229+43 页，32 开
上海：新亚书店，1944.3，3 版，229+43 页，
32 开
上海：新亚书店，1945.9，再版，229+43 页，
32 开
上海：新亚书店，1948.8，15 版，229+43 页，
32 开
　　本书共 8 章，内容包括：三角函数、对数

之理论与用途、三角术之解析等。封面及版权页题名：汉译葛式平面三角术。

　　收藏单位：东北师大馆、绍兴馆

00969

葛氏平面三角学　（美）W. A. Granville　（美）P. F. Smith　（美）J. S. Mikesh 著　邱调梅译

上海：世界书局，1946.10，新 12 版，239+43 页，32 开

上海：世界书局，1947.2，新 14 版，239+43 页，32 开

上海：世界书局，1948.9，新 16 版，239+43 页，32 开

上海：世界书局，1948.9，新 17 版，239+43 页，32 开

　　本书内容包括：三角函数、线定义及图解、应用、对数之理论与应用等。封面题名：平面三角学。

　　收藏单位：广西馆、国家馆、江西馆、辽宁馆

00970

葛氏平面三角学题解　蒋伯苍编演

外文题名：Key to plane trigonometry

上海：世界书局，1940.7，488 页，32 开

上海：世界书局，1945.12，新 3 版，488 页，32 开

上海：世界书局，1947.5，新 6 版，488 页，32 开

　　本书共 7 章，每章习题依次解答，每一题解，重于提示，详简不一。逐页题名：最新葛氏三角学题解。

　　收藏单位：重庆馆、广东馆、国家馆、江西馆、辽宁馆、宁夏馆、天津馆

00971

葛斯密三氏最新平面三角学　（美）W. A. Granville　（美）P. F. Smith　（美）J. S. Mikesh 著　王允中译

外文题名：Plane trigonometry and tables

上海：科学书局，1938.9，263+42 页，32 开

上海：科学书局，1939.1，再版，273+43 页，32 开

上海：科学书局，1946.8，3 版，273+43 页，25 开

上海：科学书局，1947.1，4 版，273+43 页，32 开

　　本书共 8 章，内容包括：三角函数、线值定义及图象、应用、对数之理论及应用等。附四位数值表。

　　收藏单位：重庆馆

00972

汉译葛兰威尔平面三角　（美）W. A. Granville 原著　徐谷生译述

泰和：艺文书社，1933.8，198 页，25 开

南昌：艺文书社，1947.10，5 版，198 页，25 开

　　本书内容包括：锐角三角函数与直角三角形解法、任意角之三角函数、诸三角函数之关系等。

　　收藏单位：江西馆

00973

汉译葛氏平面三角法教科书　（美）W. A. Granville 著　王国香译述

北平：戊辰学社，1933.1，191+34 页，25 开

北平：戊辰学社，1934.7，再版，206+34 页，25 开

　　本书内容包括：锐角之三角函数及直角三角形之解法、任意角之三角函数、诸三角函数间之关系等。封面题名：汉译葛蓝威尔平面三角法教科书（附表）。逐页题名：平面三角法。

　　收藏单位：国家馆

00974

汉译葛氏平面三角学　（美）W. A. Granville 原著　褚保熙译述

北平：文化学社，1933.12，191+38 页，25 开

北平：文化学社，1935，3 版，191+38 页，25 开

北平：文化学社，1937.5，4 版，191+38 页，25 开

北平：文化学社，1948.1，6 版，191+38 页，25 开

　　本书共 10 章，内容包括：任意角之三角函数、三角函数间之关系、三角分析、斜角三角形之解法等。附四位对数表。

　　收藏单位：国家馆、天津馆

00975

汉译葛氏平面三角学 （美）W. A. Granville 原著　褚保熙译

成都：出版者不详，1933.2，1 册，大 32 开

　　收藏单位：南京馆

00976

汉译葛氏平面三角学　高佩玉等译

外 文 题 名：Granville: plane trigonometry with tables

北平：北平科学社，1933.6，191+38 页，32 开

北平：北平科学社，1934.1，再版，191+38 页，32 开

北平：北平科学社，1934.9，3 版，191+38 页，32 开

北平：北平科学社，1935.4，4 版，191+38 页，32 开

北平：北平科学社，1936，6 版，191+38 页，32 开

北平：北平科学社，1948.7，11 版，191+38 页，32 开

　　本书共 10 章，内容包括：任意角之函数、各三角函数之关系、三角学之分析、对数之理论及应用等。

　　收藏单位：重庆馆、广东馆、国家馆

00977

汉译葛氏球面三角学　李士奇译

外文题名：Granville：spherical trigonometry

北平：北平科学社，1936.10，72 页，18 开

　　本书共 4 章：直角球面三角形、斜角球面三角形、球面三角学对于天地两球之应用、公式汇录。

　　收藏单位：南京馆

00978

汉译葛斯米平面三角学 （美）W. A. Granville （美）P. F. Smith （美）J. S. Mikesh 著　高

佩玉　王周卿译

外 文 题 名：Granville, Smith and Mikesh plane trigonometry

北平：北平科学社，1940.1，210+43 页，25 开

　　本书共 7 章，内容包括：三角函数、应用、对数之理论及应用、三角学之分析等。

　　收藏单位：国家馆

00979

汉译古氏平面三角法　H. B. Goodwin 著　许友帆译

南昌：艺文书社，1936.2，126 页，25 开

　　本书内容包括：角之计量法、代数符号之引用、三角函数、三角方程式解法、对数等。

　　收藏单位：江西馆

00980

汉译郝爱二氏平面三角法　李士奇译

北平：北平科学社，1936.7，415 页，25 开

　　收藏单位：南京馆

00981

汉译温德华士三角法 （美）温德华士（G. A. Wentworth）著　顾裕魁译

外文题名：Wentworth's plane and spherical trigonometry

上海：商务印书馆，1911.11，238+46 页，32 开

上海：商务印书馆，1913.5，再版，238+46 页，32 开

上海：商务印书馆，1914.5，3 版，238+46 页，32 开

上海：商务印书馆，1915，4 版，238+46 页，32 开

上海：商务印书馆，1919.12，7 版，238+46 页，32 开，精装

上海：商务印书馆，1920.12，8 版，238+46 页，32 开，精装

上海：商务印书馆，1922.5，10 版，238+46 页，32 开，精装

上海：商务印书馆，1923.1，11 版，238+46 页，32 开，精装

上海：商务印书馆，1932.6，国难后 1 版，238+

46 页，32 开

上海：商务印书馆，1932.10，国难后 9 版，238+46 页，32 开

长沙：商务印书馆，1938，15 版，238+46 页，32 开，精装

　　本书分为平面部和球面部两部分。共 9 编，内容包括：锐角之三角函数、直角三角形、测角法、球面三角法之应用等。

　　收藏单位：北师大馆、贵州馆、国家馆、江西馆、南京馆、山西馆、首都馆、浙江馆

00982

龙氏平面三角法 （英）S. L. Loney 著　章彬译

外文题名：Loney: plane trigonometry

上海：新亚书店，1942.3，296+12 页，32 开

上海：新亚书店，1943.3，蓉版，296+12 页，32 开

上海：新亚书店，1947.2，4 版，296+12 页，32 开

上海：新亚书店，1948，10 版，296+12 页，32 开

上海：新亚书店，1949.6，18 版，296+12 页，32 开

　　本书内容包括：锐角之三角比值、高与距离之简易问题、代数符号在三角法上之应用等。封面及版权页题名：汉译龙氏平面三角法。

　　收藏单位：重庆馆、贵州馆、国家馆、江西馆、南京馆、天津馆

00983

龙氏平面三角学 （英）S. L. Loney 著　何籽钦译

外文题名：Plane trigonometry

成都：建国书局，1941，343+22 页，32 开

成都：建国书局，1942.8，修订 3 版，343+22 页，32 开

成都：建国书局，1944.3，修订 6 版，343+22 页，32 开

成都：建国书局，1948，8 版，343+22 页，32 开

　　收藏单位：重庆馆

00984

龙氏平面三角学题解　何籽钦　冯克忠编

成都：复兴书局，1948，5 版，466 页，32 开

　　收藏单位：重庆馆

00985

龙氏平面三角学题解　何籽钦　冯克忠编

成都：[四达书局]，1945.1，3 版，466 页，32 开

　　本书内容包括：倍角与半角之三角函数、三角恒等式与三角方程式、比例差原理等。

　　收藏单位：贵州馆

00986

平弧三角

[北京]：军学编辑局，1917.7，232 页，25 开

　　本书内容包括：角之测法、锐角之三角形函数、直角三角形、任意角之三角函数等。陆军预备学校用。

　　收藏单位：国家馆

00987

平面三角 （美）温德华士（G. A. Wentworth）著　沈昭武译

上海：文明书局，1912.9，196 页，32 开

　　本书共 6 章，内容包括：锐角之三角函数、正三角形、角度论、作对数之法等。

00988

平面三角法讲义 （日）奥平浪太郎著　周藩译

上海：文明书局、科学书局、群学社，2 册（[110] 页），32 开，环筒页装

　　本书内容包括：测角法、任意之角之三角函数、对数、三角形之解法、距离及高之测法等。

00989

平面三角法讲义　匡文涛编纂

外文题名：Lectures on plane trigonometry

上海：商务印书馆，1919.1，526 页，22 开

上海：商务印书馆，1921.12，再版，526 页，22 开

本书内容包括：角之测法、锐角之三角函数、任意角之三角函数、两角之三角函数等。据日本上野清氏原著翻译。

收藏单位：国家馆、山西馆、上海馆、首都馆

00990
平面三角法讲义
中央陆军军官学校，1940.4，106 页，32 开

本书附三角恒等式、三角方程式及反三角函数、密位制、复名数表等。

收藏单位：南京馆

00991
平面三角法通论（别册附录）（日）山崎荣作著
东京：出版者不详，[1930—1939]，72 页，22 开

本书共 3 部分：常用对数表、三角真数表、三角对数表。

收藏单位：国家馆

00992
平面三角法问题汇解　王德明编
广州：中华书局，1938.10，286 页，32 开

本书内容包括：三角函数、两角和与校之三角函数、倍角及半角之三角函数等。

收藏单位：重庆馆、广东馆、江西馆、辽宁馆、上海馆、天津馆、浙江馆

00993
平面三角法要览　匡文涛编译
上海：商务印书馆，1919.5，128 页，横 50 开
上海：商务印书馆，1931.3，7 版，128 页，横 50 开
上海：商务印书馆，1934.10，国难后 1 版，128 页，横 50 开
上海：商务印书馆，1935.7，国难后 2 版，128 页，横 50 开

本书内容包括：角、三角函数相互之关系、三角恒等式之证明、任意之角等。受验准备用书。

收藏单位：贵州馆、国家馆、浙江馆

00994
平面三角术
中央陆军军官学校武汉分校，1931，28 页，26 开

收藏单位：重庆馆

00995
平面三角问答　蔡斌编著
上海：东方文学社，1932.7，11 版，22 页，32 开
上海：东方文学社，1933，12 版，22 页，32 开
上海：东方文学社，1934.2，13 版，22 页，32 开
上海：东方文学社，1936.1，再版，22 页，32 开

本书内容包括：锐角、任意角复角、任意三角形等。卷端题名：平面三角法之部。逐页题名：平面三角常识问答。

收藏单位：天津馆

00996
平面三角学　（美）温德华士（G. A. Wentworth）（美）史密斯（David Eugene Smith）著　高佩玉　王俊奎译述
外文题名：Plane trigonometry and tables
北平：文化学社，1932.9，再版，186+22+104 页，25 开
北平：文化学社，1934.3，3 版，186+22+104 页，25 开

本书内容包括：锐角之三角函数、对数、直角三角形、任意角之三角函数等。附对数表。著者"史密斯"原题：斯密士。

收藏单位：国家馆、天津馆

00997
平三角术习题详解　（美）温德华士（G. A. Wentworth）著　郑辅维译
上海：文明书局，1912.5，323 页，32 开

本书版权页题名：温德华士平三角术习题详解。

00998

球面三角法讲义　匡文涛编译

外文题名：Lectures on spherical trigonometry

上海：商务印书馆，1919.2，233 页，22 开

上海：商务印书馆，1923.1，再版，233 页，22 开

　　本书内容包括：大圆及小圆、球面三角形、球面三角形之面积、球面三角形之决定等。

　　收藏单位：广东馆、国家馆、江西馆、山西馆、首都馆

00999

球面三角法讲义

中央陆军军官学校，1938.7，46 页，26 开

　　收藏单位：重庆馆

01000

球面三角法、球面几何学合编　徐韫知编

上海：世界书局，1948.2，96 页，32 开

　　收藏单位：国家馆、南京馆、西南大学馆

01001

球面三角术　李光荫著

上海：商务印书馆，1937.1，133 页，32 开

　　本书内容包括：大圆及小圆、球面三角形、关于球面三角形之几何定理等。

　　收藏单位：广东馆、贵州馆、国家馆、湖南馆、辽宁馆、山西馆、浙江馆

01002

三角　范际平编

成都：中等算学研究会，1944.3，136 页，36 开（中等算学研究会研究丛书）

成都：中等算学研究会，1945.2，增订再版，136 页，36 开（中等算学研究会研究丛书）

成都：中等算学研究会，1946，4 版，136 页，36 开（中等算学研究会研究丛书）

　　本书内容包括：三角函数、三角恒等式、三角形之性质等。大学先修班及高中学生适用。建国书局发行。

　　收藏单位：重庆馆

01003

三角

吉林书店，1948.12，157+20 页，16 开

　　本书供东北政委会工业部吉林工业专门学校选用。

　　收藏单位：东北师大馆、国家馆、吉林馆、辽宁馆

01004

三角初步　徐谷生编著

泰和：艺文书社，1935，9 版，76 页，25 开

泰和：艺文书社，1935.3，11 版，54 页，25 开

　　收藏单位：江西馆

01005

三角法表解　骆承绪著

上海：东方文学社，1936.1，28 页，32 开

上海：东方文学社，1946.7，28 页，32 开

　　本书内容包括：锐角的三角函数、三角函数表、直角三角形的解法等。版权页题名：平面三角法表解。

　　收藏单位：国家馆、浙江馆

01006

三角法辞典（题解中心）（日）长泽龟之助著　薛德炯　吴载耀编译

上海：新亚书店，1935.11，709+199 页，32 开，精装

上海：新亚书店，1939.5，再版，709+199 页，32 开，精装

上海：新亚书店，1941.3，3 版，709+199 页，32 开，精装

上海：新亚书店，1948.5，5 版，709+199 页，32 开，精装

　　本书为《算学辞典》第 5 集。内收 3354 题，分为 4 部分：平面三角法解法之部、球面三角法解法之部、名词之部、三角法小史。书前有三角法公式集（平面、球面）、三角法诸表。末附英汉名词对照表、索引。

　　收藏单位：广东馆、广西馆、国家馆、黑龙江馆、湖南馆、辽宁馆、南京馆、首都馆、天津馆、浙江馆

01007

三角法讲义

中央陆军军官学校，1935，再版，113+72 页，25 开

　　收藏单位：重庆馆

01008

三角法难题详解 （日）白井义督原著　骆师曾编译

外文题名：Solutions and explanations of advanced problems in trigonometry

上海：商务印书馆，1912，再版，200 页，25 开，精装

上海：商务印书馆，1913.4，3 版，200 页，25 开，精装

上海：商务印书馆，1917，4 版，200 页，25 开，精装

上海：商务印书馆，1924.12，5 版，200 页，25 开，精装

　　本书内容包括：三角比（三十二题）、和差角法（一百四题）、三角形边角之关系（四十四题）、三角形之解法（七题）等。

　　收藏单位：东北师大馆、国家馆、首都馆、浙江馆

01009

三角法演习指导　薛德炯编译

上海：新亚书店，1940.12，再版，274 页，32 开

上海：新亚书店，1948.3，再版，274 页，32 开

　　本书内容包括：锐角的三角函数式的变形、余角的三角函数式的变形、普通角的三角函数式的变形等。据日本藤森良藏原著编译。

　　收藏单位：广东馆、首都馆、天津馆

01010

三角考试指导　施惠同著

上海：东方书店，1937，3 版，49+18 页，32 开（考试指导丛书）

　　收藏单位：广东馆

01011

三角六百难题详解　范仲达编著

正义书店，1947.6，323 页，42 开

　　收藏单位：江西馆、上海馆、首都馆

01012

三角六百难题详解　奚识之编

上海：经纬书局，1937.6，323 页，32 开，精装

　　本书共 4 部分：锐角之三角函数及直角三角解法之题解、一般角之三角函数之题解、一般三角形之题解、角之通值逆三角函数三角方程式及其他之题解。

　　收藏单位：南京馆

01013

三角六百难题详解　奚识之编

桂林：新生书局，1944.1，323 页，32 开

　　收藏单位：重庆馆

01014

三角六百难题详解　奚识之编

重庆：新中国书局，1948.7，渝 2 版，323 页，32 开

重庆：新中国书局，1949，3 版，323 页，32 开

　　收藏单位：重庆馆

01015

三角难题详解　王良骥编译

北平：甲戌学社，1934.3，762 页，32 开，精装

　　本书内容包括：同弧各三角线、直角三角形、弧的除法、三角方程式等。

　　收藏单位：重庆馆、国家馆、吉林馆、首都馆、浙江馆

01016

三角入门　仲光然编

上海：开明书店，1934.6，152 页，36 开

上海：开明书店，1934.9，再版，152 页，36 开

上海：开明书店，1939，5 版，152 页，36 开

上海：开明书店，1942.4，桂 1 版，152 页，36 开

上海：开明书店，1944.1，内 2 版，152 页，36

开

上海：开明书店，1946.12，10 版，152 页，36 开

上海：开明书店，1947.9，11 版，152 页，36 开

    本书共 3 编：锐角的三角函数、一般角的三角函数、斜角三角形。

    收藏单位：重庆馆、广西馆、国家馆、江西馆、南京馆、内蒙古馆、西南大学馆

01017

三角手册   杨景时著

成都：经纬书局，1944.11，蓉版，167 页，42 开

    本书内容包括：公式之证明、恒等式之证明、续恒等式之证明、问题之证明、测量问题之证明。

    收藏单位：国家馆

01018

三角术 ABC   陈家谟著

上海：ABC 丛书社，1931.5，107 页，32 开（ABC 丛书）

上海：ABC 丛书社，1933.1，3 版，107 页，32 开（ABC 丛书）

    本书内容包括：勾股与三角、角的度量、三角函数、直角三角形的解法等。

    收藏单位：国家馆、吉林馆、辽大馆、宁夏馆、首都馆、天津馆

01019

三角题解   徐谷生编

泰和：艺文书社，1935，8 版，118 页，25 开

南昌：艺文书社，1947，10 版，118 页，25 开

    收藏单位：贵州馆、江西馆

01020

三角问答   张鸿溟编著

上海：大东书局，1935.3，120 页，50 开（百科常识问答丛书）

上海：大东书局，1937.3，再版，120 页，50 开（百科常识问答丛书）

    收藏单位：国家馆、江西馆、浙江馆

01021

三角学   范际平编

上海：正中书局，1948.8，166 页，32 开（大学先修丛书）

    收藏单位：国家馆

01022

三角学   余源庆   朱凤豪   余源熙编著

上海：龙门联合书局，1949.8，164+36+16 页，32 开

    本书共 15 章，内容包括：角之意义及量法、角之函数、直角三角形之解法、简易测量题等。

    收藏单位：东北师大馆、国家馆、南京馆

01023

三角学补充教材（平面及球面）

军训部陆军军官预备学校筹备处，1944，95 页，32 开

    本书供军训部陆军军官预备学校专用。

    收藏单位：重庆馆

01024

数值三角法   陈怀书   黄锡祺编

长沙：商务印书馆，1938.7，116 页，32 开

上海：商务印书馆，1948，沪 1 版，75 页，32 开

    本书内容包括：锐角的三角函数、直角三角形的真数解法、对数、三角函数相互关系等。

    收藏单位：国家馆、南京馆

01025

温德华氏平面三角习题详解

出版者不详，323 页，32 开

    本书逐页题名：平三角术习题详解。书脊题名：温氏平面三角习题详解。

    收藏单位：国家馆

01026

袖珍平面三角法参考书   骆师曾编译

上海：世界书局，1935.9，333 页，64 开

上海：世界书局，1940.9，新 3 版，333 页，64

开

上海：世界书局，1947.5，新 6 版，333 页，64 开

上海：世界书局，1948.8，新 7 版，333 页，64 开

　　本书共 5 编：锐角之三角函数、一般角之三角函数、斜角三角形、三角方程式、弧度法及反三角函数。补习复习及应试准备用。

　　收藏单位：国家馆、辽大馆

01027

增订汉译葛氏平面三角术　黄锡训编译

广州：荣兴书局，1947，7 版，154 页，32 开

　　收藏单位：广东馆

01028

最新平面三角六百题解　仇毅编

上海：晓星书店，1934.2，348 页，32 开

上海：晓星书店，1936.9，3 版，348 页，32 开

　　本书逐页及版权页题名：最新三角六百题解。

　　收藏单位：重庆馆、国家馆、浙江馆

01029

最新球面三角学（上册）　朱纯熙编

长沙：商务印书馆，1938.5，209 页，32 开

　　本书共 7 编，内容包括：球与球面形附透视投影及多面体、平球面三角形之关系、球面三角形之解法、接圆及切圆等。

　　收藏单位：重庆馆、国家馆、南京馆

01030

最新三角难题集解　钱洪翔编

上海：北新书局，1942.1，蓉版，234 页，32 开

桂林：北新书局，1943，234 页，32 开

上海：北新书局，1947.5，新 1 版，231 页，32 开

　　本书共 4 部分：角、锐角三角函数、任意角之三角函数、复角之三角函数。

　　收藏单位：重庆馆、国家馆、西南大学馆

01031

最新三角难题集解　钱洪翔编

成都：复兴书局，1943.8，蓉版，231 页，32 开

　　收藏单位：重庆馆

高等数学（总论）

01032

博尔兹系数扩展式系数表　王启仁著

出版者不详，10 页，18 开

　　收藏单位：广西馆

01033

代数学

北京：国立北京大学理学院，228 页，16 开

　　本书内容包括：行列式简论、方程式简论、连分数简论等。

　　收藏单位：国家馆

01034

高等混合算学　（美）武咨（Frederick Shenstone Woods）（美）巴雷（F. H. Bailey）著　易俊元译

外文题名：A course in mathematics

上海：商务印书馆，1925.12—1931.2，2 册（439+486 页），24 开，精装

上海：商务印书馆，1933.2，国难后 1 版，2 册（439+486 页），24 开，精装

上海：商务印书馆，1933.11—1934.12，国难后 2 版，2 册（439+486 页），24 开，精装

　　本书分上、下卷。上卷为高等代数、平面解析几何及微分，下卷为积分、立体解析几何及微分方程式。著者"武咨"原题：梧兹。

　　收藏单位：重庆馆、广西馆、贵州馆、国家馆、黑龙江馆、湖南馆、江西馆、辽大馆、南京馆、西南大学馆

01035

高等混合算学（上卷）　（美）武咨（Frederick Shenstone Woods）（美）巴雷（F. H. Bailey）

著　易俊元译

上海：商务印书馆，1925.12，439 页，24 开，
精装

上海：商务印书馆，1926.10，再版，439 页，
24 开，精装

　　本书内容包括：消去法、图解、一次多
项式、n 次多项式、多项式之微系数、数种函
数及其图形、数种曲线及其方程式等。著者
"武咨"原题：梧兹。

　　收藏单位：广西馆、国家馆、江西馆

01036

高等数学　朱兆雪编

北京：国立北京大学工学院，1939.1，416 页，
16 开

　　收藏单位：东北师大馆、国家馆

01037

高等数学大纲　（法）韦希若（Vessiot）
（法）孟特尔（Montel）著　劳君展译

外文题名：Mathematiques général

上海：商务印书馆，1947.9，271 页，25 开

上海：商务印书馆，1949.1，再版，271 页，
25 开

　　本书内容包括：函数及极限的通性、连续
性的概念、幂的概念、级数、反三角函数及
双曲线函数、函数变值法之研究等。

　　收藏单位：重庆馆、东北师大馆、广东
馆、国家馆、辽大馆、辽宁馆、南京馆、上
海馆、浙江馆

01038

高等数学概论　（日）挂谷宗一著　周达如译

上海：世界书局，1936.12，15+357+[28] 页，
25 开

　　本书共 23 章，内容包括：函数、函数与
曲线、解析几何学、极限与连续函数、微分
法、函数值之变化、几何学上之应用、函数
之展开、偏微分、积分、积分法等。

　　收藏单位：国家馆、南京馆、浙江馆

01039

高等算学　汪胡桢主编

上海：厚生出版社，[1940—1949]，110 页，
32 开（中国工程师手册 基本手册 3）

　　本书共 7 章：微分学、积分学、微分方程
式、量度之精度、复元函数、矢量分析、张
量。

　　收藏单位：重庆馆、国家馆、南京馆、内
蒙古馆、上海馆

01040

高等算学入门　周为群编

上海：开明书店，1934.4，506 页，32 开

上海：开明书店，1934.9，再版，506 页，32
开

上海：开明书店，1939.10，3 版，506 页，32
开

上海：开明书店，1947.2，4 版，506 页，32
开

　　本书共 31 章，内容包括：三角比、对数
与三角形的解法、行列式、极限论和不定式、
微分法、极大与极小、积分法等。

　　收藏单位：重庆馆、东北师大馆、广东
馆、广西馆、贵州馆、国家馆、南京馆、首
都馆、西南大学馆

01041

高级数学讲义（第 1 册）

上海：中华邮工函授学校，67+10 页，32 开

　　收藏单位：南京馆

01042

**解析数学讲义（第 1 册 导来式及微分、积分、
级数）**（法）古尔萨（E. Goursat）著　王尚
济译

北平：国立北平研究院出版部，1930.9，527
页，16 开，精装

　　本书共 9 章，内容包括：导来式及微分、
有定积分、有定积分的计算法、二重积分、
级数及无限积等。

　　收藏单位：东北师大馆、国家馆、南京
馆、首都馆、西南大学馆、浙江馆

01043

解析数学讲义（第 2 册 关于几何的应用）

（法）古尔萨（E. Goursat）著　王尚济译

北平：国立北平研究院出版部，1933.12，206页，16开，精装

　　本书共 3 章：包封论——接触、空间曲线、曲面。

　　收藏单位：东北师大馆、国家馆、首都馆、西交大馆、浙江馆

01044

解析数学讲义（第 3 册 解析函数）（法）古尔萨（E. Goursat）著　王尚济译

北平：国立北平研究院出版部，1931.9，320页，16开，精装

　　本书共 5 章：一个复变数的普通函数、解析函数的一般理论·高失的方法、单值函数、解析延长、多变数的解析函数。

　　收藏单位：国家馆、首都馆、浙江馆

01045

理化用高等算学　（英）梅路（J. W. Mellor）著　徐燮均译

外文题名：Higher mathematics for students of chemistry and physics

上海：商务印书馆，1947.5，2 册（911 页），25 开

　　本书共 11 章：微分法、解析几何学、有奇异性的函数、积分法、无限级数及其用途、数值方程式解法、微分方程式的解法、傅氏定理、或然率与误差论、变分法、行列式。

　　收藏单位：重庆馆、东北师大馆、广东馆、广西馆、国家馆、辽宁馆、内蒙古馆、山西馆、上海馆、首都馆、西南大学馆、浙江馆

01046

数学的园地　刘薰宇著

上海：开明书店，1933.9，151 页，32 开（开明青年丛书）

上海：开明书店，1935，3 版，151 页，32 开（开明青年丛书）

上海：开明书店，1939，5 版，151 页，32 开（开明青年丛书）

上海：开明书店，1940.9，6 版，151 页，32开（开明青年丛书）

上海：开明书店，1944.11，渝版，151 页，32开（开明青年丛书）

上海：开明书店，1946，7 版，151 页，32 开（开明青年丛书）

上海：开明书店，1947.4，8 版，151 页，32开（开明青年丛书）

上海：开明书店，1948.7，特 1 版，151 页，32 开（开明青年丛书）

上海：开明书店，1949，9 版，151 页，32 开（开明青年丛书）

　　本书通俗讲解高等数学。内容包括：函数和变数、无限小的量、局部诱导函数和全部的变化、积分学、面积的计算、微分方程式、数学究竟是什么等。

　　收藏单位：安徽馆、重庆馆、东北师大馆、广东馆、广西馆、贵州馆、国家馆、黑龙江馆、吉林馆、江西馆、南京馆、宁夏馆、上海馆、绍兴馆、首都馆、天津馆、西南大学馆、浙江馆

01047

正态相关面之理论　梁宏著

计政学院，1936，110—118 页，16 开

　　本书为抽印本。

　　收藏单位：广东馆

数学逻辑、数学基础

01048

集合论初步　萧文灿著

长沙：商务印书馆，1939.5，155 页，32 开（算学小丛书）

　　本书共 5 部分：基本概念、可数集合与不可数集合、基数或浓度、有序集合、整序集合。

　　收藏单位：广西馆、国家馆、江西馆、首都馆

01049

逻辑与数学逻辑论　汪奠基著

上海：商务印书馆，1927.12，268 页，22 开，

精装（科学丛书）

上海：商务印书馆，1933.9，国难后 1 版，268 页，22 开，精装（科学丛书）

本书分形式逻辑与数学逻辑原理两部分。形式逻辑部分共 4 篇：形式逻辑导言、形式逻辑原理、逻辑原理历史批评的论派、证明的论理形式。数学逻辑原理部分共 3 篇：逻辑之新形式论、数学逻辑原理的演算、数学逻辑实用演算。

收藏单位：重庆馆、东北师大馆、复旦馆、广东馆、国家馆、黑龙江馆、湖南馆、江西馆、辽大馆、辽宁馆、南京馆、内蒙古馆、山东馆、首都馆、天津馆、西交大馆、西南大学馆、浙江馆

01050

数理逻辑 （英）罗素（B. Russell）著 吴范寰记录

外文题名：Mathematical logic

北京：北京大学新知书社，1921.5，20+24 页，32 开（罗素五大讲演）

本书据罗素在北京大学的讲演整理出版。附张崧年《试编罗素既刊著作目录》。

收藏单位：重庆馆、国家馆、吉林馆、辽大馆

01051

现代逻辑 沈有乾著

上海：邵浩文 [出版者]，1933.4，99 页，32 开（现代文化丛书）

本书共 11 章，内容包括：逻辑的定义和定义的逻辑、词的结构、端、介和介所代表的关系、词际的关系、连珠和不相容式、所谓归纳等。书末有译名索引。新月书店发行。

收藏单位：国家馆、黑龙江馆、山东馆、浙江馆

01052

现代逻辑 汪奠基著

上海：商务印书馆，1937.1，10+153 页，22 开，精装（大学丛书 教本）

长沙：商务印书馆，1939.4，10+153 页，22 开（大学丛书 教本）

长沙：商务印书馆，1940.4，10+153 页，22 开（大学丛书 教本）

本书共 4 篇：概论诸家要旨、逻辑演算原理、棣通证明之公理论、综核演绎型式及新兴问题。

收藏单位：重庆馆、东北师大馆、广东馆、广西馆、贵州馆、国家馆、黑龙江馆、湖南馆、辽大馆、南京馆、内蒙古馆、宁夏馆、山东馆、上海馆、首都馆、天津馆、浙江馆、中科图

代数、数论、组合理论

01053

北京师大群论讲义

北京：北京师范大学，550 页，16 开

01054

大学先修数学（代数学部） 董树德编著

青岛：同德出版社，[1943]，402 页，23 开

青岛：同德出版社，1947，3 版，402 页，23 开

本书共 14 章，内容包括：排列与组合、数学归纳法、二项式定理、不等式、概率、复素数、方程式论、行列式、极限、无穷级数、级数总和法、连分式等。封面题名：代数学。

01055

代数方程及函数概念 （英）密勒（S. A. Miller）（英）白黎斯（G. A. Bliss）著 郑太朴译

上海：商务印书馆，1930.10，117 页，32 开（算学小丛书）（万有文库 第 1 集）

上海：商务印书馆，1933.5，117 页，32 开（算学小丛书）

上海：商务印书馆，1934.7，再版，117 页，32 开（算学小丛书）（万有文库 第 1 集）

上海：商务印书馆，1937.3，4 版，117 页，32 开（算学小丛书）

长沙：商务印书馆，1939.12，99 页，32 开（算学小丛书）（万有文库 第 1—2 集简编）

长沙：商务印书馆，1940.12，5 版，117 页，32 开（算学小丛书）

本书系密勒所著《代数方程》（The Algebraic Equataion）和白黎斯所著《函数及微积分之基本概念》（The Function Concept）两书的合辑。

收藏单位：重庆馆、东北师大馆、广东馆、广西馆、国家馆、黑龙江馆、湖南馆、江西馆、辽大馆、辽师大馆、南京馆、内蒙古馆、宁夏馆、上海馆、首都馆、天津馆、西南大学馆、浙江馆

01056

代数方程式论 （美）狄克逊（L. E. Dickson）著　黄缘芳译

外文题名：Introduction to the theory of algebraic equations

上海：中华书局，1936.8，120 页，32 开，精装

昆明：中华书局，1941.3，再版，120 页，32 开，精装

上海：中华书局，1949.7，3 版，120 页，32 开

本书分上、下篇。上篇为 Lagrange-Abel-Cauchy 诸氏普通代数方程式论，下篇为 Galois 氏代数方程式论。附方程式根与系数间之关系、对称函数之基本定理、关于普通方程式。大学用书。

收藏单位：重庆馆、广东馆、贵州馆、国家馆、湖南馆、江西馆、辽宁馆、南京馆、内蒙古馆、上海馆、首都馆、天津馆、西南大学馆、浙江馆

01057

代数学 范际平编著

上海：正中书局，1948.10，416 页，32 开（大学先修丛书）

本书共 17 章，内容包括：二次方程式、分式函数、无理方程式、初等级数、对数、概率、方程式论、行列式等。

收藏单位：辽宁馆

01058

代数学 陆翔译

外文题名：Élément d'algèbre

上海：土山湾印书馆，1928，2 版，393 页，32 开

本书共 7 章，内容包括：正负数、代数运算之要义、一次方程、二次方程及其问题等。震旦学院课本。

01059

代数学（等差 等比 调和 三级数详论） 曹得敏编

山东：出版者不详，1934，131 页，32 开

收藏单位：首都馆

01060

代数学辞典（题解中心）（日）长泽龟之助著　薛德炯　吴载耀编译

上海：新亚书店，1935.6，951+329 页，32 开，精装

上海：新亚书店，1941.4，3 版，951+329 页，32 开，精装

上海：新亚书店，1948.5，5 版，951+329 页，32 开，精装

本书为《算学辞典》第 2 集。内容包括：解法之部、名词之部、代数学小史之部。附英法名词对照表索引。

收藏单位：广东馆、广西馆、国家馆、黑龙江馆、南京馆、首都馆、浙江馆

01061

代数学因子分解法 汤执盘　汤执瑜编

长沙：新民出版社，1943.12，改订再版，140 页

本书共两部分：初等代数学因子分解法、高等代数学因子分解法。内容包括：多项式之含单项因子者、二项式之成平方差者、二项式之成立方和或立方差者、剩余定理、因子定理等。

收藏单位：山西馆

01062

代数整数论 萧君绛译纂

乐山（四川）：国立武汉大学数学室，1944.8，298 页，25 开

本书共 4 篇：一般论、类体论、单项化问题、局限类体论。大学教科用书。

收藏单位：国家馆、首都馆

01063

狄克生氏大学代数 （美）狄克逊（L. E. Dickson）著

外文题名：College algebra Dickson

出版者不详，214 页，32 开

本书著者原题：狄克生。

收藏单位：国家馆

01064

范氏高等代数学 （美）H. B. Fine 著　陈岳生译

上海：开明书店，1949.9，2 册（631 页），32 开

本书分为数和代数两编，介绍除法与分数、无理数、方程、级数、对数等数学知识。

收藏单位：安徽馆、国家馆、吉林馆、江西馆、云南馆

01065

范氏高等代数学 （美）H. B. Fine 著　沈璿　曹雝译

外文题名：Fine: college algebra

上海：新亚书店，1934.9—1935.1，2 册（649 页），25 开

上海：新亚书店，1935，再版，2 册（649 页），25 开

上海：新亚书店，1936.2，5 版，649 页，25 开，精装

上海：新亚书店，1937.10，11 版，649 页，25 开，精装

上海：新亚书店，1938，13 版，649 页，25 开，精装

上海：新亚书店，1939，14 版，649 页，25 开，精装

上海：新亚书店，1939.3，16 版，649 页，25 开，精装

上海：新亚书店，1940.1，19 版，649 页，25 开，

上海：新亚书店，1940.1，20 版，649 页，25 开，精装

上海：新亚书店，1940.1，21 版，649 页，25 开

桂林：新亚书店，1942，583 页，25 开

上海：新亚书店，1942.12，成都版，583 页，25 开

重庆：新亚书店，1944，583 页，25 开

上海：新亚书店，1945.9，重排后 2 版，583 页，25 开，精、平装

重庆：新亚书店，1946.1，[再版]，583 页，25 开

上海：新亚书店，1946.9，重排后 8 版，583 页，25 开

上海：新亚书店，1948.11，重排后 53 版，583 页，25 开

重庆：新亚书店，1949，3 版，583 页，25 开，精装

本书分为数和代数学两编。内容包括：减法及负数、除法及分数、无理数、一元一次方程式、联立一次方程式、有理分式、对称函数、二项定理、开方、二次方程式等。封面及版权页题名：汉译范氏高等代数学。

收藏单位：重庆馆、东北师大馆、广东馆、国家馆、吉林馆、南京馆、宁夏馆、山西馆、绍兴馆、首都馆、天津馆、浙江馆

01066

范氏高等代数学题解　青年科学社编演

外文题名：Key to college algebra

上海：青年科学社，1941.4，543 页，32 开

上海：青年科学社，1945.2，渝版，543 页，32 开

上海：青年科学社，1946.9，再版，543 页，32 开

上海：青年科学社，1947.4，渝版，543 页，32 开

上海：青年科学社，1948，[再版]，543 页，32 开

上海：青年科学社，1948.9，12 版，543 页，32 开

本书渝版封面题名：汉译范氏高等代数学题解，封面题：数理科学研究社编译。

收藏单位：重庆馆、东北师大馆、国家

馆、首都馆

01067

范氏高级代数学习题解答　王东汉　吴吉临
　邹秉彝编

成都：建国书局，1942.10，增订再版，[233]
页，18 开

01068

范氏高级代数学习题解答　王东汉　吴吉临
　邹秉彝编

成都：建华书局，1944，增订 3 版，233 页，
18 开

　　收藏单位：重庆馆、西南大学馆

01069

范氏高级代数学习题解答　王东汉　吴吉临
　邹秉彝编

成都：生生书局，1941.10，188 页，长 18 开

　　收藏单位：重庆馆

01070

方程式论　（英）布沙特（W. S. Burnside）
（英）班登（A. W. Panton）著　幹仙椿译

外文题名：The theory of equations

上海：商务印书馆，1934.6，11+274 页，25 开
（大学丛书 教本）

上海：商务印书馆，1935.5，再版，11+274 页，
25 开（大学丛书 教本）

上海：商务印书馆，1935.7，3 版，11+274 页，
25 开，精装（大学丛书 教本）

　　本书共 12 章，内容包括：多项式之普通
性质、方程式之普通性质、根与系数之关系
及根之等势函数、方程式之变化、逆方程式
或二项方程式之解答、导来函数之性质、区
分方程式之根等。

　　收藏单位：重庆馆、东北师大馆、广西
馆、贵州馆、国家馆、湖南馆、辽宁馆、南
京馆、内蒙古馆、宁夏馆、上海馆

01071

方程式论　（美）卡约黎（Florian Cajori）著
　倪德基译

外文题名：Introduction to the modern theory of
equations

上海：中华书局，1925.5，286 页，25 开（算
学丛书）

上海：中华书局，1930.4，4 版，286 页，25
开（算学丛书）

上海：中华书局，1935.5，6 版，286 页，25
开（算学丛书）

昆明：中华书局，1940.7，7 版，286 页，25
开（算学丛书）

　　本书共 19 章，内容包括：方程式之基本
性质、方程式之简单变形、方程式根之界限、
数字方程式根之近似值、消去法、置换法、
循环方程式、亚伯尔方程式等。附中西名词
索引。

　　收藏单位：北师大馆、重庆馆、广东馆、
广西馆、贵州馆、国家馆、黑龙江馆、江西
馆、南京馆、内蒙古馆、上海馆、首都馆、
西南大学馆、浙江馆

01072

伽罗华与群论　（美）L. R. Lieber 著　樊㙊译

外文题名：Galois and the theory of groups

上海：商务印书馆，1936.7，52 页，32 开
（算学小丛书）

　　本书共 7 部分：群的重要、群是什么、群
的重要性质、一个方程式的群、伽罗华的鉴
定、用直尺与圆规的作图、伽罗华的鉴定为
什么是对的。

　　收藏单位：广东馆、国家馆、湖南馆、吉
林馆、辽宁馆、南京馆、山西馆、上海馆、
首都馆、天津馆、浙江馆

01073

高等代数 ABC　施毓骧著

上海：ABC 丛书社，1933.3，2 册（130+84
页），32 开（ABC 丛书）

　　本书共 11 章：因子、对称式、联立方程
式、乘方及开方、二次方程式的讨论、概算、
级数、连分数、行列式、方程式的普通性质、
数字方程式。版权页题名：高等代数学 ABC。
封面题：施敏骧编。

　　收藏单位：国家馆、南京馆、山东馆

01074

高等代数考试指导　施惠同编著

上海：东方书店，1937，3 版，198 页，32 开（考试指导丛书）

　　本书为中学升学会考及普通考试适用。

　　收藏单位：广东馆

01075

高等代数题解　徐谷生编

南昌：艺文书社，1946.10，4 版，350 页，25 开

　　本书收录题解 26 则，内容包括：特定系数法、综合除法、分式、二项式定理、不等式、无穷级数等。

　　收藏单位：广西馆

01076

高等代数问题详解　赵余勋编著

上海：三民图书公司，1946.7，新 1 版，238 页，横 36 开

　　本书内容包括：整式、一元一次方程式、一次联立方程式、剩余定理、因数分解、分式、一元二次方程式等。

　　收藏单位：国家馆、内蒙古馆

01077

高等代数学（汉译改订版）（美）郝克思（H. E. Hawkes）著　马纯德译

外文题名：Advanced algebra

北平：文化学社，1931.2，297 页，25 开

北平：文化学社，1932.8，再版，297 页，25 开

北平：文化学社，1933.9，4 版，297 页，25 开，精装

北平：文化学社，1934.5，5 版，297 页，25 开，精装

　　本书分 3 部分：二次方程式部、二次方程式推广部、高等代数部。共 22 章，内容包括：基本演算、分解因式、数学归纳法、二项式定理、虚数、方程式论、连分数、记数法等。

1933 年版和 1934 年版版权页题名：高等代数。

　　收藏单位：国家馆

01078

高等代数学（上册）　董辰秋著

成都：路明书店，1949，278 页，32 开

　　收藏单位：重庆馆

01079

高等代数学补充教材

军训部陆军军官预备学校，1944，24 页，32 开

　　本书为军训部审定陆军军官预备学校专用课本。

　　收藏单位：重庆馆

01080

高等代数学概论　刘遂生　余源庆编

上海：中华书局，1948.5，146 页，32 开

　　本书共 8 章：排列、组合、二项法、部分分式、行列式、复数、或然率、级数。

　　收藏单位：重庆馆、东北师大馆、广西馆、国家馆、黑龙江馆、江西馆、南京馆、上海馆、浙江馆

01081

高等代数学题解　（法）E. Fabry 著　尹国均译

南京、上海：正中书局，1937.7，96 页，32 开

南京：正中书局，1947.6，沪 1 版，96 页，32 开

　　本书共 15 章，内容包括：行列式、级数、指数函数与对数函数、函数之展开、多元函数、虚数、代数方程式、实根、内推法等。

　　收藏单位：国家馆、浙江馆

01082

高等代数学通论　（美）波瑟耳（Maxime Bocher）著　余介石译

外文题名：Introduction to higher algebra

上海：商务印书馆，1935.2，10+439 页，23 开，精装（大学丛书 教本）

长沙：商务印书馆，1939，3 版，10+439 页，23 开（大学丛书 教本）

重庆：商务印书馆，1945，10+439 页，23 开（大学丛书 教本）

　　本书共 22 章，内容包括：多项式及其基

本性质、行列式之数种特性、平直关系论、平直方程式、关于方阵之秩之数定理、平直变换与方阵运算、二次方式、一对二次方式等。著者原题：波赫耳。

　　收藏单位：重庆馆、东北师大馆、广西馆、贵州馆、国家馆、黑龙江馆、湖南馆、吉林馆、江西馆、辽宁馆、南京馆、内蒙古馆、宁夏馆、上海馆、西南大学馆

01083

高等代数引论　（美）波瑟耳（Maxime Bocher）著　吴大任译

外文题名：Introduction to higher algebra

上海：商务印书馆，1935.12，398 页，22 开

上海：商务印书馆，1937.4，再版，398 页，22 开

　　本书共 22 章，内容包括：多项式及其最基本之性质、行列式之几个性质、平直关系论、平直方程式、关于方阵之秩的几个定理、平直变换及方阵之结合、二次方式、多项式一般的性质等。著者原题：波赫耳。

　　收藏单位：重庆馆、东北师大馆、广西馆、贵州馆、国家馆、湖南馆、江西馆、南京馆、上海馆、首都馆、浙江馆

01084

高等方程式论　余介石　陆子芬编著

重庆：正中书局，1944.5，187 页，25 开

上海：正中书局，1945，187 页，25 开

上海：正中书局，1947.7，沪3 版，187 页，25 开

　　本书共 10 章，内容包括：整有理函数、置换与有理函数、体方程式之可约性、用分解式之方程式解法、特种方程式根式解法之准则等。大学用书。

　　收藏单位：重庆馆、东北师大馆、国家馆、辽宁馆、内蒙古馆、首都馆

01085

葛罗华氏代数方程式论　（英）马瑞（G. B. Mathews）著　沈振年译

世界书局，1941.1，136 页，32 开

　　本书共 5 章：葛罗华之群及分解式、循环方程式、亚倍尔方程式、准循环方程式、藉标准形式之解法。

　　收藏单位：重庆馆、江西馆、南京馆、上海馆、浙江馆

01086

韩译范氏高等代数学（上卷）（美）H. B. Fine 撰　韩桂丛译述

北平：算学丛刻社，1935，再版，影印本，97+241+[24] 页，32 开

　　本书内容包括：减法及负数、除法及分数、无理数、虚数及复素数、基本演算、一元一次方程、有理式、开方等。

　　收藏单位：国家馆

01087

汉译范氏大代数学　刘珮文编译

北平：世界图书社，1935.8，589+36 页，32 开，精装

　　收藏单位：南京馆

01088

汉译范氏高等代数　（美）H. B. Fine 原著　徐谷生译述

南昌：艺文书社，1940，14 版，524 页，22 开

南昌：艺文书社，1940，15 版，524 页，22 开

南昌：艺文书社，1948.10，16 版，524 页，22 开

　　本书为分数和代数学两编，内容包括：减法与负数、除法与分数、无理数、一元一次方程式、联立一次方程式、有理分式、对称函数、二项式定理、开方、二次方程式等。

　　收藏单位：江西馆

01089

汉译范氏高等代数学　（美）H. B. Fine 原著　李友梅译

长沙：湘芬书局，1942.3，5 版，2 册（762 页），32 开

　　收藏单位：广东馆

01090

汉译高等代数学　（美）郝克思（H. E. Hawkes）著　鲁作东译述

外文题名：Advanced algebra

北京：华北科学社，1938.3，再版，297 页，
25 开

　　本书分 3 部分：二次方程式之部、二次方
程式的推广部、高等代数之部。共 22 章，内
容包括：基本演算、因式分解、数学归纳法、
虚数、行列式等。封面及版权页题名：汉译郝
克斯高等代数学。著者原题：郝克斯。高中师
范适用教本。

　　　收藏单位：国家馆

01091

汉译郝尔爱特高等代数学　（英）霍尔（H. S.
Hall）（英）乃特（S. R. Knight）著　李士奇
译

外文题名：Higher algebra

北平：北平科学社，1935.1，557 页，25 开，
精装

北平：北平科学社，1937.7，再版，552 页，
25 开，精装

北平：北平科学社，1949，[再版]，559 页，
25 开

　　本书共 35 章，内容包括：比、比例、变
法、等差级数、等比级数、记数法、不尽根
与虚量等。著者"霍尔"原题：郝尔，著者
"乃特"原题：爱特。

　　　收藏单位：广西馆、国家馆、内蒙古馆

01092

汉译郝尔爱特高等代数学习题详解　李士奇
　　赵国昌　于勤伯译

北平：北平科学社，1935.6，375 页，25 开

　　本书版权页题名：汉译郝爱二氏高等代数
学习题详解。

　　　收藏单位：国家馆、浙江馆

01093

汉译郝克士大代数学　（美）郝克思（H. E.
Hawkes）著　高佩玉译

外文题名：Higher algebra

北平：文化学社，1934.2，再版，230 页，22
开

　　本书共 11 章，内容包括：弁言、函数及
其图解、二次方程式、不等式、复数、方程

式论等。

　　　收藏单位：江西馆、南京馆、内蒙古馆

01094

汉译郝克氏高等代数学　（美）郝克思（H. E.
Hawkes）著　李士奇译

外文题名：Higher algebra

北平：北平科学社，1935.5，221 页，25 开，
精装

北平：北平科学社，1937.1，再版，221 页，
25 开，精装

北平：北平科学社，1940.7，3 版，221 页，
25 开，精装

　　本书共 11 章，内容包括：引论（复习）、
函数及其图象、二次方程式、不等式、复数、
方程式论等。

　　　收藏单位：江西馆

01095

行列论　（日）藤原松三郎著　萧君绛译

上海：商务印书馆，1936.6，270 页，22 开，
精装（大学丛书 教本）

　　本书共 3 章：行列式、行列、无限行列。

　　　收藏单位：重庆馆、东北师大馆、广西
馆、贵州馆、国家馆、湖南馆、江西馆、南
京馆、上海馆、首都馆、浙江馆

01096

行列式管窥　何籽嵌著

成都：复兴书局，1947.3，66 页，18 开，环
筒页装

　　　收藏单位：重庆馆

01097

行列式详论　何鲁　段子燮著

外文题名：A treatise on determinant

上海：商务印书馆，1924.6，126 页，22 开，精
装（算学丛书 2）

上海：商务印书馆，1931.3，再版，126 页，23
开，精装（算学丛书 2）

上海：商务印书馆，1933.3，国难后 1 版，126
页，23 开，精装（算学丛书 2）

　　本书分上、中、下三篇。上篇绪论，略

述行列式雏形；中篇正义，介绍行列式特性、子行列式定义、两行列式之乘积及一行列式之平方等；下篇应用，仅限于代数一部分。

收藏单位：广西馆、贵州馆、国家馆、江西馆、南京馆、上海馆、首都馆、西南大学馆、浙江馆

01098

行列式之理论及其应用　司各脱（R. F. Scott）著　黄缘芳译

外文题名：The theory of determinations and their applications

上海：商务印书馆，1935.1，397 页，22 开，精装（大学丛书 教本）

上海：商务印书馆，1935.7，再版，397 页，22 开，精装（大学丛书 教本）

本书共 17 章，内容包括：行列式之一般性质、小行列式及行列式之展开式、繁行列式、特殊形之行列式、有理函数之行列式、连分数理论上之应用等。

收藏单位：重庆馆、东北师大馆、广西馆、贵州馆、国家馆、黑龙江馆、江西馆、南京馆、内蒙古馆、上海馆、天津馆、西南大学馆、浙江馆

01099

郝克氏高等代数题解　钱万元编演

北平：北平科学社，1941.3，2 版，368 页，32 开

收藏单位：国家馆

01100

郝克氏高等代数学习题详解　钱万元编演

北平：北平科学社，1935.8，403 页，16 开

收藏单位：江西馆、浙江馆

01101

郝克氏高级代数学习题详解　高佩玉编译

北平：北平科学社，1935.8，183 页，18 开

本书内容包括：基本演算、因式分解、分式、方程式、无理数及根式、对数、联立二次方程式等。版权页题名：汉译郝克氏高级代数学习题详解。

收藏单位：国家馆

01102

幻方　鄺恂立　汪以麟编纂

外文题名：Magic squares

上海：商务印书馆，1922.6，85 页，32 开

上海：商务印书馆，1924.5，再版，85 页，32 开

上海：商务印书馆，1935.3，国难后 2 版，85 页，32 开（算学小丛书）

本书共 5 章：导言、多边形之幻方、幻立方、幻圆幻球幻星、各种幻方作法之图式。

收藏单位：重庆馆、广东馆、国家馆、湖南馆、江西馆、南京馆、内蒙古馆、上海馆、首都馆、西交大馆

01103

霍奈二氏代数学　（英）霍尔（H. S. Hall）（英）乃特（S. R. Knight）著　姚元基　吴廉方译

外文题名：Algebra for colleges and schools

长沙：商务印书馆，1940.5，2 册（10+857 页），32 开

上海：商务印书馆，1947.7，再版，2 册（10+857 页），32 开

本书共 49 章，内容包括：括弧之移去及插入、一次方程式、记号式、最高公因数、最低公倍数、联立方程式、不等式、顺列与组合等。译者"乃特"原题：奈脱。

收藏单位：国家馆、江西馆、内蒙古馆、浙江馆

01104

霍氏高级代数　（美）郝克思（H. E. Hawkes）著　顾均正译

外文题名：Advanced algebra

上海：开明书店，1947.11，298 页，32 开

上海：开明书店，1948.6，再版，298 页，32 开

本书分 3 部分：二次式之部、二次式及其他、高等代数。共 22 章，内容包括：基本运算、因子分解、分数、联立二次方程式、行列式、连分数等。前言中著者译名为霍克斯。

收藏单位：北师大馆、东北师大馆、江西馆、浙江馆

01105

近世代数学 （德）B. L. van der Waerden 著　萧君绛译

乐山（四川）：国立武汉大学数学室，1943.10，2 册（312+247 页），24 开

　　本书共 17 章，内容包括：数与集合、群、环与体、有理整函数、体论、Galois 氏之理论等。大学教科用书。

　　收藏单位：东北师大馆、国家馆、南京馆、西南大学馆

01106

类论梗概　包姆加脱纳（L. Baumgartner）著　郑太朴译

外文题名：Elements of theory of groups

上海：商务印书馆，1930.10，102 页，32 开（算学小丛书）（万有文库 第 1 集 432）

上海：商务印书馆，1931.11，102 页，32 开（算学小丛书）

上海：商务印书馆，1933.6，国难后 1 版，102 页，32 开（算学小丛书）

上海：商务印书馆，1934.7，国难后 2 版，102 页，32 开（算学小丛书）

长沙：商务印书馆，1939.8，国难后 4 版，102 页，32 开（算学小丛书）

长沙：商务印书馆，1939.12，102 页，32 开，精装（算学小丛书）（万有文库 第 1—2 集简编 142）

　　本书共 4 章：类之概念、几何学上类之概念、有尽类、无尽类。

　　收藏单位：重庆馆、大连馆、东北师大馆、广东馆、广西馆、贵州馆、国家馆、黑龙江馆、江西馆、辽大馆、辽师大馆、南京馆、内蒙古馆、宁夏馆、上海馆、首都馆、天津馆、武大馆、西南大学馆、浙江馆

01107

理想数论初步　（德）Edmund Landau 著　樊畿译

外文题名：Einführung in die elementare Theorie der algebraischen Zahlen und der Ideale

上海：商务印书馆，1937.5，112 页，32 开（算学小丛书）

　　本书共 9 部分：多项式、代数数、代数数域、理想数、素理想数、理想数之矩、线性函数、理想数之分类、单位数。附本书所需预备知识。

　　收藏单位：重庆馆、东北师大馆、贵州馆、国家馆、湖南馆、南京馆、内蒙古馆、上海馆、首都馆、天津馆、浙江馆

01108

群论　（日）圆正造著　萧君绛译

上海：商务印书馆，1934.5，630 页，22 开，精装（大学丛书 教本）

上海：商务印书馆，1934.7，2 册（630 页），22 开（大学丛书 教本）

上海：商务印书馆，1935.5，再版，630 页，22 开，精装（大学丛书 教本）

　　本书共 5 篇：群的概论，置换群，合同群，特殊群，群母式、群指标。

　　收藏单位：重庆馆、东北师大馆、贵州馆、桂林馆、国家馆、辽大馆、南京馆、内蒙古馆、上海馆、首都馆、天津馆、浙江馆

01109

三次方程式详论　周炳章编著

上海：大东书局，1938.3，125 页，32 开（君华数学丛书 2）

　　本书共 7 章，内容包括：一元三次方程式之解法、一元三次函数之研究、三次方程式论等。

　　收藏单位：首都馆

01110

数论　樊畿　孙树本编

长沙：国立编译馆，1940.10，358 页，25 开

　　本书首先介绍代数数与代数数域等基本概念，然后分论有理数域和二次数域。商务印书馆印行。

　　收藏单位：重庆馆、国家馆、湖南馆、江西馆、内蒙古馆、西南大学馆

01111

数论　吕竹人著

上海：中国科学社，1938.6，203 页，32 开
（科学文库 第 2 集 第 1 号）

　　本书共 8 章：绪论、一般等剩式、简连分数、一次等剩式、二次等剩式、高次等剩式、代数数、数域 K(i)。

　　收藏单位：重庆馆、国家馆、上海馆、首都馆、天津馆

01112

数论尺规作图及周率　（美）杨格（J. W. A. Young）（美）狄克逊（L. E. Dickson）（美）史密斯（David Eugene Smith）著　郑太朴译

外文题名：Theory of numbers. Construction with ruler and compass. History of π

上海：商务印书馆，1930.10，134 页，32 开（算学小丛书）（万有文库 第 1 集 435）

上海：商务印书馆，1931.12，134 页，32 开（算学小丛书）

上海：商务印书馆，1933.6，国难后 1 版，134 页，32 开（算学小丛书）

上海：商务印书馆，1934.9，国难后 2 版，134 页，32 开（算学小丛书）

上海：商务印书馆，1935.3，国难后 3 版，134 页，32 开（算学小丛书）

　　本书收论文 3 篇：《数论》（J. W. A. Young 著）、《用界尺及圆规之作法有法多角形》（L. E. Dickson 著）、《圆周率 π 之历史及其超绝性》（David Eugene Smith 著）。1930 年版著者“杨格”原题：杨氏，著者“狄克逊”原题：狄克孙，著者史密斯原题：斯密。

　　收藏单位：重庆馆、大连馆、东北师大馆、广东馆、广西馆、国家馆、黑龙江馆、江西馆、辽大馆、辽宁馆、辽师大馆、南京馆、内蒙古馆、宁夏馆、上海馆、首都馆、天津馆、西南大学馆、浙江馆

01113

数论初步　吴在渊著

上海：商务印书馆，1931.2，332 页，22 开（大同大学丛书）

上海：商务印书馆，1933.8，国难后 1 版，332

页，22 开，精装（大学丛书）

上海：商务印书馆，1935.5，大丛本 2 版，332 页，22 开，精装（大学丛书 教本）

　　本书共 5 章：整数之初等性质、等余之理论、等余式解法、平方剩余、不定方程式。

　　收藏单位：重庆馆、东北师大馆、国家馆、黑龙江馆、湖南馆、江西馆、辽宁馆、内蒙古馆、首都馆、天津馆、西南大学馆

01114

威斯两氏大代数　（美）E. J. Wilczynski（美）H. E. Slaught 著　萧文灿译

外文题名：College algebra with applications

上海：商务印书馆，1934.7，25+508 页，23 开

上海：商务印书馆，1935.3，3 版，25+508 页，23 开

长沙：商务印书馆，1938，4 版，25+508 页，23 开

上海：商务印书馆，1946.11，5 版，25+508 页，23 开

　　本书共 16 章，内容包括：代数数之系统、一次函数及级数、二次函数及方程式、有理分数函数、无理函数、排列与配合、概率等。

　　收藏单位：重庆馆、东北师大馆、国家馆、黑龙江馆、江西馆、南京馆、内蒙古馆、上海馆、首都馆、天津馆

数学分析

01115

奥氏初等微积分学　（美）W. F. Osgood 著　张方洁译

外文题名：Introduction to the calculus

上海：商务印书馆，1936.10，482 页，25 开，精装

长沙：商务印书馆，1938.10，再版，482 页，25 开

　　本书共 15 章，内容包括：绪论、应用问题、微变数及微分数、三角函数、对数及指数、逆三角函数、积分法、定积分式等。

　　收藏单位：重庆馆、贵州馆、国家馆、辽宁馆、首都馆

01116

奥斯宾氏积分学 （美）G. A. Osborne 著　郑家斌译

外文题名：Integral calculus

上海：科学会编译部，1913.5，3 版，139 页，22 开

　　本书共 11 章，内容包括：总论积分法、有理分数之积分法、有理积分法、三角之积分、积分表、叠积分法等。

　　收藏单位：首都馆、浙江馆

01117

奥斯宾氏积分学全草　严圣俞　金维震演

上海：科学会编译部，1911，133 页，25 开，环筒页装

　　本书为高等学堂、实业学堂参考书。

　　收藏单位：首都馆

01118

奥斯宾氏微分学 （美）G. A. Osborne 著　李德晋　郑家斌译

外文题名：An elementary treatise on the differ-ential calculus

上海：科学会编译部，1913.2，3 版，202 页，22 开

　　本书共 19 章，内容包括：函数、微系数、微分法、叠微分法、阴函数、函数开展式、阴分状等。

　　收藏单位：贵州馆、浙江馆

01119

变分法　何鲁著

上海：商务印书馆，1935.6，68 页，22 开（大学丛书 教本）

　　本书共 3 部分：变分法举例、一次变分、二次变分。

　　收藏单位：重庆馆、广东馆、国家馆、江西馆、辽宁馆、南京馆、上海馆、首都馆、浙江馆

01120

初等微分积分学　胡希瑗编

[上海]：胡希瑗 [发行者]，1934.8，258 页，

32 开

[上海]：胡希瑗 [发行者]，1935，3 版，258 页，32 开

　　收藏单位：广西馆

01121

初等微分积分学　杨德隅编

上海：商务印书馆，1934.2，159 页，25 开

上海：商务印书馆，1935.4，3 版，159 页，25 开

长沙：商务印书馆，1938，7 版，159 页，25 开

长沙：商务印书馆，1938.10，8 版，159 页，25 开

上海：商务印书馆，1948.4，12 版，159 页，25 开

　　本书共 10 章，内容包括：变数及函数、极限、增量及微系法、微分法之范式、微分及积分、积分法之范式等。

　　收藏单位：重庆馆、国家馆、湖南馆、江西馆、辽宁馆、内蒙古馆、首都馆、浙江馆

01122

初等微分积分学

出版者不详，油印本，69 叶，16 开，环筒页装

　　本书为大学讲义。

　　收藏单位：重庆馆

01123

从代数到微积　郑太朴编译

外文题名：From algebra to calculus

上海：商务印书馆，1928.4，154 页，32 开（百科小丛书）

上海：商务印书馆，1929.10，154 页，32 开（百科小丛书）（万有文库 第 1 集 431）

上海：商务印书馆，1933.3，国难后 1 版，154 页，32 开（百科小丛书）

上海：商务印书馆，1934，再版，154 页，32 开（百科小丛书）（万有文库 第 1 集 431）

上海：商务印书馆，1934.7，再版，136 页，32 开（百科小丛书）

上海：商务印书馆，1934.12，国难后 2 版，136 页，32 开（百科小丛书）

上海：商务印书馆，1935.7，国难后 3 版，136 页，32 开（百科小丛书）

长沙：商务印书馆，1939.12，154 页，25 开（百科小丛书）（万有文库 第 1—2 集简编 135）

　　本书共 29 部分，内容包括：方程、方程内之项、二项式之乘法、平方几何学上之重要概念、指数、二元一次方程等。据德国休斯德（A. Schuster）著作编译。

　　收藏单位：安徽馆、重庆馆、大连馆、大庆馆、东北师大馆、广东馆、广西馆、贵州馆、国家馆、河南馆、黑龙江馆、湖南馆、江西馆、辽师大馆、内蒙古馆、宁夏馆、山东馆、上海馆、天津馆、西南大学馆、浙江馆

01124

高等算学分析　熊庆来著

上海：商务印书馆，1934.8，520 页，22 开，精装（大学丛书 教本）

上海：商务印书馆，1935.4，再版，520 页，22 开，精装（大学丛书 教本）

　　本书共 13 章，内容包括：显函数之微分、无定积分、定积分、重积分、多次重积分、尤拉氏积分、变分法大意、幂级数等。

　　收藏单位：重庆馆、东北师大馆、广东馆、国家馆、湖南馆、江西馆、辽宁馆、宁夏馆、上海馆、首都馆、西南大学馆、浙江馆

01125

高等算学分析讲义　熊庆来编

外文题名：Mathematical analysis

北平：[国立清华大学]，1932.6，423 页，16 开

　　收藏单位：国家馆

01126

高等微积分

北京：国立北京大学理学院，46 页，18 开

　　收藏单位：国家馆

01127

葛施龙三氏微积分学习题解答　徐任吾　周文　叶鸿瀛主编

外文题名：Key to Granville, Smith & Longley's elements of the differential and integral calculus

上海：龙门联合书局，1939.1，539 页，25 开，精装

上海：龙门联合书局，1944.11，再版，589 页，25 开，精装

上海：龙门联合书局，1947.5，3 版，589 页，25 开，精装

　　本书练习题及补充题，合计约 2500 余个，均已分别详解，并附图形及表解；关于应用问题，则重视题意的分析与演解的步骤，同时又列出其他解法。1939 年版主编题：徐任吾、周鉴文。

　　收藏单位：首都馆、南京馆

01128

葛、斯、朗三氏微积分题解　杨增光编演

北平：环球书局，1936，520 页，27 开

北平：环球书局，1942，520 页，27 开

　　本书书脊题名：葛斯朗三氏微积分习题解答。版权页题名：英文葛斯朗三氏微积分解答。

　　收藏单位：首都馆

01129

葛斯龙三氏微积分学　（美）W. A. Granville 著　（美）P. F. Smith　（美）W. R. Longley 重编　余介石译订

成都：生生书局，1942.1，[478] 页，大 32 开

　　收藏单位：南京馆

01130

葛斯龙三氏微积分学（校订本）（美）W. A. Granville 著　（美）P. F. Smith　（美）W. R. Longley 重编　余介石译订

成都：建国书局，1943.12，修订再版，12+456+10 页，22 开，环筒页装

成都：建国书局，1945，3 版，12+456+10 页，22 开

成都：建国书局，1947.5，增订 7 版，12+456+10 页，22 开，环筒页装

成都：建国书局，1948.5，增订 8 版，12+456+10 页，22 开，环筒页装

　　本书 1943 年修订再版译订者原题：余介石、李绪文、张伯康。

收藏单位：重庆馆、河南馆

01131

海佛萨氏运算微积学（工程学及物理学上之应用） 胡汝鼎译

上海：公用电机厂，1939.11，191 页，25 开

上海：公用电机厂，1946.1，再版，191 页，25 开

　　收藏单位：南京馆

01132

函数论 陈传璋编著

中央测量学校，1946，油印本，80 页，16 开

　　收藏单位：广东馆

01133

函数论 （德）克诺普（K. Knopp）著　吴大任　陈已同译

外文题名：Funktionentheorie

上海：商务印书馆，1947.2，199 页，32 开

上海：商务印书馆，1949.1，再版，199 页，32 开

　　本书内容包括：关于积分的定理、关于奇点、单值函数、多值函数等。

　　收藏单位：重庆馆、广西馆、国家馆、江西馆、辽宁馆、南京馆、首都馆、天津馆、西南大学馆、浙江馆

01134

函数论 （日）竹内端三著　胡浚济译

长沙：商务印书馆，1940.9，2 册（600 页），25 开（大学丛书 教本）

上海：商务印书馆，1949.9，再版，2 册（600 页），25 开（大学丛书 教本）

　　本书内容包括：复数、初等函数、微分法、积分法、幂级数、奇点、椭圆函数等。

　　收藏单位：东北师大馆、国家馆、黑龙江馆、南京馆、上海馆、天津馆、西南大学馆

01135

汉译葛司龙三氏微积分 （美）W. A. Granville （美）P. F. Smith （美）W. R. Longley 著　王乔南译

外文题名：Elements of the differential and integral calculus

北平：文化学社，1934，2 册（520 页），18 开

　　本书分上、下册，共 27 章。内容包括：公式汇录、微分法、代数式之微分法、导数之各种应用问题、定积分、偏导数之应用问题等。附索引及英汉名词对照表。

　　收藏单位：国家馆、浙江馆

01136

汉译葛司龙三氏微积分纲要 （美）W. A. Granville 著 （美）P. F. Smith （美）W. R. Longley 增订　王乔南编译

外文题名：Elements of the differential and integral calculus

北平：文化学社，1934，2 册（282 页），18 开

北平：文化学社，1934.12，282 页，18 开

　　本书共 20 章，内容包括：公式汇录、微分法、代数式之微分法、导数之各种应用问题、定积分、函数之展开等。附汉英名词对照表。

　　收藏单位：国家馆、首都馆

01137

汉译葛斯郎三氏微积分题解（积分部） 高佩玉　王周卿编演

北平：北平科学社，1949.1，新 1 版，628 页，32 开

　　收藏单位：首都馆

01138

汉译葛斯郎三氏微积分学 （美）W. A. Granville （美）P. F. Smith （美）W. R. Longley 著　李士奇译

外文题名：Elements of the differential and integral calculus

北平：北平科学社，1934.8，518 页，32 开

北平：北平科学社，1936.2，518 页，18 开，精装

北平：北平科学社，1946.7，3 版，518 页，32 开

北平：北平科学社，1949.1，新 1 版，518 页，32 开

本书共 27 章，内容包括：公式汇录、微分法、代数式之微分法则、导数之各种应用、积分常数、定积分等。附索引。封面题名：汉译葛斯郎三氏微积分。版版权页题名：汉译葛斯郎微积分学。

收藏单位：国家馆、上海馆、首都馆、浙江馆

01139

积分方程式论　张世勋著

外文题名：Theory of integral equations

成都：开明书店，1936.7，578 页，21 开

本书共 5 部分：基本定义及史略、V 方程式、F 方程式、Hilbert 及 Schmidt 之理论、附录。

收藏单位：西南大学馆

01140

积分方程式之导引　（美）波瑟耳（Maxime Bocher）著　胡敦复　范会国　顾澄译

外文题名：An introduction to the study of integral equations

上海：商务印书馆，1935.7，111 页，22 开（大学丛书 教本）（交通大学丛书）

长沙：商务印书馆，1939，再版，111 页，22 开（大学丛书 教本）（交通大学丛书）

本书共 14 部分，内容包括：预备定义及预备定理、Abel 氏力学上之问题、Abel 氏方程式之解、逐次代入法、无限个变数之线代数方程式、对称核、互垂函数等。

收藏单位：重庆馆、东北师大馆、广西馆、贵州馆、国家馆、湖南馆、江西馆、辽宁馆、南京馆、上海馆、首都馆、天津馆、西南大学馆、浙江馆

01141

积分公式表

北平：国立北平大学工学院，1933.8 印，30 页，36 开

收藏单位：国家馆

01142

积分问题解法　程凯丞编著

上海：商务印书馆，1936.7，244 页，22 开（算学丛书）

上海：商务印书馆，1937.2，再版，244 页，22 开，精装（算学丛书）

本书共 9 章，内容包括：绪论、不定积分之标准式、三角函数之积分法、偏分积分法、代换积分法、分部积分法等。

收藏单位：重庆馆、东北师大馆、国家馆、南京馆、上海馆、首都馆、浙江馆

01143

积分学表解　科学编辑所编辑

上海：科学书局，1913.8，25 页，50 开（普通各科学表解丛书）

本书内容包括：积分法之界说、积分法之记号、积分公式之由来等。附胪举积分公式、通分方程式。

收藏单位：国家馆

01144

积分学问题详解　（日）松室隆光著　储真译

昆明：中华书局，1939.8，201 页，32 开

昆明：中华书局，1941.4，再版，201 页，32 开

本书共 8 章：基本定理、不定积分、定积分、平面积及曲线之长、重积分及其应用、微分方程式、最小二乘法、应用问题。附积分公式。

收藏单位：重庆馆、国家馆、江西馆、辽宁馆、上海馆、西南大学馆

01145

级数概论　（日）林鹤一　（日）小仓金之助著　欧阳祖纶译

外文题名：A treatise on infinite series

上海：商务印书馆，1928.1，695 页，23 开，精装（算学丛书 8）

上海：商务印书馆，1931.5，再版，695 页，23 开，精装（算学丛书 8）

上海：商务印书馆，1936.5，再版，695 页，23 开，精装（算学丛书 8）

本书共 14 章，内容包括：数列之极限、无限级数、正项级数系统的研究、二重级数等。

收藏单位：重庆馆、东北师大馆、广东馆、广西馆、国家馆、湖南馆、江西馆、南京馆、首都馆、天津馆、浙江馆

01146

极限论　（日）竹内端三著　朱纯熙译

外文题名：Theory of limits

上海：商务印书馆，1931.1，218 页，22 开，精装（算学丛书）

上海：商务印书馆，1933.2，国难后 1 版，218 页，22 开，精装（算学丛书）

上海：商务印书馆，1935.6，国难后 2 版，218 页，22 开，精装（算学丛书）

　　本书共 7 章：实数、集、变数及函数、极限之原理、初等超越函数、绵续函数、杂论。

　　收藏单位：重庆馆、广东馆、广西馆、贵州馆、国家馆、湖南馆、辽宁馆、南京馆、山西馆、首都馆、天津馆、西南大学馆、浙江馆

01147

简要实用微积术　（德）柯劳什（F. Kohlrausch）著　李协译

外文题名：Differential-und Integralrechnung

上海：商务印书馆，1927.3，148 页，22 开，精装（算学丛书 6）

上海：商务印书馆，1928，再版，148 页，22 开，精装（算学丛书 6）

上海：商务印书馆，1931.2，3 版，148 页，22 开，精装（算学丛书 6）

上海：商务印书馆，1932.11，国难后 1 版，148 页，22 开，精装（算学丛书 6）

上海：商务印书馆，1933.10，国难后 2 版，148 页，22 开，精装（算学丛书 6）

上海：商务印书馆，1934.12，国难后 3 版，148 页，22 开，精装（算学丛书 6）

上海：商务印书馆，1935.5，国难后 4 版，148 页，22 开，精装（算学丛书 6）

　　本书内容包括：微分算法绪论、微分算法、积分算法、附卷。

　　收藏单位：北师大馆、重庆馆、东北师大馆、广东馆、贵州馆、国家馆、江西馆、南京馆、首都馆、西南大学馆、浙江馆

01148

偏微分方程式理论（上册）　魏嗣銮著

上海：商务印书馆，1936.12，188 页，22 开，精装（大学丛书 教本）

长沙：商务印书馆，1939.6，188 页，22 开（大学丛书 教本）

　　本书内容包括：举例、任意函数与常数、列香得之转换、一次偏微分方程式系、直线式之一次偏微分方程式等。附习题答案。

　　收藏单位：重庆馆、东北师大馆、广东馆、贵州馆、国家馆、湖南馆、江西馆、辽宁馆、内蒙古馆、浙江馆

01149

三角法（二角和差之三角函数）　（日）林鹤一　（日）矢袋喜一著　骆师曾译

外文题名：Trigonometric functions of sum and difference of two angles

上海：商务印书馆，1929.10，152 页，32 开（算学小丛书）（万有文库 第 1 集 425）

上海：商务印书馆，1931.11，152 页，32 开（算学小丛书）

上海：商务印书馆，1933.3，国难后 1 版，152 页，32 开（算学小丛书）

上海：商务印书馆，1934.7，再版，152 页，32 开（算学小丛书）（万有文库 第 1 集 425）

长沙：商务印书馆，1938，国难后 4 版，152 页，32 开（算学小丛书）

　　本书共 5 章：二角和差之正弦及余弦、二角和差之正切及余切、倍角之三角函数、加法定理及减法定理之变形、分角。

　　收藏单位：北师大馆、重庆馆、大连馆、东北师大馆、广西馆、贵州馆、国家馆、黑龙江馆、江西馆、辽大馆、辽师大馆、内蒙古馆、宁夏馆、首都馆、天津馆、西南大学馆、浙江馆

01150

三角法（三角函数）　（日）林鹤一著　骆师曾译

外文题名：Trigonometric function

上海：商务印书馆，1930.4，163 页，32 开（算学小丛书）（万有文库 第 1 集 426）

上海：商务印书馆，1933.4，163 页，32 开（算
学小丛书）

上海：商务印书馆，1934.7，再版，163 页，32
开（算学小丛书）（万有文库 第 1 集 426）

上海：商务印书馆，1934.9，3 版，163 页，32
开（算学小丛书）

长沙：商务印书馆，1939.12，190 页，36 开
（算学小丛书）（万有文库 第 1—2 集简编）

　　本书共 7 章：测角法、锐角之三角函数、
恒等式之证明、特别角之三角函数及三角函
数之变化、一般角之三角函数、三角函数之
变化、三角函数之曲线图示。

　　收藏单位：重庆馆、大连馆、东北师大
馆、广东馆、广西馆、国家馆、黑龙江馆、
江西馆、辽大馆、辽师大馆、南京馆、内蒙
古馆、宁夏馆、上海馆、绍兴馆、首都馆、
天津馆、浙江馆

01151

三角法（三角形之性质及其解法）（日）森
吉太郎著　崔朝庆译

外文题名：Trigonometry. Properties and solutions
of triangle

上海：商务印书馆，1930.10，212 页，32 开
（算学小丛书）（万有文库 第 1 集 424）

上海：商务印书馆，1933.6，212 页，32 开（算
学小丛书）

上海：商务印书馆，1934.1，再版，212 页，32
开（算学小丛书）

长沙：商务印书馆，1939.12，287 页，32 开（算
学小丛书）（万有文库 第 1—2 集简编 140）

长沙：商务印书馆，1940.4，5 版，287 页，32
开（算学小丛书）

　　本书共 5 章：直角三角形之解法、测量高
与距离、斜角三角形角与边之关系、斜角三角
形之解法、测量应用。附问题之答及解法指南。

　　收藏单位：北师大馆、重庆馆、贵州馆、
国家馆、黑龙江馆、江西馆、辽师大馆、南
京馆、内蒙古馆、宁夏馆、上海馆、首都馆、
浙江馆

01152

实变分析（上卷）

北京：国立北京大学理学院，[1941]，96 页，
18 开

　　本书共 6 章：集、实数及极限、点集、变
及函、微分法、积分法。

　　收藏单位：国家馆

01153

实用微积分　萨本栋　郑曾同　杨龙生编著
长汀（福建）：青年图书出版社，1944.9，再
版，2 册（429 页），32 开

　　本书共 19 章，内容包括：代数函数之记
数、几何学上之应用、事理上之极大与极小
及变化率、微分、不定积分、定积分、三角
函数等。

　　收藏单位：贵州馆、首都馆

01154

实用微积分　萨本栋　郑曾同　杨龙生编著
上海：商务印书馆，1948.9，473 页，25 开

上海：商务印书馆，1949，再版，473 页，25
开（大学丛书）

　　本书共 20 章，内容包括：代数函数之记
数、几何学上之应用、事理上之极大与极小
及变化率、微分、不定积分、定积分、三角
函数等。部定大学用书。

　　收藏单位：重庆馆、东北师大馆、国家
馆、辽宁馆

01155

实用微积分（上卷）　萨本栋　郑曾同　杨龙
生编著

厦门：国立厦门大学数理学系，1914.1，218
页，25 开

厦门：国立厦门大学数理学系，1942.9，218
页，25 开

　　收藏单位：重庆馆、南京馆

01156

数学列车　王峻岑著
上海：开明书店，1948.2，186 页，32 开（开
明青年丛书）

上海：开明书店，1948.7，特 1 版，186 页，
32 开（开明青年丛书）

上海：开明书店，1949.1，再版，186 页，32
开（开明青年丛书）

　　本书通过孙悟空坐火车、动的话题、火
车究竟多么快、数的行列、这个年头变了、
跑到哪里算一站、大和小的赛跑等故事，介
绍微积分知识。

　　收藏单位：安徽馆、重庆馆、东北师大
馆、广东馆、广西馆、贵州馆、国家馆、湖
南馆、南京馆、宁夏馆、上海馆、绍兴馆、
首都馆、浙江馆

01157

双曲线函数　徐玉相著

上海：商务印书馆，1936.5，248 页，23 开，
精装（大学丛书 教本）

　　本书共 3 篇：实数之双曲线函数、复虚数
之双曲线函数、双曲线函数之应用。

　　收藏单位：重庆馆、东北师大馆、国家
馆、湖南馆、江西馆、南京馆、内蒙古馆、
上海馆、首都馆、西南大学馆

01158

微分方程初步　（美）Abraham Cohen 著　郑
之蕃译

上海：世界书局，1932.10，272+31 页，25 开，
精装

上海：世界书局，1947.9，再版，260+31 页，
25 开

　　本书共 14 章，内容包括：微分方程及其
解案、一级一次之微分方程、应用、一级高
次之微分方程、异解、全微分方程等。译者
原题：郑桐荪。

　　收藏单位：重庆馆、广西馆、贵州馆、国
家馆、湖南馆、江西馆、辽宁馆、南京馆、
山西馆、西南大学馆、浙江馆

01159

微分方程初步　（英）费利伯（H. B. Phillips）
著　斐礼伯译

外文题名：Differential equations

上海：商务印书馆，1935.11，123 页，23 开，
精装（大学丛书 教本）

　　本书共 4 章：一级微分方程式·离变数

法、其他初级方程式、二级方程式之特类、
常系数平直微分方程式。附答案、中西名词
索引。

　　收藏单位：重庆馆、广西馆、贵州馆、桂
林馆、国家馆、黑龙江馆、湖北馆、湖南馆、
江西馆、辽宁馆、内蒙古馆、浙江馆

01160

微分方程式　（美）D. A. Murray 著　周梦鏖
译

外文题名：Introductory course in differential
equations

上海：龙门联合书局，1948.2，240 页，32 开

上海：龙门联合书局，1949.8，再版，240 页，
32 开

　　本书内容包括：定义·微分方程式之构
成、一阶及一次方程式、一阶而非一次之方
程式、奇解、在几何学力学及物理学方面之
应用、常系数线性方程式等。大学教本。

　　收藏单位：东北师大馆、国家馆、吉林
馆、浙江馆

01161

微分方程式　（英）H. T. H. Piaggio 著　余介
石　周雪鸥译

外文题名：An elementary treatise on differential
equations and their applications

上海：国立编译馆，1935.5，526 页，22 开，
精装

　　本书内容包括：一级一次微分方程式、常
系数平直方程式、简易偏微分方程式、一级
但非一次之方程式等。

　　收藏单位：重庆馆、东北师大馆、广西
馆、国家馆、湖北馆、江西馆、南京馆、山
西馆、首都馆、浙江馆

01162

微分方程式　（德）季培特（Kiepert）著　马
君武译

上海：科学会编译部，1913.9，311 页，24 开

上海：科学会编译部，1933，国难后 1 版，311
页，24 开

　　本书共 5 章：常微分一次方程式之理论、

常微分之高次方程式、m 次线微分方程式、联立微分方程式、用渐近法求常微分方程式之积分。附微分方程式重要公式表。

　　收藏单位：广东馆、贵州馆、辽宁馆、首都馆、浙江馆

01163

微分方程式 （德）季培特（Kiepert）著　马君武译述

外文题名：Differential-Glei Chungen

上海：商务印书馆，1931.2，311 页，24 开

　　收藏单位：东北师大馆、广西馆、桂林馆、西南大学馆

01164

微分方程式简要　袁武烈编

广州：国立中山大学出版部，1929.7，215 页，24 开（国立中山大学理科丛书）

　　本书共 6 篇：第一级微分方程式、高级微分方程式、平直微分方程式、微分方程组、第一级偏微分方程式、高级偏微分方程式。

　　收藏单位：国家馆

01165

微分方程通论 （美）Abraham Cohen 著　李绪文　倪可权译

外文题名：An elementary treatise on differential equations

重庆：正中书局，1945.7，402 页，25 开

上海：正中书局，1946.9，沪 1 版，402 页，25 开

上海：正中书局，1947.7，沪 4 版，402 页，25 开

　　本书共 14 章，内容包括：微分方程及其解、一级微分方程、应用、一级微分方程之其他解法、异解、常系数平直微分方程等。据 1933 年原著增订本译出。大学用书。

　　收藏单位：重庆馆、东北师大馆、桂林馆、国家馆、江西馆、辽宁馆、南京馆、上海馆、天津馆

01166

微分积分学　彭清鹏著

上海：中华书局，1915.4，2 册（555 页），32 开，精装

　　收藏单位：国家馆、首都馆、浙江馆

01167

微分积分学 （日）长泽龟之助著　马瀛译述

外文题名：Differential & integral calculus

上海：商务印书馆，1911.4，350 页，25 开

上海：商务印书馆，1914.4，再版，350 页，25 开

　　本书共 25 编，内容包括：微分法、积分法、累次微分法、累次积分法及应用、未定式、切线及法线等。附总答、中英名词表。

　　收藏单位：国家馆、山西馆、首都馆、浙江馆

01168

微分学　段子燮　何鲁编著

上海：中华书局，1928.1，204 页，25 开

上海：中华书局，1930，再版，204 页，25 开

上海：中华书局，1931.8，3 版，204 页，25 开

上海：中华书局，1937.4，4 版，204 页，25 开

　　本书共两编：微分和微分应用。内容包括：应数、纪变数、乐尔氏定理及有限增量、高次纪数、戴氏公式及应数展开、曲线之类别与解法及例题等。

　　收藏单位：重庆馆、桂林馆、国家馆、湖南馆、江西馆、山西馆、浙江馆

01169

微分学表解　科学编辑所编

上海：科学书局，1913.8，38 页，50 开（普通各科学表解丛书）

　　本书共 46 部分，内容包括：数之分类、数之记载、函数、阳函数、阴函数、函数之记号、函数记号之种种、函数之关系等。附分项微分、总微分、戴奥古罗之曲线、克地呐利之曲线等。

　　收藏单位：国家馆、上海馆

01170

微分学问题详解 （日）松室隆光著　储真译

昆明：中华书局，1939.8，216 页，32 开

　　本书共 10 章：基础定理、微分法、导函数之性质及其应用、逐次微分法、无限级数、函数之展开、偏微分法、平面曲线、变数之变更、包络线与缩闭线。附微分公式。

　　收藏单位：重庆馆、广西馆、国家馆、辽大馆、首都馆、西南大学馆

01171

微积分

国立中央工业专科职业学校，1942，油印本，56 叶，16 开

国立中央工业专科职业学校，1943，油印本，12—37 叶，16 开

　　本书为国立中央工业专科职业学校讲义。

　　收藏单位：重庆馆

01172

微积分大意　周为群编

上海：开明书店，1934.4，168 页，32 开

上海：开明书店，1935.7，再版，168 页，32 开

　　本书共 12 章，内容包括：极限论和不定式、微分法、微分法的公式、无穷极数、函数展开法、再论不定式、极大与极小等。

　　收藏单位：国家馆、江西馆、浙江馆

01173

微积分入门　（日）秋山武太郎著　袁愈佺译

上海：中华书局，1949.8，214 页，36 开（算学丛书）

　　本书共 7 章：变数与函数之意义及函数之图示、微分法、代数函数之微分法、极大极小、积分、三角函数之微分法、指数及对数函数之微分法。

　　收藏单位：重庆馆、辽宁馆、上海馆

01174

微积分学　（美）H. B. Fine 著　李锐夫译

外文题名：Calculus

上海：正中书局，1947.8，592 页，25 开

　　本书共 30 部分，内容包括：导微函数、代数函数之导微函数、极大与极小、反函数、三角函数、指数与对数函数、曲率等。大学用书。

　　收藏单位：东北师大馆、国家馆、辽宁馆、上海馆、西南大学馆

01175

微积分学　（美）W. A. Granville 著　（美）P. F. Smith　（美）W. R. Longley 增订　周梦麐译

外文题名：Elements of calcucas

上海：龙门联合书局，1948.11，548 页，25 开，精装

　　本书共 27 章，内容包括：公式汇集、变数函数与极限、微分法、代数式微分规则、导数之各种应用、逐次微分法及其应用等。据原书 1946 年版译出。大学教本。

　　收藏单位：国家馆、山西馆、天津馆

01176

微积分学　W. M. Baker 著　黄守中　张季信　程纶译

上海：中华书局，1937.5，164 页，22 开，精装

上海：中华书局，1938.7，再版，164 页，22 开，精装

昆明：中华书局，1941.3，3 版，164 页，22 开，精装

上海：中华书局，1947.7，4 版，164 页，22 开

上海：中华书局，1948.9，5 版，164 页，22 开

　　本书共 17 章，内容包括：积及商之微分系数、微分系数视为速度量数、极大与极小之例题、积分视为微分之还原、有定积分、简单微分方程式、部分积分法等。大学用书。

　　收藏单位：重庆馆、东北师大馆、国家馆、湖南馆、辽宁馆、南京馆、内蒙古馆、上海馆、西南大学馆、浙江馆

01177

微积分学　（日）秋山武太郎著　仲光然译

上海：世界书局，1933.5，161 页，25 开

　　收藏单位：广东馆、国家馆、黑龙江馆、湖南馆、浙江馆

01178

微积分学　孙光远　孙叔平著

长沙：商务印书馆，1940.9，348 页，25 开（大学丛书 教本）

上海：商务印书馆，1947.6，3 版，348 页，25 开（大学丛书 教本）

　　本书共 14 章，内容包括：函数及极限、微分法、导数之性质及其应用、逐次微分法、平面曲线、无穷级数、函数之展开、不定积分、定积分等。

　　收藏单位：重庆馆、国家馆

01179

微积分学 ABC　王士鼐著

上海：ABC 丛书社，1930.11，103 页，32 开（ABC 丛书）

上海：ABC 丛书社，1931.11，再版，103 页，32 开（ABC 丛书）

上海：ABC 丛书社，1934.10，3 版，103 页，32 开（ABC 丛书）

　　本书内容包括：函数、微差、速度、距离与时间的图表、斜度、微分、微分的应用、极大和极小、变动率、积分等。

　　收藏单位：国家馆、辽大馆、南京馆、上海馆、首都馆、天津馆、浙江馆

01180

微积分学初步　李俨著

上海：中华书局，1936.1，147 页，32 开

昆明：中华书局，1941.5，再版，147 页，32 开

　　本书共 6 章：微分法公式及其解法、微分法之应用及其别解、微分法解义及极大极小问题、积分法公式及其解法、积分法之应用、重积分及其应用。附微分公式、积分公式。

　　收藏单位：重庆馆、贵州馆、国家馆、黑龙江馆、江西馆、辽宁馆、内蒙古馆、首都馆、西南大学馆、浙江馆

01181

微积分学讲义　（日）根津千治著　匡文涛译

外文题名：Lectures on calculus

上海：商务印书馆，1919.7，394 页，23 开，精装

上海：商务印书馆，1922.6，再版，394 页，23 开，精装

上海：商务印书馆，1924.12，3 版，394 页，23 开，精装

上海：商务印书馆，1927.1，4 版，394 页，23 开，精装

上海：商务印书馆，1933.5，国难后 1 版，394 页，23 开，精装

上海：商务印书馆，1934.10，国难后 2 版，394 页，23 开，精装

上海：商务印书馆，1935.7，国难后 3 版，394 页，23 开，精装

　　本书共 3 篇：微分学、积分学、微分方程式。内容包括：微分法、级数、函数之极大极小、平面曲线总论、平面曲线各论、关于定积分之定理等。

　　收藏单位：重庆馆、东北师大馆、广东馆、广西馆、国家馆、湖南馆、江西馆、南京馆、宁夏馆、首都馆、天津馆、西南大学馆、浙江馆

01182

微积分专科

出版者不详，油印本，21 叶，16 开，环筒页装

　　本书为大学讲义。

　　收藏单位：重庆馆

01183

微积概要　何衍璿　李铭槃　苗文绥编

上海：国立编译馆，1936.3，373 页，22 开，精装

　　本书共 12 章，内容包括：级数、引数及微分、原函数及积分、函数展成级数及整级数之性质、未定形式、函数之变值、多变数之函数、计分方法等。

　　收藏单位：重庆馆、东北师大馆、广西馆、贵州馆、国家馆、江西馆、南京馆、首都馆、天津馆、浙江馆

01184

微积概要　何衍璿　李铭槃　苗文绥编著

广州：国立中山大学出版部，1933.9，355 页，22 开（国立中山大学理学院丛书）

收藏单位：国家馆、浙江馆

01185

微积捷程　（美）巴桑诺（L. M. Passano）著　徐燮均译

外文题名：Calculus and graphs

长沙：商务印书馆，1941.4，141 页，25 开

上海：商务印书馆，1947.5，再版，141 页，25 开

　　本书共 8 章，内容包括：变数，函数与图线；增加量，微分法与微系数，代数函数与三角函数的微系数；微系数的用途及其应用上的意义，变化率，速度，加速度；积分法，不定积分，求积分的各种方法等。

　　收藏单位：重庆馆、东北师大馆、广西馆、国家馆、内蒙古馆

01186

微积学　（英）艾德瑟著　李国钦译

上海：商务印书馆，1911，233 页，32 开

　　收藏单位：南京馆

01187

微积学发凡　郑太朴著

外文题名：An introduction to calculus

上海：商务印书馆，1929.10，171 页，32 开（算学小丛书）（万有文库 第 1 集 430）

上海：商务印书馆，1933.4，171 页，32 开（算学小丛书）

上海：商务印书馆，1934.7，再版，171 页，32 开（算学小丛书）（万有文库 第 1 集 430）

上海：商务印书馆，1937，4 版，147 页，32 开（算学小丛书）

长沙：商务印书馆，1939.12，147 页，36 开（算学小丛书）（万有文库 第 1—2 集简编）

长沙：商务印书馆，1940.2，5 版，147 页，32 开（算学小丛书）

　　本书共 3 章：基本概念、微分算法、积分算法。附微积算法应用示例。

　　收藏单位：安徽馆、重庆馆、大连馆、东北师大馆、广东馆、广西馆、桂林馆、国家馆、黑龙江馆、湖南馆、江西馆、辽师大馆、内蒙古馆、宁夏馆、上海馆、首都馆、天津馆、西南大学馆、浙江馆

01188

袖珍积分式　顾世楫编

外文题名：A pocket reference integrable forms with appendices

上海：中国科学社，1931.7，再版，61 页，32 开

　　本书收录 477 个积分式。

　　收藏单位：国家馆、浙江馆

01189

整函数之性质　李国平编

中国科学社，1932，5 页，18 开

　　本书内容原载《科学》第 16 卷第 8 期。

　　收藏单位：广东馆

几何、拓扑

01190

纯粹几何与非欧几何　（美）荷尔盖蒂（Thomas Franklin Holgate）（美）武咨（Frederick Shenstone Woods）著　郑太朴译

上海：商务印书馆，1930.10，137 页，32 开（算学小丛书）（万有文库 第 1 集 427）

上海：商务印书馆，1933.5，137 页，32 开（算学小丛书）

上海：商务印书馆，1934.2，再版，137 页，32 开（算学小丛书）

上海：商务印书馆，1934.12，3 版，137 页，32 开（算学小丛书）

长沙：商务印书馆，1939.12，137 页，32 开（算学小丛书）（万有文库 第 1—2 集简编 141）

　　本书共 13 部分，内容包括：几何学中之简单元素、二元性原理、连续性原理、无限远点、根本定理、度量的属性、横错比等。著者"荷尔盖蒂"原题：和尔盖特。

　　收藏单位：重庆馆、大连馆、东北师大馆、广西馆、贵州馆、国家馆、黑龙江馆、湖南馆、江西馆、辽大馆、辽师大馆、内蒙古馆、宁夏馆、上海馆、首都馆、天津馆、西南大学馆、浙江馆

01191

非欧几里得几何学　武崇经编译

外文题名：Non-Euclidean geometry

上海：商务印书馆，1919.5，79 页，27 开

上海：商务印书馆，1919.10，再版，79 页，27 开

上海：商务印书馆，1924.12，3 版，79 页，27 开

上海：商务印书馆，1931.9，4 版，79 页，27 开

　　本书共 4 编：几何通论、双曲线几何学、椭圆几何学、解析非欧几里得几何学。

　　收藏单位：重庆馆、国家馆、江西馆、首都馆、浙江馆

01192

非欧几里得几何学浅说　周为群编

上海：开明书店，1936.2，54 页，32 开

　　收藏单位：广西馆、贵州馆、国家馆、江西馆、南京馆、天津馆

01193

非欧派几何学　陈荩民著

上海：商务印书馆，1936.1，287 页，23 开，精装（大学丛书 教本）

上海：商务印书馆，1936.4，再版，287 页，23 开（大学丛书 教本）

　　本书共 4 编：绪论、双曲式几何学、椭圆式几何学、结论。

　　收藏单位：重庆馆、东北师大馆、广东馆、广西馆、国家馆、黑龙江馆、湖南馆、江西馆、辽宁馆、南京馆、内蒙古馆、宁夏馆、上海馆、首都馆、天津馆、西南大学馆、云南馆、浙江馆

01194

非欧平几何学及三角学　（英）卡士罗（H. S. Carslaw）著　余介石译

外文题名：The elements of non-Euclidean plane geometry and trigonometry

长沙：商务印书馆，1939.8，268 页，25 开（大学丛书 教本）

　　本书共 8 章，内容包括：平行设论及萨氏勒氏高氏诸家之研究、非欧几何学创立者波

尔业罗巴曲士奇及里曼诸家之研究、双曲线平几何学、双曲线平三角学、用微积学以论长及面积之度量等。

　　收藏单位：重庆馆、东北师大馆、广西馆、国家馆、辽宁馆、南京馆、上海馆、云南馆、浙江馆

01195

高等几何学

北京：国立北京大学理学院，314 页，18 开

　　本书内容包括：线形方程式及线形倚变数、几何导言、奇次坐标点线之线形倚变、调和分割等。

　　收藏单位：国家馆

01196

高级几何学　（美）高尔苾（N. Altshiller-Court）著　陆钦轼译

外文题名：College geometry

上海：商务印书馆，1934.3，304 页，23 开，精装（算学丛书）

上海：商务印书馆，1935.7，再版，304 页，23 开，精装（算学丛书）

　　本书共 8 章：几何作法、三角形之性质、西摩孙线、截线、调和分割、圆形之调和性、反形法、现代之三角形几何学。

　　收藏单位：东北师大馆、贵州馆、国家馆、江西馆、南京馆、山西馆、西南大学馆

01197

汉译解析几何学　（美）P. F. Smith　（美）A. S. Gale 著　佟韶华译

北平：华北科学社，1935.7，500 页，25 开，精装

　　本书共 23 章，内容包括：代数和三角的复习、卡特逊坐标、曲线和方程式、直线和普通一次方程式、极坐标、坐标轴的移转、圆锥曲线和二次方程式等。版权页题名：汉译斯密司盖尔解析几何学。

　　收藏单位：国家馆、天津馆

01198

汉译施盖倪三氏新解析几何　（美）P. F. Smith

（美）A. S. Gale　（美）J. H. Neelley 著　李熙如译述

外文题名：New analytic geometry by Simth-Gale-Neelley

北平：文化学社，1934.8，324 页，21 开

北平：文化学社，1935，2 版，324 页，21 开

北平：文化学社，1947.3，3 版，324 页，21 开

　　本书共 17 章，内容包括：引用之公式及表、狄卡儿坐标、曲线与方程、直线、圆、坐标之变换等。

　　收藏单位：国家馆、天津馆

01199

汉译斯改尼解析几何　徐谷生编

南昌：艺文书社，1946.8，240 页，25 开

南昌：艺文书社，1948，4 版，330 页，32 开

　　本书共 17 章，内容包括：备用公式表、卡特生正交坐标、曲线与方程式、直线、圆、坐标之转移、切线、极坐标、超越曲面等。

　　收藏单位：江西馆

01200

汉译斯盖二氏解析几何学　（美）P. F. Smith（美）A. S. Gale 著　吴菊辰译述

外文题名：The elements of analytic geometry

上海：新亚书店，1948.10，8 版，441 页，32 开

上海：新亚书店，1949.2，再版，441 页，32 开

　　本书共 23 章，内容包括：代数及三角之复习、笛卡儿坐标、曲线及方程式、直线及普通一次方程式、极坐标等。

　　收藏单位：重庆馆、东北师大馆、国家馆、内蒙古馆

01201

汉译斯盖尼三氏新解析几何学　（美）P. F. Smith（美）A. S. Gale　（美）J. H. Neelley 著　江泽　黄彭年译述

北平：华北科学社，1935.8，281 页，32 开，精、平装

北平：华北科学社，1936.7，修订再版，372 页，32 开，精装

　　本书共 17 章，内容包括：本书所用的公

式及表格、卡特逊（狄卡儿）坐标、曲线和方程式、直线、圆、切线、极坐标等。

　　收藏单位：国家馆、内蒙古馆

01202

汉译斯米司盖尔解析几何学　（美）P. F. Smith（美）A. S. Gale 著　黄颂尧　于勤伯　赵国昌译

外文题名：Elements of analytic geometry

北平：北平科学社，1935.1，[421] 页，32 开

北平：北平科学社，1946，[再版]，421 页，32 开

北平：北平科学社，1946.9，3 版，421 页，32 开

北平：北平科学社，1946，9 版，[421] 页，32 开

北平：北平科学社，1947.3，11 版，421 页，32 开

北平：北平科学社，1948.8，12 版，421 页，32 开

　　本书内容包括：代数及三角之复习、卡的逊坐标、曲线及方程式、直线及普通一次方程式、极坐标等。封面题名：汉译斯盖二氏解析几何学。

　　收藏单位：广东馆、国家馆、山西馆

01203

汉译温德华士几何学　张彝译述

外文题名：Wentworth plane and solid geometry

上海：商务印书馆，1912.4，[466] 页，32 开，精装

上海：商务印书馆，1914.8，5 版，466 页，32 开，精装

上海：商务印书馆，1918，10 版，466 页，32 开，精装

上海：商务印书馆，1919.8，13 版，466 页，32 开，精装

上海：商务印书馆，1920.6，14 版，466 页，32 开，精装

上海：商务印书馆，1921.9，16 版，466 页，32 开，精装

上海：商务印书馆，1922.4，[再版]，466 页，32 开，精装

上海：商务印书馆，1924.6，20 版，466 页，32
开，精装

上海：商务印书馆，1926.1，21 版，466 页，32
开，精装

　　本书共 9 编，内容包括：直线形、圆、比
例相似多边形、有法多边形及圆、空间之线
及平面、球、圆锥曲线等。

　　收藏单位：重庆馆、广东馆、国家馆、江
西馆、南京馆、山西馆、绍兴馆、浙江馆

01204

画法几何　沈正功编著

江北（重庆）：士继公学代办部，1944.1，
262+[14] 页，20 开

　　本书以日本福田正雄《高等图学》为蓝
本编成。内有插图 283 帧。附三面角的解法、
正十二面体及正二十面体的投影的性质、英
汉名词对照表、中文字顺索引。

　　收藏单位：重庆馆

01205

画法几何学　萨本栋编译

外文题名：Anthony and Ashley's descriptive
geometry

上海：商务印书馆，1923.6，176 页，32 开

上海：商务印书馆，1926.1，再版，176 页，32 开

上海：商务印书馆，1930，3 版，176 页，32 开

上海：商务印书馆，1933.2，国难后 1 版，176
页，32 开

上海：商务印书馆，1934.6，国难后 2 版，176
页，32 开

上海：商务印书馆，1935.4，国难后 3 版，176
页，32 开

　　本书共 8 章，内容包括：总论、面之造
形及其种类、切于立体之平面、各面相交之
图等。书前有蔡元培序。附各种曲线之作法、
英汉名词对照表。

　　收藏单位：重庆馆、广西馆、国家馆、湖
南馆、江西馆、南京馆、内蒙古馆、首都馆、
天津馆、浙江馆

01206

几何定理摘要及问题之解法（平面部及空间

部）　萧佩荪　董恩博编

北平：宣明学社，1935.6，656 页，32 开

　　本书共 3 编：定理摘要、平面问题之解
法、空间问题之解法。

　　收藏单位：国家馆、首都馆

01207

几何学　桂叔超　金品编

上海：商务印书馆，1937.6，2 册（120+122 页），
50 开

　　本书内容包括：几何学绪论、关于角之定
义、角之定理及问题、平行线之定理及问题、
关于直线形之定义等。

　　收藏单位：广东馆、国家馆

01208

几何学（平面）　佘宾王译

出版者不详，油印本，4 册，18 开

　　本书为震旦学院课本。

　　收藏单位：国家馆

01209

几何学（上册 平面几何）

上海：土山湾印书馆，245+10 页，32 开，精
装

　　本书共 4 章：各种移动、各种几何形、相
似、面积。附英华文合表。震旦学院课本。

　　收藏单位：国家馆

01210

几何学辞典（题解中心）（日）长泽龟之助
著　薛德炯　吴载耀编译

上海：新亚书店，1935.4，543+138 页，32 开，
精装

上海：新亚书店，1941.1，3 版，543+138 页，
32 开，精装

上海：新亚书店，1949.6，5 版，543+138 页，
32 开，精装

　　本书为《算学辞典》第 3 集。内收 2428
题，分为解法之部和名词之部两部分。附英
汉名词对照表。

　　收藏单位：广东馆、国家馆、南京馆、首
都馆、浙江馆

01211

几何学讲话　金品著

常州：大同出版社，1947.1，210 页，32 开

　　收藏单位：国家馆

01212

几何原本　（意）利玛窦（Matteo Ricci）口译
（明）徐光启笔受

[上海]：[东亚同文书院大学图书馆]，1940，
手写本，1 册，25 开，精装

　　本书共 6 卷，后附测量法义、测量异同。

　　收藏单位：国家馆

01213

几何原理　（德）嚇尔勃特（D. Hilbert）著
傅种孙　韩桂丛译

外文题名：Fundamentals of geometry

上海：商务印书馆，1924.3，144 页，32 开（共
学社科学丛书）

上海：商务印书馆，1926.11，再版，144 页，32
开（共学社科学丛书）

上海：商务印书馆，1932.10，国难后 1 版，144
页，32 开（共学社科学丛书）

　　本书共 7 章：五类公理、公理之互相谐和
及相互独立、比例论、平面面积理论、德沙
格氏定理、巴斯开定理、根据五类公理之几
何作图法。

　　收藏单位：重庆馆、国家馆、黑龙江馆、
湖南馆、江西馆、南京馆、上海馆、首都馆、
天津馆、西南大学馆

01214

解析几何　何衍璿　袁武烈编

广州：国立中山大学出版部，1931，2 册（206+
220 页），24 开（国立中山大学理科丛书）

　　本书内容包括：位标、平面上之直线、平
面及直线、平面上之极位标、二次曲线、二
次曲面等。

　　收藏单位：国家馆、南京馆

01215

解析几何　何衍璿　袁武烈著

长沙：商务印书馆，1934.7，2 册（216+226 页），

24 开，精装（大学丛书 教本）

上海：商务印书馆，1935.6，再版，2 册（216+
226 页），24 开，精装（大学丛书 教本）

长沙：商务印书馆，1938.10，3 版，2 册（216+
226 页），24 开，精装（大学丛书 教本）

　　收藏单位：重庆馆、贵州馆、国家馆、湖
南馆、江西馆、辽宁馆、西南大学馆、浙江
馆

01216

解析几何　朱言钧编

上海：商务印书馆，1935.9，145 页，32 开

　　本书共 9 章：作图法、点与线段、直线、
坐标轴之平移及旋转、圆、抛物线、椭圆、
双曲线、二次曲线总论。师范学校教科书。

　　收藏单位：南京馆

01217

解析几何

北京：教育部编审会，1939.8，205 页，32 开

　　本书共 10 章，内容包括：坐标、曲线、
轨迹、直线、圆、极坐标、圆锥曲线等。

　　收藏单位：国家馆

01218

解析几何（平面部）

吉林书店，1948.12，130 页，23 开

　　本书供东北政委会工业部吉林工业专门
学校选用。

　　收藏单位：东北师大馆、国家馆、辽宁馆

01219

解析几何纲要　萧佩荪编

北平：宣明学社，1935.4，112 页，32 开

　　本书共 12 章，内容包括：坐标、圆形及
方程、直线、圆及其方程、极坐标、切线及
法线、圆线曲线与直线之关系等。

　　收藏单位：国家馆

01220

解析几何题解　蒋宪淞编演

外文题名：Key to new analytic geometry

上海：世界书局，1940.5，419 页，32 开

上海：世界书局，1946.3，新 4 版，419 页，32 开

上海：世界书局，1946.9，新 5 版，419 页，32 开

上海：世界书局，1947.6，新 7 版，419 页，32 开

上海：世界书局，1947.9，新 8 版，419 页，32 开

上海：世界书局，1948.9，新 9 版，419 页，32 开

上海：世界书局，1949.4，新 10 版，419 页，32 开

　　本书是根据斯盖尼三氏解析几何学教本习题所编之题解。共 17 章，每章习题依次解答，每一题解，重于提示，详解不一。版权页题名：斯盖尼三氏解析几何题解。

　　收藏单位：重庆馆、国家馆、河南馆、首都馆

01221

解析几何学　刘薰宇编

上海：开明书店，1933.5，354 页，32 开

上海：开明书店，1935.9，3 版，354 页，32 开

上海：开明书店，1938，5 版，354 页，32 开

　　本书共 12 章，内容包括：直线、圆、坐标的转换、抛物线、椭圆、双曲线、圆锥曲线通论、面等。

　　收藏单位：重庆馆、广东馆、贵州馆、国家馆、江西馆、首都馆、天津馆

01222

解析几何学　潘廷洸编著

潘廷洸 [发行者]，1944.4，368 页，32 开

　　本书内容包括：有向直线、圆等。

　　收藏单位：浙江馆

01223

解析几何学　裘翰兴编

外文题名：Analytic geometry

上海：中华书局，1915.6，3 册，22 开

　　本书内容包括：点、轨迹、直线、坐标之变换、圆等。

　　收藏单位：国家馆、首都馆

01224

解析几何学（第 1 编）　张敬照编著

北平：文化学社，1930，202 页

　　收藏单位：江西馆、山西馆

01225

解析几何学 ABC　庞守白著

上海：ABC 丛书社，1931.4，121 页，32 开（ABC丛书）

上海：ABC 丛书社，1931.10，再版，121 页，32 开（ABC 丛书）

上海：ABC 丛书社，1935.4，3 版，121 页，32 开（ABC 丛书）

　　本书内容包括：图示法、方向线、坐标系、直角坐标系、解析几何学上的基本原则、经过原点的直线方程式、直线普遍方程式等。

　　收藏单位：国家馆、黑龙江馆、辽大馆、南京馆、天津馆、浙江馆

01226

解析几何学表解　科学编辑所编辑

上海：科学书局，1913.8，41 页，50 开（普通各科学表解丛书）

　　本书共 59 部分，内容包括：解析几何学之名义及其用途、坐标之区别、数之区别、坐标之名称、一点所在之象限、距离之正负等。

　　收藏单位：国家馆

01227

解析几何学大意　余源庆　刘遂生编

上海：中华书局，1948.5，111 页，32 开

　　本书共 11 章，讲述解析几何学中的重要事项。设有习题 180 则。附术语索引、参考书目等。

　　收藏单位：国家馆、黑龙江馆、江西馆、上海馆、西南大学馆、浙江馆

01228

解析几何学纲要　（日）泽田吾一著　彭延致译

上海：群益书社，1911，113 页，25 开

　　本书内容包括：点、直线、极坐标、坐标

之变换、圆、圆锥曲线、一般二次方程式等。

　　收藏单位：首都馆、浙江馆

01229

解析几何学讲义　（日）宫本藤吉著　匡文涛编译

外文题名：Lectures on analytic geometry

上海：商务印书馆，1918.1，340 页，22 开，精装

上海：商务印书馆，1920.5，再版，340 页，22 开，精装

上海：商务印书馆，1923.5，3 版，340 页，22 开，精装

上海：商务印书馆，1925.12，4 版，340 页，22 开，精装

上海：商务印书馆，1933.6，国难后 1 版，340 页，22 开，精装

　　本书共两部分：平面部和立体部。内容包括：直线、圆、二次曲线总论、二次曲面总论、有心二次曲面之性质等。

　　收藏单位：东北师大馆、广东馆、国家馆、南京馆、首都馆

01230

解析几何学教科书

[北京]：军学编辑局，1917.7，131 页，25 开

　　本书共 8 章：坐标、直线、极坐标、变换坐标、平圆、圆锥曲线、二次之轨迹、高等平曲线。陆军预备学校用。

　　收藏单位：国家馆

01231

解析几何学新论（第 1 册）　杨建堂编
出版者不详，190 页，25 开

　　收藏单位：江西馆

01232

解析几何与代数（第 1 册）（德）许来曷（O. Schreier）（德）施伯纳（Emanuel Sperner）著　樊畿译

外文题名：Einführung in die Analytische Geometrie und Algebra

上海：商务印书馆，1935.8，228 页，25 开（大学丛书 教本）

上海：商务印书馆，1936.3，再版，228 页，25 开（大学丛书 教本）

　　本书共 3 编：仿射空间·一次方程组、欧几里得空间·行列式原理、体论·代数之基本定理。

　　收藏单位：安徽馆、东北师大馆、贵州馆、国家馆、上海馆

01233

解析几何与代数（第 2 册）（德）许来曷（O. Schreier）（德）施伯纳（Emanuel Sperner）著　樊畿译

外文题名：Einführung in die Analytische Geometrie und Algebra

上海、重庆：商务印书馆，1946.2，132 页，25 开（大学丛书 教本）

上海：商务印书馆，1947.5，再版，132 页，25 开（大学丛书 教本）

　　本书共两编：群论初步、线性变换·矩阵。

　　收藏单位：重庆馆、东北师大馆、广东馆、国家馆、江西馆、南京馆、天津馆、浙江馆

01234

近世综合几何学　（日）吉川实夫著　王邦珍编译

外文题名：Modern synthetic geometry

上海：商务印书馆，1925.5，154 页，23 开，精装（算学丛书 5）

上海：商务印书馆，1931.5，再版，154 页，23 开，精装（算学丛书 5）

上海：商务印书馆，1932.10，国难后 1 版，154 页，23 开，精装（算学丛书 5）

　　本书共 10 章，内容包括：基础概念、调和图形、第一级图形之射影的关联、对合、射影的一级图形之产物、圆锥曲线等。

　　收藏单位：重庆馆、贵州馆、国家馆、江西馆、内蒙古馆、山西馆、上海馆、首都馆、西南大学馆、浙江馆

01235

开明新编解析几何学　刘薰宇编著

上海：开明书店，1948.5，290 页，32 开

上海：开明书店，1948.9，再版，290 页，32 开

　　收藏单位：广东馆、国家馆、西南大学馆、浙江馆

01236

立体解析几何　[何奎垣著]

军训部陆军军官预备学校筹备处，1944，168 页，32 开

　　本书为军训部审定陆军军官预备学校专用课本。

　　收藏单位：重庆馆

01237

立体解析几何学　石鸿翥编

上海：中华书局，1946.2，330 页，22 开

上海：中华书局，1949.7，再版，330 页，22 开

　　本书共 10 章，内容包括：平面、直线，球面、极面，面之产生，极点与极面，有心二级曲面，无心二级曲面等。大学用书。

　　收藏单位：重庆馆、东北师大馆、广东馆、国家馆、湖南馆、江西馆、辽宁馆、西南大学馆、云南馆

01238

立体图学　王石安著

长沙：商务印书馆，1939.3，480 页，25 开（大学丛书 教本）

上海：商务印书馆，1947.7，3 版，480 页，25 开（大学丛书 教本）

　　本书分 3 部分：正投影图、斜投影图、透视图。共 23 章，内容包括：点之投影、直线、平面、立体、立体之切断面、曲面、面之接触、曲面之展开、斜投影、平行透视、斜透视等。

　　收藏单位：重庆馆、东北师大馆、贵州馆、国家馆、江西馆、辽宁馆、南京馆、山西馆、浙江馆

01239

龙氏解析几何学　（英）S. L. Loney 著　韩焕堂　孙梅生译

外文题名：The elements of coordinate geometry

北京：中华印书局，1948，再版，2 册（191+313 页），32 开

　　本书共 17 章，内容包括：坐标，直线之长与三角形之面积，极坐标；轨迹，轨迹之方程式；直线，直交坐标，过二点之直线等。

　　收藏单位：国家馆

01240

美国斯密氏及改勒解析几何学原理　（美）P. F. Smith　（美）A. S. Gale 著　龚文凯译述

外文题名：Elements of analytic geometry

上海：科学会编译部，1913.4，636 页，32 开

　　本书共 23 章，内容包括：代数及三角之复习、卡的逊坐标、曲线及方程式、直线及普通一次方程式、极坐标、坐标轴之移转等。

　　收藏单位：首都馆

01241

抛物线·椭圆·双曲线之几何学的讨论　R. W. Griffin 著　黄泰编译

外文题名：The parabola, ellipse and hyperbola treated geometrically

上海、南京：正中书局，1937.3，164 页，25 开（数学丛书）

南京：正中书局，1947.11，沪 1 版，164 页，25 开（数学丛书）

　　收藏单位：重庆馆、国家馆、辽宁馆、南京馆、上海馆、浙江馆

01242

平面解析几何　[余介石编]

军训部陆军军官预备学校筹备总处，1944.10，302 页，32 开

　　本书以《斯盖尼新解析几何学》为蓝本增修而成。

　　收藏单位：重庆馆

01243

平面解析几何学　石鸿翥编

上海：中华书局，1946.11，548 页，24 开

上海：中华书局，1949.7，再版，548 页，24 开

　　本书共 19 章，内容包括：方程式解释、直线、曲线通论、二次方程式之简约、几何

轨迹、椭圆等。大学用书。

　　收藏单位：重庆馆、国家馆、湖南馆、江西馆、辽大馆、辽宁馆、南京馆、上海馆、天津馆、浙江馆

01244

平面解析几何学　郑太朴编

外文题名：Introduction to the plane analytical geometry

上海：商务印书馆，1929.9，154 页，32 开

上海：商务印书馆，1933.6，国难后 1 版，154 页，32 开

　　本书共 3 部分：引言、点与直线、圆锥曲线。

　　收藏单位：重庆馆、国家馆、湖南馆、江西馆

01245

平面解析几何学讲义

中央陆军军官学校，1936，146 页，25 开

　　收藏单位：重庆馆

01246

平面曲线之示性方程　陈忠杰著

上海：商务印书馆，1934.6，341 页，24 开（算学丛书）

　　本书共 6 章：绪论、向线方程、向圆方程、曲率及线性、二次线之示性方程、辨性与更性。

　　收藏单位：重庆馆、东北师大馆、广东馆、广西馆、贵州馆、国家馆、黑龙江馆、湖南馆、江西馆、辽宁馆、天津馆、西南大学馆、浙江馆

01247

曲线学讲义　刘冠南著

北平：刘冠南 [发行者]，1935.6，147 页，22 开

　　收藏单位：国家馆

01248

射影纯正几何学　（美）荷尔盖蒂（Thomas Franklin Holgate）著　黄新铎译

外文题名：Projective pure geometry

长沙：商务印书馆，1939.4，13+246 页，25 开（大学丛书 教本）

长沙：商务印书馆，1940，再版，13+246 页，25 开（大学丛书 教本）

　　本书共 16 章，内容包括：调和形、度量性质、成射影关系的基本形、二次曲线及线束、二次直纹曲面、极点与极线论等。

　　收藏单位：重庆馆、贵州馆、国家馆、南京馆、上海馆、西南大学馆、浙江馆

01249

施盖二氏解析几何原理　（美）P. F. Smith（美）A. S. Gale 著　余介石等译

成都：建国书局，1941，428 页，长 18 开

成都：建国书局，1942.8，再版，428 页，长 18 开

成都：建国书局，1943，3 版，428 页，长 18 开

成都：建国书局，1946.3，7 版，428 页，长 18 开

成都：建国书局，1948，8 版，428 页，长 18 开

　　本书共 23 章，内容包括：代数与三角之复习、笛氏坐标、曲线与方程式、直线与普通一次方程式、极坐标、坐标轴之变换等。

　　收藏单位：重庆馆、河南馆、南京馆

01250

施·盖·勒新解析几何学　周绍濂译

上海：中华书局，1945.11，328 页，32 开

上海：中华书局，1946.5，再版，328 页，32 开

　　本书共 17 章，内容包括：供参考之公式与表、卡的逊坐标、曲线与方程式、直线、圆、坐标之变换等。

　　收藏单位：国家馆、上海馆

01251

施盖尼三氏新解析几何习题解答　邢漪珍　吴吉临　邹秉彝编著

成都：兼声编译出版社，1942.6，404+[46] 页，36 开

　　收藏单位：重庆馆

01252

施盖尼三氏新解析几何习题解答　邢漪珍
吴吉临　邹秉彝编著
成都：建国书局，1946.4，修订再版，404+[46]
页，36 开
成都：建国书局，1947，再版，404+[46] 页，
36 开
　　收藏单位：重庆馆

01253

实用曲线测设法　赵世瑄编
汉口：中华工程师会，1915.4，92 页，22 开
　　本书共 4 章：单曲线、复曲线、和顺曲
线、纵断曲线。
　　收藏单位：国家馆

01254

矢算初步　张永立编
上海：商务印书馆，1937.1，367 页，32 开
上海：商务印书馆，1937，再版，367 页，32 开
　　本书共 3 编：基本运算、几何运用、力学
要义。内容包括：绪论、矢之加法、二矢之乘
法、多矢之乘法、微分要义、圆锥曲线、力
学原理等。
　　收藏单位：重庆馆、东北师大馆、贵州
馆、国家馆、湖南馆、江西馆、辽宁馆、内
蒙古馆、上海馆、首都馆、西南大学馆

01255

矢算论　胡金昌著
长沙：商务印书馆，1939.1，280 页，25 开（大
学丛书）
上海：商务印书馆，1947.8，再版，280 页，25
开（大学丛书）
上海：商务印书馆，1948.11，3 版，280 页，25
开（大学丛书）
　　本书共 10 章，内容包括：矢量之意义与
其分合、矢量之乘积、矢算几何、矢算微积
分、位函数、变换论等。
　　收藏单位：重庆馆、广东馆、国家馆、吉
林馆、江西馆、辽宁馆、南京馆、内蒙古馆、
上海馆、首都馆、西南大学馆、浙江馆

01256

矢之理论与运动学　何衍璿编著
重庆：正中书局，1944.3，114 页，25 开
上海：正中书局，1946.2，沪 1 版，114 页，25
开
　　本书内容包括：矢及矢组、矢场、点之运
动学、固体之运动学、加速度之合成等。大
学用书。
　　收藏单位：重庆馆、广西馆、国家馆、河
南馆、江西馆、辽宁馆、南京馆、内蒙古馆、
上海馆、浙江馆

01257

斯改二氏解析几何题解　骆风和　杨学曾编
演
外文题名：Key to the analytic geometry
北平：华盛书局，1934，2 册（626 页），25 开
北平：华盛书局，1935，再版，2 册（626 页），
25 开
　　收藏单位：国家馆

01258

斯改二氏解析几何学原理　（美）P. F. Smith
（美）A. S. Gale 著　龚文凯译
外文题名：Elements of analytic geometry
上海：商务印书馆，1928.8，636 页，32 开，精
装
上海：商务印书馆，1932.8，国难后 1 版，636
页，32 开，精装
　　收藏单位：重庆馆、广东馆、广西馆、贵
州馆、辽大馆、浙江馆

01259

斯改尼三氏新解析几何学　（美）P. F. Smith
（美）A. S. Gale　（美）J. H. Neelley 著　程凯
丞译
外文题名：New analytic geometry
上海：商务印书馆，1934.11，426 页，32 开
上海：商务印书馆，1935.8，3 版，426 页，32
开
长沙：商务印书馆，1938.10，10 版，426 页，
32 开
长沙：商务印书馆，1940.2，12 版，426 页，32

开

长沙：商务印书馆，1940.4，13 版，426 页，32
开

上海：商务印书馆，1947.4，18 版，426 页，32
开

上海：商务印书馆，1948.6，19 版，426 页，32
开

本书共 17 章，内容包括：参考公式及表、卡氏坐标、曲线及方程式、直线、圆、坐标之变换等。

收藏单位：重庆馆、广东馆、国家馆、江西馆、南京馆、内蒙古馆、上海馆、西南大学馆

01260

斯盖二氏解析几何题解　杨执中编

北平：北平科学社，2 册（333+288 页），36 开

收藏单位：重庆馆、辽宁馆

01261

斯盖二氏解析几何习题详解（上册）　高佩玉
　王周卿编演

北平：北平科学社，1936，333 页，18 开

收藏单位：首都馆

01262

斯盖二氏解析几何学　（美）P. F. Smith　（美）
A. S. Gale 著　吴世礽译

长沙：湘芬书局，1940，[400] 页，32 开

长沙：湘芬书局，1942，再版，422 页，32 开

长沙：湘芬书局，1947.8，4 版，2 册（422 页），
32 开

长沙：湘芬书局，1947.9，修订 4 版，2 册（[422]
页），32 开

本书内容包括：代数及三角之复习、卡的逊坐标、切线及作法、轨迹通径方程式等。

收藏单位：江西馆

01263

斯盖二氏解析几何学题解（第 1 册）　高佩玉
　王周卿编演

外文题名：Key to Smith, Gale elementary of
analytic geometry

北平：北平科学社，1941.9，再版，328 页，32
开

北平：北平科学社，1948.2，3 版，328 页，32
开

本书内容包括：代数及三角之复习、卡尔的尊坐标、曲线及方程式、直线及普通一次方程式、圆及方程式等。

收藏单位：国家馆

01264

斯盖二氏解析几何学题解（第 2 册）　高佩玉
　王周卿编演

北平：北平科学社，1937，288 页，32 开

北平：北平科学社，1947.10，3 版，288 页，32
开

收藏单位：广东馆、国家馆、绍兴馆

01265

斯盖二氏解析几何学习题详解　姜梦秋　王
子述编演

北平：励进学会，1935，329 页，25 开

收藏单位：重庆馆

01266

斯盖二氏解析几何学习题详解（第 2 册）　高
佩玉　王周卿编演

北平：北平科学社，1937.3，288 页，32 开

收藏单位：江西馆

01267

斯盖两氏解析几何　（美）P. F. Smith　（美）
A. S. Gale 著　黄锡祺译

上海：上海书店，1947.7，新 1 版，421 页，32
开

收藏单位：南京馆

01268

斯盖尼解析几何习题详解　骆风和编演

北平：宣明学社，1935.6，432 页，32 开

本书版权页题名：斯盖尼解析几何题解。中华印书局发行。

收藏单位：国家馆、首都馆

01269

斯盖尼三氏解析几何学　（美）P. F. Smith
（美）A. S. Gale　（美）J. H. Neelley 著　邱调梅译

上海：世界书局，1946，新 7 版，326 页，32开

上海：世界书局，1946.12，新 9 版，326 页，32 开

上海：世界书局，1948.2，新 10 版，326 页，32 开

上海：世界书局，1948.9，新 13 版，326 页，32 开

本书共 17 章，内容包括：供参考用之公式及表、笛卡儿坐标、曲线及方程式、直线、圆、坐标之变换、切线、极坐标等。封面题名：解析几何学。逐页题名：新解析几何学。

收藏单位：重庆馆、国家馆、河南馆、黑龙江馆、湖南馆、辽宁馆、南京馆

01270

斯盖尼三氏新解析几何学　（美）P. F. Smith
（美）A. S. Gale　（美）J. H. Neelley 著　吴世礽译

长沙：湘芬书局，1947.8，再版，324 页，32开

长沙：湘芬书局，1949，5 版，324 页，32 开

收藏单位：广东馆

01271

斯盖尼新解析几何学习题详解　郭晓岚编演

北平：北平科学社，1935.8，再版，424 页，18开

收藏单位：国家馆

01272

斯盖倪三氏新解析几何学　（美）P. F. Smith
（美）A. S. Gale　（美）J. H. Neelley 著　董永清译述

外文题名：Smith, Gale & Neelley: new analytic geometry

上海：新亚书店，1942.12，成都版，317 页，32 开

桂林：新亚书店，1944，2 版，317 页，32 开

上海：新亚书店，1944.10，7 版，317 页，32开

上海：新亚书店，1944.10，12 版，317 页，32开

重庆等：新亚书店，1947.10，渝版，313 页，32 开

本书共 17 章，内容包括：参考公式及表、笛卡儿坐标、曲线与方程式、直线、圆等。封面及版权页题名：汉译斯盖倪三氏新解析几何学。渝版发行地还有成都、贵阳、汉口。

收藏单位：重庆馆、广东馆、贵州馆、河南馆

01273

投影几何　（美）G. C. Anthony　（美）G. F. Ashley 著　叶庆桐译

外文题名：Descriptive geometry

上海：龙门联合书局，1949.8，影印本，207 页，32 开

本书共 12 章，内容包括：绪论、点线及面之表示及记法、点线及面、面之产生及分类、切面等。大学教本。

收藏单位：东北师大馆、国家馆、辽宁馆

01274

投影几何　胡仁源编

上海：商务印书馆，1935.9，172 页，32 开（算学小丛书）

长沙：商务印书馆，1939，3 版，172 页，32 开（算学小丛书）

本书共 22 章，内容包括：绪论、点、直线、平面、简单之立体、旋转之方法、交切、垂线等。

收藏单位：东北师大馆、广西馆、国家馆、湖南馆、江西馆、南京馆、内蒙古馆、上海馆、首都馆、浙江馆

01275

投影几何学　（英）密伦（W. P. Milen）著　郭善潮译

外文题名：Projective geometry

上海：商务印书馆，1925.1，128 页，32 开

上海：商务印书馆，1933.9，国难后 1 版，128

页，32 开

上海：商务印书馆，1934.11，国难后 2 版，128 页，32 开

　　本书共 4 章：直线、圆锥曲线、反极法·双关原理、圆锥曲线之普通性质。

　　收藏单位：重庆馆、东北师大馆、国家馆、河南馆、湖南馆、江西馆、南京馆、上海馆、首都馆、天津馆、西南大学馆、浙江馆

01276

投影几何学　苏熊瑞编著

外文题名：Projective geometry

广州：国立中山大学出版部，1931，297 页，25 开（国立中山大学理科丛书）

　　本书共 20 章，内容包括：一一相对、实存常数、对偶、在无限远之点与直线、透视与投影、透射变换等。

　　收藏单位：广西馆、国家馆、浙江馆

01277

投影图学　莫善祥编

[杭州]：浙江省立高级工科中学，83 页，16 开

　　本书内容包括：投影图学、正射投影等。

　　收藏单位：浙江馆

01278

拓扑学　（德）沙爱福（H. Seifert）（德）施雷发（W. Threlfall）撰　江泽涵译

外文题名：Lehrbuch der Topologie

上海：商务印书馆，1949.7，2 册（515 页），25 开（大学丛书）

　　本书共 12 章，内容包括：直觉的讨论、单纯的复合形、同调群、单纯的逼近、在一点处的性质、曲面的拓扑学等。

　　收藏单位：东北师大馆、广东馆、国家馆、首都馆

01279

微分几何学　刘景芳编译

北京：辅仁大学，1941.3，316 页，18 开（辅仁大学理科丛书）

　　本书内容包括：论包罗线、曲率、平曲线之接触、吻合平面、曲面之包罗线等。

　　收藏单位：国家馆

01280

微分几何学　苏步青著

上海：正中书局，1948.5，437 页，25 开

　　本书共 3 章：曲线论、曲面论、线汇论。大学用书。

　　收藏单位：桂林馆、国家馆、湖北馆、辽宁馆、内蒙古馆、浙江馆

01281

温特渥斯解析几何学　（美）温德华士（G. A. Wentworth）著　郑家斌译

外文题名：Analysis geometry

上海：科学会编译部，1917.6，7 版，300 页，25 开

上海：科学会编译部，1924，11 版，300 页，25 开

上海：科学会编译部，1928.10，13 版，300 页，25 开

上海：科学会编译部，1930.5，14 版，300 页，25 开

上海：科学会编译部，1933.2，国难后 1 版，300 页，25 开

上海：科学会编译部，1934，国难后 2 版，300 页，25 开

上海：科学会编译部，1935，国难后 3 版，300 页，25 开

　　本书共两部分：平面部、立体部。内容包括：轨迹及其方程式、直线、平圆、坐标各法、抛物线、椭圆、双曲线等。著者原题：温特渥斯。

　　收藏单位：重庆馆、广东馆、广西馆、国家馆、山西馆、浙江馆

01282

温特渥斯解析几何学补遗　（美）温德华士（G. A. Wentworth）著　黎鹏翰译

上海：科学会编译部，1915.4，65 页，32 开

　　本书著者原题：温特渥斯。

　　收藏单位：首都馆、浙江馆

01283

温特渥斯解析几何学解法　（美）温德华士（G. A. Wentworth）著　王艺演算

上海：科学会编译部，199 页，32 开

　　本书著者原题：温特渥斯。

　　收藏单位：首都馆

01284

向量之不变及绝对微分之一应用　张翼军编

外文题名：Invariant vectoriel et une application du calcul différentiel absolu

北平：中法大学，1940.10，20 页，16 开（北平中法大学理学院特刊 12）

　　本书共 3 部分：向量之不变、应用绝对微分、卷尾语。中法文合编。

　　收藏单位：国家馆

01285

新译斯盖二氏解析几何学　（美）P. F. Smith（美）A. S. Gale 著　胡世桢译

外文题名：The elements of analytic geometry

上海：求益书社，1948，424 页，32 开（中学数理丛书）

上海：求益书社，1949，再版，424 页，32 开（中学数理丛书）

　　本书版权页题名：斯盖二氏解析几何学。

　　收藏单位：安徽馆

01286

续几何学辞典（题解中心）（日）长泽龟之助著　薛德炯　吴载耀编译

上海：新亚书店，1936.4，536+132 页，32 开，精装

上海：新亚书店，1941.3，3 版，536+132 页，32 开，精装

上海：新亚书店，1948.2，4 版，536+132 页，32 开，精装

　　本书为《算学辞典》第 4 集。内容包括：立体几何学解法之部、平面几何学补遗之部、近世几何解法之部、常用曲线解法之部、名词之部、几何学小史之部。附诸表。

　　收藏单位：广东馆、国家馆、南京馆、山西馆、首都馆、浙江馆

01287

用器画（平面之部）　文法初编著

北平：华北科学社，1934.9，80 页，25 开

　　本书共 7 部分：名称、作图时应用器具之名称及使用法、直线、面、圆与切线及比例、曲线、制图用之各式字体。中学师范适用教本。

　　收藏单位：国家馆、浙江馆

01288

用器画讲义　温展鹏编

广州：[广州统计学校]，1931.9，34 页，横 22 开

　　收藏单位：广西馆

01289

坐标制　李锐夫编著

南京：正中书局，1936.12，129 页，25 开（数学丛书）

重庆：正中书局，1943.1，再版，129 页，25 开（数学丛书）

上海：正中书局，1947.11，沪 1 版，129 页，25 开（数学丛书）

　　本书共 5 章：绪论、平面上之量坐标、平面上之射影坐标、平面上之曲线坐标、空间坐标制。

　　收藏单位：重庆馆、国家馆、湖南馆、江西馆、南京馆、宁夏馆、上海馆、浙江馆

概率论与数理统计

01290

X^2 之分布及其与 t 及 z 分布之关系　罗大凡　陆翼成著

广州：中国统计学社广州分社，1943，17 页，16 开

广州：中国统计学社广州分社，1946.6，再版，17 页，16 开

　　本书介绍三者的分布、相互关系及其机率与自由度等。

　　收藏单位：重庆馆、国家馆

01291

常态曲线与机误　郑尧桦讲

中央统计联合会，1933.9，24 页，16 开（中央统计联合会联合演讲 3）

本书讲解统计学中样本的选择与准确度。

收藏单位：上海馆

01292

次数分配之分析（基本的问题） 王仲武著

外文题名：The analysis of frequency distributions

出版者不详，1934，32 页，22 开

收藏单位：国家馆

01293

高次积率之标准差数及关系数之公式及其派生的几个重要公式 胡国钰编

天津：河北省立女子师范学院，1935，40 页，16 开（河北省立女子师范学院教育学科丛书 2）

收藏单位：国家馆

01294

生命或然率论

华大算学系，1934.9，104 页，22 开

本书共 11 章，内容包括：对于二生命或多生命生死之或然率、交换符号、保险单价、选择及总积表、办公费等。

收藏单位：国家馆

01295

实验设计与统计方法 沈有乾著

上海：中华书局，1946.6，198 页，23 开

上海：中华书局，1947，再版，198 页，23 开

本书共 12 讲，介绍实验设计与结果处理的原理及方法、实验工作的统计方法等。卷首有作者序。后附参考书目、中西名词对照等。大学用书。

收藏单位：重庆馆、广东馆、广西馆、贵州馆、国家馆、辽大馆、辽宁馆、南京馆、内蒙古馆、山东馆、上海馆

01296

数理统计

出版者不详，107 叶，18 开，环筒页装

本书共 12 章，内容包括：平均数、离中度、相关数、收集统计事实之方法等。

收藏单位：重庆馆

01297

数理统计学 罗大凡编著

上海：北新书局，1935.9，2 册（208+173 页），25 开

本书共 6 章：绪论、全体量数、集中量数、差异量数、相关量数、统计数值之确度。

收藏单位：重庆馆、广东馆、国家馆、河南馆、南京馆、浙江馆

01298

数理统计学 罗大凡编

成都：华西大学数理系，[1937]，156 页，16 开

本书共 10 章，内容包括：图解及符号、转矩、累积频率、分类误差、正常律、应用等。

收藏单位：国家馆

01299

统计应用数学 李锐夫编

上海：正中书局，1948.1，322 页，25 开

本书共 20 章，内容包括：几何量之解析、圆锥曲线、代数函数、曲线制法、积分法、定积分、偏导微函数、无穷级数等。大学用书。

收藏单位：重庆馆、贵州馆、国家馆、辽大馆、辽宁馆、南京馆、内蒙古馆、上海馆、首都馆

01300

相关 王书林讲

中央统计联合会，1933.10，18 页，16 开（中央统计联合会联合演讲 4）

收藏单位：上海馆

计算数学

01301

内插法 惠特克（E. T. Whittaker）　鲁滨逊（G. Robinson）著　裘宗尧译

外文题名：A shorter course in interpolation

上海：中国科学图书仪器公司，1941，98 页，

22 开

　　本书共 4 章：主变数等间距之内插法、主变数不等间距之内插法、中央差公式、差公式之应用。

　　收藏单位：重庆馆、广东馆、国家馆、南京馆、西南大学馆、浙江馆

01302

诺模术 （德）克劳斯（F. Klaus）著　李协讲授　李蕙仪笔述

外文题名：Die Nomographie oder Fluchlinien-kunst

上海：商务印书馆，1930.2，56 页，22 开

上海：商务印书馆，1933.6，国难后 1 版，56 页，22 开

　　诺模术即图算法。

　　收藏单位：重庆馆、广东馆、国家馆、湖南馆、江西馆、南京馆、首都馆、天津馆、西南大学馆

01303

省略算法　徐玉相著

[上海]：徐玉相[发行者]，1939.8，167 页，24 开

　　本书共 3 篇：普通的数学类省略算法、应用近似数之函数之误差之定理的省略算法、应用近似数之函数之比较误差之定理的省略算法。

01304

实用图算法　陈廷骧　范克昌编译

长沙：商务印书馆，1941.3，93 页，36 开（算学小丛书）

　　本书共 5 章：辐射算图、笛卡氏算图、列线算图、六角形算图、双列线算图。

　　收藏单位：重庆馆、贵州馆、国家馆、湖南馆、内蒙古馆

01305

实用最小二乘式　唐艺菁著

上海：商务印书馆，1935.4，227页，22开，精装（大学丛书教本）

上海：商务印书馆，1935.7，再版，227页，22开，精装（大学丛书教本）

上海：商务印书馆，1949.4，3版，227页，22开，精装（大学丛书教本）

　　本书共 8 章：概论、误差定率、直接观测、间接观测、舛差之推移、法方程之葛斯氏排列式解法、经验公式及非线形函数、附录。

　　收藏单位：重庆馆、东北师大馆、广西馆、贵州馆、桂林馆、国家馆、江西馆、南京馆、内蒙古馆、上海馆、首都馆、西南大学馆、浙江馆

01306

图解法 （美）麦开（C. O. Mackey）著　邹尚熊译述

外文题名：Graphical solutions

上海：商务印书馆，1937.6，134页，22开，精装（大学丛书 教本）

　　本书共 5 章：固定的邻接尺、滑动尺、网络或交织图、列线图、经验方程式——非周期曲线。

　　收藏单位：重庆馆、东北师大馆、广西馆、贵州馆、国家馆、湖南馆、江西馆、南京馆、内蒙古馆、宁夏馆、上海馆、浙江馆

01307

阵图算法 ABC　王士湑著

上海：ABC 丛书社，1931.9，89 页，32 开（ABC 丛书）

上海：ABC 丛书社，1932.11，89 页，32 开（ABC 丛书）

上海：ABC 丛书社，1935.5，再版，89 页，32 开（ABC 丛书）

　　本书内容包括：函数尺、加法阵图、乘法阵图及其原理、比例阵图、正弦定则阵图、混合阵图等。世界书局发行。

　　收藏单位：重庆馆、广东馆、国家馆、江西馆、辽大馆、南京馆、内蒙古馆、宁夏馆、首都馆

01308

最小二乘法　陆志鸿著

上海：世界书局，1934.3，211+67 页，25 开

上海：世界书局，1937，再版，211+[73] 页，25 开

本书共 8 章，内容包括：绪论、误差定律、观测精度之比较、直接观测之整正及精度、间接观测之整正及精度等。

收藏单位：广东馆、国家馆、湖南馆、江西馆、南京馆、首都馆、浙江馆

01309

最小二乘法　郁树锟编

上海：中华书局，1948.5，236 页，32 开（算学丛书）

本书共两编：或然率、最小二乘法。内容包括：排列·配合·二项定理、误差之或然率、最良值、精密度等。

收藏单位：重庆馆、桂林馆、国家馆、江西馆、辽宁馆、内蒙古馆、首都馆、天津馆、西南大学馆、浙江馆

01310

最小二乘法　张树森编

上海：中国科学图书仪器公司，1947.2，226 页，25 开，精装

本书共 10 章，内容包括：绪言、差误或是率之定律、观测之调整、观测之精度、直接观测、正则方程式之解法等。

收藏单位：东北师大馆、广东馆、广西馆、桂林馆、国家馆、江西馆、上海馆、天津馆、西南大学馆、浙江馆

01311

最小二乘式　李协著

外文题名：On least squares

上海：商务印书馆，1924.6，117 页，23 开，精装（算学丛书 1）

上海：商务印书馆，1928.6，再版，117 页，23 开，精装（算学丛书 1）

上海：商务印书馆，1932.11，国难后 1 版，117 页，23 开，精装（算学丛书 1）

上海：商务印书馆，1934.7，国难后 2 版，117 页，23 开，精装（算学丛书 1）

本书共 12 章，内容包括：论观察之差及其分类、论舛差函数、论或是舛差、最小二乘式之理论、观察之分类及其平差术等。

收藏单位：重庆馆、东北师大馆、广东

馆、广西馆、贵州馆、桂林馆、国家馆、湖南馆、江西馆、南京馆、上海馆、天津馆、西南大学馆、浙江馆

应用数学

01312

高等实用数学　张录康编著

江北（重庆）：士继公学代办部，1943.1，222 页，22 开

收藏单位：重庆馆

01313

机械工场用算术　（日）田岛义造著

东京：信友堂书店，1934，144 页，18 开，精装

本书共 28 章，介绍工程应用数学。

收藏单位：重庆馆

01314

日用计算手册　蒋乃镛编

[重庆]：华美工业社研究出版部，1945.8，174 页，64 开

本书内容包括：电报字数计算法、电报代月份地支、电报代日期韵目、中国面积表、近百年中外历对照表等。

收藏单位：重庆馆

01315

应用数学讲义

建设总署土木工程专科学校，88+106 页，16 开

本书内容包括：弧三角形、直弧三角形、直弧三角形之解法、斜弧三角形、斜弧三角形解法等。

收藏单位：国家馆

力学

01316

力的故事　杨长生著

北京：华北编译馆，1943.6，88页，32开（少年科学丛书）

　　本书版权页丛书题名：少年科学知识丛书。

　　收藏单位：国家馆、首都馆

01317

力的实验　李劭青编著

定县：中华平民教育促进会，1933.7，32页，50开（平民读物 科学常识187）

　　本书共12部分，内容包括：不倒翁、悬崖勒马、打不动的木球、自动的木球、竹筒枪的把戏等。

　　收藏单位：国家馆

01318

力和运动　郑贞文等编辑

上海：商务印书馆，1925.10，34页，32开（少年自然科学丛书23）

重庆：商务印书馆，1943.12，渝1版，34页，32开（少年自然科学丛书23）

　　本书共3部分：力和运动、机械、振动。

　　收藏单位：重庆馆、广东馆、国家馆、南京馆、上海馆

01319

力学及物性学名词

科学名词审查会，[1920.7]，51页，16开

　　本书为科学名词审查会物理学名词审查组第1次审查本。封里有1920年7月的科学名词审查会第6次物理学名词审查员姓名录。

　　收藏单位：上海馆

01320

图解力学　怀特（J. T. Wight）著　吕谌译

外文题名：Elementary graphic statics

上海：商务印书馆，1936.7，268页，32开

上海：商务印书馆，1937.2，再版，268页，32开

上海：商务印书馆，1937，3版，268页，32开

长沙：商务印书馆，1938.9，4版，268页，32开

上海：商务印书馆，1947.6，5版，268页，32开

本书共12章，内容包括：引论、力之分解及合成、实用问题、非同心力之合成、弯曲率及剪力图等。高级工科职业学校教科书。

　　收藏单位：重庆馆、东北师大馆、国家馆、辽大馆、南京馆、天津馆、浙江馆

01321

图解力学　朱兆雪编

北京：北京大学工学院，1939.4，122页，16开

　　本书共6章：力之图解法、固体之平衡、平面杆架体、棱形固体之内力、图解积分法、连续力。

　　收藏单位：国家馆

01322

现代混流力学之概念

出版者不详，30+6页，13开

　　本书共7节，内容包括：纲要、管阻之因次分析、混流之物理性质、阻力与瑞氏数之关系等。

　　收藏单位：广西馆

01323

澡堂里的发明　李劭青著

北平：中华平民教育促进会，1929.6，16页，50开（平民读物 科学常识113）

北平：中华平民教育促进会，1932.12，再版，16页，50开（平民读物 科学常识113）

　　收藏单位：国家馆

牛顿力学、达朗伯原理

01324

惯性的把戏　吕镜楼编　陶知行校

上海：儿童书局，1931.10，24页，32开（儿童科学丛书）

上海：儿童书局，1932.6，再版，24页，32开（儿童科学丛书）

　　本书内容包括：惯性实验器制造法、用惯性实验器要把戏的方法等。

　　收藏单位：国家馆、江西馆

01325

牛顿原理批判　　赫深著　　何封译

上海：新知书店，1937.2，98 页，32 开（翻译小丛书）

本书共 5 章：绪论、牛顿时代底经济物理及技术、英吉利革命与牛顿底哲学见解、对于能力底认识及牛顿缺乏能力不减定律、牛顿时代的机器破坏者和现在的生产力破坏者。

收藏单位：重庆馆、广东馆、国家馆

01326

自然哲学之数学原理　（英）牛顿（Isaac Newton）著　　郑太朴译

外文题名：Philosophiae naturalis principia mathematica

外文题名：Mathematische Principien der Naturlehre

上海：商务印书馆，1931.4，10 册（991 页），32 开（汉译世界名著）（万有文库第 1 集 448）

上海：商务印书馆，1935.11，957 页，32 开，精装（汉译世界名著）

本书内容包括物体运动的理论和关于万有引力的讨论。书前有著者第 1、2、3 版序。

收藏单位：安徽馆、重庆馆、大连馆、大庆馆、东北师大馆、广东馆、广西馆、贵州馆、国家馆、河南馆、黑龙江馆、江西馆、辽大馆、辽宁馆、辽师大馆、南京馆、内蒙古馆、宁夏馆、上海馆、首都馆、天津馆、浙江馆

理论力学（一般力学）

01327

弹道学概要　　王菊麟编

南京：防空学校，1937.9，244 页，32 开（防空学校丛书 23）

本书共两篇：膛内弹道、膛外弹道。书前有曹洁森、黄镇球、冯秉权序，编者自序和引言。书末附《真空中之炮弹运动》《弹道之作法——备忘录》等 3 篇。

收藏单位：重庆馆

01328

弹道学实验讲义

出版者不详，163 页，16 开

本书共 20 个实验，内容包括：比长仪之应用、炮弹重心位置之测定、炮弹转动惯量之测定、利用重压机以编制压力表等。

收藏单位：国家馆

01329

动力学

城塞训练班，1942，23 页，25 开（城塞丛书）

收藏单位：广东馆

01330

动率学　　刘家驹著

外文题名：Moment

北平：中华工程师学会，1928.9，140 页，18 开（力学丛书）

收藏单位：国家馆

01331

汉译图解静力学纲要　（美）哈德孙　（美）斯快阿著　　林承运译

林承运 [发行者]，1934.9，106 页，16 开

本书共 4 章：普通理论、反抗力、单建造物之内感力、力率及剪力。

收藏单位：广东馆、广西馆、桂林馆、国家馆、南京馆

01332

离心力的把戏　　吕镜楼编　　陶知行校

上海：儿童书局，1932.11，24 页，32 开（儿童科学丛书）

本书内容包括：走江湖的耍的离心力的把戏、饶柏森先生实验离心力、离心力的用途等。

收藏单位：广西馆、首都馆

01333

理论静力学　（苏）尼轲雷（E. L. Nekolae）原著　　何志奇　　陈毓晋译述

上海：开明书店，1940.6，180 页，36 开

上海：开明书店，1947.1，再版，180 页，36 开

本书共 11 章，内容包括：总论、静力学基本定律、力偶、位于同一平面上任意位置诸力之性质、力之图解法、屋架及桥梁各樑上荷重之图解法等。

收藏单位：重庆馆、东北师大馆、广东馆、国家馆、南京馆、内蒙古馆、浙江馆

01334

理论力学　范会国著

上海：龙门出版公司，1944.7，550 页，25 开，精装

本书共 3 卷：力学导引、静力学、动力学。内容包括：向量论、运动学、力学原理·质量·力·工作、质点之平衡·质点组之平衡等。大学教本。

收藏单位：国家馆、西南大学馆

01335

理论力学纲要　（法）孟特尔（M. P. Montel）著　严济慈　李晓舫译

外文题名：Eléments de mécanique

长沙：商务印书馆，1938.7，307 页，25 开（大学丛书 教本）

长沙：商务印书馆，1939.1，再版，307 页，25 开（大学丛书 教本）

上海：商务印书馆，1947.1，3 版，307 页，25 开（大学丛书 教本）

本书共 4 篇：动学、点之动力学、静力学、系之动力学。

收藏单位：重庆馆、贵州馆、国家馆、湖南馆、辽宁馆、南京馆、内蒙古馆

01336

理论物理学导论　（德）普朗克（Max Planck）著　陆学善译

外文题名：Introduction to throreoreticai physics

上海：中华书局，1949.7，2 册（195+168 页），25 开（乙酉学社丛书 第 1 集）

本书第 1 卷为《力学概论》，第 2 卷为《柔体力学》。书前有原序两篇。附《岁寒译书记》（袁良）。

收藏单位：重庆馆、东北师大馆、国家馆、黑龙江馆、江西馆、辽大馆、南京馆、内蒙古馆、上海馆

01337

力学　程宗植编

上海：中华书局，1935.12，194 页，22 开

昆明：中华书局，1940.4，再版，194 页，22 开

本书共 5 编：运动学、动力学、静力学、余论、应用及练习。

收藏单位：重庆馆、东北师大馆、广东馆、广西馆、贵州馆、国家馆、辽宁馆、南京馆、内蒙古馆、上海馆、天津馆

01338

力学图说　杨孝述　杨逢挺编辑

上海：中国科学图书仪器公司，1949.8，251 页，36 开（科学画报丛书 大众物理学图说 第 1 集）

本书共 6 章：简单机械、力、运动、分子力、水、空气。

收藏单位：东北师大馆、广东馆、国家馆、上海馆、天津馆

01339

能的故事　吴健著

上海：文化生活出版社，1940.5，90 页，36 开（少年读物小丛刊 第 2 集）

本书共 8 部分，内容包括：东西为什么会动、变来变去的能、能和热的来源、能的作功、能的传送和储存等。

收藏单位：东北师大馆、辽宁馆、南京馆、上海馆、绍兴馆

01340

能之不灭　（德）赫尔姆霍斯（H. Helmholthz）著　钟间译

外文题名：Über die Erhaltung der Kraft

上海：商务印书馆，1937.3，77 页，32 开（万有文库 第 2 集）

长沙：商务印书馆，1939.12，77 页，32 开（万有文库 第 1—2 集简编）

本书共 6 部分：动能不灭原则、能不灭原则、能不灭原则在力学上的应用、热的能当量、电现象中的能当量、磁和电磁的能当量。

收藏单位：大连馆、大庆馆、广东馆、国家馆、内蒙古馆、天津馆、浙江馆

01341

平衡性原理　李文邦著

外文题名：The theory of equilibratity

广州：大华印刷，1947.11，64 页，32 开

　　本书共 4 章：牛顿力学及相对论、平衡性原理、平衡性原理之证明、平衡性原理之应用。

　　收藏单位：南京馆

01342

耍杠杆　吕镜楼编　陶知行校

上海：儿童书局，1931.12，2 册（22+26 页），32 开（儿童科学丛书）

上海：儿童书局，1932.6，再版，2 册（22+26 页），32 开（儿童科学丛书）

上海：儿童书局，1933，3 版，2 册（22+26 页），32 开（儿童科学丛书）

　　本书内容包括：放下笔杆耍杠杆、什么叫做杠杆、杠杆上的名称、杠杆上的定理、杠杆的制造法、杠杆的用途举例等。

　　收藏单位：国家馆、江西馆、首都馆

01343

膛外弹道学　（美）赫孟（Ernest E. Herrmann）著　谢筱　钱刚译

大连：建新工业公司，1949.9，345+43 页，22 开，精装（建新工业丛书 6）

　　本书共 15 章，内容包括：绪论、定义与简单说明·初步假设、真空中弹道方程式·弹道之刚性之理论、应用数积法·解空气中弹道等。

　　收藏单位：国家馆

01344

膛外弹道学　张述祖编

兵工学校印刷所，油印本，117 叶，13 开，环筒页装

　　收藏单位：广东馆、国家馆

01345

特种绝对向心运动之轨道方程式　王应伟著

出版者不详，22 页，22 开

　　收藏单位：国家馆

01346

斜面与螺旋　吕镜楼编　陶知行校

上海：儿童书局，1932.3，31 页，32 开（儿童科学丛书）

上海：儿童书局，1933.2，再版，31 页，32 开（儿童科学丛书）

上海：儿童书局，1933，3 版，31 页，32 开（儿童科学丛书）

　　本书共 10 部分，内容包括：什么叫做斜面、斜面的用处、螺旋的构成、螺旋的用处、安置螺旋的方法、制造螺旋的方法等。

　　收藏单位：广西馆、国家馆、首都馆

01347

新编初等重学　（日）刘屋野原编　朱文熊译

上海：科学会编译部，1911.12，273 页，32 开

　　本书讲述动学、力学、静力学等。

　　收藏单位：首都馆

01348

引量分析　（英）爱停顿原著　夏元瑮译解

出版者不详，43 页，16 开

　　本书共 13 节，内容包括：基本引量、关于二次微分之各公式、同变微分、利门及格里斯多弗儿之引量、利格二氏引量消灭之条件等。

　　收藏单位：国家馆

01349

应用动力学　佟韶华编

北京：北京大学工学院，1940.6，335 页，25 开

　　本书共 8 章，内容包括：直线运动、曲线运动、移动、转动、平面运动等。书眉、版权页题名：动力学。

　　收藏单位：国家馆

01350

应用静力学　佟韶华编

北京：北京大学工学院，1939.9，284 页，25 开，精装

　　本书共 10 章，内容包括：概论及普通原

理、平面内相交力系、空间相交力系、平面内平行力系、空间平行力系等。

　　收藏单位：国家馆

01351

重心作用的把戏　吕镜楼编　陶知行校

上海：儿童书局，1932.3，27 页，32 开（儿童科学丛书）

上海：儿童书局，1933.2，再版，27 页，32 开（儿童科学丛书）

　　本书共 5 部分：什么叫做重心、重心与支点在物体上的关系、重心的测定法、各种重心仪器的制造、重心作用的现象及与人的关系。

　　收藏单位：国家馆、江西馆

固体力学

01352

超定结构解法　金涛著

北平：金涛 [发行者]，1947.9，390 页，18 开

　　本书共 15 章，内容包括：超定结构、推算挠度、最小呈功法、挠角挠度法、冗构解法、图解法等。

　　收藏单位：重庆馆、国家馆、中科图

01353

应力与弹性之变形　吴筱朋著

上海：国立中央研究院地质研究所，1930.9，41 页，25 开

　　收藏单位：广东馆、国家馆、南京馆、上海馆、西南大学馆

流体力学

01354

浮和沉　李宗法编

长沙：商务印书馆，1941.4，60 页，32 开（儿童理科丛书）

　　本书共 15 部分，内容包括：水的浮力、密度、比重、阿基米得原理、浮、游泳等。

　　收藏单位：国家馆

01355

唧筒　李宗法编

长沙：商务印书馆，1941.4，43 页，32 开（儿童理科丛书）

　　本书共 9 部分，内容包括：扬水唧筒、压上唧筒、压上唧筒的重要改良、喷雾器、虹吸等。

　　收藏单位：国家馆

01356

空气的实验　李劭青编著

定县：中华平民教育促进会，1933.7，4 册（20+24+22+24 页），50 开（平民读物 科学常识 171—174）

　　本书共 52 部分，内容包括：水不沾纸、一进一出、水底燃灯、长龙吸水、瓶水自喷、气枪、忽重忽轻等。

　　收藏单位：国家馆

01357

应用流体力学　周文德著

上海：厚生出版社，90 页，36 开（中国工程师手册 基本手册 8）

　　本书共 8 章：绪论；流体静力学；流体动力学；孔，短管，及嘴管；堰；长管；水道；射出水与水锤。

　　收藏单位：国家馆、上海馆

01358

粘滞流体之动力　祁开智著

武功：国立西北农学院，1944.8，油印本，43 页，18 开（国立西北农学院农田水利研究部研究报告 3）

　　本书共 3 部分：总论、完全粘附与动力、渐近解与动力。

　　收藏单位：国家馆

01359

粘滞流体之运动学　祁开智编著

武功：国立西北农学院，1943.1，22 页，18 开（国立西北农学院农田水利研究部研究报告 1）

　　本书共 7 部分：引言、粘滞流动之基本特性、流速之基本公式、圆管问题、圆柱问题、

圆球问题、尾声。

　　收藏单位：国家馆

应用力学

01360
实用力学　（德）劳恩司坦（Laneustein）著
马君武译述
上海：科学会编译部，1912.3，328 页，23 开，
精装
　　本书讲述力学原理，固、液、气体的静
力学和动力学。
　　收藏单位：广东馆、江西馆、首都馆、天
津馆、浙江馆

01361
实用力学　王济仁著
上海：暨南大学出版室，1929.6，146 页，16
开
　　本书讲解运动的法则、力的平衡、传动
力及抵抗、工程原则、回转仪运动等。
　　收藏单位：上海馆

01362
实用力学　王济仁编
上海：中华书局，1935.3，138 页，32 开（算
学丛书）
上海：中华书局，1936.12，再版，138 页，32
开（算学丛书）
　　本书共 6 章：绪论、运动之定律、力之平
衡、动力及抵抗、功之原理、回转器运动。
　　收藏单位：重庆馆、国家馆、辽宁馆、南
京馆、内蒙古馆、山西馆、首都馆、天津馆、
西南大学馆、浙江馆

01363
应用力学　金一新编著
上海：龙门联合书局，1948.8，194 页，32 开
（职业学校丛书）
　　本书共 11 章，内容包括：运动、力、向
量算法、功与能、转动、力之平衡、摩擦、
摆等。

　　收藏单位：重庆馆、国家馆、内蒙古馆、
浙江馆

01364
应用力学　刘养玄译著
上海：世界书局，1943.7，120 页，32 开
上海：世界书局，1947.7，2 版，120 页，32 开
　　本书据 Fuller、Johnston 两氏之书编译而
成。
　　收藏单位：辽宁馆、绍兴馆

01365
应用力学　吕谌编著
上海：国立编译馆，1947.6，470 页，25 开
上海：国立编译馆，1948，再版，470 页，25
开
　　本书共两部分：静力学、动力学。内容包
括：概论、同平面同点力、同平面平行力、同
平面非同点力等。部定大学用书。
　　收藏单位：重庆馆、广东馆、国家馆、江
西馆、辽宁馆、南京馆、山西馆、上海馆、
浙江馆

01366
应用力学　马天宾著
上海：厚生出版社，116 页，36 开（中国工程
师手册 基本手册 6）
　　本书共 3 章：静力学、动力学、摩擦。
　　收藏单位：国家馆、上海馆

01367
应用力学　（美）普尔曼（Alfred P. Poorman）
著　曹鹤荪编译
外文题名：Applied mechanics
上海：中国科学图书仪器公司，1948.3，509
页，32 开
上海：中国科学图书仪器公司，1949，再版，
509 页，32 开
　　本书讲述静力学和运动力学。附度量衡
换算表、形心位置。据原本第 4 版汉译增补。
大学用书。
　　收藏单位：广东馆、内蒙古馆、首都馆、
浙江馆

01368

应用力学 石志清著

长沙：商务印书馆，1938.1，363 页，25 开（大学丛书 教本）

长沙：商务印书馆，1939.7，3 版，363 页，25 开（大学丛书 教本）

长沙：商务印书馆，1940，4 版，363 页，25 开（大学丛书 教本）

上海：商务印书馆，1948.9，沪 5 版，363 页，25 开（大学丛书 教本）

收藏单位：重庆馆、东北师大馆、广东馆、国家馆、吉林馆、南京馆、内蒙古馆、首都馆

01369

应用力学 唐英 王寿宝编著

上海：商务印书馆，1936.9，244 页，32 开

上海：商务印书馆，1937.7，2 版，244 页，32 开

长沙：商务印书馆，1938.10，4 版，244 页，32 开

长沙：商务印书馆，1941.10，[再版]，244 页，32 开

重庆：商务印书馆，1944，244 页，32 开

上海：商务印书馆，1946.9，10 版，244 页，32 开

上海：商务印书馆，1947.7，11 版，244 页，32 开

上海：商务印书馆，1948，12 版，244 页，32 开

本书共 11 章，内容包括：概论、力之集合分散及均衡、重心、均衡与稳固、摩擦等。职业学校教科书。

收藏单位：重庆馆、广东馆、国家馆、辽大馆、上海馆、浙江馆

01370

应用力学 王世模编著

江北（重庆）：技工训练处，1943.5，121 页，22 开（技工丛书 2）

本书为技工教科书。

收藏单位：重庆馆、贵州馆、国家馆、南京馆

01371

应用力学 徐骥著

外文题名：Applied mechanics

上海：商务印书馆，1933.12，224 页，32 开（工学小丛书）（万有文库 第 1 集 559）

上海：商务印书馆，1934.2，224 页，32 开（工学小丛书）

上海：商务印书馆，1934.4，再版，224 页，32 开（工学小丛书）

上海：商务印书馆，1935.5，6 版，224 页，32 开（工学小丛书）

长沙：商务印书馆，1938.11，9 版，224 页，32 开（工学小丛书）

上海：商务印书馆，1947.2，11 版，224 页，32 开（工学小丛书）

本书共 11 章，内容包括：单位、物体之运动、运动之定律、力之合成及分解、重心、动力等。

收藏单位：重庆馆、大连馆、东北师大馆、广西馆、贵州馆、国家馆、黑龙江馆、江西馆、辽大馆、辽师大馆、南京馆、内蒙古馆、宁夏馆、上海馆、首都馆、天津馆

01372

应用力学 杨德隅编著

上海、南京：正中书局，1937.10，201 页，32 开

本书共两编：静力学、动力学。共 15 章，内容包括：力之分解及合成、平行力及力矩、作用于平面上力之平衡、重心、摩擦、直线运动、运动定律、转动等。

收藏单位：重庆馆、贵州馆、南京馆

01373

应用力学大意 薛祉镐编著

长沙：商务印书馆，1938.2，137+10 页，32 开，精装

长沙：商务印书馆，1938.10，再版，137+10 页，32 开，精装

上海：商务印书馆，1946.12，4 版，137+10 页，32 开，精装

长沙：商务印书馆，1947.7，5 版，137+10 页，32 开，精装

本书共两编：固体动力学、液体力学。内容包括：力学总论、固体静力学、固体动力学、液体静力学、液体动力学等。职业学校教科书。

收藏单位：广东馆、广西馆、贵州馆、国家馆、江西馆、辽大馆

01374

应用力学讲义　方俊鋆编

成都：航空机械学校，1938.7，84 页，24 开

收藏单位：广东馆

01375

应用力学通论　徐骥　程宗植编著

长沙：商务印书馆，1939.12，274+[22] 页，32 开

长沙：商务印书馆，1940，再版，274+[22] 页，32 开

长沙：商务印书馆，1940.12，3 版，274+[22] 页，32 开

本书共 10 章，内容包括：单位、向量、质点之运动、运动定律、功能等。职业学校教科书。

收藏单位：重庆馆、贵州馆、国家馆

理化综合

01376

公开表演理化幻术　（日）藤木源吾著　薛逢元译

上海：新亚书店，1936.1，16+244 页，32 开

上海：新亚书店，1946.11，再版，16+244 页，32 开

本书共两编：化学之部、物理学之部。内容包括：关于氢氧化剂和五色烟火的、关于轻气和爆鸣的、关于炭酸气的、关于焰的等。书脊题名：公开表演适用理化幻术。

收藏单位：广西馆、国家馆、湖南馆、江西馆、上海馆

01377

理化表解（求知之钥）　江夏士编

[上海]：求知出版社，1943.10，再版，增订本，90 页，32 开

本书共两部分：物理学之部、化学之部。内容包括：水、空气、运动和力、简单机械、热和三态变化、音和乐器、光的直进和反射、光的折射和色散等。

收藏单位：广东馆、广西馆、国家馆、南京馆

01378

理化常识　张奥华编著

汉口：教育部播音教育委员会，1938.6，112 页，32 开（青年自习播音讲稿 2）

收藏单位：重庆馆、广西馆、南京馆、宁夏馆、西南大学馆

01379

理化常识问答　戚浣白著

上海：新民书社，1932.6，续版，128 页，50 开（各科常识问答丛书）

上海：新民书社，1935，128 页，50 开

上海：新民书社，1937，9 版，128 页，50 开

收藏单位：广东馆、国家馆、河南馆

01380

理化常数要览　林篷梅编

外文题名：A pocket book for chemist and physicist

上海：商务印书馆，1937.6，201 页，32 开

长沙：商务印书馆，1938.3，再版，201 页，32 开

重庆：商务印书馆，1944.3，渝 1 版，201 页，32 开

上海：商务印书馆，1947.3，3 版，201 页，32 开（新中学文库）

本书内容包括：度量衡比较表、温度换算表、水银柱高与水柱高比较表、气压计所测气压与零度时气压之换算表等。

收藏单位：重庆馆、东北师大馆、广西馆、国家馆、宁夏馆、天津馆

01381

理化大意　顾文卿编著

长沙：商务印书馆，1940.7，148 页，32 开

重庆：商务印书馆，1946，148 页，32 开
上海：商务印书馆，1948.7，148 页，32 开

　　本书共两编：化学、物理学。内容包括：氢和氧、燃烧与燃料、金属与合金、酸类、盐类、纤维类等。职业学校教科书。

　　收藏单位：重庆馆、东北师大馆、广东馆、国家馆、辽宁馆、南京馆、浙江馆

01382

理化大意

上海：中华职业学校，1935，134 页，32 开

　　收藏单位：重庆馆

01383

理化大意（上册 物理学） 王世模编

江北（重庆）：技工训练处，1944.12，196 页，32 开（技工丛书）

　　本书共 34 章，内容包括：直线运动、运动阻力、简单机械、弹性、液体力学、比重测定、气体力学、温度计等。技工教科书。

　　收藏单位：重庆馆、国家馆

01384

理化大意（下册 化学） 王世模编

江北（重庆）：技工训练处，1943.5，172 页，32 开（技工丛书）

　　本书共 29 章，内容包括：氧、氢、水、碳及其氧化物、氨及硝酸、硫、碳氢化合物等。技工教科书。

　　收藏单位：重庆馆、国家馆、南京馆

01385

理化讲义

中央陆军军官学校第二分校，1941，79 页，32 开

　　收藏单位：广东馆

01386

理化名词汇编（英法德日中对照） 曹梁厦汇编

外文题名：Physical and chemical terminology : English-French-German-Japanese-Chinese

上海：科学名词审查会，1940.1，[722] 页，25 开，精装

　　本书名词包括力学、物性学、热学、磁学、电学、光学（不全）、声学（不全）、化学原质、无机化合物（附重要矿物名）、有机化合物、生理化学、数学等学科领域。附普通算学名词。汇编者原题：曹惠群。

　　收藏单位：广东馆、国家馆、浙江馆

01387

理化问题精解（下册） 求真科学社编纂

长沙：求真科学社，1934.5，160 页，32 开（求真丛书）

　　本书共 5 部分：无机化学、理论化学、计算题、有机化学、附录。

　　收藏单位：国家馆

01388

理化学初步 钟观光　陈学郢编纂

上海：商务印书馆，1923，改订本，183 页，25 开

上海：商务印书馆，1925.10，4 版，183 页，25 开

　　本书共 12 章，内容包括：绪言、水、空气、火、热及光、重要非金属元素及其化合物、重要金属元素及其化合物、普通有机物等。

　　收藏单位：广东馆、国家馆、首都馆

01389

理化学初步讲义 钟观光　陈学郢编纂

外文题名：Lectures on elementary physics and chemistry

上海：商务印书馆，1912.12，150 页，32 开

上海：商务印书馆，1916.6，5 版，150 页，32 开

上海：商务印书馆，1917.5，6 版，150 页，32 开

上海：商务印书馆，1920，8 版，150 页，32 开

　　本书为师范讲习社师范讲义。

　　收藏单位：广东馆、首都馆、浙江馆

01390

理化学大意 杜就田编纂

外文题名：Outlines of physics and chemistry

上海：商务印书馆，1911.4，8 版，52 叶，32 开，环筒页装

上海：商务印书馆，1914.4，11 版，52 叶，32 开

上海：商务印书馆，1923，20 版，52 叶，32 开

本书内容包括：空气、气球、虹吸管、水、炭、寒暑表、火柴、风雨表等。

收藏单位：国家馆、河南馆

01391

理化学教授指南　孙佐　严保诚编译

外文题名：A guide to teaching chemistry

上海：商务印书馆，1913，3 版，153 页，22 开

上海：商务印书馆，1925，5 版，153 页，22 开

本书共 4 篇：设备之品目及概价、关于设备之注意、对于生徒之注意、杂注意。光绪三十四年（1908）九月初版。

收藏单位：广东馆、首都馆

01392

能率的速成的物理·化学学习与受验之秘诀

（日）三木喜平　（日）内野彦一著

奉天（沈阳）：满洲图书文具株式会社，1943.6，124 页，32 开

奉天（沈阳）：满洲图书文具株式会社，1944，8 版，124 页，32 开

本书共 6 编：物性、热、光学、电气、波动、力及运动。

01393

全部中等理化试题详解　施惠同著编著

上海：东方书店，1949.1，137+97 页，32 开

本书内容包括：物理学定义定律及公式、物理学单位汇录、物理学试题详解、化学试题详解、化学术语与化学方程式等。

收藏单位：广东馆

01394

全部中等理化问题详解　施惠同编

上海：东方书店，1936，201 页，32 开

收藏单位：山西馆

01395

山西省立理化实验所一周年纪念总报告

山西省立理化实验所办公室，1936，1 册，18 开

收藏单位：国家馆、南京馆、上海馆、首都馆

01396

物理化学实验　王寿青编

北京：国立北京大学工学院，1943.9，105 页，16 开

本书共 40 个实验，内容包括：液体密度与比重、蒸汽压力、粘滞性、凝固点低降、沸点上升等。

收藏单位：国家馆

01397

物理化学问题详解　马仁堪编著

上海：商务印书馆，1937.3，218 页，23 开

长沙：商务印书馆，1941，3 版，218 页，23 开

上海：商务印书馆，1947.8，4 版，218 页，23 开

本书共 6 章，介绍力化学、热化学、电化学。

收藏单位：重庆馆、东北师大馆、广东馆、国家馆、湖南馆、辽宁馆、南京馆、首都馆、西交大馆、西南大学馆、浙江馆

物理学

01398

勃台实用物理学　（美）勃拉克（N. H. Black）
（美）戴维斯（H. N. Davis）著　蒋宪淞译
龚昂云校订

上海：世界书局，1944，新 4 版，722 页，32 开

上海：世界书局，1946，新 6 版，722 页，32 开

上海：世界书局，1947.3，新 8 版，722 页，32 开

上海：世界书局，1948.9，新 9 版，722 页，32 开

上海：世界书局，1949.7，新 10 版，722 页，32 开

本书内容包括：力学、热学、电及磁、声学、光学、近代物理学。封面题名：实用物理学。

收藏单位：广东馆、广西馆、首都馆、浙江馆

01399

初级物理学纲要　杨士文著

上海：世界书局，1947.2，[92] 页，32 开

　　收藏单位：国家馆

01400

达夫物理学　（美）达夫（A. W. Duff）著
郭元义译

长沙：商务印书馆，1939.6，2 册（685 页），25 开（大学丛书 教本）

上海：商务印书馆，1947，8 版，2 册（685 页），25 开（大学丛书 教本）

上海：商务印书馆，1948.4，9 版，2 册（685 页），25 开（大学丛书 教本）

上海：商务印书馆，1949.2，10 版，2 册（685 页），25 开（大学丛书 教本）

　　本书内容包括：力学及物性、波动、热学、电磁学、声学、光学。

　　收藏单位：重庆馆、广西馆、国家馆、南京馆、内蒙古馆、宁夏馆、山西馆、绍兴馆、首都馆、天津馆、浙江馆

01401

大学物理学　（德）卫斯特发尔（W. H. Westphal）著　杜若城译

外文题名：Physik

上海：励志书局，1936，3 册（791 页），18 开

　　本书共 5 篇：概论、刚体之力学·重力、弹性体力学、振动及波、热学。大学教本。

　　收藏单位：广东馆、国家馆

01402

高等物理学　（德）卫斯特发尔（W. H. Westphal）著　周君适　姚启钧译

外文题名：Physik

长沙：商务印书馆，1938.5，3 册（24+1186 页），25 开（大学丛书　教本）

长沙：商务印书馆，1939.2，再版，3 册（24+1186 页），25 开（大学丛书　教本）

长沙：商务印书馆，1940.9，3 版，3 册（24+1186 页），25 开（大学丛书　教本）

重庆：商务印书馆，1945，4 版，3 册（24+1186 页），25 开（大学丛书　教本）

上海：商务印书馆，1947.2，5 版，3 册（24+1186 页），25 开（大学丛书　教本）

　　本书共 9 编：通论、刚体力学·重力、柔体力学、振动与波动、热学（热力学）、电磁学、光学及广义辐射学、量子论与物质论、相对论。

　　收藏单位：重庆馆、东北师大馆、广东馆、贵州馆、国家馆、湖南馆、江西馆、辽大馆、辽宁馆、南京馆、宁夏馆、山西馆、天津馆

01403

汉译勃狄二氏最新实用物理学　（美）勃拉克（N. H. Black）（美）戴维斯（H. N. Davis）著　万经文　高仕炘译

外文题名：Black and Davis: new practical physics

北平：北平科学社，1937.1，661 页，25 开，精装

　　收藏单位：国家馆

01404

汉译达夫高等物理学　（美）达夫（A. W. Duff）编　杨凤荪　王惕夫译

外文题名：Duff: physics for college

北平：北平科学社，1940.9，703 页，25 开，精装

北平：北平科学社，1947.5，4 版，703 页，25 开

　　本书书脊题名：达夫高等物理学。

　　收藏单位：国家馆、辽宁馆

01405

汉译达夫物理学　（美）达夫（A. W. Duff）著　佟韶华译

外文题名：Physics for college

北平：戊辰学社，1936.11—1937.6，2 册（356+350 页），24 开，精装

　　本书分上、下册，上册出版于 1936 年 11 月，下册出版于 1937 年 6 月。

　　收藏单位：北师大馆、国家馆

01406

汉译大学物理　（美）金伯尔（Arthur Lalanne

Kimball）著　涂羽卿译

外文题名：College physics

上海：中外图书公司，1936.8—1947，2 册（354+419 页），25 开

上海：中外图书公司，1938，2 册（354+419 页），25 开

　　本书分上、下册，上册出版于 1936 年 8 月，下册出版于 1947 年。1938 年版原题：汉译金氏大学物理。

　　收藏单位：广东馆、国家馆

01407

汉译高尔顿高等物理学 （美）高尔顿（F. R. Corton）著　万经文　高仕炘译

外文题名：A high school course in physics

北平：北平科学社，1935.6，474+30 页，25 开，精装

　　收藏单位：国家馆

01408

汉译密尔根 盖尔物理学 屠坤华编译　徐善祥　杜就田校订

外文题名：Millikan, Gale: a first course in physics

上海：商务印书馆，1913.2，436+12 页，32 开，精装

上海：商务印书馆，1916，3 版，436+12 页，32 开，精装

上海：商务印书馆，1919，5 版，436+12 页，32 开，精装

上海：商务印书馆，1921.4，7 版，436+12 页，32 开，精装

上海：商务印书馆，1921.9，8 版，436+12 页，32 开，精装

上海：商务印书馆，1923.3，9 版，436+12 页，32 开，精装

　　本书共 22 部分，内容包括：度量、力与运动、液体间之压力、空气之压力、分子运动、分子力等。逐页题名：密尔根及盖尔物理学。

　　收藏单位：国家馆、河南馆、首都馆、浙江馆

01409

汉译斯梯渥氏高等物理学 （美）斯梯渥（Oscar

M. Stewart）著　蔡亦明编译

外文题名：Physics, a test book for colleges

北平：北平科学社，1934.6，714+34 页，25 开

北平：北平科学社，1935.6，[再版]，714+34 页，25 开

北平：北平科学社，1936，[再版]，760+54 页，25 开

　　本书共 5 编：力学及物性学、热学、波动学及音学、磁学电学、光学。

　　收藏单位：重庆馆、广东馆、国家馆、首都馆、浙江馆

01410

汉译斯梯渥氏高等物理学详解 齐振寰编演

北平：北平科学社，1937.3，252 页，32 开

　　收藏单位：宁夏馆、首都馆

01411

汉译物理学 （美）达夫（A. W. Duff）著 沈星五　张静峰译

北平：同和书局，1937，295 页，精装

　　收藏单位：广东馆

01412

汉译新实用物理学 （美）勃拉克（N. H. Black）（美）戴维斯（H. N. Davis）著　蒋一麟 刘伯绳　胡定一译

上海：中国自然科学编译社，1935，674 页，32 开，精装

上海：中国自然科学编译社，1936，再版，674 页，32 开，精装

　　本书共 31 章，内容包括：液体之压力、空气之压力、液体与气体之运动、弹性与材料强度、作用于一点上之诸力、加速度运动等。版权页题名：汉译最新实用物理学。

　　收藏单位：黑龙江馆

01413

近代物理学 郑太朴著

外文题名：Modern physics

上海：商务印书馆，1930.10，46 页，32 开（百科小丛书）（万有文库 第 1 集 444）

上海：商务印书馆，1933.4，国难后 1 版，46

页，32开（百科小丛书）
上海：商务印书馆，1935.1，国难后2版，46页，32开（百科小丛书）

本书共7章：总纲、物质的构造、运动与振动、传导与影响、辐射现象、晚近的原子观、电的观念之变迁。

收藏单位：重庆馆、大连馆、大庆馆、东北师大馆、广东馆、广西馆、国家馆、江西馆、辽大馆、辽师大馆、南京馆、内蒙古馆、宁夏馆、山西馆、上海馆、首都馆、天津馆、西南大学馆、浙江馆

01414
科学在今日 （德）茵菲尔（L. Infeld）著 秦仲实译
上海：开明书店，1935.2，207页，32开（开明青年丛书）
上海：开明书店，1936.4，再版，207页，32开（开明青年丛书）
上海：开明书店，1947.4，3版，207页，32开（开明青年丛书）
上海：开明书店，1949.3，4版，207页，32开（开明青年丛书）

本书共6章：物理学的思想方法、辐射、物质、原子核、物质与辐射、现代量子力学。据英译本 The World in Modern Science: Matter and Quanta 转译。

收藏单位：重庆馆、东北师大馆、广东馆、广西馆、贵州馆、桂林馆、国家馆、江西馆、辽宁馆、南京馆、内蒙古馆、宁夏馆、农大馆、上海馆、绍兴馆、首都馆、天津馆、西南大学馆、浙江馆

01415
密尔根 盖尔 派尔物理纲要 （美）密尔根（Robert Andrews Millikan）（美）盖尔（H. G. Gale）（美）派尔（Pyle）著 朱怿 冯簕华译
外文题名：Elements of physics
北平：北平科学社，1933.9，512页，32开
北平：北平科学社，1934.9，512页，32开，精装
北平：北平科学社，1936.9，再版，512页，32开，精装

本书共21章，内容包括：计量、液体之压力、空气之压力、分子运动、力及运动、分子力、功及机械能等。版权页题名：汉译密盖培物理纲要。1936年再版第一译者为陈天池。

收藏单位：广东馆、国家馆

01416
密尔根 盖尔实用物理学 （美）密尔根（Robert Andrews Millikan）（美）盖尔（H. G. Gale）著 周昌寿 高铦译
外文题名：Practical physics
上海：商务印书馆，1924.2，529页，32开，精装
上海：商务印书馆，1925.2，再版，529页，32开，精装
上海：商务印书馆，1926.11，3版，529页，32开，精装
上海：商务印书馆，1927.12，4版，529页，32开，精装
上海：商务印书馆，1929.4，6版，529页，32开，精装
上海：商务印书馆，1930.4，9版，529页，32开，精装
上海：商务印书馆，1931.2，13版，529页，32开，精装
上海：商务印书馆，1932.7，国难后1版，529页，32开，精装
上海：商务印书馆，1932.9，国难后4版，529页，32开，精装
上海：商务印书馆，1932，国难后6版，529页，32开，精装
上海：商务印书馆，1933.7，国难后7版，529页，32开，精装
上海：商务印书馆，1935，国难后9版，529页，32开，精装
上海：商务印书馆，1935.10，国难后11版，529页，32开，精装
长沙：商务印书馆，1940，国难后14版，529页，32开，精装

本书共21章，内容包括：计量、液体之压力、空气之压力、分子运动、力及运动、分子力、功及机械能等。

收藏单位：重庆馆、广东馆、广西馆、国

家馆、江西馆、辽大馆、绍兴馆、首都馆、西南大学馆

01417

实验物理学小史 （美）彻斯（C. T. Chase）著　杨肇燫译

外文题名：A history of experimental physics

上海：商务印书馆，1937.3，2 册（251 页），32 开（自然百科小丛书）（万有文库第 2 集 235）

长沙：商务印书馆，1939.9，251 页，32 开（自然科学小丛书）（万有文库第 1—2 集简编）

长沙：商务印书馆，1941.10，251 页，32 开（自然科学小丛书）

本书共 18 章，内容包括：物理学之肇始、开创人伽利略、光之波动说、热之动力说、原子与分子等。附著名物理学家纪年简表。

收藏单位：大连馆、大庆馆、东北师大馆、国家馆、辽大馆、辽师大馆、内蒙古馆、宁夏馆、上海馆、天津馆、浙江馆

01418

特夫物理学 （美）达夫（A. W. Duff）主编　张方洁译

上海：世界书局，1943.8，2 版，2 册（673 页），25 开

上海：世界书局，1946.7，3 版，2 册（673 页），25 开

上海：世界书局，1947.4，4 版，2 册（673 页），25 开

上海：世界书局，1947.4，5 版，2 册（673 页），25 开

上海：世界书局，1948.4，6 版，2 册（673 页），25 开

本书内容包括：力学及物性学、波动学、热学、电磁学等。著者原题：特夫。

收藏单位：重庆馆、广西馆、国家馆、上海馆、浙江馆

01419

挽近物理学概要　费鸿年编

上海：中华书局，1936.7，146 页，32 开

本书内容包括：绪论、运动和力、功和能、振动和波动、电和磁、电磁波等。

收藏单位：江西馆

01420

物理认识之途径 （德）普朗克（Max Planck）著　杨先堉译

外文题名：Wege zur physikalischen Erkenntnis

上海：商务印书馆，1937.3，2 册（324 页），32 开（万有书库第 2 集 231）（自然科学小丛书）

本书内容包括：物理世界相之统一、物理认识之新轨、动力的统计的法则性、量子论底发生及迄今的发展等。著者原题：蒲朗克。

收藏单位：大连馆、大庆馆、东北师大馆、国家馆、辽大馆、辽师大馆、内蒙古馆、宁夏馆、天津馆、浙江馆

01421

物理世界之本质 （英）爱丁顿（Arthur Stanley Eddington）著　谭辅之译

外文题名：The nature of physical world

上海：辛垦书店，1934.6，469 页，22 开（科学丛书）

本书共 15 章，内容包括：古典物理学之崩溃、相对性理论、时间、宇宙之散弛过程、"生成"、重力——法则、重力——说明等。

收藏单位：重庆馆、东北师大馆、广西馆、国家馆、江西馆、首都馆、天津馆、浙江馆

01422

物理学的进化 （美）爱因斯坦（A. Einstein）（美）茵菲尔（L. Infeld）著　刘佛年译

外文题名：The evolution of physics

重庆：商务印书馆，1945.1，156 页，25 开

重庆：商务印书馆，1945.10，再版，156 页，25 开

上海：商务印书馆，1947.6，156 页，25 开

上海：商务印书馆，1949，再版，156 页，25 开

本书共 4 章：机械观的兴起、机械观的衰落、场论相对论、量子论。

收藏单位：重庆馆、广东馆、国家馆、江西馆、上海馆、西南大学馆、浙江馆

01423

物理学概论 （日）石原纯著　周昌寿译

上海：商务印书馆，1935.3，4 册（781 页），32 开（自然科学小丛书）（万有文库第 2 集 234）

上海：商务印书馆，1935.8，4 册（781 页），32 开（自然科学小丛书）

长沙：商务印书馆，1939.9，4 册（781 页），32 开（自然科学小丛书）（万有文库 第 1—2 集简编）

上海：商务印书馆，1947.4，再版，4 册（781 页），32 开（自然科学小丛书）（新中学文库）

本书内容包括：静力学、动力学、热力学及分子论、静波学及磁学、电力学等。

收藏单位：重庆馆、大连馆、东北师大馆、国家馆、江西馆、辽大馆、辽师大馆、宁夏馆、上海馆

01424

物理学概论　王特夫著

上海：辛垦书店，1934.10，291 页，32 开

本书共 6 章：绪论、物理学底发展过程、物理学底物质观、物理学底能力观、物理学底运动观、结论。

收藏单位：东北师大馆、广西馆、国家馆、江西馆、南京馆、天津馆

01425

物理学纲要　陈润泉编

上海：中华书局，1935，2 册（162+188 页），32 开（中华百科丛书）

上海：中华书局，1936.8，再版，2 册（162+188 页），32 开（中华百科丛书）

昆明：中华书局，1941.2，4 版，2 册（162+188 页），32 开（中华百科丛书）

上海：中华书局，1947.5，3 版，2 册（162+188 页），32 开（中华百科丛书）

本书共 4 编：物性和力学、热学、音学和光学、电磁学。

收藏单位：重庆馆、东北师大馆、广西馆、国家馆、江西馆、南京馆、内蒙古馆、宁夏馆、上海馆、天津馆

01426

物理学精华　陈振华编

上海：中华书局，1948.6，210 页，32 开

本书共 6 章：力学、物性学、热学、声学、光学、电磁学。

收藏单位：重庆馆、东北师大馆、广西馆、国家馆、江西馆、内蒙古馆、宁夏馆、上海馆、浙江馆

01427

物理学十讲

中央陆军军官学校，1937，44 页，23 开

收藏单位：重庆馆

01428

物理学史 （日）弓场重泰著　秦亚修译

长沙：商务印书馆，1940.10，198+24 页，32 开

本书叙述自古希腊时代至二十世纪的物理学史。

收藏单位：重庆馆、广东馆、国家馆、西交大馆、浙江馆

01429

物理学史 （日）弓场重泰著　谭吉华译

上海：辛垦书店，1935.8，275 页，25 开

收藏单位：重庆馆、广西馆、国家馆、江西馆、南京馆、上海馆、天津馆

01430

物理学小史　方金涛编

上海：中华书局，1948.2，130 页，32 开（中华文库 初中 第 1 集）

本书共 3 编：上古物理学史、中古物理学史、近代物理学史。

收藏单位：安徽馆、重庆馆、广东馆、广西馆、桂林馆、国家馆、黑龙江馆、湖南馆、江西馆、南京馆、内蒙古馆、上海馆、绍兴馆、浙江馆

01431

物理学小史　郑太朴著

外文题名：A short history of physics

上海：商务印书馆，1930.10，140 页，32 开（百

科小丛书）（万有文库 第 1 集 449）

上海：商务印书馆，1935.4，140 页，32 开（百科小丛书）

上海：商务印书馆，1935.8，再版，140 页，32 开（百科小丛书）

重庆：商务印书馆，1945.2，109 页，32 开（百科小丛书）

上海：商务印书馆，1947.2，3 版，140 页，32 开（百科小丛书）（新中学文库）

本书共 5 部分：古代的物理学、中世纪的物理学、近代物理学之先导者、十八世纪之物理学、十九世纪之物理学。

收藏单位：安徽馆、重庆馆、大连馆、大庆馆、东北师大馆、广西馆、贵州馆、国家馆、黑龙江馆、湖南馆、江西馆、辽大馆、辽师大馆、南京馆、内蒙古馆、宁夏馆、上海馆、首都馆、天津馆、浙江馆

01432

物理学要览 桑安柱编著

上海：商务印书馆，1948.7，299 页，32 开

本书介绍物性学、热学、力学等知识。

收藏单位：重庆馆、广东馆、内蒙古馆

01433

物理学要览

成都：东方书店，1944.8，206 页，42 开

收藏单位：国家馆

01434

物理学之基础概念 （美）海尔（P. R. Heyl）著　潘谷神译

外文题名：Fundamental concepts of physics

上海：商务印书馆，1935.9，92 页，32 开（自然科学小丛书）（万有文库 第 2 集 230）

上海：商务印书馆，1936.2，92 页，32 开（自然科学小丛书）

本书共 3 篇：十八世纪——唯物论者之世纪、十九世纪——关联之世纪、二十世纪——希望之世纪。

收藏单位：重庆馆、大连馆、贵州馆、国家馆、江西馆、辽大馆、辽师大馆、南京馆、内蒙古馆、宁夏馆、上海馆、绍兴馆、首都馆、天津馆、浙江馆

01435

物理学之新境界 （美）海尔（Paul R. Heyl）著　高孰可译

外文题名：New frontiers of physics

上海：商务印书馆，1935.3，158 页，32 开（自然科学小丛书）（万有文库 第 2 集 229）

上海：商务印书馆，1935.6，158 页，32 开（自然科学小丛书）

上海：商务印书馆，1936，再版，158 页，32 开（自然科学小丛书）

本书共 8 章，内容包括：物质及其构造、能及其结构、物质与能的相互关系、空间与时间、爱因斯坦——引力及宇宙学等。

收藏单位：重庆馆、大连馆、大庆馆、东北师大馆、广东馆、广西馆、贵州馆、国家馆、黑龙江馆、江西馆、辽大馆、辽师大馆、南京馆、内蒙古馆、宁夏馆、上海馆、首都馆、天津馆、浙江馆

01436

物理学之研究 费祥编译

外文题名：An introduction to the physical science

上海：中华书局，1922.10，51+50 页，32 开（科学小丛书）

上海：中华书局，1923.5，再版，51+50 页，32 开（科学小丛书）

上海：中华书局，1928.3，3 版，51+50 页，32 开（科学小丛书）

上海：中华书局，1928.10，4 版，51+50 页，32 开（科学小丛书）

上海：中华书局，1936，5 版，51+50 页，32 开（科学小丛书）

本书共 6 章：经验、逻辑、物理学上之概念、因果律、假说、说明·记载·及构成。附理论物理学名著绍介、研究安斯坦相对论之参考书目。

收藏单位：重庆馆、广东馆、广西馆、国家馆、湖南馆、江西馆、南京馆、内蒙古馆、首都馆、西交大馆、浙江馆

01437

物理要览问题详解　奚识之编

重庆：陪都书店，1949，206 页，36 开

　　收藏单位：重庆馆

01438

物理哲学　（德）普朗克（Max Planck）著
蔡宾牟　王光煦译

长沙：商务印书馆，1938.7，79 页，36 开（汉
译世界名著）

长沙：商务印书馆，1938.10，再版，79 页，
36 开（汉译世界名著）

　　本书共 4 章：物理学与世界哲学、自然之
因果律、科学观念：其原始及其效果、科学与
信仰。

　　收藏单位：重庆馆、东北师大馆、广西
馆、贵州馆、国家馆、江西馆、南京馆、上
海馆、浙江馆

01439

**现代物理学　（日）佐藤充　（日）庄司彦六
著　夏承法译**

上海：大江书铺，1933.3，10+234 页，32 开

　　本书分物质、能两编，内容包括：分子
及原子、电子、原子的崩坏、原子的阳电核、
在原子内电子的配列等。

　　收藏单位：广东馆、国家馆、南京馆、首
都馆、浙江馆

01440

**现代物理学　（日）佐藤充　（日）庄司彦六
著　夏承法译**

上海：开明书店，1936.4，2 版，138 页，32 开

　　收藏单位：南京馆、内蒙古馆

01441

新实用物理学　（美）勃拉克（N. H. Black）
（美）戴维斯（H. N. Davis）著　蒋一麟　刘
伯绳　胡定一编译

上海：恒昌图书出版社，1935.8，674 页，32
开，精装

　　收藏单位：重庆馆

01442

新实用物理学　蒋一麟译

中国自然科学编辑社，1935，672 页，32 开

　　收藏单位：广东馆

01443

新实用物理学　薛鸿达编

上海：中华书局，1948.8，236 页，32 开

　　收藏单位：重庆馆、东北师大馆、广西
馆、贵州馆、国家馆、江西馆、辽宁馆、南
京馆、内蒙古馆、首都馆、天津馆、浙江馆

01444

学生物理计算法　（日）三省堂编　李成之译

南京：中日文化协会，1941.9，130 页，32 开
（青年理科丛书）

　　收藏单位：南京馆

01445

以太　周昌寿著

外文题名：Ether

上海：商务印书馆，1925.7，60 页，48 开（百
科小丛书 83）

上海：商务印书馆，1926.11，再版，60 页，48
开（百科小丛书 83）

上海：商务印书馆，1930.10，55 页，32 开（百
科小丛书）（万有文库 第 1 集 447）

上海：商务印书馆，1933.11，国难后 1 版，55
页，32 开（百科小丛书）

上海：商务印书馆，1934.7，再版，55 页，32
开（百科小丛书）（万有文库 第 1 集 447）

上海：商务印书馆，1935.1，国难后 2 版，55
页，32 开（百科小丛书）

上海：商务印书馆，1935.7，国难后 3 版，55
页，32 开（百科小丛书）（万有文库 第 1 集
447）

　　本书共 9 章，内容包括：总说、能媒的由
来、波动说的发展、能媒的神秘性、能媒神
秘性的解释等。

　　收藏单位：安徽馆、重庆馆、大连馆、大
庆馆、东北师大馆、广东馆、广西馆、国家
馆、黑龙江馆、江西馆、辽大馆、辽宁馆、
辽师大馆、南京馆、内蒙古馆、宁夏馆、山

东馆、上海馆、首都馆、天津馆、武大馆、西南大学馆、浙江馆

01446

自然之机构 （英）安特莱德（E. N. da C. Andrade）著　何育杰译

外文题名：The mechanism of nature

上海：商务印书馆，1935.9，147 页，32 开（自然科学小丛书）（万有文库 第 2 集 183）

上海：商 务 印 书 馆，1936.4，147 页，32 开（自然科学小丛书）

本书共 7 章：何谓物理学、热与能、声音与振动、光与辐射、电与磁、量子论、原子。

收藏单位：重庆馆、大连馆、大庆馆、东北师大馆、贵州馆、国家馆、黑龙江馆、江西馆、辽大馆、辽师大馆、南京馆、内蒙古馆、宁夏馆、上海馆、天津馆、浙江馆

01447

最近物理学概观 （日）日下部四郎太著　郑贞文译

外文题名：Outlines of modern physics

上海：商务印书馆，1922.11，224 页，23 开，精装

上海：商务印书馆，1923.7，再版，224 页，23 开，精装

上海：商务印书馆，1926.1，3 版，224 页，23 开，精装

上海：商务印书馆，1928，4 版，224 页，23 开，精装

上海：商务印书馆，1931.5，5 版，224 页，23 开，精装

上海：商务印书馆，1933.3，国难后 1 版，224 页，23 开，精装

本书共 8 章：序论、空间、时间、能、物质、电磁作用、相对律、量子论。

收藏单位：重庆馆、福建馆、广东馆、广西馆、贵州馆、国家馆、吉林馆、江西馆、南京馆、首都馆、浙江馆

01448

最新通俗物理学 （英）伊佛（A. S. Eve）著　徐韫知译

外文题名：Physics

上海：商务印书馆，1936.10，292 页，32 开

本书共 12 章，内容包括：引言、静力学、水力学（流体静力学）、动力学、热学、天气物理学、声学、磁学等。

收藏单位：广东馆、国家馆、湖南馆、南京馆、内蒙古馆、首都馆、天津馆、浙江馆

物理学机构、团体、会议

01449

国立中央研究院物理研究所十七至二十年度报告

上海：物理研究所，1928—1931，4 册，16 开

收藏单位：国家馆

01450

物理学会手册　李国鼎等编

南京：国立中央大学物理学会，1930.9，129 页，64 开，硬面精装

收藏单位：南京馆

01451

物理研究所工作报告（三十一年度）

[重庆]：物理研究所，1943，油印本，6 叶，13 开，环筒页装

收藏单位：国家馆

01452

中国物理学会第一次年会报告

北平：中国物理学会，1932.8，49 页，16 开

收藏单位：国家馆

01453

中国物理学会第二次年会报告

北平：中国物理学会，1933.12，52 页，16 开

收藏单位：国家馆

01454

中国物理学会第三次年会报告

北平：中国物理学会，1934，64 页，16 开

01455

中国物理学会第四次年会报告

北平：中国物理学会，1935，62页，16开

01456

中国物理学会第七次年会报告

北平：中国物理学会，1939.6，油印本，[24]页，16开

　　收藏单位：重庆馆、国家馆

01457

中国物理学会会务报告（三十一年及三十二年）

北平：中国物理学会，1944，油印本，1册，18开，环筒页装

　　收藏单位：国家馆

01458

中国物理学会会员录

北平：中国物理学会，1948.5，27页，32开

物理学实验方法与设备

01459

高等物理学实验　　王曦晨著

上海：中华书局，1948.5，326页，25开

　　本书共78个实验，内容包括：液体之密度与比重、固体之比重、液体之表面张力、液体之粘滞系数、固体之刚性系数等。

　　收藏单位：重庆馆、东北师大馆、桂林馆、国家馆、江西馆、辽大馆、辽宁馆、南京馆、宁夏馆、上海馆、浙江馆

01460

理化简易器械制作及实验法　　马绍良编译　杜烨孙　杜亚泉校

外文题名：How to manufacture and use simple physical and chemical apparatus

上海：商务印书馆，1922.9，192页，23开

上海：商务印书馆，1925.3，再版，192页，23开

上海：商务印书馆，1931.9，改订3版，192页，23开

上海：商务印书馆，1937.4，国难后1版，192页，23开

　　本书共3编：总论、儿童实验课程、电气机械制作。改订版题名：简易理化仪器制作及实验法。

　　收藏单位：重庆馆、国家馆、湖南馆、江西馆、山西馆、首都馆、天津馆、浙江馆

01461

理化普及仪器实验法（第1组 力学·声学·热学）　　汪畏之编

上海：中华书局中华教育用具制造厂，1936.4，204页，22开

　　收藏单位：东北师大馆、广西馆、国家馆、黑龙江馆、南京馆、上海馆、西南大学馆、浙江馆

01462

理化普及仪器实验法（第2组 光学）　　汪畏之编

上海：中华书局中华教育用具制造厂，1936.6，90页，22开

　　收藏单位：东北师大馆、广西馆、国家馆、黑龙江馆、南京馆、上海馆、首都馆、武大馆、浙江馆

01463

理化普及仪器实验法（第3组 电磁学）　　汪畏之编

上海：中华书局中华教育用具制造厂，1936，135页，22开

　　本书共两部，内容包括：磁学上的实验、关于电荷的实验、何谓电、电流、电流的效应、电磁铁、电磁铁的应用、电流的强度等。

　　收藏单位：东北师大馆、广西馆、国家馆、黑龙江馆、上海馆、首都馆、浙江馆

01464

密尔根 盖尔物理学实验教程　　徐善祥编译

外文题名：A laboratory course in physics

上海：商务印书馆，1913.9，132+11页，32开

上海：商务印书馆，1916.4，再版，132+11页，32开

上海：商务印书馆，1923，5 版，132+11 页，32 开

上海：商务印书馆，1924，6 版，132+11 页，32 开

上海：商务印书馆，1926.1，8 版，132+11 页，32 开

上海：商务印书馆，1933.1，国难后 1 版，132+11 页，32 开

上海：商务印书馆，1933.7，国难后 2 版，132+11 页，32 开

上海：商务印书馆，1935.4，国难后 3 版，132+11 页，32 开

本书共 51 个实验，内容包括：测 π 法、测圆柱体积之法、测钢球密度之法、二力之合力、用表测量压力之法等。

收藏单位：东北师大馆、贵州馆、国家馆、山西馆、上海馆、首都馆、浙江馆

01465

普通物理学实验　李光钤编

北京：国立北京大学工学院，1940.2，230 页，16 开

本书共 7 篇：基本测量、力学、物性学、热学、声学、磁电学、光学。

收藏单位：国家馆

01466

普通物理学实验　萨本栋著

上海：商务印书馆，1936.11，299 页，25 开，精装（大学丛书 教本）

上海：商务印书馆，1937.3，再版，299 页，25 开，精装（大学丛书 教本）

长沙：商务印书馆，1939.6，299 页，25 开（大学丛书 教本）

长沙：商务印书馆，1940.8，再版，299 页，25 开（大学丛书 教本）

本书共 36 个实验，内容包括：杠杆原理及其应用、力之合成及其分解、等加速运动、向心力及离心力等。

收藏单位：重庆馆、东北师大馆、广西馆、国家馆、湖南馆、江西馆、南京馆

01467

普通物理学实验　郑荫编著

广州：国立中山大学出版部，1933.10，128 页，22 开（国立中山大学理工学院丛书）

收藏单位：国家馆

01468

物理常数　蔡宾牟编

上海：中国科学社，1939.10，117+18 页，32 开，精装（中国科学社丛书）

本书内容包括：基本单位、普通物理、热、光、磁与电、声。以 W. H. J. Childs 的 Physical Constants 为蓝本编译而成。

收藏单位：国家馆、黑龙江馆、南京馆、上海馆

01469

物理实验　（美）密尔根（Robert Andrews Millikan）（美）盖尔（H. G. Gale）（美）别蓄泼著　王维廉　袁雪心译

上海：中华书局，1936.12，187 页，23 开

昆明：中华书局，1941.3，再版，187 页，23 开

本书共 51 个实验，内容包括：π 之测定、圆筒之体积、钢球之密度、液体内之压力、煤气管内压力之测定等。

收藏单位：国家馆、黑龙江馆、江西馆、辽宁馆、南京馆、上海馆、绍兴馆、首都馆、浙江馆

01470

物理实验　胡憨风编

上海：北新书局，1933.9，163 页，22 开

本书共 50 个实验，内容包括：长度之量度、游标测径器、测微螺旋、固体之密度、力之合成等。

收藏单位：东北师大馆、广西馆、国家馆、天津馆

01471

物理学实验室　沈克刚编

上海：中华书局，1948.1，99 页，32 开（中华文库 初中第 1 集）

本书共 6 章：关于物体性质的实验、关于力的实验、关于热的实验、关于音的实验、关于光的实验、关于磁和电的实验。

　　收藏单位：安徽馆、重庆馆、东北师大馆、广东馆、广西馆、桂林馆、国家馆、黑龙江馆、湖南馆、江西馆、南京馆、内蒙古馆、上海馆、天津馆、浙江馆

01472

中级物理实验　李直钧编辑

北京：直钧科学实验社，1939.8，236页，25开

　　本书共 57 个实验，内容包括：球面规、物质的密度、亚几米得的原理及其应用、力的平衡、杠杆原理、天平、螺旋弹簧等。

　　收藏单位：国家馆

物理学教育与普及

01473

勃戴二氏新实用物理解答　尹敬执编演

外文题名：New pratical physics

北平：华盛书局，1935.5，241页，32开

　　本书共 28 部分，内容包括：衡量与度量、杠杆与滑轮、液体之压力、空气之压力、运动之液体及气体、弹性及材料强度学等。其他题名：汉译勃戴二氏新实用物理学解答。

　　收藏单位：国家馆

01474

勃拉克台维斯新实用物理学习题详解　郑毓荪编著

天津：天津理科丛刊社，1946，再版，241页，32开

　　本书逐页题名：物理学题解。

01475

勃拉克 台维斯最新实用物理学题解　周绍文编著

上海：乐群科学研究社，1935，2 册（440 页），32开

　　收藏单位：重庆馆、国家馆、江西馆、浙江馆

01476

勃台实用物理学题解　周颐年编

上海：广文社，1940.8，312页，36开

上海：广文社，1943，再版，312页，36开

　　本书介绍度量衡、简单机械、功率、液体的压力、气体的压力、物质的性质等内容。据 1938 年版《勃台实用物理学》习题编成。

01477

勃台实用物理学题解　周颐年编演

上海：世界书局，1943.1，新 1 版，312页，32开

上海：世界书局，1943.8，新 2 版，312页，32开

上海：世界书局，1946.7，新 4 版，312页，32开

上海：世界书局，1947.2，新 5 版，312页，32开

上海：世界书局，1947.6，新 6 版，312页，32开

　　本书共 27 章，内容包括：简单机械杠杆与滑轮、液体之力学、气体之压力、物质之性质、作用于一点之力等。据 1938 年版《勃台实用物理学》习题编成。

　　收藏单位：重庆馆、广西馆、河南馆、江西馆、浙江馆

01478

达夫大学物理问题精解（上卷 力学之部）　樊恒铎编　张少墨　王象复校

上海：中华书局，1946.9，100页，32开

上海：中华书局，1947.12，再版，100页，32开

　　本书主要解答力学的问题。共 3 章：解题指南、题目之部、解法之部。

　　收藏单位：重庆馆、东北师大馆、国家馆、内蒙古馆、浙江馆

01479

达夫大学物理问题精解（中卷 波动学之部 热学之部）　樊恒铎编　张少墨　王象复校

上海：中华书局，1947.6，80页，32开

上海：中华书局，1948.8，再版，80页，32开

本书主要解答波动学、热学的问题。共 3 章：解题指南、题目之部、解法之部。

收藏单位：重庆馆、东北师大馆、广东馆、国家馆、内蒙古馆、浙江馆

01480

达夫大学物理问题精解（下卷 电磁学之部 声学之部 光学之部） 樊恒铎编　张少墨　王象复校

上海：中华书局，1947.8，179 页，32 开

上海：中华书局，1948.8，再版，179 页，32 开

本书主要解答电磁学、热声学、光学的问题。共 3 章：解题指南、题目之部、解法之部。

收藏单位：重庆馆、东北师大馆、广东馆、国家馆、绍兴馆、西南大学馆、浙江馆

01481

达夫物理题解 佟韶华编演

北平：华北科学社，1937.7，250 页，32 开

北平：华北科学社，1948.10，再版，250 页，32 开

本书共 13 章，内容包括：运动学、动力学、工作及能力、转动及质心、力矩及惰性矩等。封面和版权页题名：汉文达夫物理题解。

收藏单位：首都馆

01482

达夫物理学习题解答 南青学会编演

外文题名：Solution of the problems in Duff and others physics

北平：中原书店，1934.10，176 页，32 开

北平：中原书店，1936.5，再版，176 页，32 开

本书版权页题名：英文达夫物理学习题解答。

收藏单位：国家馆

01483

大学物理习题解答 黄振鹏编

外文题名：Solutions of the examples in Kimball's college physics

上海：联营书社，1937.1，310 页，32 开

本书共 9 部分，内容包括：力学、液体与气体、物性、波动与声音、热学、磁学等。封面题名：金伯尔：大学物理问题详解。逐页题名：大学物理题解。

收藏单位：广东馆、南京馆

01484

国立北京大学初级物理实习讲义 ［朱偰著］

［北京］：［国立北京大学］，［1925］，126 页，18 开

本书共 63 讲，每讲包括目的、解释、仪器、方法等内容。

收藏单位：国家馆

01485

汉译勃戴氏新实用物理学解答 郑毓荪编

天津：天津理科丛刊社，1935，再版，[300] 页，32 开

本书逐页题名：物理学题解。版权页题名：勃拉克台维斯新实用物理学习题详解。

01486

汉译达夫物理问题详解 东木编演

北平：华盛书局、中华印书局，1935.4，194+10 页，32 开

本书版权页题名：达夫高等物理学问题详解。

收藏单位：国家馆

01487

汉译米尔根 盖尔实用物理问题解答 王静兰编译

北平：北方学社，1934.11，228 页，32 开

北平：北方学社，1935.4，再版，228 页，32 开

本书书脊和逐页题名：实用物理问题解答。

收藏单位：国家馆、首都馆

01488

科学教员暑期研究会物理系报告

杭州：科学教员暑期研究会，1929，75 页，22 开

本书为关于大、中学物理教学研究的报告。

收藏单位：上海馆

01489

老朱梦游物理世界 （美）伽莫夫（George Gamow）著　王普译

外文题名：Mr. Tompkins in wonderland

上海：中国科学社，1942.5，92 页，32 开（科学文库 第 3 集 第 1 号）

　　本书以故事体裁说明物理知识。包括梦记 6 篇，讲演 3 篇。著者原题：葛莫孚。

　　收藏单位：重庆馆、国家馆、黑龙江馆、上海馆

01490

密尔根、盖尔、培尔物理纲要问题解答　朱醒民　冯济如编演

北平：北平科学社，1934，262 页，32 开

　　本书封面题名：密盖培物理纲要题解。书脊题名：物理纲要题解。版权页题名：密盖培物理纲要问题解答。

　　收藏单位：国家馆、上海馆、首都馆

01491

普通物理学　戴运轨编著

成都：兴华印刷所，1943.4，2 册（381+392 页），25 开

成都：兴华印刷所，1944—1945，再版，改订版，2 册（381+392 页），25 开

　　本书分上、下册。上册共 4 篇：力学、力学的一般物性、热的一般物性（热学）、波动和声学。大学教本。

　　收藏单位：重庆馆、西南大学馆

01492

普通物理学　严济慈编著

上海：正中书局，1947.10—1948.7，2 册（375+453 页），25 开

　　本书分上、下册，上册出版于 1947 年 10 月，下册出版于 1948 年 7 月。上册共 26 章，内容包括：物理量、运动学、自由坠体、动力学之基本定律、质点在重力场内之运动等。下册共 33 章，内容包括：光之传播、光度学、光之反射、光之折射、透镜等。大学用书。

收藏单位：国家馆、黑龙江馆、辽宁馆、内蒙古馆

01493

普通物理学（上册）　萨本栋著

上海：商务印书馆，1933.4，496+34+22 页，23 开，精装（大学丛书 教本）

上海：商务印书馆，1934.7，2 册（496+34+22 页），23 开（大学丛书 教本）

上海：商务印书馆，1934，2 版，496+34+22 页，23 开，精装（大学丛书 教本）

上海：商务印书馆，1934.7，3 版，496+34+22 页，23 开，精装（大学丛书 教本）

上海：商务印书馆，1935.5，4 版，496+34+22 页，23 开，精装（大学丛书 教本）

长沙：商务印书馆，1938，7 版，订正版，496+34+22 页，23 开，精装（大学丛书 教本）

长沙：商务印书馆，1941，增订 11 版，2 册（496+34+22 页），23 开（大学丛书 教本）

重庆：商务印书馆，1943，蓉 2 版，订正本，496+34+22 页，23 开（大学丛书 教本）

重庆：商务印书馆，1946，3 版，2 册（496+34+22 页），23 开（大学丛书 教本）

上海：商务印书馆，1946.4，13 版，2 册（496+34+22 页），23 开（大学丛书 教本）

上海：商务印书馆，1947.1，14 版，2 册（496+34+22 页），23 开（大学丛书 教本）

上海：商务印书馆，1949，16 版，2 册（496+34+22 页），23 开（大学丛书 教本）

　　本书共 3 篇 34 章，内容包括：力学、声学、热学。

　　收藏单位：重庆馆、广西馆、国家馆、黑龙江馆、湖南馆、江西馆、辽宁馆、南京馆、内蒙古馆、宁夏馆、山西馆、首都馆、天津馆、西南大学馆、浙江馆

01494

普通物理学（下册）　萨本栋著

上海：商务印书馆，1934.1，550+11 页，23 开，精装（大学丛书 教本）

上海：商务印书馆，1934.10，2 版，550+11 页，23 开，精装（大学丛书 教本）

上海：商务印书馆，1935，[增订 3 版]，1083+

11 页，23 开（大学丛书 教本）

上海：商务印书馆，1937.2，增订 4 版，2 册（1083+11 页），23 开（大学丛书 教本）

上海：商务印书馆，1937.2，增订 5 版，1083+11 页，23 开，精装（大学丛书 教本）

长沙：商务印书馆，1938，增订 7 版，1083+11 页，23 开，精装（大学丛书 教本）

重庆：商务印书馆，1943，1083+11 页，23 开（大学丛书 教本）

重庆：商务印书馆，1943.6，赣 1 版，2 册（1083+ 11 页），23 开（大学丛书 教本）

上海：商务印书馆，1946，[再版]，1083+11 页，23 开（大学丛书 教本）

重庆：商务印书馆，1946.4，增订 9 版，2 册（1083+11 页），23 开（大学丛书 教本）

上海：商务印书馆，1947.1，增订 10 版，2 册（1083+11 页），23 开（大学丛书 教本）

上海：商务印书馆，1948.8，增订 11 版，2 册（1083+11 页），23 开（大学丛书 教本）

上海：商务印书馆，1949.2，增订 12 版，2 册（1083+11 页），23 开（大学丛书 教本）

　　本书共两编 37 章，内容包括：电磁学、光学。

　　收藏单位：安徽馆、重庆馆、东北师大馆、广东馆、广西馆、贵州馆、国家馆、吉林馆、江西馆、内蒙古馆、山西馆、上海馆、首都馆、天津馆、西南大学馆、浙江馆

01495

普通物理学题解

出版者不详，油印本，90 叶，16 开，环筒页装

　　收藏单位：重庆馆

01496

趣味的物理学 （苏）皮莱曼著　崔尚辛译述

上海：开明书店，1946.7，160 页，32 开（开明青年丛书）

上海：开明书店，1947.2，再版，160 页，32 开（开明青年丛书）

上海：开明书店，1948.7，特 1 版，160 页，32 开（开明青年丛书）

上海：开明书店，1948，3 版，160 页，32 开（开明青年丛书）

　　本书共 10 章，内容包括：速度、重力与压力、力学的基本法则、环境的阻力、旋转——“永动机”、液体与气体的本质等。

　　收藏单位：重庆馆、东北师大馆、广东馆、广西馆、贵州馆、国家馆、吉林馆、南京馆、内蒙古馆、绍兴馆、首都馆、西南大学馆、浙江馆

01497

热 陆仁寿著　周建人校

上海：商务印书馆，1933.12，31 页，32 开（小学生文库 第 1 集 物理类）

上海：商务印书馆，1935.2，3 版，31 页，32 开（小学生文库 第 1 集 物理类）

　　本书内容包括：热的发生、温度和温度计、热量和比热、热的传播、热水瓶、膨胀、熔解、凝固等。

　　收藏单位：东北师大馆、广东馆、广西馆、首都馆

01498

少年物理漫谈 （德）盖尔（O. W. Gail）著（英）何非（H. S. Hatfield）英译　陈岳生重译

外文题名：Romping through physics

上海：商务印书馆，1935.11，119 页，32 开

　　本书著者原题：给尔（Otto Willi Gail），英译者原题：H. Stafford Hatfield。

　　收藏单位：重庆馆、广东馆、广西馆、国家馆、湖南馆、南京馆、上海馆、绍兴馆、天津馆、浙江馆

01499

声热电 郑贞文等编辑

重庆：商务印书馆，1943.12，38 页，32 开（少年自然科学丛书 24）

　　本书共 3 部分：声音、热、电。内容包括：怎样会发音、空气传音、传音的东西、音是什么等。

　　收藏单位：重庆馆、广东馆、国家馆、南京馆、宁夏馆、上海馆

01500

师范学校物理学 张开圻编著　戴运轨校订

南京：正中书局，1936，2 册（182+160 页），
32 开

　　收藏单位：重庆馆

01501

师范学校物理学（上册） 张开圻编著　戴运轨校订

重庆：正中书局，1942.11，渝 24 版，182 页，32 开

上海：正中书局，1946.4，沪 1 版，182 页，32 开

　　收藏单位：重庆馆、辽宁馆

01502

师范学校物理学（下册） 张开圻编著　戴运轨校订

上海、南京：正中书局，1937，160 页，32 开

上海：正中书局，1946.10，沪 3 版，160 页，32 开

　　本书为师范学校教材。下册内容包含光学和电磁学。

　　收藏单位：重庆馆、辽宁馆

01503

斯梯渥氏高等物理问题解答　蔡亦明编译

北平：北平科学社，1936，再版，订正版，760+54 页，25 开，精装

　　收藏单位：重庆馆

01504

斯梯渥氏高等物理问题解答　关廷栋　白家祉　杜超时编演

北平：华北科学社，1936.8，234 页，36 开

　　本书共 5 编：力学及物性学、热学、波动学及音学、磁学及电学、光学。

　　收藏单位：国家馆、首都馆、天津馆

01505

斯涕渥物理学问题详解（上编） 刘羊我编演

北平：中华印书局，1936.11，88+32 页，32 开

　　本书分为力学及物性学、热学两编，内容包括：力、液体、气体、等加速度运动、力在运动上之效应、功与能、简单机械、摩擦

力等。

　　收藏单位：国家馆

01506

通俗物理学讲话 （苏）皮莱曼著　崔尚辛译述

上海：上海杂志公司，1946.10，148 页，32 开

　　收藏单位：国家馆、黑龙江馆

01507

物理（上册）　郁树锟编

上海：中华书局，1936.12，192 页，32 开

上海：中华书局，1947.4，11 版，192 页，32 开

　　本书共 9 章，内容包括：绪论、液体、气体、运动和力、简单机械、热和物体的膨胀等。简易师范学校适用。

01508

物理（下册）　郁树锟编

昆明：中华书局，1939.10，140 页，32 开

上海：中华书局，1946.12，4 版，140 页，32 开

　　本书共 10 章，内容包括：光的反射和折射、光的色散、光学仪器、静电、电磁感应等。简易师范学校适用。

01509

物理（上册）　朱福炘编

上海：中华书局，1946.12，10 版，224+16 页，32 开

上海：中华书局，1947.5，11 版，224+16 页，32 开

　　本书共两编：力学、热学。新课程标准师范、乡村师范学校适用。

　　收藏单位：国家馆

01510

物理（下册）　朱福炘编

上海：中华书局，1946.12，9 版，318+22 页，32 开

上海：中华书局，1947.10，10 版，318+22 页，32 开

　　本书共 3 编：声学、光学、电磁学。新课程标准师范、乡村师范学校适用。

收藏单位：国家馆

01511

物理的现象　魏学仁著

重庆：文风书局，1944.10，38 页，32 开（新少年文库 第 3 集）

　　本书共 4 节：在实验室里、参加周末的音乐会、到南山散步、炉边闲话。

　　收藏单位：重庆馆、国家馆

01512

物理纲要和题解　李直钧编辑

北平：直钧科学实验社，1934.7，636 页，32 开，精装

　　本书共 21 章，内容包括：计量、液体的压力、空气的压力、分子运动、力和运动、分子力、工作和机械能等。

　　收藏单位：国家馆

01513

物理计算问题详解　马登融编

上海：南华书店，1935.2，427 页，50 开

　　本书内容包括：比重、液体之浮力、固体之比重、液体之比重等。

　　收藏单位：国家馆

01514

物理六百难题详解　范仲达编

正义书店，1947.6，274 页，36 开

　　本书共 6 篇：物性、力学、热学、声学、光学、电磁学。

　　收藏单位：国家馆、首都馆

01515

物理六百难题详解　奚识之编

重庆：新中国书局，1947.9，274 页，36 开

重庆：新中国书局，1948.4，2 版，274 页，36 开

　　收藏单位：重庆馆

01516

物理浅说　张保厚编

上海：中华书局，1930.11，22 页，36 开（民众常识丛书）

上海：中华书局，1932.9，再版，22 页，36 开（民众常识丛书）

　　本书共 13 部分，内容包括：什么叫做物理、失火时候为什么四面起风、热水瓶里的水为什么不容易冷、穿皮毛衣服为什么暖和等。

　　收藏单位：重庆馆、桂林馆、国家馆、黑龙江馆、江西馆、上海馆、首都馆

01517

物理世界的漫游　（德）盖尔（O. W. Gail）著　顾均正译

外文题名：Wir plaudern uns durch die Physik, ein unterhaltsames Buch

外文题名：Romping through physics

上海：开明书店，1934.11，84 页，32 开（开明青年丛书）

上海：开明书店，1935.3，再版，84 页，32 开（开明青年丛书）

上海：开明书店，1935.4，3 版，84 页，32 开（开明青年丛书）

上海：开明书店，1936.10，4 版，84 页，32 开（开明青年丛书）

上海：开明书店，1938，[5 版]，84 页，32 开（开明青年丛书）

上海：开明书店，1939，6 版，84 页，32 开（开明青年丛书）

上海：开明书店，1940.9，7 版，84 页，32 开（开明青年丛书）

上海：开明书店，1946.10，9 版，84 页，32 开（开明青年丛书）

上海：开明书店，1948.3，10 版，84 页，32 开（开明青年丛书）

上海：开明书店，1948.7，特 1 版，84 页，32 开（开明青年丛书）

上海：开明书店，1949.2，11 版，84 页，32 开（开明青年丛书）

　　本书内容包括：液体的传热、水浴的原理、沸点的升降、沸点与气压、旋转体的特性、离心力的由来等。据英国 H. S. Hatfield 英译本 Romping Through Physics 译出。

　　收藏单位：重庆馆、东北师大馆、广东

馆、广西馆、贵州馆、国家馆、黑龙江馆、江西馆、南京馆、内蒙古馆、绍兴馆、首都馆、西南大学馆、浙江馆

01518

物理算题例解　李香谷编

外文题名：Solutions of mathematical problems in physics

北平：立达书局，1934.8，2 册（80+54+13 页），32 开

　　本书为英汉对照。

　　收藏单位：国家馆

01519

物理习题精解　曾逸庐编

桂林：南光书店，1943.7，108 页，32 开

　　收藏单位：重庆馆

01520

物理现象集解　杜华谷编

北平：著者书店，1934.11，140 页，32 开

　　收藏单位：国家馆、首都馆

01521

物理现象与日常生活　黄幼雄著

上海：亚细亚书局，1935.3，160 页，32 开（基本知识丛书）

上海：亚细亚书局，1936，再版，160 页，32 开（基本知识丛书）

　　本书共 11 章，内容包括：绪言、空气与人生、水、空气与水之相互作用、衣、食、住、行等。

　　收藏单位：北师大馆、广西馆、国家馆、江西馆、首都馆、天津馆、浙江馆

01522

物理现象与日常生活　黄幼雄著

上海：中国文化服务社，1936.4，再版，160 页，32 开（基本知识丛书）

上海：中国文化服务社，1936.4，10 版，160 页，32 开（基本知识丛书）

　　收藏单位：南京馆、浙江馆

01523

物理学　贾观仁　任开钧编著

长沙：商务印书馆，1940.6，190 页，32 开

上海：商务印书馆，1946，3 版，190 页，32 开

上海：商务印书馆，1947.1，4 版，190 页，32 开

上海：商务印书馆，1948.8，6 版，190 页，32 开

　　本书共 6 篇：物性、力学、热学、声学、光学、磁电学。职业学校教科书。

　　收藏单位：重庆馆、东北师大馆、国家馆、辽大馆

01524

物理学　贾观仁　任开钧编

上海：世界书局，1932，234 页，25 开

　　本书为职业学校教科书。

　　收藏单位：国家馆

01525

物理学　沈有葵　周毓莘编

长沙：商务印书馆，1939.1，2 册（13+232+11+209 页），32 开

长沙：商务印书馆，1939.5，再版，2 册（13+232+11+209 页），32 开

　　本书共 7 编：力与物性、力与运动、热学、声学、光学、磁学、电学。师范学校教科书。

　　收藏单位：国家馆

01526

物理学　徐仁铣　张有清编

长沙：商务印书馆，1940.2，2 册（318 页），32 开

上海：商务印书馆，1946.10，3 版，2 册（318 页），32 开

上海：商务印书馆，1947，5 版，2 册（318 页），32 开

　　本书为简易师范学校教科书。末附中英名词对照索引。

　　收藏单位：重庆馆、辽宁馆

01527

物理学

陆军炮兵学校，1933.12，88+27 页，22 开
　　本书介绍物理学的基础知识。
　　收藏单位：贵州馆

01528
物理学
沁源：太岳新华书店，1947.11，180 页，32 开
　　本书共 10 章，内容包括：声音、热、太
阳和光、雷电、电流等。
　　收藏单位：国家馆

01529
物理学（上册）　常伯华编著
南京：正中书局，1935.9，175 页，32 开
上海：正中书局，1946.10，沪 17 版，175 页，
32 开
　　本书介绍光学、磁学、电学方面的知识。
版权页题名：简师简乡师物理学。简易师范学
校及简易乡村师范学校教材。
　　收藏单位：国家馆

01530
物理学（下册）　常伯华编著
上海：正中书局，1946.8，沪 1 版，111 页，32
开
　　本书版权页题名：简师简乡师物理学。简
易师范学校及简易乡村师范学校教材。
　　收藏单位：重庆馆、东北师大馆、广东馆

01531
物理学（上册）　沈有葵　周毓莘编
上海：商务印书馆，1947，7 版，232 页，32 开
上海：商务印书馆，1948，8 版，232 页，32 开
　　本书共 4 编：力与物性、力与运动、热
学、声学。师范学校教科书。
　　收藏单位：重庆馆

01532
物理学（下册）　沈有葵　周毓莘编
上海：商务印书馆，1946，6 版，209 页，32 开
　　本书共 3 编：光学、磁学、电学。师范学
校教科书。
　　收藏单位：重庆馆

01533
物理学（上册）
长春：吉林书店，1948，208 页，18 开
　　本书为东北政委会工业部吉林工业专门
学校选用。
　　收藏单位：国家馆

01534
物理学（下册）　柳大维编
长沙：商务印书馆，1937.6，93 页，50 开
长沙：商务印书馆，1938.11，4 版，93 页，50
开
　　收藏单位：重庆馆、辽宁馆

01535
物理学 ABC　周毓莘著
上海：ABC 丛 书 社，1931.9，119 页，32 开
（ABC 丛书）
上海：ABC 丛 书 社，1932.10，再版，119 页，
32 开（ABC 丛书）
上海：ABC 丛 书 社，1934.2，3 版，119 页，
32 开（ABC 丛书）
上海：ABC 丛 书 社，1934.11，4 版，119 页，
32 开（ABC 丛书）
　　本书共 14 章，内容包括：物质的通性、
分子现象、运动与力、光、磁、静电、电流
等。
　　收藏单位：重庆馆、广西馆、国家馆、辽
大馆、上海馆、首都馆、天津馆、浙江馆

01536
物理学讲义　（日）田中三四郎著　史浩然译
上海：群益书局，1911，订正 3 版，301+280
页，22 开
　　收藏单位：广东馆

01537
物理学教科书（下册）
出版者不详，92 页，18 开
　　收藏单位：广东馆

01538
物理学精义　（日）田丸卓郎著　周昌寿译

外文题名：Essentials of Physics

上海：商务印书馆，1929.12，901 页，22 开，精装

上海：商务印书馆，1931.7，再版，901 页，22 开，精装

上海：商务印书馆，1932.11，国难后 1 版，901 页，22 开，精装

上海：商务印书馆，1932.12，国难后 2 版，901 页，22 开，精装

上海：商务印书馆，1933.7，国难后 3 版，901 页，22 开，精装

　　本书共 10 篇，内容包括：物性、力学、热学、音学、光学、电磁学等。原名：中等教育物理学讲义。

　　收藏单位：重庆馆、东北师大馆、广东馆、广西馆、贵州馆、国家馆、河南馆、湖南馆、辽大馆、南京馆、宁夏馆、首都馆、天津馆、西南大学馆、浙江馆

01539

物理学奇闻　（美）福尔尼阿（Fournier）著　闻诗译

外文题名：Wonders of physical science

温岭：闻诗 [发行者]，1927.11，132 页，32 开（物理丛书 1）

　　本书介绍世界著名物理学家，并收入 12 种物理实验。

　　收藏单位：浙江馆

01540

物理学问答　毛起鹍著

上海：大东书局，1930.1，102 页，50 开（百科问答丛书 17）

上海：大东书局，1931.8，再版，102 页，50 开（百科问答丛书 17）

上海：大东书局，1935.3，4 版，102 页，50 开（百科常识问答丛书）

　　本书共 8 章：绪言、物性、力学、热学、音学、光学、磁学、电学。

　　收藏单位：国家馆、江西馆、首都馆、浙江馆

01541

物理学问答　俞平湖编　赵文为校

上海：三民图书公司，1929.9，48 页，32 开（各科常识问答丛书）

上海：三民图书公司，1934.5，增订 4 版，48 页，32 开（各科常识问答丛书）

上海：三民图书公司，1936.6，增订 5 版，48 页，32 开（各科常识问答丛书）

　　收藏单位：国家馆、南京馆

01542

物理学问题通解　缪超群编译

上海：新亚书店，1934.6，379 页，36 开

上海：新亚书店，1940.12，再版，379 页，36 开

上海：新亚书店，1946.10，3 版，379 页，36 开

　　本书共 7 编：力学、热、音响、光学、磁学、电学、补充问题。

　　收藏单位：重庆馆、广东馆、广西馆、国家馆、江西馆、辽宁馆、上海馆、天津馆

01543

物理学问题详解　倪国经著

上海：中原书局，再版，148 页，50 开（各科问题详解 考试秘本 第 3 册）

01544

物理游戏　V. E. Johnson 著　钱嘉集　朱萝梅译　于树樟校订

外文题名：Mechanics and some of its mysteries

上海：商务印书馆，1925.1，106 页，32 开

上海：商务印书馆，1926，再版，106 页，32 开

上海：商务印书馆，1931.4，3 版，106 页，32 开

上海：商务印书馆，1933.9，国难后 1 版，106 页，32 开

上海：商务印书馆，1934，国难后 2 版，106 页，32 开

上海：商务印书馆，1935.6，国难后 3 版，106 页，32 开

　　本书共 9 章，内容包括：物性学、比重、

重心、抽陀螺及旋转动力学、曲木标、绘图机等。

收藏单位：北师大馆、广东馆、国家馆、内蒙古馆、上海馆、首都馆、天津馆、浙江馆

01545

物理游戏　杨孝述编

上海：中国科学图书仪器公司，1946.6，126页，32开（科学画报小丛书）

上海：中国科学图书仪器公司，1949.3，3版，126页，32开（中国科学社科学画报丛书）

本书共6章：空气和水的游戏、力学游戏、热学游戏、磁电游戏、声学游戏、光学游戏。

收藏单位：重庆馆、国家馆、江西馆

01546

物性　郑贞文等编辑

重庆：商务印书馆，1943.12，渝1版，36页，32开（少年自然科学丛书22）

本书共两部分：重力、物的性质。内容包括：物体和物质、大气的压力、物和非物、分子、分子引力等。

收藏单位：广东馆、国家馆、南京馆、宁夏馆、上海馆

01547

物性·力·运动　郑贞文编纂

外文题名：Properties of matter, forces, and movements

上海：商务印书馆，1926.9，176页，25开（少年自然科学丛书6）

上海：商务印书馆，1928.12，再版，176页，32开（少年自然科学丛书6）

上海：商务印书馆，1930，3版，176页，32开（少年自然科学丛书6）

上海：商务印书馆，1933.1，国难后1版，176页，32开（少年自然科学丛书6）

上海：商务印书馆，1933.6，国难后2版，176页，32开（少年自然科学丛书6）

本书共7部分：重力、物的性质、力和运动、机械、振动、音、热。初版编者原题：郑荣阳。

收藏单位：重庆馆、广东馆、贵州馆、国家馆、黑龙江馆、江西馆、内蒙古馆、上海馆、绍兴馆、首都馆、浙江馆

01548

物质　郑贞文等编辑

上海：商务印书馆，1925.10，34页，32开（少年自然科学丛书27）

重庆：商务印书馆，1943.12，34页，32开（少年自然科学丛书27）

本书共3部分：物质的不可思议、原子的世界、元素。

收藏单位：广东馆、国家馆、南京馆、宁夏馆、上海馆

01549

物质·变化　郑贞文编纂

外文题名：Substances and changes

上海：商务印书馆，1928.5，150页，32开（少年自然科学丛书9）

上海：商务印书馆，1931，再版，150页，32开（少年自然科学丛书9）

上海：商务印书馆，1933.1，国难后1版，150页，32开（少年自然科学丛书9）

上海：商务印书馆，1933.6，国难后2版，150页，32开（少年自然科学丛书9）

本书共7部分：物质的不可思议、原子的世界、元素、化学变化的不可思议、水、轻气、空气。

收藏单位：重庆馆、广东馆、广西馆、国家馆、黑龙江馆、江西馆、辽宁馆、内蒙古馆、山西馆、首都馆、天津馆、浙江馆

01550

新式物理学教科书　（日）本多光太郎　（日）田中三四郎著　王季点译述

外文题名：New treatise on physics

上海：商务印书馆，1911.3，4版，250页，25开

上海：商务印书馆，1912.10，5版，250页，25开

上海：商务印书馆，1915，9版，250页，25开

上海：商务印书馆，1917.2，10版，250页，25

开

　　本书共 7 编：总论、力学、热学、音响学、光学、磁气学、电气学。

　　收藏单位：国家馆、江西馆、首都馆、天津馆、浙江馆

01551

新体物理学讲义　林元乔编纂　凌昌焕校订

外文题名：New method series lectures on physics

上海：商务印书馆，1918.3，163 页，32 开

上海：商务印书馆，1919，再版，163 页，32 开

上海：商务印书馆，1920，3 版，163 页，32 开

上海：商务印书馆，1926，6 版，163 页，32 开

　　本书共 8 编：力学、物性学、热学、音响学、光学、磁气学、静电气学、动电气学。师范讲习科用。

　　收藏单位：重庆馆、广东馆、河南馆

01552

中村清二物理教科书　蔡钟瀛译

上海：群益书社，1914.2，287+20 页，32 开

　　本书共 8 篇：总论、力学之上、力学之下、热、音与波动、光、磁气、电气。卷端题名：近世物理学教科书。

01553

中等物理学问题详解　许雪樵编

上海：开明书店，1935.2，617 页，32 开

上海：开明书店，1937.3，再版，617 页，32 开

上海：开明书店，1940，4 版，617 页，32 开

重庆：开明书店，1944.8，内 1 版，617 页，32 开

上海：开明书店，1947，6 版，617 页，32 开

上海：开明书店，1949.3，7 版，617 页，32 开

　　本书分物性泛论、力学、热学、音学、光学、电磁学 6 大类，包含 2500 个问题及解答。

　　收藏单位：重庆馆、东北师大馆、国家馆、江西馆、首都馆

物理学参考工具书

01554

物理丛表及换算表　李藕庄编

上海：厚生出版社，[50] 页，36 开（中国工程师手册 基本手册 4）

　　收藏单位：国家馆、上海馆

01555

物理图表　（日）塘仁三编

大阪：株式会社金原商店，1933，2 版，50 叶，22 开

　　收藏单位：国家馆

01556

物理学大辞典

出版者不详，[450] 页，27 开

　　本书各辞条有中、英、日对照，并有解释。附补遗、物理学小史及物理学公式集、诸测定数之表等。

01557

物理学名词　国立编译馆编订

上海：商务印书馆，1934.8，172 页，16 开

上海：商务印书馆，1934.10，再版，172 页，16 开

　　本书内收名词 8206 条。英、中对照。1934 年 1 月教育部公布。

　　收藏单位：重庆馆、广西馆、贵州馆、国家馆、江西馆、南京馆、内蒙古馆、山西馆、上海馆、首都馆、天津馆、浙江馆

01558

物理学名词

出版者不详，石印本，[50] 页，8 开

　　本书包括力学名词。英、法、德、日、汉对照。

01559

物理学名词

出版者不详，7 册，横 8 开

　　本书收录物理学普通名词，以及电磁、

光学、力学、热学、声学、物性方面的名词。

收藏单位：重庆馆、广东馆

01560

物理学名词汇 萨本栋编

北平：中华教育文化基金董事会编辑委员会，1932.1，150 页，64 开

本书为英汉对照。

收藏单位：国家馆、首都馆

01561

增订物理学表解（前编）（日）后藤嘉之（日）美岛近一郎著 杨传福译

上海：新学会社，84+22 页，42 开（普通学表解丛书）

收藏单位：首都馆

理论物理学

01562

爱因斯坦和相对性原理 （日）石原纯著 周昌寿 郑贞文译

外文题名：Einstein and relativity

上海：商务印书馆，1923.1，180 页，32 开

上海：商务印书馆，1924.1，再版，180 页，32 开

本书内容包括：时间及空间底相对性、相对论上定律底绝对性、相对性原理底真髓、爱因斯坦底宇宙论和思惟底究极、相对性原理和万有引力等。

收藏单位：北师大馆、重庆馆、广东馆、广西馆、国家馆、黑龙江馆、江西馆、上海馆、绍兴馆、首都馆、天津馆、浙江馆

01563

安斯坦相对论（下册） 夏元瑮编

夏元瑮 [发行者]，[1940—1949]，142 页，18 开

本书共两部分：相对各论、相对通论。内容包括：相对论之二大假定、空间时间诸量之相对、相对各论之力学及引量分析、相对各论之电力学等。

收藏单位：国家馆、上海馆

01564

波力学与新原量论 （奥）哈斯（A. Haas）著 郭贻诚译

青岛：国立青岛大学，1932.5，53 页，18 开

本书系 L. W. Codd 英译本 Wave Mechanics and the New Quantum Theory 的前 5 章。

收藏单位：国家馆

01565

从牛顿到爱因斯坦 （美）哈罗（B. Harrow）著 文元模译

外文题名：From Newton to Einstein

上海：商务印书馆，1923.1，60 页，32 开

上海：商务印书馆，1923.8，再版，60 页，32 开

上海：商务印书馆，1924.11，3 版，60 页，32 开

上海：商务印书馆，1931.10，4 版，51 页，32 开（百科小丛书）

上海：商务印书馆，1934.4，国难后 1 版，51 页，32 开（百科小丛书）

上海：商务印书馆，1935.5，国难后 2 版，51 页，32 开（百科小丛书）

本书分别介绍牛顿和爱因斯坦的科学理念，以及相对点和不同点。内容包括：绪言、牛顿、能媒与其效应、爱因斯坦、附录。著者原题：哈楼。

收藏单位：重庆馆、大庆馆、广东馆、贵州馆、国家馆、湖南馆、江西馆、南京馆、内蒙古馆、宁夏馆、山东馆、上海馆、首都馆、西南大学馆、浙江馆

01566

分子光谱概论·量子论导论 闻仲伟著

[长沙]：[湖南大学]，1938.5，手写本，1 册，16 开

收藏单位：南京馆

01567

近代物理学一瞥 郑太朴著

外文题名：A brief discourse on modern physics

上海：商务印书馆，1926.7，54 页，36 开（百科小丛书 116）

本书共 7 章：总纲、物质的构造、运动与振动、传导与影响等。

收藏单位：重庆馆、广西馆、国家馆、江西馆、辽宁馆、南京馆、山东馆、上海馆、天津馆、西南大学馆

01568

理论物理学初步　查泽（Gustav. Jäger）著　潘祖武译

上海：商务印书馆，1931.10，168 页，32 开

上海：商务印书馆，1933.4，国难后 1 版，168 页，32 开

本书共 6 章：质点力学、刚体力学、非刚体的点系力学、弹性论、水力学、音学。

收藏单位：重庆馆、东北师大馆、广东馆、国家馆、江西馆、南京馆、浙江馆

01569

理论物理学导论（第 1 编）（奥）哈斯（A. Haas）著　谢厚藩译

外文题名：Einführung in die Theoretische Physik. Vnl.1

外文题名：Introduction to theoretical physics. Vol.1

长沙：商务印书馆，1940.2，379 页，32 开（大学丛书 教本）

长沙：商务印书馆，1942.9，2 版，379 页，32 开（大学丛书 教本）

上海：商务印书馆，1947.9，再版，379 页，32 开（大学丛书 教本）

上海：商务印书馆，1949.9，3 版，379 页，32 开（大学丛书 教本）

本书共 10 章，内容包括：质点的运动、力学的普遍定律、刚体的运动、向量场的普遍理论等。

收藏单位：重庆馆、川大馆、东北师大馆、国家馆、江西馆、辽宁馆、南京馆、宁夏馆、上海馆

01570

论理学上之研究爱因斯坦氏相对论及其批评

（德）杜里舒（H. Driesch）著　张君励译述

外文题名：Die Relativitätstheorie Einsteins und ihre Kritik

上海：商务印书馆，1924.11，19+40+50 页，32 开（尚志学会丛书）

上海：商务印书馆，1933.8，国难后 1 版，19+40+50 页，32 开（尚志学会丛书）

本书共两篇：特殊相对论、普通相对论。内容包括：由来、爱氏学说、批评、目的、超几何学、爱氏学说之批评。

收藏单位：重庆馆、广西馆、国家馆、南京馆、宁夏馆、人大馆、上海馆、首都馆

01571

末粒与宇宙　黄昭著

[贵阳]：黄昭 [发行者]，1940.9，59 页，32 开

本书讲述理论物理学的基础知识。

收藏单位：上海馆

01572

热力学　高乃谦编

重庆：国立中央工业专科职业学校，1942，油印本，1 册，16 开，环筒页装

本书为国立中央工业专科职业学校教材，民国三十一年度下学期用。

收藏单位：重庆馆

01573

热力学原理　（法）C. Fabry 著　王维克译

外文题名：Éléments de thermodynamique

上海：世界书局，1935.11，155+[10] 页，25 开

本书共 10 章，内容包括：绪论、热力学第一原理：热当量原理、热力学第二原理：贾禄原理、可用能、热力学原理之应用、理化上平衡之条件等。

收藏单位：国家馆、湖南馆、江西馆、南京馆

01574

热力学原理　柏特维塞（G. Birtwistle）著　徐豫生译

外文题名：The principles of thermodynamics

长沙：商务印书馆，1939.6，217 页，25 开（大学丛书 教本）

本书共 15 章，内容包括：热力学之二定律·噶尔诺循环、机械能之散逸·熵、流体热力学·态之变化等。

收藏单位：北师大馆、重庆馆、广东馆、国家馆、江西馆、南京馆、内蒙古馆、首都馆

01575

时间空间与原子（美）考克斯（Richard Threlkeld Cox）著　宋锡祺译

外文题名：Time, space and atom

太原：中外语文学会，1935.11，136 页，32 开

收藏单位：国家馆

01576

时空与原子　（美）考克斯（Richard Threlkeld Cox）著　柳大维译

外文题名：Time, space and atom

上海：商务印书馆，1935.9，130 页，32 开（自然科学小丛书）（万有文库 第 2 集 219）

上海：商务印书馆，1936.4，130 页，32 开（自然科学小丛书）

本书共 14 章，内容包括：光之速率、以太、力学、几何与万有引力、脉搏与波列、光栅与光谱等。著者原题：考格斯。

收藏单位：重庆馆、大连馆、东北师大馆、广东馆、贵州馆、国家馆、江西馆、辽大馆、辽宁馆、辽师大馆、南京馆、内蒙古馆、宁夏馆、上海馆、天津馆、浙江馆

01577

通俗相对论大意　（美）爱因斯坦（A. Einstein）著　费祥译

外文题名：Theory of relativity for general readers

上海：商务印书馆，1923.1，69 页，36 开（百科小丛书 17）

上海：商务印书馆，1923.10，再版，69 页，36 开（百科小丛书 17）

上海：商务印书馆，1926.8，3 版，69 页，36 开（百科小丛书 17）

上海：商务印书馆，1930.10，71 页，32 开（百科小丛书）（万有文库 第 1 集 446）

上海：商务印书馆，1933.11，国难后 1 版，71 页，32 开（百科小丛书）

上海：商务印书馆，1935.2，国难后 2 版，71 页，32 开（百科小丛书）

上海：商务印书馆，1947.3，3 版，71 页，32 开（百科小丛书）（新中学文库）

本书共 18 部分，内容包括：总说、牛顿之重力法则、牛顿以前的学说、牛顿之运动法则、光之电磁说、相对性原理等。1926 年之前的版本原题：费祥编译。

收藏单位：安徽馆、重庆馆、大连馆、大庆馆、东北师大馆、广西馆、贵州馆、国家馆、黑龙江馆、江西馆、辽大馆、辽宁馆、辽师大馆、内蒙古馆、宁夏馆、山东馆、上海馆、首都馆、天津馆、西南大学馆、浙江馆

01578

通俗原理论纲要　蒋宏孝著

成都：川大印刷部，1940.10，石印本，45 页，22 开，环筒页装（自然科学理论物理学）

本书共 5 章：空间、运动间假设、规则运动间、高次运动间、结合运动。

收藏单位：重庆馆

01579

物的本性　（英）威廉·布拉格（William H. Bragg）著　黄人杰译

外文题名：Concerning the nature of things

上海：商务印书馆，1937.3，2 册（238 页），32 开（万有文库 第 2 集 186）（自然科学小丛书）

本书内容包括：物的基础——原子、气体的性质、液体的性质、固体的性质（一）——钻石、固体的性质（二）——冰与雪、固体的性质（三）——金属等。著者原题：白赖格。

收藏单位：重庆馆、大连馆、大庆馆、东北师大馆、国家馆、辽大馆、辽师大馆、内蒙古馆、宁夏馆、天津馆、浙江馆

01580

物理世界真诠　（英）爱丁顿（Arthur Stanley Eddington）著　严鸿瑶译述

外文题名：The nature of the physical world

上海：商务印书馆，1934.12，298 页，25 开（中山文库）

上海：商务印书馆，1935.6，再版，298 页，25 开（中山文库）

本书共 15 章，内容包括：古典物理学的崩溃、相对论、时间、宇宙之溃乱、转化、人在宇宙中的地位、量子论等。著者原题：艾丁敦。

收藏单位：重庆馆、广东馆、广西馆、贵州馆、国家馆、湖南馆、江西馆、南京馆、内蒙古馆、上海馆、首都馆、天津馆、浙江馆

01581

物理学计算问题解法　王维廉　王止善编

上海：中华书局，1934，2 册（242+284 页），32 开

上海、昆明：中华书局，1936.8—1939，5 版，2 册（242+284 页），32 开

昆明、上海：中华书局，1941—1946.5，8 版，2 册（242+284 页），32 开

上海：中华书局，1947，9 版，2 册（242+284 页），32 开

上海：中华书局，1949.7，10 版，2 册（242+284 页），32 开

本书共 12 章：运动学、静力学、动力学、物性学、膨胀、比热与潜热、热之传导与热能当量、音学、光学、磁学、动电学、静电学。

收藏单位：重庆馆、东北师大馆、广西馆、贵州馆、国家馆、江西馆、辽宁馆、浙江馆

01582

物理学计算问题解法（上册）　王维廉　王止善编

上海：中华书局，1936.2，4 版，242 页，32 开

昆明：中华书局，1939，6 版，242 页，32 开

本书共 4 章：运动学、静力学、动力学、物性学。

收藏单位：东北师大馆、国家馆、河南馆、黑龙江馆、内蒙古馆

01583

物理学计算问题解法（下册）　王维廉　王止善编

上海：中华书局，1936.2，3 版，284 页，32 开

本书共 8 章：膨胀、比热与潜热、热之传导与热能当量、音学、光学、磁学、动电学、静电学。

收藏单位：河南馆、黑龙江馆、内蒙古馆

01584

物理学原理及其应用　（美）郭查理（C. H. Corbett）　谢玉铭著　于树樟译

外文题名：The principles of physics and their modern applications

上海：商务印书馆，1928.5，323 页，24 开

上海：商务印书馆，1933.4，国难后 1 版，323 页，24 开

长沙：商务印书馆，1939.7，国难后 2 版，323 页，24 开

本书共 5 编：运输及交通、水之供给及水力、谋吾人对于天气之适应、人类视觉之扩展、音乐及游戏。

收藏单位：重庆馆、广东馆、广西馆、国家馆、江西馆、南京馆、上海馆、绍兴馆、首都馆、天津馆、西南大学馆、浙江馆

01585

物无质　周献瑞著

外文题名：Matter is not physical

新嘉坡（新加坡）：瑞兴号，1936.8，20 页，32 开

本书介绍透视这种特异功能。

收藏单位：重庆馆、广东馆、国家馆、湖南馆、南京馆、山西馆

01586

物之分析　（英）罗素（B. Russell）讲　姚文林记

外文题名：Analysis of matter

北京：北京大学新知书社，1921.5，72 页，32 开（罗素五大讲演）

本书为罗素于 1921 年 1—2 月在北京大学的讲演记录。主要以物理学、哲学观点讲

述爱恩斯坦"相对论"。曾分别在《群报》上发表。

收藏单位：重庆馆、国家馆、吉林馆、江西馆、辽大馆、上海馆

01587

物质波与量子力学 （奥）哈斯（A. Haas）著　章康直译

外文题名：Materiewellen und Quantenmechanik

上海：中华学艺社，1934.11，215 页，32 开（学艺汇刊 34）

上海：中华学艺社，1935.2，再版，215 页，32 开（学艺汇刊 34）

本书共 12 章，内容包括：原子力学问题、得布洛利的波动力学、特性值力学举例、哈生保的量子力学、方阵力学等。

收藏单位：重庆馆、广东馆、国家馆、黑龙江馆、辽宁馆、南京馆、上海馆、天津馆、浙江馆

01588

物质创造论　洛克（Otto Lock）著　刘健译

外文题名：Creation of matter

汉口：中华信义会书报部，1932.2，22 页，32 开

本书共 4 部分：何为物质、万物的起源、创世纪当中的创造论、地球产生的理论。

收藏单位：国家馆

01589

物质概论　姚启钧编著

上海：中华书局，1948.4，124 页，32 开

本书共 7 章：物质和电的原子性、能量的量子性、原子结构（上）——核外电子、原子结构（下）——原子核、分子构造、质量和能量、质点和波动。

收藏单位：重庆馆、东北师大馆、广东馆、国家馆、湖北馆、湖南馆、辽大馆、南京馆、上海馆、浙江馆

01590

物质与量子　（德）茵菲尔（L. Infeld）著　何育杰译

外文题名：The world in modern science: matter and quanta

上海：商务印书馆，1936.3，2 册（260 页），32 开（自然科学小丛书）（万有文库第 2 集 233）

上海：商务印书馆，1936.10，260 页，32 开（自然科学小丛书）

本书共 6 章：物理学中思想之方法、辐射、物质、原子核、物质与辐射、现代量子力学。

收藏单位：重庆馆、大连馆、东北师大馆、国家馆、辽大馆、辽师大馆、内蒙古馆、宁夏馆、上海馆、绍兴馆、天津馆

01591

物质之新观念　（英）达尔文（C. G. Darwin）著　杨肇燫译

外文题名：New concept of matter

上海：商务印书馆，1936.3，2 册（219 页），32 开（自然科学小丛书）（万有文库第 2 集 232）

长沙：商务印书馆，1939.8，219 页，36 开（自然科学小丛书）

本书共 8 章：起点、波、物质之绕射、测不准原理、原子、偏极化、碰撞、不相容原理。

收藏单位：北师大馆、重庆馆、大连馆、大庆馆、贵州馆、国家馆、江西馆、辽大馆、辽师大馆、内蒙古馆、宁夏馆、上海馆、绍兴馆、天津馆、浙江馆

01592

相对论　田渠编著

上海：正中书局，1948.5，96 页，25 开

本书共两篇：狭义相对论、广义相对论。内容包括：Newton 力学中之绝对时间及绝对空间、Newton 力学中之相对性、相对论产生之动机、以太与空间等。大学用书。

收藏单位：重庆馆、国家馆、南京馆、内蒙古馆、浙江馆

01593

相对论　轶名编译　曹聚仁　陶乐勤校订

上海：梁溪图书馆，1925.6，29 页，32 开（一角丛书）

本书共 11 部分，内容包括：以太抹消、光信号之普通的价值、特殊相性理论、时空四元世界、四元几何学等。

　　收藏单位：湖南馆、上海馆、浙江馆

01594

相对论 ABC （英）罗素（B. Russell）著　王刚森译

外文题名：The ABC of relativity

上海：ABC 丛书社，1929.8—1930.1，2 册（129+130 页），32 开，精装（ABC 小丛书）

　　本书分上、下册，上册出版于 1929 年 8 月，下册出版于 1930 年 1 月。上册共 7 章：触觉和视觉：地球和天体、事物之发生和观察之结果、光之速率、时钟与量尺、时空、特殊相对论、时空之间距。书前附爱因斯坦小传。下册共 8 章，内容包括：爱因斯坦引力定律、爱因斯坦引力定律之证明、宇宙是否有限的、物质是什么、哲学的结论等。书前附罗素小传。书后附重要相对论书籍目录、罗素所著的书籍目录。

　　收藏单位：重庆馆、广西馆、国家馆、江西馆、辽宁馆、上海馆、首都馆、天津馆

01595

相对论 ABC（下册） （英）罗素（B. Russell）著　王刚森译

上海：ABC 丛书社，1935.5，再版，130 页，32 开（ABC 小丛书）

　　本书共 8 章，内容包括：爱因斯坦引力定律、爱因斯坦引力定律之证明、宇宙是否有限的、物质是什么、哲学的结论等。书前附罗素小传。书后附重要相对论书籍目录、罗素著作目录。

　　收藏单位：广西馆

01596

相对论浅释 （美）爱因斯坦（A. Einstein）著　夏元瑮译

外文题名：Über die Spezielle und die Allgemeine Relativitäts Theorie

上海：商务印书馆，1922.4，103 页，32 开（通俗丛书）

上海：商务印书馆，1923，再版，103 页，32 开（通俗丛书）

上海：商务印书馆，1924.1，3 版，103 页，32 开（通俗丛书）

上海：商务印书馆，1927.1，3 版，103 页，32 开（共学社科学丛书）

上海：商务印书馆，1931.12，103 页，32 开（万有文库 第 1 集 445）（汉译世界名著）

上海：商务印书馆，1933，国难后 1 版，103 页，32 开（万有文库 第 1 集 445）（汉译世界名著）

上海：商务印书馆，1933.4，国难后 1 版，103 页，32 开（共学社科学丛书）

上海：商务印书馆，1935.1，国难后 2 版，103 页，32 开（共学社科学丛书）

　　本书内容包括：几何学定理之物理意义、坐标式、古力学之空间与时间、葛利来坐标式、狭义之相对原则等。附相对通论之实验证明、译名表、爱因斯坦小传。

　　收藏单位：重庆馆、大连馆、东北师大馆、广东馆、广西馆、国家馆、黑龙江馆、江西馆、辽大馆、辽师大馆、南京馆、内蒙古馆、宁夏馆、上海馆、首都馆、天津馆、浙江馆

01597

相对论与宇宙观 （德）司密士（H. Schmidt）著　（英）卫西曼（K. Wichmann）英译　闻齐译

外文题名：Das Weltbild der Relativitätstheorie

上海：商务印书馆，1923.11，115 页，32 开（共学社通俗丛书）

上海：商务印书馆，1926.11，再版，115 页，32 开（共学社科学丛书）

　　本书共 11 章，内容包括：近代物理学上之宇宙观、普通力学之基本定律、坐标系、绝对空间、宇宙能媒等。

　　收藏单位：重庆馆、广西馆、国家馆、湖南馆、内蒙古馆、上海馆、首都馆、天津馆

01598

相对论原理（上册 相对简论） 高鲁编　叶志校

外文题名：Le principe de relativité. Premierè

partie, Relativité restreinte

北京：中国天文学会，[1922]，128 页，18 开

　　本书共 10 章，内容包括：几何换标、旧观念中不变之基点、不同时事实在空间之距离、菲佐之光波试验等。

　　收藏单位：国家馆、上海馆

01599

相对论原理浅说　弹子强著

上海：神州国光社，1932.1，55 页，36 开（自然科学之部）

　　本书共 3 章：相对性原理以前、特殊相对性原理、普通相对性原。

　　收藏单位：浙江馆

01600

相对律之由来及其概念　周昌寿著

外文题名：Der Ursprung und Begriff von der Relativitätstheorie

上海：中华学艺社，1923.6，98 页，32 开（学艺汇刊 1）

上海：中华学艺社，1927.5，再版，98 页，32 开（学艺汇刊 1）

上海：中华学艺社，1933.1，国难后 1 版，98 页，32 开（学艺汇刊 1）

　　本书内收《相对律之由来及其概念》《相对性原理概观》两篇论文。附相对律的文献。商务印书馆发行。

　　收藏单位：重庆馆、广西馆、国家馆、吉林馆、南京馆、首都馆、天津馆、浙江馆

01601

相对性原理　东方杂志社编纂

外文题名：Theory of relativity

上海：商务印书馆，1923.12，89 页，50 开（东方文库 48）

上海：商务印书馆，1924.4，89 页，50 开（东方文库 48）

上海：商务印书馆，1924.10，再版，89 页，50 开（东方文库 48）

上海：商务印书馆，1925.7，3 版，89 页，50 开（东方文库 48）

　　本书内收《相对性原理概观》（周昌寿）、

《能媒万有引力和相对性原理》（郑贞文）、《相对性原理及其产生前后之科学状况》（李润章）3 篇论文。1924 年 4 月版为东方杂志 20 周年纪念刊物。

　　收藏单位：重庆馆、东北师大馆、广东馆、广西馆、桂林馆、国家馆、江西馆、辽大馆、内蒙古馆、上海馆、绍兴馆、天津馆、西南大学馆、浙江馆、中科图

01602

相 对 原 理 及 其 推 论　（美）爱因斯坦（A. Einstein）著　文元模译

外文题名：Über das Relativitätsprinzip und die aus demselben gezogenen Folgerungen

上海：商务印书馆，1925.3，89 页，32 开（尚志学会丛书）

上海：商务印书馆，1926，再版，89 页，32 开（尚志学会丛书）

上海：商务印书馆，1931.5，3 版，89 页，32 开（尚志学会丛书）

　　本书运用相对论原理介绍运动学、电力学、质点之力学、相对原理与万有引力等内容。附相对论思想发展之历程。

　　收藏单位：重庆馆、广西馆、国家馆、湖南馆、江西馆、上海馆、首都馆

01603

易与物质波量子力学　薛学潜著

上海：中国科学图书仪器公司，1937，14+456 页，18 开，精装

　　本书共 4 卷 28 章，内容包括：导言、易方阵、相对论之基本方程式、狄拉克电子论、易方阵引出狄拉克方程式、易方阵引出希鲁汀格方程式与达尔文方程式等。

　　收藏单位：东北师大馆、广西馆、辽大馆、南京馆、山西馆、上海馆、浙江馆、中科图

声学、光学

01604

X 光线　刘体志著

出版者不详，1949.3，24 页，16 开

　　收藏单位：广东馆

01605

X 射线　胡珍元著

上海：商务印书馆，1935.3，60 页，32 开（自然科学小丛书）（万有文库 第 2 集 240）

上海：商务印书馆，1935.6，60 页，32 开（自然科学小丛书）（新中学文库）

上海：商务印书馆，1935.8，再版，60 页，32 开（自然科学小丛书）（新中学文库）

上海：商务印书馆，1947.2，3 版，60 页，32 开（自然科学小丛书）（新中学文库）

　　本书介绍了 X 射线的历史、性质、器械、在医学上的应用、在实业上的应用、结晶的分析法。

　　收藏单位：重庆馆、大连馆、东北师大馆、广东馆、广西馆、贵州馆、国家馆、黑龙江馆、湖南馆、江西馆、辽大馆、辽师大馆、南京馆、内蒙古馆、宁夏馆、首都馆、天津馆、浙江馆

01606

X 线　尹聘伊编著

上海：商务印书馆，1935.9，17+295 页，22 开（科学丛书）

　　本书共 14 章，内容包括：放电管之现象、阴极线及阳极线、X 线、X 线球、高电压之发动机、气体 X 线球之刚度等。据克伊氏（Kaye）的 X Rays 一书编成。

　　收藏单位：重庆馆、广东馆、国家馆、湖南馆、江西馆、南京馆、首都馆、天津馆

01607

窗户纸与紫外线　陈尚义著

北平：国立北平研究院总办事处出版课，1936.3，22 页，16 开

　　收藏单位：国家馆、浙江馆

01608

光　陆仁寿著　周建人校

上海：商务印书馆，1933.12，57 页，32 开（小学生文库 第 1 集 物理类 70）

上海：商务印书馆，1934.10，再版，57 页，32 开（小学生文库 第 1 集 物理类 70）

　　本书内容包括：光和人生、光的来源、发光体和非发光体、光的直进、像和影、光的强弱等。

　　收藏单位：东北师大馆、广西馆、吉林馆、宁夏馆、上海馆、首都馆

01609

光　郑贞文等编辑

重庆：商务印书馆，1943.12，43 页，32 开（少年自然科学丛书 26）

　　本书共 5 部分：光的本体、光的反射、光的屈折、透镜、色。

　　收藏单位：广东馆、国家馆、南京馆、上海馆

01610

光的实验　李劭青编著

定县：中华平民教育促进会，1933.7，26 页，50 开（平民读物 科学常识 190）

　　本书共 10 部分，内容包括：日光的七色、人造的虹、七色光仍变为白色光、倒立的像、光的屈折、透光镜等。

　　收藏单位：国家馆

01611

光的世界　（英）威廉·布拉格（William H. Bragg）著　陈岳生译

外文题名：The universe of light

上海：商务印书馆，1936.9，4 册（334 页），32 开（自然科学小丛书）（万有文库 第 2 集 237）

上海：商务印书馆，1947.2，2 册（334 页），32 开（自然科学小丛书）（新中学文库）

上海：商务印书馆，1949，再版，2 册（334 页），32 开（自然科学小丛书）

　　本书内容包括：光的本性、眼与视觉、色、色之本原、天空之色、日光与星光等。

　　收藏单位：重庆馆、大连馆、大庆馆、东北师大馆、广东馆、广西馆、国家馆、黑龙江馆、辽大馆、辽师大馆、南京馆、内蒙古馆、宁夏馆、绍兴馆、首都馆、天津馆、浙江馆

01612

光·电　郑贞文编
外文题名：Light and electricity
上海：商务印书馆，1927.3，185 页，32 开（少年自然科学丛书 7）
上海：商务印书馆，1930.7，再版，185 页，32 开（少年自然科学丛书 7）
上海：商务印书馆，1933.1，国难后 1 版，185 页，32 开（少年自然科学丛书 7）
上海：商务印书馆，1933.6，国难后 2 版，185 页，32 开（少年自然科学丛书 7）
　　本书共 11 部分，内容包括：光的正体、光的反射、光的屈折、透镜、色等。
　　收藏单位：重庆馆、广东馆、广西馆、贵州馆、国家馆、黑龙江馆、江西馆、内蒙古馆、首都馆、浙江馆

01613

光学之研究　（美）迈克尔逊（A. A. Michelson）著　张钰哲　吕大元译
外文题名：Studies in optics
上海：国立编译馆，1934.2，160 页，23 开，精装
　　本书共 15 章，内容包括：光波干涉之理论与应用、光波之干涉、干涉仪、光波分析、绕射等。
　　收藏单位：重庆馆、广东馆、贵州馆、国家馆、江西馆、辽宁馆、内蒙古馆、山西馆、上海馆、首都馆、天津馆、浙江馆

01614

几何光学　陈恭浩著
出版者不详，油印本，78 叶，16 开，环筒页装
　　收藏单位：重庆馆

01615

奇异的光　董纯才编　陶知行校
上海：儿童书局，1932.11，5 册，32 开（儿童科学丛书）
上海：儿童书局，1933，再版，5 册，32 开（儿童科学丛书）
　　本书内容包括：光的来源、光是什么、光走直线、光的反射、照面境内的像、潜望镜、万花镜等。封面题：白桃编。
　　收藏单位：重庆馆、广西馆、贵州馆、国家馆、首都馆

01616

奇异的音　白桃编　陶知行校
上海：儿童书局，1932.3，3 册，32 开（儿童科学丛书）
上海：儿童书局，1933.6，再版，3 册，32 开（儿童科学丛书）
　　收藏单位：广西馆、贵州馆、首都馆

01617

声　陆仁寿著　周建人校
上海：商务印书馆，1933.12，34 页，32 开（小学生文库 第 1 集 物理类）
上海：商务印书馆，1935.2，3 版，34 页，32 开（小学生文库 第 1 集 物理类）
　　本书内容包括：声音和空气、发声体、音波、音波的速度、音的高低强弱和音色、乐音和噪音等。
　　收藏单位：东北师大馆、广西馆、吉林馆、首都馆

01618

声光学概要
防空学校，1938，再版，124 页，18 开
　　本书为防空学校教材。
　　收藏单位：重庆馆

01619

声和光的研究　朱翊新主编
上海：大东书局，1948，3 版，24 页，36 开（新儿童基本文库 高年级 自然科读物 2）
　　本书共 9 章，内容包括：声的成因、声的速度、光是什么、光的反射、光的色等。
　　收藏单位：重庆馆

01620

谈光　胡珍元编著
重庆：正中书局，1943.6，214 页，36 开（正中科学知识丛书）

上海：正中书局，1945.12，沪 1 版，214 页，36 开（正中科学知识丛书）

上海：正中书局，1947.7，沪 3 版，214 页，36 开（正中科学知识丛书）

　　本书共 21 章，内容包括：光的传播、光的反射、光的折射、透镜、简单的光学仪器、球面镜、光的分散等。

　　收藏单位：重庆馆、国家馆、湖南馆、江西馆、辽宁馆、南京馆、天津馆

01621

音的实验　李劭青编著

定县：中华平民教育促进会，1933.7，26 页，50 开（平民读物 科学常识 189）

　　本书共 8 部分，内容包括：音是怎样发生的、声音的图形、奇妙的看声筒、声音怎样传来的、音波和音的反射、为甚么声音有高有低等。

　　收藏单位：国家馆

01622

紫外线　（日）山田幸五郎著　程思进译

上海：商务印书馆，1936.9，108 页，32 开（自然科学小丛书）（万有文库 第 2 集 251）

长沙：商务印书馆，1939.8，108 页，32 开（自然科学小丛书）

上海：商务印书馆，1947.3，再版，108 页，32 开（自然科学小丛书）（新中学文库）

　　本书共 11 章，内容包括：紫外线发见之经过、紫外线之化学作用、紫外线之光电效应、紫外线之光源等。

　　收藏单位：安徽馆、重庆馆、大连馆、大庆馆、东北师大馆、广东馆、贵州馆、国家馆、黑龙江馆、江西馆、辽大馆、辽宁馆、辽师大馆、南京馆、内蒙古馆、宁夏馆、首都馆、天津馆、浙江馆

电磁学

01623

磁的把戏　丁柱中编　陶知行校

上海：儿童书局，1931.10，3 册（24+24+24 页），32 开（儿童科学丛书）

上海：儿童书局，1932.6，再版，3 册（24+24+24 页），32 开（儿童科学丛书）

上海：儿童书局，1933，3 版，3 册（24+24+24 页），32 开（儿童科学丛书）

　　本书共 4 部分：神奇的手指、神奇的铅笔、活卡片、游泳大王。

　　收藏单位：广西馆、贵州馆、国家馆、首都馆

01624

磁的实验　李劭青编著

定县：中华平民教育促进会，1933.7，20 页，50 开（平民读物 科学常识 191）

　　本书共 7 部分，内容包括：磁石是什么、磁石的性质、自制的罗盘、一个听命的鱼儿、电气的磁石等。

　　收藏单位：国家馆

01625

磁电学讲义

世界电机工程职业学校，119 页，25 开

　　收藏单位：广东馆

01626

磁及静电　（日）三枝彦雄著　周斌译

上海：商务印书馆，1937.12，143 页，32 开（自然科学小丛书）（万有文库 第 2 集）

长沙：商务印书馆，1938.7，143 页，32 开（自然科学小丛书）

　　本书分磁和电两章，内容包括：磁、磁感应、磁场、磁力线、电磁石、磁的性质、磁化现象等。

　　收藏单位：贵州馆、国家馆、南京馆、浙江馆

01627

电　徐应昶编纂

上海：商务印书馆，1923，2 册（31+25 页），32 开（儿童理科丛书 19—20）

上海：商务印书馆，1924，再版，2 册（31+25 页），32 开（儿童理科丛书 19—20）

上海：商务印书馆，1927，3 版，2 册（31+25

页），32 开（儿童理科丛书 19—20）

上海：商务印书馆，1934.2，33 页，32 开（小学生文库 第 1 集 物理类）

上海：商务印书馆，1935.7，5 版，33 页，32 开（小学生文库 第 1 集 物理类）

　　本书内容包括：电的发现、电的检探、导体和非导体、电花、电闪和雷、电流、发电机等。

　　收藏单位：重庆馆、广西馆、国家馆、吉林馆、首都馆

01628

电磁波　（英）怀特（F. W. G. White）著　徐韫知译

外文题名：Electromagnetic waves

上海：商务印书馆，1936.3，158 页，32 开（百科小丛书）

长沙：商务印书馆，1939.7，再版，158 页，32 开（百科小丛书）

　　本书共 6 章：电磁方程式、马克士威尔方程式、洛仑子学说、色散学说的应用、在有一作用磁场的一种色散介质内的传播、地球大气层内的无线电波。

　　收藏单位：重庆馆、大庆馆、广东馆、国家馆、湖南馆、辽宁馆、南京馆、宁夏馆、清华馆、上海馆、首都馆、天津馆、浙江馆

01629

电磁对称与相对论　葛旭初著

上海：中华书局，1948.6，114 页，25 开

　　本书共 7 章：电磁对称之基本原理与公式、两电流间之作用力及罗兰假说、电磁对称公式之相对论的扩充、电磁对称之一般理论、相对位移电流、电磁质量与电感、电磁动力学与相对论。大学用书。

　　收藏单位：重庆馆、广东馆、广西馆、国家馆、辽宁馆、山西馆、上海馆、西南大学馆、浙江馆

01630

电磁气学

出版者不详，38 页，16 开

　　本书共 3 篇：磁气学、静电气、电流。

　　收藏单位：国家馆

01631

电磁学　徐韦立编

[成都]：出版者不详，1940，[190] 页，32 开（电信界丛书 1）

　　本书共 10 章，内容包括：电之概念、静电原理、电场与电力线、电位与破裂电压、电容器、磁与地磁等。

　　收藏单位：国家馆

01632

电磁学　周毓莘著

外文题名：Electricity and magnetism

上海：商务印书馆，1927.1，533 页，22 开，精装（武昌高等师范高等教育理科丛书 4）

上海：商务印书馆，[1927—1931]，订正 2 版，533 页，22 开，精装（武昌高等师范高等教育理科丛书 4）

上海：商务印书馆，1929.11，再版，533 页，22 开，精装（武昌高等师范高等教育理科丛书 4）

上海：商务印书馆，1931.3，3 版，533 页，22 开，精装（武昌高等师范高等教育理科丛书 4）

上海：商务印书馆，1932.12，国难后 1 版，533 页，22 开，精装（武昌高等师范高等教育理科丛书 4）

上海：商务印书馆，1935.5，国难后 2 版，533 页，22 开，精装（武昌高等师范高等教育理科丛书 4）

上海：商务印书馆，1937.5，国难后 3 版，533 页，22 开，精装（武昌高等师范高等教育理科丛书 4）

长沙：商务印书馆，1940，国难后 4 版，533 页，22 开，精装（武昌高等师范高等教育理科丛书 4）

上海：商务印书馆，1947.3，5 版，533 页，22 开，精装（武昌高等师范高等教育理科丛书 4）

　　本书共 3 编：静电学、磁学、电流。内容包括：电之性质、电场、电位、静电学上之定理及其应用、电容及蓄电器、电气变位等。

　　收藏单位：重庆馆、东北师大馆、广东

馆、广西馆、国家馆、湖南馆、江西馆、辽
大馆、辽宁馆、南京馆、绍兴馆、首都馆、
天津馆、浙江馆

01633

电磁学

湖南省地方行政干部训练团，1942.3，113 页，
32 开（电讯组专业训练讲义 2）

　　收藏单位：重庆馆

01634

电的把戏　丁柱中编　陶知行校

上海：儿童书局，1931.10，3 册（24+25+28 页），
32 开（儿童科学丛书）

上海：儿童书局，1932，再版，3 册（24+25+
28 页），32 开（儿童科学丛书）

上海：儿童书局，1932.10，3 版，3 册（24+25+
28 页），32 开（儿童科学丛书）

　　本书共 9 部分，内容包括：电的现象、电
的特性、木髓球验电器制造法、神寄的蟹爪
等。

　　收藏单位：广西馆、国家馆、江西馆、首
都馆

01635

电的常识　俞子夷著

上海：中华书局，1936.2，96 页，36 开（常识
丛书 46）

昆明：中华书局，1939.11，再版，96 页，36
开（常识丛书 46）

　　本书收录《手电筒》《干电池》《电灯线》
《电表》《交流直流》《直连和并联》等 26 篇
短文。

　　收藏单位：重庆馆、国家馆、黑龙江馆、
江西馆、辽宁馆、南京馆、内蒙古馆、上海
馆、天津馆

01636

电的故事　潘山著

上海：万有书局，1944，88 页，32 开（万有
少年文库 第 1 辑）

　　收藏单位：首都馆

01637

电的故事　（日）石原纯著　陈寿龄译

上海：商务印书馆，1912，193 页，32 开

长沙：商务印书馆，1940.4，193 页，32 开

　　本书共 24 章，内容包括：关于电和磁在
古代的知识、电学和磁学的曙光、关于电的
最初假说、电的重要基本现象、电池的发明
等。

　　收藏单位：北师大馆、重庆馆、广东馆、
国家馆、江西馆、南京馆、上海馆、首都馆、
天津馆、浙江馆

01638

电的实验　李劭青编著

定县：中华平民教育促进会，1933.7，26 页，
50 开（平民读物 科学常识 192）

　　本书共 10 部分，内容包括：活动的纸片、
摩擦生电、电分阴阳、金箔验电器、感应生
电、蓄电和放电、电光和电砲、用不尽的电
流等。

　　收藏单位：国家馆

01639

电的知识

中央人民政府文化部科学普及局，18 页，64
开

　　本书简要讲解电的基本知识。

　　收藏单位：国家馆

01640

电气通论　（日）电机学校编

东京：电机学校，1930.4，256 页，22 开

　　本书共 11 章，内容包括：电气、磁气、
直流发电机、直流电动机、交流发电机及电
动机、变压器及送电线等。

　　收藏单位：国家馆、天津馆

01641

电世界　王伊复编著　薛德焴校订

南京：正中书局，1936.5，51 页，36 开（国
民说部 第 9 集 国民科学集 6）

　　本书共 8 回，内容包括："雷电交作女孩
细问原因 教训有方母亲力辟迷信""进中学见

闻日多 学物理疑难顿释""曾老师实验电流
众学生围观把戏""学校听讲粗知科学常识 寒
假进城惊悉电力神奇"等。

　　收藏单位：重庆馆、国家馆、湖南馆

01642

电学　黄巽编著

广州：国立中山大学出版社，1930.6，[29]+
553 页，25 开

　　本书附补录 5 种电学器械、参考书目、
电学家创作录等 5 种。

　　收藏单位：国家馆

01643

电学　唐挚霄著

出版者不详，1 册，16 开，精装

　　收藏单位：广东馆

01644

电学 ABC　王刚森著

上海：ABC 丛书社，1928.7，[12]+122 页，32
开，精装（ABC 丛书）

上海：ABC 丛书社，1929.3，再版，[12]+122
页，32 开，精装（ABC 丛书）

上海：ABC 丛书社，1929.5，3 版，[12]+122
页，32 开，精装（ABC 丛书）

上海：ABC 丛书社，1933.5，4 版，[12]+122
页，32 开，精装（ABC 丛书）

　　本书共 10 章，内容包括：电的世界、静
电、雷电、电流和电池、电流和热效、电流
和磁石、电磁感应等。

　　收藏单位：重庆馆、广东馆、广西馆、国
家馆、江西馆、辽大馆、南京馆、内蒙古馆、
宁夏馆、首都馆、天津馆、浙江馆

01645

电学初步　汪镜民编　李有功校

上海：新电界杂志社，1933.1，100 页，32 开

　　本书共 3 编：磁学、静电学、动电学。

　　收藏单位：国家馆、浙江馆

01646

电学大纲　军训部通信兵监编

军训部，1943，149 页，32 开

　　本书共 12 章：电子论、静电现象、电场
电位、直流电路、磁、电磁、电容与容电器、
电解及电池、电磁感应、自感应与互感应、
测电仪器、交流电路。通信学生用。

　　收藏单位：广东馆、国家馆

01647

电学大纲　殷懋德著

上海：商务印书馆，1935.10，13+296 页，32
开（新中学文库）

长沙：商务印书馆，1939.5，4 版，13+296 页，
32 开（新中学文库）

上海：商务印书馆，1947.2，7 版，13+296 页，
32 开（新中学文库）

上海：商务印书馆，1948，8 版，13+296 页，
32 开（新中学文库）

上海：商务印书馆，1949，9 版，13+296 页，
32 开（新中学文库）

　　本书共 12 章，内容包括：电子论、静电
现象、库仑定律、电位与电位差、电容与容
电器、磁、电磁与电动等。

　　收藏单位：重庆馆、广东馆、广西馆、国
家馆、黑龙江馆、湖南馆、吉林馆、江西馆、
辽大馆、辽宁馆、南京馆、内蒙古馆、宁夏
馆、首都馆、天津馆、西南大学馆、浙江馆

01648

电学大纲

陆军通信兵第二团，1940.10，11+393 页，25
开

　　收藏单位：重庆馆、广东馆

01649

电学大纲

中央陆军军官学校第七分校，1945.8，272
页，32 开

　　本书内容包括：静电、雷电、电流和电
池、电流和热效、电流等。

　　收藏单位：浙江馆

01650

电学大纲

出版者不详，10+284 页，23 开

收藏单位：重庆馆、南京馆

01651

电学讲义

出版者不详，120 页，32 开

本书共 4 部分：电学讲义、电话学讲义、电雷教程讲义、简易有线电报学。

收藏单位：重庆馆

01652

电学浅说 （英）堪颁布尔（Norman R. Campbell）著　于树樟译

外文题名：The principles of electricity

上海：商务印书馆，1931.2，111 页，32 开（百科小丛书）

上海：商务印书馆，1933.12，111 页，32 开（百科小丛书）（万有文库 第 1 集 455）

上海：商务印书馆，1934.2，国难后 1 版，111 页，32 开（百科小丛书）

上海：商务印书馆，1934，国难后 2 版，111 页，32 开（百科小丛书）

上海：商务印书馆，1934.7，再版，111 页，32 开（百科小丛书）（万有文库 第 1 集 455）

上海：商务印书馆，1935.2，国难后 3 版，111 页，32 开（百科小丛书）

本书共 5 章：静电的定律和学说、属于静电的计量、电磁学、法拉对的学说、麦克司威尔的学说。

收藏单位：安徽馆、重庆馆、大连馆、大庆馆、东北师大馆、广东馆、广西馆、国家馆、黑龙江馆、湖南馆、江西馆、辽大馆、辽宁馆、辽师大馆、南京馆、内蒙古馆、宁夏馆、上海馆、天津馆、浙江馆

01653

电学浅说

军事委员会军训部，1940.10，54 页，32 开

收藏单位：广东馆、南京馆

01654

电学入门　倪尚达　王佐清编著

南京：钟山书局，1932.9，174 页，32 开

本书内容包括：电流及电压、磁铁及电磁、交流及电机、电子论、电报电话及无线电等。

收藏单位：广东馆、广西馆、国家馆、江西馆、南京馆、上海馆、浙江馆

01655

电学与磁学　（美）斯塔夫（I. C. S. Staff）著　裴维裕编译

外文题名：Electricity and magnetism

上海：电工图书出版社，1945.6，181 页，32 开（中国科学社工程丛书 电工技术丛书）

上海：电工图书出版社，1946.11，再版，181 页，32 开（中国科学社工程丛书 电工技术丛书）

上海：电工图书出版社，1948.5，3 版，181 页，32 开（中国科学社工程丛书 电工技术丛书）

本书共 6 编：电学通论、动电学、电路、静电学、磁学、电磁。中国科学图书仪器公司印行。

收藏单位：重庆馆、东北师大馆、广东馆、国家馆、绍兴馆、首都馆、西南大学馆、浙江馆

01656

电学原理　（美）培治（Leigh Page）（美）亚丹姆斯（N. I. Adams）撰　杨肇燫译

外文题名：Principles of electricity

长沙：商务印书馆，1930.6，2 册（557+11 页），25 开（大学丛书　教本）

上海：商务印书馆，1946，再版，2 册（557+11 页），25 开（大学丛书　教本）

上海：商务印书馆，1947.8，3 版，2 册（557+11 页），25 开（大学丛书　教本）

本书共 17 章，内容包括：静电学之基本定律、电介体与导体、静电问题之解答、静磁学、稳定电流、化学效应及热效应、电流之磁场、游子在电场及磁场中之运动、电磁感应等。著者"培治"原题：裴济。

收藏单位：重庆馆、广东馆、广西馆、国家馆、江西馆、内蒙古馆、宁夏馆、天津馆

01657

法拉第电学实验研究　（英）法拉第（M. Faraday）

著　周昌寿译
外文题名：Experimental researches in electricity
上海：商务印书馆，1933.12，5 册（583 页），
32 开（汉译世界名著）（万有文库 第 1 集）
上海：商务印书馆，1934.3，5 册（583 页），
32 开，精装（汉译世界名著）
长沙：商务印书馆，1939.12，4 册（583 页），
36 开（汉译世界名著）（万有文库 第 1—2 集
简编 157）

本书内容包括：各种来源不同的电本性
是相同的、电传导的一个新定律、电化分解、
金属及其他固体对于气体物质结合的诱引力
等。

收藏单位：安徽馆、重庆馆、大连馆、贵
州馆、国家馆、江西馆、辽师大馆、内蒙古
馆、西南大学馆

01658

孩子们的磁石　白桃编
上海：现代书局，1933，48 页，32 开（现代
儿童丛书）

本书内收《神仙棒》《一样希奇的东西》
《人造磁石》《磁石的两极》《做一支简单的指
南针》《磁石为什么会吸铁》《磁石的力》等
13 个关于磁的故事。

收藏单位：国家馆

01659

琥珀拾芥考　曹仲渊等编
出版者不详，[1935]，26 页，32 开

本书考证琥珀拾芥（即静电的发生）和
磁石引针的发现年代。编者还有马相伯、秦
伯未、陶在东。

收藏单位：重庆馆、广东馆、国家馆、上
海馆

01660

交流电学　（美）斯塔夫（I. C. S. Staff）著
裘维裕编译
外文题名：Alternating currents
上海：电工图书出版社，1945.10，126 页，32
开（中国科学社工程丛书 电工技术丛书）
上海：电工图书出版社，1946.11，再版，126
页，32 开（中国科学社工程丛书 电工技术丛
书）
上海：电工图书出版社，1949.1，3 版，126 页，
32 开（中国科学社工程丛书 电工技术丛书）

本书共 4 编：通论、单相电路、多相电
路、功率。

收藏单位：重庆馆、东北师大馆、广东
馆、国家馆、辽宁馆、南京馆、天津馆、浙
江馆

01661

接触电阻之研究　马士修　于开封编
外文题名：Recherches sur la résistance de contact
北平：中法大学，1943.2，28 页，16 开（北
平中法大学理学院特刊 19）

本书为中法文合编。

收藏单位：国家馆

01662

警察应用电学
出版者不详，74+12 页，32 开

收藏单位：广东馆

01663

镍丝磁化机构之试验研究　马士修　王述英
著
北平：中法大学，1947.9，34 页，16 开（北
平中法大学理学院特刊 21）

本书为中法文合编。

收藏单位：国家馆

01664

**铁丝与镍丝之圆形 Barkhausen 效应之比较研
究**　马士修　王述英编
外文题名：Etude comparative de l'effet
barkhausen circulaire des fils de fer et de nickel
北平：中法大学，1942.4，36 页，16 开（北
平中法大学理学院特刊 16）

本书为中法文合编。

收藏单位：国家馆

01665

万能的电　舒泽宁　赵琪编

上海：中华书局，1948.7，2 册（25+23 页），
32 开（中华文库 民众教育 第 1 集）

　　收藏单位：国家馆

01666

万能的电　吴仲康编

上海：中华书局，1935.7，238 页，32 开

　　收藏单位：重庆馆、内蒙古馆

01667

现代实用电磁学（上册）　邱越凡著

上海：交通部电政同人公益会，1934.6，
282+11 页，25 开

　　本书共两册，上册为原理概观。共 16
章，内容包括：应用数学、工作与工率、静
电、电流、直流电路等。

　　收藏单位：国家馆、浙江馆

01668

圆形 Barkhausen 效应之研究　马士修　王述
英编

北平：中法大学，1941.4，[20] 页，16 开（北
平中法大学理学院特刊 14）

　　本书为中法文合编。

　　收藏单位：国家馆、南京馆

电子物理学

01669

电离学说　许雪樵编译

上海：商务印书馆，1935.11，124 页，32 开（百
科小丛书）

　　本书共 6 章：研究溶液之性质以证明电
离学说、质量作用定律及电解质之化学性质、
溶解压力、氧化作用与还原作用、最普通之
游子及其特性、电离学说试验之说明及其他
之应用。附重要电解质之电离度。

　　收藏单位：重庆馆、广西馆、国家馆、湖
南馆、辽宁馆、南京馆、宁夏馆、首都馆、
西南大学馆、浙江馆

01670

电子　（美）密尔根（Robert Andrews Millikan）
著　钟间译　吴有训校

外文题名：The electron-its isolation and measu-
rement and the determination of some of its
properties

上海：商务印书馆，1935.5，263+19 页，22 开
（大学丛书 教本）

上海：商务印书馆，1936，3 版，263+19 页，
22 开（大学丛书 教本）

上海：商务印书馆，1937.4，[再版]，263+19
页，22 开（大学丛书 教本）

长沙：商务印书馆，1940，4 版，263+19 页，
22 开（大学丛书 教本）

　　本书共 10 章，内容包括：从前电的观念、
把电解定律推广到气体传导、从前直接定 e
的试验、电的原子构造之普通证明、正确 e
值的测定、X 线与镭射线所生的气体游离作
用、气体中布朗氏运动等。著者原题：密立
根。

　　收藏单位：重庆馆、东北师大馆、广东
馆、贵州馆、国家馆、湖南馆、江西馆、辽
宁馆、南京馆、内蒙古馆、宁夏馆、上海馆、
首都馆、天津馆、西南大学馆、浙江馆

01671

电子论浅说　（美）细普力（M. Shipley）著
　陈章译

外文题名：The ABC of the electron theory of matter

上海：商务印书馆，1930.4，36 页，32 开（百
科小丛书）（万有文库 第 1 集 461）

上海：商务印书馆，1931.8，36 页，32 开（百
科小丛书）

上海：商务印书馆，1933.3，36 页，32 开（百
科小丛书）（新中学文库）

上海：商务印书馆，1934.7，再版，36 页，32
开（百科小丛书）（万有文库 第 1 集 461）

上海：商务印书馆，1947.4，2 版，36 页，32
开（百科小丛书）（新中学文库）

　　本书共 10 章，内容包括：电子论之发轫、
电子与电解、原子价与化合重之意义、电与
电子、质量与惰性、电子与原子之大小、原
子之结构、电子之发现等。

收藏单位：安徽馆、重庆馆、大连馆、大庆馆、东北师大馆、广东馆、广西馆、国家馆、黑龙江馆、湖南馆、江西馆、辽大馆、辽师大馆、南京馆、内蒙古馆、宁夏馆、上海馆、首都馆、天津馆、西南大学馆、浙江馆

01672

电子与量子　中华学艺社编辑

外文题名：Elektron und Quantum

上海：中华学艺社，1930.10，142 页，32 开（学艺汇刊 20）

上海：中华学艺社，1933.3，国难后 1 版，142 页，32 开（学艺汇刊 20）

上海：中华学艺社，1935，国难后 2 版，142 页，32 开（学艺汇刊 20）

本书内收《放射性及蜕变说之起源》（周昌寿）、《电子》（郑贞文）、《动电学发展之回顾》（周昌寿）、《电的原子性 离子和电子》（周昌寿）等 8 篇论文。

收藏单位：重庆馆、广东馆、国家馆、湖南馆、江西馆、南京馆、内蒙古馆、宁夏馆、上海馆、首都馆、天津馆、武大馆、西南大学馆

01673

感应及真空放电　（日）三枝彦雄著　周斌译

长沙：商务印书馆，1939.1，131 页，32 开（自然科学小丛书）

本书共 3 章：感应、电磁振动、真空放电。

收藏单位：贵州馆、国家馆、南京馆

01674

气体导电性

北京：京师学务局学术讲演会，14 页，18 开（学术讲演录）

收藏单位：首都馆

热学与物质分子运动论

01675

表面张力　李宗法编

长沙：商务印书馆，1941，47 页，32 开（儿童理科丛书）

本书其他题名：表面涨力。

收藏单位：国家馆

01676

绝对温度标　（英）恺尔文（Lord Kelvin）著　朱恩隆译

外文题名：An absolute scale of temperature

上海：商务印书馆，1937.3，37 页，32 开（汉译世界名著）（万有文库 第 2 集 238）

长沙：商务印书馆，1939.12，37 页，32 开（汉译世界名著）（万有文库 第 1—2 集简编 156）

长沙：商务印书馆，1941.9，37 页，32 开（汉译世界名著）

本书附《热之动能》（噶尔诺）、《热力学第二定律》（克劳修司）。

收藏单位：大连馆、大庆馆、东北师大馆、广东馆、国家馆、江西馆、辽大馆、辽师大馆、内蒙古馆、宁夏馆、天津馆、浙江馆

01677

毛细管　李宗法编

长沙：商务印书馆，1940，45 页，32 开（儿童理科丛书）

收藏单位：广东馆、国家馆

01678

热传导　李宗法编

长沙：商务印书馆，1941.4，63 页，32 开（儿童理科丛书）

本书共 17 部分，内容包括：传导·辐射和对流、热的良导体和热的不良导体、紫铜壶和铝壶、金属茶壶、安全灯、衣服是热的不良导体、其他热的不良导体的用途、液体是热的不良导体等。

收藏单位：国家馆

01679

热的实验　李劭青编著

定县：中华平民教育促进会，1933.7，38 页，50 开（平民读物 科学常识 188）

本书共 19 部分，内容包括：日光生热、摩擦生热、化合生热、电流生热、热的传导、

热的对流、热的辐射、固体的膨涨、液体的膨涨、气体的膨涨等。

　　收藏单位：国家馆

01680

热膨胀　李宗法编

长沙：商务印书馆，1940，45 页，32 开（儿童理科丛书）

　　收藏单位：国家馆

01681

热学

出版者不详，126 页，22 开（物理学 2）

　　收藏单位：广东馆

01682

热学名词

科学名词审查会，34 页，横 16 开

　　本书为科学名词审查会物理学名词审查组第 1 次审查本。

　　收藏单位：国家馆、上海馆

01683

热学试验

北平：国立北平师范大学，1934，81 页，25 开

　　本书共收 24 个试验。

　　收藏单位：重庆馆

01684

热原理　黄巽编著

广州：国立中山大学出版社，1933，311 页，25 开（国立中山大学理工学院丛书）

　　本书共 22 章，内容包括：绪论、气体之胀缩与温热各系数、热力学第一律、完善气与真实气、热力学第二律、热力学第一二两律之应用、物体之变态等。

　　收藏单位：国家馆、浙江馆

01685

物质的变化　（苏）甘堡著　叶水夫译

上海：天下图书公司，1947.9，73 页，32 开（大众科学丛书 7）

北平：天下图书公司，1949.4，华北 1 版，73 页，32 开（人民科学丛书）

北平：天下图书公司，1949.6，华北 2 版，73 页，32 开（人民科学丛书）

　　本书共 8 部分：当代的千手观音、对物质的作用方法、被征服了的空气和水、煤的变化、地上的盐、化学占领森林、烟雾、远和快。译者原题：水夫。

　　收藏单位：广东馆、国家馆、南京馆、山西馆、上海馆

01686

物质动力论　何育杰讲

北京：京师学务局学术讲演会，16 页，18 开（学术讲演录）

　　收藏单位：首都馆

原子物理学

01687

原子　（法）培兰（J. Perren）著　高铦译

外文题名：Les atomes

上海：商务印书馆，1936.9，2 册（307 页），32 开（自然科学小丛书）（万有文库第 2 集 250）

长沙：商务印书馆，1939.9，2 册（307 页），32 开（自然科学小丛书）（万有文库 第 1—2 集简编 163）

　　本书共 8 章，内容包括：分子说与化学、分子之活动、布朗运动乳状液、布朗运动之定律等。附微粒子之群聚、摩色勒定律、波尔之理论、中心核。

　　收藏单位：重庆馆、大连馆、大庆馆、东北师大馆、贵州馆、国家馆、江西馆、辽大馆、辽师大馆、内蒙古馆、宁夏馆、天津馆、浙江馆

01688

原子　（法）培兰（J. Perren）著　叶蕴理译

外文题名：Les atomes

上海：中国科学公司，1939.1，268 页，32 开

上海：中国科学公司，1939.12，再版，268 页，32 开

　　本书附著者序。著者原题：约翰·白汉。

收藏单位：黑龙江馆、首都馆

01689
原子构造概论　（日）竹内洁著　陆志鸿译
外文题名：Atombau
上海：中华学艺社，1926.1，133 页，32 开（学艺汇刊 8）
上海：中华学艺社，1927.8，再版，133 页，32 开（学艺汇刊 8）
上海：中华学艺社，1933.3，国难后 1 版，133 页，32 开（学艺汇刊 8）
　　本书共 4 章：分子说、原子之蜕变与电子、原子核、原子之构造。
　　收藏单位：北师大馆、重庆馆、广东馆、国家馆、江西馆、辽宁馆、南京馆、上海馆、首都馆、天津馆

01690
原子构造及原子旋压器　李学之编译
南京：中日文化协会，1942.1，120 页，32 开（学术丛书）
　　本书共 8 章，内容包括：原子旋压器、静电原子旋压气、重原子之分裂、铀原子之分裂、铀与原子潜能等。
　　收藏单位：国家馆、南京馆、首都馆

01691
原子论　李书华著
外文题名：Atoms
上海：商务印书馆，1929.10，37 页，32 开（百科小丛书）（万有文库 第 1 集 460）
上海：商务印书馆，1933.3，国难后 1 版，37 页，32 开（百科小丛书）
上海：商务印书馆，1934.7，再版，37 页，32 开（百科小丛书）（万有文库 第 1 集 460）
上海：商务印书馆，1935.4，国难后 2 版，37 页，32 开（百科小丛书）
　　本书共两部分：原子论进步的大概次序、原子的构造。
　　收藏单位：安徽馆、重庆馆、大连馆、大庆馆、东北师大馆、广东馆、广西馆、国家馆、黑龙江馆、江西馆、辽大馆、辽师大馆、南京馆、内蒙古馆、宁夏馆、上海馆、首都

馆、天津馆、浙江馆

01692
原子论浅说　李书华著
外文题名：Atomic theories
上海：商务印书馆，1923.12，46 页，36 开（百科小丛书 29）
上海：商务印书馆，1926.11，再版，46 页，36 开（百科小丛书 29）
　　收藏单位：重庆馆、国家馆、江西馆、山东馆、上海馆、西南大学馆

01693
原子能是怎样来的　梁明致编译
上海：中华书局，1948.2，86 页，32 开（中华文库 初中 第 1 集）
　　本书共 8 章：旧的原子世界观、新的原子世界观、要记忆的根本事项、看一看原子、电子的动态、击破原子的机械、原子能的神奇力量、最新发现和原子能的前途。
　　收藏单位：重庆馆、东北师大馆、广东馆、广西馆、桂林馆、国家馆、黑龙江馆、湖南馆、江西馆、辽大馆、南京馆、内蒙古馆、上海馆、浙江馆

01694
原子浅释　（英）安特莱德（E. N. da C. Andrade）著　胡珍元译
外文题名：The atom
上海：开明书店，1936.3，91 页，32 开（开明青年丛书）
　　本书共 7 章：原子说、原子的大小和数目、电原子、光的性质、原子的构造、原子的放射、原子和能。著者原题：安雷特。
　　收藏单位：重庆馆、广西馆、国家馆、湖南馆、江西馆、南京馆、首都馆

01695
原子趣话　（美）哈罗（B. Harrow）著　李泽彦译并续补
外文题名：The romance of the atom
长沙：商务印书馆，1939.4，152 页，32 开（自然科学小丛书）（新中学文库）

上海：商务印书馆，1947.3，再版，152 页，32 开（自然科学小丛书）（新中学文库）

本书简介原子构造学说等科学基本知识。附科学家肖像 15 帧。著者原题：郝乐。

收藏单位：安徽馆、重庆馆、广西馆、贵州馆、国家馆、黑龙江馆、湖南馆、江西馆、辽大馆、辽宁馆、南京馆、内蒙古馆、首都馆、天津馆、浙江馆

01696

原子世界旅行记 （苏）伊林著　王昊夫译
哈尔滨：光华书店，1948.11，75 页，32 开

本书内容包括：原子世界的地图、来自原子世界的信息与信差、原子间飞艇、在原子核中、人类操纵着原子、战争与原子等。

收藏单位：安徽馆、重庆馆、福建馆、广东馆、广西馆、国家馆、辽宁馆、南京馆、内蒙古馆、上海馆、天津馆

01697

原子说 （英）安特莱德（E. N. da C. Andrade）著　张崇年译
外文题名：The atom
上海：北新书局，1929.10，94 页，32 开

本书著者原题：安垂德。

收藏单位：广西馆、国家馆、上海馆、首都馆、天津馆、西南大学馆

01698

原子说发凡 （英）罗素（B. Russell）著　郑贞文译
外文题名：The ABC of atoms
上海：商务印书馆，1927.3，22+150+29 页，32 开

上海：商务印书馆，1931.9，再版，22+150 页，32 开

上海：商务印书馆，1934.10，国难后 1 版，131 页，32 开（百科小丛书）

本书共 13 章，内容包括：绪论、周期律、电子及核、氢景、氢原子之可能状态、量子说、氢景精论、电子之轮等。

收藏单位：重庆馆、大庆馆、广东馆、国家馆、湖南馆、江西馆、辽宁馆、南京馆、

宁夏馆、山西馆、上海馆、首都馆

01699

原子物理学概论 （日）菊池正士著　夏隆坚译
长沙：商务印书馆，1940.9，189 页，32 开（自然科学小丛书）

本书共 9 章，内容包括：物质的构造、物质与光、X 射线、阴极射线、阳极射线分析、放射元素及其放射线等。

收藏单位：重庆馆、国家馆、南京馆、上海馆、首都馆、浙江馆

01700

原子物理学概论 （日）三村刚昂　（日）助川已之七著　余潜修译
长沙：商务印书馆，1941.1，379 页，25 开（大学丛书 教本）

上海：商务印书馆，1946.10，再版，379 页，25 开（大学丛书 教本）

本书共 11 章，内容包括：气体内之电气现象、X 射线及其结晶之构造、光谱、放射性、量子说、光量子说等。

收藏单位：重庆馆、广西馆、桂林馆、国家馆、南京馆、浙江馆

01701

原子物理学入门（万物之基粒） （德）伍尔夫（P. T. Wulf）著　王普译
外文题名：Die Bausteine der Körperwelt : eine Einführung in die Atomphysik
北京：辅仁大学，1945，146 页，32 开

本书共 16 章，内容包括：导言、宇宙是整个的组织、万物俱由电子构成、元素周期系、电解表明原子中之电荷、阴极射线证明电之原子组织等。

收藏单位：国家馆

01702

原子新论 （英）罗素（B. Russell）著　何道生译
北京：尚志学会，1927.8，150 页，32 开

本书为《原子说发凡》的另一译本。附包

尔的氢光带理论。目录页题名：通俗原子新论。

　　收藏单位：重庆馆、广东馆、国家馆、江西馆、南京馆、内蒙古馆、首都馆

01703

原子与电子　（英）沙利文（J. W. N. Sullivan）著　伍况甫译

外文题名：Atoms and electrons

上海：商务印书馆，1930.4，114 页，32 开（百科小丛书）

上海：商务印书馆，1933.5，国难后 1 版，96 页，32 开（百科小丛书）

上海：商务印书馆，1935.4，国难后 2 版，96 页，32 开（百科小丛书）

　　本书共 6 章：原子和分子、原子的成分、原子的构造、量子说、原子的集团、原子的内域。著者原题：萨力凡。

　　收藏单位：重庆馆、大庆馆、广东馆、国家馆、江西馆、南京馆、宁夏馆、上海馆、首都馆、浙江馆

01704

原子与原子能浅释　（美）黑希特（Selig Hecht）撰　陈忠杰译

外文题名：Explaining the atom

上海：商务印书馆，1949.3，194 页，32 开（自然科学小丛书）

　　本书共 8 章，内容包括：原子的初期研究、原子的次期研究、原子构造之近期研究、原子构造之完成研究、原子之解放能量等。

　　收藏单位：大庆馆、东北师大馆、国家馆、内蒙古馆、山西馆、浙江馆

01705

最近原子论大要　（德）格雷兹（Leo Grätz）著　郑太朴译

外文题名：Die Atomtheorie in ihrer neuesten Entwicklung

上海：商务印书馆，1931.3，91 页，22 开，精装（科学丛书）

上海：商务印书馆，1932.3，[再版]，91 页，22 开，精装（科学丛书）

上海：商务印书馆，1933.4，国难后 1 版，91 页，22 开，精装（科学丛书）

　　本书共 6 章：化学及热学上之分子与原子、电学上之原子、放射性物质、乐琴线与心核理论、线光系与波氏原子观、余论。著者原题：格来致。

　　收藏单位：重庆馆、东北师大馆、广东馆、广西馆、贵州馆、国家馆、黑龙江馆、湖南馆、江西馆、辽大馆、辽宁馆、山西馆、首都馆、天津馆、浙江馆

原子核物理学、高能物理学

01706

居礼对称定理之试验研究　马士修　王述英著

外文题名：Étude experimental sur le principe de symétrie de curie

北平：中法大学，1944.2，41 页，18 开（北平中法理学院特刊 20）

　　本书为中法文合编。

　　收藏单位：国家馆

01707

宇宙射线　黄世衡编译

南京：中日文化协会，1941.11，96 页，32 开（青年丛书）

　　本书共 4 章：宇宙射线、宇宙的泉源、宇宙射线里面的重电子、透视原子的眼——分光镜。

　　收藏单位：国家馆、南京馆、首都馆、浙江馆

01708

宇宙射线浅说　胡乾善编著

重庆：正中书局，1943.3，100 页，32 开

南京：正中书局，1946.5，100 页，32 开

上海：正中书局，1947.3，沪 1 版，100 页，32 开

　　本书共 8 章，内容包括：宇宙射线之发见、研究宇宙射线所用之仪器及方法、地球上各处宇宙射线之强度、射线丛及游离爆发、高能质点之性质等。

收藏单位：重庆馆、广东馆、国家馆、湖南馆、辽宁馆、南京馆、上海馆、首都馆、天津馆、浙江馆

01709

原子核论丛　吴有训等著

上海：中华自然科学社，1947.12，96 页，18 开（科学世界丛书 第 1 集）

本书内收《我国应从速建立原子核物理研究室》《原子核物理发展年表》《各种基子之发现及其性能》《研究原子核之工具》等论文 15 篇。

收藏单位：国家馆、湖南馆、南京馆、天津馆

01710

原子能　（苏）伏洛格琴（В. П. Вологдин）撰　毕黎译

外文题名：Енергия атома

上海：中华书局，1949，29 页，32 开（大众科学丛书）

收藏单位：重庆馆、广东馆、国家馆

01711

原子能与宇宙及人生　（美）伽莫夫（George Gamow）著　陈忠杰　舒重则译

外文题名：Atomic energy in cosmic and human life

上海：商务印书馆，1947.5，180 页，32 开（新中学文库）

上海：商务印书馆，1948.6，再版，180 页，32 开（新中学文库）

上海：商务印书馆，1949.4，3 版，180 页，32 开（新中学文库）

本书共 3 章：现代变金术、宇宙与原子能、如何使用原子能。附原子核种类表。著者原题：加谟。

收藏单位：东北师大馆、广东馆、广西馆、贵州馆、国家馆、黑龙江馆、吉林馆、辽大馆、南京馆、内蒙古馆、上海馆、绍兴馆、天津馆

化学

01712

大学化学　W. H. Chapin　L. E. Steiner 著　汪仲钧译

成都：金陵大学理学院化学系，1944.5，398 页，18 开

收藏单位：南京馆

01713

汉译麦费孙 罕迭生化学　（美）麦费孙（William McPherson）（美）罕迭生（William Edwards Henderson）著　屠坤华编译　王兼善　陈学郢校订　（美）极白（Gregor Gibb）重订

外文题名：An elementary study of chemistry

上海：商务印书馆，1911.6，392+20 页，32 开，精装

上海：商务印书馆，1913，再版，392+20 页，32 开，精装

上海：商务印书馆，1914.4，3 版，392+20 页，32 开，精装

上海：商务印书馆，1916，4 版，392+20 页，32 开，精装

上海：商务印书馆，1917，5 版，392+20 页，32 开，精装

上海：商务印书馆，1920.1，8 版，392+20 页，32 开，精装

上海：商务印书馆，1921.11，9 版，392+20 页，32 开，精装

上海：商务印书馆，1922.4，10 版，392+20 页，32 开，精装

上海：商务印书馆，1924.3，12 版，392+20 页，32 开，精装

本书共 32 章，内容包括：绪论、养、轻、轻养之化合物、原子理论、淡及稀少之原质、天气、溶液、原子价、淡之化合物等。

收藏单位：重庆馆、国家馆、江西馆、南京馆、首都馆、天津馆、浙江馆

01714

化学　戴济讲述

北京：京师学务局学术讲演会，[1917]，42 页，

23 开（学术讲演录）

　　本书共 3 篇：化理拮纲、化学计算法示范、应用化学浅说。

　　收藏单位：首都馆

01715

化学　杜就田编

外文题名：Chemistry

上海：商务印书馆，1924.7，200 页，25 开

　　收藏单位：国家馆

01716

化学　赵廷炳著

沁源：太岳新华书店，1948.10，191 页，32 开

　　收藏单位：国家馆

01717

化学本论　（日）片山正夫著　张定钊　郑贞文　陈之霖译

长沙：商务印书馆，1939.5，2 册（1082 页），25 开（中华学艺社自然科学丛书 1）

上海：商务印书馆，1948.3，再版，2 册（1082 页），25 开（中华学艺社自然科学丛书 1）

　　本书分上、下册共 11 编，内容包括：基本物质论、能论、气相论、液相论、固相及多相论、普通平衡论、速度论等。

　　收藏单位：重庆馆、广东馆、国家馆、南京馆、西南大学馆、浙江馆

01718

化学导论　鲁葆如编译

长沙：商务印书馆，1938.1，418 页，25 开

　　本书共 33 章，内容包括：绪论、水之化学、氧、大气、原子构造与价、酸碱与盐、游离说等。以美国 Nellie M. Naylor，Amy Le Vesconte 合 著 的 Introductory Chemistry with Household Applications 为蓝本编译而成。

　　收藏单位：重庆馆、广东馆、国家馆、江西馆、首都馆

01719

化学概论　（美）麦费孙（William McPherson）（美）罕迭生（William Edwards Henderson）

著　傅式说　胡荣铨译

外文题名：An elementary study of chemistry

上海：商务印书馆，1926.1，15+635 页，32 开，精装

上海：商务印书馆，1927.5，再版，15+635 页，32 开，精装

上海：商务印书馆，1928.11，3 版，15+635 页，32 开，精装

上海：商务印书馆，1929.11，5 版，15+635 页，32 开，精装

上海：商务印书馆，1930.11，9 版，15+635 页，32 开，精装

上海：商务印书馆，1932.6，国难后 1 版，15+635 页，32 开，精装

上海：商务印书馆，1932.7，国难后 4 版，15+635 页，32 开，精装

上海：商务印书馆，1932.12，国难后 6 版，15+635 页，32 开，精装

上海：商务印书馆，1933.10，国难后 7 版，15+635 页，32 开，精装

　　本书共 44 章，内容包括：物质与能、物质之种类·化合物·元素·混合物、氧、氢、气体之诸定律·气体运动说、水·二氧化二氢、化合量·原子论、物之三态等。

　　收藏单位：重庆馆、广西馆、桂林馆、国家馆、湖南馆、江西馆、辽大馆、南京馆、内蒙古馆、首都馆、西南大学馆、浙江馆

01720

化学概论　（日）伊藤靖　（日）贵志二郎著　郑贞文　薛德炯译

上海：商务印书馆，1937.3，3 册（624 页），36 开（自然科学小丛书）（万有文库第 2 集 245）

长沙：商务印书馆，1939.9，3 册（624 页），36 开（自然科学小丛书）（万有文库 第 1—2 集简编）

　　本书共 31 章，内容包括：化学之基础、空气之化学、水之化学、燃烧之化学、氮之化合物及空中氮之固定法、热化学、反应速度·化学平衡、酸·盐基及盐等。

　　收藏单位：大连馆、大庆馆、东北师大馆、国家馆、江西馆、辽大馆、辽师大馆、内蒙古馆、宁夏馆、上海馆、天津馆、浙江馆

01721
化学纲要　陈润泉编
上海：中华书局，1935.10，210 页，32 开（中华百科丛书）
昆明：中华书局，1940.8，4 版，210 页，32 开（中华百科丛书）
昆明：中华书局，1941.2，5 版，210 页，32 开（中华百科丛书）
　　本书共 33 章，内容包括：氧和臭氧、氢、气体的性质、水和过氧化氢、碳和二氧化碳、溶液、氮的化合物等。
　　收藏单位：国家馆、江西馆、南京馆、上海馆、天津馆、浙江馆

01722
化学纲要　王晨译
外文题名：Grundzüge der Chemie
北京：辅仁大学印书局，1942，51 页，32 开
　　本书为中德对照本。封面题：化学系德文读本第一册。
　　收藏单位：国家馆

01723
化学纲要分类解注　张叔献编
北平：人人书店，1935.2，256 页，32 开
　　本书共 8 类：计算法、定律及原理、术语、制备法、水及几个重要有机化合物、命名法、重要分子式及重要表、重要方程式。
　　收藏单位：国家馆、首都馆

01724
化学基础　（日）永海佐一郎著　郭辉南译
上海：商务印书馆，1935.7，12+240 页，32 开
上海：商务印书馆，1935.9，再版，12+240 页，32 开
长沙：商务印书馆，1938.6，5 版，12+240 页，32 开
长沙：商务印书馆，1940，6 版，12+240 页，32 开
长沙：商务印书馆，1941.2，7 版，12+240 页，32 开
　　本书共 4 编：化合物·化学式之推定法、化学反应之意义·化学方程式之解法、化合物之制法、化学计算问题。
　　收藏单位：重庆馆、广东馆、国家馆、江西馆、南京馆、上海馆、首都馆、天津馆、浙江馆

01725
化学讲话　J. A. Cochrane 著　沈鼎三编译
南京：正中书局，1936.12，121 页，36 开
重庆：正中书局，1943.4，3 版，121 页，36 开
上海：正中书局，1946.9，沪 1 版，121 页，36 开
　　本书讲述从古代至现代的化学发展史。附复习问题、计算练习及计算练习答案。
　　收藏单位：重庆馆、广东馆、国家馆、辽大馆、辽宁馆、内蒙古馆、山西馆、首都馆、云南馆、浙江馆

01726
化学精义　（日）高田德佐著　张资模译
外文题名：General chemistry
上海：商务印书馆，1927.10，13+726 页，22 开，精装
上海：商务印书馆，1933.3，国难后 1 版，13+726 页，22 开，精装
上海：商务印书馆，1933.10，国难后 2 版，13+726 页，22 开，精装
上海：商务印书馆，1935.5，国难后 3 版，13+726 页，22 开，精装
　　本书共 4 篇：化学通论、非金属、金属、有机化合物。
　　收藏单位：北师大馆、重庆馆、东北师大馆、广西馆、贵州馆、国家馆、湖南馆、江西馆、南京馆、内蒙古馆、上海馆、浙江馆

01727
化学世界　（美）福斯忒（William Foster）著　杨春洲译
外文题名：The romance of chemistry
上海：商务印书馆，1937.2，16+548+28 页，32 开
上海：商务印书馆，1937.5，再版，16+548+28 页，32 开，精装
　　本书共 26 章，内容包括：点金术与化学的兴起和进步、电子原子及分子超度微小的

世界、化学元素与化合物、氧火及火焰、萤火虫的奥妙冷光等。

收藏单位：重庆馆、广东馆、贵州馆、国家馆、辽大馆、南京馆、内蒙古馆、山西馆、上海馆、天津馆、浙江馆

01728

化学通论　（美）麦费孙（William McPherson）（美）罕迭生（William Edwards Henderson）著　周名崇　赵沅译
外文题名：A course in general chemistry
北平：文化学社，1934.2，2 册（747+22 页），18 开
北平：文化学社，1935.1，再版，2 册（747+22 页），18 开
北平：文化学社，1936，3 版，2 册（747+22 页），18 开

本书共 46 章，内容包括：化学史引言、质与能、氧、氢、水过氧化氢、碳及其氧化物、大气、原子之构造、物质之状态、溶液等。

收藏单位：东北师大馆、广东馆、国家馆、黑龙江馆、南京馆、天津馆、浙江馆

01729

化学学校　（德）维廉·欧斯伐（Wilhelm Ostwald）著　汤元吉译
外文题名：Die Schule der Chemie
上海：商务印书馆，1935，3 册（884+33+23 页），32 开（汉译世界名著）（新中学文库）
上海：商务印书馆，1937.3，5 册（884+33+ 23 页），32 开（汉译世界名著）（万有文库 第 2 集 249）
长沙：商务印书馆，1940.11，3 册（884+33+ 23 页），32 开（汉译世界名著）（新中学文库）
上海：商务印书馆，1946，3 册（884+33+23 页），32 开（汉译世界名著）（新中学文库）
上海：商务印书馆，1947.3，再版，3 册（884+33+23 页），32 开（汉译世界名著）（新中学文库）

本书内容包括：质素、性质、质素与混合物、溶液、熔解与凝固、蒸发与沸腾、量度、密度、形态等。

收藏单位：重庆馆、大连馆、大庆馆、东北师大馆、国家馆、辽大馆、辽师大馆、内蒙古馆、宁夏馆、首都馆、天津馆、浙江馆

01730

化学原理　（德）维廉·欧斯伐（Wilhelm Ostwald）著　汤元吉　柳大维译
外文题名：The fundamental principles of chemistry
外文题名：Principien der Chemie
上海：商务印书馆，1933.12，3 册（419+13 页），32 开（汉译世界名著）（万有文库第 1 集 457）
上海：商务印书馆，1935.4，419+13 页，32 开，精装（汉译世界名著）
长沙：商务印书馆，1939.12，2 册（419+13 页），32 开（汉译世界名著）（万有文库 第 1—2 集简编）

本书内容包括：物体质素及性质、物态、形态之变化与平衡、溶液、元素与化合物、化合量之定律等。

收藏单位：安徽馆、重庆馆、大连馆、大庆馆、广西馆、贵州馆、国家馆、湖南馆、江西馆、辽师大馆、南京馆、上海馆、首都馆、天津馆、西南大学馆、浙江馆

01731

化学原理　（美）希尔德布兰德（J. H. Hildeb-cnand）著　曹梁厦编译
外文题名：Principles of chemistry
上海：中华书局，1947.10，240 页，25 开（乙酉学社丛书 第 1 集）
上海：中华书局，1947，增订再版，251 页，25 开（乙酉学社丛书 第 1 集）

本书共 20 章，内容包括：质之种类、气体动力论、分子量、热化学、电离论、化合比例、无机化学命名法、化变速度、平衡之种类、氧化与还原等。大学用书。编译者原题：曹惠群。

收藏单位：重庆馆、国家馆、上海馆、天津馆、浙江馆

01732

化学之克服　（日）川岛源司著　张墨飞译
长沙：商务印书馆，1939.8，2 册（629 页），32

开

　　本书共 8 篇：普通化学、化学之基础、非金属元素、中和·电离·周期律、金属元素、化学变化之推定、有机化合物、应用化学。

　　收藏单位：东北师大馆、贵州馆、国家馆、首都馆、西南大学馆

01733

基本化学　刘培楠编

上海：商务印书馆，1949.3，478 页，25 开

　　本书共 17 章，内容包括：绪论、物质与能、分子与原子、周期律、原子之构造、放射性元素、物态、大气、水与氢、溶液、游离与电解等。

　　收藏单位：重庆馆、广东馆、国家馆、黑龙江馆、辽大馆、辽宁馆、天津馆

01734

基本化学　吴瑞年著

重庆：中华书局，1944.7，20+432+12 页，32 开

上海：中华书局，1946.9，再版，20+432+12 页，32 开

上海：中华书局，1947.8，4 版，20+432+12 页，32 开

上海：中华书局，1948.3，5 版，20+432+12 页，32 开

本书共 44 章，内容包括：绪论·物质与能、氧与臭氧、氢、关于气体之诸定律、水及过氧化氢、原子及分子等。

　　收藏单位：国家馆、江西馆、浙江馆

01735

今日的化学　（美）麦费孙（William McPherson）（美）罕迭生（William Edwards Henderson）（美）福勒（George W. Fowler）著　杨春洲译

外文题名：Chemistry for today

上海：商务印书馆，1933，13+764 页，32 开

上海：商务印书馆，1934.9，13+761 页，32 开，精装

上海：商务印书馆，1935.1，再版，13+764 页，32 开，精装

长沙：商务印书馆，1938.5，6 版，13+764 页，32 开，精装

长沙：商务印书馆，1938.11，7 版，13+764 页，32 开，精装

重庆：商务印书馆，1944.3，渝版，2 册（13+764 页），32 开，精装

重庆：商务印书馆，1945.5，渝 1 版，2 册（13+764 页），32 开，精装

　　本书共 46 部分，内容包括：物质及其类别、氧·产量最多的元素、氢·质量最轻的元素、水·世界上最重要的液体、溶液等。

　　收藏单位：安徽馆、重庆馆、广东馆、国家馆、湖南馆、天津馆、浙江馆

01736

今日之化学　中国化学会成都分会编

成都：今日新闻社，1946.6，206 页，32 开（今日丛刊 8）

　　本书共 6 章：化学的境界、化学简史、近代化学研究之进展、中国之化学工业、化学资源、化学文献举。

　　收藏单位：重庆馆、国家馆

01737

近代化学概说　孙豫寿著

上海：商务印书馆，1930.10，11+118 页，32 开

上海：商务印书馆，1933.5，国难后 1 版，11+118 页，32 开

上海：商务印书馆，1935，国难后 2 版，11+118 页，32 开

　　本书共 8 章：总纲、分子与原子、分析化学、合成化学、日常事物化学、生理化学、化学的历史、结论。

　　收藏单位：北师大馆、重庆馆、广东馆、广西馆、桂林馆、国家馆、湖南馆、江西馆、南京馆、上海馆、首都馆、天津馆、浙江馆

01738

破坏封锁的发明家　安东·季修卡著　李吉人译

上海：影坛出版社，1944.7，91 页，32 开

　　本书记述德国的化学发明家。

　　收藏单位：上海馆

01739

普通化学 （美）谈明（Horace G. Deming）
著　徐作和等译
外文题名：Deming's general chemistry
上海：上海图书公司，1936，2 册（1146 页），
32 开

　　收藏单位：重庆馆、国家馆、西南大学馆

01740

普通化学 （美）谈明（Horace G. Deming）
著　徐作和等译
外文题名：Deming's general chemistry
上海：中外书局，1947，802 页，32 开
　　本书共 4 编：基本原理、非金属、有机化
学、金属。封面题名：汉译戴明氏普通化学。
　　收藏单位：北师大馆、广西馆

01741

普通化学 （美）谈明（Horace G. Deming）
著　薛德炯　薛鸿达　薛华译
外文题名：Deming's general chemistry
上海：中国科学图书仪器公司，1947.10—1948.6，
2 册（862 页），25 开
　　本书分上、下册，上册出版于 1947 年 10
月，下册出版于 1948 年 6 月。上册内容包
括：化学何所论、物质的一般特性、化学变化
的定律、氧、燃烧的研究、气体的通性、大
气、水等。下册内容包括：硫及硫化氢、基
于硫与盐的工业、氮族、反应率、化学平衡、
再论溶体、水的软化与保健、物质的胶态等。
大学用书。
　　收藏单位：首都馆

01742

普通化学原理 （美）布林克利（Stuart R.
Brinkley）著　常伯华译
外文题名：Principles of general chemistry
南京：正中书局，1936.12，706 页，25 开
重庆：正中书局，1939.4，3 版，706 页，25 开
重庆：正中书局，1944，8 版，706 页，25 开
上海：正中书局，1947.5，沪 1 版，706 页，25
开
上海：正中书局，1947.10，沪 5 版，706 页，25

开
　　本书共 34 章，内容包括：质素·化合定
律·原子学说、周期系、放射质·原子构造、
氧·氧化物、物质的状态、气体的反应·平
衡等。大学用书。
　　收藏单位：重庆馆、东北师大馆、广东
馆、国家馆、湖南馆、辽大馆、辽宁馆、南
京馆、内蒙古馆、上海馆、西南大学馆

01743

普通化学摘要　张麟　肖祖炽编
北平：北京大学出版社，1935.5，286 页，32
开
　　收藏单位：国家馆、首都馆

01744

十年来之化学分析工作　吴守忠著
重庆：经济部中央工业试验所，1942.2，8 页，
18 开（经济部中央工业试验所研究专报 第
118 号）
　　收藏单位：重庆馆、国家馆、南京馆

01745

斯密高等化学通论 （美）斯密（Alexander
Smith）著　鄘恂立等译
外文题名：General chemistry for colleges
上海：商务印书馆，1924.2，749 页，23 开，精
装
上海：商务印书馆，1925.4，再版，749 页，23
开，精装
上海：商务印书馆，1926.1，3 版，749 页，23
开，精装
上海：商务印书馆，1928.4，4 版，749 页，23
开，精装
上海：商务印书馆，1929.9，5 版，749 页，23
开，精装
上海：商务印书馆，1933.2，国难后 1 版，749
页，23 开，精装
上海：商务印书馆，1933.7，国难后 2 版，749
页，23 开，精装
上海：商务印书馆，1935，国难后 3 版，749
页，23 开，精装
长沙：商务印书馆，1938，749 页，23 开，精

装

　　本书共 46 章，内容包括：关于物质之化学的见解、化学变化及其研究法、氧、氢、水、溶液、氯、化学平衡等。

　　收藏单位：重庆馆、广西馆、贵州馆、国家馆、江西馆、辽大馆、辽宁馆、南京馆、内蒙古馆、首都馆、西南大学馆、浙江馆

01746

谈明普通化学（第 4 版）（美）谈明（Horace G. Deming）著　严志弦译　潘慎明校

外文题名：Deming: general chemistry : fourth edition

苏州：文怡书局，1936.2，2 册（856 页），23 开

　　收藏单位：江西馆

01747

谈明普通化学（第 4 版）（美）谈明（Horace G. Deming）著　严志弦译　潘慎明校

外文题名：Deming: general chemistry : fourth edition

上海：中华书局，1937.4，802+35+48 页，25 开，精装

上海：中华书局，1937.7，再版，802+35+48 页，25 开，精装

昆明：中华书局，1941.2，5 版，802+35+48 页，25 开，精装

上海：中华书局，1946.7，8 版，802+35+48 页，25 开，精装

　　本书共 4 编：普通原理、非金属、有机化学、金属。封面题名：普通化学。大学用书。

　　收藏单位：重庆馆、国家馆、山西馆、绍兴馆、首都馆、云南馆

01748

谈明普通化学（第 5 版）（美）谈明（Horace G. Deming）著　严志弦译　潘慎明校

外文题名：Deming: general chemistry : fifth edition

上海：中华书局，1947.9，696 页，25 开

上海：中华书局，1949.7，再版，696 页，25 开

　　收藏单位：重庆馆、广东馆、国家馆、辽

宁馆

01749

通俗新化学　许潜编撰

大连：大连新华书店，1949，2 册（130+121 页），32 开

　　本书内容包括：世界是物质变化的世界、火对化学的重要、人生不可暂离的水、我们住在空气的海洋里、化学的基本知识等。

　　收藏单位：东北师大馆、国家馆、云南馆

01750

挽近化学概要　费鸿年编

上海：中华书局，1935.12，110 页，32 开

　　本书概述物质状态、化学变化、分子及原子、自然界的元素分布、化学与人生等。

　　收藏单位：广东馆、国家馆、辽宁馆、内蒙古馆、首都馆、天津馆

01751

一日之化学界　（日）山田文太郎著　经亨颐译

东京：中国留学生会馆，[1936]，114 页，22 开

　　本书介绍化学在人类日常生活中的作用。

　　收藏单位：浙江馆

01752

预科化学　戴济著

北京：共和印刷局，[1917]，再版，82 页，23 开

北京：共和印刷局，1920，增订 3 版，82 页，23 开

01753

最近化学之进展　（美）柯林士（A. F. Collins）著　陈剑云　陈孝惠译

外文题名：The march of chemistry

长沙：商务印书馆，1939.3，286 页，32 开（自然科学小丛书）

　　本书介绍无机化学、有机化学、放射化学及生物化学等的新发现。

　　收藏单位：国家馆、天津馆

化学原理和方法

01754

高等化学计算法　蒋拱辰著

上海：中国科学图书仪器公司，1941，再版，117 页，25 开

上海：中国科学图书仪器公司，1947.3，3 版，117 页，25 开

本书共 12 章，内容包括：基本定律、气体、原子量、化学式、分子量、溶液等。

收藏单位：重庆馆、东北师大馆、广东馆、国家馆、南京馆、上海馆

01755

化学的故事　（日）益田苦良著　任一碧译

上海：开明书店，1935.9，158 页，32 开（开明青年丛书）

本书共两篇：拉瓦节以前、拉瓦节以后。内容包括：燃烧的学说、近代化学的建设、元素符号与化学式的由来、元素发见与周期律、溶液论的今昔等。

收藏单位：广西馆、国家馆、南京馆、上海馆、首都馆、天津馆、浙江馆

01756

化学发达史　黄素封编

上海：商务印书馆，1935.9，211 页，32 开（自然科学小丛书）（万有文库 第 2 集 247）

上海：商务印书馆，1936.4，211 页，32 开（自然科学小丛书）（新中学文库）

长沙：商务印书馆，1939.9，211 页，32 开（自然科学小丛书）（万有文库 第 1—2 集简编 161）

上海：商务印书馆，1947.3，再版，211 页，32 开（自然科学小丛书）（新中学文库）

本书共 9 章，内容包括：火的学说史、物质改变和炼金术史、气体固定方法史、原子学说史、元素发现史等。

收藏单位：重庆馆、大连馆、东北师大馆、广东馆、广西馆、贵州馆、国家馆、黑龙江馆、湖南馆、江西馆、辽大馆、辽宁馆、辽师大馆、南京馆、内蒙古馆、宁夏馆、上

海馆、绍兴馆、首都馆、天津馆、浙江馆

01757

化学发达史　吴瑞年编

上海：中华书局，1948.6，130 页，36 开

本书概述自然时代、改造时代、创造时代三个时代的化学发展历程。附人名对照表。

收藏单位：广东馆、国家馆、湖南馆、江西馆、辽大馆、辽宁馆、南京馆、内蒙古馆、宁夏馆、上海馆、浙江馆

01758

化学方程式　魏喦寿编

外文题名：Chemical equations

上海：中国科学图书仪器公司，1936.9，121 页，32 开

上海：中国科学图书仪器公司，1947，再版，121 页，32 开

本书内容包括：定律及定义、化学式之求法、化学方程式计算之例、重要物质之分子式、化学方程式。中等程度适用。

收藏单位：重庆馆、东北师大馆、黑龙江馆、辽宁馆、浙江馆

01759

化学方程式　张蔚之　刘遂生编著　吴瑞年校订

上海：商务印书馆，1949.6，136 页，32 开

本书讲解化学方程式的定义、步骤、平衡法、注意点、涵义、类别、计算等。

收藏单位：国家馆、辽宁馆、浙江馆

01760

化学方程式 ABC　张汝训编

上海：中国科学图书仪器公司，1948.9，64 页，32 开

本书共 4 部分，介绍分子量与原子量、化学式、化学方程式及其用处。

收藏单位：东北师大馆、黑龙江馆

01761

化学方程式汇编　张琮庭编

北平：北平联合出版社，1937.3，122 页，32 开

本书共 4 章：概论、完成化学方程式法、重要元素之方程式、重要化学常数表。

收藏单位：国家馆

01762

化学方程式之平衡及完成　陈有良著

广州：格致科学社，1947.6，再版，26 页，32 开

收藏单位：南京馆

01763

化学故事　（日）益田苦良著　郭振乾　吴羮梅译

上海：商务印书馆，1935.7，232 页，32 开（百科小丛书）

上海：商务印书馆，1935.10，再版，232 页，32 开（百科小丛书）

上海：商务印书馆，1937，4 版，232 页，32 开（百科小丛书）

本书共两篇：拉瓦节以前、拉瓦节以后。内容包括：燃烧之学说、近代化学之建设、诗人化学家及其弟子、原子分子说之发展、元素符号与化学式之由来、元素发见与周期律、溶液论之今昔等。附周期表、原子量表、英汉译名对照表。

收藏单位：北师大馆、重庆馆、大庆馆、广东馆、贵州馆、国家馆、江西馆、辽大馆、南京馆、宁夏馆、上海馆、首都馆、天津馆、浙江馆

01764

化学故事　（日）益田苦良著　武奕译

上海：中华书局，1935.2，198 页，32 开（少年科学丛书 1）

本书共两篇：拉瓦锡以前、拉瓦锡以后。内容包括：燃烧学说、近代化学的建设、元素符号和化学式的由来、元素的发见和周期律、溶液论的今昔等。

收藏单位：重庆馆、广西馆、桂林馆、国家馆、黑龙江馆、江西馆、南京馆、内蒙古馆、上海馆、浙江馆

01765

化学计算　（美）隆格（T. S. Long）（美）安德孙（H. V. Anderson）著　陈善晃译

外文题名：Chemical calculations

上海、重庆：商务印书馆，1946.5，206 页，25 开（新中学文库）

上海：商务印书馆，1946.12，再版，206 页，25 开（新中学文库）

上海：商务印书馆，1948.3，3 版，206 页，25 开（新中学文库）

上海：商务印书馆，1948.8，4 版，206 页，25 开（新中学文库）

上海：商务印书馆，1949.4，5 版，206 页，25 开（新中学文库）

本书共 15 章，讲解化学的定律、公式、当量、电解度等的计算。

收藏单位：重庆馆、东北师大馆、广东馆、广西馆、贵州馆、国家馆、黑龙江馆、江西馆、首都馆、天津馆、浙江馆

01766

化学计算法　邓开铭编纂

球新印刷厂，30 页，25 开，环筒页装

收藏单位：重庆馆

01767

化学计算法　方锟编译

外文题名：Chemical calculations for academies & colleges

上海：大东书局，1933.5，337 页，32 开

收藏单位：河南馆

01768

化学计算法　沈鼎三编著

上海：开明书店，1939.5，90 页，32 开

上海：开明书店，1940.8，再版，90 页，32 开

上海：开明书店，1943.4，赣 1 版，90 页，32 开

上海：开明书店，1946.10，5 版，90 页，32 开

上海：开明书店，1947.3，6 版，90 页，32 开

上海：开明书店，1948.3，7 版，90 页，32 开

北平：开明书店，1949.2，8 版，90 页，32 开

本书共 12 类，内容包括：从分子式计

算分子量、计算化合物的百分组成、由物质的成分求物质的分子式、由化学方程式计算反应物质的重量等。7 版、8 版责任者题：Clifford M. Jones 原著，沈鼎三翻译。

收藏单位：北师大馆、重庆馆、东北师大馆、黑龙江馆、江西馆、南京馆、上海馆、首都馆、天津馆

01769

化学计算问题与化学方程式　许雪樵编

上海：中华书局，1935.9，2 册（190+190 页），32 开

上海：中华书局，1936.2，再版，2 册（190+190 页），32 开

昆明：中华书局，1939.8，4 版，2 册（190+190 页），32 开

昆明：中华书局，1941.6，5 版，2 册（190+190 页），32 开

上海：中华书局，1948.3，6 版，2 册（190+190 页），32 开

本书内容包括：物质组成问题、物质制取问题、气体容积问题、非金属子部、金属之部、有机化合物之部等。

收藏单位：北师大馆、重庆馆、东北师大馆、广东馆、广西馆、国家馆、江西馆、辽宁馆、南京馆、内蒙古馆、上海馆、首都馆、天津馆、浙江馆

01770

化学命名法草案初稿　郑贞文著

上海：中华学艺社，1933，85 页，16 开（学艺小丛书 3）

收藏单位：国家馆

01771

化学命名原则　国立编译馆编订

上海：国立编译馆，1933.6，13+98 页，16 开

本书共 4 篇：定名总则、元素、无机化合物、有机化合物。1932 年 11 月教育部公布。

收藏单位：广东馆、国家馆、湖南馆、南京馆、山西馆、上海馆、天津馆、西交大馆

01772

化学命名原则

南京：化学名词审查委员会，1933.5，251 页，16 开

本书共 4 篇：定名总则、元素、无机化合物、有机化合物。1932 年 11 月教育部公布。

收藏单位：南京馆

01773

化学命名原则（增订本）　国立编译馆编订

重庆：正中书局，1945.5，254 页，16 开

上海：正中书局，1946.9，沪 1 版，254 页，16 开

上海：正中书局，1947.7，沪 4 版，254 页，16 开

本书附简要化合物译名表。1932 年 11 月教育部公布。

收藏单位：重庆馆、东北师大馆、国家馆、辽大馆、南京馆、浙江馆

01774

化学命名原则改订意见

[上海]：[国立编译馆]，[1947]，油印本，1 册，8 开

本书共两部分：各方专家之意见、本馆提出之增改。

收藏单位：重庆馆

01775

化学史　胡习斋编

上海：华丰印刷铸字所，1925.9，142 页，32 开

收藏单位：南京馆

01776

化学史　（美）摩尔（F. J. Morre）（美）荷尔（W. T. Hall）著　陈志瀛译述

外文题名：A history of chemistry

重庆：正中书局，1944.5，10+272+31 页，25 开

上海：正中书局，1946.2，沪 1 版，10+272+31 页，25 开

上海：正中书局，1947.10，4 版，10+272+31 页，25 开

　　本书讲述古代至文艺复兴时代的化学、诸定律及学说的创始与演革等。书前有摩尔小传，末附英文索引。大学用书。

收藏单位：重庆馆、东北师大馆、广东馆、国家馆、江西馆、辽宁馆、内蒙古馆、山西馆、上海馆、浙江馆

01777

化学史话　（美）诺利斯（James F. Norris）著
　张汝训编译
外文题名：A history of chemistry
南京、上海：正中书局，1937.1，226页，32开（正中科学知识丛书）
金华：正中书局，1941.8，再版，266页，32开（正中科学知识丛书）
重庆：正中书局，1943.9，4版，266页，32开（正中科学知识丛书）
上海：正中书局，1947.12，沪1版，266页，32开

　　本书共20部分，内容包括：化学在古代、中世纪的化学——炼金术、文艺复兴时代的化学——医药化学、近代化学的胚胎和燃素说的兴起、燃素说的就衰和氧的发见等。

收藏单位：重庆馆、东北师大馆、广东馆、贵州馆、国家馆、湖南馆、江西馆、辽宁馆、南京馆、内蒙古馆、上海馆、首都馆、天津馆、浙江馆

01778

化学史通考　丁绪贤著
外文题名：A history of chemistry
北京：国立北京大学出版部，1925，24+420页，18开（国立北京大学丛书11）

　　本书通论上古至近代的化学史。书前有化学家像40帧。

收藏单位：重庆馆、国家馆

01779

化学史通考　丁绪贤著
上海：商务印书馆，1936.2，10+664页，23开（大学丛书 教本）
上海：商务印书馆，1936.3，2册（10+664页），23开（大学丛书 教本）
上海：商务印书馆，1936.4，再版，10+664页，23开（大学丛书 教本）

　　本书通论上古至近代的化学史。书前有化学家像80帧。

收藏单位：重庆馆、广东馆、广西馆、贵州馆、国家馆、江西馆、南京馆、首都馆

01780

化学小史　程瀛章　李续祖著
外文题名：A short history of chemistry
上海：商务印书馆，1925.7，61页，32开（百科小丛书）
上海：商务印书馆，1926.12，再版，74页，32开（百科小丛书）
上海：商务印书馆，1929.10，61页，32开（百科小丛书）（万有文库 第1集458）
上海：商务印书馆，1933.4，国难后1版，61页，32开（百科小丛书）
上海：商务印书馆，1934.7，再版，61页，32开（百科小丛书）（万有文库 第1集458）
上海：商务印书馆，1935，国难后2版，61页，32开（百科小丛书）
重庆：商务印书馆，1945，渝1版，48页，32开（百科小丛书）

　　本书主要介绍化学的起源与分门化学史。1925年初版、1926年再版及1933年国难后1版著者还有：胡荣铨。

收藏单位：安徽馆、重庆馆、大连馆、大庆馆、东北师大馆、广西馆、国家馆、黑龙江馆、湖南馆、吉大馆、江西馆、辽大馆、辽宁馆、辽师大馆、内蒙古馆、宁夏馆、山东馆、上海馆、首都馆、天津馆、浙江馆

01781

化学小史　吴瑞年　徐子威编
上海：中华书局，1948.1，92页，32开（中华文库 初中 第1集）

　　本书共3编：哲学化学的发源、科学化学的建设、近代化学的进展。

收藏单位：重庆馆、东北师大馆、广东馆、广西馆、贵州馆、桂林馆、国家馆、湖南馆、江西馆、辽大馆、南京馆、内蒙古馆、上海馆、天津馆、浙江馆

01782
化学与近代生活 （瑞典）阿勒里雅斯（S. V. Arrhenius）著　朱任宏重译
上海：商务印书馆，1936.3，280 页，24 开，精装（科学丛书）

本书讲述化学发展史，金属原料、能的来源等与建设有关的问题。原著为德文本，据李阿纳（C. S. Leonard）的英译本转译。

收藏单位：重庆馆、东北师大馆、贵州馆、国家馆、湖南馆、辽宁馆、南京馆、内蒙古馆、上海馆、首都馆、天津馆、西南大学馆、浙江馆

01783
化学之发明与发见 （英）科尔斯（L. A. Coles）著　柳大纲译
外文题名：The book of chemical discovery
上海：商务印书馆，1937.3，3 册（339 页），32 开（万有文库第 2 集 246）（自然科学小丛书）

本书共 3 篇：化学发展之时代、实验室中之化学、工业化学。

收藏单位：大连馆、大庆馆、国家馆、辽大馆、辽师大馆、内蒙古馆、天津馆、浙江馆

01784
新推理研究化学解法 （日）滋贺多喜雄著　岑维球译
上海：商务印书馆，1935.5，384 页，32 开
长沙：商务印书馆，1941.2，6 版，384 页，32 开

本书共 3 编：化学总论、化学方程式之推定、化学各论。

收藏单位：重庆馆、广西馆、国家馆、江西馆、辽宁馆、南京馆、绍兴馆、首都馆、西南大学馆、浙江馆

01785
中等化学复杂方程式的平衡法 狄宪章编
上海：世界书局，1940.6，119 页，32 开

本书阐述化学方程式平衡的原理。内收 598 例，分复杂方程式与简单方程式两部分，其中又各以金属及非金属两类区分。

收藏单位：重庆馆、江西馆、南京馆

01786
中国化学全史 郑旭编著
上海：中华书局，1937.2，1 册，大 32 开

收藏单位：南京馆

01787
中国化学史 李乔苹著
长沙：商务印书馆，1940.2，198 页，25 开
长沙：商务印书馆，1940.12，再版，198 页，32 开

本书从炼丹术开始，记述我国古代化学。

收藏单位：东北师大馆、广东馆、广西馆、贵州馆、国家馆、江西馆、上海馆、浙江馆

01788
中国炼丹术考 （美）约翰生（O. S. Johnson）著　黄素封译
外文题名：A study of Chinese alchemy
上海：商务印书馆，1937.3，142 页，32 开（百科小丛书）

本书论述道教及早期道家学说的演变，追求长生的炼丹术等。此书为著者的博士学位论文。

收藏单位：重庆馆、大庆馆、东北师大馆、广东馆、贵州馆、国家馆、黑龙江馆、近代史所、南京馆、宁夏馆、上海馆、首都馆、浙江馆

化学机构、团体、会议

01789
北京大学真社化学讲演录（第 2 册） 丁绪贤等讲
北京：北京大学新知书社，1921.6，66 页，23 开

本书内收《原质之变迁》《表面张力之化学的解释》《煤》《煤气制造》《新头痛圣药》等 6 篇讲演稿。"北京大学真社"是北大化学系学生于 1920 年 6 月成立的学术团体。

收藏单位：首都馆、浙江馆

01790

国立山东大学化学社五周年纪念刊　国立山东大学化学社编

出版者不详，1937.1，54 页，23 开

　　本书内收该社社员研究工作报告、各部一年来之工作报告、社员通讯等。

　　收藏单位：南京馆

01791

化学研究

南京：行政院新闻局，1948.3，38 页，32 开

　　本书介绍中央研究院化学研究所之成立、组织、设备及工作概况等。附 1930—1947 年中央研究院化学研究所论文目录。

　　收藏单位：重庆馆、广东馆、广西馆、桂林馆、国家馆、湖南馆、江西馆、近代史所、辽宁馆、南京馆、上海馆、首都馆、天津馆、浙江馆

01792

教育部化学讨论会专刊　国立编译馆编辑

南京：教育部，1932.10，288 页，16 开

　　本书为教育部召开化学讨论会的记录，涉及国防化学、修订化学课程标准及整理、化学译名三事。

　　收藏单位：广东馆、国家馆、南京馆

01793

中国化学会第五届年会论文提要

中国化学会，1937.8，50 页，25 开

　　收藏单位：重庆馆、国家馆

01794

中国化学会第七届年会论文择要

中国化学会，[1939]，油印本，[45] 页，13 开

　　收藏单位：国家馆

01795

中国化学会概况

南京：中国化学会，[1932]，62 页，36 开

南京：中国化学会，[1933]，再版，62 页，36

开

　　本书介绍该会缘起、简章、职员和会员名录、会议纪录等。

　　收藏单位：国家馆、南京馆、山西馆、浙江馆

01796

中国化学会会员录

中国化学会，1941.8，44 页，16 开

　　收藏单位：国家馆、首都馆

01797

中国化学会会章

中国化学会，1943，4 页，16 开

　　本书为民国三十二年第十一届年会修改。

　　收藏单位：国家馆

化学实验（实验化学）

01798

化学玻璃仪器目录

上海：中央化学玻璃厂股份有限公司，[1949]，46 页，18 开

01799

化学器械目录　上海化学仪器用品社编

上海：化学仪器用品社，1947.4，110 页，30 开

01800

化学器械目录　实学通艺馆股份有限公司编

上海：实学通艺馆，1935，40 页，16 开

上海：实学通艺馆，76 页，32 开

　　本目录所收物品，均有中西名称及简要说明。

　　收藏单位：重庆馆、南京馆

01801

化学实验法　蔡松筠编

上海：中华书局，1927.12，168 页，32 开

上海：中华书局，1930，再版，168 页，32 开

上海：中华书局，1932.9，3 版，168 页，32 开

上海：中华书局，1935.2，4 版，168 页，32 开

上海：中华书局，1936.12，5 版，168 页，32 开

　　收藏单位：北师大馆、东北师大馆、广西馆、国家馆、湖南馆、江西馆、辽大馆、辽宁馆、南京馆、内蒙古馆、山西馆、天津馆、浙江馆

01802

化学实验讲义（卷上）　刘世楷编

吉林：世界文化书社，1931，增订版，180 页，16 开

　　收藏单位：重庆馆

01803

化学实验教程　张俊坤编译

上海：大东书局，1940.2，1 册，25 开

　　本书概述测量液体及各种器皿之容积的方法等内容。

　　收藏单位：浙江馆

01804

化学实验教程　郑贞文　黄开绳编著

长沙：商务印书馆，1940.6，119 页，16 开

长沙：商务印书馆，1940.12，2 版，119 页，16 开

　　收藏单位：重庆馆、西南大学馆

01805

化学实验室　刘遂生编

上海：中华书局，1947.12，72 页，32 开（中华文库 初中 第 1 集）

　　本书共 5 章：在实验室中、实验室的设备、实验器具的装置和使用法、化学药品取用法、实验资料。

　　收藏单位：安徽馆、重庆馆、东北师大馆、广东馆、广西馆、桂林馆、国家馆、黑龙江馆、湖南馆、江西馆、南京馆、内蒙古馆、上海馆、浙江馆

01806

化学实验室中各种意外事之救急及提防方法

　　余兰园编

北京：国立北京大学理学院化学系，28 页，22 开

　　本书介绍救急设备，以及中毒、割伤、电击等的急救法。

　　收藏单位：国家馆

01807

化学室里去　桑世杰编著

上海：中华书局，1949.3，159 页，32 开

　　本书共收 65 个普通化学实验。

　　收藏单位：重庆馆、东北师大馆、广东馆、国家馆、内蒙古馆、上海馆

01808

化学仪器名词　科学名词审查会审定

出版者不详，[1920]，22 页，横 16 开

　　本书为科学名词审查会化学名词审查组第 4 次审查本。英、德、日、中对照。

　　收藏单位：国家馆、上海馆

01809

化学仪器设备名词　国立编译馆编订

长沙：商务印书馆，1940.6，157 页，16 开

　　本书内收名词 4371 个。1937 年 3 月教育部公布。

　　收藏单位：广东馆、国家馆、湖南馆、辽宁馆、天津馆

01810

化学娱乐与实验　刘遂生编著

长沙：商务印书馆，1939.3，98 页，32 开

上海：商务印书馆，1946.7，再版，98 页，32 开

上海：商务印书馆，1947.7，再版，98 页，32 开

　　本书共 11 章，内容包括：氢的制造、氧的实验、氯气、人所共知的碳酸气、几种奇特的金属等。

　　收藏单位：北师大馆、重庆馆、国家馆、江西馆、辽宁馆、山西馆、上海馆、天津馆、浙江馆

01811

今日的化学实验　（美）麦费孙（William

McPherson）（美）罕迭生（William Edwards Henderson）（美）福勒（George W. Fowler）著　沈鼎三译

外文题名：A laboratory workbook to accompany chemistry for today

上海：商务印书馆，1937.3，10+318 页，16 开，活页装

　　收藏单位：重庆馆、贵州馆、国家馆、黑龙江馆、湖南馆、南京馆、浙江馆

01812

理论化学实验　张江树著

重庆：商务印书馆，1945.12，145 页，25 开

上海：商务印书馆，1947.7，145 页，25 开

上海：商务印书馆，1949.8，再版，145 页，25 开

　　本书内收实验 48 个。部定大学用书。

　　收藏单位：重庆馆、国家馆、辽宁馆、南京馆、浙江馆

01813

麦费孙　罕迭生化学实验教程　（美）麦费孙（William McPherson）（美）罕迭生（William Edwards Henderson）著　徐善祥编译

外文题名：Exercises in chemistry

上海：商务印书馆，1914.3，90+15 页，32 开

上海：商务印书馆，1919，4 版，90+15 页，32 开

上海：商务印书馆，1923.8，6 版，90+15 页，32 开

上海：商务印书馆，1925.12，8 版，90+15 页，32 开

上海：商务印书馆，1930.12，10 版，90+15 页，32 开

上海：商务印书馆，1933，国难后 1 版，90+15 页，32 开

上海：商务印书馆，1933.7，国难后 2 版，90+15 页，32 开

　　本书内收实验 59 个。附化学课程分配表、普通试验应用之器具、定性分析添用之药品等。逐页题名：麦费孙及罕迭生化学实验教程。

　　收藏单位：重庆馆、广西馆、国家馆、河

南馆、江西馆、山西馆、首都馆、浙江馆

01814

普通化学实验　严志弦编著　潘慎明　丁绪贤校

上海：中华书局，1937.4，[290] 页，16 开，活页装

上海：中华书局，1938.7，再版，[290] 页，16 开，活页装

　　本书内收化学实验 70 个。大学用书。

　　收藏单位：重庆馆、广东馆、国家馆、湖南馆、辽宁馆、南京馆、上海馆、首都馆、天津馆、浙江馆

01815

普通化学实验

出版者不详，24 页，16 开

　　本书内收实验 8 个。

　　收藏单位：重庆馆

01816

青年化学家　成绍宗译

上海：北新书局，1936.6，193 页，36 开（青年丛书）

　　本书内收简易化学实验 120 个。

　　收藏单位：广东馆、贵州馆、国家馆、首都馆

01817

趣味的化学实验法　刘世楷编译

北京：北京师范大学，1925.7，14+190 页，32 开

　　本书共 20 篇，内容包括：变化液色之实验、关于燃烧之实验、氮素化合物之实验、关于氯气之实验、防水及耐火之实验、化学的雕刻术、化学的天气报告法等。

　　收藏单位：国家馆、南京馆、首都馆

01818

日用化学实验教程　（美）布朗里（R. B. Brownlee）等著　陈文熙译

外文题名：Experiments in the chemistry of common things

上海：商务印书馆，1933.4，261 页，32 开

上海：商务印书馆，1934，再版，261 页，32 开

　　本书内收化学实验练习 116 个。

　　收藏单位：重庆馆、广东馆、国家馆、湖南馆、山西馆、上海馆、天津馆、浙江馆

01819

少年化学实验　王常编

上海：中国科学图书仪器公司，1938.6，316 页，32 开（中国科学社科学画报丛书）

上海：中国科学图书仪器公司，1939.12，再版，316 页，32 开（中国科学社科学画报丛书）

上海：中国科学图书仪器公司，1946.6，3 版，316 页，32 开（中国科学社科学画报丛书）

上海：中国科学图书仪器公司，1949.4，4 版，316 页，32 开（中国科学社科学画报丛书）

　　收藏单位：重庆馆、广东馆、国家馆、南京馆、宁夏馆、上海馆、首都馆

01820

少年化学实验手册　顾均正编著

上海：开明书店，1937.5，185 页，36 开（开明少年丛书）

上海：开明书店，1938.7，2 版，185 页，36 开（开明少年丛书）

上海：开明书店，1941.4，4 版，185 页，36 开（开明少年丛书）

重庆：开明书店，1944.9，内 2 版，185 页，36 开（开明少年丛书）

上海：开明书店，1946.9，5 版，185 页，36 开（开明少年丛书）

上海：开明书店，1948.1，6 版，185 页，36 开（开明少年丛书）

上海：开明书店，1949.1，7 版，185 页，36 开（开明少年丛书）

　　本书内容包括：化学元素、酸类·碱类·盐类、指示药、空气和氧、氢、水和水溶液、饮用水等。

　　收藏单位：重庆馆、东北师大馆、广东馆、广西馆、国家馆、吉林馆、江西馆、辽宁馆、南京馆、内蒙古馆、宁夏馆、上海馆、首都馆、西南大学馆、浙江馆

01821

实验普通化学　郑兰华著

上海：商务印书馆，1934.12，153 页，22 开，精装（大学丛书 教本）

上海：商务印书馆，1935.4，153 页，22 开（大学丛书 教本）

上海：商务印书馆，1935.4，再版，153 页，22 开，精装（大学丛书 教本）

上海：商务印书馆，1935.6，3 版，153 页，22 开，精装（大学丛书 教本）

重庆：商务印书馆，1945.8，蓉 2 版，153 页，22 开（大学丛书 教本）

　　本书内收普通化学实验 50 个。

　　收藏单位：重庆馆、东北师大馆、广东馆、广西馆、国家馆、黑龙江馆、湖南馆、南京馆、内蒙古馆、宁夏馆、上海馆、西南大学馆、浙江馆

01822

实验设备（上卷）　吴承洛编

出版者不详，180 页，16 开

　　本书共 8 章，内容包括：实验室之应用，实验室之计划、化验室之家具，实验室之装置，实验室之供给、探集、参考、教授。北京师大讲义。

　　收藏单位：国家馆

01823

实用化学实验教程　（美）勃拉克（N. H. Black）著　孙豫寿译

外文题名：Laboratory experiments in practical chemistry

上海：商务印书馆，1935.9，194 页，25 开

长沙：商务印书馆，1938.4，3 版，194 页，25 开

　　本书内收实验 85 个。

　　收藏单位：重庆馆、广东馆、广西馆、贵州馆、国家馆、南京馆

01824

实用化学实验教程　（美）勃拉克（N. H. Black）著　吴静山　钱继述译

外文题名：Laboratory experiments in practical

chemistry

上海：世界书局，1935.1，267 页，25 开

上海：世界书局，1935.10，再版，267 页，25 开

上海：世界书局，1936，3 版，267 页，25 开，精装

　　收藏单位：重庆馆、广东馆、广西馆、贵州馆、国家馆、南京馆、浙江馆

01825

新编实验化学（上编）（美）窦维廉（William H. Adolph）　曹梁厦编

外文题名：Introductory experiments in chemistry

上海：大同大学出版委员会，1932，再版，1 册，16 开

　　本书概述使用天秤必须注意的规则等内容。编者原题：曹惠群。

　　收藏单位：南京馆、浙江馆

01826

中国科学图书仪器公司供应科学仪器化学药品

上海：中国科学图书仪器公司，1947.5，3 册（24+12+8 页），32 开

　　本书为该公司经销的商品目录。

化学教育与普及

01827

勃康实用化学题解　（美）勃拉克（N. H. Black）（美）康乃德（J. B. Conant）著　蒋伯苍译　龚昂云校订

上海：世界书局，1943.1，新 1 版，308 页，32 开

上海：世界书局，1944，新 3 版，308 页，32 开

上海：世界书局，1947.2，新 5 版，308 页，32 开

上海：世界书局，1947.6，新 6 版，308 页，32 开

上海：世界书局，1948.9，新 7 版，308 页，32 开

上海：世界书局，1949，新 8 版，308 页，32 开

　　本书共 33 章，内容包括：普通暗示、问题之答案及计算题之解答、复习题、总复习等。封面题名：Black & Conant 实用化学题解。

　　收藏单位：广西馆、辽宁馆、山西馆、上海馆、首都馆

01828

勃拉克、康乃德实用化学题解　王允中编著

上海：中国自然科学编译社，1935.5，332 页，36 开

　　本书封面题名：实用化学题解。

　　收藏单位：国家馆、绍兴馆、浙江馆

01829

勃拉克、康乃特实用化学习题详解　郭守谦译

北平：北平科学社，1935.11，285 页，32 开

　　收藏单位：国家馆、绍兴馆

01830

高等化学问题演习　（日）岩永泉编

东京：培风馆，1939，218 页

　　收藏单位：山西馆

01831

汉译勃康二氏实用化学习题精解　陈玉嘉编译

外文题名：Key to practical chemistry

北平：中原书店，1935.2，294 页，32 开

　　收藏单位：国家馆

01832

化学　常伯华编著

南京：正中书局，1935.10，2 册（261 页），32 开

上海、南京：正中书局，1935.12，2 册（261 页），32 开

上海：正中书局，1946.10，沪 25 版，2 册（260 页），32 开

　　本书由教育部审定，简易师范学校及简易乡村师范学校用。版权页题名：简师简乡师

化学。

收藏单位：国家馆、辽宁馆

01833

化学　储润科编

上海：中华书局，1947，9 版，2 册（153+ 10+ 176+10 页），32 开

本书为新课程标准师范、乡村师范学校适用。

收藏单位：重庆馆

01834

化学　华襄治　蒋伯阳编　陶鸿翔　华汝成校

上海：中华书局，1946—1947，7 版，2 册（124+ 10+143+16 页），32 开

本书为新课程标准简易师范学校适用。

收藏单位：国家馆

01835

化学　黄素封编著　薛德炯校订

上海、南京：正中书局，1936.8，302 页，32 开

上海、南京：正中书局，1937.8，7 版，2 册（640 页），32 开

本书为教育部审定，师范学校及乡村师范学校课程标准。逐页题名：师范化学。

收藏单位：国家馆、江西馆

01836

化学　严保诚编译

上海：商务印书馆，1911，6 版，52 页，32 开，环筒页装

本书为初级师范学校教科书。

01837

化学

江北（重庆）：兵工署第二十一工厂技工学校，210 页，32 开

本书共 3 编：非金属、金属、有机化合物。

收藏单位：重庆馆

01838

化学

吉林书店，1948.12—1949，2 册（214+210 页），16 开

本书分上、下册，上册出版于 1948 年 12 月，下册出版于 1949 年。东北政委会工业部吉林工业专门学校选用。

收藏单位：国家馆、辽宁馆

01839

化学 ABC　周毓莘著

上海：ABC 丛书社，1930.12，130 页，32 开（ABC 丛书）

上海：ABC 丛书社，1931.11，再版，130 页，32 开（ABC 丛书）

上海：ABC 丛书社，1932.12，3 版，130 页，32 开（ABC 丛书）

上海：ABC 丛书社，1934，4 版，130 页，32 开（ABC 丛书）

本书为普及化学知识的读本，包括金属和非金属两篇。

收藏单位：重庆馆、国家馆、黑龙江馆、辽大馆、南京馆、宁夏馆、天津馆、浙江馆

01840

化学变化　郑贞文等编辑

上海：商务印书馆，1925.10，34 页，32 开（少年自然科学丛书 28）

重庆：商务印书馆，1943.12，渝 1 版，34 页，32 开（少年自然科学丛书 28）

本书共 3 部分：化学变化的不可思议、水、轻气。

收藏单位：广东馆、国家馆、南京馆、上海馆

01841

化学常识　施穆编

上海：中华书局，1930.10，22 页，36 开（民众工业丛书）

上海：中华书局，1932.9，再版，21 页，36 开（民众工业丛书）

收藏单位：重庆馆、黑龙江馆、江西馆、内蒙古馆、天津馆

01842

化学的故事　刘敏诚著

重庆：文风书局，1944，32 页，32 开（新少年文库第 3 集）

　　收藏单位：重庆馆、国家馆

01843

化学的神秘　（英）吉卜生（Charles R. Gibson）著　刘遂生编译

外文题名：Chemistry and its mysteries

上海：中华书局，1948.8，112 页，32 开

　　本书共 16 章，内容包括：化学是干什么的、怎样认识化学呢、水是什么物质组成的、什么是爆发、电和化学、星光化学等。

　　收藏单位：安徽馆、重庆馆、广东馆、广西馆、桂林馆、国家馆、黑龙江馆、江西馆、辽宁馆、南京馆、上海馆、西南大学馆、浙江馆

01844

化学幻术　John D. Lippy 著　刘遂生编译

上海：中华书局，1937.1，88 页，32 开

上海：中华书局，1937.4，再版，88 页，32 开

　　本书以游戏和实验说明化学变化现象。共 6 章：火之神秘、墨水和涂料、化学幻术杂例、幽灵幻术、液体化学的幻术、液体化学的幻术（续）。

　　收藏单位：重庆馆、广东馆、国家馆、江西馆、辽宁馆、内蒙古馆、上海馆、浙江馆

01845

化学幻术

国联总部军事化学研究会，1928.4，13 页，32 开

　　收藏单位：国家馆

01846

化学汇解　王箴编

上海：商务印书馆，1934.12，312 页，32 开

上海：商务印书馆，1935.7，再版，312 页，32 开

长沙：商务印书馆，1941，6 版，312 页，32 开

上海：商务印书馆，1948.5，7 版，312 页，32 开

本书介绍化学概论及试验方法。

　　收藏单位：重庆馆、广东馆、国家馆、黑龙江馆、湖南馆、南京馆、山西馆、上海馆、首都馆、西南大学馆、浙江馆

01847

化学讲义　钟观光编

外文题名：Lectures on chemistry

上海：商务印书馆，1912.12，189 页，27 开

上海：商务印书馆，1914，再版，189 页，27 开

上海：商务印书馆，1915.2，3 版，189 页，27 开

上海：商务印书馆，1916.6，4 版，189 页，27 开

　　本书为编者在师范讲习社的讲义。共 3 篇：绪论、无机化合物、有机化合物。

　　收藏单位：重庆馆、国家馆、首都馆、浙江馆

01848

化学讲义

出版者不详，1938，164 页，25 开

　　本书共 18 章，内容包括：物质、空气、水、基本定律、原子与分子、化学式、电离与电解等。

　　收藏单位：重庆馆

01849

化学教程

陆军炮兵学校，1939.10，146 页，24 开

　　收藏单位：重庆馆

01850

化学奇谈　（法）法布尔（Jean Henri Fabre）著　顾均正译

外文题名：The wonder book of chemistry

上海：开明书店，1932.10，21+368 页，32 开（开明青年丛书）

上海：开明书店，1933.4，再版，21+368 页，32 开（开明青年丛书）

上海：开明书店，1933.12，3 版，21+368 页，

32 开（开明青年丛书）

上海：开明书店，1935.3，4 版，21+368 页，32 开（开明青年丛书）

上海：开明书店，1936.5，5 版，21+368 页，32 开（开明青年丛书）

上海：开明书店，1938.9，6 版，21+368 页，32 开（开明青年丛书）

上海：开明书店，1940.8，7 版，21+368 页，32 开（开明青年丛书）

上海：开明书店，1942.9，桂 1 版，279 页，32 开（开明青年丛书）

上海：开明书店，1946.4，9 版，279 页，32 开（开明青年丛书）

上海：开明书店，1947.3，10 版，279 页，32 开（开明青年丛书）

上海：开明书店，1948.7，特 1 版，279 页，32 开（开明青年丛书）

上海：开 明 书 店，1949，11 版，279 页，32 开（开明青年丛书）

　　本书以文艺体裁讲述各种化学知识和日常生活中可进行的化学实验。

　　收藏单位：重庆馆、大庆馆、东北师大馆、广东馆、广西馆、贵州馆、国家馆、黑龙江馆、湖南馆、吉林馆、江西馆、辽宁馆、内蒙古馆、宁夏馆、人大馆、山西馆、上海馆、绍兴馆、首都馆、西南大学馆、浙江馆

01851

化学浅说　张保厚编

上海：中华书局，1930.11，22 页，36 开（民众常识丛书）

上海：中华书局，1932.9，再版，22 页，36 开（民众常识丛书）

　　本书讲解日常生活中的化学知识。

　　收藏单位：重庆馆、广西馆、桂林馆、江西馆、内蒙古馆、首都馆、天津馆

01852

化学通论解答　俞益之　张叔献编

外文题名：A course in general chemistry

北平：大学出版社，1935.3，216 页，32 开

　　本书共 46 章，内容包括：质与能、碳及其氧化物、大气、电离、平衡、热化学、金

属等。封面题名：罕氏化学通论解答。

　　收藏单位：国家馆、浙江馆

01853

化学问答　郭德垂编

长沙：湘芬书局，1935.5，142 页，32 开

　　收藏单位：南京馆

01854

化学问答　毛起鹇编著

上海：大东书局，1930.1，14+96 页，50 开（百科问答丛书 20）

上海：大东书局，1931，再版，14+96 页，50 开（百科问答丛书 20）

上海：大东书局，1932.10，3 版，14+96 页，50 开（百科问答丛书 20）

　　收藏单位：国家馆、江西馆、南京馆、首都馆、浙江馆

01855

化学问答　俞平湖编

上海：三民公司，1930，49 页，32 开（各科常识问答丛书）

上海：三民公司，1933，增订 4 版，49 页，32 开（各科常识问答丛书）

上海：三民公司，1946，新 1 版，49 页，32 开（各科常识问答丛书）

　　收藏单位：广西馆

01856

化学问答　赵孚之编辑　刘彦卿校

北平：进步研究社，1935.6，76 页，32 开

　　收藏单位：国家馆

01857

化学问题详解　刘诒谨编撰

长沙：商务印书馆，1940.3，265 页，32 开（新中学文库）

长沙：商务印书馆，1940.12，再版，265 页，32 开（新中学文库）

上海：商 务 印 书 馆，1947.1，3 版，265 页，32 开（新中学文库）

上海：商 务 印 书 馆，1948.8，4 版，265 页，

32 开（新中学文库）

　　本书共 16 类，内容包括：元素分类法、化学变化、化学式、重要元素之制取、性质及用途、重要工业品及日用品等。

　　收藏单位：重庆馆、广东馆、广西馆、贵州馆、国家馆、吉林馆、江西馆、辽宁馆、内蒙古馆、首都馆、天津馆、浙江馆

01858

化学问题详解　杨林生编

北平：师大附中理科丛刊社，1934.9，326 页，25 开

　　收藏单位：国家馆

01859

化学问题详解·矿物学问题详解　倪国经著

上海：中原书局，144+34 页，50 开（各科问题详解 考试秘本 第 4 册）

01860

化学习题精解　李偶潜编著

桂林：南光书店，1944.6，140 页，34 开

　　收藏单位：重庆馆、广西馆

01861

化学游戏　王常编

上海：中国科学图书仪器公司，1936.3，94 页，32 开（中国科学社科学画报小丛书）

上海：中国科学图书仪器公司，1939，4 版，94 页，32 开（中国科学社科学画报小丛书）

上海：中国科学图书仪器公司，1941.5，5 版，94 页，32 开（中国科学社科学画报小丛书）

上海：中国科学图书仪器公司，1941.11，桂 1 版，94 页，32 开（中国科学社科学画报小丛书）

上海：中国科学图书仪器公司，1942，桂 2 版，94 页，32 开（中国科学社科学画报小丛书）

上海：中国科学图书仪器公司，1947.8，6 版，94 页，32 开（中国科学社科学画报丛书）

　　本书以游戏的方法，讲解化学的基本原理，使读者可边做游戏，兼学知识。

　　收藏单位：重庆馆、广东馆、贵州馆、国家馆、湖南馆、南京馆、上海馆、天津馆、浙江馆

01862

化学有趣幻术　叶光华编辑

奉天（沈阳）：大东书局，1941.7，155 页，32 开

　　收藏单位：首都馆

01863

化学与人生　恽福森编

上海：中华书局，1945.10，542 页，32 开（科学常识丛书）

　　本书阐述化学在人类日常生活中的重要性及其应用。

　　收藏单位：广东馆、江西馆、辽宁馆、宁夏馆、上海馆、首都馆、天津馆

01864

化学与日常生活　刘遂生　薛鸿达编

上海：中华书局，1948.10，187 页，32 开

　　本书共 18 章，内容包括：水、空气和工业用气体、燃料、肥料、常用的金属、食物和营养等。

　　收藏单位：安徽馆、重庆馆、广西馆、桂林馆、国家馆、黑龙江馆、江西馆、辽宁馆、南京馆、内蒙古馆、浙江馆

01865

化学与我们　中学生社编

上海：开明书店，1935.6，212 页，32 开（中学生杂志丛刊 19）

　　本书收录陈明斋的《化学与我们》、郑贞文的《中国化学史的一瞥》、孙君立的《生理化学》等 15 篇化学杂文，概述化学与人生的关系、我国化学工业状况等。

　　收藏单位：湖南馆、江西馆、南京馆、上海馆、绍兴馆、首都馆、天津馆、浙江馆

01866

家庭的化学家　余天希译

上海、南京：正中书局，1937.2，151 页，32 开（正中科学知识丛书）

重庆：正中书局，1942.1，再版，151 页，32 开（正中科学知识丛书）

上海：正中书局，1947.11，沪 1 版，151 页，32

开

　　本书供业余化学爱好者做简单的家庭化学实验、游戏、魔术及一些日用品的制造等。

　　收藏单位：重庆馆、贵州馆、国家馆、湖南馆、南京馆、首都馆、天津馆、浙江馆

01867

家庭应用化学大观　　朱有澂编纂

上海：商务印书馆，1937.3，15+381 页，32 开（家庭丛书）

长沙：商务印书馆，1940.11，再版，15+381 页，32 开（家庭丛书）

　　本书介绍自然现象、人工制品、毒物、卫生、美容、生活、娱乐等方面的化学知识。

　　收藏单位：国家馆、南京馆、上海馆、绍兴馆、首都馆

01868

理论化学练习问题解法　　吴振川编

萍乡：吴振川 [发行者]，1936.8，116 页，32 开

01869

日常化学生活　　周毓莘著

上海：世界书局，1929.11，128 页，32 开（生活丛书）

上海：世界书局，1931.3，再版，128 页，32 开（生活丛书）

上海：世界书局，1932.11，3 版，128 页，32 开（生活丛书）

　　本书共 9 章：空气、水、家庭的燃料、家庭的灯火、燃烧、食、衣、住、家庭的洗濯。

　　收藏单位：重庆馆、国家馆、黑龙江馆、湖南馆、江西馆、南京馆、内蒙古馆、首都馆、天津馆、西交大馆、浙江馆

01870

日用化学（理论实验）（日）近藤耕藏著
石鸣球译

外文题名：Chemistry in daily life

上海：商务印书馆，1928.5，289 页，22 开

上海：商务印书馆，1933.10，国难后 1 版，289 页，22 开

上海：商务印书馆，1935.5，国难后 2 版，289 页，22 开

　　本书讲述日常生活中的化学常识，包括燃烧化学、燃烧材料化学、食盐化学、炭酸气化学、空气及水化学、金属化学等。

　　收藏单位：广西馆、贵州馆、国家馆、江西馆、辽宁馆、首都馆

01871

日用化学常识　　刘遂生编

上海：中华书局，1948.1，80 页，32 开（中华文库 初中 第 1 集）

　　本书共 21 章，内容包括：空气、水、燃烧与燃料、有机化合物、合金的用途、食物和营养、化学的肥料等。

　　收藏单位：安徽馆、重庆馆、东北师大馆、广东馆、广西馆、贵州馆、桂林馆、国家馆、湖南馆、江西馆、南京馆、内蒙古馆、上海馆、绍兴馆、天津馆、浙江馆

01872

日用化学浅说　　郁树锟编

上海：中华书局，1936.6，154 页，32 开（中华百科丛书）

昆明：中华书局，1941.2，3 版，154 页，32 开（中华百科丛书）

上海：中华书局，1947.8，2 版，154 页，32 开（中华百科丛书）

上海：中华书局，1947.8，3 版，154 页，32 开（中华百科丛书）

　　本书共 11 章，内容包括：化学的起源、空气、碳和燃料、玻璃和肥皂、食物的一般组成、植物和肥料等。

　　收藏单位：重庆馆、广东馆、广西馆、国家馆、江西馆、辽宁馆、南京馆、内蒙古馆、宁夏馆、上海馆、天津馆、浙江馆

01873

少年化学故事　（苏）涅察叶夫著　　沈西山译

实学书局，1947，133 页，32 开

实学书局，1947.11，2 版，133 页，32 开

　　收藏单位：山西馆、首都馆

01874

生活常识（民众特刊）

天津：天津市立民众教育馆编印股，1933，16
页，32 开

本书讲述民众化学生活知识、普通化学
现象、原质和化合物的性质及用途等。

01875

新体化学教科书　银凤阁编

天津：新华书局，1919.1，182 页，22 开

本书共两编：无机化学和有机化学。中学
校师范学校用。

收藏单位：国家馆

01876

最新化学难题集解　钱洪翔编

上海：北新书局，1942.1，再版，179+16 页，
25 开

成都：北新书局，1942.5，蓉版，179+16 页，
25 开

成都：北新书局，1944.1，蓉版，179+16 页，
25 开

本书内收各种化学题 406 个。

收藏单位：重庆馆、南京馆、首都馆

01877

最新化学要解　孙锡洪　袁淑蕙编著

上海：开明书店，1948.4，110 页，36 开

本书共 30 章，内容包括：基本化学概念、
空气、水、碳、化学上基本定律、化学符号
及计算法等。

收藏单位：东北师大馆、国家馆、辽宁
馆、浙江馆

01878

最新日用化学　朱建霞编译

上海：世界书局，1947.9，308 页，32 开

本书共 18 篇，内容包括：关于燃烧的化
学、关于燃料的化学、关于食盐的化学、空
气、水、原子的构造及周期律、关于金属的
化学等。

收藏单位：重庆馆、广东馆、国家馆、辽
宁馆、山西馆、上海馆

01879

最新实用化学题解　徐作和译

上海：中外图书公司，1937，114 页，32 开

收藏单位：广西馆

01880

最新详注化学讲义完璧　徐亚伯著

上海：科学书局，1949，石印本，413 页，25
开，精装

本书书脊题名：无机化学讲义完璧 下。

收藏单位：南京馆

化学参考工具书

01881

化学辞典（英汉德法对照）　魏喦寿主编

上海：中国科学图书仪器公司，1933.5，280
页，24 开

上海：中国科学图书仪器公司，1937.7，增补
再版，259 页，24 开

收藏单位：国家馆、浙江馆

01882

化学名词（1 原质）

外文题名：Chemical terminology. No.I, Elements

科学名词审查会，1920.1，6 页，横 16 开

本书收化学名词 83 个，有拉丁、德、
英、日文名、旧译名和决定之新译名等项。

收藏单位：首都馆

01883

化学名词（2 化学术语）

外文题名：Chemical terminology. No.II, Chemical
terms

科学名词审查会，1922，15 页，横 16 开

本书收化学术语 416 个，有德、英、日
和中译名。

01884

化学术语　国立编译馆编

重庆：国立编译馆，1944.4，油印本，1 册，
12 开

收藏单位：南京馆

01885

普通英汉化学词汇　恽福森编

上海：中国科学图书仪器公司，1942.7，248页，32开（中国科学社丛书）

上海：中国科学图书仪器公司，1947.4，再版，248页，32开（中国科学社丛书）

　　收藏单位：南京馆、浙江馆

01886

实用化学词典　J. L. Howe 编著

上海：商务印书馆，1923，60页，16开

　　本书为中英文对照。

01887

详注英汉化学辞汇　恽福森编辑

外文题名：The Anglo-Chinese chemical dictionary

武进：恽福森 [发行者]，1916.11，466+46页，22开，精装

武进：恽福森 [发行者]，1920，466+46+84页，22开，精装

　　收藏单位：国家馆、首都馆

01888

英汉化学新字典　徐善祥　郑兰华编

外文题名：A modern English-Chinese chemical lexicon

上海：中国科学图书仪器公司，1944.8，1265页，32开，精装

上海：中国科学图书仪器公司，1947.1，再版，1265页，32开，精装

　　收藏单位：广西馆、辽宁馆、上海馆、西南大学馆、浙江馆

01889

增订改良化学表解　上海科学书局编辑所编

上海：科学书局，1911，再版，2册（56+63页），50开（普通学表解丛书）

　　收藏单位：广东馆

01890

中英日化学译名　台湾省工业研究所技术室编

台北：台湾省工业研究所，1947.3，224页，横25开

　　收藏单位：国家馆

无机化学

01891

比较无机化学　Theodore H. Savory 著　袁秀顺译

外文题名：Comparative inorganic chemistry

上海：中国科学图书仪器公司，1948.2，160页，32开

　　本书共 16 章，内容包括：元素之分类、镁及其同属元素、银及其同属元素、氧及其与硫之关系等。

　　收藏单位：东北师大馆、辽宁馆、南京馆、上海馆、天津馆

01892

臭氧之紫外吸收光谱　严济慈　钟盛标编

北平：北平研究院，1933.10，13页，18开

　　收藏单位：国家馆

01893

放射　程瀛章著

外文题名：Radioactivity

上海：商务印书馆，1924.3，63页，32开（百科小丛书）

上海：商务印书馆，1930.4，63页，32开（百科小丛书）（万有文库 第 1 集 456）

上海：商务印书馆，1933.4，国难后 1 版，63页，32开（百科小丛书）

　　本书共 10 章，内容包括：放射元素、气体的电性、放射性测验法、三种放射线、放射的原理等。

　　收藏单位：安徽馆、重庆馆、大连馆、东北师大馆、广东馆、广西馆、国家馆、黑龙江馆、江西馆、辽大馆、辽宁馆、辽师大馆、南京馆、内蒙古馆、宁夏馆、上海馆、西南大学馆、浙江馆

01894

放射浅说　程瀛章著
外文题名：Radioactivity
上海：商务印书馆，1924.3，69页，36开（百科小丛书26）
上海：商务印书馆，1926.11，再版，69页，36开（百科小丛书26）

本书共10章，内容包括：放射元素、气体的电性、放射性测验法、三种放射线、放射之原理等。附放射元素及其常数表。

收藏单位：重庆馆、广西馆、国家馆、湖南馆、江西馆、近代史所、辽宁馆、南京馆、山东馆、上海馆、首都馆、天津馆、西南大学馆

01895

分析铝铁组金属根之新系统　余泽兰著
上海：中国科学社，1930.2，810—820页，18开

本书为《科学》第14卷第6期抽印本。

收藏单位：国家馆

01896

狗洞　李劭青著
北平：中华平民教育促进会，1929.6，14页，50开（平民读物 科学常识80）
北平：中华平民教育促进会，1932.10，再版，16页，50开（平民读物 科学常识80）
北平：中华平民教育促进会，13页，42开（民众读物 科学常识 第1辑5）

本书部分版本出版者原题：中华平民教育促进会总会。

收藏单位：国家馆、首都馆

01897

化学元素发明史话　葛毓桂著
成都：中西书局，1943.12，131页，32开（自然科学小丛书）

本书共18章，内容包括：古代发现的元素、白金等元素的发明、碱土金属和镁钙等、周期表预期的元素、放射性元素的发现、稀土元素等。

收藏单位：重庆馆、国家馆、南京馆

01898

化学元素发现史　（美）韦克斯（Mary E. Weeks）著　黄素封　俞人骏译
外文题名：The discovery of the elements
上海：商务印书馆，1937.3，6册（14+714页），32开（自然科学小丛书）（万有文库 第2集248）
长沙：商务印书馆，1940.9，2册（746页），32开（自然科学小丛书）

本书共21章，内容包括：古代所知的元素、再谈磷元素、十八世纪的金属元素、铂族元素、由分光器所发见的元素、稀土族元素等。

收藏单位：重庆馆、国家馆、内蒙古馆

01899

化学元素发现史　程守泽著
世界书局，1948.2，85页，36开

本书共15章，内容包括：史前时期所知的元素、砷锑铋磷的发现、稀有气体的发现、土族元素的发现、氮族元素的发现、锰族元素的发现。

收藏单位：重庆馆、国家馆

01900

化学元素发现史　（美）韦克斯（Mary E. Weeks）著　朱任宏译
外文题名：The discovery of the elements
上海：中华书局，1937.10，376页，32开
昆明：中华书局，1941.4，再版，376页，32开

本书共21章，内容包括：古代所知之元素、炼金术家所知之元素、十八世纪之数种元素、三种重要气体等。

收藏单位：重庆馆、东北师大馆、广东馆、广西馆、国家馆、辽大馆、辽宁馆、南京馆、上海馆、首都馆、天津馆、西南大学馆、浙江馆

01901

化学元素发现史述　（美）韦克斯（Mary E. Weeks）著　朱任宏译
外文题名：The discovery of the elements
北平：中法大学，1936.4，354页，18开（中

法大学文学院丛刊 2）

　　本书共 20 章，内容包括：古代所知之元素、炼金术家所知之元素、十八世纪之元素、三种重要气体等。译者原题：任宏。

　　收藏单位：东北师大馆、广东馆、国家馆

01902

金银的由来

上海：良友图书公司，1936.2，[70] 页，32 开（万有画库 21）

　　本书封面题名：金银的来历。

　　收藏单位：贵州馆、国家馆、宁夏馆、上海馆、首都馆、西南大学馆

01903

近代无机化学 （英）摩尔根（G. T. Morgan）（英）柏士泰尔（F. H. Burstall）著　吴中枢译

外文题名：Inorganic chemistry, a survey of moderm developments

上海：国立编译馆，1948.5，558 页，25 开

上海：国立编译馆，1949.6，再版，558 页，25 开（大学丛书）

　　本书共 19 章，内容包括：绪论、关键元素、氢之同位元素及重水、金属之腐蚀、金属间化合物等。部定大学用书。

　　收藏单位：重庆馆、东北师大馆、广东馆、桂林馆、国家馆、辽大馆、南京馆、内蒙古馆、首都馆、天津馆、西南大学馆、浙江馆

01904

近代无机化学　陈宗南　区其伟编著

广州：国立中山大学化学系阅书室，1930.6，494 页，22 开，精装

　　本书分绪论、非金属、金属 3 编，共 39 章。每章后有习题。

　　收藏单位：广东馆、浙江馆

01905

近代无机化学实验　陈宗南　区其伟编著

广州：国立中山大学化学系阅书室，1930.6，136 页，22 开

广州：国立中山大学化学系阅书室，1932.9，

3 版，136 页，22 开

　　本书共 3 部分：实验须知、化学实验室普通用具、实习（31 个）。

　　收藏单位：桂林馆、浙江馆

01906

近世无机化学 （美）窦维廉（William H. Adolph）　曹梁厦编

外文题名：A text-book of general chemistry

上海：大同大学出版委员会，1932，2 版，25+660 页，23 开，精装

　　本书共 43 章，在中国博医会 1922 年版基础上增加食物化学与营养一章。编者原题：曹惠群。

　　收藏单位：桂林馆、国家馆、南京馆、浙江馆

01907

近世无机化学 （美）窦维廉（William H. Adolph）　曹梁厦编

外文题名：A text-book of general chemistry

上海：中国博医会，1922.3，25+648 页，23 开，精装

　　本书共 42 章，内容包括：质与能、氧、氢、气体之性、质之状态、空气、溶液、游子化、分子量等。编者原题：曹惠群。

　　收藏单位：重庆馆、上海馆

01908

近世无机化学　郑尊法　胡荣铨编纂　郑贞文校订

上海：商务印书馆，1926.9，543 页，25 开

上海：商务印书馆，1928.2，再版，543 页，25 开

上海：商务印书馆，1929.11，3 版，543 页，25 开

上海：商务印书馆，1933.2，国难后 1 版，543 页，25 开

上海：商务印书馆，1933.6，国难后 2 版，543 页，25 开

　　本书共 35 章，内容包括：氧、氢、水、气体之通性、分子及原子说、化学变化之简明表示法、溶液、热化学等。

　　收藏单位：重庆馆、广东馆、贵州馆、桂林馆、国家馆、湖南馆、南京馆、内蒙古馆、首都馆、浙江馆

01909

镭锭　东方杂志社编
外文题名：Radium
上海：商务印书馆，1923.12，77页，50开（东方文库56）
上海：商务印书馆，1924.10，再版，77页，50开（东方文库56）
上海：商务印书馆，1925.7，3版，77页，50开（东方文库56）
　　本书辑录陈文祥等人的《说镭》《镭锭及其效用》《应用镭锭之制造业》《镭锭治病之功用》《镭锭发明者居里夫人小传》5篇译文。附放射能发见史。《东方杂志》20周年纪念刊物。
　　收藏单位：北师大馆、重庆馆、东北师大馆、广东馆、广西馆、国家馆、黑龙江馆、湖南馆、江西馆、辽大馆、南京馆、内蒙古馆、山东馆、上海馆、绍兴馆、天津馆、武大馆、西南大学馆、浙江馆、中科图

01910

牧童救命　李劭青著
北平：中华平民教育促进会，1932.7，再版，18页，50开（平民读物 科学常识20）
北平：中华平民教育促进会，16页，42开（民众读物 科学常识 第1辑6）
　　本书通过一个牧童救命的故事，介绍人体所需的空气知识。
　　收藏单位：国家馆、首都馆

01911

实验无机化学　（美）斯密（Alexander Smith）著　郦恂立译　孙豫寿校
外文题名：Experimental inorganic chemistry
上海：商务印书馆，1926.1，259页，32开
上海：商务印书馆，1929.5，再版，259页，32开
上海：商务印书馆，1932.12，国难后1版，259页，32开

上海：商务印书馆，1935，国难后2版，259页，32开
　　本书共25部分，内容包括：实验手术、化学现象之特点、氧、氢、水与溶液、氯化氢及氯等。
　　收藏单位：东北师大馆、广东馆、桂林馆、国家馆、南京馆、首都馆

01912

实用无机化学　徐克敏编著　杜就田　王维克校
上海：世界书局，1935.7，654+13页，24开
　　收藏单位：重庆馆、东北师大馆、广东馆、贵州馆、桂林馆、国家馆、湖南馆、江西馆、南京馆、山西馆、天津馆、浙江馆

01913

酸　高铦著
上海：商务印书馆，1935.7，3版，111页，32开（工学小丛书）
　　本书分述硫酸、硝酸、盐酸的历史、性质和制造等。
　　收藏单位：广东馆

01914

铁的故事　宗亮晨编
上海：大众书局，[1946]，16页，36开（儿童知识文库）
　　收藏单位：国家馆

01915

微量磷之另一比色定量法·鸡卵及豆麦发育时期之各态磷量变迁　曾义著
化学研究所，1931.2，14页，16开（国立中央研究院化学研究所集刊4）
　　收藏单位：国家馆

01916

无机化学　曹漱尘编著
长沙：商务印书馆，1940.9，2册（647页），32开
上海：商务印书馆，1946.9，再版，2册（647页），32开

本书共 47 章，内容包括：水、养气、轻气、空气及淡气、溶液、卤族元素、电离说等。职业学校教科书。

收藏单位：广东馆、桂林馆、国家馆、辽大馆、内蒙古馆、上海馆

01917

无机化学 （荷）荷兰曼（Holleman）著　梁国常译

外文题名：Text-book of inorganic chemistry

北京：国立北京大学出版部，1927.6，436 页，16 开

本书共 70 章，内容包括：物理现象与化学现象、元素、氧、氢、水、化合物及混合物、化学量之计算法等。

收藏单位：国家馆、首都馆

01918

无机化学　华惕庵编

南京：国立编译馆，1942.1，244+20 页，25 开

本书共 15 章，内容包括：无机化学、硫属、氮属、碳属及矽属、碱金属、碱土金属等。

收藏单位：国家馆、南京馆

01919

无机化学 （日）水津嘉之一郎著　孔庆莱译　郑贞文校

上海：商务印书馆，1923.2，26+350+[26] 页，22 开（化学集成 第 2 编）

上海：商务印书馆，1925.11，3 版，26+350+[26] 页，22 开（化学集成 第 2 编）

上海：商务印书馆，1929，5 版，26+350+[26] 页，22 开（化学集成 第 2 编）

上海：商务印书馆，1933.1，国难后 1 版，26+350+[26] 页，22 开（化学集成 第 2 编）

本书共两部分：非金属元素及其化合物、金属元素及其化合物。附中文和西文索引。

收藏单位：东北师大馆、广东馆、广西馆、国家馆、南京馆、首都馆、西南大学馆

01920

无机化学

广东军事政治学校，428 页，22 开

收藏单位：广东馆

01921

无机化学

华北卫生部，1949.3，215 页，32 开

收藏单位：国家馆

01922

无机化学（第 1 编）　萧湘译

上海：时中书局，1949，739 页，32 开，精装

收藏单位：南京馆

01923

无机化学大成（卷 2）

出版者不详，201—574 页，23 开，环筒页装

本书逐页题名：最高无机化学。大学用参考书。

收藏单位：重庆馆

01924

无机化学纲要（下）　何天叙编著

成都：成都大学月刊出版部，1945，90+160 页，36 开（成都高农丛书 2）

收藏单位：重庆馆

01925

无机化学命名草案　郑贞文编

外文题名：The Chinese nomenclature of inorganic chemistry

上海：商务印书馆，1920.6，79 页，横 16 开

上海：商务印书馆，1924.9，再版，79 页，横 16 开

上海：商务印书馆，1927，3 版，79 页，横 16 开

上海：商务印书馆，1930.12，4 版，改定本，79 页，横 16 开

本书共 3 篇：元素及单质、根基及其化合物、复合物。

收藏单位：福建馆、广东馆、桂林馆、国家馆、湖南馆、南京馆、上海馆、首都馆、西南大学馆、浙江馆

01926

无机化学实习 （德）里盛翻而特（E. H. Rie-senfeld）著　孟心如译
外文题名：Anorganisch-Chemisches Praktikum
上海：商务印书馆，1936.11，2 册（550 页），25 开，精装（大学丛书 教本）
上海：商务印书馆，1937，550 页，25 开，精装（大学丛书 教本）

　　收藏单位：重庆馆、广东馆、广西馆、贵州馆、国家馆、湖南馆、江西馆、内蒙古馆、上海馆、首都馆、浙江馆

01927

无机化学实习要论　恽福森编
上海：商务印书馆，1935.11，580 页，32 开，精装

　　本书共 32 章，讲述无机化学实验之手续，及其变化应有之现象及原理等。

　　收藏单位：重庆馆、贵州馆、国家馆、湖南馆、辽宁馆、南京馆、上海馆、绍兴馆、浙江馆

01928

无机化学实验　王寿青著
北京：国立北京大学工学院，1940.9，60 页，16 开

　　本书内收 35 个无机化学实验。附使用天平时应注意之事项、重要氢体之密度、电化次序表等。

　　收藏单位：国家馆

01929

无机化学实验　恽福森编
上海：中法大学药学专修科，217 页，23 开（中法大学药学专修科丛书）

　　本书内收 89 个无机化学实验。

　　收藏单位：国家馆

01930

无机化学通论　李乔苹著
上海：商务印书馆，1936.12，2 册（973 页），25 开（大学丛书 教本）
上海：商务印书馆，1937.4，再版，2 册（973

页），25 开（大学丛书 教本）

　　收藏单位：重庆馆、东北师大馆、贵州馆、国家馆、湖南馆、南京馆、首都馆、西南大学馆、浙江馆

01931

无机化学原理（大二化学）　W. H. Chapin　L. E. Steiner 著　严志弦　金立藩译
外文题名：Second year college chemistry
昆明：中华书局，1941.9，387+14 页，22 开，精装

　　本书共 20 章，内容包括：物质之构造、气体定律、支配形态变化之定律、具定量关系之化合定律、原子说与原子量等。大学用书。

　　收藏单位：国家馆、辽宁馆

01932

无机化学综观　（日）岩永源作著　吴坚译
北平：理科丛刊社，1933，184 页，25 开

　　本书共两编：理论化学、无机化学。

　　收藏单位：国家馆

01933

稀有元素化学　恽福森　恽魁宏编
上海：商务印书馆，1937.3，2 册（438 页），32 开（万有文库第 2 集 255）（自然科学小丛书）

　　收藏单位：大连馆、大庆馆、东北师大馆、国家馆、辽大馆、辽师大馆、内蒙古馆、宁夏馆、天津馆、浙江馆

01934

养命之源　李劭青著
北平：中华平民教育促进会，1929.6，21 页，50 开（平民读物 科学常识 70）
北平：中华平民教育促进会，1932.10，再版，21 页，50 开（平民读物 科学常识 70）

　　收藏单位：国家馆

01935

氧气　陶宏编　陶知行校
上海：儿童书局，1932.4，31 页，32 开（儿童科学丛书）

上海：儿童书局，1933，再版，31 页，32 开
（儿童科学丛书）

　　本书共 8 部分，内容包括：怎样取氧气、氧气的助燃性、空气中的氧气、氧气与燃烧、自然界所存的氧等。

　　收藏单位：广西馆、贵州馆、国家馆

01936

用导电系数测定法研究在不同温度下溴化氨基介双三价钴水溴八氨的蜕变　冯式权著

北平：中法大学，1941，16 页，16 开（北平中法大学理学院特刊 15）

　　收藏单位：国家馆

01937

元素之研究　郑贞文著

外文题名：A study of elements

上海：商务印书馆，1933.3，89 页，32 开（百科小丛书）

上海：商务印书馆，1933.7，再版，89 页，32 开（百科小丛书）

上海：商务印书馆，1933.12，89 页，32 开（百科小丛书）（万有文库 第 1 集 464）

上海：商务印书馆，1934.7，再版，89 页，32 开（百科小丛书）（万有文库 第 1 集 464）

长沙：商务印书馆，1939.12，89 页，32 开（百科小丛书）（万有文库 第 1—2 集简编）

　　本书共 14 章，内容包括：元素的意义、有史以前既知的元素、化学改造时代所发见的新元素、由电解所发见的新元素、化学兴隆时代的新元素、还未发见的元素等。

　　收藏单位：安徽馆、重庆馆、大连馆、大庆馆、东北师大馆、广东馆、广西馆、国家馆、黑龙江馆、吉林馆、江西馆、辽大馆、辽师大馆、南京馆、内蒙古馆、宁夏馆、上海馆、绍兴馆、首都馆、天津馆、浙江馆

01938

重氢与重水　（日）千古利三著　张墨飞译

上海：开明书店，1941.6，108 页，32 开

重庆：开明书店，1947.3，再版，108 页，32 开

　　本书讲述重氢、重水的发见、制法、性质等。附英汉名词对照表。

　　收藏单位：重庆馆、桂林馆、国家馆、辽宁馆、南京馆、上海馆、浙江馆

01939

最新稀有元素学　林皋著

杭州：浙江印刷公司，1919.5，74 页，22 开

　　本书介绍物质最后之单位、周期表第一类 A 族稀有元素等各族稀有元素。

　　收藏单位：浙江馆

有机化学

01940

苯系化合物之安定性理论（附英译本）　彭景曾著

[南昌]：出版者不详，[1945]，16 页，32 开

　　收藏单位：国家馆、南京馆

01941

大学有机化学　（瑞士）保罗·卡勒（Paul Karrer）著　何君超译

外文题名：Organic chemistry

外文题名：Lehrbuch der organischen Chemie

上海：中华书局，1948.10，3 册（1351 页），25 开

　　本书据英译本重译。大学用书。

　　收藏单位：国家馆

01942

二硝基萘

山东：胶东军区军工部化学总厂，1948.10，油印本，62 页，32 开（化工活页参考材料 2）

　　收藏单位：国家馆

01943

高等有机化学　魏喦寿著

南京：钟山书局，1933.3，308 页，16 开

　　收藏单位：江西馆、浙江馆

01944

高级有机化学　（英）拍琴（W. H. Perkin）

（英）启平（F. S. Kipping）著　谭勤余　陈善晃译
外文题名：Organic chemistry
长沙：商务印书馆，1940.10，464页，24开（大学丛书）

本书共21章，内容包括：有机化合物之电子式、有机化合物之物理性、几何异性、光学异性、环烷类及环烯类、烯属化合物等。

收藏单位：广东馆、国家馆、南京馆、浙江馆

01945
胱石酸用亚硫酸钠还原之研究·糖精（saccharine）之合成方法之定量研究·硝酸钴及铼酸用于高尔基体之染色　陈同度著·余兰园　王宇方著·武季许著
北京：国立北京大学，1942.12，[22]页，18开

本书为1942年《北京大学论文集》抽印本。

收藏单位：国家馆、河南馆、首都馆

01946
海藻酸化学成分之研究　汤元吉译
化学研究所，1933.10，14页，16开（国立中央研究院化学研究所集刊10）

01947
金陵大学理学院化学系（化字140）普通有机化学实验（一学期课程）　田冠生编译
南京：金陵大学理学院，[70]页，16开

01948
近世有机化学　（日）菅沼市藏著　常伯华译
重庆：正中书局，1941.12，渝初版，324页，25开（自然科学丛书）
重庆：正中书局，1943.4，3版，324页，25开（自然科学丛书）
上海：正中书局，1947.1，沪1版，324页，25开（自然科学丛书）
上海：正中书局，1947.10，沪4版，324页，25开（自然科学丛书）

本书共3篇：绪论、链状化合物或脂肪族、环状化合物。

收藏单位：重庆馆、东北师大馆、国家馆、黑龙江馆、辽宁馆、南大馆、南京馆、上海馆、浙江馆

01949
康能有机化学　（美）康乃德（J. B. Conant）著　鄺恂立译
外文题名：Organic chemistry
昆明：中华书局，1940.12，316+14页，18开
上海：中华书局，1947.2，3版，316+14页，18开
上海：中华书局，1949.7，4版，316+14页，18开

本书共23章，内容包括：醇类，卤化烷基类、酯类、醚类，饱和碳氢化物、石油，未饱和碳氢化物、橡皮，有机酸类、醯胺类、胺类等。大学用书。著者原题：James B. Conant。

收藏单位：重庆馆、东北师大馆、贵州馆、桂林馆、国家馆、辽宁馆、内蒙古馆、天津馆、浙江馆

01950
实用有机化学　黄素封　平祖荫编译
外文题名：Organic chemistry : a brief introductory course
上海：开明书店，1935.8，526页，32开
上海：开明书店，1939.1，再版，526页，32开
上海：开明书店，1941.7，3版，526页，32开
上海：开明书店，1946.12，4版，526页，32开

本书共23章，内容包括：醇、醚·卤化烃基物·酯、煤油、不饱和烃·橡皮、有机酸、醛和酮、有机化合物的合成法等。据美国J. B. Conant所著Organic Chemistry, A Brief Introductory Course一书编译。

收藏单位：重庆馆、广东馆、贵州馆、国家馆、湖南馆、辽宁馆、南京馆、山西馆、天津馆、浙江馆

01951
实用有机化学　（美）希罗（Hill）（美）客礼（Kelley）著　余兰园编译
外文题名：Organic chemistry

北平：余兰园 [发行者]，[1935]，458 页，22 开

　　本书共 38 章，内容包括：有机化学史略、有机化学绪论、含氮化合物、含硫化合物、卤代酸、氢氧酸、碳水化合物等。

　　收藏单位：东北师大馆、国家馆

01952

实用有机化学

上海：世界书局，1948，295 页，32 开

01953

实用有机化学教科书　　马君武著

上海：商务印书馆，1919.12，405 页，25 开，精装

上海：商务印书馆，1922.5，4 版，405 页，25 开，精装

上海：商务印书馆，1925.3，5 版，405 页，25 开，精装

　　本书共两章：泽气级炭素化合物、芳香级炭素化合物。附德华有机化学名词对列表。

　　收藏单位：国家馆、江西馆、首都馆、浙江馆

01954

替代性苯酸之化合力递降理论（附英译本）　彭景曾著

[南昌]：出版者不详，[1947]，14 页，32 开

　　收藏单位：国家馆

01955

溴化链烃基之制备　　周发歧　魏国璋著

北平：中法大学，1936.6，11 页，16 开（北平中法大学理学院特刊 7）

　　本书为法文本，附中文说明。

01956

有机化学　（美）希罗（Hill）（美）客礼（Kelley）著　余兰园编译

外文题名：Organic chemistry

北京：北京大学工学院，[1930—1949]，440 页，22 开

　　本书共 38 章，内容包括：有机化学史略、

有机化学概论、饱和碳氢化物、未饱和碳氢化物、饱和及未饱和碳氢化物的卤代物等。

　　收藏单位：国家馆

01957

有机化学　（英）拍琴（W. H. Perkin）（英）启平（F. S. Kipping）著　许炳熙　孙豫寿译

外文题名：Organic chemistry

上海：商务印书馆，1935.11，741 页，25 开，精装（大学丛书 教本）

上海：商务印书馆，1936.2，2 册（741 页），25 开，精装（大学丛书 教本）

上海：商务印书馆，1936.3，再版，741 页，25 开，精装（大学丛书 教本）

上海：商务印书馆，1936.9，再版，2 册（741 页），25 开，精装（大学丛书 教本）

长沙：商务印书馆，1938，3 版，741 页，25 开，精装（大学丛书 教本）

上海：商务印书馆，1947.9，5 版，2 册（741 页），25 开，精装（大学丛书 教本）

上海：商务印书馆，1948.2，6 版，3 册（21+741 页），25 开（大学丛书 教本）

　　本书内容包括：有机化合物之组成，精制法，分析法；有机化合物之组织或结构；饱和烃类；烷属烃之卤素衍生物等。

　　收藏单位：重庆馆、广西馆、贵州馆、国家馆、湖南馆、南京馆、内蒙古馆、首都馆、浙江馆

01958

有机化学　　秦道坚著

上海：商务印书馆，1949.3，2 册（12+759+ 21 页），25 开（大学丛书）

上海：商务印书馆，1949.8，再版，2 册（12+759+21 页），25 开（大学丛书）

　　本书共 34 章，内容包括：有机化学之基本知识、饱和烃、不饱和烃类、醇类、有机酸、醛类与酮类、多卤化物及化学综合法等。

　　收藏单位：广东馆、国家馆

01959

有机化学　（日）水津嘉之一郎著　孔庆莱译　郑贞文校订

上海：商务印书馆，1927.3，198 页，23 开（化学集成 第 3 编）

上海：商务印书馆，1928.6，再版，198 页，23 开（化学集成 第 3 编）

上海：商务印书馆，1930.2，3 版，198 页，23 开（化学集成 第 3 编）

上海：商务印书馆，1933.1，国难后 1 版，198 页，23 开（化学集成 第 3 编）

上海：商务印书馆，1933.7，国难后 2 版，198 页，23 开（化学集成 第 3 编）

上海：商务印书馆，1935.5，国难后 3 版，198 页，23 开（化学集成 第 3 编）

本书内容包括：绪论，碳氢化合物（烃），醇类、醚类、醛类及酮类，脂酸及酮类，烃基与他元素之化合物，碳水化物等。附中文和西文索引。

收藏单位：重庆馆、东北师大馆、广东馆、广西馆、桂林馆、国家馆、南京馆、首都馆、浙江馆

01960

有机化学　王晨著

[北平]：王晨[发行者]，1934.10，14+[386]页，22 开

本书共两部分：开链碳化物、环链之碳化物。内容包括：碳化氢、链烃之取代物、碳素之氧化物、嘌呤组、氰化物、碳水化物等。

收藏单位：国家馆

01961

有机化学　王侈仁著

[北平]：出版者不详，[1934]，1 册，24 开

本书内容多直译于 Otto Diels 的 Einführung in die Organische Chemie 一书。书前吴祥凤序写于 1934 年 10 月。

收藏单位：国家馆

01962

有机化学补充　林兆倧讲

北平：国立北平大学工学院，1935，97 页，22 开

本书书眉题：国立北平大学工学院二年级化系有机化学补充。

01963

有机化学概要　郑贞文著

上海：商务印书馆，1930.10，151 页，32 开（百科小丛书）（万有文库 第 1 集 466）

上海：商务印书馆，1932.11，151 页，32 开（百科小丛书）

上海：商务印书馆，1933.4，再版，151 页，32 开（百科小丛书）

上海：商务印书馆，1933，3 版，151 页，32 开（百科小丛书）

上海：商务印书馆，1934.7，再版，151 页，32 开（百科小丛书）（万有文库 第 1 集 466）

上海：商务印书馆，1935.5，4 版，151 页，32 开（百科小丛书）

本书共 24 章，内容包括：绪论、碳之氢化物、醇、醚、硫之化合物、氮之化合物、金属之化合物等。

收藏单位：安徽馆、重庆馆、大连馆、大庆馆、东北师大馆、广西馆、国家馆、黑龙江馆、湖南馆、江西馆、辽大馆、辽师大馆、南京馆、内蒙古馆、宁夏馆、上海馆、首都馆、天津馆、西南大学馆、浙江馆

01964

有机化学讲坛试验　何君超编著

上海：商务印书馆，1947.11，11+260 页，32 开

收藏单位：重庆馆、东北师大馆、广东馆、桂林馆、国家馆、黑龙江馆、辽宁馆、内蒙古馆、西南大学馆、浙江馆

01965

有机化学精义　（日）松井元兴著　薛德炯译

上海：商务印书馆，1936.12，374 页，25 开

上海：商务印书馆，1937.3，再版，374 页，25 开

收藏单位：重庆馆、广东馆、贵州馆、国家馆、湖南馆、辽宁馆、山西馆、首都馆、浙江馆

01966

有机化学名词草案

中华民国医药学会，110 页，横 16 开

本书分普通和系统两种名称，普通名称就物命名、系统名称则就式命名。

收藏单位：浙江馆

01967

有机化学普通名词

科学名词审查会，[1920]，11 页，横 16 开

本书共收词条 304 个，有英文名、化学式、决定中文名 3 栏。科学名词审查会化学名词审查组第 5 次审查本。

收藏单位：国家馆、上海馆

01968

有机化学实验　（美）艾达慕（R. Adams）（美）约翰孙（J. R. Johnson）著　余兰园　荣甫译

外 文 题 名：Laboratory experiments in organic chemistry

北京：北京大学工学院，[1941]，226 页，22 开

本书共两编：实验之基本方法、较普通有机化合物之制法及其反应。

收藏单位：国家馆

01969

有机化学实验　（德）加脱满（L. Gattermann）著　（德）亨利希·维兰（Heintich Wieland）改编　孟心如译

外文题名：Die Praxis des Organischen Chemikers

长沙：商务印书馆，1939.4，465 页，25 开（大学丛书 教本）

重庆：商务印书馆，1944.2，再版，465 页，25 开（大学丛书 教本）

本书共 3 部分：数项普通工作规则、有机分析法、有机制造篇。

收藏单位：重庆馆、国家馆

01970

有机化学实验　田逸君编

南京：国立编译馆，1941.8，32 页，25 开

本书内收实验 17 个。

收藏单位：国家馆、浙江馆

01971

有机化学实验　王义珏编著

长沙：商务印书馆，1939.3，204+42 页，25 开

本书内收实验 63 个。附实验室内外事项之处理法、试药配制法、重要有机化合物之各种常数及溶解度表、最新原子量表（1937）等。

收藏单位：重庆馆、国家馆、南京馆、浙江馆

01972

有机化学实验（上册）　吴树阁　朱积煊编

上海：中法大学药学专修科，1935.10，180 页，大 32 开（中法大学药学专修科丛书）

收藏单位：南京馆

01973

有机化学实验法　李继应编著

南京：正中书局，1937.2，124 页，25 开

南京：正中书局，1944.1，3 版，124 页，25 开

本书共 6 章：绪论、有机化合物之分离与精制、有机化合物之合成、有机化合物之确定及其纯度之检察、实验室内之各种设备、吹玻璃。

收藏单位：重庆馆、国家馆、首都馆、西南大学馆、浙江馆

01974

有机化学习题　（美）洛威（Alexander Lowy）（美）道尼（Thomas B. Downey）著　刘寒冰译

外文题名：Study questions in elementary organic chemistry

上海：商务印书馆，1936.7，165 页，32 开

收藏单位：广东馆、贵州馆、国家馆、南京馆、内蒙古馆、首都馆、天津馆

01975

有机化学系统名词

外文题名：Systematic names of organic chemistry

科学名词审查会，[1921]，35 页，16 开

本书为科学名词审查会化学名词审查组第 6—7 次审查本。书眉题名：科学名词审查

会有机化学系统名词审查本。

收藏单位：国家馆、上海馆

01976

有机物质分类反应及鉴定实验 （美）诺耶斯（Arthur A. Noyes）（美）穆利肯（Samual P. Mulliken）著　曾昭抡　何家骗译

外文题名：Laboratory experiments on the class reactions and identification of organic substances

曾昭抡 [发行者]，[1934.1]，50 页，23 开

本书共 3 编：表显有机化合物分类反应之试验；表示氮，硫，及卤素在有机化合物中的检出法之试验；未知的有机物质之鉴定及析开。

收藏单位：国家馆、南京馆

物理化学

01977

初级物理化学 （日）立田谦一著　张毅夫译

北京：国立华北编译馆，1943，226 页，32 开（现代知识丛书）

收藏单位：国家馆

01978

电和物质论 （美）康姆斯陶（D. F. Comstock）（美）都娄伦（L. T. Troland）著　葛毓桂译　丁绪贤校

外文题名：The nature of matter and electricity

上海：商务印书馆，1926.8，171 页，23 开，精装（科学丛书）

上海：商务印书馆，1928.6，再版，171 页，23 开，精装（科学丛书）

本书讲解分子、原子和电化学等。

收藏单位：重庆馆、东北师大馆、广东馆、国家馆、湖南馆、江西馆、天津馆

01979

定压气体克分子子热容量与克分子气化热之关系 彭光钦　张尔慈著

重庆：经济部重庆工业试验所，1948.4，10 页，22 开（研究专报 第 7 号）

收藏单位：南京馆

01980

分子之形态与行为（分子之"旋转容积"假说） 彭光钦　张尔慈著

重庆：经济部重庆工业试验所，1948.3，21 页，23 开（研究专报 第 5 号）

收藏单位：南京馆

01981

分子之形态与行为（2 水分子之聚合） 彭光钦　张尔慈著

外文题名：The structure and behavior of molecules. II, Water and its polymerization

重庆：工商部重庆工业试验所，1948.5，14 页，24 开（研究专报 第 9 号）

收藏单位：南京馆

01982

化合力 （日）水岛三一郎著　舒贻上译

长沙：商务印书馆，1938.7，22 页，32 开（自然科学小丛书）

收藏单位：广西馆、国家馆、黑龙江馆、江西馆、辽宁馆、天津馆、西南大学馆

01983

化学变化之途经 （日）竹村贞二著　杨著诚　郁仁贻译

上海：商务印书馆，1937.6，2 册（142+299 页），32 开（自然科学小丛书）（万有文库 第 2 集 244）

长沙：商务印书馆，1939.2，299 页，32 开（自然科学小丛书）

长沙：商务印书馆，1940.3，再版，299 页，32 开（自然科学小丛书）

本书介绍氧化反应、水化反应、中和反应、分解反应、化学反应等内容。

收藏单位：重庆馆、大连馆、大庆馆、广东馆、国家馆、内蒙古馆、上海馆、天津馆、浙江馆

01984

化学反应图解 约翰·替姆（John A. Timm）著　沈鼎三译

上海：开明书店，1937.1，81 页，32 开

上海：开明书店，1939，再版，81 页，32 开
上海：开明书店，1941.11，赣 1 版，81 页，32
开
上海：开明书店，1946.10，4 版，81 页，32 开
上海：开明书店，1947.3，5 版，81 页，32 开
上海：开明书店，1948.11，6 版，81 页，36 开
　　收藏单位：重庆馆、广东馆、广西馆、国
家馆、黑龙江馆、湖南馆、辽宁馆、南京馆、
绍兴馆、首都馆、天津馆、浙江馆

01985

化学分子 （法）勒斯皮俄（R. Lespieau）著
　关实之译
外文题名：La molecule chemique
上海：商务印书馆，1937.3，2 册（263 页），36
开（自然科学小丛书）（万有文库 第 2 集 252）
长沙：商务印书馆，1939.12，2 册（263 页），
36 开（自然科学小丛书）（万有文库 第 1—2
集简编）
　　本书共 18 章，内容包括：当量说、简单
比例、符号式须能表示反映、基、基型之概
念、原子价、碳素之立体化学等。
　　收藏单位：东北师大馆、国家馆、内蒙古
馆、上海馆

01986

化学与电子 （英）汤姆生（J. J. Thomson）
著　孙慕萍译
外文题名：The electron in chemistry
上海：辛垦书店，1935.6，206 页，24 开（科
学丛书）
　　本书论述有关化学中的电子学说。
　　收藏单位：广西馆、国家馆、南京馆、天
津馆

01987

化学与量子 （日）片山正夫著　郑贞文译
上海：商务印书馆，1931.4，72 页，32 开（百
科小丛书）（万有文库 第 1 集 462）
上海：商务印书馆，1933.2，72 页，32 开（百
科小丛书）
上海：商务印书馆，1934，再版，72 页，32
开（百科小丛书）

　　本书共 14 部分，内容包括：量子——质
量量子、化合力之量子、电量子、迟度之最
小限、作用量子、能量子等。
　　收藏单位：安徽馆、重庆馆、大连馆、大
庆馆、东北师大馆、广东馆、广西馆、国家
馆、河南馆、黑龙江馆、湖南馆、江西馆、
辽大馆、辽师大馆、南京馆、内蒙古馆、宁
夏馆、上海馆、首都馆、天津馆、西交大馆、
西南大学馆

01988

火　恽福森编
上海：中华书局，1948.7，19 页，32 开（中华
文库 民众教育 第 1 集）
　　收藏单位：国家馆、上海馆

01989

火和爆发　郑贞文等编辑
重庆：商务印书馆，1925.10，28 页，36 开（少
年自然科学丛书 13）
重庆：商务印书馆，1943.12，渝 1 版，28 页，
36 开（少年自然科学丛书 13）
　　本书浅述火、爆发、灯火等科学常识。
　　收藏单位：重庆馆、广东馆、国家馆、南
京馆、上海馆

01990

火与焰 （日）白井俊明著　章士佼译
上海：开明书店，1946.9，125 页，36 开（开
明少年丛书）
上海：开明书店，1949，再版，125 页，36 开
（开明少年丛书）
　　本书讲述火的历史、可燃气体和不可燃
气体、能够燃烧的东西、爆发、不能燃烧的
东西等。
　　收藏单位：重庆馆、东北师大馆、广东
馆、国家馆、黑龙江馆、吉林馆、辽宁馆、
南京馆、山西馆、上海馆、绍兴馆、首都馆、
浙江馆

01991

胶态化学　H. R. Kruyt 原著　H. S. Van Klooster
英译　吴鲁强重译

外文题名：Colloids

重庆、上海：商务印书馆，1946.2，212页，25开

重庆：商务印书馆，1947，再版，212页，25开

　　本书共4编：概论、秒涷、糢涷、特种问题。

　　收藏单位：重庆馆、东北师大馆、广东馆、国家馆、江西馆、辽宁馆、浙江馆

01992

胶体化学　徐子威编

上海：中华书局，1948.7，109页，32开

　　本书共9章，内容包括：绪论、分散系、胶溶体之性质、胶体之分离、胶体之制法、胶凝体等。

　　收藏单位：重庆馆、国家馆、辽大馆、辽宁馆、上海馆、天津馆、浙江馆

01993

胶质化学概论　钱善湘编著

重庆：正中书局，1942.6，88页，32开

上海：正中书局，1947.2，沪1版，88页，32开

　　本书共8章，内容包括：绪论、胶质之制法、胶质分散系之破坏、胶质之通性、界面及界面张力等。

　　收藏单位：重庆馆、国家馆、辽宁馆、南京馆、浙江馆

01994

胶质化学概论　许炳熙著

外文题名：An introduction to the chemistry of colloids

上海：商务印书馆，1930.4，50页，32开（百科小丛书）（万有文库 第1集 685）

上海：商务印书馆，1931.8，50页，32开（百科小丛书）

上海：商务印书馆，1933.4，国难后1版，50页，32开（百科小丛书）

上海：商务印书馆，1934，再版，51页，32开（百科小丛书）（万有文库 第1集 685）

　　本书介绍胶质的分类、通性、制法和胶质化学的应用等。

　　收藏单位：重庆馆、大连馆、大庆馆、东北师大馆、广东馆、广西馆、贵州馆、国家馆、黑龙江馆、江西馆、辽大馆、辽师大馆、南京馆、内蒙古馆、宁夏馆、上海馆、首都馆、天津馆、浙江馆

01995

胶质化学概要　（日）大幸勇吉著　高铦译

上海：中华学艺社，1930.11，72页，28开（学艺汇刊24）

上海：中华学艺社，1933.2，国难后1版，72页，32开（学艺汇刊24）

　　本书共7章，内容包括：胶溶液之黏度、胶溶液之光学的性质——布朗运动、胶溶液之电化学的性质、吸着等。

　　收藏单位：国家馆、江西馆、南京馆、上海馆、首都馆

01996

理论化学　（日）水津嘉之一郎著　孔庆莱译
　郑贞文校

外文题名：Theoretical chemistry

上海：商务印书馆，1923.4，188+[14]页，23开（化学集成 第1编）

上海：商务印书馆，1923，再版，188+[14]页，23开（化学集成 第1编）

上海：商务印书馆，1925.11，3版，188+[14]页，23开（化学集成 第1编）

上海：商务印书馆，1926，4版，188+[14]页，23开（化学集成 第1编）

上海：商务印书馆，1928.11，5版，188+[14]页，23开（化学集成 第1编）

上海：商务印书馆，1933.3，国难后1版，188+[14]页，23开（化学集成 第1编）

上海：商务印书馆，1933.7，国难后2版，188+[14]页，23开（化学集成 第1编）

　　本编共13章，内容包括：元素及化合物、化学反应之基本定律、分子原子说、分子量及克分子、化学式及命名法、溶液之性质、电离说、氧化与还原等。

　　收藏单位：重庆馆、广东馆、广西馆、国家馆、南京馆、内蒙古馆、宁夏馆、首都馆、天津馆、浙江馆

01997

理论化学　吴振川著

南昌：江西省立工业专科学校，1935.11，402页，32开（江西工业专科学校丛书 第 1 卷）

　收藏单位：广西馆、国家馆、江西馆

01998

理论化学精义　（日）鲛岛实三郎著　薛德炯译

长沙：商务印书馆，1940.12，224 页，25 开

上海：商务印书馆，1948.3，再版，224 页，25开

　本书共 16 章，内容包括：总论、气体、液体、固体与液晶体、相的变化、多相平衡、稀薄溶液、界面化学等。

　收藏单位：重庆馆、国家馆、辽宁馆

01999

马莱氏（Mahler）燃烧公式之修正　彭光钦　温天时著

重庆：经济部重庆工业试验所，1948.5，5 页，23 开（研究专报 第 6 号）

　收藏单位：南京馆

02000

燃烧和碳素　郑贞文等编辑

重庆：商务印书馆，1943.12，渝 1 版，40 页，32 开（少年自然科学丛书 29）

　本书共 4 部分：燃烧、养气、碳素、炭酸气。

　收藏单位：重庆馆、国家馆、南京馆、上海馆

02001

燃烧素学说史　（英）怀德（J. H. White）著　黄素封译

外文题名：The history of the phlogiston theory

上海：商务印书馆，1935.3，222 页，32 开（自然科学小丛书）（万有文库 第 2 集 254）

上海：商务印书馆，1936.3，222 页，32 开（自然科学小丛书）

　本书共 12 章，内容包括：燃烧问题、金属之煅烧问题、柏策与司太尔二氏之燃烧素学说、燃烧素学说之演进、氢与水等。

　收藏单位：重庆馆、大连馆、大庆馆、东北师大馆、广东馆、广西馆、贵州馆、国家馆、黑龙江馆、江西馆、辽大馆、辽宁馆、辽师大馆、南京馆、内蒙古馆、宁夏馆、上海馆、天津馆、浙江馆

02002

燃烧与爆炸　（苏）谢苗诺夫（Николай Николаевич Семёнов）著　毅风译

沈阳：东北书店，1949.5，24 页，32 开（通俗科学读物）

　本书著者原题：谢妙诺夫。

　收藏单位：东北师大馆、国家馆

02003

燃烧与爆炸　（苏）谢苗诺夫（Николай Николаевич Семёнов）著　毅风译

北京：国际书店，1949，24 页，32 开（通俗科学读物）

　本书著者原题：谢妙诺夫。

02004

物理化学大纲　（德）阿伦特（K. Arindt）著　伍况甫译

外文题名：A summary of physical chemistry

上海：商务印书馆，1930.4，120 页，32 开（百科小丛书）（万有文库 第 1 集 459）

上海：商务印书馆，1931.8，120 页，32 开（百科小丛书）

上海：商务印书馆，1932.11，国难后 1 版，120页，32 开（百科小丛书）

上海：商务印书馆，1934.7，再版，120 页，32开（百科小丛书）（万有文库 第 1 集 459）

上海：商务印书馆，1935.2，国难后 2 版，120页，32 开（百科小丛书）

上海：商务印书馆，1935，国难后 3 版，120页，32 开（百科小丛书）

　本书内容包括：通律、气体、液体、固体、稀溶液、胶体、化学中之力学、相规、溶液等。

　收藏单位：安徽馆、重庆馆、大连馆、东北师大馆、广东馆、广西馆、国家馆、黑龙

江馆、江西馆、辽大馆、辽师大馆、内蒙古馆、宁夏馆、上海馆、首都馆、天津馆、西南大学馆、浙江馆

02005

物理化学指导　瞿世镇编

上海：三民图书公司，1946，新 2 版，1 册，36 开（升学指导丛书）

　　收藏单位：广西馆、南京馆

02006

新炼金术　（英）卢德福（Lord Rutherford）著　葛培根译

上海：商务印书馆，1946.12，43 页，32 开（汉译世界名著）

　　本书介绍放射性蜕变、高速质点的检查、α 质点所产生的元素转变、人工方法转变等。

　　收藏单位：重庆馆、广东馆、国家馆、辽宁馆、南京馆、内蒙古馆、上海馆、浙江馆

02007

阴离子分析法　赵廷炳著

外文题名：Methods of the analysis of anions

长沙：商务印书馆，1941.1，54 页，32 开

长沙：商务印书馆，1941，再版，54 页，32 开

重庆：商务印书馆，1944.1，48 页，25 开（中央大学丛书）

上海：商务印书馆，1947.6，48 页，25 开（中央大学丛书）

上海：商务印书馆，1949，再版，48 页，25 开（中央大学丛书）

　　收藏单位：重庆馆、东北师大馆、广东馆、国家馆、湖南馆、辽宁馆、南京馆、内蒙古馆、山西馆、首都馆、浙江馆

02008

应用胶体化学　余飒声编

上海：中华书局，1948.3，126 页，32 开

　　本书共 14 章，内容包括：胶液的生成法、疏水胶状液、亲水胶状液、凝胶、乳制品、肥皂等。

　　收藏单位：重庆馆、东北师大馆、广东馆、桂林馆、国家馆、黑龙江馆、湖北馆、

湖南馆、辽宁馆、南京馆、山西馆、上海馆、浙江馆

分析化学

02009

半微定性分析　（美）安智德（C. J. Engelder）（美）邓克尔伯格（H. Dunkelberger）（美）席勒尔（W. J. Schiller）著　丁绪贤译

外文题名：Semi-micro qualitative analysis

上海：商务印书馆，1947.12，340+12 页，25 开

上海：商务印书馆，1949，再版，340+12 页，25 开

　　本书共 4 篇：定性分析的理论基础、正离子的反应、负离子的反应、系统的微量分析。

　　收藏单位：重庆馆、桂林馆、国家馆、辽宁馆、南京馆、首都馆、浙江馆

02010

半微量定性分析　（美）安智德（C. J. Engelder）（美）席勒尔（W. J. Schiller）著　高铦译

外文题名：Semi-micro qualitative analysis

长沙：商务印书馆，1941.4，278 页，25 开

　　本书共 4 篇：定性分析之根本原理、阳离子之反应、阴离子之反应、系统的微量分析。

　　收藏单位：国家馆

02011

半微量定性分析　叶治镳著

上海：中国科学图书仪器公司，1943.5，510 页，25 开

上海：中国科学图书仪器公司，1946.10，3 版，510 页，25 开

上海：中国科学图书仪器公司，1947.10，4 版，510 页，25 开

　　本书共 5 章：绪言、实验教程、阳游子之分析、阴游子之分析、系统分析。大学用书。

　　收藏单位：重庆馆、广西馆、国家馆、黑龙江馆、南京馆、上海馆、浙江馆

02012

定量分析化学　（美）达尔波（H. P. Talbot）

著　张泽垚　童永庆译

外文题名：An introductory course of quantitative chemical analysis

上海：商务印书馆，1937.1，252 页，25 开（大学丛书 教本）

上海：商务印书馆，1937.4，再版，252 页，25 开（大学丛书 教本）

长沙：商务印书馆，1938.4，再版，252 页，25 开（大学丛书 教本）

重庆：商务印书馆，1944.5，252 页，25 开（大学丛书 教本）

　　本书共 3 编：绪言、容量分析、重量分析。

　　收藏单位：重庆馆、东北师大馆、贵州馆、国家馆、湖南馆、江西馆、辽宁馆、南京馆、内蒙古馆、首都馆

02013

定量分析化学　梁宗鼎著

外文题名：A guide to quantitative chemical analysis

[福州矿业学校]，1924，91 页，25 开

　　本书共 4 编：总论、重量分析、容量分析、工业分析。

　　收藏单位：广东馆、国家馆

02014

定量分析化学实验纪录册　张沾卿　陈善晃编著

外文题名：Laboratory note-book for quantitative chemical analysis

长沙：商务印书馆，1939.7，[12]+227 页，24 开，精装

　　本书共两编：重量分析、容量分析。

　　收藏单位：重庆馆、广东馆、贵州馆、桂林馆、国家馆、上海馆

02015

定量化学分析　曹元宇著

长沙：商务印书馆，1939.1，2 册（583 页），25 开（大学丛书 教本）

长沙：商务印书馆，1939.8，2 版，2 册（583 页），25 开（大学丛书 教本）

上海：商务印书馆，1947.4，3 版，2 册（583

页），25 开（大学丛书 教本）

　　本书分上、下册，共 4 篇。第 1 篇为总论，第 2 篇为重量法，后两篇为容量法。

　　收藏单位：广东馆、国家馆

02016

定量化学分析计算法　（美）威金逊（J. A. Wilkinson）著　张沾卿译

外文题名：Calculations in quantitative chemical analysis

长沙：商务印书馆，1929，再版，187 页，32 开

上海：商务印书馆，1936.9，187 页，32 开

上海：商务印书馆，1936，3 版，187 页，32 开

　　本书共 23 章，内容包括：方程式计算法、化学因数、由分析结果以计算化合物式、重量分析之百分比计算、产生一定反应所需之试药量等。

　　收藏单位：北师大馆、广东馆、国家馆、南京馆、山西馆、浙江馆

02017

定性分析　陈世璋著

外文题名：Qualitative chemical analysis

上海：商务印书馆，1924.7，274 页，23 开（北京大学丛书 9）

上海：商务印书馆，1926.11，3 版，274 页，23 开，精装（北京大学丛书 9）

上海：商务印书馆，1931.1，4 版，274 页，23 开，精装（北京大学丛书 9）

上海：商务印书馆，1932.12，国难后 1 版，274 页，23 开，精装（北京大学丛书 9）

长沙：商务印书馆，1941.2，国难后 2 版，274 页，23 开（北京大学丛书 9）

　　本书共 8 章，内容包括：定性分析中之手术、金属原质（阳游子）之分组、非金属原质与阴游子、定性分析之顺序等。

　　收藏单位：重庆馆、广东馆、广西馆、贵州馆、桂林馆、国家馆、宁夏馆、首都馆、浙江馆

02018

定性分析化学　C. B. Jordan　H. G. Dekay 著

　　蓝春池　余大猷译

上海：商务印书馆，1947.7，155 页，25 开

　　本书为医药专科学校适用。

　　收藏单位：重庆馆、东北师大馆、广东馆、贵州馆、国家馆

02019

定性分析化学　曹任远著

北平：怀英制版印刷局，1937.6，171 页，24 开

　　本书供高中或大学一、二年级自修用。

　　收藏单位：广东馆

02020

定性分析化学　（美）葛德孟（J. L. Curtman）著　赵廷炳　范敬平译

外文题名：Qualitative chemical analysis

上海：中国科学图书仪器公司，1938.3，284 页，25 开

上海：中国科学图书仪器公司，1946.5，再版，284 页，25 开

上海：中国科学图书仪器公司，1946.6，3 版，284 页，25 开

上海：中国科学图书仪器公司，1947.4，4 版，284 页，25 开

　　本书共 4 章：理论、金属离子及阴离子、实验工作、计算。附器械、试药、对数表等。

　　收藏单位：重庆馆、广东馆、桂林馆、国家馆、辽宁馆、天津馆

02021

定性分析化学　（美）诺耶斯（Arthur A. Noyes）著　蓝春池　余大猷译

外文题名：A course of introduction in the qualitative chemical analysis of inorganic substances

上海：商务印书馆，1946.10，138 页，25 开

上海：商务印书馆，1947.5，再版，138 页，25 开

上海：商务印书馆，1949.1，3 版，138 页，25 开

　　本书共两编：绪论——指导程序、系统分析。

　　收藏单位：重庆馆、东北师大馆、桂林馆、国家馆、辽宁馆、南京馆、上海馆、首都馆、西南大学馆、浙江馆

02022

定性分析化学　（日）山田董著　谢祜生译

上海：群益书社，1912.10，再版，262 页，32 开，精装

　　收藏单位：国家馆

02023

定性分析化学　（德）特勒威尔（E. P. Treadwell）（美）荷尔（W. T. Hall）英译　曾广典　陈善晃重译

外文题名：Qualitative analytical chemistry

长沙：商务印书馆，1939.1，2 册（740 页），25 开（大学丛书）

长沙：商务印书馆，1941，3 版，2 册（740 页），25 开（大学丛书）

上海：商务印书馆，1947.6，4 版，2 册（740 页），25 开（大学丛书）

　　本书阐述分析化学理论，阴、阳离子，系统分析，稀有金属反应等。

　　收藏单位：广东馆、国家馆、南京馆、上海馆、首都馆、天津馆、浙江馆

02024

定性分析化学

大连：南满洲教育会教科书编辑部，1929.3，262 页，25 开

大连：南满洲教育会教科书编辑部，1932.9，5 版，262 页，25 开

　　本书共 4 编：技术、试药、对于试药各体之反应、未知物质之定性分析次序。

　　收藏单位：国家馆

02025

定性分析化学（图表精解）　孙錫洪编

上海：开明书店，1937.1，10+295 页，32 开

上海：开明书店，1940，2 版，295 页，32 开

上海：开明书店，1946.11，3 版，295 页，32 开

上海：开明书店，1948.2，4 版，295 页，32 开

　　本书共 6 编：阳离子（金属根）、不使用硫化氢之阳离子分析法、阴离子（酸根）、系

统分析、试药及试液之调制、附录。

收藏单位：广东馆、贵州馆、国家馆、首都馆、天津馆、浙江馆

02026

定性分析化学常识　刘遂生编

上海：中华书局，1949.3，94 页，32 开

本书共 4 章：绪论、金属元素的分类及其反应、非金属元素和根的反应、重要气体的检验。

收藏单位：重庆馆、东北师大馆、广东馆、国家馆、辽大馆、上海馆

02027

分析化学　（日）水津嘉之一郎著　孔庆莱译　郑贞文校

外文题名：A comeplete treatise on chemistry

上海：商务印书馆，1926.4，320+12 页，23 开（化学集成 第 4 编）

上海：商务印书馆，1928.8，再版，320+12 页，23 开（化学集成 第 4 编）

上海：商务印书馆，1930，3 版，320+12 页，23 开（化学集成 第 4 编）

上海：商务印书馆，1932.9，国难后 1 版，320+12 页，23 开（化学集成 第 4 编）

上海：商务印书馆，1933.2，国难后 2 版，320+12 页，23 开（化学集成 第 4 编）

本书讲解定性、定量和特殊分析。

收藏单位：重庆馆、东北师大馆、国家馆、江西馆、南京馆、浙江馆

02028

分析化学教程大纲

出版者不详，4 页，32 开

本书供卫生医助用。

收藏单位：广东馆

02029

分析化学实验书　（英）F. Clowas 著　项镇方译

外文题名：A treatise on practical chemistry and qualitative analysis

上海：商务印书馆，1914，3 版，431 页，25 开

收藏单位：广东馆、国家馆、湖南馆、浙江馆

02030

汉译无机定性分析　柯友枝编译　许绶荣校

北京：华北科学社，1942，216 页，25 开

本书为大学或专门化学系学生必备之书。

收藏单位：首都馆

02031

汉译无机物定性化学分析　（美）诺耶斯（Arthur A. Noyes）著　徐宗稼译

外文题名：A course of the qualitative chemical analysis of inorganic substances

北平：人文书店，1933.9，296 页，25 开

本书内容包括：实验室试验、关于试验的问题、供检出鉴基性成分的溶液的调制、鉴基性成分的检出、酸性成分的检出、非火成产物的分析等。

收藏单位：国家馆、首都馆

02032

教案式定性分析化学教科书　周毓莘编

上海：商务印书馆，1927，150 页，25 开

上海：商务印书馆，[1934]，151 页，32 开

本书共 4 篇：玻管细工、鉴基类（金属）、普通酸类之特别反应、未知物之系统分析。

收藏单位：广东馆、桂林馆、国家馆、南大馆

02033

近代化学定性分析一览表　黄瑞章编

北平：传信印书局，1936.4，19 页，16 开

收藏单位：国家馆

02034

普通化学定性分析实验教程　薛愚编著

重庆：正中书局，1941.9，265 页，25 开

上海：正中书局，1947.6，沪 1 版，265 页，25 开

本书共两篇：普通化学实验、无机定性分析。

收藏单位：重庆馆、国家馆、辽宁馆、南京馆、内蒙古馆、上海馆

02035

容量分析 （英）科波克（J. B. M. Coppock）（英）科波克（J. B. Coppock）著 佘小宋译

外文题名：Volumetric analysis

上海：商务印书馆，1937.1，178 页，32 开

本书共 9 章，内容包括：当量溶液之调制、中和及指示剂原理、用十分之一高锰酸钾当量溶液之测定法、用两种标准溶液之测定法等。

收藏单位：东北师大馆、广东馆、贵州馆、国家馆、湖南馆、南京馆、上海馆、首都馆、浙江馆

02036

实验分析化学 （英）麦克虎（G. P. McHugh）著 佘小宋译

外文题名：A practical chemistry

上海：商务印书馆，1935.10，171 页，32 开

上海：商务印书馆，1947，3 版，171 页，32 开

上海：商务印书馆，1948，4 版，171 页，32 开

本书共 3 编：定性分析、定量分析、各种与化学分析有关之实验。高级工科职业学校教科书。

收藏单位：重庆馆、国家馆、辽大馆、辽宁馆

02037

实用定量分析化学 孙锡洪编

上海：开明书店，1940.7，196 页，32 开

桂林：开明书店，1943.9，内 1 版，196 页，32 开

上海：开明书店，1946.10，3 版，196 页，32 开

上海：开明书店，1948.6，4 版，196 页，32 开

本书共两篇：定量分析入门、定量分析应用。

收藏单位：重庆馆、东北师大馆、广东馆、桂林馆、国家馆、吉林馆、南京馆、西南大学馆、浙江馆

02038

实用定性分析 陈衡心编著

杭州：中华民国药学会，1934.7，[280] 页，25 开

本书共 4 章：总论、阳游子分析法、阴游子分析法、附录。

收藏单位：国家馆、浙江馆

02039

水之物理的及化学的试验法（杭州之井水） 黄鸡龙 黄鸣驹著

出版者不详，1 册，16 开

收藏单位：广东馆

02040

无机定性分析 裘家奎著

上海：盛际唐 [出版者]，1937.6，334 页，36 开

本书分原理、实验两编，内容包括：溶液、平衡、电解质、游子平衡之应用、胶态等。

收藏单位：广东馆、国家馆

02041

无机定性分析（不使用硫化氢法） 李瑞震编著

外文题名：Inorganic qualitative analysis sulfide : without the use of hydrogen

上海：科学图书公司，1937.6，116 页

本书共 4 章：绪论、实验大纲、固体试样之初步检验、阳离子之分析。

收藏单位：南大馆

02042

无机定性分析化学精解（汉文 NOYES） 陈玉嘉演译

北平：中原书店，1935.5，139 页，25 开

本书对诺耶斯所著《无机定性化学分析》一书中的问题做出解答。

收藏单位：国家馆、浙江馆

02043

无机定性分析手册 朱积煊编

上海：世界书局，1940，130 页，32 开

上海：世界书局，1947.5，再版，130 页，32 开

　　本书内容包括：初步检验、盐类之反应、酸类之反应、颜色反应与离子之颜色、系统分析、溶解度与溶解度积表等。

　　收藏单位：重庆馆、广东馆、南京馆、绍兴馆、浙江馆

02044

无机定性分析原理　裴家奎编著

上海：正中书局，1947.9，199 页，25 开

　　本书共 9 章，内容包括：溶液、反应及平衡、游子平衡之应用等。大学用书。

　　收藏单位：重庆馆、东北师大馆、广东馆、国家馆、辽宁馆、南京馆、内蒙古馆、上海馆、浙江馆

02045

无机有机定性分析表解　顾学裴编　梅斌夫校

上海：商务印书馆，1936.8，90 页，32 开

上海：商务印书馆，1937.3，再版，90 页，32 开

　　收藏单位：东北师大馆、广东馆、国家馆、内蒙古馆、首都馆、浙江馆

02046

新撰实验定性分析化学　顾树森编译　孔庆莱校订

上海：商务印书馆，1911，205 页，22 开

上海：商务印书馆，1912，2 版，205 页，22 开

上海：商务印书馆，1913.11，3 版，205 页，22 开

上海：商务印书馆，1924.12，5 版，205 页，22 开

上海：商务印书馆，1931，6 版，205 页，22 开

　　本书讲解盐基之反应、无机酸及有机酸基之瓜、未知体和植物碱类之分析等。

　　收藏单位：广东馆、国家馆、江西馆、首都馆

02047

应用 X 射线光谱于化学分析（钒之定量）　李秋谷著

出版者不详，1937.2，44 页，24 开

02048

有机化合物之系统鉴定法　（美）许雷南（Ralph L. Shriner）（美）孚荪（Reynold C. Fuson）著　顾远芎译

外文题名：The systematic identification of organic compounds

上海：商务印书馆，1946.8，190+109 页，32 开

上海：商务印书馆，1949，再版，190+109 页，32 开

　　本书共 9 章，内容包括：有机化合物之溶解度、分类试药之应用、检验及报告未知物法、特种实验方法等。

　　收藏单位：重庆馆、东北师大馆、国家馆、江西馆、宁夏馆、首都馆、西南大学馆、浙江馆

02049

有机化学分析　（德）施陶丁格（Hermann Staudinger）著　何君超译

外文题名：Anleitung zur or Ganischen Qualitativen Analyse

昆明：中华书局，1939.10，16+186 页，25 开（大学丛书）

上海：中华书局，1949.3，3 版，16+186 页，25 开（大学丛书）

　　本书共两部分：普通之部、特专之部。

　　收藏单位：重庆馆、东北师大馆、广东馆、国家馆、南京馆、上海馆、西南大学馆

02050

最新定量分析　余兰园编

北平：余兰园［发行者］，1934.4，10+120+20 页，22 开

北平：余兰园［发行者］，1936.1，再版，10+120+20 页，22 开

　　本书共 3 编：定量分析之基本原理及手续、容积分析、重量分析。

　　收藏单位：国家馆

02051

最新定性分析　余兰园编

北平：余兰园 [发行者]，1934.8，128 页，22 开

北平：余兰园 [发行者]，1935.6，再版，126 页，22 开

　　本书共 14 章，内容包括：初步试验、供试液的制法、比较试验、五组金属根的统分析、硫酸组酸根的分开及鉴别法等。

　　收藏单位：国家馆

应用化学

02052

勃拉克、柯纳脱实用化学　（美）勃拉克（N. H. Black）（美）康乃德（J. B. Conant）著　王义珏译

苏州：小说林书社，1934—1935，2 册（308+318 页），23 开（苏中化工丛书）

　　本书分上、下册，上册出版于 1934 年，下册出版于 1935 年。

　　收藏单位：东北师大馆

02053

创造的化学　（美）斯洛孙（Edwin E. Slosson）著　沙玉彦译

外文题名：Creative chemistry

上海：新亚书店，1935.3，324 页，32 开，精装

　　本书讲述化学在肥料、染料、高分子、农产品的深加工、金属等方面的创造及其对世界的影响。著者原题：史禄生。

　　收藏单位：重庆馆、东北师大馆、国家馆、辽宁馆、天津馆、西南大学馆、云南馆、浙江馆

02054

化学与文明　（美）卡士曼（Allerton Cushman）著　汪仁镜译

外文题名：Chemistry and civilization

上海：商务印书馆，1930.11，130+17 页，32 开（百科小丛书）

上海：商务印书馆，1933.3，国难后 1 版，130+17 页，32 开（百科小丛书）

上海：商务印书馆，1935.6，国难后 2 版，130+17 页，32 开（百科小丛书）

　　本书共 6 章：过去时代之化学、化学之供人类应用、化学与实业、化学与战争、化学与将来、近代化学之几种状态。

　　收藏单位：重庆馆、大庆馆、广东馆、广西馆、国家馆、江西馆、南京馆、上海馆、首都馆、浙江馆

02055

化学之创造　（美）斯洛孙（Edwin E. Slosson）著　张资琪译

外文题名：Creative chemistry

上海：商务印书局，1931.1，223 页，32 开（新智识丛书）

　　本书共 14 章，内容包括：人造塑胶、橡皮、糖类、固体化日光、毒气战、新旧金属等。著者原题：斯罗孙。

　　收藏单位：重庆馆、江西馆、南京馆、浙江馆

02056

南开大学应用化学研究所报告书

天津：南开大学应用化学研究所，1933—1937，5 册（77+98+70+90+126 页），16 开

　　本书共 5 卷：第 1 卷出版于 1933 年，第 2 卷出版于 1934 年 6 月，第 3 卷出版于 1935 年 6 月，第 4 卷出版于 1936 年 5 月，第 5 卷出版于 1937 年 5 月。

　　收藏单位：国家馆

02057

实用化学提要　刘遂生编著

上海：新亚书店，1935.7，124 页，32 开

上海：新亚书店，1940.9，再版，124 页，32 开

上海：新亚书店，1942.9，3 版，124 页，32 开

　　收藏单位：广东馆、国家馆、浙江馆

02058

新实用化学　郁树锟编

昆明：中华书局，1941.4，264 页，32 开（科学常识丛书）

本书共 19 章，内容包括：化学原理、气体中的放电现象、化学元素、原子的构造及蜕变、溶液、催化和催化剂等。

收藏单位：重庆馆、上海馆、天津馆

晶体学

02059

结晶体 （日）渡边万次郎著　张资平译

上海：商务印书馆，1935.3，2 册（198 页），32 开（自然科学小丛书）（万有文库第 2 集 257）

上海：商务印书馆，1935.7，198 页，32 开（自然科学小丛书）

本书共 4 章：结晶体之外形、结晶体之内部构造、结晶体之物理性及化学性、结晶体之生成。

收藏单位：重庆馆、大连馆、大庆馆、东北师大馆、广东馆、广西馆、贵州馆、国家馆、黑龙江馆、江西馆、辽大馆、辽师大馆、内蒙古馆、宁夏馆、清华馆、上海馆、首都馆、天津馆、浙江馆

天文学、地球科学

天文学

02060

东洋天文学史研究 （日）新城新藏著　沈璇译

上海：中华学艺社，1933.7，674 页，22 开

本书共 10 编，内容包括：东洋天文学史大纲、周初之年代、中国上古金文中之历日、二十八宿之起原说、春秋长历、汉代所见之诸种历法等。附《中国古代历法概论》（译自日本饭岛忠夫著《中国古代历法起源考》之第 1 章）。

收藏单位：重庆馆、广西馆、国家馆、黑龙江馆、近代史所、辽师大馆、南京馆、内蒙古馆、宁夏馆、上海馆、西南大学馆、浙江馆

02061

高等天文学　卢景贵编

上海：中华书局，1937.6，2 册（12+438+544 页），22 开，精装

昆明：中华书局，1941.5，再版，2 册（12+438+544 页），22 开，精装

本书内容包括：实用天文学、弧三角天文学、理论天文学以及宇宙创造学等。

收藏单位：广西馆、贵州馆、国家馆、黑龙江馆、江西馆、山西馆、绍兴馆、西南大学馆、浙江馆

02062

高等天文学　张云著

南京：国立编译馆，1936.8，497 页，23 开，精装

本书共 3 篇：球面天文学、实用天文学、蚀论。附平均蒙气差表、Bessel 蒙气差表、特别蒙气差表、赤经赤纬岁差表、时分与日之分数换算表、恒星时与地平时换算表。

收藏单位：重庆馆、广东馆、桂林馆、国家馆、黑龙江馆、辽宁馆、南京馆、天津馆、西南大学馆、浙江馆

02063

历象宝鉴（附阴阳合璧 八十年时宪）　林晴芸编辑

新京（长春）：山城书坊，1943.10，78+16+80 页，32 开

收藏单位：国家馆

02064

普通天文学　张云编著

广州：国立中山大学出版部，1933.10，358 页，16 开

本书论述实用天文学、太阳系、恒星系等。附地球大小、天文恒数、太阳系要素、平均蒙气差、二十八宿名、希腊字母、主要

恒星专名、汉译名词索引。

　　收藏单位：重庆馆、国家馆、浙江馆

02065

十年来之天文学　戴文赛著

昆明：国立中央研究院，[1942]，30 页，36 开

　　收藏单位：国家馆、南京馆

02066

史记天官书大部分为司马迁原作之考证　刘朝阳著

出版者不详，1929，12 页，16 开（天文学史论丛 2）

　　本书提出现存《天官书》被怀疑的四点，并对其考证是否为司马迁之作。

　　收藏单位：浙江馆

02067

史记天官书之研究　刘朝阳著

出版者不详，1929，60 页，32 开

　　本书内容包括：史记天官书之科学方面、史记天官书之非科学方面、史记天官书与周髀算经之比较、史记天官书与淮南子天文训之比较等。

　　收藏单位：西南大学馆、浙江馆

02068

谈天　（英）侯失勒（J. F. W. Herschel）著　伟烈亚力　李善兰译

外文题名：Outlines of astronomy

上海：商务印书馆，1930.10，4 册（92+105+108+137 页），32 开（汉译世界名著）（万有文库 第 1 集 436）

上海：商务印书馆，1934.1，92+105+108+137 页，32 开，精装（汉译世界名著）

上海：商务印书馆，1934.7，再版，92+105+108+137 页，32 开，精装（汉译世界名著）

　　本书共 18 卷，内容包括：论地、命名、测量之理、地理、天图、月离、动理、诸行星、诸月、彗星等。

　　收藏单位：安徽馆、重庆馆、大连馆、东北师大馆、广东馆、广西馆、贵州馆、国家馆、黑龙江馆、江西馆、辽大馆、辽师大馆、

南京馆、内蒙古馆、宁夏馆、上海馆、首都馆、天津馆、西南大学馆、浙江馆

02069

天界现象　许心芸编译　杜亚泉校订

上海：商务印书馆，1928.6，183 页，32 开（新智识丛书）

　　本书讲述地球、月球、太阳、行星、彗星、流星及宇宙等天文知识。以日本三泽力太郎所著《天界之现象》一书为蓝本编译。

　　收藏单位：重庆馆、国家馆、湖南馆、江西馆、南京馆、绍兴馆、首都馆、天津馆

02070

天文　陈遵妫著

北平：中国文化服务社，1945.4，82 页，32 开（国民文库）

北平：中国文化服务社，1946，再版，62 页，32 开（国民文库）

　　本书共 4 章：绪论、太阳系、恒星界、宇宙论。

　　收藏单位：重庆馆、广东馆、国家馆、南京馆

02071

天文考古录　朱文鑫著

上海：商务印书馆，1933.1，132 页，32 开（百科小丛书）

上海：商务印书馆，1933.6，再版，132 页，32 开（百科小丛书）

上海：商务印书馆，1933.12，132 页，32 开（百科小丛书）（万有文库 第 1 集 437）

上海：商务印书馆，1934.7，再版，132 页，32 开（百科小丛书）（万有文库 第 1 集 437）

长沙：商务印书馆，1939.12，132 页，32 开（百科小丛书）（万有文库 第 1—2 集简编 146）

　　本书内收《中西天文史年表》《中国历法源流》《中国史之哈雷慧》《中国日斑史》《春秋日食考》《历代日食统计》《汉书天文志客星考》《轩辕流星雨史略》等。书前有叶楚伧、胡朴安序。

　　收藏单位：安徽馆、重庆馆、大连馆、大庆馆、东北师大馆、广东馆、广西馆、国家

馆、黑龙江馆、吉林馆、江西馆、辽大馆、
辽师大馆、南大馆、南京馆、内蒙古馆、宁
夏馆、上海馆、首都馆、天津馆、西南大学
馆、浙江馆

02072

天文浅说　（英）塞耳韦士（G. P. Serviss）著
　许烺光译
外文题名：Astronomy in a nutshell
上海：商务印书馆，1935.3，198 页，32 开（自
然科学小丛书）（万有文库 第 2 集）
上海：商务印书馆，1935.6，198 页，32 开（自
然科学小丛书）
上海：商务印书馆，1935.12，再版，198 页，
32 开（自然科学小丛书）
长沙：商务印书馆，1939.9，198 页，32 开（自
然科学小丛书）（万有文库 第 1—2 集简编）
　　本书共 4 章：天球、地球、太阳系、恒
星。
　　收藏单位：重庆馆、大连馆、东北师大
馆、广西馆、贵州馆、国家馆、黑龙江馆、
江西馆、近代史所、辽大馆、辽师大馆、南
京馆、内蒙古馆、宁夏馆、首都馆、天津馆、
浙江馆

02073

天文学　陈遵妫编
贵阳：文 通 书 局，1943.10，286 页，16 开
（大学丛书）（中国天文学会丛书 2）
　　本书共 19 章，内容包括：绪论、天文学
发达概论、天球、坐标、坐标订正、天文仪
器、天文学之实用、行星运动论、太阳、太
阴等。
　　收藏单位：重庆馆、贵州馆、国家馆

02074

天文学　高鲁著
北京：京师学务局学术讲演会，26 页，18 开
（学术讲演录）
　　本书概述天文学的中西发展史。
　　收藏单位：江西馆

02075

天文学　汪广平著
出版者不详，1941，手写复印本，1 册，18
开
　　收藏单位：国家馆

02076

天文学　王华隆编
上海：商务印书馆，1926.8，93 页，32 开
　　本书内附中西文星宿对照图 4 页。
　　收藏单位：国家馆

02077

天文学
北京：国立华北观象台，1941，2 册（71+94
页），16 开
　　收藏单位：国家馆

02078

天文学概论　陈遵妫著
长沙：商务印书馆，1939.2，295+[17] 页，32
开（自然科学小丛书）
长沙：商务印书馆，1939.6，再版，295+[17]
页，32 开（自然科学小丛书）
　　本书概述太阳系、恒星和宇宙。附名词
索引、专名索引、星图 4 幅。
　　收藏单位：重庆馆、东北师大馆、贵州
馆、国家馆、首都馆、天津馆、浙江馆

02079

天文学概论　张挺著
上海：辛垦书店，1936.2，196 页，32 开
　　本书共 5 章：绪论、宇宙演进概观、星底
世界、太阳系、宇宙往何处去。
　　收藏单位：东北师大馆、广东馆、国家馆

02080

天文学纲要　陈遵妫编
昆明：中华书局，1939.8，206 页，32 开（中
华百科丛书）
昆明：中华书局，1941，206 页，32 开（中华
百科丛书）
上海：中华书局，1947.9，再版，206 页，32

开（中华百科丛书）

　　本书共 14 章，内容包括：绪论、坐标、天文仪器、地球、太阳、太阴、食和掩星、天文学的应用、行星等。

　　收藏单位：重庆馆、广东馆、辽宁馆、南京馆、宁夏馆、上海馆、首都馆

02081

天文学论丛　张钰哲著　余青松　高平子校

南京：国立编译馆，1934.6，282 页，22 开

　　本书共 17 篇，内有世界各大天文台设备和工作的记述，发表于外国专业刊物中的研究摘要等。另有外国天文史中名家列传 11 篇。商务印书馆发行。

　　收藏单位：重庆馆、广东馆、国家馆、湖南馆、江西馆、辽宁馆、南京馆、山西馆、上海馆、天津馆

02082

天文学名词　国立编译馆编订

上海：商务印书馆，1934.1，101 页，16 开

上海：商务印书馆，1936.4，3 版，101 页，16 开

长沙：商务印书馆，1940.3，4 版，101 页，16 开

　　本书共 4 部分：天文学名词（英、德、法、日、中名词对照，依拉丁字母排列），星座录（拉丁、英、法、德、中名对照），西文索引，中文索引。附天文学名词审查委员会名单及委员会 12 人略历。1933 年 4 月教育部公布。

　　收藏单位：重庆馆、贵州馆、国家馆、江西馆、内蒙古馆、上海馆、首都馆、西南大学馆、浙江馆

02083

天文学名词（增订本初稿）

[南京]：国立编译馆，1941.11，[660] 页，10 开

　　收藏单位：吉林馆

02084

天文学小史　朱文鑫著

上海：商务印书馆，1935.9，2 册（260 页），32 开（自然科学小丛书）（万有文库第 2 集 210）

长沙：商务印书馆，1939.9，2 册（260 页），32 开（自然科学小丛书）（万有文库 第 1—2 集简编）

　　本书分上、下册，上册主要介绍天文学之源流、古天文学史，下册介绍新天文学史。附外国人名中西对照表、外国地名中西对照表。

　　收藏单位：重庆馆、大连馆、东北师大馆、贵州馆、国家馆、江西馆、辽大馆、辽师大馆、内蒙古馆、宁夏馆、上海馆、天津馆、浙江馆

02085

新发明天文学　黄翼之著

长沙：世界书局，1931.1，40+13 页，16 开

　　本书共 6 篇，内容包括：彗星、恒星、天地、玄妙的宇宙等。

　　收藏单位：国家馆

02086

中国古代天文学考　（英）湛约翰（John Chalmers）著　向达译

上海：中国科学社，1926.12，1676—1698 页，16 开

　　本书为《科学》第 11 卷第 12 期抽印本。

　　收藏单位：国家馆、浙江馆

02087

中国上古天文　（日）新城新藏著　沈璿译

外文题名：Chinesische astronomie

上海：中华学艺社，1936.1，87 页，32 开（学艺汇刊 38）

　　本书共 11 章，内容包括：旬与周、二十八宿与周髀、春秋之历、历法之成立、战国时代之天文、太初历之制定、中国上古之年代等。

　　收藏单位：重庆馆、大庆馆、广东馆、国家馆、江西馆、近代史所、南京馆、上海馆、绍兴馆、首都馆、天津馆、浙江馆

02088

中国天文学会会报

上海：中国天文学会，1927，132 页，18 开

　　本书内收周良熙的《小引》、高鲁的《日晷通则》《星历斗历考》《国民历释疑》《玉盘日晷考》《延熹目圭考》、蒋丙然的《天文与气象学》、陈遵妫的《地震与火山》、高均的《周髀北极璇玑考》、朱文鑫的《中国历法源流》、虞和演的《均历法》、陈展云的《国际历法》等论文。书末有会务报告、会员录，书前有玉盘日晷缩影。

　　收藏单位：国家馆

02089

中西经星同异考　（清）梅文鼎著

上海：商务印书馆，1937.3，54 页，32 开（国学基本丛书）（万有文库 第 2 集 222）

　　本书共 5 部分：四库全书提要、原序、中西经星同异考发凡、中西经星同异考、跋。

　　收藏单位：大连馆、大庆馆、东北师大馆、国家馆、辽大馆、辽师大馆、内蒙古馆、宁夏馆、天津馆、浙江馆

天文学机构、团体

02090

国立中央研究院天文研究所总报告（十七年度至二十二年度）

南京：国立中央研究院天文研究所，[1929—1934]，6 册（18+10+45+12+14+14 页），16 开

　　本书介绍该所 1928—1933 年度的人事、组织、设备、建筑及工作情况等。

02091

天文研究所三十一年度工作报告

[昆明]：天文研究所，1942，油印本，2 叶，16 开，环筒页装

　　收藏单位：国家馆

02092

中国天文学会年报（第 7 期）

南京：中国天文学会，1930，122 页，18 开

　　本书内收《刻白尔逝世三百年纪念》《万国经度测量文件节译》《中国日斑史》《中国日全食史》《新式太阳分光仪述要》等文。

　　收藏单位：国家馆

02093

中国天文学会一览

南京：中国天文学会秘书处，1934.3，59 页，18 开

南京：中国天文学会秘书处，1939.11，增订再版，93 页，18 开

　　本书内容包括：组织、章程、事业、建筑及设备、经费、历届大会纪略、会务决议案录要、历届职员录、会员录、补遗等。

　　收藏单位：东北师大馆、国家馆、南京馆、上海馆

02094

中国天文学会章则

南京：中国天文学会理事会，1948，34 页，20 开

南京：中国天文学会理事会，1949，21 页，20 开

　　收藏单位：南京馆

天文学教育与普及

02095

从星云说到现世界　夏昝著

海洲（江苏）：夏更生 [发行者]，1933，232 页，32 开

　　本书共 7 讲，内容包括：天空的现象、空气里水蒸汽的变化、由气温变迁到历法、生理和性的知识、宗教等。

　　收藏单位：南京馆

02096

大众天文　曹之彦编译

天津：南洋书店，1930.1，74 页，32 开

天津：南洋书店，1934.9，再版，74 页，32 开

　　本书共 55 部分，内容包括：我们为什么要研究天文、地球的形状、地球的来历、地球的方向、地球的自转、天体、初学看星的时候、恒星数目、星座等。

收藏单位：国家馆、首都馆

02097

国立中山大学自然科学科算学天文学系指导书（十七年度）

[广州]：[中山大学]，1928，13页，28开

　　收藏单位：国家馆

02098

科学新知识　顾均正编著

上海：中国科学研究社，1943，195页，32开（科学小丛书）

　　本书共8章：天穹、空间时间中的豫备旅行、太阳的一族、星的质量、恒星的类别、银河、空间的邃远部分、大宇宙。附天空指南、二十个最明星等。书首及书眉题名：宇宙及其进化。

　　收藏单位：南京馆

02099

神秘的天空　钱畊莘著

北平：文光书店，1949.9，81页，32开（新时代科学丛书2）

　　本书共13部分，内容包括：人定胜天、错误是真理的祖宗、为真理殉身的哲人、星的概说、星的颜色、星的构造、太阳系的话等。中等学校教科及自修适用。

　　收藏单位：重庆馆、东北师大馆、吉林馆、首都馆

02100

谈天　丁锡华译　杨文洵校

上海：中华书局，1915.12，146页，32开（学生丛书）

上海：中华书局，1918.11，再版，146页，32开（学生丛书）

上海：中华书局，1920，3版，146页，32开（学生丛书）

上海：中华书局，1922.8，4版，146页，32开（学生丛书）

上海：中华书局，1923，5版，146页，32开（学生丛书）

上海：中华书局，1926，7版，146页，32开（学生丛书）

上海：中华书局，1928，9版，146页，32开（学生丛书）

上海：中华书局，1931.5，10版，146页，32开（学生丛书）

　　本书介绍太阳系、恒星及星座等天文知识。共12章：月、太阳、地球、游星、彗星、陨星及流星、月蚀及日蚀、历、恒星及星座、北天、动物圈、南天。

　　收藏单位：重庆馆、东北师大馆、广东馆、国家馆、河南馆、湖南馆、江西馆、辽宁馆、南京馆、内蒙古馆、首都馆、天津馆、浙江馆

02101

谈天　胡苏民译　周建人校

上海：商务印书馆，1933，71页，32开（小学生文库 第1集 天文类）

上海：商务印书馆，1934，再版，71页，32开（小学生文库 第1集 天文类）

　　收藏单位：东北师大馆、河南馆、首都馆

02102

谈天　李劭青编著

北平：中华平民教育促进会，1930.11，4册，50开（平民读物 科学常识100—104）

北平：中华平民教育促进会，1932.11，再版，4册，50开（平民读物 科学常识100—104）

　　收藏单位：国家馆

02103

天界一瞥　（英）贝启（R. J. Baikie）著　应观兴译　周建人校

上海：商务印书馆，1933.6，124页，32开

上海：商务印书馆，1933.12，124页，32开（小学生文库 第1集 天文类）

上海：商务印书馆，1934.10，再版，124页，32开（小学生文库 第1集 天文类）

　　本书内收《太阳月亮星》《看不见的太阳》《黄昏星》《月中人的家乡》《一个淡红色的世界》《一个巨大的世界》《天空的旅客》《星团和火云》等通俗知识短文。

　　收藏单位：重庆馆、东北师大馆、国家

馆、湖南馆、南京馆、上海馆、首都馆

02104

天空的景色　徐允昭编译
上海：世界书局，1948，30 页，32 开（少年自然科学丛书）

　　收藏单位：首都馆

02105

天空的秘密　坚白著
哈尔滨：东北书店，1948.10，31 页，36 开（青年知识丛书 4）

　　本书介绍太阳、月亮、星、云等天文常识。

　　收藏单位：东北师大馆、国家馆、吉林馆、辽宁馆、南京馆、天津馆

02106

天空的秘密　坚白著
冀东新华书店，1949.6，43 页，36 开

　　收藏单位：国家馆

02107

天空的秘密　坚白著
冀中新华书店，[1946]，28 页，36 开

　　本书前言写于 1946 年。

　　收藏单位：宁夏馆、首都馆、天津馆

02108

天空的神秘　（日）原田三夫著　许达年译
上海：中华书局，1932.10，237 页，32 开（通俗科学全集 第 1 集）
上海：中华书局，1935.6，237 页，32 开（通俗科学全集 第 1 集）（初中学生文库）
上海：中华书局，1940，再版，237 页，32 开（初中学生文库）
昆明：中华书局，1941.1，3 版，237 页，32 开（初中学生文库）
上海：中华书局，1947.12，237 页，32 开（中华文库 初中 第 1 集）

　　本书共 11 章，主要讲述太阳、月、行星、流星、宇宙等天文学知识。

　　收藏单位：重庆馆、东北师大馆、广东馆、广西馆、桂林馆、国家馆、黑龙江馆、湖北馆、湖南馆、江西馆、南京馆、内蒙古馆、上海馆、首都馆、天津馆、浙江馆

02109

天空现象　陈鼎钧编
上海：民众教育研究社，1933，再版，65 页，50 开（注音符号民众万有丛书 科学类）

　　收藏单位：重庆馆、首都馆

02110

天空现象谈　丁锡华编　沈颐　顾树森校
上海：中华书局，1916.10，40 页，32 开（通俗教育丛书 1）
上海：中华书局，1917.8，再版，40 页，32 开（通俗教育丛书 1）
上海：中华书局，1925，5 版，40 页，32 开（通俗教育丛书 1）
上海：中华书局，1928.9，7 版，40 页，32 开（通俗教育丛书 1）
上海：中华书局，1930.4，10 版，40 页，32 开（通俗教育丛书 1）

　　本书共 11 章，内容包括：天体、太阳、太阳之光热、太阳之运动、太阳系及八大行星、地球、月、日月蚀等。

　　收藏单位：北师大馆、重庆馆、国家馆、江西馆、南京馆、首都馆、浙江馆

02111

天体歌　王净瑶著
太原：晋新书社，1934.10，62 页，32 开

　　收藏单位：国家馆

02112

天文
昆明：云南省立昆华民众教育馆，1933.3，39 页，32 开（民众科学丛书 1）

　　本书内容包括：天有多高、地有多厚，民众生活中的时间问题，谈谈阴阳历法，牛郎织女相会吗，怎么知道流星雨要出现等。

　　收藏单位：国家馆、江西馆

02113

天文常识　顾仲超编

上海：中华书局，1948.2，119 页，32 开（中华文库 初中第 1 集）

　　本书共 4 编：绪论、太阳系、恒星界、宇宙论。

　　收藏单位：重庆馆、东北师大馆、广东馆、贵州馆、桂林馆、国家馆、黑龙江馆、湖南馆、南京馆、内蒙古馆、上海馆、天津馆、西南大学馆、浙江馆

02114

天文常识　孙叔久著

孙叔久 [出版者]，1946.8，56 页，32 开

　　收藏单位：国家馆

02115

天文历数　王冠青编著　应成一校订

南京：正中书局，1936.5，66 页，32 开（正中少年故事集 5）（中国历代发明或发见故事集 6）

重庆：正中书局，1943.3，4 版，66 页，32 开（正中少年故事集 5）（中国历代发明或发见故事集 6）

上海：正中书局，1948.6，沪 1 版，66 页，32 开（正中少年故事集 5）（中国历代发明或发见故事集 6）

　　本书共 5 部分：绪说、中国的天文家及测天器、中国的天文学、中国天文学的特殊贡献及其应改进之点、结论。

　　收藏单位：重庆馆、广东馆、桂林馆、国家馆、江西馆、南京馆

02116

天象漫谈　戴文赛著

贵阳：文通书局，1948.5，96 页，32 开

　　本书收 12 篇短文：《银河系巡礼》《太阳光与原子能》《新星与原子能》《星能之来源》《天鹅座 P 星》《仙后座 r 星》《猎犬座 α2 星》《特殊的交食双星》《四代观天》《爱丁顿教授》《牛顿的生平》《凤凰山四部曲》。

　　收藏单位：重庆馆、广东馆、国家馆、湖南馆

02117

天象谈话　（法）法布尔（Jean Henri Fabre）著　陶宏译

外文题名：The Heavens

上海：商务印书馆，1937.1，375 页，32 开（新时代科学丛书）

上海：商务印书馆，1937.4，再版，375 页（新时代科学丛书）

　　本书共 25 课，内容包括：几何学、测量地球、地球是怎样称的、地球的旋转、离心力和惯性、天球两极和纬度、时辰和经度、大气的照耀、大气的折射作用、不可达到的距离等。据 E. E. Fournier D'albe 英译本转译。

　　收藏单位：北师大馆、重庆馆、广东馆、国家馆、黑龙江馆、湖南馆、南京馆、内蒙古馆、西南大学馆

02118

通俗天文学　（美）纽康（Simon Newcomb）著　金克木译

外文题名：Astronomy for everybody

上海：商务印书馆，1937.12，337 页，32 开（地理学丛书）（新中学文库）

长沙：商务印书馆，1938.7，337 页，32 开（地理学丛书）

长沙：商务印书馆，1940.3，再版，337 页，32 开（地理学丛书）

上海：商务印书馆，1947.4，3 版，337 页，32 开（地理学丛书）（新中学文库）

　　本书共 6 编：天体的运行，远镜，太阳、地球、月，行星及其卫星，彗星与流星，恒星。

　　收藏单位：安徽馆、重庆馆、广东馆、贵州馆、桂林馆、国家馆、黑龙江馆、湖北馆、湖南馆、江西馆、辽大馆、南京馆、内蒙古馆、上海馆、首都馆、西南大学馆、浙江馆

02119

童子军星象专科　赵慰祖编　陈梦渔　孙移新校

上海：少年用品供应社，1932.5，70 页，64 开

　　本书适用于工程、木工、露营、烹饪、斥堠等专科。童子军高级课程之一。

02120

图解天文学　卢栢　贝尔著

出版者不详，154 页，18 开，精装

　　本书共 9 章，介绍天文基本知识。

　　收藏单位：南京馆

02121

星空的巡礼　（英）皮脱（E. A. Beet）著　王幼于译

外文题名：A guide to the sky : a practical handbook for beginners

上海：开明书店，1934.10，118 页，32 开（开明青年丛书）

上海：开明书店，1947.5，3 版，118 页，32 开（开明青年丛书）

上海：开明书店，1948.7，特 1 版，118 页，32 开（开明青年丛书）

上海：开明书店，1949，4 版，118 页，32 开（开明青年丛书）

　　本书共 6 章：引言——几个星座、还有几个星座、游星、管中窥天、摄影艺术、书籍介绍。

　　收藏单位：重庆馆、东北师大馆、广东馆、贵州馆、国家馆、吉林馆、江西馆、内蒙古馆、宁夏馆、绍兴馆、首都馆、天津馆、西南大学馆

02122

星空巡礼　戴文赛著

上海：西风社，1947.3，148 页，32 开

　　本书介绍月球、太阳、行星、恒星、星座等相关知识。共 7 回：月光、繁星、朝阳、长庚、北斗、银河、宇宙。

　　收藏单位：广东馆、内蒙古馆、首都馆

02123

有趣的天象问题　周建人编译

上海：商务印书馆，1947.11，72 页，32 开（新小学文库　第 1 集）

　　本书通过 61 个问题讲述天文知识。内容包括：天离我们有多少远、天会倾坠吗、空间有多少大、天空中有比太阳更大的星球吗、银河是什么、什么东西使太阳发光等。

　　收藏单位：国家馆、绍兴馆

02124

宇宙丛谈　张钰哲编著

重庆：正中书局，1945.6，153 页，32 开

上海：正中书局，1946.10，沪 1 版，153 页，32 开

　　本书共 3 篇，论述天文学、太阳系、恒星和宇宙。附西比利亚日食观测纪行、临洮观食纪（附观食唱酬稿）。

　　收藏单位：重庆馆、广东馆、国家馆、湖南馆、辽宁馆、南京馆、西南大学馆、浙江馆

02125

宇宙漫话　钱畊莘著

上海：文光书店，1948.1，168 页，36 开（基本知识丛书 4）

上海：文光书店，1949.4，2 版，168 页，36 开（基本知识丛书 4）

　　本书共两编：神秘的天空、伟大的地球。中等学校教科书及自修适用。

　　收藏单位：重庆馆、东北师大馆、广东馆、南京馆、首都馆、天津馆

02126

宇宙之大　（英）金斯（James Hopwood Jeans）著　侯硕之译

上海：开明书店，1935.12，215 页，32 开（开明青年丛书）

　　本书共 8 章：苍穹、空间与时间中的初步旅行、太阳系、众星之重量与体积的计量、恒星的种类、天河、在空间深处、伟大的宇宙。著者原题：琴斯。

　　收藏单位：重庆馆、国家馆、江西馆、辽宁馆、南京馆、上海馆、天津馆、浙江馆

02127

自然现象　杜维涛编

南京：江苏省立民众教育馆编辑部，1930.2，34 页，22 开（民众教育丛书 5）

　　本书共两篇：天文与地理、气象。

　　收藏单位：浙江馆

天文观测设备与观测资料

02128

创化真理附本（星体学） 符树勋著

海口：海南书局，1932.6，44 页，32 开

本书内容包括：星雾学说、讨论星雾学说之是非、总结星雾学说、星球构造之原理、前人思想错误之起因、生长地质与变化地质等。

收藏单位：南京馆

02129

等高仪观测手册 胡明城编著

国防部测量局，1946.10，95 页，16 开（国防部测量丛书 1）

本书共 7 章：等高观测之原理、等高仪之构造及校正、观测前之准备、观测法、等高观测之图解与计算、各种改正、计算程序。

收藏单位：重庆馆、国家馆

02130

观象汇刊 中国天文学会编辑

北京：中央观象台，1923，18 页，18 开

收藏单位：广东馆

02131

圭表测景论 高平子著

[南京]：[中央研究院]，105—126 页，16 开

本书论日晷测定法。书后有附话 47 则。中央研究院《周公测景台调查报告专刊》抽印本。

收藏单位：国家馆

02132

国立中山大学天文台成立始末记 张云著

[广州]：[中山大学天文台]，1929.5，20 页，16 开

本书记述国立中山大学天文台成立始末。

收藏单位：国家馆、浙江馆

02133

恒星图表 陈遵妫著

上海：商务印书馆，1937.3，109 页，12 开，精装

本书共 6 部分：中国星图、星图、星图索引、星表、星名对照表、星座简说。书前有序言。

收藏单位：重庆馆、广东馆、贵州馆、国家馆、湖南馆、辽宁馆、南京馆、上海馆、天津馆、西南大学馆

02134

甲种日高表说明书 郑振熏著

出版者不详，20 页，18 开

本书附乙种日高表说明书。日高表为活动的日晷（利用太阳阴影测定时间的仪器）之一。

02135

胶澳商埠观象台概况及计划 蒋丙然著

[青岛]：[胶澳商埠观象台]，1927.12，11 页，25 开

本书共两章。第 1 章为概况，内容包括：沿革、组织、观象职务；第 2 章为将来之计划，内容包括：气象将来之计划、地震将来之计划、天文将来之计划等。

收藏单位：国家馆

02136

教育部中央观象台参观纪念册

[北京]：[中央观象台]，[1912—1928]，20 页，64 开

本书内有介绍该台的图及照片等。约在北洋政府期间出版。

收藏单位：上海馆

02137

梅氏表之覆测 朱文鑫著

[镇江]：江苏省土地局，[1930]，65 页，23 开（槃亭天学丛著）

本书中的梅氏表系指法国天文学家梅西尔所编的 103 个星团、星云表。朱文鑫又名槃亭。

02138

民国二十一年青岛市观象台行政报告

青岛：青岛市观象台，1932，36 页，16 开，环
简页装

本书共 8 部分：气象、地震、天文、地磁
力、海洋、编纂、建设、附录。

收藏单位：国家馆、上海馆

02139

青岛市观象台施政报告（自三十四年九月起至三十五年九月止）

青岛：青岛市观象台，1946.10，1 册，16 开

收藏单位：南京馆

02140

青岛市观象台十周纪念册

青岛：青岛市观象台，1934.2，172+35 页，16 开

本书共 16 部分，内容包括：序、青岛市
观象台现行组织统系表、青岛市观象台之过
去工作与将来计划、近十年来气象学之进步
及本台气象地震状况等。

收藏单位：国家馆、上海馆

02141

青岛市观象台五十周年纪念特刊（1898—1948） 特刊编纂委员会编

外文题名：The fiftieth anniversary of Tsingtao Observatory

青岛：青岛市观象台，1948.11，438 页，16 开，
精装

本书内容包括：影集、珍迹、概况、译
述、文艺、纪事、资料、图表等。书前有序。
附中国历代地震纪要、中国历代灾荒纪要、
中国各世纪灾荒统计、中国历代灾荒统计。

收藏单位：国家馆、南京馆、西南大学馆

02142

青岛特别市观象台五周纪念册

青岛：青岛特别市观象台，1935，88+27 页，
18 开

本书介绍青岛观测台的历史与未来规划，
及各科的特点与专长。另讲述五年内的大事
记和组织规章细则。书名由蔡元培题辞。

收藏单位：国家馆、吉林馆、南京馆、上
海馆

02143

上海徐家汇天文台记　　田国柱编　　潘肇邦译

上海：土山湾印书馆，1918，23 页，32 开

本书共 4 章：内容、仪器、台务、附录。

收藏单位：国家馆、上海馆、天津馆

02144

史记天官书恒星图考　　朱文鑫著

上海：商务印书馆，1927.11，68 页，32 开

上海：商务印书馆，1934.10，再版，68 页，32
开

本书考证司马迁《史记·天官书》中有
关恒星部分。

收藏单位：重庆馆、广东馆、国家馆、湖
南馆、辽宁馆、南京馆、上海馆

02145

西汉时代的日晷　　刘半农著

北平：国立北京大学，1934，38 页，16 开

本书为《国立北京大学国学季刊》第 3
卷第 4 号抽印本。著者原题：刘复。

收藏单位：国家馆

02146

新仪象法要　　（宋）苏颂撰　　（清）钱熙祚校

上海：商务印书馆，1937.3，134 页，32 开（国
学基本丛书）（万有文库 第 2 集 211）

长沙：商务印书馆，1939.12，134 页，32 开（国
学基本丛书）（万有文库 第 1—2 集简编 158）

本书是宋朝天文学家苏颂为水运仪象台
所作的设计说明书。成书于宋神宗绍圣初年。
又曾名《绍圣仪象法要》《仪象法纂》等。据
《守山阁丛书》本影印。

收藏单位：重庆馆、大连馆、大庆馆、东
北师大馆、广东馆、国家馆、辽大馆、辽师
大馆、内蒙古馆、宁夏馆、上海馆、浙江馆

02147

星体图说　　陈遵妫著　　张钰哲校

上海：国立编译馆，1934.10，246 页，23 开

上海：国立编译馆，1935.3，再版，246 页，23
开

本书内容包括：星体图、行星轨道图、太

阳系常数表、太阳之观测等。附星座辞汇、
天文名词解说、中名索引、西名索引。

　　收藏单位：重庆馆、东北师大馆、国家
馆、黑龙江馆、江西馆、辽宁馆、上海馆、
首都馆、天津馆

02148

中西对照恒星录　　常福元著

[南京]：中央观象台，[1920]，448页，32开
　　本书著者引言写于1920年12月。
　　收藏单位：国家馆

02149

中星仪说　　常福元著

[南京]：[中央观象台]，60页，16开
　　本书讲述多能经纬仪用法。
　　收藏单位：国家馆

02150

中央观象台之过去与将来　　高鲁著

[北京]：中央观象台，[1921]，62页，16开，
精装

　　本书介绍该台的沿革、仪器、民元以后
的状况、进行中的计划等。有英、法两种译
文。书内谈到1920年12月甘肃大地震，出
版日期据此推测。
　　收藏单位：内蒙古馆

02151

周公测景台调查报告　　董作宾　刘敦桢　高
平子编著

外文题名：Report on Chou-kung's tower for the
measurement of the shadow of the sun

长沙：商务印书馆，1939.5，129页，16开（国
立中央研究院专刊）

　　本书收3篇报告：董作宾《周公测景台
调查报告》（附梁思永作英文提要）、刘敦
桢《告成周公庙调查记》、高平子《圭表测景
论》。书前有朱家骅序。
　　收藏单位：东北师大馆、广东馆、国家
馆、辽大馆、辽宁馆、南京馆、中科图

天体测量学

02152

测量经纬度报告　　方俊著

外文题名：Report on astronomical determination
of latitude and longitude

北平：实业部地质调查所、国立北平研究院地
质学研究所，1936.6，45页，16开（地质专
报 乙种 第9号）

　　本书内容包括：仪器、经纬度测量及其计
算法、方位测量法、新测各地经纬度表等。
　　收藏单位：广东馆、贵州馆、国家馆、南
京馆

02153

初定南京鼓楼经纬度报告　　高平子著

外文题名：Provisinal determination of the latitute
and longitute of Nanking at Kulou

南京：天文研究所，1929.6，15页，16开（国
立中央研究院天文研究所集刊 第1号）

　　收藏单位：国家馆、天津馆

02154

春秋日食集证　　冯澂著

外文题名：Study on solar eclipses recorded in Ch'un
Ts'ew

上海：商务印书馆，1929.3，246页，32开（国
学小丛书）

上海：商务印书馆，1930.10，246页，32开（国
学小丛书）（万有文库 第1集442）

上海：商务印书馆，1934.4，国难后1版，246
页，32开（国学小丛书）

长沙：商务印书馆，1939.9，246页，32开（国
学小丛书）（万有文库 第1—2集简编152）

　　本书考证我国古代春秋期间242年中37
次日蚀。附引用书目40种。
　　收藏单位：安徽馆、重庆馆、大连馆、大
庆馆、东北师大馆、广东馆、广西馆、国家
馆、黑龙江馆、湖南馆、江西馆、辽大馆、
辽师大馆、南京馆、内蒙古馆、宁夏馆、上
海馆、绍兴馆、首都馆、天津馆、武大馆、
浙江馆

02155

等高观测求定经纬度之严格平差法　张文汉著

李庄（四川）：中国地理研究所大地测量组，1943.7，油印本，12 页，16 开，环筒页装（测量专刊第 8 号 暂行本）

　　收藏单位：国家馆

02156

福建日全食　沈文候编

永安：福建省气象局日食观测委员会，1941.9，36 页，32 开

　　本书共 4 章：概论、推算、观测、附编。述及日食观测的历史，近年日全食的推算，观测日全食的目的、项目、方法及注意事项等，内附各种图表十余个。附筹备经过、该会的观测项目及省内各县区的经纬度等。

　　收藏单位：重庆馆、国家馆、南京馆、西南大学馆、浙江馆

02157

古今月食表

出版者不详，1 册，16 开

　　收藏单位：南京馆

02158

观测报告　张钰哲著

中国日食观测委员会，1941，58 页，18 开

　　本书内容包括：临洮观测日食之经过、国立中山大学天文台第二次日食观测报告、东南观测队地磁观测普通报告等。

　　收藏单位：重庆馆

02159

广西省采定标准时刻之经过

[桂林]：广西统计局，1933.9，16 页，32 开（广西统计丛书 1）

　　收藏单位：桂林馆、国家馆、南京馆

02160

汉尼氏授时信号收取法系统误差之研究　龚谨著

李庄（四川）：中国地理研究所大地测量组，1943.7，24 页，16 开，环筒页装（测量专刊第 9 号 暂行本）

02161

绘图日食算法　王锡恩著

济南：齐鲁大学，[1928]，18 页，16 开

　　本书绪言写于 1928 年 2 月。

　　收藏单位：上海馆

02162

胶澳商埠观象台参加万国经度测量成绩报告书

青岛：胶澳商埠观象台，1927.12，[77+16] 页，16 开

　　本书共 5 章，内容包括：万国经度测量委员会计划（节译）、本台之测量仪器及方法、中星推算公式及校时方法等。1926 年 10 月 1 日至 11 月 30 日测量。

　　收藏单位：国家馆、上海馆

02163

历代日食考　朱文鑫著

上海：商务印书馆，1934.6，128 页，32 开

上海：商务印书馆，1934.8，再版，128 页，32 开

　　本书考证我国自春秋至清代之日蚀记录，附历代首都经纬度表。

　　收藏单位：重庆馆、东北师大馆、广东馆、贵州馆、国家馆、黑龙江馆、湖南馆、吉林馆、近代史所、辽大馆、辽宁馆、南京馆、内蒙古馆、宁夏馆、清华馆、山西馆、上海馆、绍兴馆、首都馆、天津馆、浙江馆

02164

民国二十五年六月十九日日全食　陈遵妫著

中国日食观测委员会，1935.10，23 页，18 开

　　本书共 8 部分：序言、全食带、过去与未来、推算用数、太阳位置、苏俄观测地之气象及交通、日本观测地之气象及交通、我国首都所见之偏食。附推算草稿及算法。

　　收藏单位：国家馆、上海馆、首都馆

02165

民国三十年九月二十一日日全食初步推算报告　中国日食观测委员会编纂组编制

中国日食观测委员会，1937.4，19 页，16 开

　　本书预测日蚀的时间及经路，并在中国分省地图上标明。

　　收藏单位：国家馆、内蒙古馆、上海馆、西南大学馆

02166

民国三十七年五月九日日环食　陈遵妫　李珩著

南京：国立中央研究院天文研究所，1947.5，12 页，16 开

　　本书记述环食概况，并以图表说明。

　　收藏单位：重庆馆、国家馆、南京馆、上海馆、天津馆、武大馆、浙江馆

02167

民国三十七年五月九日日环食

青岛：青岛市观象台，1947.8，20 页，16 开（青岛市观象台学术汇刊 第 2 号）

　　本书书前有金扬善的《日蚀推算之说明》及其英文摘要。后附日环食之白塞尔要素、北心座标计算系数表、日食曲线计算用表等。

02168

南京紫金山天文台经纬度之初步测定　尹钟奇　陈遵妫编

[南京]：国防部测量局、国立中央研究院天文研究所，1948，8 页，18 开

　　收藏单位：广东馆、南京馆

02169

青岛市观象台参加第二届万国经度测量成绩报告书

青岛：青岛市观象台，1935，102 页，18 开

　　本书共 5 章，内容包括：本届国际经度测量之预定计划、本台新置之仪器、中星推算公式等。1933 年 10 月 1 日至 11 月 30 日测量。

　　收藏单位：广西馆、国家馆、上海馆、浙江馆

02170

全国测量会议报告

[南京]：参谋本部陆地测量总局，1930.2，2 册（236+216 页），16 开

　　本书分上、下编，内容包括：全国测量会议宣言、全国测量会议决议案、全省测量局概况报告、全国测量会议会议规则等。

　　收藏单位：国家馆、湖南馆、上海馆

02171

全国经度测量会议报告

南京：国立中央研究院、参谋本部，1931，100 页，18 开

　　本书收录全国经度测量会议的规则、日程、决议案、提案、文牍等。该会议于 1931 年 7 月召开。书前有蔡元培、朱培德及出席会议代表的摄影。

　　收藏单位：国家馆、南京馆、上海馆、天津馆

02172

日食和月食　王维克编译

上海：商务印书馆，1936.11，65 页，32 开（百科小丛书）

　　本书共 7 章，内容包括：日月食之最早纪录及古人之迷信解说、月食之原理及其现象、日食之原理等。附求影长法、二十世纪初五十年中之日全食表、最近过去未来二沙罗周期中之日食表、天文数值表。据法国毛吕氏（Abbe Moreux）《天及宇宙》（Le ciel et l'univers）一书中太阳、月球、日食等章并参考其他图书编译。

　　收藏单位：重庆馆、大庆馆、广东馆、贵州馆、国家馆、南京馆、内蒙古馆、山西馆、上海馆、首都馆、浙江馆

02173

日食简说　陈遵妫编著

重庆：正中书局，1941.7，52 页，32 开

上海：正中书局，1946.1，沪 1 版，52 页，32 开

　　本书共 8 部分，内容包括：引言、民国三十年九月二十一日的日全食情形、古代的日食传说、日食意义的说明、日食是怎样发

生的等。封面有"民国三十年九月二十一日日食观测指南"字样。

收藏单位：重庆馆、广东馆、贵州馆、国家馆、辽宁馆、南京馆、浙江馆

02174

日食特辑　张遥青编

[西安]：教育厅编审室，1941.9，28 页，36 开

本书通俗讲解日食的原理和观测、我国古代对日食的重视、日食的推算、日食经过的时间等。

收藏单位：国家馆、宁夏馆、西南大学馆

02175

日蚀和月　郑贞文等编辑

重庆：商务印书馆，1943.12，渝 1 版，24 页，32 开（少年自然科学丛书 2）

本书内容包括：日蚀的原因、日蚀的种类、全蚀、红焰、日冕、日蚀和野蛮人、从地球到月亮的距离、月的形状、月世界的海、月世界的山等。

收藏单位：国家馆、南京馆、上海馆

02176

实用天文测量

出版者不详，油印本，1 册，16 开

收藏单位：国家馆

02177

实用天文学　王锡恩编

济南：齐鲁大学，1925.7，167+13 叶，20 开，环筒页装（齐大丛书）

本书讲解观测器、天体方位、黄赤坐标方位、时间、历法、月食算法、日食算法、月掩星算法、测经度法等。

收藏单位：国家馆

02178

授时概略　高鲁讲

北京：京师学务局学术讲演会，32 页，22 开（学术讲演录）

收藏单位：国家馆

02179

双星轨道之图解测定法　张钰哲著

出版者不详，9 页，16 开

本书转载于《中国天文学会年报》第 8 期。

收藏单位：南京馆

02180

应用天文学　夏坚白著

上海：商务印书馆，1933.10，288 页，25 开，精装（大学丛书 教本）

上海：商务印书馆，1934.3，288 页，25 开（大学丛书 教本）

上海：商务印书馆，1934.8，再版，290 页，25 开，精装（大学丛书 教本）

本书共 14 章，讲述地球的运动、经纬度、时间和各星座的观测，以及航海天文学等。

收藏单位：重庆馆、广西馆、贵州馆、国家馆、黑龙江馆、湖南馆、南京馆、内蒙古馆、山西馆、上海馆、天津馆

02181

月及月蚀

青岛：青岛市观象台，1947，26 页，16 开

本书介绍月蚀常识及推算方法。附 1946 年月蚀观测记实及新闻报导。

收藏单位：国家馆

02182

中国实测经纬度成果汇编　曾世英编

重庆：经济部中央地质调查所，1943.7，179 页，16 开（制图汇刊第 1 号）

收藏单位：南京馆

天体物理学

02183

变星研究法　张云编

广州：国立中山大学出版部，[1926]，106 页，18 开（国立中山大学第一种丛书）

本书共 13 章，内容包括：绪论、变星发

见史略、变星分类、观测目的、变星图、观测种类及设备、亚基浪德观测法等。

　　收藏单位：国家馆、江西馆

02184

从原子到银河 （美）沙栢莱（H. Shapley）著　严鸿瑶译

外文题名：Flight from chaos : a survey of material systems from atoms to galaxies

上海：商务印书馆，1935.9，169 页，32 开（自然科学小丛书）（万有文库 第 2 集 253）

上海：商务印书馆，1936.4，169 页，32 开（自然科学小丛书）

　　本书共 15 章，内容包括：天象纷纭、昴星团及其种类、进论恒星组织、从显微世界说起、略释有机胶状混合体、铁与石之体系等。

　　收藏单位：安徽馆、重庆馆、东北师大馆、国家馆、黑龙江馆、湖南馆、江西馆、南京馆、内蒙古馆、上海馆、绍兴馆、首都馆、浙江馆

02185

天体物理学　周昌寿著

外文题名：Astrophysics

上海：商务印书馆，1930.10，122 页，32 开（百科小丛书）（万有文库 第 1 集 439）

上海：商务印书馆，1933.10，122 页，32 开（百科小丛书）

上海：商务印书馆，1934.3，再版，122 页，32 开（百科小丛书）

长沙：商务印书馆，1939.12，122 页，32 开（百科小丛书）（万有文库 第 1—2 集简编 144）

　　本书共 11 章，讲述天体物理学的原则和方法，各种观测器械，以及太阳、行星和各种恒星等。

　　收藏单位：安徽馆、重庆馆、大连馆、东北师大馆、广东馆、广西馆、贵州馆、国家馆、黑龙江馆、湖北馆、江西馆、辽大馆、辽宁馆、辽师大馆、南京馆、内蒙古馆、宁夏馆、上海馆、天津馆、西南大学馆、浙江馆

02186

星球和原子 （英）爱丁顿（Arthur Stanley Eddington）著　张云译

外文题名：Stars and atoms

广州：中山大学，[1932]，78 页，16 开（国立中山大学理工学院丛书）

　　本书共 3 讲：星球的内部、最近的研究、星球的年龄。据法国《天文月报》的法文本转译。曾在中山大学天文台出版的《天文台两月刊》第 2—3 卷中连载。译者序写于 1932 年 12 月。

　　收藏单位：广东馆、国家馆

02187

星与原子 （英）爱丁顿（Arthur Stanley Eddington）著　张微夫译

外文题名：Stars and atoms

上海：辛垦书店，1934.12，164 页，25 开（科学丛书）

　　本书从星体内部研究开始，囊括星体内部温度、原子电离、辐射压与质量等量子物理概念，并介绍当时前沿研究成果。共 3 讲：星之内部、最近之研究、星之年龄。

　　收藏单位：重庆馆、东北师大馆、广东馆、广西馆、贵州馆、国家馆、江西馆、宁夏馆、首都馆

02188

原子及宇宙 （德）赖顺伯克（H. Reichenbach）著　陈岳生译

外文题名：Atom and cosmos

上海：商务印书馆，1935.9，2 册（293 页），32 开（自然科学小丛书）（万有文库 第 2 集 217）

上海：商务印书馆，1936.4，2 册（293 页），32 开（自然科学小丛书）

上海：商务印书馆，1937.5，再版，293 页，32 开（自然科学小丛书）

　　本书共 4 篇：空间与时间、光与放射、物质、哲学上的推论。

　　收藏单位：重庆馆、大连馆、东北师大馆、广东馆、贵州馆、国家馆、黑龙江馆、江西馆、辽大馆、辽师大馆、南京馆、内蒙古馆、宁夏馆、绍兴馆、首都馆、天津馆

02189

中国天文学会变星观测委员会年报（民国十九年及二十年）

广州：国立中山大学天文台，1932，38+48 页，16 开

　　收藏单位：国家馆

恒星天文学、星系天文学、宇宙学

02190

环绕我们的宇宙 （英）金斯（James Hopwood Jeans）著　谭辅之译

外文题名：The universe around us

上海：辛垦书店，1935.5，[36]+434 页，23 开（科学丛书）

　　本书共 6 章：空间底探查、原子底探查、时间底探查、宇宙底开拓—行星底大气、恒星—表面温变—星底直径、始与终—循环过程。著者原题：秦斯。

　　收藏单位：北师大馆、重庆馆、广东馆、国家馆、南京馆、宁夏馆、天津馆、西南大学馆

02191

近代物理学中的宇宙观 （德）普朗克（Max Planck）著　严德炯译

外文题名：The universe in the light of modern physics

上海：商务印书馆，1933.12，83 页，32 开（汉译世界名著）（万有文库 第 1 集 470）

上海：商务印书馆，1934.2，83 页，32 开（汉译世界名著）

上海：商务印书馆，1935.6，再版，83 页，32 开（汉译世界名著）

　　本书共 7 部分，内容包括：感觉的世界与实在的世界、相对论对于宇宙见解的新贡献、量子论对于实在世界的描绘、量子论与因果原理等。著者原题：柏伦克。

　　收藏单位：安徽馆、重庆馆、大连馆、东北师大馆、广东馆、广西馆、桂林馆、国家馆、黑龙江馆、湖南馆、江西馆、辽大馆、辽师大馆、内蒙古馆、宁夏馆、上海馆、首

都馆、天津馆、西南大学馆、浙江馆

02192

近世宇宙论 （英）麦克罕森（H. Macpherson）著　朱文鑫译

外文题名：Modern cosmologies

上海：商务印书馆，1937.3，145 页，32 开（自然科学小丛书）（万有文库 第 2 集 214）

长沙：商务印书馆，1939.12，145 页，32 开（自然科学小丛书）（万有文库第 1—2 集简编 149）

　　本书共收 8 篇论文:《日心说之宇宙论》《候失勒之宇宙论》《十九世纪宇宙的思想》《二十世纪之进步》《本星团》《星云之情状》《球状星团—银河之卫星》《海岛宇宙》。书前引言题为"地心说之宇宙论"。

　　收藏单位：大连馆、大庆馆、东北师大馆、国家馆、辽大馆、辽师大馆、内蒙古馆、宁夏馆、上海馆、天津馆、浙江馆

02193

空间和时间的巡礼 （英）金斯（James Hopwood Jeans）著　王光煦译

外文题名：Through space and time

广州：中华书局，1939.2，188 页，32 开（科学丛书）

广州：中华书局，1940.9，再版，188 页，32 开（科学丛书）

　　本书共 8 章：地球、空气、天空、月亮、行星、太阳、恒星、星云。著者原题：秦斯。

　　收藏单位：重庆馆、东北师大馆、国家馆、江西馆、南京馆、内蒙古馆、宁夏馆、首都馆、天津馆、西南大学馆、浙江馆

02194

流转的星辰 （英）金斯（James Hopwood Jeans）著　金克木译

昆明：中华书局，1941.3，184 页，32 开（科学常识丛书）

上海：中华书局，1941.3，沪初版，184 页，32 开（科学常识丛书）

　　本书共 8 章：天的穹庐、时空初旅、太阳家族、测量星辰、星的种类、银河透视、空间深处、宇宙壮观。著者原题：秦思。

收藏单位：重庆馆、广东馆、国家馆、江西馆、辽大馆、宁夏馆、上海馆、首都馆、天津馆

02195

每月之星　陶宏著

上海：开明书店，1949.9，216 页，32 开（开明青年丛书）

　　本书介绍 1—12 月的星空。附怎样认识行星、黄道十二宫与二十八宿图、中西星名对照表、希腊字母表。

　　收藏单位：重庆馆、国家馆、黑龙江馆、首都馆

02196

膨胀的宇宙　（英）爱丁顿（Arthur Stanley Eddington）著　曹大同译

外文题名：The expanding universe

上海：商务印书馆，1937.6，160 页，32 开（汉译世界名著）（万有文库 第 2 集 262）

长沙：商务印书馆，1938.7，160 页，32 开（汉译世界名著）

　　本书共 4 章：螺旋星云底后退、球状宇宙、膨胀宇宙的形相、宇宙与原子。

　　收藏单位：重庆馆、大连馆、广东馆、国家馆、辽宁馆、内蒙古馆、上海馆、浙江馆

02197

秋之星　　赵辜怀著

上海：开明书店，1935.9，208 页，27 开（开明青年丛书）

　　本书讲述关于北斗、织女等星的天文知识。

　　收藏单位：重庆馆、国家馆、江西馆、南京馆、上海馆、首都馆

02198

趣味的天空　（日）原田三夫著　单稼书编译　夏丏尊校

上海：光明书局，1936.9，94 页，30 开

　　本书介绍星座位置分布、宇宙组织及关于星的神话。

　　收藏单位：国家馆、湖南馆、上海馆、首

都馆、天津馆、浙江馆

02199

神秘的宇宙　（英）金斯（James Hopwood Jeans）著　邰光谟译

外文题名：The mysterious universe

上海：商务印书馆，1935.9，154 页，32 开（自然科学小丛书）（万有文库 第 2 集 215）

上海：商务印书馆，1936.4，154 页，32 开（自然科学小丛书）

　　本书共 5 章：渐趋消灭的太阳、近代物理学的新宇宙、物质与放射现象、相对理论与以太、神秘的宇宙概观。著者原题：吉安斯。

　　收藏单位：重庆馆、大连馆、东北师大馆、贵州馆、国家馆、湖南馆、江西馆、辽大馆、辽师大馆、南京馆、内蒙古馆、宁夏馆、上海馆、首都馆、天津馆、浙江馆

02200

神秘的宇宙　（英）金斯（James Hopwood Jeans）著　周煦良译

外文题名：The mysterious universe

上海：开明书店，1934.9，21+166 页，32 开（开明青年丛书）

上海：开明书店，1935.11，再版，21+166 页，32 开（开明青年丛书）

　　本书共 5 章：消逝着的太阳、近代物理学下的新世界、物质与放射、相对论与以太、知识的深渊。书前有原序、译者序、卷首语。著者原题：琼司。

　　收藏单位：重庆馆、东北师大馆、广东馆、国家馆、南京馆、浙江馆

02201

世界之成因　（日）石井重美著　林寿康译　夏治彬校

外文题名：Creation of the universe

上海：商务印书馆，1930.7，227 页，32 开（新智识丛书）

上海：商务印书馆，1934，国难后 1 版，227 页，32 开（百科小丛书）

上海：商务印书馆，1935，国难后 2 版，227 页，32 开（百科小丛书）

本书共 3 篇：宇宙、地球及生物、人类。内容包括：宇宙、恒星、星云、太阳系、太阳、太阳系之起源、太阳系之运命、地球等。

收藏单位：重庆馆、东北师大馆、广东馆、国家馆、湖南馆、江西馆、辽师大馆、南京馆、内蒙古馆、宁夏馆、上海馆、首都馆、天津馆、西南大学馆、浙江馆

02202

天空的现象　黎锦耀　许达年编

上海：中华书局，1933，59 页，32 开（儿童常识丛书）

上海：中华书局，1936.11，66 页，32 开（小学生文库）

上海：中华书局，1948.8，再版，66 页，32 开（中华文库 小学 第 1 集 高级自然类）

本书内容包括：月球和星那里来的、星云、星云的行动、日月星的来历、吸引力、太阳系、恒星等。

收藏单位：重庆馆、国家馆、吉林馆、内蒙古馆、上海馆、首都馆

02203

天文与历法　王鞠侯等著

出版者不详，1 册，32 开

本书讲述太阳系中新发现的行星、月亮、夏夜的星空巡礼、年头与历法。

收藏单位：浙江馆

02204

我们的宇宙　陈润泉著

桂林：文化供应社，1940.11，46 页，50 开（青年新知识丛刊）

桂林：文化供应社，1942.1，再版，46 页，50 开（青年新知识丛刊）

收藏单位：重庆馆

02205

闲话星空　（英）金斯（James Hopwood Jeans）著　李光荫译

外文题名：The stars in their courses

上海：商务印书馆，1936.3，2 册（176 页），32 开（自然科学小丛书）（万有文库 第 2 集 225）

上海：商务印书馆，1936.10，176 页，32 开（自然科学小丛书）

本书共 8 章：苍穹、时空神游、太阳系、星之重量及其他、星之类别、银河、空间深处、大宇宙。著者原题：吉安斯。

收藏单位：重庆馆、大连馆、东北师大馆、国家馆、江西馆、辽大馆、辽师大馆、南京馆、内蒙古馆、宁夏馆、绍兴馆、天津馆、浙江馆

02206

新宇宙观　陈范予著

上海：文化生活出版社，1936.7，183 页，36 开（文化生活丛刊 13）

上海：文化生活出版社，1937，再版，183 页，36 开（文化生活丛刊 13）

本书共 7 章：空间的广大、时间的永恒、建筑宇宙的材料、宇宙的机构、宇宙往何处去、宇宙的雕琢、太阳系和生命世界。

收藏单位：重庆馆、广东馆、国家馆、湖南馆、南京馆、天津馆、西南大学馆、浙江馆

02207

星　林履彬编著

上海：良友图书印刷公司，1933，61 页，40 开（儿童自然科学丛书 4）

02208

星　高翔编著

上海：商务印书馆，1936，30 页，42 开（民众基本丛书 第 1 集）

收藏单位：广东馆

02209

星　郑贞文等编辑

重庆：商务印书馆，1943.12，渝 1 版，48 页，32 开（少年自然科学丛书 3）

本书共 4 部分：行星、彗星、流星、其余的星。

收藏单位：广东馆、国家馆、南京馆、上海馆

02210

星　周性初编

上海：新中国书局，1933，23 页，50 开（常识小丛书 第 1 集）

　　收藏单位：重庆馆

02211

星的世界　（美）沙栢莱（H. Shapley）等著

　何润身译

外文题名：The universe of stars

上海：商务印书馆，1937.3，181 页，32 开（自然科学小丛书）（万有文库 第 2 集 224）

长沙：商务印书馆，1939.12，181 页，32 开（自然科学小丛书）（万有文库 第 1—2 集简编）

　　本书共 4 编：天文学的材料和方法、太阳系、星和星云、星的世界。

　　收藏单位：大连馆、大庆馆、东北师大馆、国家馆、江西馆、辽大馆、辽师大馆、内蒙古馆、宁夏馆、上海馆、天津馆、浙江馆

02212

星团星云实测录　朱文鑫著

上海：商务印书馆，1935.3，10+98 页，32 开

　　本书共 5 部分：梅氏表之创作、星团星云之观测、星团星云之分类、梅氏表之覆测、星团星云距离表。

　　收藏单位：重庆馆、广东馆、贵州馆、国家馆、湖南馆、江西馆、辽宁馆、宁夏馆、上海馆、天津馆、西南大学馆

02213

星象　蒋锡金著

上海：永祥印书馆，1945.10，63 页，36 开（青年知识文库 第 1 辑 7）

上海：永祥印书馆，1947.9，再版，63 页，36 开（青年知识文库 第 1 辑 7）

　　本书共 7 部分：美丽的星空、天空怎样在环绕着我们转动、把天球分出许多的部位、另外两种决定星位的方法、开始从北极圈的星看起、满天都是冻结了的灿烂冰花、后记。著者原题：锡金。

　　收藏单位：重庆馆、东北师大馆、广东馆、国家馆、黑龙江馆、辽宁馆、南京馆、

浙江馆

02214

星象　赵慰祖编述　陈梦渔　孙移新校订

上海：少年用品供应社，1932.5，70 页，64 开

　　本书共 10 部分，内容包括：引言、太阳系、月球、太阳、地球、日月蚀及潮汐、恒星及星座等。童子军高级课程之一。

　　收藏单位：国家馆

02215

星象统笺　高鲁著

外文题名：L'evoution des asteresmes Chinois

南京：国立中央研究院天文研究所，1933.8，159 页，16 开（国立中央研究院天文研究所专刊 第 2 号）

　　本书以三垣四象二十八宿为纲领，旁及南极星座与天汉星象。

　　收藏单位：国家馆

02216

星象指南　袁宗泽编

南京：国立中央大学体育科，1936.10，95 页，64 开

　　本书介绍辨认星座的一般方法。主要内容取材于 1934 年美国 H. L. Clemans 及 F. E. Gray 合著的 The Star Guide 一书。

02217

星座佳话　黄石著

上海：开明书店，1935.9，285 页，32 开（开明青年丛书）

　　本书内容包括：星空的巡礼、凝固的北极星、大熊与小熊、熊之卫及其猎犬、伟岸的猎户与弱小的天兔等。有天文图。附中西星名对照表。

　　收藏单位：重庆馆、广东馆、国家馆、湖南馆、江西馆、首都馆

02218

星座指南　胡伯琴编译

成都：航空委员会军政厅编译处，1941.12，67 页，18 开

本书说明星座的位置及有关的神话等。

收藏单位：重庆馆

02219

乙酉星选　凫山著

北平：天华印书馆，1932，[14]页，16开，环筒页装

收藏单位：国家馆

02220

宇冰本论　（德）哀伯特（O. Ebelt）著　李仪祉译

外文题名：Die Grundzuge der Welteislehre

上海：中国科学图书仪器公司，1936.9，50页，32开

上海：中国科学图书仪器公司，1939.12，再版，50页，32开

本书共16章，内容包括：导言、何谓宇宙、何谓宇冰学、宇氢及星体、地球与月等。

收藏单位：重庆馆、广东馆、桂林馆、黑龙江馆、辽宁馆、天津馆、浙江馆

02221

宇冰学说　（德）哀伯特（O. Ebelt）著　李仪祉编译

出版者不详，20页，16开

本书阐述并发挥霍必克（H. Hörbeger）首倡的宇冰学说，认为宇宙空间散布着大量冰晶，随地球的运动而被吸入地球，并用此理论说明宇宙黑洞、地球上的天气、雷电、地磁、地震、火山、海流及气流等现象。

收藏单位：国家馆

02222

宇宙　（日）石井重美著　黄家金译　张资平校

武昌：武昌大学地学会，1925.12，68页，32开（地学小丛书）

本书摘译自《宇宙生物及人类创成》一书之宇宙篇。

收藏单位：重庆馆、国家馆、浙江馆

02223

宇宙的构造　（苏）波拉克著　梁香译

上海：天下图书公司，1947.8，70页，36开（大众科学丛书）

本书介绍关于太阳系、星系的构造，银河系以外的星云等内容。

收藏单位：广东馆、吉林馆、辽宁馆、上海馆

02224

宇宙观发达史　（瑞典）阿勒里雅斯（S. A. Arrhenius）著　危淑元译

上海：辛垦书店，1934.3，275页，24开（科学丛书）

本书概述历代的宇宙学说。书前有杨伯恺的"科学丛书弁言"。据日本寺田广彦的日译本转译。

收藏单位：重庆馆、国家馆、黑龙江馆、湖南馆、吉林馆、江西馆、南京馆、天津馆、西南大学馆、浙江馆

02225

宇宙观之发展　（美）贝克尔（R. H. Barker）著　冯雄译

外文题名：The universe unfolding

上海：商务印书馆，1935.9，133页，32开（自然科学小丛书）（万有文库 第2集212）

上海：商务印书馆，1936.6，133页，32开（自然科学小丛书）

本书共7章，内容包括：群星之天球、宇宙边界之胀裂、群星之距离、星团、星云及尘云等。

收藏单位：重庆馆、大连馆、东北师大馆、广东馆、贵州馆、国家馆、黑龙江馆、湖南馆、江西馆、辽大馆、辽师大馆、南京馆、内蒙古馆、宁夏馆、上海馆、天津馆、浙江馆

02226

宇宙及其进化　（英）金斯（James Hopwood Jeans）著　张贻惠译

外文题名：Stars in their courses

北平：震亚书局，1932.9，195页，32开（科

学小丛书 1）

　　本书共 8 章，内容包括：天穹、空间时间中的预备旅行、太阳的一族等。书末有附录、增录、中英名对译及索引。著者原题：靳斯。

　　收藏单位：国家馆、首都馆、浙江馆

02227

宇宙论　江载阳撰

黄岩（浙江）：江载阳 [发行者]，1946，誊印本，15 叶，18 开

　　收藏单位：南京馆

02228

宇宙论　周昌寿著

上海：商务印书馆，1926.1，60 页，32 开（百科小丛书）

上海：商务印书馆，1929.10，60 页，32 开（百科小丛书）（万有文库 第 1 集 438）

上海：商务印书馆，1933.7，国难后 1 版，60 页，32 开（百科小丛书）

上海：商务印书馆，1934.7，再版，60 页，32 开（百科小丛书）（万有文库 第 1 集 438）

　　本书共 3 章：恒星、太阳、行星。

　　收藏单位：安徽馆、重庆馆、大连馆、大庆馆、东北师大馆、广西馆、国家馆、黑龙江馆、湖南馆、江西馆、辽大馆、辽师大馆、内蒙古馆、宁夏馆、上海馆、天津馆、西南大学馆、浙江馆

02229

宇宙论

出版者不详，抄本，1 函（4 册），7 开

　　收藏单位：广东馆、首都馆

02230

宇宙奇观　曹友诚　曹友信编

上海：中国科学图书仪器公司，1940.7，182 页，32 开（中国科学社科学画报丛书）

上海：中国科学图书仪器公司，1946.5，再版，182 页，32 开（中国科学社科学画报丛书）

　　本书共 11 章，内容包括：天球、月和太阳在天上的运动、行星系—地球、日与月、水星与金星等。据 Chant 的 Our Wonderful Universe 一书编译。

　　收藏单位：重庆馆、广东馆、南京馆、内蒙古馆、上海馆、首都馆、浙江馆

02231

宇宙奇观　司徒布道款编辑

上海：圣教书会，1923，23 页，50 开

　　本书共 6 节：论真神创造宇宙、论地球月球等八大行星、论彗星与日球、论众星、论真神爱怜世人、论圣书要旨。

　　收藏单位：山东馆

02232

宇宙奇观　余飒声译

上海：中华书局，1945.10，222 页，32 开（少年科学丛书 4）

上海：中华书局，1948.5，再版，222 页，32 开（少年科学丛书 4）

　　本书共 13 章，内容包括：绪论、太阳与人类、太阳的本质与太阳光、月、太阳族、近代天文学的起源等。

　　收藏单位：重庆馆、东北师大馆、国家馆、黑龙江馆、江西馆、南京馆、内蒙古馆、上海馆、首都馆、天津馆、浙江馆

02233

宇宙与天体　陈雨旸编著

重庆：正中书局，1942.8，渝初版，220 页，32 开（正中科学知识丛书）

　　本书共 16 章，内容包括：宇宙的观测、恒星、宇宙构造与银河、星团和星云等。

　　收藏单位：重庆馆、广东馆、国家馆、湖南馆、南京馆、浙江馆

02234

宇宙之物理的本性　（英）沙利文（J. W. N. Sullivan）著　殷佩斯译

外文题名：The physical nature of the universe

上海：商务印书馆，1935.3，63 页，32 开（自然科学小丛书）（万有文库 第 2 集 218）

上海：商务印书馆，1935.6，63 页，32 开（自然科学小丛书）

　　本书阐述十九世纪科学中之基本物理概

念，有限宇宙之理论，以及原子论、量子论和相对论的解释等。著者原题：萨力凡。

收藏单位：重庆馆、大连馆、大庆馆、广东馆、贵州馆、国家馆、黑龙江馆、江西馆、辽大馆、辽师大馆、南京馆、内蒙古馆、宁夏馆、上海馆、绍兴馆、首都馆、天津馆、浙江馆

02235

宇宙之新观念 （波兰）哥白尼（Nicolaus Copernicus）等著　朱恩隆译

外文题名：The new idea of the universe

上海：商务印书馆，1937.3，35 页，32 开（汉译世界名著）（万有文库 第 2 集 216）

长沙：商务印书馆，1939.9，35 页，32 开（汉译世界名著）（万有文库 第 1—2 集简编 150）

本书共收 3 篇科学名著：《宇宙之新观念》（哥白尼）、《论天文学原理》（刻卜勒）、《天动与地动》（伽利略）。

收藏单位：大连馆、大庆馆、东北师大馆、国家馆、辽大馆、辽师大馆、宁夏馆、上海馆、天津馆、浙江馆

02236

宇宙之展开 （美）贝克尔（R. H. Barker）著　陈问路译

太原：中外语文学会，1935.11，154 页，36 开

本书论述银河系及银河以外之星团、星云和尘云、群星之距离，并论及宇宙之边界问题。

收藏单位：国家馆、西南大学馆

02237

宇宙壮观 （日）山本一清著　陈遵妫编译

上海：商务印书馆，1935.3，5 册（974 页），32 开（自然科学小丛书）（万有文库 第 2 集 213）

上海：商务印书馆，1935.7，5 册（974 页），32 开（自然科学小丛书）

上海：商务印书馆，1935.12，再版，974 页，32 开，精装（自然科学小丛书）

本书共 5 篇，讲述太阳系、恒星界、宇宙的构造，天文台及仪器等。第 5 篇第 8 章是介绍中国的资料，有紫金山天文台、青岛市观象台、国立中山大学天文台、佘山天文台、中国天文学会等。

收藏单位：重庆馆、大连馆、东北师大馆、广东馆、广西馆、贵州馆、国家馆、黑龙江馆、吉林馆、江西馆、辽大馆、辽师大馆、南京馆、内蒙古馆、宁夏馆、上海馆、首都馆、天津馆、西交大馆、浙江馆

02238

中国人之宇宙观 崔朝庆著

外文题名：Chinese conception of the universe

上海：商务印书馆，1933.12，114 页，32 开（国学小丛书）（万有文库 第 1 集 441）

上海：商务印书馆，1934.1，114 页，32 开（国学小丛书）

上海：商务印书馆，1934.5，再版，114 页，32 开（国学小丛书）

上海：商务印书馆，1935.5，3 版，114 页，32 开（国学小丛书）

本书共 10 章，内容包括：天地开辟论、盖天浑天宣夜、星座、日月五星之运行与十二次十二辰二十八宿、冬至点、北斗及南中星等。

收藏单位：安徽馆、重庆馆、大连馆、东北师大馆、广东馆、广西馆、国家馆、黑龙江馆、江西馆、辽大馆、辽师大馆、南京馆、内蒙古馆、宁夏馆、山东馆、上海馆、首都馆、天津馆、西南大学馆、浙江馆

02239

中西星官对照图

佘山天文台，1 册，10 开

本书据乾隆年钦天监北京测定本示校。

收藏单位：广东馆

02240

中西星名图考 赵元任著

上海：中国科学社，1917，39 页，16 开

本书共 8 部分，内容包括：西座五文对照表、西座经纬表、西中星座详表、中西对照表、个星西名表、二十明星表等。书末附希腊字母表、星图凡例、星图。

收藏单位：重庆馆、国家馆、黑龙江馆、

湖南馆、上海馆

02241

总理 总裁底哲学体系　周世辅著

福州：胜利出版社福建分社，1946.6，198 页，32 开

　　本书共 3 章：第 1 章建立国父宇宙哲学的体系；第 2 章把国父宇宙哲学与西洋宇宙哲学作对比；第 3 章把国父宇宙哲学与中国宇宙哲学作对比，最后以国父融会中西宇宙哲学思想作结论。

　　收藏单位：南京馆、浙江馆

太阳系

02242

NAGATA 彗星之轨道　沈璿　今井溙著

上海：上海自然科学研究所，1934.10，213—214 页，16 开

　　本书为《上海自然科学研究所汇报》第 3 卷抽印本。

　　收藏单位：国家馆

02243

测定慧星轨道法

[中央观象台]，[1917]，22 页，16 开

　　本书内容包括：立法、投影、解释投影、求彗星距日远近之实径等。

　　收藏单位：国家馆

02244

大块文章（原名，自然的罗曼史）（地球及其生命的历史）（英）伯顿（W. J. P. Burton）著　潘梓年译

上海：北新书局，1927.4，10+208 页，32 开

　　本书共 20 章，内容包括：自然新书中的大启示、地球—地球在太阳系中和别的天体的关系—地球的起始—地球的发达史、陆地的不结实—毁坏和再造的大健将、海的动作、岩石和化石的故事之阐明等。扉页上刊为：关于自然的故事（地球及其生涯的研究）。

　　收藏单位：重庆馆、广东馆、国家馆、黑

龙江馆、吉林馆、江西馆、内蒙古馆、山西馆、上海馆、首都馆、天津馆、浙江馆

02245

地球　黄衣青译

上海：中华书局，1948.5，24 页，32 开（中华文库 民众教育 第 1 集）

　　收藏单位：东北师大馆、广东馆、上海馆

02246

地球　吕金录编著

上海：商务印书馆，1935.9，32 页，50 开（民众基本丛书 第 1 集 自然类 7）

上海：商务印书馆，1935，再版，32 页，50 开（民众基本丛书 第 1 集 自然类 7）

上海：商务印书馆，1935.11，3 版，32 页，50 开（民众基本丛书 第 1 集 自然类 7）

　　本书讲述地球的形成、形状与构造，及其运动等。

　　收藏单位：重庆馆、广东馆、吉林馆、辽大馆、宁夏馆、首都馆

02247

地球　（日）松山基范著　王谟译

上海：商务印书馆，1935.3，2 册（371 页），32 开（自然科学小丛书）（万有文库 第 2 集 266）

上海：商务印书馆，1935.7，2 册（371 页），32 开（自然科学小丛书）

　　本书共 13 章，内容包括：地球之成因、地之形状及其大小、地球之运动、地球之表面、地磁、地壳之平衡等。

　　收藏单位：重庆馆、大连馆、东北师大馆、广东馆、广西馆、贵州馆、国家馆、黑龙江馆、辽大馆、辽师大馆、南京馆、内蒙古馆、宁夏馆、上海馆、首都馆、天津馆、浙江馆

02248

地球　王昌谟等编译

外文题名：Book of the earth

上海：商务印书馆，1926.11，2 册（231+265 页），22 开（少年百科全书 第 7 类）

上海：商务印书馆，1933.8，缩本初版，231+

265 页，32 开，精装（少年百科全书 第 7 类）
上海：商务印书馆，1933.10，缩本再版，231+
265 页，32 开，精装（少年百科全书 第 7 类）
上海：商务印书馆，1935.9，缩本 3 版，231+
265 页，32 开，精装（少年百科全书 第 7 类）

本书内收《我们住的地球》《地球的成形》《原子内的世界》《化合物的三大类》《星的构造史》《地球的吸引》等 50 篇科学知识文章。

收藏单位：重庆馆、东北师大馆、广东馆、桂林馆、国家馆、黑龙江馆、湖南馆、吉林馆、江西馆、辽师大馆、南京馆、内蒙古馆、上海馆、首都馆、天津馆、西南大学馆、浙江馆

02249

地球　周太玄著
外文题名：The earth
上海：商务印书馆，1930.4，84 页，32 开（百科小丛书）（万有文库 第 1 集 472）
上海：商务印书馆，1931.8，84 页，32 开（百科小丛书）

本书介绍地球的形态、密度、坚度、温度、经纬度、绕日运动、磁、电、气候、水层、岩石层及生物等。

收藏单位：安徽馆、重庆馆、大连馆、东北师大馆、广东馆、广西馆、国家馆、黑龙江馆、湖南馆、江西馆、辽大馆、辽师大馆、南大馆、内蒙古馆、宁夏馆、上海馆、天津馆、西南大学馆、浙江馆

02250

地球　周性初编
上海：新中国书局，1933，40 页，50 开（常识小丛书 第 1 集 5）

收藏单位：广东馆

02251

地球
[重庆]：教育部民众读物编审委员会，42 页，50 开（民众文库）

本书共 14 部分，内容包括：太阳的家族、轨道、一天和一年、有趣的问题、月亮的故事、月亮的圆缺等。

收藏单位：国家馆

02252

地球的故事（2）　是德著
香港：进步教育出版社，1948.9，65 页，32 开（新儿童丛书 37 常识类）

收藏单位：国家馆

02253

地球的话　玉子编
上海：广益书局，1933，101 页，32 开（儿童自然科学故事丛书）

收藏单位：贵州馆、首都馆

02254

地球概论　王安宅著
上海：商务印书馆，1936.11，408 页，32 开
长沙：商务印书馆，1938，再版，408 页，32 开
上海：商务印书馆，1947.2，3 版，408 页，32 开（新中学文库）

本书共 11 章，内容包括：地球学说之演进、宇宙概说、数学及力学、地球之形状、地球之自转、地球之公转、月与地球之关系、行星与地球之关系等。

收藏单位：重庆馆、东北师大馆、广东馆、贵州馆、国家馆、黑龙江馆、湖南馆、江西馆、辽宁馆、南京馆、内蒙古馆、山西馆、首都馆、天津馆、浙江馆

02255

地球和宇宙　陈大年著
东安：东北书店，1947.5，再版，35 页，32 开
哈尔滨：东北书店，1948.9，再版，35 页，32 开

本书内收《一个希奇的故事》《眼睛的错觉》《太阳和太阳系》《宇宙之大》《地球》《大气》《日和夜》《一年和四季》《日蚀和月蚀》等 11 篇短文。

收藏单位：东北师大馆、广东馆、国家馆、南京馆、山东馆、天津馆

02256

地球和宇宙　陈大年著

桂林：文化供应社，1942.4，64 页，36 开（少年文库）

桂林：文化供应社，1942，再版，66 页，36 开（少年文库）

上海：文化供应社，1947.11，再版，64 页，36 开（少年文库）

　　收藏单位：重庆馆、东北师大馆、国家馆、南京馆

02257

地球和月球　黎锦耀　许达年编

上海：中华书局，1933，60 页，32 开（儿童常识丛书）

上海：中华书局，1934，再版，60 页，32 开（儿童常识丛书）

上海：中华书局，1936.11，再版，68 页，32 开（小朋友文库 第 1 集）

上海：中华书局，1948.8，再版，68 页，32 开（中华文库 小学 第 1 集 高级自然类）

　　本书内容包括：引子、地形的旧说、祖母讲的故事、地是圆的像个球形、地圆的证据、马可波罗到中国来等。

　　收藏单位：重庆馆、国家馆、吉林馆、内蒙古馆、上海馆、首都馆

02258

地球考略　王安宅著

昌黎：王安宅 [发行者]，1930.10，104 页，23 开

　　本书共 10 章，内容包括：地球思想之变迁、地球概说、地球之形状、地球之自转、地球之公转、地球之构造等。书后有附图目录、附表目录。

　　收藏单位：国家馆、天津馆

02259

地球靠什么维系着？　（苏）奥戈罗德尼科夫撰　亚天译

沈阳：东北新华书店，1949，30 页，32 开

　　收藏单位：国家馆、辽宁馆

02260

地球新话　吴湘渔著

上海：永祥印书馆，1945.5，68 页，36 开（青年知识文库 第 1 辑 20）

上海：永祥印书馆，1947.2，再版，68 页，36 开（青年知识文库 第 1 辑 20）

　　本书共 7 章：我们所住的地球、地球是怎样产生的、为什么一年有四季、让我们来谈谈气候、地球上的陆和水、小小的一滴水、从阿米巴到人的岩石纪录。

　　收藏单位：重庆馆、东北师大馆、国家馆、华东师大馆、辽宁馆、南京馆、山西馆、上海馆、浙江馆

02261

地球在宇宙间　（苏）龙盖维奇著　梁香译

上海：天下图书公司，1947.11，72 页，32 开（大众科学丛书 8）

北平：天下图书公司，1949.4，华北 1 版，72 页，32 开（人民科学丛书）

北平：天下图书公司，1949.6，华北 2 版，72 页，32 开（人民科学丛书）

　　本书讲述地球的形状、运动、昼夜、四季、日月蚀的成因等。

　　收藏单位：东北师大馆、广东馆、国家馆、南京馆、人大馆、上海馆、绍兴馆、天津馆

02262

地球之天体观　张钰哲著

南京：钟山书局，1933.11，65 页，32 开（钟山学术讲座 5）

　　本书讲述地球的起源、演化和结构，地球的自转和公转，日月与地球的关系等。

　　收藏单位：国家馆、南京馆、上海馆、浙江馆

02263

华北日月出没限界图（中华民国三十三年九至十一月份）

国立华北观象台，1944，1 册，18 开

　　收藏单位：国家馆

02264

华北日月出没限界图（中华民国三十四年五至九月份）

国立华北观象台，1945，1 册，18 开

　　本书图中以红色实线、虚线分别标出 1945 年 5—9 月华北地区当月每五日的日出、日没限界；以蓝色实线、虚线分别标出每日月出、月没限界。

　　收藏单位：国家馆

02265

流星论　陈遵妫著

南京：国立中央研究院天文研究所，1930.6，100 页，16 开

　　本书共 9 部分，内容包括：总论、流星群、彗星与流星、流星之轨道、流星观测法等。

　　收藏单位：东北师大馆、广东馆、国家馆、南京馆、上海馆、首都馆

02266

民国二十五年六月十九日日全食北海道队观测报告　余青松　陈遵妫著

外文题名：Report on the total solar eclipse of June 19, 1936, as observed by the Chinese expedition to Hokkaido, Japan

南京：国立中央研究院天文研究所，1936，[10]+20 页，16 开

　　本书为中国队赴日本观测日蚀的记录。中国天文学会《宇宙》第 7 卷第 8 号抽印本。

　　收藏单位：广东馆、国家馆、上海馆

02267

民国二十五年六月十九日日全食观测报告

中国日食观测委员会，1936.9，89 页，18 开

　　本书内收《北海道队日食观测报告》《摄制日食影片的经过》《伯力队观测日食报告》《一九三六年南京日偏食之观测》《一九三六年上海日偏蚀时天空电离层游离强度之测量》等。

　　收藏单位：国家馆、南京馆、上海馆

02268

民国三十年九月二十一日日全食观测总报告

中国日食观测委员会，1941，1942 印，58 页，18 开

　　收藏单位：国家馆

02269

民国三十年九月二十一日日全蚀观测总报告

南京：民国三十年日蚀观测委员会，1942.8，55 页，18 开

　　本书共 12 部分，内容包括：民国三十年九月二十一日之日全食、本年日全食观测地点选在中国中部之理由、各队观测报告等。

　　收藏单位：国家馆、南京馆

02270

奇妙的地球　萧觉先著

上海：中华书局，1926.1，32 页，36 开（科学小丛书）

上海：中华书局，1927，再版，32，36 开（科学小丛书）

上海：中华书局，1931.2，4 版，32 页，36 开（科学小丛书）

　　本书共 8 节，内容包括：引言、地球的形状和大小、自转和公转、地球的内部、地球的外表、倾斜的地轴等。

　　收藏单位：北师大馆、重庆馆、贵州馆、江西馆、南京馆、山西馆、天津馆

02271

奇妙的地球　邹盛文编

重庆：中华书局，1944.6，重排初版，28 页，32 开

上海：中华书局，1948.1，34 页，32 开（中华文库 小学 第 1 集 高级自然类）

　　收藏单位：重庆馆、广西馆、国家馆

02272

青岛市观象台天文报告（民国二十二年至二十三年 第七号及第十号）

外文题名：Bulletin astronomique de l'observatoire de Tsingtao

青岛：青岛市观象台，1934，[4] 页，16 开

　　本书内容为关于太阳黑子的观察报告。

　　收藏单位：国家馆

02273

群星漫谈　罗智瑾编著

万县（四川）：中国童子军教育协会，1948，44 页，32 开，环筒页装（协同丛书）

　　本书介绍太阳和九大行星、地球和月亮、银河、星宿等天文知识。

　　收藏单位：重庆馆

02274

日球与月球　李蕃著

外文题名：Sun and moon

上海：商务印书馆，1930.4，80 页，32 开（百科小丛书）（万有文库 第 1 集 440）

上海：商务印书馆，1931.8，80 页，32 开（百科小丛书）

上海：商务印书馆，1934.7，再版，80 页，32 开（百科小丛书）（万有文库 第 1 集 440）

　　本书共 3 章：月球、日球、日球月球与地球之关系。

　　收藏单位：安徽馆、重庆馆、大连馆、东北师大馆、广东馆、广西馆、国家馆、黑龙江馆、湖南馆、江西馆、辽大馆、辽师大馆、内蒙古馆、宁夏馆、上海馆、天津馆、武大馆、西南大学馆、浙江馆

02275

日食观测　李毅艇编著　孙绍宗　李俨等校

西安：陕西省水利局西安测候所暨陕西省日食观测队，1941.9，13 页，16 开

　　收藏单位：国家馆

02276

日月星　许达年　鲍维湘编

上海：中华书局，1948，26 页，32 开（中华文库 民众教育 第 1 集）

上海：中华书局，1948.7，36 页，32 开（中华文库 民众教育 第 1 集）

　　本书讲述月球和星那里来的、星云、太阳系、恒星、行星等天文知识。

　　收藏单位：重庆馆、东北师大馆、国家馆、上海馆

02277

日月星辰　何澄著

桂林：立体出版社，1942.9，68 页，36 开

　　本书讲述 8 个问题：开天辟地、满天星斗、太阳、月亮、地球、一年四季、日蚀月蚀和潮汐、地面的变动。

　　收藏单位：重庆馆、广东馆、广西馆、桂林馆、国家馆、南京馆

02278

日月星辰　何澄著

韬奋书店，[1940—1949]，44 页，32 开

　　收藏单位：国家馆

02279

日月星辰　何澄著

重庆：现代书局，1946，69 页，36 开（少年科学丛书 1）

　　收藏单位：重庆馆

02280

神奇的天地　周其昌著

上海：大东书局，1927.6，68 页，50 开（科学丛书）

　　本书分上、下编。上编讲述天体，太阳系及历法等；下编讲述地球的生成和运动，地球上的陆界、海洋、气界和生物等。

　　收藏单位：重庆馆、国家馆、湖南馆、首都馆、天津馆、西南大学馆、浙江馆

02281

太阳　江苏省立教育学院研究实验部编

无锡：江苏省立教育学院，1930.10，8 页，32 开（民众科学问答丛书 2）

　　收藏单位：国家馆

02282

太阳　凌履冰编

上海：新中国书局，1933.7，35 页，64 开（常识小丛书 第 1 集 2）

　　本书为小学校适用。

　　收藏单位：国家馆

02283
太阳　熊卿云著
上海：商务印书馆，1925，18 页，50 开（平民小丛书 自然类 43）
上海：商务印书馆，1926，再版，18 页，50 开（平民小丛书 自然类 43）
上海：商务印书馆，1936.4，30 页，50 开（民众基本丛书 第 1 集 自然类）
　　本书介绍太阳的光热、运动、太阳系和八大行星等天文学知识。
　　收藏单位：重庆馆、国家馆、首都馆

02284
太阳　郑贞文等编辑
重庆：商务印书馆，1943.12，渝 1 版，31 页，32 开（少年自然科学丛书 1）
　　本书内容包括：天文的历史、太阳、太阳的黑点等。
　　收藏单位：广东馆、国家馆、南京馆、上海馆

02285
太阳的恩惠　李劭青著
北平：中华平民教育促进会，1932.7，20 页，50 开（平民读物 自然科学 116）
　　收藏单位：国家馆

02286
太阳的故事　宋易著
上海：现代书局，1932.11，60 页，36 开
上海：现代书局，1932.12，再版，60 页，36 开
　　收藏单位：广西馆、国家馆

02287
太阳系　李锐夫编著
金华：正中书局，1941.8，162+20 页，25 开（自然科学丛书）
重庆：正中书局，1943.12，4 版，162+20 页，25 开（自然科学丛书）
上海：正中书局，1947.1，沪 1 版，162+20 页，25 开（自然科学丛书）
　　本书讲述太阳及各行星的状况、运动及

关系等。
　　收藏单位：重庆馆、广东馆、贵州馆、国家馆、湖北馆、湖南馆、南京馆、上海馆

02288
太阳系中之新彗局
教育部中央观象台，[16] 页，20 开，环筒页装
　　本书概述轨道以土星为界的九颗彗星、以海王星为界的四颗彗星情况。附西彗局之轨道图两幅。
　　收藏单位：国家馆

02289
太阳研究之新纪元　（日）关口鲤吉著　杨倬孙译
上海：商务印书馆，1936.9，95 页，32 开（自然科学小丛书）（万有文库 第 2 集 221）
长沙：商务印书馆，1939.9，95 页，32 开（自然科学小丛书）
　　本书共 5 部分：太阳旋风、太阳与星之内部构造、太阳与星之气象、太阳与星之生长、变星太阳。
　　收藏单位：重庆馆、大连馆、大庆馆、东北师大馆、广东馆、贵州馆、国家馆、湖北馆、江西馆、辽大馆、辽师大馆、内蒙古馆、宁夏馆、上海馆、首都馆、天津馆、武大馆、浙江馆

02290
太阳与月亮　日新著
上海：生活·读书·新知上海联合发行所，1949.6，沪初版，96 页，48 开（新中国百科小丛书）
　　本书内容包括：谜一样的天空、太阳和它的家族、万有引力及其他、太阳、月亮、春夏秋冬等。
　　收藏单位：东北师大馆、广东馆、国家馆、湖北馆、辽宁馆、天津馆

02291
太阳月亮和地球　于光远　孙敬之著
[威县]：冀南新华书店，1949.3，15 页，32

开

　　收藏单位：国家馆、山东馆

02292

太阳·月·星　郑贞文　胡嘉诏编

上海：商务印书馆，1925.10，11+209 页，32 开（少年自然科学丛书 1）

上海：商务印书馆，1927，再版，209 页，32 开（少年自然科学丛书 1）

上海：商务印书馆，1931，3 版，209 页，32 开（少年自然科学丛书 1）

上海：商务印书馆，1933.1，国难后 1 版，209 页，32 开（少年自然科学丛书 1）

上海：商务印书馆，1933.6，国难后 2 版，209 页，32 开（少年自然科学丛书 1）

　　本书共 9 部分：天文的历史、太阳、用望远镜所看见的太阳、日蚀、月、行星、彗星、流星、其余的星。

　　收藏单位：重庆馆、广东馆、广西馆、贵州馆、国家馆、黑龙江馆、江西馆、内蒙古馆、山西馆、首都馆、浙江馆

02293

太阴图说（佘山天文台原图）（法）蔡尚质（S. J. Stanislas Chevalier）著　高平子译

[上海]：[国立东南大学]，[1922.8]，[97] 页，12 开

　　本书为月球观测记录。中法文对照。译者原题：高均。

　　收藏单位：上海馆

02294

谈天说地　舒泽湖编译

上海：中华书局，1948.10，84 页，32 开（中华少年丛书）

　　本书介绍宇宙、光、热、植物、动物、季节、天气、磁与电等知识。摘译自美国 Craig、Condry 和 Hill 合著的 From Sun to Earth 一书。

　　收藏单位：重庆馆、江西馆、上海馆、西南大学馆

02295

谈天说地　袁泰编著

大连：光华书店，1949.3，105 页，36 开（少年文库）

　　本书内容包括：地球诞生、太阳系组成、其他行星、太阳、地月关系以及神话故事中的天文规律等。

　　收藏单位：国家馆、首都馆

02296

谈天说地　袁泰著

桂林：实学书局，1942.5，105 页，32 开（科学知识丛刊）

桂林：实学书局，1943.9，再版，105 页，32 开（少年科学知识丛刊）

大连：实学书局，1949.3，105 页，32 开（少年文库）

　　收藏单位：重庆馆、东北师大馆、广东馆、国家馆、江西馆、南京馆、山东馆

02297

谈天说地　袁泰著

扬州：苏北新华书店，1949，108 页，50 开

　　收藏单位：国家馆

02298

谈天说地　袁泰编著

北平：新中国书局，1949，105 页，36 开

　　收藏单位：江西馆、辽宁馆

02299

天地人　刘诚著

永安：改进出版社，1942.11，106 页，32 开（现代青年丛刊 5）

　　收藏单位：重庆馆、福建馆、广东馆、国家馆

02300

天地人　路汀著

华中新华书店盐阜分店，1948.11，50 页，64 开（自然科学小丛书）

　　收藏单位：国家馆、山东馆

02301

天地人　张先辰著

重庆：文风书局，[1943]，42 页，36 开（新少年文库第 1 集）

　　本书共 15 部分，内容包括：天地起源的传说、宇宙、星云、太阳系、地球和月亮、生物的进化、人类远祖的谱系等。

　　收藏单位：重庆馆、国家馆

02302

天地新学说（最新说明）　张毓祥等著

上海：京都万花楼，1924，[128] 页，23 开

上海：京都万花楼，1924.8，再版，[128] 页，23 开

　　本书分上、下编，共 7 章：辨太阳吸引诸行星运行之疑、辨地为圆球之疑、辨地球有吸引力之疑、辨地球绕日运动之疑、辨太阴环绕地球运行之疑、辨日蚀月蚀之疑、辨潮汐之疑。

　　收藏单位：国家馆、上海馆

02303

天地新学说（最新说明）　张毓祥等著

北京：天地新学社，1917.2，[98] 页，23 开

　　收藏单位：北师大馆、国家馆

02304

天地形象图说　亦英编译

上海：良友图书公司，1933.12，141 页，16 开

　　本书内容包括：宇宙、地球的运动、地球的构造、陆界、水界、气象、征服地球。图文对照。

　　收藏单位：国家馆、西南大学馆

02305

天与地的故事　（美）华虚朋（C. W. Washburne）（美）利特著　刘维沂　谢立达译

外文题名：The story of earth and sky

上海：世界书局，1939.2，304 页，36 开

上海：世界书局，1943.10，再版，304 页，36 开

上海：世界书局，1948.5，3 版，304 页，36 开

　　本书共 58 章，内容包括：地球的形成、地球的冷却、水怎样使地球变形、山丘的形成、生命、细胞的联结、大陆上动物的起始等。

　　收藏单位：重庆馆、广东馆、国家馆、吉林馆、江西馆、辽大馆、宁夏馆、上海馆、绍兴馆、首都馆、浙江馆

02306

我们的地球　丁柱中编　陶知行校

上海：儿童书局，1932，6 册（24+23+26+23+21+20 页），32 开（儿童科学丛书）

上海：儿童书局，1933，再版，6 册（24+23+26+23+21+20 页），32 开（儿童科学丛书）

上海：儿童书局，1933，3 版，6 册（24+23+26+23+21+20 页），32 开（儿童科学丛书）

　　本书介绍天地是个甚么样儿、怎么证明地球是圆的、什么叫做南北极、什么叫做赤道等知识。

　　收藏单位：广西馆、贵州馆、国家馆、首都馆

02307

我们的地球　莫伟夫著

光华书店，[1949]，42 页，32 开

　　收藏单位：重庆馆、国家馆

02308

我们的地球　莫伟夫著

上海：生活·读书·新知上海联合发行所，1949.6，76 页，42 开（新中国百科小丛书）

　　本书内容包括：怎么样了解地球、地球在宇宙中的位置、地球的形成、地球的成分、地球的形状与变化、地球的过去与未来等。

　　收藏单位：安徽馆、重庆馆、辽宁馆、内蒙古馆

02309

我们的地球　莫伟夫著

上海：生活书店，1946.9，76 页，42 开（新知识初步丛刊）

上海：生活书店，1946.12，再版，76 页，42 开（新知识初步丛刊）

大连：生活书店，1948.2，72 页，42 开（少年文库）

哈尔滨：生活书店，1948.9，再版，72 页，42 开（少年文库）

本书共 6 部分，内容包括：被解放了的地球、地球在宇宙中的位置、地球是怎样生成的、地球的构造和成分等。

收藏单位：重庆馆、东北师大馆、福建馆、国家馆、南京馆、内蒙古馆、绍兴馆、天津馆

02310

我们住在什么上面？　　江苏省立教育学院研究实验部编

无锡：江苏省立教育学院，1930.10，8 页，32 开（民众科学问答丛书 1）

收藏单位：国家馆

02311

行星的故事　　宋易著

上海：现代书局，1932.6，2 册（146 页），36 开（现代儿童丛书）

本书分上、下册，内容包括：太阳的家族——太阳系、水星——玫瑰色的行星、小行星的故事、木星——行星中的王子等。

收藏单位：国家馆、江西馆

02312

一九三六年南京日偏食之观测　　李铭忠　高平子著

外文题名：Eclipse de soleil observations faites a l'observatoire du mont pourpre le 19 Juin 1936

南京：国立中央研究院天文研究所，1936，21—24 页，16 开

本书内收李铭忠、高平子的观测记录各 1 篇。书前有法文摘要 1 篇。中国天文学会《宇宙》第 7 卷第 4 号抽印本。

收藏单位：国家馆、南京馆、上海馆

02313

月理初编　　（英）卜朗（E. W. Brown）著　卢景贵译

外文题名：An introductory treatise on the lunar theory

天津：卢景贵 [发行者]，1936.6，321 页，16 开，精装

本书讲述月球运行理论。共 13 章，内容

包括：力函数、行动方程式、未受摄动的椭圆行动、随意常数之变动、摄动函数等。

收藏单位：国家馆、上海馆、天津馆

02314

月亮　　江苏省立教育学院研究实验部编

无锡：江苏省立教育学院，1930.11，10 页，32 开（民众科学问答丛书 3）

收藏单位：广东馆、国家馆

02315

月亮　　熊卿云编　吕金录校订

上海：商务印书馆，1926，再版，14 页，50 开（平民小丛书 自然类 44）

上海：商务印书馆，1935.9，21 页，50 开（民众基本丛书 第 1 集 自然类 6）

上海：商务印书馆，1935.10，再版，21 页，50 开（民众基本丛书 第 1 集 自然类 6）

上海：商务印书馆，1935.11，3 版，21 页，50 开（民众基本丛书 第 1 集 自然类 6）

本书简要介绍月亮的形状、运动以及日蚀和月蚀。

收藏单位：重庆馆、首都馆

02316

月亮　　周性初编

上海：新中国书局，1933，37 页，50 开（常识小丛书 第 1 集 3）

收藏单位：首都馆

02317

月轮估计度量之分配及其意义　　高平子著

[中国天文学会]，[1929]，[24] 页，18 开

本书为作者 1929 年冬至在中国天文学会年会上宣读的论文。《中国天文学会会报》第 6 期抽印本。著者原题：高均。

02318

陨石　　（日）加赖勉著　陈志鸿译

上海：商务印书馆，1935.9，160 页，32 开（自然科学小丛书）（万有文库 第 2 集 220）

上海：商务印书馆，1936.4，160 页，32 开（自然科学小丛书）

本书分前编和后编两部分，内容包括：古来关于陨石之记载、陨石与迷信、确认陨石来自天空时代之议论、陨石之本体、彗星流星及陨石间之关系等。

收藏单位：重庆馆、大连馆、大庆馆、广东馆、贵州馆、国家馆、江西馆、辽大馆、辽师大馆、内蒙古馆、宁夏馆、上海馆、首都馆、天津馆、浙江馆

02319

中国日食观测委员会报告（民国二十三年至民国三十一年）

中国日食观测委员会，1942，42 页，36 开

本书内容包括：缘起、组织、章程、职员、设备、经费、工作等。

收藏单位：重庆馆、贵州馆、国家馆

02320

中国日食观测委员会章程

中国日食观测委员会，1935.9，9 页，18 开

本书共 12 条，内容包括：本会定名为中国日食观测委员会、本会以观测日食及研究与日食有关各问题为宗旨等。附进行计划、职员录、会员录。

收藏单位：国家馆

02321

中国史之哈雷彗星 朱文鑫著

[中国天文学会]，[1929]，14 页，16 开

本书为《中国天文学会会报》第 6 期抽印本。

收藏单位：南京馆

02322

自然界中的地球 梁之麟编辑 李光恒 向璠审定

天津：天津市教育局民众读物编审处，1933.3，8 页，36 开（天津市教育局民众读物编审处丛书 4）

本书为注音符号读物。

收藏单位：天津馆

02323

自然界中的太阳 梁之麟编辑 李光恒 向璠审定

天津：天津市教育局民众读物编审处，1933.3，14 页，36 开（天津市教育局民众读物编审处丛书 2）

本书为注音符号读物。

收藏单位：国家馆

02324

自然界中的月亮 梁之麟编辑 李光恒 向璠审定

天津：天津市教育局民众读物编审处，1933.3，12 页，36 开（天津市教育局民众读物编审处丛书 3）

本书为注音符号读物。

收藏单位：国家馆、天津馆

02325

自然现象的研究 计志中著

上海：新中国书局，1935.4，89 页，32 开

上海：新中国书局，1936.4，再版，89 页，32 开

本书讲述太阳、云、月、星、风、雷、虹的一般科学知识。

收藏单位：南京馆、首都馆

时间、历法

02326

百八十年阴阳历对照表 寿孝天编

上海：商务印书馆，1912.1，30 页，24 开

本书为 1774—1923 年阴阳历对照。另附阳历月建记忆法、十年星期表、十年节气表等 6 页。

收藏单位：上海馆

02327

百五十年阴阳对照历典

上海：联谊社，1929.12，160 页，16 开

收藏单位：南京馆、上海馆

02328

卜辞中所见之殷历　董作宾著

北平：国立中央研究院历史语言研究所，1931，481—522 页，16 开（国立中央研究院历史语言研究所专刊）

本书为《安阳发掘报告》第 3 期抽印本。

收藏单位：国家馆

02329

陈振先文存　陈振先著

陈振先 [出版者]，[1933]，390 页，25 开

本书内收《关于竹书纪年诗书春秋左传的几桩公案》《因诗书日食公案答客难》《秦末汉初之正朔闰法及其意义》3 篇文章，均作于 1933 年。书内题名：不虚我生文存。

收藏单位：国家馆

02330

成吉思汗纪元七三八年岁次癸未时宪书　蒙古自治邦政府交通总局编纂

呼和浩特：蒙古自治邦政府弘报局，1943，40 页，18 开

收藏单位：国家馆

02331

大明中兴永历二十五年大统历

出版者不详，[1940—1949]，影印本，18 叶，32 开

收藏单位：国家馆

02332

对于国际联盟会改定新历法建议书

出版者不详，6 页，32 开

收藏单位：国家馆

02333

二百零八年星命万年历（增推算歌诀）　钱黎民著

上海：艺海书局，1947.4，再版，1 册，大 64 开

收藏单位：江西馆

02334

二百年新历书（中西对照）　扫叶编辑部编

上海：扫叶山房，1929，[90] 页，32 开

上海：扫叶山房，1930.1，再版，[90] 页，32 开

本书为乾隆九年（1744）—1943 年阴阳历对照书。

收藏单位：上海馆

02335

二百年中西历检查书　梅鹿轩主编

上海：正则书社，1929.6，118 页，32 开

本书为 1763 乾隆二十八年（1763）—1961 年阴阳历对照书。

收藏单位：绍兴馆

02336

二十世纪阴阳合历

上海：中华书局，1924.1，201 页，32 开，精装

上海：中华书局，1928.6，再版，201 页，32 开，精装

本书为 1901—2000 年阴阳历对照书。

收藏单位：桂林馆、国家馆、南大馆、绍兴馆

02337

废止旧历运动

废止旧历运动会，1929，18 页，36 开

本书内收《国民政府废止旧历通令》《废止旧历运动宣传大纲》《阴阳历利弊之问答》等。

收藏单位：重庆馆

02338

辅仁大学美术日历（民国廿九年庚辰）

北京：辅仁大学，1940，54 页，18 开

收藏单位：国家馆

02339

干支廿二字考　薛典曾著

上海：大伦书局，1942.3，21 页，16 开

收藏单位：上海馆

02340

革命日历　李复初编　汪兰馨校订

南京：新民书店，1928.7，144 页，32 开

本历书中每日都记有近代世界各国曾在该日发生的革命活动。

收藏单位：广东馆、国家馆、湖南馆、上海馆

02341

公元一九五〇年历书

苏北新华书店，[1949]，49 页，32 开

收藏单位：国家馆

02342

关于太平天国历法之讨论（专题研究）　罗尔纲　董作宾著

出版者不详，1943.2，[4 叶]，16 开

本书为《读书通讯》第 59 期抽印本。

收藏单位：国家馆

02343

观象岁书（中华民国四年）

北京：教育部中央观象台，[1915]，363 页，18 开

本书内收太阳表、太阴表、七星表、恒星表、交食图表、月掩星表等。

收藏单位：重庆馆、国家馆、上海馆、首都馆、天津馆、浙江馆

02344

观象岁书（中华民国六年）

北京：教育部中央观象台，[1916]，348+50 页，18 开

本书内收太阳表、太阴表、七星表、恒星表、交食图表、月掩星表等。

收藏单位：国家馆

02345

广西标准时　广西省政府总务处统计室编辑

桂林：广西省政府总务处，1938.6，21 页，16 开（广西统计丛书 15）

本书共 5 章：时间概论、现行标准时、广西标准时、无线电与标准时、结论。

收藏单位：重庆馆、桂林馆、国家馆、南京馆

02346

国历

中国国民党湖南省党务指导委员会宣传部，[103] 页，32 开

本书共 3 章：历法、国历、结论。内容包括：历之意义、历之分类、历之组成法、国历之由来等。

收藏单位：国家馆

02347

国历二十节歌

[重庆]：教育部民众读物编审委员会，28 页，50 开（民众文库）

本书分 3 段，根据我国地理情况，分为长江流域、黄河上游和黄河下游三大区域。

收藏单位：重庆馆

02348

国历浅说

[南京]：教育部中央观象台，7 页，23 开

本书封面题名前有"国民应当遵用"字样。

收藏单位：国家馆

02349

国历与新克历（民国廿一年 岁在壬申）

[南京]：出版者不详，[1932]，[42] 页，22 开，环筒页装

本书例言为徐克明述。附《般若波罗蜜多心经》（玄奘译）。由金陵刻书局印。

收藏单位：国家馆

02350

国历之认识

[贵阳]：中国国民党贵州省党务指导委员会宣传部，30 页，32 开（宣传丛书）

收藏单位：国家馆

02351

国历之认识

[南京]：中国国民党中央执行委员会宣传部，[1929]，70页，32开

　　本书宣传推广阳历。附1930年朔望两弦表。

　　收藏单位：重庆馆、广东馆、江西馆、南京馆、上海馆、首都馆、天津馆、浙江馆

02352

国民历　国立中央研究院天文研究所编制
北平：蒙文书社，1930，1册，16开，精装
北平：蒙文书社，1934，回文版，1册，16开，精装
北平：蒙文书社，1934，蒙文版，1册，16开，精装

　　收藏单位：南京馆

02353

国民历　国立中央研究院天文研究所　国民政府行政院蒙藏委员会编制
北平：蒙藏回文印刷所，1937，1册，16开，精装

　　收藏单位：南京馆

02354

国民历　国民政府颁布
南京：中华民国大学院，1928，33页，22开

　　收藏单位：江西馆

02355

国民历
[重庆]：国民政府教育部编委会，1941—1945，5册（104+86+83+59+74页），18开

　　收藏单位：天津馆

02356

国民历（中华民国二十四年至三十八年）　国立中央研究院天文研究所编制　国民政府行政院内政部　国民政府行政院教育部颁布
国立中央研究院天文研究所，1935—1949，12册，16开

　　本书为1935—1949年的国民历。缺藏民国二十七年、民国三十一年、民国三十四年。

　　收藏单位：重庆馆、广西馆、桂林馆、国家馆、辽宁馆、南京馆、西南大学馆

02357

国民历（中华民国三十年至三十三年）　国民政府行政院教育部编历委员会编制　国民政府行政院内政部　国民政府行政院教育部颁布
[重庆]：国民政府行政院教育部编历委员会，1941—1944，4册（103+86+83+59页），16开

　　本书为1941—1944年的国民历。

　　收藏单位：国家馆

02358

国民应当遵用国历浅说
[南京]：教育部通俗教育研究会，14页，长21开，环筒页装

　　本书批判旧历中的迷信观点，宣传采用公历的好处。

02359

华北日出日没限界图
国立华北观象台，1944—1945，7册（[210]页），16开

　　本书第1—2册为1944年9—10月份；第3—7册为1945年5—9月份。

02360

回回历　马以愚著
上海：商务印书馆，1946.12，60页，25开

　　本书共7部分：绪言、历法、求闰、字图、立成、历表、附录。

　　收藏单位：重庆馆、东北师大馆、广东馆、桂林馆、国家馆、江西馆、辽师大馆、南京馆、内蒙古馆、上海馆、首都馆、天津馆、浙江馆

02361

甲子纪岁辨（岁星超辰考实前论）　王易著
出版者不详，1947，油印本，8叶，13开，环筒页装

　　收藏单位：国家馆

02362

建国历详解 徐文珊编著

重庆：中国文化服务社，1943.10，176页，36开

本书中附各种节日说明。

收藏单位：重庆馆、东北师大馆、广东馆、国家馆、吉林馆、南京馆、上海馆、西南大学馆

02363

校正大字万年历

上海：昌文书局，60页，32开

本书内有星命须知、星命万年历。该历起于咸丰二年（1852）—2031年。

收藏单位：国家馆、江西馆、上海馆、绍兴馆

02364

近百年国历快览

闽南书店，1928.11，23版，178页，32开

本书是上册，下册是《前百年历书（清道光四年至清末）》。全书总名：二百年阴阳合历。书口题：二百年阴阳合璧。

收藏单位：重庆馆、广东馆、国家馆、山西馆、上海馆、绍兴馆、首都馆、浙江馆

02365

精校万年历 星相研究社编著

上海：春明书店，1946，81页，32开

本历起于民国元年（1912）至民国七十二年（1983）。

收藏单位：首都馆

02366

旧时宪书编制法 常福元著

出版者不详，[1911—1937]，17—44页，18开

收藏单位：国家馆

02367

均历法 虞和寅著

北平：虞和寅[出版者]，[1928]，25页，16开

本书著者序写于1928年7月。初稿曾刊载于《中国天文学会民国十六年年报》。

收藏单位：国家馆、南京馆、内蒙古馆、

天津馆、浙江馆

02368

夸阳历大鼓书 北观别墅著 李光恒注音

天津：天津市教育局民众读物编审处，1933.9翻印，26+14页，32开（天津市教育局民众读物编审处丛书8）

本书宣传新历常识。注音符号读物。

收藏单位：国家馆

02369

历法 林焖著

外文题名：Calendar

上海：商务印书馆，1923.1，53页，36开（百科小丛书21）

上海：商务印书馆，1923.11，再版，53页，36开（百科小丛书21）

上海：商务印书馆，1926.8，3版，53页，36开（百科小丛书21）

本书共9章，内容包括：历的缘起、日的观念、时的观念、年、太阳历、太阴历等。

收藏单位：重庆馆、复旦馆、广西馆、桂林馆、国家馆、江西馆、南京馆、山东馆、上海馆、首都馆、天津馆、西南大学馆、浙江馆

02370

历法辨惑

[南京]：教育部通俗教育研究会，12页，25开

收藏单位：国家馆

02371

历法概说 吴昆吾著

[南京]：吴昆吾[发行者]，1936.11，14页，32开

本书讲述历法之分类、阳历、阴历、阴阳历、改历运动、作者对改历的意见。

02372

历法通志 朱文鑫著

上海：商务印书馆，1934.10，302页，32开

本书共24篇，纵述汉至清的历法演革等。

收藏单位：重庆馆、东北师大馆、广东馆、贵州馆、桂林馆、国家馆、湖南馆、江西馆、近代史所、辽宁馆、南京馆、宁夏馆、上海馆、绍兴馆、首都馆、天津馆

02373

历法研究会组织缘起及改历说明　中央研究院天文研究所编制

南京：历法研究会，1931.8，24页，23开

本书是为配合国际联合会讨论改历问题，天文研究所和教育部等组织历法研究会，编制改历说明，向全国征求意见。

收藏单位：广东馆、国家馆、南京馆、上海馆、天津馆、浙江馆

02374

两千年中西历对照表　薛仲三　欧阳颐编

外文题名：A sino-western calendar for two thousand years 1-2000 A.D

长沙：商务印书馆，1940.5，438页，16开，精装

本书由已知日期查对阴历或阳历，并可推算星期和干支。附各朝代朔闰与西历之对照表、陈黄二书异点之改校表、历代帝系表、历代年号表、二十四节气在西历上之约期表。

收藏单位：广东馆、广西馆、国家馆、近代史所、辽大馆、辽宁馆、上海馆、首都馆

02375

罗家通书（甲种铅印 中华民国三十六年丁亥岁阴阳合历新通书）

兴宁：出版者不详，1946，1册，25开

本书为广东兴宁县宗睦堂等合参。逐页题名：罗家推算。

收藏单位：国家馆

02376

民国全序通书

出版者不详，[1938—1939]，1册，16开

收藏单位：首都馆

02377

民国三十二年日用新历　日用新历编辑部编

上海：中国广告社出版部，1943.1，222页，23开

本书附日常生活及社交等常识，并有大量商业广告。

02378

民国三十二年天象（东经105度地方平时）
中国天文学会编

贵阳：文通书局，1943印，12页，18开

收藏单位：国家馆

02379

民国三十六年日历

[涉县]：华北新华书店，1947，12页，32开

收藏单位：国家馆

02380

民国三十六年星期历

上海：百新书店，[1946]，1册，25开

本书封面题：资源委员会敬赠。

收藏单位：国家馆

02381

民国三十七年阴阳合历通书

大连：大众书店，1947.12，30页，32开

本书扉页有毛泽东、朱德、周恩来、彭德怀、刘少奇、叶剑英等人照片。

收藏单位：国家馆

02382

民国三十四年日用新历

上海：中国广告社，1945，212页，23开

02383

民国三十一年农家历

江西省农业院，1941，46页，32开

本书内容包括：日历（附农家行事摘要、农谚及国民公约）、私立农场登记暂行规章、革命纪念日一览表等。

收藏单位：国家馆

02384

民十八前百年阴阳合历　唐幼峰编

重庆：重庆书店，1930，300 页，32 开

    本历从清道光五年（1825）至民国五十年（1961）。

    收藏单位：首都馆

02385

农家历　严岩编著

上海：中国农业书局，1942.9，5 版，56 页，32 开

    收藏单位：上海馆

02386

农家历　浙江农业协进会编

上海：新学会社，1922.9，56+28 页，32 开

上海：新学会社，1930.10，4 版，56+28 页，32 开

    本书内容包括：耕种、园艺、家畜、家禽、森林、蚕桑、杂事等。附 1912—1915 年间公布的农林法规及章程。

    收藏单位：广东馆、上海馆

02387

农家历（民国三十一年）

江西省农业院，[1942]，46 页，36 开

    本书内容包括：江西省农业院事业分布图、日历、江西省农业院推广刊物目录、江西省农业院附属机关一览表等。

    收藏单位：国家馆

02388

农家历（民国三十八年）　山东省政府实业厅农业实验所编

华东新华书店，1949，[28] 页，22 开

    收藏单位：国家馆、辽宁馆

02389

农业历　秦翊编

上海：中华书局，1934.7，22 页，36 开（民众农业丛书 17）

    收藏单位：重庆馆、国家馆、黑龙江馆、江西馆、南京馆、上海馆

02390

农业历·园艺历　秦翊编

上海：中华书局，1948.5，46 页，36 开（中华文库民众丛书）

    收藏单位：重庆馆、广东馆、辽大馆、上海馆

02391

前百年历书、家事簿记册合刊　洪继堂编

闽南书店，1913.10，44 页，32 开

闽南书店，1928，13 版，石印本，44 页，32 开

闽南书店，1928.11，23 版，石印本，44 页，32 开

    本书历书部分为道光四年（1824）至宣统三年（1911）。

    收藏单位：重庆馆、广西馆、桂林馆、国家馆、南京馆、山东馆、上海馆、首都馆、浙江馆

02392

日历表（西历 1949 年）

华东渤海军区政治部宣教部，1949，石印本，12 页，32 开

    收藏单位：国家馆

02393

日历指南续刊（附交食捷术）　蒋留春著

[无锡]：思枣室，1931，12 页，16 开

    收藏单位：国家馆、天津馆

02394

十二辰考　傅运森著

出版者不详，369—407 页，16 开

    本书为《张菊生先生七十生日纪念论文集》抽印本。

    收藏单位：国家馆

02395

十三月新历法　高梦旦著

外文题名：The week calendar

外文题名：The thirteen-month calendar

上海：商务印书馆，1931.6，150 页，32 开

上海：商务印书馆，1933.12，164 页，32 开（百科小丛书）（万有文库 第 1 集 443）

上海：商务印书馆，1934，国难后 1 版，164 页，32 开（百科小丛书）

　　本书共 7 章，阐述历法沿革、改历问题、十三月历法、节气、岁首等内容。附论纪年书后，规定新货币之重量直径推行度量衡议，修正度量衡法—斤两仍用十进制，利率命位之商榷，数位分节之商榷，西洋改历分类比较表，苏俄日历（1930）。

　　收藏单位：安徽馆、重庆馆、大连馆、大庆馆、东北师大馆、福建馆、广东馆、广西馆、国家馆、河南馆、黑龙江馆、湖北馆、湖南馆、江西馆、辽大馆、辽师大馆、南京馆、内蒙古馆、宁夏馆、上海馆、首都馆、天津馆、西南大学馆、浙江馆

02396

时间论　郭有玉著

青年励志读书社，1940.11，22 页，32 开

　　本书共 8 部分：时间意义、时间史话、时间观念、时间本质、时间界说、时间测量、时间用法、时间性。

　　收藏单位：国家馆

02397

实行国历

[贵阳]：[中国国民党贵州省党务指导委员会宣传部]，1930.10，46 页，64 开（宣传丛书 7）

　　收藏单位：南京馆

02398

实行国历宣传大纲

[杭州]：中国国民党浙江省党务指导委员会宣传部，1928.12，16 页，32 开

　　本书内容包括：实行国历宣传大纲、国历是什么、为什么要实行国历。

　　收藏单位：广东馆、国家馆、上海馆、浙江馆

02399

实足年龄计算卡　高时良　曾克同制作

福建：教育图书出版社，1945.10，12 张（散页），25 开

　　本书介绍新历法的年龄算法。封面题名：实足年龄推算卡。

　　收藏单位：广西馆、浙江馆

02400

实足年龄推算法　赵宪卿著

北平：文化学社，1935.5，订正再版，22 页，32 开

　　本书共 7 部分：实足年龄之推算与教育上之应用、旧式推算表的样式、旧式推算表的缺点、修订后推算表的样式、修订后本表推算说明、实足年龄之心算公式、附录。

　　收藏单位：国家馆

02401

史日长编　高平子编

南京：国立中央研究院天文研究所，1932.12，171 页，16 开（国立中央研究院天文研究所专刊第 1 号）

　　本书推求中国史上所记年月日与"儒略周"对照。附表包括：南北朝史日校异、辽金元史日校异、各历行用起迄、年号索引、西历元旦儒略周日表、阳历年中积日表、儒略周日干支日名表、儒略周日星期表。最后有"汪、黄、陈三书互勘补遗"。

　　收藏单位：东北师大馆、国家馆、浙江馆

02402

世界历　余青松编

外文题名：The world calendar

南京：国立中央研究院天文研究所，1936，6 页，16 开

　　本书中的世界历为一种特定的历法，日历表可年年不变。

　　收藏单位：国家馆、南京馆、上海馆

02403

世界历法与历法革命　谭云山著

南京：大陆印书馆，1931.7，44+20 页，36 开

　　本书共两部分：世界历法、历法革命论。

　　收藏单位：广东馆、国家馆、南京馆、上海馆

02404

世界最新历案十种　王亢元著

上海：新纪元出版社，1945.1，74 页，32 开（新纪元学术丛书 历象类编）

上海：新纪元出版社，1948.4，重版，74 页，32 开（新纪元学术丛书 历象类编）

　　本书介绍历法大要及革新、单纯星期制、半年星期制、恒日节气法、间年整秩法、间月除整法、抽象计时法、阴阳合朔法，以及中外改良历案等。书前有题词，书后附苏联新历法及后记。封面题名：世界最新历案。

　　收藏单位：国家馆、南京馆

02405

送旧历文　陈振先著

陈振先 [发行者]，[253] 页，32 开

　　本书共收 3 篇文章：《送旧历文》《为岁差与节气问题答客问》《补答客问并对于中央研究院天文研究所及旧中央观象台出版物质疑》。

　　收藏单位：国家馆

02406

俗称年龄化为实足年龄对照表　赵崇华编

北京：撷华印书局，1923，12 页，16 开

　　本书为实施教育心理测验用。

　　收藏单位：首都馆

02407

台湾日历（三十八年）

台北：台湾省气象所，1948.11，36 页，36 开

　　本书以太阳历为主，附注太阴历，以资参考。

　　收藏单位：广东馆、国家馆、浙江馆

02408

太平天国历法考订　郭廷以著

上海：商务印书馆，1937.1，212 页，32 开

长沙：商务印书馆，1938.3，再版，212 页，32 开

　　本书内收《田中氏对照表及其错误》《天历干支与阴历干支》《太平日曜与西洋日曜》《中西例证及其解释》等文。附评谢兴尧先生

"太平天国历法考"、关于太平天历文献、引用书目。

　　收藏单位：重庆馆、东北师大馆、贵州馆、桂林馆、国家馆、黑龙江馆、湖南馆、江西馆、近代史所、辽大馆、内蒙古馆、宁夏馆、山西馆、上海馆、西南大学馆、浙江馆

02409

谈时　沈文侯著

永安：福建省气象局，1941.3，再版，增订本，44 页，32 开（气象小丛书）

　　本书讲述关于时间的理论与实际。内容包括：时的决定、地方时和标准时、地方平时和地方视时、恒星时和太阳时、怎样校对时等。附度时换算表。

　　收藏单位：重庆馆、福建馆、国家馆、西南大学馆

02410

谈时

永安：福建省测候总所，1938，22 页，32 开（气象小丛书 2）

　　收藏单位：福建馆、南京馆

02411

天方月首万年历真本　马自成著　赵振武校

北京：成达师范出版部，1925.2，30 页，32 开

北平：成达师范出版部，1935.8，再版，30 页，32 开

　　本书封面题名：历源真本。

　　收藏单位：国家馆

02412

天文年历（中华民国十九年至二十一年）

南京：国立中央研究院天文研究所，[1931]，3 册（124+197+324 页），16 开

　　本书内收放假日期表、节气表、日历表、太阳表、太阴表、行星表、恒星表、交食表、晨昏朦影表等，并附有说明书。

　　收藏单位：重庆馆、国家馆、南京馆、上海馆、天津馆、浙江馆

02413

天文年历（中华民国二十七年）　陈遵妫主编

上海：国立编译馆，1937.11，316 页，16 开

　　本书内收纪念日期表、节日星期日表、节气表、日历表、太阳、太阴、行星、星象纪要、恒星、日月食、月掩星等。

　　收藏单位：重庆馆、广东馆、贵州馆、国家馆、南京馆

02414

天文年历（中华民国二十八年）　陈遵妫主编

长沙：国立编译馆，1938.10，332 页，16 开

　　收藏单位：重庆馆、国家馆、南京馆、宁夏馆、西南大学馆

02415

天文年历（中华民国二十九年）　陈遵妫编

长沙：国立编译馆，1939.10，350 页，16 开

　　本书内收纪念日期表、节日星期日表、节气表、日历表、太阳、太阴、恒星、日食、水星凌日、月掩星、木卫表。

　　收藏单位：重庆馆、国家馆、辽师大馆、上海馆

02416

天文年历（中华民国三十年）　陈遵妫编

[长沙]：国立编译馆，1941.2，286 页，16 开

　　本书内收纪念日表、节日星期日表、节气表、日历表、太阳、太阴、行星、星象纪要、恒星、食等。

　　收藏单位：重庆馆、广东馆、国家馆

02417

天文年历（中华民国三十七年）

南京：国立中央研究院天文研究所、国防部测量局，1948，286 页，16 开

　　本书内收纪念日表、节日星期日表、节气表、日历表、太阳、太阴、行星、恒星等。

　　收藏单位：国家馆、南京馆

02418

田园乐事

上海：半斋出版社，1941，2 册（104+83 页），

18 开（每月古书）

　　本书辑集古籍，分岁令、每月令、春令、闰月令、广群芳谱等篇。

　　收藏单位：广东馆、国家馆、内蒙古馆

02419

同历度量衡币略说　钱理著

[南京]：钱理 [发行者]，1934，9 页，23 开

　　本书介绍统一历法、度量衡、币制等内容。

02420

统一之世界历　（美）爱琦丽著　沈兆麟译

艺华印务书馆，[1940—1949]，17 页，27 开

　　本书讲述统一世界历制的优越性。系作者任世界历协社社长时，在加拿大皇家天文学社的讲演。从内容看出版于 1941 年以后。

　　收藏单位：重庆馆、上海馆

02421

晚殷长历　刘朝阳著

成都：华西协合大学中国文化研究所，1945，136 页，16 开（华西协合大学中国文化研究所专刊乙种 3）

　　本书内收《历谱》（铅印）和《纪事》（石印）。书前有英文说明。

　　收藏单位：国家馆、近代史所

02422

万年全书（阴阳对照）

北京：国历编译所，1928，178 页，10 开

　　收藏单位：广东馆

02423

魏颂唐农历　魏颂唐著

魏颂唐 [发行者]，1948，196 页，25 开

　　本书收 1942—1971 年阳历阴历节气日期对照表、古代农书资料等。书前有《阳历是农历说》。

　　收藏单位：广西馆、国家馆、南京馆、内蒙古馆、绍兴馆、浙江馆

02424

新编增补万年历（星命须知）

北京：中华印刷局，[1911—1929]，26 叶，25
开
　　收藏单位：国家馆

02425
新创中国公年（科学化之中国历史纪年方法）
　　张国维著
吴喜纳 [发行者]，1933.4，34 页，25 开（历
史社会科学丛书）
　　收藏单位：国家馆、南京馆、浙江馆

02426
新历　　江苏省立教育学院研究实验部编
无锡：江苏省立教育学院，1933，48 页，22
开
　　收藏单位：广东馆、南京馆

02427
新历法　　东方杂志社编纂
外文题名：The new calendar movement
上海：商务印书馆，1923.12，74 页，50 开（东
方文库 49）
上海：商务印书馆，1924.10，再版，74 页，50
开（东方文库 49）
上海：商务印书馆，1925.6，3 版，74 页，50
开（东方文库 49）
　　本书内收《太阳历与太阴历》《改历法
议》《通历介绍》《周本位新改历案》等文。
东方杂志二十周年纪念刊物。
　　收藏单位：重庆馆、东北师大馆、广东
馆、广西馆、桂林馆、国家馆、黑龙江馆、
湖南馆、江西馆、辽大馆、内蒙古馆、山东
馆、上海馆、天津馆、西南大学馆、浙江馆、
中科图

02428
新历全书　　梅鹿轩主编
上海：正则书社，1929.9，再版，118 页，32
开
　　本书内收自乾隆至民国十八年之新旧历
对照表、纪念日一览表等。卷末另附年龄改
算表等 8 页。
　　收藏单位：南京馆

02429
新历书　　江苏省立教育学院研究实验部编
无锡：江苏省立教育学院，1931，1 册，22 开
　　收藏单位：广东馆

02430
新历书　　社会书局编
上海：特别市政府，1930，1 册，16 开，精装
　　收藏单位：南京馆

02431
修正中华民国现行历法意见书　　张兆麟著
[浙江]：张兆麟 [发行者]，1927，8 页，32
开
　　本书收录修改现行历法为夏正阳历的意
见与理由。

02432
学术历　　曾珹益著
外文题名：Almanac of science and art
乐山（四川）：国立武汉大学教学室，1946.2，
17+481 页，25 开
　　本书记述每日学术上所发生的大事，远
者有纪元前埃及人窥测天狼星，近者有美国
使用原子弹等。
　　收藏单位：重庆馆、国家馆、江西馆、南
京馆、中科图

02433
一百八十年中西历检查书　　凝晖馆主编
上海：中西出版社，1929.11，84 页，32 开
　　本书内收自乾隆二十七年（1762）至民
国十八年（1929）的阴阳历对照表。
　　收藏单位：东北师大馆、南京馆、内蒙古
馆、首都馆

02434
一百二十年阴阳合历
上海：中华书局，1913，再版，120 页，25 开
　　本历自民国前百八年甲子迄民国十二年
癸亥。
　　收藏单位：广东馆

02435

一百年阴阳历对照表　吴顾毓编
南京：中华印书馆，1947.8，38 页，16 开
　　本书内收自清同治元年（1862）至民国五十年（1961）的阴阳历对照表。附实足年龄计算法。
　　收藏单位：上海馆、首都馆

02436

一百五十年阴阳历检查表
上海：光华印刷公司出版部，1930.1，52 页，横 32 开
上海：光华印刷公司出版部，1939.11，再版，52 页，横 32 开
　　本书版权页题名：百五十年阴阳历检查表。

02437

一九四八年日历
[沁源]：太岳新华书店，[1947]，12 页，48 开
　　收藏单位：国家馆

02438

一九四九年农用日历　冀东行署建设厅编
冀东兴业印刷厂，1949，51 页，24 开
　　收藏单位：国家馆

02439

一九五〇年农历
西安：西北新华书店，1949，41 页，18 开
　　收藏单位：国家馆

02440

乙丑通书
上海：华安合群保寿股份有限公司，1924，140 页，32 开，精装
　　本书内容包括：1925 年阴阳历书及该公司章程、概况、电报码、卫生常识等。

02441

阴阳对照历典
上海：联谊社，1929.2，160 页，16 开
　　收藏单位：重庆馆

02442

阴阳历对照表　苏灵芝等编
出版者不详，[1929]，160 页，16 开
　　收藏单位：广东馆

02443

阴阳历推算表
贵阳医学院出版组，1948.10，12 页，32 开
　　本书内收 1850—1959 年的阴阳历对照表。
　　收藏单位：国家馆

02444

殷历谱　董作宾著
[南京]：中央研究院，[1945]，油印本，2 册（164+176 页），8 开，环筒页装（国立中央研究院历史语言研究所专刊）
　　本书著者序写于 1945 年 4 月 30 日。
　　收藏单位：国家馆

02445

殷历中几个重要问题　董作宾著
上海：国立中央研究院历史语言研究所，1934，23 页，16 开
　　本书为《历史语言研究所集刊》第 4 本第 3 分册抽印本。
　　收藏单位：广东馆、近代史所

02446

英汉佰贰拾年历记
香港：三荣昌，1914，239 页，32 开
　　本书内收 1864—1983 年的历书。
　　收藏单位：近代史所

02447

月令的科学　中学生杂志社编
上海：开明书店，1 册，25 开（中学生杂志社丛书）
　　本书概述每月星座、生物过冬等科学现象。
　　收藏单位：浙江馆

02448

月令考　杨宽编

出版者不详，36 页，16 开

　　本书为《齐鲁学报》第 2 期抽印本。

　　收藏单位：广东馆

02449

月令章句疏证叙录　　向宗鲁著

重庆：商务印书馆，1945.11，48 页，36 开

　　本书研究农业和节气。

　　收藏单位：重庆馆、国家馆、南京馆

02450

增订阴阳历对照表（凡二百五十七年）　寿孝天编

外文题名：A calendar of 257 years: solar and lunar systems

上海：商务印书馆，1914.9，3 版，49 页，32 开

上海：商务印书馆，1917.1，5 版，49 页，32 开

上海：商务印书馆，1921，[再版]，49 页，32 开

上海：商务印书馆，1922，8 版，49 页，32 开

上海：商务印书馆，1924.1，9 版，49 页，32 开

　　本书附阳历月建记忆法、民国纪年星期检查表、十年节气表、十年星期表、三十年阳历月首干支表。

　　收藏单位：广东馆、国家馆、南京馆、首都馆

02451

昭和六年台湾民历（1931）　台湾总督府编

台湾：神苑会，1930，1 册，16 开

　　收藏单位：广东馆

02452

昭和七年台湾民历（1932）　台湾总督府编

台湾：神苑会，1931，1 册，16 开

　　收藏单位：广东馆

02453

昭和九年台湾民历（1934）　台湾总督府编

台湾：神苑会，1933.10，1 册，16 开

　　收藏单位：广东馆

02454

中国天文学会会报（历法专刊）

[南京]：中国天文学会，1928，114 页，18 开

　　本书宣传和推广改历运动。书前有中国天文学会章程、紫金山观象台彩色设计图，书末附会务报告和会员录。

　　收藏单位：国家馆

02455

中华民国二年历书

北京：教育部中央观象台，[1913]，[200] 页，18 开

　　本书内容包括：十二月历、年月日时说、行星绕日图又说、行星大小比较图又表、日月食图又说等。

　　收藏单位：国家馆

02456

中华民国二十八年历书

北京：行政委员会印刷局，1939，36 页，50 开

　　本书共 17 部分，内容包括：己卯年芒神春牛式、全年阴阳历对照表、四季节气表、全年节日表、月历、全年星期日表等。

　　收藏单位：国家馆

02457

中华民国二十九年历书

北京：武德报社，[1939]，44 页，32 开

　　本书内收四季节日及纪念日表、星期日表、朔望两弦时分表等。

　　收藏单位：国家馆、首都馆

02458

中华民国二十六年月历

南京：中央研究院天文研究所，1936，13 页，16 开

　　收藏单位：国家馆

02459

中华民国二十年历书

上海：上海市社会局，1930，46 页，24 开

　　本书内有 1931 年农历图、上海市政府布告、革命纪念日一览表、阴阳历对照表、重要时令病一览表、上海市全市分区及干道系

统图等。

收藏单位：重庆馆

02460

中华民国二十年岁次辛未历书

出版者不详，1930，1 册，32 开

收藏单位：国家馆

02461

中华民国二十三年日历

河北第一博物院，[1933]，1 册，横 16 开

收藏单位：国家馆

02462

中华民国二十四年历书　上海市社会局编

上海：上海市政府，[1935]，28 页，16 开

本书记载了全年的纪念日及月令。书中附有上海市建设情况、法规等内容。

收藏单位：国家馆

02463

中华民国二十四年月历

南京：中央研究院天文研究所，1935，13 页，22 开

收藏单位：国家馆

02464

中华民国六年历本（岁次丁巳）

出版者不详，[1917]，13 页，32 开

收藏单位：广东馆

02465

中华民国三十八年历书　陈建堂编

[淮阴]：华中新华书店，1948，55 页，32 开

本书书前有毛泽东、朱德像。

收藏单位：国家馆

02466

中华民国三十八年历书

华北新华书店，1949，34 页，32 开

本书扉页收有中国人民解放军的基本政策及毛泽东戴八角帽的照片。

收藏单位：天津馆

02467

中华民国三十八年农村历书

大连：大众书店，1949.1，[44] 页，32 开

本书内收生产播种期略表（农历）、二十四节气阴阳历对照表、节气表、一九四九年纪念日等。

收藏单位：国家馆

02468

中华民国三十八年农用日历

华东新华书店，[1949]，42 页，32 开

收藏单位：国家馆

02469

中华民国三十六年标准农历通书　袁树珊校勘

上海：润德书局，1947，42 页，32 开

本书内容包括：中国历代卜人传、五福法言、星卜决疑纲要等。附载五福法言、农事占候。

02470

中华民国三十六年农家历

华北新华书店，1947，40 叶，32 开，环筒页装

收藏单位：国家馆、黑龙江馆

02471

中华民国三十六年农历通书　魏颂唐编

出版者不详，[1947]，24 页，16 开

本书内容包括：五福法言、农事占候等。

收藏单位：浙江馆

02472

中华民国三十六年阴阳合历通书

出版者不详，[1947]，26 页，32 开

收藏单位：广东馆

02473

中华民国三十年历书

北京：武德报社，1940，1 册，32 开

收藏单位：国家馆

02474

中华民国三十七年历书

[蒙阴]：华中新华书店，1947，36 页，32 开

　　收藏单位：国家馆

02475

中华民国三十七年台湾日历　台湾省气象局编

台湾书店，1947.11，[36] 页，32 开

　　本书内容包括：阳历，阴历，干支，台湾各地日出日没时刻、气温、雨量等。

02476

中华民国三十七年阴阳合历通书

[威县]：冀南书店，1947.12，26 页，32 开

　　收藏单位：国家馆

02477

中华民国三十四年国历通书

出版者不详，[1945]，26 页，32 开

　　收藏单位：国家馆

02478

中华民国三十五年农历

吕梁文化教育出版社，1946，39 页，16 开

　　收藏单位：国家馆

02479

中华民国十九年新历书

[无锡]：江苏省立民众教育院、江苏省立劳农学院研究部，[1930]，[44] 页，24 开

　　收藏单位：南京馆

02480

中华民国十九年阴阳合历通书

出版者不详，1929，石印本，1 册，[18 开]

　　收藏单位：国家馆

02481

中华民国十七年阴阳合历通书

出版者不详，52 页，18 开

　　收藏单位：广东馆

02482

中华民国十三年岁次甲子阴阳合历记事册

上海：有正书局，1923，48 页，32 开

02483

中华民国元年历书

北京：教育部观象台，1912，[160] 页，16 开，精装

　　收藏单位：国家馆、绍兴馆、首都馆

02484

中西对照历代甲子纪元编　王无咎编

出版者不详，90 页，36 开

　　收藏单位：重庆馆、南京馆

02485

中西历年表　卓宏谋编辑

北京：浣花书局，1917.1，89 页，18 开

　　本书所收录的年表时间为西历纪元前 24 世纪至西历纪元 20 世纪。版权页题名：最新精订中西历年表。

　　收藏单位：国家馆、上海馆、首都馆、中科图

02486

中西历年表　卓宏谋编辑

北平：中华印字馆，1931.10，3 版，89 页

　　收藏单位：桂林馆、近代史所、内蒙古馆

02487

中元戊子农历

出版者不详，1947，1 册，[32 开]

　　收藏单位：国家馆

02488

周初历法考　刘朝阳著

外文题名：Calendar of the early Chou period

成都：华西协合大学中国文化研究所，1944，112 页，16 开（华西协合大学中国文化研究所专刊乙种 2）

　　本书共 12 部分，内容包括：殷周两代的历法关系、殷历的轮廓、春秋的历法、汉初所谓周历等。

　　收藏单位：重庆馆、国家馆、近代史所、西南大学馆

02489

自然界的冬　倪锡英编著

上海：北新书局，1925，62 页，40 开（儿童幸福丛书）

本书为少儿科普读物。

收藏单位：重庆馆

02490

自然界的秋　倪锡英编著

上海：北新书局，1935，62 页，32 开（儿童幸福丛书）

收藏单位：重庆馆、首都馆

02491

自然界的四季　陆仁寿著

上海：商务印书馆，1933，4 册（114+[103]+[104]+[97] 页），32 开（小学生文库 第 1 集 自然科学总类）

收藏单位：宁夏馆、首都馆

02492

自然界的夏　储祎编著

上海：北新书局，1934，55 页，32 开（儿童幸福丛书）

收藏单位：首都馆

测绘学

02493

测绘学　欧学芳编

广东省地方行政干部训练团，1940，72 页，32 开

收藏单位：广东馆

02494

测绘学讲义　童世亨编

高等警官学校，石印本，1 册

本书版心题名：测绘学。

收藏单位：国家馆

02495

测量　汪仁侯编著

上海、南京：正中书局，1937.5，57 页，32 开（童子军小丛书 第 1 辑 7）

金华：正中书局，1942，5 版，57 页，32 开（童子军小丛书 第 1 辑 7）

上海：正中书局，1946.12，沪 1 版，57 页，32 开（童子军小丛书 第 1 辑 7）

本书共 5 章：总论、地形的侦察、简易的测量、制地图、关于测角的种种。

收藏单位：重庆馆、国家馆、辽宁馆、南京馆、天津馆、浙江馆

02496

测量长江下游规划草案

出版者不详，10 页，20 开

本书封面题名：实测长江下游规划草案。

02497

测量常识讲义（第 5 届后期）　李树桐编

浙江省地方自治专修学校，60 页，22 开

本书共 7 章，内容包括：总论、三角测量、水准测量、土地测量、地形测量等。

收藏单位：浙江馆

02498

测量队纪念刊

上海：庐景测绘工程专门学院，1932，24 页，32 开

本书记述该院师生在苏州、南京一带实习情况。庐景测绘工程专门学院第 18 届纪念特刊。

收藏单位：国家馆

02499

测量平差法　陈永龄　夏坚白　王之卓著

上海：商务印书馆，1947.5，423 页，25 开（大学丛书）

上海：商务印书馆，1949，再版，423 页，25 开（大学丛书）

本书共 12 章，内容包括：误差分布定律与最小二乘法之原理、观测精度之衡量、误差传播定律、直接观测之平差等。

收藏单位：重庆馆、广东馆、国家馆、江西馆、南京馆、宁夏馆、清华馆、上海馆、

浙江馆

02500
测量实习指导书 杨隽时著
上海：世界书局，1931.5，142 页，32 开
上海：世界书局，1932.10，再版，142 页，32 开
上海：世界书局，1934，3 版，142 页，32 开
本书共 7 章，介绍测量实习的范围和须知，测量仪器的用法，弯线、缓和弯线、路线、等高线的测量方法及其设计工作等。
收藏单位：重庆馆、广西馆、国家馆、山西馆、首都馆

02501
测量学 李海观编著
上海：世界书局，1935.9，395+107 页，25 开
上海：世界书局，1936，再版，395+107 页，25 开，精装
上海：世界书局，1946.9，3 版，395+107 页，25 开
上海：世界书局，1947.4，4 版，395+107 页，25 开
上海：世界书局，1948.10，5 版，增订本，485 页，25 开
本书共 5 编：平面测量之基本方法、特种测量、水文测量、绘算工作、仪器之校正爱护及修理。
收藏单位：重庆馆、国家馆、湖南馆、南京馆、天津馆、浙江馆

02502
测量学 王学友 孙夏屏编 徐韦立校正
成都：电信界月刊社，1940，118 页，32 开（电信界丛书2）
本书内容包括：电表和阻力器、测量机器、线路测量、测量地线板等。
收藏单位：重庆馆

02503
测量学 奚正修著
上海：厚生出版社，100 页，36 开（中国工程师手册 基本手册9）
本书讲解各种仪器和测量法、实用天文学、特种测量等内容。
收藏单位：上海馆

02504
测量学 徐乃仁编著
长沙：商务印书馆，1939.1，346 页，32 开，精装
长沙：商务印书馆，1939.8，再版，346 页，32 开，精装
长沙：商务印书馆，1940，3 版，346 页，32 开
上海：商务印书馆，1946，5 版，346 页，32 开
上海：商务印书馆，1947.3，6 版，346 页，32 开
上海：商务印书馆，1948.8，7 版，346 页，32 开
本书共 14 章，内容包括：绪论、测链与带尺、水准仪、罗盘仪、经纬仪、地形测量、测量计算等。职业学校教科书。
收藏单位：重庆馆、东北师大馆、广东馆、国家馆、南京馆、西南大学馆

02505
测量学 叶绍李编
杭州：浙江省警官学校，1931.1，1 册，大 32 开（浙江省警官学校讲义 第 2 期）
收藏单位：南京馆

02506
测量学
出版者不详，石印本，117 叶，18 开，环筒页装
本书内容包括：平面测量、罗盘仪测量、角度测量中的误差及经纬仪纠正等。
收藏单位：重庆馆

02507
测量学
出版者不详，石印本，262 叶，16 开，环筒页装
本书内容包括：水平测量中的误差及水平仪之纠正、平板仪之劣点、平板仪之应用、四种测量方法、放射法、进测法、直测角度法等。
收藏单位：重庆馆

02508

测量学

出版者不详，油印本，137 页，16 开

　　本书共 18 章，内容包括：绪论、差误、距离测量法、用钢尺量距离之差误、距离测量之特殊工作、测量仪器之主要部分、水准测量之仪器、水准测量之原理及术语等。

　　收藏单位：重庆馆

02509

测量学（土木、采冶、地质）

出版者不详，石印本，221 叶，16 开，环筒页装

　　收藏单位：重庆馆

02510

测量学 ABC　杨隽时著

上海：ABC 丛书社，1930.10，114 页，32 开

上海：ABC 丛书社，1931.7，再版，114 页，32 开

上海：ABC 丛书社，1932，3 版，114 页，32 开

上海：ABC 丛书社，1934.9，4 版，114 页，32 开

上海：ABC 丛书社，1935.4，5 版，114 页，32 开

　　本书共 9 章：绪言、测量仪器、铁链测量法、罗盘测量法、水平仪测量法、平版仪测量法、经纬仪测量法、测量仪器校正法、空中摄影测量法。

　　收藏单位：重庆馆、国家馆、辽大馆、南京馆、内蒙古馆、宁夏馆、首都馆、浙江馆

02511

测量学概要讲义

出版者不详，1946，116 页，32 开

　　收藏单位：广东馆

02512

测量学讲义　黄世纶著

北平：国立北京大学工学院，1930.9，332 页，18 开

　　本书版权页题名：测量学。

　　收藏单位：国家馆、首都馆

02513

测量学讲义　莫宝瑚编

蚌埠：工兵学校，1948.3，124 页，32 开

　　本书内容包括：总论、测量器械、地形测量、工程测量等。工兵学校初级班第一期教材。

　　收藏单位：浙江馆

02514

测量学讲义

北京：北京市立高级工业学校，224 页，18 开

　　本书内容包括：绪论、误差、距离测量、量距之误差、水准测量之仪器等。

　　收藏单位：国家馆

02515

测量业务连系审查会第五组会议纪要　袁伯仁纪录

[测量局]，[1947]，油印本，3 叶，16 开，环筒页装

　　收藏单位：国家馆

02516

测量业务连系审查会第一审查小组会议纪录　潘传薪纪录

[地质调查所]，[1947]，油印本，2 叶，16 开，环筒页装

　　收藏单位：国家馆

02517

测量仪表的静态误差分析原理

出版者不详，油印本，52 页，16 开

　　收藏单位：国家馆

02518

定量问题　王邦珍编

外文题名：Problems of determinate quantities in geometry

上海：中华学艺社，1928.7，230 页，32 开，精装（学艺汇刊 16）

上海：中华学艺社，1933.4，国难后 1 版，

230 页，32 开，精装（学艺丛书 16）

本书共 6 章：线分及圆弧、面积、体积、角、方向、立体问题。

收藏单位：大庆馆、东北师大馆、广东馆、广西馆、贵州馆、国家馆、辽宁馆、南京馆、上海馆、浙江馆

02519

定式法　刘述文作

重庆：中央陆地测量学校，1941，86 页，16 开

本书共 8 部分，内容包括：Boltz 之展开法（Entwicklungsverfahren）之基本关系式、加入方位角（Azimut）方程式之平均、应用一般之注意及应用例示范等。

收藏单位：南京馆

02520

各部会测量业务连系审查会第六组审查报告

［测量局］，［1947］，油印本，2 叶，16 开，环筒页装

收藏单位：国家馆

02521

广东陆地测量局局务纪要

广州：广东陆地测量局、西南印书局，1933.12，[498] 页，16 开

本书内有插图、题词、折图等。附训令、呈文、来往函电及告令等文牍约 160 页。

收藏单位：国家馆、天津馆、浙江馆

02522

汉译测量仪器厘正法　（美）特雷西　林承运译

出版者不详，1935，59 页，36 开

收藏单位：广东馆、广西馆、桂林馆

02523

简易测绘讲义

南京：中央警官学校教练室，1938.9，1 册，大 64 开

收藏单位：南京馆

02524

普通测量术　卢鑫之编

昆明：中华书局，1940.9，135 页，32 开（中华百科丛书）

上海：中华书局，1947.5，3 版，135 页，32 开（中华百科丛书）

本书共 10 章，内容包括：绪论、测量之仪器、距离测量法、方向测量法、角度测量法、水平测量法、面积测量法、量距线法等。

收藏单位：重庆馆、国家馆、辽宁馆、南京馆、内蒙古馆、宁夏馆、上海馆、武大馆、浙江馆

02525

实用测量法　卫梓松编　冯湛耀　廖国器　寿孝天校

外文题名：Practical surveying for beginners

上海：商务印书馆，1919.12，10+164 页，32 开

上海：商务印书馆，1920，再版，10+164 页，32 开

上海：商务印书馆，1922.4，3 版，10+164 页，32 开

上海：商务印书馆，1924.1，4 版，10+164 页，32 开

上海：商务印书馆，1925.9，5 版，10+164 页，32 开

上海：商务印书馆，1930.6，9 版，10+164 页，32 开

上海：商务印书馆，1933.1，国难后 1 版，10+164 页，32 开

上海：商务印书馆，1935.7，国难后 3 版，10+164 页，32 开

长沙：商务印书馆，1938.3，国难后 5 版，10+164 页，32 开

长沙：商务印书馆，1938.8，国难后 8 版，10+164 页，32 开，精装

上海：商务印书馆，1946.8，12 版，10+164 页，32 开

上海：商务印书馆，1947，13 版，10+164 页，32 开

本书共 3 编：总论、仪器之构造及用法、测量法。职业学校教科书。

收藏单位：重庆馆、东北师大馆、广东馆、贵州馆、国家馆、河南馆、湖南馆、江

西馆、辽宁馆、内蒙古馆、宁夏馆、山西馆、首都馆、天津馆、浙江馆

02526

童子军测量术详解　吴贤临编
上海：二二五童子军书报用品社，1935.5，149 页，32 开
　　收藏单位：重庆馆、国家馆、西南大学馆

02527

威尔特纠正仪　克莱斯著　顾葆康译
参谋本部陆地测量总局航空测量队，1934，1 册，16 开（航空测量丛书 14）
　　收藏单位：南京馆

02528

中央陆地测量学校特科三角班最小自乘法
刘述之编
出版者不详，油印本，1 册，16 开
　　收藏单位：南京馆

02529

最新简明测绘　徐世倬编纂
南京：共和书局，1933.3，再版，58 页，64 开
　　本书共 5 章：地图之见解、平面图之见解、水准图之见解、测绘略图、不能接近的地方求其距离之概数。
　　收藏单位：国家馆

02530

最新实业测量学　张元音编译
武昌：湖北省立农业学校，1914.12，12+184 页，18 开
　　本书共 3 编：平面测量、高低测量、制图法。附新定权度法。
　　收藏单位：国家馆

普通测量学、地形测量学

02531

测地学
中央陆军军官学校，1938，1 册，25 开

　　收藏单位：广东馆

02532

测地学
洛阳：中央陆军军官学校洛阳分校，1934.7，1 册，22 开
　　本书共 3 编：基本操作、测地、标定。
　　收藏单位：浙江馆

02533

测量概要　易北墙编
军政部陆军铁道人员训练所，1946，118 页，36 开
　　收藏单位：广东馆

02534

地形测量　白季眉著
外文题名：Topographic surveying
南京：钟山书局，1934.8，847—1170+121—175 页，22 开（普通测量学教本 第 7 册）
　　本书共 7 章，内容包括：地貌表示法、地貌测量、测地形图、工用地形测量、地形图之应用等。版权页题名：地形测量教本。
　　收藏单位：国家馆、南京馆

02535

地形测量　（日）五藤饶男著　陈沄译
南京：中日文化协会，1941.5，120 页，32 开（学术丛书）
南京：中日文化协会，1946，[再版]，120 页，32 开（学术丛书）
　　收藏单位：国家馆、南京馆、首都馆、天津馆

02536

地形测量及制图　练天章编
出版者不详，530 页，16 开
　　收藏单位：南京馆

02537

地形测量及制图
出版者不详，490 页，16 开
　　收藏单位：南京馆

02538
地形图图式解说
北京：参谋本部，1914.2，126 页，25 开

02539
地形原图图式解说
广东财政厅清丈田亩技术员养成所，1930.6，
104 页，32 开
　　收藏单位：国家馆

02540
汉译地形测图法式（常时测图之部）　日本陆
地测量部编　李向荣译
[上海]：文明书局，1913，[208] 页
　　收藏单位：广东馆

02541
简易测绘法
开封：河南省政府，1935，66 页，32 开
　　收藏单位：河南馆

02542
经纬仪测量　白季眉著
外文题名：Theodolite surveying
南京：钟山书局，1934.8，255—512+17—24
页，22 开（普通测量学教本 第 3 册）
　　本书共 15 章，内容包括：经纬仪、量平角
法、量立角法、三角测量、工用测量、测量杂
题、计算等。版权页题名：经纬仪测量教本。
　　收藏单位：国家馆、南京馆

02543
距离测量之说明
出版者不详，26 页，22 开
　　收藏单位：广东馆

02544
罗经图说　王传焌编译
海军部，1933.5，99 页，16 开，精装
　　收藏单位：国家馆

02545
普通测量

出版者不详，158 页，16 开
　　收藏单位：广东馆

02546
普通测量学讲义　张宝堂著
重庆：陆军工兵学校，1947，2 册（144 页），
32 开
　　本书为陆军工兵学校测量教材。
　　收藏单位：广东馆

02547
普通测量学教本　白季眉著
外文题名：Text-book of general surveying
南京：钟山书局，1934.8，2 册（[1396] 页），
23 开
　　本书讲解测链、罗盘、经纬仪、地形等
的测量原理和方法。
　　收藏单位：国家馆、南京馆、浙江馆

02548
浅易测图学教程　武学书局编辑部编辑
北京：武学书局，1927.6，[150] 页，50 开
　　本书共 4 章：地图之见解、地图之模写、
地图之应用、测图。版权页题名：最新浅易测
图学教程。
　　收藏单位：国家馆

02549
实用平板仪测量　麦蕴瑜编著
上海：商务印书馆，1937.3，[11]+347 页，32
开，精装
重庆：商务印书馆，1945.1，蓉 1 版，[13]+
345 页，32 开
　　本书共 9 章，内容包括：总论、导线平板
仪测量、真子午线测定法、测图之完成等。
　　收藏单位：重庆馆、贵州馆、国家馆、湖
南馆、江西馆、辽宁馆、南京馆、首都馆、
浙江馆

02550
四百万分之一亚洲图纬距比例尺计算成果
中央测量学校，1945，油印本，40 页，16 开
　　收藏单位：广东馆

02551

韬佩氏（Tobey）与地位置算式之检讨　叶雪安著

[上海]：[同济大学工学院]，1942，20 页（同济大学工学院测量系刊物 第 1 号）

02552

田野区域实地测量法　王家菼编译　寿孝天
　骆师曾校订

外文题名：Practical surveying

上海：商务印书馆，1911.7，86 页，22 开

上海：商务印书馆，1914，3 版，86 页，22 开

上海：商务印书馆，1916.5，4 版，86 页，22 开

上海：商务印书馆，1922，5 版，86 页，22 开

上海：商务印书馆，1931.3，8 版，86 页，22 开

　　本书共两部分：平面测量、高低测量。内容包括：对角线测法、垂直线测法、不正形地之测量法、平板测量法等。

　　收藏单位：广东馆、国家馆、河南馆、湖南馆、江西馆、南京馆、首都馆、浙江馆

02553

迅速测图学　陈安澜编

北平：武学书馆，1933，102 页，64 开

　　收藏单位：南京馆

02554

迅速测图学　陈安澜编

出版者不详，74 页，50 开

　　本书共 13 章，内容包括：地形测图之概说、地图之种类、中等海水平面及比较表面等。

　　收藏单位：重庆馆

02555

最新测量符号

北平：武学书馆，1937，16 页，25 开

　　收藏单位：广东馆

大地测量学

02556

北碚测量实验区测量报告　陈永龄　龚谨等撰

李庄（四川）：中国地理研究所大地测量组，1944.12，[173] 页，16 开，环筒页装（测量专刊 第 11 号 暂行本）

　　本书共 5 部分，内容包括：二等三角测量报告、水准测量报告、地形测量报告等。

02557

大地测量学　张树森编著

南京：钟山书局，1933.12，408 页，32 开

南京：钟山书局，1934.10，再版，408 页，32 开

　　本书共 4 编：三角测量、天文测量、水平测量和地图画法。

　　收藏单位：国家馆、南京馆、上海馆、首都馆、天津馆、浙江馆

02558

辐线三角测量稜形锁误差之检讨　王之卓著

李庄（四川）：中国地理研究所大地测量组，1943.7，30 页，16 开，环筒页装（测量专刊 第 5 号 暂行本）

　　收藏单位：南京馆

02559

高等测量

国立中央工业专科职业学校，[1942]，油印本，20 叶，16 开，环筒页装

　　本书为民国三十年度下学期用。

　　收藏单位：重庆馆

02560

高等测量学　陈本端著

长沙：商务印书馆，1938.7，451 页，23 开（大学丛书 教本）

上海：商务印书馆，1946.11，5 版，451 页，23 开（大学丛书 教本）

　　本书共 9 编：引言、三角测量、天文测量、大地水平测量、水道及流量测量、流速及流量测量、地图投影法等。

　　收藏单位：重庆馆、国家馆、南京馆、首都馆

02561

广西全省三等三角点分布地区一览表

广西省陆地测量局，石印本，42 页，16 开

02562
规律四边形单锁之误差传播　陈永龄　唐徐佐著
李庄（四川）：中国地理研究所大地测量组，1943.7，62 页，16 开，环筒页装（测量专刊第 7 号 暂行本）

02563
华北东部重力加速度之测定　雁月飞　鲁若愚著
北平：国立北平研究院物理学研究所，1933.10，7 页，16 开
　　收藏单位：广西馆、国家馆

02564
华北水准网之校正
华北水利委员会，1936.12，140 页，16 开
　　本书共 3 部分：水平测量方法、水准网之校正、水准标点。
　　收藏单位：广东馆、国家馆、湖南馆、南京馆、宁夏馆、山西馆、上海馆、首都馆、天津馆

02565
华北水准网之校正
华北政务委员会建设总署水利局，1940.4，142 页，16 开
　　收藏单位：国家馆、首都馆

02566
基线网图形之研究　陈永龄著
李庄（四川）：中国地理研究所大地测量组，1943.7，18 页，16 开，环筒页装（测量专刊第 2 号 暂行本）
　　收藏单位：国家馆

02567
经界测量法程
出版者不详，106 页，22 开
　　本书共 5 编：总论、图根测量、碎部测量、制图、附录。

　　收藏单位：国家馆

02568
陆地测量总局办理土地测量经过报告书（民国二十五年三月三十一日）
陆地测量总局，1936.3，4 页，16 开
　　本书记述江西十县及江苏无锡、浙江平湖县的航测情况。
　　收藏单位：国家馆、南京馆

02569
陆地测量总局学术演讲录
军令部陆地测量总局，1942，油印本，70 页，16 开，环筒页装
　　本书共 4 部分：山地航测制图问题、三角测算之作业与研究、地图与地图学、地形表示方法之比较。
　　收藏单位：首都馆

02570
平板测量学讲义
出版者不详，油印本，48 叶，16 开，环筒页装
　　本书为国立广西大学讲义。
　　收藏单位：重庆馆

02571
平面测量学　陈晋模著
上海：龙门联合书局，1947.8，344 页，23 开
　　本书共 7 编，内容包括：测量总论、距离测量、水准测量、角度测量等。
　　收藏单位：重庆馆、国家馆

02572
平面测量学　（美）芬奇（J. K. Finch）著　顾世楫　陈鑫译
上海：中国科学图书仪器公司，1940.2，248+11 页，25 开，精装（中国科学社工程丛书 实用土木工程学 第 3 册）
上海：中国科学图书仪器公司，1941.12，再版，248+11 页，25 开，精装（中国科学社工程丛书 实用土木工程学 第 3 册）
上海：中国科学图书仪器公司，1947.4，3 版，

248+11 页，25 开，精装（中国科学社工程丛书 实用土木工程学 第 3 册）

本书内容包括：总论、量距或距离之度量、水准测量或高度差之度量、罗盘仪测量、罗盘仪测量之计算、经纬仪测量、视距之应用、子午线之测定、土地测量、施工测量、地形测量及制图等。书前有杨孝述序，末附中英文译名对照表等。

收藏单位：重庆馆、广东馆、国家馆、黑龙江馆、江西馆、南京馆、内蒙古馆、宁夏馆、山西馆、浙江馆、中科图

02573

平面测量学　刘友惠编

外文题名：Plane surveying

上海：商务印书馆，1930.9，21+447+[112] 页，22 开，精装

上海：商务印书馆，1933.5，国难后 1 版，21+447+[112] 页，22 开，精装

上海：商务印书馆，1934.10，国难后 2 版，21+447+[112] 页，22 开，精装

上海：商务印书馆，1935.5，21+447+[112] 页，22 开，精装（大学丛书 教本）

长沙：商务印书馆，1938，21+447+[112] 页，22 开（大学丛书 教本）

本书共 14 章，内容包括：测锁测量、测量器械附属品、测量望远镜、经纬仪测量、罗盘仪测量等。

收藏单位：国家馆、辽宁馆、南京馆、内蒙古馆、首都馆、浙江馆

02574

平面测量学　吕谌编著

南京：正中书局，1947.10，412 页，25 开

本书共 4 篇：测量仪器之应用检查及整理、测量方法、计算、制图。大学用书。

收藏单位：国家馆、辽师大馆、山西馆、上海馆

02575

平面测量学　吴承祺编著

上海：商务印书馆，1948.7，18+433+10 页，32 开

上海：商务印书馆，1949.3，再版，18+433+10 页，32 开

本书共 14 篇，内容包括：总论、链测量、罗盘测量、经纬仪测量、导线之计算及绘图、水准测量等。职业学校教科书。

收藏单位：重庆馆、广东馆、国家馆、辽大馆、天津馆

02576

平面测量学　张树森编著

南京：钟山书局，1932.9，405 页，32 开

南京：钟山书局，1934.10，再版，12+405 页，32 开

本书共 11 编，内容包括：绪论、距离测量、罗盘仪测量、经纬仪测量、水平测量、地形测量等。

收藏单位：广东馆、国家馆、南京馆、天津馆、浙江馆

02577

平面测量学　张泽熙著

上海、南京：正中书局，1937.2，281 页，25 开，精装（应用科学丛书）

重庆：正中书局，1938，3 版，281 页，25 开（应用科学丛书）

重庆：正中书局，1940.8，6 版，国纸本，281 页，25 开（应用科学丛书）

上海：正中书局，1947.2，沪 1 版，281 页，25 开（应用科学丛书）

本书共 12 编，内容包括：总论、距离测量、水准测量、经纬仪测量、视距测量、地形测量等。

收藏单位：重庆馆、贵州馆、国家馆、江西馆、辽宁馆、南京馆、内蒙古馆、西南大学馆、浙江馆

02578

平面测量学（初级）　吕谌著

上海：龙门书店，1935.7，16+537 页，22 开

本书共 4 部分：测量器械之应用检查及纠正、测量方法、计算、制图。

收藏单位：重庆馆、国家馆、浙江馆

02579
三角测量学
出版者不详，[1937—1945]，油印本，55 叶，16 开，环筒页装
　　本书为民国二十八年度土木科三年级用。
　　收藏单位：重庆馆

02580
三角图根测量术
江西省训练团，1946，58 页，32 开
　　本书封面题名：三角测量。
　　收藏单位：国家馆

02581
三角图根测量学
湖南省地方行政干部训练团，1941.11，108 页，18 开（地政组专业训练讲义 4）
　　收藏单位：重庆馆

02582
实用平面测量　戚怡轩编
上海：开明书店，1934.12，14+213 页，32 开
上海：开明书店，1939.1，再版，10+213 页，32 开
上海：开明书店，1940，3 版，14+213 页，32 开
北平：开明书店，1946，4 版，197 页，32 开
北平：开明书店，1947.10，5 版，10+213 页
　　本书共 20 章，内容包括：测链测量、罗盘仪测量、平板仪测量、经纬仪测量、视距测量、地形测量、三角测量等。
　　收藏单位：重庆馆、广东馆、广西馆、贵州馆、国家馆、江西馆、辽宁馆、山西馆、西南大学馆、中科图

02583
四边形锁之扩展式　陈永龄　朱成燐著
李庄（四川）：中国地理研究所大地测量组，1943.7，116 页，16 开，环筒页装（测量专刊第 6 号暂行本）

02584
图根测量　唐馀佐编著

中央训练团地政人员训练班，1947，116 页，32 开，精装
　　本书内容包括：图根测量之要义、角度测量、导线图根测量、交会图根测量、三角图根测量等。
　　收藏单位：重庆馆

02585
图形强度因数公式之检讨　陈永龄著
李庄（四川）：中国地理研究所大地测量组，1943.7，[30] 页，16 开，环筒页装（测量专刊第 3 号暂行本）
　　收藏单位：南京馆

02586
土地查丈讲义
浙江省赋籍整理处，1949，28 页，32 开
　　收藏单位：天津馆、浙江馆

02587
一万分一至五万分一陆地测量图式　参谋部陆地测量总局制
南京：陆军印刷所，1934，1 册，28 开
　　本书内容包括：道路，河川、桥梁、海滨及其附属物体，房屋及其附属物体，独立物体等。封面题：最新测量符号。
　　收藏单位：重庆馆

02588
中国东南沿海诸省重力加速度之测定　雁月飞著
外文题名：Carte gravimétrique de la côte sud de Chine
北平：国立北平研究院物理学研究所，1934，6 页，16 开
　　收藏单位：上海馆

摄影测量学

02589
摄影测量学　（德）格鲁伯（O. V. Grauber）著　魏大鸣　古振今编

外文题名：Photogrammetrie

南京：参谋总部陆地测量总局航空测量队，1934，[320] 页，16 开

　　本书封面题：航空摄影测量研究班第一期学员编著。

　　收藏单位：国家馆

02590

摄影测量学概要

广州：广东陆地测量局，1931.9，石印本，74 页，16 开，环筒页装

　　本书共 10 章，内容包括：导言、摄影测量概史、镜头之改良、摄影物体之复制、地面摄影之仪器、摄影测量定点法等。

　　收藏单位：贵州馆、国家馆、湖南馆、江西馆、南京馆、浙江馆

02591

摄影测量学术刊　航空摄影测量研究班编辑

南京：陆地测量总局，1931.10，[460] 页，16 开

　　本书共 5 编，内容包括：摄影测量史略、摄影测量之分类、陆地摄影测量分类等。封面题：航空摄影测量研究班第一期学员编著。

　　收藏单位：国家馆、南京馆、山西馆、首都馆

02592

地面摄影测量学

广州：广东陆地测量局，1931.8，石印本，108 页，16 开，环筒页装

　　本书共 3 篇：野外工作、威特自动制图机、地面摄影之制图。

　　收藏单位：国家馆、湖南馆、南京馆、浙江馆

02593

改换投影问题商榷　周家银著

国防部测量局制图厂，1948.4，6 页，16 开

　　本书共 10 部分，内容包括：平面坐标、投影法的选择、军用坐标与测量坐标等。

　　收藏单位：华东师大馆、南京馆

02594

航空测量空中三角计算之微分关系公式　王之卓著

李庄（四川）：中国地理研究所大地测量组，1943.7，32 页，16 开，环筒页装（测量专刊第 4 号 暂行本）

　　收藏单位：南京馆

02595

航空测量实施方法

广州：广东陆地测量局，1932，132 页，大 16 开，环筒页装

　　收藏单位：国家馆、浙江馆

02596

航空测量之回顾与前瞻　黄桂著

江西省地政局，1947，34 页，32 开（地政论丛 3）

　　收藏单位：广东馆、国家馆、江西馆、南京馆、浙江馆

02597

航空测量制小尺度地图简法之研究　符敬著

参谋本部陆地测量总局航空测量队，1935.3，石印本，28 页，16 开（航空测量丛书 16）

　　收藏单位：国家馆

02598

航空测量专刊　参谋本部陆地测量总局航空测量队编

南京：中国建设协会，1935，192 页，16 开

　　本书内收《新式制图机之实用法》（古振今）、《自动制图机之展望》（魏大鸣）、《航空测量制小尺度地形图简法之研究》（符敬）等文。

　　收藏单位：国家馆

02599

航空摄影测量概说

参谋本部陆地测量总局航空测量队，1934.10，13 页，16 开

　　本书共 8 部分，内容包括：本队之组织、航空测量工作之次序、航空测量队工作经过、

航空土地测量实施程序、航空测量之用途等。

收藏单位：国家馆

02600

航空摄影测量学 王之卓　陈永龄　夏坚白著

出版者不详，1943，油印本，1 册，16 开

收藏单位：广东馆

02601

航空摄影判读 杜业世编

陆军大学，1944，68 页，25 开

收藏单位：广东馆、南京馆

02602

简易航空测量法

广州：广东陆地测量局，1931.9，石印本，54 页，16 开，环筒页装

本书共 6 部分：引言、仪器、主轴、航空测量之接图标点、四方形测区之摄影、航空测量之制图法。

收藏单位：国家馆、湖南馆、江西馆、南京馆、浙江馆

02603

军事航空摄影 李松炎译

航空委员会，1937，112 页，22 开

收藏单位：广东馆

02604

空中底片制图法

广州：广东陆地测量局，1931.9，石印本，26 页，16 开，环筒页装

本书共 6 章，内容包括：空中交会摄影制图法之概要、确定空中垂直摄影之元素法、空中倾斜摄影底片关系位置之检定及其安放等。

收藏单位：贵州馆、国家馆、江西馆、南京馆、天津馆、浙江馆

02605

宽角摄影装于常角制图仪误差之研讨 王之卓著

军事委员会军令部陆地测量总局，16 页，16

开

收藏单位：首都馆

02606

利用倾斜摄影求高度法 王之卓著

北碚：中国地理研究所，1942.7，10 页，16 开（测量专刊第 1 号暂行本）

02607

利用水平线之撮算以纠正航撮影片法 （芬）劳夫雪脱著　顾葆康译

参谋本部陆地测量总局航空测量队，1934，石印本，1 册，16 开（航空测量丛书 13）

收藏单位：南京馆

02608

摄影测量法 米娄（A. G. Muller）著　林建伦译

外文题名：The stereoscopic method and a first trial of its application to railway survey in China

北京：中国铁路协会，1913.10，43+48 页，23 开

本书为中英文对照。

收藏单位：国家馆

02609

石山测图表示法要领

出版者不详，1938.11，石印本，14 页

本书内容包括：通则、地面测量测定法、航撮影片测定法等。

收藏单位：南京馆、浙江馆

02610

实用撮影测量学

广州：广东陆地测量局，1931，石印本，2 册（152+196 页），16 开

本书分上、下卷，共 4 篇：总论、地面摄影测量、空中摄影测量、自动制图机。

收藏单位：北师大馆、国家馆、山西馆、天津馆

02611

未测地区之大面积摄影 巴尔格著　古振今

译
出版者不详，1934，26 页，16 开
　　收藏单位：南京馆

02612

小比例尺航空测量　巴尔格著　古振今译
南京：出版者不详，1933，22 面
　　收藏单位：南京馆

02613

新式航测仪器使用法　古振今编
出版者不详，石印本，38 叶，16 开，环筒页装
　　本书共 3 部分：十公分焦距宽角航撮仪使用法、新式纠正仪使用法、多倍制图仪使用法。
　　收藏单位：重庆馆、国家馆

地籍学

02614

测绘概要
出版者不详，36 页，36 开
　　本书共 4 章：测绘概说、段图测绘、丘形丈量、面积计算。
　　收藏单位：重庆馆

02615

地籍测量　诸葛平编著
南京：地政部地政研究委员会，1948.2，56 页，32 开（地政丛刊）
　　本书共 8 部分，内容包括：总论、地籍测量程序、航空摄影测量、计算面积、制图、我国历年地籍测量概述等。
　　收藏单位：国家馆、吉林馆、南京馆、上海馆、浙江馆

02616

地籍整理业务规程样式集
地政总局，[1942]，1 册，16 开
　　收藏单位：国家馆

02617

航空测量完成南昌全县地籍图简报
参谋本部陆地测量总局航空测量队，1934，16 页，16 开
　　收藏单位：广东馆、南京馆

02618

户地测量术　胡献璇　王良弼编
江西省训练团，1946.9，52 页，32 开
　　收藏单位：国家馆

02619

户地清丈学　彭禹谟著
彭禹谟 [发行者]，1933.8，207 页，22 开，精装
　　本书共 10 编，内容包括：总编、比例尺即指北线、简易清丈法、平板清丈、视距测量等。
　　收藏单位：南京馆、浙江馆

02620

沪南区地籍图
上海：上海市土地局，1933，1 册，9 开，精装
　　收藏单位：江西馆

02621

清丈讲义　姜元昌编纂
黑龙江清丈总局附设清丈传习所，[258] 页，16 开
　　本书介绍有关土地丈量、测量、制图计算的方法，以及办理册照手续等。
　　收藏单位：国家馆

02622

上海市地政局航空测量业务报告
上海：上海市地政局，[1947]，6 页，16 开
　　本书共 6 部分，内容包括：航空摄影、三角测量、控制测量、制图等。
　　收藏单位：国家馆、南京馆、上海馆

02623

上海市土地局沪南区地籍册（1 自一图至七图

止）

上海：上海市土地局，1933，75+445 页，长
10 开，精装

　　本书内容全部为表，内列土地位置、业
主、面积、每亩估价等栏。

　　　　收藏单位：上海馆

02624

**上海市土地局沪南区地籍册（2 自八图至十图
止）**

上海：上海市土地局，1935，[209] 页，长 10
开，精装

　　本书共两部分：地籍册、地籍图。

02625

**上海市土地局沪南区地籍图（1 自一图至七图
止）**

上海：上海市土地局，1933，24 页，长 10
开，精装

　　　　收藏单位：上海馆

02626

土地测量　练天章编

出版者不详，130+[80] 页，16 开

　　本书共 10 章，内容包括：总论、土地测
量工作之程序、户地测图、实地测丈、户地
分割及整正等。

　　　　收藏单位：国家馆

02627

土地测量概论　张建新著

[曲江]：新建设出版社，1940.8，40 页，32
开（广东施政常识小丛书）

　　本书共 5 部分：土地测量之意义、土地测
量之程序、人工测量与航空测量之比较、土
地测量后之效果、结论。

　　　　收藏单位：重庆馆、广西馆、国家馆

02628

土地测量概要　福建省地方行政干部训练团
编辑

三元：福建公训服务社出版部，1941.1，100
页，32 开

　　本书共 7 章：概论、基本测量、图根测
量、户地测量、户地航空测量、求积法、制
图。福建省地方行政干部训练团课本。

　　　　收藏单位：重庆馆

02629

土地测量实施规则

出版者不详，[1934]，40 页，16 开

　　本书共 9 章，内容包括：总则、大三角测
量、小三角测量、图根测量、户地测量、户
地航空测量等。1934 年 10 月 24 日部令公布。

　　　　收藏单位：重庆馆、国家馆、南京馆

地图学

02630

720 公里精密缩放绘图仪

昆明：资源委员会中央机器厂，1 册，16 开

　　　　收藏单位：南京馆

02631

地球仪说明　中国史地图表编纂社编制

上海：亚光舆地学社，1949，15 页，32 开

　　　　收藏单位：广东馆

02632

地图的秘密　邵慎之著

香港：文化供应社，1946.12，107 页，32 开

　　本书介绍测量和绘制地图的知识，并记
述绘制地图的故事。

　　　　收藏单位：重庆馆、东北师大馆、上海
馆、天津馆

02633

地图画法　庄启著

外文题名：Map drawing

上海：商务印书馆，1917，1 册，32 开

上海：商务印书馆，1923，再版，1 册，32 开

上海：商务印书馆，1927，3 版，1 册，横 16
开

　　　　收藏单位：重庆馆、广东馆、国家馆、首
都馆

02634
地图绘法举要　胡焕庸著
[重庆]：国立中央大学地理系，1931，16+16页，16开（国立中央大学地理学系丛刊 7）
　　本书共 9 章，内容包括：绪论、正向图法、地图绘法之种类、圆锥图法、圆柱图法等。《地理杂志》第 4 卷第 2-3 期抽印本。
　　收藏单位：国家馆

02635
地图绘制法及读法　葛绥成著
广州：中华书局，1938.10，[30]+330 页，25 开，精装
上海：中华书局，1946.9，3 版，[30]+330 页，25 开
上海：中华书局，1949.7，4 版，[30]+330 页，25 开
　　本书共 3 篇：总论、地图的绘制法、读图法。内容包括：地图及地图学的意义、地图必备的条件、土地高低表示法等。大学用书。
　　收藏单位：重庆馆、广东馆、贵州馆、国家馆、江西馆、辽大馆、南京馆、内蒙古馆、上海馆、天津馆、西南大学馆

02636
地图判读
副官学校，1948.9，47 页，32 开
　　收藏单位：南京馆

02637
地图投影　方俊著
北平：实业部地质调查所、国立北平研究院地质学研究所，1934.7，128 页，16 开（地质专报 乙种 第 6 号）
　　本书讲解地球形状和大小，地形投影，正方向、圆锥的面积和投影等内容。
　　收藏单位：广东馆、贵州馆、天津馆

02638
地图投影法　J. A. Steers 著　褚绍唐译　李长傅校
外文题名：An introduction of the study of map projections
上海：世界书局，1943.10，170 页，32 开
　　本书分两篇共 24 章，内容包括：投影图法、缩尺、球状图法、由直角坐标法作圆锥图法、断裂图法等。
　　收藏单位：重庆馆、国家馆、南京馆

02639
地图学及地图绘制法　张资平著
上海：商务印书馆，1935.12，[10]+312 页，22 开，精装
上海：商务印书馆，1936.10，再版，[10]+312 页，22 开，精装
　　本书共 4 篇：地图学史、地图投影法、读图法、地图制作法及略图描法。
　　收藏单位：重庆馆、东北师大馆、广东馆、国家馆、湖南馆、江西馆、辽大馆、辽师大馆、南京馆、上海馆、天津馆、西南大学馆

02640
地图研究　董德才　汤焕荦编
出版者不详，[1948]，126 页，25 开
　　收藏单位：江西馆

02641
地图制作法　葛绥成著
外文题名：Map making
上海：中华地理研究社，1932.2，121 页，22 开
　　本书共 4 部分：绪言、作图用器具类、作图法、结论。
　　收藏单位：国家馆、南京馆、上海馆、天津馆

02642
地形图式草案
成都：中央陆军军官学校成都分校，1936，23 页，25 开
　　本书内收线号、曲线之区别、境界、道路、铁道、城垣、河川、桥梁等图式。
　　收藏单位：重庆馆

02643
地质图符号着色及花纹之商榷　王炳章著

北平：中国地质学会，1937，55—66 页，25
开

　　本书为《地质论评》第 2 卷第 1 期摘印
本。

　　收藏单位：广东馆

02644

地质图上火成岩花纹（Pattern）用法之商讨
　南延宗著

北平：中国地质学会，1936，486—490 页，25
开

　　本书为《地质论评》第 1 卷第 4 期摘印
本。

　　收藏单位：广东馆、国家馆

02645

二十万分一民国图编纂规则

出版者不详，[1911—1919]，油印本，49 页，
32 开

　　本书共 4 编：施行条例、编纂法之要领、
验压器说明、图式及其解说。

　　收藏单位：国家馆

02646

航空地图学　胡伯琴编

杭州：中央航空学校，1935，135 页，32 开
杭州：中央航空学校，1935，再版，136 页，
32 开

　　本书共 11 章，内容包括：地图之种类、
地图投影、绘制地图、距离、方向、高度、
方格制等。

　　收藏单位：国家馆、南京馆、浙江馆

02647

航空地图学　中央航空学校教育处编著

出版者不详，1933.10，154+12 页，16 开，精
装

　　收藏单位：国家馆

02648

兰孛氏投影之新计算公式　方俊著

李庄（四川）：中国地理研究所大地测量组，
1944.7，38 页，16 开，环筒页装（测量专刊

第 10 号暂行本）

02649

兰勃尔氏投影图廓缩图暂行办法

出版者不详，8 页，16 开

　　收藏单位：南京馆

02650

清初测绘地图考　翁文灏著

北平：中国地学会，1930.9，34 页，16 开

　　本书内容包括：绪言、康熙年测绘地图之
尺度、康熙年测绘地图之次序及范围等。《地
学杂志》第 18 卷第 3 期抽印本。

　　收藏单位：国家馆

02651

全国统一投影用表

南京：军令部陆地测量总局三角科，1938.3，
23 页，16 开

　　收藏单位：国家馆、南京馆

02652

实用地理学　（英）司梯文司（Alexander
Stevens）著　余绍忭译

外文题名：Applied geography

上海：商务印书馆，1930.3，316 页，25 开（地
理丛书）

上海：商务印书馆，1935.5，国难后 1 版，306
页，25 开，精装（大学丛书 教本）

上海：商务印书馆，1937.5，国难后 2 版，306
页，25 开（大学丛书 教本）

长沙：商务印书馆，1938.10，国难后 3 版，306
页，25 开（大学丛书 教本）

　　本书共 10 章，内容包括：地之形状、测
定地球之位置、地图制造法、地图之读法、
天气与气候等。

　　收藏单位：重庆馆、东北师大馆、广西
馆、贵州馆、国家馆、黑龙江馆、湖南馆、
辽大馆、辽师大馆、南京馆、内蒙古馆、宁
夏馆、上海馆、首都馆、天津馆、西南大学
馆、浙江馆

02653

缩放仪构造之原理及使用法

出版者不详，1册，16开

　　收藏单位：南京馆

02654

图学

军训部陆军军官预备学校筹备处，[1944]，145页，25开

　　本书为军训部陆军军官预备学校专用课本。

　　收藏单位：重庆馆

02655

袖珍制图便览　童世亨编

上海：中外舆图局，1916.10，150页，横64开，精装

　　收藏单位：首都馆

02656

以面积作比例缩放图法之说明

出版者不详，1册，16开

　　收藏单位：南京馆

02657

制图工作概要

参谋本部陆地测量总局制图科，1935.8，46页，16开

　　本书共5章：总说、绘图、摄影及制版、电技制版、印刷。

02658

制图机改正法（威特式）

广州：广东陆地测量局，1931.10，33页，16开，环筒页装

　　本书共9章，内容包括：普通原则、机械部之检点及改正、光学部之检点及改正、偏移角公式之演算等。

　　收藏单位：国家馆、南京馆、山西馆、浙江馆

02659

制图学

湖南省地方行政干部训练团，1941，141页，32开

　　本书共4章：制图的要旨、绘图用具及材料、绘图、图式。

　　收藏单位：重庆馆

02660

中国地质图着色及符号问题　黄汲清著

北平：中国地质学会，1936，465—484页，25开

　　本书共6部分，内容包括：世界各国地质图着色之趋势、我们的邻居各国地质图、中国地质图着色之过去等。《地质论评》第1卷第4期摘印本。

地球物理学

02661

地球　（日）原田三夫著　许达年译

上海：中华书局，1932.10，263页，32开（通俗科学全集 第2集）

上海：中华书局，1935.6，263页，32开（初中学生文库）

上海：中华书局，1936.4，再版，263页，32开（通俗科学全集 第2集）

昆明：中华书局，1941.1，3版，263页，32开（初中学生文库）

上海：中华书局，1947.12，263页，32开（中华文库 初中 第1集）

　　本书共16章，内容包括：地球本体的研究、海底和海面、海水、海水的变动、侵蚀作用、地壳的变动、冰河等。

　　收藏单位：安徽馆、重庆馆、东北师大馆、广东馆、广西馆、贵州馆、桂林馆、国家馆、黑龙江馆、湖南馆、吉林馆、江西馆、辽大馆、南京馆、内蒙古馆、上海馆、首都馆、天津馆、西南大学馆、浙江馆

02662

地球物理学　（日）寺田寅彦　（日）坪井忠二著　郝新吾译

上海：商务印书馆，1936.9，163 页，32 开（自然科学小丛书）（万有文库 第 2 集 264）

长沙：商务印书馆，1939.8，163 页，32 开（自然科学小丛书）

本书共两编：地球之形状与大小、地球内部之构造。内容包括：地球圆形说、地球椭圆说、均衡地球面、地球之弹性等。著者"坪井忠二"原题：坪井宗二

收藏单位：重庆馆、大连馆、大庆馆、东北师大馆、广东馆、广西馆、贵州馆、国家馆、辽大馆、辽宁馆、辽师大馆、南京馆、内蒙古馆、宁夏馆、上海馆、绍兴馆、天津馆、浙江馆

02663

地球物理学和日蚀　（日）中村左卫门太郎讲　赵如珩译

[南京]：日蚀观测委员会，1941.9，12 页，32 开

收藏单位：南京馆

02664

我们的地球　（法）法布尔（Jean Henri Fabre）著　吕炯译　竺可桢校

外文题名：This earth of ours

上海：商务印书馆，1930.8，306 页，32 开（少年史地丛书）

上海：商务印书馆，1933.2，国难后 1 版，306 页，32 开（少年史地丛书）

上海：商务印书馆，1933.12，4 册（306 页），32 开（小学生文库 第 1 集 地文类）

上海：商务印书馆，1934.10，再版，4 册（306 页），32 开（小学生文库 第 1 集 地文类）

本书共 25 章，内容包括：地球、物体的下坠、四季与气候、地球的内部、地震等。据毕克纳尔（P. F. Bicknell）英译本转译。著者原题：福贝尔。

收藏单位：重庆馆、东北师大馆、广东馆、广西馆、国家馆、湖南馆、江西馆、南京馆、上海馆、首都馆、天津馆、西南大学馆、浙江馆

大地（岩石界）物理学（固体地球物理学）

02665

安徽盱眙县女山火山口　李捷　张文佑著

北平：中国地质学会，1937，141—146 页，25 开

本书为《地质论评》第 2 卷第 2 期摘印本。

收藏单位：广东馆、国家馆

02666

从明朝地震记录来谈地震问题　王嘉荫著

出版者不详，油印本，55 页，16 开

收藏单位：广东馆

02667

大地之性质与历史　（英）格林内（E. Greenly）著　陈楚译

外文题名：The earth: its nature and history

上海：商务印书馆，1935.3，65 页，32 开（百科小丛书）

上海：商务印书馆，1935.4，再版，65 页，32 开（百科小丛书）

本书共 12 部分，内容包括：导言、大地之整体观、破坏作用、建造作用、岩石之变动、地面之演变等。

收藏单位：重庆馆、广东馆、国家馆、辽宁馆、南京馆、内蒙古馆、宁夏馆、上海馆

02668

地磁力浅说　高平子著

上海：中国科学社，1925，22 页，16 开

本书为《科学》第 9 卷第 9 期抽印本。著者原题：高均。

02669

地磁力之新周期　刘朝阳著

外文题名：A new period of terrestrial magnetism

青岛：青岛市观象台，1932.12，47 页，16 开

本书内有新周期数据。

收藏单位：国家馆

02670

地球的历史　吕金录编译

上海：商务印书馆，1931.12，164 页，25 开

上海：商务印书馆，1936.7，135 页，32 开（中学生自然研究丛书）

上海：商务印书馆，1936.9，再版，135 页，32 开（中学生自然研究丛书）

上海：商务印书馆，1937.2，3 版，135 页，32 开（中学生自然研究丛书）

　　本书共 8 章，内容包括：万物的构造、地球的诞生、地球怎样在众星中生长起来、生物由水中出现等。

　　收藏单位：重庆馆、东北师大馆、广东馆、贵州馆、国家馆、湖南馆、江西馆、辽师大馆、南京馆、首都馆、西南大学馆、浙江馆

02671

地球的历史　（苏）苏波丁著　梁香译

上海：天下图书公司，1947.8，69 页，36 开（大众科学丛书 2）

北平：天下图书公司，1949.6，69 页，36 开（人民科学丛书）

　　本书共 7 部分，内容包括：科学的萌芽、阻碍科学之路的偏见的解除、地球的年龄等。

　　收藏单位：重庆馆、广东馆、国家馆、南京馆、上海馆、首都馆、天津馆、浙江馆

02672

地球的历史　（苏）雪提维奇著　陈应新译

东北书店，1947.10，106 页，36 开

　　本书共 11 部分，内容包括：地球和人类的诞生、地下火的活动、再谈地下火的活动等。

　　收藏单位：重庆馆、东北师大馆、国家馆、吉林馆、辽大馆、南京馆、首都馆、天津馆

02673

地球的历史　（苏）雪提维奇著　陈应新译

上海：开明书店，1946.6，123 页，36 开（开明少年丛书）

上海：开明书店，1947.3，再版，123 页，36 开（开明少年丛书）

上海：开明书店，1948.6，3 版，123 页，36 开（开明少年丛书）

　　收藏单位：重庆馆、广东馆、贵州馆、国家馆、江西馆、南京馆、内蒙古馆、清华馆、上海馆、绍兴馆、浙江馆

02674

地球的历史　（苏）雪提维奇著　陈应新译

山东：新华书店，1949.7，88 页，32 开

　　收藏单位：国家馆、内蒙古馆、天津馆

02675

地球和化石　郑贞文等编辑

上海：商务印书馆，1925.10，28 页，32 开（少年自然科学丛书 4）

重庆：商务印书馆，1943.12，渝 1 版，28 页，32 开（少年自然科学丛书 4）

　　本书讲述地球的形成、动植物的起源和进化等内容。

　　收藏单位：广东馆、国家馆、南京馆、上海馆

02676

地球进化之历史　（英）格列高利（J. W. Gregory）著　王勤堉译

外文题名：The making of the earth

上海：商务印书馆，1931.6，172 页，32 开（百科小丛书）

上海：商务印书馆，1933.9，国难后 1 版，172 页，32 开（百科小丛书）

上海：商务印书馆，1935，国难后 2 版，172 页，32 开（百科小丛书）

　　本分共 4 编：地球之原始、地球表面之长成、地球上水陆之设计、地球预备期中之生物。

　　收藏单位：重庆馆、广东馆、国家馆、河南馆、江西馆、辽宁馆、南京馆、内蒙古馆、宁夏馆、上海馆、首都馆、天津馆、西交大馆、西南大学馆、浙江馆

02677

地球来历　邓启东编著　张炯　钟灵秀校订

南京、上海：正中书局，1935.4，42 页，32 开（国民说部 第 3 集 国民地理集）

收藏单位：广东馆、国家馆、吉林馆、南京馆

02678

地球·生物·人　郑贞文编纂

外文题名：The earth and man

上海：商务印书馆，1925.10，10+180 页，32 开（少年自然科学丛书 2）

上海：商务印书馆，1927.11，2 版，10+180 页，32 开（少年自然科学丛书 2）

上海：商务印书馆，1931.1，3 版，10+180 页，32 开（少年自然科学丛书 2）

上海：商务印书馆，1933.1，国难后 1 版，10+180 页，32 开（少年自然科学丛书 2）

上海：商务印书馆，1933.6，国难后 2 版，10+180 页，32 开（少年自然科学丛书 2）

本书共 5 部分：地球、植物和动物由那里来、自然界的系图、最初的人是谁、生物的元祖到底是什么。

收藏单位：重庆馆、广东馆、广西馆、贵州馆、国家馆、江西馆、内蒙古馆、山西馆、上海馆、绍兴馆、首都馆、浙江馆

02679

地球与地面　王勤埔著

上海：亚细亚书局，1935.4，202 页，32 开（基本知识丛书）

本书共 5 章：地球在太阳系中的位置、地球仪上所见的地球、地面的研究、中国的地面、总述。

收藏单位：东北师大馆、国家馆、南大馆、南京馆、内蒙古馆、山西馆、上海馆、首都馆、天津馆、浙江馆

02680

地球与地面　王勤埔著

上海：中国文化服务社，1936.4，再版，202 页，32 开（基本知识丛书）

收藏单位：重庆馆、广东馆、上海馆

02681

地球之灭亡　（日）石井重美著　谭勤馀译

上海：商务印书馆，1935.3，168 页，32 开（自然科学小丛书）（万有文库 第 2 集 265）

上海：商务印书馆，1935.7，168 页，32 开（自然科学小丛书）

本书共 4 章：生存之地球及其命运、地球因疾病而死亡、地球因冲突而死、地球自然的老死。

收藏单位：重庆馆、大连馆、东北师大馆、广东馆、广西馆、贵州馆、国家馆、黑龙江馆、江西馆、辽大馆、辽师大馆、南京馆、内蒙古馆、宁夏馆、上海馆、绍兴馆、首都馆、天津馆、浙江馆

02682

地学通论（数理之部）　黄厦千编著

上海：正中书局，1948.4，194 页，25 开

本书共 10 章，论述地球的来源、年龄和演变，现状和将来，月、地关系，时间历法，以及地面的位置、方向等。大学用书。

收藏单位：重庆馆、东北师大馆、广东馆、广西馆、国家馆、辽师大馆、南京馆、上海馆、西南大学馆

02683

地震　杜若城著　周建人校

上海：商务印书馆，1933.10，44 页，32 开（小学生文库 第 1 集 地质类）

上海：商务印书馆，1934.10，再版，44 页，32 开（小学生文库 第 1 集 地质类）

上海：商务印书馆，1935.1，4 版，44 页，32 开（小学生文库 第 1 集 地质类）

本书内容包括：什么叫做地震、地震的原因、海底地震和海啸、地震的经过、地震的强度等。

收藏单位：首都馆

02684

地震　翁文灏著

外文题名：Earthquake

上海：商务印书馆，1924.1，90 页，32 开（百科小丛书 32）

上海：商务印书馆，1926.11，再版，90 页，32 开（百科小丛书 32）

上海：商务印书馆，1929.10，78 页，32 开（百科小丛书）（万有文库 第 1 集 473）

上海：商务印书馆，1934.7，再版，78 页，32 开（百科小丛书）（万有文库 第 1 集 473）

长沙：商务印书馆，1939.12，78 页，32 开（百科小丛书）（万有文库 第 1—2 集简编 171）

　　本书共 6 章：地震现象、地震研究、地震原因、地震分布、中国地震、地震豫防。

　　收藏单位：安徽馆、重庆馆、大连馆、东北师大馆、广西馆、国家馆、河南馆、黑龙江馆、湖南馆、江西馆、辽大馆、辽师大馆、南京馆、内蒙古馆、宁夏馆、山东馆、上海馆、首都馆、天津馆、西南大学馆、浙江馆

02685

地震

昆明：云南省立昆华民众教育馆，1933.6，58 页，36 开（民众科学丛书 2）

　　收藏单位：国家馆、江西馆

02686

地震讲话　蔡源明著

上海：新亚书店，1933.7，74 页，36 开（科学知识普及丛书）

　　本书共 5 节：概说、地震带、过去的地震、地震的观测、地震学的各问题。

　　收藏单位：重庆馆、广东馆、国家馆、江西馆、南京馆、山西馆、绍兴馆、浙江馆

02687

地震浅说　杨钟健　王恭睦编

上海：中华书局，1924.3，92 页，36 开（常识丛书 1）

上海：中华书局，1926，再版，92 页，36 开（常识丛书 1）

上海：中华书局，1926，3 版，92 页，36 开（常识丛书 1）

上海：中华书局，1927.5，4 版，92 页，36 开（常识丛书 1）

上海：中华书局，1928.8，5 版，92 页，36 开（常识丛书 1）

上海：中华书局，1928.8，6 版，92 页，36 开（常识丛书 1）

上海：中华书局，1932.9，7 版，92 页，36 开（常识丛书 1）

　　本书共 10 部分，内容包括：地震的定义、地震的原因、地震的情形和震后的普通情况、地震的测量和预知等。

　　收藏单位：重庆馆、广东馆、国家馆、黑龙江馆、江西馆、内蒙古馆、宁夏馆、首都馆、浙江馆

02688

东京帝国大学地震研究所地震观测报告（昭和 15 年第 3~4 册昭和 15 年 7 月 1 日~12 月 31 日）

外文题名：Seismometrical report of the Earthquake Research Institute, Tokyo Imperial University. 1940, Part 3~4 : July 1~ December 31, 1940

东京：帝国大学地震研究所，1940，11 页，16 开

　　收藏单位：国家馆

02689

甘肃地震考　翁文灏著

北京：农商部地质调查所，1921，5—38 页，16 开

　　本书为《地质汇报》第 3 号摘印本。

　　收藏单位：广东馆、南京馆

02690

广东灵山地震志　陈国达著

外文题名：Lingshan earthquake

澄江（云南）：两广地质调查所，1939.12，100 页，16 开（两广地质调查所特刊第 17 号）

　　收藏单位：国家馆、江西馆

02691

火山　杜若城著　周建人校

上海：商务印书馆，1933.10，46 页，32 开（小学生文库 第 1 集 地质类）

上海：商务印书馆，1934.10，再版，46 页，32 开（小学生文库 第 1 集 地质类）

　　收藏单位：东北师大馆、吉林馆、宁夏

馆、上海馆、首都馆

02692

火山　章鸿钊著

外文题名：Volcano

上海：商务印书馆，1924.2，68 页，32 开（百科小丛书 33）

上海：商务印书馆，1926.11，再版，68 页，32 开（百科小丛书 33）

上海：商务印书馆，1929.10，63 页，32 开（百科小丛书）（万有文库 第 1 集 474）

上海：商务印书馆，1934，再版，63 页，32 开（百科小丛书）（万有文库 第 1 集 474）

长沙：商务印书馆，1939.12，63 页，32 开（百科小丛书）（万有文库 第 1—2 集简编 172）

　　本书内容包括：火山的名称、火山成立说、火山活动的现象、火山活动的余波等。

　　收藏单位：安徽馆、重庆馆、大连馆、东北师大馆、广东馆、广西馆、国家馆、河南馆、黑龙江馆、湖南馆、江西馆、辽大馆、辽师大馆、南京馆、内蒙古馆、宁夏馆、山东馆、上海馆、首都馆、天津馆、西交大馆、西南大学馆、浙江馆

02693

火山和地震　叶绍钧著

上海：中华书局，1936.11，31 页，32 开（小学文库）

　　收藏单位：重庆馆

02694

火山和地震　郑贞文等编辑

重庆：商务印书馆，1943.12，渝 1 版，38 页，36 开（少年自然科学丛书 7）

　　本书共 3 部分：火山、温泉、地震。

　　收藏单位：重庆馆、广东馆、国家馆、南京馆、上海馆

02695

火山与地震　顾仲超编

上海：中华书局，1948.2，72 页，32 开（中华文库 初中 第 1 集）

　　本书共两编：第 1 编论述火山的名称及其成立说、火山的构造及种类、火山的喷出物等内容；第 2 编论述世界各地著名的地震、地震的原因、地震的分布等内容。

　　收藏单位：重庆馆、东北师大馆、广东馆、桂林馆、黑龙江馆、湖南馆、江西馆、南京馆、内蒙古馆、上海馆、西南大学馆、浙江馆

02696

近世地震学　王应伟编

外文题名：Modern Seismology

青岛：青岛市观象台，1931.9，205 页，16 开

　　本书共 11 章，内容包括：地震之一般事项及其统计、弹性波动、地震波之传播、地震机械之理论等。

　　收藏单位：国家馆、南京馆

02697

临川青莲山温泉调查报告　周作恭　周道隆　谢光元著

[南昌]：江西地质矿业调查所，1934.3，石印本，16 页，16 开，环筒页装

　　本书共 5 部分：位置及沿革、地形及交通、地质、温泉的概况、建设温泉的意见。

　　收藏单位：国家馆

02698

陆家浜验磁台　曾如鲁著

上海：土山湾印书馆，1918，28 页，32 开

　　收藏单位：国家馆

02699

青岛地磁力变差表

青岛：青岛市观象台，1930，96 页，10 开

　　本书收录 1930 年 1 月—1933 年 12 月的各月青岛地磁力变差表共 48 个。

02700

青岛市观象台测量山东沿海各地地磁力报告书　吕蓬仙编

青岛：青岛市观象台，1933.7，56 页，16 开

　　本书内容包括：测量计划、测量仪器及方法、各种推算公式、观测成绩等。1932 年 5

月 16 日至 7 月 1 日测量。

　　收藏单位：国家馆、上海馆

02701

青岛市观象台地震报告（第 1 号 民国二十年二月至四月）

外文题名：Bulletin seismologique de l'observatoire de Tsingtao : Fevrier-Mars-Avril 1931

出版者不详，1931，5 页，16 开

　　本书内容包括：符号说明、地震仪常数、地震报告、地震图。

　　收藏单位：国家馆、上海馆

02702

青岛市观象台地震报告（第 2 号 民国二十年四月至十月）

外文题名：Bulletin seismologique de l'observatoire de Tsingtao. No.2 : Avril-Octobre 1931

出版者不详，1931，8 页，16 开

　　本书内容包括：地震仪常数、地震报告、地震图、新疆地震等级震时线图。

　　收藏单位：国家馆

02703

青岛市观象台地震报告（第 3 号 民国二十年十月至二十一年二月）

外文题名：Bulletin seismologique de l'observatoire de Tsingtao. No.3 : Octobre 1931-Fervier 1932

出版者不详，1932，8 页，16 开

　　本书内容包括：地震仪常数、地震报告、地震记象。

　　收藏单位：国家馆、南京馆

02704

青岛市观象台地震报告（第 4 号 民国二十一年）

外文题名：Bulletin seismologique de l'observatoire de Tsingtao. No.4 : 1932

出版者不详，1932，11 页，16 开

　　收藏单位：国家馆

02705

山东地震灾情调查表

兰州：甘肃震灾救济会，[1920—1929]，88 页，16 开

　　收藏单位：国家馆

02706

说地　胡苏民译　周建人校

上海：商务印书馆，1933.10，3 册（66+77+ 98 页），32 开（小学生文库 第 1 集 地文类）

　　收藏单位：首都馆

02707

四川叠溪地震纪录简报　李善邦编

北平：国立北平研究院出版部，1934.5，9 页

　　本书载《国立北平研究院院务汇报》第 5 卷第 3 期。

　　收藏单位：近代史所

02708

谈地　史礼绶编译

上海：中华书局，1916.10，184 页，32 开（学生丛书）

上海：中华书局，1918.11，再版，184 页，32 开（学生丛书）

上海：中华书局，1919，3 版，184 页，32 开（学生丛书）

上海：中华书局，1921.2，4 版，184 页，32 开（学生丛书）

上海：中华书局，1925.1，6 版，184 页，32 开（学生丛书）

上海：中华书局，1927.6，8 版，184 页，32 开（学生丛书）

上海：中华书局，1928，9 版，184 页，32 开（学生丛书）

上海：中华书局，1931，10 版，184 页，32 开（学生丛书）

上海：中华书局，1933.2，11 版，184 页，32 开（学生丛书）

　　本书共 4 编：行星之地球、陆地、水、大气。

　　收藏单位：重庆馆、东北师大馆、广东馆、国家馆、黑龙江馆、江西馆、南京馆、山西馆、首都馆、西南大学馆、浙江馆

02709

调查日本震灾节略（附调查表）　劳之常编

外文题名：Report on the earthquake disaster in Japan

北京：中国华洋义赈救灾总会，1923.11，14页，16开（中国华洋义赈救灾总会丛刊 甲种第4号）

　　本书共3部分：调查日本震灾节略、放赈节略、日灾状况调查表。中英文对照。

　　收藏单位：国家馆

02710

新疆地震　李善邦编

北平：国立北平研究院出版部，1934，22页，25开

　　本书为《国立北平研究院院务汇报》第5卷第1期单行本。

　　收藏单位：近代史所

02711

宣化一带古火山之研究　王恒升著

北京：中央地质调查所，1928.1，62页，16开

　　本书为《地质汇报》第10号摘印本。附图8版。

　　收藏单位：广东馆

02712

云南大理凤仪等属地震区域图说　童振藻编

大理：云南大理等属赈灾筹赈事务所，1925.4，14页，16开

　　本书内收照片8幅，并加以说明。书前有云南大理凤仪等属地震区域图1幅。

02713

中国东北部几个近期火山　杨杰著

北平：中国地质学会，1936，691—696页，25开

　　本书介绍大同、张家口、繁峙、井陉等地第三纪和第四纪的火山遗迹。《地质论评》第1卷第6期摘印本。

　　收藏单位：国家馆

02714

中国近期火山　尹赞勋著

北平：中国地质学会，1937，321—338页，25开

　　本书为《地质论评》第2卷第4期摘印本。

　　收藏单位：国家馆

02715

中国温泉考　陈炎冰编

昆明：中华书局，1939.10，120页，32开

　　本书讲述中国古代的温泉观，中国各省温泉的分布等。附中国各省温泉数一览图、中国各省温泉数量比较表、欧亚各国温泉数量比较表。

　　收藏单位：重庆馆、东北师大馆、广东馆、国家馆、吉林馆、辽大馆、辽宁馆、山西馆、天津馆、浙江馆

02716

中生代以后之地球历史

出版者不详，122页，32开

　　本书介绍中生代、新生代动植物的概观，与气候和环境的关系，以及人类世界、地球与人类的未来等。共3章：中生代、新生代、结论。

　　收藏单位：重庆馆

水文科学（水界物理学）

02717

白河河水盐分浓度试验表

出版者不详，[1942]，油印本，18页，16开，环筒页装

　　本书试验期为1942年7月6日—1942年8月31日。

　　收藏单位：国家馆

02718

白河流量及盐分浓度曲线

建设总署水利局农地科，[1942]，晒印本，1册，16开

　　收藏单位：国家馆

02719

北江之水文　罗来兴著　吴尚时校

新化：亚新地学社，1944.6，56 页，32 开（亚新地学丛书 4）

　　本书共 6 部分：水文因素、水文变化之格律、低水、潦水、年均流量之推算、防潦建议。珠江志一。

　　收藏单位：国家馆、湖南馆

02720

北支各河川流量表

出版者不详，[1936]，晒印本，1 册，横 16 开

　　本书内收支河川一览表。

　　收藏单位：国家馆

02721

冰期之庐山　李四光著

外文题名：Quaternary glaciations in the Lushan area, central China

南京：中央研究院地质研究所，1947，70+60 页，16 开（中央研究院地质研究所专刊 乙种 第 2 号）

　　本书共 8 部分：探求中国冰期冰川之经过、冰川流行之痕迹概说、庐山岩石及其构造之概略、庐山冰蚀地形之残迹、庐山之冰碛物、球碛物释疑、冰溜遗痕、庐山冰川之进退与中国各冰期。附挽近地质时代庐山冰川分布图。中英文合编。

　　收藏单位：国家馆

02722

渤海盐分之分布与其海水之运行　吕炯著

南京：中国地理学会，1936.4，225—246 页，16 开

　　本书为《地理学报》第 3 卷第 2 期抽印本。

　　收藏单位：重庆馆

02723

渤海之水文　吕炯著

南京：中国地理学会，1936.7，479—494 页，16 开

　　本书为《地理学报》第 3 卷第 3 期抽印本。

　　收藏单位：重庆馆

02724

测勘龙亭瀑布报告书　孙希文编

福州：瑯环印书局，[1933]，36 页，16 开

　　收藏单位：福建馆

02725

各河流域水文及气象概况

[南京]：内政部土地司，[1931]，1 册，14 开

　　本书根据各省市政府、各水利机关及各气象台填报的 1931 年度洪水时期各河流域水文及气象概况调查表编辑。内收民国二十年洪水时期水文站分布图、民国二十年扬子江淮河流域灾区图、民国二十年洪水时期各河流域最大雨量表、民国二十年洪时期各河流域最大流量表、民国二十年洪水时期各地气象要素逐日变迁图等 15 张图表。

　　收藏单位：重庆馆

02726

汉口最高水位与雨量之比较研究　涂允成著

[江汉工程局]，1948.6，7 页，16 开

　　本书内收长江流域每年每月最大雨量表。

02727

河川　（日）野满隆治著　盛叙功译

上海：商务印书馆，1936.9，120 页，32 开（自然科学小丛书）（万有文库 第 2 集 274）

长沙：商务印书馆，1939，120 页，32 开（自然科学小丛书）

　　本书分两篇共 5 章。第 1 篇河状论，包括河水、河水之作用、河谷；第 2 篇河谷发生论，包括河谷之发生、河川之发达。

　　收藏单位：重庆馆、大连馆、大庆馆、东北师大馆、广东馆、广西馆、贵州馆、国家馆、江西馆、辽师大馆、内蒙古馆、宁夏馆、天津馆、浙江馆

02728

洪水流量估计六法之检讨　徐古大著

天津：北洋工学院出版组，1937，31 页

　　收藏单位：山西馆

02729
湖和海　郑贞文等编辑
重庆：商务印书馆，1943.12，渝 1 版，30 页，
32 开（少年自然科学丛书 6）

　　本书共两部分：湖沼、海。内容包括：沼
湖是怎样的、湖沼的生成、湖的效用、海岸、
海水、海中的生物、海的影响。

　　收藏单位：重庆馆、广东馆、国家馆、南
京馆、上海馆

02730
湖沼　（日）田中馆秀三著　傅角今译
上海：商务印书馆，1935.9，59 页，32 开（自
然科学小丛书）（万有文库 第 2 集 273）
上海：商务印书馆，1936.7，59 页，32 开（自
然科学小丛书）

　　本书分前后两篇。前篇湖盆分 6 节：湖
盆之构造及成因、湖盆之区域、湖盆之变迁、
湖沼之年龄、湖沼之形状、湖底之地质；后篇
分 4 章：水理、湖水之物理性质、湖水之化
学、湖沼之生物。

　　收藏单位：重庆馆、大连馆、广东馆、广
西馆、贵州馆、国家馆、江西馆、辽师大馆、
南京馆、内蒙古馆、宁夏馆、上海馆、天津
馆、浙江馆

02731
华北各河流量表
水利局河川科，[1937]，54 页，16 开

　　本书记载 1919—1937 年华北地区滦河、
箭杆河、蓟运河、潮白新河、北运河、温榆
河、北运河、洋河、桑干河等 21 条河的最大
及最小流量。

　　收藏单位：国家馆

02732
华北河川测量及其标志之概况
出版者不详，[1935]，油印本，1 册，16 开

　　本书内容包括：华北河川分布情形、华
北沿河机关之沿革、华北各河川测勘情形等。
附各河各段里数比较表、官厅水库工程工作
机械一览表等。

　　收藏单位：国家馆

02733
华北水文测量学
出版者不详，[1931]，26+236 页，16 开

　　收藏单位：国家馆

02734
华北之水文（第 1 期 卷上 民国二十年止）
北平：华北政务委员会建设总署水利局，1937.4，
1940.8 重印，194 页，16 开（水文气象测验报
告 2）

　　本书共 3 部分：华北河道情形图、总论、
水文记载汇表。

　　收藏单位：国家馆、内蒙古馆、首都馆

02735
**华北之水文（第 2 期 卷上 民国二十一年至二
十五年）**
华北水利工程总局，1947.11，193 页，16 开
（水文气象测验报告 2）

　　本书共两部分：水文记载编制说明、1932
年—1936 年水文记载汇表。书前有华北河道
情形图。

　　收藏单位：国家馆、南京馆、内蒙古馆、
天津馆

02736
黄河水文图
西安：黄河水利委员会，1946.1，88 页，16 开

　　收藏单位：南京馆

02737
黄河之河性　吴明愿著
[郑州]：河南民报社，1936.2，206 页，18 开

　　本书共 8 章：总论、雨量、水位、流量、
泥沙、河床、水灾之性质及民国二十二年大
水灾之成因、结论。

　　收藏单位：黑龙江馆、清华馆

02738
黄河之河性　吴明愿著
南京：中央大学，1913，206 页，18 开

　　收藏单位：首都馆

02739

黄河之水文
西安：黄河水利委员会水文总站，1946.5，32
页，16 开

　　本书共 7 章：导言、气象概况、雨量、水
位及流量、含沙量、糙率、水温及冰凌。

　　收藏单位：近代史所

02740

江河之水文　（法）巴尔台（Maurice Parde）
著　吴尚时译
外文题名：Fleuves et rivières
长沙：商务印书馆，1940.9，162 页，25 开（中
山文库）

　　本书共两编 10 章，内容包括：地势、水
文气象、岩石之性质、水位及流量之测量与
计算、低水、年均流量之多寡等。

　　收藏单位：广东馆、国家馆、江西馆

02741

经济部中央水工试验所水文测验规范
重庆：经济部中央水工试验所，1941，82 页，
16 开

　　本书共 10 编，内容包括：水文测站及气
象测验场设置规则，水位、河流横断面的测
绘法，流速测验及流量计算法，含沙时、雨
量、蒸发量、气温气压及天气、湿度测验法
等。

　　收藏单位：国家馆

02742

民国二十二年至二十四年全国水文报告　全
国经济委员会水利处编
南京：全国经济委员会，1937.4，249 页，16
开（水利专刊 12）

　　本书内收 1933—1936 年沭河、白河、黄
河、淮河、扬子江、浙江、闽江及珠江等流
域水位、流量、含沙量统计图表。附测站索
引表、各河流域测站分布图。

　　收藏单位：国家馆、南京馆、上海馆

02743

民国二十一年全国雨量及水文报告

[南京]：内政部，1932.11，316 页，16 开

　　本书内容包括：全国各河流域分区总图、
民国二十一年各机关雨量站及水文站数目表、
民国二十一年各省雨量站及水文站数目表、
民国二十一年各河流域雨量站名称表等。

　　收藏单位：重庆馆、广东馆、国家馆、南
京馆、上海馆、天津馆、浙江馆

02744

岷江江口宜宾段地形图
四川省水利局，1939.12，1 册，大 32 开

　　收藏单位：南京馆

02745

人和水　方白著
上海：开明书店，1948.4，237 页，36 开（开
明少年丛书）
上海：开明书店，1949.7，再版，237 页，36
开（开明少年丛书）

　　本书为《水的故事》增补改名出版。共
23 章，内容包括：水的世界、水神、航海、
惊人的原子能、雾和冰、饮水问题、水的法
律等。

　　收藏单位：重庆馆、广东馆、广西馆、国
家馆、辽宁馆、南京馆、内蒙古馆、山西馆、
首都馆、天津馆、浙江馆

02746

水　陈大年著
[佳木斯]：东北书店，1947，2 版，35 页，32
开
[佳木斯]：东北书店，1948.10，再版，35 页，
32 开

　　本书共 10 部分，内容包括：介绍几位朋
友、科学与迷信、云、雨、水的三种形态、
水的世界。少年科学读物。

　　收藏单位：国家馆

02747

水　陈大年著
辽县：华北书店，1942，新 1 版，43 页，36 开

　　本书共 10 部分，内容包括：介绍几位朋
友、科学与迷信、云、雨、水的三种形态、

水的世界等。少年科学读物。

　　收藏单位：重庆馆

02748

水　孙震涛编　刘拓校订
北平：中国科学化运动协会北平分会，[1930—1939]，28 页，50 开（通俗科学小丛书 1）

　　本书共 7 章：水的重要、水的形态、水的性质、水的种类、净水的法子、水的用处、水的循环。

　　收藏单位：重庆馆、国家馆、首都馆

02749

水　徐应昶编纂
上海：商务印书馆，1925，22 页，32 开（儿童理科丛书 29）
上海：商务印书馆，1934.2，33 页，32 开（小学生文库 第 1 集 物理类）
上海：商务印书馆，1934.10，再版，43 页，32 开（小学生文库 第 1 集 物理类）
上海：商务印书馆，1935.1，4 版，43 页，32 开（小学生文库 第 1 集 物理类）

　　收藏单位：东北师大馆、广西馆、国家馆、宁夏馆、上海馆、首都馆

02750

水的分解　陶宏编　陶知行校
上海：儿童书局，1932.3，31 页，32 开（儿童科学丛书）
上海：儿童书局，1933，3 版，31 页，25 开（儿童科学丛书）

　　本书共 7 部分：引子、厨房里、泼泼泼、水上的飞行者、餐桌上、电解的把戏、奇怪的化学。

　　收藏单位：广西馆、贵州馆、江西馆、首都馆

02751

水的故事　方白著
重庆：文聿出版社，1945.5，[256] 页，32 开

　　本书讲述水的地理、物理、化学、生物等各方面的知识。

　　收藏单位：重庆馆、广东馆、贵州馆、国家馆、辽师大馆、内蒙古馆、上海馆

02752

水的科学把戏　白桃编
上海：儿童书局，1931.10，2 册（28+26 页），32 开（儿童科学丛书）
上海：儿童书局，1932.10，3 版，2 册（28+26 页），32 开（儿童科学丛书）

　　本书内容包括：水有力气么、水的习惯、小小的自来水、一个小滤水器、阿基米得的故事等。

　　收藏单位：广西馆、国家馆、首都馆

02753

水的科学知识
出版者不详，29 页，32 开
　　收藏单位：广东馆

02754

水的生活　彭兆良编
上海：世界书局，1930.1，79+14 页，32 开（生活丛书）

　　本书从水的变化、神话、艺术、科学等各方面讲述水的故事。

　　收藏单位：重庆馆、广西馆、国家馆、黑龙江馆、湖南馆、江西馆、辽宁馆、南京馆、内蒙古馆、首都馆、天津馆、浙江馆

02755

水的实验　李劭青编著
定县：中华平民教育促进会，1933.7，2 册（30+32 页），50 开（平民读物 科学常识 185—186）

　　本书内容包括：水的压力、浮力有多大、一个水鬼、金器的真假、笔管称信、水的检查法、净水法、水中生火、水的两个原身、火中生水等。

　　收藏单位：国家馆

02756

水的用途　江苏省立教育学院研究实验部编
无锡：江苏省立教育学院，1931.6，16 页，32 开（民众科学问答丛书 27）

本书共 9 部分，内容包括：水的用途的种类、水的来源、自来水、水的处置、水力的应用、水力的重要、水的保留等。

收藏单位：国家馆、江西馆

02757

水和潜艇　郑贞文等编辑

重庆：商务印书馆，1943.12，渝 1 版，26 页，32 开（少年自然科学丛书 12）

本书讲述水的性质、湿气和蒸发、水和人的关系等。

收藏单位：广东馆、国家馆、南京馆、上海馆

02758

水火奇谈

[重庆]：教育部民众读物编审委员会，26 页，50 开（民众文库）

本书共 9 部分，内容包括：水火不相容、三山六水一丘田、渴死人、洗干净、炸了、淹不死的鱼、长明灯等。

收藏单位：上海馆、首都馆

02759

水位流量含沙量蒸发量雨量观测法

河北省公署建设厅，[1940—1949] 重印，24 页，18 开

本书共 5 章：水位观测法、流量流速施测法、含沙量之测量法、蒸发量之观测法、雨量之观测法。

收藏单位：国家馆

02760

水文测量标准

国立西北农林专科学校，36 页，16 开

收藏单位：南京馆

02761

水文测量施测方法

华北水利委员会，1937.4，73 页，16 开

本书共 6 章：水位观测法、流量测量法、含沙量试验法、雨量记载法、蒸发量及天气概况之记载法、成绩之编制及报告。

收藏单位：国家馆

02762

水文测量暂行施测规则

出版者不详，油印本，1 册，16 开

收藏单位：南京馆

02763

水文测验

[南京]：行政院新闻局，1948.1，60 页，32 开

本书介绍水文测验的内容、重要性沿革、我国水文测验的现况及未来的展望。

收藏单位：重庆馆、广东馆、广西馆、贵州馆、国家馆、江西馆、近代史所、南京馆、宁夏馆、上海馆、首都馆、天津馆、浙江馆

02764

水文测验规范

重庆：经济部中央水工实验所，1941.1，82 页，16 开

本书共 10 编，内容包括：水文测站及气象测验场设置规则、水位测验法、流速测验及流量计算法、含沙量测验法、蒸发量测验法、风向风力及日照时数测验法等。附计算及订正用表、旗语笛号表示法则、水文记载表格、组织章程及办事细则、水文测量方法图说。

收藏单位：重庆馆、国家馆、南京馆、上海馆、首都馆

02765

水文测站分布（三十六年度）

出版者不详，[1947]，1 册，横 16 开

本书为淮河、黄河、长江、华北、珠江水利工程总局，江汉、泾洛、海河工程局，新疆水利勘测总队，中央水利实验处的水文站和水位站的分布统计图。

收藏单位：国家馆

02766

水文统计图表汇编（廿二年十月至廿五年十二月）

[开封]：河南省政府建设厅水利处，1937，

12+258 页，18 开

本书内容包括：绪言、河南省水利处各河流水文测站分部图、汇编资料含各年的气象统计表、水位的流水点阵图、流量及含沙量的统计表。卷端题名：河南省政府建设厅水利处水文统计图表汇编。

收藏单位：国家馆

02767

水文学　汪胡桢著

上海：厚生出版社，44 面，36 开（中国工程师手册 基本手册 1）

本书内容包括：河川流域、气象、降水量、蒸发量、适流及洪水等。

收藏单位：上海馆

02768

水与人生　陈佩芝编

[重庆]：教育部民众读物编审委员会，38 页，50 开（民众文库）

本书共 12 部分，内容包括：水的重要性、水的成分、水的检查法、硬水和软水、河湖与人生、雨雪霜露与人生等。

收藏单位：国家馆、上海馆

02769

顺直水利委员会测量处年终报告书

顺直水利委员会测量处，1919，[125] 页，大16 开

本书为中英文本。

收藏单位：首都馆、中科图

02770

顺直水利委员会流量测量处第二周年报告（民国八年分）

顺直水利委员会流量测量处，[1919]，[200] 页，12 开

本书为中英文本。

收藏单位：中科图

02771

天地间怪物　李劼青著

北平：中华平民教育促进会，1929.6，11 页，

42 开（民众读物 科学常识 第 1 辑 4）

北平：中华平民教育促进会，1932.7，再版，14 页，50 开（平民读物 科学常识 16）

本书介绍有关水的科学常识。版权页题名：天地间的怪物。1929 版出版者原题：中华平民教育促进会总会。

收藏单位：国家馆、首都馆

02772

天津市南运、子牙、海河水位统计表（民国二十八年至民国三十二年）

出版者不详，1939—1943，手写本，5 册，16 开

收藏单位：国家馆

02773

万能的水　常伯华编著

南京：正中书局，1936.5，40 页，32 开（国民说部 第 9 集 国民科学集 5）

收藏单位：重庆馆、国家馆、湖南馆、南京馆

02774

峡江图考（宜昌至夔府水道程途）

出版者不详，刻本，[55] 页，16 开，环筒页装

本书绘有宜昌至夔州府，长江三峡段的水文地理情况。书前有清光绪十五年（1889）江国璋序。

收藏单位：重庆馆

02775

旋杯式流速仪说明书

重庆：经济部中央水工实验所，1939.11，19 页，16 开

本书共 6 部分：导言、构造、装配法、流速仪之校正、应用须知、施测流量述要。

收藏单位：国家馆

02776

一滴水　叶之华著

上海：新中国书局，1934.12，61 页，32 开（少年科学丛书）

本书内容包括：一滴水和小草们、冤枉了一滴水、闯了一场大祸、悲剧的经过、水的

世界等。

　　收藏单位：重庆馆、国家馆、上海馆、首都馆

02777

浈武二河水文之研究　吴尚时　何大章　罗来兴编著

韶关市政筹备处坪石水文站，1943.4，油印本，[18] 页，16 开（国立中山大学理学院地理学系丛书 3）

　　收藏单位：重庆馆、国家馆、南京馆

02778

珠江水利水文统计专号

广州：水利部珠江水利工程总局，1947，320 页，16 开

　　本书内容包括：珠江水文测验史略、珠江水利工程总局三十六年水文测站站名表、雨量统计表、水位统计表、流量统计表、含沙量统计表。

　　收藏单位：国家馆

大气科学（气象学）

02779

飑　王成编译

上海：新学会社，1919.1，26 页，32 开

　　收藏单位：南京馆

02780

第三届全国气象会议特刊

[南京]：中央气象研究所，1937，202 页，16 开

　　本书记录 1937 年 4 月 2 日在国立中央气象研究所图书馆召开的第三届全国气象会议。内容包括：会议议案、纪录、公牍等。书前有蔡元培序，书末附远东气象会议纪事。

　　收藏单位：国家馆

02781

儿童气象学活叶指导　白桃著

出版者不详，1 册，32 开

　　本书共 37 部分，内容包括：明天的天气怎样、雷電来了、空气在那儿、空气海、称称空气多少重、大气的压力、怎样认识云等。

　　收藏单位：浙江馆

02782

风和降水　王子著

上海：广益书局，1933，106 页，32 开（儿童自然科学丛书 1）

　　收藏单位：广西馆

02783

风和气候　郑贞文等编辑

上海：商务印书馆，1925.10，29 页，32 开（少年自然科学丛书 10）

重庆：商务印书馆，1943.12，渝 1 版，29 页，32 开（少年自然科学丛书 10）

　　收藏单位：国家馆、南京馆

02784

甘肃省立气象测候所五周年纪念册　朱允明编

兰州：甘肃省立气象测候所，1937.4，12+154 页，16 开

　　本书主要收报告、论著、讲演。包括《甘肃省利病书》（张其昀），《世界与中国气象事业之概观》（朱允明），《近四年来甘肃之雹》（秦化行），《五年来兰州之气候》（丑进颐、杨维青），《两年来兰州水文纪载之研讨》（谢启华、梁廷俊），《兰州物候之探讨》（丑进颐），《气象与植棉》（季云），《人类生活进化观》（许显时），《气象与文化》（马鹤天），《气候与卫生》（韩立民），《气候与农业》（张鸣九）。附甘肃农谚、本所大事记、职员录等。

　　收藏单位：重庆馆、广东馆、国家馆、宁夏馆

02785

高空物理　徐同邺编著

上海：世界书局，1948.1，69 页，36 开

　　本书共 8 章：气球探测高空、对流层与低平流层、声音探测高空、紫外线与臭氧层、

无线电波、流星、极光、宇宙线。

收藏单位：重庆馆、桂林馆、国家馆、辽宁馆、南京馆、内蒙古馆

02786

国立中央研究院气象研究所概况

外文题名：The Institute of Meteorology: its organization and work

南京：国立中央研究院气象研究所，1929，16页，25 开

南京：国立中央研究院气象研究所，1931.5，10+12 页，25 开

南京：国立中央研究院气象研究所，1935.3，17+18 页，25 开

本书共 5 部分：导言、组织、建筑及设备、研究工作、出版品。中英文对照。

收藏单位：广东馆、国家馆、南京馆、上海馆、浙江馆

02787

国立中央研究院气象研究所三十一年度工作报告

[重庆]：国立中央研究院气象研究所，[1942]，油印本，8 叶，16 开，环筒页装

收藏单位：国家馆

02788

化学战应用气象学　（美）化学兵学校著　潘乃绝译

化学兵干部训练班教材编纂委员会，1946，48 页，25 开

收藏单位：广东馆

02789

空中世界　（苏）节尔即夫斯基著　林洋译

上海：天下图书公司，1947.9，57 页，36 开（人民科学丛书）

北平：天下图书公司，1949.4，57 页，36 开（人民科学丛书）

本书共 7 篇，内容包括：空气和地上的生命、怎样研究空中世界、云是怎样形成的、为什么下雨、天空有多高等。

收藏单位：北师大馆、广东馆、国家馆、

南京馆、内蒙古馆、上海馆、天津馆

02790

理论气象学　蒋丙然编

[北京]：中央观象台，1921.9，340 页，18开

本书为气象学讲义。书末附勘误表。

收藏单位：国家馆

02791

民国廿六年一月香港远东气象会议纪事　竺可桢著

南京：国立中央研究院气象研究所，1937，14页，32 开

本书内收会议代表名单、会议提案之分类。

收藏单位：上海馆

02792

气象常用表

南京：国立中央研究院气象研究所，1937.3，118 页，22 开，精装

本书内收气压读数之温度订正表、气压读数之纬度重力订正表、气压读数高度订正求 M、水气最大张力表等 15 张表格。

收藏单位：国家馆

02793

气象常用表

南京：中央气象局，1948，131 页，32 开

本书内收气压读数温度订正表、水蒸气最大张力表、干湿球温度表求绝对湿度及相对湿度表（湿球温度在摄氏零上时适用）、干湿球温度表求绝对湿度及相对湿度表（湿球结冰时适用）等 10 张表格。书前有用法说明。封面题名：1948 年气象常用表。

收藏单位：广东馆、南京馆

02794

气象常用表集　刘增冕编

济南：山东省建设厅气象测候所，1934.8，再版，78 页，16 开

本书内收水银气压计温度订正表、气压

纬度重力订正表、气压高度重力订正表、吋耗对照表、耗吋对照表等 15 张表格。附露点计求相对温度表。

　　收藏单位：国家馆

02795

气象的故事　李华编

上海：民众书店，1939.1，97 页，32 开（自然科学丛刊）

　　本书为高小初中及民众学校适用的自然教材。

　　收藏单位：上海馆

02796

气象机关联席讨论会特刊

南京：国立中央研究院气象研究所，1935.10，116 页，18 开

　　本书内容包括：讨论会记录、议案、公牍等。附全国气象通信网草图。

02797

气象浅说　张保厚编

上海：中华书局，1930.11，21 页，36 开（民众常识丛书）

上海：中华书局，1932.9，再版，21 页，36 开（民众常识丛书）

　　本书共 10 部分，内容包括：什么叫做气象、风那里来的、为什么有昼夜的分别、为什么有四季的变化、为什么月光有明暗的变化等。

　　收藏单位：重庆馆、桂林馆、黑龙江馆、江西馆、南京馆、上海馆、天津馆

02798

气象浅说　赵英若编

上海：中华书局，1934.7，20 页，32 开（民众农业丛书 16）

　　本书共 3 部分：什么叫做气象、气象和农业的关系、气象分说。

　　收藏单位：国家馆、南京馆

02799

气象学　（英）狄克逊（H. N. Dickson）著

外文题名：Climate and weather

上海：广学会，1913，130 页，22 开

　　本书共 10 章，内容包括：总论、大气之性质、大气遍布宇宙之情状、地球自转与大气循环之关系、海陆形势与大气之关系等。

　　收藏单位：国家馆、江西馆、上海馆、首都馆、浙江馆

02800

气象学　蒋丙然著

北京：国立北京大学农学院，1940，2 册（562 页），18 开

　　本书共 6 篇：论温度、论气压与大气运行、论大气中之水气、高空大气、论大气之移动、天气预报。逐页题名：国立北京大学农学院气象学讲义。

　　收藏单位：国家馆

02801

气象学　李松龄编纂

外文题名：Climatology

上海：商务印书馆，1917.12，100 页，32 开

上海：商务印书馆，1918.10，再版，100 页，32 开

上海：商务印书馆，1921，4 版，100 页，32 开

上海：商务印书馆，1925.5，6 版，100 页，32 开

上海：商务印书馆，1931.2，7 版，100 页，32 开

上海：商务印书馆，1933，国难后 1 版，100 页，32 开

上海：商务印书馆，1935，国难后 4 版，79 页，32 开

长沙：商务印书馆，1939，国难后 7 版，79 页，32 开

上海：商务印书馆，1947，9 版，79 页，32 开

上海：商务印书馆，1948.8，10 版，79 页，32 开

　　本书共两编：甲编为总论，乙编为分论。内容包括：温度、气压及风、湿气及其凝结、降水、天气、气候。农业学校用。初级农业职业学校教科书。

　　收藏单位：重庆馆、国家馆、江西馆、内蒙古馆、首都馆、西南大学馆、浙江馆

02802

气象学　徐金南编纂　杜就田校订

上海：商务印书馆，1923，186 页，32 开

　　收藏单位：首都馆

02803

气象学　余宗农编

上海：新学会社，1912，3 版，70+74 页，22 开

上海：新学会社，1937，11 版，70+74 页，22 开

　　本书共两编：气象概说、农艺气象。第 1 编内容包括：空气、温热、空气温度、地中温度、空气压力及运动等；第 2 编内容包括：热、光、湿气、降水、霜雪等。高级农学校用。

　　收藏单位：国家馆、首都馆

02804

气象学　中央陆军军官学校教育处编

中央陆军军官学校教育处图书馆，1938，206+80 页，64 开

中央陆军军官学校教育处图书馆，1943.6 翻印，134+60 页，36 开

　　本书共 7 章，内容包括：概论、大气、气温、气压、气流（风）、炮兵测候工作组织等。

　　收藏单位：重庆馆、广东馆、国家馆

02805

气象学　朱炳海著

上海、重庆：国立编译馆，1946.1，542 页，25 开（地学丛书）

上海：国立编译馆，1949，2 版，542 页，25 开（地学丛书）

　　本书共 7 篇：大气及其活动之能力、温度、气压、风、自由大气、空中水分、天气。

　　收藏单位：重庆馆、东北师大馆、广西馆、国家馆、南京馆、内蒙古馆、宁夏馆、山西馆、首都馆、天津馆

02806

气象学　朱炳海编著

上海：正中书局，1947.12，100 页，32 开

上海：正中书局，1948.6，2 版，100 页，32 开

　　本书共 3 篇：气象要素、天气、气候。高级农业职业学校用书。书眉题名：高农气象学。

　　收藏单位：国家馆

02807

气象学　竺可桢著

外文题名：Meteorology

上海：商务印书馆，1923.1，71 页，32 开（百科小丛书）

上海：商务印书馆，1923.10，再版，71 页，32 开（百科小丛书）

上海：商务印书馆，1925.9，3 版，71 页，32 开（百科小丛书）

上海：商务印书馆，1929.10，62 页，32 开（百科小丛书）（万有文库 第 1 集 475）

上海：商务印书馆，1931.5，4 版，71 页，32 开（百科小丛书）

上海：商务印书馆，1933.11，国难后 1 版，62 页，32 开（百科小丛书）

上海：商务印书馆，1934.7，再版，62 页，32 开（百科小丛书）（万有文库 第 1 集 475）

上海：商务印书馆，1934.10，国难后 2 版，62 页，32 开（百科小丛书）

长沙：商务印书馆，1939.12，62 页，32 开（百科小丛书）（万有文库 第 1—2 集简编 173）

上海：商务印书馆，1947.2，4 版，62 页，32 开（百科小丛书）（新中学文库）

　　本书讲述气象学的起源与范围，空气的由来及其成分、高度、温度、气压等，以及风、霜、雨、雪、云、雾、雷雨等的形成。

　　收藏单位：安徽馆、重庆馆、大连馆、大庆馆、东北师大馆、广东馆、广西馆、国家馆、黑龙江馆、湖南馆、江西馆、辽大馆、辽师大馆、南京馆、内蒙古馆、宁夏馆、上海馆、首都馆、天津馆、武大馆、西南大学馆、浙江馆

02808

气象学

防空学校，1935，186 页，26 开

防空学校，1936，再版，186 页，26 开

　　本书共两篇：气象学概要、气象与射击。第 1 篇共 9 章，介绍气象学的定义、温度、气压、湿度、视界等；第 2 篇共 8 章，介绍气象对射击的影响、各种火炮所用之标准气象、温度对于射击的影响及其算定等。

　　收藏单位：重庆馆

02809

气象学

北京：聚魁堂装订讲义书局，1941，油印本，1 册，16 开

　　收藏单位：国家馆

02810

气象学 ABC　陈文熙著

上海：ABC 丛书社，1931.11，101 页，32 开（ABC 丛书）

上海：ABC 丛书社，1933.5，再版，101 页，32 开（ABC 丛书）

　　本书共 6 章：大气、气温、气压和风、大气中的湿气、大气中的光象、空中电气现象。

　　收藏单位：重庆馆、东北师大馆、广东馆、贵州馆、国家馆、黑龙江馆、江西馆、南京馆、内蒙古馆、首都馆、浙江馆

02811

气象学报（第 18 卷 第 1—4 期）　涂长望编辑

北碚：中国气象学会编辑部，1944.12，185 页，22 开

　　本书为中国气象学会二十周年纪念号。内收《二十八宿起源之地点与时间》《二十年来我国气象事业之回顾与前瞻》《降雨之密度》《中国冬季长江类气旋的几点特性》《华北之霾与沙阵》等文。

　　收藏单位：国家馆

02812

气象学概要　王仁煜著

台北：义和学社，1947.11，136 页，16 开

　　收藏单位：国家馆

02813

气象学纲要　杨钟健编

上海：中华书局，1934.3，150 页，32 开（中华百科丛书）

昆明：中华书局，1940.8，再版，150 页，32 开（中华百科丛书）

　　本书共 9 章：绪论、大气、热、气压与风、大气中的水分、空气中有关气候的特殊现象、气候的分类和地文的分布、气候的变化、结论。附中文名词索引、西文名词索引。

　　收藏单位：重庆馆、东北师大馆、黑龙江馆、江西馆、南京馆、内蒙古馆、宁夏馆、天津馆、西南大学馆、浙江馆

02814

气象学讲话　王勤堉著

上海：开明书店，1935.4，191 页，25 开（开明青年丛书）

　　本书共 9 部分，内容包括：云、冷和热、风的种种、湿度、从雨说到梅雨和风暴、大气中的光象等。

　　收藏单位：重庆馆、广东馆、国家馆、江西馆、南京馆、内蒙古馆、山西馆、上海馆、天津馆、浙江馆

02815

气象学论丛　杨昌业译著

厦门：厦门大学理学院，1935.3，80 页，32 开

　　本书内收 9 篇论文：《厦门大学气象台在东亚之地位，及今后之新计划》《论气候学文献》《研究天气之新路径》《气候与日斑》《气候影响于鼻子之研究》《雾淞新话》《蟋蟀与气温》《伟大的日光热和他的来源》《不毛之地》。

　　收藏单位：国家馆、南京馆

02816

气象学名词　国立编译馆编订

上海：商务印书馆，1937.3，260 页，16 开

长沙：商务印书馆，1939.4，260 页，16 开

　　本书按英文字序排列，英、德、法、日、中文对照。书前有陈可忠的序、气象学名词审查委员会名单。附德文索引、中文索引、

日文索引。

　　收藏单位：重庆馆、广东馆、贵州馆、国家馆、南京馆、山西馆、上海馆、天津馆

02817

气象学名词中外对照表

外文题名：Meteorological terms

南京：国立中央研究院气象研究所，1932.8，30 页，18 开

　　本书内收 1200 余条气象学名词，中、英、法、德、日 5 种文字对照。

　　收藏单位：南京馆

02818

气象学新编　　包容编译

上海：新学会社，1932.9，再版，117 页，25 开

　　本书共 22 章，内容包括：绪论、大气、温度、湿度、气压、饱和与凝结、露与霜、雾与云、雨与雪等。

　　收藏单位：安徽馆、东北师大馆、国家馆、天津馆

02819

气象与迷信　　吕蓬仙编著

昆明：云南省立昆明气象测候所，1938.1，22 页，32 开

　　本书内收中国古书中有关气象的迷信记载，按风、云、雨、雪、雷电、虹等分别作科学说明。

　　收藏单位：重庆馆、国家馆

02820

气学通诠　　（法）马得赉（J. De Moidrey）著　　刘晋钰　潘肇邦译

外文题名：Manuel elementaire de météorologie

上海：徐家汇土山湾印书馆，1914，11+178 页，22 开，精装

上海：徐家汇土山湾印书馆，1929，2 版，209 页，22 开，精装

　　本书共 4 卷：气候释要、空气释要、空中水解、自记机解。震旦学院课本。

　　收藏单位：北师大馆、国家馆、上海馆

02821

钦天山气象台落成纪念刊

南京：国立中央研究院气象研究所，1929，51 页，16 开

　　本书内容包括：蔡元培的序文，竺可桢的筹备经过报告，全国设立气象测候所计划书，国立中央研究院组织法、条例、办事细则、章程等。附南京二十四年来每月雨量表、南京二十四年来每月温度表。

　　收藏单位：广东馆、国家馆、南京馆、天津馆

02822

青年气象学大纲　　白桃编著

上海：商务印书馆，1937.1，210 页，32 开

长沙：商务印书馆，1939，再版，210 页，32 开

　　本书内容包括：研究大气、空气、空气海、高空的探险家、空气海的上部情形、空气也有重量、怎样用实验来证明空气有重量等。

　　收藏单位：东北师大馆、广东馆、贵州馆、国家馆、江西馆、南京馆、上海馆、首都馆、浙江馆

02823

全国气象会议特刊

南京：国立中央研究院气象研究所，1930.10，116 页，16 开

　　本书记录 1930 年 4 月 16 日在南京中国科学社举行的全国气象会议。内容包括：会议议案、纪录、公牍等。书末附远东气象会议纪要。

　　收藏单位：广东馆、国家馆

02824

日常气象学　　（日）原田三夫著　　许达年译

上海：中华书局，1934.9，12+190 页，32 开（通俗科学全集 第 3 集）

上海：中华书局，1935.10，12+190 页，32 开（初中学生文库）

上海：中华书局，1936，再版，12+190 页，32 开（初中学生文库）

昆明：中华书局，1941.1，4 版，12+190 页，32 开（初中学生文库）

上海：中华书局，1947.12，12+190 页，32 开（中华文库 初中 第 1 集）

本书共 14 章：大气、气温、气压、水蒸气的凝结、云和雾、雨雷雹霰、露和霜（附雨淞和雾淞）、风、光的现象、低气压、飓风和台风（附地方风）、高气压、雷电、天气预报。

收藏单位：重庆馆、广东馆、广西馆、贵州馆、桂林馆、国家馆、黑龙江馆、吉林馆、江西馆、辽大馆、辽宁馆、内蒙古馆、宁夏馆、上海馆、绍兴馆、首都馆、天津馆、浙江馆

02825

通俗气象学　蒋丙然编

中央观象台，78 页，16 开

收藏单位：辽宁馆

02826

童子军气象专科　赵慰祖编　陈梦渔　孙移新校

上海：少年用品供应社，1932.5，80 页，64 开

本书共 12 部分，内容包括：引言、寒暖计、气温、气压、天气之推测等。书前有贾季英先生序，附图 42 帧。童子军高级课程之一。

收藏单位：国家馆

02827

现代气象学科学基础　C. G. Rossby 原著　王仁煜译

外文题名：The scientific basis of modern meteorology

台北：台湾省气象局，1947.8，2 版，51 页，32 开

本书共 10 部分，内容包括：对流性环流、子午线环流——南北间、地球自转之影响、行星流型及带环流稳度等。

收藏单位：宁夏馆、上海馆

02828

竺可桢先生六旬寿辰纪念专刊

南京：国立中央研究院气象研究所，1949.5，107 页，16 开

本书内收《中纬度带状大气环流之稳定度》（赵九章）、《中纬度大气环流之统计的研究》（赵九章等）、《中国近地面层大气之运行》（陶诗言）、《东亚自由大气之运行》（高由禧）、《中国气团之分析》（张丙辰）、《中国气团之交绥与中国天气》（张丙辰）等 18 篇论文。

收藏单位：广东馆、国家馆、宁夏馆

大气探测（气象观测）

02829

办理低级测候所之管见（提出气象机关联席讨论会）　顾世楫著

镇江：江苏省建设厅省会测候所，1935.4，20 页，32 开

本书共 10 部分，内容包括：引言、低级测候所之目标、开办费及经常费、场地之选定、低级测候所之仪器、百叶箱之需要等。

收藏单位：重庆馆、国家馆

02830

测风气球观测手册

南京：中央气象台，1947.12，33 页，16 开（中央气象局技术指导丛书 6）

本书讲述经纬仪等仪器、氢气、气球等器材设备、观测纪录的计算及整理等。附已知球重及上升速度求净举力表、高空测风纪录表、高空测风摘要表等。

收藏单位：国家馆

02831

测风气球观测须知　杨鉴初编

[重庆]：中央研究院气象研究所，[1938]，50 页，25 开

本书共 4 章：绪言、仪器设备、观测站与观测场地、观测。

收藏单位：重庆馆、国家馆

02832

测候手册

南京：中央气象局，1947.9，148 页，18 开（中央气象局技术指导丛书 5）

　　本书共 3 编：测候通则、实际观测及其仪器、记录与统计。内容包括：测候所之等级、测候所必备之仪器、观测项目、气压观测、温度观测、记录表册、观测薄等。

　　收藏单位：国家馆、湖南馆、南京馆

02833

测候须知　黄厦千　全文晟编译

南京：国立中央研究院气象研究所，1930.4，12+178 页，18 开，精装

　　本书共 3 编：实地观测、自记仪器、计算用表。内容包括：测候所之等级、仪器之安置、时间、位置及方向、袖珍记录薄、永久记录薄、水银气压表、温度表及其安置。据英国气象局出版的 The Observer's Handbook 一书编译。

　　收藏单位：重庆馆、广东馆、国家馆、江西馆、南京馆、上海馆、天津馆、浙江馆

02834

测候指南　钟桃著

广州：国立中山大学农科，1929.8，106+41 页，22 开（国立中山大学农科丛书）

　　本书共两编：通论、诸表及用法。内容包括：概论、测候所之设置、论时、论温度、论气压、论湿气、论降水等。

　　收藏单位：国家馆

02835

测候指南

镇江：江苏省建设厅省会测候所，1935.10，42 页，大 32 开

　　收藏单位：南京馆

02836

测验雨量气候之兴趣　齐群著

安徽省建设厅秘书处编译股，1931.5，39 页，23 开（建设丛书 3）

　　本书介绍观测雨量、气候的方法及实例。

02837

低级测候须知

江苏省建设厅，1938.11，30 页，大 32 开

　　收藏单位：南京馆

02838

福建气象事业　福建省建设厅气象局编著

[永安]：福建省政府秘书处，1944.5，62 页，32 开（福建建设丛书 10）

　　本书共 6 章：绪言、气象与本省建设暨军事之关系、福建气象事业、福建气候概况、福建天文事业、计划与办之事业。

　　收藏单位：重庆馆、福建馆、国家馆、南京馆、浙江馆

02839

甘肃省立气象测候所三周年工作总报告

兰州：甘肃省立气象测候所，1935.2，油印本，8 叶，16 开，环筒页装

　　本书共 17 部分，内容包括：成立缘起、开始组织与所址变迁、新迁所址与气象台建筑、仪器设备、报告气象、图书购置等。

　　收藏单位：国家馆

02840

高层气流观测纪录（第 1 卷）　国立中央研究院气象研究所编

外文题名：Bulletin of the upper air current observations. Vol.I

南京：国立中央研究院气象研究所，[1931]，24 页，16 开

　　本书内收 1930 年度的高空气流（风向、风速）资料。中英文对照。

02841

高层气流观测纪录（第 2 卷）　国立中央研究院气象研究所编

外文题名：Bulletin of the upper air current observations. Vol.II

南京：国立中央研究院气象研究所，[1932]，26 页，16 开

　　本书内收 1931 年度的高空气流（风向、风速）资料。中英文对照。

02842

高层气流观测纪录（第 3 卷）　国立中央研究院气象研究所编

外文题名：Bulletin of the upper air current observations. Vol.III

南京：国立中央研究院气象研究所，1932，53+12 页，16 开

　　本书内收 1932 年度的高空气流（风向、风速）资料。中英文对照。

　　收藏单位：国家馆

02843

高空奇迹　多萝西（F. Dorothy）著　徐同邺译

外文题名：Exploring the upper atmosphere

成都：航空委员会训练编译科，1941，84 页，32 开（航空委员会参考书类编字 第 83 号）

　　本书讲述气球升空探险研究对流层至低平流层等。成都铁风出版社发行。

　　收藏单位：重庆馆、桂林馆、南京馆、上海馆

02844

观测气象之实用指导说明（节译本台本年历书）

[上海]：[徐家汇观象台]，1917，14 页，22 开

　　本书讲解观测温度、气压、天气、云、降水、植物生衰、动物活动等的要点和方法。

　　收藏单位：国家馆

02845

观象台与市政　蒋丙然编

青岛：青岛特别市观象台，10 页，36 开

　　收藏单位：国家馆

02846

华北水利委员会测候所概况

华北水利委员会，1936.12，25 页，16 开

　　本书共 5 部分：沿革、观测范围、观测时间、设备、业务。附本会水文站附设测候所概况、雨量站一览表、测候室办事细则等。

　　收藏单位：国家馆、天津馆

02847

计算年平均值时之误差　石延汉编

外文题名：The error in calculating annual mean value

永安：福建省气象局，1941.5，11 页，18 开（气象论丛 第 2 集）

　　收藏单位：国家馆

02848

记录气象之方法　罗德民著　沈学礼译

南京：金陵大学农学院，1931.1，3 版，18 页，23 开（金陵大学农学院农林丛刊 39）

　　本书介绍气象观察所应用仪器之使用方法等。

02849

江苏省建设厅省会测候所二十四年份工作总报告

镇江：江苏省建设厅省会测候所，[1935]，46 页，16 开

　　本书为 1934 年 7 月—1935 年 12 月江苏省建设厅省会测候所的工作报告。内容包括：概述、省会测候所之成立及组织、各项章则及办法之拟订、筹建北固山气象台之经过等。逐页题名：江苏省建设厅省会测候所工作总报告。

　　收藏单位：南京馆、上海馆、浙江馆

02850

江苏省建设厅省会测候所二十五年份工作报告

[镇江]：[江苏省建设厅省会测候所]，[1936]，24 页，16 开

　　收藏单位：南京馆

02851

江苏省建设厅省会测候所各项章则及办法汇编

[镇江]：[江苏省建设厅省会测候所]，28 页，16 开

　　收藏单位：南京馆、上海馆

02852

空气湿度测定指南　顾世楫著

上海：中国科学社，1931.6，28 页，22 开

本书共 19 部分，内容包括：引言、水汽之来源、水汽之变化、水汽之多寡及消长、水汽最大涨力、露点计饱和、绝对湿度及相对湿度等。

收藏单位：广东馆、国家馆、江西馆、南京馆、上海馆

02853

气候测报 王炳庭著
防空学校，1947，32 页，25 开

本书为民防班适用。

收藏单位：广东馆

02854

气象测报
[南京]：行政院新闻局，1947.11，52 页，32 开

本书内收《我国气象事业简史》《中央气象局工作概况》《气象学的内容和观测》《天气预告方法浅说》《气候纪录的整理与应用》等论文。附中央气象局测报网图等。

收藏单位：重庆馆、大庆馆、广东馆、广西馆、国家馆、湖南馆、江西馆、近代史所、辽宁馆、南京馆、上海馆、首都馆、天津馆、西南大学馆、浙江馆

02855

气象测报手册
出版者不详，1 册，16 开

收藏单位：南京馆

02856

气象观测教范草案 陈铁铮译 萧强校 林馥生审定
成都：航空委员会训练监编译科，1940，162 页，64 开（航空委员会参考书类编字 第 69 号）

本书内收制定条例 117 条。共 3 编：气象概论、气象观测仪器、气象观测。附气象、日本附近之天气、气象对于航空之影响，共 133 条例。

收藏单位：重庆馆、南京馆

02857

气象汇报（民国二十二、二十三年气象年报及历年雨量报告）
杭州：浙江省水利局测候所，1935.12，293 页，16 开

本书共 3 编：民国二十二年气象年报、民国二十三年气象年报、历年降水量。附浙江省水利局设置测候所计划书、雨量观测及记载细则、浙江省水利局附设测候所组织规程、浙江省水利局测候所测候生请假规则。

收藏单位：浙江馆

02858

气象器械及观测法 蒋丙然著
北平：大华印书局，1945.12，2 册（246+168 页），25 开

本书内容包括：概论、大气压力之测定、温度表等。序言和目次页题名：气象器械及其观测法。

收藏单位：国家馆、内蒙古馆

02859

气象器械学 （日）冈田武松著 王应伟译
外文题名：Treatise on meteorological instruments
中国气象学会，1937.5，214 页，16 开

本书共 18 章，内容包括：温度计、湿度计、气压计、日照计、雨量计、风力计等。附补遗 10 篇。

02860

全国雨量之测验
建设委员会水利处港务科，8 页，23 开

本书共两部分：雨量测验的重要、雨量记载法。

收藏单位：辽宁馆、上海馆

02861

上层气流观测报告（第 11 卷第 1 号 昭和十八年 1 月—3 月）
台北：台湾总督府气象台，1943.4，56 页，16 开

本书记录台北、新竹、阿里山、台南、高雄、恒春、台东、新港、花莲港、宜兰、

彭佳屿、澎湖、新南等地 1—3 月的风向风速，并有气象台测候所一览表。

收藏单位：国家馆

02862

天空探险　冯升云编

南京：军用图书社，1936.6，176 页，32 开

本书共两篇：天空探险之研究、高空探险史。记述苏、美等国气球上升至同温层的情况。

收藏单位：重庆馆、桂林馆、首都馆、浙江馆

02863

同温层之探险　（英）菲利普（C. G. Philp）著　郑太朴译

外文题名：The conquest of the stratosphere

长沙：商务印书馆，1940.4，137 页，32 开（自然科学小丛书）

本书共 21 章，内容包括：同温层、为什么要探测同温层、宇宙射线、同温层的探险——历史的叙述、奥久斯德彼卡尔氏之第一次上升人于同温层——一九三一年五月二十七日等。

收藏单位：重庆馆、东北师大馆、国家馆、南京馆、内蒙古馆、上海馆、天津馆、浙江馆

02864

温度雨量观测法

南京：国立中央研究院气象研究所，1932.9，再版，16 页，32 开

本书共 3 部分：测候场所、温度观测法、雨量观测法。

收藏单位：国家馆

02865

温度雨量及蒸发量观测法

南京：国立中央研究院气象研究所，1937.7，20 页，大 32 开

收藏单位：南京馆

02866

厦大气象台应否扩充成头等测候所？其实施方案如何？　杨昌业著

厦门：厦门大学理学院气象台，1937.1，22 页，32 开

收藏单位：国家馆

02867

雨量观测方法

华北水利委员会，1937.4，9 页，16 开

本书共 7 部分：雨量计之式样、量雨尺、雨量计之设置、雨量计之用法、雨量之记载、雪之量法及记载法、雨量记载表式。

收藏单位：国家馆、天津馆

02868

增订测候须知　卢鋈编

中央气象局，1943.12，102 页，32 开（中央气象局技术指导丛书）

收藏单位：重庆馆、国家馆

02869

增订测候须知补编

中央气象局，1945.12，78 页，32 开（中央气象局技术指导丛书 2）

本书共 3 编：测候通则、实际观测、纪录与统计。内容包括：测候所之等级、各级测候所必备之仪器、仪器之安置、时间、方法、观测项目、气压观测等。

收藏单位：重庆馆、国家馆、南京馆

02870

镇江北固山气象台落成纪念刊　顾世楫等编

镇江：江苏省建设厅，[1935]，72 页，16 开

收藏单位：重庆馆、天津馆

气象基本要素、大气现象

02871

北太平洋面气压分配图

青岛：青岛市观象台，1930.11，[13] 页，10 开

收藏单位：国家馆、南京馆

02872

吹的风　江苏省立教育学院研究实验部编

无锡：江苏省立教育学院，1930，10 页，32
开（民众科学问答丛书 4）

　　收藏单位：国家馆

02873

大气温度　（日）国富信一著　沈懋德译

上海：商务印书馆，1935.3，77 页，32 开（自
然科学小丛书）（万有文库 第 2 集 276）

上海：商务印书馆，1935.6，77 页，32 开（自
然科学小丛书）

　　本书共两章：大气、气温。内容包括：大
气及其组织、构成大气之成分、空气中其他
成分物、热之本原、太阳之辐射能、太阳常
数等。

　　收藏单位：重庆馆、大连馆、广东馆、贵
州馆、国家馆、黑龙江馆、吉林馆、江西馆、
辽师大馆、南京馆、内蒙古馆、宁夏馆、上
海馆、首都馆、天津馆、浙江馆

02874

大气压力　（日）国富信一著　沈懋德译

上海：商务印书馆，1935.3，91 页，32 开（自
然科学小丛书）（万有文库 第 2 集 277）

上海：商务印书馆，1935.6，91 页，32 开（自
然科学小丛书）

　　本书共两章：气压、风。内容包括：大气
之压力、大气压力计、气压之日变化、风与
气流、风向观测、风力观测、风向及风速之
日变化及年变化等。

　　收藏单位：重庆馆、大庆馆、东北师大
馆、广东馆、广西馆、贵州馆、国家馆、黑
龙江馆、江西馆、辽师大馆、南京馆、内蒙
古馆、宁夏馆、上海馆、首都馆、天津馆、
浙江馆

02875

大气中之光电现象　（日）国富信一著　沈懋
德译

上海：商务印书馆，1935.3，86 页，32 开（自
然科学小丛书）（万有文库 第 2 集 278）

上海：商务印书馆，1935.6，86 页，32 开（自

然科学小丛书）

上海：商务印书馆，1936.4，再版，86 页，32
开（自然科学小丛书）

　　本书共 5 章：光的现象、电的现象、气
候、气象调查机关及其设备、太阳活动与气
象之关系。

　　收藏单位：重庆馆、大连馆、广东馆、广
西馆、贵州馆、国家馆、黑龙江馆、江西馆、
辽师大馆、内蒙古馆、上海馆、首都馆、天
津馆、西南大学馆、浙江馆

02876

东南季风与中国之雨量　竺可桢著

南京：中国地理学会，1934.1，27 页，16 开

　　本书为《地理学报》第 1 卷第 1 期（创
刊号）抽印本。

02877

风　白桃编　陶知行校

上海：儿童书局，1931.10，31 页，32 开（儿
童科学丛书）

上海：儿童书局，1932.6，再版，31 页，32
开（儿童科学丛书）

上海：儿童书局，1933.2，3 版，31 页，32 开
（儿童科学丛书）

　　本书共 9 部分：风是什么；风从何处来，
吹向何方去；风的大小；海风陆风与山风；节
气风；地球上的风带；旋风与反旋风；飓风；
风的工作。

　　收藏单位：贵州馆、国家馆、首都馆

02878

风　华汝成编

上海：中华书局，1948.7，26 页，32 开（中
华文库 民众教育 第 1 集）

　　收藏单位：国家馆、上海馆

02879

风　邹盛文著

上海：中华书局，1924.5，31 页，32 开（科学
小丛书）

上海：中华书局，1926，再版，31 页，32 开
（科学小丛书）

上海：中华书局，1931.2，4 版，31 页，32 开（科学小丛书）

上海：中华书局，1935.6，6 版，31 页，32 开（科学小丛书）

上海：中华书局，1936.11，32 页，32 开（小朋友文库）

　　本书共 11 篇，内容包括：风的成因、空气的循环、地球自转的影响、气温气压和风的关系、气温和气流的关系等。

　　收藏单位：重庆馆、国家馆、江西馆、上海馆、首都馆、浙江馆

02880

风云雷电　黄寿慈著

华北书店，1943.7，66 叶，32 开

　　本书共 5 部分：日光、水、空气，风，云，雷和电，人定胜天。

　　收藏单位：国家馆

02881

风云雷电　黄寿慈著

桂林：立体出版社，1942.10，92 页，32 开

　　收藏单位：重庆馆、广东馆、广西馆、国家馆、江西馆

02882

风云雷电　黄寿慈著

重庆：现代书局，1946，92 页，32 开（少年科学丛书 2）

　　收藏单位：重庆馆

02883

国际云图节略

外文题名：International atlas of clouds

南京：国立中央研究院气象研究所，1932.4，1 册，14 开，精装

　　本书共 3 部分：云形纲领、云形解说、候云方法。附云图若干幅。

　　收藏单位：重庆馆、南京馆

02884

国际云图节略说明

外文题名：International atlas of clouds

南京：中央研究院气象研究所，1932.4，84 页，32 开，精装

南京：中央研究院气象研究所，1945.5，再版，84 页，32 开（中央气象局技术指导丛书 3）

　　本书为《国际云图节略》抽印本。附国际云学委员会小引、竺可桢先生原序、各地云高纪录、图版说明译文。

　　收藏单位：国家馆、上海馆

02885

河北省长垣濮阳东明三县水灾调查报告

出版者不详，14 页，16 开

　　本书书前有黄河现在分流形式略图、长垣内庞庄决口略图、河南省考城县寨决口略图。卷端题名：长垣东明濮阳三县水灾调查报告。

　　收藏单位：国家馆

02886

湖北省县水灾区域图　牛腾设计编制　胡伯豪等绘图

汉口：湖北水灾急赈会，1931，1 册，8 开

　　收藏单位：重庆馆、广东馆、近代史所

02887

华北降水量　吴权德主编

天津：天津测候所，1940.2，4 册，16 开，活页精装

　　本书共 4 卷，记述华北市县镇村等 130 处的逐日降水量。

　　收藏单位：国家馆、山西馆

02888

华北降水量纲要　见徽知著

[天津]：建设总署，1940.2，1 册，16 开

　　收藏单位：广东馆、国家馆、内蒙古馆

02889

华北降雨率公式之研究　徐世大　董贻安著

华北水利委员会，1935.12，25 页，16 开（水文气象测验报告 3）

　　本书共 6 部分：引言、频率、降雨时间、

平均单位雨量、流域面积、结论。书前有徐世大序。

　　收藏单位：国家馆、南京馆、山西馆、天津馆

02890

华北之雨量（民国二十年止）
华北水利委员会，1935.6，130 页，16 开（水文气象测验报告 1）

　　本书共两部分：华北雨量之研究、华北雨量记载图表。附雨量观测法、中国雨量之研究。

　　收藏单位：国家馆、南京馆、内蒙古馆、首都馆、天津馆

02891

极面学说与中国长江流域下游之风暴　吕炯著
外文题名：A preliminary study on the application of polar front theory to the winter cyclones along the lower Yangtse valley
南京：北极阁气象研究所，1930.4，51 页，16 开（国立中央研究院气象研究所集刊 第 2 号）

　　收藏单位：广东馆、国家馆

02892

近十五年来天津暴雨之研究　董贻安著
华北水利总局，1947.12，15 页，16 开（华北水利工程总局水文气象测验报告 4）

　　本书共 5 部分：引言、近十五年来天津之暴雨、频率、降雨率、结论。

　　收藏单位：国家馆、天津馆

02893

空气　梁淑存编
上海：新中国书局，1933，37 页，32 开（常识丛书 第 1 集 6）

　　本书向小学生介绍空气的一般常识。内容包括：空气是人类不能离开的好朋友、空气的形态等。

　　收藏单位：重庆馆、广东馆

02894

空气　徐应昶编纂
外文题名：Air
上海：商务印书馆，1926.5，31 页，32 开（儿童理科丛书 30）

　　收藏单位：国家馆

02895

空气的海洋　（苏）特捷尔捷也夫斯基作　柳洪译
佳木斯：东北书店，1948.10，29 页，32 开（通俗科学读物）

　　本书共 7 部分，内容包括：空气和地球上的生命、空气有多重、怎样研究空气的海洋、空气是怎样组成的等。

　　收藏单位：重庆馆、国家馆、吉林馆、辽宁馆、山西馆、天津馆

02896

空气的科学把戏（1）　陶知行编
上海：儿童书局，1931，26 页，32 开（儿童科学丛书）
上海：儿童书局，1932.6，再版，26 页，32 开（儿童科学丛书）
上海：儿童书局，1932，3 版，26 页，32 开（儿童科学丛书）

　　收藏单位：广西馆、江西馆、首都馆

02897

空气的科学把戏（2）　陶知行编
上海：儿童书局，1932，29 页，32 开（儿童科学丛书）
上海：儿童书局，1932，再版，29 页，32 开（儿童科学丛书）
上海：儿童书局，1932，3 版，29 页，32 开（儿童科学丛书）

　　收藏单位：广西馆、江西馆、首都馆

02898

空气的科学把戏（3）　陶知行编
上海：儿童书局，1932.1，27 页，32 开（儿童科学丛书）
上海：儿童书局，1932.6，再版，27 页，32

开（儿童科学丛书）

上海：儿童书局，1932，3 版，27 页，32 开
（儿童科学丛书）

　　收藏单位：广西馆、江西馆、首都馆

02899

空气的科学把戏（4）　陶知行编

上海：儿童书局，1932.1，再版，28 页，32
开（儿童科学丛书）

上海：儿童书局，1932，3 版，28 页，32 开
（儿童科学丛书）

　　收藏单位：江西馆、首都馆

02900

空气的科学把戏（5）　陶知行编

上海：儿童书局，1932.3，27 页，32 开（儿
童科学丛书）

上海：儿童书局，1933，再版，28 页，32 开
（儿童科学丛书）

　　收藏单位：江西馆、首都馆

02901

空气和水　樊养源著

上海：文化生活出版社，1940.3，131 页，32
开（少年读物小丛刊 第 2 集）

　　本书共 6 部分：大气、大气的压力和温
度、到处都有的水、水在天空的变化、季节
气候和风、固体的水。

　　收藏单位：重庆馆、湖南馆、辽宁馆、南
京馆

02902

空气·水·火　郑贞文编纂

上海：商务印书馆，1925.12，188 页，32 开（少
年自然科学丛书 3）

上海：商务印书馆，1928.7，再版，188 页，32
开（少年自然科学丛书 3）

上海：商务印书馆，1931，3 版，188 页，32 开
（少年自然科学丛书 3）

上海：商务印书馆，1933.1，国难后 1 版，188
页，32 开（少年自然科学丛书 3）

上海：商务印书馆，1933.6，国难后 2 版，188
页，32 开（少年自然科学丛书 3）

　　本书共 4 部分：空气、航空机、水、火。

　　收藏单位：重庆馆、东北师大馆、广东
馆、广西馆、贵州馆、国家馆、黑龙江馆、
江西馆、内蒙古馆、首都馆、浙江馆

02903

空气与我们　沈志坚编

上海：新中国书局，1934，30 页，32 开（儿
童科学丛书）

　　本书共 5 篇：呼吸与空气、清洁空气与污
浊空气、我们需要多少空气、怎样得到新鲜
空气、烟草和清洁空气。

　　收藏单位：重庆馆

02904

控制四川雨量的三个主因　吕炯著

[重庆]：国立中央研究院气象研究所，
1940.3，石印本，21 页，16 开（国立中央研
究院气象研究所集刊 暂行本）

　　本书根据四川盆地的地形探讨阻流、天
漏、焚风三个气候因子对四川气候的影响。

　　收藏单位：重庆馆、国家馆

02905

昆明急雨之分析　施嘉炀著

[北平]：[清华大学工学院]，1946.4，23 页，
16 开（清华大学工学院研究丛刊 工 101 号 土
木 1 号）

　　本书共 7 部分：引言、急雨之规定、急雨
现象、昆明及其附近区域之急雨、分析原则、
分析方法及结果、结论。

　　收藏单位：国家馆

02906

雷电志异录　余详后编

中国图书公司，1930，50 页，50 开

　　收藏单位：首都馆

02907

雷公和电母　李劭青著

北平：中华平民教育促进会，1932.7，2 册
（24+20 页），50 开（平民读物 科学常识 119—
120）

收藏单位：国家馆

02908

雷和电

无锡：江苏省立教育学院实验部，1930.12，[30] 页，32 开

02909

民国二十二年全国雨量报告　全国经济委员会水利处编

南京：全国经济委员会，1935.5，25 页，16 开（水利专刊 1）

　　本书内容包括：民国二十二年全国年雨量线图，测站数目，测站名称索引，辽河及滦河、白河、黄河、淮河、扬子江、太湖、浙江、闽江、珠江 9 大流域的逐月雨量、蒸发量、平均温度的数据表。书脊印有：水利处丛刊第六册。

　　收藏单位：国家馆

02910

民国二十三年全国雨量报告　全国经济委员会水利处编

南京：全国经济委员会，1936.6，109 页，16 开（水利专刊 10）

　　本书内容包括：民国二十三年全国年雨量述略，测站数目，测站名称索引，辽河滦河、白河、黄河、淮河、扬子江、浙江、闽江、珠江 8 大流域的逐月雨量、蒸发量、平均温度的数据表，民国二十三年全国年雨量线图。书脊印有：水利处丛刊第六册。

　　收藏单位：广东馆、国家馆、南京馆、上海馆、天津馆、浙江馆

02911

民国十三年水灾照片

出版者不详，[1924]，1 册，29×34cm，活页精装

　　收藏单位：国家馆

02912

青岛温度之研究　蒋丙然著

外文题名：La température de Tsingtao

青岛：青岛观象台，1929，69+19 页，18 开

　　本书内容包括：绪论、青岛温度概说、北纬三十六度每月应受太阳热力与青岛每月温度比较表、青岛温度每月之日平均表、青岛每月温度日平均与月平均较差表等。中法文对照。

　　收藏单位：重庆馆、国家馆、湖南馆、上海馆

02913

全国各地区日出日没时刻测定法

[重庆]：军事委员会军令部，1941.12，8 页，32 开（抗战参考丛书 31）

　　本书共 8 部分，内容包括：绪言、说明及计算之方法、本国纬度二十度至五十度地区日出时刻表、本国纬度二十度至五十度地区日没时刻表、各种时之解释等。

　　收藏单位：广东馆、国家馆、江西馆、南京馆、内蒙古馆、天津馆

02914

湿度　（日）国富信一著　　沈懋德译

上海：商务印书馆，1935.3，149 页，32 开（自然科学小丛书）（万有文库 第 2 集 275）

上海：商务印书馆，1935.6，149 页，32 开（自然科学小丛书）

长沙：商务印书馆，1939.9，再版，149 页，32 开（自然科学小丛书）

　　本书共 5 章：大气中之水分、云、雨、雪、其他。

　　收藏单位：重庆馆、广东馆、贵州馆、国家馆、江西馆、辽师大馆、南京馆、内蒙古馆、宁夏馆、上海馆、首都馆、天津馆、浙江馆

02915

霜·雪　白桃编述

上海：儿童书局，1931.12，27 页，32 开（儿童科学丛书）

上海：儿童书局，1932.6，再版，27 页，32 开（儿童科学丛书）

上海：儿童书局，1933，3 版，27 页，32 开（儿童科学丛书）

收藏单位：广西馆、江西馆、首都馆

02916

说雪（注音）　肖迪忱编　孔凡均注音

济南：山东省民众教育馆联合会，1934.3，15
页，32 开（民众读物 6）

本书讲述雪的成因、形态等。

02917

苏北防汛经过及灾区状况报告

出版者不详，1935，油印本，5 叶，13 开，环
筒页装

收藏单位：国家馆

02918

太湖流域之雨量

苏州：太湖流域水利委员会，1930.4，95+12
页，16 开（水文测量报告 1）

本书内容包括：图表说明、雨量观测及记
载细则、雨量站记载时期表、八英寸直径标
准式雨量计、雨量站一览图、逐年雨量记载
表等。

收藏单位：国家馆、南京馆、宁夏馆、上
海馆

02919

太湖流域之雨量及蒸发量

苏州：太湖流域水利委员会，1934.4，[200]
页，16 开

本书共两篇：雨量、蒸发量。内容包括：
太湖流域各地逐日雨量记载表、月雨量统计
及频率曲线、月平均蒸发量及气温曲线图等。

收藏单位：广东馆、国家馆、上海馆

02920

天机玉札赋

出版者不详，[1940—1949]，手写本，1 册，
16×27cm

收藏单位：国家馆

02921

天津降水量

外文题名：Precipitation at Tientsin

天津：天津测候所，1940.2，1 册，16 开（天
津测候所集刊 第 1 号）

本书共 4 编：天津降水量之研究、天津降
水量正规记录、天津降水量普通记录、降水
量观测法。

收藏单位：国家馆

02922

天气和湿度　郑贞文等编辑

重庆：商务印书馆，1943.12，渝 1 版，36 页，
32 开（少年自然科学丛书 8）

本书共 3 部分：天气和大气的关系、空气
中的水、液体空气。

收藏单位：广东馆、国家馆、南京馆、上
海馆

02923

天山南路的雨水　刘衍淮著

[北平]：[西北科学考查团]，[1930]，10 页，
18 开（西北科学考查团丛刊）

收藏单位：国家馆、首都馆

02924

西安冬季雨量稀少之原因　李毅艇著

外文题名：Causes of drought during the time of
winter season in Sian, Shensi

西安：陕西省水利局西安测候所，[1937]，16
页，16 开

本书包括西安 1932—1936 年各月雨量统
计。附引用文献 6 项、西安雨天标准天气图 8
幅。

收藏单位：国家馆、内蒙古馆

02925

下的雨　江苏省立教育学院研究实验部编

无锡：江苏省立教育学院，1930，8 页，32 开
（民众科学问答丛书 5）

收藏单位：国家馆

02926

亚东温带低气压之分类及其性质　沈孝凰著

外文题名：The extratropical cyclones of eastern
China and their characteristics

南京：北极阁气象研究所，1931.10，60 页，18 开（国立中央研究院气象研究所集刊 第 3 号）

本书内容包括：导言、亚东温带低气压之种类及其标准路径、亚东温带低气压标准路径之季节移动、亚东温带低气压之次数及其各月之分配、亚东温带低气压直径与横径之大小等。

收藏单位：国家馆

02927

余在北欧时所见之北极光　冯简著

外文题名：My observations of the aurora borealis in northern Europe

重庆：中央广播事业管理处中央电波研究所，1947.9，26 页，14 开

本书内容包括：极光发生之原理、极光与无线电传送之关系、极光之种类、余在北欧时所见之北极光等。

收藏单位：重庆馆

02928

雨和雨量的观测　林绍豪著

永安：福建省气象局，1941.1，32 页，32 开（气象小丛书）

本书共 3 章：水汽的凝结、雨、雨量的观测。

收藏单位：重庆馆、福建馆、国家馆、浙江馆

02929

雨·虹　白桃编述

上海：儿童书局，1932.1，31 页，32 开（儿童科学丛书）

上海：儿童书局，1932，再版，31 页，32 开（儿童科学丛书）

上海：儿童书局，1933，3 版，31 页，32 开（儿童科学丛书）

本书共 9 部分：雨从何处来、雨是怎样来的、雨的形状、暴雨和雷雨、喷水成虹、我们能唤雨吗、预测天气法、量雨器、雨的工作。

收藏单位：广西馆、贵州馆、国家馆、首都馆

02930

雨露霜雪　周性初编

上海：新中国书局，1933，40 页，50 开（常识小丛书 第 1 集 9）

收藏单位：广东馆

02931

云和雨　郑贞文等编辑

重庆：商务印书馆，1943.12，渝 1 版，39 页，32 开（少年自然科学丛书 9）

本书包括云、雨两部分。第 1 部分包括：云的发生、雾、云和天气；第 2 部分包括：雨的成因、暴雨、雪和霰、雹和霰、雾冰和雨冰、雨量的测定。

收藏单位：广东馆、国家馆、南京馆、上海馆

02932

云雾观察记　白桃编　陶知行校

上海：儿童书局，1931.10，2 册（26+30 页），32 开（儿童科学丛书）

上海：儿童书局，1932.6，再版，2 册（26+30 页），32 开（儿童科学丛书）

上海：儿童书局，1933，3 版，2 册（26+30 页），32 开（儿童科学丛书）

本书内容包括：大雷雨、狂饮者、云雾究竟怎样来的、在雾中、雾和烟雾、高雾、积云。

收藏单位：广西馆、贵州馆、国家馆、江西馆、首都馆

02933

云与天气　蒋丙然编

青岛：胶澳商埠观象台，[1920—1929]，52 页，16 开

本书共 12 部分，内容包括：概说、云之分类、云之规定、云形之解释、云系新学说、云系与其他气象要素之关系等。附云系经过之举例。

收藏单位：国家馆、宁夏馆、上海馆、浙江馆

02934

云·雨·风　郑贞文　刘友惠编纂

外文题名：Cloud, rain, and wind

上海：商务印书馆，1926.6，16+189 页，32 开（少年自然科学丛书 4）

上海：商务印书馆，1929，再版，16+189 页，32 开（少年自然科学丛书 4）

上海：商务印书馆，1930.10，3 版，189 页，32 开（少年自然科学丛书 4）

上海：商务印书馆，1933.6，国难后 1 版，189 页，32 开（少年自然科学丛书 4）

上海：商务印书馆，1933，国难后 2 版，189 页，32 开（少年自然科学丛书 4）

　　本书共 5 部分：大气、云、雨、风、气候。内容取材于（日）吉田弘等人的《自然界之话》。

　　收藏单位：重庆馆、广东馆、广西馆、贵州馆、国家馆、黑龙江馆、江西馆、内蒙古馆、上海馆、首都馆、浙江馆

02935

云雨霜雪　华汝成编

上海：中华书局，1948.6，20 页，32 开（中华文库 民众教育 第 1 集）

　　本书共 4 章。第 1 章包括：云是那里来的、云有多少种类、云怎样观测；第 2 章包括：雨是那里来的、雨有多少种类、雨怎样测量；第 3 章包括：霜是那里来的、霜和人生有什么关系；第 4 章包括：雪是那里来的、雪和冰河有什么关系、雪和人生有什么关系。

　　收藏单位：广东馆、辽宁馆、绍兴馆

02936

蒸发与湿度　宓观著

永安：福建省气象局，1941.12，40 页，32 开（气象小丛书）

　　收藏单位：重庆馆、福建馆、贵州馆、国家馆

02937

中国海及日本海海面气压分配图

青岛：青岛市观象台，1931，13 页，10 开

　　收藏单位：国家馆

02938

中国旱与旱灾之分析　梁庆椿著

国立中央研究院社会科学研究所，1935.3，64 页，16 开

　　本书共 5 部分：旱灾及其原因分析之重要、旱与旱灾之别、旱的构成、旱灾的原因、结论。《社会科学杂志》第 6 卷第 1 期抽印本。

　　收藏单位：国家馆、上海馆、浙江馆

02939

中国降雹考　今井溙著

外文题名：On the distribution of hail in China

上海：上海自然科学研究所，1941.3，163—179 页，16 开

　　本书为上海自然科学研究所物理学科报告。《上海自然科学研究所汇报》第 10 卷抽印本。

02940

中国沿海岛屿上雨量稀少之原因　吕炯著

南京：北极阁气象研究所，1936.1，7 页，22 开

　　本书为《气象杂志》第 12 卷第 1 期抽印本。附表 5 张。

　　收藏单位：国家馆、南京馆

02941

中国之霜期　陈正祥著

外文题名：The frost of China

重庆：国立中央大学地理系，1945.5，27 页，16 开（国立中央大学研究院理科研究所地理学部专刊 第 7 号）

　　本书共 6 部分：引言、初霜、终霜、霜期与无霜期、霜日、结论。书末附中国各地之霜期和中国各地之霜日两表。

　　收藏单位：国家馆、西南大学馆

02942

中国之温度（本编）　竺可桢　吕炯　张宝堃著

外文题名：The temperature of China

[重庆]：国立中央研究院气象研究所，1940，

20+934 页，16 开

[南京]：国立中央研究院气象研究所，1947.11，再版，20+934 页，16 开

　　本书内容包括：气温统计说明、来源一览、补编甲、补编乙、全国测候站之分布、地名索引。

　　收藏单位：国家馆、湖南馆、内蒙古馆、浙江馆

02943

中国之温度（附编）　竺可桢　吕炯　张宝堃著

[重庆]：国立中央研究院气象研究所，1940.6，30 页，16 开

　　收藏单位：南京馆

02944

中国之雨量　竺可桢　涂长望　张宝堃编

外文题名：The Chinese rainfall

军事委员会资源委员会，1936.1，10+12+536 页，16 开（军事委员会资源委员会参考资料第 14 号）

　　本书记录全国 24 个省每月的雨量，最早始于 1841 年，截止于 1933 年，最少包括 10 年。全书共两部分：雨量表收录 353 个观测站的记录；雨目表收录 238 个观测站的记录。书前有全国全年及逐月雨量分布图 13 帧。书后附材料来源一览、地名索引。

　　收藏单位：国家馆、南京馆、浙江馆

天气学、天气预报

02945

1949 年国际气象电码

空军总司令部，1949，102 页，16 开

　　收藏单位：广东馆

02946

飑线雷雨一例之三度观察　朱炳海著

南京：中国地理学会，1934.7，46—61 页，16 开

　　本书为 1934 年 5 月 15—17 日的观察。

《地理学报》第 1 卷第 2 期抽印本。

02947

大众天气学　（英）布朗德（David Brunt）著　于星海译

外文题名：Weather science for everybody

上海：中国科学图书仪器公司，1942.11，174 页，32 开（中国科学社科学画报丛书）

　　本书共 14 章，内容包括：天气与人事、天气观测及其意义、自由空气中的情形、云和云的分类、天气图和天气预报等。书前有著者原序。

　　收藏单位：安徽馆、重庆馆、东北师大馆、广东馆、广西馆、黑龙江馆、内蒙古馆、上海馆、浙江馆

02948

简易天气预知法（附表第 22 表）

出版者不详，1933，1 册，22 开

　　本书内收第二十三表：交流电流之概要。

　　收藏单位：国家馆

02949

气象电码汇编　朱炳海重编

南京：中央研究院气象研究所，1935.6，106 页，25 开

　　本书共 4 章：国际之部、东亚之部、中国之部、调查。附全国气象机关讨论会决议案摘录。

　　收藏单位：东北师大馆、国家馆

02950

青岛市观象台天气信号说明书

外文题名：General explanation of weather signal code

青岛：青岛市观象台，1947，[12] 页，32 开

　　本书内容包括：经常信号、暴雨信号、时间信号图、方向信号图、情况信号图等。

　　收藏单位：国家馆

02951

青岛天气

青岛：青岛市观象台，1947.8，28 页，16 开

（青岛市观象台学术汇刊第 1 号）

青岛：青岛市观象台，1947.12，再版，28 页，16 开（青岛市观象台学术汇刊第 1 号）

本书内收王文华写的《青岛天气》论文 1 篇。书前有英文摘要。

02952

山东半岛飓风记　蒋丙然著

青岛：中国气象学会，1925.7，17 页，16 开

本书记述 1924 年 7 月 13 日经过山东半岛的飓风情况。原载《气象学会会刊》第 1 期。

收藏单位：国家馆

02953

水灾旱灾根本救治法　凌道扬编

上海：旅沪奉化水灾善后会，1920，21 页，22 开

收藏单位：浙江馆

02954

说台风　王应伟著

出版者不详，24 页，25 开

本书为作者自日本返国后在吴县教会欢迎会上的讲演稿。

02955

台北风向之研究　蒋丙然著

外文题名：Etude sur la direction de vent a Taipeh

台北：国立台湾大学气象学研究室，1947.9，22 页，18 开（国立台湾大学农学院研究报告第 1 卷第 3 号）

本书共两部分：概说、结论。内收台北风向频率表、台北各风向百分率表、台北各方向按月频率表、台北各月风向平均及全年平均表、台北风向与气压关系表等 18 张表。

收藏单位：国家馆

02956

台湾省气象局工作报告　石延汉作

台北：台湾省气象局，1947.8，9 页，16 开

本书内收日本投降后接收台省有关设施之工作报告。曾在中国天文学会第 21 届年会上宣读。

收藏单位：上海馆

02957

天气讲话　夏川编

太行新华书店，1948.10，27 页，32 开

本书共 20 部分，内容包括：太阳、地球、月蚀日蚀是甚么道理、昼夜、春夏秋冬、阴历和阳历、为甚么天旱不下雨、下雨是甚么道理、人也能造雨、雨水和锄地等。

收藏单位：南京馆、山西馆

02958

天气预报应用术语　陈则銶著

福州：福建省气象所，1948，26 页，32 开

本书内收台风警告办法。

收藏单位：福建馆

02959

天气预告学　卢鋈著

上海：国立编译馆，1947.7，242 页，25 开

本书共 18 章，内容包括：天气图、等压线之型式、云与天气、大气热力学等。部定大学用书。

收藏单位：重庆馆、广东馆、国家馆、湖南馆、江西馆、南京馆、上海馆、首都馆、天津馆、浙江馆

02960

天气预告学　卢鋈著

[重庆]：国立中央研究院气象研究所，1939，171 页，22 开

本书共 18 章，偏重于介绍欧美理论。每章后附参考书目及习题。附参考文献及索引。

收藏单位：重庆馆、国家馆、南京馆

02961

天时豫测法提要　杨豫堂著

[常熟]：[水利研究会江苏常熟总通讯处]，1942，37 页，18 开

本书内收 4 篇文章：《天时豫测法初稿提要》《黄河决塞问题统计表解》《中国水道症结及治水方略集证》《历法商榷书》。

收藏单位：重庆馆、广东馆、国家馆、南京馆、上海馆

02962
天时豫测法提要（续）　杨豫堂著
常熟：水利研究会江苏常熟总通讯处，1945，37+11 页，18 开
　　收藏单位：重庆馆

02963
五十年台风侵袭台湾之统计（1897—1946）　蒋钟彝著
台北：台湾省气象所，1948.7，31 页，16 开
　　本书共 10 部分，内容包括：引言、五十年西太平洋上发生台风之次数、五十年台风侵袭台湾之次数、台风强度统计、台风之经路等。附五十年侵袭本省台风调查表。
　　收藏单位：上海馆

02964
一九一五年七月二十八日之飓风　（美）劳积勋（R. P. L. Froc）著　潘肇邦译
上海：土山湾印书局，1916，45 页，10 开
　　收藏单位：国家馆

02965
远东低气压与飓风　蒋丙然著
青岛：青岛市观象台，1930.11，37 页，8 开
　　本书内容大部分为气象调查图表。单面印。
　　收藏单位：国家馆、上海馆

02966
远东气象电码汇编　沈孝凰编
南京：国立中央研究院气象研究所，1932.5，34 页，18 开
　　本书共两部分：中国之部、外国之部。
　　收藏单位：国家馆、南京馆、上海馆

02967
云状及天空状态之代码
出版者不详，1944，43 页，16 开
　　本书是根据美国气象所出版的《云状及天空状态》（Codes for Cloud Forms and States of the Sky）翻译的教材。内收大量云图照片。

02968
中国天气纲要　程纯枢著
武昌：亚新地学社，1949.8，16 页，16 开
　　本书讲述中国地区的气流、冬季、过度季（春秋季）和夏季的气候情。附天气图 14 帧。
　　收藏单位：国家馆

02969
中央气象局三十三年度工作成绩考察报告
北平：中央气象局，[1945]，油印本，1 册，18 开
　　收藏单位：国家馆

气候学

02970
保定气象年表
保定：河北省立保定测候所，1947.1，油印本，52 页，16 开
　　本书内收华北气候图、全国各地气象概表。
　　收藏单位：国家馆

02971
测候用表
永安：福建省气象局，1942，63 页，16 开
　　本书内容包括：用法说明、气压之订正、湿度之计算、可照时之计算、单位之换算、附录。
　　收藏单位：福建馆

02972
峨眉山之气候　胡焕庸著
重庆：国立中央大学理科研究所地理学部，1942.10，11 页，18 开（国立中央大学四川省政府川西科学考察团报告 第 1 号）
　　本书共 8 部分：引论、气压、气温、降水、雨日、雪与雪日、天气、结论。

收藏单位：重庆馆、国家馆、首都馆、西南大学馆

02973

二十四节气 陶秉珍编

上海：中华书局，1948.6，24 页，32 开（中华文库 民众教育 第 1 集）

本书共 13 部分，内容包括：一年四季、立春雨水、惊蛰春分、清明谷雨、立夏小满、芒种夏至等。

收藏单位：广东馆、上海馆、天津馆

02974

福建气象 福建省政府秘书处统计室编

福建省政府秘书处公报室，1938，35 页，16 开（福建省统计年鉴分类 1）

本书内容包括：概述、测候机关、气压、温度、湿度、雨量、风向与风速、日照时数统计表等。

02975

福建省气候志简编 石延汉等编

永安：义和山气象局，1941.12，70 页，16 开

本书为福建省各测候所及各县区雨量站以及有关机关各项气象资料第一次的综合统计。内容包括：弁言、福建省气候图、资料编、要素编等。封面印有：福建省气象局出版。

收藏单位：重庆馆、浙江馆

02976

甘肃之气候 陈正祥著

重庆：国立中央大学地理系，1943.4，16 页，16 开（国立中央大学理科研究所地理学部专刊第 5 号）

本书共 8 部分：地理环境，温度，雨量，湿度、云量、日照，霜、雪、冰、雹，风霾与能见度，气候区域，总论。

收藏单位：广东馆、国家馆、首都馆

02977

广东省之气候 吴尚时 何大章著

新化：亚新地学社，1944.7，30 页，32 开（亚

新地学社地学丛书 5）

本书介绍广东省的气候因素以及气候通性和区域性，并按海南岛区、粤此区、过渡区、东北部及西南部的划分，介绍不同分区的气候特点。

收藏单位：国家馆、湖南馆、首都馆

02978

广州市二十年来平均气象图说

广州：国立中山大学天文台，1935，22 页，16 开

本书书前有《计算广州市二十年来气象平均大意》一文。

收藏单位：国家馆

02979

贵州省气象年报（第 1 期）

贵州省政府建设厅气象所，[1938]，45 页，横 16 开

收藏单位：国家馆

02980

国立广东大学农科学院附设观测所年报（中华民国十一年至十三年份）

广州：国立广东大学农科院，[1925]，110 页，16 开

本书用表格形式逐月记录各种观测记录。

02981

国立四川大学理学院物理系气象测候所十周年纪念特刊

成都：国立四川大学出版组，[1943]，53 页，18 开

本书记录 1933—1942 年成都的各种气象、气候资料。包括气温、气压、风、雨、日照、湿度、地温、雷电等 15 项。

收藏单位：国家馆、上海馆

02982

国立中山大学农科气象观测所年报（第 2 号）

广州：国立中山大学农科气象观测所，172 页，16 开

本书为该所 1927—1929 年间的气象观测

报告。附南路稻作育种场气候报告（56 页）、南雄测候代办所报告（24 页）。

02983

黄河流域之气候　胡焕庸著

南京：中国地理学会，1936.1，51—98 页，16 开

本书为《地理学报》第 3 卷第 1 期抽印本。

收藏单位：国家馆

02984

济南气象历

济南：山东省建设厅气象测候所，1937，24 页，16 开

本书内容包括：气象历、济南节气太阳出入表、朔望两弦表、太阳出入时间表、行星现象摘要、山东各县经纬度及高度表、天文常数表、济南气象要素平均表。

收藏单位：国家馆

02985

近十年中国之气候　蒋丙然著

外文题名：Le climat en Chine durant une période de 10 ans 1916—1925

青岛：青岛市观象台，1930.10，33 页，16 开

本书共 6 部分：编辑大意、中国地理之大概、太平洋海流大概、中国气候概观、中国气候各表、中国气候图。附中国气候图 1 套。

收藏单位：国家馆、上海馆

02986

兰州九年来之气象（1932—1940）　朱允明编

外文题名：Meteorological data of Langchow：1932—1940

兰州：甘肃省立气象测候所，1941.2，30 页，16 开

本书内容包括：凡例、兰州气象统计、附载、兰州水文统计。书前有李厅长、张厅长序。甘肃省立气象测候所成立九周年纪念刊。《气象年报》第 1—9 卷合订本。

收藏单位：国家馆、南京馆

02987

兰州气候志初编　朱允明编

兰州：甘肃省立气象测候所，1942.7，66 页，16 开

本书根据 1932—1941 年各测候站的记录整理而成。内容包括：兰州的地势与气候概况，历年逐月气压、气温、湿度、降水量与云量、蒸发量、风、日照、地温、各种天气日数、雷雨、冰、霜、雪、黄沙观测等的统计表及图。书前有谷正伦及编者的序各 1 篇。附各县气候统计表、甘肃省雨量区域估计图、测候站分布图。

收藏单位：重庆馆

02988

兰州五年来之气象（1932—1936）　朱允明编

外文题名：Meteorological data of Langchow：1932—1936

兰州：甘肃省立气象测候所，1937.4，68+14 页，16 开

本书记录 1932—1936 年兰州之气象。书前有吕蕴明先生序。《气象年报暨月报》第 1—5 卷合订本。

收藏单位：重庆馆、甘肃馆、国家馆

02989

民国八年北京及全国各地气象测候表

出版者不详，[1920]，264 页，18 开

本书为 1919 年 1—12 月份的各地测候记录，并有北京的每月气象概况。抽印本。

02990

民国十五年来广州气候汇编　钟桃编

广州：国立第一中山大学农科学院附设观测所，1927，1 册，18 开

本书共 4 编：民国元年至九年份气候报告、民国十年份气候报告、民国十一年至十三年份气候报告、民国十四年至十五年份气候报告。附民国元年至十五年气候平均表和绝对气候平均表。

收藏单位：国家馆

02991

南京金陵大学农学院费门气象观测所逐日气象报告

出版者不详，1935，1 册，16 开

收藏单位：国家馆

02992

南通军山气象台中华民国六年报告辑要

南通：军山气象台，1918，78 页，10 开

本书内容包括：1917 年南通军山气象台记录的逐日气象变化图，逐月强风及大风日数表，以及雷雨、气压、气温等气象方面的情况。

收藏单位：国家馆

02993

南通军山气象台中华民国七年报告辑要

南通：军山气象台，1920，93 页，14 开

本书内容包括：1918 年南通军山气象台记录的逐日气象变化图，逐月强风及大风日数表，以及雷雨、气压、气温等气象方面的情况。

02994

南通军山气象台中华民国八年报告辑要

南通：军山气象台，1920，84 页，14 开

本书内容包括：1919 年南通军山气象台记录的逐日气象变化图，逐月强风及大风日数表，以及雷雨、气压、气温等气象方面的情况。

02995

南通军山气象台中华民国十年报告辑要

南通：军山气象台，1923，88 页，14 开

本书内容包括：1921 年南通军山气象台记录的逐日气象变化图，逐月强风及大风日数表，以及雷雨、气压、气温等气象方面的情况。

02996

南通军山气象台中华民国十四年报告辑要

南通学院农科军山气象台编辑

外文题名：Chen-shan meteorological observatory of Nantung Kiangsu China annual summary,

1925

国立中央研究院气象研究所，1931.3，72 页，14 开

本书内容包括：例言、万国普通记号表、本台在地球上之位置、本台主要仪器高度一览表、五日之平均、本年十二个月南通气象概况等。

收藏单位：上海馆

02997

南通军山气象台中华民国六年季报

南通：军山气象台，[1918]，1 册，10 开

收藏单位：国家馆

02998

南通军山气象台中华民国十年季报

外文题名：Chen-shan meteorological observatory of Nantung, Kiangsu, China report for four quarters, 1920

南通：军山气象台，1922，1 册，10 开

本书为 1921 年 1—4 季度南通军山气象台气象报告合订本。

收藏单位：国家馆

02999

南通军山气象台中华民国十二年季报

南通：军山气象台，1925，1 册，10 开

收藏单位：国家馆、上海馆

03000

南通军山气象台中华民国八年年报

外文题名：Chen-shan meteorological observatory of Nantung, Kiangsu, China annual 1919

南通：军山气象台，1920 本，[279] 页，14 开

本书共 3 编：本年南通气象概况、烈风雷雨潮汐及中国各省降水量等表、农业气象。附本年度第 1—3 季报告附录。

收藏单位：国家馆

03001

南通军山气象台中华民国九年年报

外文题名：Chen-shan meteorological observatory of Nantung, Kiangsu, China annual 1920

南通：军山气象台，1921 本，[274] 页，14 开

　　本书共 3 编：本年南通气象概况、烈风雷雨潮汐及中国各省降水量等表、农业气象。附本年度第 1—3 季报告附录。

　　收藏单位：国家馆

03002

南通军山气象台中华民国十年年报

南通：军山气象台，1923，[256] 页，14 开

　　收藏单位：国家馆

03003

南通军山气象台中华民国十一年年报

南通：军山气象台，1924，[168]+89+[24] 页，10 开

　　收藏单位：国家馆

03004

南通军山气象台中华民国十二年年报

南通：军山气象台，1925，[168]+92+[32] 页，10 开

　　收藏单位：国家馆

03005

南通军山气象台中华民国十四年年报　南通学院农科军山气象台编辑

外文题名：Chen-shan meteorological observatory of Nantung Kiangsu China annual,1925

国立中央研究院气象研究所，1931.3，[240] 页，14 开

　　收藏单位：国家馆

03006

农商部观测所年报（中华民国三年份）

北京：农商部观测所，1917，118 页，16 开

　　本书内容包括：北京全年风向回数及平均风向表、平均风向图例、北京全年平均风向图、北京全年气温地温比较图、北京季节气压气温平均表等。

　　收藏单位：国家馆

03007

农商部观测所年报（中华民国八年份）

北京：农商部观测所，1920，131 页，16 开

　　收藏单位：国家馆、浙江馆

03008

气候

上海：大东书局，1948.4，35 页，36 开（新儿童基本文库 中年级 常识 20）

　　本书共 18 部分，内容包括：王先生谈气候、太阳是一个主人翁、空气的力量、顽皮的雨、美丽的云等。

　　收藏单位：国家馆

03009

气候变迁与殷代气候之检讨　胡厚宣著

出版者不详，1933，78 页，16 开

　　本书原载《中国文化研究汇刊》第 4 卷上册。

　　收藏单位：广东馆

03010

气候学　胡焕庸著

长沙：国立编译馆，1938.3，256 页，22 开，精装

长沙：国立编译馆，1939，再版，256 页，22 开，精装

重庆：国立编译馆，1944.6，赣 1 版，256 页，22 开

　　本书共 6 章：导言、天文气候、地文气候（上）、地文气候（下）、气候之分类、气候变更。

　　收藏单位：东北师大馆、广东馆、贵州馆、国家馆、江西馆、辽宁馆、南京馆、内蒙古馆、上海馆、天津馆、西南大学馆、浙江馆

03011

气候学　（英）密勒（A. Austin Miller）著　萧廷奎译述

外文题名：Climatology

重庆：正中书局，1944.5，344 页，25 开

上海：正中书局，1946.2，沪 1 版，344 页，25 开

上海：正中书局，1947.12，沪 3 版，344 页，25 开

本书共 15 章，内容包括：气候学之意义与范围、气候之要素、气候之因子、气候之分类、赤道气候、回归气候、回归季风气候等。大学用书。

收藏单位：重庆馆、东北师大馆、广东馆、国家馆、湖南馆、江西馆、辽宁馆、辽师大馆、南京馆、内蒙古馆、山西馆、首都馆、天津馆、西南大学馆、浙江馆

03012

气候学原理 （法）马东（Emmanuel de Martonne）著　许逸超译

新化：亚新地学社，1944.6，101 页，16 开（亚新地学社地学丛书 3）

本书共 8 章：气候因子、温度、大气之运动、大气中之水分、大气紊乱与天气型、气候型、气候型（续）、阿尔卑气候。译自《自然地理》一书中的气候篇。

收藏单位：广东馆、国家馆、湖南馆、南京馆

03013

气象报告（第 1 期 中华民国二十九年八月至十二月）

南京：水利委员会南京二等气象测候所，[1941]，72 页，16 开

本书为 1940 年 8—12 月南京气象报告表。序写于 1941 年 1 月。

收藏单位：国家馆、上海馆

03014

气象报告（第 2 期 中华民国三十年一月至十二月）

南京：水利委员会南京一等气象测候所，[1941]，91 页，16 开

本书为 1941 年 1—12 月南京气象报告及 1941 年 11—12 月杭州、怀宁、蚌埠的气象报告。序写于 1941 年 10 月。

收藏单位：国家馆、浙江馆

03015

气象报告（第 3 期 中华民国三十一年一月至十二月）

南京：建设部水利署南京一等气象测候所，[1943]，134 页，16 开

本书为 1942 年 1—12 月南京及杭州、蚌埠、怀宁的气象报告。序写于 1943 年 5 月。

收藏单位：国家馆

03016

气象年报　刘世楷编

长春：吉林省立大学气象月刊社，1930，44 页，16 开

本书为吉林省城中华民国十九年气象报告书。内容包括：全年逐月的气温、气压、湿度、云量、雨量、风向等观测记录、统计和图表。

收藏单位：国家馆

03017

气象年报（第 1 卷 民国十七年）

南京：国立中央研究院气象研究所，[1930]，76 页，9 开

本书内容包括：1928 年南京的风向与天气之关系、天气概况、逐月气象平均要素、气象纲要、各小时气象平均要素，南京历年来逐月气象准平均及极端数、降水日数，南京二十四年来逐月温度表及雨量表，1928 年海关各站全年温度差与雨量差表，1928 年 44 个海关测候所之逐月气象平均要素，以及该所 1928 年工作概况、职员履历表等。书前有竺可桢的中文弁言及英文前言，写于 1930 年。

收藏单位：国家馆

03018

气象年报（第 2 卷 民国十八年）

南京：国立中央研究院气象研究所，[1931]，104 页，9 开

本书内容包括：气象纲要、各小时气象平均要素、一日中气压之变迁，南京历年来逐月气象准平均及极端数、降水日数，南京 25 年来逐月温度表、雨量表，1929 年海关各站全年温度差与雨量差表，44 个海关测候所及 8 个学校测候所之逐月气象平均要素，以及 1929 年气象研究所工作报告、职员履历表

等。并收入两篇文章:《南京一年来之飑》（竺可桢）、《1929 年南京风向与天气之关系》（张宝堃）。

收藏单位:国家馆、天津馆

03019

气象年报（第 1 卷 民国二十六年）

成都:四川省政府建设厅,[1938],95 页,18 开

本书内容包括:民国二十六年四川天气概况,民国二十六年乐山、内江、遂宁等地逐月气象要素平均表、气象纲要、每五日气温平均及降水量统计表、风向时数、风向与各项气象要素、每隔三小时气象要素平均表、各项气象变迁图等。弁言写于 1938 年 6 月。

收藏单位:国家馆

03020

气象年报（第 2 卷 民国二十七年）

成都:四川省政府建设厅,[1939],114 页,18 开

本书内容包括:民国二十七年四川天气概况,民国二十七年成都、北碚、乐山等地逐月气象要素平均表、气象纲要、每五日气温平均及降水量统计表、风向时数、风向与各项气象要素、每隔三小时气象要素平均表、各项气象变迁图等。弁言写于 1939 年 10 月。

收藏单位:国家馆

03021

气象年报（第 3 卷 民国二十八年）

成都:四川省气象测候所,[1940],110 页,18 开

本书内容包括:民国二十八年四川天气概况,民国二十八年成都、乐山、内江等地逐月气象要素平均表、气象纲要、每五日气温平均及降水量统计表、风向时数、风向与各项气象要素、每隔三小时气象要素平均表、各项气象变迁图等。弁言写于 1940 年 12 月。

书口题名:民国二十八年四川气象年报。

收藏单位:重庆馆、国家馆

03022

气象年报（第 5 卷 民国三十年）

成都:四川省气象测候所,[1941],147 页,18 开

本书内容包括:中华民国三十年四川天气概况、中华民国三十年一月四川等温线图、中华民国三十年七月四川等温线图、中华民国三十年四川等温线图、中华民国三十年一月四川等雨量线图等。

收藏单位:国家馆

03023

气象年报（民国二十六年）

西安:陕西省水利局西安测候所,1938,45 页,16 开

本书内容包括:1937 年西安、榆林、翠华山、南郑等地的全年气象要素表,西安各月气象要素表,陕西各地全年降水量及降雨日数统计表,陕西省各地测候所之经纬度及高度表等。书前弁言写于 1938 年 12 月。

收藏单位:国家馆

03024

气象年刊（第 2 卷 中华民国二十五年）

镇江:江苏省建设厅省会测候所,1936,107 页,10 开

收藏单位:国家馆

03025

气象与人生　陈仲公编著

南京:正中书局,1936.5,44 页,32 开（国民说部 第 9 集 国民科学集 1）

本书讲述气候与世界各地人民的生理、生活、饮食、风俗习惯等的关系。

收藏单位:重庆馆、国家馆、湖南馆、南京馆、首都馆

03026

青岛节候表（中华民国十四年）

青岛:胶澳商埠观象台,1925,25 页,25 开

本书内容包括:干支,太阳出、中、没时刻,平均气压,最低、平均及最高气温,太阴出、中、没时刻,潮时及潮高等。

收藏单位：国家馆

03027

青岛节候表（中华民国十五年）

青岛：胶澳商埠观象台，1926，29 页，25 开

本书内收太阳及气候表、太阴及潮汐表、五星表等。

收藏单位：国家馆

03028

青岛节候表（中华民国十七年）

青岛：胶澳商埠观象台，1928，37 页，25 开

03029

青岛节候表（中华民国十八年）

青岛：胶澳商埠观象台，1929，38 页，25 开

本书内容包括：凡例、太阳及气象表、太阴及潮汐表、五星表、日蚀、中华民国十六年青岛气象摘要等。

收藏单位：国家馆、浙江馆

03030

青岛节候表（中华民国十九年）

青岛：青岛市观象台，[1930]，38 页，25 开

03031

青岛节候表（中华民国二十年）

青岛：青岛市观象台，[1931]，44 页，25 开

收藏单位：广东馆、国家馆

03032

青岛节候表（中华民国二十一年）

青岛：青岛市观象台，[1932]，44 页，25 开

收藏单位：国家馆

03033

青岛节候表（中华民国二十二年）

青岛：青岛市观象台，[1933]，43 页，25 开

本书内容包括：凡例、纪念日及节日表、太阳及气候表、五星出没图、日环食图、中华民国二十年青岛气象摘要等。

收藏单位：国家馆

03034

青岛节候表（中华民国二十三年）

青岛：青岛市观象台，[1934]，46 页，25 开

收藏单位：国家馆、近代史所

03035

青岛节候表（中华民国二十四年）

青岛：青岛市观象台，[1935]，44 页，25 开

本书内容包括：凡例、纪念日及节日表、太阳及气候表、行星出没图、月蚀图、中华民国二十二年青岛气象摘要等。

收藏单位：国家馆

03036

青岛节候表（中华民国二十五年）

青岛：青岛市观象台，[1936]，47 页，25 开

收藏单位：国家馆

03037

青岛节候表（中华民国二十六年）

青岛：青岛市观象台，[1937]，44 页，22 开

本书内容包括：凡例、纪念日及节日表、太阳及气候表、行星出没图、月蚀图、中华民国二十四年青岛气象摘要等。

收藏单位：广东馆、国家馆

03038

青岛气候之大概　蒋丙然编

上海：中国科学社，1925.2，[16] 页，18 开

本书为《科学》第 9 卷第 10 期抽印本。大同大学科学社发行。

收藏单位：国家馆

03039

全国气象统计　中央气象局编

[南京]：行政院新闻局，1947.12，[13] 页，32 开

本书内收说明及 1942—1946 年统计表 9 种。封面题名：全国各地气象统计。

收藏单位：重庆馆、大庆馆、广东馆、国家馆、江西馆、近代史所、南京馆、内蒙古馆、宁夏馆、上海馆、首都馆、天津馆、浙江馆

03040

日本与朝鲜之气候　刘象天著

济南：国立山东大学，1949.2，48 页，32 开

　　本书共两部分：日本列岛之气候、朝鲜半岛之气候。第 1 部分包括：气候因子、冬季气候、夏季气候、春秋气候、气候区域；第 2 部分包括：概况、四季之区分、雨量及旱魃、夏季之气温、冬季之气温、气候区。

　　收藏单位：国家馆

03041

山西全省气象统计

山西省气象测候所，[1920]，79 页，16 开

　　本书内容包括：全省各月湿度平均比较图、降水量平均比较图、气温平均比较图、山西全省气象、气象月别等。

　　收藏单位：东北师大馆、浙江馆

03042

山西省第四次气象统计

山西省长公署统计处，[1924]，120 页，16 开

　　本书根据山西省 1923 年地面观测记录。共两篇：全省气象、各测候所气象。

03043

山西省第六次气象统计（民国十四年分）

山西省长公署统计处，1926.10，90+50 页，18 开

　　本书根据山西省 1925 年地面观测记录。共两篇：全省气象、各测候所气象。

　　收藏单位：国家馆

03044

山西省第七次气象统计（民国十五年分）

山西省政府统计处，1929.10，90+50 页，18 开

　　本书根据山西省 1926 年地面观测记录。共两篇：全省气象、各测候所气象。

　　收藏单位：国家馆

03045

上海的风雨　吴静山编

上海：上海市通志馆，1935，88 页，16 开

　　本书共两篇：上海的风、上海的雨。上篇包括：风的分类、风向的变化、风的频率、风速的变化；下篇包括：雨量、降雨日数、雨率、雨的频率、吴淞上海与徐家汇雨量的比较、六十年前的雨水记录。上海市通志馆期刊抽印本。

　　收藏单位：重庆馆、国家馆、近代史所、南京馆、浙江馆

03046

十年来厦门之气象（一月号、二月号）

厦门：厦门大学理学院气象台，1935，2 册（26+21 页），16 开

　　本书为 1926—1935 年厦门 1—2 月份的气候统计。

　　收藏单位：广东馆、国家馆

03047

世界气候区述略　（英）斯坦普著　邓启东译

出版者不详，41—104 页，16 开

　　本书内分热带气候、热带沙漠气候、地中海气候、暖温海洋性气候、凉温海洋性气候、温带沙漠气候。

　　收藏单位：国家馆

03048

世界气候志　（英）甘特鲁（W. G. Kendrew）著　王勤堉译

外文题名：The climates of the continents

上海：正中书局，1948.9，2 册（256+337 页），22 开

　　本书共 8 编：导言、非洲气候志、亚洲气候志、欧洲气候志、北美洲气候志、南美中美墨西哥和西印度群岛气候志、澳洲与新西兰气候志、南极洲气候志。附 3 篇论文：《中国气候之要素》《中国气候区域论》（竺可桢）、《中国气候区域》（涂长望）。大学用书。

　　收藏单位：重庆馆、广东馆、国家馆、湖南馆、辽师大馆、内蒙古馆、上海馆、首都馆

03049

四川气候志　刘世楷编

成都：四川省气象所，1948.3，64+159 页，16 开

　　本书分上、下编。上编为四川气候概观，共 4 章：四川之地理环境、四川气候之特点、四川气候之分类、四川各月气候概况（气象月令）；下编为四川气候资料。

　　收藏单位：重庆馆、东北师大馆、国家馆、南京馆

03050

天时与地理　（英）哈渥斯（O. J. R. Howarth）著　沈思玙译

南京：钟山书局，1932.11，90 页，32 开（中国人地学会丛书）

　　本书共 36 部分，内容包括：地球之三界、空气的普通性质、天气与气候之意义、天气及气候与人生、蒸发与凝结等。附中国之气候。

　　收藏单位：广东馆、国家馆、湖南馆、江西馆、辽宁馆、南京馆、山西馆、西南大学馆、浙江馆

03051

西安历年温度雨量报告

西安：陕西省水利局西安测候所，[1940]，1 册，16 开

　　本书均系表格，时间范围为 1932—1940 年。

　　收藏单位：国家馆

03052

新疆之气候　胡焕庸著

重庆：国立中央大学地理系，1943.1，8 页，16 开（国立中央大学理科研究所地理学部专刊第 3 号）

　　本书共 6 部分：概论、气温、雨量、风霜、余论、附表。

　　收藏单位：重庆馆、国家馆、首都馆

03053

亚洲最后第四纪冰期及气候变迁之原因　马廷英著

重庆：中国地质学会，1940，343—356 页，16 开

　　本书为《中国地质学会志》第 20 卷第 3—4 期（英文版）摘印本。

　　收藏单位：重庆馆

03054

一得测候所昆明市气象年报（第 3 卷 中华民国二十一年）　陈秉仁编著

昆明：一得测候所，1933.4，8 页，9 开

　　本书收录 1932 年昆明气象观测数据表 7 种。附 1907—1929 年法越政府在昆明所测气象数据表。

03055

一得测候所昆明市气象年报（第 4 卷 中华民国二十二年）　陈秉仁编著

昆明：一得测候所，1934.7，8 页，9 开

　　本书收录 1933 年昆明气象数据表 8 种。

03056

一得测候所昆明市气象年报（第 5 卷 中华民国二十三年）　陈秉仁编著

昆明：一得测候所，1935.10，8 页，9 开

　　本书收录 1934 年昆明气象观测数据。

03057

一得测候所昆明市气象年报（第 6 卷 中华民国二十四年）　陈秉仁编著

昆明：一得测候所，1936，8 页，9 开

　　本书收录 1935 年昆明气象观测数据。

03058

云南气象要素之分布（一续）　陈一得著

教育与科学编辑委员会，[1938]，111—142 页，22 开

　　本书内收 8—9 月云南各地平均气温和极端气温表，并附说明与分析。《教育与科学》第 2 期抽印本。

　　收藏单位：国家馆、南京馆

03059

云南气象要素之分布（二续）　陈一得著

教育与科学编辑委员会，1938.5，80—129 页，22 开

本书内收 10—12 月份云南各地平均气温及极端气温表，并附说明与分析。《教育与科学》第 3 期抽印本。

收藏单位：国家馆

03060

云南气象要素之分布（三续）　陈一得著

教育与科学编辑委员会，1938.11，11—48 页，22 开

本书内收 1—2 月云南各地平均气温和极端气温表，并附说明与分析。《教育与科学》第 4 期抽印本。

收藏单位：国家馆、南京馆

03061

云南气象要素之分布（四续）　陈一得编

教育与科学编辑委员会，1939.3，11—88 页，22 开

本书为《教育与科学》第 5 期抽印本。

收藏单位：南京馆

03062

云南气象要素之分布（五续）　陈一得著

教育与科学编辑委员会，1940.1，19—48 页，22 开

本书内收 1—3 月份云南各地风向分布及最多风向表。每月表后均有各地风向频度之分析说明。《教育与科学》第 6 期抽印本。

收藏单位：国家馆

03063

镇江之气象与江苏之雨量（中华民国二十年至二十二年）

镇江：江苏省建设厅测候所，1934.3，29 页，16 开

本书内收 1931—1933 年镇江逐月气象要素平均表、气象纲要、各项气象要素逐月变迁图、江苏省各县逐月雨量总数比较表等。

收藏单位：广东馆、国家馆、南京馆、上海馆

03064

中国历史上气候变迁之另一研究　姚宝猷编著

广州：国立中山大学研究院文科研究所历史学部，1935.12，42 页，16 开

本书共 5 部分：各家关于历史上气候变迁的研究、关于研究历史上气候变迁的几条路径、象的产地及其迁移、鳄鱼的产地及其迁移、结论——关于历史上气候变迁的一个假定。《史学专刊》第 1 卷第 1 期抽印本。

收藏单位：国家馆

03065

中国气候区域论　　竺可桢著

外文题名：Climatic provinces of China

南京：北极阁气象研究所，1929.4，11 页，18 开（国立中央研究院气象研究所集刊第 1 号）

收藏单位：国家馆

03066

中国气候区域新论　　卢鋈著

南京：中 央 气 象 局，1947.4，10 页，16 开（中央气象局气象丛刊第 2 卷第 4 号）

收藏单位：国家馆

03067

中国气候图集　　卢鋈绘制

外文题名：The climatological atlas of China

重庆：中央气象局，1946，96 页，8 开

本书为单面印图集，内收气压、温度、湿度、云量、日照等图。

收藏单位：国家馆、上海馆

03068

中国气候之要素（续）　竺可桢　卢鋈著

外文题名：Climatic factor of China

南京：中国地理学会，1935.4，31 页，16 开

本书为《地理学报》第 2 卷第 2 期抽印本。

收藏单位：南京馆

03069

中国气候资料

[重庆]：国立中央大学地理系，1938.9，49 页，32 开

本书收录《中国之降水》和《中国之温度°C》两篇，前者转录自中央研究院气象研

究所编辑出版之《中国之雨量》。

　　收藏单位：重庆馆、广东馆

03070

中国气候资料（气温编）

外文题名：Climatological data. Air temperature

[重庆]：国立中央研究院气象研究所，1944.8，188 页，16 开

　　本书收录全国数百处气象测候所记录的近数十年平均气温、最高气温、最低气温等资料。书前有气象测候所一览表及中国气候资料气温编索引。

　　收藏单位：重庆馆、国家馆、上海馆

03071

中国气候资料（湿度云雾及日照编）

外　文　题　名：Climatological data. Humidity cloudiness, fog ang sunshine

[重庆]：国立中央研究院气象研究所，1945.6，164 页，16 开

　　本书均为数字表格。

　　收藏单位：重庆馆、国家馆

03072

中国气候资料（雨量编）

外文题名：Climatological data. Precipitation

[重庆]：国立中央研究院气象研究所，1943.4，190 页，16 开

　　本书以表格的形式按省站名编序，记录雨量 533 处、雨日 428 处。最早从 1880 年开始，至 1940 年止。书前有中国气候资料雨量编索引。

　　收藏单位：重庆馆、贵州馆、国家馆、内蒙古馆、上海馆

03073

中国气候总论　卢鋈编著

上海：正中书局，1947.12，295 页，25 开

　　本书共 9 章，内容包括：中国气候与地理环境、大气之运行、季风之性质及锋之活动、大气骚动等。大学用书。

　　收藏单位：重庆馆、广东馆、贵州馆、国家馆、湖南馆、辽师大馆、内蒙古馆、宁夏

馆、上海馆、首都馆、浙江馆

03074

中国之气候区域　涂长望著　卢鋈译

南京：中国气象学会，1936.9，32 页，大 32 开

　　收藏单位：南京馆

03075

中华民国三十四年北京节候表

[北平]：国立华北观象台，[1945]，66 页，18 开

　　本书内收朔望两弦时分表、二十四节气入节时刻表、太阳中天及出没时分表、太阴出没时分表等。

　　收藏单位：国家馆

03076

自然地理学气候编　（法）马东（Emmanuel de Martonne）著　吴尚时译

广州：清华印书馆（印刷），1946.6，153 页，25 开

　　收藏单位：国家馆

03077

最近十年昆明气象统计册

云南省府秘书处统计室，1939.2，85 页，16 开

　　本书共 3 部分：十年统计之部、最近三年纪录之部、各县气温之部。附二十六年份云南各地气温比较表。

　　收藏单位：国家馆、南京馆

应用气象学

03078

实用气象学　蒋丙然著

北京：中央观象台，1916，138 页，18 开

　　本书书前有序言和叙，写于 1916 年 5 月。

　　收藏单位：国家馆

03079

实用气象学　徐金南编

外文题名：Practical meteorology

上海：商务印书馆，1923.1，186 页，32 开

上海：商务印书馆，1924.5，再版，186 页，32 开

上海：商务印书馆，1926，3 版，186 页，32 开

上海：商务印书馆，1930.12，4 版，186 页，32 开

上海：商务印书馆，1933.10，国难后 1 版，166 页，32 开

上海：商务印书馆，1934.3，国难后 2 版，166 页，32 开

上海：商务印书馆，1935.5，国难后 3 版，166 页，32 开

　　本书共 5 编：总论、气海之现象、天气、天气推测论、暴风雨论。

　　收藏单位：重庆馆、广东馆、国家馆、江西馆、南京馆、宁夏馆、绍兴馆、天津馆、浙江馆

03080

实用气象学

出版者不详，179 页，25 开

　　收藏单位：江西馆

03081

应用气象学　杨国藩编

上海：中华书局，1936.10，191 页，32 开（中华百科丛书）

上海：中华书局，1948.8，3 版，191 页，32 开（中华百科丛书）

　　本书分述气象各要素的现象和变化，以及天气的现象和天气预报的方法。附气象常用表及中西文名词索引。

　　收藏单位：广东馆、贵州馆、国家馆、黑龙江馆、湖南馆、江西馆、南京馆、内蒙古馆、首都馆、浙江馆

地质学

03082

冰川泥之研究　丁骕著

北平：中国地质学会，1937，161—168 页，25 开

　　本书为《地质论评》第 2 卷第 2 期摘印本。

　　收藏单位：广东馆、国家馆

03083

地质矿物学问答　秦思伟著

上海：三民公司，1930.3，70 页，32 开（各科常识问答丛书）

　　收藏单位：重庆馆、广西馆、国家馆、浙江馆

03084

地质学　曾益斋编

军训部陆军军官预备学校筹备总处，1944，82 页，32 开

　　本书共 10 章，内容包括：概述、造岩矿物、构造地质、地下水及其地质作用、冰河及其地质作用、地史等。陆军军官预备学校专用课本。

　　收藏单位：重庆馆、广东馆、内蒙古馆

03085

地质学　（美）麦美德编著

北京：协和女书院，1911.6，1 册，22 开，精装

　　本书共 3 卷：地力学、地历学、地石学。在日本横滨印刷。

　　收藏单位：国家馆、首都馆

03086

地质学　张栗原编译

昆明：中华书局，1940.1，294 页，25 开

上海：中华书局，1946.4，3 版，294 页，25 开

　　本书分两篇：上篇为普通地质学，下篇为历史地质学。

　　收藏单位：重庆馆、国家馆、江西馆、南京馆、上海馆、首都馆、浙江馆

03087

地质学（上编）　谢家荣编

上海：商务印书馆，1924.10，244 页，24 开，
精装（中国科学社丛书）

上海：商务印书馆，1926.3，3 版，244 页，
24 开（中国科学社丛书）

上海：商务印书馆，1930.6，5 版，244 页，
24 开（中国科学社丛书）

本书共 17 章，主要论述地质学的原理及
方法。内容包括：地壳的成分、构造地质、山
脉的分类及其构成等。附地史浅释、地质测
量、中国地层表。

收藏单位：重庆馆、国家馆、江西馆、南
京馆、山西馆、上海馆、首都馆、西交大馆、
浙江馆

03088

地质学大意　张栗原著

上海：神州国光社，1932.1，64 页，32 开
（自然科学之部）

本书共 5 部分：宇宙开辟论、地质年代与
地质系统、现在的地球、地层的构造、地球
变迁的动力。附插画 18 幅。

收藏单位：国家馆

03089

地质学讲义

南京：联合勤务总司令部工程署凿井训练班，
1947.12，264 页，32 开（工程署丛书 3）

本书共 12 章，内容包括：矿物、岩石、
岩石风化及土壤、地层岩石之构造、河流、
湖泊、海洋等。

收藏单位：重庆馆、东北师大馆、国家
馆、南京馆

03090

地质学浅说　Allison Hardy 著　王勤堉译
外文题名：ABC of geology

上海：商务印书馆，1931.2，110 页，32 开（少
年史地丛书）

上海：商务印书馆，1933.2，国难后 1 版，110
页，32 开（少年史地丛书）

本书共 13 章，内容包括：导言、火山与
地震、侵蚀作用概说、川流与冰河、历史地
质学、古生代、爬虫类时代、地球纪年新说、

经济地质学等。

收藏单位：重庆馆、广东馆、广西馆、国
家馆、河南馆、黑龙江馆、江西馆、宁夏馆、
上海馆、首都馆、天津馆

03091

地质学浅说　周太玄著
外文题名：Elements of geology

上海：商务印书馆，1926，81 页，32 开（百
科小丛书）

上海：商务印书馆，1929.10，81 页，32 开（百
科小丛书）（万有文库 第 1 集 467）

上海：商务印书馆，1931.8，81 页，32 开（百
科小丛书）（新中学文库）

上海：商务印书馆，1933.4，国难后 1 版，81
页，32 开（百科小丛书）

上海：商务印书馆，1934，再版，81 页，32
开（百科小丛书）（万有文库 第 1 集 467）

上海：商务印书馆，1935.1，国难后 2 版，81
页，32 开（百科小丛书）

长沙：商务印书馆，1939.9，81 页，32 开（百
科小丛书）（万有文库 第 1—2 集简编）

上海：商务印书馆，1947.2，3 版，81 页，32
开（百科小丛书）（新中学文库）

本书共两编：地质现象、地层学。内容包
括：地球之起源与构造、冲蚀与积成、成岩与
变质、山岳成形与海陆变迁等。

收藏单位：安徽馆、重庆馆、大连馆、大
庆馆、东北师大馆、广东馆、广西馆、贵州
馆、国家馆、黑龙江馆、湖南馆、吉大馆、
江西馆、辽大馆、辽师大馆、南京馆、内蒙
古馆、宁夏馆、上海馆、首都馆、天津馆、
浙江馆

03092

地质学小史　叶良辅著
外文题名：A short history of geology

上海：商务印书馆，1931.4，112 页，36 开（百
科小丛书）（万有文库 第 1 集 468）

上海：商务印书馆，1934.4，112 页，36 开（百
科小丛书）

重庆：商务印书馆，1944.12，渝 1 版，87 页，
36 开（百科小丛书）

重庆：商务印书馆，1945，渝2版，87页，36开（百科小丛书）

　　本书共9章，内容包括：初期之地史观念、树立地质科学之基础者、十九世纪之地质小史、来伊尔氏之地质原理等。

　　收藏单位：安徽馆、重庆馆、大连馆、大庆馆、东北师大馆、广东馆、广西馆、国家馆、黑龙江馆、湖南馆、江西馆、辽大馆、辽师大馆、南京馆、内蒙古馆、宁夏馆、上海馆、首都馆、天津馆、西南大学馆、浙江馆

03093

高等地质学（第1册）　王进展编著

安庆：安徽大学地质室，1936.8，339页，18开

　　本书共3部分：绪论、动力地质学、构造地质学。

　　收藏单位：国家馆、浙江馆

03094

几个地质学的大师　翁文灏著

北平：中国地质学会，1936，6页，25开

　　本书为《地质论评》第1卷第1期摘印本。

　　收藏单位：广东馆、国家馆

03095

理论的地质学与实用的地质学　翁文灏著

北京：中国地质学会，1925，185—192页，16开

　　本书为《中国地质学会志》第4卷第2期摘印本。

　　收藏单位：广东馆

03096

陆军预备学校地质学教科书

陆军预备学校，82页，18开

　　本书内容包括：总论、地相篇、地壳之成分、地壳变迁之势力、地壳之构造等。封面题名：地质教科书。

　　收藏单位：广东馆、浙江馆

03097

普通地质学　孙鼐著

重庆：商务印书馆，1945.4，238页，36开

上海：商务印书馆，1946.9，238页，36开

上海：商务印书馆，1949.2，修订2版，238页，36开

　　本书共15章：绪论、太阳系中之地球、地壳之成分、火山及地震、潜水、大气之作用、河流之作用、湖、海洋、冰雪及其作用、生物之地质作用、地层之构造、矿床概论、山脉之生成及其构成史、地球之历史。附普通造岩矿物性质表、中国各地地层时代比较表、西文主题词索引。

　　收藏单位：重庆馆、东北师大馆、广东馆、广西馆、国家馆、江西馆、南京馆、内蒙古馆、宁夏馆、首都馆

03098

普通地质学　张资平编

外文题名：Geology

上海：商务印书馆，1926.2，267页，32开（学艺丛书6）

上海：商务印书馆，1927.7，再版，267页，32开（学艺丛书6）

上海：商务印书馆，1935.4，国难后2版，267页，32开（学艺丛书6）

　　本书共6篇：绪论、地球物质学、构造地质学、动力地质学、外营力、内营力。

　　收藏单位：重庆馆、大庆馆、国家馆、江西馆、南京馆

03099

实用地质学　康永孚编著

上海：商务印书馆，1947.9，256页，32开

上海：商务印书馆，1948，再版，256页，32开

　　本书共15章，内容包括：绪论、太阳系中之地球、地壳之成分、地层之构造、岩石之风化与土壤等。职业学校教科书。

　　收藏单位：重庆馆、东北师大馆、广东馆、国家馆、湖南馆、江西馆、辽大馆、南京馆、内蒙古馆、天津馆、浙江馆

03100

通俗地质学　赵国宾编纂

上海：商务印书馆，1924.4，200 页，32 开
（新智识丛书）

　　本书共 10 章，讲解岩石的种类、地壳与地史、中国的地质情况等。附西北地质调查。

　　收藏单位：重庆馆、广东馆、国家馆、江西馆、宁夏馆、首都馆、天津馆、浙江馆

03101

应用地质学　胡安恂编

上海：商务印书馆，1935.3，113 页，32 开（百科小丛书）

　　本书共 5 章：地质图之制绘及用法、建造之材料、水源及灌溉、修凿工程、地质学上之数学及几何。

　　收藏单位：重庆馆、东北师大馆、广东馆、国家馆、江西馆、南京馆、宁夏馆、上海馆、首都馆

03102

中国地质学发展小史　章鸿钊著

上海：商务印书馆，1937.3，149 页，32 开（自然科学小丛书）（万有文库 第 2 集 263）

长沙：商务印书馆，1939.9，149 页，32 开（自然科学小丛书）（万有文库 第 1—2 集简编）

长沙：商务印书馆，1940.12，149 页，32 开（自然科学小丛书）

　　本书共 6 部分：地层方面、古生物方面、矿产方面、岩石和矿物方面、地质构造方面、地文史方面。

　　收藏单位：重庆馆、大连馆、大庆馆、东北师大馆、广东馆、广西馆、国家馆、江西馆、辽大馆、辽师大馆、南京馆、内蒙古馆、宁夏馆、上海馆、天津馆、浙江馆

03103

中国研究地质学之历史　章鸿钊著

北京：中国地质学会，1922，[5] 页，16 开

　　本书为《中国地质学会志》第 1 卷摘印本。

　　收藏单位：广东馆

03104

中国之地质工作　李春昱著

[南京]：行政院新闻局，1947.11，30 页，32 开

　　本书共 4 部分：导言、中国地质机关之成立与发展、地质工作在学术及实用上之贡献、今后的展望。

　　收藏单位：重庆馆、大庆馆、广东馆、广西馆、国家馆、黑龙江馆、湖南馆、江西馆、近代史所、南京馆、内蒙古馆、上海馆、首都馆、天津馆、西南大学馆、浙江馆

地质学机构、团体、会议

03105

地质调查的合作办法　谢家荣著

北平：中国地质学会，1936，521—522 页，25 开

　　本书为《地质论评》第 1 卷第 5 期摘印本。

　　收藏单位：国家馆

03106

地质调查所沿革事略

北京：地质调查所，1922.7，6 页，16 开

　　本书共两部分：人员、经费。

03107

地质矿产陈列馆参观指南

外文题名：Guide to the Museum of the Geological Survey

北京：地质矿产陈列馆，[8] 页，22 开

　　收藏单位：国家馆、首都馆

03108

地质矿产陈列馆第一次报告　翁文灏著

北京：地质调查所，1925.5，[16] 页，14 开

　　本书中的地质矿产陈列馆是地质调查所的附设机构。

03109

地质矿产陈列室指南

南京：工商部中央地质调查所，[1948]，8 页，23 开

　　本书有李春昱的前言，写于 1948 年 10
月。

03110

地质展览会说明书

重庆：中国地质学会，1942.3，5 页，32 开

　　本书中的展览会是中国地质学会为纪念
该会成立二十周年而举办的。此书是在重庆
国立中央图书馆展出时对标本及图件的说明。

　　　　收藏单位：南京馆

03111

地质学研究所工作报告（续第二卷第六期）

北平：国立北平研究院出版部，1932，8 页，
16 开

　　本书为《国立北平研究院院务汇报》第 3
卷第 6 期单行本。

　　　　收藏单位：国家馆

03112

福建省地质土壤调查所概况　　周昌芸著

永安：福建省建设厅地质土壤调查所，
1942.11，17 页，18 开

　　本书为《三十年度年报》抽印本。

　　　　收藏单位：国家馆

03113

福建省地质土壤调查所年报（第 1 号　三十年度）

永安：福建省建设厅地质土壤调查所，1942，
94 页，18 开

　　本书内收《福建省土壤分类之商榷》《福
建花岗岩概论》《福建之海相三叠纪》等 6 篇
文章。学术研究与中央地质调查所合作出版。

　　　　收藏单位：国家馆

03114

福建省地质土壤调查所年报（第 2 号　三十一年度）

永安：福建省建设厅地质土壤调查所，1943，
109 页，18 开

　　本书内收《本所一年来之所务》《福建植
物化石之研究》《福建之山脉水系及海岸》等

8 篇文章。学术研究与中央地质调查所合作出
版。

03115

福建省地质土壤调查所年报（第 3 号　三十二年度）

永安：福建省建设厅地质土壤调查所，1944，
68 页，18 开

　　本书内收《本所三十二年度之所务》《福
建福安县之地形与土壤》《不整合岩层间之两
面角》等 8 篇文章。学术研究与中央地质调
查所合作出版。

　　　　收藏单位：国家馆

03116

福建省地质土壤调查所年报（第 5—6 号合刊　三十四、三十五年度）

[福州]：福建省建设厅地质土壤调查所，
1947，92 页，18 开

　　本书内收《所务报告》《福建土壤之侵蚀
及保土设施》《福建煤田》等 7 篇文章。学术
研究与中央地质调查所合作出版。

　　　　收藏单位：国家馆

03117

工商部中央地质调查所三十七年七月份简报

南京：中央地质调查所，1948，9 页，16 开

03118

河南省地质调查所概况

开封：河南省地质调查所，1933.2，36 页，21
开

　　本书共 6 部分：主旨及沿革、组织条例、
设备、工作及成绩、章则辑要、历任职员一
览表。附河南矿产分布图。

　　　　收藏单位：南京馆、上海馆、浙江馆

03119

河南省地质调查所三十五年度工作简报

开封：河南省地质调查所，1947.4，20 页，18
开

　　本书介绍该所的组织概况及对地质、矿
产、矿业的调查。附 1946 年度河南矿业调查

统计表。

　　收藏单位：国家馆、南京馆、上海馆

03120

河南省地质调查所十周年纪念特刊

开封：河南省地质调查所，1941.5，166 页，18 开

　　本书共 4 部分：发刊词、调查报告、专述、附载。

　　收藏单位：重庆馆、国家馆

03121

河南省地质调查所五年来事业概况　张人鉴编辑

开封：河南省地质调查所，1935.8，34 页，16 开

　　本书共 10 章，内容包括：沿革、组织及经费、设备、矿物标本及图书杂志、地质矿产调查等。附河南省地质调查所职员一览表。

　　收藏单位：国家馆、南京馆、上海馆、天津馆

03122

湖南地质调查所概况

长沙：湖南地质调查所，1937.3，44 页，25 开

　　本书为该所成立十周年纪念刊。共 12 部分，内容包括：沿革、组织、十年来之野外工作等。附湖南矿产分布图 1 幅、湖南地质图 1 幅。

　　收藏单位：国家馆、南京馆

03123

湖南地质调查所事业概况

长沙：湖南地质调查所，1934.1，8 页，16 开

　　本书附该所内部设备情况及照片。

　　收藏单位：国家馆

03124

湖南建设厅地质调查所所务报告

长沙：湖南建设厅地质调查所，1930.5，16 页，20 开

　　本书记述该所的人员、设备及成立以来

的工作等。

03125

湖南建设厅地质调查所致中华教育文化基金董事会请愿书

长沙：湖南建设厅地质调查所，1929.1，[32] 页，16 开

　　本书介绍该厅工作情况并申请拨助经费。

03126

江西省地质调查所二十六及二十七两年度工作报告

南昌：江西省地质调查所，1939.6，41 页，大 32 开

　　收藏单位：南京馆

03127

江西省地质调查所概况

南昌：江西省地质调查所，[1938]，24 页，16 开

　　本书内容包括：沿革、历年经费表、职员表、逐年事业比较、本所刊物、未来计划、参考书籍、附录等。

　　收藏单位：江西馆、南京馆

03128

江西省地质调查所工作报告（第 2 号 二十八年至三十四年）

南昌：江西省地质调查所，1946.11，43 页，25 开

　　本书共 8 部分，内容包括：调查及试验、编辑及出版、化验、测绘等。书前有弁言和江西省地质调查所成立十五周年纪念词。

　　收藏单位：国家馆、江西馆、南京馆、浙江馆

03129

介绍国际地质学会　尹赞勋著

北平：中国地质学会，1936，457—464 页，25 开

　　本书为《地质论评》第 1 卷第 4 期摘印本。

　　收藏单位：广东馆

03130

经济部中央地质调查所北平分所之近况

[北平]：[中央地质调查所]，1946，油印本，4页，18开，环筒页装

　　收藏单位：国家馆

03131

经济部中央地质调查所职员录

出版者不详，8页，32开

　　收藏单位：南京馆

03132

两广地质调查所调查规则

广州：两广地质调查所，1928.1，6页，18开

03133

两广地质调查所概览（五周年纪念刊）

广州：两广地质调查所，1932.9，64页，22开

　　本书共6章：主旨及沿革、组织条例、设备、工作及成绩、章则辑要、历任职员一览表。

　　收藏单位：广东馆、广西馆、国家馆、浙江馆

03134

两广地质调查所任用职员条例

广州：两广地质调查所，1928.1，6页，18开

03135

农矿部直辖地质调查所建筑经费报告（中华民国十五年至十八年）

外文题名：Report on the administration of the building fund of the Geological Survey of China

北平：农矿部直辖地质调查所，[1929.9]，14+8页，22开

　　本书内容包括：北票煤矿公司、怡立公司、福中公司等。中英文合编。

　　收藏单位：国家馆、南京馆

03136

实业部地质调查所章则一览

南京：实业部地质调查所，1935.9，32页，32开

　　本书内容包括：组织条例、练习员章程、练习生章程、各研究室工作通则等。

　　收藏单位：广东馆、国家馆、南京馆

03137

我们应有的忏悔和努力（中国地质学会第十四次年会理事长演说辞） 杨钟健讲

[北京]：中国地质学会，1938，167—180页，25开

　　本书为《地质论评》第3卷第2期摘印本。

03138

中国地质调查所概况

外文题名：The National Geological Survey of China：1916—1931

北平：中国地质调查所，1931.3，29+13页，22开

　　本书共12章，内容包括：沿革、组织、地质图之测制、矿产调查、燃料研究等。中国地质调查所成立十五周年纪念刊。中英文合编。

　　收藏单位：重庆馆、广东馆、国家馆、江西馆、近代史所、南京馆、山西馆、上海馆、首都馆、浙江馆

03139

中国地质调查所事业纪略

出版者不详，[1927]，10页，25开

　　收藏单位：广西馆

03140

中国地质学会第十五届年会会程

重庆：中国地质学会，1939.3，油印本，[14]页，16开

　　收藏单位：国家馆

03141

中国地质学会第十五届年会消息

重庆：中国地质学会，1939.3，1册，16开

　　收藏单位：国家馆

03142

中国地质学会概况　计荣森编

[重庆]：中国地质学会，1942.1，35 页，16 开

　　本书共 9 部分，主要介绍该会的章则、人员、奖金、出版等情况。书前有翁文灏序。

　　收藏单位：重庆馆、国家馆、南京馆

03143

中央地质调查所概况（二十五周年纪念）

重庆：中央地质调查所，1941.10，42 页，16 开

　　本书共 14 章，内容包括：沿革、组织、地质图之测制、矿产调查、古生物研究等。

　　收藏单位：重庆馆、国家馆

03144

中央地质调查所土壤研究室十五年来工作总报（民国十九年至三十四年）

重庆：中央地质调查所，1945，油印本，90 页，16 开，环筒页装

　　收藏单位：上海馆

03145

中央地质调查所西北分所概况（三十二年至三十七年）

中央地质调查所西北分所，[1948]，22 页，18 开

　　本书共 9 章，内容包括：沿革及工作概况、组织、图书室、测绘室、陈列室等。

　　收藏单位：甘肃馆、国家馆

地质学丛书、论文集、参考工具书

03146

北大地质研究会刊（第 3 期）　北大地质研究会编

北平：北京大学出版部，1928.7，136 页，16 开

　　本书内收《中国沿海地带之地文变迁》（黄汲清）、《重要的几属羊齿类植物化石》（李春昱）、《湖之研究》（计荣森）、《珊瑚礁之类别及其生成的几种学说》（胡伯素）、《残叶断定》（郝景盛）、《地球之地质年龄》（朱森节译）等 14 篇论文。

03147

促进中国地质工作的方法　翁文灏等著

北平：中国地质学会，1937，1 册，25 开

　　本书内收 6 篇论文:《促进中国地质工作的方法》（翁文灏）、《土壤质地之研究》（熊毅）、《土壤冲刷与防制方法》（张鸣韶）、《广东境内燕山运动的构造型相》（陈国达）、《地质图符号着色及花纹之商榷》（王炳章）、《闪长岩与辉长岩抑酸长岩与基长岩?》（张遹骏）.《地质论评》第 2 卷第 1 期摘印本。

　　收藏单位：国家馆

03148

地学辞书　王钟麒编

上海：中华书局，1930.12，536+27 页，22 开，精装

　　本书包括地质、地文、气象等学科。附汉文索引。编者原题：王益厓。

　　收藏单位：重庆馆、东北师大馆、国家馆、湖南馆、江西馆、南京馆、内蒙古馆、宁夏馆、山西馆、上海馆、首都馆、首都馆、天津馆、浙江馆

03149

地学丛书　张相文编订

北京：中国地学会，1921，2 册（286 页），20 开

　　本书内收中外学者的地质研究论文及游记数十篇，包括《中国发明地图说》《论地质之构成与地表之变动》等。书前有蔡元培、叶楚伧等写序 4 篇。

03150

地质丛刊（第 1 号）

外文题名：The geological survey of Szechuan. No.1

重庆：四川省地质调查所，1938，120 页，16 开

　　本书内收 4 篇论文:《万县巫山间长江北

岸地质矿产》（李陶、任绩）、《万县云阳奉节巫山四县长江南岸地质矿产》（苏孟守、萧有钧）、《彭山县芒硝矿地质》（侯德封、杨敬之）、《四川煤样分析续报》（李乐元等）。四川省地质调查所与中国西部科学院合作出版。

　　收藏单位：江西馆

03151

地质汇报（第 9 号）

北京：中央地质调查所，1927.10，55+13 页，16 开

　　本书内收论文 3 篇:《河南武安涉县林县安阳一带地质矿产》（王竹泉）、《浙江西部之地质》（刘季辰、赵亚曾）、《湖北西南部地质矿产》（谢家荣、刘季辰）。

03152

地质汇报（第 19 号）

北平：实业部地质调查所、国立北平研究院地质学研究所，1932，83+40 页，16 开

　　本书内收论文 3 篇:《热河围场区域地质》（德日进）、《黑龙江省札赉诺尔沥青矿及褐炭矿地质》（侯德封）、《中国石油之成分》（金开英）。中西文合编。

03153

地质汇报（第 23 号）

北平：实业部地质调查所、国立北平研究院地质学研究所，1933.12，44+58 页，16 开

　　本书内收论文 6 篇:《江西玉山广丰二县地质矿产》（高平）、《华煤中硫质种类之分析》《测定煤内硫质之新法》（杨珠瀚）、《中国烟煤之溶剂试验》（宾果）、《平阳礬石之加热试验》（金开英、萧之谦）、《绥远白云鄂博铁矿报告》（丁道衡）。中西文合编。

03154

地质汇报（第 27 号）

北平：实业部地质调查所、国立北平研究院地质学研究所，1936，72+64 页，16 开

　　本书内收 4 篇调查报告:《福建安溪永春永泰地质矿产》《广东紫金县宝山嶂铁矿》《广东云浮县铁矿》《湖南沅陵县柳林汊金矿

地质》。

　　收藏单位：国家馆

03155

地质矿物学大辞典　　杜其堡编纂　　翁文灏等校订

外文题名：A dictionary on geology and mineralogy

上海：商务印书馆，1930.11，1145+41+68 页，22 开，精装

上海：商务印书馆，1933.6，缩本初版，1145+40+64 页，50 开，精装

上海：商务印书馆，1933.11，缩本再版，1145+40+64 页，50 开，精装

重庆：商务印书馆，1943，缩本 4 版，1145+40+64 页，50 开，精装

　　本书收地质及矿物学名词 6000 余条，有插图、解释、英文索引、德文索引。书前有翁文灏序。

　　收藏单位：安徽馆、重庆馆、广东馆、广西馆、国家馆、湖南馆、吉林馆、江西馆、辽大馆、辽宁馆、南京馆、宁夏馆、青海馆、山西馆、陕西馆、上海馆、绍兴馆、首都馆、天津馆、西南大学馆、浙江馆

03156

地质论评（本会第十七次年会论文节要）　　赵家骧等著

重庆：中国地质学会，1941—1942，292—324 页，25 开

　　本书内收《中国西南部二叠纪玄武岩系成因及时代之检讨》（赵家骧）、《贵州西部酸性岩流及其中 Psaronius 等之发现》（彭琪瑞）、《云南昆阳中邑村磷矿》（王鸿祯）、《江南大陆——扬子江以南之加里东宁山脉》（黄汲清）、《云南曲靖宣威间几个地质问题》（王鸿祯）等多篇论文。《地质论评》第 6—7 卷摘印本。

　　收藏单位：重庆馆

03157

地质论评摘印　　中国地质学会编

北平：中国地质学会，1936，1 册，25 开

　　本书为《地质论评》第 1 卷第 2—4 期摘

印本。
　　收藏单位：广东馆

03158

地质学论文选辑

北平：中国地质学会，1936，[123]页，25开

　　本书内收《李毓尧、李捷、朱森著：宁镇山脉地质》（章鸿钊）、《刘和著：土壤学（卷上）》（李连捷）、《现代地层学者应具的勇气》（葛利普、谢家荣）、《地质学名词编订之经过》（王恭睦）等多篇论文。《地质论评》第1卷摘印本。

　　收藏单位：国家馆

03159

地质学名词编订之经过　　王恭睦著

北平：中国地质学会，1936，103—106页，25开

　　本书为《地质论评》第1卷第2期摘印本。

　　收藏单位：广东馆、南京馆

03160

国立中央研究院地质研究所丛刊（第1号）

外文题名：Contributions from the National Research Institute of Geology Academia Sinica. No.1

[南京]：地质研究所，1931.3，92页，16开

　　收藏单位：广东馆、国家馆

03161

国立中央研究院地质研究所丛刊（第2号）

外文题名：Contributions from the National Research Institute of Geology Academia Sinica. No.2

[南京]：地质研究所，1931.10，113页，16开

　　收藏单位：国家馆

03162

国立中央研究院地质研究所丛刊（第3号）

外文题名：Contributions from the National Research Institute of Geology Academia Sinica.

No.3

[南京]：地质研究所，1933.5，138页，16开

　　收藏单位：国家馆

03163

国立中央研究院地质研究所丛刊（第4号）

外文题名：Contributions from the National Research Institute of Geology Academia Sinica. No.4

[南京]：地质研究所，1933.6，71页，16开

　　收藏单位：国家馆

03164

国立中央研究院地质研究所丛刊（第5号）

外文题名：Contributions from the National Research Institute of Geology Academia Sinica. No.5

[南京]：地质研究所，1936.8，116页，16开

　　收藏单位：国家馆

03165

国立中央研究院地质研究所丛刊（第8号）

外文题名：Contributions from the National Research Institute of Geology Academia Sinica. No.8

[南京]：地质研究所，1948.11，339页，16开

　　本书为李四光教授六旬寿辰纪念册。

　　收藏单位：贵州馆、国家馆

03166

国立中央研究院地质研究所集刊（第1号）

上海：地质研究所，1928.11，38页，16开

　　本书内收1篇论文：《湖北阳新大冶鄂城之地质矿产》（叶良辅、赵国宾）。

03167

国立中央研究院地质研究所集刊（第2号）

上海：地质研究所，1928.11，56页，16开

　　本书内收1篇论文：《湖北大冶鄂城阳新一带火成岩之种类》（何作霖）。

　　收藏单位：广东馆

03168

国立中央研究院地质研究所集刊（第 3 号）

上海：地质研究所，1928.11，45 页，16 开

　　本书内收 1 篇论文:《湖北蒲圻嘉鱼咸宁崇阳武昌等县地质》（李捷）。

　　收藏单位：广东馆、贵州馆、国家馆

03169

国立中央研究院地质研究所集刊（第 4 号）

上海：地质研究所，1928.11，47 页，16 开

　　本书内收 1 篇论文:《湖北蒲圻嘉鱼咸宁崇阳武昌等县煤田地质》（李捷、舒文博等）。

　　收藏单位：广东馆、国家馆

03170

国立中央研究院地质研究所集刊（第 5 号）

上海：地质研究所，1928.11，9 页，16 开

　　本书内收 1 篇论文:《湖北鄂城灵乡铁矿》（叶良辅、赵国宾）。

03171

国立中央研究院地质研究所集刊（第 6 号）

上海：地质研究所，1928.11，57 页，16 开

　　本书内收 1 篇论文:《古生代以后大陆上海水进退的规程》（李四光）。

03172

国立中央研究院地质研究所集刊（第 7 号）

上海：地质研究所，1929.8，92 页，16 开

　　本书内收 4 篇论文:《笔石之原始分布及保存之情形》（葛利普）、《奥国维约纳盆地之犀牛化石》（王恭睦）、《欧洲 Dinotherium 之新分类法》（王恭睦）、《湖南中部上古生代地层之研究》（田奇㻞）。

　　收藏单位：国家馆

03173

国立中央研究院地质研究所集刊（第 8 号）

上海：地质研究所，[1929]，[121] 页，16 开

　　本书内收两篇论文:《湖北南漳当阳远安等县之煤田地质》（孟宪民）、《湖北襄阳南漳宜城荆门钟祥京山等县地质》（俞建章、舒文博）。

　　收藏单位：近代史所

03174

国立中央研究院地质研究所集刊（第 10 号）

上海：地质研究所，1930.12，119 页，16 开

　　本书内收 3 篇论文:《浙江平阳之明矾石》（叶辅良、李璜、张更）、《浙江绍兴诸暨萧山嵊县等处地质及璜山附近锌铅矿床之成因》（孟宪民）、《浙江西部地质矿产》（舒文博）。

　　收藏单位：国家馆

03175

国立中央研究院地质研究所集刊（第 11 号）

上海：地质研究所，1935，387 页，16 开，精装

　　本书内收 1 篇报告:《宁镇山脉地质》（李毓尧、李捷、朱森）。附图版 19 张。

　　收藏单位：国家馆

03176

国立中央研究院地质研究所西文集刊（第 10—12 号）

外文题名：Academia Sinica memoirs of the National Research Institute of Geology

上海：地质研究所，1930—1931，3 册（60+58+85 页），16 开

　　本书第 10 号出版于 1930 年，第 11 号出版于 1931 年 6 月，第 12 号出版于 1931 年 10 月。

　　收藏单位：国家馆

03177

矿物岩石及地质名词辑要　董常编

外文题名：Vocabulary of mineralogical, petrological and geological terms

北京：农商部地质调查所，1923.7，66 页，22 开

　　本书共 3 部分：矿物名词、岩石名词、地质名词。英汉对照。书前有章鸿钊序。

　　收藏单位：国家馆、上海馆、首都馆、浙江馆

03178

中国地质学会志（第 1 卷 第 1—4 期）

外文题名：Bulletin of the geological society of

China. Vol.I

北京：中国地质学会，1922，99 页，16 开

收藏单位：国家馆

03179

中国地质学会志（第 15 卷 第 1—3 期）

外文题名：Bulletin of the geological society of China. Vol.XV

北平：中国地质学会，1936，134 页，16 开

收藏单位：国家馆

03180

中国地质学会志（第 19 卷 第 1 期）

外文题名：Bulletin of the geological society of China. Vol.XIX

重庆：中国地质学会，1939.3，110 页，16 开

收藏单位：国家馆

03181

中国地质学会志（第 20 卷 第 1 期、第 3—4 期）

外文题名：Bulletin of the geological society of China. Vol.XX

重庆：中国地质学会，1940，2 册（111+382 页），16 开

收藏单位：国家馆

03182

中国地质学会志（第 24 卷 第 1—2 期）

外文题名：Bulletin of the geological society of China. Vol.XXIV

北京：中国地质学会，1944.6，146 页，16 开

收藏单位：国家馆

历史地质学、地层学

03183

奥陶纪气候及当时欧亚与北美大陆相对位置论　马廷英著

外文题名：The climate and the relative positions of Eurasia and North America during the Ordovician period as determined by the growth rate of corals

永安：马廷英 [出版者]，1943.7，1 册，16 开（古气候与大陆漂移之研究 1）

本书主要研究由奥陶纪珊瑚化石成长率同季候成长现象观测的结果，来推断该地质时代整个地球气候状态，进而讨论当今欧亚大陆与北美大陆相对位置的问题。

收藏单位：重庆馆、国家馆

03184

地层测算术　刘季辰著

北京：农商部地质调查所，[1919]，44 页，22 开

本书共 6 章：定地层厚度、定地层深度、定投射倾角、等高线地图中定地层露头之界线、地层构造等高线之测法及应用、断层图解。

收藏单位：国家馆、天津馆

03185

地球的年龄　李四光著

外文题名：The age of the earth

上海：商务印书馆，1927.10，90 页，36 开（百科小丛书 153）

上海：商务印书馆，1929.10，78 页，32 开（百科小丛书）（万有文库 第 1 集 471）

上海：商务印书馆，1937.4，国难后 1 版，78 页，32 开（百科小丛书）

本书共 7 部分：绪言、纯粹根据天文的学说求地球的年龄、根据天文学上的理论及地质学上的事实求地球的年龄、由累积岩层的总厚度求地球自受侵蚀以来所历的年龄、由海中所含的盐量求地球上自有海洋以来的年龄、距地球的热历史求他的年龄、据放射原质每年产生的氦气求地球的年龄。1927 年版著者原题：李仲揆。

收藏单位：安徽馆、重庆馆、大连馆、大庆馆、东北师大馆、广西馆、国家馆、黑龙江馆、湖南馆、江西馆、辽大馆、辽宁馆、辽师大馆、南京馆、内蒙古馆、宁夏馆、山东馆、上海馆、首都馆、天津馆、浙江馆

03186

古地理学　陈兼善著

长沙：商务印书馆，1940.9，110 页，36 开（地理学丛书）

本书共 12 章，内容包括：太古代与元古代、寒武纪与奥陶纪、志留纪、泥盆纪、石炭纪、二叠纪、三叠纪、侏罗纪等。

收藏单位：重庆馆、广东馆、贵州馆、国家馆、江西馆、上海馆、首都馆、天津馆

03187

古气候学　Wilh R. Echardt 著　许逸超译
外文题名：Paleoclimatology
出版者不详，[1943]，41 页，16 开

本书为《中师季刊》抽印本，译于 1943 年 2 月。

03188

古生代前之地球历史　（日）早坂一郎著　黄士弘译
上海：商务印书馆，1935.3，155 页，32 开（自然科学小丛书）（万有文库 第 2 集 268）
上海：商务印书馆，1936.3，155 页，32 开（自然科学小丛书）

本书共 3 章：历史之舞台、生命之最古记录、古生代。

收藏单位：重庆馆、大连馆、东北师大馆、广东馆、国家馆、江西馆、辽大馆、辽师大馆、南京馆、内蒙古馆、宁夏馆、清华馆、上海馆、首都馆、天津馆、浙江馆

03189

关于"中国东南部红色岩层之划分"的意见　冯景兰著
[重庆]：中国地质学会，1939，173—184 页，25 开

本书是作者对杨钟健等人的意见所持的不同见解。完稿于 1939 年 7 月昆明西南联大。《地质论评》第 4 卷第 3—4 期摘印本。

收藏单位：国家馆

03190

河北井陉县雪花山玄武岩及砂土层之研究　王竹泉著
北平：农矿部直辖地质调查所，1930，[28] 页，16 开

本书为《地质汇报》第 15 号摘印本。

收藏单位：广东馆

03191

湖南长沙湘潭泥盆纪地层　田奇㻋著
外文题名：A study of the Devonian sections in Changsha and Sientang districts central Hunan
长沙：湖南建设厅地质调查所，1928.5，24+14 页，16 开（湖南建设厅地质调查所报告 第 2 号 地质志 1）

收藏单位：重庆馆、国家馆、湖南馆

03192

华北地文沿革之重检讨　王竹泉著
北京：中国地质学会，1937，357—360 页，25 开

本书为《地质论评》第 2 卷第 4 期摘印本。

收藏单位：国家馆

03193

泥盆纪气候及当时诸大陆相对位置论　马廷英著
外文题名：The climate and relative position of continents during the Devonian period
永安：马廷英 [出版者]，1943.11，92 页，13 开（中国辞典馆自然科学组丛刊）（古气候与大陆漂移之研究 3）

本书为英文本，附中文节要。

收藏单位：重庆馆、国家馆

03194

山西西部陕西北部蓬蒂纪后黄土期前之地层观察　（法）德日进（P. T. de Chardin）　杨钟健著
外文题名：Preliminary observations on the pre-Loessic and post-Pontian formations in western Shansi and northern Shensi
北平：农矿部直辖地质调查所、国立北平研究院地质学研究所，1930.5，20+54 页，16 开（地质专报 甲种 第 8 号）

本书论述山西西部、陕西北部间红色土

的一般性质，分述该区域的地质情况。附蓬蒂纪底层、黄河河谷之历史、山陕一带之旧石器。

收藏单位：国家馆、宁夏馆

03195

无锡太湖附近下石炭纪地质述略　潘钟祥崔克信著

北平：中国地质学会，1936，451—456页，25开

本书为《地质论评》第1卷第4期摘印本。

收藏单位：广东馆、国家馆

03196

现代地层学者应具的勇气　（美）葛利普（A. W. Grabau）著　谢家荣译

北平：中国地质学会，1936，99—102页，25开

本书为《地质论评》第1卷第2期摘印本。

收藏单位：广东馆、国家馆

03197

研究古代气候之方法　张席禔著

广州：中山大学理工学院，[1920—1940]，6页，16开

收藏单位：国家馆

03198

扬子江流域地文发育史　（英）巴尔博（G. B. Barbour）著

北平：实业部地质调查所、国立北平研究院地质学研究所，1935.8，24+111页，16开（地质专报 甲种 第14号）

本书共9章：扬子江及其分区、扬子江上游、四川赤盆地、扬子江中游、扬子江下游、扬子江三角州、区域的比较、扬子江地文发育史之鸟瞰、冰川问题。

收藏单位：广东馆、贵州馆、国家馆

03199

扬子江中下游重要地层之比较　翁文灏著

外文题名：The major stratigraphic divison in the middle and lower Yangtze valley

北平：农矿部直辖地质调查所，1930.6，161—170+20—30页，16开

本书为《地质汇报》第14号摘印本。附英文节要。

收藏单位：国家馆

03200

震旦纪地层之分布及其古地理学之意义　赵金科著

北平：中国地质学会，1936，419—436页，25开

本书论述北美东西部、格林兰及欧洲、东亚及澳非等地的震旦纪大地槽，以及各大地槽之关系等。《地质论评》第1卷第4期摘印本。

收藏单位：广东馆、国家馆

03201

志留纪气候及当时诸大陆相对位置论　马廷英著

外文题名：The climate and relative position of continents during the Silurian period as determined by the growth rate of corals

永安：马廷英 [出版者]，1943.8，[124] 页，13开（中国辞典馆自然科学组丛刊）（古气候与大陆漂移之研究 2）

本书为英文本，附中文节要。

收藏单位：国家馆、上海馆

03202

中国北部之新生界　（瑞典）安特生（Johan Gunnar Andersson）著　袁复礼译

外文题名：Essays on the Cenozoic of North China

北京：农商部地质调查所，1923.3，152+12页，16开（地质专报 甲种 第3号）

本书按照始新统、渐新统、中新统及上新统过渡层、上新统上层等顺序分别论述地层。附表：中国北部数省之中生界上部及第三期、中国北部数省之新生纪。

收藏单位：东北师大馆、国家馆

03203

中国地史　（日）山根新次著　张资平译

上海：商务印书馆，1937.6，24+84 页，32 开
（汉译世界名著）（万有文库 第 2 集 598）

长沙：商务印书馆，1939.2，24+84 页，32 开
（汉译世界名著）

长沙：商务印书馆，1940.2，再版，24+84
页，32 开（汉译世界名著）

本书讲述自泰山系至第四系之中国地史。
共 13 章，内容包括：泰山系、五台系、震旦
系、寒武系、奥陶系、志留系、泥盆系等。
书前有地形、地质及古生物等图 29 帧。

收藏单位：重庆馆、大连馆、广西馆、贵
州馆、国家馆、黑龙江馆、湖南馆、吉林馆、
南京馆、上海馆、浙江馆

03204

中国地势变迁小史　　李四光著

外文题名：A brief history of Chinese geological changes

上海：商务印书馆，1923.1，48 页，48 开（百
科小丛书 2）

上海：商务印书馆，1925.5，3 版，48 页，48
开（百科小丛书 2）

上海：商务印书馆，1926.11，4 版，48 页，48
开（百科小丛书 2）

上海：商务印书馆，1930.4，41 页，32 开（百
科小丛书）（万有文库 第 1 集 478）

上海：商务印书馆，1933.3，国难后 1 版，41
页，32 开（百科小丛书）

上海：商务印书馆，1934.7，再版，41 页，32
开（百科小丛书）（万有文库 第 1 集 478）

上海：商务印书馆，1935.2，国难后 2 版，41
页，32 开（百科小丛书）

上海：商务印书馆，1947.2，3 版，41 页，32
开（百科小丛书）（新中学文库）

本书讲述亚尔剐时代、寒武纪至奥陶纪、
志留纪至泥盆纪、葭蓬纪至二叠纪（煤纪）、
三叠纪至株罗纪以及株罗纪以后中国的地势。
48 开版本著者原题：李仲揆。

收藏单位：安徽馆、重庆馆、大连馆、大
庆馆、东北师大馆、广东馆、广西馆、国家
馆、河南馆、黑龙江馆、湖南馆、江西馆、
辽大馆、辽宁馆、辽师大馆、南京馆、内蒙
古馆、宁夏馆、山东馆、上海馆、绍兴馆、

首都馆、天津馆、西南大学馆、浙江馆

03205

中国南部之二叠纪地层　　黄汲清著　　尹赞勋
节译

外文题名：The Permian formations of southern China

北平：实业部地质调查所、北平研究院地质学
研究所，1932.12，140+18 页，16 开（地质专
报 甲种 第 10 号）

本书共 11 章，内容包括：栖霞石灰岩、
茅口石灰岩、乐平系、大羽羊齿植物群、峨
眉山玄武岩、二叠纪与三叠纪之分界、中国
南部之乌拉统等。英文本，附中文节译。

收藏单位：贵州馆、国家馆、天津馆

03206

中国之丰宁纪　　田奇瑰著

北平：中国地质学会，1936，255—276 页，
25 开

本书阐述丰宁纪地层之分布、分类、海
陆之变迁等内容。《地质论评》第 1 卷第 3 期
摘印本。

收藏单位：广东馆、国家馆

03207

中国志留纪地层概要　　张席禔著

北平：中国地质学会，1936，395—406 页，25
开

本书为《地质论评》第 1 卷第 4 期摘印
本。附中国志留纪地层分布表。

收藏单位：广东馆、国家馆

03208

中国中生代地层概要　　张席禔著

北平：中国地质学会，1936，107—120 页，
25 开

本书为《地质论评》第 1 卷第 2 期摘印
本。附中国中生代地层比较表。

收藏单位：广东馆、国家馆

构造地质学、地质力学

03209

大陆移动论　（德）惠格纳（A. Wegener）著
　沐绍良译

外文题名：Verschiebungstheorie

上海：商务印书馆，1937.6，2 册（262 页），
32 开（汉译世界名著）（万有文库 第 2 集 261）

长沙：商务印书馆，1939.1，262 页，32 开
（汉译世界名著）

长沙：商务印书馆，1939.12，2 册（262 页），
32 开（汉译世界名著）（万有文库 第 1—2 集
简编 168）

　　本书共 13 章，内容包括：移动论、对于
收缩论陆桥论及大洋永续论的关系、地球物
理学的论据、地质学的论证、测地学的论证、
深海底、大陆缘等。据日文译本转译。

　　收藏单位：大连馆、东北师大馆、广东
馆、贵州馆、国家馆、江西馆、上海馆、天
津馆、浙江馆

03210

地质变迁概论　朱兆蕃著

大连：微光学社，1928.10，97 页，22 开

　　本书共 3 章：总论、内生力、外生力。

　　收藏单位：国家馆、首都馆

03211

地质力学之基础与方法　李四光著

上海：中华书局，1947.1，110 页，25 开（中
国科学社丛书）

　　本书共 6 部分：概说、应变应力与弹性柔
软、应力与应变之初步分析、地质构造形象
之观测与分析、构造系统与构造形式、解决
地质力学问题之途径。大学用书。

　　收藏单位：重庆馆、东北师大馆、广东
馆、广西馆、国家馆、辽大馆、南京馆、上
海馆、首都馆、天津馆、西南大学馆

03212

广东境内燕山运动的构造型相　陈国达著

北平：中国地质学会，1937，45—54 页，25
开

　　本书为《地质论评》第 2 卷第 1 期摘印
本。

　　收藏单位：国家馆

03213

陆地的故事　于卓著

桂林：万有书局，1944，84 页，32 开（万有
少年文库 第 1 辑）

　　收藏单位：广东馆、贵州馆

03214

世界地体构造　（日）青山信雄著　张资平译

上海：商务印书馆，1936.3，3 册（303 页），32
开（自然科学小丛书）（万有文库 第 2 集 267）

上海：商务印书馆，1936.10，2 册（303 页），
32 开（自然科学小丛书）

　　本书共 8 章，内容包括：硬性地块、地向
斜、褶曲系、山脉之构造、关于大陆漂动之
诸学说等。附地质时分类表。

　　收藏单位：重庆馆、东北师大馆、广东
馆、国家馆、黑龙江馆、江西馆、南京馆、
内蒙古馆、上海馆、首都馆

03215

威格那大陆浮动论　（日）竹内时男著　蔡源
明译

外文题名：Die Theorie der Kontinentalen Verlegung
von Alfred Wegner

上海：中华学艺社，1931.4，69 页，32 开（学
艺汇刊 26）

上海：中华学艺社，1933.11，国难后 1 版，
69 页，32 开（学艺汇刊 26）

　　本书共 3 章：威格那氏大陆浮动论、波隆
博士之等压论说明、辛普孙氏之气候变化与
威格那论。

　　收藏单位：重庆馆、广东馆、国家馆、江
西馆、辽宁馆、内蒙古馆、上海馆、天津馆

03216

宣化一带地质构造研究　孙健初　王曰伦著

北平：农矿部直辖地质调查所，1930，12+9

页，16 开

　　本书为《地质汇报》第 15 号摘印本。

　　收藏单位：广东馆、国家馆、上海馆

03217

中国东南部之中生代造山运动　张席禔著

广州：两广地质调查所，1933.12，11+7 页，16 开（两广地质调查所特刊 第 11 号）

　　本书共 5 部分：绪言、侏罗纪岩层中所表明之中生代造山运动、红色岩系之情形及地质时代、造山运动之地质时代、结论。中英文合编。

　　收藏单位：国家馆

03218

中国中生代初期之地壳运动与震旦运动之异点　章鸿钊著

北平：中国地质学会，1936，245—254 页，25 开

　　本书为《地质论评》第 1 卷第 3 期（丁文江先生纪念号）摘印本。

　　收藏单位：广东馆、国家馆、南京馆

03219

中国中生代晚期以后地壳运动之动向与动期之检讨并震旦方向之新认识　章鸿钊著

北平：中国地质学会，1936，7—32 页，25 开

　　本书为《地质论评》第 1 卷第 1 期摘印本。

　　收藏单位：重庆馆、广东馆、国家馆、南京馆

区域地质学

03220

北京西山地质志　叶良辅著

外文题名：The geology of Hsi-Shan or the Western Hills of Peking

北京：农商部地质调查所，1920.2，92+115 页，16 开（地质专报 甲种 第 1 号）

　　本书共 5 章：地层系统、火成岩、构造地质、地文、经济地质。

　　收藏单位：国家馆、吉林馆、山西馆、天津馆

03221

北平西山几个地质问题　杨杰著

北平：国立北平研究院出版课，1936.3，7 页，16 开

　　本书为《国立北平研究院院务汇报》第 7 卷第 2 期单行本。

　　收藏单位：国家馆、近代史所

03222

重庆贵阳间地质要略　乐森琦著

北平：地质调查所，1928.7，[20] 页，16 开

　　本书为《地质汇报》第 11 号摘印本。

　　收藏单位：广东馆

03223

重庆南川间地质志　常隆庆著

北碚：中国西部科学院地质研究所，1933.4，58 页，16 开（中国西部科学院地质研究所丛刊 第 1 号）

　　本书共 5 章：杂记、地质构造、地层系统、地文、矿产。附重庆南川间地质图、南川金佛山地质图，并有英文目录及摘要。

　　收藏单位：重庆馆、国家馆

03224

地质煤铁概论　王晓青著

出版者不详，16 页，16 开（中国工程师学会四川考察团报告 10）

　　本书目次页题名：四川地质煤铁概论。

03225

叠溪地质调查特刊

成都：国立四川大学秘书处出版课，1934.7，54 页，32 开

　　本书共 7 部分：插图、灌县至叠溪一带之地质及叠溪之震灾、灌县至叠溪地层之观察、赴叠溪考察记、叠溪考察日记、叠溪镇地震损失统计表、羌人之风俗。国立四川大学调查报告之一。

　　收藏单位：广西馆、国家馆、近代史所、

南京馆

03226

丁文江先生地质调查报告　丁文江著

外文题名：Geological reports of Dr. V. K. Ting

南京：经济部中央地质调查所，1947.6，746页，16开，函套装

　　本书收录丁文江于 1913—1930 年在冀、晋、鲁、滇、桂、黔、川各省实地考查报告十余篇。正文为英文。书前有翁文灏作《丁文江传》（英文），书后有编辑后记。

　　收藏单位：广东馆、广西馆、南京馆、浙江馆

03227

福建地质调查之历史及地质问题

永安：福建省建设厅地质土壤调查所，1942.11，32 页，18 开

　　本书为《福建省地质土壤调查所年报》第 1 号摘印本。

　　收藏单位：南京馆

03228

福建之坂头系及其上下岩层　陈恺著

外文题名：The geological & soil survey of Fukien

永安：福建省建设厅地质土壤调查所，1943.5，48+14 页，18 开（福建省地质土壤调查所学术研究与中央地质调查所合作专报 第 1 号）

　　本书共 6 章：引言、分区观察、火山岩系、坂头系、赤石层、摘要。附英文摘要。

　　收藏单位：国家馆、上海馆

03229

福建之地质土壤调查　福建省地质土壤调查所编著

[永安]：福建省政府秘书处，1944.5，80 页，32 开（福建建设丛书 11）

　　本书共 4 章：绪言、调查机构沿革、历年调查经过、调查结果提要。

　　收藏单位：重庆馆、福建馆、国家馆、南京馆、上海馆、首都馆、天津馆

03230

甘肃永登咸水河及皋兰河口一带地质　孟昭彝等著

兰州：资源委员会中国石油有限公司甘青分公司，1947.5，37 页，16 开（石油地质专刊第 1 号）

　　本书共 7 章，内容包括：该地区的地理概况、地层系统、地质构造、地文时期、河口民和一带钻探石油等。

　　收藏单位：南京馆

03231

箇旧地质述略　孟宪民著

北平：中国地质学会，1936，339—346 页，25 开

　　本书为《地质论评》第 1 卷第 3 期（丁文江先生纪念号）摘印本。

　　收藏单位：广东馆

03232

灌县大邑间地质　赵家骧　何绍勋著

重庆：四川省地质调查所，1945，138—141 页，18 开

　　本书内容包括：绪、地形、地层、构造等。《地质丛刊》第 8 号摘印本。

　　收藏单位：重庆馆

03233

广东东莞宝安二县地质　朱庭祜著

广州：两广地质调查所，1932，13 页，16 开（两广地质临时报告 第 26 号）

　　本书共 3 部分：绪言、地形、地质。

　　收藏单位：国家馆、南京馆

03234

广东西江沿江地质述略　徐瑞麟　蒋溶著

广州：两广地质调查所，1931，38 页，18 开（两广地质临时报告 第 23 号）

　　本书共 6 部分：绪论、地形、地层、火成岩、构造、矿产。

　　收藏单位：国家馆

03235

广东粤汉铁路沿线地质　冯景兰等著

广州：两广地质调查所，1928.5，油印本，29页，12开，环筒页装（两广地质临时报告 第4号）

03236

广西罗城黄金寺门附近地质　李捷著

北平：中国地质学会，1936，311—322页，25开

本书为《地质论评》第1卷第3期（丁文江先生纪念号）摘印本。

收藏单位：广东馆、国家馆

03237

广元剑阁间地质　任绩　杨敬之著

重庆：四川省地质调查所，1942，49—82页，18开

本书为《地质丛刊》第5号摘印本。

收藏单位：国家馆

03238

广州市附近地质　（瑞士）哈安姆（Arnold Heim）著　古力齐　李承三等著

外文题名：Geology of Canton

广州：两广地质调查所，1930，19+29页，16开（两广地质调查所特刊 第7号）

本书记述广州地区的地理、地层、火成岩、构造、内侵花刚岩之动力作用、地史鳞爪等。附地质图1张。中英文合编。

收藏单位：国家馆

03239

贵州遵义金沙黔西修文四县地质调查报告　杨怀仁　施雅风著

资源委员会矿产测勘处，[1943]，油印本，32叶，16开，环筒页装（临时报告35）

收藏单位：国家馆

03240

杭州市附近地质观察　施昕更撰

杭州：出版者不详，10页，25开

本书介绍杭州市附近地质观察、地形、地质的变化，以及岩石的种类等。

收藏单位：浙江馆

03241

河北省房山县沟峪地质补遗　侯德封著

侯德封 [出版者]，1934.12，8页，16开

本书为《矿冶》第7卷第24期抽印本。

收藏单位：国家馆

03242

黑龙江省嫩江两岸之地质　谭锡畴　王恒升著

北平：农矿部地质调查所，1929，63—82+34—41页，16开

本书为《地质汇报》第13号摘印本。

收藏单位：广东馆、国家馆、上海馆

03243

湖南长常区地质志　王晓青　刘祖彝著

外文题名：The geology of Changsha-Changteh district, Hunan

长沙：湖南地质调查所，1936.6，12+106+21页，16开（地质专报 乙种 第1号）

本书记述长沙常德地区的地理、地质调查、地质系统、地质构造、经济地质等。

收藏单位：广东馆、国家馆

03244

湖南长沙湘潭衡山邵阳衡阳湘乡六县地质志　王晓青　田奇瑪　许原道著

外文题名：The geology of Changsha, Hsiangtan, Hengshan, Hengyang, Hsianghsiang, and Shaoyang districts, central Hunan

长沙：湖南地质调查所，1933.3，112+47页，16开（湖南地质调查所报告 第15号 地质志2）

本书记述该地区的地理、地质调查、地层系统、地质构造、经济地质等。

收藏单位：国家馆、湖南馆、天津馆

03245

华北平原的生成　丁骕著

南京：中国水利工程学会，1947.10，80—88页，16开

本书共6部分：绪言、Wurm 冰期以后的海平面变迁、黄河流域平原的加积、河北平

原的历史、黄土蚀去量、节要。中国水利工程学会《水利》第 15 卷第 1 期抽印本。

收藏单位：国家馆

03246

华蓥山地质　李春昱　孙明善　杨登华著

重庆：四川省地质调查所，[1940]，42 页，18 开

本书为《地质丛刊》第 3 号摘印本。

收藏单位：国家馆

03247

嘉陵江三峡地区与地形和温泉的关系　李承三著

北碚：中国地理研究所，1942.10，石印本，13 页，16 开，环筒页装（中国地理研究所地理集刊第 1 号暂行本）

03248

江苏地质志　刘季辰　赵汝钧著

北京：农商部地质调查所、江苏实业厅，1924.10，82+34 页，16 开

本书共 5 章：地层系统、火成岩、地质构造、地形、经济地质。附总图 1 幅、分图 4 幅。另附有英文目次及节要。

收藏单位：重庆馆、广东馆、国家馆、首都馆、天津馆

03249

江西贡水流域地质　陈国达　刘辉泗著

外文题名：Geology of the Gungshui valley, southern Kiangsi

南昌：江西省地质调查所，1939.1，63 页，16 开（江西省地质调查所临时简报 第 6 号）

收藏单位：国家馆

03250

江西缭水流域地质　陈国达　钟詠汉著

外文题名：Geology of Liaoshui valley, Kiangsi

南昌：江西省地质调查所，1939.1，19 页，16 开（江西省地质调查所临时简报 第 9 号）

收藏单位：国家馆

03251

江西省地质调查概况

[南昌]：江西省政府建设厅，1941.7，80 页，24 开（经建丛书 8）

本书介绍江西省地质调查所的筹建、经费来源及 1931—1940 年间开展的各项调查工作。内容包括：总述、野外调查、报告、测绘、采集及陈列等。附修正江西省地质调查所组织规程。

收藏单位：重庆馆

03252

江西西部地质志　高平　徐克勤著

北碚：经济部地质调查所、国立北平研究院地质学研究所，1940.12，60 页，16 开（地质专报 甲种 第 16 号）

本书为九岭山脉以南、禾水以北、赣江以西、赣湘边境以东地带的地质调查报告。涉及地形、地层、侵入岩、地质构造、经济地质等内容。附插图 10、图版 14。

收藏单位：国家馆

03253

矿产分析

北平：经济部矿冶研究所，1948.1，52 页，16 开（经济部矿冶研究所专刊 8）

本书分煤旷、焦炭、耐火材料、铁矿、铜矿、铝、特种矿产、磷、硫、石膏、食盐、油页岩 12 类。全部为表格，分别列出矿名、产地、化学成份、发热量、焦性、颜色等。

收藏单位：重庆馆

03254

李毓尧、李捷、朱森著：宁镇山脉地质·松泽勋著：1. 热河地方之中生代地壳运动（要旨），2. 热河地方承德附近之地　章鸿钊著

北平：中国地质学会，1936，175—185 页，25 开

本书为《地质论评》第 1 卷第 2 期摘印本。

收藏单位：广东馆

03255

两广地质调查所年报（第 1 卷 民国十七年）

广州：两广地质调查所，1928，102+141 页，16 开

　　本书收朱庭祜、冯景兰、乐森璕等 5 人的有关广东、广西地质矿产调查报告 5 篇和和西沙群岛鸟粪调查 1 篇，另附大张图多幅。中英文合编。书前有朱家骅发刊词。

　　收藏单位：国家馆

03256

两广地质调查所年报（第 2 卷 民国十八年）

广州：两广地质调查所，1929，2 册（[356] 页），16 开

　　本书内收《广东曲江乐昌乳源三县间地质》（朱庭祜）、《广西桂林义宁古化灵川与安全州》（冯景兰）、《广西北部之地质矿产》（乐森璕）等 8 篇报告。中英文合编。

　　收藏单位：桂林馆、国家馆

03257

两广地质调查所年报（第 3 卷 民国十九、二十年）

广州：两广地质调查所，1930—1931，2 册（89+41+141+94 页），16 开

　　本书上册收朱庭祜、王镇屏、李殿臣等人的《浙江西北部地质》《浙江西南部煤田地质》《浙江长兴煤田地质构造》《浙江建德、淳安二县间之铁矿》《浙江长兴李家巷附近铁矿武康铜官山铜矿》《浙江吴兴陇山弗石矿》6 篇报告。下册收李殿臣、王镇屏等人的《广东徐闻、海康、遂溪、廉江、合浦、钦县、灵山七县地质矿产》《浙江长兴、吴兴、武康、德清、余杭五县地质》《广东曲江县煤田地质》《广东乳源县狗牙洞煤田地质》4 篇报告。中英文合编。

　　收藏单位：国家馆

03258

两广地质调查所年报（第 4 卷）　何杰编

广州：两广地质调查所，1932—1933，2 册（129+52+110+65 页），16 开

　　本书上册收《广东中山县地质矿产》（乐森璕）、《广东东江与粤汉铁路间地质矿产》（李殿臣）、《广东广西沿江地质矿产》（徐瑞

麟、蒋溶）等报告。下册收《广东电白、信宜、茂名、罗定四属地质矿产》（王镇屏）、《广西西湾煤田地质》（乐森璕）、《广东东莞尖冈煤田报告》（徐瑞麟）等报告。中英文合编。

　　收藏单位：桂林馆、国家馆

03259

两广地质调查所年报（第 5 卷上册）　何杰编

广州：两广地质调查所，1934，144+72 页，16 开

　　本书内收《广东罗定、云浮、郁南、阳春、阳江五县地质矿产》（蒋溶）、《广西东南边境地质矿产》（姚文光）、《广东防城、合浦、灵山、钦县四属地质矿产》（王镇屏）、《广东新兴、台山、鹤山、开平、恩平、阳江、阳春七县地质矿产》（徐瑞麟）4 篇报告。中英文合编。

　　收藏单位：国家馆

03260

南川地质旅行指南　尹赞勋　李星学编

重庆：中国地质学会，1943.3，22 页，22 开

　　本书介绍中国地质学会 19 次年会后于1943 年 3 月旅行、调查南川地质的经过及成果。

　　收藏单位：重庆馆、南京馆

03261

南川綦江地质　潘钟祥　彭国庆著

出版者不详，[1939]，220 页，16 开

　　本书共 5 部分：绪言、地形、地层、地质构造、矿产。中英文对照。

　　收藏单位：重庆馆

03262

南京龙潭地质指南　李四光　朱森著

外文题名：A geological guide to the Lungtan district Nanking

南京：国立中央研究院地质研究所，1932，13+25 页，25 开

　　本书附龙潭地质图，中英文合编。

　　收藏单位：国家馆、南京馆、上海馆、浙

江馆

03263

南京市及江宁县地质报告　朱庭祜等编
出版者不详，104 页，16 开
　　收藏单位：南京馆

03264

南岭地质图
[南京]：中央研究院地质研究所，1937，19
页，2 开

03265

内蒙地质志　张席褆著
广州：两广地质调查所，1931，32+42 页，16
开（两广地质调查所特刊 第 9 号）
　　本书研究内蒙之地形、地质、地史及气
候等。附蒙古二廉古尔东乌苏及西苏金喇嘛
庙一带地质略图。中英文合编。
　　收藏单位：广西馆、国家馆

03266

宁镇山脉地质图　朱森　李捷　李毓尧调查
　地质研究所制图
南京：国立中央研究院地质研究所，1935，
[14] 页，16 开
　　本书介绍南京城、汤水镇、高资镇、镇
江城、孟河城、茅山等地山脉地质。另有宁
镇山脉地质剖面图 7 幅。
　　收藏单位：国家馆、吉林馆、上海馆

03267

秦岭东部地质观察　（英）巴尔博（G. B.
Barbour）（法）德日进（P. T. de Chardin）
卞美年著
外文题名：A geological reconnaissance across
the eastern Tsinling
北平：实业部地质调查所、国立北平研究院地
质学研究所，1935.3，35—42+9—37 页，16
开
　　本书为《地质汇报》第 25 号摘印本。
　　收藏单位：国家馆

03268

秦岭山及四川之地质研究　赵亚曾　黄汲青
著
外文题名：The geology of the Tsinlingshan and
Szechuan
北平：实业部直辖地质调查所、国立北平研
究院地质研究所，1931.11，48+228 页，16 开
（地质专报 甲种 第 9 号）
　　本书共 5 章：绪言、地理、地层系统、地
质构造、经济地质。附秦岭地质图及西安、
武功等市县的地质图等，共 18 幅。中英文合
编。
　　收藏单位：广东馆、贵州馆、国家馆、天
津馆

03269

热河北票附近地质构造研究　翁文灏著
北平：地质调查所，1928.7，[40] 页，16 开
　　本书为《地质汇报》第 11 号摘印本。
　　收藏单位：广东馆

03270

热河围场区域地质　（法）德日进（P. T. de
Chardin）著　翁文灏节译
北平：实业部地质调查所，1932，6+49 页，
16 开
　　本书为《地质汇报》第 19 号摘印本。
　　收藏单位：国家馆

03271

山东荣城县极东北部地质概况　杨杰著
北平：国立北平研究院总办事处出版课，
1936.10，10 页，16 开
　　本书为《国立北平研究院院务汇报》第 7
卷第 6 期抽印本。附山东荣城县极东部地质
简图。

03272

山西五台山地质之检讨　杨杰著
北平：国立北平研究院总办事处出版课，
1936.6，8 页，16 开
　　本书论述地层之分类，太古界、元古界、
古生代之地层等。附山西五台山及其附近地

质简图。《国立北平研究院院务汇报》第 7 卷
第 3 期单行本。

收藏单位：国家馆

03273

陕西泾洛两河下游间之地质　赵国宾著
[南京]：地质研究所，1931.10，[53] 页，16
开

本书共 6 部分：绪言、地理、地层次序
及分布、地质构造、地文发育史、经济地理。
《国立中央研究院地质研究所丛刊》第 2 号摘
印本。

收藏单位：上海馆

03274

十五年来中国之地质研究　章鸿钊著
上海：中华学艺社，1933.4，20 页，18 开（学
艺小丛书 7）

本书内容包括：研究机关介绍、出版图
籍、调查地域、地层研究、古生物研究、矿
产调查与矿物岩石研究、地文史与地质构造
研究等。

收藏单位：国家馆

03275

石砫黔江及其邻区地质旅次　侯德封著
重庆：四川省地质调查所，1941，36 页，18
开

本书共 5 部分：绪言、地形及其形成、地
层、地质构造、矿产。书后附石柱黔江及其
邻区地质图 1 幅。《地质丛刊》第 4 号摘印
本。

收藏单位：重庆馆、国家馆

03276

四川重庆附近地质构造及石油　（瑞士）哈安
姆（Arnold Heim）著　李殿臣译
外文题名：Studies on tectonics and petroleum in
the Yangtse region of Tshungking
广州：两广地质调查所，1931，28+43 页，16
开（两广地质调查所特刊第 8 号）

收藏单位：广东馆、天津馆

03277

四川地质调查报告书　实业部地质调查所
全国经济委员会公路处　国立中央大学地质
学系编
外文题名：Report on the Szechuan geological
expedition
南京：实业部地质调查所，1935.3，43 页，16
开

本书共 5 章：概论、重庆綦江间地质矿
产、涪陵彭水间地层纪要、峨眉山地质补遗、
万县达县及梁山县地质矿产。

收藏单位：重庆馆、广东馆、贵州馆、国
家馆、南京馆、上海馆

03278

四川峨眉山地质　谭锡畴　李春昱著
北平：实业部地质调查所，1933，42+14—54
页，16 开

本书为《地质汇报》第 20 号摘印本。中
英文合编。

收藏单位：广东馆、国家馆

03279

四川峨嵋山构造之研究　（瑞士）哈安姆
（Arnold Heim）著　徐瑞麟译
广州：两广地质调查所，1932，48+53 页，16
开（两广地质调查所特刊第 13 号）

收藏单位：国家馆、南京馆

03280

四川嘉陵三峡地质志　常隆庆　罗正远著
重庆：中国西部科学院地质研究所，1933.8，
33 页，16 开（中国西部科学院地质研究所丛
刊第 2 号）

本文共 5 部分：杂记、地质构造、地层系
统、地文、矿产。书前附四川嘉陵三峡煤油
储量估计表、四川嘉陵三峡地质总附图。

收藏单位：国家馆

03281

四川西康地质志　谭锡畴　李春昱著　舒化
章绘图
北平：实业部地质调查所、国立北平研究院地

质学研究所，1935.7，82 页，4 开（地质专报甲种 第 15 号）

　　本书内附成都、雅安等地区的地理图、地质图，共 41 幅。

　　收藏单位：广东馆

03282

绥远及察哈尔西南部地质附图　孙健初制

北平：实业部地质调查所、国立北平研究院地质学研究所，1934.8，8 页，4 开

　　收藏单位：广东馆

03283

调查浙江地质简报（第 2 号）　孙海环　朱庭祜著

出版者不详，1924.6，石印本，38 页，长 21 开，环筒页装

　　本书是关于杭县、富阳、新登、桐庐 4 县的地质调查报告。

03284

西康地质考古旅行杂记

出版者不详，1 册，16 开

　　收藏单位：南京馆

03285

西康地质调查旅行记　李承三著

重庆：独立出版社，1941.5，100 页，32 开（新民族丛书）

　　本书共 11 部分，内容包括：绪言、重庆至成都、成都至雅安、雅康道上、康定、康定至道孚等。

　　收藏单位：重庆馆、广东馆、贵州馆、国家馆、辽大馆、南京馆、内蒙古馆、宁夏馆、山西馆、浙江馆、中科图

03286

扬子江流域巫山以下之地质构造及地文史

叶良辅　谢家荣著

北京：农商部地质调查所，1926.1，[80] 页，16 开

　　本书为《地质汇报》第 7 号摘印本。附扬子江流域地层褶轴图。

03287

扬子江上游地质构造志略　（瑞士）哈安姆（Arnold Heim）著　朱庭祜　李殿臣译

广州：两广地质调查所，1933，1 册，16 开（两广地质调查所特刊 第 14 号）

　　本书介绍扬子江上游地质构造、岩石的厚度、地质变化等内容。

　　收藏单位：广东馆、浙江馆

03288

一年来之江西地质调查　夏湘蓉编

出版者不详，1947.4，215—228 页，16 开

　　本书介绍江西的地质、矿产、土壤的调查和化验工作。内有煤样化验表等。《一年来之赣政》摘印本。

　　收藏单位：国家馆

03289

云南地质及地形　（德）克勒脱纳（Wilhelm Credner）著　林超译

外文题名：Observations on geology and morphology of Yunnan

广州：两广地质调查所，1932，32+51 页，16 开（两广地质调查所特刊 第 10 号）

　　本书为《中山大学地理学系报告》第 1 卷第 2 号摘印本。中英文合编。

　　收藏单位：国家馆、上海馆

03290

云南地质调查第二期报告　朱庭祜著

出版者不详，石印本，188 页，16 开

　　本书共 3 章：地层、地质构造、矿产。

　　收藏单位：重庆馆

03291

云南地质研究的进展　尹赞勋著

北平：中国地质学会，1936，277—294 页，25 开

　　本书为《地质论评》第 1 卷第 3 期（丁文江先生纪念号）摘印本。

　　收藏单位：广东馆、国家馆

03292

云南富民老煤山煤田地质简报　张兆瑾　杨开庆著

昆明：资源委员会云南富民煤矿测勘队，1945.10，油印本，1 册，28cn

　　本书内容包括：引言、位置及交通、地层、地质构造、煤矿等。

　　收藏单位：南京馆

03293

云南个旧附近地质矿务报告　丁文江遗著　尹赞勋整理

北平：实业部地质调查所、国立北平研究院地质学研究所，1937.1，51 页，16 开（地质专报 乙种 第 10 号）

　　本书共 5 章：地质、个旧之锡厂、锡务公司、宝兴公司、个旧之前途。

　　收藏单位：重庆馆、广东馆、贵州馆、国家馆、天津馆

03294

张家口附近地质志　（英）巴尔博（G. B. Barbour）著　侯德封译

外文题名：Geology of the Kalgan area

北平：农矿部直辖地质调查所，1929.10，26+148 页，16 开（地质专报 甲种 第 6 号）

　　本书讲述张家口的形势、地层、地质及地壳变动史等。英文本，附中文节要。

　　收藏单位：国家馆、天津馆

03295

浙江地质纪要　盛莘夫著

杭州：浙江省立西湖博物馆，1934.5，38 页，16 开

　　本书讲述浙江省的地形、地文、地层、侵入岩类等内容。

　　收藏单位：重庆馆、南京馆、上海馆、天津馆

03296

浙江东部之地质　高平著

北平：实业部地质调查所、国立北平研究院地质学研究所，1935，49—76 页，16 开

　　本书内容包括：沿途观察、地形、地文、地质等。《地质汇报》第 25 号摘印本。

　　收藏单位：广东馆、国家馆、浙江馆

03297

浙江省海岸地域的应用地质　（日）野田势次郎著

出版者不详，144 页，22 开

　　本书内容包括：钱塘江流域的应用地质、湖北省南东部的应用地质、湖北省北西部的应用地质等。

　　收藏单位：浙江馆

03298

浙江西部之地质　刘季辰　赵亚曾著

北京：中央地质调查所，1927，51—74+28 页，16 开

　　本书为《地质汇报》第 9 号摘印本。中英文合编。

　　收藏单位：广东馆、国家馆、上海馆

03299

中国地质纲要　翁文灏著

上海：中国科学社，1928.2，159—184 页，大 16 开

　　本书将中国山脉分为三个部分。从阴山山脉以南、秦岭山脉以北称之为北部；秦岭山脉以南，南岭山脉以北称之为中部；南岭山脉以南至海岸称之为南部。按照中国本部由北至南依次介绍。载《科学》第 13 卷第 2 期。

　　收藏单位：国家馆、江西馆

矿物学

03300

北满矿产志　（俄）E. E. 阿乜耳特著　孙建初译

北平：农矿部直辖地质调查所，1929.12，108+262 页，16 开（地质专报 甲种 第 7 号）

　　本书介绍了北满的地理、气候、山脉及地形、地质概况，矿产种类及其分布、金属矿质特论等内容。

　　收藏单位：贵州馆、首都馆

03301

地质与矿产之关系　翁文灏讲

北京：京师学务局学术讲演会，10 页，22 开
（学术讲演录）

收藏单位：首都馆

03302

地中宝库　（日）渡边万次郎著　陆志鸿译

上海：商务印书馆，1935.9，179 页，32 开（自然科学小丛书）（万有文库 第 2 集 258）

上海：商务印书馆，1936.6，179 页，32 开（自然科学小丛书）

本书共 9 章：大地对于人类之惠赐、地中之金属、地中之宝石、地中之燃料、地中之肥料、地中之建筑材料、地中之窑业原料、地中之制药原料、地上之杂用矿物。

收藏单位：重庆馆、大连馆、广东馆、贵州馆、国家馆、黑龙江馆、湖南馆、江西馆、辽大馆、辽宁馆、辽师大馆、南京馆、内蒙古馆、宁夏馆、上海馆、绍兴馆、首都馆、天津馆、浙江馆

03303

弗氏旋转台用法说明　何作霖著

南京：国立中央研究院地质研究所，1933.6，39 页，16 开

本书共 11 部分，内容包括：矿物光性略说、矿物消光之意义、球体平面投影图及其用法、旋转台之构造、旋转台使用前之预备及较正法等。

收藏单位：国家馆、南京馆、上海馆

03304

高等教育矿物实验教科书　秦汝钦编

上海：文明书局，1911.7，84 页，24 开

本书内分吹管分析法、显微镜化学试验法两编，共 24 章。

03305

高等矿物学讲义　张锡田编　吴冰心校

上海：商务印书馆，1920.8，604+10 页，32 开

上海：商务印书馆，1922.5，再版，604+10 页，32 开

上海：商务印书馆，1928.5，4 版，604+10 页，32 开

上海：商务印书馆，1931.6，5 版，604+10 页，32 开

上海：商务印书馆，1932.12，国难后 1 版，604+10 页，32 开

本书共 3 编：矿物及其性质、矿物特论、吹管分析法。附西中名词索引。

收藏单位：东北师大馆、广东馆、广西馆、贵州馆、桂林馆、国家馆、江西馆、南京馆、内蒙古馆、山西馆、上海馆、首都馆、天津馆

03306

光性矿物学　何作霖著

上海：商务印书馆，1935.8，287 页，25 开，精装（大学丛书）

本书共两编：第 1 编阐述矿物光学的各种原理、现象及测验方法；第 2 编为造岩矿物分类总论。

收藏单位：重庆馆、广西馆、贵州馆、国家馆、黑龙江馆、湖南馆、江西馆、内蒙古馆、上海馆、首都馆

03307

化分矿质求数　（美）爱尔布脱劳撰　朱云龙译

格致书院，1921，刻本，6 册（[445] 页），16 开

本书共 37 章，论述矿物的化学分析及其方法。

03308

金石表

江南制造总局，37 页，8 开，环筒页装

收藏单位：国家馆

03309

矿物采集鉴定法　陈学郢　孙佐编译

上海：商务印书馆，1910.3，104 页，22 开

上海：商务印书馆，1912.10，再版，104 页，22 开

上海：商务印书馆，1913.9，3 版，104 页，22

开

上海：商务印书馆，1914，4 版，104 页，22 开

上海：商务印书馆，1923.10，5 版，104 页，22 开

上海：商务印书馆，1926.11，6 版，104 页，22 开

　　本书共 5 编：矿物与岩石之成因及其发现之状态、标本之采集保存法、矿物及岩石之鉴定法、矿物及岩石之鉴定表、矿物之实用表。自然科教学参考书。

　　收藏单位：广东馆、国家馆、湖南馆、江西馆、南京馆、首都馆、武大馆、浙江馆

03310

矿物测验及截片法　杜若城编纂　杜亚泉校订

上海：商务印书馆，1931.2，142 页，22 开

上海：商务印书馆，1933.6，国难后 1 版，142 页，22 开

　　本书共 14 章，讲解矿物的物理、化学及显微镜测定方法。自然科教学参考书。

　　收藏单位：重庆馆、广东馆、广西馆、国家馆、湖北馆、湖南馆、江西馆、内蒙古馆、山西馆、上海馆、天津馆

03311

矿物常识　嵇联晋著

上海：南京书店，1933.8，122 页，32 开

　　本书讲述食用、工艺、燃用、饰用、药用、肥料、爱玩及有毒矿物知识。

　　收藏单位：广西馆、桂林馆、江西馆、上海馆

03312

矿物吹管分析·矿石定量分析　李翼纯编

广州：国立中山大学出版部，1936，56 页，25 开

　　收藏单位：广东馆

03313

矿物简捷鉴定表　王炳章编

出版者不详，影印本，1 册，22 开

　　本书内容包括：具金属光泽或半金属光泽之矿物、具金属光泽之矿物、具非金属光泽

之矿物等。

　　收藏单位：浙江馆

03314

矿物教材　袁修德编

上海：新亚书店，1934.4，24+296 页，25 开

　　本书共 3 篇：矿物、岩石及土、矿物之观察与实验。

　　收藏单位：广东馆、广西馆、国家馆、江西馆、上海馆

03315

矿物模型剖面展图解　吴振铎编

开封：河南教育厅公报处，1925.11，94 页，22 开

　　本书内收三斜晶系、单斜晶系、斜方晶系、正方晶系、六方晶系等轴晶系等剖面展图，共 47 帧。

　　收藏单位：国家馆

03316

矿物学　董常著

上海：商务印书馆，1933.12，138 页，32 开（百科小丛书）（万有文库 第 1 集 477）

上海：商务印书馆，1934.3，138 页，32 开（百科小丛书）（新中学文库）

上海：商务印书馆，1947.2，3 版，138 页，32 开（百科小丛书）（新中学文库）

上海：商务印书馆，1947.9，4 版，138 页，32 开（百科小丛书）

上海：商务印书馆，1948.6，5 版，138 页，32 开（百科小丛书）（新中学文库）

　　本书共 3 编：矿物学、岩石学和土壤学、地质学。附矿物鉴定略表、中英文名词索引。

　　收藏单位：安徽馆、重庆馆、大连馆、大庆馆、东北师大馆、广东馆、广西馆、国家馆、黑龙江馆、江西馆、辽大馆、辽宁馆、辽师大馆、南京馆、内蒙古馆、宁夏馆、上海馆、绍兴馆、首都馆、天津馆、武大馆、浙江馆

03317

矿物学　冯一披编

出版者不详，172 页，18 开

　　收藏单位：广西馆

03318

矿物学 （德）胡沙克（E. Hussak）著　马君武译

外文题名：Mineralogie

上海：科学会编译部，1911.4，278 页，23 开

上海：科学会编译部，1931.3，3 版，278 页，23 开

　　本书阐述结晶学、矿物的物理和化学、硫及卤素化合物、有机化合物等内容。初版在日本东京印刷。

　　收藏单位：重庆馆、广东馆、南京馆、首都馆

03319

矿物学　姚瑞开编

上海：商务印书馆，1948.9，202 页，32 开

　　本书共 6 章：绪论、结晶学、矿物的物理性质、矿物的化学性质、矿物的生成产状及变化、矿物各论。师范教科书。

　　收藏单位：重庆馆、国家馆

03320

矿物学　张守范编

上海：商务印书馆，1947.10，2 册（952+46 页），25 开（大学丛书）

上海：商务印书馆，1949.8，再版，2 册（952+46 页），25 开（大学丛书）

　　本书共 4 编：结晶学、矿物之物理性质、吹管分析、矿物各论。附英汉名词索引、中文名词索引。

　　收藏单位：重庆馆、广东馆、国家馆

03321

矿物学讲义　杜亚泉编

外文题名：Lectures on mineralogy

上海：商务印书馆，1912.12，92 页，24 开

上海：商务印书馆，1913，再版，92 页，24 开

上海：商务印书馆，1916.6，3 版，92 页，24 开

　　本书共 3 编：矿物学、岩石学、地质学。师范讲习社师范讲义。

　　收藏单位：广东馆、首都馆、天津馆

03322

矿物学名词　国立编译馆编订

上海：商务印书馆，1936.12，536 页，16 开

上海：商务印书馆，1937.4，再版，536 页，16 开

上海：商务印书馆，1940，3 版，540 页，16 开

　　本书共 4 部分：矿物学名词、德法文索引、中文索引、日文索引。

　　收藏单位：重庆馆、广东馆、贵州馆、国家馆、黑龙江馆、湖南馆、南京馆、内蒙古馆、宁夏馆、清华馆、山西馆、首都馆

03323

矿物学问答　刘庆萱著

上海：东方文学社，1933，12 版，32 页，32 开

上海：东方文学社，1934.2，13 版，32 页，32 开

上海：东方文学社，1936，再版，22 页，32 开

　　本书封面题名：矿物问答。

　　收藏单位：重庆馆、河南馆、江西馆

03324

矿物学问答　毛起鹏编著

上海：大东书局，1930.1，10+100 页，50 开（百科问答丛书 19）

上海：大东书局，1931.7，再版，10+100 页，50 开（百科问答丛书 19）

　　本书共 4 编：绪言、矿物的一般现象、矿物的种类、余论。

　　收藏单位：广东馆、国家馆、湖南馆、江西馆、首都馆、天津馆、浙江馆

03325

矿物学要览　刘纪编纂　许家庆校订

上海：商务印书馆，1918.10，64 页，90 开

上海：商务印书馆，1919，再版，64 页，90 开

上海：商务印书馆，1922.5，3 版，64 页，90 开

上海：商务印书馆，1925.10，5 版，64 页，90 开

　　本书以表格形式说明各种矿物之性状、成分、产地、用途等。并附示意图及参考问

题。受验准备用书。

收藏单位：国家馆、河南馆、湖南馆、首都馆

03326

矿物岩石学　李岐山著

北京：国立北京师范大学，1941，油印本，90叶，18开，环筒页装

本书共两篇：矿物学、岩石学。

收藏单位：国家馆

03327

矿物与岩石　（日）渡边万次郎著　张资平译

上海：商务印书馆，1935.3，2册（280页），32开（自然科学小丛书）（万有文库 第 2 集 259）

上海：商务印书馆，1936.3，280页，32开（自然科学小丛书）

长沙：商务印书馆，1939.12，2册（280页），32开（自然科学小丛书）（万有文库 第 1—2 集简编 166）

本书共 6 章：大地之表层、矿物界之诸现象、矿物之主要种类、矿物及岩石之生成法、火成岩与火成矿物、水成岩与变质岩。

收藏单位：重庆馆、大连馆、大庆馆、东北师大馆、广东馆、广西馆、贵州馆、国家馆、湖南馆、江西馆、辽大馆、辽师大馆、内蒙古馆、宁夏馆、山西馆、上海馆、绍兴馆、首都馆、天津馆、武大馆、浙江馆

03328

矿物之观察及实验　蔡松筠编

上海：商务印书馆，1931.2，162页，22开

本书讲解对一般矿物的观察事项、实验事项和实验器具药品的运用方法，金属及非金属普通矿物的鉴别方法等。自然科教学参考书。

收藏单位：广东馆、国家馆、湖南馆、江西馆、上海馆、首都馆、天津馆、浙江馆

03329

矿学文刊　梁宗鼎译著

邗江（扬州）：海棠书屋，1924.11，210页，22开（海棠书屋丛书 5）

本书内收《吾胡为而注意煤油矿乎》《中国今后之钢铁问题》《电灯之历史》《物质主义》《论中国地史及其与人民之关系》等文。

收藏单位：上海馆、浙江馆

03330

明矾之热解　杨珠瀚　金开英著

北平：实业部地质调查所、国立北平研究院地质学研究所，1935.9，1 册，16 开

本书为《地质汇报》第 26 号摘印本。

收藏单位：广东馆

03331

清查湖南矿产化验所报告

湖南省官营业机关清查委员会，1934，32 页，16 开

本书共 8 部分：沿革、设备、经营、财产、领款、支出、收入、改进意见。附财产表、领款表、支出表、产业明细表等。

收藏单位：国家馆

03332

山西矿物志略　耿步蟾编辑　赵炳麟核定

山西实业厅，1920.1，892 页，16 开

本书共 8 卷，内容包括：历史、地势、地质、矿产、矿政、学术等。卷首有田文烈、阎锡山、江天铎等 8 人的序及编者自序。

收藏单位：国家馆、黑龙江馆、南京馆、上海馆、首都馆、中科图

03333

实验矿物判定表　（日）福田连编

东京：昭晃堂，1932，152 页，22 开，精装

收藏单位：首都馆

03334

四川滷矿及岩盐成因之检讨　林斯澄著

北平：中国地质学会，1937，339—344 页，25 开

本书为《地质论评》第 2 卷第 4 期摘印本。

收藏单位：国家馆

03335
西康东部矿产志略　谭锡畴　李春昱著
北平：实业部地质调查所、国立北平研究院地质学研究所，1931.10，42页，16开
　　　本书共 3 部分：地质概略、矿产、结论。附经纬度测量及地图作法。《地质汇报》第 17 号摘印本。
　　　收藏单位：广东馆

03336
新矿物学　萧真臣编著
湖南省立新化高工学校，1948.8，石印本，262页，32开
　　　收藏单位：南京馆

03337
岩矿化学　（日）渡边万次郎著　张资平译
上海：商务印书馆，1936.3，2 册（207 页），32 开（自然科学小丛书）（万有文库 第 2 集 256）
上海：商务印书馆，1936.11，207 页，32 开（自然科学小丛书）
　　　本书共 19 章，讲解化学成分与结晶，矿物的化学分类，岩石矿物变质化学，以及矿团、岩浆等。
　　　收藏单位：重庆馆、大庆馆、东北师大馆、广东馆、国家馆、江西馆、南京馆、内蒙古馆、山西馆、绍兴馆、天津馆、武大馆、浙江馆

03338
岩石矿物化学分析
太原：山西省地质局实验室，1937，405 页，32 开
　　　收藏单位：山西馆

03339
岩石与造岩矿物学　李祖材编著
桂林：文化供应社，1946.11，174 页，25 开
　　　收藏单位：广西馆、桂林馆

03340
验矿学大意　耿步蟾著
太原：[山西省农矿厅]，1930.2，328 页，16

开
　　　收藏单位：国家馆、山西馆、天津馆

03341
验矿学大意　耿步蟾著
上海：中华书局，1931.10，12+373 页，22 开
　　　本书共 3 篇：概论、试金法、分析法。附矿物鉴定法、化学元素表、化学程式计算表、中外度量衡之比较。
　　　收藏单位：重庆馆、广东馆、广西馆、贵州馆、桂林馆、国家馆、黑龙江馆、湖南馆、江西馆、南京馆、内蒙古馆、上海馆、首都馆、天津馆、浙江馆

03342
用弗氏旋转台研究矿物及岩石之方法　何作霖著
北平：中国地质学会，1936，121—156 页，25 开
　　　本书为《地质论评》第 1 卷第 2 期摘印本。
　　　收藏单位：广东馆、国家馆

03343
有趣的矿物问题　周建人编译
上海：商务印书馆，1947.11，39 页，32 开（新小学文库 第 1 集）
　　　收藏单位：广西馆

03344
中国冻石之研究补遗　李学清著
广州：两广地质调查所，1929，[5] 页，16 开（两广地质调查所特刊 第 4 号）
　　　本书内容包括：冻石石脉及地质情形、显微镜观察、冻石之成因等。
　　　收藏单位：浙江馆

03345
中国矿产在世界上之地位　王宠佑著
出版者不详，[1934.2]，123+32 页，16 开
　　　收藏单位：国家馆

03346

中国矿产志　顾琅　鲁迅编纂

上海：文明书局、普及书局、有正书局，
1911，4版，109页，25开

上海：文明书局、普及书局、有正书局，
1912.10，增订4版，109页，25开

　　本书内容包括：矿产与矿业、地质及矿产之调查者、中国地质之构造、地质之播布、各省矿产等。附中国矿产全图、中国矿产一览表、地质时代一览表。书前有马相伯序。编纂者"鲁迅"原题：周树人。

　　收藏单位：国家馆、南京馆、首都馆、天津馆

03347

最新应用矿物鉴识法　张锡田编译　吴冰心
　杜若诚校

外文题名：New practical methods for the determination of minerals

上海：商务印书馆，1922.11，225+12 页，25开，精装

上海：商务印书馆，1926.9，再版，225+12页，25开，精装

　　本书列表说明各种矿物的通性、特性、西文名称、成分、颜色、光泽、劈开断口、硬度、比重、结晶形状、中文名称等。高等矿物学讲义附编。

　　收藏单位：重庆馆、国家馆、南京馆、宁夏馆

岩石学

03348

北平西山清水涧页岩层　熊秉信著

北平：中国地质学会，1936，673—680 页，25开

　　本书为《地质论评》第1卷第6期摘印本。

　　收藏单位：国家馆

03349

吹管分析　（美）巴特勒（G. M. Butler）著
陈善晃译

外文题名：Blowpipe analysis

长沙：商务印书馆，1939.5，78 页，32 开（自然科学小丛书）

　　本书共6章：吹管分析之仪器试药及其手术、各种元素之吹管试验法、定性吹管分析大纲、各种元素试验法之索引、用吹管作矿物之测定、初步化学原理。

　　收藏单位：重庆馆、贵州馆、国家馆、黑龙江馆、南京馆、山西馆、首都馆、天津馆、浙江馆

03350

杭州市山洞调查表

杭州：杭州市政府，1935.6，油印本，1 册，横 8 开

　　本书记录山洞位置、名称、方向、形状等内容。

　　收藏单位：浙江馆

03351

火成岩之分类及定名　张伯声著

北平：中国地质学会，1937，345—356 页，25 开

　　本书为《地质论评》第2卷第4期摘印本。附中、英文《火成岩分类表》。著者原题：张遹骏。

　　收藏单位：国家馆

03352

接触变质中石榴子光性之研究　卢祖荫著

北京：农商部地质调查所，1920.10，43—48+87—94页，16 开

　　本书为《地质汇报》第2号摘印本。

　　收藏单位：广东馆、国家馆、上海馆

03353

介绍一种岩石新分类法　程裕淇著

北平：中国地质学会，1937，273—284 页，25 开

　　本书为《地质论评》第2卷第3期摘印本。

　　收藏单位：广东馆

03354

南京镇江间之火成岩地质史　叶良辅　喻德渊著

上海：国立中央研究院地质研究所，1934，137+83 页，16 开（国立中央研究院地质研究所专刊乙种 第 1 号）

本书共 11 部分，内容包括：中性及酸性喷出岩类、第一期侵入岩——花岗闪长岩期侵入岩、第二期侵入岩——辉长岩期侵入岩、第三期侵入岩——长英岩期侵入岩、接触变质岩及矿产、岩浆类别等。中英文合编。

收藏单位：广西馆、贵州馆、国家馆、近代史所、上海馆

03355

山东荣城县马鞍山碱性正长岩之检讨　杨杰　陈国达著

北平：国立北平研究院总办事处出版课，1936.7，5 页，16 开

本书为《国立北平研究院院务汇报》第 7 卷第 4 期抽印本。曾以英文载于《中国地质学会志》第 14 卷第 3 期，此为译稿。

收藏单位：国家馆

03356

闪长岩与辉长岩抑酸长岩与基长岩？　张伯声著

北平：中国地质学会，1937，67—76 页，25 开

本书为《地质论评》第 2 卷第 1 期摘印本。著者原题：张遹骏。

收藏单位：国家馆

03357

水成岩之接触变质　程裕淇著

北平：中国地质学会，1936，545—588 页，25 开

本书为《地质论评》第 1 卷第 5 期摘印本。

收藏单位：广东馆

03358

岩石发生史　（奥）多尔脱（C. Doelter）著　杜若城译

外文题名：Petrogenesis

上海：商务印书馆，1931.2，218 页，22 开，精装（科学丛书）

上海：商务印书馆，1933.9，国难后 1 版，218 页，22 开（科学丛书）

本书共 14 章，内容包括：地球内部及火山作用、火成岩之产状、火成岩之构造、岩石中矿物成分与化学成分之关系、岩浆之分结、火成岩之年顺、人造岩等。

收藏单位：安徽馆、重庆馆、广西馆、贵州馆、国家馆、湖南馆、江西馆、辽宁馆、南京馆、天津馆、浙江馆

03359

岩石通论　荷尔（Charles A. Hall）著　周则岳译

外文题名：Rocks

上海：商务印书馆，1924.7，89 页，32 开（百科小丛书 53）

上海：商务印书馆，1926.11，再版，89 页，32 开（百科小丛书 53）

本书共 7 章：地球之初期、破坏与建设、地壳变迁、地面剥蚀、次成岩及变形岩、火成岩、地质史。

收藏单位：重庆馆、广东馆、广西馆、贵州馆、国家馆、湖南馆、江西馆、南京馆、山东馆、上海馆、首都馆、天津馆、西南大学馆、浙江馆

03360

岩石学　徐康泰著

上海：新亚书店，1933.7，104 页，32 开（科学知识普及丛书）

本书共 5 章：总论、岩石通论、火成岩类、沉积岩类、变质岩类。

收藏单位：重庆馆、广东馆、国家馆、南京馆、山西馆、浙江馆

03361

用 X 光研究岩组之方法　何作霖著

北京：北京师范大学，1943，13 页，16 开（国立北京师范大学地学系研究录 第 1 号）

本书为《北京师范大学学刊》第 2 号抽

印本。

    收藏单位：国家馆

03362

浙江青田县之印章石　叶良辅等撰

[南京]：地质研究所，1931，32+9 页，16 开

    本书内容包括：地形及地质、岩石研究、笔腊石之产状与其种类、红桂石刚玉与笔腊石之共生状况等。《国立中央研究院地质研究所丛刊》第 1 号摘印本。

    收藏单位：浙江馆

03363

中国东南部中生代末期花岗岩之分布与地质构造之关系　高平著

北平：中国地质学会，1936，407—416 页，25 开

    本书共 5 部分：引言、花岗岩之地质时期、中国东南部地质构造约述、中国东南部中生代末期花岗岩之分布、结论。《地质论评》第 1 卷第 4 期摘印本。

    收藏单位：国家馆

03364

中国西南部二叠纪玄武岩系成因及时代之检讨　赵家骧著

重庆：四川省地质调查所，1942，131—144 页，25 开

    本书为《地质论评》第 7 卷第 Z2 期摘印本。

    收藏单位：国家馆

地球化学

03365

地球化学　（俄）弗那斯基（W. J. Vernadsky）著　谭勤馀　任梦云译

外文题名：Geochemistry

上海：商务印书馆，1936.3，4 册（462 页），32 开（自然科学小丛书）（万有文库 第 2 集 279）

上海：商务印书馆，1936.11，2 册（462 页），32 开（自然科学小丛书）

长沙：商务印书馆，1937.3，再版，2 册（462 页），32 开（自然科学小丛书）

    本书共 7 章：地球化学之概念、化学元素在壳中之产出状态、锰之地球化学、地球化学循环之能力、地壳之矽素及矽酸盐、地壳之碳素及生物质、地壳中之放射性元素。

    收藏单位：重庆馆、大连馆、东北师大馆、广东馆、国家馆、黑龙江馆、江西馆、辽师大馆、南京馆、内蒙古馆、宁夏馆、上海馆、首都馆、天津馆、浙江馆

矿床学

03366

国防与矿产　李春昱著

重庆：商务印书馆，1944.12，311 页，32 开（复兴丛书）

重庆：商务印书馆，1945，再版，311 页，32 开（复兴丛书）

重庆：商务印书馆，1946.3，上海初版，311 页，32 开（复兴丛书）

    本书共 8 章，内容包括：国防与矿产之关系、非金属矿物——燃料、非金属——化学制作品原料、非金属——工业用品及建筑原料等。

    收藏单位：重庆馆、广东馆、桂林馆、国家馆、黑龙江馆、湖南馆、辽宁馆、南京馆、宁夏馆、上海馆、首都馆、天津馆

03367

近年来中国经济地质学之进步　谢家荣著

北平：中国地质学会，1936，41—54 页，25 开

    本书共 5 部分：铁矿之研究、铜铅锌矿之研究、其他矿床之研究、铁矿时代及矿产区域、结论。《地质论评》第 1 卷第 1 期摘印本。

    收藏单位：广东馆、国家馆、南京馆

03368

矿床生因分类学　（德）H. Schneiderhohn 著　胡伯素译

外文题名：The geological survey of Kwangtung and special publication

坪石（广东）：两广地质调查所、国立中山大学理学院地质系，1941.8，66页，16开（两广地质调查所特刊 第 19 号）

　　本书共两部分：通论和分论。内容包括：定义及范围、分类、造矿作用之自然程序、火成类矿床等。附标准矿物之反应矿床。

　　收藏单位：国家馆

03369

矿床生因论　（日）加藤武夫著　张资平译

上海：商务印书馆，1935.4，374+13 页，23 开，精装（大学丛书）

上海：商务印书馆，1935.5，374+13 页，23 开（大学丛书 教本）

长沙：商务印书馆，1939.4，3 版，374+13 页，23 开（大学丛书）

　　本书共 17 章，论述矿床的生因及各种矿床的相互关系。

　　收藏单位：重庆馆、广东馆、广西馆、贵州馆、国家馆、江西馆、南京馆、内蒙古馆、宁夏馆、山西馆、上海馆、首都馆

03370

矿床学　骆桢著

外文题名：Science of mineral deposite

上海：商务印书馆，1930.4，140 页，32 开（工学小丛书）（万有文库 第 1 集 579）

上海：商务印书馆，1933.11，140 页，32 开（工学小丛书）

上海：商务印书馆，1934.7，3 版，140 页，32 开（工学小丛书）

长沙：商务印书馆，1939.12，140 页，32 开（工学小丛书）（万有文库 第 1—2 集简编）

　　本书共 16 章，论述矿床的由来、形状、构造、变化、形成、矿脉、矿层等。

　　收藏单位：安徽馆、重庆馆、大庆馆、东北师大馆、广东馆、广西馆、贵州馆、国家馆、黑龙江馆、湖南馆、江西馆、辽大馆、辽师大馆、南京馆、内蒙古馆、宁夏馆、上海馆、天津馆、西南大学馆、浙江馆

区域矿产、矿产分布

03371

安源慈化间地质矿产　高平　夏湘蓉著

外文题名：Geology and mineral resources of the region between Anyuan and Tzuhua

南昌：江西省地质调查所，1939.1，21 页，16 开（江西省地质调查所临时简报 第 3 号）

　　收藏单位：国家馆

03372

昌福路线地质矿产简略报告　谭锡畴　王绍文著

北平：农矿部直辖地质调查所，1930，54 页，16 开

　　本书内容包括：绪论、地形、地质概略等。《地质汇报》第 14 号摘印本。

　　收藏单位：广东馆、国家馆、上海馆

03373

川西南地质矿产调查报告

成都：四川省政府建设厅，1938，90 页，16 开（四川资源调查报告）

　　本书共 7 部分：序言、调查区域及其形势之大概、地层系统、地质构造、经济地质、矿产概况、开发之刍议。

　　收藏单位：重庆馆、国家馆、南京馆、上海馆、首都馆、浙江馆

03374

德兴县矿产志　夏湘蓉　刘辉泗著

南昌：江西省地质调查所，1939，油印本，1 册，16 开（江西省地质调查所油印报告 第 3 号）

　　收藏单位：国家馆

03375

地质矿产陈列室矿产部份说明　谢家荣　马祖望编著

资源委员会矿产勘测处，1944，36 页，32 开

　　本书介绍地质矿产陈列室中的矿产资源情况。

收藏单位：国家馆、南京馆

03376

东北的矿产　刘润生编

上海：中华书局，1933.10，36页，32开（东北小丛书）

本书共5章：煤矿、铁矿、煤油、金矿、其他矿产。

收藏单位：国家馆、黑龙江馆、湖南馆、近代史所、天津馆、西南大学馆

03377

峨眉山瓦山区地质矿产　苏孟守著

[重庆]：[四川省地质调查所]，1938，62页，16开

本书内容包括：绪言、地势及交通、地层、地质构造、矿产等。

收藏单位：重庆馆

03378

凤县地质矿产初勘报告　张伯声　魏寿昆著

出版者不详，1938.11，18页，25开，环筒页装（中国工业合作协会西北区丛书4）

本书内容包括：引言、地形与交通、地层系统、地质构造、经济地质等。原文载《地质论评》第4卷第2期。著者"张伯声"原题：张遹骏。

收藏单位：国家馆

03379

奉天矿产调查书　（日）黑岩休太郎等调查　孙凤翔　蒋宗涛译

出版者不详，2册（244+150页），22开

本书是光绪末年日本人矿产地质调查报告。共5编，每编分述奉天省某一地区的山川、地势、地质、各种矿藏及其开采经营。

收藏单位：国家馆、辽宁馆

03380

福建安溪同安南安及晋江四县地质矿产　高振西　王宠著

永安：福建省建设厅地质土壤调查所，1942.12，26+6页，18开（地质矿产报告 第5号 学术研究与中央地质调查所合作）

本书共4章：序论、自然地理、地质、矿产。封面题名：福建安溪同安南安晋江等县地质矿产。

收藏单位：国家馆

03381

福建安溪永春永泰地质矿产　谢家荣　程裕淇著

北平：实业部地质调查所、国立北平研究院地质学研究所，1936，12+24页，16开

本书为《地质汇报》第27号摘印本。

收藏单位：国家馆

03382

福建连城长汀两县地质矿产　高振西著

福州：福建省建设厅地质土壤调查所，1947.5，20页，18开（地质矿产报告 第10号 学术研究与中央地质调查所合作）

收藏单位：国家馆

03383

福建明溪县地质矿产　周仁沾　林佛荣　马灿忠著

福州：福建省建设厅地质土壤调查所，1946.12，17页，18开（地质矿产报告 第9号 学术研究与中央地质调查所合作）

收藏单位：国家馆

03384

福建南平泰宁间地质矿产　陈恺　王宠著

永安：福建省建设厅地质土壤调查所，1942，12页，18开（地质矿产报告 第4号 学术研究与中央地质调查所合作）

收藏单位：国家馆

03385

福建清流宁化连城长汀等县地质矿产　陈旭　王宠著

外文题名：Geology of Chingliu, Ninghua, Liengcheng and Changting, Fukien

永安：福建省建设厅地质土壤调查所，1941.12，42页，18开（地质矿产报告 第2号 学术研

究与中央地质调查所合作）

　　收藏单位：国家馆

03386

福建厦门龙岩间地质矿产简报　侯德封　王曰伦　张兆瑾著

北平：实业部地质调查所、国立北平研究院地质学研究所，1935.3，34+8 页，16 开

　　本书共 5 章：绪言、地形及交通、地层、构造、矿产。附英文节略。《地质汇报》第 25 号摘印本。

　　收藏单位：国家馆

03387

福建省永定县地质矿产　唐贵智著

永安：福建省建设厅地质土壤调查所，1945.6，26 页，18 开（地质矿产报告 第 8 号 学术研究与中央地质调查所合作）

　　收藏单位：国家馆

03388

福建松溪及政和地质矿产　陈恺著

永安：福建省建设厅地质土壤调查所，1942.12，12 页，18 开（地质矿产报告 第 6 号 学术研究与中央地质调查所合作）

　　收藏单位：国家馆

03389

福建永安县地质矿产　杨振翰　唐贵智著

永安：福建省建设厅地质土壤调查所，1944.6，28 页，18 开（地质矿产报告 第 7 号 学术研究与中央地质调查所合作）

　　收藏单位：贵州馆、国家馆

03390

福建永春德化大田三县地质矿产　高振西著

永安：福建省建设厅地质土壤调查所，1941.12，46+11 页，18 开（地质矿产报告 第 3 号 学术研究与中央地质调查所合作）

　　收藏单位：国家馆

03391

福建永泰莆田二县地质矿产调查报告　南延宗　严坤元著

福州：福建省建设厅，1938.4，116 页，16 开

　　本书记述地形、地层、地文变迁，火成岩活动的经过，以及钼、银、铅、钨、锰、明矾石、印章石、黄铁矿等矿产。附总地质图、矿区地质图等。

　　收藏单位：重庆馆、国家馆

03392

甘肃地质与矿产

甘肃省政府矿产测勘队，1942，86 页，32 开，环筒页装

　　本书内容包括：调查甘肃地质矿产经过、测勘志略、甘肃西部之金矿、陇南铁矿、甘肃永登皋兰二县锰矿地质等。

　　收藏单位：重庆馆、国家馆、南京馆

03393

赣南地质矿产调查报告（第 1 号）　燕春台　查宗禄调查

南昌：江西地质矿业调查所，1929.6，60 页，18 开

　　本书共 3 章：地质、矿产、矿区。附矿产地质图。目录页题名：江西赣南地质矿产调查概要。

　　收藏单位：国家馆

03394

工作报告（第 1 号）

西南联合工业研究社，[1940.1]，42 页，32 开

　　本书大部分为表。项目有煤、石灰石、石膏、粘土及耐火材料、铁矿、钢、铅矿、铜及其合金、石棉、硫化钠等，介绍产地、分析成分。附本社章程、本社职员名录等。出版年月据卷首徐宗涑作序时间。

　　收藏单位：国家馆、南京馆

03395

广东东江与粤汉铁路间地质矿产　李殿臣　姚文光著

广州：两广地质调查所，1932，35 页，16 开（两广地质临时报告 第 27 号）

　　本书是 1921 年 11 月 10 日至 1922 年 1

月 28 日的调查报告。共 3 部分：引言、地质、矿产。

收藏单位：国家馆

03396

广东防城合浦灵山钦县四属地质矿产　王镇屏著

广州：两广地质调查所，1933，30 页，16 开（两广地质临时报告 第 28 号）

广州：两广地质调查所，1934，[78] 页，16 开

本书记述 4 县矿区的地质、地形、构造、矿产等。1934 年版为《地质年报》第 5 卷上册摘印本，有英文摘要。

收藏单位：国家馆、上海馆

03397

广东广九铁路沿线地质矿产　谢家荣等著

广州：两广地质调查所，1928.6，22 页，10 开，环筒页装（两广地质临时报告 第 7 号）

03398

广东海南岛北部地质矿产　李承三著

广州：两广地质调查所，1929.6，14 页，22 开（两广地质临时报告 第 20 号）

收藏单位：国家馆

03399

广东茂名化县廉江吴川四属地质矿产　王镇屏　蒋溶著

广州：两广地质调查所，1932，34 页，16 开（两广地质临时报告 第 24 号）

本书共 6 部分：绪言、地形、地层、火成岩、构造、矿产。

03400

广东曲江乐昌乳源三属地质矿产　朱庭祜　张会若著

广州：两广地质调查所，1929.1，油印本，20 页，16 开，环筒页装（两广地质临时报告 第 9 号）

本书卷首题名：广东曲江乳源三属地质矿产。

03401

广东曲江仁化始兴南雄地质矿产　冯景兰　朱翔声著

广州：两广地质调查所，1928.10，29—50+30—60 页，16 开，环筒页装（两广地质临时报告 第 2 号）

本书共 4 部分：地形、地层、构造、矿产。《地质年报》第 1 号摘印本。卷首题名：广东曲江仁化始兴南雄地质。

03402

广东全省地质矿产志　朱穗龙等编

广州：两广地质调查所，1938，118 页，16 开（两广地质调查所特刊 第 16 号）

本书附广东各县矿产调查表、广东全省地质图。

收藏单位：南京馆

03403

广东徐闻海康遂溪廉江合浦钦县灵山七属地质矿产　李殿臣著

广州：两广地质调查所，1929.8，31 页，25 开（两广地质临时报告 第 22 号）

收藏单位：重庆馆、国家馆、上海馆

03404

广东英德翁源两属地质矿产　张会若　朱翔声著

广州：两广地质调查所，1928.10，36 页，10 开，环筒页装（两广地质临时报告 第 6 号）

本书为《地质年报》第 1 号摘印本。附地质图。

03405

广西北部之地质矿产　乐森璕编

外文题名：Geology and mineral resources of northern Kwangsi

广州：两广地质调查所，1929，1 册，16 开

本书内容包括：导言、地形、地层系统、地质构造、矿产等。《地质年报》第 2 卷下册摘印本。

收藏单位：桂林馆

03406

广西贵县横县地质矿产简报　李殿臣　朱庭祐编

广州：两广地质调查所，1928，6 页，16 开（两广地质临时报告 第 1 号）

收藏单位：国家馆

03407

广西贵县横县永淳邕宁宾阳五属地质矿产　朱庭祐编

外文题名：Preliminary report on the geology and mineral resources of Kuei, Hung, Yung Chun, Yung Ning, Ping Yang districts, Kwangsi province

广州：两广地质调查所，1928.10，28+23 页，16 开

本书概述地形、地层、构造等内容。附图 2 幅。《地质年报》第 1 号摘印本。

收藏单位：浙江馆

03408

广西桂林义宁古化灵川兴安全州榴江修仁阳朔荔浦蒙山藤县十二属地质矿产　冯景兰　李殿臣著

广州：两广地质调查所，1929，油印本，27 页，16 开（两广地质临时报告 第 15 号）

收藏单位：广东馆

03409

广西矿产纪要　吴尊任编

梧州：文化印刷局，1936.11，232 页，16 开

本书共两篇：纪金属矿和纪非金属矿。封面及书脊处题名：粤西矿业纪要。

收藏单位：桂林馆、国家馆、上海馆、浙江馆

03410

广西来宾武宣桂平三属地质矿产　李殿臣著

广州：两广地质调查所，1929，油印本，13 页，16 开（两广地质临时报告 第 13 号）

收藏单位：广东馆

03411

广西马平宜山天河罗城 融县三江等六县地质矿产　乐森璕　张更著

广州：两广地质调查所，1929.1，23 页，10 开，环筒页装（两广地质临时报告 第 10 号）

03412

广西南丹河池宜山马平象县地质矿产　乐森璕著

广州：两广地质调查所，1928.5，25 页，12 开，环筒页装（两广地质临时报告 第 5 号）

03413

广西容县北流郁林兴业四属地质矿产　乐森璕　姚文光著

广州：两广地质调查所，1932，11 页，18 开（两广地质临时报告 第 25 号）

收藏单位：广东馆、桂林馆、国家馆

03414

广西省矿产地质查探报告书汇集

广西省政府建设厅，1941.2，113 页，16 开

本书记述关于金、钨、铁、钼、锡、锑、煤等矿的探查。附地图及地质矿脉等图。

收藏单位：南京馆

03415

广西省矿产分类分县调查表

广西矿物局，1935.1，144 页，16 开

本书共两部分：矿产分类调查表、矿产分县调查表。

收藏单位：桂林馆、南京馆、上海馆、浙江馆

03416

广西西南部地质矿产　徐瑞麟著

广州：两广地质调查所，1933，36 页，16 开（两广地质临时报告 第 29 号）

本书共 5 部分：地形、地层、火成岩、构造、矿产。

收藏单位：桂林馆、南京馆

03417

广西邕宁永淳宾阳地质矿产　朱庭祜　李殿臣著

广州：两广地质调查所，1928.5，油印本，31页，12开，环筒页装（两广地质临时报告 第3号）

03418

广元南江间地质矿产　侯德封　王现珩著

重庆：四川省地质调查所，1939，64页，16开

　　本书内容包括：绪言、地层、地质构造、地形、地文、矿产等。《地质丛刊》第2号摘印本。

　　收藏单位：重庆馆

03419

贵州矿产探测团地质矿产陈列室矿产部分说明　马祖望　谢家荣编著

资源委员会矿产测勘处，1944，36页，32开

　　本书内容包括：中国金属矿产说明、中国非金属矿产说明、贵州重要矿产说明、地质及采矿模型说明等。

　　收藏单位：重庆馆

03420

贵州遵义金沙黔西修文四县矿产调查报告

杨怀仁　施雅风撰

资源委员会矿产测勘处，腾印本，[36]叶，16开，活页装（临时报告36）

　　收藏单位：南京馆

03421

河南巩县密县地质矿产　王景尊著　张人鉴校

开封：河南省地质调查所，1934.11，34页，16开（地质报告书 第4号）

　　本书介绍两县地层系统和煤、铁、铅、银、磁土、石灰石、砂石等矿产。附地质矿产图。

03422

河南矿产志

开封：河南省地质调查所，1933.8，10+138页，16开

　　本书共4章：河南地质概论、河南煤田及其他非金属矿产概论、河南金属矿产概论、矿业。

　　收藏单位：重庆馆、国家馆、南京馆、上海馆、首都馆、西南大学馆

03423

河南卢氏洛宁嵩县伊阳等县地质矿产　曹世禄著　张人鉴校

开封：河南省地质调查所，1934.12，48页，16开（地质报告书 第5号）

　　本书介绍四县的地文、地质构造、地层、矿产等。

03424

河南南阳镇平内乡淅川等县地质矿产　曹世禄著　张人鉴校

开封：河南省地质调查所，1933.12，36页，16开（地质报告书 第2号）

　　本书介绍四县的地形、地质构造、地层、矿产等。逐页题名：河南南阳镇平内乡淅川等县地质矿产调查报告。

　　收藏单位：首都馆

03425

河南陕县渑池新安地质矿产　曹世禄著　张人鉴校

开封：河南省地质调查所，1935.10，70页，16开（地质报告书 第6号）

03426

河南省地质调查所地质矿产汇报　曹世禄编

开封：河南省地质调查所，1940，86页，16开

　　本书内容包括：嵩县潭头镇煤矿地质、南召县煤矿地质、邓县三山地质等。

　　收藏单位：重庆馆

03427

河南省南召鲁山宝丰方城等县地质矿产　曹世禄著

开封：河南省地质调查所，1936.9，52页，16开（地质报告书 第7号）

　　本书介绍地形、地层构造与矿产分布等。附南召县、鲁山县、宝丰县、方城县地质图。

03428

河南武安涉县林县安阳汤阴汲县辉县修武博爱济源等县地质矿产　曹世禄　孟昭彝著

开封：河南省地质调查所，1937.10，84页，16开（地质报告书 第9号）

　　本书内容包括：叙言、地文、地质等。

　　收藏单位：国家馆

03429

河南武安涉县林县安阳一带地质矿产　王竹泉著

北京：中央地质调查所，1927.10，50页，16开

　　本书为《地质汇报》第9号摘印本。

　　收藏单位：国家馆

03430

河南信阳罗山光山商城固始潢川地质矿产　魏中谷　谭锡畴著

开封：河南地质调查所，1925.10，18页，16开

　　本书介绍河南信阳、罗山、光山、商城、固始、潢川的位置、地形、地质。《地质报告书》第1号摘印本。

　　收藏单位：国家馆、南京馆

03431

湖北地质矿产概说　谢家荣　刘季辰著

武昌：湖北实业厅，1924.12，58页，16开（湖北地质矿产专刊 第1号）

　　本书附湖北地层比较图、湖北矿产分布略图。

03432

湖北矿产调查（鄂西鄂北部分）　李捷等调查

湖北省建设厅，[1937—1949]，400页，32开

　　本书介绍湖北省铁、砂金、铜、铅、煤、石膏、盐等矿的分布及开采情况。调查时间为1937—1940年间。

03433

湖北西南部地质矿产　谢家荣　刘季辰著

北京：中央地质调查所，1927.10，75—104+29—55页，16开

　　本书为《地质汇报》第9号摘印本。

　　收藏单位：国家馆

03434

湖北宜昌兴山秭归巴东等县地质矿产　谢家荣　赵亚曾著

武昌：湖北实业厅，1926，68+85页，16开（湖北地质矿产专刊 第6号）

　　本书原载《地质汇报》第7号。附新滩页岩中之动物化石。

　　收藏单位：国家馆

03435

湖南桂阳虎形山地质报告　刘基磐等著

长沙：湖南建设厅地质调查所，1932.5，40+21页，16开（湖南建设厅地质调查所报告 第13号 经济地质志10）

　　本书与《湘乡梓门桥煤田地质之研究》《湘乡鸦头山铅锌矿报告》《临武癫子岭钨矿报告》合订。附英文节略。

　　收藏单位：国家馆

03436

湖南江华上伍堡锡矿报告　廖友仁等著

长沙：湖南建设厅地质调查所，1935.1，58+9页，16开（湖南建设厅地质调查所报告 第17号 经济地质志11）

　　本书与《湖南沅陵乌溪锑矿报告》《湖南沅陵洞冲沟金矿报告》《湖南永兴马田墟煤田地质》合订。介绍江华上伍堡锡矿、沅陵乌溪锑矿、沅陵洞冲沟金矿、永兴马田墟煤田的位置及交通、地质、地文、矿床、经营状况等。

　　收藏单位：广东馆、国家馆、南京馆

03437

湖南矿产概况　邓负庵著　张秋尘校订

长沙：湖南省建设厅，[1934]，68 页，16 开，
精装

　　收藏单位：广东馆

03438

湖南矿业纪要　　刘基磐　郭绍仪　粟显俅著
长沙：湖南建设厅地质调查所，1929.5，10+
152 页，16 开（湖南建设厅地质调查所报告
第 6 号矿业专报 2）

　　本书共 3 编：金属矿、非金属矿、结论。
首编介绍分布、产量、进出口及市场销售价
格等；次编介绍储量、分布、开采、冶炼、产
额等；末编结论部分统计矿区数目与面积、产
额与价值、输入与输出等。

　　收藏单位：广东馆、国家馆

03439

湖南新化地质矿产报告　　王晓青　田奇瑪
郭绍仪著
长沙：湖 南 建 设 厅 地 质 调 查 所，1929.12，
46+12 页，16 开（湖南建设厅地质调查所报
告 第 8 号 经济地质志 5）

　　本书内容包括：引言、位置及交通、地
形、构造、地层、矿产等。

　　收藏单位：国家馆

03440

江巴富泸间地质矿产调查报告
成都：四川省政府建设厅，1938.8，33 页，18
开

　　本书共 4 章：引言、地质构造、地层系
统、矿业及矿产。

　　收藏单位：重庆馆、国家馆、南京馆

03441

江西地质矿业调查所第一次业务报告
南昌：江西地质矿业调查所，1929，[222] 页，
16 开

　　收藏单位：国家馆

03442

江西省地质矿产图表　　高平编
南昌：江西省地质调查所，1939，59 叶，8 开

　　本书内容包括：江西省瓷土产地位置图、
石灰岩分布图、花岗岩分布图、火山喷发岩
分布图、地质构造简图、奥陶纪时代地理及
生物图、重要地质调查历次表等。

　　收藏单位：国家馆、江西馆

03443

江西玉山广丰二县地质矿产　　高平著
北平：实业部地质调查所，1933.12，20 页，
16 开

　　本书为《地质汇报》第 23 号摘印本。

　　收藏单位：国家馆

03444

江浙间地质矿产报告　　叶良辅撰
北京：农商部地质调查所，1919，13 页，16
开

　　本书内收行程纪略、长兴李家巷青草坞
景牛山铁矿报告、长兴县合溪乡煤田报告等。
《地质汇报》第 1 号摘印本。

　　收藏单位：浙江馆

03445

近三年之中国矿产概况及其在世界上之地位
　　侯德封著
北平：中 国 地 质 学 会，1936，157—174 页，
25 开

　　本书为《地质论评》第 1 卷第 2 期摘印
本。

　　收藏单位：广东馆

03446

开发湖南矿产意见书　　刘基磐著
长沙：湖南地质调查所，1934.8，16 页，27
开

　　本书调查湖南省煤、铁、锡、锑、铅锌、
金等矿藏情况。为欢迎全国经济学社社员而
作。

03447

康滇边区之地质与矿产　　刘之祥著
康定：西康省地质调查所、国立西康技艺专科
学校，1941，12 叶，16 开，环筒页装（国立

西康技艺专科学校学术丛刊 第 3 号）

　　本书记述西南地区矿产地质概况。

　　收藏单位：国家馆

03448

辽宁热河间及朝赤铁道沿线地质矿产　谭锡畴著

北平：实业部地质调查所、国立北平研究地质学研究所，1931，39—82 页，16 开

　　本书为《地质汇报》第 16 号摘印本。

　　收藏单位：国家馆

03449

辽宁省葫芦岛附近锦西锦县一带地质矿产　王恒升　侯德封著

北平：实业部地质调查所、国立北平研究院地质学研究所，1931，83—118+12—22 页，16 开

　　本书为《地质汇报》第 16 号摘印本。附插图 12、图 5 版。

　　收藏单位：国家馆、上海馆

03450

洛氏中国伊兰卷金石译证　章鸿剑著

北京：农商部地质调查所，1925.6，120 页，16 开（地质专报 乙种 第 3 号）

　　本书内分马来波斯与其产物篇、波斯织物篇、伊兰之矿物金属及宝石篇、伊兰中国篇及补证等，分述各地区矿产，如明矾、火浣布、呼洛、硇砂、白铜、消石等。

　　收藏单位：国家馆、天津馆

03451

宁属及其邻区矿产概要·宁属农业资源概况　雷孝实撰·冯肇传撰

西昌：委员长西昌行辕，1941.6，20 页，18 开，环筒页装

　　收藏单位：重庆馆、国家馆

03452

宁属七县地质矿产　常隆庆调查报告

成都：四川省政府建设厅，1937.9，10+105 页，16 开（四川资源调查报告）

　　本书分地质、矿产两编，调查西昌、越嶲、冕宁、会理、盐源、盐边、宁南 7 县地质矿产情况。

　　收藏单位：重庆馆、国家馆、上海馆

03453

宁夏地质矿产事业　李士林等著

宁夏省建设厅，1943—1946，石印本，10 册，32 开（建设丛书）

　　收藏单位：重庆馆、国家馆

03454

宁夏矿产调查　张文谟　刘振中著

出版者不详，1941，石印本，2 册（38+44 页），32 开，环筒页装（建设丛书）

　　本书内容包括：贺兰山南石段地质矿产报告、贺兰山北部煤田地质，附贺兰北部煤田分布及储量统计表等。

　　收藏单位：重庆馆、广东馆、国家馆、南京馆

03455

全国重要矿藏量

[北京]：中央地质调查所，1939，复写本，1 册，13 开

　　本书介绍了 1936—1939 年全国重要的矿产资源储藏量。

　　收藏单位：国家馆

03456

山东省矿产图

出版者不详，1 页，2 开

　　本书是山东省矿业资料附图。

03457

山西矿产测绘化分局第一期调查化验各县矿产

山西矿产测绘化分局，1915.1，石印本，384 页，16 开，环筒页装

　　收藏单位：国家馆

03458

陕西矿产一览

出版者不详，[1930—1949]，油印本，40 叶，
13 开，环筒页装

　　本书介绍石油、砂金、锰、铅、铜、锡、
硫、石棉、石墨、石膏等资源。

　　收藏单位：国家馆

03459

陕西矿产一览（煤）

出版者不详，[1930—1949]，油印本，39 叶，
13 开，环筒页装

　　本书共两部分：总论、各区煤田分布概
况。

　　收藏单位：国家馆

03460

上川南地质矿产调查报告

成都：四川省政府建设厅，[1936]，88 页，16
开（四川资源调查报告）

　　本书共 6 部分：序言、调查区域及其形
势、地层系统、地质构造、矿产、结论。卷
端题名：四川上川南成华双仁青井犍乐屏峨荣
威富资简等县地质矿产报告。逐页题名：四川
上川南地质矿产报告。

　　收藏单位：重庆馆、国家馆、南京馆、首
都馆、浙江馆

03461

四川矿产勘查纪实　　刘丹梧著

成都：协美印刷公司，1934.11，66 页，16 开

　　本书调查四川二十余处矿产情况，并配
插图说明。共 23 章，内容包括：自井矿区说
明、贡井矿区说明、威远县矿产说明、荣县
矿区说明、泸县矿产说明、峨眉县矿产说明、
荣昌县矿产说明等。

　　收藏单位：重庆馆、广东馆、贵州馆、国
家馆、湖南馆、近代史所、南京馆、上海馆

03462

四川南部古蔺琪县间地质矿产　　熊永先　罗
正远著

重庆：四川省地质调查所，1939，83—150
页，18 开

　　本书共 6 部分：引言、地形及地文、地

层、构造、矿产、结论。《地质丛刊》第 2 号
摘印本。

　　收藏单位：重庆馆

03463

四川省第五行政区地质矿产略述　　郑延祉执
笔

四川省第五区行政督察专员兼保安公署，
1944，油印本，18 叶，22 开，环筒页装（四
川省第五区行政督察专员兼保安公署专刊 第
2 号）

　　收藏单位：国家馆

03464

**四川省万县云阳奉节巫山四县长南岸地质矿
产**　　苏孟守　萧有钧著

重庆：四川省地质调查所，1938，48—84 页，
16 开

　　本书内容包括：绪言、地形、地层系统、
地质构造、矿产等。《地质丛刊》第 1 号摘印
本。

　　收藏单位：重庆馆

03465

**四川省叙南六县及永宁一带地质矿产调查简
报**

成都：四川省政府建设厅，1938.6，15 页，16
开

　　本书共 5 部分：绪言、地理、地质构造、
地层、矿产。

　　收藏单位：重庆馆、国家馆、南京馆

03466

四川之矿产（下）

出版者不详，[1930—1939]，手写本，34 叶，
16 开，环筒页装

　　本书讲述四川的煤、天然煤气、钢铁和
铜的地质概况和矿业概况。

　　收藏单位：国家馆

03467

绥远土黔特旗矿产地质报告　　翁文灏　曹树
声著

北京：农商部地质调查所，1919，34—55 页，
16 开

　　本书为《地质汇报》第 1 号摘印本。附
10 剖面图。

　　收藏单位：广东馆

03468

铁煤及石油　吴半农著

北平：社 会 调 查 所，1932.3，69 页，22 开
（中国经济发展问题 1）

　　本书共 6 章：绪言、铁矿砂、生铁及钢、
煤、石油、结论。

　　收藏单位：重庆馆、桂林馆、国家馆、近
代史所、辽宁馆、南京馆、山西馆、上海馆、
首都馆、西南大学馆、浙江馆、中科图

03469

万云奉巫四县长江北岸地质矿产调查　李陶
　任绩著

成都：四川省政府建设厅，[1937—1945]，32
页，18 开（建设丛书）

　　本书卷端题名：万县巫山间长江北岸地质
矿产。

　　收藏单位：国家馆、南京馆

03470

西康宁属北部之地质与矿产　刘之祥著

康定：西康省地质调查所、国立西康技艺专科
学校，1941，9 叶，16 开，环筒页装（国立
西康技艺专科学校学术丛刊 第 2 号）

　　收藏单位：国家馆

03471

西康之矿产　于锡猷调查

国民经济研究所，[1940]，油印本，38 叶，
16 开，环筒页装

　　本书介绍西康省矿产概况。

　　收藏单位：国家馆

03472

新疆矿产志略　丁道衡著

西北科学考察团理事会，1931，22 页，16 开

　　本书记述地质简况和金属、非金属矿产。

附新疆矿产略图。

　　收藏单位：国家馆

03473

**新泰莱芜蒙阴泰安宁阳汶上六县矿产调查报
告**　张会若　何德行　张霈霖调查

济南：山东省政府建设厅编辑股，1936.3，
16+182 页，16 开（山东矿产报告 第 1 号）

　　收藏单位：桂林馆、近代史所、南京馆

03474

粤汉铁路线长砰段地质矿产报告　王晓青
田奇瑌　刘祖彝著

长沙：湖南省地质调查所，1933.9，56+9 页，
16 开（湖南建设厅地质调查所报告 第 16 号
地质志 3）

　　本书介绍长沙至坪石段的地形、地层程
序、地质构造、矿产等。附长坪段沿路矿产
表、永兴煤田地质报告、英文摘要。

　　收藏单位：国家馆、湖南馆

03475

云南保山腾卫矿产概况　王植撰

资源委员会矿产测勘处，1943，16 叶，16 开
（临时报告 4）

　　收藏单位：南京馆

03476

云南大关彝良间地质矿产　王超翔著

[重庆]：资源委员会西南矿产测勘处，1942.9，
油印本，10 页，16 开（临时报告 13）

　　收藏单位：上海馆

03477

云南矿产一览表　钟伟等编

[云南省实业厅]，[1942]，452 页，16 开

　　本书内收金、银、铜、铁、锡、铅、锑、
钴、锌、锰、砒、汞、煤、水晶、石棉、金
刚、云母、石膏、硝、硫磺、硫酸、硃砂、
白矾、大理石、琥珀、磁土、赤土、砂石矿
28 种矿产调查表。

　　收藏单位：国家馆

03478

云南矿产志略　朱熙人　袁建齐　郭令智著

昆明：国立云南大学，1940.6，14+160 页，16 开（云南大学丛刊 1）

本书介绍云南省各种矿产分布、经济价值等。共 12 章，内容包括：绪论、铜矿、银铅锌矿、锡钨铋钼矿等。

收藏单位：重庆馆、贵州馆、桂林馆、国家馆、近代史所、南京馆、浙江馆

03479

云南矿产种类述略　孟宪民著

北平：中国地质学会，1937，247—254 页，25 开

本书综述清末以来中外人士的调查记述，包括铜、铅、锌、银、金、锡、砷、汞、锑、钨、岩盐、煤、钴、镍、铁等矿产之产地与地质情况。《地质论评》第 2 卷第 3 期摘印本。

收藏单位：广东馆、国家馆

03480

增编河南矿产志　曹世禄　王景尊编

开封：河南省地质调查所，1936.11，26+138 页，16 开

本书共 4 章：河南地质概论、矿产概论、金属矿产、非金属矿产。

收藏单位：国家馆、近代史所、辽宁馆、上海馆

03481

浙江省富阳桐庐建德兰溪汤溪龙游衢州常山江山等县地质矿产调查报告　陈大受等著

杭州：浙江省矿产调查所，1929，14 页，18 开

收藏单位：国家馆、南京馆、浙江馆

03482

浙江省矿产调查报告书

浙江省政府建设厅矿产调查委员会，1928.11，88 页，22 开

本书内容包括：节略呈报、浙江省矿产调查委员会所查矿产之位置与调查经过路线合图、煤矿总论等。目次页题名：浙江矿产调查报告书。

收藏单位：国家馆、近代史所、上海馆、首都馆、浙江馆

03483

浙江省矿产调查表　李陶编

[杭州]：浙江省矿产事务所，1933.3，108 页，22 开

本书分非金属及金属两大类。

收藏单位：国家馆、湖南馆、江西馆、近代史所、上海馆、首都馆、浙江馆

03484

浙江省矿产调查所分析检定及鉴定规则

杭州：浙江省矿产调查所，6 页，16 开

收藏单位：浙江馆

03485

浙江省矿产调查所汇报（第 1 号）　燕春台著

杭州：浙江省矿产调查所，1932.5，92+44 页，16 开

本书内收两篇调查报告：《浙江省武义宣平丽水云和青田永嘉六县地质矿产调查报告》《浙江义乌县乌灶煤田地质》。

03486

浙江省矿产调查所汇报（第 2 号）　李陶　金维楷著

杭州：浙江省矿产调查所，1932.8，102+22 页，16 开

本书内收两篇报告：《浙江省杭江铁路沿线之地质矿产》《浙江省建德县铜官铁矿报告》。

收藏单位：国家馆、江西馆、上海馆、首都馆

03487

浙江省矿产一览表　宋雪友编

浙江省政府建设厅、浙江省矿产调查委员会，1928.7，32 页，22 开

本书介绍浙江省煤、铁、锰、铜等 16 种矿藏情况。

03488

浙江省矿务局筹备处报告
浙江省矿务局筹备处，1937，73 页，16 开

    收藏单位：浙江馆

03489

浙江省吴兴长兴武康等县地质矿产调查报告　陈大受　袁师汾著
杭州：浙江省矿产调查所，1929，20 页，18 开

    本书共 6 部分：引言、地形、地质构造、矿产、试探计划、结论。

    收藏单位：国家馆、南京馆、浙江馆

03490

正太铁路线地质矿产　王景尊　王曰伦著
北平：农矿部直辖地质调查所，1930.12，[128] 页，16 开

    本书为《地质汇报》第 15 号摘印本。

    收藏单位：广东馆

03491

直隶井陉地质矿产　朱庭祜　李捷著
北京：农商部地质调查所，1924.12，83—98+37—50 页，16 开

    本书为《地质汇报》第 6 号摘印本。

    收藏单位：广东馆、国家馆、上海馆

03492

直隶临榆县石门寨附近地质　马底幼著　袁复礼译
北京：农商部地质调查所，1922.10，97 页，16 开

    本书为《地质汇报》第 4 号摘印本。

    收藏单位：国家馆

03493

直隶宣化涿鹿怀来三县地质矿产　谭锡畴著
北京：中央地质调查所，1928.1，[32] 页，16 开

    本书为《地质汇报》第 10 号摘印本。附图 1 版。

    收藏单位：广东馆

03494

直隶易唐蔚等县地质矿产　李捷著
北京：农商部地质调查所，1922.10，81—90+137—140 页，16 开

    本书为《地质汇报》第 4 号摘印本。

    收藏单位：广东馆、国家馆、上海馆

03495

中国各省矿产图
出版者不详，1 册，32 开

    收藏单位：广东馆

03496

中国矿产地一览（第 1 卷 下 江西、湖北、湖南）　地质学科编纂
上海：上海自然科学研究所，1940.8，174+16 页，16 开（上海自然科学研究所汇报特刊 第 2 号）

    本书记录三省的铁矿、金矿、铜矿等矿产资源。

    收藏单位：国家馆、南京馆

03497

中国矿产地一览（第 2 卷 上 福建、广东、海南岛、广西）　地质学科编纂
上海：上海自然科学研究所，1941.6，12+278+21 页，16 开（上海自然科学研究所汇报特刊 第 3 号）

    本书记录四省的铁矿、金矿、铜矿等矿产资源。

    收藏单位：国家馆、内蒙古馆

03498

中国矿产志略　翁文灏著
北京：农商部地质调查所，1919.10，18+270 页，16 开（地质专报 乙种 第 1 号）

    本书共 3 编：总论、金属矿产、非金属矿床（除煤）。

    收藏单位：国家馆、近代史所、辽宁馆、首都馆、天津馆

03499

中国之矿产时代及矿产区域　谢家荣著

北平：中国地质学会，1936，363—380 页，
25 开

　　本书内容包括：地壳运动、火成岩发育史、中国之矿产时代等。《地质论评》第 1 卷第 3 期（丁文江先生纪念号）摘印本。

　　收藏单位：国家馆、浙江馆

03500

中华矿产一览表　赖仰之编纂

北京：文明书局，1912.7，14+148+82 页，22 开

　　本书共两部分：正编（矿产表）、附编（调查记）。版权页编者题：赖继光。

　　收藏单位：国家馆、近代史所、南京馆、山西馆、首都馆、天津馆、浙江馆

03501

中华民国主要矿产图　陆殿扬主编　中国史地图表编纂社编制

上海：亚光舆地学社，1947.3，1 册，16 开

　　本书为中心国民学校适用。

　　收藏单位：江西馆

03502

资源委员会西南矿产测勘处三十年度年报

资源委员会云南矿产测勘处，[1941]，32 页，18 开

　　本书共 3 部分：事务、测勘、三十一年度工作计划。附西南矿产测勘处地质课办事细则。

　　收藏单位：贵州馆、国家馆、上海馆

03503

资源委员会矿产测勘处三十一年度年报

资源委员会矿产测勘处，[1942]，35 页，16 开

　　本书共 3 部分：事务、测勘、三十二年度工作计划。附资源委员会矿产测勘处暂行组织章程。

　　收藏单位：国家馆

03504

资源委员会矿产测勘处三十二年度年报

资源委员会矿产测勘处，[1943]，16 页，16 开

　　本书共 4 部分：事务、测勘、室内工作、本处三十三年度工作计划。

　　收藏单位：国家馆、上海馆

03505

资源委员会矿产测勘处三十三年度年报

资源委员会矿产测勘处，[1944]，19 页，16 开

　　本书共 4 部分：事务、测勘、室内工作、本处三十四年度工作计划。附资源委员会矿产测勘处组织章程。

　　收藏单位：国家馆

03506

资源委员会矿产测勘处三十四年度年报

资源委员会矿产测勘处，[1945]，20 页，16 开

　　本书共 3 部分：事务、测勘、室内工作。

　　收藏单位：国家馆、南京馆、天津馆

03507

资源委员会矿产测勘处三十五年度年报

资源委员会矿产测勘处，[1946]，28 页，16 开

　　本书共 3 章：事务、测勘、室内研究工作。附本年度本处同人著作表、修正资源委员会矿产测勘处组织规程。

　　收藏单位：重庆馆、国家馆、南京馆、上海馆

矿床分类

03508

安徽怀远县西南部煤田地质　王竹泉著

北京：农商部地质调查所，1924.12，51—66+21—26 页，16 开

　　本书为《地质汇报》第 6 号摘印本。附图 3 版、插图 3 幅。封面题名：安徽怀远县西南部地质。

　　收藏单位：国家馆

03509

安徽泾县宣城煤田地质　叶良辅　李捷著

安徽实业厅，1924.12，[34] 页，16 开（安徽地质矿产专刊 第 1 号）

　　本书论述地质层序、地质构造，并介绍各区煤田分布情况等。《地质汇报》第 6 号摘印本。

　　收藏单位：东北师大馆

03510

安徽宿县烈山及雷家沟煤田地质　翁文灏　计荣森著

北平：地质调查所，1932，[14+6] 页，16 开

　　本书为《地质汇报》第 18 号摘印本。

　　收藏单位：东北师大馆、广东馆、国家馆

03511

安徽宣城水东煤田调查录　（德）赖伦（G. Leinung）著　孙昌克译

宣城：惠通煤矿公司，[1921]，44+26 页，16 开

　　本书内收 5 篇调查报告：《赖伦安徽宣城水东煤田勘察报告》《水东煤田勘察之经济报告》《水东煤分析表》《书赖伦君查勘水东煤田报告后》《汇录水东禁采煤矿碑记》。逐页题名：赖伦安徽宣城水东煤田勘察报告。

　　收藏单位：重庆馆、国家馆

03512

北川铁路沿线煤矿区区域地理　杨克毅　钟功甫著

北碚：中国地理研究所，1942.12，石印本，60 页，16 开，环筒页装（中国地理研究所地理集刊 第 2 号 暂行本）

　　本书内容包括：地质与开矿事业、地形与土地利用等。

　　收藏单位：重庆馆、广东馆

03513

北票煤之煤岩学初步研究　谢家荣著

北平：实业部地质调查所，1930.10，[13] 页，16 开（沁园燃料研究室燃料研究专报 第 1 号）

　　本书为《中国地质学会志》第 11 卷第 3 期摘印本。中英文本。

03514

察哈尔石灰石　刘国昌编

资源委员会水泥资源调查团，1949.4，油印本，7 页，16 开（资源委员会水泥资源调查团丛刊 26）

　　本书内容包括：当地概况、交通、人口、物产、地质、石灰质量等。

　　收藏单位：浙江馆

03515

大怀左煤田地质调查报告　胡秉信等著

出版者不详，1934，18 页，16 开

　　本书论述永煤两矿煤层之关系。

　　收藏单位：国家馆、首都馆

03516

大同煤之粘结性·试验焦煤之改良方法　金开英　熊尚元著·宾果　熊尚元著

北平：实业部地质调查所，1936.10，9+256—262 页，16 开（沁园燃料研究室燃料研究专报 第 20 号）

　　本书分别为《化学工程》第 3 卷第 3 号摘印本、《地质汇报》第 28 号摘印本。

　　收藏单位：国家馆

03517

德安县傅家山煤矿　蔡丽举　陶友松著

外文题名：Coal mine of Fuchiashan, Tehanhsieh

南昌：江西省地质调查所，1939.1，7 页，16 开（江西省地质调查所临时简报 第 2 号）

　　收藏单位：国家馆

03518

地质调查所沁园燃料研究室三周年纪念刊

北平：地质调查所沁园燃料研究室，1933.10，24 页，22 开

　　本书阐述该室的燃料研究成绩及中国燃料问题概要。书前有金绍基序，末有翁文灏的英文序。

　　收藏单位：广东馆、国家馆、南京馆、上

海馆、浙江馆

03519

电力探矿在当涂铁矿之初步试验　丁毅著
北平：中国地质学会，1936，589—602 页，25 开

　　本书为《地质论评》第 1 卷第 5 期摘印本。

　　收藏单位：广东馆

03520

东北石灰岩　刘国昌编
资源委员会水泥资源调查团，1949.4，油印本，5 页，16 开（资源委员会水泥资源调查团丛刊 29）

　　本书内容包括：当地概况、交通、人口、物产、地质、石灰质量等。

　　收藏单位：浙江馆

03521

东北之长石矿床
中国经济建设学会，1947，油印本，8 页，18 开，环筒页装

　　本书为《东北地质调查材料》第 19 篇。

　　收藏单位：国家馆

03522

对南延宗吴磊伯二氏所记广西东部几种铀矿物之我见　王炳章著
[重庆]：[四川省地质调查所]，1945，253—260 页，25 开

　　本书对南、吴二人的文章表示异议。书眉刊：广西铀矿。《地质论评》第 10 卷第 Z3 期摘印本。

　　收藏单位：上海馆

03523

奉天本溪湖煤田之地质时代（节译）　马底幼著
北京：农商部地质调查所，1924.12，1 册，16 开

　　本书为《地质汇报》第 6 号摘印本。

　　收藏单位：国家馆、上海馆

03524

奉天本溪县小市煤田地质简报　黄汲清著
北平：农矿部地质调查所，1929，1 册，16 开

　　本书为《地质汇报》第 13 号摘印本。中英文对照。附奉天本溪县小市煤田地形图。

　　收藏单位：国家馆、上海馆

03525

奉天复县五湖嘴煤田地质　王竹泉著
外文题名：Geology of the Wu Hu Tsui coal field, Fuhsien, Fengtien
北平：地质调查所，1928.7，53—74+37—49 页，16 开

　　本书内容包括：绪言、位置及交通、地形、地层等。附图 2 版，插图 4。《地质汇报》第 11 号摘印本。

　　收藏单位：国家馆、首都馆

03526

奉天黑山县八道壕煤田·热河朝阳县北票煤田　谭锡畴著
北京：农商部地质调查所，1926.12，1 册，16 开

　　本书为《地质汇报》第 8 号摘印本。

　　收藏单位：南京馆

03527

奉天省柴河堡产金地之调查　（日）木户忠太郎调查　曹树声译述
出版者不详，16 页，16 开

　　收藏单位：上海馆

03528

福建建瓯梨山煤田地质　陈恺　朱钧著
永安：福建省建设厅地质土壤调查所，1941.12，15+8 页，18 开（地质矿产报告 第 1 号 学术研究与中央地质调查所合作）

　　本书介绍该煤田的地层、侵入岩、构造、地形等。附英文节要。

　　收藏单位：国家馆、上海馆

03529

赣江上游砂金　王超翔著

外 文 题 名：Gold placers along the upper Kan River

南昌：江西省地质调查所，1939，32 页，18 开

　　本书为《江西省地质调查所地质汇刊》第 3 号摘印本。

　　收藏单位：国家馆

03530

赣南钨矿志　周道隆主编

南昌：江西地质矿业调查所，1936.4，190 页，16 开（江西地质矿业调查所专报 乙种 第 1 号）

　　本书分述泰和、兴国、安县、会昌、大庾、南康、赣县、云都、龙南、虔南、遂川、万安等县的钨矿。

　　收藏单位：江西馆、南京馆

03531

光荣的煤　尹国钧著

南京：正中书局，1936.5，41 页，32 开（国民说部 第 9 集 国民科学集 3）

　　本书共 8 回，内容包括：创汽机缩地有奇方、论石炭格物穷元素、量热力初闻加路里等。

　　收藏单位：重庆馆、国家馆、湖南馆、南京馆、首都馆

03532

广东钦昌石膏矿　朱翊声著

广州：两广地质调查所，1929.9，10 页，21 开（两广地质临时报告 第 23 号）

　　收藏单位：重庆馆

03533

广东曲江东田螺冲蜡石坝煤田地质　徐瑞麟　王镇屏著

广州：两广地质调查所，1929.6，10 页，23 开，环筒页装（两广地质临时报告 第 21 号）

03534

广东曲江武水钩咀岭一带煤田地质　张会若　王镇屏著

广州：两广地质调查所，1929.2，28 页，12 开，环筒页装（两广地质临时报告 第 12 号）

03535

广东乳源湖南宜章狗牙洞煤田地质　张会若　王镇屏著

广州：两广地质调查所，1929.1，30 页，12 开，环筒页装（两广地质临时报告 第 11 号）

　　本书卷首题名：狗牙洞煤田地质简报。

03536

广东英德硫磺山之黄铁矿　陈国达著

北京：经济部地质调查所、国立北平研究院地质学研究所，1938，50+18 页，16 开

　　本书为《地质汇报》第 32 号摘印本。

　　收藏单位：国家馆

03537

广东云浮及紫金铁矿　谭锡畴著

外 文 题 名：The iron ore deposits in the Yunfu and Tzuchin districts Kwangtung province

天津：国立北洋工学院出版组，1935.11，38 页，16 开（国立北洋工学院工科研究所研究丛刊 第 1 号）

　　本书内收 3 篇文章：《广东云浮县铁矿》《广东紫金县宝山嶂铁矿》《广东筹办钢铁厂刍议》。

　　收藏单位：重庆馆、国家馆

03538

广东云浮县铁矿　谭锡畴　高平著

北平：实业部地质调查所、国立北平研究院地质学研究所，1936，25—48+40—46 页，16 开

　　本书为《地质汇报》第 27 号摘印本。

　　收藏单位：国家馆

03539

广西贺县双程乡石月村冲柄冲钼矿　张更　杨志成著

国立中央研究院地质研究所、广西省政府建设厅，1938，5 页，18 开（国立中央研究院地质研究所简报 5）

收藏单位：国家馆

03540

广西怀集县谠山及饭匙山钨矿　张更　杨志成著
国立中央研究院地质研究所、广西省政府建设厅，1938.9，15页，18开（国立中央研究院地质研究所简报6）
　　收藏单位：南京馆

03541

广西金矿述要　陈励刚著
经济部采金局粤桂区金矿探勘队，1942，39页，18开
　　本书共4部分：绪言、通论、分论和结论。通论对位置与地形、山脉与水系、地质、金矿、矿业等进行概述；分论分区域概述。
　　收藏单位：国家馆

03542

广西柳城大埔煤田地质　斯行健等著
国立中央研究院地质研究所、广西省政府建设厅，1938.7，12页，18开（国立中央研究院地质研究所简报2）
　　收藏单位：南京馆

03543

广西罗城寺门迁江合山煤田地质简报　冯景兰　乐森璕著
广州：两广地质调查所，1928.12，15页，12开，环筒页装（两广地质临时报告 第1号）
　　本书分述广西罗城寺门、迁江合山两处煤田的位置、交通、地形、地层、地质构造、储量及煤质等。

03544

广西罗城小长安寺门一带煤田地质　斯行健等著
国立中央研究院地质研究所、广西省政府建设厅，1938.7，7页，18开（国立中央研究院地质研究所简报3）
　　收藏单位：南京馆

03545

广西迁江合山罗城寺门煤田地质　冯景兰　乐森璕著
外文题名：Geology of Hoshan & Szumen coal fields of northern Kwangsi
广州：两广地质调查所，1929，1册，16开
　　本书共3部分：引言、广西迁江县合山煤田、广西罗城县寺门煤田。《地质年报》第2卷上册摘印本。
　　收藏单位：桂林馆、国家馆

03546

广西藤县太平庄附近钨矿　张更　杨志成著
国立中央研究院地质研究所、广西省政府建设厅，1938，12页，18开（国立中央研究院地质研究所简报8）
　　收藏单位：国家馆

03547

广西信都大桂山钨矿　张更　杨志成著
国立中央研究院地质研究所、广西省政府建设厅，1938，24页，18开（国立中央研究院地质研究所简报9）
　　本书附地质图1张、矿脉图1张、照片10帧。
　　收藏单位：国家馆

03548

贵州都匀独山煤田说略　谢家荣等著
资源委员会矿产测勘处，1944.10，1册，16开（临时报告47）
　　收藏单位：南京馆

03549

杭州石灰石　陈岱等编
资源委员会水泥资源调查团，1949.4，油印本，5页，16开（资源委员会水泥资源调查团丛刊21）
　　本书内容包括：当地概况、交通、人口、物产、地质、石灰质量等。
　　收藏单位：浙江馆

03550

河北省涞源县石绵矿调查报告　侯德封著
外文题名：Notes on the asbestos deposit of Laiyuan district, Hebei province
北平：实业部地质调查所、国立北平研究院地质学研究所，1935.3，43—48+39—43 页，16 开

　　本书共 3 部分：产地、地质述略、矿业。《地质汇报》第 25 号摘印本。

　　收藏单位：广东馆

03551

河南南阳独山之玉石　李学清著
北平：中国地质学会，1936，55—60 页，25 开

　　本书共 5 部分：引言、分类、照微镜研究、地质、结论。附照相版 2。《地质论评》第 1 卷第 1 期摘印本。

　　收藏单位：广东馆、国家馆

03552

河南陕县观音堂一带煤田地质　谭锡畴著
开封：河南地质调查所，1926.1，16 页，16 开

　　本书为《地质报告书》第 2 号摘印本。

　　收藏单位：南京馆

03553

河南省铁矿志　张人鉴　曹世禄编
开封：河南省地质调查所，1939，86 页，18 开

　　收藏单位：国家馆

03554

河南修武县煤田地质　侯德封著
外文题名：Geology of Hsiuwu coal field, Honan
北平：农矿部直辖地质调查所，1930.12，24+23 页，16 开

　　本书内容包括：煤田地位、地层、构造、矿产等。《地质汇报》第 15 号摘印本。

　　收藏单位：上海馆

03555

河南禹县密县煤田地质　孙健初著
北平：实业部地质调查所、国立北平研究院地质学研究所，1934.9，32+8 页，16 开

　　本书内容包括：绪言、位置、交通、矿产等。《地质汇报》第 24 号摘印本。

　　收藏单位：东北师大馆、国家馆

03556

河南禹县密县煤田地质
开封：河南省地质调查所，1933.11，54 页，16 开（地质报告书 第 1 号）

　　本书共 8 部分，内容包括：绪言、位置、交通、地形、地层等。

　　收藏单位：国家馆、上海馆、首都馆

03557

黑龙江省扎赉诺尔沥青矿及褐炭矿地质　侯德封著
外文题名：Geology of the bitumen deposit and the lignite field of Chalainor, Heilungkiang province
北平：实业部地质调查所，1932.6，7—26+52—76 页，16 开

　　本书内容包括：引言、位置及交通、地形、地质等。《地质汇报》第 19 号摘印本。

　　收藏单位：广东馆、国家馆

03558

黑龙江阳原县鹤冈煤田地质矿产　谭锡畴著
外文题名：Geology of the Ho Kang coal field, Heilungkiang
北京：农商部地质调查所，1924.12，24+12 页，16 开

　　本书内容包括：位置、交通、地形、地质、矿产等。卷端题名：黑龙江汤原县鹤冈煤田地质矿产。封面"汤原"误写为"阳原"。《地质汇报》第 6 号摘印本。

　　收藏单位：辽宁馆

03559

湖北大冶铁矿　孙健初著
北京：经济部地质调查所、国立北平研究院地质学研究所，1938.4，24 页，16 开

　　本书为《地质汇报》第 31 号摘印本。

03560

湖北大冶阳新铜矿调查简报　朱熙人　计荣森著

军事委员会资源委员会，1935.8，16 页，16 开（军事委员会资源委员会参考资料 第 11 号）

本书共 6 部分：引言、位置及交通、地层及火成岩、矿床、矿业史略、钻探大冶阳新铜矿之意见。

收藏单位：南京馆

03561

湖北东南部铜矿矿物研究　李学清著

北平：农矿部地质调查所，1929，31—36+24—29 页，16 开

本书为《地质汇报》第 12 号摘印本。

收藏单位：国家馆

03562

湖南常宁桂阳锡砒矿报告　王竹泉　熊永先著

外文题名：The cassiterite-arsenopyrite pipes in southern Hunan, China

北平：实业部地质调查所、国立北平研究院地质学研究所，1935.9，47—78+76—105 页，16 开

本书为《地质汇报》第 26 号摘印本。

收藏单位：国家馆

03563

湖南常宁水口山黄铁矿调查简报　王竹泉　熊永先著

军事委员会资源委员会，1935.9，16 页，16 开

收藏单位：南京馆

03564

湖南常宁炭山窝桂阳大顺窿临武香花岭锡砒矿报告　田奇瑪　王晓青　粟显倐著

长沙：湖南建设厅地质调查研究所，1931.8，48+20 页，16 开（湖南建设厅地质调查所报告 第 11 号 经济地质志 8）

收藏单位：国家馆、湖南馆

03565

湖南郴县金船塘矿产报告·湖南资兴瑶冈仙钨矿报告·湖南宣章长城岭锑矿报告　王晓青　许原道　粟显倐著

长沙：湖南建设厅地质调查所，1930.10，36+13 页，16 开（湖南建设厅地质调查所报告 第 10 号 经济地质志 7）

03566

湖南江华河路口锡钨矿简报　靳凤桐著

出版者不详，1940，油印本，40 叶，16 开，环筒页装

收藏单位：国家馆

03567

湖南耒阳东乡煤田地质　朱庭祜著

北京：农商部地质调查所，1921，73—82 页，16 开

本书为《地质汇报》第 3 号摘印本。

收藏单位：国家馆

03568

湖南醴陵石门口煤田地质报告　田奇瑪等著

长沙：湖南建设厅地质调查所，1930.3，52+16 页，16 开（湖南建设厅地质调查所报告 第 9 号 经济地质志 6）

本书与《湖南宁乡清溪冲煤田地质报告》《湖南湘潭谭家山煤田地质报告》《湖南宝庆牛马司煤田地质报告》合订。

03569

湖南临武香花岭锡砒矿报告

资源委员会矿产测勘处，1942.10，42 页，18 开，环筒页装

03570

湖南宁乡铁矿地质　王曰伦　刘祖彝　程裕淇著

北京：经济部地质调查所、国立北平研究院地质学研究所，1938，32+11 页，16 开

本书为《地质汇报》第 32 号摘印本。

收藏单位：国家馆

03571

湖南水口山铅锌矿报告　田奇瑠　刘季辰　欧阳超远著

长沙：湖南地质调查所，1927.12，59+13 页，16 开（湖南建设厅地质调查所报告 第 1 号 经济地质志 1）

　　本书共 13 章，内容包括：绪论、地质、矿床、探矿、采矿、选矿等。

　　收藏单位：国家馆、湖南馆、首都馆

03572

湖南钨矿志（第 1 册）　王晓青等著

外文题名：The tungsten ores of Hunan. No.1

长沙：湖南地质调查所，1937.8，70 页，16 开（地质专报 甲种 第 3 号）

　　本书共两章：总论和各论。内容包括：湖南钨矿之分布、产生状态、采选及运输等。

　　收藏单位：重庆馆

03573

湖南湘潭锰矿及膏盐矿报告　田奇瑠　郭绍仪等著

长沙：湖南建设厅地质调查所，1928.12，48+15 页，16 开（湖南建设厅地质调查所报告 第 4 号 经济地质志 2）

　　本书内收锰矿、膏盐矿区调查报告各 1 篇，记述矿区地质、矿床、产销等。有英文摘要。

　　收藏单位：南京馆

03574

湖南湘乡坳头山、洪山殿衡山霞流冲煤田地质报告　王晓青等著

长沙：湖南建设厅地质调查所，1931.12，32+14 页，16 开（湖南建设厅地质调查所报告 第 12 号 经济地质志 9）

03575

湖南湘乡凤冠山梓门桥瑚坪二叠纪煤田地质报告　王晓青　田奇瑠　郭绍仪著

外文题名：Report on the geology of Tzemenchiao, Fengkuanshan and Huping Permian coal fields, Sianghsianghsien

长沙：湖南建设厅地质调查所，1929.10，30 页，16 开（湖南建设厅地质调查所报告 第 7 号 经济地质志 4）

　　本书共 3 部分：梓门桥煤田、凰冠山煤田、瑚坪煤田。书后有英文节略。

　　收藏单位：国家馆

03576

湖南湘乡县一带煤田地质　计荣森　高平著

外文题名：Geology of the coal fields of Sianghsiang district, central Hunan

北平：实业部地质调查所、国立北平研究院地质学研究所，1934.9，65—100 页，16 开

　　本书内容包括：绪言、地层系统概述、煤田区域分述等。《地质汇报》第 24 号摘印本。

　　收藏单位：东北师大馆、国家馆

03577

湖南新化锡矿山锑矿调查记　（瑞士）丁格兰（F. R. Jegengren）著

外文题名：The Hsi-Kuang-Shan antimony mining fields, Hsin-Hua district, Hunan

北京：农商部地质调查所，1921.10，25 页，18 开

　　本书为《地质汇报》第 3 号摘印本。

　　收藏单位：国家馆

03578

湖南益阳板溪锑矿报告　郭绍仪　田奇瑠　王晓青著

长沙：湖南建设厅地质调查所，1928.12，36+13 页，16 开（湖南建设厅地质调查所报告 第 5 号 经济地质志 3）

　　本书共 11 章，内容包括：绪论、地质、矿床、采矿、炼矿等。

　　收藏单位：国家馆

03579

湖南沅陵县柳林汉金矿地质　熊永先　程裕淇著

北平：实业部地质调查所、国立北平研究院地质学研究所，1936，49—72+48—62 页，16 开

本书为《地质汇报》第 27 号摘印本。

收藏单位：国家馆

03580

湖南之锑业　刘基磐著

长沙：湖南建设厅地质调查所，1928.7，36 页，16 开（湖南建设厅地质调查所报告 第 3 号 矿业专报 1）

本书介绍湖南锑矿的分布、开采，锑的冶炼、市场、贸易等情况。

收藏单位：广东馆、国家馆

03581

湖南中部铅锌矿地质　谢家荣　程裕淇著

北平：实业部地质调查所、国立北平研究院地质学研究所，1934，19+72 页，16 开

本书为《地质汇报》第 29 号摘印本。

收藏单位：国家馆

03582

华北石灰岩　刘国昌编

资源委员会水泥资源调查团，1949.4，油印本，4 页，16 开（资源委员会水泥资源调查团丛刊 28）

本书内容包括：元古代、震旦纪、寒武纪、奥陶纪、志留纪、泥盆纪、石炭纪等。

收藏单位：浙江馆

03583

华煤图解分类　金开英著

北平：实业部地质调查所，1933.7，[18] 页，16 开（沁园燃料研究室燃料研究专报 第 12 号）

本书内容包括：煤的分类法、图解分类法、分类与各种煤性质的关系等。中英文对照。《地质汇报》第 21 号摘印本。

收藏单位：南京馆

03584

华煤中之植物组织及其在地质上之意义　谢家荣著

北平：实业部地质调查所，1932.3，[33] 页，16 开（沁园燃料研究室燃料研究专报 第 4 号）

本书为《中国地质学会志》第 11 卷第 3

期摘印本。中英文本。

03585

江北县龙王洞煤田概况

江北（四川）：地质调查所，[1935—1949]，5 页，16 开

本书共 7 部分，内容包括：位置、地层略述、煤田分布等。据内容，此书于 1934 年以后出版。

收藏单位：国家馆、南京馆

03586

江苏东海县朐山燐灰石矿　刘季辰著

北京：农商部地质调查所，1922，6+2 页，16 开

本书为《地质汇报》第 4 号摘印本。

收藏单位：广东馆、国家馆

03587

江苏铜山县贾汪煤田地质　谢家荣著

北平：地质调查所，1932，26+12 页，16 开

本书为《地质汇报》第 18 号摘印本。

收藏单位：广东馆、国家馆

03588

江西吉安安福永新一带煤田地质　王竹泉著

北京：农商部地质调查所，1920，31—42+ 81—85 页，16 开

本书为《地质汇报》第 2 号摘印本。

收藏单位：东北师大馆、国家馆、上海馆

03589

江西进贤县钟陵桥煤田地质　陈励刚著

南昌：江西地质矿业调查所，1936.11，10+8 页，16 开（地质专报 甲种 第 1 号）

收藏单位：国家馆、江西馆、南京馆、上海馆

03590

江西乐平煤——中国煤之一新种　谢家荣著

北平：实业部地质调查所，1933.10，[22] 页，16 开（沁园燃料研究室燃料研究专报 第 14 号）

本书为《中国地质学会志》第 12 卷第 4 期摘印本，并与其他册合订。中英文本。

03591

江西萍乡县水泥原料调查报告　陈励刚著
南昌：江西地质矿业调查所，1937，18 页，16 开（临时报告 1）

　　收藏单位：国家馆、南京馆、上海馆

03592

江西省煤田概论　高平著
南昌：江西省地质调查所，1939.1，19 页，16 开（江西省地质调查所临时简报 第 4 号）

　　本书概述江西省煤田分布、煤层地质时代、煤质、储藏量及产量。

　　收藏单位：国家馆

03593

江西省煤田价值之评定　高平著
南昌：江西省地质调查所，1939.1，8 页，16 开（江西省地质调查所临时简报 第 5 号）

　　本书论述煤田评价的标准及计分方式，评价计分的困难，以及对江西省重要煤田价值的试评等。附江西省 25 个煤田评价表。

03594

江西余干进贤宜春萍乡等县石灰石调查报告　陈励刚著
南昌：江西地质矿业调查所，1937.8，24 页，16 开（临时报告 2）

　　本书介绍江西省余干、进贤、宜春、萍乡四县石灰石的分布及储量。附调查区域内粘土分布略述、江西各重要煤田分布表、全国水泥产量调查表、江西水泥运销概况、设立水泥厂地点之商榷等。

　　收藏单位：国家馆、江西馆、南京馆

03595

江西余干县枫港煤田钻探工作报告　刘行谦编
南昌：江西地质矿业调查所，1937.2，30 页，16 开（地质专报 乙种 第 2 号）

　　本书共 7 部分，内容包括：枫港煤田位置

及交通、矿业沿革、施工之经过等。

　　收藏单位：广东馆、国家馆、江西馆

03596

江西专号
经济部采金局，[1943]，110 页，16 开（金矿丛刊）

　　本书分概论和分论两部分，概述砂金、脉金。

　　收藏单位：重庆馆、广东馆、国家馆、南京馆

03597

京兆昌平县西湖村锰矿　丁文江著
北京：农商部地质调查所，1922.10，53—56+91—94 页，16 开

　　本书为《地质汇报》第 4 号摘印本。

　　收藏单位：广东馆、国家馆

03598

井陉北部煤田地质　王竹泉著
北平：中国地质学会，1936，347—362 页，25 开

　　本书共 4 部分：地层、构造、煤产、结论。《地质论评》第 1 卷第 3 期（丁文江先生纪念号）摘印本。

　　收藏单位：广东馆、国家馆

03599

开平盆地及其附近地质　李春昱　赵亚曾　侯德封著
外文题名：Geology of Kaiping basin and its environs
北平：农矿部地质调查所，1929，37—58+32—47 页，16 开

　　本书为《地质汇报》第 12 号摘印本。

　　收藏单位：广东馆、国家馆

03600

勘定陕西延长永平等处石油矿钻探地点报告书　潘钟祥等调查
出版者不详，油印本，1 册，16 开

　　收藏单位：广东馆、南京馆

03601

矿冶工程　冯景兰等著

[昆明]：云大矿冶工程会，1946.1，30 页，16 开（国立云南大学矿冶工程学会会刊）

　　本书收录《川康滇铜矿纪要摘要》《会泽铅锌矿床成因之我见》《冲腾县金矿探勘报告书摘要》等 5 篇文章。

　　收藏单位：国家馆、南京馆

03602

雷波铁矿　萧枬森著

萧 枬 森 [发 行 者]，1942.11，10 页，18 开（国立中央大学四川省政府川西科学考察团报告 第 2 号）

　　收藏单位：国家馆

03603

辽宁省本溪县田师傅沟煤田西安县煤田及吉林额穆县蛟河煤田地质　王竹泉著

北平：农矿部地质调查所，1929，50 页，16 开

　　本书为《地质汇报》第 13 号摘印本。

　　收藏单位：广东馆

03604

辽宁西安煤矿附产菱铁矿结核之研究　谢家荣　张更著

北平：实业部地质调查所，1932.12，[27] 页，16 开（沁园燃料研究室研究专报 第 7 号）

　　本书共 3 篇，另两篇为《浙江龙泉县产"丝炭"之研究》《薄的煤光片研究——煤岩学之一新法》。中英文本。《中国地质学会志》第 12 卷第 1 期摘印本。

03605

辽宁新宾流纹岩内金矿床　孙健初著

北平：中国地质学会，1937，153—156 页，25 开

　　本书为《地质论评》第 2 卷第 2 期摘印本。

　　收藏单位：广东馆

03606

煤　徐应昶著

外文题名：The coal

上海：商务印书馆，1925.6，25 页，32 开（儿童理科丛书 27）

上海：商务印书馆，1928，再版，25 页，32 开（儿童理科丛书 27）

上海：商务印书馆，1933.10，40 页，32 开（小学生文库 第 1 集 矿物类）

上海：商务印书馆，1933.11，国难后 1 版，40 页，32 开（儿童理科丛书 27）

　　本书内容包括：煤的功用、煤的成因、用煤的历史、煤的种类、煤层和煤田、采煤的方法、煤矿里的设备、安全灯、煤矿里的危险。

　　收藏单位：国家馆、吉林馆、宁夏馆、上海馆、首都馆

03607

煤（上）　陶宏编　陶知行校

上海：儿童书局，1931，22 页，32 开（儿童科学丛书）

上海：儿童书局，1932，再版，22 页，32 开（儿童科学丛书）

上海：儿童书局，1933，3 版，22 页，32 开（儿童科学丛书）

　　收藏单位：广西馆、贵州馆、国家馆、首都馆

03608

煤（下）　陶宏编　陶知行校

上海：儿童书局，1932，24 页，32 开（儿童科学丛书）

上海：儿童书局，1933，再版，24 页，32 开（儿童科学丛书）

　　本书内容包括：开坑、怎样开掘煤、煤矿里的敌人、煤的附产品、我国煤矿的分布情形。

　　收藏单位：贵州馆、国家馆、首都馆

03609

煤层构造学　邓宗瀛编译　戴润博校

东北新华书店，1949.8，110 页，32 开（东北工业部煤矿管理局译丛）

　　本书内容包括：构造地质学、水和冰对煤

层之毁灭、煤层对地温增减率的影响等。

收藏单位：天津馆

03610

煤田地质讲义　王竹泉讲
出版者不详，油印本，1 册，12 开，环筒页装

本书分两讲：怎样认识含煤岩层、怎样解决煤田内之断层问题及其地层构造。

收藏单位：重庆馆

03611

煤岩学研究之新方法　谢家荣著
北平：实业部地质调查所，1930.10，[17] 页，16 开（沁园燃料研究室燃料研究专报 第 2 号）

本书为《中国地质学会志》第 11 卷第 3 期摘印本。中英文本。

03612

煤与石油
重庆：国防部研究院，1942.12，26 页，32 开

收藏单位：南京馆

03613

煤之检样法　王宠佑著
北平：地质调查所，1932.10，增订再版，16 页，22 开
北平：地质调查所，[16] 页，22 开

本书共 7 章，内容包括：检样准确与否之利害、检取煤样法原则、检取煤样之理说、煤样缩小法等。卷端题名：增订煤之检样法。

收藏单位：国家馆、南京馆、清华馆、上海馆、武大馆、浙江馆

03614

岷江沱江流域煤田调查报告　马浚之著
经济部矿冶研究所，[1938—1949]，100 页，16 开（经济部矿冶研究所调查资料 24）

本书内容包括：引言、行程、煤田之划分、采煤法、排水通风等。据内容，出版时间在 1938 年 12 月以后。

收藏单位：国家馆

03615

彭山县芒硝矿地质　侯德封　杨敬之编著
重庆：四川省地质调查所，1938，86—96 页，18 开

本书为《地质丛刊》第 1 号摘印本。

收藏单位：国家馆

03616

綦江铁矿志　李贤诚著
重庆：中国西部科学院地质研究所，1937，102 页，16 开（中国西部科学院地质研究所丛刊第 3 号）

本书从地质、矿产、矿业三个方面论述綦江铁矿。

收藏单位：重庆馆、国家馆

03617

启发韩城县龙门山煤矿与石灰之设计　赵国宾著
[西安]：陕西省建设厅，1933.3，68 页，16 开

本书阐述韩城县龙门山煤矿的地理、地层、地质、地文、经济地质及设计等。卷端题名：陕西梁山尾间地质矿产及启发龙门山煤矿与石灰之设计。

收藏单位：上海馆

03618

青海民和药水泉沟与享堂间之油苗　陈秉范等著
兰州：资源委员会中国石油有限公司甘青分公司探勘处，1947.5，19 页，16 开（石油地质专刊第 2 号）

本书内容包括：位置与交通、地形与地文、地层、构造、造山运动、油苗、油田条件与钻探意见、附论及建议等。附图 8 版。

收藏单位：国家馆、南京馆

03619

清水涧页岩之层位　李四光著
北平：中国地质学会，1937，317—320 页，25 开

本书为《地质论评》第 2 卷第 4 期摘印

本。

收藏单位：国家馆

03620

全国硫黄矿调查简报（河南与察哈尔之部） 谭锡畴　潘钟祥编

军事委员会资源委员会，1935.5，44 页，16 开（军事委员会资源委员会参考资料 第 10 号）

收藏单位：南京馆

03621

燃料研究专报（第 1—17 号） 地质调查所沁园燃料研究室编

北平：地质调查所，1930.10—1934.9，[400] 页，16 开

本书内容包括：北票煤之岩学初步研究、煤岩学研究之新方法、山东博山烟煤炼焦研究、华煤中之植物组织及其在地质上之意义、中国石油之成分等。

收藏单位：国家馆

03622

热河阜新县煤田　王竹泉　黄汲清著

北平：农矿部地质调查所，1929，[26] 页，16 开

本书为《地质汇报》第 13 号摘印本。

收藏单位：东北师大馆、广东馆

03623

山东博山淄川铝矿研究　王竹泉著

北平：地 质 调 查 所，1932，57—72+24—37 页，16 开

本书为《地质汇报》第 18 号摘印本。

收藏单位：广东馆、国家馆

03624

山东铝土矿之显微镜研究　谢家荣著

外文题名：A microscopical study of the bauxite deposit in the Tzechuan Poshan district, central Shantung

北平：实业部地质调查所、国立北平研究院地质学研究所，1935.3，[10] 页，16 开

本书为《地质汇报》第 25 号摘印本。

收藏单位：广东馆、国家馆

03625

山东章丘煤田地质　（瑞典）安特生（Johan Gunnar Andersson）著　叶良辅节译

外文题名：Report on the Chang Chiu coal field in Shantung

北京：农商部地质调查所，1924.12，51—61+99—100 页，16 开

本书内容包括：地层、构造、煤田价值等。卷端题名：章丘煤田地质。《地质汇报》第 6 号摘印本。

收藏单位：广东馆、国家馆

03626

山东章邱煤田中之海成地层·南满石炭纪地层之研究　赵亚曾著

外文题名：Succession of the marine beds in the Chang Chiu coal field of Shantung

北京：农 商 部 地 质 调 查 所，1926.12，22+19 页，16 开

本书共 35 部分，内容包括：黄色页岩厚薄不定、灰泥岩状石灰岩中含铁质核、灰色及紫色页岩等。《地质汇报》第 8 号摘印本。

收藏单位：广东馆、国家馆

03627

山东招远金矿纪略　冯景兰著

北平：中 国 地 质 学 会，1936，385—394 页，25 开

本书为《地质论评》第 1 卷第 4 期摘印本。附地图 2、照片 4 张。

收藏单位：广东馆、国家馆

03628

山东淄川博山煤田地质　谭锡畴著

北京：农商部地质调查所，1922.10，52 页，16 开

本书为《地质汇报》第 4 号摘印本。

收藏单位：广东馆、国家馆

03629

山西大同左云怀仁右玉煤田地质　王竹泉著

外文题名：The coal feild of Tatung, Shansi

北京：农商部地质调查所，1921.10，45—72+71—74 页，16 开

　　本书共两章：地质、矿产。《地质汇报》第 3 号摘印本。

　　收藏单位：国家馆

03630

陕北油母页岩地质　潘钟祥著

北平：实业部地质调查所、国立北平研究院地质学研究所，1934.9，33—47+10—14 页，16 开

　　本书共 4 部分：绪言、沿途观察、地层系统、油母页岩。《地质汇报》第 24 号摘印本。

　　收藏单位：重庆馆、国家馆

03631

陕北油田地质　王竹泉　潘钟祥著

北平：实业部地质调查所，1933.3，45—58+66—88 页，16 开

　　本书是著者 1932 年到陕北勘察石油及调查地质的调查报告。《地质汇报》第 20 号摘印本。

　　收藏单位：甘肃馆、国家馆、上海馆、天津馆

03632

陕西梁山尾间地质矿产及启发龙门山煤矿与石灰之设计　赵国宾著

[西安]：陕西省建设厅，1933.3，68 页，18 开

　　本书共 8 部分，内容包括：绪言、调查范围、地理、地层、地质构造等。封面题名：启发韩城县龙门山煤矿与石灰之设计。

　　收藏单位：国家馆

03633

陕西同官煤田地质　白士倜编著

[西安]：陕西省建设厅，1936.12，58 页，16 开

　　本书共 6 章，内容包括：地层、煤量及煤质、矿业等。封面题名：同官煤田地质。

　　收藏单位：国家馆

03634

石雅　章鸿钊著

北京：农商部地质调查所，1921.5，348 页，16 开（地质专报 乙种 第 2 号）

　　本书共 3 卷：上卷为玉石，包括璆琳、琅玕、琼瑰、水精等；中卷为石，包括石器、砥砺、文石、石炭等；下卷为金，包括五金、三品、赤银等。有英文序及英文目录。

　　收藏单位：国家馆、湖南馆

03635

石雅（再刊）　章鸿钊著

北京：中央地质调查所，1927，432+18 页，16 开（地质专报 乙种 第 2 号）

　　收藏单位：广东馆、国家馆、南京馆、天津馆

03636

石油地质矿床要论　黄承钰著

长沙：商务印书馆，1939.3，222 页，32 开（百科小丛书）

　　本书共 4 编：石油、石油地质学、石油之地质学的分布、石油矿床之成因。附中国之石油业、中英文参考书及文献。

　　收藏单位：广东馆、国家馆、辽宁馆、浙江馆

03637

世界各国的石油资源　中央宣传部国际宣传处编译

贵阳：文通书局，1942.3，50 页，32 开（国际时事丛刊 第 1 辑 9）

　　本书分析和统计世界各国的石油资源。共收两篇文章：《世界石油资源》（译自 1940 年 6 月 29 日英国国际新闻公报）、《各国之石油资源》（桑塔诺夫原著，载苏联《计划经济月刊》1939 年第 10 期）。

　　收藏单位：重庆馆、贵州馆、国家馆、南京馆

03638

试用自然电流法于云南鲁甸县之乐马厂铅银矿及香杉箐黄铁矿　顾功叙　张鸿吉　王子昌著

[昆明]：国立北平研究院物理学研究所、资源委员会西南矿产测勘处，1942.9，油印本，11 页，10 开（物理探矿报告 第 5 号）

　　本书内容包括：两矿区的地质择要、探测记录及推断等。

　　收藏单位：国家馆

03639

四川简阳龙泉驿油田地质　王作賓　马祖望著

资源委员会矿产测勘处四川油矿探勘处，1945，油印本，2 叶，18 开，环筒页装

　　收藏单位：国家馆

03640

四川煤炭分析续报　李乐元等编

重庆：中国西部科学院理化研究所、四川省地质调查所，1938.12，97—124 页，16 开（中国西部科学院理化研究所丛刊 第 4 号）

　　本书共 4 部分：引言、分析方法、分析表、结论。《地质丛刊》第 1 号摘印本。

　　收藏单位：重庆馆、国家馆

03641

四川煤炭之分析　李乐元编

重庆：中国西部科学院理化研究所，1937.3，68—99 页，16 开（中国西部科学院理化研究所丛刊 第 2 号）

　　本书收有煤样的分布、川煤分析结果、焦炭的分析、川煤的储量与产量等。《中国化学工程杂志》第 4 卷第 1 期 68—99 页复印本。

　　收藏单位：重庆馆、国家馆、南京馆、上海馆、浙江馆

03642

四川彭县白水河铜矿调查简报　谭锡畴著

军事委员会资源委员会，1935.6，18 页，16 开（军事委员会资源委员会参考资料 第 12

号）

　　本书共 8 部分：位置、地形、地质、矿床及其成因、矿质、矿量、矿业纪略、结论。

　　收藏单位：重庆馆、南京馆

03643

四川油田简报　潘钟祥著

北平：中国地质学会，1936，633—650 页，25 开

　　本书为《地质论评》第 1 卷第 6 期摘印本。附四川石油调查路线图。

　　收藏单位：国家馆、南京馆

03644

绥远白云鄂博铁矿报告　丁道衡著

北平：实业部地质调查所，1933.12，53—58+40—44 页，16 开

　　本书为《地质汇报》第 23 号摘印本。

　　收藏单位：广东馆、国家馆

03645

太行山东麓煤田地质构造研究　侯德封著

外文题名：Geological structures of the coal fields on the eastern flank of Taihang mountain range

北平：农矿部直辖地质调查所，1930.12，25—48+26—51 页，16 开

　　本书内容包括：引言、地层略述、构造记实、构造比较等。《地质汇报》第 15 号摘印本。

　　收藏单位：广东馆、国家馆、上海馆

03646

探勘柳城大埔煤田的经过与今后开发的意见　李祖才著

出版者不详，[1946]，油印本，20 叶，16 开

　　本书内容包括：矿区地质及矿床、探勘之经过、大埔各民营公司矿业情况、今后开发的意见及结论等。卷内第二叶有"民国卅五年七月"字样，出版时间据此推测。

　　收藏单位：桂林馆

03647

调查滇中区元永井黑井琅井阿陋井玛蝗井等处盐井及一平浪大江坡等处煤矿地质报告

朱庭祜著

出版者不详，[1939]，手写本，24 叶，16 开，环筒页装

收藏单位：国家馆

03648

调查浙江长兴县合溪煤田报告书　蒋尊第著

浙江建设厅，1927.11，28 页，16 开

本书内容包括：调查长兴煤田报告书、整理长兴煤矿公司计划书、盈余概算书等。《浙江建设厅月刊》第 6 号附刊。

收藏单位：浙江馆

03649

外蒙图什图车臣两汗蒙古金矿公司报告书

李保龄著

出版者不详，1920—1949，28 页，16 开

收藏单位：首都馆

03650

威远县卜子湾附近煤田地质　侯德封　王现珩著

出版者不详，[1939]，14 页，18 开

本书介绍威远县卜子湾附近煤矿的勘察区域、交通、地层、地质构造、煤矿床、煤矿业、运输及产销等。

收藏单位：国家馆

03651

钨（特种金属）　仇同著　丘立池校

上海：中国文化服务社，1946.10，沪初版，106 页，32 开（青年文库）

本书共 14 章，内容包括：钨之历史、钨矿之产量及分布之概况、我国之钨矿等。

收藏单位：重庆馆、大庆馆、广东馆、国家馆、辽宁馆、天津馆

03652

钨锑锡的分布及储量

[南京]：行政院新闻局，1947.7，18 页，32

开

本书记述我国钨锑锡矿的分布和蕴藏量。附关于钨锑和锡的一些常识、钨锑锡矿分布地区图。

收藏单位：重庆馆、大庆馆、广东馆、广西馆、国家馆、吉林馆、江西馆、近代史所、南京馆、内蒙古馆、山西馆、上海馆、首都馆、天津馆、浙江馆

03653

吴兴石灰石　陈岱等编

资源委员会水泥资源调查团，1949.4，油印本，8 页，16 开（资源委员会水泥资源调查团丛刊 20）

本书内容包括：当地概况、交通、人口、物产、地质、石灰质量等。

收藏单位：浙江馆

03654

西康之铁矿

成都：西康地质调查所经济部资源委员会矿业处，[1944]，油印本，36 页，16 开

本书为《中国矿产志》初稿单行本。

收藏单位：国家馆

03655

湘西黔东之金矿（下册）　吴京编

经济部，1941，油印本，1 册，16 开，环筒页装

收藏单位：国家馆

03656

新喻县土江桥及分宜县万溪煤田　高平著

南昌：江西省地质调查所，1939.1，8 页，16 开（江西省地质调查所临时简报 第 7 号）

本书分述两处煤田的位置、矿区、交通、地层、构造、煤层、储量、煤质、土窑情形等。

03657

研究浙江平阳礬矿之经过　叶良辅著

北平：中国地质学会，1936，301—310 页，25 开

本书为《地质论评》第 1 卷第 3 期（丁

文江先生纪念号）摘印本。

收藏单位：国家馆、浙江馆

03658

扬子江下游铁矿志　谢家荣等著

外 文 题 名：Geology of the iron deposit in the lower Yangtze region

北平：实业部地质调查所、国立北平研究院地质学研究所，1935.4，78+191 页，16 开（地质专报 甲种 第 13 号）

本书共 6 章：绪论、地层层序、地形及构造、矿床、铁矿之成因及分类、矿业。著者还有：程裕淇、孙健初、陈恺。

收藏单位：贵州馆、国家馆、近代史所

03659

扬子江沿岸主要铁矿产地文献拔萃

南满洲铁道株式会社地质调查所，1936.7，30 页，16 开

本书收录江苏、浙江、安徽、江西、湖北各省的铁矿产地文献。

收藏单位：南京馆

03660

宜阳县煤田广益煤矿一带地质矿产　谭锡畴著

开封：河南地质调查所，1926，12 页，16 开

本书为《地质报告书》第 3 号摘印本。

收藏单位：国家馆

03661

永春德化及大田三县之铁矿　高振西著

永安：福建省建设厅地质土壤调查所，1942，油印本，1 册，13 开（临时报告 7）

本书摘录自《福建永春德化大田三县地质矿产》一书。

收藏单位：福建馆

03662

永胜县铜产区调查报告　徐昌锐　马荣标著

出版者不详，[1939]，复写本，51 页，16 开

收藏单位：国家馆

03663

油田与大褶绉带　阎增才著

北平：中国地质学会，1937，127—140 页，25 开

本书为《地质论评》第 2 卷第 2 期摘印本。

收藏单位：广东馆、国家馆

03664

豫鄂专号

经济部采金局，[1942]，44+16 页，16 开（金矿丛刊）

本书共两部分：概论、分论，介绍豫鄂地区金矿。附陕西省金矿。

收藏单位：重庆馆、广东馆、国家馆、辽宁馆、南京馆

03665

粤汉铁路南段沿线石灰石　湖南省地质调查所编

资源委员会水泥资源调查团，1949.4，油印本，6 页，16 开（资源委员会水泥资源调查团丛刊 24）

本书内容包括：当地概况、交通、人口、物产、地质、石灰质量等。

收藏单位：浙江馆

03666

云南安宁县砂场铁矿区　顾功叙　张鸿吉著

[昆明]：国立北平研究院物理学研究所，1940.7，8 页，16 开，活页装（物理探矿报告第 3 号）

本书内容包括：该矿区的地质概况、电阻系数测量及磁法测量的记录、储量估计等。

收藏单位：国家馆

03667

云南个旧县老厂锡矿区电法探测　顾功叙　张鸿吉　王子昌著

[昆明]：国立北平研究院物理学研究所，1941.6，油印本，15 页，10 开，环筒页装（物理探矿报告 第 4 号）

本书内容包括：矿区的地质概要、测量记

录、推断及建议等。

收藏单位：国家馆

03668

云南会泽巧家之铜矿业　曹立瀛　陈锡瑕著
资源委员会经济研究室，1940.6，油印本，2册，16开（云南三矿调查报告 2—3）

收藏单位：国家馆

03669

云南易门县军哨铁矿区物理探测报告　顾功叙　张鸿吉著
[昆明]：国立北平研究院物理学研究所，1940.7，油印本，13叶，10开，活页装（物理探矿报告 第2号）

本书记述该矿区的地质择要、电阻系数测量记录及推解、矿量估计等。封面题名：云南易门县军哨铁矿区。

收藏单位：国家馆

03670

云南昭通县褐炭田电法探测　顾功叙　张鸿吉　王子昌著
[昆明]：国立北平研究院物理学研究所、资源委员会西南矿产测勘处，1942.9，油印本，20页，10开，环筒页装（物理探矿报告 第6号）

本书记述该矿区的地质择要、电阻系数测量记录及推断、储量估计等。

收藏单位：国家馆

03671

粘土中轻电游子之浓度及其去水接触之效能　卫尔逊（E. O. Wilson）　林卓园著
北平：实业部地质调查所，1933.3，12页，16开

本书为《地质汇报》第20号摘印本。内附座标图4帧。英文本，附中文摘要。

收藏单位：广东馆、国家馆

03672

战区中之铅锌银矿　曹立瀛著
国民经济研究所，[1931—1949]，油印本，38

叶，16开

收藏单位：国家馆、中科图

03673

漳腊金矿之调查　沈士骏著
沈士骏 [发行者]，1934，石印本，20页，16开，环筒页装

收藏单位：重庆馆、国家馆

03674

浙江省新昌县嵊县象山县弗石矿调查报告　张镐著
杭州：浙江省矿产调查所，1929.1，12页，16开

收藏单位：国家馆、浙江馆

03675

浙江省宣平县弄坑村银矿报告书　张廷玉著
[杭州]：浙江省矿产事务所，1932，石印本，6叶，大16开，环筒页装

本书内容包括：位置、交通、地形、地质、矿脉展布区域、矿床等。卷端题名：勘察宣平弄坑银矿报告书。

收藏单位：国家馆、近代史所、上海馆、首都馆、浙江馆

03676

浙江长兴煤田地质　计荣森著
北平：实业部地质调查所、国立北平研究院地质学研究所，1934，101—132+38—45页，16开

本书为《地质汇报》第24号摘印本。

收藏单位：广东馆、国家馆

03677

镇江石灰石　陈岱等编
资源委员会水泥资源调查团，1949.4，油印本，1册，16开（资源委员会水泥资源调查团丛刊19）

本书内容包括：地质、地形、石灰石品质等。

收藏单位：浙江馆

03678

直隶磁州河南六河沟煤田地质 赵亚曾 田奇瑰著

北京：农商部地质调查所，1924.12，103—120+67—84 页，16 开

　　本书为《地质汇报》第 6 号摘印本。附图 2、插图 4。

　　收藏单位：国家馆

03679

直隶临城煤田地层 赵亚曾 王竹泉 田奇瑰著

外文题名：Stratigraphy of Lin Cheng IIsien South Chihli

北京：农商部地质调查所，1924.12，67—82+27—36 页，16 开

　　本书内容包括：地形及构造、地层次序等。《地质汇报》第 6 号摘印本。

　　收藏单位：广东馆

03680

中国北部之煤田 王烈讲

北京：京师学务局学术讲演会，16 页，22 开（学术讲演录）

　　收藏单位：首都馆

03681

中国各省燃料分析（附各省矿产岩石分析） 金开英 夏武肇著

北平：实业部地质调查所，1936.10，23—122+34—40 页，16 开（沁园燃料研究室燃料研究专报 第 21 号）

　　本书收 12 种分析方法及分析表。内容包括：实用分析法、定硫黄总量法、发热量测定法、油母页岩干馏法、气体分析法等。附各省矿产岩石分析。《地质汇报》第 28 号摘印本。

　　收藏单位：广东馆、国家馆、中科图

03682

中国工程师学会四川考察团石油组考察四川石油之报告 陆贯一撰稿

全国经济委员会公路处，1934，油印本，1 册，16 开，环筒页装

　　收藏单位：重庆馆、国家馆

03683

中国汞矿纪要（节译） （瑞士）丁格兰（F. R. Jegengren）著

外文题名：The quicksilver deposits of China

北京：农商部地质调查所，1920，35 页，16 开

　　本书为《地质汇报》第 2 号摘印本。

　　收藏单位：国家馆

03684

中国煤矿储量新估计 胡博渊 翁文灏著 孙健初译

南京：中国矿冶工程学会，1929.5，217—242 页，16 开

　　本书内容包括：绪言、中国煤储量已往之估计、计算中国煤量不易解决问题等。《矿冶会志》第 2 卷第 7—8 期抽印本。

　　收藏单位：国家馆

03685

中国南部及西北各省金矿 刘祖彝编著

经济部采金局，1940，石印本，1 册，16 开，环筒页装

　　本书介绍四川省、湖南省、广西省、西康省、江西省、贵州省、广东省、湖北省等各省金矿。秘密参考资料初稿。

　　收藏单位：重庆馆

03686

中国石炭之分类 翁文灏著

北京：农商部地质调查所，1926.12，[48] 页，16 开

　　本书为《地质汇报》第 8 号摘印本。

　　收藏单位：江西馆、中科图

03687

中国锑矿之类别 张兆瑾著

北平：中国地质学会，1937，147—152 页，25 开

　　本书为《地质论评》第 2 卷第 2 期摘印本。

　　收藏单位：广东馆、国家馆

03688

中国铜矿概论　朱熙人著

[南京]：中国建设协会，[1935]，34页，16开

　　收藏单位：国家馆

03689

中国钨矿论　李伯贤编述

长沙：商务印书馆，1941.8，44页，32开（百科小丛书）

　　本书共7部分，内容包括：绪言、钨及其用途、世界及中国钨矿产额、中国钨矿产地储量及销场等。

　　收藏单位：重庆馆、贵州馆、国家馆、南京馆、首都馆

03690

中国西部科学院理化研究所煤炭分析总报告　李乐元等编

重庆：中国西部科学院理化研究所，1932，影印本，15页，16开

　　收藏单位：浙江馆

03691

中国油矿纪要　严爽编辑

出版者不详，1948，油印本，81面，13开

　　本书共8部分，内容包括：绪言、新疆油矿、四川油矿、甘肃油矿等。

　　收藏单位：国家馆

03692

中国油页岩之化学研究　宾果著

外文题名：A chemical study of oil shales in China

北平：实业部地质调查所、国立北平研究院地质学研究所，1934.9，49—64+16—30页，16开

　　本书内容包括：关于油页岩之分类、关于结果、实用分析与油量之关系等。《地质汇报》第24号摘印本。

　　收藏单位：国家馆、上海馆

03693

中国之石油储量（节要）　谢家荣著

外文题名：The petroleum resources of China

[北平]：[地质调查所]，1937，17—24+54—67页，16开

　　本书内容包括：总述、油品地质、油区分类及其面积等。《地质汇报》摘印本。

　　收藏单位：广东馆、国家馆

03694

重晶石与山东重晶石矿　张会若编

济南：山东省建设厅，1934.12，86页，24开

　　本书分上、下编。上编为重晶石概论，介绍矿床、矿产分布、矿质、开矿、选矿等；下编介绍山东重晶石矿的分布、矿床、矿质、矿业。

　　收藏单位：上海馆

地质、矿产勘探

03695

地质矿产标本采集及处理法初稿　施昕更著

出版者不详，[1934]，稿本，1册，18开

　　本书稿本为钢笔书写。

　　收藏单位：浙江馆

03696

河南省地质调查所钻探报告汇编（第1集）　王景尊编辑　张人鉴校阅

开封：河南省地质调查所，1935.12，68页，16开

　　本书内收4篇报告：《钻探周口沙河桥基地质报告》《钻探洛阳洛河伊河桥基地质报告》《钻探开封地层报告》《钻探灵宝永泉埠稠桑河桥基地质报告》。

03697

汇报（中华采矿冶金协会）　葛利溥著

北京：中华采矿冶金协会，1924.8，134页，24开

　　本书内收《中国硝盐藏集之情形论》《地质结构与矿藏之关系》等3篇论文。中英文本。

03698

扭转天平之理论　李四光著

上海：国立中央研究院地质研究所，1930.6，
25 页，25 开

　　本书论述扭转天平的构造原理及其应用
范围。

　　收藏单位：广东馆、国家馆、南京馆、上
海馆、中科图

03699

求矿指南　（英）安德孙著　（英）傅兰雅
潘松译

上海：中华新教育社，1931.5，[180] 页，32 开

上海：中华新教育社，1933，再版，[180] 页，
32 开

　　本书介绍勘察与鉴别矿产的方法。

　　收藏单位：广东馆、湖南馆、南京馆、浙
江馆

03700

探矿　冯景兰著

上海：商务印书馆，1929.10，112 页，32 开（工
学小丛书）（万有文库 第 1 集 580）

上海：商务印书馆，1933.5，112 页，32 开（工
学小丛书）

上海：商务印书馆，1934.7，再版，112 页，32
开（工学小丛书）（万有文库 第 1 集 580）

上海：商务印书馆，1935.4，3 版，112 页，32
开（工学小丛书）

长沙：商务印书馆，1939.12，112 页，32 开
（工学小丛书）（万有文库 第 1—2 集简编 226）

　　本书共 5 章：导言、矿藏周情、面示、探
矿方法、结论。

　　收藏单位：重庆馆、大庆馆、东北师大
馆、广东馆、广西馆、贵州馆、国家馆、黑
龙江馆、湖南馆、江西馆、辽大馆、辽师大
馆、南京馆、内蒙古馆、宁夏馆、上海馆、
首都馆、天津馆、西南大学馆、浙江馆

03701

探矿学　（英）葛克师著　天僇编译

南雄（广东）：天僇 [发行者]，1911，134+
29 页，22 开，精装

南雄（广东）：天僇 [发行者]，1912，22+134+
29 页，22 开，精装

　　本书共 18 编，内容包括：绪言及地质要
意、矿物识别、石成矿及有市值非金类矿等。
书末附中西探矿学名目表。1912 年版封面题
名：新撰探矿学。

　　收藏单位：上海馆

03702

中国地质图说明书（北京济南幅）　谭锡畴主
编　地质调查所测制

外文题名：Explanation to the geological map of
China. Peking-Tsinan sheet

上海：商务印书馆，1924.12，74+46 页，16 开

　　本书共 6 章：总论、地形、地层系统、火
成岩、地质构造、矿产及矿业。附参考书类。

　　收藏单位：重庆馆、东北师大馆、国家馆

03703

中国地质图说明书（南京开封幅）　李捷主编
　　农矿部地质调查所测制

外文题名：Explanation to the 1:1 M. geological
map of China. Nanking-Kaifeng sheet

上海：商务印书馆，1929.7，76+27 页，16 开

　　收藏单位：重庆馆、广东馆、国家馆、江
西馆、南京馆、上海馆、天津馆

03704

中国地质图说明书（太原榆林幅）　王竹泉主
编　地质调查所测制

上海：商务印书馆，1926.12，128+50 页，16
开

　　本书记述自太原至榆林一带地质情况。
内容包括：地层系统、构造地质、地文、经济
地质等。附地层剖面图。

　　收藏单位：广东馆、国家馆、江西馆、上
海馆、天津馆

03705

钻探术　赵汝钧著

北京：农商部地质调查所，1920，36 页，22
开

　　本书内容包括：绪论、钻机、钻机附件、
钻石、钻师、探眼手续等。附铁砂钻与金刚
石钻之比较、汉英名词对照表。

收藏单位：国家馆、浙江馆

水文地质学与工程地质学

03706

工程地质学　康时清著

上海：厚生出版社，1941，106 页，32 开（中国工程师手册 基本手册 10）

　　本书内容包括：重要造岩矿物、岩石与工程建筑物之关系、地质系统等。

　　收藏单位：国家馆、上海馆

03707

工程地质学　孙鼐著

上海、重庆：商务印书馆，1946.2，280 页，25 开

上海：商务印书馆，1947.3，再版，280 页，25 开

上海：商务印书馆，1947.10，3 版，280 页，25 开

上海：商务印书馆，1949，[再版]，280 页，25 开

　　本书共 19 章，内容包括：绪论、地壳之成分——造岩矿物、地壳之成分——岩石、构造地质等。

　　收藏单位：重庆馆、东北师大馆、广东馆、国家馆、内蒙古馆、宁夏馆、首都馆、天津馆、浙江馆

03708

工程地质学讲义　常济安编著

北平：出版者不详，1933，252 页，18 开

　　收藏单位：国家馆

03709

河南安阳林县汤阴淇县濬县一带地下水　王钰　吴燕生　马振图著

南京：行政院农村复兴委员会，1935.1，75+44 页，22 开（地下水研究报告 第 2 号）

　　本书共 6 部分：行程纪要、地形、地质、地下水、水利现况、缺水地带救济方法。

　　收藏单位：国家馆、上海馆

03710

江西南昌附近之地下水　朱庭祜等著

外文题名：Underground waters of Nanchang, Kiangsi province

南京：行政院农村复兴委员会，1934，26 页，22 开（地下水研究报告 第 1 号）

　　本书共 6 部分：绪言、地形、地质概略、地下水概说、水利、附记。

　　收藏单位：重庆馆、广东馆、国家馆、南京馆、上海馆、浙江馆

03711

速度曲线法及其在地下水问题中之应用　方烨著

北平：[中央水利实验处]，1949，油印本，31 页，16 开（北平水工试验所研究丛刊 11）

　　收藏单位：天津馆

03712

张掖工作站祁连山查勘报告（三十三年七月七日至八月十八日）

张掖工作站，[1944]，油印本，16 叶，16 开，环筒页装

　　本书为祁连山水资源调查报告。共 12 部分，内容包括：组织情形、工作方法、查勘途径、祁连山形势及黑河东西雨岔等。

　　收藏单位：国家馆

海洋学

03713

北方大港港址气象潮位年报（第 1 期 民国二十年）

天津：交通部、铁道部、北方大港筹备委员会，1933.6，88 页，16 开

　　收藏单位：国家馆

03714

北方大港港址气象潮位年报（第 3 期 民国二十二年）

天津：交通部、铁道部、北方大港筹备委员

会，1934.4，83 页，16 开

本书内容包括：全年分月气象、潮位统计表和变迁图。

收藏单位：上海馆

03715

北太平洋面海水温度分配图

青岛：青岛市观象台，1930.11，[15] 页，10 开

本书内收北太平洋面等温线图 14 帧。有文字说明。

收藏单位：国家馆

03716

潮汐　吕炯著

南京：中国地理学会，1936.4，349—366 页，16 开

本书论述潮汐产生、发展的原因及影响。《地理学报》第 3 卷第 2 期抽印本。

收藏单位：重庆馆

03717

潮汐概说　李新雨编译

昆明：中华书局，1940.6，88 页，36 开（常识丛书 48）

本书共 6 章：导言、潮汐的理论、潮汐的观测、潮汐的预计、奇异的潮、潮流。

收藏单位：重庆馆、南京馆、上海馆、天津馆

03718

潮汐浅说　叶可松编

上海：商务印书馆，1934.3，138 页，32 开（百科小丛书）

上海：商务印书馆，1935.5，再版，138 页，32 开（百科小丛书）

本书概述潮汐力学及中国沿岸的潮汐等。共 12 章，内容包括：绪言、潮汐之原动力学说、静力学潮汐论、动力学潮汐论、特殊地形之潮汐、调和分析法解释潮汐、潮汐表之编纂等。附长期验潮推算潮汐常数、参考书目录、关系潮汐英文术语译述。

收藏单位：北师大馆、重庆馆、大庆馆、

广东馆、国家馆、湖南馆、江西馆、辽大馆、辽宁馆、南京馆、宁夏馆、上海馆、浙江馆

03719

从海洋与国防谈到筹设海洋观象台　吕炯著

南京：中国地理学会，1935.7，65—79 页，16 开

本书为《地理学报》第 2 卷第 3 期抽印本。

收藏单位：国家馆

03720

东山岛海洋之观测　唐世凤　成荫著

北碚：中国地理研究所，1941，石印本，5 页，22 开，环筒页装（中国地理研究所海洋组福建考察团初步报告 1）

本书为暂行本。

收藏单位：国家馆

03721

海　鲍维汉编

上海：中华书局，1935.7，39 页，36 开（科学小丛书 11）

本书简述海的成因、面积和深度，海水的性质和运动，海中生物等。

收藏单位：国家馆、南京馆、内蒙古馆、上海馆

03722

海流浅说　蒋丙然著

上海：中国科学社，1926.1，81—98 页，16 开

本书为《科学》第 11 卷第 1 期抽印本。

收藏单位：国家馆

03723

海水温度　刘靖国编

青岛：青岛市观象台，1931.10，30 页，22 开

本书共 7 章：海水温度之由来、海面水温之分配、海水温度之周期变象、海洋之深水温度、海底温度、海冰、结论。

收藏单位：国家馆

03724
海洋 （日）野满隆治著　张资平　蔡源明译
上海：商务印书馆，1935.3，2 册（271 页），32 开（自然科学小丛书）（万有文库第 2 集 272）
上海：商务印书馆，1935.7，271 页，32 开（自然科学小丛书）

　　本书共 4 章：海洋、海水、海水之运动、海底之沉淀物。

　　收藏单位：重庆馆、贵州馆、国家馆、辽师大馆、内蒙古馆、宁夏馆、绍兴馆

03725
海洋的奇观　管瑞芝著
上海：言行社，1941.6，154 页，36 开（科学知识丛书）

　　本书共 7 章：海底的历史、海底的形状和地质、海底的深度及光线、海水的性质、海水的运动、海底的生物、海底的不可思议。

　　收藏单位：广东馆、国家馆、上海馆、绍兴馆、首都馆、天津馆

03726
海洋学
北京：国立北京师范大学，1942，[92] 页，18 开
　　本书内容包括：海洋之形态、海洋之温度、海水之光学现象等。

　　收藏单位：国家馆

03727
海洋学 ABC　王钟麒著
上海：ABC 丛书社，1929.1，120 页，32 开（ABC 丛书）

　　本书共 9 章：海水和他的性质、海水的被压性、海的光学和音响学、海水的温度、海冰、波浪、潮流、海流、地理学上的海洋。
著者原题：王益厓。

　　收藏单位：重庆馆、东北师大馆、广东馆、贵州馆、国家馆、江西馆、辽大馆、南京馆、内蒙古馆、宁夏馆、上海馆、首都馆、浙江馆

03728
海洋学纲要　费鸿年编

上海：中华书局，1935.2，208 页，32 开（中华百科丛书）

　　本书共 8 章：绪论、海洋、海水、波浪和潮汐、海流、浮游生物、海洋生物、海洋与渔业。附中西文名词索引。

　　收藏单位：重庆馆、东北师大馆、广东馆、贵州馆、国家馆、江西馆、南京馆、内蒙古馆、宁夏馆、首都馆、天津馆、浙江馆

03729
海洋学通论 （日）梶山英二著　许心芸译
上海：商务印书馆，1930.12，103 页，32 开（新智识丛书）
上海：商务印书馆，1934.4，国难后 1 版，103 页，32 开（百科小丛书）
上海：商务印书馆，1935.5，国难后 2 版，103 页，32 开（百科小丛书）

　　本书共 3 章：海洋地学、海洋气象学、海洋生物学。

　　收藏单位：北师大馆、重庆馆、大庆馆、东北师大馆、广东馆、国家馆、湖南馆、江西馆、辽宁馆、宁夏馆、山西馆

03730
海洋学与未来之中国海洋研究所　宋春舫著
青岛：青岛特别市观象台，[1928.8]，16 页，54 开

03731
台湾省海洋研究所研究集刊（第 1 号）
台北：台湾省海洋研究所，1946.11，47 页，16 开

　　本书为学术与国立台湾大学及世界社生物研究所合作出版。

　　收藏单位：南京馆

03732
太平洋的巡礼 （美）高华鲁比亚士（M. Covarrubias）著　张全恭译
外文题名：Pageant of the Pacific
出版者不详，1945，15 页，12 开

　　本书内容包括：太平洋地域的人族、植物和动物、艺术形式、经济、本土住所、本土

交通工具等。

收藏单位：重庆馆、南京馆

03733

由珊瑚化石成长率推测更新统前后期太平洋西部之海水温度　马廷英著

[北京]：中国地质学会，1938.12，349—418页，16开

本书为《中国地质学会志》第18卷第3—4期英文版摘印本。

收藏单位：重庆馆

03734

中国海及日本海海水温度分配图

青岛：青岛市观象台，1930.11，[15]页，10开

收藏单位：国家馆

03735

中华民国二十三年潮汐表

[上海]：海军部海道测量局，1934，1册，36开，精装

收藏单位：浙江馆

03736

中华民国三十七年吴淞·绿华山·基隆·青岛及大沽潮汐表

外文题名：Chinese admiralty tide tables for the year 1948 containing tidal predictions for Woosung Side Saddle Keelung Tsingtao Taku

上海：海军总司令部海道测量局，1948，86页，32开

本书包括五个港口的逐日潮汐预测表。中英文对照说明。

收藏单位：南京馆

自然地理学

03737

北极冻土带　（苏）斯多布尼科夫（Б. M. Сдобников）著　清河译

北平：时代出版社，1948，124页，32开

本书叙述北极冻土带的一般地理情况，自然景色的变化，鸟、兽、草、树木、昆虫的生长情况，各种动物的相互关系以及气候变化对生物界的影响等。

收藏单位：山西馆

03738

察哈尔省农业区之自然环境　杨寔著

杨寔[发行者]，23—34页，18开

本书共两部分：地形——政治区域与自然区域、气候土壤与自然植物。《禹贡半月刊》第7卷第8—9合期单行本。

收藏单位：国家馆

03739

长江流域　桂芬编著　张炯　钟灵秀校订

南京：正中书局，1925.4，44页，32开（国民说部 第3集 国民地理集5）

收藏单位：重庆馆、国家馆、吉林馆

03740

长江平原速绘图地理　杨克毅编著

上海：正中书局，1948.7，26页，32开

本书共4部分：自然区域之划分、长江的泛滥、长江整治问题、长江平原气候与物产之关系。

收藏单位：重庆馆、国家馆、黑龙江馆、近代史所、南京馆

03741

长征记　（瑞典）斯文赫定（Sven Hedin）著　李述礼译

北平：西北科学考察团，1931.12，294页，16开（西北科学考察团丛刊）

本书记述1927年从包头穿行戈壁沙漠到新疆进行科学考察。共26节，内容包括：终于上道了、骆驼的畏途、一座富有的田园风景的驻地等。著者原题：萨维·汉丁。

收藏单位：东北师大馆、国家馆、吉林馆、近代史所、南京馆、上海馆、天津馆、中科图

03742

川东地理考察报告　杨克毅　谢觉民　朱克贵著

北碚：中国地理研究所，1946.9，80 页，16 开（地理专刊第 2 号）

本书共 10 部分：绪言、构造、地形、水系、气候、土壤、农业、物产、人口与聚落、结论。

收藏单位：重庆馆、广东馆

03743

摄影实验模塑立界图

外文题名：Model test map atlas of the world

伦敦：斐丽秘氏印书公司，1913.1，17 页，22 开

本书内收亚细亚州全图、中华国全图、印度全图、亚细亚州西南部全图、英吉利全图等 17 张图。卷端题名：撮影实验模塑世界图。

收藏单位：国家馆

03744

大巴山地理考察报告（上卷 地形与气候）　楼桐茂　郭令智著

北碚：中国地理研究所，1946.12，53 页，16 开（地理专刊第 4 号）

本书共两部分：地形、气候。内容包括：水系与阶地、侵蚀面之研究、影响大巴山气候之地理因素、山阳与山阴等。

收藏单位：广东馆、近代史所

03745

岱海岸线之变迁及其气候的意义　张印堂著

北平：中国地质学会，1937，263—266 页，25 开

本书为《地质论评》第 2 卷第 3 期摘印本。

收藏单位：广东馆、国家馆

03746

地表和山川　郑贞文等编辑

重庆：商务印书馆，1943.12，渝 1 版，39 页，32 开（少年自然科学丛书 5）

本书共 3 部分：地球的概况、山、川河。

收藏单位：广东馆、国家馆、南京馆、上海馆

03747

地理专刊（第 1—4 号）

北碚：中国地理研究所，1943—1946，7 册，16 开

本书内容包括：第 1 号，嘉陵江流域地理考察报告 2 册附图 1 册；第 2 号，川东地理考察报告 1 册；第 3 号，汉中盆地地理考察报告 1 册附图 1 册；第 4 号，大巴山地理考察报告上卷 1 册。

收藏单位：南京馆

03748

地文地理集成　（日）高桥纯一著　杜季光译

上海：商务印书馆，1931.2，359 页，22 开（地理丛书）

上海：商务印书馆，1935.2，国难后 1 版，334 页，25 开

本书共 4 篇：星界、地球、陆界、水界。

收藏单位：安徽馆、重庆馆、东北师大馆、贵州馆、国家馆、湖南馆、江西馆、南京馆、内蒙古馆、上海馆、天津馆

03749

地文学简易教科书　沈均译　夏清贻编

上海：开明书店，1941.6，94 页，大 32 开

收藏单位：南京馆

03750

地形学　葛绥成编译

上海：中华书局，1936.11，208+12 页，32 开

上海：中华书局，1947.10，再版，208+12 页，32 开

本书共 3 编：地形学、侵蚀地形、构造地形。附西中对照表。据日本香川干一的《地形学入门》一书编译。

收藏单位：重庆馆、东北师大馆、广东馆、广西馆、国家馆、黑龙江馆、江西馆、辽大馆、内蒙古馆、上海馆、首都馆、天津馆、浙江馆

03751

地形学 （日）花井重次郎著　谌亚达译

上海：商务印书馆，1936.3，291 页，32 开（自然科学小丛书）（万有文库 第 2 集 271）

上海：商务印书馆，1936.8，291 页，32 开（自然科学小丛书）

本书论述喀尔斯特轮回，冰蚀、干燥、海蚀、河蚀等轮回，以及火山、河谷、山地、褶曲断层等地形。

收藏单位：重庆馆、东北师大馆、广东馆、广西馆、国家馆、黑龙江馆、南京馆、内蒙古馆、上海馆、绍兴馆、首都馆

03752

地形学　张资平编

上海：开明书店，1937.4，164 页，32 开

本书共 3 编：总论、侵蚀地形、构造地形——山岳地形。

收藏单位：广东馆、国家馆、湖南馆、南京馆、上海馆、首都馆、浙江馆

03753

地形学教程（卷 1）

出版者不详，[1931]，90+[12] 页，23 开

本书共 6 编：地形之见解、地形图之现示法及种类、地图之投影、各国演习用方眼地图、地图之利用、照相。

收藏单位：重庆馆

03754

地形学教程（卷 2）

出版者不详，[1917]，改订版，168 页，23 开

本书共两编：测图、地形图之调制。

收藏单位：国家馆

03755

地形学摘要讲义

出版者不详，50 页，32 开

收藏单位：广东馆

03756

东亚大地形论 （日）望月胜海等著　张资平译

南京：中日文化协会，1941.6，116 页，32 开（学术丛书）

本书内收 6 篇论文：《东亚大地形论》《华北蒙疆之气候变化与年轮分析》《北京的都市形态》《地球化学》《世界的动力源》《苏联矿产与地球化学》。

收藏单位：国家馆、南京馆、上海馆、首都馆

03757

风水新谈　罗邺著

上海：生活·读书·新知上海联合发行所，1949.6，沪初版，89 页，36 开（新中国百科小丛书）

本书共 3 部分：龙脉是什么东西、蛟龙出现的故事、龙泉与地下水。附地质年代表。

收藏单位：东北师大馆、广东馆、国家馆、辽宁馆、天津馆

03758

甘肃之自然环境　李叔子著

[兰州]：[甘肃省银行经济研究室]，67—96 页，16 开（甘肃省银行经济研究室丛刊 2）

本书从甘肃省的位置、全省及各县土地面积调查、全省的土地分类等方面，介绍甘肃省的自然环境。《甘行月刊》抽印本。

收藏单位：重庆馆

03759

汉中盆地地理考察报告　王德基等著

北碚：中国地理研究所，1946.11，200 页，16 开（地理专刊第 3 号）

本书著者还有：陈恩凤、薛贻源、刘培桐。附 1 册图集。

收藏单位：重庆馆、广东馆、近代史所

03760

汉中盆地地理考察报告（地形篇）　王德基 薛贻源著

北碚：中国地理研究所，1943.12，58 页，16 开（中国地理研究所地理专刊 第 1 号 暂行本）

本书内分绪言、地质基础、地形区域、

水系、地文期、水文之观测、结论。有插图
12 张。

　　收藏单位：重庆馆、广东馆

03761

瀚海盆地　叶良辅编著

上海：正中书局，1948.2，129 页，25 开

　　本书共 6 章：绪言、概说、边界、地面
特写、地形综述、气候变迁。附参考书要目、
地质时代表。据 1922—1924 年中亚调查队赴
蒙古科学考查资料编写。

　　收藏单位：重庆馆、广东馆、国家馆、近
代史所、辽大馆、南京馆、上海馆

03762

黄河地形图图志

[开封]：黄河水利委员会，[1942]，14+180
页，16 开

　　本书根据黄河测量及调查结果编述，共
43 幅地形图。上自河南孟津，下迄山东海口，
面积约二万四千平方公里。书前有孔祥熙、
孔祥榕、张含英、赵守钰序及例言。

　　收藏单位：国家馆

03763

黄河年表　沈怡著

军事委员会资源委员会，1935.11，262 页，
16 开（军事委员会资源委员会参考资料 第 15
号）

　　本书记述自公元前 602 年至公元 1933 年
两千年来黄河 6 次大变迁。书前有总论，书
末附黄河变迁图 11 幅、黄河决溢表 7 个。

　　收藏单位：广东馆、国家馆、江西馆、近
代史所、南京馆、上海馆、首都馆、中科图

03764

黄河图集（第 1 卷）

东亚研究所第二调查委员会、北支委员会第
二部会，1932，26 页，8 开

　　收藏单位：国家馆

03765

黄河图集（第 2 卷）

东亚研究所第二调查委员会、北支委员会第
二部会，1939，晒印本，43 页，8 开

　　收藏单位：国家馆

03766

黄河志（第 1 篇 气象）　胡焕庸编纂　黄河志
编纂会编辑

上海：国立编译馆，1936.10，171 页，16 开，
精装

　　本书共 6 章：总论、雨量、温度、湿
度·云量·蒸发·阴晴、风霜雪冰、气象与
水文。附表：黄河流域气候记录取材表、各省
测候站、各地雨量表、各地雨日表、各地温
度表。

　　收藏单位：重庆馆、广东馆、国家馆、黑
龙江馆、江西馆、南京馆、山西馆、上海馆、
西南大学馆、中科图

03767

黄河志（第 2 篇 地质志略）　侯德封编纂　黄
河志编纂会编辑

上海：国 立 编 译 馆，1937.6，72 页，16 开，
精装

　　本书共 5 章：绪言、地形、地层系统、地
质构造、经济地质。附图 8 幅和重要参考图
书。

　　收藏单位：重庆馆、东北师大馆、广东
馆、国家馆、黑龙江馆、辽大馆、辽师大馆、
南京馆、宁夏馆、山西馆、上海馆、首都馆

03768

黄河志（第 3 篇 水文工程）　张含英编纂　黄
河志编纂会编辑

上海：国立编译馆，1936.11，542 页，16 开，
精装

　　本书共 4 卷 14 章，内容包括：水文、河
道、灌溉、垦殖、航运、防溢、蓄水、堵决
等。附水文记载图表。

　　收藏单位：重庆馆、广东馆、贵州馆、国
家馆、黑龙江馆、江西馆、辽宁馆、辽师大
馆、南京馆、上海馆、天津馆、西南大学馆、
中科图

03769

景观地理学 （日）辻村太郎著　曹沉思译

上海：商务印书馆，1936.9，82 页，32 开（自然科学小丛书）（万有文库 第 2 集 227）

长沙：商务印书馆，1940.3，82 页，32 开（自然科学小丛书）

本书共 3 部分：聚落景观、交通景观、耕作景观。有插图及照片 19 帧。

收藏单位：重庆馆、大连馆、大庆馆、东北师大馆、国家馆、江西馆、辽大馆、辽师大馆、南京馆、内蒙古馆、宁夏馆、天津馆、浙江馆

03770

喀斯特地形论略　高振西著

北京：中国地质学会，1936，437—450 页，25 开

本书为《地质论评》第 1 卷第 4 期摘印本。

收藏单位：广东馆、国家馆

03771

利玛窦坤舆万国全图

外文题名：Matteo Ricci's world map in Chinese, 1602

北平：禹贡学会，1936，18 页，16 开

收藏单位：广东馆

03772

两极区域志 （英）布隆（R. N. Rudmose Brown）著　黄静渊译

外文题名：Polar regions

上海：商务印书馆，1936.11，344 页，32 开（汉译世界名著）（万有文库 第 2 集 622）

上海：商务印书馆，1937.3，再版，344 页（汉译世界名著）

本书共 22 章，内容包括：南北两极之范围、北极探险志略、南极探险志略等。

收藏单位：重庆馆、国家馆、内蒙古馆、山西馆

03773

陆和水　江苏省立教育学院研究实验部编

无锡：江苏省立教育学院，1931.6，2 册，32 开（民众科学问答丛书 24）

收藏单位：江西馆

03774

陆军预备学校地文学教科书

陆军预备学校，72 页，18 开

本书内分星界、陆界、水界、气界、生物界。封面题名：地文教科书。

收藏单位：广东馆、浙江馆

03775

马来群岛科学考察记 （英）华勒斯（A. R. Wallace）著　吕金录译

外文题名：The Malay archipelago

上海：商务印书馆，1935.3，6 册（785+26 页），32 开（万有文库 第 2 集 623）（汉译世界名著）

本书共 7 编：马来群岛、印度马来群岛、的摩尔群岛、西里伯、摩鹿加群岛、巴布亚群岛、马来群岛的人种。附马来群岛 59 种言语之 9 字发音表、马来群岛 33 种言语之 117 字发音表。著者原题：窝雷斯。

收藏单位：重庆馆、大连馆、东北师大馆、贵州馆、国家馆、江西馆、辽大馆、辽师大馆、内蒙古馆、宁夏馆、绍兴馆、天津馆、浙江馆

03776

民国十九年云南地理考察报告（第 1 篇 总述） （德）克勒脱纳（Wilhelm Credner）著　林超译

广州：中山大学地理学系，1931，35 页，16 开

本书介绍中山大学地理学系考察队的组织、设备、旅程。附地名中西文对照表、考察图片、地图。

03777

民国十九年云南地理考察报告（第 2 篇 地质及地形） （德）克勒脱纳（Wilhelm Credner）著　林超译

广州：中山大学地理学系，1931，[34] 页，16 开

本书介绍云南地质及地形。附参考书目、

考察图片、地图。

03778

人类之家　（英）哈定罕（B. G. Hardingham）著　胡仲持译

外文题名：Home of man

上海：开明书店，1947.3，192 页，36 开（开明少年丛书）

上海：开明书店，1949.3，再版，192 页，36 开（开明少年丛书）

　　本书共 18 章，内容包括：我们在空间的通信地址、每日的转动、地球本身、陆地和水、我们怎样生活、我们的气候、风和雨、天气预告等。

　　收藏单位：重庆馆、广东馆、国家馆、湖南馆、辽宁馆、南京馆、内蒙古馆、上海馆、首都馆、天津馆、浙江馆

03779

沙漠历险记　（瑞典）斯文赫定（Sven Hedin）著　夏雨译

世界图书公司，1944.8，222 页，32 开

　　本书著者原题：萨维·汉丁。

　　收藏单位：东北师大馆

03780

山·川·海　郑贞文　江铁编

上海：商务印书馆，1926.8，18+223 页，32 开（少年自然科学丛书 5）

上海：商务印书馆，1928，再版，18+223 页，32 开（少年自然科学丛书 5）

上海：商务印书馆，1930，3 版，14+223 页，32 开（少年自然科学丛书 5）

上海：商务印书馆，1933.1，国难后 1 版，14+223 页，32 开（少年自然科学丛书 5）

上海：商务印书馆，1933，国难后 2 版，14+223 页，32 开（少年自然科学丛书 5）

　　本书共 4 部分：地球、山、川、海。据日本吉田弘、芳泽喜久的《自然界之话》一书编译。

　　收藏单位：重庆馆、广东馆、贵州馆、国家馆、黑龙江馆、江西馆、内蒙古馆、首都馆、浙江馆

03781

陕西黄土高原天然情形之研究及其改进之可能　齐敬鑫著

陕西省林务局，[1935.6]，46 页，16 开

　　本书共 3 章：气候、黄土、改进。

　　收藏单位：国家馆、南京馆、浙江馆

03782

数理地理学　（日）北田宏藏著　管怀琼译

上海：商务印书馆，1937.12，444 页，32 开（地理学丛书）

　　本书共 34 章，内容包括：观察地中心系统、地球中心系统、太阳中心系统、银河系统、非欧几里得空间之考察等。

　　收藏单位：广东馆、贵州馆、国家馆、南京馆

03783

说地　李劭青著

定县：中华平民教育促进会，1932.12，4 册（30+36+28+34 页），50 开（平民读物 141—144）

　　收藏单位：国家馆

03784

四川省之自然环境

成都：四川省政府统计处，1941.12，34 页，16 开（统计专刊 1）

　　本书共 5 部分：疆界与面积、地势、气候、地质、土壤。附四川省地图、地势图、温度分布图、雨量分布图、地质图。

　　收藏单位：重庆馆、国家馆、南京馆、上海馆

03785

绥远鄂托克旗碱湖之考察与土碱之精制

外文题名：Investigation and refining of natural soda of the Otak-Flag lake in Sui-Yuen province

重庆：经济部中央工业试验所，1943.10，8 页，16 开（经济部中央工业试验所研究专报第 144 号）

　　本书共 5 部分：引言、察汗淖碱品、土碱精制之设计、设备、出品之检定。

收藏单位：重庆馆、国家馆

03786

绥远分县物产图（附阿拉善额济纳旗） 卓宏谋编

出版者不详，1937.6，116 页，18 开

本书共 26 节，内容包括：绥远省分县全图、平包铁路及包宁铁路计划图、绥远县图（附绥远县物产）、丰镇县图（附丰镇县物产）等。

收藏单位：国家馆、近代史所、中科图

03787

塔里木盆地　陈正祥著

重庆：国立中央大学地理系，1944.2，34 页，16 开（国立中央大学研究院理科研究所地理学部丛刊 5）（行政院水利委员会委托研究西北水利移垦问题报告 3）

本书共 10 节：引言、盆地之结构与地形、河川与湖泊、气候与气候变迁问题、土壤与植物、灌溉事业与土地利用、沃野与都市、居民、交通、结论——移垦之可能性。书后有塔里木盆地略图及参考资料。

收藏单位：重庆馆、国家馆、近代史所、南京馆、首都馆、西南大学馆、中科图

03788

我 的 探 险 生 涯 （瑞典）斯文赫定（Sven Hedin）著　孙仲宽译

北平：西北科学考查团，1933.10，2 册（508 页），16 开（西北科学考查团丛刊）

本书分上、下册，共 65 章，内容包括：怎样的起始、经过厄耳布尔士山脉到德黑兰、骑着马经过波斯、经过美索布达米到巴格达等。书前有作者序。

收藏单位：广东馆、贵州馆、国家馆、黑龙江馆、近代史所、辽大馆、南京馆、内蒙古馆、宁夏馆、首都馆、西南大学馆

03789

新编地学通论（上册） 刘玉峰著

外文题名：General geography

北平：文化学社，1928.11，16+14+131+288 页，

22 开

北平：文化学社，1930.12，再版，16+14+131+288 页，22 开

北平：文化学社，1933.10，3 版，16+14+131+288 页，22 开

本书论述陆地、海洋、气界、生物及数理地理学。

收藏单位：重庆馆、国家馆、江西馆、内蒙古馆、首都馆

03790

新疆古城探险记 （瑞典）斯文赫定（Sven Hedin）著　夏雨译

上海：东南出版社，1940，222 页，32 开

上海：东南出版社，1941.1，230 页，32 开

本书共 36 部分，内容包括：迷一般的沙漠区、在麦盖提村、出发那一天、进入沙漠里去、荒凉世界里的一个乐园等。书前有译者序。著者原题：萨维·汉丁。

收藏单位：东北师大馆、甘肃馆、广东馆、国家馆、吉林馆、上海馆、新疆馆

03791

新疆沙漠游记 （瑞典）斯文赫定（Sven Hedin）著　郑超麟译

长沙：商 务 印 书 馆，1938.7，189 页，32 开（汉译世界名著）

长沙：商务印书馆，1939，2 版，189 页，32 开（汉译世界名著）

本书记述作者 1895 年在我国新疆探险的经过。共 36 篇，书前有作者像及探险路线图。译者原题：绮纹。

收藏单位：重庆馆、广东馆、贵州馆、国家馆、南京馆、上海馆、天津馆

03792

新疆游记 （瑞典）斯文赫定（Sven Hedin）著　夏雨译

上海：芷江出版社，1946.3，222 页，32 开

本书著者原题：萨维·汉丁。

收藏单位：广东馆、国家馆、湖南馆、近代史所、南京馆、宁夏馆、上海馆

03793

新撰地文学　张相文著　胡雨人校

北京：中国地学会，1913.8，修正 3 版，203 页，24 开

本书共 3 篇：星界、陆界、水界。校者原题：胡尔霖。

收藏单位：广西馆、国家馆、辽大馆

03794

袖珍中华舆图　童世亨著

上海：商务印书馆，[1927]，1 册，25 开

本书包含分省地图 24 幅。附地名检查表。

收藏单位：江西馆

03795

徐旭生西游日记　徐旭生著

北平：西北科学考查团，1930.9，3 册（14+126+124+168+28），18 开（西北科学考查团丛刊）

本书共 3 卷：自北平至额济纳河、由额济纳河至哈密、由哈密至回北平。第 1 卷记 5 月 9 日从北平出发到 9 月 28 日；第 2 卷记从 9 月 29 日至次年 1 月 8 日；第 3 卷记从 1928 年 1 月 9 日至 1929 年 1 月 4 日返回北平。除科学考查的内容外，对各地风土人情、生活习俗、宗教信仰也有记述。附杨增新被杀经过、沿途杂录、中国学术团体协会与斯文赫定博士所订合作办法原文。

收藏单位：广东馆、广西馆、国家馆、黑龙江馆、南京馆、宁夏馆、山西馆、首都馆

03796

扬子江下游自然区域之新划分　杨克毅著

杨克毅 [发行者]，4 页，16 开

03797

黟县乡土地理　胡存庆编

[上海]：殖新社，1925，70 页，25 开

本书内容包括：原始、境界、区域、城市、山总论、山脉等。

收藏单位：甘肃馆、南京馆

03798

玉山科学调查资料　石延汉等著

[台湾]：海事杂志社，1948.6，35—48 页，16 开

本书内收《玉山科学调查纪概》（石延汉）、《玉山复名考》（白鹏）、《玉山地形略述》（王家儒）、《玉山气候》（王仁煜）等文。《海事杂志》抽印本。

收藏单位：国家馆

03799

豫冀鲁三省黄河图　全国经济委员会水利处编

南京：全国经济委员会，1936.4，15 页，16 开（水利专刊 9）

本书包括豫冀鲁三省黄河图，图中标示沿河村镇地名和水利设施等。

收藏单位：国家馆、辽大馆

03800

中国的地形　陈史坚著

上海：生活·读书·新知上海联合发行所，1949.6，92 页，48 开（新中国百科小丛书）

本书综述地形，分述西部大高原，西北及北方干燥地带，东北、华北、华中与华南地形。

收藏单位：国家馆、辽大馆、辽宁馆、南京馆

03801

中国地理形势

南京：中华年鉴社，1948.8，62 页，22 开

本书共 7 部分：位置、地形、河流与湖泊、缘海与海岸、半岛与岛屿、气象、地质。《三十七年度中华年鉴》专题单行本。

收藏单位：国家馆、南京馆、上海馆

03802

中国地理形势鸟瞰　陈迫强编

上海：经纬书局，1936，139 页，36 开（青年必读书）

本书简略介绍我国的山脉、海岸、河流及边防。

收藏单位：重庆馆、广东馆

03803
中国地理研究所成立三年来之概况
北碚：中国地理研究所，1943，6叶，25开，环筒页装

本书介绍人生地理组、自然地理组、大地测量组、海洋学组、技术部门之概况。附本所三年来研究项目一览表。

收藏单位：国家馆、南京馆

03804
中国地形研究 许逸超编
重庆：中国文化服务社，1943.10，2册（19+276+236页），22开

本书共21篇，内容包括：概述、松辽平原与周缘邱陵地、齐鲁邱陵地、华北平原与燕太山麓邱陵地、中央山地与邱陵地、江南邱陵地等。书前有翁文灏序和作者自序，书后附专门名词简释。

收藏单位：重庆馆、广东馆、贵州馆、国家馆、湖南馆、辽大馆、南京馆、宁夏馆、上海馆、首都馆

03805
中国各地之高度 朱岗崐编
重庆：国立中央大学地理系，1943.2，16页，16开（国立中央大学理科研究所地理学部专刊第4号）

本书共6部分：前言、测高原理、各地气象记录、各地高度之计算、讨论、结语。

收藏单位：重庆馆、国家馆

03806
中国山脉考 翁文灏著
上海：中国科学社，1925.2，35页，16开

本书内容包括：中国山脉学说之变迁、分水即山脉乎、山脉研究渐归重于地质构造、山之成因与分类等。《科学》第9卷第10期抽印本。

03807
中国之自然环境 金祖孟编

上海：中华书局，1948.2，97页，32开（中华文库）

本书共7章：中国之位置、中国之地形、中国之河流、中国之季风、中国之气温、中国之降水、中国之资源。

收藏单位：重庆馆、东北师大馆、广东馆、广西馆、桂林馆、黑龙江馆、江西馆、南京馆、内蒙古馆、上海馆、绍兴馆

03808
中国资源问题（矿产方面） 李春昱讲
[重庆]：中央训练团党政高级训练班，1945.5，24页，32开

本书内容包括：燃料矿物、化学原料矿物、工业用品及建筑矿物、钢铁及合金矿物等。

收藏单位：上海馆

03809
中国资源问题（农业方面） 沈宗瀚讲
[重庆]：中央训练团党政高级训练班，1945.7，82页，32开

本书共6章：引言及提要、农业自然环境、农业经济状况、中国农业区域、主要农产数量及消费与外销、中国农业资源之改进原则。讲者原题：沈宗翰。

收藏单位：南京馆

03810
中国自然区域图
出版者不详，25页，横8开

本书分总图与分图，共23幅图。总图有中国地形图、中国天然区域与政治区域对照图；分图为三角洲、湖区、高原、河流流域、草原、盆地、半岛等区域图。

03811
自然地理ABC 王钟麒著
上海：ABC丛书社，1929.3，115页，32开（ABC丛书）
上海：ABC丛书社，1929.9，再版，115页，32开（ABC丛书）

本书分绪论和分论，共5章：天体地理学、陆界地理学、海洋地理学、气界地理学、

生物地理学。著者原题：王益厓。

　　收藏单位：重庆馆、广东馆、国家馆、江西馆、辽大馆、南京馆、内蒙古馆、宁夏馆、上海馆、首都馆、天津馆、西南大学馆、浙江馆

03812

自然地理学　（法）马东（Emmanuel de Martonne）著　王勤堉译

外文题名：A shorter physical geography

长沙：商务印书馆，1939.2，17+455 页，32 开（地理学丛书）

上海：商务印书馆，1947.4，3 版，17+455 页，32 开（地理学丛书）（新中学文库）

　　本书共 4 编：气候、水理、地形、生物地理。据拉菩德（E. D. Laborde）的英译本转译。

　　收藏单位：重庆馆、广西馆、国家馆、黑龙江馆、湖南馆、江西馆、辽大馆、辽宁馆、南京馆、内蒙古馆、上海馆、绍兴馆、首都馆、天津馆、西南大学馆、浙江馆

03813

自然地理学　张资平著

外文题名：Physical geography

上海：商务印书馆，1923.11，76 页，36 开（百科小丛书 25）

上海：商务印书馆，1925.6，再版，76 页，32 开（百科小丛书 25）

上海：商务印书馆，1929.10，66 页，32 开（百科小丛书）（万有文库 第 1 集 469）

上海：商务印书馆，1931.4，3 版，76 页，32 开（百科小丛书 25）

上海：商务印书馆，1933.9，国难后 1 版，66 页，32 开（百科小丛书）

上海：商务印书馆，1934.7，再版，66 页，32 开（百科小丛书）（万有文库 第 1 集 469）

上海：商务印书馆，1935.7，国难后 2 版，66 页，32 开（百科小丛书）

　　本书共 5 章：天界地理学、陆界地理学、水界地理学、气界地理学、生物地理学。

　　收藏单位：安徽馆、重庆馆、大连馆、东北师大馆、广东馆、广西馆、国家馆、黑龙江馆、湖南馆、江西馆、辽大馆、辽宁馆、

辽师大馆、南京馆、内蒙古馆、宁夏馆、山东馆、上海馆、首都馆、天津馆、西南大学馆、浙江馆

03814

最近地质时代以降亚洲地理环境的变迁与中国黄土平原的形成　马廷英著

[重庆]：中国地质学会，1940，20 页，25 开

　　本书为《地质论评》第 5 卷第 1—2 期摘印本。附图 2 版。

　　收藏单位：重庆馆

03815

遵义地形发育　丁锡祉著

外文题名：Physiography of the Tsunyi district, Kweichow

新化：亚新地学社，1944.1，27 页，13 开（国立清华大学地学会丛书）

　　本书共 5 部分：提要、绪言、侵蚀面的发育、水系的发育、结论。内收地形图 3 张。《地学集刊》专刊第 2 号。

　　收藏单位：国家馆

生物科学

生物科学总论

03816

达尔文以后生物学上诸大问题　（法）益格拉司（J. Angles）著　周太玄译

北京：朴社，1927.5，91 页，18 开（中法大学丛书）

　　本书共 3 部分：生物的进化，人类的起源，生命的起源：生物学上诸现象。

　　收藏单位：重庆馆、广东馆、国家馆、湖南馆、南京馆、内蒙古馆、上海馆、首都馆、天津馆、西南大学馆、浙江馆

03817

杜里舒及其学说　费鸿年著

外文题名：Driesch und Seine Lehre

上海：中华学艺社，1924.11，140 页，27 开（学艺汇刊 3）

上海：中华学艺社，1933.9，国难后 1 版，140 页，27 开（学艺汇刊 3）

本书共 5 章：杜里舒学说概观、杜氏学说在生机主义之位置、杜里舒对于生物学上的贡献、杜里舒与发生力学、杜里舒的著作。附非达尔文主义。

收藏单位：广东馆

03818

论生物学界的现状 （苏）李森科（T. D. Lysenko）著　曹毅风　刘群译

外文题名：The science of biology today

辽东新华书店，1949.8，67 页，32 开

收藏单位：国家馆、吉林馆

03819

论生物学界的现状 （苏）李森科（T. D. Lysenko）著　曹毅风　刘群译

外文题名：The science of biology today

山东新华书店，1949.7，88 页，32 开

收藏单位：重庆馆、国家馆、辽宁馆、内蒙古馆

03820

论生物学界现状　察哈尔省人民政府农业处编

张家口：大华印刷局，1949.7，96 页，32 开

本书共 8 章，内容包括：论生物学界现状、进步的生物学给人类以征服自然的力量、为人民服务的科学、人民的科学家——李森科、进步的科学等。

收藏单位：国家馆

03821

人和动物　施慕胡（William M. Smallwood）著　金漱六译

外文题名：Man, the animal

上海：商务印书馆，1933.10，209 页，23 开（科学丛书）

本书主要论述生物学与人生的关系。共

11 章，内容包括：绪论、活原形质的定律、生物的单位、使人行动的是什么、生物发生说的定律等。

收藏单位：广东馆、广西馆、贵州馆、国家馆、黑龙江馆、湖南馆、江西馆、南京馆、山西馆、绍兴馆、首都馆、天津馆、浙江馆

03822

人生生物学史　（美）巴许雷（Howard M. Barshley）著　黄绍绪译

外文题名：Biology and social welfare

上海：商务印书馆，1930.12，81 页，32 开（社会科学丛书）

上海：商务印书馆，1933.9，国难后 1 版，83 页，32 开（社会科学丛书）

本书共 4 部分，主要论述古代生物学史、近代生物学的发端、生物学与社会等问题。

收藏单位：重庆馆、广东馆、广西馆、国家馆、江西馆、南京馆、内蒙古馆、浙江馆

03823

生物丛谈　郑保兹　顾仲超著

上海：新亚书店、开明书店，1932.11，162 页，25 开

本书共 20 节，内容涉及生物之自卫与保种者各半，略仿劄记体裁，每节各为篇段。

收藏单位：广西馆、江西馆、绍兴馆、浙江馆

03824

生物的目的是保种　薛德焴著

上海：新亚书店，1933.1，58 页，36 开（科学知识普及丛书）

本书共 10 章，内容包括：生物学与哲学、生物的三个共同性、生活力是什么、生殖的目的和需要、生物学的人生观、生物学的恋爱观等。

收藏单位：重庆馆、广东馆、广西馆、国家馆、辽宁馆、南京馆、内蒙古馆、浙江馆

03825

生物的误解与辩正　刘丕基编

镇江：江苏省立镇江民众教育馆编辑部，

1931，3 册，32 开（民众小丛书 甲种 7—9）

本书共 3 章：植物部、动物部、人体部。

收藏单位：广西馆、浙江馆

03826

生物界之神秘　（日）松村松年著　薛德焴
陈端本译

武昌：时中书社，1926.8，238 页，32 开

本书共 17 章，讲述生物界中一些难以解答的问题，诸如生物界的均衡、蚁与蜜蜂的社会生活、动物的体色、共栖生活、动物的教育等。

收藏单位：重庆馆、国家馆、江西馆、内蒙古馆

03827

生物科学（第 1 集）　中国生物科学学会编

上海：中华书局，1936，130 页，16 开

本书内收 6 篇专论：《生物科学与使命现象与人生》《审定中国生物名称之商榷》《带有地方性的科学与研究此项科学者应有之责任》《生命之始源》《植物界之共同生活》《高等植物茎叶之发生史》。附会务纪要。

收藏单位：重庆馆

03828

生物科学状况　（苏）李森科（T. D. Lysenko）
著　李何　独伊译　周建人校

北平：天下图书公司，1949.8，100 页，36 开

本书内容包括：生物科学——农学底基础，生物学史：一个思想斗争的历史，"遗传质"学说中的不可知论，为创造性的科学的生物学而斗争等。

收藏单位：国家馆、辽宁馆、南京馆、山西馆

03829

生物学发达史　蔡堡著

上海：世界书局，1935.1，82 页，32 开（生物学丛书）

本书共 8 章，内容包括：导言、希腊时代之生物学者、罗马及中古时代之生物学者、生物学之成熟时代、最近生物学之进展等。

收藏单位：广东馆、贵州馆、国家馆、湖南馆、江西馆、南京馆、上海馆、首都馆、天津馆

03830

生物学发达史　于珩编

上海：中华书局，1948.6，131 页，32 开

本书共 16 章，内容包括：哈凡氏与实验生物学、显微镜与实验观察、微小解剖学的进步、细胞学说、化石学的进步、进化论等。

收藏单位：重庆馆、东北师大馆、广西馆、国家馆、辽宁馆、内蒙古馆、上海馆、天津馆、浙江馆

03831

生物学史　鲍鉴清　洪式闾编

北京：文化学社，1927.10，106 页，25 开

收藏单位：重庆馆、国家馆、江西馆、天津馆

03832

生物学史　（英）汤姆生（John Arthur Thomson）
著　伍况甫译

外文题名：The science of life

上海：商务印书馆，1931.1，291 页，32 开（科学丛书）

本书共 16 章，内容包括：生物学史之提纲挈领、动物之分类、植物之分类、动物生理学、植物生理学、古生物学、动物心理学、进化理论之进化等。附西文索引。著者原题：汤姆逊。

收藏单位：北师大馆、重庆馆、广东馆、广西馆、湖南馆、江西馆、首都馆、天津馆

03833

生物学史逸话　（日）中川逢吉著　魏喦寿译

上海：商务印书馆，1935.11，158 页，32 开

本书共 29 章，内容包括：栖息于洞窟中原始人类之生物学、希世之伟才亚列斯多德、古代罗马之生物学、文艺复兴时代之生物学、血液循环之发见与哈韦等。书后附重要病原菌发现年代。

收藏单位：重庆馆、东北师大馆、广东

馆、广西馆、国家馆、黑龙江馆、湖南馆、江西馆、辽宁馆、南京馆、上海馆、天津馆、浙江馆

03834

生物学小史 （日）谷津直秀著　林重光译

上海：商务印书馆，1936.9，136+20 页，32 开（自然科学小丛书）（万有文库 第 2 集 289）

长沙：商务印书馆，1939.8，136+20 页，32 开（自然科学小丛书）

长沙：商务印书馆，1939.12，136 页，32 开（自然科学小丛书）（万有文库 第 1—2 集简编）

重庆：商务印书馆，1945.4，渝 1 版，97 页，32 开（自然科学小丛书）

上海：商务印书馆，1947.3，再版，136+20 页，32 开（自然科学小丛书）（新中学文库）

本书共 29 章，内容包括：原始人关于生物的智识、东洋古代的生物学、希腊的生物学、罗马时代的生物学、实验遗传学的发达、生物学发达情形的回顾等。书末附生物学者姓名索引和术名索引。

收藏单位：重庆馆、大连馆、大庆馆、东北师大馆、广东馆、广西馆、国家馆、黑龙江馆、吉大馆、江西馆、辽大馆、辽宁馆、辽师大馆、南京馆、内蒙古馆、宁夏馆、上海馆、首都馆、天津馆、西南大学馆、浙江馆

03835

生物学与民族复兴　秉志著

上海：中国文化服务社，1946.11，沪初版，97 页，36 开（青年文库）

本书主要论述生物学的发展趋势。内容包括：生物学之起源、亚里士多德氏以来此学之发展、人类思想之解放、今日之趋势、近世社会所受之影响、近年来生物在国内之发展等。

收藏单位：重庆馆、大庆馆、国家馆、南京馆、天津馆

03836

生物学与人类进步 （英）汤姆生（John Arthur Thomson）著　陈德荣译述

外文题名：Biology and human progress

上海：商务印书馆，1935.3，141 页，32 开（自然科学小丛书）（万有文库 第 2 集 285）

上海：商务印书馆，1935.6，141 页，32 开（自然科学小丛书）

本书内容包括：生物学的意义、生物学在科学中的位置、生物学的分枝、生物学与人生、心理生物学等。

收藏单位：重庆馆、大连馆、东北师大馆、广东馆、广西馆、贵州馆、国家馆、黑龙江馆、江西馆、辽师大馆、南京馆、内蒙古馆、宁夏馆、上海馆、首都馆、天津馆、武大馆、西南大学馆、浙江馆

03837

生物学与人生问题 （日）内田升三著　萧百新译

上海：商务印书馆，1935.9，79 页，32 开（自然科学小丛书）（万有文库 第 2 集 286）

上海：商务印书馆，1936.4，79 页，32 开（自然科学小丛书）

本书共 4 章：人与人生是怎样的东西、我们应该将人生怎样生活、人与人生是怎样的趋向、所谓宗教究与科学有何关系。

收藏单位：重庆馆、大连馆、东北师大馆、广东馆、贵州馆、桂林馆、国家馆、黑龙江馆、辽宁馆、辽师大馆、南京馆、内蒙古馆、宁夏馆、上海馆、首都馆、天津馆、武大馆、浙江馆

03838

生物学与哲学之境界 （日）永井潜著　汤尔和译

外文题名：Grenzgebiet zwischen Biologie und Philosophie

上海：商务印书馆，1926.2，265 页，22 开（科学丛书）

上海：商务印书馆，1927，再版，265 页，22 开（科学丛书）

上海：商务印书馆，1933.9，国难后 1 版，265 页，22 开（科学丛书）

本书论述生物的调和、生与死、精神对于身体的影响、从生物学看人口问题、近代生物学与哲学的关系等内容。

收藏单位：重庆馆、广东馆、广西馆、贵

州馆、国家馆、黑龙江馆、湖南馆、辽大馆、辽宁馆、南京馆、绍兴馆、首都馆、天津馆、西南大学馆、浙江馆

03839

生物哲学　江怀德著

广东：江怀德 [出版者]，1943，43 页，32 开

　　本书共 6 部分：生命基本性质假说、目的论的批判、一些重要试验的解释、生物生存常数法则、人类的将来、亡种法则。

　　收藏单位：重庆馆、国家馆、江西馆

生物科学机构、团体、会议

03840

福建省研究院动植物研究所研究汇报（第 1 号）

永安：福建省研究院，1945.12，102 页，16 开

　　本书共 7 部分，内容包括：福建白岭之新种、厦门浮游矽藻季节分布、二十八星瓢虫研究初报等。

　　收藏单位：广东馆

03841

福建省研究院动植物研究所研究汇报（第 2 号）

永安：福建省研究院，1947，1 册，16 开

　　收藏单位：广东馆

03842

国立中央研究院动植物研究所所务报告（民国三十一年一月至十二月）

[重庆]：国立中央研究院动植物研究所，[1942]，油印本，11 叶，16 开，环筒页装

　　收藏单位：国家馆

03843

静生生物调查所第一次年报

北平：静生生物调查所，1929.11，13 页，16 开

　　收藏单位：国家馆

03844

静生生物调查所第二次年报

北平：静生生物调查所，1930.12，14 页，16 开

　　收藏单位：国家馆、首都馆

03845

静生生物调查所第三次年报

北平：静生生物调查所，1931.12，16 页，16 开

　　收藏单位：国家馆

03846

静生生物调查所第四次年报

北平：静生生物调查所，1932，21 页，16 开

　　收藏单位：国家馆、首都馆

03847

静生生物调查所第五次年报

北平：静生生物调查所，1933.12，21 页，16 开

　　收藏单位：国家馆、上海馆、首都馆

03848

静生生物调查所第六次年报

北平：静生生物调查所，1935.1，[37] 页，16 开

　　本书附静生生物调查所江西农业院庐山森林植物园工作报告（1934 年 8—12 月）。

　　收藏单位：国家馆、上海馆

03849

静生生物调查所第七次年报

北平：静生生物调查所，1936.1，[40] 页，16 开

　　本书附静生生物调查所江西农业院庐山森林植物园第二次年报。

　　收藏单位：国家馆

03850

静生生物调查所第八次年报

北平：静生生物调查所，1937.2，20+20 页，16 开

本书附静生生物调查所江西农业院庐山森林植物园第三次年报。

　　收藏单位：国家馆

03851

静生生物调查所第九次年报

北平：静生生物调查所，1938.1，17+15 页，16 开

　　本书附静生生物调查所江西农业院庐山森林植物园第四次年报（民国二十六年一月起至十二月止）。

　　收藏单位：国家馆、上海馆

03852

静生生物调查所第十次年报

北平：静生生物调查所，1939.1，20 页，16 开

　　本书概述该所民国二十七年一月至十二月底情况。

　　收藏单位：国家馆、上海馆

03853

静生生物调查所第十一次年报

北平：静生生物调查所，1940.1，12 页，16 开

　　收藏单位：国家馆

03854

静生生物调查所职员录（二十四年一月）

北平：静生生物调查所，1935.1，10 页，25 开

　　收藏单位：国家馆

03855

科学教员暑期研究会生物系报告

杭州：科学教员暑期研究会，1929，72 页，23 开

　　本书内容包括：研究项目、指导大纲、讨论及研究撮要、本系设备、本届生物系姓名录。附中国生物科学教学研究会成立经过及简章。

　　收藏单位：南京馆

03856

生物专号　生物学会会员编辑

苏州：东吴大学东吴学报社，1935.4，62 页，

16 开（东吴学报 第 3 卷 1）

　　本书封面题名：生物学论丛。

　　收藏单位：浙江馆

03857

中国科学社生物研究丛刊

上海：中国科学社，1940，16 页，32 开

　　本书为 1925—1940 年动植物研究论文篇目。中英文对照。

03858

中国科学社生物研究所报告（二十年七月至二十一年六月）

南京：中国科学社生物研究所，1932.5，18 页，32 开

　　收藏单位：国家馆

03859

中国科学社生物研究所概况（第一次十年报告）

南京：中国科学社生物研究所，[1932]，29+103 页，25 开

　　本书介绍该所十年来的发展概况。

　　收藏单位：东北师大馆、国家馆、南京馆、中科图

生物科学的研究方法与技术

03860

标本模型博物器械目录

上海：中国书局，1935，42 页，25 开

　　收藏单位：广西馆

03861

标本目录

上海：中国标本厂，82 页，24 开

　　本书内容为各种动、植物标本目录，附价格。

03862

博物标本模型及实验用器械药品

上海：实学通艺馆，1935，14 版，58 页，32

开

　　本书为上海实学通艺馆所售标本、模型、仪器、药品的价目表。

　　收藏单位：重庆馆

03863

东吴大学生物材料处第四号价目表　东吴大学生物材料处编

苏州：东吴大学，1933.4，66 页，23 开

　　本书为东吴大学生物材料处所制生物标本的出售价目表。

03864

东吴大学生物材料处中学生物材料第五号价目表　东吴大学生物材料处编

苏州：东吴大学，1936.3，36 页，23 开

　　收藏单位：广西馆

03865

动差，新动差，乘积动差及其相互间关系　汪厥明著

外文题名：Moments, comulants, product-moments and relations inter se

台北：台湾厥明生物统计研究室，1947.6，18+76 页，32 开

　　本书共 7 章，内容包括：取样及数学期望值、动差及乘积动差、连结动差及连结乘积动差、介量期望值、重要分布之重要介量、其他应用上重要分布之介量等。

　　收藏单位：山西馆

03866

动植物标本目录

青岛：华汇生物材料供给所，1935，32 页，16 开

03867

动植物采集及标本制作法　周玉田著

上海：亚细亚书局，1936.4，204 页，32 开（基本知识丛书）

　　本书共 3 编：采集及制作前之准备、动物采集及标本制作法、植物采集及标本制作法。

　　收藏单位：广东馆、国家馆、上海馆、首

都馆、浙江馆

03868

动植物显微镜实习法　吴元涤著

江阴：吴元涤［发行者］，1917.4，124 页，23 开

　　收藏单位：首都馆

03869

动植物研究法　贾祖璋等著译

上海：商务印书馆，1936.7，131 页，32 开（中学生自然研究丛书）

上海：商务印书馆，1937.2，再版，131 页，32 开（中学生自然研究丛书）

上海：商务印书馆，1937.3，3 版，131 页，32 开（中学生自然研究丛书）

　　本书讲述对植物的观察，标本的制作和保存，昆虫、兽、鱼、鸟的研究方法，以及生物的分省调查等。

　　收藏单位：重庆馆、东北师大馆、广东馆、贵州馆、国家馆、湖南馆、江西馆、南京馆、内蒙古馆、上海馆、首都馆、浙江馆

03870

高等生物学实验教程　嵇联晋编

［南京］：金陵学社，1935.7，165 页，25 开

　　本书共 3 编：器械、药品、实验。

　　收藏单位：重庆馆、东北师大馆、浙江馆

03871

国立中山大学广西猺山采集队采集日程

广州：国立中山大学生物学室，1929.7，168 页，25 开

　　本书按日期详细记述国立中山大学广西猺山采集队的采集工作。

　　收藏单位：桂林馆、国家馆、南京馆、浙江馆

03872

普通生物学实验教程　黄似馨　胡鸿仪　谢文英著

上海：上海市生物学会，1948.9，107 页，18 开，活页装

本书收有 40 个实验。

03873

生物标本目录

上海：上海科学用品社，1935.6，48 页，18 开

本书为生物标本价目表。价目表内所列动植物标本，遵照教育部审定标准编制，以供大中学部生物学、动物学植物学示教及解剖之用。

收藏单位：国家馆

03874

生物标本制作法纲要 金德祥著

上海：商务印书馆，1937.3，125 页，32 开

长沙：商务印书馆，1938，再版，125 页，32 开

本书分 16 章，共 64 个实验，其次序根据方法而排列，由简单到复杂。具体包括：松脂封锁法、甘油封锁法、石蜡包埋法、火棉包埋法、冰冻包埋法、细胞分离法等。自然科教学参考书。

收藏单位：重庆馆、广东馆、国家馆、湖南馆、辽宁馆、南京馆、上海馆、浙江馆

03875

生物教学法实验 赵修谦等著

厦门：国立厦门大学生物学系，油印本，42 页，16 开

收藏单位：南京馆

03876

生物实验大纲 禹海涵编著

天津：百城书局，1933.10，[154] 页，16 开，活页装（大学丛书）

收藏单位：国家馆

03877

生物统计学 洛夫讲 陈燕山译 郑体华笔记

湖南棉业试验场，1933，[178] 页，18 开

收藏单位：重庆馆

03878

生物统计学 王绶著

武功：国立西北农学院农艺学会，1943，2 册（370 页），16 开（国立西北农学院农艺丛书第 2 号）

本书共 10 章，内容包括：总论、集中性之测定、直线回归等。

收藏单位：重庆馆

03879

生物统计与试验设计 （加）古尔墩（C. H. Goulden）著 范福仁译注 马保之校阅

外文题名：Methods of statistical analysis

桂林：广西农事试验场编辑室，1941.4，311 页，24 开（广西农事试验场丛书 1）

本书共 16 章，内容包括：理论次数分配、小样本之显著性测验、直线回归、变量分析、田间试验、相关变量分析等。

收藏单位：重庆馆、广东馆、桂林馆、浙江馆

03880

生物统计之理论与实际 赵仁镕 余松烈著

上海：新农企业股份有限公司，1948.9，再版，194 页，18 开（新农丛书）

本书共 10 章，内容包括：次数分配、平均数与离差、变量分析、直线回归与直线相关、互变量分析等。

收藏单位：重庆馆、广东馆、国家馆、辽大馆、浙江馆

03881

生物学的显微镜技术 刘棠瑞编著

上海：正中书局，1948.7，276页，25 开

本书讲述显微镜的结构，切片、染色、标本的制法，以及显微解剖技术等。

收藏单位：重庆馆、东北师大馆、国家馆、江西馆、辽宁馆、南京馆、上海馆、浙江馆

03882

生物学实验 李象元编

外文题名：Experiments in biology

北平：世界书局，1932.4，222 页，18 开

北平：世界书局，1932.8，再版，222 页，18 开

本书内容包括：实验室工作一般之指导、生物与无生物、生活的蝗虫、蝗虫之外部构造、蝗虫之内部构造、蜜蜂或野蜂、蝶、昆虫、完全植物、花、向日葵、胚囊及花粉管等。

　　收藏单位：北师大馆、国家馆

03883

生物学实验指导　郑作新著

上海：商务印书馆，1933.6，200 页，22 开，精装（大学丛书）

上海：商务印书馆，1934.3，200 页，22 开（大学丛书 教本）

上海：商务印书馆，1935.5，再版，200 页，22 开，精装（大学丛书 教本）

　　本书共 50 课，内容包括：显微镜、原形质之化学成分、细胞之分裂、动物组织、植物组织、胚胎学、原生动物、动物之分类、被子植物、遗传学等。附中西名辞对照表。

　　收藏单位：重庆馆、广东馆、广西馆、国家馆、黑龙江馆、湖南馆、江西馆、辽宁馆、内蒙古馆、宁夏馆、上海馆、绍兴馆、首都馆、天津馆、西南大学馆、浙江馆

03884

生物学实验指导（增订本）　郑作新著

长沙：商务印书馆，1941，3 版，201+25 页，25 开（大学丛书 教本）

重庆：商务印书馆，1944.11，渝 1 版，174+14 页，25 开（大学丛书 教本）

上海：商务印书馆，1948，再版，174+14 页，25 开（大学丛书 教本）

　　本书共 62 课，从显微镜的构造与应用入手，次及细胞学、组织学、胚胎学、分类学以至动植物形态构造及生理的种种实验。

　　收藏单位：重庆馆、广东馆、国家馆、西南大学馆

03885

生物学原理实验教程　燕京大学生物学系编　华西协合大学生物学系译

外文题名：Laboratory outlines for biological principles course

成都：华西协合大学生物学系，1929，68 页，

18 开

　　收藏单位：国家馆

03886

生物仪器标本目录

上海：实学通艺馆，1936.9，90 页，16 开

　　本书共 8 部分：生物学实验用器具、动物标本类、植物标本类、矿物标本及模型类、工艺类及制作品标本、工业类、气象学用仪器、身体检查用器械。

　　收藏单位：重庆馆、湖北馆

03887

实用生物统计法　王绶著

上海：商务印书馆，1937.6，244 页，25 开（大学丛书 教本）（金陵大学农学院丛书）

上海：商务印书馆，1937.9，244 页，25 开，精装（大学丛书 教本）（金陵大学农学院丛书）

长沙：商务印书馆，1938.5，再版，244 页，25 开（大学丛书 教本）（金陵大学农学院丛书）

　　本书共 9 部分，内容包括：数字之整理与分类、集中性之测定、离中性之测定、二数相关之测定、差异显著性之测定等。

　　收藏单位：重庆馆、东北师大馆、贵州馆、国家馆、辽大馆、辽宁馆、南京馆、内蒙古馆、山西馆、上海馆、首都馆

03888

显微镜下的世界

上海：大东书局，1948.4，25 页，36 开（新儿童基本文库 中年级 自然故事 5）

　　本书讲述《一滴水变成了一个池塘》《水藻上的怪动物》《一只苍蝇的秘密》《植物的花粉》《有些东西为什么会发霉》等 13 个关于显微镜的故事。

　　收藏单位：国家馆

03889

显微镜中之奇观　（日）仲磨照久编　林克庸译

上海：商务印书馆，1937.3，5 册（570 页），32 开（万有文库 第 2 集）（自然科学小丛书）

　　本书共 52 章，内容包括：显微镜的发达

及其倍率、花粉与胞子、茎及根的尖端构造、植物的营养运输器官、昆虫的卵、昆虫的生殖器等。

收藏单位：重庆馆、大连馆、大庆馆、东北师大馆、国家馆、辽大馆、辽师大馆、内蒙古馆、宁夏馆、天津馆、浙江馆

03890

组织实习　汤器编

[北京]：汤器[发行者]，1939.1，17+186页，22开

[北京]：汤器[发行者]，1942，再版，17+186页，22开

本书共3篇：显微镜用法、显微镜技术、组织学实习。第1篇略述显微镜之构造，用法及其常识；第2篇论技术，记载显微镜一般常用之方法，加以注释；第3篇论实习，将各种标本依次罗列，略述其形态、构造及制法。

收藏单位：国家馆、首都馆

生物科学教育与普及

03891

碧血丹心（科学小品）　贾祖璋著

桂林：立体出版社，1942.3，92页，32开

桂林：立体出版社，1942.10，再版，92页，32开

本书共收9篇有关生物学的科学小品，包括《多难兴邦》《个体牺牲与种族保存》《生与死》《进化观念》《植物对于无机环境的斗争》《植物对于有机环境的斗争》等。

收藏单位：重庆馆、广东馆、广西馆、国家馆、西南大学馆

03892

草木鸟兽　陶秉珍编

上海：中华书局，1948.7，25页，32开（中华文库 民众教育 第1集）

本书为生物学常识读物。

收藏单位：东北师大馆、上海馆、天津馆

03893

常见生物奇谈　白桃编著

上海：少年书局，1933.9，112页，32开

本书介绍能飞的老鼠、春来秋去的燕、雁的故乡、蜘蛛的神秘、漂泊的蝗虫、蛇、毒蝎等生物知识。

收藏单位：重庆馆、国家馆、浙江馆

03894

常见生物奇谈　白桃编著

上海：新中国书局，1935，112页，32开

收藏单位：首都馆

03895

到自然界去　万以咸编译

上海：中华书局，1936.10，116页，32开

本书以故事体裁讲述蝌蚪、麻雀、初夏的花、白菜和毛虫、豌豆等生物知识，共14篇。

收藏单位：国家馆、江西馆、辽大馆、辽宁馆、南京馆、内蒙古馆、上海馆、首都馆、天津馆、西南大学馆、浙江馆

03896

动植物大意　尤其伟编

长沙：商务印书馆，1938.7，212页，32开

上海：商务印书馆，1947.4，4版，212页，32开

本书共32章，介绍蛙的发生、蒲公英、花、生物的分布、菌藻植物、原生动物、节足动物等动植物知识。职业学校教科书。

收藏单位：重庆馆、广东馆、江西馆、辽宁馆、内蒙古馆、宁夏馆、山西馆、西南大学馆

03897

动植物的过冬　赵景源著

上海：商务印书馆，1933，47页，32开（小学生文库 第1集 生物类）

上海：商务印书馆，1935.11，47页，32开

收藏单位：重庆馆、宁夏馆、首都馆

03898

动植物学要题简答　辛木编述

上海：元新书局，1935.7，86 页，36 开

　　收藏单位：国家馆、首都馆

03899

儿童生物学图解　罗兰德（T. J. S. Rowland）著　福幼报社译

外文题名：Living things for lively youngsters

上海：广学会，1939.11，71 页，32 开

　　本书共 35 节，内容包括：凡是生物都要呼吸、工作和休息、草、黄蜂、蜘蛛、鱼、蛙、蛇、我们如何消化食物等。

　　收藏单位：广东馆

03900

国立武汉大学生物学系民二四级临海实习团报告书

[武昌]：[国立武汉大学生物学系]，[1934]，34 页，22 开

　　本书详细记述该级学生赴烟台和青岛实习的全过程。

　　收藏单位：国家馆

03901

花鸟虫鱼　克士著

上海：开明书店，1936.1，96 页，32 开（开明青年丛书）

上海：开明书店，1941.5，再版，96 页，32 开（开明青年丛书）

上海：开明书店，1947.3，3 版，96 页，32 开（开明青年丛书）

上海：开明书店，1948.7，特 1 版，96 页，32 开（开明青年丛书）

　　本书内收 22 篇短文，介绍关于白果树、鸡爪子、乌米饭、兰花、花和虫、延藤的植物三种、桂花树和树上的生物、蜘蛛、金鱼、燕子等生物相关知识。

　　收藏单位：重庆馆、东北师大馆、广东馆、贵州馆、国家馆、湖南馆、江西馆、辽宁馆、南京馆、内蒙古馆、山西馆、绍兴馆、首都馆、天津馆、西南大学馆、浙江馆

03902

科学谈话　叶之华编

上海：新中国书局，1935.8，111 页，32 开

上海：新中国书局，1936.9，再版，111 页，32 开

　　本书介绍叶的形状、叶的作用、儿童们的营养、几种凶猛的鸟、昆虫的自卫方法、昆虫的食料、动物的保护色等动植物知识。小学校高级自然读物。

　　收藏单位：重庆馆、湖南馆、天津馆、浙江馆

03903

奇态的生物　陈翰珍辑

北京：北京书店，1928.1，84 页，50 开（珍农社丛书 1）

　　本书主要介绍各种奇异动植物。辑者原题：陈香贻。

03904

青年自然常识　许如谦编译

上海：北新书局，1936.9，212 页，32 开（青年丛书）

　　本书主要介绍动、植物和昆虫知识。

　　收藏单位：贵州馆、国家馆、江西馆、首都馆

03905

趣味的生物问题　冯志鹏编　贾祖璋校

上海：开明书店，1949.4，88 页，36 开（开明少年丛书）

　　本书内分生理篇、动物篇、植物篇、进化和遗传篇。

　　收藏单位：国家馆、南京馆、内蒙古馆、天津馆

03906

人间误解的生物　刘丕基编

上海：商务印书馆，1928.6，141 页，32 开（通俗教育丛书）

上海：商务印书馆，1935.3，国难后 1 版，131 页，32 开（通俗教育丛书）

　　本书共 3 编：植物、动物、人体。内容包括：冬虫夏草误解为昆虫、长颈鹿误解为麒麟、五倍子误解为植物、犀角误解可以分水等。

收藏单位：北师大馆、重庆馆、广东馆、广西馆、贵州馆、国家馆、宁夏馆、天津馆、浙江馆

03907

生命世界　（英）华勒斯（A. R. Wallace）原著　（英）莫安仁（Eran Morgan）口译　许家惺述义

外文题名：World of Life

上海：广学会，1913，286 页，22 开

　　本书共 20 章，内容包括：解释生命及其由来、温带之植物、热带之植物、世界动物之分播、近世时代之生物、人类与动植物调节之功用等。著者原题：华丽士。

　　收藏单位：国家馆、江西馆、上海馆、首都馆

03908

生命现象　王昌祺等编译

上海：商务印书馆，1926.11，2 册（215+278 页），22 开（少年百科全书 第 8 类）

上海：商务印书馆，1933.8，缩本初版，215+278 页，32 开，精装（少年百科全书 第 8 类）

上海：商务印书馆，1933.10，缩本再版，215+278 页，32 开，精装（少年百科全书 第 8 类）

上海：商务印书馆，1935.9，缩本 3 版，215+278 页，32 开，精装（少年百科全书 第 8 类）

　　本书内容包括：在地球上的生物怎样开始、植物的大秘密、身体的构成、我们看不见的良友和仇敌、生命实在存在的地方、造生命的是什么等。据美国 The Book of Knowledge 一书编译。

　　收藏单位：重庆馆、广东馆、桂林馆、国家馆、黑龙江馆、湖南馆、吉林馆、江西馆、辽宁馆、辽师大馆、南京馆、内蒙古馆、上海馆、绍兴馆、首都馆、天津馆、西南大学馆、浙江馆

03909

生物常识　黄国华编著

汉口：教育部播音教育委员会，1938.6，128 页，32 开（青年自习播音讲稿 12）

　　本书共 10 章：绪论、植物的基本构造、

根的研究、茎的研究、叶的研究、花的研究、果实的研究、种子的研究、植物的分类、植物的标本。

　　收藏单位：重庆馆、广西馆、国家馆、江西馆、南京馆

03910

生物难题解答　刘丕基编

上海：商务印书馆，1934.9，14+98 页，36 开（通俗教育丛书）

上海：商务印书馆，1934.10，再版，14+98 页，36 开（通俗教育丛书）

　　本书共 3 章：进化及生理、动物、植物，汇集有关生物学的 300 余个问题进行解答。

　　收藏单位：广东馆、国家馆、南京馆、内蒙古馆、上海馆、天津馆、浙江馆

03911

生物奇谈　（法）法布尔（Jean Henri Fabre）著　宋易译

哈尔滨：光华书店，1948，东北版初版，103 页，32 开（大众科学丛书）

　　本书以故事体裁讲述燕子的夫妇关系、乌鸦的觅食、动物的寿命、大蜘蛛的狩猎、花粉的功用、土蜂与花粉等生物学知识。

　　收藏单位：东北师大馆、国家馆、吉林馆、辽宁馆、首都馆、天津馆

03912

生物趣味　姚毓璆著

上海：开明书店，1948.3，124 页，36 开（开明少年丛书）

上海：开明书店，1949.1，再版，124 页，36 开（开明少年丛书）

　　本书介绍象、麻雀、杜鹃、蛇、乌贼、蜘蛛的生活、水生的植物、茄子和南瓜等相关生物知识。

　　收藏单位：重庆馆、广东馆、广西馆、国家馆、南京馆、内蒙古馆、农大馆、山西馆、上海馆、天津馆

03913

生物趣味　姚毓璆著

新文化出版社，1944.5，104页，32开
　　收藏单位：南京馆

03914

生物素描　贾祖璋著

上海：开明书店，1936.1，127页，32开（开明青年丛书）

上海：开明书店，1941.5，2版，127页，32开（开明青年丛书）

上海：开明书店，1946.10，3版，127页，32开（开明青年丛书）

上海：开明书店，1948.7，特1版，127页，32开（开明青年丛书）

上海：开明书店，1949.2，4版，127页，32开（开明青年丛书）

　　本书内收21篇介绍生物知识的科学小品，包括水仙、梅、鲫鱼、金鱼、蝶、虎、荷花、蚯蚓、萤火虫、栗子、菊、啄木鸟等。

　　收藏单位：重庆馆、东北师大馆、广东馆、广西馆、贵州馆、国家馆、江西馆、辽宁馆、南京馆、山西馆、上海馆、绍兴馆、首都馆、天津馆、西南大学馆、浙江馆

03915

生物现象浅说　张保厚编

上海：中华书局，1930.11，22页，36开（民众常识丛书）

上海：中华书局，1932.9，再版，22页，36开（民众常识丛书）

　　收藏单位：重庆馆、广东馆、桂林馆、国家馆、江西馆、南京馆、内蒙古馆

03916

生物学　胡步蟾编著

南京：正中书局，1935.12，319+26页，32开

上海：正中书局，1947.5，沪29版，319+26页，32开

　　本书经教育部审定，为师范学校及乡村师范学校适用本。书后附实验要目和中西名词对照表。

　　收藏单位：重庆馆、国家馆、湖南馆、辽宁馆

03917

生物学　周建人编

上海：商务印书馆，1935，2册（417页），32开

上海：商务印书馆，1946，4版，2册（417页），32开

上海：商务印书馆，1946，6版，2册（417页），32开

　　本书分上、下册，共8篇：生命的物质基础、生物的系统分类、植物界、动物界、生活现象、生殖、遗传和适应、进化。书后附材料的采集和研究法。师范学校教科书。

　　收藏单位：重庆馆、东北师大馆

03918

生物学试题解答　王越清编

[开封]：三五学社，1947，133页，32开

　　本书为投考大学必备书籍。

　　收藏单位：河南馆

03919

生物学试题总解　薛建新　谢汝聪编著

上海：东方书店，1936，64页，32开（师范会考准备丛书）

　　收藏单位：广东馆

03920

生物学问答　毛起鹓编著

上海：大东书局，1930.1，94页，50开（百科问答丛书15）

上海：大东书局，1931.7，再版，94页，50开（百科问答丛书15）

　　本书共10章：导言、生物的起源、生物的结构、生理的单位、生殖、死亡、遗传与歧异、突变与淘汰、适应、进化论。考试必备。

　　收藏单位：国家馆、湖南馆、江西馆、南京馆、首都馆、天津馆、浙江馆

03921

生物学问答　赵孚之编辑

北平：进步研究社，1935.6，74页，32开

　　收藏单位：北师大馆

03922

生物学与日常生活 （英）培克耳（John R. Baker）（英）海登（J. B. S. Haldane）著　沈性仁译

外文题名：Biology in everyday life

上海：商务印书馆，1936.1，91 页，32 开（百科小丛书）

上海：商务印书馆，1937.3，再版，91 页，32 开（百科小丛书）

　　本书共 6 章：生物学家之日常生活观、动物的社会生活、性别的决定、人类之质与量、战争疾病与死亡、生物学与政治。著者"海登"原题：霍尔登。

　　收藏单位：重庆馆、广东馆、广西馆、国家馆、黑龙江馆、湖南馆、江西馆、辽宁馆、南京馆、宁夏馆、首都馆、武大馆、浙江馆

03923

生物之世界 （英）华勒斯（A. R. Wallace）著　尚志学会译

外文题名：The world of life

上海：商务印书馆，1920.1，2 册（585+25 页），32 开（尚志学会丛书）

上海：商务印书馆，1920.4，再版，2 册（585+25 页），32 开（尚志学会丛书）

上海：商务印书馆，1924.2，3 版，2 册（585+25 页），32 开（尚志学会丛书）

上海：商务印书馆，1927.11，4 版，2 册（585+25 页），32 开（尚志学会丛书）

上海：商务印书馆，1933.1，国难后 1 版，2 册（585+25 页），32 开（尚志学会丛书）

　　本书为《生命世界》的不同译本。共 20 章，内容包括：何谓生命与生命之由来、世界之热带植物、动物之分布、第三期时代之生物、细胞之秘密等。书后附索引。初版、再版著者原题：窪勒斯。

　　收藏单位：重庆馆、广东馆、广西馆、贵州馆、国家馆、湖南馆、江西馆、辽宁馆、首都馆、天津馆、浙江馆

03924

万物一览（官话） （英）巴克利（Arabella B. Buckley）著　（英）节丽春（D. C. Jaynt）译

潘志蓉述

外文题名：Eyes and no eyes

上海：广学会，1913，228 页，24 开

　　本书共 5 卷：森林及田间的生物、池沼及河里的生物、田园的植物、空际的飞鸟、昆虫。

　　收藏单位：重庆馆、江西馆、首都馆、浙江馆

03925

新中华生物学　费鸿年编

上海：新国民图书社，1932.8，329 页，25 开

上海：新国民图书社，1932.10，2 版，329 页，25 开

上海：新国民图书社，1933.8，3 版，329 页，25 开

上海：新国民图书社，1934，4 版，329 页，25 开

　　本书共 15 章，内容包括：绪论、生物的物质基础、生物界、植物的营养、动物的营养、感觉和运动等。高级中学师范科用。

　　收藏单位：重庆馆、国家馆、江西馆

03926

自然界　王昌谟等编译

上海：商务印书馆，1926.3，2 册（369+342 页），22 开（少年百科全书 第 5 类）

上海：商务印书馆，1933.8，缩本初版，369+342 页，32 开，精装（少年百科全书 第 5 类）

上海：商务印书馆，1933.10，缩本再版，369+342 页，32 开，精装（少年百科全书 第 5 类）

上海：商务印书馆，1935.9，缩本 3 版，369+342 页，32 开，精装（少年百科全书 第 5 类）

　　本书介绍动物和植物的相关知识。

　　收藏单位：重庆馆、广东馆、广西馆、桂林馆、国家馆、黑龙江馆、湖南馆、吉林馆、江西馆、辽师大馆、内蒙古馆、上海馆、绍兴馆、首都馆、天津馆、浙江馆

03927

自然界和生物　郑贞文等编辑

重庆：商务印书馆，1943.12，渝 1 版，25 页，32 开（少年自然科学丛书 14）

　　本书介绍家族的相似、人为淘汰、自然

淘汰、动物的家族等生物知识。编辑者还有：胡嘉诏、江铁、于树樟。

　　收藏单位：重庆馆、广东馆、国家馆、南京馆、上海馆

普通生物学

03928

大 众 生 物 学　（英）汤姆生（John Arthur Thomson）著　伍况甫译

外文题名：Biology for everyman

长沙：商务印书馆，1939.1，6 册（2104 页），32 开（汉译世界名著）

　　本书共 4 编：动物界、动物界通论、植物界、人类。

　　收藏单位：重庆馆、广东馆、国家馆、江西馆、辽宁馆、南京馆、上海馆、天津馆、西南大学馆、浙江馆

03929

动植物名词汇编（矿物名词附）　鲁德馨汇辑

上海：科学名词审查会，1935.9，370 页，18 开

　　本书每个名词分列拉丁名、英文名（德文名称）、参考名及决定名 4 栏。

　　收藏单位：安徽馆、广西馆、桂林馆、国家馆、湖北馆、上海馆

03930

活力说与机械说　L. Hobgen 著　殷佩斯译

外文题名：Vitalism and mechanism

上海：商务印书馆，1937.6，106 页，32 开（自然科学小丛书）（万有文库 第 2 集）

长沙：商务印书馆，1938.7，106 页，32 开（自然科学小丛书）

　　本书主要研究生命的本质。共 3 章：意识之机械化、亲体之原子论的见解、生命之本性。

　　收藏单位：广东馆、贵州馆、国家馆、南京馆、内蒙古馆、上海馆、天津馆、武大馆、浙江馆

03931

近世生物学　王其澍著

外文题名：Modern biology

上海：商务印书馆，1925.9，186 页，32 开，精装（学艺丛书 3）

上海：商务印书馆，1929.11，4 版，186 页，32 开，精装（学艺丛书 3）

上海：商务印书馆，1931，5 版，186 页，32 开，精装（学艺丛书 3）

上海：商务印书馆，1933.4，国难后 1 版，186 页，32 开，精装（学艺丛书 3）

　　本书分绪论和本论两部分，内容包括：宇宙之大原理、科学之二大别、生物学之来历及其定义、生物与无生物、植物与动物、生物体之构造、生殖作用、生物之个体发生及系统发生等。附中英文索引、人名索引。

　　收藏单位：重庆馆、大庆馆、东北师大馆、广东馆、广西馆、国家馆、黑龙江馆、湖南馆、江西馆、辽宁馆、南大馆、南京馆、上海馆、首都馆、天津馆、武大馆、西南大学馆、浙江馆

03932

科学的生命观　（日）永井潜著　雷通群译

上海：新宇宙书店，1930.7，197 页，32 开

　　本书共 6 章：生命与自然科学、关于生命的思想史、生活体之物理学性状、生活体之化学成分、酵素及其作用、生活的一般条件。

　　收藏单位：国家馆、江西馆、上海馆、首都馆、浙江馆

03933

科学的生命观　（日）永井潜著　危淑元译

上海：辛垦书店，1936.10，163 页，32 开

　　本书共 6 章：生命与自然科学、关于生命的思想史、生活体底物理学的性状、生活体底化学成分、酵素及其作用、生活底一般条件。

　　收藏单位：广西馆、国家馆、南京馆、上海馆

03934

普通动植物学名辞　郑作新编

上海：新农企业股份有限公司，1947.12，93

页，23 开（私立福建协和大学生物学系丛书）

　　收藏单位：国家馆、南京馆

03935

普通生物学　（美）柏林根（L. L. Burlingame）等著　彭光钦等译

外文题名：General biology

上海：北新书局，1930.1，18+494 页，22 开

上海：北新书局，1932，再版，18+494 页，22 开

上海：北新书局，1934.2，3 版，18+494 页，22 开

　　本书为著者等在斯丹福大学对初级大学部学生的讲演编辑而成。分上、下卷，共 12 编，内容包括：生活物质、绿色植物之工作、生物之联合、生长与生殖、遗传、演化、生物之分布、人等。

　　收藏单位：重庆馆、广东馆、广西馆、国家馆、南京馆、西南大学馆、浙江馆

03936

普通生物学　陈义著

上海：国立编译馆，1948.7，454 页，25 开

上海：国立编译馆，1948.8，再版，454 页，25 开

　　本书共 8 篇：生物学通论、动植物之代表、高等动物之器官系统、生物之营养、生物之发生、动的生物学、经济生物学、生物学之前瞻后顾。附中、西文名词索引。部定大学用书。

　　收藏单位：重庆馆、东北师大馆、国家馆、湖南馆、南京馆、天津馆

03937

普通生物学　陈桢著

外文题名：General biology

上海：商务印书馆，1924.9，285+12 页，32 开

上海：商务印书馆，1925，再版，285+12 页，32 开，精装

上海：商务印书馆，1925，3 版，285+12 页，32 开，精装

上海：商务印书馆，1926.9，4 版，285+12 页，32 开，精装

上海：商务印书馆，1928.4，5 版，285+12 页，32 开，精装

上海：商务印书馆，1929，6 版，285+12 页，32 开，精装

上海：商务印书馆，1929.11，7 版，285+12 页，32 开，精装

上海：商务印书馆，1930.9，10 版，285+12 页，32 开，精装

上海：商务印书馆，1932.7，国难后 4 版，285+12 页，32 开

上海：商务印书馆，1932.10，国难后 6 版，285+12 页，32 开

上海：商务印书馆，1933，国难后 7 版，285+12 页，32 开

　　本书共 8 章，内容包括：生命的物质基本、生物的模式、生殖、遗传、天演、生物学发达的回顾与前瞻等。附参考书目、英华名词对照表。

　　收藏单位：重庆馆、广东馆、广西馆、国家馆、江西馆、南京馆、宁夏馆、山西馆、绍兴馆、首都馆、浙江馆

03938

普通生物学　经利彬著

北平：朴社，1928，193 页，18 开（中法大学理学丛书）

　　本书共 15 章，内容包括：生物学的范围、研究生物学的方法、细胞、细胞的分裂、生物的营养、生物的感应、生物的产光等。

　　收藏单位：国家馆、湖南馆

03939

普通生物学　郑作新编著

重庆：正中书局，1944—1945，2 册（374+[263] 页），25 开

上海：正中书局，1946.1，沪 1 版，2 册（637 页），25 开

上海：正中书局，1947.7，沪 6 版，2 册（637 页），25 开

　　本书概述生物与生物学、生物学及其分科等内容。初版上册出版于 1944 年 10 月，下册出版于 1945 年 3 月。大学用书。

　　收藏单位：重庆馆、东北师大馆、广东

馆、国家馆、辽宁馆、南京馆、首都馆、西南大学馆

03940

奇异的生命　沈志坚著

上海：言行社，1941.4，165 页，36 开（科学知识丛书）

上海：言行社，1941.12，再版，165 页，36 开（科学知识丛书）

　　本书共 8 章，内容包括：生命是什么、生物体的构造、生命现象、生活状态、遗传和遗传研究等。

　　收藏单位：重庆馆、东北师大馆、广东馆、国家馆、南京馆、上海馆、首都馆

03941

日用生物学　（英）汤姆生（John Arthur Thomson）著　伍况甫译

外文题名：Everyday biology

上海：商务印书馆，1927.3，158 页，32 开（百科小丛书）

上海：商务印书馆，1931.8，再版，160 页，32 开（新智识丛书）

上海：商务印书馆，1933.6，国难后 1 版，158 页，32 开（百科小丛书）

上海：商务印书馆，1947.3，2 版，158 页，32 开（百科小丛书）（新中学文库）

　　本书共 20 章，内容包括：生命之谜、运动中的生命、身体里面的机器、神经系、动物行为、生命的长短等。著者原题：汤姆逊。

　　收藏单位：重庆馆、东北师大馆、广东馆、广西馆、贵州馆、国家馆、湖南馆、江西馆、南京馆、内蒙古馆、上海馆、首都馆、西南大学馆、浙江馆

03942

生命创造论　洛克（Otto Lock）著　刘健译

外文题名：Creation of life

汉口：中华信义会书报部，1933.4，10 页，32 开

　　本书著者原题：骆克。

　　收藏单位：国家馆

03943

生命论　（日）永井潜著　胡步蟾译

上海：商务印书馆，1928.6，275 页，22 开，精装（科学丛书）

上海：商务印书馆，1933.9，国难后 1 版，275 页，22 开，精装（科学丛书）

　　本书共 19 章，内容包括：物之各面观、生物与无生物、机械说与生气说、生体之成分及其性状等。

　　收藏单位：重庆馆、广东馆、广西馆、贵州馆、国家馆、湖南馆、江西馆、辽宁馆、南京馆、山西馆、首都馆、天津馆、武大馆、西南大学馆、浙江馆

03944

生命与生存　秉志著

上海：开明书店，1940.12，12 页，16 开

　　本书论述生命的起源和特征、物种的兴亡、人类的崛起等。《学林》第 2 辑抽印本。著者原题：伏枥。

　　收藏单位：上海馆

03945

生命之科学　（英）威尔斯（Herbert George Wells）著　郭沫若译

外文题名：Science of life

上海：商务印书馆，1934.10—1949.11，4 册（2206 页），23 开，精、平装

　　本书共 4 册，论述生命的形态、进化的铁证、进化的原因、生命的景象等。第 1 册精装出版于 1934 年 10 月；第 2 册精装出版于 1935 年 11 月；第 3 册平装分上下册，出版于 1949 年 11 月。第 1 册和第 2 册译者原题：石沱。石沱为郭沫若之笔名。著者原题：韦尔斯。

　　收藏单位：重庆馆、广东馆、广西馆、国家馆、湖南馆、江西馆、辽大馆、南京馆、首都馆、天津馆、西南大学馆、浙江馆

03946

生命之谜　沈炼之编译

永安：改进出版社，1940.7，58 页，32 开（改进文库 8）

本书选译《巴黎评论》的 3 篇文章：毕甫托《生命的起源》、乌尔维格《生命的界限》和伏罗诺夫《人类如何能长生不老》。

收藏单位：重庆馆、广东馆

03947

生命之奇迹 许达年译

上海：中华书局，1936.2，174 页，32 开（初中学生文库）

上海：中华书局，1940.6，3 版，174 页，32 开（初中学生文库）

昆明：中华书局，1941.1，4 版，174 页，32 开（初中学生文库）

上海：中华书局，1947.12，174 页，32 开（中华文库 初中 第 1 集）

本书共 9 章，内容包括：生命是甚么、生物的构造、生物体的化学、衰老与死、进化、遗传等。

收藏单位：重庆馆、东北师大馆、广东馆、广西馆、桂林馆、国家馆、黑龙江馆、湖南馆、江西馆、辽大馆、辽宁馆、内蒙古馆、上海馆、绍兴馆、首都馆、天津馆

03948

生命之征服 （美）科柏叶（Theodore Koppanyi）著 高铦译

外文题名：Conquest of life

上海：商务印书馆，1936.9，2 册（213 页），32 开（自然科学小丛书）（万有文库 第 2 集 291）

长沙：商务印书馆，1940.3，213 页，32 开（自然科学小丛书）

本书共 10 章，内容包括：生命之科学、进化、发展中之胎儿、内分泌腺、雌雄、动物之灵性等。

收藏单位：重庆馆、大连馆、大庆馆、东北师大馆、广东馆、国家馆、江西馆、辽师大馆、南京馆、内蒙古馆、宁夏馆、天津馆、武大馆

03949

生命知识一瞥 （英）威尔斯（Herbert George Wells）著 明耀五译

上海：良友图书印刷公司，1931.9，53 页，64 开（一角丛书 4）

上海：良友图书印刷公司，1931.11，2 版，53 页，64 开（一角丛书 4）

上海：良友图书印刷公司，1932.7，4 版，53 页，64 开（一角丛书 4）

本书论述生命之意义、生命在空间之界限、生物知识之演进等。原著共九卷，此书仅译首卷序论的一节。

收藏单位：重庆馆、国家馆、江西馆、上海馆、浙江馆

03950

生物学 黄长才著

上海：新亚书店，1935.1，[18]+379 页，32 开

收藏单位：国家馆

03951

生物学 黄长才著

上海：中国文化服务社，1933，284 页，32 开

收藏单位：南京馆

03952

生物学 （日）丘浅次郎著 薛德焴等译

上海：商务印书馆，1924.11，342 页，22 开（高等教育理科丛书 3）

上海：商务印书馆，1925.12，再版，342 页，22 开（高等教育理科丛书 3）

上海：商务印书馆，1926，3 版，342 页，22 开（高等教育理科丛书 3）

上海：商务印书馆，1930，4 版，342 页，22 开，精装（高等教育理科丛书 3）

上海：商务印书馆，1933.1，国难后 1 版，342 页，22 开，精装（高等教育理科丛书 3）

本书共 20 章，内容包括：生命之生涯、生命之起源、本能与智力、团体生活、生殖之方法、雌雄之别、产卵与妊娠、身体之始、种族之死等。

收藏单位：重庆馆、东北师大馆、广东馆、广西馆、国家馆、河南馆、江西馆、南京馆、天津馆、浙江馆

03953
生物学　王树鼎著
天津：百城书局，1932.11，12+296 页，32 开，精装
天津：百城书局，1934.8，再版，12+296 页，32 开

　　本书共 28 章，内容包括：生物学及生物学的科学、生物与无生物、动物与植物、生物的种类及别类、生物之起源、生活物质、细胞之集合与分化等。

　　收藏单位：国家馆、浙江馆

03954
生物学　薛德焴编
上海：中华书局，1936.9，再版，253+28 页，32 开
昆明：中华书局，1939.8，4 版，253+28 页，32 开
上海：中华书局，1947.5，10 版，253+28 页，32 开

　　本书共 6 章：生命物质的基础、生物的系统及分类、植物界、动物界、生活现象、遗传与进化。附中西名词对照表。

　　收藏单位：国家馆、江西馆、南京馆、浙江馆

03955
生物学大纲　（美）伍特鲁夫（L. L. Woodruff）著　沈霁春　伍况甫译
外文题名：Foundations of biology
上海：世界书局，1934.11，11+597 页，25 开
上海：世界书局，1935.9，2 版，11+597 页，25 开，精装
上海：世界书局，1948，新 1 版，471 页，25 开
上海：世界书局，1948.4，新再版，471 页，25 开

　　本书共 26 章，内容包括：生物学的范围、动植物组织上的单位、生命的物质基本、动物的代谢作用等。附动植物分类简表。大学用书。

　　收藏单位：重庆馆、广东馆、广西馆、国家馆、江西馆、辽宁馆、南京馆、农大馆、

上海馆、首都馆、天津馆、浙江馆

03956
生物学大观　（日）石川光春著　林崇智译
厦门：慈勤女子中学校出版委员会，1935.12，212 页，25 开

　　本书共 17 部分，内容包括：生物的特性、动植物的区别、细胞、新陈代谢的器官、运动器官、生殖和生殖器官等。

　　收藏单位：国家馆、内蒙古馆

03957
生物学大意　龚积芝编
上海：商务印书馆，1933.11，88 页，32 开（百科小丛书）
上海：商务印书馆，1934，再版，88 页，32 开（百科小丛书）

　　本书共 12 章，内容包括：自然界、生活现象、遗传、本能与智能、生物之分布、人生与自然界等。附实习摘要。

　　收藏单位：重庆馆、大庆馆、广东馆、广西馆、国家馆、江西馆、南京馆、上海馆、浙江馆

03958
生物学概论　（日）镝木外歧雄著　罗宗洛译
上海：商务印书馆，1936.9，2 册（268 页），32 开（自然科学小丛书）（万有文库 第 2 集）
长沙：商务印书馆，1939.9，2 册（268 页），32 开（自然科学小丛书）（万有文库 第 1—2 集简编）

　　本书共 12 章，内容包括：自然科学之意义、生物学、生物之形态、生物之生理、生物之分布等。

　　收藏单位：大连馆、大庆馆、东北师大馆、国家馆、辽师大馆、内蒙古馆、宁夏馆、上海馆、天津馆、武大馆、浙江馆

03959
生物学概要　王凯基编著
上海：商务印书馆，1948.4，2 册（303 页），32 开（国民教育文库）

　　收藏单位：重庆馆、广东馆、广西馆、贵

州馆、国家馆、江西馆、辽大馆、南京馆、上海馆、首都馆、天津馆、西南大学馆

03960
生物学纲要 （法）葛尔曼（Kollmann）著
周太玄译
外文题名：La biologie
上海：中华书局，1926.9，104+11 页，23 开（少年中国学会丛书）
上海：中华书局，1928.9，再版，104+11 页，23 开（少年中国学会丛书）
上海：中华书局，1931.4，3 版，104+11 页，23 开（少年中国学会丛书）
上海：中华书局，1932.11，4 版，104+11 页，23 开（少年中国学会丛书）
上海：中华书局，1936.3，5 版，104+11 页，23 开（少年中国学会丛书）
　　本书共 17 章，内容包括：生物学的范围、生物学的各部门、生物学中的各派主要观念、两性生殖、无性生殖、营养与物质的换替等。附译名对照表。
　　收藏单位：重庆馆、广东馆、广西馆、国家馆、黑龙江馆、湖南馆、江西馆、南京馆、内蒙古馆、上海馆、天津馆、浙江馆

03961
生物学纲要 （日）谷津直秀著　上官垚登译
上海：商务印书馆，1926.9，174 页，32 开（新智识丛书）
上海：商务印书馆，1931，再版，174 页，32 开（新智识丛书）
　　本书分 3 编：序论、本论、结论。本论部分共 25 章，内容包括：生物学之定义及其研究法、生物之构造与官能、生命之起源、生命之特征、生命观及其说明等。
　　收藏单位：重庆馆、广东馆、江西馆、南京馆、内蒙古馆、绍兴馆、天津馆

03962
生物学纲要　梁传诗著
外文题名：Essentials of biology
[北平]：梁传诗 [出版者]，1932.7，504 页，32 开，精装

[北平]：梁传诗 [出版者]，1933.5，再版，504 页，32 开，精装
　　本书共 16 章，内容包括：导言、单细胞的动物、多细胞生物总论、多细胞植物的生殖、多细胞动物代谢产物的排除等。
　　收藏单位：东北师大馆、国家馆、南京馆、上海馆、首都馆

03963
生物学纲要 （美）伍特鲁夫（L. L. Woodruff）著　黄赓详译
上海：苍生书店，1941.8，3 版，618 页，25 开，精装
　　本书为《生物学大纲》的不同译本。著者原题：伍德乐夫。
　　收藏单位：浙江馆

03964
生物学纲要 （美）伍特鲁夫（L. L. Woodruff）著　黄赓详译
外文题名：Foundations of biology
上海：龙门联合书局，1948.3，732 页，25 开（大学文库）
　　本书为《生物学大纲》的不同译本。著者原题：伍德乐夫。
　　收藏单位：重庆馆、辽大馆、辽宁馆、上海馆、首都馆、天津馆、西南大学馆、浙江馆

03965
生物学纲要 （美）伍特鲁夫（L. L. Woodruff）著　黄赓详译
上海：信华企业公司图书部，1939.8，227 页，25 开
　　本书为《生物学大纲》的不同译本。仅见上册。著者原题：伍德乐夫。

03966
生物学纲要 （美）伍特鲁夫（L. L. Woodruff）著　黄赓详译
上海：中国文化服务社，1946.8，618 页，25 开（大学文库）
　　本书为《生物学大纲》的不同译本。著

者原题：伍德乐夫。

　　收藏单位：重庆馆、东北师大馆、广东馆、国家馆、南京馆、上海馆、首都馆、天津馆、西南大学馆

03967
生物学纲要　袁善征著
上海：上海市立务本女子中学校，1932.11，132 页，23 开
上海：上海市立务本女子中学校，1933.3，再版，132 页，23 开
　　本书附中英文名词对照表。

03968
生物学纲要　郑作新　林琇英编
邵武：福建协和大学，1941.2，120 页，32 开（私立福建协和大学生物学系丛书）
　　收藏单位：南京馆

03969
生物学及实习指导　吕治编著　郭任远校订
[南京]：吕治[发行者]，1934.1，323 页，32 开
　　本书附实习指导题 70 余个。

03970
生物学简编　贾祖璋编
上海：开明书店，1947.2，142 页，32 开
上海：开明书店，1948.5，再版，142 页，32 开
上海：开明书店，1949.6，3 版，142 页，32 开
　　本书共 8 章，内容包括：生物与生物学、原生质和细胞、生物体的构造、生物的生活、遗传等。
　　收藏单位：重庆馆、广东馆、广西馆、国家馆、黑龙江馆、辽宁馆、上海馆、浙江馆

03971
生物学讲话　陈一百等编译
上海：商务印书馆，1936.7，148 页，32 开（中学生自然研究丛书）
上海：商务印书馆，1937.2，再版，148 页，32 开（中学生自然研究丛书）
上海：商务印书馆，1937.3，3 版，148 页，32 开（中学生自然研究丛书）
　　本书共 11 章，内容包括：生物学的范围及方法、性的决定、遗传之人工支配、动物的毒素、昆虫的寄生、高山地带的动物等。
　　收藏单位：重庆馆、东北师大馆、广东馆、广西馆、贵州馆、国家馆、湖南馆、江西馆、南京馆、山西馆、上海馆、首都馆、浙江馆

03972
生物学讲义　曹非编
国立武汉大学，石印本，[152] 页，16 开，环筒页装

03973
生物学精义　（日）冈村周谛著　汤尔和译
上海：商务印书馆，1929.12，36+596+30 页，32 开，精装（科学丛书）
上海：商务印书馆，1931.6，再版，36+596+30 页，32 开，精装（科学丛书）
上海：商务印书馆，1935.7，国难后增订 1 版，647 页，24 开，精装（大学丛书 教本）
上海：商务印书馆，1936.10，国难后增订 2 版，647 页，24 开，精装（大学丛书 教本）
　　本书共 11 编，内容包括：生物界、生物之种类、生物体之构造、生活现象、微生物、过去之生物等。
　　收藏单位：重庆馆、贵州馆、国家馆、黑龙江馆、江西馆、南京馆、内蒙古馆、宁夏馆、首都馆、天津馆、西南大学馆、浙江馆

03974
生物学浅说　周太玄著
上海：商务印书馆，1930.4，78 页，32 开（百科小丛书）（万有文库 第 1 集）
上海：商务印书馆，1931.8，78 页，32 开（百科小丛书）
上海：商务印书馆，1933.12，国难后 1 版，78 页，32 开（百科小丛书）
上海：商务印书馆，1935.2，国难后 2 版，78 页，32 开（百科小丛书）
　　本书共 12 章，内容包括：生活物质、细

胞、生殖及发展、个性、遗传、物种、生物系统史等。

　　收藏单位：安徽馆、重庆馆、大连馆、大庆馆、东北师大馆、广东馆、广西馆、国家馆、黑龙江馆、江西馆、辽大馆、辽师大馆、内蒙古馆、宁夏馆、上海馆、天津馆、武大馆、西南大学馆、浙江馆

03975

生物学通论　（日）大岛正满著　嵇联晋译

上海：开明书店，1934.5，312 页，32 开

　　本书共 30 章，内容包括：生物与无生物、细胞之增殖、生殖细胞、植物之发生、动物之发生、自然界相互之关系、人类之社会等。

　　收藏单位：重庆馆、广东馆、国家馆、南京馆、内蒙古馆、上海馆、首都馆、天津馆

03976

生物学新论　（日）石井友幸　（日）石原辰郎著　危淑元译

上海：辛垦书店，1936.8，207 页，24 开

　　本书共 11 章，内容包括：生物学底现状、向理论生物学出发、进化论、分类底一般问题、细胞说、生物与环境等。

　　收藏单位：重庆馆、国家馆、南京馆

03977

生物学要览　王儒林编

上海：中华书局，1936.8，200 页，32 开

　　本书共 10 章，内容包括：生物和生物学、单细胞生物、多细胞生物、分类、动植物和人生的关系等。

　　收藏单位：国家馆、黑龙江馆、湖南馆、辽大馆、南京馆、内蒙古馆、上海馆、首都馆、天津馆、西南大学馆、浙江馆

03978

生物学原理　张明俊编

成都：华西协合大学理学院生物学系，1948，4 版，213 页，16 开

　　收藏单位：重庆馆

03979

师范生物学　吴瑞庭编　陈兼善校

广州：中华科学教育改进社，1935.8，349 页，32 开

　　本书共 9 章：生物、生物的物质基础、生物的系统分类、植物界、动物界、生物现象、遗传、进化、生物与人生。

　　收藏单位：国家馆

03980

实验生命论　（日）阿部余四男著　周建侯译

上海：商务印书馆，1936.3，2 册（301 页），32 开（自然科学小丛书）（万有文库 第 2 集 292）

上海：商务印书馆，1936.11，301 页，32 开（自然科学小丛书）

　　本书共 4 编：生物之生死（从生到死）问题、生殖与两性之问题、再生成与个体之问题、进化之实验。

　　收藏单位：重庆馆、大连馆、大庆馆、东北师大馆、广东馆、国家馆、江西馆、辽师大馆、南京馆、内蒙古馆、宁夏馆、上海馆、绍兴馆、首都馆、天津馆、浙江馆

03981

通俗生物学知识　邝宁著

北京：黎明学社，1926，110 页，32 开（黎明学社丛书 1）

　　本书共 10 章，内容包括：生物、生命的起源、寄生、生殖、妊娠等。

　　收藏单位：重庆馆

03982

新生命论　费鸿年著

上海：商务印书馆，1924.3，72 页，36 开（百科小丛书 44）

上海：商务印书馆，1926.6，再版，72 页，36 开（百科小丛书 44）

　　本书共 7 章：绪论、趋向性、适应、再生、生殖、接植、结论。

　　收藏单位：重庆馆、广东馆、国家馆、江西馆、南京馆、内蒙古馆、山东馆、上海馆、首都馆、天津馆、西南大学馆

03983

自然与生命 （英）怀特海（A. N. Whitehead）
著　傅统先译
外文题名：Nature and life
上海：商务印书馆，1937.3，50 页，32 开
（万有文库 第 2 集 187）（自然科学小丛书）

　　收藏单位：重庆馆、大连馆、大庆馆、国家馆、辽大馆、辽师大馆、内蒙古馆、宁夏馆、浙江馆

生命的起源

03984

地球上生命的发生 （苏）奥巴林（Александр Иванович Опарин）著　毅风译
哈尔滨：东北书店，1948.12，20 页，32 开

　　收藏单位：国家馆、辽宁馆

03985

公开实验生物自然发生之经过　罗广庭著
广州：罗广庭［出版者］，1933.10，45 页，16 开

　　收藏单位：国家馆、南京馆

03986

生命的起源 （苏）凯勒尔著　什之译
上海：天下图书公司，1947.8，63 页，36 开
（大众科学丛书 3）
北平：天下图书公司，1949.6，华北 2 版，63 页，36 开（人民科学丛书）

　　本书共 10 章，内容包括：地球上什么时候出现生命的、地层的深度说明时间的深度、前细胞无形生物的世界、微生物能否自己产生等。

　　收藏单位：广东馆、广西馆、辽宁馆、南京馆、山西馆、上海馆、天津馆

03987

生命的韧性　贾祖璋著
上海：开明书店，1949.6，152 页，32 开（开明青年丛书）

　　本书共 22 章，内容包括：生命的韧性、

动物的母性爱、个体牺牲与种族保存、植物对于无机环境的斗争、从恐龙时代繁衍到现代的小动物等。

　　收藏单位：安徽馆、重庆馆、国家馆、南京馆、内蒙古馆、首都馆、天津馆

03988

生命在地上的起源 （苏）奥巴林（Александр Иванович Опарин）撰　毕黎译
上海：中华书局，1949，29 页，32 开（大众科学丛书）

　　收藏单位：重庆馆、广东馆、国家馆、辽大馆、南京馆、云南馆

03989

生命之起原与进化 （美）奥兹本（H. F. Osborn）著　沈因明译
外文题名：The origin and evolution of life
上海：商务印书馆，1937.3，3 册（410 页），32 开（万有文库 第 2 集 203）（汉译世界名著）

　　本书附生物体内能力蓄积与解放的各种方式、蓝藻类大概是地球上最初的殖民者、生命之秘密——中性物质之综合的变化等 7 项。

　　收藏单位：大连馆、福建馆、国家馆、内蒙古馆、天津馆、浙江馆

03990

生命之起源与性质 （英）姆尔（Benjamin Moore）著　张麦森译
外文题名：The origin and nature of life
上海：辛垦书店，1936.5，198 页，24 开（科学丛书）

　　本书共 10 章，内容包括：物理的进化和精神的进化、电子底起源和原子底起源、生命之起源、地球上的生命是怎么发生的等。

　　收藏单位：重庆馆、东北师大馆、国家馆、黑龙江馆、首都馆、西南大学馆

03991

生物之起源　费鸿年著
外文题名：The morphology and physiology of

fertilization

上海：商务印书馆，1926.1，70 页，32 开（百科小丛书 95）

上海：商务印书馆，1930.4，61 页，32 开（百科小丛书）（万有文库 第 1 集 479）

上海：商务印书馆，1934.5，国难后 1 版，61 页，32 开（百科小丛书）

上海：商务印书馆，1935.7，国难后 2 版，61 页，32 开（百科小丛书）

本书共 7 章：绪论、受胎研究的历史、生殖细胞的形态、受胎的形态、受胎的生理、受胎的本质、结论。

收藏单位：安徽馆、重庆馆、大连馆、大庆馆、东北师大馆、广东馆、国家馆、黑龙江馆、湖南馆、辽大馆、辽师大馆、内蒙古馆、宁夏馆、上海馆、武大馆、西南大学馆、浙江馆

03992

生物自然发生之发明 罗广庭著

广州：罗广庭 [出版者]，1931.11，70 页，32 开

本书主要论述物种起源，主张生命是自然发生的。

收藏单位：国家馆

03993

物质，生命与意识 （苏）柯尔班诺夫斯基著 启明译

铁流社，1941.9，43 页，32 开

本书共 6 章，内容包括：关于生命的起源问题、动物的心理活动、劳动与意识之出现、哲学上两个最本质的问题之结论等。

收藏单位：广东馆

03994

细胞与生命之起源 （法）沙尔多利（Sartory）著 周太玄译

外文题名：La cellule

上海：商务印书馆，1925，199 页，22 开，精装（科学丛书）

上海：商务印书馆，1927.3，199 页，22 开，精装（科学丛书）

上海：商务印书馆，1934.3，国难后 1 版，199 页，22 开，精装（科学丛书）

上海：商务印书馆，1935.6，国难后 2 版，199 页，22 开，精装（科学丛书）

本书共 8 章，内容包括：什么是生命的本源、下等后生动物与原生动物细胞——后生动物之各种构造的细胞、血液——食细胞、脂肪细胞——色素细胞——分泌细胞——排泄细胞、细胞物质之理化学上的变化等。

收藏单位：重庆馆、东北师大馆、广东馆、广西馆、贵州馆、国家馆、黑龙江馆、湖南馆、江西馆、辽宁馆、南京馆、首都馆、天津馆、浙江馆

03995

现存生物自然发生说之批评文录 董爽秋等著

广州：中山大学工学院生物系，1933.11，397 页，32 开

本书内容包括：种子发生说之复习、致中兴报记者之公开函、关于生物自然发生之发明（转载开明中学生杂志）等。

收藏单位：国家馆

03996

原生 （法）派茄姆（J. M. Pargame）著 蒋丙然译

外文题名：L'origine de la vie

上海：商务印书馆，1926.9，121 页，32 开（新智识丛书）

本书共 4 编：论生之原素：细胞，论生物共同之性质，论生物与死物，论生之原始。

收藏单位：重庆馆、广东馆、广西馆、国家馆、湖南馆、内蒙古馆、宁夏馆、天津馆、浙江馆

生物演化与发展

03997

达尔文天择篇 （英）达尔文（C. R. Darwin）著 马君武译

上海：文明书局，2 版，1 册，32 开（少年中

国新丛书 3）

　　收藏单位：南京馆

03998

达尔文物种原始 （英）达尔文（C. R. Darwin）著　马君武译

外文题名：The origin of species

上海：中华书局，1920.9，4 册（12+628+36 页），32 开（新文化丛书）

上海：中华书局，1920.11，再版，4 册（12+628+36 页），32 开（新文化丛书）

上海：中华书局，1921，3 版，4 册（12+628+36 页），32 开（新文化丛书）

上海：中华书局，1922，4 版，4 册（12+628+36 页），32 开，精装（新文化丛书）

上海：中华书局，1925，5 版，4 册（12+ 628+36 页），32 开（新文化丛书）

上海：中华书局，1927，7 版，4 册（12+ 628+36 页），32 开（新文化丛书）

上海：中华书局，1928.5，8 版，4 册（12+ 628+36 页），32 开（新文化丛书）

上海：中华书局，1929，9 版，4 册（12+628+36 页），32 开（新文化丛书）

上海：中华书局，1932.9，10 版，4 册（12+628+36 页），32 开（新文化丛书）

上海：中华书局，1935，11 版，4 册（12+628+36 页），32 开（新文化丛书）

上海：中华书局，1936.8，12 版，4 册（12+628+36 页），32 开（新文化丛书）

　　本书共 15 章，内容包括：家养变异、自然变异、生存竞争、变异定律、学说之困难、本性、有机物之地理分布等。又名：物种起源。

　　收藏单位：重庆馆、东北师大馆、广东馆、贵州馆、桂林馆、国家馆、黑龙江馆、江西馆、南京馆、内蒙古馆、宁夏馆、山西馆、首都馆、天津馆

03999

达尔文主义　刘剑横著

上海：北新书局，1929.7，98 页，32 开（社会科学小丛书）

　　本书论述达尔文主义的形成与发展、达尔文主义与马克思主义的关系及其对社会的影响。

　　收藏单位：重庆馆、广东馆、广西馆、桂林馆、国家馆、江西馆、上海馆、天津馆

04000

地球与其生物之进化 （美）葛利普（A. W. Grabau）讲演　王烈口译　赵国宾　杨钟健笔记

北京：北京大学新知书社，1921.8，164 页，32 开

　　本书讲演者原题：葛拉普。

　　收藏单位：首都馆

04001

地球与其生物之进化 （美）葛利普（A. W. Grabau）讲演　王烈口译　赵国宾　杨钟健笔记

上海：泰东图书局，1921.4，150 页，32 开（新知丛书）

上海：泰东图书局，1922，再版，150 页，32 开（新知丛书）

上海：泰东图书局，1927.6，3 版，150 页，32 开（新知丛书）

　　收藏单位：北师大馆、重庆馆、国家馆、河南馆、江西馆

04002

地球与其生物之进化 （美）葛利普（A. W. Grabau）讲演　赵国宾　杨钟健笔记

外文题名：Evolution of the earth and its inhabitants

上海：商务印书馆，1924.3，2 册（116+174 页），32 开（新智识丛书）

上海：商务印书馆，1929，再版，2 册（116+174 页），32 开（新智识丛书）

　　本书共 16 讲，内容包括：地球和生物的原始、古生代和其主要的生物、中生代的伟大动物、生物进化的问题和原则、遗传性等。讲演者原题：葛拉普。

　　收藏单位：国家馆、湖南馆、江西馆、首都馆

04003

合作之天演　秉志著

出版者不详，[6] 页，16 开

　　本书为《学林》第 6 辑抽印本。著者原题：伏枥。

　　收藏单位：上海馆

04004

互助与竞争　宋涟波著

国魂书店，1938，16 页，32 开（国论学术文丛刊）

　　本书收录有关达尔文生物进化的学术论文。

　　收藏单位：重庆馆

04005

进化——从星云到人类　（英）麦开柏（Joseph McCabe）著　太朴译

外文题名：Evolution: from nebula to man

上海：商务印书馆，1922.12，131 页，32 开（新时代丛书 7）

上海：商务印书馆，1923，再版，131 页，32 开（新时代丛书 7）

上海：商务印书馆，1924.10，3 版，131 页，32 开（新时代丛书 7）

上海：商务印书馆，1927.1，4 版，131 页，32 开（新时代丛书 7）

　　本书叙述宇宙及生物进化的经过。共 8 章，内容包括：进化思想之进化、太阳及诸行星之诞生、地球之历史、植物之进化、动物之进化、人类之由来等。

　　收藏单位：重庆馆、东北师大馆、广东馆、广西馆、桂林馆、国家馆、辽大馆、南京馆、内蒙古馆、首都馆、浙江馆

04006

进化福音　（英）汤姆生（John Arthur Thomson）著　伍况甫译

外文题名：The gospel of evolution

上海：商务印书馆，1928.11，218 页，32 开（新智识丛书）

上海：商务印书馆，1933.6，国难后 1 版，218 页，32 开（百科小丛书）

　　本书共 8 章，内容包括：进化的意义、进化的大步骤、进化的事实、进化怎样工作、

人类的进化等。著者原题：汤姆逊。

　　收藏单位：重庆馆、大庆馆、广东馆、国家馆、湖南馆、江西馆、辽宁馆、南京馆、上海馆、天津馆、浙江馆

04007

进化概论　（美）柯脱（Coulter）著　张百昃译

上海：北新书局，1928.2，188 页，25 开

上海：北新书局，1929.3，再版，188 页，25 开

　　本书共 26 章，内容包括：进化是什么、进化研究的几个时期、进化的解释、天择的原因、天择的证据、遗传问题等。附拉马克、达尔文、德维里、孟特尔等人的传略。

　　收藏单位：重庆馆、广东馆、广西馆、桂林馆、国家馆、吉林馆、近代史所、南京馆、上海馆、天津馆、浙江馆

04008

进化和退化　周建人辑译

上海：光华书局，1930.7，215 页，32 开

上海：光华书局，1936.7，再版，215 页，32 开

　　本书内收 8 篇论文：《生物的进化》《进化的生理学上的证据》《人的进化》《一生的经过》《生育节制》《结群性与奴隶性》《沙漠的起源，长发，及其侵入华北》《中国荣养和代谢作用的情形》。

　　收藏单位：重庆馆、广东馆、广西馆、国家馆、湖南馆、辽大馆、南京馆、山西馆、上海馆、首都馆、天津馆、浙江馆

04009

进化论　（英）基德士（Patrick Geddes）（英）汤姆生（John Arthur Thomson）著　张微夫译

外文题名：Evolution

上海：辛垦书店，1935.3，232 页，22 开（科学丛书）

　　本书共 8 章，内容包括：由探险家和古生物学家得来的进化证据、进化底大阶段、进化学说之社会根源和交互作用、再说明进化

程序一次等。

　　收藏单位：重庆馆、东北师大馆、广东馆、国家馆、南京馆、天津馆

04010

进化论 （日）石川千代松著　罗宗洛译

上海：商务印书馆，1935.9，2 册（240 页），32 开（自然科学小丛书）（万有文库 第 2 集 300）

上海：商务印书馆，1936.4，240 页，32 开（自然科学小丛书）

　　本书共 17 章，内容包括：历史、形态上之证据、胚胎学上之证据、化石学上之证据、分布上之证据、遗传等。

　　收藏单位：重庆馆、东北师大馆、广东馆、贵州馆、国家馆、黑龙江馆、湖南馆、江西馆、辽师大馆、南京馆、内蒙古馆、宁夏馆、绍兴馆、首都馆

04011

进化论（上） （法）德拉日（Y. Deloge）（俄）高得斯密斯（M. Goldsmith）著　朱洗译

外文题名：Les theories de l'evolution

上海、南京：岐山书店，1929.9，246 页，32 开（科学丛书 1）

　　本书共 12 章，内容包括：达尔文以前的进化思想、达尔文以后的自然淘汰说、两性淘汰、魏司曼的学说等。

　　收藏单位：重庆馆、国家馆

04012

进化论 ABC 张慰宗著

上海：ABC 丛书社，1928.7，111 页，32 开，精装（ABC 丛书）

上海：ABC 丛书社，1929.2，再版，111 页，32 开（ABC 丛书）

上海：ABC 丛书社，1930.4，3 版，111 页，32 开（ABC 丛书）

　　本书共 9 章，内容包括：进化论的历史、不用的器官、马类的家系、六大进化学说述略、进化论书籍提要等。

　　收藏单位：重庆馆、广西馆、桂林馆、国

家馆、河南馆、江西馆、辽大馆、辽宁馆、南京馆、宁夏馆、首都馆、天津馆、浙江馆

04013

进化论初步 陈兼善编

上海：中华书局，1935.10，168 页，32 开（中华百科丛书）

昆明：中华书局，1941.1，3 版，168 页，32 开（中华百科丛书）

　　本书共 6 章：拉马克及其学说、达尔文及其学说、选择学说之批评与补充、变异、遗传、适应。附隔离说述要、参考书、中文名词索引、西文名词索引。

　　收藏单位：重庆馆、广东馆、广西馆、桂林馆、国家馆、江西馆、辽宁馆、内蒙古馆、宁夏馆、首都馆、天津馆、浙江馆

04014

进化论发见史 （英）约翰杰德（John W. Judd）著　严既澄译

外文题名：The coming of evolution

上海：商务印书馆，1931.5，232 页，25 开（新智识丛书）

上海：商务印书馆，1933.9，国难后 1 版，275 页，32 开（新时代科学丛书）

上海：商务印书馆，1936，232 页，25 开（新智识丛书）

　　本书共 12 章，内容包括：绪论、进化理想的起源、无机世界里的进化理想之发展、地质学原理、莱也儿的著作所生的影响、物种原始等。

　　收藏单位：重庆馆、国家馆、湖南馆、江西馆、首都馆、武大馆

04015

进化论概要 （英）麦开柏（Joseph McCabe）著　王自然译

外文题名：The ABC of evolution

上海：大东书局，1929.7，120 页，22 开

　　本书共 11 章，内容包括：宇宙的进化、原始海洋中的生物、花的进化、哺乳类的胜利、人类的原始、社会的进化等。

　　收藏单位：重庆馆、国家馆、湖南馆、辽

宁馆、南京馆、上海馆、首都馆、天津馆、浙江馆

04016

进化论纲要　陈兼善编

外文题名：General principle of evolution

上海：商务印书馆，1930.12，300 页，22 开，精装

上海：商务印书馆，1933.6，国难后 1 版，300 页，22 开，精装

上海：商务印书馆，1935.5，国难后 2 版，300 页，22 开，精装

　　本书共 12 章，内容包括：达尔文及其学说、人为淘汰与自然淘汰、雌雄淘汰、变异与遗传、生物界之系统、生命之起源等。

　　收藏单位：重庆馆、广东馆、贵州馆、桂林馆、国家馆、湖南馆、江西馆、辽大馆、辽宁馆、南京馆、上海馆、首都馆、天津馆、浙江馆

04017

进化论讲话　（日）丘浅次郎著　刘文典译

上海：亚东图书馆，1927.11，2 册（590 页），32 开

上海：亚东图书馆，1928.12，再版，2 册（590 页），32 开

上海：亚东图书馆，1933.2，3 版，2 册（590 页），32 开

　　本书共 20 章，内容包括：进化论是什么、进化论的历史、家养动植物的变异、人为淘汰、野生动植物的变异、生存竞争等。附关于进化论的西文书。

　　收藏单位：重庆馆、广东馆、广西馆、桂林馆、国家馆、黑龙江馆、湖南馆、江西馆、南京馆、宁夏馆、上海馆、绍兴馆、首都馆、天津馆、浙江馆

04018

进化论浅释　（美）斯各脱（W. B. Scott）著　　张东民译

外文题名：The theory of evolution

上海：商务印书馆，1930.10，144 页，32 开（新智识丛书）

　　本书共 6 章，内容包括：进化论之今代观、生物之分类驯养及比较解剖中关于进化论之凭证、古生物学中关于进化论之凭证等。

　　收藏单位：重庆馆、广东馆、桂林馆、国家馆、湖南馆、江西馆、近代史所、宁夏馆、天津馆

04019

进化论浅释　亦石著

上海：神州国光社，1931.12，56 页，36 开（自然科学之部）

　　本书共 5 章：达尔文与进化论、达尔文以前的进化学说、达尔文以后的进化学说、生物进化的证据、人类的进化。

　　收藏单位：广东馆、黑龙江馆、浙江馆

04020

进化论要因　（日）小泉丹著　任一碧译

上海：商务印书馆，1935.9，114 页，32 开（自然科学小丛书）（万有文库 第 2 集）

上海：商务印书馆，1936.4，114 页，32 开（自然科学小丛书）

04021

进化论与阶级问题　陈宝骅　邢墨卿编译

上海：新生命书局，1929.11，126 页，32 开

　　本书据两种名著译出：一是彭勒科克所著《社会主义与进化论》，述马克斯学说和达尔文学说的关系；二是河上肇著《阶级斗争的必然性及其必然的转化》，说明阶级斗争何以发生，何以日益激烈。

　　收藏单位：重庆馆、桂林馆、国家馆、吉林馆、南京馆、上海馆、绍兴馆、首都馆、浙江馆

04022

进化论与善种学　陈长蘅　周建人著

外文题名：Evolution and eugenics

上海：商务印书馆，1923.11，78 页，50 开（东方文库 50）

上海：商务印书馆，1924，再版，78 页，50 开（东方文库 50）

上海：商务印书馆，1925.6，3 版，78 页，50

开（东方文库 50）

本书共收论文 4 篇:《进化之真象》《达尔文以后的进化思想》《善种学与其建立者》《善种学的理论与实施》。东方杂志社二十周年纪念刊物。

收藏单位：安徽馆、重庆馆、东北师大馆、广东馆、桂林馆、国家馆、湖南馆、辽大馆、南京馆、内蒙古馆、山东馆、上海馆、绍兴馆、天津馆、西南大学馆、浙江馆、中科图

04023

进化论与物源论（上卷）（美）林塞（A. W. Lindsey）著　金俊译

北平：北京书局，1931.5，236 页，22 开

本书共 11 章，内容包括：进化史有机体的关系、现存有机体的关系、进化事迹、脊椎关系、脊椎动物的进化、人类进化等。

收藏单位：国家馆、南京馆、首都馆

04024

进化论证（美）斯各脱（W. B. Scott）著　冯景兰译

外文题名：The theory of evolution

上海：神州国光社，1930.4，171 页，32 开

本书共 6 章，内容包括：进化论的现状、发生学上及血液试验上的证据、古生物学上的证据、地理分布上的证据等。著者原题：司考悌（William Berryman Scott）。后改书名为：生物的进化。

收藏单位：重庆馆、东北师大馆、广西馆、桂林馆、国家馆、湖南馆、江西馆、南京馆、山西馆、上海馆、首都馆、天津馆、浙江馆

04025

进化论证（美）斯各脱（W. B. Scott）著　冯景兰译

外文题名：Theory of evolution

上海：言行社，1940.1，171 页，32 开（科学知识丛书）

本书共 6 章，内容包括：进化论的现状、发生学上及血液试验上的证据、古生物学上

的证据、地理分布上的证据等。

收藏单位：重庆馆、广东馆、国家馆、绍兴馆

04026

进化论证（美）斯各脱（W. B. Scott）著　张东民译

外文题名：The theory of evolution

上海：商务印书馆，1933.12，国难后 1 版，117 页，32 开（百科小丛书）

上海：商务印书馆，1935，国难后 2 版，117 页，32 开（百科小丛书）

收藏单位：重庆馆、大庆馆、广东馆、国家馆、辽宁馆、南京馆、上海馆、浙江馆

04027

进化论之今昔（美）纽曼（H. H. Newman）著　刘正训译

外文题名：Evolution yesterday and today

上海：商务印书馆，1936.3，143 页，32 开（自然科学小丛书）（万有文库 第 2 集）

上海：商务印书馆，1936.11，143 页，32 开（自然科学小丛书）

上海：商务印书馆，1947，再版，143 页，32 开（自然科学小丛书）（新中学文库）

本书共 16 章，内容包括：百年来进化思想之进步、进化论之由来、达尔文之继起者、化石为进化论之例证、构造模式之例证等。

收藏单位：重庆馆、大连馆、东北师大馆、广东馆、广西馆、贵州馆、国家馆、黑龙江馆、湖南馆、江西馆、辽师大馆、南京馆、内蒙古馆、宁夏馆、山西馆、绍兴馆、首都馆、天津馆、浙江馆

04028

进化浅说　王海初著

外文题名：ABC of evolution

上海：商务印书馆，1924.10，42 页，40 开（百科小丛书 70）

上海：商务印书馆，1926.11，再版，42 页，40 开（百科小丛书 70）

上海：商务印书馆，1931.4，35 页，32 开（百科小丛书）（万有文库 第 1 集 487）

上海：商务印书馆，1934，国难后 1 版，35 页，32 开（百科小丛书）

　　本书共 7 部分，内容包括：绪论、生物的起原、进化论的历史、证明进化的各项事实、进化和人生的关系等。

　　收藏单位：安徽馆、重庆馆、大连馆、东北师大馆、复旦馆、广东馆、广西馆、桂林馆、国家馆、黑龙江馆、湖南馆、江西馆、辽大馆、辽师大馆、南京馆、内蒙古馆、宁夏馆、山东馆、上海馆、首都馆、天津馆、武大馆、西南大学馆、浙江馆

04029

进化思想十二讲 （日）小栗庆太郎著　胡行之译

上海：开明书店，1933.10，379 页，25 开

　　本书共 12 讲，内容包括：达尔文的自然淘汰说、门得尔的遗传法则论、孔德的人类发达说、马克斯的唯物史观说等。

　　收藏单位：重庆馆、东北师大馆、桂林馆、国家馆、江西馆、南京馆、首都馆、浙江馆

04030

进化学说 （法）德拉日（Y. Delage）（俄）高得斯密斯（M. Goldsmith）著　危淑元译

上海：辛垦书店，1935.4，387 页，22 开（科学丛书）

　　本书共 21 章，内容包括：达尔文以前的进化思想、达尔文与自然淘汰、雌雄淘汰、鲁克斯底学说、拉马克主义等。据小泉丹的日译本重译。著者"高得斯密斯"原题：果尔德斯密斯。

　　收藏单位：东北师大馆、贵州馆、国家馆、南京馆、内蒙古馆、天津馆、浙江馆

04031

进化要因论 （日）小泉丹著　任一碧译

上海：商务印书馆，1935.9，114 页，32 开（自然科学小丛书）（万有文库第 2 集 302）

上海：商务印书馆，1936.4，114 页，32 开（自然科学小丛书）

　　本书共 6 部分：种种的态度、近时之趋势、淘汰、隔离—孤立、orthogenesis、拉马克系之要因。

　　收藏单位：重庆馆、东北师大馆、广东馆、贵州馆、国家馆、黑龙江馆、江西馆、辽宁馆、辽师大馆、南京馆、内蒙古馆、宁夏馆、上海馆、天津馆、浙江馆

04032

进化遗传与优生　陆新球编

上海：中国科学图书仪器公司，1949.7，72 页，32 开（科学画报丛书）

　　本书共 6 部分：导言、生物进化的证迹、生物进化的趋向、人类的故事、生物的变异与遗传、人类的遗传与优生。

　　收藏单位：重庆馆、国家馆、辽大馆、南京馆、天津馆

04033

进化之真象　陈长蘅纂

北平：出版者不详，1918.3，32 页，25 开

　　本书共 4 部分：寻常不完全之诸进化说、进化之真象、人演之进化、进化之志愿与进化之未来。

　　收藏单位：首都馆

04034

竞存论略　秉志著

上海：开明书店，1940.12，98 页，36 开（文化社丛书）

上海：开明书店，1943.3，内 1 版，98 页，36 开（文化社丛书）

上海：开明书店，1946.12，再版，98 页，36 开（文化社丛书）

　　本书论述动物对于环境之抵抗、动物之自相残杀、人类之竞存、遗传之潜力、弱族之奋斗等。初版、内 1 版作者署名伏枥。1946 年 12 月版作者名改署为秉志。

　　收藏单位：北师大馆、重庆馆、广东馆、国家馆、江西馆、南京馆、内蒙古馆、宁夏馆、农大馆、上海馆、浙江馆

04035

两性问题与生物学 （日）木村德藏著　杜季

光译

上海：商务印书馆，1930.11，269 页，22 开，精装（科学丛书）

上海：商务印书馆，1934.3，国难后 1 版，269 页，22 开，精装（科学丛书）

本书共 11 章，内容包括：两性问题、生物之进化、生殖及其种类、两性之起原及进化、两性存在之意义、两性与遗传等。

收藏单位：重庆馆、东北师大馆、广东馆、广西馆、贵州馆、国家馆、黑龙江馆、湖南馆、江西馆、南京馆、首都馆、天津馆、武大馆、西南大学馆

04036

马克斯主义与达尔文主义 （荷）班纳科克（A. Pannekock）著　施存统译

外文题名：Marxism and Darwinism

上海：商务印书馆，1922.1，76 页，32 开（新时代丛书）

上海：商务印书馆，1923.1，再版，76 页，32 开（新时代丛书）

本书共 10 章，内容包括：马克思底社会进化说、马克思学说与阶级斗争、达尔文学说与阶级斗争、达尔文学说与社会主义等。

收藏单位：国家馆

04037

马克斯主义与达尔文主义 （荷）班纳科克（A. Pannekock）著　钟复光译

上海：神州国光社，1949.8，80 页，36 开

本书共 10 章，内容包括：达尔文底生物进化说、马克思底社会进化说、马克思学说与阶级斗争、达尔文学说与阶级斗争、达尔文学说与社会主义等。

收藏单位：东北师大馆、国家馆、江西馆、南京馆

04038

社会进化与生物进化 （荷）班纳科克（A. Pannekock）著　钟复光译

上海：神州国光社，1933.3，80 页，32 开

收藏单位：广东馆、吉大馆、南京馆、内蒙古馆、绍兴馆、浙江馆

04039

社会进化与生物进化 （荷）班纳科克（A. Pannekock）著　钟复光译

上海：言行出版社，1939.5，80 页，32 开

本书共 10 章，内容包括：达尔文底生物进化说、马克思底社会进化说、马克思学说与阶级斗争、达尔文学说与阶级斗争等。

收藏单位：国家馆

04040

社会主义与进化论 （荷）班纳科克（A. Pannekock）著　傅烈译

上海：辛垦书店，1929.11，77 页，32 开

上海：辛垦书店，1931.1，再版，77 页，32 开

上海：辛垦书店，1932.10，3 版，72 页，32 开

本书共 10 篇，内容包括：达尔文学说——进化论、马克思学说——社会主义、马克思学说与阶级斗争、达尔文学说与阶级斗争、达尔文学说与社会主义、自然法与社会学说、人类的社会性等。著者原题：彭列克库。

收藏单位：重庆馆、国家馆、近代史所

04041

社会主义与进化论 （日）高畠素之著　夏丏尊　李继桢译

外文题名：Socialism and theory of evolution

上海：商务印书馆，1922.3，151 页，32 开（新时代丛书 2）

上海：商务印书馆，1925.3，3 版，151 页，32 开（新时代丛书 2）

上海：商务印书馆，1926.6，4 版，151 页，32 开（新时代丛书 2）

上海：商务印书馆，1927.7，再版，151 页，32 开（新时代丛书 2）

本书从社会主义的立脚点来论进化论者的进化说，批评介绍社会学者各种学说的要点。共 9 章，内容包括：进化思想底进化、两派遗传说—拉马克说与卫士满说、进化说和社会进化—达尔文说和德·佛礼说、认识论和唯物论—康德与考茨基等。

收藏单位：重庆馆、广东馆、广西馆、桂林馆、国家馆、黑龙江馆、湖南馆、江西馆、内蒙古馆、宁夏馆、绍兴馆、首都馆、天津馆、浙江馆

04042

社会主义与进化论 （日）堺利彦译编　张定夫重译

上海：昆仑书店，1929.11，61 页，32 开

本书共 10 篇，内容包括：达尔文说、马克思说、马克思说与阶级斗争、达尔文说与阶级斗争、达尔文说与社会主义、自然法则与社会学说、人类之社会性等。

收藏单位：北大馆、广东馆、广西馆、国家馆、南京馆、上海馆、首都馆、浙江馆

04043

生存互助论 （法）拉来桑（J. L. Lanessan）著　吴克刚译

外文题名：La lutte pour l'existence et l'association pour la lutte

上海：商务印书馆，1932.11，62 页，32 开（百科小丛书）

上海：商务印书馆，1933.6，再版，62 页，32 开（百科小丛书）

上海：商务印书馆，1947.3，3 版，62 页，32 开（百科小丛书）（新中学文库）

本书共 5 章：绪论、矿物界的生存竞争与生存互助、植物的生存竞争与生存互助、动物的生存竞争与生存互助、人类的生存竞争及生存互助。

收藏单位：重庆馆、大庆馆、东北师大馆、广东馆、广西馆、国家馆、湖北馆、湖南馆、江西馆、辽宁馆、南京馆、内蒙古馆、宁夏馆、首都馆、天津馆、西南大学馆、浙江馆、中科图

04044

生命进行曲 （苏）那维可夫（Alex Novikoff）著　陶宏译

上海：开明书店，1949.2，102 页，36 开（开明少年丛书）

本书用故事体裁介绍生物进化史，内容

包括：最古老的鱼、家族系统、残留的遗迹、生命的开始、动物之王等。

收藏单位：重庆馆、国家馆、辽宁馆、南京馆、天津馆

04045

生物的进化 贾祖璋著

桂林：文化供应社，1942.3，70 页，50 开（青年新知识丛刊）

本书共 10 节，内容包括：自然淘汰说、生存竞争和互助、新达尔文说、有机体淘汰说、定向进化说、生物的系统等。

收藏单位：广东馆、国家馆、南京馆

04046

生物的进化 （美）斯各脱（W. B. Scott）著　冯景兰译

上海：言行社，1941.3，171 页，32 开（科学知识丛书）

上海：言行社，1941.10，再版，171 页，32 开（科学知识丛书）

本书共 6 章，内容包括：进化论的现状、发生学上及血液试验上的证据、古生物学上的证据、地理分布上的证据等。著者原题：司各脱。

收藏单位：重庆馆、广东馆、桂林馆、国家馆、南京馆、上海馆、首都馆

04047

生物的进化 朱维基著

上海：永祥印书馆，1945.8，73 页，36 开（青年知识文库 第 1 辑 8）

上海：永祥印书馆，1948.1，再版，73 页，36 开（青年知识文库 第 1 辑 8）

本书共 9 章，内容包括：人类思想的新倾向、达尔文的进化论、进化论的地质学上的证据、进化论的地理分布上的证据等。

收藏单位：重庆馆、东北师大馆、广东馆、桂林馆、国家馆、南京馆、内蒙古馆、上海馆

04048

生物进化的证据 薛德焴著

上海：新亚书店，1933.10，80 页，36 开（科学知识普及丛书）

本书从解剖学、胚胎学、分类学、分布学、古生物学、生态学、生理学 7 个方面论证生物的进化。

收藏单位：重庆馆、国家馆、江西馆、辽宁馆、南京馆、上海馆、绍兴馆、浙江馆

04049

生物进化论　（英）古特立区著　周建人译

上海：大江书铺，1929.10，183 页，32 开

本书内容包括：生命的本性和起源、达尔文主义和遗传、生存竞争和自然选择、心理学和智识的进化等。

收藏单位：重庆馆、广东馆、国家馆、吉林馆、江西馆、宁夏馆、上海馆、首都馆、西南大学馆、浙江馆

04050

生物进化论　（英）古特立区著　周建人译

上海：开明书店，1935.6，再版，183 页，25 开

收藏单位：安徽馆、重庆馆、广东馆、广西馆、江西馆、南京馆

04051

生物进化论（进化法则的探讨）　何定杰著

乐山（四川）：文化印书馆，1944.2，224 页，32 开

本书共 10 章，内容包括：细胞及其循环、后生动物的个体发生、个体发展衰老和死亡、种的蜕变等。

收藏单位：重庆馆、国家馆

04052

生物进化浅说　周建人著

上海：生活书店，1947.6，107 页，36 开（青年自学丛书）

哈尔滨：生活书店，1948.2，东北版，71 页，32 开（新青年学习丛书）

本书共 9 章，内容包括：生物界的丰富、生物界里的联系、生物的发展、生物的变化、人类的由来、言语与文字等。

收藏单位：福建馆、广东馆、广西馆、桂

林馆、国家馆、南京馆、宁夏馆、农大馆、上海馆

04053

生物进化与球面沿革之概说与历史　王星拱著

北京：京师学务局学术讲演会，24 页，18 开（学术讲演录）

收藏单位：重庆馆、首都馆

04054

史前的地球　（法）裴立尔（E. Perrier）著　伍况甫译

外文题名：The earth before history

上海、重庆：商务印书馆，1946.3，17+316 页，25 开（世界文化史丛书）（新中学文库）

上海：商务印书馆，1947.2，再版，17+316 页，25 开（世界文化史丛书）（新中学文库）

上海：商务印书馆，1948.2，3 版，17+316 页，25 开（世界文化史丛书）（新中学文库）

本书论述地球的构成、原始生物的出现及生物进化、人类的出现等。共 3 编：地球的构成、原始生物、向人体变去。

收藏单位：重庆馆、东北师大馆、广东馆、国家馆、湖南馆、江西馆、辽大馆、内蒙古馆、宁夏馆、首都馆

04055

淘汰与遗传　L. Hobgen 著　柳若水译

外文题名：Darwinism and atomistic interpretation of inheritance

长沙：商务印书馆，1938.7，95 页，32 开（自然科学小丛书）

本书共 4 章：进化之方法论、物种问题、自然淘汰与实验研究、优生学者之遗风。

收藏单位：重庆馆、桂林馆、国家馆、南京馆、内蒙古馆、天津馆、浙江馆

04056

天演辨证

上海：商务印书馆，1913，19 页，32 开，环筒页装

本书收录曹迈豪述、（美）潘慎文译《哲

学与天演学》，（英）伊尔文著、陆詠笙译《天演学与创世记》两篇，均站在基督教立场上反对达尔文进化论。里封题：天演辨证两种。

04057

天演论 （英）赫胥黎（Thomas Henry Huxley）著　严复译

外文题名：Evolution and ethics

上海：商务印书馆，1926，23 版，[60] 页，32 开，环筒页装

上海：商务印书馆，1930.12，48+51 页，32 开，精装（严译名著丛刊）

上海：商务印书馆，1933.1，国难后 1 版，48+51 页，32 开（严译名著丛刊）

上海：商务印书馆，1933.12，48+51 页，32 开（万有文库 第 1 集 491）（汉译世界名著）

上海：商务印书馆，1934，国难后 2 版，48+51 页，32 开（严译名著丛刊）

长沙：商务印书馆，1939.9，48+51 页，32 开（万有文库 第 1—2 集简编）（汉译世界名著）

长沙：商务印书馆，1940.6，国难后 3 版，48+51 页，32 开（严译名著丛刊）

上海：商务印书馆，1947.5，4 版，48+51 页，32 开（严译名著丛刊）（新中学文库）

本书论述生存竞争、生物进化学说。内容包括：人为、互争、人择、乌托邦、择难、人群、新反、能实、天刑、种业、佛法、学派、群治、进化等。

收藏单位：安徽馆、重庆馆、大连馆、东北师大馆、广东馆、广西馆、贵州馆、国家馆、黑龙江馆、吉林馆、江西馆、辽大馆、辽宁馆、辽师大馆、南京馆、内蒙古馆、宁夏馆、上海馆、首都馆、天津馆、西南大学馆、浙江馆

04058

天演论驳义　大木斋主辑译

上海：土山湾印书馆，1923，42 页，32 开

上海：土山湾印书馆，1932，2 版，42 页，32 开

本书 1923 年版署为江苏主教姚准著述，1932 年版为南京主教惠重准著述。作者反对进化论学说。

收藏单位：国家馆、南京馆、内蒙古馆

04059

天演浅说 （英）麦开柏（Joseph McCabe）著　俞松笠译

外文题名：The ABC of evolution

上海：商务印书馆，1930.12，113 页，32 开（百科小丛书）

上海：商务印书馆，1933.11，国难后 1 版，113 页，32 开（百科小丛书）

上海：商务印书馆，1935.6，国难后 2 版，113 页，32 开（百科小丛书）

本书共 11 章，内容包括：宇宙的天演、原始海洋中的生物、陆地生活开始、花的天演、鸟类出现、哺乳类的胜利等。著者原题：麦凯伯。

收藏单位：重庆馆、大庆馆、广东馆、广西馆、国家馆、湖南馆、江西馆、南京馆、宁夏馆、农大馆、上海馆、浙江馆

04060

天演现象之窥测　秉志著

上海：中国科学社，1925.4，1467—1475 页，16 开

本书为《科学》第 9 卷第 12 期抽印本。

收藏单位：国家馆

04061

天演学图解 （英）霍德著　吴稚晖译

上海：文明书局，1911.8，236 页，22 开

上海：文明书局，1912.6，再版，236 页，22 开

上海：文明书局，1919，[再版]，236 页，22 开

本书分上、下编，介绍天文、地质、动物、人类，以及天演学发明小史。译者原题：吴敬恒。

收藏单位：重庆馆、广东馆、国家馆、上海馆、浙江馆

04062

通俗进化论　薛德焴编

协记印书馆，1916.11，106 页，22 开

本书共 14 章，内容包括：饲养动植物之变化、人为淘汰、野生动植物之变化、生存竞争、自然淘汰、达尔文以后之进化论等。

收藏单位：广东馆、江西馆

04063

为达尔文主义奋斗的战士　（苏）史巴诺夫著　万峰译

沈阳：东北新华书店，1949.9，57 页，36 开

本书介绍提米略节夫、L·蒲彭克、米丘林、李森科、伊瓦诺夫 5 位科学家对于达尔文进化论的发展所作出的贡献。

收藏单位：东北师大馆、国家馆

04064

物源故事　鲍维湘等编

上海：中华书局，1947，44 页，32 开（中华文库 小学 第 1 集 中级故事类）

收藏单位：广东馆

04065

物种　（法）L. Cuénot 著　周太玄译

上海：商务印书馆，1947.5，281 页，32 开（汉译世界名著）

本书共 6 章：物种概念的历史、物种之内部构造、分类学上的单位、物种的记述、物种的创生、定义。

收藏单位：重庆馆、广东馆、广西馆、国家馆、黑龙江馆、湖南馆、江西馆、辽宁馆、南京馆、内蒙古馆、上海馆、西南大学馆、浙江馆

04066

物种志　（美）特拉欧著　章宗元译

出版者不详，40 页，22 开

本书共 3 篇：植物、动物、人类。

收藏单位：国家馆

04067

中生代后之地球历史　（日）早坂一郎著　黄士弘译

上海：商务印书馆，1935.3，123 页，32 开（自然科学小丛书）（万有文库 第 2 集 269）

上海：商务印书馆，1936.3，123 页，32 开（自然科学小丛书）

本书叙述中生代以来生物的进化演变。共 3 章：中生代、新生代、结论。

收藏单位：重庆馆、大连馆、东北师大馆、广东馆、贵州馆、国家馆、江西馆、辽大馆、辽宁馆、辽师大馆、南京馆、内蒙古馆、宁夏馆、天津馆、浙江馆

04068

种的起源（上册）　（英）达尔文（C. R. Darwin）著　周建人译

上海：生活书店，1947.1，250 页，32 开（世界学术名著译丛）

本书共 8 章，内容包括：家养下的变异、自然下的变异、生存斗争、变异的定律、学说的各种困难等。

收藏单位：广东馆、国家馆、湖南馆、辽宁馆、南京馆、上海馆、首都馆、浙江馆

04069

自然创造史　（德）赫克尔（E. Haeckel）著　马君武译

上海：商务印书馆，1935.9，8 册（901 页），32 开（汉译世界名著）（万有文库 第 2 集）

上海：商务印书馆，1936.4，[18+901] 页，32 开（汉译世界名著）

本书共两部分：进化论、普通系统史。

收藏单位：重庆馆、大连馆、大庆馆、东北师大馆、广东馆、贵州馆、桂林馆、国家馆、湖北馆、湖南馆、江西馆、辽大馆、辽师大馆、南京馆、内蒙古馆、宁夏馆、山西馆、上海馆、首都馆、天津馆、浙江馆

04070

自希腊人到达尔文　（美）奥兹本（H. F. Osborn）著　江振声译

上海：现代书局，1933.4，224+24 页，22 开（进化论哲学丛书）

本书共 6 章，介绍各进化论者对生物的来源和进化论的观念。附书籍汇志及索引。

收藏单位：重庆馆、国家馆、上海馆、浙江馆

04071

宗教天演合论 （加）季理斐（Donald Mac-Gillivray）撰

外文题名：Evolution and religion

上海：广学会，1923.5，3 版，12 页，22 开

本书共 7 章，主要论天演与格致等。

收藏单位：山东馆

生物形态学

04072

二十年来发生学之进展 王希成著

上海：中国科学社，1935.10，[30] 页，16 开

本书论述发生学的历史、实验发生学的兴起和发展趋势。《科学》第 19 卷第 10 期抽印本。

收藏单位：国家馆

04073

发生学 （日）八田三郎著 潘锡九译

上海：商务印书馆，1935.3，100 页，32 开（自然科学小丛书）（万有文库第 2 集 346）

上海：商务印书馆，1935.6，100 页，32 开（自然科学小丛书）

本书共 16 章，内容包括：性细胞、脊椎动物、哺乳类之卵及其发生、哺乳类之胎儿器官、血管及血液之发生等。

收藏单位：重庆馆、大连馆、广东馆、广西馆、贵州馆、国家馆、江西馆、辽师大馆、南京馆、内蒙古馆、宁夏馆、上海馆、首都馆、天津馆、浙江馆

04074

发生学名词 国立编译馆编订

上海：商务印书馆，1935.10，93 页，16 开

上海：商务印书馆，1937.5，115 页，16 开

本书附中文索引。1935 年 10 月教育部公布。

收藏单位：重庆馆、贵州馆、国家馆、湖南馆、江西馆、南京馆、内蒙古馆、上海馆、首都馆、天津馆、西南大学馆、浙江馆

04075

极性与侧性 （日）冈田要著 费鸿年译

上海：商务印书馆，1935.9，118 页，32 开（自然科学小丛书）（万有文库第 2 集 309）

上海：商务印书馆，1936.6，118 页，32 开（自然科学小丛书）

本书共 9 章，内容包括：极性、极性与移植、卵的极性、侧性、重复形成与相称的关系、不相称、卵的相称等。

收藏单位：重庆馆、大连馆、东北师大馆、广东馆、贵州馆、桂林馆、国家馆、黑龙江馆、江西馆、辽师大馆、南京馆、内蒙古馆、宁夏馆、上海馆、绍兴馆、首都馆、天津馆、浙江馆

04076

胚胎学纲要 徐琨编

上海：中华书局，1948.8，166 页，32 开

本书共 7 章：生物学与胚胎学的变迁史、生殖细胞的形成、受精、孤雌生殖、卵的分割、器官形成物质的配置、胚叶。

收藏单位：重庆馆、国家馆、湖南馆、江西馆、内蒙古馆、上海馆、绍兴馆、浙江馆

04077

实验发生学 （日）冈田要著 舒贻上译

上海：商务印书馆，1936.3，172 页，32 开（万有文库第 2 集 345）（自然科学小丛书）

本书共 21 章，内容包括：实验之方针、无性增殖、受精现象、卵表因受精而起之变化、人工单为生殖、足以发生之核质量等。

收藏单位：重庆馆、大连馆、国家馆、江西馆、辽师大馆、内蒙古馆、宁夏馆、天津馆、浙江馆

04078

我怎么来的 K. de Schweinitz 著 徐锡龄译

上海：中华书局，1932.9，53 页，32 开（儿童常识丛书）

上海：中华书局，1934.3，2 版，53 页，32 开（儿童常识丛书）

本书讲述生物胚胎的形成和发育。共 7 章：婴孩未生以前、卵的生长地、花粉与精

虫、从一个卵到一个婴孩、兽类和婴孩、求偶、你的故事和我的故事。

　　收藏单位：国家馆、江西馆、南京馆、上海馆、首都馆

04079

性之原理　（日）丁田次郎著　　汪厥明译
外文题名：The principle of sex
上海：商务印书馆，1926.9，188 页，32 开（新智识丛书）
上海：商务印书馆，1927.8，再版，188 页，32 开，精装（新智识丛书）
上海：商务印书馆，1934.8，国难后 1 版，153 页，32 开（百科小丛书）

　　本书共 10 章，内容包括：性之思想之由来、生殖、生殖之方法、两性存在之意义、两性之起原及发展、雌雄之形态论等。

　　收藏单位：重庆馆、广东馆、国家馆、黑龙江馆、江西馆、绍兴馆、浙江馆

04080

一个人的长成　周尚编译
长沙：商务印书馆，1940.12，41 页，32 开
　　本书讲述我们怎样有生命、怎样出世、怎样长大成人的知识。

　　收藏单位：重庆馆、广东馆、国家馆

04081

增殖生物学　（日）寺尾新著　　王梦淹译
长沙：商务印书馆，1938.7，82 页，32 开（自然科学小丛书）

　　本书内容包括：生物增殖的野外观察、实验及其影响、生物的素质与增殖、人口增殖问题等。

　　收藏单位：东北师大馆、广东馆、国家馆、辽宁馆、南京馆、上海馆、天津馆

生物生态学、生物地理学

04082

华北动植物一瞥　（英）梭厄比（A. de C. Sowerby）著　　伍况甫译

上海：商务印书馆，1934.4，73 页，32 开（百科小丛书）
上海：商务印书馆，1935，再版，73 页，32 开（百科小丛书）

　　本书为著者于 1909—1912 年间在我国北部考察动植物情况的记录。

　　收藏单位：重庆馆、大庆馆、东北师大馆、广东馆、桂林馆、国家馆、湖北馆、江西馆、南京馆、内蒙古馆、宁夏馆、上海馆、首都馆、浙江馆

04083

生活与环境　周晦盦著
北平：中华平民教育促进会，1930.11，22 页，50 开（平民读物 科学常识 87）
北平：中华平民教育促进会，1932.11，再版，22 页，50 开（平民读物 科学常识 87）

　　收藏单位：国家馆

04084

生物地理概说　（日）横山又次郎著　　张资平　黄嘉今译
上海：中华学艺社，1931.3，91 页，25 开（学艺汇刊 21）
上海：中华学艺社，1933，[再版]，91 页，32 开（学艺汇刊 21）
上海：中华学艺社，1933.3，国难后 1 版，91 页，32 开（学艺汇刊 21）

　　本书共 4 章：总论、生物之分布法、移动与变化之结果、陆面之植物衣。

　　收藏单位：重庆馆、东北师大馆、广东馆、广西馆、国家馆、湖南馆、江西馆、内蒙古馆、上海馆、首都馆、天津馆

04085

生物地学纲要　（日）横山又次郎著　　林骙译
外文题名：An outline of biological physiography
上海：商务印书馆，1930.11，164 页，32 开（新智识丛书）

　　本书共 5 章：绪论、生物分布的方法、移动与变化的结果、陆面的植物衣、有用的动植物。

　　收藏单位：重庆馆、广东馆、广西馆、国

家馆、湖南馆、江西馆、内蒙古馆、天津馆、浙江馆

04086

生物之相互关系 （日）内田亨著　梁希　沙俊译

上海：商务印书馆，1935.3，2册（242页），32开（自然科学小丛书）（万有文库 第2集）

上海：商务印书馆，1935，再版，2册（242页），32开（自然科学小丛书）（万有文库 第2集）

上海：商务印书馆，1936.3，242页，32开（自然科学小丛书）

本书共9章：生物之存在、生物与无生物、植物与动物、自然界之循环关系、生物与物理化学的环境、生物之分布、生物之互相关系、人类对于生物界之影响、自然之大调和。

收藏单位：重庆馆、大连馆、东北师大馆、广东馆、国家馆、黑龙江馆、辽师大馆、南京馆、内蒙古馆、宁夏馆、上海馆、首都馆、天津馆、浙江馆

水生生物学

04087

渤海海洋生物研究室第二次年报　张修吉著

北平：国立北平研究院总办事处出版课，1937.4，74页，16开（国立北平研究院动物学研究所中文报告汇刊19）

收藏单位：广东馆、国家馆、天津馆、浙江馆

04088

渤海海洋生物研究室概况　张修吉著

北平：国立北平研究院总办事处出版课，1936.1，[30]页，16开（国立北平研究院动物学研究所中文报告汇刊15）

本书为《国立北平研究院院务汇报》第7卷第1期抽印本。

收藏单位：国家馆、浙江馆

04089

福建省海产生物采集调查报告　金德祥著

厦门：厦门大学理学院海产生物研究场，1936，104页，16开（海产生物研究场刊物1）

收藏单位：国家馆

04090

海滨生物　（英）厄尔赫斯特（Richard Elmhirst）著　周则岳译

外文题名：The naturalist at the seashore

上海：商务印书馆，1928.6，115页，32开（新智识丛书）

本书共10章：海藻、原生动物和海绵、腔肠动物、棘皮动物、蠕虫类、甲壳类、海蜘蛛、软体动物、鱼类和石勃足、结论。

收藏单位：重庆馆、广东馆、广西馆、桂林馆、国家馆、江西馆、南京馆、内蒙古馆、天津馆、浙江馆

04091

海洋生物　（英）准斯吞（J. Johnstone）著　朱建霞译

外文题名：Life in the sea

上海：商务印书馆，1931.6，110页，32开（新智识丛书）

本书共5章：生物的门类、海洋中之节奏的变化、分布的因子、营养的方式、食物的来源。

收藏单位：重庆馆、广东馆、国家馆、江西馆、浙江馆

04092

江西淡水生物实验馆报告书

南昌：江西省政府建设厅，1938.6，70页，25开

本书附江西鱼类志。

收藏单位：重庆馆、国家馆、江西馆、南京馆

04093

江西淡水生物实验馆计划书　张春霖著

南昌：江西省政府建设厅，1938.4，6页，22开

收藏单位：国家馆、南京馆

04094

青岛海产生物分布概况　高哲生著

青岛：国立山东大学励学社，1934.6，265—282页，18开

本书为国立山东大学《励学》第2期摘印本。

收藏单位：国家馆

04095

青岛海产生物研究所第一次报告

外 文 题 名：The Marine Biological Institute of Tsingtao first annual report

青岛：青岛海产研究所，1934，33页，16开

收藏单位：国家馆

04096

青岛水族馆民国二十一年报告书

青岛：青岛水族馆，1932，24页，16开，环筒页装

收藏单位：国家馆

04097

水底世界　（苏）鲍戈罗夫著　什之译

上海：天下图书公司，1947.9，72页，36开（大众科学丛书10）

北平：天下图书公司，1949.4，华北1版，72页，36开（大众科学丛书10）

北平：天下图书公司，1949.6，华北2版，72页，36开（人民科学丛书）

本书介绍海草、海中的微生动物、海绵、水母和水螅、珊瑚、甲壳类、海豹和鲸鱼等海底生物。

收藏单位：重庆馆、广东馆、广西馆、国家馆、黑龙江馆、上海馆、首都馆

寄生生物学

04098

寄生物　（英）拉配齐（G. Lapage）著　杜其垚译

外文题名：Parasites

上海：商务印书馆，1933.12，72页，32开（百科小丛书）（万有文库第1集505）

上海：商务印书馆，1934.3，72页，32开（百科小丛书）

上海：商务印书馆，1935，再版，72页，32开（百科小丛书）

本书共9章，内容包括：寄生物的定义、寄生物的种类、寄生物的分布、寄生物对于其宿主的影响、寄生对于寄生物的影响、寄生物的适应等。

收藏单位：安徽馆、重庆馆、大连馆、大庆馆、东北师大馆、广东馆、广西馆、贵州馆、国家馆、河南馆、黑龙江馆、江西馆、辽大馆、辽师大馆、南京馆、内蒙古馆、宁夏馆、山西馆、上海馆、天津馆、西南大学馆、浙江馆

04099

寄生物和微生物　杜其垚等编译

上海：商务印书馆，1936.10，101页，32开（中学生自然研究丛书）

上海：商务印书馆，1937.3，再版，101页，32开（中学生自然研究丛书）

本书共8章，内容包括：人体寄生虫概说、钩虫和钩虫病、蛔虫的预防、蚊与象皮病等。

收藏单位：重庆馆、东北师大馆、广东馆、广西馆、贵州馆、桂林馆、国家馆、黑龙江馆、湖南馆、江西馆、南京馆、内蒙古馆、宁夏馆、上海馆、首都馆、天津馆、浙江馆

04100

寄生物生活　胡珍元编著

上海：世界书局，1930.4，102页，32开（生活丛书）

本书讲述寄生物的定义、种类、分布、生殖法以及寄生物器官的消退、变异等知识。

收藏单位：重庆馆、广东馆、广西馆、贵州馆、国家馆、黑龙江馆、湖南馆、江西馆、南京馆、山西馆、上海馆、首都馆、天津馆、浙江馆

细胞生物学

04101

核学 （日）桑田义备著　于景让译

长沙：商务印书馆，1938.7，111 页，32 开（自然科学小丛书）

　　本书共 5 部分：绪言——研究方法之一般概念、细胞核分裂各期中之染色体之形态构造、减数分裂中之二三问题、染色体之排列、核分裂之机构。

　　收藏单位：重庆馆、大庆馆、贵州馆、国家馆、黑龙江馆、南京馆、内蒙古馆、上海馆、首都馆、天津馆

04102

细胞学　薛德焴著

外文题名：Cells

上海：商务印书馆，1929.10，52 页，32 开（百科小丛书）（万有文库 第 1 集 493）

上海：商务印书馆，1933.4，国难后 1 版，52 页，32 开（百科小丛书）

上海：商务印书馆，1934.7，再版，52 页，32 开（百科小丛书）（万有文库 第 1 集 493）

上海：商务印书馆，1935.2，国难后 2 版，52 页，32 开（百科小丛书）

　　本书共 12 章：细胞学之定义及目的、研究方法、细胞学之历史、细胞之形状及大小、细胞之个性、细胞之构造、细胞体、核、核分裂及细胞分裂、生殖细胞、受精、自然及人工单为生殖。

　　收藏单位：安徽馆、重庆馆、大连馆、大庆馆、东北师大馆、广东馆、广西馆、贵州馆、国家馆、黑龙江馆、江西馆、辽大馆、辽宁馆、辽师大馆、南京馆、内蒙古馆、宁夏馆、上海馆、天津馆、西南大学馆、浙江馆

04103

细胞学大意　薛德焴著

外文题名：An outline of cytology

上海：商务印书馆，1923.11，56 页，36 开（百科小丛书 31）

上海：商务印书馆，1924，56 页，36 开，精装（百科小丛书 31）

上海：商务印书馆，1926.11，再版，56 页，36 开（百科小丛书 31）

　　本书共 12 章，章节目次与著者《细胞学》一书相同。

　　收藏单位：重庆馆、广东馆、广西馆、国家馆、湖南馆、江西馆、山东馆、上海馆、首都馆、天津馆、西南大学馆、浙江馆

04104

细胞学概论　（日）山羽仪兵著　任一碧译

上海：商务印书馆，1935.9，2 册（234 页），32 开（自然科学小丛书）（万有文库 第 2 集 308）

上海：商务印书馆，1937.2，234 页，32 开（自然科学小丛书）

　　本书共 13 章，内容包括：细胞学之内容历史及研究方法、细胞及原形质之概念、细胞之构造、植物细胞含有物、染色体与遗传等。

　　收藏单位：重庆馆、大连馆、广东馆、贵州馆、国家馆、湖南馆、江西馆、辽师大馆、南京馆、内蒙古馆、宁夏馆、上海馆、绍兴馆、天津馆、西南大学馆、浙江馆

04105

细胞学概论　（日）山羽仪兵著　于景让译

上海：国立编译馆，1937.1，22+199 页，25 开

重庆：国立编译馆，1945.2，蓉 1 版，22+199 页，25 开

　　本书共 13 章，内容包括：细胞及原形质的概念、原形质之化学的性质、原形质之物理的性质、细胞的构造、植物的细胞含有物等。商务印书馆发行。

　　收藏单位：重庆馆、国家馆、江西馆

04106

细胞学总论　（日）田原正人著　林崇智译

昆明：中华书局，1940.8，200 页，22 开，精装

上海：中华书局，1946.8，再版，200 页，22 开

　　本书共 18 章，内容包括：胶质、原形质、

细胞的构造、核分裂、细胞分裂、卵和精虫、授精、发生和分化、减数分裂、单性生殖等。附细胞学重要西文参考书、中西名词索引。大学用书。

　　收藏单位：重庆馆、广东馆、广西馆、贵州馆、国家馆、湖北馆、江西馆、内蒙古馆、上海馆、绍兴馆

04107

细胞之生化学　（日）柿内三郎著　于景让译

外文题名：Biochemie der Zelle

上海：中华学艺社，1935.3，115 页，32 开（学艺汇刊 35）

　　本书共 4 篇：绪论、细胞机构论、细胞机序论、结论。连载于《学艺杂志》第 12 卷 2—8 号。

　　收藏单位：重庆馆、广东馆、广西馆、国家馆、辽宁馆、上海馆、首都馆、天津馆、浙江馆

04108

细胞之生命　（法）爱纳奇（L. F. Henneguy）著　朱洗译

外文题名：La vie cellulaire

上海：商务印书馆，1935.3，174+14 页，32 开（自然科学小丛书）（万有文库 第 2 集 307）

上海：商务印书馆，1936.3，174+14 页，32 开（自然科学小丛书）

　　本书共 10 章，内容包括：细胞的结构、原形质的化学成分及其理化构造、原形质的起源及其生殖、细胞的生命表现、细胞的死亡等。

　　收藏单位：重庆馆、大连馆、大庆馆、东北师大馆、广东馆、贵州馆、国家馆、湖南馆、江西馆、辽师大馆、内蒙古馆、宁夏馆、上海馆、绍兴馆、首都馆、天津馆、浙江馆

04109

原形质　（日）坂村彻著　罗宗洛译

上海：商务印书馆，1937.3，115 页，32 开（自然科学小丛书）（万有文库 第 2 集）

　　本书共 11 章，内容包括：原形质概说、原形质之凝固、原形质之粘滞性、原形质之

透过性、细胞之渗透现象等。

　　收藏单位：重庆馆、大连馆、大庆馆、东北师大馆、国家馆、辽师大馆、内蒙古馆、宁夏馆、天津馆、浙江馆

04110

原形质之物理化学　（日）山羽仪兵著　舒贻上译

上海：商务印书馆，1937，142 页，36 开（自然科学小丛书）（万有文库 第 2 集）

长沙：商务印书馆，1939.5，142 页，36 开（自然科学小丛书）

　　本书主要论述原形质的氢离子浓度等。

　　收藏单位：大庆馆、广东馆、国家馆、南京馆、上海馆、天津馆

遗传学

04111

米邱林学说的发展和成就　（苏）爱契菲德等著　华北大学农学院农业研究室译

华北大学农学院农业研究室，1949，34 页，32 开（农业生物科学丛刊）

　　本书共 3 部分：米邱林学说的发展和成就、苏联作物育种新法的成果、进步的农业科学是米邱林学说和威廉士学说的结合。

　　收藏单位：国家馆

04112

内成多元体与体细胞的染色体数　颜济著

成都：华西协合大学农艺系研究社，1949，油印本，6 页，24 开，环筒页装（大众丛刊 5）

　　本书收录有关遗传学方面的论文。

　　收藏单位：重庆馆

04113

生物学与人类的进步　（美）岑吟士（H. S. Jennings）著　彭光钦译

上海：北新书局，1929.1，52 页，36 开

　　本书论述遗传与环境的关系。

　　收藏单位：重庆馆、广西馆、国家馆、江

西馆、南京馆、山西馆、浙江馆

04114

细胞遗传学　杜竹铭编著
武功：国立西北农学院，1939.1，222 页，16
开

　　收藏单位：南京馆、西南大学馆

04115

现代遗传学　张作人编著
广州：国立中山大学训导处，1944.3，145 页，
32 开（国立中山大学训导丛书 3）

　　收藏单位：重庆馆、桂林馆、国家馆

04116

相关线之研究　潘简良著
杭州：浙江省立图书馆，1932.10，14 页，18
开（研究报告 第 1 号）

　　收藏单位：国家馆

04117

新遗传学原理（米邱林遗传学是什么）（苏）
李森科（T. D. Lysenko）著　华北大学农学院
农业研究室译
华北大学农学院农业研究室，1949，36 页，
32 开（农业生物科学丛刊）

　　收藏单位：广东馆

04118

遗传　（德）哥希密德（R. B. Goldschmidt）
著　罗宗洛译
外文题名：Die Lehre von der Vererbung
上海：商务印书馆，1935.3，2 册（242 页），
32 开（自然科学小丛书）（万有文库 第 2 集
305）
上海：商务印书馆，1936.3，242 页，32 开
（自然科学小丛书）
上海：商务印书馆，1947.2，再版，242 页，
32 开（自然科学小丛书）（新中学文库）

　　本书共 11 章，内容包括：生殖细胞与受
精、孟特尔遗传法则之根本事实、染色体与
孟特尔分离法则、染色体及遗传之详述、遗
传之法则与人类等。

收藏单位：重庆馆、大连馆、东北师大
馆、广东馆、广西馆、贵州馆、国家馆、湖
南馆、江西馆、辽宁馆、辽师大馆、南京馆、
内蒙古馆、宁夏馆、上海馆、绍兴馆、首都
馆、天津馆、西南大学馆、浙江馆

04119

遗传的实验研究　陈西陵编著
上海：大东书局，1933.5，73 页，32 开（育
儿丛书 2）

　　本书共 7 章：遗传学的定义、遗传学说小
史、遗传研究法、细胞学、生物统计学、遗
传的实验、进化。

　　收藏单位：重庆馆、国家馆、江西馆、天
津馆、浙江馆

04120

遗传及其变异　（苏）李森科（T. D. Lysenko）
撰　（美）达朴扬斯基（Th. Dobzhansky）英
译　李景华　徐豹重译
沈阳：东北人民政府农林部资料室，1949，79
页，32 开（农业丛书 6）

　　收藏单位：东北师大馆、广东馆、国家
馆、辽宁馆、南京馆、云南馆

04121

遗传及其变异　（苏）李森科（T. D. Lysenko）
原著　（美）达朴扬斯基（Th. Dobzhansky）
英译　吴绍骙　王鸣岐重译
开封：河南大学农业会出版股，1949.7，78
页，32 开

　　本书共 9 部分，内容包括：遗传之要义、
生物之个别发育、生物与环境、植物性杂种、
有性作用、遗传性之分类等。著者原题：来森
柯。

　　收藏单位：北师大馆、国家馆、内蒙古馆

04122

遗传论　（英）唐凯司德（L. Doncaster）著
周建人译
外文题名：Heredity in the light of recent research
上海：商务印书馆，1922.6，147 页，32 开
（新时代丛书 5）

上海：商务印书馆，1924，再版，147 页，32
开（新时代丛书 5）

上海：商务印书馆，1926.6，3 版，147 页，
32 开（新时代丛书 5）

　　本书共 8 章，内容包括：遗传的统计研
究、曼兑尔的遗传说、几个未解决的问题、
人的遗传等。书后附遗传说史要、遗传的物
质之基础。

　　收藏单位：重庆馆、广东馆、广西馆、桂
林馆、国家馆、辽大馆、辽宁馆、南京馆、
绍兴馆、首都馆、浙江馆

04123

遗传学　范谦衷著

成都：中国文化教育工艺馆，1945.5，2 册
（389 页），18 开

　　本书共 28 章，内容包括：遗传及变异、
曼德尔遗传律、遗传体质之基础、或然律与
遗传、因子相互作用之表现、致死因子等。

　　收藏单位：国家馆

04124

遗传学　郝钦铭编著

上海：正中书局，1948.7，307 页，25 开

　　本书先讨论基本原理，如孟氏定律、遗
传之物质基础、性别因子与死亡因子等；次讨
论变异之本源、选育良种、家畜及栽培植物
之遗传等。大学用书。

　　收藏单位：重庆馆、东北师大馆、国家
馆、南京馆、宁夏馆、西南大学馆

04125

遗传学　黄赓祥编著

上海：世界书局，1941.11，435 页，25 开，精
装

上海：世界书局，1947.2，再版，435 页，25 开

　　本书共 14 章，内容包括：孟德尔法、遗
传基本机械、歧异、突变、后天性质、两性
之判定、因子之协力合作等。附英汉术语对
照。

　　收藏单位：重庆馆、东北师大馆、桂林
馆、湖南馆、江西馆、南京馆、西南大学馆、
浙江馆

04126

遗传学　李积新编辑

外文题名：Heredity

上海：商务印书馆，1923.6，112 页，22 开

上海：商务印书馆，1926.12，再版，112 页，
22 开

　　本书共 10 章：绪论、遗传有形之机体、
遗传之程式、歧异、盖尔顿氏之歧异计算法、
突变、后天性质遗传、雌雄推考、关于人事
之遗传学、附说。

　　收藏单位：重庆馆、广东馆、广西馆、国
家馆、湖南馆、南京馆、内蒙古馆、上海馆、
天津馆、浙江馆

04127

遗传学　沈煜清编著　国立编译馆主编

上海：正中书局，1947.11，260 页，32 开

　　本书共 14 章，内容包括：遗传学的演进、
孟特尔遗传定律、杂种之性状、因子相互作
用、环境与遗传、雌雄的遗传等。

　　收藏单位：重庆馆、东北师大馆、国家
馆、南京馆、内蒙古馆、西南大学馆

04128

遗传学　（日）田中义麿著　陶英译

昆明：中华书局，1940.12，12+727+63+29 页，
24 开，精装

上海：中华书局，1948.7，再版，12+727+63+
29 页，24 开，精装

　　本书分前、后两篇共 10 章，内容包括：
实验的遗传学、染色体与遗传、原形质与遗
传、突变、彷徨变异、应用遗传学等。附术
语和人名索引。大学用书。

　　收藏单位：重庆馆、广东馆、国家馆、辽
大馆、辽宁馆、南京馆、内蒙古馆、上海馆、
绍兴馆、天津馆、浙江馆

04129

**遗传学　（英）瓦特逊（J. A. S. Watson）著
佘小宋译**

上海：中华书局，1926.7，102 页，32 开（新
文化丛书）

上海：中华书局，1930.9，再版，102 页，32

开（新文化丛书）

　　本书共 12 章，内容包括：同同相生之原因、习性之遗传、纯种之遗传、遗传学之统计研究、育种问题等。

　　收藏单位：重庆馆、广东馆、广西馆、桂林馆、国家馆、黑龙江馆、江西馆、辽宁馆、南京馆、内蒙古馆、宁夏馆、天津馆、西南大学馆

04130

遗传学大纲　沈兆燕著

上海：新农企业股份有限公司，1947.12，197 页，16 开，精装（新农丛书）

　　本书共 14 章，内容包括：孟德尔定律、孟德尔定律之演进、量之遗传及生物统计法、遗传之染色体学说、细胞质遗传等。

　　收藏单位：重庆馆、辽宁馆、西南大学馆

04131

遗传学大意　史庐著

上海：神州国光社，1931，80 页，32 开（自然科学之部）

　　本书共 8 章，内容包括：遗传之统计的研究、遗传之实验的研究、遗传之细胞的基础、变异与遗传、人类形质的遗传、遗传学的应用等。

　　收藏单位：广东馆、浙江馆

04132

遗传学概论　王其澍著

外文题名：Science of heredity

上海：中华学艺社，1926.12，196 页，32 开，精装（学艺丛书 7）

上海：中华学艺社，1933.4，国难后 1 版，196 页，32 开，精装（学艺丛书 7）

上海：中华学艺社，1935.3，国难后 2 版，196 页，32 开，精装（学艺丛书 7）

　　本书共 10 章：遗传、变异、生物测定学、突然变异说、纯系、遗传方法、遗传法则、关于一生间新获形质遗传说、品种改良法、遗传与人生。附译语对照表、遗传学家表。

　　收藏单位：重庆馆、大庆馆、广东馆、广西馆、桂林馆、国家馆、江西馆、南京馆、

内蒙古馆、上海馆、首都馆

04133

遗传学进化论术语、术语补遗、分类名词补遗、分科名词

科学名词审查会，1924.7，42 页，横 16 开

　　本书为科学名词审查会动物学名词审查本（2）。

　　收藏单位：国家馆

04134

遗传学要纲　（日）木原均著　于景让译

上海：商务印书馆，1936.8，194 页，32 开（百科小丛书）

　　本书共两章：变异、孟特尔性遗传。

　　收藏单位：重庆馆、大庆馆、广东馆、国家馆、江西馆、南京馆、上海馆、首都馆

04135

遗传学原理　（美）辛诺脱（F. W. Sinnot）（美）邓恩（Dunn）著　奚元龄译

外文题名：Principles of genetics

江西：中正大学出版组，1943.6，332 页，25 开

　　收藏单位：国家馆、南京馆、绍兴馆、西南大学馆

04136

遗传学原理　（美）辛诺脱（F. W. Sinnot）（美）邓恩（Dunn）著　周承钥　姚钟秀译

外文题名：Principles of genetics

重庆：商务印书馆，1945.1，310+17 页，25 开

上海：商务印书馆，1947.7，310+17 页，25 开

上海：商务印书馆，1948.7，再版，310+17 页，25 开

　　本书共 16 章，内容包括：遗传科学、遗传与变异、因子之表现及其交互作用、多数因子遗传、遗传之物质基础、连击遗传与交换现象、因子与染色体、细胞质之遗传等。

　　收藏单位：重庆馆、国家馆、湖南馆、江西馆、内蒙古馆、上海馆、西南大学馆、浙江馆

04137

遗传与环境 （美）Edwin Grant Conklin 著
何定杰　张光耀译
外文题名：Heredity and environment
上海：中华学艺社，1930.12，518 页，32 开，
精装（学艺丛书 10）
上海：中华学艺社，1933.5，国难后 1 版，
518 页，32 开，精装（学艺丛书 10）
上海：中华学艺社，1935.4，国难后 2 版，
518 页，32 开，精装（学艺丛书 10）

　　本书共 6 章：发展的事实与因子，遗传的
现象，遗传与环境之细胞的基础，环境之势
力，遗传底控制：优生学，生展学与伦理。附
译名对照表。

　　收藏单位：重庆馆、东北师大馆、广东
馆、广西馆、国家馆、南京馆、内蒙古馆、
上海馆、天津馆、西南大学馆、浙江馆

04138

遗传原理述要　杨允奎编述
成都：四川大学农学院农艺学系，1946，152
页，32 开

　　本书共 10 章，内容包括：孟德尔氏之遗
传定律、遗传之体质基础、因子之连伴与交
换、数量性状之遗传、基因与发育等。

　　收藏单位：南京馆

04139

异种间的杂交问题　张仲葛著
张仲葛 [出版者]，1945，24 页，16 开

　　收藏单位：国家馆

04140

怎叫遗传　朱文庚编
上海：民众教育研究社，1932.12，60 页，50
开（注音符号民众万有丛书科学类）

　　收藏单位：重庆馆、江西馆、首都馆

04141

种子改良法　经济部中央农业实验所编
重庆：新生活运动促进总会，[1938]，24 页，
36 开（新运丛书 16）

　　本书介绍稻种、麦种、棉花、玉米、豆
类、高粱等的改良方法。

　　收藏单位：重庆馆、广东馆

生理学

04142

长生论　（苏）波哥摩莱兹（A. Bogomolets）
著　蒋学模译
上海：文摘出版社，1949.8，121 页，46 开

　　本书共 18 章，内容包括：生与死、正常
的寿命、人类长寿的例子、返老还童的企图、
阻止未老先衰等。

　　收藏单位：重庆馆

04143

长生论　（俄）麦奇尼可夫（Elie Metchnikoff）
著　佘小宋译
外文题名：The prolongation of life: optimistic
studies
上海：商务印书馆，1937.3，2 册（14+406
页），32 开（汉译世界名著）（万有文库 第 2
集 294）
长沙：商务印书馆，1940.10，14+406 页，32
开（汉译世界名著）

　　本书共 9 编，内容包括：老年的考察、动
物的寿命、自然死亡的研究、人类的寿命能
延长么、人类中动物性器官退化的遗迹等。

　　收藏单位：重庆馆、大连馆、贵州馆、国
家馆、吉大馆、辽师大馆、内蒙古馆、宁夏
馆、上海馆、首都馆、浙江馆

04144

初级动物生理学实验　张锡钧　李落英编
北平：国立北京大学生物学系，1936.9，104
页，16 开，活页装

　　本书首先介绍实验的诚条、几件应用的
仪器，然后详细列出 99 个实验。附试极纸制
法、应用的各种生理盐水之制法、染纸液、
美洲箭毒液等。

　　收藏单位：国家馆

04145

雌雄之变 朱洗著
上海：文化生活出版社，1945.11，334+22 页，
32 开（现代生物学丛书 4）
上海：文化生活出版社，1948.3，增订再版，
380+22 页，32 开（现代生物学丛书 4）
　　本书共 15 章，内容包括：雌雄的概观、
副性的检讨、雌雄的改变、雌雄的决定、定
性的染色体、雌雄同体的动物等。
　　收藏单位：重庆馆、国家馆、湖南馆、吉
林馆、辽宁馆、南京馆、内蒙古馆、上海馆、
绍兴馆、首都馆

04146

动物的情爱 （日）松工真幸著　孙挺生编译
重庆：正中书局，1941.10，渝初版，126 页，
32 开（正中科学知识丛书）
　　本书共 12 部分，内容包括：永久的循环、
生殖法的演进、春情萌动、恋爱的手段、恋
爱的斗争、性爱的牺牲、友爱等。
　　收藏单位：重庆馆、国家馆、宁夏馆

04147

动物的生殖　陈劳薪编
上海：北新书局，1929.11，86 页，32 开
　　本书介绍原生动物、海绵动物、圆形动
物、环形动物、节足动物、软体动物等各类
动物的生殖。
　　收藏单位：重庆馆、广东馆、国家馆、江
西馆、南京馆、首都馆、天津馆、浙江馆

04148

动物生理学　蔡翘　徐丰彦著
上海：世界书局，1935.1，104 页，32 开（生
物学丛书）
　　本书共 11 章，内容包括：中枢神经系统
和自主神经系统、感觉器官、血液和淋巴、
血液的循环、呼吸系统、排泄、生殖等。大
学用书。
　　收藏单位：重庆馆、广东馆、贵州馆、国
家馆、湖南馆、江西馆、南京馆、天津馆、
浙江馆

04149

动物生殖生理学 （日）犬饲哲夫著　胡步蟾
译
长沙：商务印书馆，1938.7，148 页，25 开
（大学丛书 教本）
　　本书主要讨论脊椎动物的精、卵及受胎、
妊娠等实验生理学方面的内容。
　　收藏单位：重庆馆、广东馆、国家馆、南
京馆、上海馆

04150

动物之雌雄性 （日）内田亨著　舒贻上译
上海：商 务 印 书 馆，1935.3，179 页，32 开
（自然科学小丛书）（万有文库 第 2 集 343）
上海：商 务 印 书 馆，1935.6，179 页，32 开
（自然科学小丛书）
上海：商务印书馆，1935.12，再版，179 页，
32 开（自然科学小丛书）
　　本书论述雌雄性之界说、雌雄异体和同
体现象、性内分泌等。附学会，主要之研究
所及研究者。
　　收藏单位：重庆馆、大连馆、大庆馆、东
北师大馆、广东馆、广西馆、贵州馆、国家
馆、黑龙江馆、江西馆、辽师大馆、南京馆、
内蒙古馆、宁夏馆、上海馆、首都馆、天津
馆、浙江馆

04151

动物之呼吸 （日）小久保清治著　舒贻上译
上海：商 务 印 书 馆，1935.3，2 册（211 页），
32 开（自然科学小丛书）（万有文库 第 2 集
344）
上海：商 务 印 书 馆，1935.6，211 页，32 开
（自然科学小丛书）
　　本书共 10 章，内容包括：呼吸作用、呼
吸与气体、关于呼吸生理之研究、动物之呼
吸、呼吸与血液等。
　　收藏单位：重庆馆、大连馆、大庆馆、东
北师大馆、广东馆、广西馆、贵州馆、国家
馆、黑龙江馆、江西馆、辽师大馆、南京馆、
内蒙古馆、宁夏馆、上海馆、首都馆、天津
馆、西南大学馆、浙江馆

04152

父母子女　Cyril Bibby 著　宋慕法译

上海：开明书店，1947.10，81 页，32 开（开明少年丛书）

上海：开明书店，1948.4，再版，81 页，32 开（开明少年丛书）

上海：开明书店，1949.2，3 版，81 页，32 开（开明少年丛书）

　　本书以动物为主，讲述生物的传衍、生命的繁殖。共 14 章，内容包括：初生的婴孩、母亲的任务、从卵到婴儿、父亲的任务、交配、求爱、家庭生活、成长等。

　　收藏单位：北师大馆、重庆馆、广东馆、广西馆、国家馆、黑龙江馆、江西馆、辽大馆、南京馆、内蒙古馆、上海馆

04153

活机器　（英）海尔（A. V. Hill）著　薛以恒译

外文题名：Living mechanism

上海：商务印书馆，1935.9，2 册（214 页），32 开（自然科学小丛书）（万有文库 第 2 集）

上海：商务印书馆，1936.2，214 页，32 开（自然科学小丛书）

长沙：商务印书馆，1939.12，2 册（214 页），32 开（自然科学小丛书）（万有文库 第 1—2 集简编）

上海：商务印书馆，1947.1，再版，214 页，32 开（自然科学小丛书）（新中学文库）

上海：商务印书馆，1948.3，3 版，214 页，32 开（自然科学小丛书）（新中学文库）

　　本书共 6 讲，内容包括：神经及其所传之信息、肌肉及其动作之法、心脏及其他数种肌肉、神经与肌肉之合作、速度力量及持久力等。1935 年版、1939 年版著者原题：希尔。

　　收藏单位：重庆馆、东北师大馆、广东馆、广西馆、贵州馆、国家馆、黑龙江馆、湖南馆、江西馆、辽宁馆、南京馆、内蒙古馆、上海馆、首都馆、天津馆、武大馆

04154

鸡生蛋蛋生鸡　顾恒德著　薛德焴校

南京：正中书局，1936.5，48 页，32 开（国

民说部 第 9 集 国民科学集 10）

　　本书共 8 回，内容包括："两同学询蛋鸡问题·陆先生讲进化意义"、"形形色色万物本同源·花花绿绿野草亦家卉"、"举化石马肢皆五蹄·示挂图鸟祖有三指"等。

　　收藏单位：国家馆、天津馆

04155

脑　周太玄著

上海：商务印书馆，1930.4，104 页，32 开（百科小丛书）（万有文库 第 1 集 524）

上海：商务印书馆，1931.8，194 页，32 开（百科小丛书）

上海：商务印书馆，1933.5，国难后 1 版，194 页，32 开（百科小丛书）

上海：商务印书馆，1934.7，再版，104 页，32 开（百科小丛书）（万有文库 第 1 集 524）

长沙：商务印书馆，1940.2，国难后 2 版，104 页，32 开（百科小丛书）

　　本书共 8 章，内容包括：脑之研究史、脑之研究法、脑之组织与功能、脑之物种进化观、成人之脑等。

　　收藏单位：大连馆、东北师大馆、广东馆、贵州馆、国家馆、黑龙江馆、湖南馆、江西馆、辽大馆、辽师大馆、南京馆、宁夏馆、上海馆、绍兴馆、首都馆、武大馆、浙江馆

04156

人 及 动 物 之 表 情　（英 ）达尔文（C. R. Darwin）著　周建侯译

外 文 题 名：The expression of the emotions in man and animals

上海：商务印书馆，1937.6，4 册（449 页），32 开（自然科学小丛书）（万有文库 第 2 集 348）

长沙：商务印书馆，1939.2，2 册（449 页），32 开（自然科学小丛书）

　　本书共 14 章，内容包括：表情之一般原则、动物之表情手段、动物之特殊表情、人之特殊表情、结论及摘要等。

　　收藏单位：重庆馆、大连馆、大庆馆、广东馆、桂林馆、国家馆、南京馆、内蒙古馆、

上海馆、天津馆、浙江馆

04157
生理学　蔡翘著
外文题名：Physiology
上海：商务印书馆，1929.7，914 页，25 开
上海：商务印书馆，1931.5，再版，914 页，25 开
上海：商务印书馆，1933.4，国难后 1 版，914 页，25 开，精装
上海：商务印书馆，1933.11，国难后 2 版，914 页，25 开，精装（大学丛书 教本）
上海：商务印书馆，1935.5，国难后 3 版，914 页，25 开，精装（大学丛书 教本）
上海：商务印书馆，1935.7，国难后 4 版，914 页，25 开，精装（大学丛书 教本）
上海：商务印书馆，1936.12，国难后增订 2 版，2 册（914 页），25 开（大学丛书 教本）
上海：商务印书馆，1937.6，国难后增订 3 版，2 册（914 页），25 开（大学丛书 教本）
长沙：商务印书馆，1938.11，国难后增订 4 版，2 册（914 页），25 开（大学丛书 教本）
长沙：商务印书馆，1940.6，国难后增订 5 版，2 册（914 页），25 开（大学丛书 教本）
重庆：商务印书馆，1943.10，国难后增订蓉 1 版，2 册（914 页），25 开（大学丛书 教本）

　　本书共 9 篇，内容包括：普通生理学、肌肉和神经、神经系统、血液和淋巴、循环系统底生理、呼吸底生理、营养底生理等。

　　收藏单位：重庆馆、广东馆、广西馆、贵州馆、国家馆、黑龙江馆、江西馆、内蒙古馆、上海馆、首都馆、西南大学馆、云南馆

04158
生理学　（日）桥田邦彦著　周颂声　阎德润译
上海：商务印书馆，1934，314+16 页，32 开

　　本书内容包括：肌之一般生理学、神经之一般生理学、电气生理学、感觉生理学、神经系统等。

　　收藏单位：广西馆

04159
生理学　（日）桥田邦彦著　周颂声　阎德润译
东京：同仁会，1934.9，314+16 页，22 开，精装

　　收藏单位：重庆馆、国家馆

04160
生理学
[河北]：白求恩大学，1945，油印本，422 页，32 开

　　收藏单位：国家馆

04161
生理学大纲　（德）P. Schultz 著　梁仲谋译
广州：致和印刷局，1935，241 页，32 开

　　收藏单位：广东馆

04162
生理学大纲　吴襄编著
上海：正中书局，1947.7，587+38 页，25 开
上海：正中书局，1948.11，沪 2 版，587+38 页，25 开

　　本书共 18 章，内容包括：肌肉及神经、中枢神经系统、自主神经系统、血液、新陈代谢、营养、内分泌腺等。大学用书。

　　收藏单位：重庆馆、东北师大馆、广东馆、国家馆、湖南馆、辽宁馆、内蒙古馆、上海馆、浙江馆

04163
生理学纲要　费鸿年编
上海：中华书局，1934.12，196 页，32 开（中华百科丛书）
昆明：中华书局，1941.2，3 版，196 页，32 开（中华百科丛书）

　　本书共 9 章，内容包括：生物体的化学的基础、生物体理学的性状、知觉和运动、神经系统、感觉、新陈代谢、循环和呼吸等。

　　收藏单位：重庆馆、广东馆、桂林馆、国家馆、湖南馆、江西馆、辽宁馆、南京馆、内蒙古馆、宁夏馆、山西馆、首都馆、天津馆

04164

生理学讲义　严保诚编

外文题名：Lectures on physiology

上海：商务印书馆，1912.12，104 页，25 开

上海：商务印书馆，1913，再版，104 页，25 开

上海：商务印书馆，1915.2，3 版，104 页，25 开

上海：商务印书馆，1917.6，5 版，104 页，25 开

　　本书共 12 章，内容包括：骨系统、筋肉系统、呼吸器系统、消化器系统、泌尿器系统、皮肤、神经系统、五官器等。教育部审定师范讲习社师范讲义。

　　收藏单位：首都馆、天津馆

04165

生理学实验　蔡翘　吴襄著

成都：国立中央大学医学院生理学科，1941，178 页，16 开

　　本书共 10 章，内容包括：普通生理学、肌肉及神经、神经系统、感觉器官、血液及淋巴、循环系统、呼吸系统等。

　　收藏单位：重庆馆、国家馆

04166

生理学实验　蔡翘　吴襄著

长沙：商务印书馆，1940.11，10+168 页，16 开，活页装（大学丛书 教本）

　　本书共 11 章，内容包括：肌肉及神经、感觉器官、血液及淋巴、循环系统、呼吸系统、营养生理、内分泌生理等。

　　收藏单位：国家馆、西南大学馆

04167

生理学试验（卷 2）　盖尔文编

奉天（沈阳）：奉天医科专门学校生理学部，1935.12，95 页，24 开

04168

生理学原理　（英）麦肯特列克（John Gray McKendrick）著　佘小宋译

外文题名：The principles of physiology

上海：商务印书馆，1929.1，154 页，32 开（医林丛刊）

上海：商务印书馆，1933.5，国难后 1 版，129 页，32 开（医学丛书）

上海：商务印书馆，1935.4，国难后 2 版，129 页，32 开（医学丛书）

　　本书共 16 章，内容包括：生物之特性、生物之活动能力、个体之原始与发育、身体内之物质与能力、老废物质之排泄等。

　　收藏单位：北师大馆、重庆馆、广东馆、广西馆、国家馆、湖南馆、江西馆、辽宁馆、内蒙古馆、首都馆、天津馆、浙江馆

04169

生死问题　（德）泰趣门（E. Teichmann）著　丁捷臣译述

外文题名：Life and death

上海：商务印书馆，1926.11，140 页，32 开（新智识丛书）

上海：商务印书馆，1933.7，国难后 1 版，140 页，32 开（百科小丛书）

上海：商务印书馆，1935，国难后 2 版，140 页，32 开（百科小丛书）

　　本书共 4 章，阐述生命之初现、持续、来由和灭亡。

　　收藏单位：安徽馆、重庆馆、大庆馆、广东馆、国家馆、南京馆、宁夏馆、首都馆

04170

生与死　（法）达斯脱（A. Dastre）著　蒋丙然译

外文题名：La vie et la mort

上海：商务印书馆，1925.10，322 页，24 开，精装（科学丛书）

上海：商务印书馆，1927.6，再版，322 页，24 开，精装（科学丛书）

　　本书论述生物的生长、衰老和死亡。共 5 篇：生与死之普通学说、能力学说及生物世界、生物共同之性质、物质之生、衰与死。

　　收藏单位：重庆馆、福建馆、广东馆、国家馆、江西馆、首都馆、天津馆、西南大学馆、浙江馆、中科图

04171

实验生理学 （美）易文士（Philip S. Evans）

（美）启真道（Leslie G. Kilborn）编

外文题名：Experimental physiology

上海：中华医学会，1934.6，3 版，[76] 页，16 开，精装

重庆：中华医学会，1944.9，修订版，76 页，16 开

　　本书内容包括：肌及周围神经系统、血循环及淋巴、呼吸系统及新陈代谢、特别感觉器官、中央神经系统等。

　　收藏单位：南京馆、上海馆、浙江馆

04172

寿命　费鸿年著

外文题名：Life

上海：商务印书馆，1930.4，116 页，32 开（百科小丛书）（万有文库 第 1 集 523）

上海：商务印书馆，1931.8，116 页，32 开（百科小丛书）

上海：商务印书馆，1933.3，国难后 1 版，116 页，32 开（百科小丛书）

上海：商务印书馆，1934.7，再版，116 页，32 开（百科小丛书）（万有文库 第 1 集 523）

上海：商务印书馆，1935.7，国难后 2 版，116 页，32 开（百科小丛书）

　　本书共 9 章，内容包括：生物之寿命、人类之寿命、寿命与生理、寿命与遗传、寿命与环境、长寿法等。

　　收藏单位：安徽馆、重庆馆、大连馆、东北师大馆、广东馆、广西馆、贵州馆、国家馆、黑龙江馆、湖南馆、江西馆、辽大馆、辽师大馆、南京馆、内蒙古馆、宁夏馆、上海馆、首都馆、天津馆、武大馆、浙江馆

04173

体温生理学　（日）小泉清明著　胡步蟾译

上海、南京：正中书局，1937.6，263 页，25 开（自然科学丛书）

上海：正中书局，1947.7，沪 1 版，263 页，25 开（自然科学丛书）

　　本书共 3 编：热之生产授受、温血动物之体温、冷血动物之体温。

　　收藏单位：重庆馆、东北师大馆、广东馆、国家馆、湖南馆、吉林馆、辽宁馆、南京馆、上海馆、云南馆、浙江馆

04174

消化生理学

军医教育班学员班，1936，113 页，16 开

　　收藏单位：国家馆

04175

心血运动论　（英）威廉·哈维（William Harvey）著　黄维荣译

外文题名：On the motion of the heart and blood in animals

上海：商务印书馆，1929.10，85 页，32 开（汉译世界名著）（万有文库 第 1 集 519）

上海：商务印书馆，1933.4，85 页，32 开（汉译世界名著）

长沙：商务印书馆，1939.12，85 页，25 开（汉译世界名著）（万有文库 第 1—2 集简编 197）

　　本书共 17 章，内容包括：著者著此书的动机、解剖活的动物时所见的心脏底运动、活体中所见的心脏及两心耳底运动、血液循环底结论等。

　　收藏单位：安徽馆、重庆馆、大连馆、东北师大馆、广东馆、广西馆、贵州馆、国家馆、黑龙江馆、江西馆、辽大馆、辽师大馆、南京馆、内蒙古馆、宁夏馆、上海馆、首都馆、天津馆、西南大学馆、浙江馆

04176

性　（英）克鲁（Francis Albert Eley Crew）著　郭豫育　郭大雄译

外文题名：Sex

上海：商务印书馆，1936.7，98 页，32 开（百科小丛书）

　　本书共 7 部分：导言、性的性质、个别有机体的性的来源、性的刺激素、性的心理的现象、性的比率、结论。

　　收藏单位：重庆馆、广东馆、国家馆、湖南馆、南京馆、宁夏馆、首都馆

04177

性的生活　沈霁春编著

上海：世界书局，1929.11，84 页，32 开

上海：世界书局，1931.6，再版，84 页，32 开

上海：世界书局，1934.11，3 版，84 页，32 开

　　本书阐述生殖现象的目的与原理，有性的与无性的两种生殖现象的区别，以及虫、鱼、鸟、兽的性生活。

　　收藏单位：重庆馆、广西馆、国家馆、江西馆、上海馆、浙江馆

04178

性及生殖　（日）户泽富寿著　高铦译

上海：商务印书馆，1935.9，87 页，32 开（自然科学小丛书）（万有文库 第 2 集 298）

上海：商务印书馆，1936.6，87 页，32 开（自然科学小丛书）

　　本书论述动物的性及生殖。共 8 部分，内容包括：性之起源及进化、雌雄异体与雌雄同体、金鱼之除去生殖腺之影响等。

　　收藏单位：重庆馆、大连馆、东北师大馆、广东馆、贵州馆、国家馆、黑龙江馆、湖南馆、江西馆、辽师大馆、南京馆、内蒙古馆、宁夏馆、上海馆、绍兴馆、天津馆、浙江馆

04179

性与生殖　顾钟华编著

上海、南京：正中书局，1936.7，113 页，32 开（正中科学知识丛书）

重庆：正中书局，1942.2，再版，113 页，32 开（正中科学知识丛书）

重庆：正中书局，1943.7，6 版，113 页，32 开（正中科学知识丛书）

　　本书共 14 章，内容包括：单细胞植物的生殖法、多细胞植物的生殖法、世代交替、蚯蚓和蜜蜂的生殖法、鱼类的生殖法、鸡的生殖、人的一生等。

　　收藏单位：重庆馆、广东馆、贵州馆、国家馆、南京馆、内蒙古馆

04180

有趣的生理问题　周建人编译

上海：商务印书馆，1947.11，71 页，32 开（新小学文库 第 1 集）

　　本书以问答形式讲解生理知识，共 72 题。

04181

赵氏生理趣谈　赵育德著

西安：恩光新医学杂志社，1946.3，152 页，32 开

　　本书共 16 章，内容包括：人种制造厂、宝贝的生平、婴儿的食品公司、生命力的原料、生命力的制造厂、生命力的化学厂等。

　　收藏单位：国家馆

04182

知识与教育　朱洗著

永安：改进出版社，1945，171 页，32 开

　　收藏单位：福建馆

04183

中国生理学会（1935—1936）

外文题名：The Chinese physiological society

青岛：中国生理学会，1935.7，22 页，32 开

　　本书共 5 部分：本年职员、会章、会员录、历年执行委员、会计报告。

　　收藏单位：国家馆

04184

中国生理学会第十周年第九届大会会程及论文提纲

青岛：中国生理学会，1936.8，25+35 页，16 开

　　收藏单位：国家馆

04185

重女轻男　朱洗著

上海：文化生活出版社，1941.2，267 页，32 开（现代生物学丛书 3）

上海：文化生活出版社，1948.3，再版，267 页，32 开（现代生物学丛书 3）

　　本书论述生物生殖的特性，用分析和实验的方法探究胚胎初步发育的机制。共 9 章，内容包括：惟卵说、惟精说、惟精惟卵的争

辩、精卵合作说、生殖通论、天然的处女生殖、人为的处女生殖等。

　　收藏单位：重庆馆、广西馆、贵州馆、国家馆、黑龙江馆、辽师大馆、南京馆、内蒙古馆、首都馆

生物化学、生物物理学

04186

动物机构学　（法）马莱（E. J. Marey）著　黄澹哉译

外文题名：La machine animale

外文题名：Animal mechanism: a treatise on terrestrial and aerial locomotion

上海：商务印书馆，1937.6，2 册（338 页），32 开（万有文库 第 2 集 339）（汉译世界名著）

长沙：商务印书馆，1939.1，338 页，32 开（自然科学小丛书）

　　本书论述动物的力、热、电、运动、机构，地上的运动和昆虫的飞翔等。

　　收藏单位：重庆馆、大连馆、东北师大馆、广东馆、贵州馆、国家馆、南京馆、内蒙古馆、上海馆、天津馆、浙江馆

04187

浮氏生物化学实验本　（美）浮林（O. Folin）著　陈履恩编译　江清校订

外文题名：Laboratory manual of biological chemistry

上海：中华博医会，1922，75 页，16 开，精装

　　收藏单位：重庆馆

04188

呼吸及酸酵　（日）柴田桂太　（日）田宫博著　魏喦寿译

上海：商务印书馆，1936.9，144 页，32 开（万有文库 第 2 集 321）（自然科学小丛书）

　　本书共 6 篇：氧呼吸、分解呼吸、氧呼吸与分解呼吸之关系、依无机物之氧化所行之呼吸、能之转变、诸种酸酵。

　　收藏单位：重庆馆、大连馆、大庆馆、东北师大馆、国家馆、江西馆、辽师大馆、内蒙古馆、天津馆、浙江馆

04189

康氏生物化学　（英）A. T. Cameron 著　李缵文译

外文题名：Biochemistry

上海：中华医学会编译部，1934.12，435 页，24 开

　　本书论述生物体各系统的职能和化学代谢。

　　收藏单位：广西馆、贵州馆、辽大馆、上海馆

04190

磷在动物消用糖质上之关系及胺素与人造胺素之作用　曾义著

化学研究所，1930.4，47 页，16 开（国立中央研究院化学研究所集刊 1）

　　收藏单位：广东馆、天津馆

04191

内分泌素化学实验　（日）绪方章著　王增悦　冯淇辉译

广州：国立中山大学农化实验室，1948，24 页，16 开

　　收藏单位：广东馆、国家馆

04192

生理化学　李震勋编译

大连：东北书店，1949.3，235 页，32 开（医学丛书 1）

　　收藏单位：国家馆

04193

生理化学　刘贻德编著

上海：商务印书馆，1937.3，120 页，32 开（百科小丛书）

　　本书共 15 章，内容包括：无机盐、气体、脂肪、蛋白质、酵素、血液、组织、胆汁、唾液等。

收藏单位：重庆馆、大庆馆、广东馆、国家馆、湖南馆、宁夏馆、上海馆、天津馆、浙江馆

04194

生理化学 （美）聂会东译　钮汉逸笔述

上海：中华博医会，1919，86 页，18 开

本书附齐鲁大学医科查尿之规则。

收藏单位：山西馆

04195

生命之物料 （英）巴生斯（T. R. Parsons）著　冯国治　戴安邦译

外文题名：The materials of life

南京：国立编译馆，1936.9，204 页，25 开

本书论述构成生物体的物质成分及其变化。共 14 章，内容包括：生物化学之价值、生命之物料、食物、能、人体机械、生命之火、消耗、肌肉运动之化学等。

收藏单位：重庆馆、贵州馆、国家馆、南京馆、绍兴馆、浙江馆

04196

生体化学 （法）杜克劳（J. Duclaux）著　高铦译

外文题名：La chemie de la matiere

上海：商务印书馆，1936.9，2 册（234 页），32 开（自然科学小丛书）（万有文库 第 2 集 325）

长沙：商务印书馆，1940.3，234 页，32 开（自然科学小丛书）

本书共 11 章，内容包括：化学之诸定律、化学的合成、对称之观念、叶绿素之作用、酒精发酵、有机构体、化学的极微量等。

收藏单位：重庆馆、大连馆、大庆馆、东北师大馆、广东馆、国家馆、内蒙古馆、宁夏馆、武大馆

04197

生物化学纲要 徐开编著

北京：徐开 [发行者]，1926.3，288 页，32 开

北京：徐开 [发行者]，1939.9，再版，288 页，32 开

北京：徐开 [发行者]，1942.8，3 版，288 页，32 开

收藏单位：南京馆

04198

生物化学实验 吴宪　周启源编著

上海：中华医学会编译部，1941.1，187+22 页，22 开

本书共 3 卷：物理化学、有机化学、生理化学。附生物化学物质之制备、试剂之配制、仪器使用法等。大学用书。

收藏单位：国家馆、上海馆

04199

生物化学实验法 徐开编

北京：徐开 [发行者]，1938.8，122 页，25 开

北京：徐开 [发行者]，1942.1，再版，122 页，25 开

本书共 10 章：炭水化合物、脂肪、蛋白质、消化液、血液、尿、乳、肌肉、肝脏、鸡蛋。

收藏单位：国家馆

04200

生物物理化学 （日）野村七郎著　魏嵒寿译

上海：商务印书馆，1935.9，193 页，32 开（自然科学小丛书）（万有文库 第 2 集 290）

上海：商务印书馆，1935.12，193 页，32 开（自然科学小丛书）

本书共 7 编，内容包括：绪论、氧化还元电位、电传导度、原形质膜及其半透过性、渗透压及冰点降下等。

收藏单位：重庆馆、大连馆、东北师大馆、广东馆、贵州馆、国家馆、黑龙江馆、江西馆、辽师大馆、南京馆、内蒙古馆、宁夏馆、上海馆、首都馆、天津馆、西南大学馆、浙江馆

04201

生物与电 （日）桥田邦彦著　许善斋译

上海：商务印书馆，1936.9，106 页，32 开（自然科学小丛书）（万有文库 第 2 集 283）

长沙：商务印书馆，1939.9，106 页，32 开
（自然科学小丛书）

长沙：商务印书馆，1940.3，106 页，32 开
（自然科学小丛书）（万有文库 第 2 集 283）

　　本书主要分两篇：事实的叙述、理论的考察。内容包括：静电的发生、静电现象、静的现象、动的现象。

　　收藏单位：重庆馆、大连馆、大庆馆、东北师大馆、广东馆、广西馆、贵州馆、国家馆、江西馆、辽师大馆、内蒙古馆、宁夏馆、上海馆、天津馆、武大馆、浙江馆

04202

生物之化学观　秉志著

伏枥 [发行者]，[14] 页，16 开

　　本书为《学林》第 4 辑抽印本。著者原题：伏枥。

　　收藏单位：上海馆

04203

维生素的故事　方白著

上海：文通书局，1948，25 页，32 开（文通少年丛书）（少年自然丛刊）

　　收藏单位：重庆馆、国家馆、湖南馆

古生物学

04204

古代的生物　杨钟健著

上海：文通书局，1948.8，34 页，32 开（文通少年丛书）（少年自然丛刊）

　　本书讲述我们人从何处来、如何找化石、已灭亡了的恐龙帝国、更奇怪的爬行动物等古生物学知识。

　　收藏单位：广东馆、国家馆、上海馆

04205

古生物　张作人　章熙林编

上海：商务印书馆，1936.11，171 页，32 开
（中学生自然研究丛书）

上海：商务印书馆，1937.3，再版，171 页，

32 开（中学生自然研究丛书）

　　本书共 3 编：通论、植物化石、动物化石。

　　收藏单位：重庆馆、东北师大馆、广东馆、广西馆、贵州馆、国家馆、湖南馆、江西馆、南京馆、宁夏馆、山西馆、上海馆、首都馆、浙江馆

04206

古生物学　王进展著

安庆：王进展 [发行者]，1935.10，463 页，16 开

04207

古生物学通论　杨钟健编译

上海：中华书局，1926.9，81 页，22 开（少年中国学会丛书）

上海：中华书局，1930.3，再版，81 页，22 开（少年中国学会丛书）

上海：中华书局，1936.3，3 版，81 页，22 开（少年中国学会丛书）

　　本书共 12 篇，内容包括：地史的时代和单位、古生物学引论、古生物遗迹的类别、古生物遗迹的修理和收藏、古生物遗迹的鉴定等。附地史时代略表、植物族类及地质分布表、动物族类及地质分布表。

　　收藏单位：北师大馆、重庆馆、东北师大馆、广西馆、国家馆、黑龙江馆、江西馆、南京馆、内蒙古馆、山西馆、上海馆、首都馆、天津馆、浙江馆

04208

古生物学译名草案（第 7 卷第 2 期）　章熙林编

出版者不详，50 页，16 开

　　本书主要概述古生物名词范例。英德华对照版。

　　收藏单位：浙江馆

普通古生物学

04209

化石　张作人著

外文题名：Fossils

上海：商务印书馆，1927.7，93 页，32 开（百科小丛书 125）

上海：商务印书馆，1930.10，76 页，32 开（百科小丛书）（万有文库 第 1 集 476）

上海：商务印书馆，1934.4，国难后 1 版，76 页，32 开（百科小丛书）

上海：商务印书馆，1935.5，国难后 2 版，76 页，32 开（百科小丛书）

本书论述化石的生成及各类动植物化石。

收藏单位：安徽馆、重庆馆、大连馆、大庆馆、东北师大馆、广东馆、广西馆、贵州馆、国家馆、黑龙江馆、江西馆、辽大馆、辽师大馆、南京馆、内蒙古馆、宁夏馆、清华馆、上海馆、首都馆、天津馆、西南大学馆、浙江馆

04210

化石生物学 （日）槇山次郎著　毛文麟译

上海：商务印书馆，1935.9，86 页，32 开（自然科学小丛书）（万有文库 第 2 集 280）

上海：商务印书馆，1936.6，86 页，32 开（自然科学小丛书）

本书共 7 部分：化石生物学之目的、地质年代、古生物之保存、古生物之环境、古生物之个体发达、古生物之地层、古动物之历史。

收藏单位：重庆馆、大连馆、东北师大馆、广东馆、贵州馆、国家馆、黑龙江馆、江西馆、辽师大馆、南京馆、内蒙古馆、宁夏馆、上海馆、首都馆、天津馆、浙江馆

04211

山东之白垩纪化石 （美）葛利普（A. W. Grabau）著　赵亚曾节译

北京：农商部地质调查所，1923.12，85—92+143—181 页，16 开

本书为《地质汇报》第 5 号摘印本。

收藏单位：国家馆

04212

山西五台山南台之南变质石灰岩内锥管状化石　杨杰著

北平：国立北平研究院总办事处出版课，1936.6，5 页，16 开

本书为《国立北平研究院总办事处出版课》第 7 卷第 3 期抽印本，曾以法文载于《中国地质学会志》第 14 卷第 3 期。文中有最古原藻植物化石照片。

收藏单位：国家馆

04213

中国下寒武纪的标准化石　尹赞勋著

北平：中国地质学会，1936，665—672 页，25 开

本书为《地质论评》第 1 卷第 6 期摘印本。

收藏单位：广东馆、国家馆

04214

中国中部归州层内之白垩纪化石 （美）葛利普（A. W. Grabau）著　赵亚曾节译

北京：农商部地质调查所，1923.12，209—218 页，16 开

本书为《地质汇报》第 5 号摘印本。

收藏单位：国家馆、上海馆

古植物学

04215

鄂西香溪煤系植物化石　斯行健著

外文题名：Die mesozoische Flora aus der Hsiangchi Kohlen Serie in Westhupeh

南京：中央地质调查所，1949.7，[92] 页，16 开（中国古生物志 新甲种 第 2 号 133）

本书为德文本，附中文节要。

收藏单位：贵州馆

04216

广东乳源湖南宜章交界处艮口煤田侏罗纪植物化石　张席褆著

外文题名：Some Jurassic plants from the coal pits of Keng Kou, on the boundary between Kwangtung and Hunan provinces

广州：两广地质调查所，1930，[14] 页，12 开（中国古生物志 第 1 卷下）

　　本书研究一种羊齿类植物和五种苏铁科植物化石。有植物化石图。英文本，附中文摘要。

04217

日本盐原化石植物群及日本海底寒水凝结物的时代与地质学上的意义　马廷英著

[昆明]：中国地质学会，1940，483—492页，25开

　　本书为《地质论评》第5卷第6期摘印本。

　　收藏单位：重庆馆

04218

山西中部古生代植物化石　（瑞典）赫勒（T. G. Halle）著　翁文灏节述

北京：地质调查所，1927.11，[580]页，16开（中国古生物志 甲种 第2号1）

　　本书为英文本，附中文节述。

　　收藏单位：国家馆

04219

浙江大羽羊齿化石之新产地及其地质时代说略　乐森璕著

广州：两广地质调查所，1931.3，81—92页，16开

　　本书为《中国地质学会志》第11卷第1期摘印本。中英文合编。

　　收藏单位：国家馆

04220

中国古生代植物　斯行健著

北平：实业部地质调查所、国立北平研究院地质学研究所，1933.10，92页，16开（中国古生物志 甲种 第4号1）

　　本书为德文本，附中文节要。

04221

中国中生代植物　斯行健著

北平：实业部地质调查所、国立北平研究院地质学研究所，1933.10，92页，16开（中国古生物志 甲种 第4号1）

　　本书为德文本，附中文节要。

　　收藏单位：国家馆

古动物学

04222

安阳殷墟之哺乳动物群　（法）德日进（P. T. de Chardin）　杨钟健著

北平：实业部地质调查所、国立北平研究院地质学研究所，1936.6，78页，16开（中国古生物志 丙种 第12号1）

　　本书为英文本，附中文节要。

　　收藏单位：北师大馆、贵州馆

04223

笔石之保存分类及其在中国之分布　章熙林著

出版者不详，1934，36页，16开

　　收藏单位：广东馆

04224

长江下游之笔石化石　许杰著

南京：国立中央研究院地质研究所，1934，[200]页，12开（国立中央研究院地质研究所专刊 甲种 第4号）

　　本书为英文本，附中文节要。

　　收藏单位：上海馆

04225

东亚下寒武纪莱得利基虫之分布　马希融著

北平：中国地质学会，1937，157—160页，25开

　　本书为《地质论评》第2卷第2期摘印本。

　　收藏单位：广东馆、国家馆

04226

洞角兽类化石　（瑞典）步林（A. B. Bohlin）著　周赞衡译

北京：农商部地质调查所，1925.12，91—92+111—113页，16开

　　本书为《地质汇报》第7号摘印本。

　　收藏单位：国家馆

04227

古动物学　（法）布勒（M. Boule）著　周太玄译

上海：少年中国学会生物学研究会，1922.6，124 页，24 开

上海：少年中国学会生物学研究会，1923.6，再版，124 页，24 开

上海：少年中国学会生物学研究会，1927.4，3 版，124 页，24 开

　　本书讲述历代动物化石。有各国博物馆馆藏古动物骨架等插图。著者原题：补勒。中华书局发行。

　　收藏单位：重庆馆、广西馆、国家馆、江西馆、上海馆、首都馆

04228

广西北部栖霞层新发见之珊瑚化石　乐森璕著

广州：两广地质调查所，1929，[10] 页，16 开（两广地质调查所特刊 第 2 号）

　　收藏单位：广东馆、桂林馆

04229

广西哺乳动物化石　张席褆著

外文题名：On some fossil mammals from Kwangsi, South China

广州：两广地质调查所，1934，9+14 页，16 开（两广地质调查所特刊 第 15 号）

　　本书为中英文合编。另附铜版照片 21 帧及说明。

　　收藏单位：广东馆、桂林馆、国家馆

04230

广西第三纪及第四纪之淡水螺化石　许杰著

北平：国立北平研究院地质学研究所，1935，1 册，16 开（中国古生物志 乙种 第 6 号）

　　收藏单位：广东馆

04231

广西上新统淡水软体动物化石　（瑞典）俄德纳（Nils Hj. Odhner）著　计荣生节译

北平：实业部地质调查所、国立北平研究院地质学研究所，1930.12，[45] 页，大 16 开（中国古生物志 乙种 第 6 号 4）

　　本书著者原题：俄德诺。英文本，附中文摘要。

　　收藏单位：广东馆、国家馆

04232

广西下泥盆纪腕足类与瓣腮类化石之鉴定

张席褆著　徐瑞麟节译

外文题名：A preliminary report on the identification of some lower Devonian brachiopods and pelecypods of Kwangsi province

广州：两广地质调查所，1929，17 页，16 开（两广地质调查所特刊 第 3 号）

　　收藏单位：桂林馆、国家馆

04233

广西下石炭纪珊瑚化石之一新种　乐森璕著

外文题名：On a new species of clisiophyllid coral from lower Carboniferous of central Kwangsi province

广州：两广地质调查所，1929.10，13 页，16 开（两广地质调查所特刊 第 1 号）

　　收藏单位：桂林馆、国家馆

04234

贵州下二叠纪之腕足类瓣腮类及腹足类化石

（美）葛利普（A. W. Grabau）著　尹赞勋摘要

外文题名：Early Permian brachiopoda, pelecypoda castropoda of Kueichow

北平：实业部地质调查所、国立北平研究院地质研究所，1934.2，214 页，16 开（中国古生物志 乙种 第 8 号 3）

　　本书为英文本，附中文摘要。

　　收藏单位：国家馆

04235

国立台湾大学理学院研究报告（第 1 种第 1 卷第 2 号）

台北：国立台湾大学，1947.10，154 页，18 开

　　本书共收 5 篇研究报告：《北半球新生代后期冰川》《台湾化石海胆类第二报》《台湾

化石海胆类第三报》《台湾新第三纪扇蟹类之一种》《海南岛玄武岩类》。学术研究与台湾省海洋研究所合作出版。

收藏单位：国家馆

04236

河南渑池豪猪动物化石 （瑞典）伦贝（Einar Lönnberg）著　周赞衡节译

外文题名：On a new fossil porcupine from Honan with some remarks about the development of the hystricidae

北京：农商部地质调查所，1924.12，15 页，16 开（中国古生物志 丙种 第 1 号 3）

本书为英文本，附中文摘要。

收藏单位：贵州馆、国家馆

04237

河南渑池之骆驼类化石 （奥）师丹斯基（Otto Zdansky）著　周赞衡节译

外文题名：Paracamelus gigas, Schlosser

北京：农商部地质调查所，1926.5，44 页，16 开（中国古生物志 丙种 第 2 号 4）

本书为德文本，附中文摘要。

收藏单位：国家馆

04238

脊椎动物化石之采集与修理 杨钟健著

北平：实业部地质调查所、北平研究院地质学研究所，1930.8，30 页，22 开

收藏单位：广东馆、国家馆、南京馆、上海馆、天津馆、西南大学馆

04239

解决一个所谓"古盃珊瑚"的统系纠纷 丁道衡著

北平：中国地质学会，1937，223—232 页，25 开

本书为《地质论评》第 2 卷第 3 期摘印本。作者判断"古杯珊瑚"并非珊瑚，属于海绵动物。

收藏单位：广东馆、国家馆

04240

金陵灰岩之珊瑚类及腕足类化石 朱森著

北平：国立中央研究院地质研究所，1933，[77] 页，16 开（国立中央研究院地质研究所专刊 甲种 第 2 号）

本书为英文本，附中文摘要。

收藏单位：广西馆、国家馆

04241

蒙古第三纪哺乳类动物定名之订正 密勒（G. S. Miller）著

北京：中国地质调查所，1927.12，20 页，16 开（中国古生物志 丙种 第 5 号 2）

本书为英文本。

收藏单位：贵州馆、国家馆

04242

蒙古第三纪脊椎动物化石 （德）舒罗塞（Max Schlosser）著　翁文灏节述

北京：农商部地质调查所，1924.5，132 页，16 开（中国古生物志 丙种 第 1 号 1）

本书为英文本，附中文节述。

收藏单位：国家馆

04243

三门系之介壳化石 （瑞典）俄德纳（Nils Hj. Odhner）著　赵亚曾节译

北京：农商部地质调查所，1925.6，[49] 页，16 开（中国古生物志 乙种 第 6 号 1）

本书著者原题：俄德诺。英文本，附中文摘要。

收藏单位：国家馆

04244

山东白垩纪恐龙类 （瑞典）维曼（Carl Wiman）著　杨钟健摘译

外文题名：Die Kreide-Dinosaulier aus Shantung

北平：农矿部直辖地质调查所，1929.1，67 页，10 开（中国古生物志 丙种 第 6 号 1）

本书为德文本，附中文摘要。

收藏单位：贵州馆、国家馆、浙江馆

04245

山西保德县三趾马层 （奥）师丹斯基（Otto Zdansky）著

北京：农商部地质调查所，1923.10，[20] 页，16 开

　　本书为《地质汇报》第 5 号摘印本。德文本，附中文节要。未题译述者。

　　收藏单位：国家馆

04246

山西东南部上新统之驼骆麒麟鹿及鹿化石 （法）德日进（P. T. de Chardin） 汤道平（M. Trassaert）著

外 文 题 名：The pliocene camelidæ, giraffidæ, and cervidæ of South Eastern Shansi

北平：实业部地质调查所、国立北平研究院地质学研究所，1937.7，68 页，16 开（中国古生物志 新丙种 第 1 号 102）

　　本书为英文本。

　　收藏单位：山西馆

04247

山西犀类化石报告 （瑞典）林斯顿（T. J. Ringström）著　孙云铸译

外 文 题 名：Sinotherium lagrelii, a new fossil rhinocerotid from Shansi

北京：农 商 部 地 质 调 查 所，1923.10，53—54+91—93 页，16 开

　　本书为《地质汇报》第 5 号摘印本。中英文合编。

　　收藏单位：广东馆、国家馆、上海馆

04248

生物地质学　杜芳城译

上海：北新书局，1930.5，180 页，32 开

　　本书论述生物地质作用的特性、生命的出现、现代生物和过去时代生物的出现、进化学说与动物等。

　　收藏单位：重庆馆、广东馆、广西馆、国家馆、湖南馆、江西馆、山西馆、首都馆、天津馆、浙江馆

04249

四川之脊椎动物化石　杨钟健著

北平：中国地质学会，1936，651—656 页，25 开

　　本书为《地质论评》第 1 卷第 6 期摘印本。附四川含脊椎动物化石地点约图。

　　收藏单位：广东馆、国家馆

04250

台湾化石及现生腕足类 （日）早坂一郎著

台北：台湾省海洋研究所，1946.11，[26] 页，16 开

　　本书为《台湾省海洋研究所研究集刊》第 1 号抽印本。英文本，附中文节要。

　　收藏单位：上海馆

04251

香港之下白垩纪菊石 （美）葛利普（A. W. Grabau）著　赵亚曾译

北京：农 商 部 地 质 调 查 所，1923，97—98+199—207 页，16 开

　　本书为《地质汇报》第 5 号摘印本。英文本，附中文摘要。

　　收藏单位：国家馆、上海馆

04252

扬子江下游栖霞石炭岩之珊瑚化石　乐森璕 黄汲清著

外文题名：The coral fauna of the Chihsia limestone of the lower Yangtze valley

北平：实业部地质调查所、国立北平研究院地质学研究所，1932.5，72+10 页，16 开（中国古生物志 乙种 第 8 号 1）

　　本书为英文本，附中文摘要。

　　收藏单位：广东馆、国家馆

04253

云南东部志留纪动物化石 （美）葛利普（A. W. Grabau）著　孙云铸节译

北京：农商部地质调查所，1926.3，[120] 页，16 开（中国古生物志 乙种 第 3 号 2）

　　本书为英文本，附中文节译。

　　收藏单位：国家馆

04254

浙江下奥陶纪之三叶虫化石　盛莘夫著

北平：实业部地质调查所、国立北平研究院地质学研究所，1934.11，1 册，16 开（中国古生物志 乙种 第 3 号 3）

收藏单位：南京馆

04255

中国奥陶纪及志留纪之笔石　孙云铸著

外 文 题 名：Ordovician and Silurian graptolites from China

北平：实业部地质调查所、国立北平研究院地质学研究所，1933.9，69 页，16 开（中国古生物志 乙种 第 14 号 1）

本书记述江苏、湖北、江西、甘肃、绥远各省奥陶纪及志留纪地层中发现的笔石。英文本，附中文摘要。

收藏单位：贵州馆、国家馆、南京馆

04256

中国白垩纪之昆虫化石　秉志著

外文题名：Cretaceous fossil insects of China

北平：农矿部直辖地质调查所，1928.12，56 页，16 开（中国古生物志 乙种 第 13 号 1）

本书内有铜板化石标本图照。英文本，附中文摘要。

收藏单位：国家馆

04257

中国北部奥陶纪动物化石　（美）葛利普（A. W. Grabau）著　孙云铸译述

外文题名：Ordovician fossils of North China

北京：农商部地质调查所，1922.4，127 页，16 开（中国古生物志 乙种 第 1 号 1）

本书为英文本，附中文节译。

收藏单位：贵州馆、国家馆、山西馆

04258

中国北部本溪及太原系之腹足类化石　尹赞勋著

外文题名：Gastropoda of the Penchi and Taiyuan series of North China

北平：实业部地质调查所、国立北平研究院地质学研究所，1932.7，53 页，16 开（中国古生物志 乙种 第 11 号 2）

本书为英文本，附中文节要。

收藏单位：国家馆

04259

中国北部本溪及太原系之头足类化石　尹赞勋著

外文题名：Cephalopoda of the Penchi and Taiyuan series of North China

北平：实业部地质调查所、国立北平研究院地质学研究所，1933.2，46 页，16 开（中国古生物志 乙种 第 11 号 3）

本书为英文本，附中文摘要。

收藏单位：国家馆

04260

中国北部第四纪之食肉兽类化石　（奥）师丹斯基（Otto Zdansky）著　周赞衡节译

外文题名：Quartäre Carnivoren aus Nord-China

北京：农商部地质调查所，1925.9，[45] 页，16 开（中国古生物志 丙种 第 2 号 2）

本书为德文本，附中文节译。

收藏单位：国家馆

04261

中国北部寒武纪动物化石　孙云铸著

外文题名：Contributions to the Cambrian faunas of North China

北京：农商部地质调查所，1924.12，24+109 页，16 开（中国古生物志 乙种 第 1 号 4）

本书为英文本，附中文节要。

收藏单位：贵州馆、国家馆、宁夏馆、浙江馆

04262

中国北部三趾马动物群中之犀类化石　（瑞典）林斯顿（T. J. Ringström）著　周赞衡节译

外文题名：Nashärner der Hipparion-Fauna Nord-Chinas

北京：农商部地质调查所，1924.10，156 页，16 开（中国古生物志 丙种 第 1 号 4）

本书为德文本，附中文节译。

收藏单位：国家馆

04263

中国北部三趾马群之洞角类化石 （瑞典）步林（A. B. Bohlin）著　杨钟健节译

外文题名：Cavicornier der Hipparion-Fauna Nord-Chinas

北平：实业部地质调查所、国立北平研究院地质学研究所，1935.8，162 页，16 开（中国古生物志 丙种 第 9 号 4）

本书为德文本，附中文节译。

收藏单位：贵州馆、国家馆

04264

中国北部太原系之瓣腮类化石　赵亚曾著

外文题名：Fauna of the Taiyuan formation of North China, pelecypoda

北京：中央地质调查所，1927.12，64 页，16 开（中国古生物志 乙种 第 9 号 3）

本书为英文本，附中文摘要。

收藏单位：贵州馆、国家馆

04265

中国北部新生代后期之哺乳动物化石 （法）德日进（P. T. de Chardin）　杨钟健著

北平：实业部地质调查所、国立北平研究院地质学研究所，1931.12，[93] 页，16 开（中国古生物志 丙种 第 9 号 1）

本书为英文本，附中文摘要。

收藏单位：国家馆

04266

中国北部之蜓科（即纺锤虫） 李四光著

北京：中国地质调查所，1927.9，[191] 页，16 开（中国古生物志 乙种 第 4 号 1）

本书为英文本，附中文摘要。

收藏单位：贵州馆、国家馆

04267

中国北部之白垩纪软体类化石 （美）葛利普（A. W. Grabau）著　赵亚曾节译

外文题名：Cretaceous mollusca from North China

北京：农商部地质调查所，1923.12，93—96+183—197 页，16 开

本书为《地质汇报》第 5 号摘印本。英文本，附中文摘要。

收藏单位：国家馆、上海馆

04268

中国北部之啮齿动物化石　杨钟健著

外文题名：Fossile Nagetiere aus Nord-China

北京：地质调查所，1927.8，82 页，16 开（中国古生物志 丙种 第 5 号 3）

本书为德文本，附中文摘要。

收藏单位：国家馆

04269

中国北部之麒麟鹿科化石 （瑞典）步林（A. B. Bohlin）著　周赞衡节译

外文题名：Die Famile Giraffidæ : mit besonderer Berücksichtigung der fossilen Formen aus China

北京：中国地质调查所，1927.10，178 页，16 开（中国古生物志 丙种 第 4 号 1）

本书为德文本，附中文节译。

收藏单位：国家馆

04270

中国北方之腹足类　秉志著

北平：国立北平研究院地质研究所，1931.1，39 页，16 开（中国古生物志 乙种 第 6 号 6）

本书为英文本，附中文摘要。

收藏单位：国家馆

04271

中国北方之三趾马化石 （瑞典）色费（Ivar Sefve）著　杨钟健摘译

外文题名：Die Hipparionen Nord-Chinas

北京：地质调查所，1927.2，93 页，16 开（中国古生物志 丙种 第 4 号 2）

本书为德文本，附中文摘要。

收藏单位：贵州馆、国家馆

04272

中国北方之田螺化石　秉志著

外文题名：Fossil terreatrial gastropods from North China

北平：农矿部直辖地质调查所，1929.11，30 页，16 开（中国古生物志 乙种 第 6 号 5）

　　本书为英文本，附中文摘要。

　　收藏单位：贵州馆、国家馆

04273

中国长身贝科化石　赵亚曾著

北京：实业部地质调查所，1927.9—1928.10，2 册，16 开（中国古生物志 乙种 第 5 号 2—3）

　　本书卷上出版于 1927 年 9 月，卷下出版于 1928 年 10 月。英文本，附中文摘要。

　　收藏单位：国家馆

04274

中国地史上之爬行动物　杨钟健著

北平：实业部地质调查所、国立北平研究院地质学研究所，1935.4，59 页，16 开（地质专报 乙种 第 8 号）

　　本书概述中国爬行动物化石的发现及研究工作。共 4 章：绪论及爬行动物概论、中国爬行动物化石发现小史、中国爬行动物化石略志、中国爬行类结要及研究本类化石之前瞻。

　　收藏单位：广东馆、贵州馆、国家馆、南京馆

04275

中国第三纪后期及第四纪之犀牛类化石　（瑞典）林斯顿（T. J. Ringström）著　杨钟健摘要

外文题名：Über quartäre und jungtertiäre Rhinocerotiden aus China und der Mongolei

北京：地质调查所，1927.1，21 页，16 开（中国古生物志 丙种 第 4 号 3）

　　本书为德文本，附中文摘要。

　　收藏单位：贵州馆、国家馆

04276

中国第三纪后期之食肉兽类化石　（奥）师丹斯基（Otto Zdansky）著　周赞衡节译

外文题名：Jungtertiäre Carnivoren Chinas

北京：农商部地质调查所，1924.12，149 页，16 开（中国古生物志 丙种 第 2 号 1）

　　本书为德文本，附中文节译。

　　收藏单位：国家馆

04277

中国二叠纪新发见之阔翅类化石·直隶开平之下二叠纪动物化石　（美）葛利普（A. W. Grabau）著　孙云铸译

北京：农商部地质调查所，1920.10，26—30+61—79 页，16 开

　　本书为《地质汇报》第 2 号摘印本。附中文摘要。

　　收藏单位：国家馆

04278

中国古代珊瑚化石（卷 1—2）　（美）葛利普（A. W. Grabau）著　孙云铸译

北京：农商部地质调查所，1922.9—1929.1，2 册（104+158 页），16 开（中国古生物志 乙种 第 2 号 1—2）

　　本书卷 1 出版于 1922 年 9 月，卷 2 出版于 1929 年 1 月。英文本，附中文摘要。

　　收藏单位：贵州馆、国家馆

04279

中国古代太原系海百合化石　田奇瓗著

北京：农商部地质调查所，1926，[70] 页，10 开（中国古生物志 乙种 第 5 号 1）

　　本书为英文本，附中文摘要。

　　收藏单位：贵州馆、国家馆

04280

中国旧新生代之哺乳类化石　（奥）师丹斯基（Otto Zdansky）著　尹赞勋摘要

外文题名：Die alttertiären Säugetiere Chinas stratigraphischen Bemerkungen

北平：实业部地质调查所、国立北平研究院地质学研究所，1930.2，87 页，16 开（中国古生物志 丙种 第 6 号 2）

　　本书为德文本，附中文摘要。

　　收藏单位：贵州馆、国家馆

04281

中国灵长类动物化石 （德）舒罗塞（Max Schlosser）著　翁文灏节述

北京：农商部地质调查所，1924.6，[15] 页，16 开（中国古生物志 丙种 第 1 号 2）

　　收藏单位：国家馆、山西馆、西南大学馆

04282

中国龙骨商与脊椎动物化石之研究　杨钟健著

中国科学社，1933.1，97—120 页，16 开

　　本书讲解脊椎动物化石和龙骨，记述摧残古生物珍贵材料的见闻。《科学》第 17 卷第 1 期抽印本。

　　收藏单位：国家馆

04283

中国鹿类化石新发见之特征 （奥）师丹斯基（Otto Zdansky）著　孙云铸节译

外 文 题 名：Weitere Bemerkungen über fossile Cerviden aus China

北京：地 质 调 查 所，1927.6，19 页，16 开（中国古生物志 丙种 第 5 号 1）

　　本书为德文本，附中文节译。

　　收藏单位：贵州馆、国家馆、西南大学馆

04284

中国南部二叠纪珊瑚化石　黄汲清著

外文题名：Permian corals of southern China

北平：实业部地质调查所、国立北平研究院地质学研究所，1932.6，163 页，16 开（中国古生物志 乙种 第 8 号 2）

　　本书为英文本，附中文摘要。

　　收藏单位：国家馆

04285

中国南部下三叠纪之头足类化石　田奇㻪著

外文题名：Lower Triassic cephalopoda of South China

北平：实业部地质调查所、国立北平研究院地质学研究所，1933.4，53 页，16 开（中国古生物志 乙种 第 15 号 1）

　　本书为英文本，附中文摘要。封面出版

者之一原题：北平研究院地质学研究所。

　　收藏单位：国家馆

04286

中国泥盆纪腕足类化石（卷 1 云南及中国南部其他各省之泥盆纪腕足类化石）（美）葛利普（A. W. Grabau）著　计荣森节译

北平：实业部地质调查所、国立北平研究院地质学研究所，1931.10，[549] 页，16 开（中国古生物志 乙种 第 3 号 3）

　　本书为英文本，附中文摘要。

　　收藏单位：国家馆

04287

中国石炭纪及二叠纪石燕化石　赵亚曾著

外文题名：Carboniferous and Permian spiriferids of China

北平：国民政府农矿部直辖地质调查所，1929.6，[139] 页，10 开（中国古生物志 乙种 第 11 号 1）

　　本书为英文本，附中文摘要。

　　收藏单位：国家馆

04288

中国食肉类化石新发见之特征 （奥）师丹斯基（Otto Zdansky）著　孙云铸节译

外文题名：Weitere Bemerkungen über fossile Carnivoren aus China

北京：地 质 调 查 所，1927.6，28 页，16 开（中国古生物志 丙种 第 4 号 4）

　　本书为德文本，附中文节译。

　　收藏单位：国家馆

04289

中国始新统之湖产软体动物 （瑞典）俄德纳（Nils Hj. Odhner）著　孙云铸节译

外 文 题 名：Lacustrine mollusca from eocene deposits in China

北京：农商部地质调查所，1922.10，[21] 页，16 开

　　本书为《地质汇报》第 4 号摘印本。英文本，附中文节译。

　　收藏单位：国家馆、上海馆

04290

中国驼鸟化石 （英）鲁维（P. R. Lowe）著　杨钟健摘要

外文题名：With a note on remains of carinate birds

北平：实业部地质调查所、国立北平研究院地质学研究所，1931.10，47 页，16 开（中国古生物志 丙种 第 6 号 4）

本书为英文本，附中文摘要。

收藏单位：国家馆

04291

中国西南部后期二叠纪之腕足类　黄汲清著

外文题名：Late Permian brachiopoda of southwestern China

北平：实业部地质调查所、国立北平研究院地质学研究所，1932.7—1933.5，2 册（135+172 页），16 开（中国古生物志 乙种 第 9 号 1—2）

本书分上、下编，上编出版于 1932 年 7 月，下编出版于 1933 年 5 月。英文本，附中文节要。

收藏单位：国家馆

04292

中国下石炭纪管状珊瑚化石　计荣森著

外文题名：Lower Carboniferous syringoporas of China

北平：实业部地质调查所、国立北平研究院地质学研究所，1933.6，48 页，大 16 开（中国古生物志 乙种 第 12 号 4）

本书为英文本，附中文节要。

收藏单位：贵州馆、国家馆

04293

中国下石炭纪珊瑚化石　俞建章著　尹赞勋节译

外文题名：Lower Carboniferous corals of China

北平：实业部地质调查所、国立北平研究院地质学研究所，1933.12，11+211 页，16 开（中国古生物志 乙种 第 12 号 3）

本书为英文本，附中文节译。

收藏单位：国家馆

04294

中国之龟鳖类化石 （瑞典）维曼（Carl Wiman）著　杨钟健节译

外文题名：Fossile Schildkröten aus China

北平：农矿部直辖地质调查所、国立北平研究院地质学研究所，1930.4，56 页，16 开（中国古生物志 丙种 第 6 号 3）

本书为德文本，附中文节译。

收藏单位：贵州馆、国家馆

04295

中国之鹿类化石 （奥）师丹斯基（Otto Zdansky）著　周赞衡节译

外文题名：Fossile Hirsche Chinas

北京：农商部地质调查所，1925.12，[143] 页，16 开（中国古生物志 丙种 第 2 号 3）

本书为德文本，附中文节译。

收藏单位：国家馆

04296

中国之驼鸟蛋化石　杨钟健著

北平：中国地质学会，1937，267—272 页，25 开

本书论述历年在各地发现的驼鸟蛋化石及驼鸟在中国的历史。《地质论评》第 2 卷第 3 期摘印本。

04297

中国中部艾家层下部之腕足类化石　张鸣韶著

北平：实业部地质调查所、国立北平研究院地质学研究所，1934.5，[31] 页，16 开（中国古生物志 乙种 第 1 号 3）

本书为英文本，附中文摘要。

收藏单位：国家馆、西南大学馆

04298

中国中部奥陶纪头足类化石　俞建章著

北平：农矿部直辖地质调查所、国立北平研究院地质学研究所，1930.7，101+18 页，16 开（中国古生物志 乙种 第 1 号 2）

本书为英文本，附中文摘要。

收藏单位：国家馆

04299

中国中部及南部奥陶纪之三叶虫化石　孙云铸著

外文题名：Ordovician trilobites of central and southern China

北平：实业部地质调查所、国立北平研究院地质学研究所，1931.11，47页，16开（中国古生物志 乙种 第7号1）

本书为英文本，附中文摘要。

收藏单位：国家馆

04300

中国中石炭纪威宁系珊瑚化石　计荣森著

外文题名：Weiningian (Middle Carboniferous) corals of China

北平：实业部地质调查所、国立北平研究院地质学研究所，1931.12，70页，16开（中国古生物志 乙种 第12号5）

本书为英文本，附中文节要。

收藏单位：贵州馆、国家馆

04301

中国猪类化石　（英）裴尔森（H. S. Pearson）著　杨钟健节要

外文题名：Chinese fossil suidae

北平：农矿部直辖地质调查所，1928.9，75页，16开（中国古生物志 丙种 第5号5）

本书为英文本，附中文节要。

收藏单位：贵州馆、国家馆、天津馆

04302

周口店第二第七第八地点之脊椎动物化石　杨钟健著

外文题名：On the fossil vertebrate remains from localities 2, 7 and 8 at Choukoutien

北平：实业部地质调查所、国立北平研究院地质学研究所，1932.5，24页，16开（中国古生物志 丙种 第7号3）

本书为英文本，附中文节要。

收藏单位：国家馆、西南大学馆

04303

周口店第四纪之哺乳类化石　（奥）师丹斯基（Otto Zdansky）著　杨钟健摘要

外文题名：Die Säugetiere der Quartärfauna von Chou-K'ou-Tien

北京：地质调查所，1928.5，146页，16开（中国古生物志 丙种 第5号4）

本书为德文本，附中文摘要。

收藏单位：贵州馆、国家馆

04304

周口店第一地点之偶蹄类化石　杨钟健著

北平：实业部地质调查所、国立北平研究院地质学研究所，1932.6，[163]页，16开（中国古生物志 丙种 第8号2）

本书为英文本，附中文摘要。

收藏单位：贵州馆、国家馆

04305

周口店第一第三地点之鱼类、两栖类、爬行类化石　卞美年著

外文题名：On the fossil pisces, amphibia and reptilia from Choukoutien localities 1 and 3

北平：实业部地质调查所、国立北平研究院地质学研究所，1934.3，32页，16开（中国古生物志 丙种 第10号1）

本书为英文本，附中文摘要。

收藏单位：贵州馆、国家馆

04306

周口店骨化石沉积第五地点之哺乳动物化石　裴文中著

外文题名：Mammalian remains from locality 5 at Chouk'outien

北平：实业部地质调查所、国立北平研究院地质学研究所，1931.7，18页，16开（中国古生物志 丙种 第7号2）

本书为英文本，附中文摘要。

收藏单位：国家馆

04307

周口店鸡骨山哺乳类化石　杨钟健著

外文题名：On the mammalian remains from Chi Ku Shan near Chou Kou Tien

北平：农矿部直辖地质调查所、国立北平研究

院地质学研究所，1930.3，24 页，16 开（中国古生物志 丙种 第 7 号 1）

本书为英文本，附中文摘要。

收藏单位：国家馆

04308

周口店猿人产地之肉食类化石　裴文中著

外文题名：On the carnivora from locality 1 of Choukoutien

北平：实业部地质调查所、国立北平研究院地质学研究所，1934.5，216 页，16 开（中国古生物志 丙种 第 8 号 1）

本书为英文本，附中文摘要。

收藏单位：贵州馆、国家馆

04309

周口店中国猿人地点之小哺乳类化石　杨钟健著

外文题名：On the insectivora, chiroptera, rodentia and primates other than sinanthropus from locality 1 an Choukoutien

北平：实业部地质调查所、国立北平研究院地质学研究所，1934.8，160 页，16 开（中国古生物志 丙种 第 8 号 3）

本书为英文本，附中文摘要。

收藏单位：贵州馆、国家馆

微生物学

04310

波路氏微菌学　（英）波路（Ball）著　陈世华译

广州：大同春药房、百利恒药房，1912.10，281 页，25 开

本书两编：总论、异常微菌学。封面题名：波路氏微菌学全书。

收藏单位：国家馆

04311

菌儿自传　高士其著

上海：开明书店，1941.1，129 页，32 开（开明青年丛书）

上海：开明书店，1943.1，湘 1 版，129 页，32 开（开明青年丛书）

上海：开明书店，1946.9，3 版，129 页，32 开（开明青年丛书）

上海：开明书店，1948.7，特 1 版，129 页，32 开（开明青年丛书）

上海：开明书店，1949.2，4 版，129 页，32 开（开明青年丛书）

本书以自述体裁讲解几种病菌的生活史。

收藏单位：重庆馆、东北师大馆、广西馆、贵州馆、国家馆、黑龙江馆、吉林馆、江西馆、南京馆、山西馆、绍兴馆、首都馆、天津馆、云南馆、浙江馆

04312

实用细菌学　黄志上编著

济南：医务生活社，1948.12，168 页，32 开

本书共 31 章，内容包括：历史、细菌的化学组成、传染、免疫性、细菌的命名、外科细菌学、外科手术后的传染等。

收藏单位：国家馆、南京馆

04313

实用细菌学　姜白民编　胡定安校

外文题名：Practical bacteriology

上海：商务印书馆，1922.6，268+12 页，22 开

上海：商务印书馆，1925.1，再版，268+12 页，22 开，精装

上海：商务印书馆，1927.1，3 版，268+12 页，22 开，精装

上海：商务印书馆，1931.5，4 版，268+12 页，22 开，精装

上海：商务印书馆，1933.3，国难后 1 版，268+12 页，22 开，精装

上海：商务印书馆，1935.5，国难后 2 版，268+12 页，22 开，精装

本书共 10 章，内容包括：细菌与细菌学、细菌学之沿革、细菌之分类、细菌之形态及构造、细菌之生理与生态、细菌之分布等。附中文及英文索引。

收藏单位：重庆馆、东北师大馆、广东馆、广西馆、国家馆、湖南馆、江西馆、辽

宁馆、山西馆、绍兴馆、首都馆、天津馆、浙江馆

04314

微生物　周建人著

上海：商务印书馆，1933.12，34 页，32 开（小学生文库 第 1 集 生物类）

上海：商务印书馆，1935.1，4 版，34 页，32 开（小学生文库 第 1 集 生物类）

上海：商务印书馆，1936.3，39 页，32 开（小学生文库 第 1 集 生物类）

　　本书内容包括：什么叫做微生物、微生物的种类、细菌是怎样的、酵母菌是怎样的、微生物和我们的利害关系等。

　　收藏单位：重庆馆、东北师大馆、广西馆、吉林馆、首都馆

04315

微生物　（日）竹内松次郎著　魏喦寿译

上海：商务印书馆，1935.3，129 页，32 开（自然科学小丛书）（万有文库 第 2 集 333）

上海：商务印书馆，1935.6，129 页，32 开（自然科学小丛书）（新中学文库）

长沙：商务印书馆，1939.12，129 页，32 开（自然科学小丛书）（万有文库 第 1—2 集简编 184）

上海：商务印书馆，1947.2，3 版，129 页，32 开（自然科学小丛书）（新中学文库）

　　本书共 6 章：肉眼不能见之世界、微生物之作用、土壤与微生物、吾人之营养与微生物、疾病与微生物、免疫血清及预防疫苗。

　　收藏单位：重庆馆、大连馆、大庆馆、东北师大馆、广东馆、广西馆、贵州馆、国家馆、黑龙江馆、湖南馆、江西馆、辽师大馆、南京馆、内蒙古馆、宁夏馆、上海馆、绍兴馆、首都馆、天津馆、西交大馆、浙江馆

04316

微生物界的探险者　陈明斋著

上海：开明书店，1936.2，151 页，32 开（开明青年丛书）

　　本书以故事体裁介绍雷汶胡克、巴士特、科和、麦奇尼可夫、里德等 9 位科学家。

收藏单位：重庆馆、广东馆、国家馆、江西馆、南京馆、上海馆、首都馆、天津馆、浙江馆

04317

微生物学

出版者不详，油印本，1 册，14 开，环筒页装

　　本书共 3 部分：微生物学、农业微生物学实验、微生物学实验（英文）。

　　收藏单位：重庆馆

04318

微生物学大意　钱亦石著

上海：神州国光社，1931.12，58 页，36 开

　　本书论述微生物的种类以及传染病的病理、症候和预防等。

　　收藏单位：南京馆、浙江馆

04319

微生物学纲要　华阜熙编

上海：中华书局，1935.4，2 册（326 页），32 开（中华百科丛书）

昆明：中华书局，1941.2，3 版，2 册（326 页），32 开（中华百科丛书）

昆明：中华书局，1941.2，4 版，2 册（326 页），32 开（中华百科丛书）

　　本书前 8 章为总论，统论微生物之形态学、生物学、传染、免疫、消毒法、化学疗法以及其研究之方法；第 9 章为各论，分述各个微生物之特性及其诊断治疗预防等事项。

　　收藏单位：北师大馆、重庆馆、东北师大馆、广东馆、贵州馆、国家馆、江西馆、辽宁馆、南京馆、内蒙古馆、上海馆、绍兴馆、首都馆、天津馆

04320

微生物学实验法　魏喦寿著

上海：商务印书馆，1934.9，117 页，23 开

上海：商务印书馆，1935，再版，117 页，23 开

　　本书论及关于微生物之普通实验方法。共 10 章，内容包括：显微镜及其使用法、标

本制法及染色法、灭菌法、培养基及其制法、微生物之培养法、微生物数量测定法等。

收藏单位：重庆馆、广东馆、广西馆、国家馆、湖南馆、南京馆、山西馆、上海馆、天津馆、浙江馆

04321

微生物学总论

上海：东南医学院出版股，1931，132+30 页，24 开

本书书末另附"传染论"一篇。

04322

微 生 物 与 人 生 （美）彭琼斯（Stanhope Bayne-Jones）著　陈兆熙译

外文题名：Man and microbes

上海：商务印书馆，1935.9，130 页，32 开（自然科学小丛书）（万有文库 第 2 集 284）

上海：商务印书馆，1936.6，130 页，32 开（自然科学小丛书）

上海：商务印书馆，1937，4 版，130 页，32 开（自然科学小丛书）

本书共 9 章，内容包括：微生物、微生物与土壤、微生物与工业、微生物和植物、微生物与昆虫、微生物与人类之疾病等。

收藏单位：重庆馆、大连馆、大庆馆、东北师大馆、福建馆、广东馆、贵州馆、国家馆、黑龙江馆、湖南馆、江西馆、辽师大馆、南京馆、内蒙古馆、宁夏馆、上海馆、天津馆、浙江馆

04323

微生物之起源及其在自然界之任务 （法）贝熙业（Bussiere）讲　谭熙鸿译

外文题名：Origine des microbes-leur role dans la nature

北京：中法教育界月刊，1926.10，13+10 页，18 开（中法大学讲演录）

收藏单位：国家馆

04324

细菌　胡先骕著

外文题名：Bacteria

上海：商务印书馆，1923.1，39 页，32 开（百科小丛书）

上海：商务印书馆，1926.8，3 版，39 页，32 开（百科小丛书 5）

上海：商务印书馆，1929.10，36 页，32 开（百科小丛书）（万有文库 第 1 集 500）

上海：商务印书馆，1933.4，国难后 1 版，39 页，32 开（百科小丛书 5）

上海：商务印书馆，1934.7，再版，36 页，32 开（百科小丛书）（万有文库 第 1 集 500）

上海：商务印书馆，1935.2，国难后 2 版，36 页，32 开（百科小丛书）

本书共 9 部分，内容包括：细菌学之略史、细菌学之范围、细菌之界说、细菌在宇宙间之分布、细菌之形态、细菌之分类等。

收藏单位：安徽馆、重庆馆、大连馆、大庆馆、东北师大馆、广东馆、广西馆、贵州馆、国家馆、黑龙江馆、江西馆、辽大馆、辽师大馆、南京馆、内蒙古馆、宁夏馆、山东馆、上海馆、绍兴馆、首都馆、天津馆、西南大学馆、浙江馆

04325

细菌

广州：国立中山大学农学院推广部，1928.5，8 页，24 开（农林浅说 病虫害类 第 1 号）

广州：国立中山大学农学院推广部，1929.1，再版，8 页，24 开（农林浅说 病虫害类 第 1 号）

广州：国立中山大学农学院推广部，1934.10，6 版，8 页，24 开（农林浅说 病虫害类 第 1 号）

收藏单位：国家馆、上海馆

04326

细菌的大菜馆　高士其著

上海：通 俗 文 化 社，1936.6，101 页，32 开（通俗文化丛刊）

本书共 11 部分，内容包括：细菌的大菜馆、细胞的不死精神、单细胞生物的性生活、地球的繁荣与土壤的劳动者等。

收藏单位：重庆馆、国家馆、湖南馆、内蒙古馆

04327

细菌学大意　葛成勋编

北京：京师学务局学术讲演会，28 页，22 开
（学术讲演录）

　　收藏单位：江西馆

04328

细菌学实习提要　（日）佐藤秀三编　祖照基
译

上海：商务印书馆，1937.8，172 页，22 开
（大学丛书 教本）

　　本书共 20 章，内容包括：实习室中之注
意、玻璃器之清洁法、灭菌法、消毒法、细
菌之培养法、增菌法、细菌数量测定法等。

　　收藏单位：重庆馆、贵州馆、国家馆、内
蒙古馆

04329

细菌学实习提要

东北军区卫生部，1948.11，424 页，32 开

　　本书共 21 章，内容包括：实习室内注意
事项、研究室内感染、玻璃器具清洗法、制
造培地的一般知识、菌量测定法等。

　　收藏单位：浙江馆

04330

细菌与人（高士其科学小品集）　高士其著

上海：开明书店，1936.8，217 页，32 开（开
明青年丛书）

上海：开明书店，1946.11，3 版，217 页，32
开（开明青年丛书）

上海：开明书店，1948.7，特 1 版，217 页，
32 开（开明青年丛书）

上海：开明书店，1949.2，4 版，217 页，32
开，精装（开明青年丛书）

　　本书共 5 编：概论、"大王"的生活、"蚂
蚁"的生活、大王和蚂蚁的斗争、其他的捣
乱份子。

　　收藏单位：重庆馆、东北师大馆、广东
馆、贵州馆、国家馆、江西馆、辽宁馆、南
京馆、内蒙古馆、山西馆、上海馆、绍兴馆、
首都馆、天津馆、西南大学馆、浙江馆

04331

细菌之变异及菌解素　（日）小林六造著　魏
嵒寿译

上海：商务印书馆，1935.3，105 页，32 开
（自然科学小丛书）（万有文库 第 2 集 334）

上海：商务印书馆，1935.6，105 页，32 开
（自然科学小丛书）

　　本书共 9 章，内容包括：细菌之性状、细
菌变异性状之概要、细菌变异之主要者、生
成细菌变异之因子、变异之归还等。

　　收藏单位：重庆馆、大连馆、东北师大
馆、广东馆、广西馆、贵州馆、国家馆、江
西馆、辽师大馆、南京馆、内蒙古馆、宁夏
馆、上海馆、首都馆、天津馆、浙江馆

04332

向微生物挑战　赵欲仁　钱剑清编译

上海：世界书局，1948.10，33页，32开（少年
自然科学丛书 48）

　　本书以故事体裁介绍微生物知识。版权
页题名：向害人的微生物宣战。

　　收藏单位：国家馆、南京馆

04333

芽胞之一新染色法　屠宝琦著

[热带病研究所]，1934.3，4 页，18 开（热
带病研究所刊物）

　　收藏单位：国家馆

植物学

04334

方文培教授任教国立四川大学十周年纪念册

成都：方文培教授任教国立四川大学十周年纪
念筹备会，1947.11，32 页，16 开

　　本书内收 6 篇纪念文章：《论治植物分类
学之精神》（李荫桢）、《方植夫先生川大教学
十年纪念》（周太玄）、《十年来方文培教授之
在川大》（胡文光）、《方文培教授任国立四川
大学十周年纪念颂》（李彩祺）、《方植夫教授
发现之植物新种》（罗世炯）、《川大植物标本

室之木材标本》（邓纯眉），并收有方文培论文《四川木本植物两新种》1 篇。

　　收藏单位：国家馆

04335

高等植物学　邹秉文　胡先骕　钱崇澍编著
外文题名：Advanced botany
上海：商务印书馆，1923.11，462 页，23 开，精装
上海：商务印书馆，1925，再版，462 页，23 开，精装
上海：商务印书馆，1926.4，3 版，462 页，23 开，精装
上海：商务印书馆，1928.5，4 版，462 页，23 开，精装
上海：商务印书馆，1929.4，5 版，462 页，23 开，精装

　　本书共两编：植物之构造及其生活、植物之种类及其关系。

　　收藏单位：重庆馆、东北师大馆、广东馆、国家馆、黑龙江馆、江西馆、辽宁馆、内蒙古馆、首都馆、天津馆、浙江馆

04336

普通植物学　郝景盛　赵为楣著
重庆：中华书局，1945.10，渝初版，314 页，22 开
上海：中华书局，1946.9，再版，314 页，22 开

　　本书共 5 篇：植物通论、植物形态学、植物生理学、植物分类学、中国特有或能培植之经济植物。附普通植物学名词对照表、中国植物研究机关一览。大学用书。

　　收藏单位：安徽馆、重庆馆、东北师大馆、国家馆、辽宁馆、上海馆、西南大学馆

04337

普通植物学　李扬汉编译
成都：金陵大学植物学会，1943.9，440 页，32 开（金陵大学农学院丛书）

　　收藏单位：南京馆

04338

普通植物学　李扬汉编译
上海：商务印书馆，1948.8，2 册（619 页），25 开（大学丛书）
上海：商务印书馆，1949.4，3 版，2 册（619 页），25 开（大学丛书）

　　本书共 26 章，内容包括：植物体、植物细胞之结构与组织、植物细胞之生理、果实种子及幼苗、演化与遗传、化石植物等。附英汉名词对照表。

　　收藏单位：重庆馆、东北师大馆、国家馆、黑龙江馆、辽宁馆、南京馆、宁夏馆、山西馆

04339

实用植物学　刘毅然译编
外文题名：A textbook of general botany
北平：科学书室，1935.9，12+191 页，18 开

　　本书讲述植物根、茎、花的形态及功用，果实，种子发芽，环境对植物的影响等。附中英文植物学名词对照表、植物学家人名表。

　　收藏单位：国家馆、南京馆

04340

植物界之奇观　嵇联晋著
镇江：生物馆，1928.6，86 页，32 开

　　收藏单位：南京馆

04341

植物生物学　（日）松本巍著　吴印禅译
外文题名：Plant biology
上海：商务印书馆，1931.4，258 页，23 开，精装（科学丛书）
上海：商务印书馆，1933.4，国难后 1 版，258 页，23 开，精装（科学丛书）

　　本书共 7 章：细胞、生活机能、植物界、植物发达史、种子植物之形态与构造、生理化学概要、植物学实验摘要。

　　收藏单位：重庆馆、东北师大馆、广东馆、桂林馆、国家馆、江西馆、南京馆

04342

植物世界　（法）波尼哀（Gaston Bonnier）著

周太玄　周王耀群译
外文题名：Le monde végétal
上海：商务印书馆，1931.6，341 页，23 开
（科学丛书）
上海：商务印书馆，1933.5，国难后 1 版，
341 页，23 开（科学丛书）
上海：商务印书馆，1936.3，4 册（395 页），
32 开（万有文库第 2 集 330）（自然科学小丛书）
　　本书共 12 章：花的实际、对于植物部门
构成的次第见解、隐花植物研究的进步与发
现、有花植物无花植物的过渡、植物的两重
个体、近代分类法的批评、物种的实验上的
概念、植物种属的现代创生、实验的变形说、
由水土气候所生的生物变化上的实验、完全
黑暗中的生活、自然生殖。1936 年万有文库
版译者仅有周太玄。
　　收藏单位：重庆馆、大连馆、东北师大
馆、广东馆、广西馆、贵州馆、国家馆、黑
龙江馆、湖南馆、江西馆、辽宁馆、宁夏馆、
山西馆、首都馆、天津馆、浙江馆

04343

植物学　杜就田编纂
上海：商务印书馆，1914，5 版，52 页，25
开，环筒页装
　　本书为师范学校教科书。
　　收藏单位：首都馆

04344

植物学
出版者不详，130 页，25 开
　　本书共 12 章，内容包括：植物的基本构
造、根、茎、叶、花、果实、种子、藻菌植
物、苔藓植物、蕨类植物、种子植物等。
　　收藏单位：广东馆、江西馆

04345

植物学大纲　嵇联晋编著　薛德焴校订
上海：世界书局，1936.5，14+765 页，25 开，
精装
上海：世界书局，1936，2 版，14+765 页，25
开，精装
　　本书共 4 编：植物形态学、植物生理学、
植物生态学、植物分类学。
　　收藏单位：广东馆、贵州馆、国家馆、黑
龙江馆、湖南馆、南京馆

04346

植物学纲要　华汝成编
上海：中华书局，1934，304 页，32 开（中华
百科丛书）
上海：中华书局，1935.3，304 页，32 开（中
华百科丛书）
昆明：中华书局，1941.2，3 版，304 页，32
开（中华百科丛书）
上海：中华书局，1949.3，3 版，304 页，32
开（中华百科丛书）
　　本书共 7 章：植物的形态、植物的生理、
植物的抵抗性和病异、植物的生态、植物的
分类和分布、有用植物、有害植物。附中文
及西文名词索引。
　　收藏单位：重庆馆、东北师大馆、广东
馆、国家馆、江西馆、南京馆、内蒙古馆、
宁夏馆、首都馆、西南大学馆、浙江馆

04347

植物学通论　（日）山羽仪兵著　陶秉珍编译
上海、南京：正中书局，1937.7，232 页，25
开（自然科学丛书）
上海：正中书局，1947.2，沪 1 版，232 页，
25 开（自然科学丛书）
　　本书共 6 篇，内容包括：植物的形态、植
物的生理、植物的分布、植物的分类等。
　　收藏单位：东北师大馆、广西馆、国家
馆、辽宁馆、南京馆、浙江馆

04348

植物学小史　胡先骕编
外文题名：History of botany
上海：商务印书馆，1930.4，130 页，32 开
（百科小丛书）（万有文库第 1 集 498）
上海：商务印书馆，1931.8，130 页，32 开
（百科小丛书）
上海：商务印书馆，1933.5，国难后 1 版，
130 页，32 开（百科小丛书）
长沙：商务印书馆，1939.9，130 页，32 开

（百科小丛书）（万有文库 第1—2集简编
182）
重庆：商务印书馆，1945，渝1版，101页，
36开（百科小丛书）
上海：商务印书馆，1947.2，3版，130页，
32开（百科小丛书）（新中学文库）

本书共7章：植物形态学与解剖学细胞
学之历史、种子植物分类学之历史、隐花植
物学之历史、古代植物学之历史、植物生理
学之历史、遗传学与天演论之历史、植物分
布学与生态学之历史。主要取材于英国 R. J.
Harvey-Gibson 所 著 Outlines of the History of
Botany。

收藏单位：安徽馆、重庆馆、大连馆、大
庆馆、东北师大馆、广东馆、广西馆、贵州
馆、国家馆、黑龙江馆、湖南馆、江西馆、
辽大馆、辽宁馆、辽师大馆、南京馆、内蒙
古馆、宁夏馆、上海馆、绍兴馆、首都馆、
天津馆、西南大学馆、浙江馆

04349

植物学要览　刘纪著
上海：商务印书馆，1919.10，64页，50开
上海：商务印书馆，1925，4版，64页，50
开

本书为受验准备用书。
收藏单位：国家馆、首都馆

04350

植物研究
[南京]：行政院新闻局，1947，18页，36开
[南京]：行政院新闻局，1948.1，18页，36
开

本书介绍中央研究院植物研究所及国内
其他植物学研究机构概况。
收藏单位：重庆馆、大庆馆、广东馆、广
西馆、桂林馆、国家馆、江西馆、近代史所、
辽宁馆、南京馆、内蒙古馆、上海馆、首都
馆、天津馆、浙江馆

04351

植物杂种之研究　（奥）孟德尔（Gregor
Mendel）著　林道容译

外文题名：Versuche über Pflanzen-Hybriden
上海：商务印书馆，1936.9，66页，32开
（汉译世界名著）（万有文库 第2集314）
上海：商务印书馆，1937.3，66页，32开
（汉译世界名著）
长沙：商务印书馆，1939.9，66页，32开
（汉译世界名著）（万有文库 第1—2集简编
181）

本书共11部分，内容包括：绪言、实验
用植物之选择、实验之划分与次序、杂种之
形态、杂种之第一代等。
收藏单位：重庆馆、大连馆、大庆馆、东
北师大馆、广东馆、广西馆、国家馆、黑龙
江馆、湖南馆、江西馆、辽宁馆、辽师大馆、
南京馆、内蒙古馆、宁夏馆、上海馆、绍兴
馆、天津馆、浙江馆

04352

中国植物学文献评论　（德）Emil Bretschneider
著　石声汉译　胡先骕校
外 文 题 名：On the study and value of Chinese
botanical works
上海：国立编译馆，1935.7，82页，22开

本书介绍以李时珍《本草纲目》为主的
本草学典籍，并有中国栽培植物源流考和记
载植物方法举例等。共5部分：草部、谷部、
菜部、果部、木部。
收藏单位：重庆馆、广东馆、国家馆、南
京馆、内蒙古馆、上海馆、首都馆、天津馆

植物学的研究与实验

04353

观察实验图解植物学　日本广岛文理科大学
广岛高等师范学校博物学会编　嵇联晋译
上海：商务印书馆，1936.9，363页，22开，
精装（科学丛书）

本书从植物的形态、生理、生态等方面
进行观察实验，作出写生图，附简单文字说
明。
收藏单位：重庆馆、东北师大馆、广东
馆、广西馆、国家馆、湖南馆、辽宁馆、南

京馆、首都馆、天津馆、浙江馆

04354

广西植物园概况

广西普及国民基础教育研究院，1935.2，42页，32开

本书介绍广西植物园的创设宗旨、筹设经过、现在状况以及将来计划。

收藏单位：广西馆、桂林馆、国家馆

04355

简易下等植物标本制作法　吴炳著

杭州：浙江省立西湖博物馆，1934.6，3页，16开

本书为《浙江省立西湖博物馆馆刊》第2期专刊抽印本。

收藏单位：国家馆

04356

静生生物调查所江西省农业院庐山森林植物园第二次年报

北平：静生生物调查所，1936.1，19页，18开

本书共14部分，内容包括：庐山及其附近植物之调查、重要森林园艺植物之引归栽培、本园自采种苗、繁殖工作、建筑、道路工程等。

收藏单位：广东馆、国家馆

04357

静生生物调查所江西省农业院庐山森林植物园第一次年报（1934年8月起至12月底止）

北平：静生生物调查所，1935.1，15页，16开

本书为《静生生物调查所第六次年报》抽印本。卷首页题名：静生生物调查所江西省农业院庐山森林植物园工作报告。

收藏单位：广东馆、国家馆、上海馆

04358

静生生物调查所江西省农业院庐山森林植物园第三次年报

北平：静生生物调查所，1937.2，20页，16

开

本书共10部分，内容包括：重要植物引归栽培、种苗之交换购买与赠予、本园自采种苗、建筑、草木植物分类区等。《静生生物调查所第八次年报》抽印本。

收藏单位：广东馆

04359

静生生物调查所江西省农业院庐山森林植物园第四次年报（1937年1月起至12月止）

北京：静生生物调查所，1938.1，15页，16开

本书为《静生生物调查所第九次年报》抽印本。

收藏单位：浙江馆

04360

静生生物调查所江西省农业院庐山森林植物园募集基金计划书

北平：静生生物调查所，[1935]，15页，16开，环筒页装

本书内含植物园计划、募集基金办法。

收藏单位：广东馆、国家馆、南京馆

04361

实验植物学　嵇联晋编

上海：北新书局，1932.6，216页，22开

本书讲述植物实验及其所用器械与药品，标本的采集、制作和保存。

收藏单位：广东馆、广西馆、国家馆、南京馆、上海馆、首都馆、天津馆、西南大学馆

04362

显微镜的植物学实验法　嵇联晋译

昆明：中华书局，1939.9，244页，24开

本书共8章，内容包括：显微镜及附属器、切片机、影片装置、实验用药剂、各种标本制作要项、细胞组织实验等。

收藏单位：重庆馆、贵州馆、桂林馆、国家馆、辽宁馆、上海馆

04363

英国爱丁堡皇家植物园　陈封怀著

北平：中国植物学会，1935.11，1 册，16 开

本书原载《中国植物学杂志》第 2 卷第 3 期。

收藏单位：南京馆

04364

植物标本采集制作法　嵇联晋著

上海：商务印书馆，1936.6，116 页，32 开（中学生自然研究丛书）

上海：商务印书馆，1936.8，再版，116 页，32 开（中学生自然研究丛书）

上海：商务印书馆，1937.3，3 版，116 页，32 开（中学生自然研究丛书）

本书共 5 章：器械、药品、植物之采集、植物标本之制作、标本之保存。

收藏单位：重庆馆、东北师大馆、广东馆、贵州馆、国家馆、湖南馆、江西馆、南京馆、浙江馆

04365

植物标本采集制作法　凌昌焕编译

上海：中华书局，1936.6，78 页，32 开（初中学生文库）

上海：中华书局，1936，再版，78 页，32 开（初中学生文库）

上海：中华书局，1937，78 页，32 开（中华文库 初中 第 1 集）

上海：中华书局，1947.12，78 页，32 开（中华文库 初中 第 1 集）

本书共 4 章：植物的采集、标本的制作、标本的完成及其他、下等植物的采集及标本的制作法。

收藏单位：重庆馆、东北师大馆、广东馆、广西馆、桂林馆、国家馆、湖南馆、江西馆、南京馆、内蒙古馆、上海馆、浙江馆

04366

植物标本的采集和制作　周建人著

上海：商务印书馆，1933.10，41 页，32 开（小学生文库第 1 集 劳作类）

上海：商务印书馆，1935，4 版，41 页，32 开（小学生文库第 1 集 劳作类）

本书共 9 部分，内容包括：植物和植物标本、采集植物用的器具、采集时的注意、植物采来之后的处理、整理工作、标本的保存和贮藏等。

收藏单位：重庆馆、贵州馆、上海馆、首都馆

04367

植物标本制作法　董纯才编　陶知行校

上海：儿童书局，1932.3，34 页，32 开（儿童科学丛书 1）

上海：儿童书局，1933，3 版，34 页，32 开（儿童科学丛书 1）

本书共 6 部分：采集标本的用具、制作标本的用品、采集标本的方法、制作标本的方法、保存标本的方法、干制鲜花的方法。

收藏单位：广西馆、国家馆、首都馆

04368

植物实验室　童致棱编

上海：中华书局，1948.1，108 页，32 开（中华文库 初中 第 1 集）

本书共 10 章，内容包括：实验的方法、植物的分类、种子植物叶的实验观察、种子植物茎的实验观察、种子植物根的实验观察、花的实验观察、果实和种子的实验观察等。

收藏单位：安徽馆、重庆馆、东北师大馆、广东馆、广西馆、桂林馆、国家馆、黑龙江馆、湖南馆、江西馆、南京馆、内蒙古馆、上海馆、绍兴馆、浙江馆

04369

植物园　蒋希益编著

上海：商务印书馆，1937.6，106 页，32 开（社会教育小丛书）

本书共 6 章：植物园概论、植物园之设计、施工及管理、经费及组织、事业之设施、人才之训练。

收藏单位：广东馆、广西馆、国家馆、南京馆、天津馆、西南大学馆

04370

植物园　（日）矢部吉祯著　许心芸　朱成之

译

上海：商 务 印 书 馆，1933.4，78 页，32 开（百科小丛书）

上海：商务印书馆，1933.8，再版，78 页，32 开（百科小丛书）

　　本书共 3 章：绪言、植物园及其所在地、重要植物园。

　　收藏单位：重庆馆、大庆馆、东北师大馆、广东馆、国家馆、江西馆、南京馆、宁夏馆、上海馆、天津馆

植物学教育与普及

04371

八大植物　毛福全编纂

北京：实业同志会，1920.8，12+99 页，25 开

　　本书共 8 篇：橡皮树、椰子树、包丰梗、龙舌兰、人参、竹蔗、茶、棉。

　　收藏单位：国家馆

04372

草木花卉　陈端本编著

南京：正中书局，1936.5，39 页，32 开（国民说部 第 9 集 国民科学集 9）

　　收藏单位：重庆馆、国家馆、湖南馆、江西馆、南京馆、首都馆

04373

胡尔德氏植物学教科书　（美）胡尔德（J. M. Coulter）著　奚若　蒋维乔译

外文题名：Plant studies

上海：商务印书馆，1911，[400] 页，22 开

　　收藏单位：重庆馆、国家馆、首都馆

04374

开明植物学讲义

上海：开明书店，162 页，28 开

　　收藏单位：浙江馆

04375

绿的世界（植物的故事）　Julie Closson Kenly 著　赵庸耕编译

上海：少年书局，1933.3，152 页，32 开

上海：少年书局，1934.8，再版，152 页，32 开

　　本书用故事体裁讲述植物的形态、生理等。编译者原题：庸耕。

　　收藏单位：重庆馆、国家馆、湖南馆、江西馆、南京馆、天津馆、浙江馆

04376

奇怪的植物　陈人英著

桂林：康健书店，1943.6，桂版，74 页，32 开

　　本书以浅易的文字介绍花、果、菜、草等。

　　收藏单位：重庆馆、广东馆、贵州馆、湖南馆、江西馆

04377

三好学植物学讲义（卷上）　黄以仁编译　凌昌焕校订

外文题名：Miyoshi's lectures on botany

上海：商务印书馆，1918.1，330 页，27 开，环筒页装

上海：商务印书馆，1925.11，4 版，330 页，27 开

上海：商 务 印 书 馆，1931.9，5 版，330 页，27 开

　　本书共 4 编：序论、显花植物形态论、细胞暨组织、隐花植物通论。

　　收藏单位：广东馆、江西馆、首都馆

04378

三好学植物学讲义（卷中）　黄以仁　凌昌焕　吴家煦编译

上海：商务印书馆，1920.8，520 页，27 开

上海：商务印书馆，1924.2，再版，520 页，27 开

上海：商 务 印 书 馆，1931.5，3 版，520 页，27 开

　　本书讲述植物的生长、疾病和生殖等。

　　收藏单位：广东馆、江西馆

04379

实用主义植物学教科书　马君武编译

上海：商务印书馆，1918.11，421+18 页，25

开

上海：商务印书馆，1924，4 版，421+18 页，25 开，精装

　　本书共 3 章：细胞学、植物形态学及生理学、植物分类学。

　　收藏单位：重庆馆、广东馆、广西馆、国家馆、首都馆

04380

我们的花园　马志柏著

重庆：文风书局，1944.10，46 页，32 开（新少年文库 第 3 集）

　　本书共 5 部分：荒芜的田园、春天百花开、植物的生命力、地球上已经死绝的植物、植物的合群性。

　　收藏单位：重庆馆、国家馆

04381

小朋友植物　祝菇如编

上海：北新书局，1932，112 页，32 开（小朋友丛书 9）

上海：北新书局，1933，[再版]，112 页，32 开（小朋友丛书 9）

　　收藏单位：广东馆、首都馆

04382

新编植物学教科书　杜就田　孙佐译述　杜亚泉校订

上海：商务印书馆，1911，112+111 页，22 开

上海：商务印书馆，1913，再版，112+111 页，22 开

　　收藏单位：河南馆、首都馆

04383

有用植物　张果著

上海：文化生活出版社，1941.3，169 页，36 开（少年科学丛书）

　　本书介绍几种常见植物的特点和用途。

　　收藏单位：重庆馆、广西馆、贵州馆、国家馆、辽宁馆、山西馆、首都馆

04384

有知识的草木　李劭青著

北平：中华平民教育促进会，1930.11，18 页，50 开（平民读物 科学常识 85）

北平：中华平民教育促进会，1932.11，再版，18 页，50 开（平民读物 科学常识 85）

　　收藏单位：国家馆

04385

植树节　周晦盦著

定县：中华平民教育促进会，1932.7，2 册（30+30 页），50 开（平民读物 科学常识 131—132）

　　收藏单位：国家馆

04386

植物的神秘　钱畊莘著

北平：文光书店，1949.9，91 页，32 开（新时代科学丛书 3）

　　本书共两编：生物的出现、植物的生活。中等学校教科及自修适用。

　　收藏单位：国家馆

04387

植物和叶　郑贞文等编辑

上海：商务印书馆，1925.10，27 页，32 开（少年自然科学丛书 16）

重庆：商务印书馆，1943.12，渝 1 版，27 页，32 开（少年自然科学丛书 16）

　　本书内容包括：植物的身体、植物和动物的差别、植物的种类、叶的职务是甚么、红叶和落叶、供我们使用的叶等。

　　收藏单位：广东馆、国家馆、南京馆、上海馆

04388

植物世界　沈志坚译

上海：新中国书局，1935.8，101 页，32 开

上海：新中国书局，1936.9，再版，101 页，32 开

　　本书内容包括：没有种子的植物、朋友和仇敌、日光工厂、植物的食物、贮藏的场所、人造植物等。

　　收藏单位：重庆馆、湖南馆、首都馆、浙江馆

04389

植物问答　刘庆萱著

上海：东方文学社，1936，2 版，56 页，50 开

　　收藏单位：广东馆、南京馆

04390

植物问答　毛起鹏编著

上海：大东书局，1930，130 页，50 开（百科常识问答丛书）

上海：大东书局，1937，再版，130 页，50 开（百科常识问答丛书）

04391

植物小讲座　马天放编辑

上海：广益书局，1933，52 页，32 开（儿童科学丛书）

　　收藏单位：首都馆

04392

植物学　褚乙然编

长沙：商务印书馆，1939.2，191 页，32 开

　　本书共 48 部分，内容包括：植物的发生和发育、植物体的构造、花的观察、桑和大麻、百合类和叶的变态、胡瓜和茄等。职业学校教科书。

　　收藏单位：广东馆、国家馆、江西馆、上海馆

04393

植物学　李天佐编

上海：科学会编译部，1911.2，订正 3 版，12+402页，22开

上海：科学会编译部，1911.7，4版，12+402页，22开

上海：科学会编译部，1912，[再版]，12+402页，22开

　　本书共 4 编：植物形态学、植物解剖学、植物生理学、植物分类学。中等博物教科书。

　　收藏单位：重庆馆、首都馆

04394

植物学　刘元钊编著　应成一校订

南京：正中书局，1936.5，56 页，32 开（正

中少年故事集 第 5 集 8）

重庆：正中书局，1943，4 版，56 页，32 开（正中少年故事集 第 5 集 8）

上海：正中书局，1948.6，沪 1 版，56 页，32开（正中少年故事集 第 5 集 8）（中国发明发见故事集）

　　本书共分 6 部分：什么叫做植物学、中国植物学的萌芽期、植物学研究的兴起、唐宋时的植物学、明清时的植物学、中国历代本草学著作年表。

　　收藏单位：重庆馆、广东馆、广西馆、国家馆、江西馆

04395

植物学　周建人编

上海：商务印书馆，1935.10，2 册（88+89 页），32 开

上海：商务印书馆，1947，7 版，2 册（88+89页），32 开

　　本书内容包括：根的构造及机能、根的生态、茎的构造及机能、茎的生态、叶的生态、植物的生长和运动等。简易师范学校教科书。

　　收藏单位：重庆馆、国家馆、辽宁馆

04396

植物学（上册）　华汝成编

昆明：中华书局，1941.3，3 版，148+12 页，32开

上海：中华书局，1947.4，9 版，148+12 页，32开

　　本书共 4 章：绪论、植物器官的机能、菌藻的构造及生活史、苔藓植物的构造及生活史。新课程标准简易师范学校适用。

　　收藏单位：国家馆

04397

植物学（下册）　华汝成编

上海：中华书局，1946，6 版，152 页，32 开

　　本书为新课程标准简易师范学校适用。

　　收藏单位：国家馆

04398

植物学（上册）　童致棱　罗士苇编著　罗宗

洛校订

南京：正中书局，1935.9，194 页，32 开

南京、上海：正中书局，1937，20 版，194 页，32 开

上海：正中书局，1948.6，沪 4 版，194 页，32 开

　　本书为教育部审定，简易师范学校及简易乡村师范学校用。

　　收藏单位：重庆馆、国家馆、辽宁馆

04399

植物学（下册）　童致棱　罗士苇编著　罗宗洛校订

南京：正中书局，1936，319+12 页，32 开

南京：正中书局，1936，10 版，341 页，32 开

上海：正中书局，1946.8，沪 1 版，344 页，32 开

上海：正中书局，1946，沪 20 版，344 页，32 开

　　本书为教育部审定，简易师范学校及简易乡村师范学校用。

　　收藏单位：重庆馆、国家馆

04400

植物学讲义　卢开运编

[北平]：卢开运 [发行者]，1930，396 页，22 开，精装

　　本书共 5 篇：概说、植物与环境之关系、细胞之组织及其机能、根茎叶之组织及其机能、植物之自然分类。大学教本。

　　收藏单位：国家馆、宁夏馆、首都馆

04401

植物学讲义　严保诚　孔庆莱编纂

外文题名：Lectures on botany

上海：商务印书馆，1912.12，106 页，22 开

上海：商务印书馆，1913，再版，106 页，22 开

上海：商务印书馆，1915.2，3 版，106 页，22 开

　　本书共 4 编：植物形态学、植物构造学、植物生理学、植物分类学。

　　收藏单位：广东馆、内蒙古馆、首都馆、浙江馆

04402

植物学教科书　（美）胡尔德（J. M. Coulter）著　蒋维乔译

上海：商务印书馆，1913，再版，430 页，22 开

　　收藏单位：广东馆

04403

植物学·矿物学

出版者不详，88+189 页，25 开

　　本书为四川师范讲义第 12—13 编合订。

　　收藏单位：广东馆、江西馆

植物学参考工具书

04404

实用植物图说　孙云台译著

上海：新学会社，1920.7，524 页，32 开，精装

　　本书共 5 部分：汉字索引表、恩孤来路氏自然分类一览表、术语图解、植物分科图说、学名索引表。

　　收藏单位：南京馆

04405

实用植物学表解　上海科学书局编辑所编

上海：科学书局，1912，65 页，50 开

　　收藏单位：广东馆

04406

植物名实图考　（清）吴其濬著

上海：商务印书馆，1919.12，2 册（829+38+1129 页），23 开，精装

上海：商务印书馆，1933.11，缩本初版，2 册（829+38+1129 页），32 开，精装

上海：商务印书馆，1936.3，18 册，32 开（万有文库 第 2 集 317）（国学基本丛书）

长沙：商务印书馆，1939.1，缩本再版，2 册（829+38+1129 页），32 开，精装

　　本书为我国十九世纪重要的植物学著作。共 38 卷，收有植物 1714 种，分谷类、蔬类、山草、石草、水草、蔓草等 12 类。附植物名

实图考长编。

收藏单位：重庆馆、大连馆、广东馆、国家馆、黑龙江馆、江西馆、近代史所、辽师大馆、南京馆、内蒙古馆、宁夏馆、上海馆、绍兴馆、首都馆、天津馆、浙江馆

04407

植物名实图考长编　（清）吴其濬著
上海：商务印书馆，1911，1129 页，32 开
上海：商务印书馆，1919.10，1129 页，32 开，精装

本书共 22 卷，内容包括：谷类、蔬类、山草、石草、水草、蔓草等。

收藏单位：广西馆、国家馆、近代史所、山西馆、上海馆、首都馆

04408

植物图说　周建人编
长沙：商务印书馆，1940.3，300 页，32 开

本书以路旁、田野及普通栽培植物为主，并酌量收入著名植物（包括国外的），共计 176 种。

收藏单位：广东馆、广西馆、国家馆、湖南馆、江西馆、浙江馆

04409

植物图说（第 2 集）
上海：大众书局，28 页，32 开

收藏单位：广东馆

04410

植物学表解　蒋蓉生编纂
上海：学生书局，1946.12，46 页，32 开

本书共 12 章，内容包括：植物的基本构造、芽的概要、根的概要、茎的概要、叶的概要、花的概要、植物生理的概要、分类概要等。

收藏单位：南京馆

04411

植物学表解　卢寿筬编
上海：中华书局，1935.10，44 页，32 开（初中学生文库）

昆明：中华书局，1940.6，4 版，44 页，32 开（初中学生文库）
昆明：中华书局，1941.1，5 版，44 页，32 开（初中学生文库）
上海：中华书局，1947.12，44 页，32 开（中华文库 初中 第 1 集）

本书收植物名称及术语，以中文为主，与西文日文对照。附中文、西文、日文索引。

收藏单位：重庆馆、大庆馆、东北师大馆、广东馆、广西馆、桂林馆、黑龙江馆、江西馆、南京馆、内蒙古馆、上海馆、首都馆、天津馆

04412

植物学大辞典　孔庆莱等编
外文题名：Botanical nomenclature: a complete dictionary of botanical terms
上海：商务印书馆，1918.2，1590 页，22 开，精装
上海：商务印书馆，1920.9，3 版，1590 页，22 开，精装
上海：商务印书馆，1922.7，4 版，1590 页，22 开，精装
上海：商务印书馆，1923.5，5 版，1590 页，22 开，精装
上海：商务印书馆，1928.3，7 版，1590 页，22 开，精装
上海：商务印书馆，1930.3，8 版，1590 页，22 开，精装
上海：商务印书馆，1933.6，缩本初版，1590 页，50 开，精装
长沙：商务印书馆，1938.10，缩本 6 版，1590 页，50 开，精装

本书收植物名称及术语，以中文为主，与东西文对照。附中文、西文、日文索引。

收藏单位：安徽馆、广东馆、广西馆、国家馆、湖北馆、湖南馆、江西馆、辽大馆、内蒙古馆、宁夏馆、山西馆、绍兴馆、首都馆、首都馆、新疆馆、浙江馆

04413

植物学术语
科学名词审查会，[1922]，16 页，23 开

本书共收录植物学名词 560 个，列有拉丁文原名、决定名、旧译名或异名 3 栏。科学名词审查会植物学名词审查组第 1 次审查本。序言写于 1922 年 7 月。

植物形态学

04414

根·茎·叶·花　郑贞文编纂

外文题名：Roots, stems, leaves and flowers

上海：商务印书馆，1928.5，14+178 页，32 开（少年自然科学丛书 8）

上海：商务印书馆，1931，再版，14+178 页，32 开（少年自然科学丛书 8）

上海：商务印书馆，1933.1，国难后 1 版，14+178 页，32 开（少年自然科学丛书 8）

上海：商务印书馆，1933.6，国难后 2 版，14+178 页，32 开（少年自然科学丛书 8）

本书共 7 部分：植物、根、茎、叶、花、种子、不开花的植物。

收藏单位：重庆馆、广东馆、广西馆、贵州馆、国家馆、黑龙江馆、江西馆、辽宁馆、内蒙古馆、上海馆、首都馆、天津馆、浙江馆

04415

普通植物学（形态之部）　张景钺著

北京：国立北京大学出版部，[1947]，86 页，16 开

本书共 11 章，内容包括：植物的各大类、细菌门与蓝绿藻门、褐藻门及红藻门、被子植物之有性生殖等。前言写于 1947 年 10 月。

收藏单位：东北师大馆、国家馆

04416

实验观察植物形态学　彭世芳编

外文题名：Plant morphology

上海：商务印书馆，1928.11，282+18 页，22 开，精装（科学丛书）

上海：商务印书馆，1934.1，国难后 1 版，282+18 页，22 开，精装（科学丛书）

长沙：商务印书馆，1938.7，3 版，282+18 页，22 开（科学丛书）

本书分述植物根、茎、叶、花的形态。附中西文学名对照表。

收藏单位：重庆馆、东北师大馆、广东馆、广西馆、贵州馆、桂林馆、国家馆、黑龙江馆、湖南馆、江西馆、辽宁馆、南京馆、内蒙古馆、首都馆、天津馆

04417

实验观察植物组织学　彭世芳编

上海：中华书局，[1936]，174 页，36 开

本书讲述植物的细胞与组织。

收藏单位：重庆馆、江西馆、辽宁馆、上海馆、浙江馆

04418

叶　李毓镛编著

温州：李毓镛 [发行者]，1936.10，79 页，32 开

温州：李毓镛 [发行者]，1938.9，改订再版，79 页，32 开

本书讲述叶的外形、构造、生活，以及叶的各种应用。

收藏单位：重庆馆

04419

植物的根和茎　郑贞文等编辑

上海：商务印书馆，1925.10，29 页，32 开（少年自然科学丛书 17）

重庆：商务印书馆，1943.12，渝 1 版，29 页，32 开（少年自然科学丛书 17）

本书内容包括：根的功用在那里、根的种类、茎的职务是什么、茎的种类、茎的构造等。

收藏单位：国家馆、南京馆、上海馆

04420

植物的花和种子　郑贞文等编辑

上海：商务印书馆，1925.10，32 页，32 开（少年自然科学丛书 18）

重庆：商务印书馆，1943.12，渝 1 版，32 页，32 开（少年自然科学丛书 18）

本书依次介绍花、种子、不开花的植物。

收藏单位：重庆馆、广东馆、国家馆、南京馆、上海馆

04421

植物解剖学与生理学（上卷）（法）毕宋（A. Pizon）著　李亮恭译

外文题名：Plant anatomy and physiology

上海：商务印书馆，1925.5，341页，23开，精装（科学丛书）

上海：商务印书馆，1930，再版，341页，23开，精装（科学丛书）

上海：商务印书馆，1933.7，国难后1版，341页，23开，精装（科学丛书）

　　本书论植物的营养，先就各器官一一论述，末后综论各器官各作用联合以完成植物生活的现象。

　　收藏单位：重庆馆、广东馆、广西馆、贵州馆、桂林馆、国家馆、湖南馆、江西馆、辽宁馆、南京馆、绍兴馆

04422

植物系统解剖学　（日）小仓谦著　舒贻上译

上海：商务印书馆，1936.9，115页，32开（自然科学小丛书）（万有文库第2集327）

长沙：商务印书馆，1939.5，115页，32开（自然科学小丛书）

　　本书共4章：概说、羊齿植物、裸子植物、被子植物。

　　收藏单位：重庆馆、大连馆、大庆馆、东北师大馆、广东馆、贵州馆、桂林馆、国家馆、江西馆、辽师大馆、内蒙古馆、宁夏馆、绍兴馆、天津馆、浙江馆

04423

植物形态图、植物形态表、植物分类表　沈祥瑞编

出版者不详，[80]页，25开

04424

植物形态学　朱隆勋编

北平：中国大学，1933，290页，16开（中国大学讲义）

　　收藏单位：国家馆

04425

植物之种子　陆费执著

外文题名：The seeds of plants

上海：商务印书馆，1931.4，52页，32开（百科小丛书）（万有文库第1集496）

上海：商务印书馆，1933.6，52页，32开（百科小丛书）

上海：商务印书馆，1935.1，再版，52页，32开（百科小丛书）

　　本书讲述种子的定义、生成、构造、发芽、散布、性质和发芽率之测定等。

　　收藏单位：安徽馆、重庆馆、大连馆、大庆馆、东北师大馆、广东馆、广西馆、贵州馆、国家馆、黑龙江馆、江西馆、辽大馆、辽宁馆、辽师大馆、南京馆、内蒙古馆、宁夏馆、上海馆、天津馆、西南大学馆、浙江馆

04426

植物之组织及机能　（日）郡场宽著　于景让译

上海：商务印书馆，1935.9，154页，32开（自然科学小丛书）（万有文库第2集328）

上海：商务印书馆，1936.6，154页，32开（自然科学小丛书）

　　本书共12章，内容包括：绪论、形成组织系、外被组织系、吸收组织系、同化组织系、通气组织系、分泌组织系等。

　　收藏单位：重庆馆、大连馆、东北师大馆、广东馆、广西馆、贵州馆、国家馆、黑龙江馆、江西馆、辽宁馆、辽师大馆、南京馆、内蒙古馆、宁夏馆、上海馆、绍兴馆、首都馆、天津馆、浙江馆

04427

植物组织学及解剖学名词（初审本）

上海：国立编译馆，1947.6，油印本，59叶，横8开

　　收藏单位：国家馆

04428

植物组织学实习法　管光地编著

上海、南京：正中书局，1937.4，263页，25

开

上海：正中书局，1947.6，沪 1 版，263 页，
25 开

　　本书讲解植物切片术及显微镜观察技术
等。大学用书。取材于美国 Chamberlain 的
Method in Plant Histology 一书。

　　收藏单位：重庆馆、广东馆、广西馆、贵
州馆、国家馆、辽宁馆、南京馆、上海馆、
西南大学馆、浙江馆

植物生理学

04429

Hugo de Vries 先生逝世　徐仁著
北平：中国植物学会，1935.11，[5] 页，16 开
　　本书介绍荷兰植物学家 Hugo de Vries 的
生平及其对植物生理学的研究。《中国植物学
杂志》第 2 卷第 3 期抽印本。

04430

微量元素、生长素与植物之生长　罗宗洛著
中华学艺社，1947，24 页，18 开
　　本书内容为著者于 1947 年 1 月 11 日在
中央研究院蔡故院长八十冥寿纪念会的演讲。
《学艺杂志》第 17 卷第 4 号抽印本。

　　收藏单位：国家馆

04431

养分之摄取与同化物质之利用　（日）大槻虎
男著　刘克济译
上海：商务印书馆，1936.3，173 页，32 开
（自然科学小丛书）（万有文库 第 2 集 322）
上海：商务印书馆，1936.11，173 页，32 开
（自然科学小丛书）

　　本书分两篇。第 1 篇共 10 章，内容包
括：独立植物之养分摄取、依附植物之养分
摄取、气体之摄取、选择吸收等；第 2 篇共 6
章，内容包括：物质之贮藏、贮藏物质之生
成、酵素、发芽时贮藏物质之变化等。

　　收藏单位：重庆馆、大连馆、东北师大
馆、贵州馆、国家馆、黑龙江馆、江西馆、
辽师大馆、内蒙古馆、宁夏馆、首都馆、天

津馆、浙江馆

04432

叶绿精　李劭青编著
北平：中华平民教育促进会，1930，16 页，
50 开（平民读物 科学常识 105）
北平：中华平民教育促进会，1932，再版，16
页，50 开（平民读物 科学常识 105）

　　收藏单位：国家馆

04433

植物的绿色　（苏）史托列多夫著　什之译
上海：天下图书公司，1947.9，57 页，36 开（大
众科学丛书9）
北平：天下图书公司，1949.4，华北 1 版，57
页，36 开（大众科学丛书 9）（人民科学丛
书）
北平：天下图书公司，1949.6，华北 2 版，57
页，36 开（人民科学丛书）

　　本书主要讲解植物叶绿素的作用。

　　收藏单位：重庆馆、东北师大馆、广东
馆、广西馆、桂林馆、国家馆、辽宁馆、内
蒙古馆、宁夏馆、上海馆、天津馆

04434

植物的生活　董爽秋著
上海：商务印书馆，1936.11，137 页，32 开
（中学生自然研究丛书）
上海：商务印书馆，1937.3，再版，137 页，
32 开（中学生自然研究丛书）

　　本书共 4 章：植物之发育、营养、运动、
生殖与死亡。

　　收藏单位：重庆馆、东北师大馆、广东
馆、贵州馆、国家馆、黑龙江馆、湖南馆、
江西馆、辽宁馆、南京馆、山西馆、上海馆、
首都馆、浙江馆

04435

植物的生活　江苏省立教育学院研究实验部
编
无锡：江苏省立教育学院，1931.6，8 页，32
开（民众科学问答丛书 22）
　　收藏单位：国家馆、江西馆

04436

植物的生活　陶秉珍撰

上海：开明书店，1948.6，114 页，36 开（开明少年丛书）

　　本书内容包括：植物的运输机关、草本和木本、芽的萌发、新叶、植物也会出汗、花的由来等。

　　收藏单位：重庆馆、东北师大馆、广东馆、广西馆、桂林馆、国家馆、湖南馆、辽宁馆、南京馆、山西馆、西南大学馆

04437

植物的生长　吕一舟编

上海：商务印书馆，1936.3，46 页，32 开

　　收藏单位：重庆馆、宁夏馆

04438

植物繁殖法　（美）霍德斯（Alfred C. Hottes）著　崔友文译

外文题名：Plant propagation

上海：商务印书馆，1946.8，309+13 页，32 开

　　本书共 15 章，内容包括：繁殖之惊异、植物育种、一年生植物、草本多年生植物、羊齿植物、蔷薇、棕榈植物等。

　　收藏单位：重庆馆、东北师大馆、广东馆、贵州馆、桂林馆、国家馆、江西馆、辽宁馆、首都馆、浙江馆

04439

植物色素　孟心如著

重庆：商务印书馆，1945.12，96 页，32 开

上海：商务印书馆，1947.8，96 页，32 开

　　本书共 46 部分，内容包括：槐、鼠李、红蓝花、番红花、栀子、茜草、紫草、草绵花等。

　　收藏单位：重庆馆、东北师大馆、广东馆、国家馆、辽宁馆、浙江馆

04440

植物生理新编　齐鲁著

上海：科学书局，1913，111 页，22 开

　　本书供中等农学校用。

　　收藏单位：首都馆

04441

植物生理学　（日）川上泷弥著　吴崃译　童玉民改订

上海：新学会社，1926.8，改订 6 版，82 页，23 开

　　收藏单位：南京馆、上海馆

04442

植物生理学　何家泌著

贵阳：文通书局，1944.9，188+[54] 页，25 开（大学丛书）

上海：文通书局，1946，188+[54] 页，25 开（大学丛书）

　　本书共 3 编：绪论、植物细胞之生理、植物生理本论。附中西名词对照表等。

　　收藏单位：重庆馆、贵州馆、国家馆、南京馆、西南大学馆

04443

植物生理学　芮伯（Oran Raber）原著　刘毅然译编

外文题名：Principles of plant physiology

北平：科学书室，1936.3，243 页，22 开

　　本书共 7 编，内容包括：食物之制造与来源、制成之食物及其他产品、食物之消化与贮存、生长与动转、生殖与死亡等。根据 O. Raber 著 Principles of Plant Physiology 第 2 版编译。

　　收藏单位：东北师大馆、国家馆、首都馆

04444

植物生理学实验教程　林孔湘著

上海：商务印书馆，1948.2，79 页，16 开

　　本书包括 58 个实验。附 PH 指示剂、去污液之配制及用法、复蒸水之制法等。

　　收藏单位：广西馆、桂林馆、国家馆、辽宁馆、辽师大馆、内蒙古馆、浙江馆

04445

植物与水分　（日）纐缬理一郎著　谢循贯译

上海：商务印书馆，1936.3，70 页，32 开

（自然科学小丛书）（万有文库 第 2 集 320）

上海：商务印书馆，1936.10，70 页，32 开（自然科学小丛书）

　　本书共 3 章：水之吸收、蒸散作用、水之通导。

　　收藏单位：重庆馆、大连馆、东北师大馆、广东馆、贵州馆、国家馆、黑龙江馆、江西馆、辽师大馆、南京馆、内蒙古馆、宁夏馆、上海馆、首都馆、天津馆、浙江馆

04446

植物之发生生长及器官形成 （日）郡场宽著 薛德焴译

上海：商务印书馆，1936.9，112 页，32 开（自然科学小丛书）（万有文库 第 2 集 323）

长沙：商务印书馆，1939.5，112 页，32 开（自然科学小丛书）

　　本书共 6 部分：绪论、成形过程与体制、器官之发生与叶序、生长、生长之外的要约、生长之内的要约。

　　收藏单位：重庆馆、大连馆、大庆馆、东北师大馆、广东馆、国家馆、江西馆、辽师大馆、南京馆、内蒙古馆、宁夏馆、上海馆、天津馆、浙江馆

04447

植物之生殖 （日）原田正人著　高铦译

上海：商务印书馆，1935.9，53 页，32 开（自然科学小丛书）（万有文库 第 2 集 324）

上海：商务印书馆，1936.2，53 页，32 开（自然科学小丛书）

　　本书共 4 部分：概说、世代交替、性、单性生殖。

　　收藏单位：重庆馆、大连馆、东北师大馆、广东馆、广西馆、贵州馆、国家馆、黑龙江馆、江西馆、辽师大馆、南京馆、内蒙古馆、宁夏馆、上海馆、绍兴馆、首都馆、天津馆、浙江馆

04448

植物之运动 （日）山口弥辅著　舒贻上译

上海：商务印书馆，1937.3，129 页，32 开（万有文库 第 2 集 319）（自然科学小丛书）

　　本书共 5 章：总论、屈地性、屈光性、趋动性、倾动性。

　　收藏单位：重庆馆、大连馆、大庆馆、东北师大馆、国家馆、辽师大馆、内蒙古馆、宁夏馆、天津馆、浙江馆

植物生物化学

04449

五通桥区植物含钾量之分析

上海：黄海化学工业研究社，1942.8，1949.9 重印，8 页，16 开（黄海化学工业研究社调查研究报告 28）

　　本书为黄海化学工业研究社成立 20 周年纪念印行。

　　收藏单位：国家馆、浙江馆

04450

植物成分之分析法　洼美温著　周梦白译 曾广方校

重庆：中华书局，1943，170 页，32 开

　　本书书前有陈果夫等人的序 3 篇。

04451

植物成分之分析法　洼美温著　周梦白译 曾广方校

上海：周陈静芳 [发行者]，1940.3，174 页，32 开，精装

　　本书分总论和各论：总论包括预备实验、系统的试验两章；各论包括无机成分、有机成分两章。

　　收藏单位：南京馆、内蒙古馆、上海馆

04452

植物之生长素　殷宏章编著

殷宏章 [出版者]，1936.12，[16] 页，16 开

　　本书为《国立武汉大学理科季刊》第 6 卷第 2—3 期抽印本。

　　收藏单位：国家馆

植物生态学和植物地理学

04453

安徽天柱山之植物　樊庆生著

外 文 题 名：The vegetation of Tien Chu Shan, Anhwei

南京：出版者不详，1937.5，15 页，22 开

　　本书为《金陵学报》第 7 卷第 1 期抽印本。

　　收藏单位：国家馆

04454

北户录（附校勘记）（唐）段公路纂　（唐）崔龟图注

长沙：商务印书馆，1941.8，50 页，32 开

　　收藏单位：重庆馆、国家馆、上海馆、首都馆

04455

峨嵋植物图志（第 1 卷）

成都：国立四川大学，[1942]，2 册，8 开

　　收藏单位：南京馆

04456

甘青森林植物采集记要　白荫元编

北平：中国植物学会，1936.7，1 册，16 开

　　本书介绍甘青森林植物概况。载《中国植物学杂志》第 3 卷第 2 期。

　　收藏单位：浙江馆

04457

广西植物调查纪要　史德蔚　周蓄源合著

南京：金陵大学农学院，1935，173—195 页，18 开

　　本书为《金陵学报》第 5 卷第 1 期抽印本。

　　收藏单位：广东馆

04458

河西祁连山植物群落记略·祁连山之牧场草原　何景著

[兰州]：甘肃科学教育馆，1943.5，20 页，16 开（甘肃科学教育馆专刊 第 2 号）

　　收藏单位：国家馆

04459

江苏植物名录　（美）祁天锡（N. Gist Gee）著　钱雨农译

上海：中国科学社，1921.12，178 页，18 开

　　本书原载《科学》第 4—6 卷各期。

　　收藏单位：国家馆、浙江馆

04460

兰州植物志　何景编著

[兰州]：国立甘肃科学教育馆，1946.7，176 页，16 开（国立甘肃科学教育馆专刊 第 5 号）

　　本书将兰州地区的种子植物依照 Engler 氏之自然分类系统一一列举，加以说明，并讨论其生态问题。

　　收藏单位：甘肃馆、国家馆、南京馆、上海馆、天津馆

04461

南洋植物志　吴元涤编著

[上海]：暨南学校，1919.12，120 页，23 开

　　本书共两编：南洋植物本论、南洋农林业概论。有植物图 70 余个。原为南京国立暨南学校师范第 2 部的讲稿。

　　收藏单位：国家馆

04462

世界植物地理　（英）哈第（Marcel Hardy）著　胡先骕译

外文题名：The geography of plants

上海：商务印书馆，1933.1，11+213 页，32 开（百科小丛书）

上海：商务印书馆，1933.6，再版，11+213 页，32 开（百科小丛书）

上海：商务印书馆，1933.12，11+213 页，32 开（百科小丛书）（万有文库 第 1 集 497）

长沙：商务印书馆，1939.12，11+213 页，32 开（百科小丛书）（万有文库 第 1—2 集简编）

　　本书按各大洲介绍当地的植物与其生长

地的关系。共 7 编：亚洲、欧洲、北美洲、南
美洲、澳洲、非洲、结论。

收藏单位：安徽馆、重庆馆、大连馆、大
庆馆、东北师大馆、广西馆、贵州馆、桂林
馆、国家馆、黑龙江馆、江西馆、辽大馆、
辽师大馆、南京馆、内蒙古馆、宁夏馆、上
海馆、首都馆、天津馆、西南大学馆、浙江
馆

04463

水生植物之适应　樊庆生著
南京：谦衷生物科学材料社，8 页，18 开
本书为《生物科学杂志》第 1 卷第 1 期
抽印本。

收藏单位：国家馆

04464

太行山脉植物调查记（第 1 编 磁邯纪游）　周
汉藩编
河北博物院，1935.8，24 页，16 开
本书分保定、磁县、彭城、炉峰山及邯
郸等 7 部分。

收藏单位：国家馆

04465

岳麓山植物名汇　李泽棠著
出版者不详，1925.9，77 页，16 开

收藏单位：南京馆

04466

增订浙江植物名录　胡先骕著
外文题名：Enumeration of plants in Chekiang
province, China
上海：中国科学社，1925，818—847 页，16
开
本书为《科学》第 9 卷第 7 期抽印本。

收藏单位：国家馆

04467

植物的分布　伍况甫等编译
上海：商务印书馆，1936.9，127 页，32 开
（中学生自然研究丛书）
上海：商务印书馆，1937.3，再版，127 页，
32 开（中学生自然研究丛书）
本书共 6 章：川鄂植物琐记、山西植物
的分布、中国北部的松柏、中国北部的杨柳、
中国森林概述、新旧两大陆间植物的迁移。
内附中国森林分布之状况图。

收藏单位：重庆馆、东北师大馆、广东
馆、广西馆、贵州馆、国家馆、黑龙江馆、
湖南馆、江西馆、南京馆、内蒙古馆、上海
馆、首都馆、西南大学馆、浙江馆

04468

植物地理学　（英）鲍尔杰（G. S. Boulger）
著　王善佺译
外文题名：Plant geography
上海：商务印书馆，1936.9，2 册（202 页），
32 开（自然科学小丛书）（万有文库 第 2 集）
长沙：商务印书馆，1939.5，202 页，32 开
（自然科学小丛书）
本书共 4 卷：植物界之进化、植物分配之
因子、植物区域、植物环象学或地形学。

收藏单位：重庆馆、大连馆、大庆馆、广
东馆、国家馆、内蒙古馆、上海馆、首都馆、
浙江馆

04469

植物地理学　（德）第尔斯（Ludwig Diels）
著　董爽秋译
上海：国立编译馆，1934.9，222+11 页，22
开
本书共 4 章：分区植物地理学、生态植物
地理学、历史植物地理学、植物分区之概观。

收藏单位：重庆馆、东北师大馆、广东
馆、广西馆、国家馆、黑龙江馆、江西馆、
辽宁馆、南京馆、山西馆、天津馆

04470

植物群落学小引　（日）中野治房著　于景让
译
上海：商务印书馆，1936.3，151 页，32 开（自
然科学小丛书）（万有文库 第 2 集 332）
上海：商务印书馆，1936.11，151 页，32 开
（自然科学小丛书）
本书共 7 章，内容包括：植物群落之概

念、植物群落之单位、植物群落之变迁及其原因、植物群落分类法、日本之主要植物群系等。

收藏单位：重庆馆、大连馆、大庆馆、东北师大馆、广东馆、贵州馆、国家馆、黑龙江馆、江西馆、辽师大馆、南京馆、内蒙古馆、宁夏馆、上海馆、绍兴馆、天津馆、浙江馆

04471

植物生态学　卢开运编

北平：斌兴印书局，1935，274 页，24 开，精装

本书共 4 篇：生态学之研究、植物与环境、植物社会之生态分类、论植物之分布。附植物生态学实验 45 项及索引。

收藏单位：国家馆

04472

植物生态学　张珽　董爽秋著

广州：国立中山大学生物学室，1930.11，256 页，23 开

本书共 7 章：外界原素与植物之生活、植物群落之区分、植物对于特殊营养之适应、植物对于外界现象之抵抗性及其疾病、植物对于动物伤害之自卫、花之生态、植物广布法。

收藏单位：重庆馆、国家馆、南京馆、浙江馆

04473

植物生态学名词（初审本）

上海：国立编译馆，1947.5，油印本，46+28 页，横 8 开

本书包括植物生态、形态、组织及解剖、生理、病理、细胞及遗传、分类学的名词 2000 余个。附植物生态学拉丁、希腊语根（700 余个）拟译表。

收藏单位：国家馆

04474

植物与环境　（日）吉田义次著　周建侯译

上海：商务印书馆，1935.3，141 页，32 开（自然科学小丛书）（万有文库第 2 集 329）

上海：商务印书馆，1935.6，141 页，32 开（自然科学小丛书）

本书共 5 章，介绍环境、适生以及光、热、水三个环境要素。

收藏单位：重庆馆、大连馆、大庆馆、广东馆、广西馆、贵州馆、桂林馆、国家馆、江西馆、辽师大馆、南京馆、内蒙古馆、宁夏馆、上海馆、首都馆、天津馆、浙江馆

04475

植物与环境　王铸豪主编

上海：商务印书馆，1935.3，157 页，32 开（生物学基础知识丛书）

收藏单位：重庆馆

04476

中国北部及西部物植地理概论　刘慎谔著

出版者不详，1934.10，[28] 页，16 开

本书为《国立北平研究院植物学研究所丛刊》第 2 卷第 9 号抽印本。

收藏单位：国家馆

04477

中国北部植物图志（河北及其邻省 第 1 册 旋花科）　刘慎谔主编　刘慎谔　林镕编

北平：国立北平研究院，1931，59 页，9 开

收藏单位：国家馆、内蒙古馆、上海馆、西南大学馆、浙江馆

04478

中国北部植物图志（河北及其邻省 第 2 册 龙胆科）　刘慎谔主编　林镕编

北平：国立北平研究院，1933，63 页，9 开

收藏单位：国家馆、内蒙古馆、西南大学馆、浙江馆

04479

中国北部植物图志（河北及其邻省 第 3 册 忍冬科）　刘慎谔主编　郝景盛编

北平：国立北平研究院，1934，94 页，9 开

收藏单位：国家馆、内蒙古馆、西南大学馆

04480

中国北部植物图志（河北及其邻省 第 4 册 莫科藜科商陆科及马齿苋科） 刘慎谔主编 孔宪武编

北平：国立北平研究院，1935，107 页，9 开

本书内容包括：莫科、藜科、商陆科及马齿苋科的科、属、种的记载及检索表。

收藏单位：内蒙古馆、西南大学馆、浙江馆

04481

中国北部植物图志（河北及其邻省 第 5 册 蓼科） 刘慎谔主编 孔宪武编

北平：国立北平研究院，1936，97 页，9 开

本书内容包括：蓼科的科、属、种的记载及检索表。

收藏单位：内蒙古馆、西南大学馆、浙江馆

04482

中国植物图鉴 贾祖璋 贾祖珊著

上海：开明书店，1937.5，1460 页，32 开，精装

上海：开明书店，1946.10，再版，1460 页，32 开，精装

上海：开明书店，1949，3 版，1460 页，32 开，精装

本书记载我国境内重要的野生植物、培养植物及少数在纯粹科学上或应用科学上极著名的非国产植物共 2400 余种。附植物分类系统沿革、国际植物学命名规则摘要。

收藏单位：东北师大馆、广东馆、国家馆、黑龙江馆、湖南馆、辽大馆、辽宁馆、南京馆、宁夏馆、山西馆、上海馆、天津馆、浙江馆

04483

中国植物图谱 胡先骕 陈焕镛编纂

外文题名：Icones plantarum sinicarum

北平：静生生物调查所，1927—1937，5 册，8 开，精装

本书共 5 卷，其中第 1 卷出版于 1927 年，第 2 卷出版于 1929 年，第 3 卷出版于 1933 年，第 4 卷出版于 1935 年，第 5 卷出版于 1937 年。

收藏单位：国家馆、湖南馆

植物分类学（系统植物学）

04484

巴苴囊荷辨 黎锦熙著

北平：中国大辞典编纂处，[1932—1936]，19 页，16 开

本书为《师大月刊》第 10 期（文学院专号）抽印本。

收藏单位：国家馆

04485

北碚菊科植物志 钱崇澍著

外文题名：The compositae of Peipeh, Szechuan, China

重庆：复旦大学，25 页，16 开

本书为《复旦学报》抽印本。

收藏单位：国家馆、南京馆

04486

北平真菌之记载一 邓叔群著

外文题名：Fungi of Peiping I

北平：静生生物调查所，1933.5，279—292 页，16 开

本书为《静生生物调查所汇报》第 4 卷第 9 号抽印本。英文本，附中文摘要。

04487

重庆附近之日本植物目录 李顺卿等著

重庆：国立中央大学农学院森林系，1941.6，18 页，16 开（林学丛书 川字第 1 号）

收藏单位：南京馆

04488

淡水藻类植物之研究方法 李良庆著

北平：中国植物学会，1935，529 页，16 开

收藏单位：广东馆

04489

福建木本植物检索表　何景著
福建省研究院动植物研究所，1948，112 页，
32 开（研究专报 第 4 号）

　　收藏单位：广东馆

04490

高等植物分类学　杜亚泉编
外文题名：Classification of higher plants
上海：商务印书馆，1933.1，243 页，32 开
（百科小丛书）
上海：商务印书馆，1933.6，再版，243 页，
32 开（百科小丛书）
上海：商务印书馆，1933.12，243 页，32 开
（百科小丛书）（万有文库 第 1 集 495）
上海：商务印书馆，1934.12，3 版，243 页，
32 开（百科小丛书）
长沙：商务印书馆，1939.12，243 页，32 开
（百科小丛书）（万有文库 第 1—2 集简编 179）

　　本书介绍种子植物。共两部分：第一亚门
裸子植物、第二亚门被子植物。

　　收藏单位：安徽馆、重庆馆、大连馆、东
北师大馆、广东馆、广西馆、贵州馆、国家
馆、黑龙江馆、江西馆、辽大馆、辽师大馆、
南京馆、内蒙古馆、宁夏馆、上海馆、首都
馆、天津馆、西南大学馆、浙江馆

04491

高等植物分类学　卢开运编
北平：斌兴印书局，1934，388 页，22 开，精
装

　　本书讲述并讨论分类学的理论。

　　收藏单位：东北师大馆、首都馆

04492

高等植物分类学　卢开运编
上海：中华书局，1936.10，19+405 页，22 开，
精装
昆明：中华书局，1941.3，再版，19+405 页，
22 开，精装
上海：中华书局，1949.7，3 版，19+405 页，
22 开

　　本书共两篇：分类学之理论、科之讨论。

　　收藏单位：重庆馆、东北师大馆、广西
馆、国家馆、黑龙江馆、湖南馆、辽宁馆、
南京馆、内蒙古馆、首都馆、天津馆、浙江
馆

04493

关于中国苔藓类植物之研究及其文献　王启
无著
北平：中国植物学会，1935.1，13 页，16 开

　　本书介绍中国苔藓类植物的分布及对其
研究。载《中国植物学杂志》第 1 卷第 4 期。

　　收藏单位：内蒙古馆、浙江馆

04494

**贵州菌类小志·中国植物小志六·青岛与烟
台海藻之研究**　周宗璜著·胡先骕著·曾呈
奎　李良庆著
北平：静生生物调查所，1935.11，76 页，16
开（静生生物调查所汇报 第 6 卷 植物 第 4 号）

04495

国际植物学命名法规　博奈奎主编　俞德浚
译
北平：中国植物学会，1936.5，1 册，16 开

　　本书原载《中国植物学杂志》第 3 卷第 1
期。

　　收藏单位：南京馆

04496

河北省菊科初步之研究　陈封怀著
外文题名：A preliminary study of the compositae
in Hopei province
北平：静生生物调查所，1934.5，82 页，16
开（静生生物调查所汇报 第 5 卷 植物 第 2
号）

　　本书研究 136 种菊科植物标本。英文本，
附中文摘要。

04497

今后发展我国植物学刍议
国立中山大学农林植物研究所，1931，37 页，
18 开

　　本书收录《今后发展我国植物分类学应

取之途径》（秦仁昌著）。附第五次世界植物学会详纪。

　　收藏单位：广东馆、国家馆、上海馆、浙江馆

04498

金缕梅科之研究　董爽秋著

广州：国立中山大学，1930.5，72+14 页，16 开（国立中山大学理科生物学系丛刊 2）

　　收藏单位：国家馆

04499

菌类　（日）小南清著　于景让译

上海：商务印书馆，1935.3，88 页，32 开（自然科学小丛书）（万有文库 第 2 集 335）

上海：商务印书馆，1935.6，88 页，32 开（自然科学小丛书）

　　本书共 3 章：菌类的分类概说、雌雄异丝与雌雄同丝、发光菌。

　　收藏单位：重庆馆、大连馆、东北师大馆、广东馆、广西馆、贵州馆、国家馆、黑龙江馆、江西馆、辽师大馆、内蒙古馆、宁夏馆、绍兴馆、首都馆、天津馆、浙江馆

04500

毛诗植物名考　童士恺著

上海：公平书局，1924.3，12+82 页，32 开

　　本书以今名考释《诗经》中写到的植物，并予分类。书前有毛诗植物分类检查表、毛诗植物同物异名表等。

　　收藏单位：上海馆

04501

南方草木状图

出版者不详，60 页，32 开

　　本书收南方草木形状图画 60 幅。

　　收藏单位：上海馆

04502

普通有毒植物学　孙云台编

[济南]：孙云台[发行者]，1924.12，131 页，27 开

　　本书介绍细菌类、真菌、裸子植物、双子叶植物中有毒植物的性状。

　　收藏单位：南京馆

04503

人生植物学　（日）三好学著　许心芸译

外文题名：Anthropo-botany

上海：商务印书馆，1930.12，356 页，24 开，精装（科学丛书）

上海：商务印书馆，1932.12，国难后 1 版，356 页，24 开，精装（科学丛书）

上海：商务印书馆，1935.7，国难后 2 版，356 页，24 开，精装（科学丛书）

　　本书阐述植物与人生的关系、植物的利用等。

　　收藏单位：重庆馆、东北师大馆、广东馆、广西馆、贵州馆、国家馆、湖南馆、江西馆、辽宁馆、南京馆、内蒙古馆、山西馆、首都馆、天津馆、西南大学馆

04504

述植物名实图考所记报春之种类及其植物名称　陈封怀著

北平：中国植物学会，1936.12，3 页，16 开

　　本书介绍报春的种类及名称，分藏报春、报春、海水仙、滇海水仙。《中国植物学杂志》第 3 卷第 4 期抽印本。

　　收藏单位：内蒙古馆、浙江馆

04505

双子叶植物分类　（英）哈钦森（John Hutchinson）著　黄野萝译　胡先骕校

外文题名：The famillies of flowering plants. I, Dicotyledons

上海：商务印书馆，1937.1，514 页，25 开

上海：商务印书馆，1937.9，再版，514 页，25 开

　　本书内容包括：植物系统图、生存种子植物之大纲、新系统中各科之排列并其倾向之摘记、人为分类群之表解等。著者原题：哈钦松。

　　收藏单位：重庆馆、广东馆、贵州馆、国家馆、南京馆、山西馆、上海馆、首都馆、浙江馆

04506

四川莎草科植物之新种与新变种　唐进著

外文题名：New species and new varieties of cyperaceae from Szechuan

北平：静生生物调查所，1932.12，361—364页，16开

本书为《静生生物调查所汇报》第3卷第20号抽印本。

04507

田野的杂草　周建人著

上海：生活·读书·新知上海联合发行所，1949.7，沪初版，70页，36开（新中国百科小丛书）

本书介绍四季常见的野生草本植物。共8部分：引言、春季常见的杂草、野草的生命、夏季常见的杂草、花的构造及与外界的关系、到了秋天、在冬季里、结束的几句话。题名页、版权页误题：田野的什草。

收藏单位：重庆馆、国家馆、南京馆、内蒙古馆、西南大学馆

04508

田野的杂草　周建人著

上海：士林书店，1949.3，70页，42开

本书介绍四季常见的野生草本植物。共8部分：引言、春季常见的杂草、野草的生命、夏季常见的杂草、花的构造及与外界的关系、到了秋天、在冬季里、结束的几句话。

收藏单位：国家馆、黑龙江馆、吉林馆、辽宁馆、宁夏馆、上海馆、绍兴馆、天津馆

04509

下等植物分类学　杜亚泉编

外文题名：Classification of lower plants

上海：商务印书馆，1933.1，193页，32开（百科小丛书）

上海：商务印书馆，1933.6，再版，193页，32开（百科小丛书）

上海：商务印书馆，1933.12，193页，32开（百科小丛书）（万有文库 第1集499）

长沙：商务印书馆，1939.12，193页，32开（百科小丛书）（万有文库 第1—2集简编180）

长沙：商务印书馆，1940.6，3版，193页，32开（百科小丛书）（万有文库 第1集499）

本书分12门介绍下等植物，包括裂殖植物、黏菌植物、鞭毛植物、绿藻植物、褐藻植物、真菌植物等。

收藏单位：重庆馆、大连馆、大庆馆、东北师大馆、广东馆、广西馆、贵州馆、国家馆、河南馆、黑龙江馆、江西馆、辽大馆、辽师大馆、南京馆、内蒙古馆、宁夏馆、上海馆、首都馆、天津馆、西南大学馆、浙江馆

04510

显花植物分类检索表

出版者不详，44页，32开

04511

药用植物学　李承祜编著

贵州：军医学校生药学系，1945.10，288页，16开（陆军军医学校丛书）

本书共3编：形态学、生理学、分类学。

收藏单位：重庆馆、广东馆、国家馆

04512

药用植物学　李承祜编著

上海：中国科学图书仪器公司，1949.8，546页，22开

本书共3编：形态学、生理学、分类学。大学用书。

收藏单位：重庆馆、东北师大馆、国家馆、山西馆、天津馆

04513

医药植物学　刘宝善著

上海：商务印书馆，1949.2，227页，32开

本书讲述药用植物的组织、器官、细胞及其含有物等。

收藏单位：东北师大馆、广东馆、国家馆

04514

应用菌学概要　方心芳著

重庆：商务印书馆，1945.10，渝版，88页，36开

本书共 4 章：总论、细菌、酵母、霉菌。

收藏单位：重庆馆、广西馆、桂林馆、国家馆、南京馆

04515

有毒的植物　白桃编　周建人校

上海：商务印书馆，1935.11，53 页，25 开（小学生分年补充读本 三年级 自然科）

本书共 4 部分：有毒的野草和野花、庭园里有毒的花草、有毒的烟草、有毒的树木。

收藏单位：重庆馆

04516

有毒的植物　张伯康编

上海：商务印书馆，1925，19 页，50 开（平民小丛书 自然类 36）

上海：商务印书馆，1926，再版，19 页，50 开（平民小丛书 自然类 36）

上海：商务印书馆，1935.9，25 页，50 开（民众基本丛书 第 1 集 自然类）

上海：商务印书馆，1935.10，再版，25 页，50 开（民众基本丛书 第 1 集 自然类）

上海：商务印书馆，1935.11，3 版，25 页，50 开（民众基本丛书 第 1 集 自然类）

本书介绍毛茛、乌头等 19 种有毒植物的形态和毒性。

收藏单位：重庆馆、辽大馆、南京馆、宁夏馆、首都馆

04517

浙江植物名录

出版者不详，手写本，1 册，32 开

本书收 2000 余种植物的中英文名称及产地。

收藏单位：浙江馆

04518

植物常识　徐琨编

上海：中华书局，1948.1，98 页，32 开（中华文库 初中 第 1 集）

本书共 5 篇，介绍食用植物、工业用植物、木材用植物、药用植物、有毒植物的经济价值及加工方法等。

收藏单位：重庆馆、东北师大馆、广东馆、广西馆、桂林馆、国家馆、湖南馆、江西馆、南京馆、内蒙古馆、上海馆、浙江馆

04519

植物的系统　胡哲齐编

上海：商务印书馆，1936.9，163 页，32 开（中学生自然研究丛书）

上海：商务印书馆，1937.3，再版，163 页，32 开（中学生自然研究丛书）

本书分 18 门介绍植物系统，内容包括：分裂菌类、分裂藻类、鞭毛藻类、双鞭藻类、接合藻类等。

收藏单位：重庆馆、东北师大馆、广东馆、贵州馆、国家馆、湖南馆、江西馆、南京馆、内蒙古馆、上海馆、首都馆、天津馆

04520

植物分类　（日）三好学著　沙俊译

上海：商务印书馆，1935.9，155 页，32 开（自然科学小丛书）（万有文库 第 2 集 313）

上海：商务印书馆，1936.6，155 页，32 开（自然科学小丛书）

上海：商务印书馆，1947.2，再版，155 页，32 开（自然科学小丛书）（新中学文库）

本书共 9 章，内容包括：裂藻植物门、接合植物门、绿藻植物门、真菌植物门、种子植物门等。

收藏单位：重庆馆、大连馆、大庆馆、东北师大馆、广东馆、广西馆、贵州馆、国家馆、黑龙江馆、湖南馆、江西馆、辽大馆、辽宁馆、辽师大馆、南京馆、内蒙古馆、宁夏馆、上海馆、绍兴馆、首都馆、天津馆、浙江馆

04521

植物分类学　袁善征编　华汝成校

上海：中华书局，1949.2，246 页，32 开

本书共 7 章，内容包括：植物外部形态学、植物界分类概观、下等植物分科检索表、种子植物分科检索表等。

收藏单位：重庆馆、东北师大馆、国家馆、江西馆、内蒙古馆、上海馆、天津馆、

西南大学馆

04522

植物记载学与系统学之研究方法（上编 植物记载学之方法）（德）第尔斯（Ludwig Diels）著　董爽秋译

出版者不详，1931.3，[41] 页，16 开

　　本书为国立中山大学理科《自然科学季刊》第 3 卷第 1 期抽印本。

　　　收藏单位：国家馆

04523

植物科目检索表　吴炳编

杭州：浙江省立西湖博物馆，1934.6，46 页，32 开

　　　收藏单位：国家馆、浙江馆

04524

植物名汇拾遗　张宗绪著

上海：商务印书馆，1920.1，44 页，32 开

　　本书收植物名称 3000 种。

　　　收藏单位：广东馆、浙江馆

04525

植物命名考　盛诚桂编

重庆：商务印书馆，1945.5，渝版，115 页，36 开

　　本书共 14 章，内容包括：植物命名的要义、植物命名的历史、纪念性的植物名称、从原产地命名的植物、古典的植物名称、描写性的植物名称等。以 1937 年英国 T. S. Lindsay 所著 Plant Names 为蓝本编写。

　　　收藏单位：重庆馆、国家馆、南京馆、上海馆、西南大学馆

04526

植物属名

外文题名：Botanic terms genus names

科学名词审查会，[1924]，26 页，横 16 开

　　本书为科学名词审查会植物学名词审查组第 3 次审查本。

　　　收藏单位：国家馆、南京馆

04527

植物图解　（英）鲁意（Blodwen Lloyd）编绘　黄绍绪译

外文题名：Handbook of botanical diagrams

上海：商务印书馆，1937.10，82+17+11 页，16 开

长沙：商务印书馆，1940.7，82+17+11 页，16 开

长沙：商务印书馆，1941.11，再版，82+17+11 页，16 开

　　本书分别介绍种子植物的形态、解剖、分类，以及胞子植物的分类。

　　　收藏单位：国家馆、江西馆、辽宁馆、南京馆、宁夏馆、上海馆、天津馆、浙江馆

04528

植物图谱　沐绍良编译

上海：商务印书馆，1936.11，2 册（223 页），32 开（中学生自然研究丛书）

上海：商务印书馆，1937.4，再版，2 册（223 页），32 开（中学生自然研究丛书）

　　　收藏单位：重庆馆、东北师大馆、广东馆、国家馆、湖南馆、江西馆、辽宁馆、南京馆、宁夏馆、上海馆、首都馆

04529

植物系统学　（日）池野成一郎著　罗宗洛译

上海：商务印书馆，1947.8，2 册（665 页），25 开（中华学艺社自然科学丛书 2）

　　本书讲述植物的构造、形态、生理、生殖、分布等。

　　　收藏单位：重庆馆、广东馆、国家馆、上海馆

04530

植物种名（卷 1）

外文题名：Species names of plants. Vol.I

科学名词审查会，1923，101 页，横 16 开

　　本书为科学名词审查会植物学名词审查组第 2 次审查本。

　　　收藏单位：国家馆、上海馆

04531

植物种名草案 中华博物学会编

北京：[共和印刷局]，1922，89页，16开

  收藏单位：南京馆

04532

中国产之蒟蒻属植物 蔡希陶著

北平：中国植物学会，1937.3，6页，16开

  本书介绍草本植物魔芋的特性、种类等。《中国植物学杂志》第4卷第1期抽印本。

04533

中国蕨类植物图谱 秦仁昌等编

北京：国立中央研究院博物馆、静生生物调查所，1930—1937，4册，9开

  收藏单位：国家馆

04534

中国裸子植物志 郝景盛编著

重庆：正中书局，1945.9，152页，25开

上海：正中书局，1947.10，沪1版，152页，25开

  本书共3章：裸子植物在森林上之价值、中国裸子植物志、中国裸子植物之分布。附学名索引及中名索引。

  收藏单位：重庆馆、广东馆、桂林馆、国家馆、辽大馆、辽宁馆、南京馆、内蒙古馆、西南大学馆

04535

中国木本植物属志（上卷） 郝景盛著

外文题名：The genera of Chinese woody plants

重庆：中华书局，1945.5，244页，22开

上海：中华书局，1946.10，再版，244页，22开

  本书共3部分：引言、裸子植物、离瓣植物。附学名索引及中名索引。大学用书。

  收藏单位：重庆馆、国家馆、黑龙江馆、辽宁馆、辽师大馆、南京馆、内蒙古馆、上海馆、首都馆、天津馆、西南大学馆、浙江馆

04536

中国双子叶植物分科

外文题名：Chinese families of dicotyledonae

[桂林]：国立广西大学经济植物研究所，1947，油印本，1册，21×35cm

  本书为国立广西大学讲义。

  收藏单位：国家馆

04537

中国藓类植物标本（第1辑） 陈邦杰著

外文题名：Musci simici exsiccati. Series I

重庆：国立中央大学，1943.4，12页，16开（国立中央大学研究院理科研究所生物学部专刊第1号）

  本书为英文本，附中文摘要。

  收藏单位：国家馆

04538

中国药用植物志（第1册） 裴鉴著

上海：中国科学社生物研究所，1939.10，[200]页，16开

  本书介绍石中珠、三白草、化香树、野棉花、秋牡丹、小木通、女贞等药用植物50种，并附图解。

  收藏单位：国家馆、上海馆

04539

中国与印度及其邻邦产鳞毛蕨属之正误研究 秦仁昌著

外文题名：A revision of the Chinese and Sikkim Himalayan dryopteris with reference to some species from neighbouring regions

北平：静生生物调查所，1936.3，116页，16开（静生生物调查所汇报 第6卷 植物 第5号）

  本书为英文本，附中文摘要。

04540

中国种子植物分类检索表 刘汝强编

[西安]：国立西北大学，油印本，85叶，横16开

  收藏单位：国家馆

04541

自然分类普通植物检索表 彭世芳编

北京：中华博物学会，1920.10，134 页，27
开

　　本书据日本斋田功太郎和稻叶彦六的著
作编译。

　　收藏单位：江西馆

04542

自然分类普通植物检索表　彭世芳著

上海：中华书局，1929.9，133+26 页，25 开

上海：中华书局，1934，再版，133+26 页，25
开

上海：中华书局，1935.7，3 版，133+26 页，25
开

昆明：中华书局，1939.8，4 版，133+26 页，25
开

　　本书共收植物 600 余种。分 4 部：粘菌植
物、菌藻植物、苔藓植物、显花植物。附植
物名称中西对照表。

　　收藏单位：重庆馆、东北师大馆、广东
馆、广西馆、贵州馆、国家馆、黑龙江馆、
江西馆、辽宁馆、南京馆、上海馆、浙江馆

04543

自然分类普通植物检索表

出版者不详，108 页，18 开

　　本书共收植物 600 余种。附植物名称中
西文对照表。

　　收藏单位：广东馆、浙江馆

动物学

04544

动物浅说

上海：广学会，1911—1914，2 册（31+48 叶），
25 开，环筒页装

　　本书分两卷：卷 1 共 41 课，内容包括：
论螃蟹形体、论螃蟹作窝、论黄蜂作窝、论
蜜蜂作工等；卷 2 共 50 课，内容包括：蚁、
蝴、蝇、虫及海产等。卷 1 出版于 1911 年，
卷 2 出版于 1914 年。

　　收藏单位：首都馆

04545

动物新论　（日）箕作佳吉著　杜就田　许家
庆译述　杜亚泉校订

外文题名：New treatise on animal life

上海：商务印书馆，1910.9，270 页，22 开

上海：商务印书馆，1912，再版，270 页，22
开

上海：商务印书馆，1913.3，3 版，270 页，22
开

　　本书共 15 章，内容包括：自然界、生物
界、生物之数、动物之种类、动物分类之原
理、动物体之解剖、动物体之组织、动物之
生殖、动物之发生、动物之生长等。

　　收藏单位：重庆馆、广东馆、国家馆、江
西馆、首都馆、浙江馆

04546

动物学　（日）安东伊三次郎讲

东京：东亚公司，1 册，22 开

　　收藏单位：广东馆

04547

动物学　陈义著

重庆：商务印书馆，1945.9，290 页，25 开

上海：商务印书馆，1946.12，290 页，25 开

上海：商务印书馆，1948.2，再版，290 页，
25 开

上海：商 务 印 书 馆，1949.3，3 版，290 页，
25 开（大学丛书）

　　本书共 23 章，内容包括：绪论、动物体
之构造单位、生命之物质基础、动物之分类、
原生动物、多孔动物、腔肠动物等。部定大
学用书。1949 年之前的版本封面题：国立编
译馆出版、商务印书馆发行。

　　收藏单位：重庆馆、东北师大馆、广东
馆、贵州馆、桂林馆、国家馆、南京馆、陕
西馆、西南大学馆

04548

动物学　张作人　朱洗著译

上海：国 立 编 译 馆，1935—1937，3 册
（10+18+15+1900 页），23 开

　　本书上册为通论，共 6 篇：定义、细胞的

研究、物动蕃殖的现象、物种和分类、原生动物、后生动物公有性的研究；中册为无脊椎动物分类的研究；下册介绍脊索动物、动物之分布。并有插画注解。上册出版于 1935 年 6 月，中册出版于 1936 年 11 月，下册出版于 1937 年 8 月。

　　收藏单位：重庆馆、广东馆、国家馆、黑龙江馆、首都馆、天津馆、浙江馆

04549

动物学（下册） 张作人　朱洗编

上海：国 立 编 译 馆，1947.8，2 册（1042—1900 页），18 开

　　本书介绍脊索动物、动物之分布。

　　收藏单位：广东馆

04550

动物学大纲 嵇联晋著　薛德焴校订

上海：世界书局，1936.2，20+597 页，25 开，精装

　　本书共 8 编：动物形态学、动物生理学、动物生态学、动物分布学、动物发生学、动物遗传学、动物进化学、动物分类学。

　　收藏单位：重庆馆、广东馆、贵州馆、国家馆、湖南馆、江西馆、南京馆、浙江馆

04551

动物学概论 吴元涤著

上海：亚 细 亚 书 局，1935.8，22+290 页，32 开（基本知识丛书）

　　本书共两章：动物学的范围、动物的分类。

　　收藏单位：黑龙江馆、首都馆、西南大学馆

04552

动物学概论 吴元涤著

上海：中 国 文 化 服 务 社，1936.3，再 版，22+290 页，32 开（基本知识丛书）

　　收藏单位：广东馆、国家馆、南京馆、浙江馆

04553

动物学纲要 费鸿年编

上海：中华书局，1934.7，236+32+14 页，32 开（中华百科丛书）

上海：中华书局，1936.12，再版，236+32+14 页，32 开（中华百科丛书）

昆明：中华书局，1941.2，236+32+14 页，32 开（中华百科丛书）

上海：中 华 书 局，1947.5，3 版，236+32+14 页，32 开（中华百科丛书）

　　本书共 12 章，内容包括：动物的基本构造、新陈代谢及其器官、动物的运动、神经与感觉、动物的生殖与两性、动物的发育等。主 要 据 Hesse 和 Doflein 合 著 的 Tierbau und Tierleben 一书编译。

　　收藏单位：重庆馆、东北师大馆、广东馆、桂林馆、国家馆、湖南馆、江西馆、南京馆、内蒙古馆、宁夏馆、上海馆、首都馆、天津馆、西南大学馆、浙江馆

04554

动物学精义 （日）惠利惠著　杜亚泉等译

长沙：商务印书馆，1939.7，6 册（2115 页），25 开（大学丛书）

　　收藏单位：贵州馆、国家馆、黑龙江馆、江西馆、南京馆、西南大学馆

04555

动物学小史 刘咸著

外文题名：A short history of zoology

上海：商务印书馆，1933.2，98 页，32 开（百科小丛书）（万有文库第 1 集 502）

上海：商务印书馆，1934.1，98 页，32 开（百科小丛书）

上海：商务印书馆，1934.12，再版，98 页，32 开（百科小丛书）

长沙：商务印书馆，1939.9，98 页，25 开（百科小丛书）（万有文库第 1—2 集简编 187）

重庆：商务印书馆，1945.3，渝 1 版，83 页，32 开（百科小丛书）

上海：商务印书馆，1947.2，3 版，98 页，32 开（百科小丛书）

　　本书共 8 章，内容包括：西洋古代之动物学、分类学发达史、胚胎学与组织学发达史、古动物学发达史等。主要取材自 Locy 的

Biology and Its Makers 一书。

　　收藏单位：安徽馆、重庆馆、大连馆、大庆馆、东北师大馆、广东馆、广西馆、贵州馆、国家馆、黑龙江馆、湖南馆、吉大馆、江西馆、辽大馆、辽宁馆、辽师大馆、南京馆、内蒙古馆、宁夏馆、山西馆、上海馆、绍兴馆、首都馆、天津馆、西南大学馆、浙江馆

04556

动物学要览　刘纪编译　许家庆校

上海：商务印书馆，1921.5，1 册，横 36 开

上海：商务印书馆，1922.9，再版，1 册，横 36 开

上海：商务印书馆，1923.11，3 版，1 册，横 36 开

上海：商务印书馆，1925.11，4 版，64 页，横 36 开

　　本书为受验准备用书。

　　收藏单位：重庆馆、江西馆、南京馆、首都馆

04557

动物学要览　张惕人编

上海：经纬书局，112 页，大 64 开（经纬百科丛书 57）

　　收藏单位：南京馆

04558

动物研究

[南京]：行政院新闻局，1948.1，44 页，32 开

　　本书介绍中央研究院动物研究所的组织、设备、历年来研究成绩等。附中央研究院动物研究所丛刊 Sinensia 目录。

　　收藏单位：重庆馆、广东馆、桂林馆、国家馆、湖南馆、江西馆、近代史所、南京馆、内蒙古馆、上海馆、首都馆、天津馆、西南大学馆、浙江馆

04559

动物与人生　陈大榕编纂

外文题名：The relation between animal and human beings

上海：商务印书馆，1916，183 页，32 开，精装（新智识丛书 5）

上海：商务印书馆，1920.4，再版，183 页，32 开（新智识丛书 5）

上海：商务印书馆，1924，4 版，183 页，32 开（新智识丛书 5）

上海：商务印书馆，1928.9，5 版，183 页，32 开（新智识丛书 5）

　　本书共 10 卷：猿、马、牛、鼠、蛇、蚊、蝇、蚤、恙虫、寄生虫。

　　收藏单位：重庆馆、桂林馆、国家馆、湖南馆、江西馆、南京馆、内蒙古馆、首都馆、西交大馆、浙江馆

04560

动物哲学　（法）拉马克（J. B. Lamarck）著　沐绍良译

外文题名：Philosophie zoologique

上海：商务印书馆，1937.3，2 册（253 页），32 开（汉译世界名著）（万有文库 第 2 集 340）

长沙：商务印书馆，1939.12，2 册（253 页），32 开（汉译世界名著）（万有文库 第 1—2 集 简编）

　　本书共 8 章，内容包括：关于自然生成物之人为的诸手段、考察类缘的重要事项、论生物的种及其应有的附属观念、关于动物之一般的见解等。根据日译本和英译本重译，书前有重译者序、日译者解说及原序等。

　　收藏单位：重庆馆、大连馆、大庆馆、东北师大馆、国家馆、江西馆、辽师大馆、内蒙古馆、宁夏馆、上海馆、天津馆、浙江馆

04561

何伯尔氏动物学　（法）何伯尔（A. Robert）著　周太玄译

外文题名：La zoologée

上海：商务印书馆，1931.3，215 页，23 开（科学丛书）

上海：商务印书馆，1933.1，国难后 1 版，215 页，23 开，精装（科学丛书）

　　本书介绍细胞、动物由细胞构成的经过、

细胞的联合、器官等内容。

收藏单位：重庆馆、东北师大馆、广东馆、广西馆、贵州馆、桂林馆、国家馆、黑龙江馆、江西馆、南京馆、首都馆、西南大学馆、浙江馆

04562

普通动物学 （日）饭塚启著　嵇联晋译

南京：正中书局，1936.7，452+19 页，25 开，精装（自然科学丛书）

上海：正中书局，1947.3，沪 1 版，452+19 页，25 开（自然科学丛书）

本书内分绪论、发生编、分类编、生理编、生态编、遗传编、进化编。大学用书。

收藏单位：重庆馆、广东馆、贵州馆、桂林馆、国家馆、湖南馆、江西馆、辽师大馆、南京馆、山西馆、西南大学馆、浙江馆

04563

人生动物学 （日）中泽毅一著　朱建霞译　杜亚泉校

外文题名：Anthropo-zoology

上海：商务印书馆，1931.1，312 页，23 开，精装（科学丛书）

上海：商务印书馆，1932.12，国难后 1 版，312 页，23 开，精装（科学丛书）

上海：商务印书馆，1935.3，国难后 2 版，312 页，23 开，精装（科学丛书）

本书共 12 章，内容包括：生物学概论、动物体之组织、关于新陈代谢之器官、动物之运动、神经及感觉、生殖与其器官机能等。

收藏单位：重庆馆、广东馆、广西馆、贵州馆、桂林馆、国家馆、黑龙江馆、江西馆、辽大馆、南京馆、内蒙古馆、上海馆、首都馆、西南大学馆、浙江馆

04564

中国保护动物会民国廿四年工作概况报告书

出版者不详，[1936]，39 页，32 开

本书介绍该会的成立、分会、财务、保护动物概况等。

收藏单位：浙江馆

动物学的研究与实验

04565

采集动物标本须知　陈劳薪编译

上海：商务印书馆，1931.9，126 页，22 开

上海：商务印书馆，1934.1，国难后 1 版，126 页，22 开

本书共 5 章：爬虫类两生类和鱼类、昆虫类、节足动物和软体动物、蠕虫、无脊椎动物。自然科教学参考书。

收藏单位：重庆馆、广东馆、贵州馆、国家馆、江西馆、南京馆、内蒙古馆、山西馆、绍兴馆、天津馆、浙江馆

04566

动物标本采集保存法　陈劳薪编译

上海：商务印书馆，1936.7，101 页，32 开（中学生自然研究丛书）

上海：商务印书馆，1937.2，再版，101 页，32 开（中学生自然研究丛书）

上海：商务印书馆，1937.3，3 版，101 页，32 开（中学生自然研究丛书）

本书共 5 章：爬虫类两生类和鱼类、昆虫类、节足动物与软体动物、蠕虫采集法、无脊椎动物。

收藏单位：北师大馆、重庆馆、大庆馆、东北师大馆、广东馆、贵州馆、国家馆、湖南馆、江西馆、南京馆、上海馆、首都馆、西南大学馆、浙江馆

04567

动物标本简易制作法 （日）坂本喜一著　凌昌焕编译

上海：中华书局，1936.6，86 页，32 开（初中学生文库）

上海：中华书局，1936.11，再版，86 页，32 开（初中学生文库）

昆明：中华书局，1941.1，4 版，86 页，32 开（初中学生文库）

上海：中华书局，1947.12，86 页，32 开（中华文库 初中 第 1 集）

本书分别讲述鸟类、兽类、鱼类、爬虫

类和甲壳类等标本的制作法。

收藏单位：安徽馆、重庆馆、东北师大馆、广东馆、广西馆、桂林馆、黑龙江馆、湖南馆、江西馆、南京馆、内蒙古馆、上海馆、天津馆、浙江馆

04568

动物标本制作法精义　嵇联晋译

上海：中华书局，1937.7，238 页，23 开

本书共 9 编，内容包括：剥制标本、骨骼标本、干制标本、液浸标本、解剖标本、透明标本等。

收藏单位：重庆馆、广东馆、江西馆、南京馆、上海馆、西南大学馆、浙江馆

04569

动物标本制作新法　杜其垚编

外文题名：New methods for making zoological specimens

上海：商务印书馆，1926.7，203 页，23 开

上海：商务印书馆，1933.6，国难后 1 版，203 页，23 开

上海：商务印书馆，1934.12，国难后 2 版，203 页，23 开

本书介绍原始动物类、海绵动物类、腔肠动物类、扁虫动物类、环形动物类、软体动物类、节足动物类等各种动物的标本制作法。自然科教学参考书。

收藏单位：重庆馆、东北师大馆、广东馆、国家馆、江西馆、南京馆、上海馆

04570

动物采集保存法　董纯才编　陶知行校

上海：儿童书局，1933，再版，3 册（29+30+30 页），32 开（儿童科学丛书）

收藏单位：贵州馆、首都馆

04571

动物采集保存法　许家庆编译　陈学郢校订

外文题名：How to gather the specimen of animals

上海：商务印书馆，1912.11，3 版，101 页，22 开（中学生自然研究丛书）

上海：商务印书馆，1913.10，4 版，101 页，22 开

上海：商务印书馆，1915.3，5 版，101 页，22 开

上海：商务印书馆，1922.2，6 版，101 页，22 开

上海：商务印书馆，1924.1，7 版，101 页，22 开

上海：商务印书馆，1934.3，国难后 1 版，101 页，22 开

上海：商务印书馆，1934.10，国难后 2 版，101 页，22 开

上海：商务印书馆，1935.7，国难后 3 版，101 页，22 开

本书共 12 章：标本之种类、器械、药品、杂品、脊椎动物、节足动物、棘皮动物、软体动物、蠕形动物、腔肠动物、海绵动物、表面采集法。国难后 2 版、国难后 3 版用作自然科教学参考书。

收藏单位：安徽馆、北师大馆、重庆馆、广东馆、国家馆、江西馆、辽宁馆、南京馆、内蒙古馆、山西馆、上海馆、首都馆、天津馆、浙江馆

04572

动物实验指南（蚕卷）　薛德焴著

江阴：薛德焴 [发行者]，1916，15+12 页，32 开

本书共 3 部分：蚕儿、蚕蛹、蚕蛾。

收藏单位：重庆馆、内蒙古馆

04573

动物实验指南（鸽 卷 1）　薛德焴著

外文题名：Guide to practical zoology. Domestic pigeon, Vol.I

江阴：薛德焴 [发行者]，1918.12，28 页，32 开

收藏单位：重庆馆

04574

动物实验指南（龟卷）　薛德焴著

江阴：薛德焴 [发行者]，[1916]，24 页，32 开

本书介绍龟的外形及内脏神经等。

收藏单位：重庆馆

04575
动物实验指南（兔卷） 薛德焴著
江阴：薛德焴[发行者]，1917，20页，32开
　　本书介绍兔的外形、骨骼等。
　　收藏单位：重庆馆

04576
动物园 沈祥瑞编著
上海：商务印书馆，1937.6，111页，32开
（社会教育小丛书）
　　本书讲述创设动物园的条件、方法、组织、管理和动物饲养法等。
　　收藏单位：重庆馆、广东馆、贵州馆、桂林馆、国家馆、湖南馆、华东师大馆、南京馆、天津馆、西南大学馆

04577
动物园 （日）小泉丹著 王式丹 马培文译
上海：商务印书馆，1933.4，56页，32开
（百科小丛书）
　　本书介绍世界各大动物园，动物园的设施、经营及经费等。
　　收藏单位：重庆馆、大庆馆、广东馆、国家馆、湖南馆、江西馆、南京馆、宁夏馆、浙江馆

04578
伦敦动物园各部详记 任国荣编
出版者不详，1935.3，61页，16开
　　收藏单位：南京馆

04579
鸟类及哺乳类动物标本简易制作法 钟国仪著
杭州：浙江省立西湖博物馆，1934.6，16页，16开
　　收藏单位：浙江馆

04580
厦门大学生物材料处动物陈列及保存标本（目录4）
厦门：厦门大学生物材料处，1937，23页，23开
　　本书以中英文说明。

04581
上海市市立动物园概况（二十二年八月至十二月）
上海：上海市市立动物园，1934.3，50页，23开
　　收藏单位：广西馆、上海馆、绍兴馆、天津馆

04582
上海市市立动物园概况（二十二年八月至二十五年六月）
上海：上海市市立动物园，[1936]，199页，23开
　　本书介绍上海市市立动物园1933年8月至1936年6月概况。除人事外，主要为动物介绍。有各种照片及纪录图等约40页。
　　收藏单位：桂林馆、国家馆、宁夏馆、上海馆、首都馆、天津馆、浙江馆

04583
上海市市立动物园章则汇编
上海：上海市市立动物园，40页，40开
　　本书内有1933年、1937年订立的章则。包括上海市市立动物园组织规则、办事细则，主办的各种展览会、比赛简章等，共12种。

04584
实验动物学 嵇联晋编
上海：北新书局，1930.12，188页，23开
上海：北新书局，1931.5，再版，188页，23开
　　本书讲述动物实验的器械和药品，动物的解剖，标本的采集、制作和保存等。
　　收藏单位：广东馆、广西馆、桂林馆、国家馆、南京馆、首都馆、西南大学馆、浙江馆

04585
显微镜的动物学实验 鲍鉴清编译

上海：中国科学社，1931.6，144 页，24 开
（中国科学社丛书 6）

上海：中国科学社，1937，144 页，24 开（中
国科学社丛书 6）

　　本书通过 25 次实习，介绍显微镜的构造
及用法。附重要动物之一览表和索引。

　　收藏单位：重庆馆、广东馆、桂林馆、国
家馆、黑龙江馆、上海馆、浙江馆

动物学教育与普及

04586

虫鱼鸟兽　许达年　许斌华译

上海：中华书局，1936.6，12+188 页，32 开（初
中学生文库）

上海：中华书局，1936.11，再版，12+188 页，
32 开（初中学生文库）

昆明：中华书局，1941.1，4 版，12+188 页，
32 开（初中学生文库）

上海：中华书局，1947.12，12+188 页，32 开
（中华文库 初中 第 1 集）

　　本书共 18 章，内容包括：原生动物、海
绵类与水母类、蚯蚓类、贝类、乌贼章鱼类、
海胆与海参类等。

　　收藏单位：安徽馆、重庆馆、东北师大
馆、广东馆、桂林馆、国家馆、湖南馆、江
西馆、内蒙古馆、上海馆、天津馆、浙江馆

04587

虫·鱼·鸟·兽　郑贞文　王修编纂

上海：商务印书馆，1929.11，210 页，32 开
（少年自然科学丛书 11）

上海：商务印书馆，1933.1，国难后 1 版，
210 页，32 开（少年自然科学丛书 11）

上海：商务印书馆，1933.6，国难后 2 版，
210 页，32 开（少年自然科学丛书 11）

　　本书共 5 章：动物的世界、虫、鱼、鸟、
兽。

　　收藏单位：重庆馆、广东馆、广西馆、国
家馆、黑龙江馆、江西馆、内蒙古馆、上海
馆、首都馆、天津馆、浙江馆

04588

从动物园归来　郑瑞梅著

重庆：天地出版社，1945，42 页，32 开（孩
子的书 7）

　　收藏单位：重庆馆

04589

大兽生活　（英）达格里熙著　董纯才编译

上海：儿童书局，1934.12，44 页，32 开（世
界著名的木刻画说明的奇异动物生活大观）

上海：儿童书局，1946.12，新 10 版，44 页，
32 开（世界著名的木刻画说明的奇异动物生
活大观）

上海：儿童书局，1947.8，新 12 版，44 页，
32 开（世界著名的木刻画说明的奇异动物生
活大观）

　　收藏单位：重庆馆、广东馆、首都馆、浙
江馆

04590

动物和虫　郑贞文等编辑

重庆：商务印书馆，1943.12，33 页，32 开
（少年自然科学丛书 19）

　　本书内容包括：动物的种类甚多、脊椎动
物、无脊椎动物、吃植物的昆虫、肉食的昆
虫、蚊子等。

　　收藏单位：广东馆、国家馆、南京馆、宁
夏馆、上海馆

04591

动物漫话　董纯才著

长沙：商务印书馆，1938.7，237 页，32 开

　　本书内收 30 篇动物学小品文。

　　收藏单位：重庆馆、广东馆、贵州馆、国
家馆

04592

动物漫谈　严大椿著

上海：商务印书馆，1948.6，96 页，32 开

　　本书用通俗的语言介绍象、犀牛、袋鼠、
海狸、海象、鹰、鸵鸟、啄木鸟等各种动物。

　　收藏单位：重庆馆、东北师大馆、国家
馆、湖南馆、山西馆、浙江馆

04593
动物奇观（第 1 集） 林化贤编
上海：中国科学图书仪器公司，1943.4，354
页，32 开（中国科学社科学画报丛书）
上海：中国科学图书仪器公司，1947.10，再
版，354 页，32 开（中国科学社科学画报丛
书）
　　本书分别介绍哺乳类、鸟类、爬虫类、
两栖类、鱼类动物。
　　收藏单位：重庆馆、东北师大馆、广东
馆、桂林馆、江西馆、内蒙古馆、农大馆、
上海馆、天津馆

04594
动物生活的秘密 （英）富克斯（H. M. Fox）
著　齐荷文译
广州：实学书局，1947.5，粤版，106 页，36
开
　　本书为《动物珍话》一书的改书名重版。
书眉处书名仍作：动物珍话。
　　收藏单位：湖南馆

04595
动物世界 赵庸耕编
上海：少年书局，1933.4，94 页，32 开（少年
自然丛书）
上海：少年书局，1934.3，再版，94 页，32 开
（少年自然丛书）
　　本书讲解动物的眼睛、耳朵、鼻子、嘴、
脚、衣服等知识。编者原题：庸耕。
　　收藏单位：广东馆、国家馆、江西馆、首
都馆

04596
动物世界 钟协编著
澳门：慈幼印书馆，1946.8，32 页，32 开（儿
童丛书 8）
　　本书介绍乳用牛和小牛、羊、山羊、猪、
兔、猫等动物。
　　收藏单位：国家馆

04597
动物世界（2） 郁敦尼著
澳门：慈幼印书馆，1949.1，31 页，32 开（儿
童丛书 25）
　　本书介绍巨象、猫、企鹅、骆驼、北极
熊、狮子、斑马、爱斯基摩狗、长颈鹿、鸵
鸟等 14 种动物。
　　收藏单位：国家馆

04598
动物问答 刘庆萱著
上海：东方文学社，1936，再版，48 页，32
开
　　收藏单位：广东馆

04599
动物学 陈纶　华汝成编
昆明：中华书局，1939.5，4 版，2 册（134+14+
182+14 页），32 开
昆明：中华书局，1940，7 版，2 册（134+14+
182+14 页），32 开
上海：中华书局，1946，9 版，2 册（134+14+
182+14 页），32 开
上海：中华书局，1947，[10 版]，2 册（134+14+
182+14 页），32 开
　　本书为新课程标准简易师范学校适用。
附动物饲养法、动物标本制作法、中西文名
词对照表。4 版题名：动物。
　　收藏单位：广东馆、国家馆、南京馆

04600
动物学 杜就田　蒯寿枢编译　杜亚泉校订
上海：商务印书馆，1914，6 版，49 页，25
开，环筒页装
　　本书为初级师范学校教科书。
　　收藏单位：首都馆

04601
动物学 缪端生编著　薛德焴校订
南京：正中书局，1935，2 册（201+200 页），
32 开
南京：正中书局，1936，7 版，2 册（397 页），
32 开
南京：正中书局，1937，24 版，2 册（397 页），
32 开

本书共 24 章，内容包括：鱼类、两生类、爬虫类、鸟类、哺乳类、脊椎动物、动物的进化、动物相互的关系等。简易师范学校及简易乡村师范学校适用。版权页题名：简师简乡师动物学。

收藏单位：重庆馆、国家馆

04602

动物学　秦嗣宗编

上海：科学会编译部，1911.2，3 版，190 页，24 开

上海：科学会编译部，1913.6，4 版，190 页，24 开

上海：科学会编译部，1915.1，订正 5 版，190 页，24 开

本书据日本丘浅博士所著《近世动物学》编译而成。该书先高等动物，次第及于下等动物。中等博物教科书。版权页题：泰嗣宗编。

收藏单位：首都馆

04603

动物学　萧述宗编

天津：百城书局，1931.8，136 页，32 开

天津：百城书局，1932.9，3 版，136 页，32 开

本书分 8 门：脊椎动物、节足动物、软体动物、蠕形动物、棘皮动物、腔肠动物、海绵动物、原生动物。封面、版权页题名：初中师范动物学。

04604

动物学　朱隆勋　张起焕著

北平：文化学社，1931.2，198+20+42 页，32 开

北平：文化学社，1933.8，3 版，198+20+42 页，32 开

本书分两篇：第 1 篇专论动物界一般的通性；第 2 篇分论各个动物的特征和用途。初中师范教科书。

收藏单位：桂林馆、国家馆、江西馆

04605

动物学（上册）　薛德焴编著

上海：正中书局，1948.6，沪 5 版，198 页，32 开

本书为教育部审定，简易师范、乡村师范学校适用。

04606

动物学（下册）　薛德焴编著

上海：正中书局，1946.10，沪 19 版，199 页，32 开

本书为教育部审定，简易师范、乡村师范学校适用。

04607

动物学

中央战时工作干部训练团，[1938-1949]，196 页，32 开（普通教程 6）

收藏单位：广东馆

04608

动物学讲义　杜亚泉　杜就田述

外文题名：Lectures on zoology

上海：商务印书馆，1913.4，96 页，22 开

上海：商务印书馆，1913，再版，96 页，22 开

上海：商务印书馆，1917.10，4 版，95 页，32 开，精装

本书为师范讲习社师范讲义。

收藏单位：辽大馆、首都馆

04609

动物学教本　魏竞初　徐眉生编

天津：南开学校，[1911—1920]，石印本，138 页，22 开

收藏单位：国家馆

04610

动物学教本（上册）

出版者不详，206 页，32 开

收藏单位：广东馆

04611

动物学教科书　（日）丘浅治郎著　（日）西师意译

上海：广学会，1911.7，122 页，22 开

收藏单位：国家馆

04612

动物学教科书 （日）石川千代松著　沈化夔译　杨占春校

上海：新学会社，1913，136 页，22 开

本书为农学校用。

收藏单位：重庆馆、首都馆

04613

动物学问答 毛起鹇编著

上海：大东书局，1930.1，90 页，50 开（百科常识问答丛书 16）

上海：大东书局，1931.7，再版，90 页，50 开（百科常识问答丛书 16）

本书内容包括：动物学之意义、动物学之分类、脊椎动物、非脊椎动物、动物之生存等。考试必备。

收藏单位：广东馆、国家馆、湖南馆、江西馆、南京馆、首都馆、浙江馆

04614

动物学问答 吴曙海编

上海：三民图书公司，1929.10，50+15 页，32 开（各科常识问答丛书）

上海：三民图书公司，1935.3，增订 4 版，50+15 页，32 开（各科常识问答丛书）

本书附全国初高中小学各校动物学入学会考试题及解答。

收藏单位：国家馆

04615

动物园里 陈荡编著

桂林：漓江出版社，1943.3，102 页，36 开

本书分兽、禽、爬虫 3 类，以讲故事形式介绍各种动物的种类、形态、特性、生活、功用等。

收藏单位：重庆馆、贵州馆、南京馆

04616

动物珍话 （英）富克斯（H. M. Fox）著　齐荷文译

桂林：实学书局，1944.5，106 页，32 开（少年科学知识丛刊 3）

广州：实学书局，1946.10，沪 1 版，106 页，32 开（通俗科学丛书）

大连：实学书局，1947.10，106 页，32 开（少年科学知识丛刊 3）

大连：实学书局，1948.7，3 版，106 页，32 开（少年科学知识丛刊 3）

本书为著者针对英国的中、小学生广播的讲演集，讲述动物的听、视、感官功能，动物的智慧、本能、生活习性等。

收藏单位：重庆馆、桂林馆、国家馆、江西馆、南京馆、山西馆、首都馆、西南大学馆

04617

动物珍话 （英）富克斯（H. M. Fox）著　齐荷文译

哈尔滨：新知书店，1949.2，再版，106 页，32 开（少年文库）

本书为著者针对英国的中、小学生广播的讲演集，讲述动物的听、视、感官功能，动物的智慧、本能、生活习性等。新中国书局（东北现名光华书店）发行。

收藏单位：重庆馆、桂林馆、国家馆、湖南馆

04618

动物珍话 贾祖璋编

上海：开明书店，1932.12，104 页，25 开（开明青年丛书）

上海：开明书店，1933.12，再版，104 页，25 开（开明青年丛书）

上海：开明书店，1937.3，再版，104 页，25 开（开明青年丛书）

本书内收 12 篇短文，介绍动物界中一些奇异的生活现象。根据日本松村松年《惊异与神秘的生物界》一书编译。

收藏单位：重庆馆、广东馆、国家馆、湖南馆、江西馆、南京馆、内蒙古馆、宁夏馆、上海馆、首都馆、天津馆、西南大学馆、浙江馆

04619

故事的动物学 朱文友著

上海：儿童书局，1934.2，68 页，25 开

　　本书内收《凶猛的猫》《讨厌的老鼠》《活泼的狗》《牛和羊》《善跑的马》《可爱的兔子》《鸽子的生活》等 13 个动物故事。

　　收藏单位：重庆馆、江西馆、首都馆

04620

混合研究　绿荷编

上海：广益书局，1923，70 页，40 开（儿童科学丛书 动物小讲座）

上海：广益书局，1933，70 页，32 开（儿童科学丛书 动物小讲座）

　　本书为少儿动物科普读物。

　　收藏单位：重庆馆、首都馆

04621

鸟兽虫鱼的故事　鲍维湘编译

上海：良友图书公司，1934.4，112 页，24 开

　　本书介绍各种动物的形态、习性、生活等。

　　收藏单位：广东馆、上海馆、浙江馆

04622

奇怪的动物　陈人英著

桂林：康健书局，1943.6，76 页，32 开

　　本书讲述兽类、爬虫类、禽类及水族类中形态或生活习惯奇异的动物。

　　收藏单位：重庆馆、贵州馆、南京馆

04623

奇怪的动物　陈人英著

上海：乐华图书公司，1935，76 页，32 开（新儿童生活丛书）

　　收藏单位：首都馆

04624

奇异的动物　鲍维湘编

上海：中华书局，1948.4，43 页，32 开（小朋友丛刊）

　　本书内收《那里来的笑声》《卫生大家》《一个不中用的巡逻兵》《飞得最高的鸟》等 8 个动物故事。

　　收藏单位：广东馆、国家馆

04625

谈谈世界奇观（第 1 册）　徐亚倩编

上海：儿童书局，1935，16 页，32 开

　　收藏单位：河南馆

04626

我们的动物园　蒋叔雍著

重庆：文风书局，1944，40 页，32 开（新少年文库 第 3 集）

　　本书共 5 章：形形色色的大观园、生命的戏剧、拜访动物的老家、认识我们自己、他们与我们的关系。

　　收藏单位：重庆馆、国家馆

04627

小朋友动物　祝荪如编

上海：北新书局，1932，128 页，32 开（小朋友丛书 7）

　　收藏单位：重庆馆、首都馆、浙江馆

04628

有趣的动物问题　周建人编译

上海：商 务 印 书 馆，1947.11，45 页，32 开（新小学文库 第 1 集）

　　本书内收 39 篇关于动物的有趣问题。

　　收藏单位：广东馆

04629

鱼和鸟　郑贞文等编辑

上海：商 务 印 书 馆，1925.10，45 页，32 开（少年自然科学丛书 20）

重庆：商务印书馆，1943.12，渝 1 版，45 页，32 开（少年自然科学丛书 20）

　　收藏单位：广东馆、国家馆、南京馆、上海馆

动物学参考工具书

04630

动物形象图说　（日）朝日新闻社编　毕丁编译

上海：良友图书公司，1933.7，151 页，16 开，

精装

　　收藏单位：广东馆、国家馆、天津馆、浙江馆

04631

动物学大辞典　杜亚泉等编辑

外文题名：Zoological nomenclature: a complete dictionary of zoological terms

上海：商务印书馆，1922.9，2635 页，22 开，精装

上海：商务印书馆，1922.10，3 版，2635 页，22 开，精装

上海：商务印书馆，1922.10，4 版，2635 页，22 开，精装

上海：商务印书馆，1924.3，3 版，2635 页，22 开，精装

上海：商务印书馆，1927.2，4 版，2635 页，22 开，精装

上海：商务印书馆，1931.4，5 版，2635 页，22 开，精装

上海：商务印书馆，1933.6，缩本初版，2635 页，50 开，精装

上海：商务印书馆，1933，缩本再版，2635 页，50 开，精装

上海：商务印书馆，1935.5，缩本 3 版，2635 页，50 开，精装

　　本书收罗动物之名称及术语，以国文为主，并列东西文，附以解释及图画。编次以国文之字画多少为序。

　　收藏单位：重庆馆、广西馆、桂林馆、国家馆、江西馆、辽大馆、辽师大馆、南京馆、内蒙古馆、宁夏馆、山西馆、陕西馆、上海馆、绍兴馆、首都馆、首都馆、天津馆、浙江馆

04632

动物学大辞典

上海：商务印书馆，2 册，大 64 开

　　收藏单位：广西馆

04633

分类名词、解剖学术语、胚胎学术语

外文题名：Terms in zoology taxonomy, anatomy, embryology

科学名词审查会，1923，72 页，横 16 开

　　本书为科学名词审查会动物学名词审查本（1）。

　　收藏单位：国家馆

04634

实用动物学表解　上海科学书局编辑所编

上海：科学书局，1913.11，94 页，50 开（实业学表解丛书）

　　本书封面丛书题：表解丛书。

　　收藏单位：桂林馆、国家馆

04635

详明图解动物学　谢怀霞编译

上海：群益书社，1911.5，订正 3 版，21+553 页，23 开，精装

上海：群益书社，1916.8，再版，21+553 页，23 开，精装

　　收藏单位：浙江馆

04636

增订动物学表解　（日）后藤嘉之　（日）美岛近一郎著　胡朝阳译

上海：新 学 会 社，1912，98+22 页，42 开（普通学表解丛书）

　　收藏单位：首都馆

04637

增订改良动物学表解　上海科学书局编辑所编

上海：科学书局，1911，再版，55 页，50 开（普通各科表解丛书）

04638

珍奇的走兽

上海：良友图书印刷公司，1936.8，[70] 页，32 开（万有画库 13）

　　本书为动物生活摄影集，每图附有说明。

　　收藏单位：吉林馆、宁夏馆、上海馆、首都馆

04639

中国动物生活图说　冯志鹏编著

上海：世界书局，1949.3，346 页，32 开

　　收藏单位：江西馆、内蒙古馆、上海馆、天津馆

动物形态学

04640

比较解剖学名词　国立编译馆编订

上海：正中书局，1948.5，213 页，16 开

　　本书凡比较解剖学、脊椎动物学、家畜解剖学所用专门名词，均经列入。1937 年 3 月教育部公布。

　　收藏单位：重庆馆、国家馆、湖南馆、南京馆、山西馆、上海馆、首都馆

04641

动物胚胎学　蔡堡　蒋天鹤编著

上海：世界书局，1935，102 页，32 开（生物学丛书）

　　收藏单位：广东馆、国家馆、江西馆、南京馆、天津馆、浙江馆

04642

动物之体位·平衡反应　吴祥骅著

北京：国立北京大学，1942.12，16 页，16 开

　　本书为《北京大学论文集》1942 年抽印本。

　　收藏单位：国家馆

04643

发生学纲要　鲍鉴清编

外文题名：Grundriss der Entwicklungsgeschichte

北平：文化学社，1937.3，172+24 页，25 开

　　本书共 3 篇：前期发生、原始发生、脏器发生。

　　收藏单位：国家馆、首都馆、天津馆

04644

毛之生物学　（日）阿部余四男著　胡哲齐译

上海：商务印书馆，1935.9，63 页，32 开（自然科学小丛书）（万有文库 第 2 集 361）

上海：商务印书馆，1936.6，63 页，32 开（自然科学小丛书）

　　本书共 13 部分，内容包括：毛之化学成分、毛之发育、毛之构造、毛之色素、毛衣之色、毛之种类、夏毛及冬毛等。

　　收藏单位：重庆馆、大连馆、大庆馆、东北师大馆、广东馆、贵州馆、国家馆、黑龙江馆、湖北馆、湖南馆、江西馆、辽师大馆、南京馆、内蒙古馆、宁夏馆、上海馆、天津馆、浙江馆

04645

胚胎学教程

陆军兽医学校，1945，76 页，42 开

　　收藏单位：广东馆

04646

普通胚胎学　吴元涤编著

上海：世界书局，1933.5，214 页，25 开

　　本书讲述蛙、鸡、哺乳动物的发生学。附胚胎学中西文名词索引。

　　收藏单位：重庆馆、广东馆、国家馆、湖南馆、南京馆、上海馆、首都馆、天津馆

04647

神经系统　（日）高桥坚著　潘锡九译

上海：商务印书馆，1936.3，77 页，32 开（自然科学小丛书）（万有文库 第 2 集 366）

上海：商务印书馆，1936.11，77 页，32 开（自然科学小丛书）

　　本书以进化论的观点论述动物界的前脑和神经系统等。

　　收藏单位：重庆馆、大连馆、东北师大馆、广东馆、国家馆、黑龙江馆、江西馆、辽师大馆、南京馆、内蒙古馆、宁夏馆、上海馆、首都馆、天津馆、浙江馆

04648

施悲门氏之动物发生学说　王希成著

上海：中国科学社，1935.8，[25] 页，16 开

　　本书为《科学》第 19 卷第 8 期抽印本。

　　收藏单位：国家馆

04649

实验胚胎学　G. R. de Beer 著　陆新球译

昆明：中华书局，1939.9，148 页，24 开，精装

昆明：中华书局，1941.4，再版，148 页，24 开，精装

上海：中华书局，1946.8，再版，148 页，24 开

本书共 24 章，内容包括：受精作用、细胞核之大小与细胞质之关系、不同染色体的价值、分裂期细胞核的分裂、早期的分化等。大学用书。

收藏单位：重庆馆、贵州馆、国家馆、湖南馆、辽宁馆、上海馆、绍兴馆

04650

实验胎生学之研究方法　王希成著

上海：中国科学社，1935.5，676—694 页，16 开

本书为《科学》第 19 卷第 5 期抽印本。

收藏单位：国家馆

04651

胎生学　（德）L. Michaelis 著　汤尔和译

上海：商务印书馆，1919.9，176 页，18 开

收藏单位：国家馆

04652

组织学实习法　鲍鉴清著

上海：商务印书馆，1930.2，12+129 页，32 开（百科小丛书）

上海：商务印书馆，1933.9，国难后 1 版，12+129 页，32 开（百科小丛书）

上海：商务印书馆，1934.12，国难后 2 版，12+126 页，32 开（百科小丛书）

本书共两篇：总论、组织及脏器之检查。具体介绍器械、标本之制法、细胞检查法、组织检查法、各种器官之检查等。

收藏单位：重庆馆、广东馆、贵州馆、国家馆、湖南馆、辽宁馆、南京馆、上海馆、首都馆、天津馆、浙江馆

动物生态学和动物地理学

04653

动物呈奇

上海：土山湾印书馆，1924，2 版，32 页，22 开

本书介绍鸟、穴土昆虫、营穴动物等各种动物的生活习性。

收藏单位：国家馆、浙江馆

04654

动物的适应生活　沈霁春著

上海：世界书局，1929.11，120 页，32 开（生活丛书）

本书内容包括：何谓适应现象、造成适应现象的原因、动物的保护色与拟态、陆行动物的适应、深海中的生涯、沙漠上的适应等。

收藏单位：重庆馆、广东馆、国家馆、黑龙江馆、江西馆、南京馆、上海馆、绍兴馆、首都馆、天津馆、浙江馆

04655

动物地理学　（日）川村多实二著　蔡弃民译

上海：商务印书馆，1936.9，3 册（258 页），32 开（自然科学小丛书）（万有文库 第 2 集 350）

长沙：商务印书馆，1939.12，2 册（258 页），32 开（自然科学小丛书）（万有文库 第 1—2 集简编 188）

长沙：商务印书馆，1940.3，258 页，32 开（自然科学小丛书）

本书共 16 章，内容包括：初期动物地理学、各区之主要动物、地史学上之复查、动物分布之决定要因、海产动物之分布、与动物生态学之关系、地中海区、重要海产动物、两栖地带之动物等。

收藏单位：重庆馆、大连馆、大庆馆、东北师大馆、广东馆、贵州馆、国家馆、江西馆、辽师大馆、南京馆、内蒙古馆、宁夏馆、上海馆、天津馆、浙江馆

04656

动物地理学　刘虎如著

上海：商务印书馆，1930.10，110 页，32 开
（百科小丛书）（万有文库 第 1 集 506）

上海：商务印书馆，1933.10，110 页，32 开
（百科小丛书）

上海：商务印书馆，1934.6，再版，110 页，
32 开（百科小丛书）

上海：商务印书馆，1935，3 版，110 页，32
开（百科小丛书）

　　本书研究各种动物分布于地球上的情形。
共 7 章：寒带动物、温带动物、热带动物、山
岭动物、水居动物、岛屿动物、畜养动物。

　　收藏单位：安徽馆、重庆馆、大连馆、东
北师大馆、广东馆、广西馆、贵州馆、桂林
馆、国家馆、黑龙江馆、江西馆、辽大馆、
辽师大馆、南京馆、内蒙古馆、宁夏馆、上
海馆、天津馆、西南大学馆、浙江馆

04657

动物生活史 （英）汤姆生（John Arthur Thomson）
著　黄维荣　伍况甫译
外文题名：The outline of natural history
上海：商务印书馆，1935.3，6 册（889 页），
32 开（汉译世界名著）（万有文库 第 2 集 342）
上海：商务印书馆，1935.8，889 页，32 开（汉
译世界名著）
上海：商务印书馆，1936.6，再版，889 页，
32 开（汉译世界名著）

　　本书共 29 章，介绍动物的生态与习性。

　　收藏单位：重庆馆、东北师大馆、广东
馆、广西馆、贵州馆、桂林馆、国家馆、黑
龙江馆、江西馆、内蒙古馆、上海馆、首都
馆、西南大学馆、浙江馆

04658

动物生活与社会之产生 （美）阿利（W. C.
Allee）著　陈兆熙译
外文题名：Animal life and social growth
上海：商务印书馆，1937.3，147 页，32 开
（万有文库 第 2 集 336）（自然科学小丛书）

　　本书共 10 章，内容包括：动物的社会、
动物的居留地、动物社会的分析、陆上社会
的组织、动物社会的演化、自然界的不平衡、
高等社会等。

　　收藏单位：重庆馆、大连馆、大庆馆、东
北师大馆、国家馆、辽师大馆、内蒙古馆、
宁夏馆、天津馆、浙江馆

04659

动物生态学 （日）川村多实二著　舒贻上译
上海：商务印书馆，1935.9，196 页，32 开
（自然科学小丛书）（万有文库 第 2 集）
上海：商务印书馆，1935.12，196 页，32 开
（自然科学小丛书）

　　本书共 4 章：各个生态学、比较生态学、
群聚生态学、实验生态学。

　　收藏单位：重庆馆、大连馆、东北师大
馆、广东馆、广西馆、贵州馆、国家馆、江
西馆、辽师大馆、内蒙古馆、宁夏馆、绍兴
馆、天津馆

04660

动物生态学 费鸿年著
外文题名：Animal ecology
上海：商务印书馆，1932.10，59 页，32 开（百
科小丛书）
上海：商务印书馆，1933.12，59 页，32 开（百
科小丛书）（万有文库 第 1 集 503）

　　本书共 4 章：各个生态学、比较生态学、
群聚生态学、实验生态学。节译自日本川村
多实二的《动物生态学》。

　　收藏单位：安徽馆、重庆馆、大连馆、大
庆馆、东北师大馆、广东馆、广西馆、贵州
馆、桂林馆、国家馆、黑龙江馆、湖南馆、
江西馆、辽大馆、南京馆、内蒙古馆、宁夏
馆、上海馆、天津馆、西南大学馆、浙江馆

04661

动物生态学纲要 费鸿年著
上海：中华书局，1937.8，172 页，22 开

　　本书共 10 章，内容包括：动物生态学的
范围、动物生态的环境、海洋动物、淡水动
物、陆地动物、自然界的平衡、动物生态学
与人生等。

　　收藏单位：国家馆、上海馆、西南大学馆

04662

动物与环境　李印僧著

北平：世界书局，1928.11，72 页，32 开（三水学会丛书）

　　本书共 9 章，内容包括：同种动物个体间之关系、异种动物个体间之关系、动物与植物之关系、动物与食物、动物与光线等。

　　收藏单位：国家馆、西南大学馆

04663

动物与环境　（日）田中义磨著　萧百新译

上海：商务印书馆，1936.9，2 册（308 页），32 开（自然科学小丛书）（万有文库第 2 集 351）

长沙：商务印书馆，1940.3，308 页，32 开（自然科学小丛书）

　　本书共 6 章：生物因环境关系所发生的变迁、动物与环境的各种要素、适应与后天性的遗传、人工上的突然变动、性与环境的关系、结论。著者原题：田中义磨。

　　收藏单位：重庆馆、大连馆、国家馆、江西馆、辽师大馆、南京馆、内蒙古馆、宁夏馆、天津馆、浙江馆

04664

动物怎样自卫　王遵武等编辑

上海：新亚书店，2 册，32 开（儿童基本科学丛书）

　　收藏单位：国家馆

04665

动物中的互助

出版者不详，455 页，32 开

　　收藏单位：国家馆

04666

动物自卫术　缪维水编著　薛德焜校订

南京：正中书局，1936.5，35 页，32 开（国民说部 第 9 集 国民科学集 2）

　　收藏单位：重庆馆、国家馆、江西馆、南京馆、首都馆

04667

良友和仇敌　周晦盦编著

北平：中华平民教育促进会，1930.11，16 页，50 开（平民读物 科学常识 8）

北平：中华平民教育促进会，1932.7，再版，16 页，50 开（平民读物 科学常识 8）

　　收藏单位：国家馆

04668

南洋的动物界　刘锡田编

爪哇：万隆中华初级中学校，[17] 页，16 开

　　收藏单位：国家馆

04669

蠕范　李元撰

上海：商务印书馆，1937.6，150 页，32 开（万有文库 第 2 集 337）（国学基本丛书）

　　收藏单位：大连馆、国家馆、内蒙古馆、天津馆

04670

水族动物研究　绿荷编

上海：广益书局，1933.11，40 页，32 开（儿童科学丛书 动物小讲座）

　　本书介绍海洋生物有趣的特点。

　　收藏单位：浙江馆

04671

苏轼与海南动物　冼玉清著

广州：岭南大学，1948，[19] 页，16 开

　　本书辑录苏轼在岭南时所提到的有关动物，分昆虫、鳞介、禽兽等类。《岭南学报》第 9 卷第 1 期抽印本。

04672

烟台海滨动物之分布　张玺著

北平：国立北平研究院出版部，1934.9，66 页，16 开（国立北平研究院动物学研究所中文报告汇刊 7）

　　本书记述烟台海滨动物之分布，并有分类、形态、解剖及生物图等。《国立北平研究院院务汇报》第 5 卷第 5 期单行本。

　　收藏单位：国家馆、上海馆

04673

中国普通动物　乔风等编译

上海：商务印书馆，1936.7，151 页，32 开（中学生自然研究丛书）

上海：商务印书馆，1937.2，再版，151 页，32 开（中学生自然研究丛书）

本书介绍中国产的海滨动物，包括普通甲壳类、普通软体动物、鱼类和两生类、爬虫类等。附本草中的鳞类、本草中的禽类。

收藏单位：重庆馆、东北师大馆、广东馆、贵州馆、国家馆、黑龙江馆、湖南馆、江西馆、辽宁馆、上海馆、首都馆、西南大学馆、浙江馆

04674

中国西部动物志　李惯士编译

上海：商务印书馆，1934.3，111 页，32 开（百科小丛书）

上海：商务印书馆，1935，再版，111 页，32 开（百科小丛书）

本书内收 3 篇文章：《陕甘的动物》（梭厄比）、《西康四川的鸟兽》（威尔逊）、《西藏的鸟兽》（辛树帜）。

收藏单位：重庆馆、大庆馆、广东馆、贵州馆、国家馆、黑龙江馆、江西馆、南京馆、内蒙古馆、宁夏馆、上海馆、天津馆、西南大学馆、浙江馆

动物分类学（系统动物学）

04675

阿穆尔河鲟鱼上寄生桡足类之一新种　马克维赤（A. P. Markewitsch）著

北平：静生生物调查所，1933.3，141—158 页，16 开

本书为《静生生物调查所汇报》第 4 卷第 5 号抽印本。英文本，附中文摘要。

04676

蚌　薛德焴著

上海：新亚书店，1934.2，16 页，32 开（动物解剖丛书 8）

收藏单位：安徽馆、重庆馆、国家馆、天津馆、西南大学馆、浙江馆

04677

保护鸟图说　孙英选编辑　郑会川　余继瞻校阅

烟台：孙英选 [发行者]，1936.6，124+16 页，18 开

本书分两编，内容包括：鸟之外形、鸟体之测定法、羽毛之种类、鸟类飞翔之适应、鸟类之习性、鸟类对于人生之关系等。烟台东鲁印刷局印。

收藏单位：国家馆

04678

北平寡毛类及蛭类之研究　张玺　曹新孙　绍子成著

外文题名：Sur les oligochetes et les hirudinées de Peiping

北平：中法大学，1935.11，104 页，16 开（北平中法大学理学院特刊 2）

本书分上、下篇。上篇包括寡毛类之定义、寡毛类之研究方法、寡毛类之形态解剖概论等内容；下篇包括北平蛭类种类之研究、蛭类之生理等内容。

04679

贝属（植物附）　（英）牛津图书公司原著（英）潘慎文（A. P. Parker）　陆咏笙编译

外文题名：The wonders of the shore

上海：广学会，1916，52 页，32 开（海族志 卷 1）

本书共 9 章，内容包括：海滨风景、海滨植物、海藻、牡蛎、蛤蜊类、单壳介族、海绒等。

收藏单位：国家馆

04680

本校春季禽鸟的调查　郑作新著

外文题名：A spring census of birds taken on the campus of Fukien Christian University, Foochow

邵武：福建协和大学，1937.7，45—58 页，22 开

本书为《协大生物学会报》第 2 卷第 4 期抽印本。

收藏单位：国家馆

04681

本校冬时的禽鸟　郑作新著

外文题名：A winter census of birds taken on the campus of Fukien Christian University, Foochow

邵武：福建协和大学，1937.3，29—39 页，22 开

本书为《协大生物学会报》第 2 卷第 3 期抽印本。

收藏单位：国家馆

04682

本校夏秋二季禽鸟的新记录　郑作新著

外文题名：New records of birds taken during summer and autumn on the campus of Fukien Christian University, Foochow

邵武：福建协和大学，1939.12，71—74 页，22 开

本书为《协大生物学会报》第 1 卷抽印本。

收藏单位：国家馆

04683

哺乳动物图谱　周建人编

上海：商务印书馆，1936.7，125 页，32 开（中学生自然研究丛书）

上海：商务印书馆，1937.2，再版，125 页，32 开（中学生自然研究丛书）

本书介绍各种各样的哺乳动物，包括穿山甲、美洲豹、虎、狐狸、白熊、长颈鹿、象、斑马等。

收藏单位：重庆馆、大庆馆、广东馆、贵州馆、桂林馆、国家馆、湖南馆、江西馆、南京馆、内蒙古馆、上海馆、首都馆、天津馆、浙江馆

04684

哺乳类分类纲要　张春霖著

北平：张春霖 [出版者]，1934，29 页，32 开

收藏单位：国家馆

04685

哺乳类记载方法举例等　石声汉译

出版者不详，1 册，16 开

收藏单位：南京馆

04686

不会飞的鸟　黎锦耀　许达年编著

上海：中华书局，1931，52 页，32 开（儿童常识丛书）

收藏单位：黑龙江馆、吉林馆、上海馆、首都馆

04687

长江流域的鸟类　（美）祁天锡（N. Gist Gee）（美）慕维德（L. I. Moffett）著　王开时等译

外文题名：Birds of the Yangtze valley

上海：商务印书馆，1936.10，2 册（233 页），32 开（中学生自然研究丛书）

上海：商务印书馆，1937.4，再版，2 册（233 页），32 开（中学生自然研究丛书）

收藏单位：北师大馆、重庆馆、东北师大馆、广东馆、国家馆、黑龙江馆、湖南馆、江西馆、辽师大馆、南京馆、内蒙古馆、上海馆、首都馆、天津馆、浙江馆

04688

长江流域习见脊椎动物名录　张孟闻著

南京：中国方志学会，1933，[17] 页，16 开

本书为《方志月刊》第 6 卷第 5 期抽印本。

04689

大蛛蜘　吴太玄编

上海：中华书局，1948.1，23 页，32 开（中华文库 小学 第 1 集）

收藏单位：广西馆

04690

戴云山脉及马江沿岸鸟类调查采集报告　黄震　唐瑞金著

[永安]：福建省研究院编译出版室，1942.5，22 页，16 开（福建省研究院动植物研究所研

究汇报 2）

　　收藏单位：国家馆、南京馆

04691

淡水鱼类之婚姻色与珠星之研究（第 1 报）

（日）木村重　陶虞孙著

外文题名：Notes on the nupital coloration and pearl organs in Chinese fresh-water fishes

上海：上海自然科学研究所，1937.1，277—318 页，16 开（上海自然科学研究所生物学科报告）（中国淡水鱼类之生物学的研究 第 4 报）

　　本书为《上海自然科学研究所汇报》第 6 卷别册 11 抽印本。

　　收藏单位：广东馆、国家馆

04692

滇池鱼类病敌害之初步研究　张玺　刘永彬著

昆明：国立北平研究院总办事处出版课，1941，10 页，16 开（国立北平研究院生理动物研究所动物组中文报告汇刊 21）

　　收藏单位：浙江馆

04693

滇池枝角类及桡脚类的研究　张玺　易伯鲁著

昆明：国立北平研究院出版课，1945.12，11 页，16 开（国立北平研究院动物学研究所中文报告汇刊 22）

　　本书介绍枝角目及桡脚目的分类及特性。

　　收藏单位：广东馆、浙江馆

04694

动物的分类　费鸿年编著

上海：商务印书馆，1936.7，199 页，32 开（中学生自然研究丛书）

上海：商务印书馆，1937，再版，199 页，32 开（中学生自然研究丛书）

上海：商务印书馆，1937.3，3 版，199 页，32 开（中学生自然研究丛书）

上海：商务印书馆，1947.2，4 版，199 页，32 开（中学生自然研究丛书）（新中学文库）

　　本书共 16 章，内容包括：绪论、原生动物、海绵动物、腔肠动物、扁形动物、纽形动物、圆形动物、环形动物、棘皮动物、软体动物等。

　　收藏单位：重庆馆、广东馆、贵州馆、桂林馆、国家馆、黑龙江馆、湖南馆、吉大馆、江西馆、辽宁馆、南京馆、内蒙古馆、上海馆、首都馆、天津馆、西南大学馆、浙江馆

04695

动物分类　（日）内田亨等著　董功甫译

长沙：商务印书馆，1939.1，2 册（515 页），32 开（自然科学小丛书）

长沙：商务印书馆，1939.9，3 册（515 页），32 开（自然科学小丛书）（万有文库 第 1—2 集简编）

　　本书共 14 章，内容包括：原生动物附中间动物、海绵动物、腔肠动物、扁形动物及纽形动物、圆形动物、软体动物、节足动物、原索动物、脊椎动物等。

　　收藏单位：重庆馆、东北师大馆、广东馆、桂林馆、国家馆、江西馆、南京馆、农大馆、上海馆、首都馆、天津馆

04696

动物分类学　王修著

外文题名：Classification of animals

上海：商务印书馆，1930.4，126 页，32 开（百科小丛书）（万有文库 第 1 集 501）

上海：商务印书馆，1931.8，126 页，32 开（百科小丛书）

　　本书共 11 章，内容包括：原生动物、腔肠动物、蠕形动物、软体动物、节肢动物、原索动物、动物之分布等。

　　收藏单位：安徽馆、重庆馆、大连馆、东北师大馆、广东馆、广西馆、贵州馆、国家馆、黑龙江馆、江西馆、辽大馆、辽师大馆、南京馆、内蒙古馆、宁夏馆、上海馆、天津馆、西南大学馆、浙江馆

04697

洱海冬季之枝角类　陆鼎恒著

昆明：国立北平研究院总办事处出版课，

1939.12，16 页，16 开（国立北平研究院动物学研究所报告汇刊 20）

　　收藏单位：广东馆、国家馆、南京馆、浙江馆

04698

肥大吸虫透视标本制作之一法（石炭酸法）　袁可士著

[热带病研究所]，1930.4，4 页，18 开（热带病研究所刊物）

　　收藏单位：国家馆

04699

福建脊椎动物统计续编　郑作新编著

上海：中国科学社，1941.8，450—459 页，16 开

　　本书为《科学》第 25 卷抽印本。

　　收藏单位：国家馆

04700

福建鸟类之统计　郑作新著

外文题名：Statistical studies of Fukien avifauna

邵武：福建协和大学，1938.8，41 页，22 开

　　本书为《协大生物学会报》新第 1 卷抽印本。

　　收藏单位：国家馆

04701

福建沙溪流域之鸟类　黄震编著

出版者不详，1947，123 页，16 开

　　收藏单位：广东馆

04702

福州鼓岭夏间鸟类纪述　郑作新著

上海：中国科学社，1941.4，206—210 页，18 开

　　本书为《科学》第 25 卷抽印本。

　　收藏单位：国家馆

04703

鸽之研究　项士元著

杭州：中国新闻社，1934.7，42 页，32 开

　　本书共 11 部分，内容包括：鸽之史迹、鸽之生理、鸽之饲养、鸽之巢房、鸽之种类、鸽之功用、鸽之产地等。

　　收藏单位：国家馆、浙江馆

04704

广东产鳗鱺鱼类之研究　陈兼善著

外 文 题 名：A review of the apodal fishes of Kwangtung

广州：国立 中山 大学，1929.12，12+49 页，16 开（国立中山大学理科生物学系丛书 第 1 卷 第 1 号）

　　本书为英文本，附中文摘要。

　　收藏单位：国家馆、浙江馆

04705

广西鸟类之研究（猺山之部）　任国荣著

广州：国立中山大学生物学系，1928.5，120 页，18 开（中国鸟学丛书 第 1 集）

广州：国立中山大学生物学系，1928.12，193 页，18 开（中国鸟学丛书 第 2 集）

　　本书书前有广西猺山图及各种鸟的插图 10 页。

　　收藏单位：浙江馆

04706

广西猺山哺乳类第一次报告　石声汉编

出版者不详，[1928—1949]，13+30+144 页，16 开

　　收藏单位：江西馆

04707

广西猺山鸟类之研究（续集）　任国荣著

广州：中山大学猺山生物研究室，1929.5，74 页，22 开（中国鸟学丛书 第 3 集）

　　收藏单位：国家馆、上海馆、浙江馆

04708

广州蛙类异种交配的研究　朱洗著

[广州]：[国立中山大学]，1934.12，44 页，16 开

　　本书为国立中山大学《自然科学》第 6 卷第 2 期抽印本。

04709

鳜鱼头骨之解剖　夏康农　朱定一著

北平：中法大学，1939，55页，16开（北平中法大学理学院特刊8）

　　收藏单位：国家馆

04710

国立北平研究院动物学研究所海参类标本目录　张凤瀛著

北平：国立北平研究院总办事处出版课，1934.9，18页，16开（国立北平研究院动物学研究所中文报告汇刊8）

北平：国立北平研究院总办事处出版课，1936.9，再版，18页，16开（国立北平研究院动物学研究所中文报告汇刊8）

　　收藏单位：国家馆、浙江馆

04711

海绵　秉志著

上海：中国科学图书仪器公司，1949.9，108页，32开（中国科学社科学画报丛书）

　　本书共7章：多孔动物之起源、孔道系统之演化、骨骼系统之演化、多孔动物之组织、海绵之生育及生理、海绵之类别及价值、结论。

　　收藏单位：重庆馆、广东馆、国家馆、黑龙江馆、天津馆、西南大学馆

04712

海仙人掌之体量变化及氯化钾，钙，镁，钠与发光之关系　经利彬等著

北平：国立北平研究院出版课，1935，138—142页，16开

　　本书为《国立北平研究院生理研究所中文报告汇刊》第2卷第6号抽印本。

　　收藏单位：国家馆、浙江馆

04713

河北省乌鸦科略志　李象元著

北平：国立北平研究院总办事处出版课，1931，38页，16开（国立北平研究院动物学研究所中文报告汇刊2—3）

　　本书为《国立北平研究院院务汇报》第2卷第1、4期抽印本。

　　收藏单位：广东馆、国家馆

04714

河北习见鱼类图说　周汉藩　张春霖著

北平：静生生物调查所，1934.5，92+12页，16开

　　本书所述均属硬骨目，下分九亚目，书前有各亚目检索表。

　　收藏单位：广东馆、国家馆、湖南馆、内蒙古馆、山西馆、首都馆、天津馆、西南大学馆、浙江馆

04715

荷属南洋群岛之蜥蜴数种　陆鼎恒编著

北平：国立北平研究院出版部，1934.3，34—54页，16开（国立北平研究院动物学研究所中文报告汇刊6）

　　本书为《国立北平研究院院务汇报》第5卷第2期抽印本。

　　收藏单位：国家馆、内蒙古馆

04716

脊椎动物比较解剖学实习指导　张松踪著

厦门：国立厦门大学生物系，[1943]，油印本，126叶，18开，环筒页装

　　收藏单位：国家馆

04717

脊椎动物的脑量　经利彬著

出版者不详，10页，16开

　　收藏单位：国家馆

04718

脊椎动物分类学　张春霖著

北平：北洋图书社生物丛书部，1936.10，249页，24开

　　收藏单位：东北师大馆、国家馆、黑龙江馆、江西馆、首都馆、西南大学馆、浙江馆

04719

脊椎动物分类学纲要　郑作新编著

上海：正中书局，1948.5，116页，25开

本书共 8 章，内容包括：总论、脊椎动物的特征、鱼纲、爬行纲、鸟纲、哺乳纲等。附国际动物命名法规、全国脊椎动物之种数统计。大学用书。

收藏单位：重庆馆、广东馆、国家馆、宁夏馆、上海馆、浙江馆

04720

脊椎动物脑之比重及水分之含量　经利彬　熊懋祯著

出版者不详，1936.9，12—26 页，16 开

本书为《理科季刊》第 6 卷第 1 期抽印本。

收藏单位：广东馆、国家馆、内蒙古馆、浙江馆

04721

脊椎动物胚胎学实验教程　郑作新编著

邵武：福建协和大学生物学系，1939.9，65 页，22 开（私立福建协和大学生物学系丛书）

本书共 17 课，内容包括：细胞的间接分裂、精子发生、卵子发生、蛙的发生、子宫的研究等。

收藏单位：国家馆

04722

脊椎动物胚胎学实验教程　郑作新编著

重庆：正中书局，1944.3，68 页，25 开

上海：正中书局，1945，沪 1 版，68 页，25 开

上海：正中书局，1947.10，沪 3 版，68 页，25 开

本书共 17 课，内容包括：细胞的间接分裂、精子发生、卵子发生、蛙的发生、子宫的研究等。大学用书。

收藏单位：重庆馆、东北师大馆、广东馆、国家馆、江西馆、南京馆、上海馆、浙江馆

04723

鲫鲤　薛德焴著

上海：新亚书店，1935.9，40 页，32 开（动物解剖丛书 12）

收藏单位：国家馆、南京馆、西南大学馆

04724

家鼠之分类习惯及特性　戴芳渊编著

上海：上海海港检疫所检疫丛书编译委员会，1948.11，11 页，32 开（检疫丛书 1）

收藏单位：南京馆

04725

胶州湾的两种肠鳃类　张玺　顾光中著

北平：国立北平研究院出版课，1935.8，12 页，16 开（国立北平研究院动物学研究所中文报告汇刊 13）（胶州湾海产动物采集团专门论文集 1）

本书共两部分：外部形态、内部解剖。《国立北平研究院院务汇报》第 6 卷第 4 期抽印本。

收藏单位：广东馆、国家馆、上海馆、浙江馆

04726

胶州湾海蜘蛛类之研究　陆鼎恒著

北平：国立北平研究院总办事处出版课，1936.1，30 页，16 开（国立北平研究院动物学研究所中文报告汇刊 14）（胶州湾海产动物采集团专门论文集 3）

本书为《国立北平研究院院务汇报》第 7 卷第 1 期抽印本。

收藏单位：广东馆、国家馆、内蒙古馆、浙江馆

04727

胶州湾及其附近海产食用软体动物之研究　张玺　相里矩著

北平：国立北平研究院总办事处出版课，1936.3，94 页，16 开（国立北平研究院动物学研究所中文报告汇刊 16）（胶州湾海产动物采集团专门论文集 4）

本书分别介绍腹足纲、瓣鳃纲、头足动物纲等动物的形态、产地与采集、分布及产量等。

收藏单位：重庆馆、广东馆、国家馆、内蒙古馆、上海馆、浙江馆

04728

胶州湾及其附近之棘皮动物分布概况　张凤瀛著

北平：国立北平研究院出版部，1935.8，12页，16开（国立北平研究院动物学研究所中文报告汇刊12）

　　本书为《国立北平研究院院务汇报》第6卷第4期抽印本。

　　收藏单位：广东馆、国家馆、浙江馆

04729

鲛之剥制　王秉衡著

青岛：青岛特别市观象台，[1930.5]，10页，50开，环筒页装

04730

金线蛙　薛德焴著

上海：新亚书店，1935.9，47页，32开（动物解剖丛书13）

　　收藏单位：国家馆、南京馆、西南大学馆

04731

近世动物学　薛德焴著

外文题名：Modern zoology

上海：商务印书馆，1923.6—1924.2，2册（10+259+19+204页），24开，精装（高等教育理科丛书2）

上海：商务印书馆，1923.11—1927.7，再版，2册（10+259+19+204页），24开，精装（高等教育理科丛书2）

上海：商务印书馆，1926.12—1930.11，3版，2册（10+259+19+204页），24开，精装（高等教育理科丛书2）

　　本书分上、下卷，上卷讲述无脊椎动物，下卷讲述脊椎动物。

　　收藏单位：重庆馆、广东馆、国家馆、湖南馆、江西馆、内蒙古馆、上海馆、首都馆、天津馆、浙江馆

04732

近世动物学（上卷）　薛德焴著

上海：商务印书馆，1930.11，4版，10+259+19页，24开，精装（高等教育理科丛书2）

上海：商务印书馆，1933.1，国难后1版，10+259+19页，24开，精装（高等教育理科丛书2）

　　收藏单位：重庆馆、广东馆、广西馆、贵州馆

04733

鲸的故事　宗亮晨编

上海：大众书局，[1946]，16页，36开（儿童知识文库）

　　收藏单位：广东馆

04734

两栖类分类纲要　张春霖著

北平：张春霖[出版者]，1933.11，10页，32开

　　收藏单位：国家馆

04735

猫的生活　董纯才编　陶知行校

上海：儿童书局，1932.3，36页，32开（儿童科学丛书）

上海：儿童书局，1933，再版，36页，32开（儿童科学丛书）

上海：儿童书局，1933，3版，36页，32开（儿童科学丛书）

　　本书讲述猫的体型、猫的习性、猫的生养和教育、猫的家谱、怎样养猫等。

　　收藏单位：广西馆、国家馆、江西馆、首都馆

04736

猛兽生活　华汝成著

上海：世界书局，1930.3，146页，32开（生活丛书）

　　本书叙述各种猛兽的性格和家庭，及其和人的关系等。

　　收藏单位：重庆馆、广东馆、贵州馆、国家馆、黑龙江馆、湖南馆、江西馆、南京馆、宁夏馆、上海馆、首都馆、天津馆

04737

闽江流域鸟类之研究（Ⅰ 非雀形目鸟类）　郑

作新著

外文题名：A study of the birds of the Min River Basin, Fukien. I, Non-passerine birds

邵武：福建协和大学，1940.12，72 页，32 开（私立福建协和大学生物学系丛书）

　　本书记述闽江流域习见的 25 种鸟的形态、生态和分布。《协大生物学报》第 2 卷抽印本。

　　收藏单位：国家馆

04738

闽江流域鸟类之研究（Ⅲ 雀形目鸟类 鹟科—雀科） 郑作新著

外文题名：A study of the birds of the Min River Basin, Fukien. III, Passeriform birds, Muscicapidae—Fringillidae

福州：福建协和大学，1947，49 页，22 开

　　本书为《协大生物学报》第 5 卷抽印本。

　　收藏单位：国家馆

04739

闽南民间关于文昌鱼之记载与传说 陈子英著

福建厦门大学理学院海产生物研究场，1936.6，10 页，16 开（海产生物研究场刊物 2）（海产生物通俗汇刊 1）

　　收藏单位：国家馆

04740

闽中海错疏中之两栖动物 郑作新著

福州：福建协和大学，1934.1，8 页，16 开

　　收藏单位：国家馆

04741

南中国鲤鱼及似鲤鱼类之研究 林书颜著

外文题名：Carps and carp-like fishes of Kwangtung and adjacent inlands

广州：广东建设厅水产试验场，1931.6，167 页，32 开（水产丛书 1）

　　本书介绍鲤科各类鱼的关系图示、英文学名、科内分类等知识。

　　收藏单位：江西馆、浙江馆

04742

鸟 李宗法著　周建人　徐应昶校

上海：商务印书馆，1933.10，44 页，32 开（小学生文库 第 1 集 动物类）

上海：商务印书馆，1934.10，再版，44 页，32 开（小学生文库 第 1 集 动物类）

上海：商务印书馆，1935.1，4 版，44 页，32 开（小学生文库 第 1 集 动物类）

　　收藏单位：重庆馆、东北师大馆、首都馆

04743

鸟的生活 彭兆良编著

上海：世界书局，1930.8，72 页，32 开（生活丛书）

　　收藏单位：重庆馆、广东馆、国家馆、南京馆、首都馆、天津馆、浙江馆

04744

鸟的研究 孙伯才编

上海：新中国书局，1932，74 页，32 开（小学自然科研究丛书）

上海：新中国书局，1933，再版，74 页，32 开（小学自然科研究丛书）

　　本书内容包括：鸟的通性怎样、鸟的身体构造怎样、鸟的生活情形怎样、鸟有那几种、鸟与人类的关系怎样。高年级自然补充读物。

　　收藏单位：重庆馆、首都馆

04745

鸟类 贾祖璋著

外文题名：Birds

上海：商务印书馆，1933.12，101 页，32 开（万有文库 第 1 集 508）（百科小丛书）

　　本书从始祖鸟的讨论开始引发什么是鸟的思考、鸟类的进化的问题，进而介绍鸟的分类、鸟的外形特点以及鸟的生活习性等。

　　收藏单位：重庆馆、大连馆、东北师大馆、广西馆、贵州馆、国家馆、黑龙江馆、江西馆、辽大馆、辽师大馆、内蒙古馆、宁夏馆、上海馆、天津馆、武大馆、西南大学馆、浙江馆

04746

鸟类 （日）鹰司信辅著　舒贻上译

上海：商务印书馆，1935.9，148 页，32 开
（自然科学小丛书）（万有文库第 2 集 357）

上海：商务印书馆，1936.6，148 页，32 开
（自然科学小丛书）

上海：商务印书馆，1947.1，再版，148 页，
32 开（自然科学小丛书）（新中学文库）

上海：商务印书馆，1948.8，3 版，148 页，
32 开（自然科学小丛书）（新中学文库）

本书共 20 部分，内容包括：鸟类之特性、
鸟类之体制、鸟类之羽毛、鸟翼、鸟尾、鸟
类之色彩等。

收藏单位：重庆馆、大连馆、东北师大
馆、福建馆、广东馆、广西馆、贵州馆、桂
林馆、国家馆、黑龙江馆、湖南馆、江西馆、
辽宁馆、辽师大馆、南京馆、内蒙古馆、宁
夏馆、上海馆、绍兴馆、首都馆、天津馆、
武大馆、浙江馆

04747

鸟类标本剥制法 （日）小野田伊久马著　王
历农译

上海：商务印书馆，1937.3，46 页，32 开

本书讲解鸟类的形态和器官构造、标本
制作使用的器具和药品、标本的选择、标本
保存管理等。自然科教学参考书。

收藏单位：重庆馆、东北师大馆、广东
馆、国家馆、湖南馆、辽宁馆、南京馆、上
海馆、浙江馆

04748

鸟类的世界　玉子编

上海：广益书局，1933.8，98 页，32 开（儿
童自然科学故事丛书）

上海：广益书局，1944，98 页，32 开（儿童
自然科学故事丛书）

收藏单位：重庆馆、贵州馆、国家馆、首
都馆

04749

鸟类概论　贾祖璋编

上海：商务印书馆，1931.6，117 页，32 开

本书论述鸟类的起源、分类、鸟的外形、
分布与迁徙、繁殖，以及鸟与人的关系等。

收藏单位：重庆馆、国家馆、江西馆、内
蒙古馆、首都馆、天津馆、浙江馆

04750

鸟类科学知识

上海：大众书局，[1946]，27 页，32 开（儿
童知识文库 高级之部）

收藏单位：广东馆

04751

鸟类胚胎行为之发育　郭任远著　吴襄译
出版者不详，1934.2，10 页，22 开

收藏单位：国家馆

04752

鸟类迁移之研究　任国荣著

长沙：商务印书馆，1940.2，135 页，36 开
（百科小丛书）

本书论述鸟类迁移的类别、表演、方向、
季候、方法、复杂性、规律性等。

收藏单位：重庆馆、东北师大馆、贵州
馆、国家馆、南京馆、宁夏馆

04753

鸟类图谱　沐绍良编译

上海：商务印书馆，1936.9，2 册（231 页），
32 开（中学生自然研究丛书）

上海：商务印书馆，1937.2，再版，2 册（231
页），32 开（中学生自然研究丛书）

本书共收 100 余种图谱，部分为彩色印
刷，并有简略文字说明。

收藏单位：重庆馆、东北师大馆、广东
馆、国家馆、湖南馆、江西馆、南京馆、上
海馆、首都馆、浙江馆

04754

鸟类研究　贾祖璋编

外文题名：A study of birds

上海：商务印书馆，1928.6，88 页，32 开

本书共 4 章：雏鸟、鸟类的生活、鸟体构
造、与人类的关系。

收藏单位：重庆馆、桂林馆、南京馆、上海馆、首都馆、天津馆、西南大学馆、浙江馆

04755

鸟类迎宾馆　董纯才编　陶知行校

上海：儿童书局，1932.1，29 页，32 开（儿童科学丛书）

上海：儿童书局，1932.6，再版，29 页，32 开（儿童科学丛书）

上海：儿童书局，1933.2，3 版，29 页，32 开（儿童科学丛书）

收藏单位：广西馆、国家馆、江西馆、首都馆

04756

鸟类珍话　C. J. Patten 著　董纯才译

外文题名：Triumphs in bird-life

上海：中华书局，1937.9，106 页，32 开（少年科学丛书 2）

本书以文学体裁介绍鸟类。

收藏单位：重庆馆、贵州馆、南京馆、内蒙古馆、上海馆

04757

鸟与文学　贾祖璋著

上海：开明书店，1931.4，346 页，32 开

上海：开明书店，1933.10，再版，346 页，32 开

上海：开明书店，1947.8，再版，154 页，32 开（开明青年丛书）

上海：开明书店，1949.2，3 版，154 页，32 开（开明青年丛书）

本书内分燕、鹡鸰、黄鸟、伯劳、画眉等篇，每篇又分释名、种类、习性、传说等，根据文学记载和动物学知识加以描述。

收藏单位：重庆馆、东北师大馆、广东馆、广西馆、国家馆、江西馆、辽大馆、辽师大馆、南京馆、内蒙古馆、宁夏馆、山西馆、上海馆、绍兴馆、首都馆、天津馆、浙江馆、中科图

04758

爬虫和两栖动物生活　（英）达格里熙著　董纯才编译

上海：儿童书局，1934.12，43页，32开（世界著名的木刻画说明的奇异动物生活大观）

上海：儿童书局，1946.12，新10版，43页，32开（世界著名的木刻画说明的奇异动物生活大观）

收藏单位：江西馆、南京馆

04759

爬虫两栖类的研究　孙伯才编

上海：新中国书局，1932，69 页，32 开（小学自然科研究丛书）

收藏单位：重庆馆、广东馆、首都馆、浙江馆

04760

爬虫生活　华汝成编著

上海：世界书局，1930.3，155 页，32 开（生活丛书）

本书介绍鱼、蛇、守宫、鳄鱼等动物的生活及太古爬虫的生活。

收藏单位：重庆馆、广东馆、贵州馆、国家馆、黑龙江馆、湖南馆、江西馆、南京馆、上海馆、首都馆、天津馆、浙江馆

04761

爬行动物研究　绿荷编

上海：广益书局，1933，40 页，32 开（儿童科学丛书 动物小讲座）

本书介绍爬行动物的种类、形态、特性、生活、功用等。可作为小学自然科的补充教材和课外读物。

收藏单位：重庆馆

04762

普通鸟类　贾祖璋编

上海：商务印书馆，1931.3，91 页，32 开

上海：商务印书馆，1934，国难后 1 版，91 页，32 开

收藏单位：重庆馆、广东馆、湖南馆、江西馆、南京馆、内蒙古馆、上海馆、天津馆

04763

奇异的虾蟹生活　陆而天著

桂林：文献出版社，1941.12，42 页，36 开

桂林：文献出版社，1942.8，再版，42 页，36 开

桂林：文献出版社，1944.2，3 版，42 页，36 开

　　收藏单位：重庆馆、江西馆

04764

青岛食用软体动物之初步研究　张玺著

青岛：国立山东大学，1933.7，40—52 页，16 开

　　本书为《国立山东大学丛刊》第 2 号摘印本。

　　收藏单位：国家馆

04765

青岛文昌鱼与厦门文昌鱼之比较研究　张玺　顾光中著

北平：国立北平研究院总办事处出版课，1937.3，35 页，16 开（国立北平研究院动物学研究所中文报告汇刊 18）

　　本书论述两种文昌鱼的异同，认为青岛文昌鱼是婆罗洲文昌鱼的新变种，产于青岛。

　　收藏单位：广东馆、国家馆、内蒙古馆、西南大学馆、浙江馆

04766

青鱼脑及消化器之观察　张春霖　荆玉成著

北京：国立北京大学，1942.12，5 页，16 开

　　本书为《北京大学论文集》1942 年抽印本。

　　收藏单位：国家馆、河南馆

04767

蚯蚓　董纯才编　陶知行校

上海：儿童书局，1931.10，25 页，32 开（儿童科学丛书）

上海：儿童书局，1932.6，再版，25 页，32 开（儿童科学丛书）

上海：儿童书局，1933.2，3 版，25 页，32 开（儿童科学丛书）

上海：儿童书局，1936.5，42 页，32 开

　　收藏单位：重庆馆、广西馆、贵州馆、国家馆、江西馆、首都馆

04768

蚯蚓　薛德焴著

上海：新亚书店，1933.12，16 页，32 开（动物解剖丛书 3）

　　收藏单位：重庆馆、国家馆、上海馆、西南大学馆

04769

人兽之间

上海：良友图书公司，1936.6，1 册，32 开（万有画库 31）

　　本书内收 62 幅猩猩生活的照片，有文字说明。

　　收藏单位：贵州馆、国家馆、宁夏馆、首都馆

04770

沙蚕　薛德焴著

上海：新亚书店，1933.12，11 页，32 开（动物解剖丛书 4）

　　收藏单位：国家馆、西南大学馆

04771

山东沿海之前鳃类　张玺等著

北平：中法大学，1940.4，40+[10] 页，16 开（北平中法大学理学院特刊 11）

　　收藏单位：广东馆、国家馆

04772

邵武鸟类三年来（民国 27—30 年）野外观察报告　郑作新著

外　文　题　名：A census of Shaowu birds during 1938—1941

邵武：福建协和大学，1944.9，63—150 页，25 开

　　本书为《协大生物学报》第 4 卷抽印本。

　　收藏单位：国家馆

04773
蛇 李宗法著　周建人　徐应昶校
上海：商务印书馆，1933.10，31 页，32 开
（小学生文库 第 1 集 动物类）
上海：商务印书馆，1934.10，再版，31 页，
32 开（小学生文库 第 1 集 动物类）
　　收藏单位：重庆馆、东北师大馆、宁夏
馆、上海馆、首都馆

04774
狮之生活
上海：良友图书公司，1934.4，[73] 页，32 开
（万有画库 4）
上海：良友图书公司，1935.2，再版，[73]
页，32 开（万有画库 4）
　　本书收 60 幅狮子生活的照片，有文字说
明。书前有顾顺的《狮之生活》一文。
　　收藏单位：贵州馆、国家馆、宁夏馆、绍
兴馆、首都馆

04775
石池中物 （英）牛津图书公司原著 （英）
潘慎文（A. P. Parker）　陆咏笙编译
外文题名：Dwellers in rock pools
上海：广学会，1916，46 页，32 开（海族志
卷 4）
　　本书共 12 章，内容包括：海葵、鱼、奶
油鱼、十五刺鱼、革那鱼、牛尾鱼、石鱼等。
　　收藏单位：国家馆

04776
实验无脊椎动物学 陈伯康著
北平：中国生物科学会，1933.1，130 页，23
开
　　收藏单位：国家馆

04777
世界哺乳动物志 薛德焵　缪维水编著
上海：新 亚 书 店，1934.12，18+129+10 页，
18 开
　　本书共收 170 多种有代表性的哺乳动物。
　　收藏单位：安徽馆、重庆馆、广西馆、贵
州馆、国家馆、江西馆、南京馆、内蒙古馆、

山西馆、上海馆、首都馆、天津馆、浙江馆

04778
世界上的爬行动物 邹盛文著
上海：中华书局，1924.5，34 页，36 开（科
学小丛书 2）
上海：中华书局，1925.11，再版，34 页，36
开（科学小丛书 2）
上海：中华书局，1932.12，4 版，34 页，36
开（科学小丛书 2）
上海：中华书局，1936.8，32 页，25 开（小
朋友文库）
　　本书分析鳄鱼类、龟类、蜥蜴类、蛇类
的特征特点，从不同类别介绍爬行动物。
　　收藏单位：重庆馆、江西馆、南京馆、首
都馆、天津馆

04779
狩猎法鸟兽分类表
出版者不详，38 页，32 开
　　收藏单位：广西馆

04780
狩猎法所称鸟兽分类表草案
南京：实业部，35 页，36 开
　　收藏单位：重庆馆

04781
兽 凌昌焕主编
上海：新中国书局，1933，34 页，50 开（常
识小丛书 第 2 集 1）
　　收藏单位：重庆馆、首都馆

04782
兽的研究 孙伯才编
上海：新 中 国 书 局，1932.1，74 页，32 开
（小学自然科研究丛书）
上海：新中国书局，1932.5，再版，74 页，32
开（小学自然科研究丛书）
上海：新中国书局，1933.1，3 版，74 页，32
开（小学自然科研究丛书）
　　收藏单位：重庆馆、广东馆、河南馆、南
京馆、首都馆

04783
兽类　郑贞文等编辑
上海：商务印书馆，1925.10，29 页，32 开
（少年自然科学丛书 21）
重庆：商务印书馆，1943.12，渝 1 版，29 页，
32 开（少年自然科学丛书 21）
　　收藏单位：广东馆、国家馆、南京馆、上
海馆

04784
兽类与人生　陈兆熙著
上海：文化生活出版社，1939.8，2 册（86+94
页），36 开（少年读物小丛刊第 1 集 11—12）
　　收藏单位：重庆馆、南京馆、绍兴馆

04785
兽学　（日）青木文一郎著　杨子奉译
上海：商务印书馆，1937.3，94 页，36 开
（自然科学小丛书）（万有文库第 2 集 353）
长沙：商务印书馆，1940.12，94 页，36 开
（自然科学小丛书）
　　本书共 4 章：基础知识、决定种类等名称
的必要知识、关于采集标本的知识、关于现
在最有缺陷方面的知识。
　　收藏单位：重庆馆、大连馆、大庆馆、东
北师大馆、贵州馆、国家馆、辽师大馆、内
蒙古馆、宁夏馆、天津馆、武大馆、浙江馆

04786
**属于 Chondracanthidae 之中国寄生桡足类之
研究·云南鳅科一新属**　喻兆琦　张春霖著
北平：静生生物调查所，1935.1，[16] 页，16
开（静生生物调查所汇报 第 6 卷 动物 第 1 号）
　　本书为英文本，附中文摘要。

04787
鼠　凌鸿瑶著
外文题名：The rat
上海：商务印书馆，1925.6，17 页，32 开
（儿童理科丛书 26）
上海：商务印书馆，1933.10，18 页，32 开
（小学生文库第 1 集 动物类）
　　本书以讲故事的形式介绍鼠的分类、生

活习性及危害等。
　　收藏单位：东北师大馆、国家馆、吉林
馆、上海馆、首都馆

04788
水雉之纪录及其分布之扩充　李象元著
北平：国立北平研究院总办事处出版课，
1930.7，7 页，16 开（国立北平研究院动物学
研究所中文报告汇刊 1）
　　本书为《国立北平研究院院务汇报》第 1
卷第 2 期抽印本。
　　收藏单位：广东馆、国家馆

04789
顺昌将乐二县鸟类采集报告　廖翔华　郑作
新著
福州：福建协和大学，1947.4，123—135 页，
25 开
　　本书为《协大生物学报》第 5 卷抽印本。
　　收藏单位：国家馆

04790
**四川嘉定淡水水母之研究（1 发现之经过与形
态之研究）**　公立华　高尚荫编
乐山（四川）：国立武汉大学，1939.2，12
页，16 开（国立武汉大学理科报告 生物学 第
1 号）
　　收藏单位：国家馆

04791
四川嘉定峨眉鱼类之调查　张春霖　施怀仁
著
重庆：中国西部科学院生物研究所，1934.2，
11 页，16 开（中国西部科学院生物研究所丛
刊 第 2 号）
　　收藏单位：浙江馆

04792
四川嘉陵江下游鱼类之调查（由重庆—合川）
外文题名：Notes on the fishes of the valley
of lower Kialingkiang（from Chung-king to
Hechuan）
重庆：中国西部科学院生物研究所，1934.1，

11 页，16 开（中国西部科学院生物研究所丛刊第 1 号）

　　本书记载重庆、合川的各科鱼类。

　　收藏单位：重庆馆、浙江馆

04793

四川鸣禽之研究　王希成著

外文题名：A study of passerine birds of Szechuan

重庆：中国西部科学院生物研究所，1935.4，74 页，16 开（中国西部科学院生物研究所丛刊第 3 号）

　　收藏单位：重庆馆、国家馆、浙江馆

04794

四川鸟类调查报告（下册）　寿振黄著

北平：静生生物调查所，1932.8，[18] 页，16 开

　　本书研究 93 种鸣禽标本。英文本，附中文摘要。《静生生物调查所汇报》第 3 卷第 15 号抽印本。

04795

四季禽类　味斯托尔（W. P. Westall）著　周则岳译

外文题名：Bird life of the seasons

上海：商务印书馆，1924.7，79 页，36 开（百科小丛书 58）

上海：商务印书馆，1926.11，再版，79 页，36 开（百科小丛书 58）

　　本书介绍 70 余种鸟的生活、习性、特点、产地等。书前有英汉鸟名检字。

　　收藏单位：重庆馆、广西馆、桂林馆、国家馆、江西馆、南京馆、山东馆、上海馆、首都馆、天津馆、西南大学馆、浙江馆

04796

素食对于白鼠的学习能力之影响　唐钺　秦拱　臧玉海著

北平：国立中央研究院心理研究所，1932.7，29 页，大 32 开（国立中央研究院心理研究所丛刊第 1 卷第 1 号）

　　收藏单位：南京馆

04797

蛙之解剖　黄其琮著

广州：广东省立勷勤大学教育学院博物地理系，1936.7，32 页，16 开（勷勤大学教育学院生物学丛刊 第 1 号）（动物解剖实验指南第 1 种）

　　收藏单位：国家馆

04798

蜗牛　薛德焴著

上海：新亚书店，1934.2，17 页，32 开（动物解剖丛书 7）

　　收藏单位：安徽馆、重庆馆、国家馆、西南大学馆、浙江馆

04799

乌贼　薛德焴著

上海：新亚书店，1935.9，23 页，32 开（动物解剖丛书 10）

　　收藏单位：国家馆、西南大学馆

04800

无脊椎动物的智慧　（美）细普力（M. Shipley）著　陈岳生　邱尼山译

外文题名：The intelligence of invertebrate animal

上海：商务印书馆，1934.1，64 页，32 开（百科小丛书）

上海：商务印书馆，1935.5，再版，64 页，32 开（百科小丛书）

　　收藏单位：重庆馆、广东馆、贵州馆、桂林馆、国家馆、南京馆、内蒙古馆、宁夏馆、上海馆、西南大学馆

04801

无脊椎动物图说　周建人编

长沙：商务印书馆，1939.4，301 页，32 开

长沙：商务印书馆，1940，再版，301 页，32 开

　　本书内分原生、海绵、腔肠、棘皮、扁形、圆形、毛颚、轮形、环形、前肛、软体及节肢动物等。

　　收藏单位：重庆馆、东北师大馆、贵州馆、国家馆、山西馆

04802

无脊椎动物学实习指导　张松踪著

厦门：国立厦门大学生物系，1943.6，92 叶，16 开，环筒页装

　　收藏单位：国家馆

04803

武彝山鸟类一瞥　郑作新著

外文题名：Bird census at Bohea hills, Fukien

邵武：福建协和大学，1944.9，161—168 页，24 开

　　本书为《协大生物学报》第 4 卷抽印本。

　　收藏单位：国家馆

04804

西湖鱼类志　朱元鼎著

外文题名：Fishes of the West Lake

杭州：浙江省立西湖博物馆，1932.4，58 页，16 开

　　本书为中英文对照。

　　收藏单位：国家馆、浙江馆

04805

稀见的飞禽

上海：良友图书印刷公司，1936.7，[70] 页，32 开（万有画库 33）

　　本书有奇异鸟类图照 62 页，每图有简单说明。

　　收藏单位：国家馆、宁夏馆、首都馆

04806

虾蟹类　（英）牛津图书公司原著　（英）潘慎文（A. P. Parker）　陆咏笙编译

外文题名：The lobster and his relations

上海：广学会，1916，50 页，32 开（海族志卷 2）

　　收藏单位：国家馆

04807

星鲛　薛德焴著

上海：新亚书店，1935.9，38 页，32 开（动物解剖丛书 11）

　　收藏单位：国家馆、西南大学馆

04808

凶猛的兽类　玉子编

上海：文益书局，1933.11，90 页，32 开（儿童科学故事丛书）

　　收藏单位：重庆馆、广东馆、首都馆

04809

熊掌化学成分之研究　汤腾汉　赵幼祥著

外文题名：A study on the chemical constituents of Hsiung-Chang (bear's paw)

天津：北洋工学院，1936.7，10 页，16 开（国立北洋工学院工科研究所研究丛刊 8）

　　本书用图示、数据介绍熊掌水溶性等化学指标，进而分析反映其化学成分。中英文对照。

04810

烟台鱼类志（第 1 卷）　顾光中著

外文题名：The fishes of Chefoo

北平：国立北平研究院出版部，1933.12，235 页，16 开（国立北平研究院动物学研究所丛刊第 1 卷第 3 号）

　　本书采用 D. S. Jordan 氏分类系统，按种作说明及插图，并有纲、目、科、属之定义及检索表。全书分两卷。此卷收鱼类 54 种，另有 61 种归入第 2 卷。

　　收藏单位：国家馆、内蒙古馆

04811

燕子　卢邵潇容著

上海：申报馆，1937.7，26 页，32 开

　　本书介绍燕子、家燕、各种燕窝、燕的生活习性、小燕的迁徙等。中国科学社推广部编《申报通俗科学读物》第 2 册。

　　收藏单位：内蒙古馆、上海馆

04812

猺山两栖报告（第 1 集）　蔡国良著

[广州]：[国立中山大学]，1928.11，23 页，18 开（中国两栖类丛书）

　　本书为科学实习报告，作者系中山大学学生。

04813

游鱼世界　王遵武等编辑

上海：新亚书店，3 册（15+22+17 页），32 开（儿童基本科学丛书）

收藏单位：国家馆

04814

鱼　李宗法著　周建人　徐应昶校

上海：商务印书馆，1933.10，43 页，32 开（小学生文库 第 1 集 动物类）

上海：商务印书馆，1934.10，再版，43 页，32 开（小学生文库 第 1 集 动物类）

收藏单位：重庆馆、东北师大馆、宁夏馆、上海馆、首都馆

04815

鱼的研究　孙伯才编

上海：新中国书局，1932，71 页，32 开（小学自然科研究丛书）

收藏单位：湖南馆、首都馆

04816

鱼和海滨动物生活　（英）达格里熙著　董纯才编译

上海：儿童书局，1934.1，43 页，32 开（世界著名的木刻画说明的奇异动物生活大观）

收藏单位：南京馆

04817

鱼类的生活　周晦盦著

定县：中华平民教育促进会，1932.9，2 册（24+30 页），50 开（平民读物 科学常识 127）

收藏单位：国家馆

04818

鱼类分类纲要（上）　张春霖著

北平：张春霖 [出版者]，1933.10，16 页，32 开

收藏单位：国家馆、河南馆

04819

鱼类学　陈兼善　费鸿年著

上海：商务印书馆，1935.9，2 册（347 页），32

开（自然科学小丛书）（万有文库 第 2 集 358）

上海：商务印书馆，1936.4，347 页，32 开（自然科学小丛书）（新中学文库）

上海：商务印书馆，1947.3，再版，347 页，32 开（自然科学小丛书）（新中学文库）

本书从鱼的外形、分类、器官、神经系统各个方面讲述鱼类的生物特征。

收藏单位：重庆馆、广东馆、广西馆、贵州馆、国家馆、黑龙江馆、湖北馆、湖南馆、江西馆、辽宁馆、内蒙古馆、山西馆、首都馆、天津馆、西南大学馆、浙江馆

04820

羽属　（英）牛津图书公司原著　（英）潘慎文（A. P. Parker）　陆咏笙编译

外文题名：The sea birds

上海：广学会，1916，56 页，32 开（海族志 卷 6）

本书共 12 章，介绍海鹅、海鸟之巢穴、企鹅、滨海之鸟等。

收藏单位：国家馆

04821

造礁珊瑚的成长率及其与海水温度的关系　马廷英著

外文题名：On the growth rate of reef corals and its relation to sea water temperature

北平：实业部地质调查所、国立北平研究院地质学研究所，1937.5，226 页，16 开（中国古生物志 乙种 第 16 号 1）

本书为英文本，附中文摘要。

收藏单位：国家馆

04822

浙江鸟类之调查　寿振黄著

北平：静生生物调查所，1934.11，[54] 页，16 开（静生生物调查所汇报 第 5 卷 动物 第 5 号）

本书研究 179 种鸟类标本。英文本，附中文摘要。

04823

蜘蛛和蜈蚣　束云逶著　赵景源校

上海：商务印书馆，1933，47 页，32 开（小学生文库 第 1 集 动物类）

上海：商务印书馆，1934.2，[再版]，47 页，32 开（小学生文库 第 1 集 动物类）

　　收藏单位：重庆馆、首都馆

04824

中国北部蟹类之新种　　沈嘉瑞著

外文题名：A new scopimera from North China

北平：出版者不详，1930，228—231 页，16 开

　　本书研究采自北戴河东海岸，分布在渤海湾自秦皇岛至洋河口的双膜沙泡蟹。抽印本。

　　收藏单位：国家馆

04825

中国哺乳类学丛书（第 2 集）　　石声汉辑译

广州：国立中山大学生物学系，1928.11，25+194+30 页，16 开

　　本书内收《广西猺山哺乳类第一次报告》《哺乳类分类大意》《关于中国啮齿类之记载》等 4 篇文章。

　　收藏单位：桂林馆、国家馆、浙江馆

04826

中国哺乳类学丛书（第 3 集）　　石声汉辑译

广州：国立中山大学生物学系，1930.10，11+36 页，16 开

　　本书内收《广西猺山哺乳类报告》《广东北江猺山之哺乳类》《关于中国灵长类之记载》等文。

　　收藏单位：国家馆

04827

中国产淡水水母之研究　　（日）木村重著

外文题名：Distribution and some notes on the Chinese freshwater medusa

上海：上海自然科学研究所，1937.2，319—341 页，16 开（上海自然科学研究所生物学科报告）

　　本书为《上海自然科学研究所汇报》第 6 卷别册 12 抽印本。

　　收藏单位：国家馆

04828

中国产斗鱼科鱼类之研究　　（日）木村重著

外文题名：Distribution and some notes on the two Chinese labrynth fishes

上海：上海自然科学研究所，1937.4，47—69 页，16 开（上海自然科学研究所生物学科报告）

　　本书为《上海自然科学研究所汇报》第 7 卷别册 3 抽印本。

　　收藏单位：桂林馆、国家馆、湖南馆、上海馆、浙江馆

04829

中国普通之鱼狗　　李象元著

北平：国立北平研究院总办事处出版课，1932.6，15 页，16 开（国立北平研究院动物学研究所中文报告汇刊 5）

　　本书为《国立北平研究院院务汇报》第 3 卷第 3 期抽印本。

　　收藏单位：广东馆、国家馆

04830

中国兽学丛书（第 1 集）　　石声汉辑译

广州：国立中山大学生物学系，1928.5，1 册，16 开

　　本书内收《哺乳类记载方法举例》等文。

　　收藏单位：重庆馆

04831

中国蛙类肺蛭两新种之记载及其他　　熊大仕等著

北平：静生生物调查所，1934.1，43 页，16 开（静生生物调查所汇报 第 5 卷 动物 第 1 号）

　　本书内收 5 篇动物学论文：《中国蛙类肺蛭两新种之记载》（熊大仕）、《苏州猫肝蛭之一新种》（徐荫祺）、《北平麻绳之四新种》（何琦）、《江浙麻绳小志》（何琦）、《开封鲶科一新种》（张春霖）。英文本，附中文摘要。

04832

中国西北部之螺类志　秉志　阎敦建著

外文题名：On some gastropod shells of Northwest China

北平：静生生物调查所，1933.3，159—208页，16 开

　　本书内有新疆、甘肃等地采集 25 种螺类标本的研究报告。英文本，附中文摘要。《静生生物调查所汇报》第 4 卷第 6 号抽印本。

04833

中国沿岸之海参类　张凤瀛著

北平：国立北平研究院出版部，1934.11，35页，16 开（国立北平研究院动物学研究所中文报告汇刊 9）

　　本书为《国立北平研究院院务汇报》第 5 卷第 6 期单行本。

　　收藏单位：国家馆、内蒙古馆

04834

中国之叶脚类　沈嘉瑞著

外文题名：On two species of Chinese branchiopoda of the family chimcephalidae

北平：静生生物调查所，1933.2，1—8 页，16 开

　　本书为《静生生物调查所汇报》第 4 卷第 1 号抽印本。英文本，附中文摘要。

04835

走兽的故事　（英）费遮著　董纯才编译

上海：中华书局，1935，54 页，32 开（儿童常识丛书）

　　收藏单位：重庆馆、首都馆

04836

组织学　（日）合田绎辅著　韩士淑译

上海：商务印书馆，1935.3，98 页，32 开（自然科学小丛书）（万有文库 第 2 集 349）

上海：商 务 印 书 馆，1935.6，98 页，32 开（自然科学小丛书）

　　本书共 6 部分：概况、上皮组织、连结组织、内皮组织、肌肉组织、血液。

　　收藏单位：重庆馆、大连馆、大庆馆、东

北师大馆、广东馆、广西馆、贵州馆、国家馆、黑龙江馆、江西馆、辽师大馆、南京馆、内蒙古馆、宁夏馆、上海馆、首都馆、浙江馆

昆虫学

04837

北平之螯蝇及其他　何琦等著

北平：静生生物调查所，1936.1，[70] 页，16 开（静生生物调查所汇报第 6 卷动物第 5 号）

　　本书收论文 6 篇：《北平之螯蝇》（何琦）、《海南岛麻蝇属小志》（何琦）、《中国叶蜂续志》（麦勒）、《华南吉林爬虫类之记载》（张春霖）、《广西双栖爬虫类小记》（张春霖、廖葛民）、《河南两栖类志》（傅桐生）。英文本，附中文摘要。

04838

虫　戴渭清编

上海：新中国书局，1933.10，36 页，64 开

　　收藏单位：广东馆

04839

虫学大纲（上编）　尤其伟编

南通：昆虫趣味会，1935.10，608+47 页，16 开（昆虫趣味会丛书）

　　本书分 3 编：形态、发育、分类，共 50 章内容。

　　收藏单位：桂林馆、浙江馆

04840

害虫及益虫　（日）矢野宗干著　褚乙然译

上海：商 务 印 书 馆，1936.3，75 页，32 开（自然科学小丛书）（万有文库 第 2 集 355）

长沙：商 务 印 书 馆，1940.3，75 页，32 开（自然科学小丛书）

　　本书从人类和昆虫的关系开始，介绍昆虫的利用、侵害、类别、繁殖等。

　　收藏单位：重庆馆、大连馆、大庆馆、东北师大馆、广东馆、国家馆、吉林馆、江西馆、辽师大馆、南京馆、内蒙古馆、宁夏馆、

上海馆、绍兴馆、天津馆、浙江馆

04841

昆虫　邹树文著

上海：商务印书馆，1931.4，55 页，32 开（百科小丛书）（万有文库 第 1 集 507）

上海：商务印书馆，1933.1，55 页，32 开（百科小丛书）

上海：商务印书馆，1934.5，再版，55 页，32 开（百科小丛书）

　　本书讲述昆虫对于人类的害和益、害虫发生的原因及驱治方法等。

　　收藏单位：安徽馆、重庆馆、大连馆、大庆馆、东北师大馆、广东馆、广西馆、贵州馆、桂林馆、国家馆、黑龙江馆、江西馆、辽大馆、辽师大馆、南京馆、内蒙古馆、宁夏馆、上海馆、首都馆、天津馆、武大馆、西南大学馆、浙江馆

04842

昆虫标本采集及制作法　凌文之编

上海：商务印书馆，1933.8，87 页，32 开

上海：商务印书馆，1935.4，再版，87 页，32 开

　　本书共 9 章，内容包括：昆虫采集的利益、昆虫采集用器具、昆虫采集法、幼虫采集、幼虫饲育、标本制作的用品等。

　　收藏单位：重庆馆、广东馆、贵州馆、国家馆、湖南馆、南京馆、山西馆

04843

昆虫标本采集制作保存法　刘淦芝　王启虞著

出版者不详，64 页，32 开

　　收藏单位：南京馆

04844

昆虫标本采集制作保存及邮装法　王启虞著

外文题名：Collecting, mounting, perserving and mailing of insects

杭州：浙江省昆虫局，1935.11，62 页，16 开（特刊 第 29 号）

　　本书介绍制作昆虫标本需要的材料、制作方法以及保存方法。附昆虫分目检索表及各目昆虫雌雄鉴别法。

　　收藏单位：桂林馆、浙江馆

04845

昆虫标本制作保存法

杭州：浙江昆虫局，1927.5，8 页，22 开

　　收藏单位：国家馆

04846

昆虫采集法　刘淦芝著

外文题名：How to collect insects

武昌：刘淦芝 [出版者]，1932.10，64 页，32 开

　　本书共 4 部分：昆虫界说、昆虫生活略史、昆虫与人类之关系、昆虫采集法。

　　收藏单位：国家馆

04847

昆虫采集制作法　许家庆编译

外文题名：How to gather the specimen of insects

上海：商务印书馆，1911，再版，12+90 页，24 开

上海：商务印书馆，1912.12，3 版，12+90 页，24 开

上海：商务印书馆，1913，4 版，12+90 页，24 开

上海：商务印书馆，1915.12，5 版，12+90 页，24 开

上海：商务印书馆，1924，6 版，12+90 页，24 开

上海：商务印书馆，1928.5，7 版，12+90 页，24 开

　　本书从何为昆虫开始，进而介绍昆虫的采集用具、采集法等。

　　收藏单位：广东馆、江西馆、首都馆、西交大馆

04848

昆虫的社会行为　A. D. Imms 著　黄其林译

外文题名：Social behaviour in insects

上海：商务印书馆，1936.6，108 页，32 开（中学生自然研究丛书）

上海：商务印书馆，1936.8，再版，108 页，32 开（中学生自然研究丛书）

上海：商务印书馆，1937.3，3 版，108 页，32 开（中学生自然研究丛书）

　　本书共 9 章，内容包括：感觉器官与昆虫行为、社会性本能之起源、胡蜂类与社会组织的演化、社会性的蜜蜂类等。

　　收藏单位：北师大馆、重庆馆、广东馆、国家馆、黑龙江馆、江西馆、南京馆、山西馆、上海馆、首都馆、天津馆、西南大学馆、浙江馆

04849

昆虫的研究　孙伯才编

上海：商务印书馆，1932，122 页，32 开（小学自然科研究丛书）

　　本书内收 6 篇有关昆虫的文章。

　　收藏单位：内蒙古馆、上海馆、首都馆

04850

昆虫的研究　尤其伟等著

上海：商务印书馆，1936.7，122 页，32 开（中学生自然研究丛书）

上海：商务印书馆，1936.10，再版，122 页，32 开（中学生自然研究丛书）

上海：商务印书馆，1937.2，3 版，122 页，32 开（中学生自然研究丛书）

上海：商务印书馆，1937.3，4 版，122 页，32 开（中学生自然研究丛书）

　　本书共 6 章：昆虫野外生活之观察、昆虫翅翼之形性及其变异、昆虫与绢丝、水栖昆虫、说蜉蝣、蜜蜂的生活。

　　收藏单位：重庆馆、广东馆、贵州馆、国家馆、黑龙江馆、湖南馆、江西馆、南京馆、宁夏馆、首都馆、天津馆、武大馆、浙江馆

04851

昆虫故事　（法）法布尔（Jean Henri Fabre）著　李小峰译

上海：北新书局，1927.9，135 页，32 开（通俗科学丛书）

　　本书用故事体裁讲述各种昆虫的习性等。由英译本转译，书前有英译本序。著者原题：

法布耳，译者原题：林兰。

　　收藏单位：国家馆、江西馆、上海馆、首都馆、天津馆、浙江馆

04852

昆虫记　（法）法布尔（Jean Henri Fabre）著　Mrs. Rodolph Stawell 重述　王大文译

外文题名：Fabre's book of insects

上海：商务印书馆，1933.12，4 册（305 页），32 开（小学生文库 第 1 集 动物类 118—121）

上海：商务印书馆，1934.2，再版，4 册（305 页），32 开（小学生文库 第 1 集 动物类 118—121）

重庆：商务印书馆，1943.6，渝 1 版，191 页，32 开

重庆：商务印书馆，1945.1，渝 2 版，191 页，32 开

上海：商务印书馆，1946.12，191 页，32 开（新中学文库）

上海：商务印书馆，1948.4，2 版，191 页，32 开（新中学文库）

　　本书介绍蜣螂、螳螂、蝉、萤、泥水匠蜂、黄蜂、蟋蟀等昆虫。由英译本转译。

　　收藏单位：重庆馆、广东馆、广西馆、国家馆、黑龙江馆、江西馆、南京馆、内蒙古馆、宁夏馆、上海馆、首都馆、武大馆、西南大学馆

04853

昆虫进化论　张景欧著

上海：商务印书馆，1935.6，92 页，32 开（万有文库 第 2 集 352）（自然科学小丛书）

　　本书共 4 章：昆虫之出现、昆虫纲之系统发达、昆虫纲各目之系统发达、昆虫分类学发达史。

　　收藏单位：重庆馆、大连馆、广东馆、广西馆、贵州馆、国家馆、江西馆、辽师大馆、南京馆、内蒙古馆、宁夏馆、首都馆、天津馆、武大馆、浙江馆

04854

昆虫漫话　陶秉珍著

上海：开明书店，1937.7，201 页，32 开（开

明青年丛书）

上海：开明书店，1947.7，再版，201 页，32
开（开明青年丛书）

　　本书讲述蜜蜂、蝶、萤、蚊、蝇、蟋蟀、
蝗虫、螳螂、天牛、蚤、蚁等昆虫的习性与
生活。

　　收藏单位：重庆馆、东北师大馆、桂林
馆、国家馆、湖南馆、江西馆、南京馆、宁
夏馆、山西馆、上海馆、天津馆、浙江馆

04855

昆虫世界　王遵武等编辑

上海：新亚书店，3 册（17+16+20 页），32 开
（儿童基本科学丛书）

　　收藏单位：国家馆

04856

昆虫世界　虞哲光　徐晋编辑

上海：儿童书局，1932，18 页，32 开（儿童
自然世界丛书 4）

　　本书可作为初小补充读本。

　　收藏单位：重庆馆

04857

昆虫世界　赵庸耕译

上海：新中国书局，1935.5，70 页，32 开
（少年科学丛书）

　　收藏单位：南京馆、天津馆

04858

昆虫通论　王启虞　张巨伯编

上海：中国科学图书仪器公司，1935.4，102
页，16 开（中国科学社科学画报丛书 昆虫丛
谈 1）

上海：中国科学图书仪器公司，1939.12，再
版，102 页，16 开（中国科学社科学画报丛
书 昆虫丛谈 1）

上海：中国科学图书仪器公司，1943.10，3
版，102 页，16 开（中国科学社科学画报丛
书 昆虫丛谈 1）

　　本书以人为参照视角介绍昆虫，包括昆
虫的定义、昆虫年龄与人年龄的比较、昆虫
的皮肤、昆虫的胸部等方面。

　　收藏单位：重庆馆、广东馆、桂林馆、国
家馆、湖南馆、南京馆、农大馆、山西馆、
天津馆、浙江馆

04859

昆虫图谱　沐绍良编译

上海：商务印书馆，1936.9，2 册（203 页），
32 开（中学生自然研究丛书）

上海：商务印书馆，1937.3，再版，2 册（203
页），32 开（中学生自然研究丛书）

　　本书依据相近相似的原则分类，详细介
绍上百种昆虫。

　　收藏单位：广东馆、桂林馆、国家馆、河
南馆、湖南馆、江西馆、南京馆、上海馆、
首都馆

04860

昆虫学名词（初审本）

国立编译馆，1943.2，169 页，12 开

　　收藏单位：国家馆、南京馆

04861

**昆虫学通论　（日）三宅恒方著　缪端生　于
景让译**

上海：商务印书馆，1937.5，424+52 页，25 开
（大学丛书）

长沙：商务印书馆，1938.11，再版，424+52
页，25 开（大学丛书）

　　本书论述昆虫在动物界中的地位及其与
植物、动物、人类和土地的关系，并介绍昆
虫研究及历史等。书末附昆虫学文献。

　　收藏单位：重庆馆、广东馆、国家馆、湖
南馆、江西馆、南京馆、山西馆、上海馆、
首都馆、天津馆、武大馆、浙江馆

04862

昆虫学研究法　王历农编纂　费谷祥校订

外文题名：The methods for studying insecta

上海：商务印书馆，1927.3，129 页，22 开

上海：商务印书馆，1933.5，国难后 1 版，129
页，22 开

　　本书从昆虫采集用具到采集法开始，继
而介绍标本的制作、标本的保存以及昆虫的

饲养法等内容。自然科教学参考书。

收藏单位：重庆馆、广东馆、桂林馆、国家馆、湖南馆、天津馆

04863

昆虫研究　绿荷编

上海：文益书局，1933，62 页，32 开（儿童科学丛书 动物小讲座）

收藏单位：重庆馆、首都馆、浙江馆

04864

昆虫研究法　邹盛文著

上海：中华书局，1924.1，27 页，32 开（科学小丛书 1）

上海：中华书局，1925.2，2 版，27 页，32 开（科学小丛书 1）

上海：中华书局，1926，3 版，27 页，32 开（科学小丛书 1）

上海：中华书局，1928.3，4 版，27 页，32 开（科学小丛书 1）

上海：中华书局，1934.5，6 版，27 页，32 开（科学小丛书 1）

上海：中华书局，1935.9，27 页，32 开（小朋友文库 第 1 集）

上海：中华书局，1948.1，27 页，32 开（中华文库 小学 第 1 集 高级自然类）

本书介绍昆虫的采集、昆虫形态的观察以及昆虫构造的解剖等知识。

收藏单位：重庆馆、广东馆、广西馆、江西馆、南京馆、上海馆、首都馆、天津馆、浙江馆

04865

昆虫与民生　杨惟义著

南昌：江西昆虫局，1929.9，50 页，24 开

收藏单位：江西馆

04866

昆虫与人生　王启虞编

上海：新亚书店，1936.8，89 页，32 开（科学知识普及丛书）

收藏单位：重庆馆、广东馆、国家馆、南京馆、内蒙古馆

04867

鸣虫之话　楼俊卿著

上海：开明书店，1930.5，103 页，32 开（开明青年丛书）

上海：开明书店，1935.5，再版，103 页，32 开（开明青年丛书）

本书共 3 章：总说、鸣虫的趣味、秋夜的鸣虫。

收藏单位：重庆馆、广东馆、贵州馆、国家馆、江西馆、南京馆、内蒙古馆、上海馆、浙江馆

04868

普通昆虫学　邹钟琳编

昆明：中华书局，1940.6，424+22 页，23 开，精装

昆明：中华书局，1941.4，再版，424+22 页，23 开，精装

上海：中华书局，1948.8，再版，424+22 页，23 开

本书介绍昆虫的外形特征、器官的功用、内部器官和生理作用、昆虫卵的形成与发育、昆虫分类、昆虫行为与适应、昆虫的生活生态等内容。大学用书。

收藏单位：重庆馆、东北师大馆、国家馆、南大馆、山西馆、绍兴馆、天津馆

04869

奇妙的虫界生活　（日）松村松年著　王历农译

上海：商务印书馆，1931.4，210 页，25 开

本书共 23 章，内容包括：虫界的犯罪行为、体色的作用、分泌的目的、五官的活动、虫的发音、冬季活动的昆虫、蜜蜂的社会等。

收藏单位：重庆馆、广东馆、国家馆、江西馆、天津馆

04870

趣味的昆虫　周尧著

南通：昆虫趣味会，1935.10，165—188 页，18 开

本书为《虫学大纲（上编）》抽印本。

收藏单位：国家馆

04871

实用昆虫采集法　刘淦芝著

外文题名：How to collect insects

上海：中国科学图书仪器公司，1932.2，60页，32开

上海：中国科学图书仪器公司，1933.10，增订3版，60页，32开

　　本书共3章：昆虫概况、昆虫采集法、标本之制作与保存。著者原题：刘淦之。

　　收藏单位：重庆馆、桂林馆、国家馆、南京馆、上海馆

04872

实用昆虫学　孙钺编

上海：中华书局，1936.2，90页，32开（初中学生文库）

上海：中华书局，1936.10，再版，90页，32开（初中学生文库）

昆明：中华书局，1941.1，4版，90页，32开（初中学生文库）

上海：中华书局，1947.12，90页，32开（中华文库 初中 第1集）

　　本书介绍昆虫生理及各种害虫的防治。附害虫及被害植物表。

　　收藏单位：重庆馆、东北师大馆、广东馆、广西馆、贵州馆、桂林馆、黑龙江馆、江西馆、辽大馆、辽宁馆、南京馆、内蒙古馆、上海馆、首都馆、天津馆、浙江馆

04873

图书集成昆虫名考（上篇）　胡经甫著

北京：燕京大学国文学会，1940，[16]页，16开

　　本书将清初蒋廷锡等所校《古今图书集成》中昆虫名加以考订。《文学年报》第6期抽印本。

04874

我们观察秋天的昆虫　儿童书局编辑部编

上海：儿童书局，1946，新10版，16页，32开

　　收藏单位：广西馆

04875

益虫　陆仁寿编著

上海：商务印书馆，1948，修订本，18页，32开（幼童文库1）

　　收藏单位：广东馆

04876

中国昆虫学文献索引　汪仲毅编

外文题名：Bibliography to Chinese entomology

杭州：中国昆虫学索引编纂处，1935.2，134页，22开

　　收藏单位：内蒙古馆、浙江馆

04877

中国昆虫研究趋势　（日）大内义郎著

上海：上海自然科学研究所，1934.12，79页，16开（上海自然科学研究所生物学科报告）

　　本书为《上海自然科学研究所汇报》第4卷别册1抽印本。

　　收藏单位：国家馆、内蒙古馆

昆虫生态学和昆虫地理学

04878

广西昆虫调查报告书第一号（柳江区 南宁区苍梧区）

桂林：广西农林局，1935.5，142+194页，16开

　　本书书前附害虫彩色图及重要害虫分布图。

　　收藏单位：重庆馆、广东馆、桂林馆、国家馆、南京馆、上海馆、首都馆、浙江馆

04879

昆虫的生活　江苏省立教育学院研究实验部编

无锡：江苏省立教育学院，1931.6，10页，32开（民众科学问答丛书21）

　　本书讲述昆虫的种类、形态、器官、生存条件、保护色和生活史，并述及蚊和蜂，以及昆虫和人类的关系等。

　　收藏单位：国家馆、江西馆、南京馆

04880

昆虫的生活　祝仲芳　卢冠六编

上海：开明书店，1934.10，110 页，32 开

本书叙述蜂、蚁、蚊、蝇等 10 种常见昆虫的生活史。

收藏单位：重庆馆、桂林馆、国家馆、江西馆、南京馆、首都馆、天津馆、浙江馆

04881

昆虫生活（昆虫的故事） 赵庸耕译

上海：少年书局，1933.5，148 页，32 开

本书用故事体裁叙述蝴蝶、蚱蜢、黄蜂、蝇等昆虫的习性与生活史。译者原题：庸耕。

收藏单位：重庆馆、广东馆、江西馆、上海馆、浙江馆

04882

昆虫生态学 （日）矢野宗干著　薛德焴译

上海：商务印书馆，1935.9，80 页，32 开（自然科学小丛书）（万有文库 第 2 集 354）

上海：商务印书馆，1936.6，80 页，32 开（自然科学小丛书）

本书论述生态学的意义、昆虫的栖息领域、环境的分类及其居住者、昆虫社会的构成等。

收藏单位：重庆馆、大连馆、大庆馆、东北师大馆、广东馆、贵州馆、国家馆、黑龙江馆、湖南馆、江西馆、辽师大馆、内蒙古馆、宁夏馆、上海馆、首都馆、天津馆、武大馆、浙江馆

04883

昆虫生态学概论 黄修明编

昆明：中华书局，1941.6，86 页，24 开

上海：中华书局，1947.7，再版，86 页，24 开

本书共 6 章，内容包括：昆虫生态学之意义、昆虫栖息之环境、昆虫栖息领域之分类、昆虫社会等。大学用书。

收藏单位：重庆馆、东北师大馆、广东馆、国家馆、南京馆、内蒙古馆、人大馆、上海馆、西南大学馆

04884

南京附近昆虫之初步调查 马继真著

外 文 题 名：The initial investigation of insects around Nanking

南京：马继真 [发行者]，1948.12，手写本，392 页，16 开

收藏单位：国家馆

04885

陕西之昆虫 周尧著

外文题名：Insects of Shensi

张家岗（陕西）：天则昆虫研究所出版部，1947.12，30 页，18 开（天则昆虫研究所丛书丙种 1）

收藏单位：重庆馆、国家馆、南京馆

昆虫分类学

04886

北平蚊虫之调查 何琦著

北平：静生生物调查所，1930.6，[69] 页，16 开

本书为《静生生物调查所汇报》第 2 卷第 8 号抽印本。

04887

捕食棉蚜之瓢虫 曾省　陶家驹编

济南：国立山东大学农学院，1934.10，20 页，16 开

收藏单位：南京馆

04888

苍蝇 薛德焴著

上海：民本出版公司，1948.7，38 页，32 开（大众科学小丛书 动物类 2）

收藏单位：广东馆、南京馆、上海馆

04889

蝉 薛德焴著

上海：新亚书店，1933.12，19 页，32 开（动物解剖丛书 1）

收藏单位：国家馆、西南大学馆

04890

大红瓢虫之生活史　陈方洁著

出版者不详，1935，[13] 页，16 开

　　本书为《浙江省昆虫局 1934 年刊》第 4 号抽印本。

04891

蝶蛾的生活　白桃编

上海：现代书局，1933.1，2 册（56+66 页），32 开（现代儿童丛书）

　　本书分上、下册，以讲故事的形式介绍毛虫到蝶的演变，另介绍了蝶的种类、怎样饲养蝶等。

　　收藏单位：北师大馆、重庆馆

04892

蝶和蛾　胡颜立著

上海：商务印书馆，1948，修订 1 版，18 页，32 开（修订幼童文库初编）

　　收藏单位：广东馆

04893

蝶和蛾　徐亚生著　赵景源校

上海：商务印书馆，1933.10，63 页，32 开（小学生文库 第 1 集 动物类）

　　收藏单位：重庆馆、东北师大馆、首都馆

04894

对于"中国昆虫名录"中蝶亚目学名的正误和意见　李傅隆著

[济南]：山东大学农学院，[177] 页，16 开

　　本书为《昆虫学报》第 2 卷第 2 期抽印本。

　　收藏单位：国家馆

04895

飞蝗迁徙之新学说　（俄）尤佛路著　吴宏吉译

南京：国立中央大学农学院，1929，32 页，23 开（国立中央大学农学院丛刊 12）

　　本书共 5 章，内容包括：飞蝗属命名之讨论、远徙飞蝗之变象及其形态、远徙飞蝗之分布、变象之学说等。

　　收藏单位：重庆馆

04896

菲岛橡蜂续志　马骏超著

外文题名：Further notes on Philippine xylocopa (hymenoptera: xylocopidae)

永安：福建省农林处，1943.8，13 页，16 开（福建省农林处研究报告 18）

　　本书为英文本，附中文摘要。

　　收藏单位：国家馆

04897

福建之疟蚊　周明祥　张慎勤著

永安：福建省立农学院，1943.12，23 页，18 开（专刊第 19 号）

　　本书为《新农季刊》第 3 卷第 3—4 期抽印本。

04898

甘肃蝶类初步报告　乔国庆著

外文题名：A preliminary report of the rhopalocera in Kansu

[兰州]：甘肃科学教育馆，1943.5，油印本，60 页，16 开，环筒页装（甘肃科学教育馆专刊第 3 号）

　　收藏单位：国家馆、南京馆

04899

甘肃蜻蛉类初步报告　乔国庆著

[兰州]：国立甘肃科学教育馆，1945.10，44 页，16 开，环筒页装（国立甘肃科学教育馆专刊第 4 号）

　　收藏单位：国家馆、南京馆

04900

广腰蜂类翅脉之变异与演化·中华蜜蜂体形及色泽之变异　公骏超　邵锦缎著

台北：台湾省农业试验所，1947.12，49 页，16 开（台湾省农业试验所汇报 6）

　　收藏单位：上海馆

04901

杭州疟蚊浅说　陈超常著

外文题名：A brief account of anopheline mosquitoes in Hangchow

[热带病研究所]，1934，[10] 页，18 开

本书为《热带病研究所刊物》附录。

收藏单位：国家馆

04902

好朋友　李劭青著

北平：中华平民教育促进会，1930.11，2 册（22+26 页），50 开（平民读物 科学常识 39—40）

北平：中华平民教育促进会，1932.9，再版，2 册（22+26 页），50 开（平民读物 科学常识 39—40）

收藏单位：国家馆

04903

华北椿象志略　杨惟义著

外文题名：Notes on some species of pentatomidae from N. China

北平：静生生物调查所，1933.2，9—46 页，16 开

本书介绍华北地区 19 种椿象的种类、形状等。英文本，附中文节要。《静生生物调查所汇报》第 4 卷第 2 号抽印本。

04904

江西椿象　杨惟义著

外文题名：Pentatomidae of Kiangsi, China

北平：静生生物调查所，1934.3，92 页，16 开（静生生物调查所汇报 第 5 卷 动物 第 2 号）

本书研究 44 种椿象标本。英文本，附中文摘要。

04905

昆虫类分科之检索　易希陶著

长沙：商务印书馆，1940.3，288 页，32 开

本书内容包括：分目检索表、幼虫分科检索表、昆虫纲分类表等。

收藏单位：重庆馆、广东馆、国家馆、上海馆、天津馆、浙江馆

04906

六足类（昆虫类）分目检索表　董振舜译

聿茂校

杭州：浙江省立西湖博物馆，1934.6，12 页，16 开

本书为《浙江省立西湖博物馆馆刊》第 2 期专刊抽印本。

收藏单位：国家馆

04907

蚂蚁　凌鸿瑶编辑

上海：商务印书馆，1924，21 页，32 开（儿童理科丛书 22）

本书封面题名：蚁。

收藏单位：国家馆

04908

美丽的蝴蝶　施乃普著

上海：中华书局，1926.3，27 页，36 开（科学小丛书 10）

上海：中华书局，1928，再版，27 页，36 开（科学小丛书 10）

上海：中华书局，1932.12，4 版，27 页，36 开（科学小丛书 10）

重庆：中华书局，1944.6，重排版，27 页，36 开（科学小丛书 10）

本书介绍蝴蝶的形态特征和种类，以及蝶之采集、标本制作和保存方法。

收藏单位：重庆馆、江西馆

04909

美丽的蝴蝶　邹盛文编

上海：中华书局，1935.9，24 页，32 开（小朋友文库 第 1 集）

重庆：中华书局，1944，渝重排初版，22 页，32 开

收藏单位：重庆馆、贵州馆、国家馆

04910

蜜蜂　凌鸿瑶著

外文题名：The bee

上海：商务印书馆，1924.6，24 页，32 开（儿童理科丛书）

上海：商务印书馆，1933，25 页，32 开（小学生文库 第 1 集 动物类）

上海：商务印书馆，1933.11，国难后 1 版，25 页，32 开（儿童理科丛书）

本书共 6 部分，内容包括：一个蜜蜂的故事、蜜蜂的生活、蜜蜂的形态、酿蜜和造窠等。

收藏单位：东北师大馆、国家馆、首都馆

04911

蜜蜂的生活 （美）摩里士 （美）麦德令著　戴凯译

外文题名：The children's life of the bee

上海：新中国书局，1932.8，145 页，32 开

上海：新中国书局，1933.2，再版，145 页，32 开

本书共 6 章：蜂群、分封、建筑新城、新王、雄蜂的被屠、种族的进化。

收藏单位：重庆馆、湖南馆、南京馆、天津馆、浙江馆

04912

奇异的蚂蚁 （英）赫胥黎（Julian Huxley）著　郭大文译

外文题名：Ants

上海：商务印书馆，1947.5，118 页，32 开（百科小丛书）

本书介绍蚂蚁的生活状况、生命历程和生活方式等。

收藏单位：重庆馆、大庆馆、东北师大馆、桂林馆、国家馆、南京馆、宁夏馆、上海馆

04913

三加茎蜂生态纪要　马骏超　林珪瑞著

永安：福建省农林处，1942.10，5 页，16 开（福建省农林处研究报告 10）

收藏单位：国家馆

04914

螳螂生活观察记　董纯才编　陶知行校

上海：儿童书局，1931.10，25 页，32 开（儿童科学丛书）

上海：儿童书局，1932.6，再版，25 页，32 开（儿童科学丛书）

上海：儿童书局，1933，3 版，25 页，32 开（儿童科学丛书）

本书介绍螳螂的猎食、结婚、产卵、卵的孵化等知识。

收藏单位：重庆馆、广西馆、贵州馆、国家馆、江西馆、首都馆

04915

蚊　凌鸿瑶编纂　徐应昶校订

上海：商务印书馆，1924.7，13 页，32 开（儿童理科丛书 23）

收藏单位：国家馆

04916

蚊　凌鸿瑶著　周建人　徐应昶校

上海：商务印书馆，1933.12，13 页，32 开（小学生文库 第 1 集 动物类）

上海：商务印书馆，1934.10，再版，13 页，32 开（小学生文库 第 1 集 动物类）

收藏单位：重庆馆、国家馆、湖南馆、宁夏馆、首都馆

04917

蚊　薛德焴著

上海：新亚书店，1933.12，13 页，32 开（动物解剖丛书 2）

收藏单位：重庆馆、国家馆、西南大学馆

04918

蚊子　薛德焴著

上海：民本出版公司，1948.7，40 页，32 开（大众科学小丛书 动物类 1）

收藏单位：上海馆

04919

我国 Anopheles 蚊研究之过去与现在　何琦著

重庆：中央卫生实验院，1944，[6] 页，16 开

本书为《实验卫生》第 2 卷第 2 期抽印本。

04920

我国蝉之名录　程淦藩编

外文题名：A list of Chinese known cicadidae

杭州：浙江省昆虫局桑虫研究所，1933，41—48 页，22 开

　　本书为《昆虫与植病》第 1 卷第 16—36 期附刊抽印本。

　　收藏单位：国家馆

04921

蟋蟀金针

玉记书庄，1926.9，34 页，32 开

　　收藏单位：南京馆

04922

蟋蟀谱　蟋蟀研究会编

上海：世界书局，1925.10，4 版，14 页，32 开

　　收藏单位：南京馆

04923

蚁　凌鸿瑶编　周建人　徐应昶校

上海：商 务 印 书 馆，1934.2，25 页，32 开（小学生文库 第 1 集 动物类）

上海：商务印书馆，1934.4，再版，25 页，32 开（小学生文库 第 1 集 动物类）

　　收藏单位：重庆馆、东北师大馆、宁夏馆、上海馆、首都馆

04924

蚁　（日）松村年著　祝枕江译

上海：商务印书馆，1925.7，38 页，36 开（百科小丛书 76）

上海：商务印书馆，1926.11，再版，38 页，36 开（百科小丛书 76）

　　收藏单位：重庆馆、广东馆、桂林馆、国家馆、湖南馆、江西馆、南京馆、山东馆、上海馆、首都馆、西南大学馆、浙江馆

04925

蚁群　（德）爱活斯（H. H. Ewers）著　朱彦颖译

昆明：中 华 书 局，1940.10，312 页，32 开（少年科学丛书 3）

　　本书共 15 章，介绍蚁的结婚、蚁的几种性质、蚁的生活和工作、农耕蚁、工匠蚁等

内容。据 E. H. Levy 的英译本重译。

　　收藏单位：重庆馆、东北师大馆、贵州馆、国家馆、山西馆

04926

蚁之研究

北京：京师学务局教育报编辑处，1917.11，58 页，23 开

　　收藏单位：国家馆

04927

蝇　凌鸿瑶著　周建人　徐应昶校

上海：商务印书馆，1924.7，24 页，32 开（儿童理科丛书 24）

上海：商务印书馆，1933.11，国难后 1 版，24 页，32 开（儿童理科丛书 24）

上海：商 务 印 书 馆，1933.12，24 页，32 开（小学生文库 第 1 集 动物类）

上海：商 务 印 书 馆，1935，4 版，24 页，32 开（小学生文库 第 1 集 动物类）

　　本书共 9 部分：一个蝇的故事、家蝇的生活、蝇的生命、蝇的飞行速率、蝇的一个奇怪动作等。

　　收藏单位：重庆馆、东北师大馆、国家馆、上海馆、首都馆

04928

蝇的研究　王历农编

外文题名：A study of flies

上海：商务印书馆，1926.11，78 页，32 开

　　本书共 4 章：绪言、家蝇之生物学的观察、家蝇之疫学的观察、家蝇的预防驱除法。

　　收藏单位：重庆馆、广东馆、桂林馆、国家馆、湖南馆、江西馆、上海馆、首都馆、天津馆、浙江馆

04929

蝇和蚁　胡颜立著

上海：商 务 印 书 馆，1948.9，修订 1 版，18 页，32 开（修订幼童文库初编）

　　收藏单位：广东馆

04930

蝇蚊生活　华汝成编著

上海：世界书局，1930.4，144 页，32 开（生活丛书）

　　收藏单位：重庆馆、广东馆、贵州馆、国家馆、黑龙江馆、湖南馆、南京馆、上海馆、首都馆、天津馆、浙江馆

04931

应用昆虫学　熊同龢编　张景欧校

上海：黎明书局，1933.9，376+23 页，24 开（黎明农业丛书）

上海：黎明书局，1935，再版，376+23 页，24 开（黎明农业丛书）

上海：黎明书局，1936.8，3 版，376+23 页，24 开（黎明农业丛书）

　　本书共 3 篇：总论、防除害虫之方法、害虫各论。

　　收藏单位：重庆馆、广东馆、贵州馆、国家馆、江西馆、内蒙古馆、山西馆、绍兴馆、首都馆、浙江馆

04932

蚤　薛德焴著

上海：新亚书店，1933.12，10 页，32 开（动物解剖丛书 5）

上海：新亚书店，1935，10 页，32 开（动物解剖丛书 5）

　　收藏单位：广东馆、国家馆、西南大学馆

04933

中国 Anopheles 蚊检索表　何琦著

重庆：中央卫生实验院，1944，[5] 页，16 开

　　本书为《实验卫生》第 2 卷第 2 期抽印本。

04934

中国盾背蝽象亚科　杨惟义著

北平：静生生物调查所，1934.9，[44] 页，16 开（静生生物调查所汇报第 5 卷动物第 4 号）

　　本书为英文本，附中文摘要。

04935

中国及日本异尾虫科昆虫之记述　马骏超著

外 文 题 名：Records and descriptions of some Chinese and Japanese urostylidate (hemiptera herteroptera)

台北：台湾省农业试验所，1947.4，121—144 页，16 开

　　本书为《台湾省农业试验所汇报》第 2 号抽印本。英文本，附中文摘要。

　　收藏单位：国家馆、上海馆

04936

中国经济昆虫学　李凤荪著

成都：成城出版社，1940，340 页，16 开

　　收藏单位：广东馆

04937

中国经济昆虫资料　杨逸农辑

无锡：江苏省立教育学院农事教育系，1937.6，428 页，23 开

　　本书内收《蝗虫》（齐光炎）、《二化螟虫》（丁正纶）、《三化螟虫》（朱学诗）、《大螟虫》（李友桂）、《稻苞虫》（王业士）、《稻蝗》（张祖滨）等 32 篇研究报告。

　　收藏单位：国家馆

04938

中国沫蝉科昆虫之核订　马骏超著

外 文 题 名：A critical review of Chinese machaerotidae

台北：台湾省农业试验所，1947.1，30 页，16 开（台湾省农业试验所专报 1）

　　收藏单位：国家馆、南京馆、上海馆

04939

中国食蚜虻科名录附以福州常见种类之叙述　郑庆瑞著

外文题名：A preliminary list of Chinese syrphidae with descriptions of and notes on those forms commonly found in Foochow

邵武：福建协和大学，1939.12，41—70 页，23 开

　　本书为《协和大学生物学报》第 1 卷抽印本。

　　收藏单位：国家馆

人类学

04940

本来面目　沈仲俊编

[上海]：人种学研究社，1930，22 页，32 开

　　本书以图文说明世界人种面貌多类于禽兽，劝人自省。

04941

成人论（进化上的研究）（英）洛志俄里佛尔（Oliver Lodge）著　（英）莫安仁（Eran Morgan）　王调生译

外文题名：Human life and destiny or the making of man

上海：广学会，1925.6，75 页，32 开

　　本书共 9 章：宇宙大观、进化之功力、人之将出、人之发达、人类之命运、造化之好、爱恋世界、人之上进、卓越之人。

　　收藏单位：浙江馆

04942

第十五次国际人类学及史前考古学会议纪利咸著

上海：中国科学社，1931，1016—1054 页，16 开

　　本书为《科学》第 15 卷第 7 期抽印本。

　　收藏单位：广东馆

04943

人　郑贞文等编辑

上海：商务印书馆，1925.10，33 页，32 开（少年自然科学丛书 15）

重庆：商务印书馆，1943.12，渝 1 版，33 页，32 开（少年自然科学丛书 15）

　　收藏单位：广东馆、国家馆、南京馆、上海馆

04944

人的故事　依凡著

上海：读书生活出版社，1937.6，76 页，32 开（少年的书）

　　收藏单位：贵州馆、国家馆

04945

人的科学　（法）卡雷尔（Alexis Carrel）著　周太玄译

外文题名：L'homme, cet inconnu

上海：中华书局，1945.10，218 页，22 开

上海：中华书局，1946.4，再版，218 页，22 开

　　本书描述人的生活方式和生命机制在不同时间、地点、条件下的变化和运行，并把它们看作是精神现象的物质基础。共 8 章：我们有认识我们自己之必要、人的科学、人的身体与其生理上的一切活动、心灵活动、内时、适应功能、个体、人的再造。大学用书。著者原题：卡莱尔。

　　收藏单位：重庆馆、广东馆、广西馆、贵州馆、国家馆、江西馆、辽宁馆、南京馆、宁夏馆、上海馆、西南大学馆、浙江馆

04946

人类及地球之命运　（日）石井重美著　朱建霞译

外文题名：Man and earth in the future

上海：商务印书馆，1929.5，177 页，32 开（新智识丛书）

　　本书讲述人类的发生与进化、人类的寿命、自然的反逆与人类等。

　　收藏单位：重庆馆、广西馆、国家馆、湖南馆、江西馆、内蒙古馆、首都馆、天津馆、浙江馆

04947

人类科学论集　杨成志著　民俗学会编辑

外文题名：The science of man

广州：国立中山大学研究院文科研究所，1943.6，199 页，32 开

　　本书内收数篇有关人类学、民族学、民俗学的文章。

　　收藏单位：重庆馆、国家馆、南京馆

04948

人类生物学　李汝祺　崔友邻编

北京：燕京大学生物系，1939.9，299 页，18 开

本书介绍人的组织与生理、人的发育与遗传、人的来历与演化、人生与生物学。

收藏单位：国家馆、天津馆

04949

人类生物学（尼登博士演讲集） （美）尼登（James G. Needham）著　俞德浚　杜增瑞译述

上海：中国科学社，1930.7，158 页，32 开

本书为 1929 年尼登博士在北京师范大学的讲演。共 19 题，广泛论及人类与其它生物的相同及不同之处，人脑的特点，人的天性与社会行为，人口问题，以及战争、宗教、政治的生物现象等。

收藏单位：重庆馆、广西馆、国家馆、南京馆、内蒙古馆、上海馆、天津馆、浙江馆

04950

人类生物学实验　崔友邻编辑　李汝祺校订

北京：燕京大学生物学系，1938.9，78 页，18 开

本书包括 28 个实验，涉及消化、呼吸、循环、运动、视觉、神经、激素、生殖、遗传等方面。

收藏单位：首都馆

04951

人类学　陈映璜著

外文题名：Anthropology

上海：商务印书馆，1918.10，237 页，23 开（北京大学丛书 4）

上海：商务印书馆，1919.6，再版，257 页，23 开（北京大学丛书 4）

上海：商务印书馆，1920，3 版，257 页，23 开（北京大学丛书 4）

上海：商务印书馆，1921，4 版，257 页，23 开（北京大学丛书 4）

上海：商务印书馆，1922.8，5 版，257 页，23 开（北京大学丛书 4）

上海：商务印书馆，1923.12，6 版，257 页，23 开（北京大学丛书 4）

上海：商务印书馆，1925.11，7 版，257 页，23 开（北京大学丛书 4）

上海：商务印书馆，1928.10，8 版，257 页，23 开（北京大学丛书 4）

上海：商务印书馆，1930.5，9 版，增订本，257 页，23 开（北京大学丛书 4）

上海：商务印书馆，1930.7，10 版，237 页，23 开（北京大学丛书 4）

上海：商务印书馆，1934.3，国难后 1 版，237 页，23 开（北京大学丛书 4）

本书内分总论和本论两编，论述人类的特征、分布、起源、发生、心理进化、社会进化，以至人类的未来、人种改良、教育问题等。

收藏单位：重庆馆、广东馆、贵州馆、国家馆、黑龙江馆、江西馆、近代史所、辽大馆、南京馆、内蒙古馆、上海馆、首都馆、西南大学馆、浙江馆

04952

人类学　顾寿白著

外文题名：Anthropology

上海：商务印书馆，1929.10，67 页，32 开（百科小丛书）（万有文库 第 1 集 481）

上海：商务印书馆，1933.4，国难后 1 版，67 页，32 开（百科小丛书）

本书共 5 章：人类概说、人类的性质、人类的由来、人种的分类法和差别、古代住民的研究。

收藏单位：安徽馆、重庆馆、大连馆、大庆馆、东北师大馆、广西馆、贵州馆、国家馆、黑龙江馆、江西馆、辽大馆、辽师大馆、内蒙古馆、宁夏馆、上海馆、首都馆、天津馆、西南大学馆、浙江馆

04953

人类学　（英）马雷特（Robert Ranulph Marett）著　吕叔湘译

外文题名：Anthropology

上海：商务印书馆，1931.10，198 页，32 开（社会科学丛书）

上海：商务印书馆，1933.3，国难后 1 版，198 页，32 开（社会科学丛书）

本书论述人类的发展与进化，人类的语言、社会组织、法律、宗教、道德，个人在

人类历史中的地位等。

收藏单位：重庆馆、广西馆、国家馆、江西馆、南京馆、宁夏馆、浙江馆

04954

人类学大意　顾寿白著

外文题名：Outlines of authoropology

上海：商务印书馆，1924.6，78 页，36 开（百科小丛书 57）

上海：商务印书馆，1926.11，再版，78 页，36 开（百科小丛书 57）

收藏单位：重庆馆、广东馆、广西馆、国家馆、湖南馆、江西馆、南京馆、山东馆、上海馆、首都馆、天津馆、西南大学馆、浙江馆

04955

人类学大意　张栗原著

上海：神州国光社，1931.12，72 页，36 开（自然科学之部）

本书概述动物学、化石学、生理学、人种学、考古学等方面的考察。

收藏单位：广西馆、南京馆、浙江馆

04956

人类学泛论　（日）西村真次著　张我军译　胡先骕校

上海：神州国光社，1931.3，13+322 页，24 开

本书共 10 章，内容包括：人类间之差异、人类与动物之差异、人类之祖先与其文化、人类之起原及移动等。

收藏单位：重庆馆、东北师大馆、国家馆、江西馆、南京馆、内蒙古馆、山西馆、上海馆、首都馆、天津馆、西南大学馆、浙江馆

04957

人类学体系　刘敏著

上海：辛垦书店，1932.9，292 页，24 开

收藏单位：重庆馆、广东馆、国家馆、吉林馆、江西馆、南京馆、内蒙古馆、宁夏馆、山西馆、上海馆、首都馆、天津馆、浙江馆

04958

人类学小引　（英）马雷特（Robert Ranulph Marett）著　张铭鼎译

外文题名：An introduction to anthropology

上海：商务印书馆，1930.12，102 页，32 开（社会科学丛书）

本书共 10 章，内容包括：进化论——人类史即系进化史、魔术论——心灵暗示作用之神妙、宗教论——神的崇拜之普遍、婚姻论——家庭生活之必需、政治论——权力与指导之重要等。著者原题：马累。

收藏单位：重庆馆、广东馆、广西馆、国家馆、湖南馆、江西馆、南京馆、内蒙古馆、上海馆

04959

人类由来　（英）达尔文（C. R. Darwin）著　舒人文译

上海：舒人文［发行者］，1934.12，150 页，32 开（世界科学名著 缩本）

本书据纽卫耳（R. Nevoell）的缩本译述。

收藏单位：重庆馆、贵州馆、国家馆、黑龙江馆、上海馆

04960

人类原始及类择　（英）达尔文（C. R. Darwin）著　马君武译

外文题名：The descent of man

上海：商务印书馆，1930.4，9 册，32 开（汉译世界名著）（万有文库 第 1 集）

上海：商务印书馆，1932.11，1 册，32 开（汉译世界名著）

长沙：商务印书馆，1939.12，9 册，32 开，精装（汉译世界名著）（万有文库 第 1—2 集简编）

本书共 3 部分：人类原始、类择（又名雌雄淘汰）、关于人类之雌雄淘汰及结论。

收藏单位：重庆馆、大连馆、广东馆、广西馆、贵州馆、桂林馆、国家馆、黑龙江馆、湖南馆、江西馆、辽师大馆、南京馆、内蒙古馆、上海馆、绍兴馆、首都馆、西南大学馆、浙江馆

04961

人类之过去现在及未来 （日）丘浅次郎著
上官垚登译
外文题名：Mankind: its past, present and future
上海：商务印书馆，1924.4，95 页，36 开（百科小丛书 42）
上海：商务印书馆，1925.11，再版，95 页，36 开（百科小丛书 42）
上海：商务印书馆，1931.4，3 版，95 页，36 开（百科小丛书 42）

　　本书阐述生物的进化到人类的发生，智能的发展，以及未来的改良和教育问题等。附《人类退化之倾向》。

　　收藏单位：重庆馆、广西馆、国家馆、江西馆、南京馆、山东馆、上海馆、首都馆、天津馆、西南大学馆

04962

现代人类学 （美）威斯勒（Clark Wissler）著　吴景崧译
上海：大东书局，1933.9，98 页，32 开（社会科学基础丛书）

　　本书共 14 章：人类学、场所工作的性质、专门的分科、地理的分布、历史的方法、人类有机体的历史、基本的时间程序、分布的意义、历史的背境、文化的概念、人类学的说明、传播律、生物学的背景、人类学的功用。著者原题：克拉克·魏斯勒。

　　收藏单位：重庆馆、广东馆、国家馆、湖南馆、近代史所、南京馆、天津馆、西南大学馆、浙江馆

04963

现代人类学 张栗原著
上海：神州国光社，1933.2，260 页，22 开

　　本书共 12 章，内容包括：人类之起源、人类与动物之差异、人类之祖先、人类文化之时代的区划、人种之分类与成因及其解说、原始人类之生活等。高中及大学教科用书。

　　收藏单位：重庆馆、广东馆、国家馆、黑龙江馆、南京馆、山西馆、上海馆、首都馆、天津馆、浙江馆

04964

自然人类学概论 （日）长谷部言人著　汤尔和译
上海：商务印书馆，1930.11，122 页，22 开（科学丛书）
上海：商务印书馆，1933.9，国难后 1 版，122 页，22 开，精装（科学丛书）

　　本书共 10 章，内容包括：定义与目的、人类解剖学上身性之观察、奈安台佗人类、史前之现生人类、现时人类、人类之化成等。

　　收藏单位：重庆馆、东北师大馆、国家馆、湖南馆、江西馆、辽大馆、辽宁馆、南京馆、内蒙古馆、山西馆、首都馆、天津馆、西南大学馆、浙江馆

古人类学

04965

北京人 叶秋原著
上海：良友图书印刷公司，1933.3，55 页，64 开（一角丛书 62）

　　本书共 4 部分：北京人访寻之经过、北京人之发现、北京人与其他各人型、北京人与人类的发祥。著者原题：叶为耽。

　　收藏单位：广东馆、国家馆、吉林馆、上海馆

04966

从猿到人 （德）恩格斯（Friedrich Engels）著
东北新华书店，1949.8，22 页，32 开

　　本书共两部分：劳动在从猿到人过程中的作用、人底进化过程。

　　收藏单位：广东馆、吉林馆、南京馆

04967

从猿到人 （德）恩格斯（Friedrich Engels）著
苏北新华书店，1949.8，16 页，32 开

　　收藏单位：国家馆、南京馆

04968

从猿到人 （德）恩格斯（Friedrich Engels）著

上海：泰东图书局，1930，92 页，32 开

　　收藏单位：福建馆、广西馆、人大馆、天津馆

04969

从猿到人 （德）恩格斯（Friedrich Engels）著　曹葆华　于光远译

华东新华书店，1949.3，26 页，32 开

　　收藏单位：吉林馆、南京馆、内蒙古馆、山东馆、浙江馆

04970

从猿到人 （德）恩格斯（Friedrich Engels）著　曹葆华　于光远译

冀东新华书店，1949，16 页，32 开

04971

从猿到人 （德）恩格斯（Friedrich Engels）著　曹葆华　于光远译

解放社，1920，25 页，32 开

解放社，1949，16 页，32 开

解放社，1949.3，再版，17 页，32 开

解放社，1949.6，26 页，32 开

　　收藏单位：重庆馆、广东馆、国家馆、吉林馆、南京馆、山西馆

04972

从猿到人 （德）恩格斯（Friedrich Engels）著　曹葆华　于光远译

皖北新华书店，1949.5，14 页，32 开

　　收藏单位：国家馆、南京馆

04973

从猿到人 （德）恩格斯（Friedrich Engels）著　曹葆华　于光远译

西北新华书店，1949.7，19 页，32 开

　　收藏单位：南京馆、山西馆

04974

从猿到人过程中劳动的作用 （德）恩格斯

（Friedrich Engels）著

大连：大连新华书店，1949.7，20 页，32 开

　　收藏单位：国家馆

04975

蛋生人与人生蛋　朱洗著

上海：文化生活出版社，1939.12，210 页，32 开（现代生物学丛书）

上海：文化生活出版社，1941.1，再版，210 页，32 开（现代生物学丛书）

上海：文化生活出版社，1946.11，3 版，210 页，32 开（现代生物学丛书）

上海：文化生活出版社，1949.7，增订 4 版，267 页，32 开（现代生物学丛书）

　　本书介绍人类进化的知识。

　　收藏单位：重庆馆、广东馆、国家馆、黑龙江馆、首都馆、浙江馆

04976

儿童的人类故事　王学文　王学理译　徐应昶校

外文题名：The child's story of the human race

上海：商务印书馆，1933.9，8 册（832 页），32 开（小学生文库 第 1 集 历史类）

上海：商务印书馆，1934，再版，8 册（832 页），32 开（小学生文库 第 1 集 历史类）

　　收藏单位：江西馆、宁夏馆、首都馆

04977

奉天沙锅屯及河南仰韶村之古代人骨与近代华北人骨之比较 （加）步达生（Davidson Black）著　李济撮译

外文题名：The human skeletal remains from the Sha Kuo T'un cave deposit in comparison with those from Yang Shao Tsun and recent North China skeletal material

北京：农商部地质调查所，1925.6，[164] 页，16 开（中国古生物志 丁种 第 1 号 3）

　　本书为英文本，附中文节要。

　　收藏单位：国家馆

04978

甘肃河南晚石器时代及甘肃史前后期之人类

头骨与现代华北及其他人种之比较 （加）步达生（Davidson Black）著　裴文中节译
外文题名：A study of Kansu and Honan Aeneolithic skulls and specimens from later Kansu Prehistoric sites in comparison with North China and other recent crania
北平：国民政府农矿部直辖地质调查所，1928.12，[99] 页，16 开（中国古生物志 丁种第 6 号 1）

本书为英文本，附中文节译。

收藏单位：西南大学馆

04979

化石人类学 （日）鸟居龙藏著　张资平译
上海：商务印书馆，1935.3，5 册（14+824 页），32 开（自然科学小丛书）（万有文库 第 2 集 281）
上海：商务印书馆，1935.7，5 册（14+824 页），32 开（自然科学小丛书）

本书论述地球的地形与气候的变化、人的起源与进化。

收藏单位：重庆馆、大庆馆、东北师大馆、广东馆、广西馆、贵州馆、国家馆、江西馆、南京馆、内蒙古馆、上海馆、首都馆、浙江馆

04980

进化的故事　顾钟骅编
上海：开明书店，1949.3，137 页，32 开（开明青年丛书）

本书大部分内容根据石井重美的《宇宙生物及人类创成》编纂而成。共 3 编：宇宙、地球和生物、人类。附地球发达年代表、地质年代表、原始人类年代表、真正人类年代表。

收藏单位：国家馆、人大馆、上海馆

04981

进化与人生 （日）丘浅次郎著　刘文典译
外文题名：Evolution and life
上海：商务印书馆，1920.11，286 页，32 开（共学社时代丛书）
上海：商务印书馆，1921.3，再版，286 页，

32 开（共学社时代丛书）
上海：商务印书馆，1921，3 版，286 页，32 开（共学社时代丛书）
上海：商务印书馆，1923.10，4 版，286 页，32 开（共学社时代丛书）
上海：商务印书馆，1927，6 版，286 页，32 开（共学社时代丛书）
上海：商务印书馆，1931.3，7 版，286 页，32 开（共学社时代丛书）
上海：商务印书馆，1934.10，国难后 1 版，226 页，32 开（共学社时代丛书）

本书共 18 部分，内容包括：人类之夸大狂、脑髓之进化、生物学的看法、动物界里的"善"和"恶"、人道之正体、理想的团体生活、民族的发展和理科、被人误解了的生物学等。

收藏单位：北师大馆、重庆馆、广东馆、广西馆、桂林馆、国家馆、黑龙江馆、江西馆、南京馆、上海馆、绍兴馆、首都馆、天津馆

04982

考古原人史 （日）佐藤傅藏著　周景濂译
外文题名：The history of primitive man
上海：商务印书馆，1931.8，130 页，32 开（新智识丛书）

本书研究古人类学。共 14 章，内容包括：极寒时代、原人及其生活、江河漂积层人、英国往古的洞窟和洞窟人种、欧洲最古的洞窟人种等。

收藏单位：重庆馆、广东馆、国家馆

04983

科学与人类进化之关系　王星拱著
北京：京师学务局学术讲演会，30 页，18 开（学术讲演录）

收藏单位：首都馆

04984

劳动创造世界
武汉：中国新民主主义青年团武汉市工委会宣传部，[1949]，36 页，32 开

本书内收《劳动创造世界》（于光远）、

《开天辟地的故事》（张然）、《关于从猿到人》（胡庆钧）、《劳动创造了语言》（辛恒）等 6 篇文章。

收藏单位：国家馆

04985

劳动在从猿到人过程中的作用 （德）恩格斯（Friedrich Engels）著 曹葆华 于光远译

外文题名：Anteil der Arbeit an der Menschwerdung des Affen

北京：人民出版社，1949.6

本书共两部分：劳动在从猿到人转变过程中的作用、人底进化过程。

收藏单位：国家馆、南京馆

04986

马克思主义的人种由来说 （德）恩格斯（Friedrich Engels）著 陆一远译

上海：春潮书局，1928.11，84 页，25 开

上海：春潮书局，1929.10，再版，84 页，25 开

本书内收《劳动是猿到人类的进化过程中的产物》《人类进化的过程》论文两篇，另有哥来佛长序《达尔文主义与马克斯主义》。著者原题：恩克斯。

收藏单位：广东馆、国家馆、南京馆、山西馆、浙江馆

04987

蛮性的遗留 （美）摩尔（J. Howard Moore）著 李小峰译

外文题名：Savage survivals

北京：北新书局，1925.6，182 页，32 开（北新丛书 3）

上海：北新书局，1927.8，再版，182 页，32 开（通俗科学丛书）

本书共 5 讲，内容包括：家畜的起源、家畜中蛮性的遗留、文明人之由来、文明人中蛮性的遗留等。

收藏单位：重庆馆、广西馆、国家馆、吉林馆、辽大馆、辽宁馆、南京馆、首都馆、天津馆、武大馆、西南大学馆、浙江馆、中科图

04988

气候与文化 陈兼善著

外文题名：Climate and civilization

上海：商务印书馆，1928.4，55 页，32 开（百科小丛书 第 14 辑 164）

上海：商务印书馆，1930.10，55 页，32 开（百科小丛书）（万有文库 第 1 集 486）

上海：商务印书馆，1933.10，国难后 1 版，55 页，32 开（百科小丛书 第 14 辑 164）

上海：商务印书馆，1935.4，国难后 2 版，55 页，32 开（百科小丛书 第 14 辑 164）

本书共 3 部分：人类进步之要素与气候之关系、文化进步之程序与气候之关系、气候之历史的变迁。

收藏单位：安徽馆、重庆馆、大连馆、大庆馆、东北师大馆、广东馆、广西馆、贵州馆、国家馆、黑龙江馆、湖南馆、江西馆、辽大馆、辽师大馆、南京馆、内蒙古馆、宁夏馆、山东馆、上海馆、首都馆、天津馆、西南大学馆、浙江馆

04989

人的研究 （法）佛利野德（Jean Friedel）著 周太玄译

上海：中华书局，1924.8，149 页，23 开

上海：中华书局，1927.6，3 版，149 页，23 开

上海：中华书局，1930.3，4 版，149 页，23 开

上海：中华书局，1932.9，5 版，149 页，23 开

本书论述生命的起源、进化以及人与自然界的关系等。共 14 章，内容包括：个体、双生、"物"的观念与之各种阶级、自然界的共生、人类与进化、个体与社会等。书前有蔡元培序。

收藏单位：重庆馆、广东馆、国家馆、黑龙江馆、湖南馆、吉林馆、江西馆、辽大馆、南京馆、内蒙古馆、上海馆、首都馆、天津馆、西交大馆、浙江馆

04990

人类的进化 方一新编辑

上海：新中国书局，1932.1，40 页，32 开

上海：新中国书局，1932.5，再版，40 页，32 开

上海：新中国书局，1933.2，再版，40 页，32
开

　　本书可作为小学校社会科补充读物。

　　收藏单位：首都馆

04991

人类的进化　郭人全著

上海：现代书局，1932.7，56 页，32 开（现
代儿童丛书）

上海：现代书局，1933.3，再版，56 页，32
开（现代儿童丛书）

上海：现代书局，1934.11，3 版，56 页，32
开（现代儿童丛书）

　　收藏单位：重庆馆

04992

人类的进化　（美）乔治·司徒华德（G. R.
Stewart）著　周持光编译

上海：中华书局，1948.2，65 页，32 开（中
华文库 初中 第 1 集）

　　收藏单位：北师大馆、重庆馆、广东馆、
广西馆、桂林馆、国家馆、黑龙江馆、湖南
馆、吉林馆、江西馆、南京馆、内蒙古馆、
上海馆、绍兴馆

04993

人类的来源　向璠编　李光恒审定

天津：天津市教育局民众读物编审处，
1933.3，32 页，32 开（天津市教育局民众读
物编审处丛书 5）

　　本书为注音符号读物。

　　收藏单位：国家馆、南京馆、天津馆

04994

人类的起源　玉子编

上海：广益书局，1933.8，84 页，32 开（儿
童自然科学故事丛书）

　　收藏单位：重庆馆

04995

人类的起源和分布　周其昌著

上海：大东书局，1927.6，110 页，50 开（科
学丛书 2）

　　收藏单位：重庆馆、国家馆、上海馆、首
都馆

04996

人类的始祖　司密斯（G. E. Smith）著　佘小
宋译

外文题名：The search for man's ancestors

上海：商务印书馆，1937.3，94 页，32 开
（万有文库 第 2 集 295）（自然科学小丛书）

　　本书共 5 章：绪言、爪哇猿人之发现、海
得尔堡人与辟尔堂人之发现、北京人之发现、
人类之发源地。

　　收藏单位：重庆馆、大连馆、大庆馆、国
家馆、辽师大馆、内蒙古馆、宁夏馆、天津
馆、浙江馆

04997

人类的祖先　杨烈改编

冀南新华书店，1949.3，21 页，32 开

　　本书根据《从猿到人过程中劳动的作用》
（恩格斯著）和《人怎样变成巨人》（苏联伊
林与谢加尔合著）改编而成，是讲述"从猿
到人"的通俗读物。

　　收藏单位：国家馆

04998

人类的祖先　周建人著

上海：商务印书馆，1933.10，40 页，32 开
（小学生文库 第 1 集 生物类）

上海：商务印书馆，1934.10，再版，40 页，
32 开（小学生文库 第 1 集 生物类）

上海：商务印书馆，1935.1，4 版，40 页，32
开（小学生文库 第 1 集 生物类）

　　本书共 6 章：引言、灵长类中的动物、所
谓"断链"、人类祖先的起源和年代、关于原
人的发明、原人的生活和结论。

　　收藏单位：河南馆、宁夏馆、上海馆、首
都馆

04999

人类进化大观　陈安仁著

南京：古友轩印务局，1918.12，106 页，18
开

收藏单位：重庆馆、国家馆

05000

人类进化论　　张资平著

外文题名：The evolution of mankind

上海：商务印书馆，1925.7，96 页，32 开（百科小丛书 74）

上海：商务印书馆，1926.11，再版，96 页，32 开（百科小丛书 74）

上海：商务印书馆，1930.4，84 页，32 开（百科小丛书）（万有文库 第 1 集 488）

上海：商务印书馆，1933.4，国难后 1 版，84 页，32 开（百科小丛书 74）

本书共 10 章，内容包括：人是动物、人是脊椎动物、人是哺乳动物、人是灵长动物、万物是进化的、有机体进化之证据等。附地球之历史、动物之分类、动物之系统图。

收藏单位：安徽馆、重庆馆、大连馆、大庆馆、东北师大馆、广东馆、广西馆、国家馆、黑龙江馆、湖南馆、江西馆、辽大馆、辽宁馆、辽师大馆、南京馆、内蒙古馆、宁夏馆、山东馆、上海馆、首都馆、天津馆、武大馆、西南大学馆、浙江馆

05001

人类进化之研究　　过耀根编译

外文题名：An inquiry into the evolution of mankind

上海：商务印书馆，1916.6，163 页，32 开（新智识丛书 6）

上海：商务印书馆，1920，3 版，163 页，32 开（新智识丛书 6）

上海：商务印书馆，1921.7，4 版，163 页，32 开（新智识丛书 6）

上海：商务印书馆，1926.9，7 版，163 页，32 开（新智识丛书 6）

本书共 20 章，内容包括：理科之精神、自然对于人类之复仇、人类之将来、生物之寿命、团体之生存竞争等。附生物与遗传、人种改造与遗传。

收藏单位：重庆馆、广东馆、广西馆、国家馆、江西馆、南京馆、宁夏馆、首都馆、浙江馆

05002

人类起源　　游嘉德著

上海：世界书局，1929.10，97 页，32 开（社会学丛书 15）

本书共 6 章，内容包括：人类进化的事实、人类的化石、人类石器时代的文化、人类的祖先和发祥地等。

收藏单位：重庆馆、广东馆、贵州馆、国家馆、湖南馆、江西馆、山西馆、上海馆、绍兴馆、天津馆、西南大学馆、浙江馆、中科图

05003

人类生命的进化　　（美）道尔西（G. A. Dorsey）著　　钱伯涵译

上海：北新书局，1928.3，106 页，32 开（自然科学丛书）

上海：北新书局，1939.2，[再版]，106 页，32 开（自然科学丛书）

收藏单位：广西馆、国家馆、吉林馆、江西馆、上海馆、首都馆、天津馆、浙江馆

05004

人类是怎样长成的　　（苏）古列夫（Гулев）著　　陈应新译

上海：开明书店，1946.6，126 页，36 开（开明少年丛书）

上海：开明书店，1947.3，再版，126 页，36 开（开明少年丛书）

本书内容包括：相信圣经呢还是相信科学、人像什么、胎儿的发展证明着什么、动物体为什么起变化和怎样变化的、什么动物是人类最接近的祖先等。

收藏单位：重庆馆、广东馆、广西馆、国家馆、江西馆、辽宁馆、南京馆、内蒙古馆、山西馆、上海馆、绍兴馆、首都馆、浙江馆

05005

人类天演史　　张作人著

外文题名：A history of the evolution of man

上海：商务印书馆，1930.7，199 页，25 开，精装（民铎丛书 5）

本书从动物学、发生学、化石学、心理

学等方面论述人类的进化。

收藏单位：重庆馆、广东馆、国家馆、黑龙江馆、湖南馆、江西馆、南京馆、上海馆、首都馆、天津馆、西南大学馆、浙江馆

05006

人类协同史 （日）西村真次著　曲濯生译

大连：关东出版社，1944.12，160 页，25 开（读书丛刊）

　　本书主要叙述人类通过协同而使自身得以进化的历史，认为达尔文的进化论强调生存竞争、优胜劣败、适者生存的观念只是看到人类进化史的一个方面，而人类进化的根本动因不但在于人类的相互扶助，还在于与动物及环境的相互协同。

　　收藏单位：东北师大馆

05007

人类在自然界的位置 （英）赫胥黎（Thomas Henry Huxley）著　华汝成译

上海：世界书局，1931.4，232 页，32 开

上海：世界书局，1932.11，再版，232 页，32 开，精装

　　本书论述类人猿的自然史、人类和低等动物的关系、人类的几种化石等。

　　收藏单位：重庆馆、广东馆、贵州馆、国家馆、黑龙江馆、湖南馆、辽宁馆、南京馆、绍兴馆、首都馆、天津馆、西南大学馆、浙江馆

05008

人类之进化 （美）乔治·彼塞尔（G. A. Baitsell）著　杜增瑞译

外文题名：The evolution of man

上海：商务印书馆，1931.9，200 页，32 开（新时代科学丛书）

上海：商务印书馆，1934.2，国难后 1 版，256 页，32 开（新时代科学丛书）

　　本书共 6 章：人类的古久、人类的自然史、人类神经系统的进化、智慧的进化、社会的进化、进化的趋势。

　　收藏单位：重庆馆、广东馆、国家馆、南京馆、宁夏馆

05009

人类之由来 （日）石川千代松著　杨倬孙译

上海：商务印书馆，1935.3，72 页，32 开（自然科学小丛书）（万有文库 第 2 集 297）

上海：商务印书馆，1935.6，72 页，32 开（自然科学小丛书）

　　本书共 7 章：绪论、人类与脊椎动物、由化石动物所见之人类先祖、人类之发生、脑、人类与猿猴、为猿抑为人。

　　收藏单位：重庆馆、大连馆、东北师大馆、广东馆、广西馆、贵州馆、国家馆、江西馆、辽师大馆、南京馆、内蒙古馆、宁夏馆、首都馆、天津馆、武大馆、浙江馆

05010

人是怎样来的？

河北省立实验乡村民众教育馆，1931.7，20 页，50 开（民众读物 3）

　　本书介绍地球的演变和人类进化的过程。

　　收藏单位：国家馆

05011

人之出生及进化 （比）Eduard Boné S. J. 著　沈世安译

外文题名：L'homme: son genèse et acheminement

北平：上智编译馆，1948.6，42 页，32 开

　　本书共 3 部分：生物学上的类似：在灵长类动物中的现代人，古生物的地穴，人之出现。

　　收藏单位：国家馆

05012

人祖问题 吴德钟著　聂绍经译

外文题名：Problem of man's ancestry

上海：广学会，1925.5，38 页，50 开

　　本书讲述人类进化的过程。

　　收藏单位：浙江馆

05013

生活进化史 ABC 刘叔琴著

上海：ABC 丛书社，1928.7，86 页，32 开，精装（ABC 丛书）

上海：ABC 丛书社，1929.3，再版，86 页，

32 开（ABC 丛书）

　　本书共 8 章：总论、人类的世界底开始、从自然生活进向经济生活、经济生活底开始、自然与人的争斗、奋斗生活底武器、从机械的世界走向平和生活、过活方法底进化。

　　收藏单位：重庆馆、广东馆、广西馆、国家馆、江西馆、辽大馆、南京馆、宁夏馆、上海馆、绍兴馆、首都馆、天津馆、浙江馆

05014

史前人类　陈兼善著

上海：中华书局，1936.9，222 页，23 开，精装

昆明：中华书局，1941.3，再版，222 页，23 开，精装

　　本书共 9 章：直立猿人、海垈尔堡人、披耳德唐人、罗台西亚人、北京人、尼安台塔尔人、克林埋第人、克罗曼农人、襄舍拉德人。大学用书。

　　收藏单位：重庆馆、东北师大馆、广东馆、广西馆、国家馆、黑龙江馆、吉大馆、江西馆、辽大馆、辽宁馆、南京馆、内蒙古馆、宁夏馆、上海馆、四川馆

05015

世界之童年　（英）葛劳德（Edward Clodd）著　黄素封　吴直由译述

外文题名：The childhood of the world

上海：开明书店，1933.12，284 页，32 开（开明青年丛书）

　　本书讲述人类进化的知识。共 39 章，内容包括：人的来历、人和猿、最古人类的遗迹、北京猿人、人类最初的需要品、金属的发现、语言、文字、人的进步、人类的衰微、人的一个问题、地球与人类的神话等。

　　收藏单位：重庆馆、广东馆、贵州馆、国家馆、江西馆、南京馆、上海馆、绍兴馆、首都馆、天津馆、浙江馆

05016

我们的老祖宗　周晦盦编著

定县：中华平民教育促进会，1930.11，2 册（22+24 页），50 开（平民读物 科学常识

107—108）

北平：中华平民教育促进会，1932，再版，2 册（22+24 页），50 开（平民读物 科学常识 107—108）

　　收藏单位：国家馆

05017

我们的祖先　朱洗著

上海：文化生活出版社，1940.7，12+266 页，28 开（现代生物学丛书 2）

上海：文化生活出版社，1948.3，再版，12+266 页，28 开（现代生物学丛书 2）

上海：文化生活出版社，1949，3 版，12+266 页，28 开（现代生物学丛书 2）

　　本书论述人类的起源、进化及文明的开始。共 6 章：人与最初的生物、人与动物、人与兽类、原始的人类、人类文明的晨曦等。

　　收藏单位：重庆馆、广东馆、广西馆、国家馆、黑龙江馆、吉林馆、辽宁馆、南京馆、上海馆、绍兴馆、首都馆、天津馆

05018

亚洲南部之人类遗迹　（法）德日进（P. T. de Chardin）著　杨钟健译

北平：中国地质学会，1936，657—664 页，25 开

　　本书为《地质论评》第 1 卷第 6 期摘印本。

　　收藏单位：广东馆、国家馆

05019

宇宙生物及人类之进化　顾钟骅编译

上海：开明书店，1932.10，194 页，32 开

　　本书据日本石井重美的《宇宙生物及人类创成》一书编译。附地球发达年代表、地质年代表、原始人类年代表等。

　　收藏单位：重庆馆、国家馆、江西馆、上海馆、首都馆、天津馆、浙江馆

05020

原人　（英）汤姆生（John Arthur Thomson）著　伍况甫译

外文题名：What is man?

上海：商务印书馆，1927.3，233 页，24 开，
精装（科学丛书）

上海：商务印书馆，1931.2，再版，233 页，
24 开，精装（科学丛书）

　　本书共 10 章，内容包括：人类的血统、
原始人类、人心的进化、人类的好群性、行
为和品行、变性和惰性、种族的接触、人类
不是什么等。著者原题：汤姆逊。

　　收藏单位：重庆馆、东北师大馆、贵州
馆、国家馆、湖南馆、江西馆、南京馆、内
蒙古馆、首都馆、天津馆、浙江馆

05021

原始人的食物　上海中学实验小学低级部教
员编著

上海：大东书局，1933，再版，20 页，32 开
（低级社会研究丛书）

　　收藏单位：首都馆

05022

震旦人与周口店文化　叶秋原著

上海：商务印书馆，1936.10，140 页，32 开

上海：商务印书馆，1937.1，再版，140 页，
32 开

长沙：商务印书馆，1940.2，3 版，140 页，
32 开

　　本书共 5 章：震旦人探寻之经过、震旦人
之发见与其时代、震旦人之体质的特征、震
旦人与人类之起原、周口店文化与中国之旧
石器时代。著者原题：叶为耽。

　　收藏单位：重庆馆、东北师大馆、广东
馆、贵州馆、国家馆、湖南馆、江西馆、辽
大馆、辽宁馆、辽师大馆、内蒙古馆、宁夏
馆、上海馆、首都馆、天津馆、西南大学馆、
浙江馆

05023

中国发现人的历史　罗根泽著

北平：国立清华大学，1934，143—158 页，
16 开

　　本书共 10 节，内容包括：商代的听天、
西周的求天、东周的怨天、孔子对于天与神
的态度、荀子的戡天与发现"人"等。《清华

学报》第 9 卷第 1 期抽印本。

　　收藏单位：重庆馆

05024

中国人类化石及新生代地质概论　杨钟健著

外文题名：Fossil man and summary of Cenozoic
geology in China

北平：实业部地质调查所、国立北平研究院地
质学研究所，1933.10，106 页，16 开（地质
专报 乙种 第 5 号）

　　本书共 4 篇：周口店骨化石堆积、中国猿
人及其他人类化石、中国猿人文化遗迹与其
他中国北方古文化、中国新生代地质及地文
节要。

　　收藏单位：广东馆、国家馆、南京馆、天
津馆

05025

中国原人史要　（加）步达生（Davidson
Black）等著　杨钟健节要

北平：实业部地质调查所、国立北平研究院地
质学研究所，1933.5，172 页，16 开（地质专
报 甲种 第 11 号）

　　本书共 3 部分：周口店堆积及中国后期
新生代、中国猿人及中国北方其他人类化石、
中国猿人文化的遗迹与其他中国北方古文化
节要。附周口店猿人化石地产地质图。著者
还有：德日进、杨钟健、裴文中。

　　收藏单位：国家馆

05026

中国猿人　（法）布勒（M. Boule）著　裴文
中译

北平：中国地质学会，1937，233—246 页，
25 开

　　本书译自法国布勒教授《人类化石》一
书第 3 版之第 4 章，叙述历次发现之化石并
论述"中国猿人"之确定。《地质论评》第 2
卷第 3 期摘印本。

　　收藏单位：广东馆

05027

中国猿人北京种头盖骨之研究　（加）步达生

（Davidson Black）著　杨钟健节要

外文题名：On an adolescent skull of sinanthropus Pekinensis in comparison with an adult skull of the same species and with other hominid skulls, recent and fossil

北平：实业部地质调查所、国立北平研究院地质学研究所，1931.5，144 页，16 开（中国古生物志 丁种 第 7 号 2）

　　本书为英文本，附中文节要。

　　收藏单位：广东馆、国家馆

05028

中国猿人化石之发见　裴文中著

上海：中国科学社，1930.4，1127—1133 页，16 开

　　本书为《科学》第 14 卷第 8 期抽印本。著者原题：斐文中。

　　收藏单位：国家馆

05029

周口店储积中一个荷谟形的下臼齿　（加）步达生（Davidson Black）著　李济译

外文题名：On a lower molar hominid tooth from the Chou Kou Tien deposit

北京：中央地质调查所，1927.12，22+28 页，16 开（中国古生物志 丁种 第 7 号 1）

　　本书为英文本，附中文摘要。

　　收藏单位：广东馆、国家馆

05030

周口店洞穴层采掘记　裴文中著

北平：实业部地质调查所、国立北平研究院地质学研究所，1934.8，68 页，16 开（地质专报 乙种 第 7 号）

　　本书共 5 章：周口店及其附近、龙骨山及其他化石产地之鸟瞰、工作方法、六年开掘工作之总回顾、各科学理研究之节要。

　　收藏单位：广东馆、贵州馆、国家馆、吉林馆

05031

周口店之骨化石堆积　杨钟健著

上海：中国科学社，1930.4，1099—1126 页，

16 开

　　本书共 5 部分：位置及一般叙述、采掘经过、地质的叙述、周口店堆积造成之历史、周口店之化石群。《科学》第 14 卷第 8 期抽印本。原文为英文，系德日进与作者合著，由作者译为中文。

　　收藏单位：广东馆、国家馆

05032

住在山洞里的人　沈旦文编　胡若佛绘

上海：新中国书局，1932，3 版，16 页，32 开

　　本书可作为低年级社会读物。

　　收藏单位：河南馆

人种学

05033

论人　李劭青编著

定县：中华平民教育促进会，1933.7，4 册，50 开（平民读物 科学常识 161—164）

　　收藏单位：国家馆

05034

民族生物学　（日）古屋芳雄著　张资平译

上海：商务印书馆，1936.3，2 册（228 页），32 开（自然科学小丛书）（万有文库 第 2 集 296）

上海：商务印书馆，1936.11，228 页，32 开（自然科学小丛书）

　　本书论述人种概念、生物进化、世界人种的分布及其起源等。共 13 章，内容包括：研究态度及人种概念、生物进化之一般的认识、曼德尔氏定律之理论、人种之分化素因、人种及其固有形质等。

　　收藏单位：重庆馆、大连馆、东北师大馆、广东馆、贵州馆、国家馆、江西馆、辽师大馆、南京馆、内蒙古馆、宁夏馆、上海馆、绍兴馆、天津馆、浙江馆

05035

全世界的人种　邵子敬著

上海：新中国书局，1935.5，35 页，32 开

　　本书共 8 部分，内容包括：人类怎样起原的、人类大概可以分为几种、黄种人是怎样的、白种人是怎样的等。小学校高级社会读物。

　　收藏单位：重庆馆、国家馆、绍兴馆

05036

人种地理学　（美）格里菲次·泰罗（Griffith Taylar）著　葛绥成译

上海：中华书局，1937.11，284 页，23 开，精装

昆明：中华书局，1941.4，再版，284 页，23 开，精装

上海：中华书局，1946.8，再版，284 页，23 开

　　本书共 20 章，内容包括：世界一般环境之构成、人种学的规准、澳亚半岛部的环境变化、澳亚地方人种的分布、变化着的阿非利加环境等。大学用书。

　　收藏单位：重庆馆、东北师大馆、广东馆、广西馆、贵州馆、国家馆、湖南馆、江西馆、辽大馆、辽宁馆、南京馆、内蒙古馆、上海馆、绍兴馆、首都馆、天津馆、西南大学馆、浙江馆

05037

人种改良　陈仲公编著

南京：正中书局，1936.5，49 页，32 开（国民说部 第 9 集 国民科学集 8）

　　收藏单位：重庆馆、国家馆、南京馆、首都馆、天津馆

05038

人种改良　于景让著

南京：正中书局，1936.10，46 页，25 开（教与学月刊社丛篇）

上海：正中书局，1947.6，沪 1 版，46 页，25 开

　　本书共分 6 部分：引言、遗传原理浅说、人类遗传的研究法、人的遗传、结婚问题、结语。

　　收藏单位：重庆馆、东北师大馆、国家馆、湖南馆、江西馆、南京馆、西交大馆、西南大学馆

05039

人种改良学　陈寿凡编译

外文题名：Heredity in relation to eugenics

上海：商务印书馆，1919.4，2 册（122+116 页），32 开（新智识丛书 11）

上海：商务印书馆，1921，再版，2 册（122+116 页），32 开（新智识丛书 11）

上海：商务印书馆，1923.3，3 版，2 册（122+116 页），32 开（新智识丛书 11）

上海：商务印书馆，1926.1，4 版，2 册（122+116 页），32 开（新智识丛书 11）

上海：商务印书馆，1928.7，5 版，238 页，32 开（新智识丛书 11）

上海：商务印书馆，1931，6 版，238 页，32 开（新智识丛书 11）

　　本书共 9 章，内容包括：人种改良学之性质价值及目的、人种改良学之研究方法、遗传的素质之地理分布、人种所及个人之影响等。

　　收藏单位：重庆馆、广东馆、广西馆、国家馆、江西馆、南京馆、内蒙古馆、首都馆、天津馆、武大馆、浙江馆

05040

人种改良学概论　钱啸秋著

上海：神州国光社，1932，62 页，36 开

　　收藏单位：南京馆、浙江馆

05041

人种志　林楷青译

日本：闽学会，1940.3，58 页，大 32 开

　　收藏单位：南京馆

05042

世界人种志　林惠祥撰述

外文题名：The races of the world

上海：商务印书馆，1932.12，204 页，32 开（新时代史地丛书）

上海：商务印书馆，1933.6，再版，204 页，32 开（新时代史地丛书）

上海：商务印书馆，1933.12，204 页，32 开（新时代史地丛书）（万有文库 第 1 集 482）

长沙：商务印书馆，1939.9，204 页，32 开（新

时代史地丛书）（万有文库 第1—2集简编176）

上海：商务印书馆，1947.2，3版，204页，32开（新时代史地丛书）（新中学文库）

本书共8章，内容包括：绪论、大陆蒙古利亚种、美洲土人、高加索种、非洲尼革罗种、海洋尼革罗种等。

收藏单位：安徽馆、重庆馆、大连馆、大庆馆、东北师大馆、广东馆、广西馆、国家馆、黑龙江馆、湖南馆、江西馆、近代史所、辽大馆、辽宁馆、辽师大馆、南京馆、内蒙古馆、宁夏馆、山西馆、上海馆、首都馆、天津馆、西南大学馆、浙江馆

05043

现代种族 吴泽霖著

上海：新月书店，1932.1，156页，32开（现代文化丛书）

本书共5章：什么是种族、现代种族怎样来的、种族分类应用什么标准、现代种族可以分成几种、种族是否平等。

收藏单位：广东馆、广西馆、国家馆、江西馆、近代史所、南京馆、上海馆、首都馆、天津馆、浙江馆

05044

亚洲人种初步分类 吴定良 莫仁德（G. M. Morant）著

外文题名：A preliminary classification of Asiatic races based on cranial measurements

南京：国立中央研究院社会科学研究所，1932.5，26页，16开（国立中央研究院社会科学研究所专刊7）

收藏单位：国家馆

05045

亚洲种族地理 李学曾编著

上海：正中书局，1947.11，84页，25开

本书分总论、分论两篇，内容包括：大地生命的开始、古代亚洲的地理环境与原人、人类起源于中亚的证迹、亚洲人类如何移往欧洲、亚洲人类如何移往美洲、中国族、日本族等。

收藏单位：重庆馆、广东馆、国家馆、吉林馆、辽大馆、南京馆、上海馆、中科图

05046

中国人种考 蒋智由著

上海：华通书局，1929.11，190+33+18页，32开

本书共8章，内容包括：人种始原二派之论说、中国人种西来之说、西亚文明之缘起、中国人种之诸说、昆仑山等。附中国民族西来辩、中国人种考原。版权页题：蒋由智著。

收藏单位：重庆馆、广东馆、广西馆、国家馆、江西馆、辽宁馆、南京馆、山西馆、上海馆、首都馆、天津馆、浙江馆

05047

中日同文同种的史实

南京：大民会总本部宣传部，1940.1，14页，50开（大民会小丛书22）

收藏单位：南京馆

05048

中日同文同种考

南京：大民会总本部宣传部，1939.6，14页，32开

收藏单位：国家馆、南京馆

体质人类学、人体测量学

05049

华北平原中国人之体质测量 （美）许文生（Paul H. Stevenson）著

外文题名：Detailed anthropometric measurements of the Chinese of the North China Plain

长沙：商务印书馆，1938.3，39页，16开（国立中央研究院历史语言研究所中国人类学志2）

本书用英文刊布。

收藏单位：国家馆、南京馆

05050

人类的脑髓 （日）平光吾一著 郑伯奇译

上海：商务印书馆，1936.9，147页，32开（自

然科学小丛书）（万有文库 第 2 集 367）

长沙：商务印书馆，1939.8，147 页，32 开（自然科学小丛书）

　　本书阐述脑髓的进化、人类脑髓的年龄、现代人类脑、人类脑的特征、灵能的分野、罪人狂人自杀者的脑髓、脑髓的重量等内容。译者原题：郑君平。

　　收藏单位：重庆馆、大连馆、大庆馆、东北师大馆、广东馆、广西馆、贵州馆、国家馆、江西馆、辽师大馆、南京馆、内蒙古馆、宁夏馆、绍兴馆、首都馆、天津馆、武大馆、浙江馆

05051

人类脑髓之进化　　陈兼善编著

上海：正中书局，1947.7，103 页，25 开

　　本书共 7 章：脑髓之来历、脑髓各部分之分化、脊椎动物各纲之脑髓之构造、各种灵长类之脑髓、史前人类之脑髓、现代人之脑髓、脑髓与精神作用。

　　收藏单位：重庆馆、东北师大馆、广东馆、国家馆、辽宁馆、南京馆、上海馆

05052

人类在自然界的特别位置　（德）夫里登达尔（Hans Friedenthal）著　李季译

外文题名：Die Sonderstellung des Menschen in der Natur

上海：亚东图书馆，1936.2，148 页，32 开（到知识之路丛书）

　　本书阐述人类一般的毛被、皮肤、眼睛及其表情、耳朵和鼻子的特别形态等知识。

　　收藏单位：重庆馆、广东馆、广西馆、国家馆、辽宁馆、首都馆

05053

人体测量学　　蒋湘青著

上海：勤奋书局，1931.9，158 页，32 开，精装（体育丛书）

上海：勤奋书局，1935，158 页，32 开，精装（体育丛书）

上海：勤奋书局，1936.3，158 页，32 开，精装（体育丛书）

　　本书共 15 章，内容包括：人体测量学之历史、测量用之度量衡制、测量之器具及其运用、被量人历史及其生活之调查、人体之类别等。

　　收藏单位：重庆馆、桂林馆、国家馆、湖南馆、辽宁馆、首都馆、天津馆、浙江馆

05054

山东人体质之研究　　吴金鼎著

北平：国立中央研究院历史语言研究所，1931，132 页，16 开（国立中央研究院历史语言研究所单刊 甲种 7）

　　本书旨在考究山东人民之体质。共 9 章：引言、测验方法、计算方法、个体计算总结果、团体计算总结果、比较研究、分析之研究、综合之研究、结论。

　　收藏单位：东北师大馆、广东馆、国家馆、辽宁馆、内蒙古馆、首都馆、浙江馆

人类遗传学

05055

论人类的遗传　　少青著

新嘉坡（新加坡）：新南洋出版社，1949，42 页，36 开

　　收藏单位：广东馆

05056

论优生学与种族歧视　　周建人著

上海：新知书店，1948.7，74 页，36 开（新认识丛书 第 1 辑 3）

哈尔滨：新知书店，1948.11，76 页，36 开（新青年自学丛书）

　　本书共 6 部分：论优生学的政治性、论优生学中的遗传问题、论个人性质与社会条件的关系、论所谓优良家族与劣等家族、论种族歧视、达尔文学说应用到人类社会上来的错误。

　　收藏单位：重庆馆、广东馆、广西馆、国家馆、内蒙古馆、宁夏馆、清华馆、首都馆、天津馆

05057

人类性源论　费鸿年著

外文题名：The determination of sex in man

上海：商务印书馆，1927.7，92 页，36 开（百科小丛书 132）

上海：商务印书馆，1933.12，77 页，32 开（百科小丛书）（万有文库第 1 集 494）

本书共 8 章：绪说、性的本质及其作用、两性决定的时期、两性决定的物质基础、人类的染色体与性的决定、雌雄数之比例、性的副特性之由来、结论。

收藏单位：安徽馆、重庆馆、大连馆、东北师大馆、广东馆、广西馆、贵州馆、国家馆、黑龙江馆、湖南馆、江西馆、辽大馆、辽师大馆、南京馆、内蒙古馆、宁夏馆、山东馆、上海馆、天津馆、武大馆、浙江馆

05058

人类遗传学　潘锡九编

昆明：中华书局，1940.11，186 页，25 开

本书共 13 章。1—7 章对于遗传学作普泛之论述；8—11 章专述人类的遗传；12—13 章论优生学及血族结婚的利弊。

收藏单位：重庆馆、国家馆、江西馆、南京馆、上海馆、西南大学馆

05059

人文生物学论丛　潘光旦著

上海：新月书店，1928.10，308 页，25 开

本书分上、下编，内收《近代种族主义史略》《武林游览与人文地理学》《中国人口问题》《今日之性教育与性教育者》《优生概论》《西化东渐及中国之优生问题》等 10 篇文章。

收藏单位：重庆馆、广东馆、国家馆、湖南馆、江西馆、近代史所、南京馆、山西馆、上海馆、首都馆、天津馆、西南大学馆、浙江馆

05060

善恶家族　（美）郭达德（H. H. Goddard）原著　黄素封　林洁娘译述

上海：开明书店，1934.10，12+184 页，32 开

上海：开明书店，1935，12+184 页，32 开，精装

本书主要研究低能遗传。共 7 章，内容包括：戴笨娃小史、戴笨娃家世小史、张氏家系所含之意义、张氏家庭的调查报告、歼灭白痴的方法等。版权页题：黄素封，林洁译述。

收藏单位：重庆馆、贵州馆、国家馆、江西馆、南京馆、上海馆、天津馆、浙江馆

05061

性与遗传　（英）凯尔（J. G. Kerr）等著　周建人译

上海：开明书店，1928.4，122 页，32 开（妇女问题研究会丛书）

上海：开明书店，1930.10，再版，122 页，32 开（妇女问题研究会丛书）

本书共 6 讲：植物里性的起原、植物因地位固定使别性上所发生的效果、动物的生殖过程、因适应陆上生活而使生殖过程所起的几种变化、遗传、人的遗传。

收藏单位：重庆馆、东北师大馆、广东馆、国家馆、辽宁馆、南京馆、上海馆、首都馆、天津馆、浙江馆

05062

遗传与结婚　（日）三宅骥一　（日）今井喜孝著　史良元译

上海：正中书局，1947.7，沪 1 版，159 页，32 开（正中科学知识丛书）

本书共 14 章，内容包括：怎样叫做遗传、怎样会遗传的、遗传有定律、指称遗传子男女怎样决定的、双生子怎样生的、母性的立场最重要等。

收藏单位：重庆馆、国家馆、湖南馆、西南大学馆

05063

遗传与结婚　（日）三宅骥一　（日）今井喜孝著　薛逢元译

上海、南京：正中书局，1936.12，159 页，32 开（正中科学知识丛书）

收藏单位：重庆馆、国家馆、湖南馆、首

都馆、天津馆、浙江馆

05064

遗传与人性　（美）岑吟士（H. S. Jennings）著　陈范予译

外文题名：The biological basis of human nature

上海：商务印书馆，1934.6，387页，32开，精装（科学丛书）

　　本书共16章，内容包括：个体间的原始相异及其结果、产生个体时基因如何作用着、基因与环境对于心的关系、生物学上之谬论与人事、我们从优生学所能希望者等。

　　收藏单位：重庆馆、广东馆、广西馆、贵州馆、国家馆、湖南馆、江西馆、南京馆、内蒙古馆、天津馆、西南大学馆、浙江馆

05065

遗传与优生　刘雄著

外文题名：Heredity and eugenics

上海：商务印书馆，1924.4，85页，48开（百科小丛书43）

上海：商务印书馆，1926.6，再版，85页，48开（百科小丛书43）

上海：商务印书馆，1929.10，75页，32开（百科小丛书）（万有文库 第1集490）

上海：商务印书馆，1933.4，国难后1版，75页，32开（百科小丛书）

上海：商务印书馆，1933.9，国难后2版，75页，32开（百科小丛书）（万有文库第1集490）

上海：商务印书馆，1934，再版，75页，32开（百科小丛书）（万有文库 第1集490）

上海：商务印书馆，1935.7，国难后3版，75页，32开（百科小丛书）

　　本书共12章，内容包括：遗传学之意义及性质、生殖细胞、遗传与变异、后天获得性之遗传、遗传之统计的研究、结婚注意及血族结婚之利害等。

　　收藏单位：安徽馆、重庆馆、大连馆、东北师大馆、广西馆、贵州馆、国家馆、黑龙江馆、湖南馆、江西馆、辽大馆、辽宁馆、辽师大馆、南京馆、内蒙古馆、宁夏馆、山东馆、上海馆、首都馆、天津馆、西南大学馆、浙江馆

05066

遗传与优生浅说　白动生著

重庆：商务印书馆，1946.2，56页，32开（进修丛书）

　　本书共6章：遗传的常识、遗传的定律、人类的遗传、优生运动、优生的实施、优生实际问题。

　　收藏单位：国家馆、南京馆

05067

优生问题　（英）霭理斯（H. Ellis）著　王新命译

外文题名：Problems in eugenics

上海：商务印书馆，1924.4，72页，32开（新智识丛书）

上海：商务印书馆，1926.10，再版，72页，32开（新智识丛书）

上海：商务印书馆，1933.5，国难后1版，61页，25开（家庭丛书）

上海：商务印书馆，1935，国难后2版，61页，25开（家庭丛书）

　　本书共4章：境遇之改善、目下之各问题、改良社会与限制产儿、优生学之问题。

　　收藏单位：重庆馆、广东馆、广西馆、桂林馆、国家馆、河南馆、湖南馆、江西馆、辽宁馆、内蒙古馆、宁夏馆、上海馆、浙江馆

05068

优生问题　杨诗兴编　郑章成校

上海：商务印书馆，1937.12，153页，32开（万有文库 第2集）

　　本书共17章，内容包括：遗传与环境、习得性能否遗传之问题、遗传之法则、遗传之因子、人类遗传之法则、人类遗传之事实、婚制与优生、宗教与优生、移民与优生、战争与优生等。

　　收藏单位：大连馆、国家馆

05069

优生学　潘光旦著

上海：商务印书馆，1933.12，102页，50开（东方文库续编）

　　本书内收《二十年来世界之优生运动》

《中国之优生问题》两篇文章。东方杂志社三十周年纪念刊。

收藏单位：重庆馆、大庆馆、东北师大馆、广东馆、国家馆、河南馆、黑龙江馆、湖南馆、辽大馆、南京馆、内蒙古馆、上海馆、天津馆、浙江馆

05070

优生学 ABC　华汝成著

上海：ABC 丛书社，1929.1，119 页，32 开（ABC 丛书）

上海：ABC 丛书社，1930.10，再版，119 页，32 开（ABC 丛书）

本书共 3 章：什么叫做优生学、为什么要研究优生学、怎样去实行优生法。

收藏单位：重庆馆、广东馆、广西馆、桂林馆、国家馆、黑龙江馆、江西馆、辽大馆、辽宁馆、南京馆、内蒙古馆、宁夏馆、首都馆、天津馆、浙江馆

05071

优生学概论　（英）达尔文（Leonard Darwin）著　郭大文译

外文题名：What is eugenics?

上海：晨光书局，1936.2，128 页，32 开

本书共 17 章，内容包括：家养的动物、人类的祖先、我们的环境、遗传的性质、优生的方法、需要的人们、生育的节制、阉割的施行、虚弱的精神、习惯的罪犯、品种的退化、将来的优生等。

收藏单位：国家馆、江西馆、浙江馆

05072

优生学纲要　费鸿年编

广州：中华书局，1938.10，147 页，24 开

本书论述遗传、环境影响及优生学说。

收藏单位：重庆馆、广西馆、桂林馆、江西馆、宁夏馆、上海馆、首都馆、天津馆、西南大学馆

05073

优生学与人类遗传学　胡步蟾著

南京：正中书局，1936.2，233 页，25 开（自

然科学丛书）

上海：正中书局，1947.7，沪 1 版，233 页，25 开

本书共 4 篇：绪论、遗传与变异、人类的遗传、优生实际问题。附优生学与家谱。

收藏单位：重庆馆、东北师大馆、广东馆、贵州馆、国家馆、河南馆、湖南馆、上海馆、天津馆、西南大学馆、浙江馆

05074

优生学与遗传及其他　任白涛辑译

上海：商务印书馆，1934.10，171 页，24 开，精装（科学丛书）

本书内容包括：优生学与人生、生物进化的途径、变化性的研究、先天的遗传是重要的、一般生物的遗传法则、性欲与生殖、男女性欲的差异等。据日本大阪每日新闻社出版的"健康增进丛书"中的《性篇》编译。

收藏单位：重庆馆、东北师大馆、广东馆、广西馆、贵州馆、桂林馆、国家馆、江西馆、辽大馆、南京馆、山西馆、天津馆、浙江馆

05075

优生原理　潘光旦编译

上海：观察社，1949.4，278 页，32 开（观察丛书 14）

本书共 8 章：性与养、本性难移、流品的不齐、流品的遗传、自然选择一——死亡、自然选择二——生殖、人文选择一——战争之例、人文选择二——宗教之例。

收藏单位：东北师大馆、广东馆、黑龙江馆、湖南馆、江西馆、近代史所、辽大馆、辽师大馆、南京馆、内蒙古馆、宁夏馆、山西馆、上海馆、首都馆、天津馆

05076

优种学浅说　（英）达尔文（Leonard Darwin）著　卢于道译

外文题名：What is eugenics?

上海：商务印书馆，1937.3，94 页，32 开（万有文库 第 2 集 304）（自然科学小丛书）

本书共 17 章，内容包括：家畜、人类的

祖先、我们的环境、遗传性、我们所需要的人、劣等种族、限制生育、低能者、常犯罪者、择偶等。

收藏单位：重庆馆、东北师大馆、国家馆、辽师大馆、内蒙古馆、宁夏馆、天津馆、浙江馆

05077
哲嗣学 （美）C. B. Davenport 著　胡宣明 杭海译
上海：中华教育卫生联合会，1919.11，126 页，27 开（中华教育卫生联合会丛书 3）

本书共 9 章，内容包括：哲嗣学性质与目的、宗嗣改良之法则、家族之遗传、遗传特质散见于各方、个人与种族之关系、美国家族之研究等。封面题名：婚姻哲嗣学。

收藏单位：重庆馆、国家馆、南京馆、首都馆

人类生态学

05078
自然与人生　陈正祥著
上海：正中书局，1946.5，沪初版，254 页，32 开（中央文化运动委员会文化运动丛书 10）

本书共 12 章，内容包括：自然与人生、气候与人生、地形与人生、位置与人生、水与人生、矿产与人生、土壤与人生、气候与健康等。

收藏单位：重庆馆、广东馆、湖南馆、江西馆、南京馆、上海馆、西南大学馆、浙江馆

05079
自然与人生　陈正祥著
重庆：中央文化运动委员会，1945.6，254 页，32 开（中央文化运动委员会文化运动丛书 10）

收藏单位：国家馆

guo

国 ………………………………………… 645

H

hai

孩 ………………………………………… 646
海 ………………………………………… 646
害 ………………………………………… 646

han

函 ………………………………………… 646
韩 ………………………………………… 646
汉 ………………………………………… 646
瀚 ………………………………………… 647

hang

杭 ………………………………………… 647
航 ………………………………………… 647

hao

好 ………………………………………… 647
郝 ………………………………………… 647

he

合 ………………………………………… 647
何 ………………………………………… 647
河 ………………………………………… 647
荷 ………………………………………… 647
核 ………………………………………… 648

hei

黑 ………………………………………… 648

heng

恒 ………………………………………… 648

hong

洪 ………………………………………… 648

hu

呼 ………………………………………… 648
胡 ………………………………………… 648
湖 ………………………………………… 648
琥 ………………………………………… 648
互 ………………………………………… 648
户 ………………………………………… 648
沪 ………………………………………… 648

hua

花 ………………………………………… 648
华 ………………………………………… 648
化 ………………………………………… 649
画 ………………………………………… 650

huan

环 ………………………………………… 650
幻 ………………………………………… 650

huang

黄 ………………………………………… 650

hui

回 ………………………………………… 650
汇 ………………………………………… 650
绘 ………………………………………… 650

hun

混 ………………………………………… 650

huo

活 ………………………………………… 650
火 ………………………………………… 650
霍 ………………………………………… 650

J

ji

机 ………………………………………… 650
鸡 ………………………………………… 650
唧 ………………………………………… 650
积 ………………………………………… 650
基 ………………………………………… 650
级 ………………………………………… 650
极 ………………………………………… 650
集 ………………………………………… 651
几 ………………………………………… 651

题名索引

（按题名首字汉语拼音音序排列，题名尾部五位数码即该书的顺序号）

dian

E

e

G

L

lan

lao

lei

li

M

ming

mo

mu

N

na

nai

nan

sui

suo

T

ta

tai

X

xi

xia

xian

Z

zai

zao

zen